埼玉県

〈収録内容〉

■数学と英語に学校選択問題を収録しております。

便利な DL コンテンツは右の QR コードから

解答用紙　過去年度　リスニング

※データのダウンロードは 2025 年 3 月末日まで。
※データへのアクセスには、右記のパスワードの入力が必要となります。 ⇒ 674780

〈各教科の受検者平均点〉

	数学	英語	理科	社会	国語
2023年度	55.8/50.5	45.8/56.7	58.2	64.1	57.1
2022年度	48.0/42.6	52.6/58.3	52.5	52.9	62.9
2021年度	62.2/56.0	51.4/61.6	56.2	62.6	68.7
2020年度	67.9/55.2	52.2/58.9	51.1	55.4	57.2
2019年度	42.3/53.5	47.7/64.3	44.5	60.3	58.3
2018年度	44.0/43.7	55.9/58.9	51.7	55.9	52.8

※各100点満点。
※数学・英語=学力検査問題／学校選択問題
※最新年度は、本書発行の時点で公表されていないため未掲載。

本書の特長

POINT 1　解答は全問を掲載、解説は全問に対応！

POINT 2　英語の長文は全訳を掲載！

POINT 3　リスニング音声の台本、英文の和訳を完全掲載！

POINT 4　出題傾向が一目でわかる「年度別出題分類表」は、約 10 年分を掲載！

実戦力がつく入試過去問題集

▶ 問題 …………… 実際の入試問題を見やすく再編集。
▶ 解答用紙 …… 実戦対応仕様で収録。
▶ 解答解説 …… 重要事項が太字で示された、詳しくわかりやすい解説。
※採点に便利な配点も掲載。

合格への対策、実力錬成のための内容が充実

▶ 各科目の出題傾向の分析、最新年度の出題状況の確認で、入試対策を強化！
▶ その他、志願状況、公立高校難易度一覧など、学習意欲を高める要素が満載！

解答用紙ダウンロード　解答用紙はプリントアウトしてご利用いただけます。弊社ＨＰの商品詳細ページよりダウンロードしてください。トビラのＱＲコードからアクセス可。

リスニング音声ダウンロード　英語のリスニング問題については、弊社オリジナル作成により音声を再現。弊社ＨＰの商品詳細ページで全収録年度分を配信対応しております。トビラのＱＲコードからアクセス可。

famima PRINT　原本とほぼ同じサイズの解答用紙は、全国のファミリーマートに設置しているマルチコピー機のファミマプリントで購入いただけます。※一部の店舗で取り扱いがない場合がございます。詳細はファミマプリント（http://fp.famima.com/）をご確認ください。

UD FONT　見やすく読みまちがえにくいユニバーサルデザインフォントを採用しています。

～令和７年度埼玉県公立高校入試の日程（予定）～

※募集および選抜に関する最新の情報は、埼玉県教育委員会のホームページなどで必ずご確認ください。
「入学者選抜実施要項」「各高校の選抜基準」など最新年度の入試の詳細については、例年、夏から秋にかけて決定、公開されております。

入学願書・調査書・学習の記録等一覧表等提出期間	未定
↓	
志　願　先　変　更	未定
↓	
学　力　検　査	2／26
実技検査（芸術系学科等） 面接（一部の学校）	2／27
↓	
入学許可候補者発表	3／6

※急病等やむを得ない事情により、学力検査を受験できなかった志願者を対象とした追検査は3月3日に実施される。

2024年度/埼玉県公立高校受検状況（全日制）

《普通科》

学校名・学科名（コース名）	入学許可予定者数	受検者数	倍率
上尾 普通	238	279	1.17
上尾鷹の台 普通	198	196	0.99
上尾橘 普通	158	99	0.63
上尾南 普通	238	248	1.04
朝霞 普通	318	355	1.12
朝霞西 普通	318	371	1.17
伊奈学園総合 普通	721	843	1.17
入間向陽 普通	318	362	1.14
岩槻 普通	278	330	1.19
浦和 普通	358	453	1.27
浦和北 普通	318	372	1.17
浦和第一女子 普通	358	471	1.32
浦和西 普通	358	505	1.41
浦和東 普通	318	370	1.16
大宮 普通	318	426	1.34
大宮光陵 普通	198	213	1.08
（外国語）	40	46	1.15
大宮東 普通	238	228	0.96
大宮南 普通	358	393	1.10
大宮武蔵野 普通	238	227	0.95
小川 普通	198	206	1.04
桶川 普通	278	280	1.01
桶川西 普通	158	60	0.38
越生 普通	79	56	0.71
春日部 普通	358	528	1.47
春日部女子 普通	238	286	1.20
春日部東 普通	318	343	1.08
川口 普通	318	421	1.32
川口北 普通	358	519	1.45
川口青陵 普通	278	277	0.99
川口東 普通	278	308	1.11
川越 普通	358	522	1.46
川越女子 普通	358	463	1.29
川越西 普通	318	322	1.01
川越初雁 普通	198	170	0.86
川越南 普通	358	495	1.38
北本 普通	158	126	0.80
久喜 普通	278	286	1.03
熊谷 普通	318	351	1.10
熊谷女子 普通	318	311	0.98
熊谷西 普通	278	325	1.17
栗橋北彩 普通	198	158	0.80
鴻巣 普通	198	213	1.08
鴻巣女子 普通	79	73	0.92
越ケ谷 普通	318	441	1.39
越谷北 普通	318	366	1.15
越谷西 普通	318	302	0.95
越谷東 普通	318	344	1.08
越谷南 普通	318	450	1.42
児玉 普通	79	69	0.87
坂戸 普通	318	377	1.19

学校名・学科名（コース名）	入学許可予定者数	受検者数	倍率
坂戸西 普通	318	359	1.13
狭山清陵 普通	198	201	1.02
志木 普通	238	299	1.26
庄和 普通	158	182	1.15
白岡 普通	158	165	1.04
杉戸 普通	278	331	1.19
草加 普通	358	373	1.04
草加西 普通	238	233	0.98
草加東 普通	318	358	1.13
草加南 普通	238	253	1.06
秩父 普通	198	189	0.95
鶴ケ島清風 普通	238	189	0.79
所沢 普通	358	504	1.41
所沢北 普通	318	348	1.09
所沢中央 普通	318	345	1.08
所沢西 普通	318	395	1.24
豊岡 普通	318	405	1.27
南稜 普通	318	416	1.31
新座 普通	198	191	0.96
新座柳瀬 普通	198	225	1.14
蓮田松韻 普通	198	149	0.75
鳩ケ谷 普通	158	183	1.16
羽生第一 普通	159	148	0.93
飯能 普通	278	280	1.01
日高 普通	118	110	0.93
（情報）	40	23	0.58
深谷 普通	198	195	0.98
深谷第一 普通	278	278	1.00
富士見 普通	198	209	1.06
ふじみ野 普通	158	155	0.98
不動岡 普通	358	475	1.33
本庄 普通	318	353	1.11
松伏 普通	118	125	1.06
（情報ビジネス）	40	39	0.98
松山 普通	278	281	1.01
松山女子 普通	318	330	1.04
三郷 普通	198	201	1.02
三郷北 普通	238	250	1.05
宮代 普通	198	192	0.97
妻沼 普通	119	121	1.02
八潮南 普通	79	82	1.04
与野 普通	358	442	1.23
和光国際 普通	238	347	1.46
鷲宮 普通	278	291	1.05
蕨 普通	318	473	1.49
○市立川越 普通	140	208	1.49
○市立浦和 普通	240	416	1.73
○浦和南 普通	320	409	1.28
○大宮北 普通	280	384	1.37
○川口市立 普通	284	358	1.26
（スポーツ科学）	80	131	1.64

《農業に関する学科》

学校名・学科名		入学許可予定者数	受検者数	倍率
熊谷農業	食品科学	40	34	0.85
	生物生産工学	79	78	0.99
	生活技術	40	45	1.13
	生物生産技術	80	81	1.01
児玉白楊	生物資源	39	34	0.87
	環境デザイン	40	37	0.93
杉戸農業	生物生産技術	40	47	1.18
	園芸	40	41	1.03
	造園	39	34	0.87
	食品流通	40	46	1.15
	生活技術	40	43	1.08
	生物生産工学	40	37	0.93
秩父農工科学	農業	40	43	1.08
	食品化学	39	30	0.77
	森林科学	40	20	0.50
鳩ケ谷	園芸デザイン	40	38	0.95
羽生実業	園芸	40	23	0.58
	農業経済	39	33	0.85

《工業に関する学科》

学校名・学科名		入学許可予定者数	受検者数	倍率
大宮工業	機械	80	70	0.88
	電気	40	36	0.90
	建築	79	71	0.90
	電子機械	79	68	0.86
春日部工業	機械	79	70	0.89
	建築	80	87	1.09
	電気	79	52	0.66
川口工業	機械	80	89	1.11
	電気	79	85	1.08
	情報通信	79	86	1.09
川越工業	デザイン	40	49	1.23
	建築	40	36	0.90
	機械	79	61	0.77
	電気	40	47	1.18
	化学	79	67	0.85
久喜工業	電気	39	29	0.74
	工業化学	40	25	0.63
	機械	80	73	0.91
	環境科学	40	14	0.35
	情報技術	40	36	0.90
熊谷工業	電気	40	36	0.90
	建築	40	36	0.90
	土木	40	38	0.95
	機械	79	61	0.77
	情報技術	40	39	0.98
越谷総合技術	電子機械	39	30	0.77
	情報技術	40	46	1.15
児玉	機械	40	20	0.50
	電子機械	40	30	0.75
狭山工業	機械	80	57	0.71
	電気	39	30	0.77
	電子機械	79	47	0.59
進修館	電気システム	39	25	0.64
	情報メディア	40	39	0.98
	ものづくり	40	40	1.00

学校名・学科名		入学許可予定者数	受検者数	倍率
秩父農工科学	電気システム	39	35	0.90
	機械システム	40	37	0.93
新座総合技術	電子機械	39	42	1.08
	情報技術	40	50	1.25
	デザイン	40	56	1.40
三郷工業技術	機械	39	25	0.64
	電子機械	40	23	0.58
	電気	39	34	0.87
	情報技術	40	27	0.68
	情報電子	40	44	1.10

《商業に関する学科》

学校名・学科名		入学許可予定者数	受検者数	倍率
上尾	商業	120	172	1.43
岩槻商業	商業	79	53	0.67
	情報処理	80	68	0.85
浦和商業	商業	198	221	1.12
	情報処理	80	97	1.21
大宮商業	商業	198	201	1.02
熊谷商業	総合ビジネス	198	161	0.81
鴻巣	商業	80	74	0.93
越谷総合技術	流通経済	40	39	0.98
	情報処理	40	37	0.93
狭山経済	流通経済	79	77	0.97
	会計	40	26	0.65
	情報処理	80	93	1.16
所沢商業	情報処理	79	83	1.05
	国際流通	79	76	0.96
	ビジネス会計	40	33	0.83
新座総合技術	総合ビジネス	39	43	1.10
鳩ケ谷	情報処理	80	100	1.25
羽生実業	商業	39	13	0.33
	情報処理	40	30	0.75
深谷商業	商業	158	187	1.18
	会計	40	45	1.13
	情報処理	80	78	0.98
八潮南	商業	79	87	1.10
	情報処理	80	83	1.04
○市立川越	国際経済	70	116	1.66
	情報処理	70	100	1.43

《家庭に関する学科》

学校名・学科名		入学許可予定者数	受検者数	倍率
鴻巣女子	保育	40	33	0.83
	家政科学	40	35	0.88
越谷総合技術	服飾デザイン	39	32	0.82
	食物調理	40	48	1.20
秩父農工科学	ライフデザイン	40	33	0.83
	フードデザイン	40	40	1.00
新座総合技術	服飾デザイン	40	41	1.03
	食物調理	40	48	1.20

《看護に関する学科》

学校名・学科名	入学許可予定者数	受検者数	倍率
常盤 看護	80	91	1.14

《外国語に関する学科》

学校名・学科名	入学許可予定者数	受検者数	倍率
春日部女子 外国語	40	58	1.45
越谷南 外国語	40	56	1.40
坂戸 外国語	40	37	0.93
草加南 外国語	40	42	1.05
南稜 外国語	40	60	1.50
和光国際 外国語	79	116	1.47
蕨 外国語	40	55	1.38

《美術に関する学科》

学校名・学科名	入学許可予定者数	受検者数	倍率
大宮光陵 美術	40	65	1.63
越生 美術	40	47	1.18
芸術総合 美術	40	42	1.05

《音楽に関する学科》

学校名・学科名	入学許可予定者数	受検者数	倍率
大宮光陵 音楽	40	35	0.88
芸術総合 音楽	40	22	0.55
松伏 音楽	40	32	0.80

《書道に関する学科》

学校名・学科名	入学許可予定者数	受検者数	倍率
大宮光陵 書道	40	41	1.03

《体育に関する学科》

学校名・学科名	入学許可予定者数	受検者数	倍率
大宮東 体育	80	84	1.05
ふじみ野 スポーツサイエンス	80	73	0.91

《理数に関する学科》

学校名・学科名	入学許可予定者数	受検者数	倍率
大宮 理数	40	85	2.13
熊谷西 理数	40	55	1.38
越谷北 理数	40	58	1.45
所沢北 理数	40	52	1.30
松山 理数	40	63	1.58
○大宮北 理数	40	76	1.90
○川口市立 理数	40	64	1.60

《福祉に関する学科》

学校名・学科名	入学許可予定者数	受検者数	倍率
誠和福祉 福祉	80	33	0.41

《人文に関する学科》

学校名・学科名	入学許可予定者数	受検者数	倍率
春日部東 人文	40	47	1.18

《国際文化に関する学科》

学校名・学科名	入学許可予定者数	受検者数	倍率
岩槻 国際文化	40	59	1.48

《映像芸術に関する学科》

学校名・学科名	入学許可予定者数	受検者数	倍率
芸術総合 映像芸術	40	50	1.25

《舞台芸術に関する学科》

学校名・学科名	入学許可予定者数	受検者数	倍率
芸術総合 舞台芸術	40	30	0.75

《生物・環境に関する系》

学校名・学科名	入学許可予定者数	受検者数	倍率
いずみ 生物系	119	132	1.11
環境系	119	127	1.07

《総合学科》

学校名・学科名	入学許可予定者数	受検者数	倍率
小鹿野 総合	119	42	0.35
川越総合 総合	238	310	1.30
久喜北陽 総合	318	340	1.07
幸手桜 総合	198	183	0.92
進修館 総合	198	193	0.97
誠和福祉 総合	79	46	0.58
滑川総合 総合	278	296	1.06
吉川美南 総合	119	142	1.19
寄居城北 総合	198	193	0.97

※○は市立。
※「倍率」＝「受検者数」÷「入学許可予定者数」
※伊奈学園総合高校の普通科は、普通、スポーツ科学、芸術の合計。

埼玉県公立高校難易度一覧

目安となる偏差値	公立高校名
75 ～ 73	
	浦和，大宮(理数)
72 ～ 70	浦和第一女子
	大宮，[市]さいたま市立浦和
	春日部
69 ～ 67	川越
	川越女子，越谷北(理数)
	所沢北(理数)，蕨
66 ～ 64	浦和西，越谷北，所沢北，不動岡
	熊谷，越ヶ谷，松山(理数)
	川口北，[市]さいたま市立大宮北(理数)，蕨(外国語)
63 ～ 61	熊谷女子，熊谷西(理数)，和光国際
	[市]川口市立(理数)，和光国際(外国語)
	春日部女子(外国語)，熊谷西，[市]さいたま市立浦和南 [市]さいたま市立大宮北
60 ～ 58	川越南，越谷南，所沢
	伊奈学園総合，松山
	上尾，春日部女子，春日部東(普／人文)，坂戸(普／外国語)
57 ～ 55	浦和北，大宮光陵(普／外国語)，越谷南(外国語)，常盤(看護)，与野
	伊奈学園総合(芸術系)，[市]川口市立，[市]川越市立川越
	上尾(商業)，伊奈学園総合(スポーツ科学系)，[市]川越市立川越(情報処理)，杉戸，本庄，松山女子
54 ～ 51	朝霞，大宮光陵(音楽)，川口，[市]川越市立川越(国際経済)，越谷総合技術(情報技術)，越谷西，草加，秩父，所沢西，南稜
	大宮光陵(美術)，久喜，越谷総合技術(食物調理)，南稜(外国語)，深谷第一
	浦和商業(情報処理)，大宮南，久喜北陽(総合)，芸術総合(映像芸術／舞台芸術)，越谷総合技術(情報処理)
	入間向陽，芸術総合(美術)，越谷総合技術(電子機械)，草加南(普／外国語)，豊岡
50 ～ 47	朝霞西，岩槻，浦和商業(商業)，大宮光陵(書道)，桶川，[市]川口市立(スポーツ科学)，芸術総合(音楽)，坂戸西，新座総合技術(食物調理)，羽生第一，深谷商業(情報処理)
	岩槻(国際文化)，川越西，鴻巣，越谷総合技術(服飾デザイン)，草加東，新座総合技術(服飾デザイン)，深谷商業(商業／会計)
	浦和東，川越総合(総合)，鴻巣女子(保育)，越谷総合技術(流通経済)，滑川総合(総合)，新座総合技術(電子機械／情報技術／デザイン)，鳩ケ谷
	小川，川越工業(デザイン／建築／機械／電気／化学)，越谷東，狭山経済(流通経済／会計／情報処理)，志木
46 ～ 43	大宮東，大宮武蔵野，春日部工業(機械／建築／電気)，熊谷工業(電気／建築／機械／情報技術)，熊谷商業(総合ビジネス)，鴻巣女子(家政科学)，庄和，進修館(総合)，所沢中央，新座総合技術(総合ビジネス)，鳩ケ谷(情報処理)，鷲宮
	上尾鷹の台，大宮工業(機械)，大宮商業(商業)，川口東，久喜工業(情報技術)，熊谷工業(土木)，鴻巣(商業)，狭山清陵，松伏(音楽)，三郷北
	岩槻商業(商業／情報処理)，大宮工業(電気／建築／電子機械)，越生(美術)，久喜工業(電気／工業化学／機械／環境科学)，進修館(電気システム／情報メディア／ものづくり)，草加西，飯能，深谷，松伏(普／情報ビジネス)
	上尾南，いずみ(生物)，大宮東(体育)，川口青陵，杉戸農業(生物生産技術／園芸／造園／食品流通／生活技術／生物生産工学)，秩父農工科学(ライフデザイン)，所沢商業(情報処理／国際流通／ビジネス会計)，新座柳瀬，鳩ケ谷(園芸デザイン)，三郷工業技術(機械／電子機械／電気／情報技術／情報電子)
42 ～ 38	いずみ(環境)，北本，熊谷農業(食品科学／生物生産工学／生活技術／生物生産技術)，白岡，誠和福祉(福祉／総合)，秩父農工科学(農業／食品化学／森林科学／電気システム／機械システム／フードデザイン)，羽生実業(情報処理)，宮代，寄居城北(総合)
	鴻巣女子，児玉，狭山工業(機械／電気／電子機械)，鶴ヶ島清風，羽生実業(商業)，飯能，八潮南(普／商業／情報処理)，吉川美南(総合)
	川口工業(機械／電気／情報通信)，川越初雁，栗橋北彩，幸手桜(総合)，蓮田松韻，羽生実業(園芸／農業経済)，日高，富士見，ふじみ野(普／スポーツサイエンス)
	桶川西，越生，児玉(生物資源／環境デザイン／機械／電子機械)，新座，日高(情報)，三郷
	上尾橘，小鹿野(総合)，妻沼
37 ～	

＊(　)内は学科・コースを示します。
＊データが不足している高校，または学科・コースなどにつきましては掲載していない場合があります。[市]は市立を意味します。
＊公立高校の入学者は，「学力検査の得点」のほかに，「調査書点」や「面接点」などが大きく加味されて選抜されます。上記の内容は想定した目安ですので，ご注意ください。
＊公立高校入学者の選抜方法や制度は変更される場合があります。また，統廃合による閉校や学校名の変更，学科の変更などが行われる場合もあります。教育委員会などの関係機関が発表する最新の情報を確認してください。

数学 ●●●● 出題傾向の分析と合格への対策 ●●●●

出題傾向とその内容

〈最新年度の出題状況〉

本年度の出題数は，一般問題が大問4題，小問にして23問，学校選択問題が大問5題，小問にして20問であり，各分野まんべんなく出題されている。

一般問題は，大問1が数・式の計算，一次方程式，平方根，因数分解，連立方程式，二次方程式，一次関数，角度，円の性質，面積比，資料の散らばり・代表値，確率，回転体の体積，規則性，大問2は作図，合同の記述式証明，大問3は図形と関数・グラフの融合問題，大問4は体積，線分の長さを計量させる空間図形の総合問題であった。学校選択問題は，大問1が数・式の計算，平方根，式の値，二次方程式，資料の散らばり・代表値，規則性，面積比，関数とグラフ，回転体の体積，角度，円の性質，大問2は作図，図形の記述式証明，大問3は図形と関数・グラフの融合問題，大問4は動点を含む場合の数と確率の問題，大問5は体積，線分の長さを計量させる空間図形の総合問題であった。

〈出題傾向〉

近年，大問1の基礎的な数学能力を問う小問群に，65点前後の配点がある。日々の授業を大切にし，その内容をしっかり理解すれば解ける問題であり，確実に得点していきたい。

例年，図形の証明の記述だけでなく，答えを求める過程や，理由を数式によって説明させるなどの記述式問題が出題されている。普段の学習では，問題が解けただけで満足をせず，その過程も書くような練習を積んでおきたい。

問題数は標準的だが，どの問題もよく練られており，問題数のわりにボリューム感がある。

来年度の予想と対策

来年度も，問題の量や全体的な傾向に大きな変化はないと思われる。まずは，教科書を中心として全分野の基礎をしっかりと身につけることが大切である。大問1で出されるような小問は速く正確にこなせるようにしておきたい。さらに，場合の数や確率に時間が取られすぎないように，多くの問題を解き慣れておく必要がある。

応用問題は平面図形に重点がおかれることが多いので，合同・相似や三平方の定理，円の性質，証明，作図，グラフとの融合問題，動点など，過去の問題を参考にしながらより多くの問題に取り組んでおこう。そして，問題を解いただけで満足せず，解答解説を丁寧に読みしっかり理解しよう。参考にできる解法がないかどうかをよく吟味し，効果的な解法があったら以降の学習で使うようにし，しっかり自分のものにしていこう。

また，新傾向の問題についても対策を立てておく必要がある。このような問題は他の公立高校でも出題率が高くなっているので，問題集などで練習しておくとよい。問題文をじっくりと読み，条件をおさえ，それらを整理し，処理する練習を積んでおこう。

⇨学習のポイント

- 授業や学校の教材を中心に全分野の基礎力を身につけよう。
- 過去問や問題集を使って新傾向の問題への対策を立てよう。
- 少し難しい平面図形の問題にもあたり，平面図形の問題へ柔軟に対応できるようにしておこう。

年度別出題内容の分析表 数学

※☆印は学校選択問題／　　は出題範囲縮小の影響がみられた内容

出題内容			26年	27年	28年	29年	30年	2019年	2020年	2021年	2022年	2023年	2024年
数と式	数の性質		○		○	○☆	○☆	☆		○☆	○☆	○☆	○
	数・式の計算		○	○	○	○☆	○☆	○☆	○☆	○☆	○☆	○☆	○☆
	因数分解					○	○	○	○	○	○	○	○
	平方根		○	○	○	○☆	○☆	○☆	○☆	○☆	○☆	○☆	○☆
方程式・不等式	一次方程式		○	○	○	○☆	○☆	○☆	○☆	○☆	○☆	○☆	○☆
	二次方程式		○	○	○	○☆	○☆	○☆	○☆	○☆	○☆	○☆	○☆
	不等式								☆				
	方程式の応用		○		○	○☆	○☆	○☆	○☆	☆	☆	☆	○☆
関数	一次関数		○	○	○	○☆	○☆	○☆	○☆	○☆	○☆	○☆	○☆
	関数 $y=ax^2$		○	○	○	○☆	○☆	○☆	○☆	○☆	○☆	○☆	○☆
	比例関数					○			○☆		○☆	○	
	関数とグラフ		○	○	○	○☆	○☆	○☆	○☆	○☆	○☆	○☆	○☆
	グラフの作成												
図形	平面図形	角度	○	○	○			○☆	○	○	○		○☆
		合同・相似	○		○	○☆	○☆	○☆	○☆	○☆	○☆	○☆	○☆
		三平方の定理	○	○	○	○☆	☆	○☆	○☆		○☆	○☆	○☆
		円の性質	○	○	○		○☆	○☆	☆		○☆	☆	○☆
	空間図形	合同・相似									○☆		
		三平方の定理	○			☆						○☆	
		切断							☆		☆	○☆	
	計量	長さ		○		○☆	☆	○☆	○☆	○☆	○☆	○☆	○☆
		面積	○	○	○	○☆	○☆	○☆	○☆	○☆	○☆	○☆	○☆
		体積	○	○	○	☆	○☆	○☆	○☆	○☆	○☆	☆	○☆
	証明			○	○	○☆	○☆	○☆	○☆	○☆	○☆	○☆	○☆
	作図		○	○	○	○☆	○☆	○☆	○☆	○☆	○☆	○☆	○☆
	動点			○	○					☆		○☆	☆
データの活用	場合の数		○			○☆		☆			○☆		☆
	確率			○	○		○☆		○☆	○☆	○☆	○☆	○☆
	資料の散らばり・代表値(箱ひげ図を含む)				○	○☆	○☆		○☆	○☆	○☆	○☆	○☆
	標本調査			○				○☆	○☆		○☆	○☆	
融合問題	図形と関数・グラフ		○	○	○	○☆	○☆	○☆	○☆	○☆	○☆	☆	○☆
	図形と確率										○☆		
	関数・グラフと確率												
	その他												
その他				○			○☆					○☆	○☆

―埼玉県公立高校―

英語　出題傾向の分析と合格への対策

出題傾向とその内容

〈最新年度の出題状況〉

本県は，学力検査問題と学校選択問題の2種に分かれている。学力検査問題の大問構成はリスニングが1題，長文読解問題大問が4題で5題であった。学校選択問題は，リスニング1題，長文読解問題2題，条件英作文1題で，リスニングと長文読解問題は一部が学力検査問題と共通だった。

リスニング問題の配点は2種共に100点満点中の28点で，他の都道府県と比較すると割合はやや高い。また，放送の時間が長い。リスニングは放送台本は共通だが2種で一部設問が異なる。

長文読解問題はバラエティに富んだ出題で，語句や文法知識を求めるものから，内容理解に及ぶものまで，ひと通りの出題形式が網羅されている。学校選択問題の独自の長文は本文が長めで，設問もひねりのあるものが含まれ，点差のつきやすい問題である。

条件英作文は，学力検査問題は3題，学校選択問題は2題である。学校選択問題は40語以上50語程度と長文を書くことを課される。

小問数は学力検査，学校選択問題共に問題31問で，総合力を問う出題であったと言えるだろう。

〈出題傾向〉

リスニング問題に関しては，指示が英語でなされて，英問英答を含む。

長文読解問題では，英文そのものの難度は標準である。ただし，学校選択問題では，教科書によっては学習しない語句も，注釈なしで用いられている。

リスニングにかなり時間がかかることに加え，問題が多岐にわたるためスピードも要求される。とくに学校選択問題の独自長文の文章量は多目なので，解答につながる部分を的確に見つける能力が要求される。

条件英作文はいずれの問題でも難しい英文を書く必要はないが，条件に合致した，全体としてまとまりのある文章を書けるかがポイントである。

来年度の予想と対策

出題の中心である読解問題の対策としては，何よりも英文に慣れることが大切である。いろいろな内容の読み物に触れること。

聞き取り対策としては，リスニングCDなどを使って十分な学習をしておきたい。比較的長い文では，「だれがどうした」を正確に聞き分ける力が要求される。

文法事項や単語，熟語については，教科書範囲よりもやや上のレベルまで学習しておく必要があるだろう。

英作文については，自分の考えを論理的に，まとまった内容の英語で書く練習をしておこう。

⇨学習のポイント

- さまざまな内容・レベルの英文や問題集などに，数多く触れておこう。
- 長い英文を読みこなすことに慣れておこう。

年度別出題内容の分析表　英語

※☆印は学校選択問題／（網掛け）は出題範囲縮小の影響がみられた内容

出題内容			28年	29年	30年	2019年	2020年	2021年	2022年	2023年	2024年
設問形式	リスニング	絵・図・表・グラフなどを用いた問題	○	○☆	○☆	○☆	○☆	○☆	○☆	○☆	○☆
		適文の挿入									
		英語の質問に答える問題	○	○☆	○☆	○☆	○☆	○☆	○☆	○☆	○☆
		英語によるメモ・要約文の完成					○☆		○☆	○☆	○☆
		日本語で答える問題	○	○☆	○						
		書き取り									
	語い	単語の発音									
		文の区切り・強勢									
		語句の問題		○☆	○	○	○☆	○☆	○☆	○☆	○☆
	読解	語句補充・選択（読解）	○	○☆	○☆	○☆	○☆	○☆	○	○☆	○☆
		文の挿入・文の並べ換え	○	○☆	○☆	○☆	○☆	○☆	○☆	○☆	○☆
		語句の解釈・指示語		☆		☆	○	☆	☆	○	○☆
		英問英答（選択・記述）	○	○☆	○☆	○☆	○☆	○☆	○☆	○☆	○☆
		日本語で答える問題	○	○☆	○☆	○☆	○☆	○	○☆	○☆	○☆
		内容真偽	○	○☆	○	○	○	○	○☆	○☆	○☆
		絵・図・表・グラフなどを用いた問題			○☆	○☆	○☆	○			○☆
		広告・メール・メモ・手紙・要約文などを用いた問題	○	○	○☆	○☆	○☆	☆	○☆	○☆	☆
	文法	語句補充・選択（文法）	○	○☆	○	○☆					
		語形変化	○	○☆		○☆	○☆				
		語句の並べ換え	○	○☆	○☆	○☆	○☆	○☆	○☆	○☆	○☆
		言い換え・書き換え									
		英文和訳									
		和文英訳				☆			○☆	○	○
		自由・条件英作文	○	○☆	○☆	○☆	○☆	○☆	○☆	○	○☆
文法事項	現在・過去・未来と進行形		○	○☆	○☆	○☆	○☆	○	○☆	○	☆
	助動詞		○		○☆	☆	○☆	○	○☆	○☆	○☆
	名詞・冠詞・代名詞			○	○☆	○					
	形容詞・副詞		○	☆			○☆	☆			
	不定詞		○	○☆	○☆	○☆	○☆	○☆	○☆	○☆	○☆
	動名詞				☆	☆	○☆	○☆	○☆	○☆	○☆
	文の構造（目的語と補語）			☆	☆	○		○			☆
	比較		○		☆	○☆	○☆	○☆	○☆	☆	○☆
	受け身					○☆	☆	○☆	○☆	○☆	○☆
	現在完了				○	○	○☆	☆	○☆	○☆	○☆
	付加疑問文										☆
	間接疑問文			☆		☆	☆		☆	☆	○☆
	前置詞			○☆	☆		○☆	○			○☆
	接続詞			○☆	○☆	○☆	○☆	○☆	○☆	○☆	○☆
	分詞の形容詞的用法				☆	○	☆	○☆	☆		○☆
	関係代名詞			☆	☆	○☆	○☆		○☆	○☆	○☆
	感嘆文										
	仮定法									○	

―埼玉県公立高校―

理科 出題傾向の分析と合格への対策

出題傾向とその内容

〈最新年度の出題状況〉

大問1は，小問が8問で，物理・化学・生物・地学の各領域からの出題であった。大問2の地学は，月の動きと見え方・日食と月食の地球と月の公転との関係で仮説の検証，大問3の生物は，ルーペの観察，カモノハシ等動物の特徴と分類の観点，相同器官，大問4の化学は，炭酸水素ナトリウムの熱分解で実験方法・データから実験ミスの考察・熱分解で生じる物質の検証実験・日常生活へ応用，大問5の物理は，斜面を下る鉄球の運動と力の分解，正しいデータを得る実験方法，力学的エネルギーの保存では課題の解決，28問中16問が記述問題で，うち5問が文章記述で，化学反応式，力の分解の作図や計算問題があった。探究的学習からの設問で，科学的思考力，判断力，表現力等が試された。

〈出題傾向〉

大問1小問集合は，物理，化学，生物，地学の基礎的・基本的な問題で，図解，計算，化学反応式・用語の記入，記号選択などである。大問2から大問5は，各々の領域について，一つのテーマについて，いくつかの実験や観察から調べていきデータ(資料)を分析して判断し，考察して結論を得て総合的に活用して解く探究の過程重視の問題である。例年，実験・観察の操作，作図やグラフ化，回路図，図解，実験装置や実験・観察の結果などの図を書く問題がよく出題され，特徴となっている。また，説明や理由を文章で答える問題も数多く出題され，正確な知識理解，科学的思考力，判断力，表現力が試される。今年の小問では，生活で見られる光の屈折現象，新素材の出題があった。

物理的領域　大問は，6年は斜面を下る鉄球の運動と力の分解，力学的エネルギーの保存，5年は反射鏡又は凸レンズ又はフレネルレンズによるスポットライトの実験，4年は斜張橋の合力と分力の実験，フックの法則，3年は回路図の作成，回路の電圧と電流と抵抗，電力・熱量であった。

化学的領域　大問は，6年は$NaHCO_3$の熱分解と生じる物質の検証実験・日常生活へ応用，5年は炭素でCuOの還元実験・モデル化と化学反応式・グラフ化と応用，4年は気体の発生実験，溶け残った粒子数と大気圧，海水温の上昇とCO_2量，3年は化学電池，備長炭電池，燃料電池であった。

生物的領域　大問は，6年は生物の観察と分類のしかた，動物の特徴と分類，相同器官，5年はエンドウの花のつくりと自家受粉，遺伝子の組み合わせの特定方法，4年は消化と吸収，肝臓の働きと血液，pHとヘモグロビン，細胞の呼吸，3年は骨格と筋肉，相同器官，うでの力の計算であった。

地学的領域　大問は，6年は月の動きと見え方，日食・月食と地球・月の公転，5年は等圧線と風，日本の天気，海陸風，飛行への偏西風の影響，4年は地球の公転と季節・日時計，月の見え方・太陽暦と太陰暦，3年はプレートと地震，震度，緊急地震速報受信からS波到着までの時間であった。

来年度の予想と対策

実験・観察を扱った問題を中心に，基礎的理解力と並んで，解答を導く過程や実験・観察の考察を記述させたり，図解させたり，グラフを書かせたりして，科学的思考力・判断力・表現力を試す問題の出題が予想される。また，複数単元の総合問題も予想される。教科書の発展応用問題も予想される。

教科書を丁寧に復習し基礎的な用語は正しく理解し押さえておこう。日頃の授業では，仮説，目的，方法，結果，考察等の探究の過程を意識して，実験や観察に積極的に参加しよう。実験装置は図を描き，実験・観察結果は図や表，グラフ化など分かり易く表現し記録しよう。考察は結果に基づいて自分で文章を書く習慣を身につけよう。計算問題でも計算の過程や考え方を書く習慣を身につけたい。

⇨学習のポイント

- 過去問題を多く解き，「何を問われるのか，どんな答え方をすればよいのか」を把握しておこう。
- 教科書は図，表，応用発展，資料が全てテスト範囲。確かな基礎・基本と応用問題への挑戦!!

年度別出題内容の分析表　理科

※★印は大問の中心となった単元／　　は出題範囲縮小の影響がみられた内容

分野	学年	出題内容	27年	28年	29年	30年	2019年	2020年	2021年	2022年	2023年	2024年
第一分野	第1学年	身のまわりの物質とその性質	○		○	○	○				○	
		気体の発生とその性質	○	○	○			○	○	★		
		水溶液		○	○		○	○				
		状態変化			○	★						
		力のはたらき(2力のつり合いを含む)					○		○	○		
		光と音	○	★	○			★		○	★	○
	第2学年	物質の成り立ち		○	★		○				○	★
		化学変化，酸化と還元，発熱・吸熱反応	○	○	○	○	○		○	○	○	○
		化学変化と物質の質量	★				★	○			★	○
		電流(電力，熱量，静電気，放電，放射線を含む)	★		○	○	○	○	★		○	○
		電流と磁界		○		★		○		○		
	第3学年	水溶液とイオン，原子の成り立ちとイオン						○	○			
		酸・アルカリとイオン，中和と塩	○	○			○	★	○	○		○
		化学変化と電池，金属イオン		★					★	○	○	
		力のつり合いと合成・分解(水圧，浮力を含む)			○		★	○	○	★		○
		力と物体の運動(慣性の法則を含む)			★				○			★
		力学的エネルギー，仕事とエネルギー		○	○	○	○		○		○	○
		エネルギーとその変換，エネルギー資源	○		○	○	○					○
第二分野	第1学年	生物の観察と分類のしかた				○						○
		植物の特徴と分類	○	○	○		○	○			○	
		動物の特徴と分類		○		○					○	★
		身近な地形や地層，岩石の観察					○					
		火山活動と火成岩								○		
		地震と地球内部のはたらき		○	★				★		○	
		地層の重なりと過去の様子				○	★	○	○			○
	第2学年	生物と細胞(顕微鏡観察のしかたを含む)									○	
		植物の体のつくりとはたらき	★					★	○	○		○
		動物の体のつくりとはたらき	○	○	★		○	○	★	★		
		気象要素の観測，大気圧と圧力				○	○			○	○	
		天気の変化	○	★			○	★	○	○	○	
		日本の気象			○						★	○
	第3学年	生物の成長と生殖	○			○		○	○	○		○
		遺伝の規則性と遺伝子			○	★					★	
		生物の種類の多様性と進化							○			○
		天体の動きと地球の自転・公転	★							★		
		太陽系と恒星，月や金星の運動と見え方	○	○	○	★	○	○		○	○	★
		自然界のつり合い		★			★					
自然の環境調査と環境保全，自然災害			○	○	○				○	○	○	
科学技術の発展，様々な物質とその利用					○	○				○	○
探究の過程を重視した出題			○	○	○	○	○	○	○	○	○	○

— 埼玉県公立高校 —

社会 出題傾向の分析と合格への対策

出題傾向とその内容

〈最新年度の出題状況〉

本年度の出題数は例年同様，大問6題，小問30問である。解答形式は記号選択式が19問，語句記入が6問，短文の記述問題も6問出題されている。大問数は，日本地理1題，世界地理1題，歴史2題，公民1題，総合1題であり，小問数は各分野のバランスがほぼとれていると言える。細かい知識を問う問題はなく，基礎・基本の定着と，資料を活用する力を試す総合的な問題が出題の中心となっている。

地理的分野では，略地図を中心に表・グラフ・雨温図といった統計資料や写真を用い，諸地域の特色・産業・貿易・気候などが問われている。歴史的分野では，文章や略年表などをもとに，日本の歴史が総合的に問われている。公民的分野では，広い範囲の中から基礎的な知識が問われている。

〈出題傾向〉

地理的分野では，地形図・表・グラフなどを読み取らせることで，知識の活用が行えるかを確認している。即ち，知識を暗記するだけでは不十分であり，実際に使えることを重要視していると言えるだろう。

歴史的分野では，テーマ別の通史という形で出題することにより，歴史の流れをつかんでいるかを確認している。即ち，歴史全体を俯瞰する力を重要視していると言えるだろう。

公民的分野では，財政・経済を軸にして，国政と三権分立の関係や国際関係を切り口にした出題が多くみられる。経済のしくみと国際化という現代日本の状況をきちんと把握する力を重要視していると言えるだろう。

来年度の予想と対策

今年度と同様に，基礎的なものを中心に，考えさせる内容の問題が出題されるだろう。したがって，考えをまとめる記述に慣れておくことが大切である。

地理的分野では，地形図やグラフなど各種統計資料を読み取る力を鍛えることが不可欠である。また，地図を見て都道府県や各国の位置を理解することと併せて，日本や世界の諸地域の特色を，自然・生活・産業・貿易などの面から理解する必要がある。

歴史的分野では，時代の特色を理解し，歴史の流れを把握することが大切である。世界の出来事と関連付けていくと，さらに理解は深まるだろう。また，歴史上の出来事の起こった場所を地図で確認する作業も必要である。

公民的分野では，基本的用語の理解を徹底することが必要である。さらに，新聞・ニュースなどで政治・経済の動きや，時事的な内容にも注目しておくことも大切である。

⇨学習のポイント

- 地理では，統計資料や地図から，諸地域の特色を読みとることに慣れておこう！
- 歴史では，教科書で基本的事項を整理し，テーマ別の問題に慣れておこう！
- 公民では，憲法・財政・国際社会を意識し，ニュースでも注目しておこう！

年度別出題内容の分析表　社会

※　　は出題範囲縮小の影響がみられた内容

		出題内容	27年	28年	29年	30年	2019年	2020年	2021年	2022年	2023年	2024年
地理的分野	日本	地形図の見方	○	○	○	○	○	○	○	○	○	○
		日本の国土・地形・気候	○	○	○	○	○	○	○	○	○	○
		人口・都市	○		○		○	○	○	○	○	
		農林水産業	○	○	○	○	○	○	○	○	○	○
		工業	○	○	○	○	○	○	○		○	
		交通・通信										○
		資源・エネルギー										
		貿易										
	世界	人々のくらし・宗教	○				○			○		○
		地形・気候	○	○	○	○	○	○	○	○	○	○
		人口・都市	○			○	○	○	○		○	
		産業	○			○	○	○	○	○		○
		交通・貿易	○	○	○	○	○	○	○	○	○	○
		資源・エネルギー										
	地理総合											
歴史的分野	日本史―時代別	旧石器時代から弥生時代						○				
		古墳時代から平安時代	○	○	○	○	○	○	○	○	○	○
		鎌倉・室町時代	○	○	○	○	○	○	○	○	○	○
		安土桃山・江戸時代	○	○	○	○	○	○	○	○	○	○
		明治時代から現代	○	○	○	○	○	○	○	○	○	○
	日本史―テーマ別	政治・法律	○	○	○	○	○	○	○	○	○	○
		経済・社会・技術	○	○	○	○	○	○	○	○	○	○
		文化・宗教・教育	○	○	○	○	○	○	○	○	○	○
		外交	○	○	○	○	○	○	○	○	○	○
	世界史	政治・社会・経済史						○	○		○	
		文化史					○					
		世界史総合										
	歴史総合											
公民的分野		憲法・基本的人権		○	○	○	○	○	○	○	○	○
		国の政治の仕組み・裁判	○	○	○	○	○	○	○	○	○	○
		民主主義										
		地方自治	○			○		○	○	○	○	○
		国民生活・社会保障	○				○	○			○	○
		経済一般	○	○	○	○	○	○	○	○	○	○
		財政・消費生活	○	○	○	○	○	○	○	○	○	○
		公害・環境問題						○			○	
		国際社会との関わり		○	○	○	○	○	○	○	○	○
時事問題												
その他												

―埼玉県公立高校―

国語　出題傾向の分析と合格への対策

出題傾向とその内容

〈最新年度の出題状況〉

大問数は従来通り5題，小問数は25問である。記述問題も多く出題されている。

第1問は小説の読解問題で，登場人物の心情や表現に関する理解が求められた。

第2問は知識問題，スピーチに関する問題で構成されている。知識問題としては，漢字の読み書き，品詞の識別，熟語の構成が出題された。

第3問は論説文の読解で，理由を問う問題など内容理解を中心にした出題であった。

第4問の古文は，仮名遣いの他，内容理解についての問題が出題されている。人物関係や話の流れを正しく捉えることが必要とされる。

第5問は課題作文で，字数は151～195字。「持続可能な開発目標(SDGs)の推進」について資料のグラフを読み取り，体験をふまえて自分の考えを述べる問題であった。

〈出題傾向〉

現代文の文学的文章は登場人物の心情，説明的文章は内容理解を中心に出題されている。記号選択問題は，「最も適切なもの」を選ぶ問題と「適切でないもの」を選ぶ問題が混在しており，設問文を読んでいるかどうかも試される。記述問題は，空欄にあてはまる内容を入れて文を完成させる形が特徴的で，前後のつながりに注意して条件に合った解答をまとめる力が求められている。

古文は，歴史的仮名遣いが必出。内容理解問題も出題される。

知識問題は基本的だが，例年さまざまな分野から出題される。

本年度は，スピーチに関する問題も出題された。

課題作文は1行15字で11～13行。資料から読み取った内容・自分の体験と考えを，段落や構成に注意して書くものである。内容とともに，字数・表記・表現・原稿用紙の使い方などが評価される。

来年度の予想と対策

来年度も基本的な国語力を問う問題となろう。設問文をよく読むことは，基本中の基本である。

記述問題対策は必須。文学的文章は場面ごとに登場人物の心理を読み取り，簡単にまとめてみよう。説明的文章は段落の内容を要約したり，筆者の主張の理由をまとめたりする練習が効果的である。

古文は，歴史的仮名遣いと基本的な古語の意味を理解する。また，教科書や問題集などでいろいろな作品に触れて，古文の表現に慣れておこう。

知識分野は，教科書を徹底的に復習して幅広い知識を身につけておく。漢字はもちろん，文法や，熟語・慣用句など語句の学習もおろそかにしてはならない。

会話や議論に関する問題は，今後も出題される可能性がある。

作文については，原稿用紙の使い方を改めて確認しておく。日頃から問題意識を持ち，自分の考えをまとめる練習をしておきたい。

⇨学習のポイント

- 教科書を使って，文法や語句に関する基礎知識をしっかり身につけよう。
- 文章を読んで，内容と自分の意見を180～200字程度でまとめる練習を行うこと。

年度別出題内容の分析表　国語

※　　は出題範囲縮小の影響がみられた内容

出題内容			27年	28年	29年	30年	2019年	2020年	2021年	2022年	2023年	2024年
内容の分類	読解	主題・表題										
		大意・要旨										
		情景・心情	○	○	○	○	○	○	○	○	○	○
		内容吟味	○	○	○	○	○	○	○	○	○	○
		文脈把握	○		○	○	○		○	○	○	○
		段落・文章構成	○									
		指示語の問題		○		○	○	○			○	○
		接続語の問題										
		脱文・脱語補充			○			○	○			
	漢字・語句	漢字の読み書き	○	○	○	○	○	○	○	○	○	○
		筆順・画数・部首										
		語句の意味				○		○			○	
		同義語・対義語								○		
		熟語		○	○	○	○			○		○
		ことわざ・慣用句・四字熟語		○	○							
		仮名遣い	○	○	○	○	○	○	○	○	○	○
	表現	短文作成	○		○						○	○
		作文(自由・課題)	○	○		○	○	○	○	○	○	○
		その他						○				
	文法	文と文節	○	○	○			○			○	
		品詞・用法	○		○	○	○		○			○
		敬語・その他	○	○								
	古文の口語訳											
	表現技法・形式		○								○	
	文学史											
	書写											
問題文の種類	散文	論説文・説明文	○	○	○	○	○	○	○	○	○	○
		記録文・実用文										
		小説・物語・伝記	○	○	○	○	○	○	○	○	○	○
		随筆・紀行・日記										
	韻文	詩										
		和歌(短歌)		○								
		俳句・川柳									○	
	古文		○	○	○	○	○	○	○	○	○	○
	漢文・漢詩											
	会話・議論・発表						○	○	○	○	○	○
	聞き取り											

— 埼玉県公立高校 —

MEMO

大切なことはメモしておこうネ！

埼玉県公立高等学校

2024年度

★★★★★★★★★★★★★★★★★★★★★★★★

入 試 問 題

●くわしい解説……73ページ

＜数学＞

時間　50分　　満点　100点

【注意】 1　答えに根号を含む場合は，根号をつけたままで答えなさい。
　　　　 2　答えに円周率を含む場合は，πを用いて答えなさい。

1　次の各問に答えなさい。(65点)

(1)　$5x-3x$ を計算しなさい。(4点)

(2)　$2\times(-4)-1$ を計算しなさい。(4点)

(3)　$6x^2y\times12y\div4x$ を計算しなさい。(4点)

(4)　方程式 $5x-7=6x-3$ を解きなさい。(4点)

(5)　$\sqrt{12}+\sqrt{3}$ を計算しなさい。(4点)

(6)　x^2-x-72 を因数分解しなさい。(4点)

(7)　連立方程式 $\begin{cases}6x-y=10\\4x+3y=-8\end{cases}$ を解きなさい。(4点)

(8)　2次方程式 $2x^2+7x+1=0$ を解きなさい。(4点)

(9)　y が x の一次関数で，そのグラフの傾きが2で，点 $(-3,\ -2)$ を通るとき，この一次関数の式を求めなさい。(4点)

(10)　右の図のように，円周の長さを10等分する点A～Jがあります。△AEHと△BEHをつくり，辺AEと辺BHとの交点をKとするとき，∠AKHの大きさ x を求めなさい。(4点)

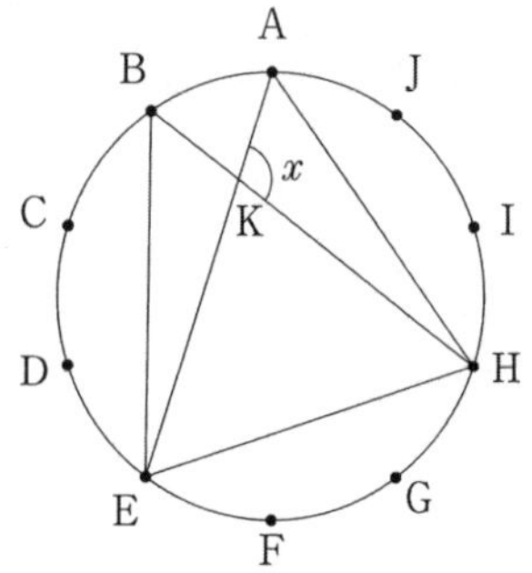

(11)　右の図のような平行四辺形ABCDがあり，辺AD，CDの中点をそれぞれE，Fとします。このとき，△EBFの面積は△DEFの面積の何倍になるか求めなさい。(4点)

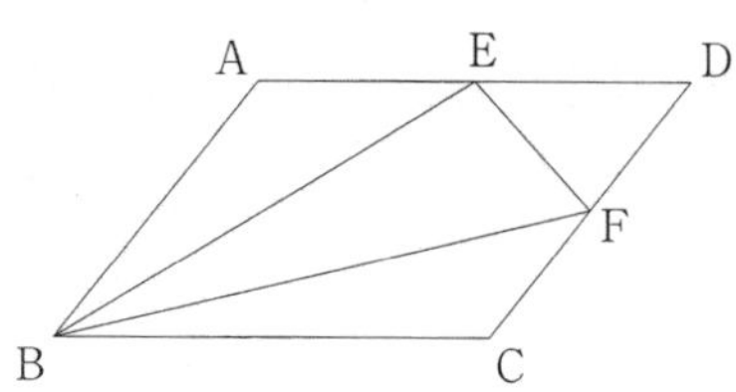

⑿　右の表は，あるクラスの生徒20人が，２学期に借りた本の冊数を，度数分布表に表したものです。この表から読みとることができる内容として正しいものを，次の**ア**～**エ**の中から一つ選び，その記号を書きなさい。（４点）

ア　中央値は８冊以上12冊未満の階級にある。

イ　８冊以上12冊未満の階級の相対度数は４である。

ウ　最頻値は８である。

エ　12冊以上16冊未満の階級の累積相対度数は0.85である。

借りた本の冊数(冊)	度数(人)
以上　未満	
0 ～ 4	2
4 ～ 8	3
8 ～ 12	4
12 ～ 16	8
16 ～ 20	3
合計	20

⒀　１から６までの目が出る大小２つのさいころを１回投げて，大きいさいころの出た目の数を x，小さいさいころの出た目の数を y とします。このとき，$10x + y$ が７の倍数になる確率を求めなさい。

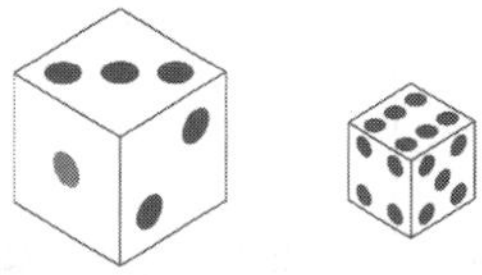

ただし，大小２つのさいころは，どの目が出ることも同様に確からしいものとします。（４点）

⒁　右の図のような，AB＝６㎝，BC＝４㎝の長方形ABCDと直線 ℓ があり，辺DCと直線 ℓ の距離は２㎝です。このとき，長方形ABCDを，直線 ℓ を軸として１回転させてできる立体の体積を求めなさい。（４点）

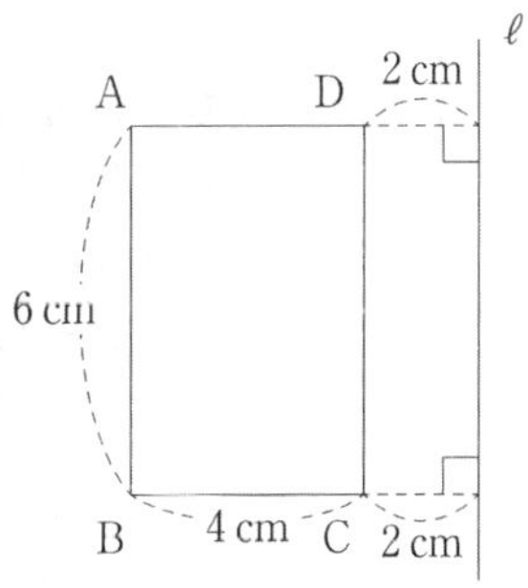

⒂　下の図のように，直線 ℓ 上に１辺が８㎝の正三角形を底辺が４㎝ずつ重なるようにかいていきます。正三角形を x 個かいたとき，かげ（ ）をつけた重なる部分と重ならない部分の面積の比が２：５になりました。このとき，x の値を求めなさい。（４点）

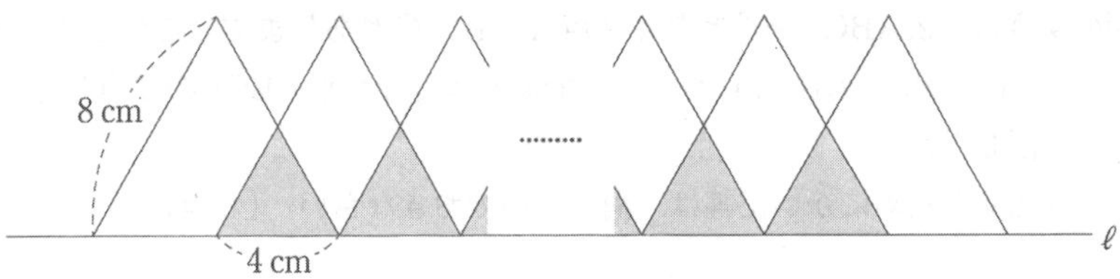

⒃　次は，先生とＳさん，Ｔさんの会話です。これを読んで，あとの問に答えなさい。

先　生「わたしたちの中学校では，校庭にある桜の開花日を生徒会の役員が毎年記録しています。次の図は，1961年から2020年までの記録を，３月15日を基準日としてその何日後に開花したかを，期間①から期間④の15年ごとの期間に分け，箱ひげ図にそれぞれ表したものです。これを見て，気づいたことを話し合ってみましょう。」

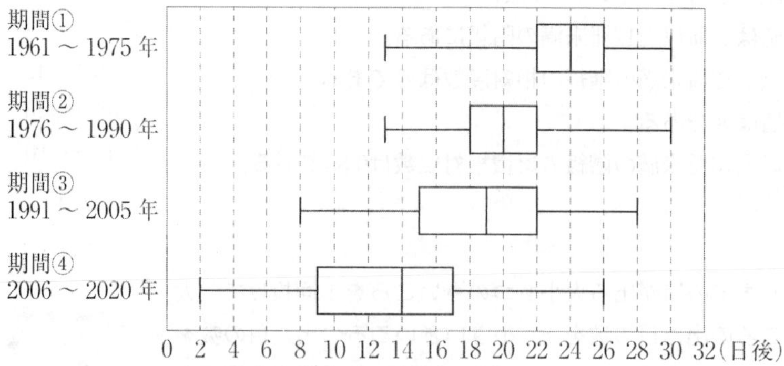

Sさん「4つの箱ひげ図を見ると，桜の開花日は60年間でだんだん早くなっているようだね。」

Tさん「だけど，期間①と期間②の箱ひげ図は，最も早い開花日と最も遅い開花日が同じ位置だよ。それでも，開花日は早くなっているといえるのかな。」

Sさん「期間①と期間②の箱ひげ図を比べると，

I

から，期間①より期間②の方が，開花日は早くなっているといえると思うよ。」

問　会話中 [I] にあてはまる，開花日が早くなっていると考えられる理由を，**第１四分位数**，**第３四分位数**という**二つの語**を使って説明しなさい。（５点）

2　次の各問に答えなさい。(12点)

(1)　下の図のように，∠ABC＝90°となる３点A，B，Cがあります。このとき，線分ACが対角線となり，AB // PC，AB：PC＝２：１であるような台形ABCPの頂点Pをコンパスと定規を使って作図しなさい。

ただし，作図するためにかいた線は，消さないでおきなさい。（６点）

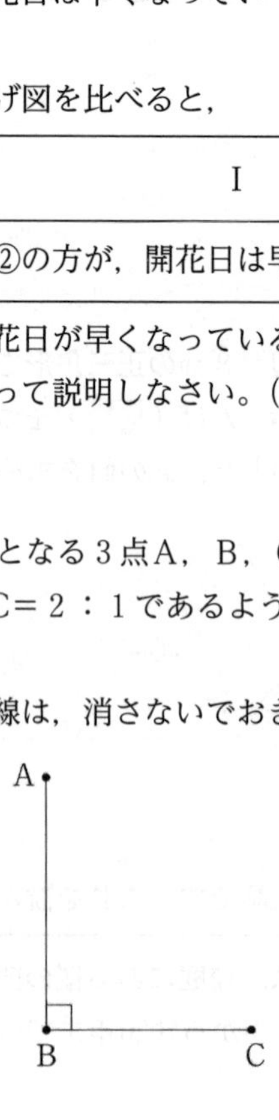

(2) 右の図のように，直角三角形ABCの辺ABを１辺とする正方形ADEBと，辺ACを１辺とする正方形ACFGがあります。

このとき，△ACD≡△AGBであることを証明しなさい。(６点)

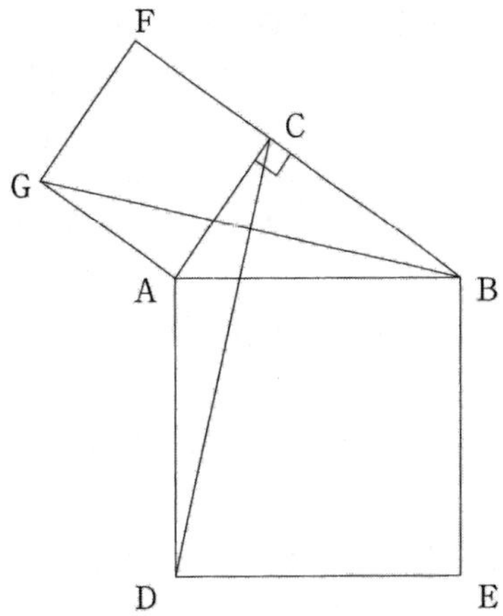

3 次は，ある数学の【問題】について，先生とＦさん，Ｇさんが会話している場面です。これを読んで，あとの各問に答えなさい。(13点)

先　生「次の【問題】について，考えてみましょう。」

【問題】

右の図のように，x 軸上を点Ｐが原点Ｏから点Ａ（5，0）まで動きます。点Ｐの x 座標を t（$0 \leqq t \leqq 5$）として，点Ｐを通り y 軸に平行な直線を ℓ としたとき，直線 ℓ と直線 $y=x$ との交点をQ，直線 ℓ と放物線 $y=\frac{1}{3}x^2$ との交点をRとします。

ＰＱ：ＲＱ＝４：１になるときの点Ｐの x 座標をすべて求めなさい。

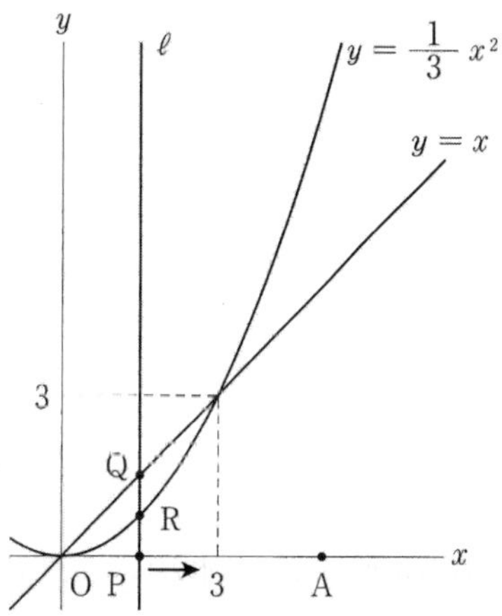

Ｆさん「線分PQと線分RQの長さの比ではなく，線分PQと線分PRの長さの比を考えればわかりやすいかな。」

Ｇさん「そうだね。点Qと点Rの x 座標はそれぞれ t なので，点Qの y 座標は［ア］，点Rの y 座標は［イ］になるよ。これで，線分PQの長さと線分PRの長さをそれぞれ t で表すことができるね。」

Ｆさん「そうすると，$t=0$，3の場合は線分RQの長さが０だから，除いて考える必要があるね。$0<t<3$ の場合，PQ：RQ＝４：１という条件にあてはまるのは，PQ：PR＝４：３かな。」

Ｇさん「そうだね。でも<u>$3<t\leqq 5$ の場合は，PQ：PR＝４：３だと，その条件にあてはまらない</u>よ。」

Ｆさん「なるほど。すると $3 < t \leqq 5$ の場合も，線分PQと線分PRの長さの比を正しく表すことができれば，【問題】は解けそうだね。」
先　生「そのとおりです。それでは，【問題】を解いてみましょう。」

(1) ア ， イ にあてはまる式を，t を使って表しなさい。(４点)

(2) 下線部の理由を，点Ｑと点Ｒの y 座標にふれながら説明しなさい。(５点)

(3) PQ：RQ＝４：１になるときの点Ｐの x 座標を**すべて**求めなさい。(４点)

4　図１のような，１辺の長さが６cmの正方形を底面とし，高さが12cmの透明でふたのない直方体の容器ABCD－EFGHを水で満たし，水平な床の上に置きました。

辺FGを床につけたまま，図２のように，線分AFが床と垂直になるように容器を傾けて，水をこぼしました。水面と線分AFとの交点をＩとするとき，次の各問に答えなさい。

ただし，容器の厚さは考えないものとします。(10点)

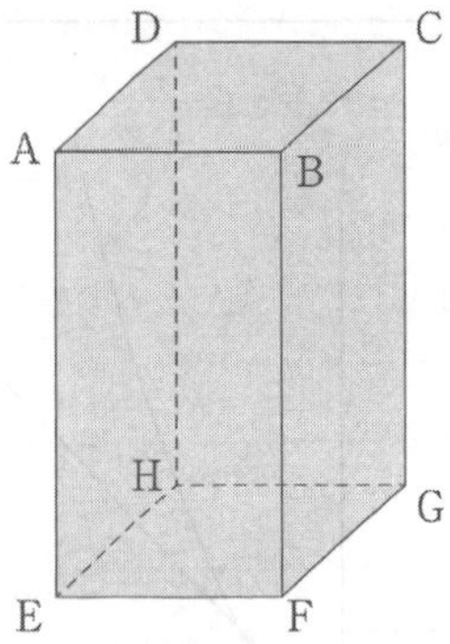

図１

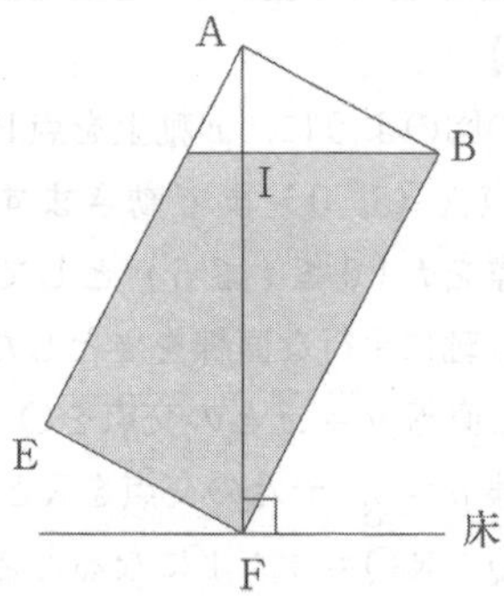

図２

(1) 容器に残っている水の体積を求めなさい。(６点)

(2) 床から水面までの高さＦＩを求めなさい。(４点)

＜学校選択問題＞

時間　50分　　満点　100点

【注意】 1　答えに根号を含む場合は，根号をつけたままで答えなさい。
　　　　2　答えに円周率を含む場合は，πを用いて答えなさい。

1　次の各問に答えなさい。(45点)

(1)　$(-6xy^3)\div\left(\frac{3}{2}x^2y\right)\times(-5x)^2$を計算しなさい。(4点)

(2)　$x=\sqrt{2}+1$，$y=\sqrt{2}-1$のとき，$xy-x-y+1$ の値を求めなさい。(4点)

(3)　2次方程式　$5(x-1)^2+3(x-1)-1=0$を解きなさい。(4点)

(4)　右の表は，あるクラスの生徒20人が，2学期に借りた本の冊数を，度数分布表に表したものです。この表から読みとることができる内容として正しいものを，次のア～エの中から一つ選び，その記号を書きなさい。(4点)

ア　中央値は8冊以上12冊未満の階級にある。
イ　8冊以上12冊未満の階級の相対度数は4である。
ウ　最頻値は8である。
エ　12冊以上16冊未満の階級の累積相対度数は0.85である。

借りた本の冊数(冊)	度数(人)
以上　未満	
0 ～ 4	2
4 ～ 8	3
8 ～ 12	4
12 ～ 16	8
16 ～ 20	3
合計	20

(5)　下の図のように，直線ℓ上に1辺が8cmの正三角形を底辺が4cmずつ重なるようにかいていきます。正三角形をx個かいたとき，かげ（　）をつけた重なる部分と重ならない部分の面積の比が2：5になりました。このとき，xの値を求めなさい。(4点)

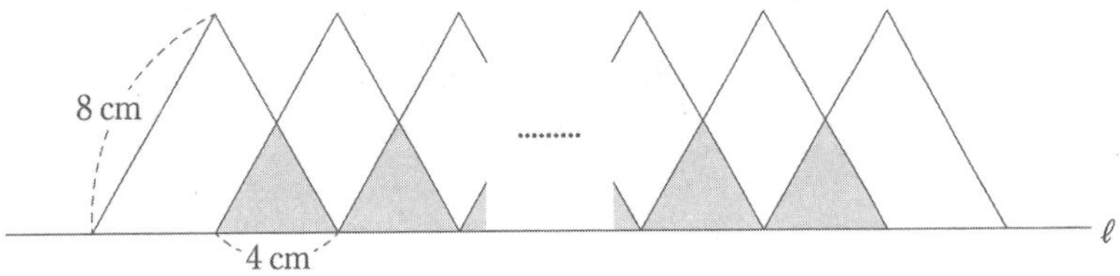

(6)　右の図のような平行四辺形ABCDがあり，辺AD，CDの中点をそれぞれE，Fとします。線分ACと線分BEとの交点をGとするとき，△ABGの面積は△DEFの面積の何倍になるか求めなさい。(5点)

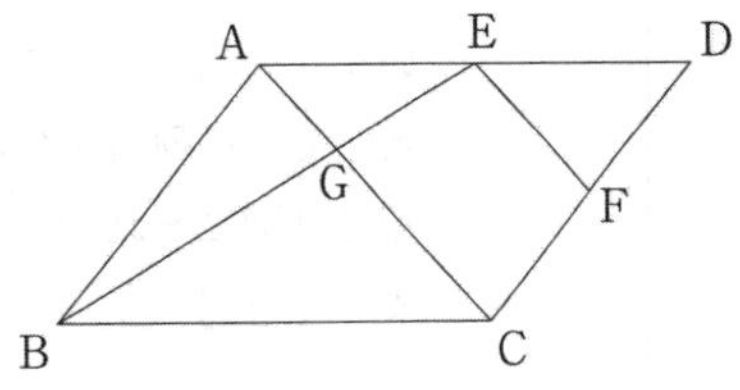

(7)　右の図のように，関数 $y = ax^2$ のグラフと，傾きが $\frac{1}{2}$ である一次関数のグラフが，2点A，Bで交わっています。点Aの x 座標が－2，点Bの x 座標が4であるとき，この一次関数の式を求めなさい。（5点）

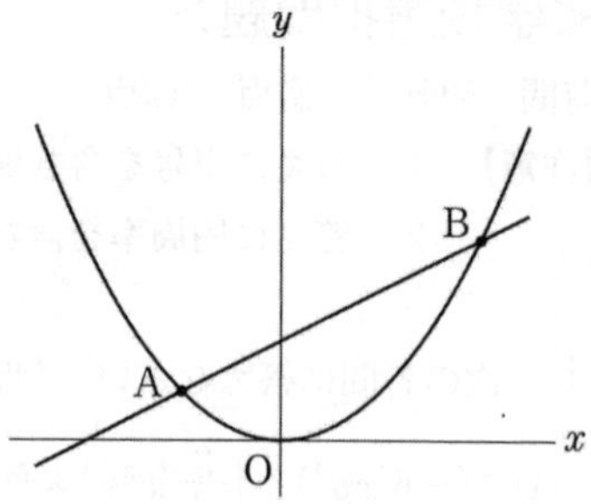

(8)　右の図のような，AB＝AC＝2㎝，∠BAC＝90°の△ABCがあり，頂点Cを通り，辺BCに垂直な直線 ℓ をひきます。このとき，△ABCを，直線 ℓ を軸として1回転させてできる立体の体積を求めなさい。（5点）

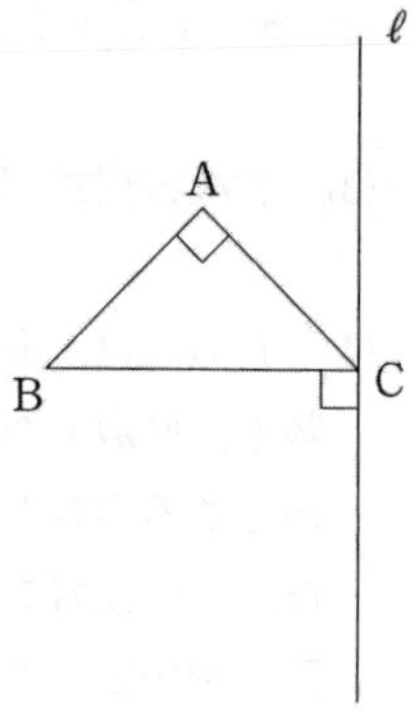

(9)　下の図のように，円周の長さを10等分する点A～Jがあります。線分AEと線分BHとの交点をKとするとき，∠AKHの大きさ x を求めなさい。（5点）

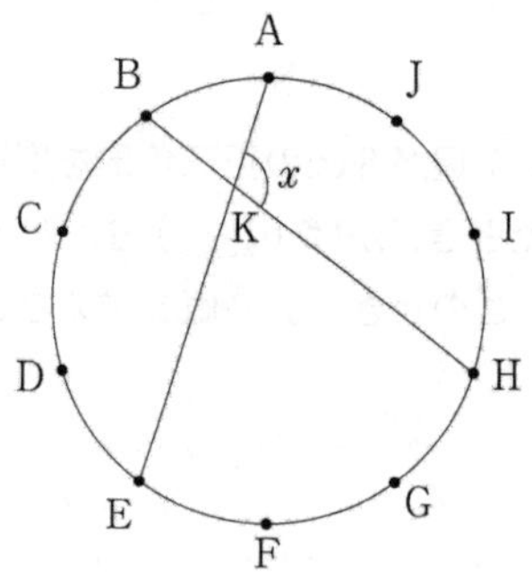

(10)　次は，先生とSさん，Tさんの会話です。これを読んで，あとの問に答えなさい。

先　生「わたしたちの中学校では，校庭にある桜の開花日を生徒会の役員が毎年記録しています。次のページの図は，1961年から2020年までの記録を，3月15日を基準日としてその何日後に開花したかを，期間①から期間④の15年ごとの期間に分け，箱ひげ図にそれぞれ表したものです。これを見て，気づいたことを話し合ってみましょう。」

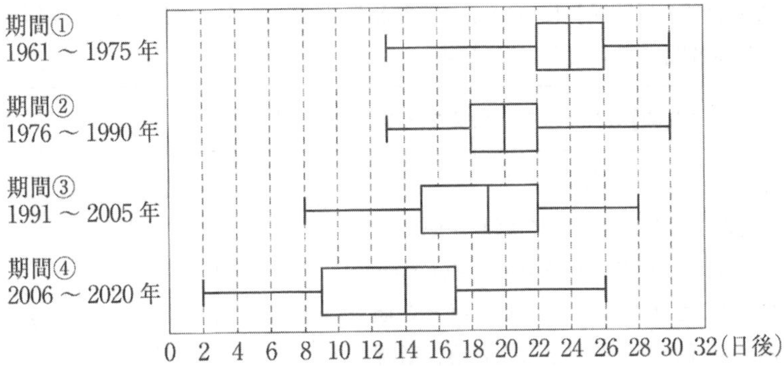

Sさん「4つの箱ひげ図を見ると，桜の開花日は60年間でだんだん早くなっているようだね。」

Tさん「だけど，期間①と期間②の箱ひげ図は，最も早い開花日と最も遅い開花日が同じ位置だよ。それでも，開花日は早くなっているといえるのかな。」

Sさん「期間①と期間②の箱ひげ図を比べると，

| I |

から，期間①より期間②の方が，開花日は早くなっているといえると思うよ。」

問　会話中の I にあてはまる，開花日が早くなっていると考えられる理由を，**第1四分位数**，**第3四分位数**という**二つの語**を使って説明しなさい。(5点)

2　次の各問に答えなさい。(13点)

(1)　右の図のように，∠ABC＝90°となる3点A，B，Cがあります。このとき，線分ACが対角線となり，AB // PC，AB：PC＝2：3であるような台形ABCPの頂点Pをコンパスと定規を使って作図しなさい。

　ただし，作図するためにかいた線は，消さないでおきなさい。(6点)

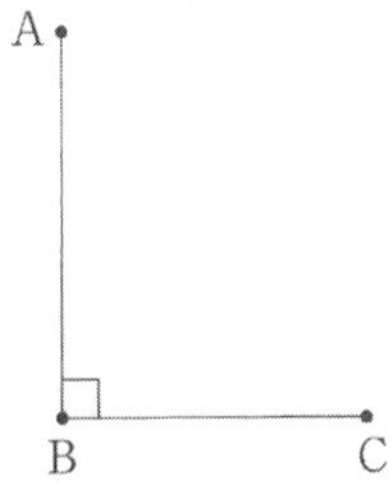

(2)　右の図のように，直角三角形ABCの辺ABを1辺とする正方形ADEBと，辺ACを1辺とする正方形ACFGがあります。線分GBと，辺AC，線分CDとの交点をそれぞれH，Iとするとき，∠CIH＝90°であることを証明しなさい。(7点)

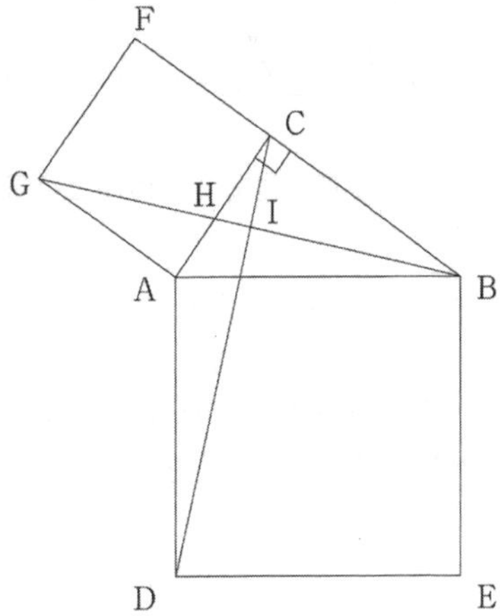

3　次は，ある数学の【問題】について，先生とＦさん，Ｇさんが会話している場面です。これを読んで，あとの各問に答えなさい。(13点)

先　生「次の【問題】について，考えてみましょう。」

【問題】

右の図のように，x 軸上を点Ｐが原点Ｏから点Ａ（5，0）まで動きます。点Ｐの x 座標を t（$0 \leqq t \leqq 5$）として，点Ｐを通り y 軸に平行な直線を ℓ としたとき，直線 ℓ と直線 $y=x$ との交点をＱ，直線 ℓ と放物線 $y=\frac{1}{3}x^2$ との交点をＲとします。

ＰＱ：ＲＱ＝4：1になるときの点Ｐの x 座標を**すべて**求めなさい。

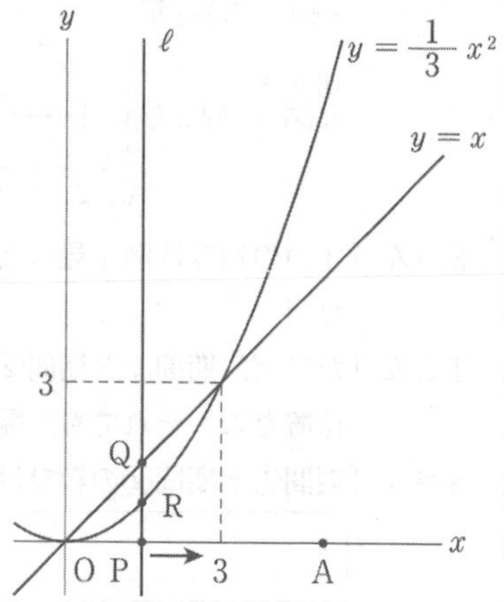

Ｆさん「線分PQと線分RQの長さの比ではなく，線分PQと線分PRの長さの比を考えればわかりやすいかな。」

Ｇさん「そうだね。点Qと点Rの x 座標はそれぞれ t なので，点Qの y 座標は［ア］，点Rの y 座標は［イ］になるよ。これで，線分PQの長さと線分PRの長さをそれぞれ t で表すことができるね。」

Ｆさん「そうすると，$t=0$，3の場合は線分RQの長さが0だから，除いて考える必要があるね。$0<t<3$ の場合，PQ：RQ＝4：1という条件にあてはまるのは，PQ：PR＝4：3かな。」

Ｇさん「そうだね。でも<u>$3<t \leqq 5$ の場合は，PQ：PR＝4：3だと，その条件にあてはまらない</u>よ。」

Ｆさん「なるほど。すると $3<t \leqq 5$ の場合も，線分PQと線分PRの長さの比を正しく表すことができれば，【問題】は解けそうだね。」

先　生「そのとおりです。それでは，【問題】を解いてみましょう。」

(1)　［ア］，［イ］にあてはまる式を，t を使って表しなさい。(4点)

(2)　下線部の理由を，点Qと点Rの y 座標にふれながら説明しなさい。(5点)

(3)　PQ：RQ＝4：1になるときの点Ｐの x 座標を**すべて**求めなさい。(4点)

4　次のページの図のように，正方形ABCDの頂点Ａに点Ｐがあります。硬貨を投げ，次の【ルール】に従って，点Ｐを，反時計回りに正方形ABCDの頂点上を動かす操作を行うとき，あとの各問に答えなさい。

ただし，硬貨の表と裏の出かたは，同様に確からしいものとします。(17点)

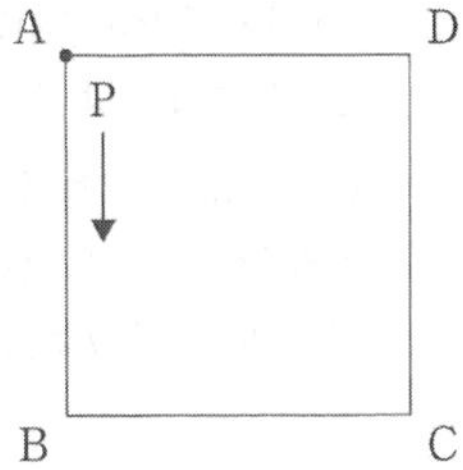

【ルール】
［1］　1枚の硬貨を投げ，表が出たら頂点2つ分，裏が出たら頂点1つ分，点Pは進んで止まる。
［2］　［1］をくり返し，点Pが再び頂点Aに止まったとき，操作は終了する。

(1)　硬貨を2回投げたときに，操作が終了する確率を求めなさい。(5点)

(2)　次の①，②に答えなさい。

①　点Pが正方形ABCDを**ちょうど1周**したところで，操作が終了する場合の数は何通りあるか求めなさい。(6点)

②　点Pが正方形ABCDを**ちょうど2周**したところで，操作が終了する場合の数は何通りあるか求めなさい。(6点)

5　図1のような，1辺の長さが6㎝の正方形を底面とし，高さが12㎝の透明でふたのない直方体の容器ABCD－EFGHを水で満たし，水平な床の上に置きました。このとき，次の各問に答えなさい。
ただし，容器の厚さは考えないものとします。(12点)

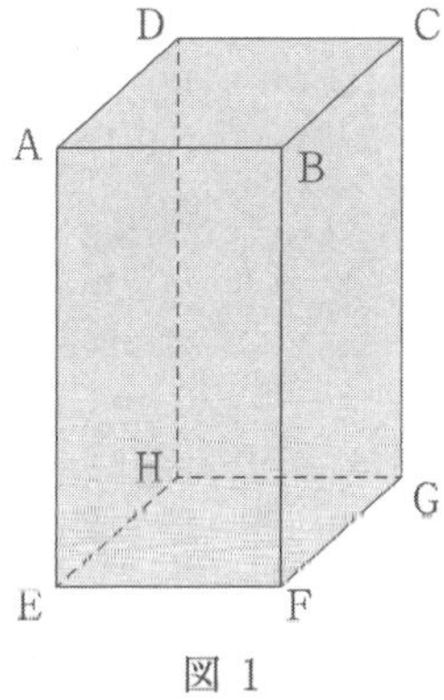

図1

(1)　辺FGを床につけたまま，図2のように，線分AFが床と垂直になるように容器を傾けて，水をこぼしました。
このとき，容器に残っている水の体積を求めなさい。(6点)

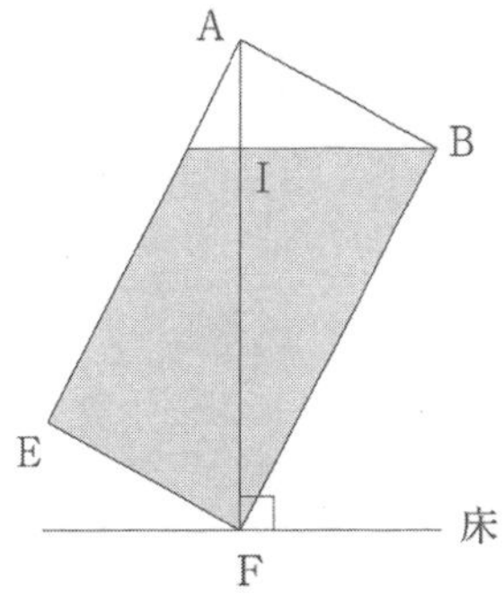

図2

(2) 辺FGを床につけたまま，図３のように，線分AFが床と45°になるように容器をさらに傾けて，水をこぼしました。点Aから床に垂線をひき，床との交点をP，水面と線分APとの交点をQとするとき，床から水面までの高さPQを求めなさい。（６点）

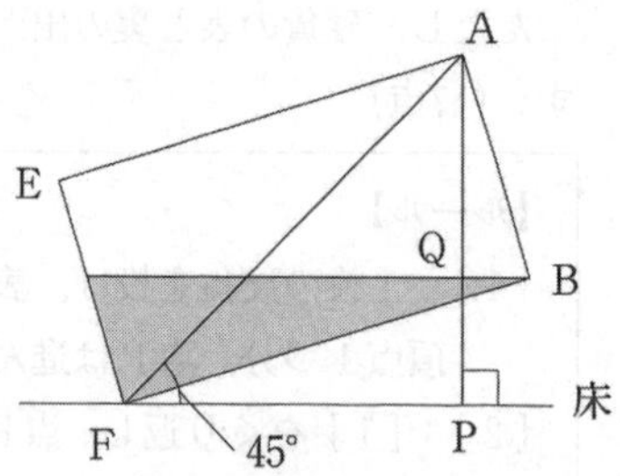

図３

＜英語＞　時間　50分　　満点　100点

1　放送を聞いて答える問題（28点）

問題は，No.1 ～No.7 の全部で 7 題あり，放送はすべて英語で行われます。放送される内容についての質問にそれぞれ答えなさい。No.1 ～No.6 は，質問に対する答えとして最も適切なものを，A～Dの中から一つずつ選び，その記号を書きなさい。No.7 は，それぞれの質問に英語で答えなさい。放送中メモを取ってもかまいません。各問題について英語は 2 回ずつ放送されます。

【No.1 ～No.3】（各 2 点）

Listen to each talk, and choose the best answer for each question.

No.1

A　B　C　D

No.2

A　B　C　D

No.3

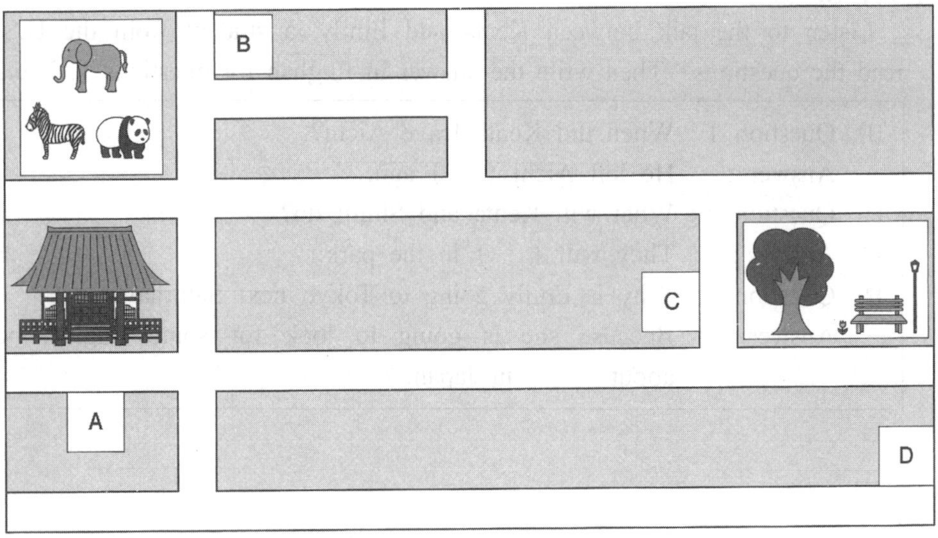

【No.4, No.5】(各2点)

Listen to each situation, and choose the best answer for each question.

No.4

A Do not eat or drink.　B Please stand up.
C Take off your shoes.　D Do not enter.

No.5

A OK. It's red.　B Do you know what color it is?
C Do you have a bigger one?　D What a big T-shirt!

【No.6】(各3点)

Listen to Mr. Jones. He's an ALT at a junior high school. Choose the best answer for questions 1, 2 and 3.

(1) Question 1
A Because the students try to be quiet in English class.
B Because the students try to teach Mr. Jones Japanese.
C Because the students try to talk to Mr. Jones in English.
D Because the students try to use Japanese in English class.

(2) Question 2
A To introduce the shrine.
B To talk with her in English.
C To speak Japanese.
D To take a picture.

(3) Question3
A Mr. Jones is talking about the history of Kyoto.
B English will help the students in the future.
C It's important to talk with people about language.
D Mr. Jones must think about his friend in China.

【No.7】(各3点)

Listen to the talk between Kenta and Emily, a student from the U.S., and read the questions. Then write the answer in English for questions 1, 2 and 3.

(1) Question 1 : When did Kenta leave Aichi?
Answer : He left Aichi (　) ago.

(2) Question 2 : What will Kenta and Shinji do?
Answer : They will (　) in the park.

(3) Question 3 : Why is Emily going to Tokyo next Saturday?
Answer : Because she is going to look for some English books about (　) in Japan.

2　生徒会本部役員の Yosuke が〔日本語のメモ〕をもとに，スタディタイムについてのポスターを，英語で作成します。〔日本語のメモ〕と〔英語のポスター〕を読んで，問 1 ～問 3 に答えなさい。(17点)

〔日本語のメモ〕

けやき中 スタディタイム

数名の先生や生徒が，テスト勉強をお手伝いします。一緒に勉強しましょう！

日　時	場　所
5 月 14 日(火) 午後 3 時 40 分 ～ 午後 4 時 40 分	図書室
5 月 17 日(金) 午後 3 時 40 分 ～ 午後 4 時 40 分	英語教室

☆スタディタイムに興味のある人は担任の先生に 5 月 7 日までに申し出てください。
☆勉強したい教科の教科書とノートを持ってきてください。

〔英語のポスター〕

Keyaki J.H.S. Study Time

Some teachers and students are going to help you study for the [A]. Let's study together!

Time and Date	Place
3 : 40 p.m. – 4 : 40 p.m. Tuesday, May 14	Library
3 : 40 p.m. – 4 : 40 p.m. [B], May 17	English Room

☆ Please tell your homeroom teacher [C] May 7 if you are interested in Study Time.
☆ Please bring your textbooks and notebooks for subjects you [D].

問 1　〔日本語のメモ〕をもとに，空欄 [A] ～ [C] にあてはまる適切な 1 語を，それぞれ英語で書きなさい。なお，省略した形や数字は使わないものとします。(各 3 点)

問 2　〔日本語のメモ〕をもとに，空欄 [D] に適切な 3 語以上の英語を書きなさい。(4 点)

問 3　次は，Yosuke が ALT の Ms. Doyle に渡す英語のメモです。あなたが Yosuke なら，どのようなメモを書きますか。空欄 [E] に 2 文以上の英文を書きなさい。1 文目は Could you に続けて，「Study Time に参加してくれませんか。」とお願いし，2 文目以降は【語群】の中の語を 1 **語のみ**使ってその理由を書きなさい。(4 点)

Hello, Ms. Doyle,
This is a poster about Study Time in our school.
[E]
I'll talk to you later.
Yosuke

【語群】
・hard
・useful
・help

3 次は，ニウエ(Niue)について Ryo がクラスで発表した英文です。これを読んで，問１～問５に答えなさい。＊印のついている語句には，本文のあとに〔注〕があります。(18点)

I think most of you know the country with the smallest *population in the world. That's right, it is *Vatican City. Now, how about the country with the second smallest population? The answer is Niue. The population of Niue was about 1,900 in 2020. Today, I would like to tell you about Niue. [A]

Niue is about 2,400 *kilometers *northeast of New Zealand. It is one of the largest *coral reef islands in the world. It was a part of New Zealand but *gained autonomy in 1974. [B] Its population was about 5,000 in 1963, but after an airport was opened in 1970, people left Niue. The population dropped to less than 2,000 about 20 years ago.

In Niue, people *grow fruits, such as bananas. <u>However, there is (　　) *farmland and water to grow fruits to sell to other countries.</u> Actually, there was not much *industry in Niue. [C] The people of Niue realized that their country has a lot of nature and it can be used for tourist activities such as hiking in the forest.

I did not know that there〔 a / was / called / country 〕Niue until *recently. I like to look at maps now, after learning about Niue. When I look at maps, I realize that there are still many countries that I do not know.

〔注〕population 人口　Vatican City バチカン市国　Kilometer キロメートル　northeast 北東
coral reef サンゴ礁　gain autonomy 自治権を得る　grow ～ ～を栽培する
farmland 農地　industry 産業　recently 最近

問１　本文中の [A] ～ [C] のいずれかに，So, Niue needed to look for a way to make money, and found it. という１文を補います。どこに補うのが最も適切ですか。[A] ～ [C] の中から一つ選び，その記号を書きなさい。(３点)

問２　下線部について，(　) にあてはまる最も適切なものを，次のア～エの中から一つ選び，その記号を書きなさい。(３点)

ア not enough　**イ** full of　**ウ** a few　**エ** a lot of

問３　〔　〕内のすべての語を，本文の流れに合うように，正しい順序に並べかえて書きなさい。(４点)

問４　本文の内容に関する次の質問の答えとなるように，(　) に適切な英語を書きなさい。(４点)

Question:　What does Ryo like to do now, after learning about Niue?
Answer:　He (　　　　　　　　　　　　　　　　) at maps.

問５　本文の内容と合うものを，次のア～エの中から一つ選び，その記号を書きなさい。(４点)

ア Niue is the country with the smallest population in the world.
イ Ryo is interested in finding an island that is smaller than Niue on the map.
ウ People of Niue realized that they have nature that can be used for tourist activities.
エ Niue opened an airport in 1970 and its population was about 1,900 at that time.

4　次の1～4は，中学生のKento，MandyとJiroの会話です。これらを読んで，問1～問7に答えなさい。＊印のついている語句には，本文のあとに〔注〕があります。(25点)

1 ⟨*The students are trying to decide the topic for their presentation.*⟩

Kento : We have a presentation in class next week. What topic do you want to talk about?

Mandy : Hmm, how about the Olympics? The next one will be held in *Paris this summer. I hope to be there to watch the games.

Jiro : That's nice. Paris showed the next Olympics' *pictograms to the world.

Mandy : Sorry. What are pictograms?

Jiro : Pictograms are *simple pictures that tell people information. They are used in many *public places, such as stations.

Kento : Ah, I know. I have seen pictograms for the Paris Olympics on the Internet. They look cool. Some people say the athletes will feel proud of their sports when they see those pictograms.

Jiro : New ones are made for every Olympics. The designs are different from city to city.

Mandy : What were the pictograms in the 2020 Tokyo Olympics like?

Jiro : Here they are. They are different from those in Paris, aren't they?

Kento : Yes, they are simple.

Mandy : Why did Japanese people make simple pictograms?

Kento : I don't know why. I'm going to look for some books and websites to answer your question.

〔注〕Paris　パリ　　pictogram　ピクトグラム　　Simple　簡素な　　public place　公共の場所

問1　下線部 your question のさす質問の具体的な内容を，日本語で書きなさい。(4点)

2 ⟨*The next day, the students are talking about the pictograms for the 1964 Tokyo Olympics.*⟩

Kento : Let me tell you about the 1964 Tokyo Olympics. Tokyo is the first city that used pictograms for the Olympics.

Mandy : Why were pictograms used in the 1964 Tokyo Olympics?

Kento : In the 1964 Tokyo Olympics, Japanese people needed to communicate with visitors from all over the world, but it was difficult to support visitors in their languages. So, Tokyo [to / had / way / another / think of] to communicate with everyone. That was the pictogram.

Jiro : I think many visitors from other countries could not understand Japanese.

Kento : Right. For that reason, Tokyo decided to tell people important information through pictograms.

Mandy : I see. Then, do you know who created the pictograms for the 1964

Tokyo Olympics?

Kento : Yes, a group of designers started creating the pictograms. Katsumi Masaru, an *art critic, was one of them. The designers worked in small groups. One team was *working on sports pictograms. Another was working on pictograms for public places. Each group worked hard *based on Mr. Katsumi's idea. He thought the pictograms would *play an important role in big events such as the Olympics.

〔注〕 art critic 美術評論家 work on ～ ～に取り組む based on ～ ～に基づいて
play an important role 重要な役割を果たす

問2 [ ]内のすべての語句を，本文の流れに合うように，正しい順序に並べかえて書きなさい。（4点）

問3 本文②の内容と合うように，次の英語に続く最も適切なものを，ア～エの中から一つ選び，その記号を書きなさい。（4点）

Pictograms were used in the 1964 Tokyo Olympics because

ア it was easy for Japanese people to speak foreign languages.
イ Tokyo wanted other countries to learn about Japanese culture.
ウ there were many designers who were interested in sports.
エ Japanese people needed to communicate with many visitors from other countries.

③ 〈*The students continue talking.*〉

Jiro : What were the pictograms for public places like?

Kento : Here is an example. Have you ever seen this?

Mandy : Yes, it means a restaurant.

Kento : That's right. This was used in Haneda Airport in 1964. Haneda Airport was an entrance to Japan for visitors from other countries at that time. Before that, there were *notices on the wall, but because most of them were written in Japanese, it was hard for many foreign visitors to understand what the notices *said. So, pictograms were useful for making the information easier for foreign visitors to understand.

Jiro : We often see such pictograms at the airports in Japan now.

Kento : There were pictograms in public places before 1964. But each country had different pictograms. Mr. Katsumi and other designers tried to make simpler pictograms that everyone in the world could understand when they started getting ready for the 1964 Tokyo Olympics. Simple pictograms created by Japanese designers many years ago are still used around the world.

〔注〕 notice 掲示 say ～ ～と書いてある

問4 本文③の内容と合うものを，次のページのア～エの中から一つ選びその記号を書きなさ

い。（3点）

ア　Many visitors from other countries understood the notices at Haneda Airport before 1964.

イ　Different pictograms for public places were made in each country before 1964.

ウ　The pictograms Mr. Katsumi created were designed based on the Japanese language.

エ　Many countries like their own pictograms better than the simple pictograms.

4　⟨*Kento shows another pictogram.*⟩

Kento : Now, many kinds of pictograms are used in public places. Have you seen this pictogram?

Mandy : Yes, I have seen it in school. It shows a door that is used to leave the *building when there is a fire or an earthquake.

Kento : That's right. It was created by Japanese designers and became an *international standard in 1987. There is another example. Pictograms are often used on websites. Have you seen a *magnifying glass icon?

Jiro : [A] It means "*search."

Kento : Right. Pictograms are often used to tell people important information in a limited *space.

Mandy : One more example. Look, here is a small gift my friend in Australia gave me. You see it on the *roads.

Jiro : Oh, it means "Be careful of kangaroos." That's easy. I would like to share it with our classmates. Why don't we talk about the history of pictograms and those found in other countries for the presentation?

Mandy : That's a good idea. In our presentation, I would like to tell everyone that there are many pictograms around us. Let's make the *slides and write a *script.

〔注〕 building　建物　　international standard　国際基準
magnifying glass icon　虫眼鏡のアイコン　　search　検索　　space　場所　　road　道路
slide　スライド　　script　台本

問5　下線部 this pictogram のさすものとして最も適切なものを，次のア～エの中から一つ選び，その記号を書きなさい。（3点）

ア

イ

ウ

エ

問6　空欄 [A] にあてはまる最も適切なものを，次のア～エの中から一つ選び，その記号を書きなさい。（3点）

ア　Have you?　　イ　Who is it?　　ウ　No, thank you.　　エ　Of course.

問７　次は，後日のKentoとMandyの会話です。自然な会話になるように，（　）に適切な３語以上の英語を書きなさい。(４点)

Kento : The slides you made were very good. The pictogram quiz was also interesting.

Mandy : Thank you. I hope that our (　　　　　　　　) it.

Kento : I'm sure everyone will be interested.

Mandy : That would be nice. Is there anything else I can do for our presentation?

5　次は，あなたが通う学校の英語の授業で，ALTのMs. Mooreが行ったスピーチです。これを読んで，問１～問３に答えなさい。＊印のついている語句には，本文のあとに〔注〕があります。(12点)

What did you do last night? I watched the rugby match between New Zealand and Australia on TV. I am from New Zealand, so I am a big fan of the New Zealand team. New Zealand and Australia have been *long-time rugby *rivals. The match I watched last night is called the *Bledisloe Cup. It is an *international match that began around 1930 and holds a special meaning among many rugby fans. Both teams play several times a year. The Bledisloe Cup is usually held at stadiums in New Zealand or Australia, but it is sometimes held in other countries. It was held in Japan twice.

Have you ever heard the word "*Haka"? It is a traditional dance in New Zealand. Some people say that it is performed as an expression of respect and *gratitude. You will often see it at graduation ceremonies, sports matches, and many other events. Watching the dance, Haka, performed by the New Zealand team before the match also makes me excited. When I watch the dance, I realize the match will begin soon.

Last night's match was exciting. It ended in a *tie, but it was a very good match. Actually, I am a member of a local rugby team and I play rugby on weekends. Sports are fun to watch and to play. <u>Which do you like better, watching or playing sports?</u>

〔注〕 long-time　長年の　　rival　ライバル　　Bledisloe Cup　ブレディスローカップ
international match　国際試合　　Haka　ハカ　　gratitude　感謝　　tie　引き分け

問１　本文の内容に合うように，次の英文の（　）にあてはまる最も適切な１語を，本文中から抜き出して書きなさい。(３点)

Ms. Moore watched an international rugby match (　　　　) New Zealand and Australia.

問２　本文の内容と合うものを，あとのア～エの中から一つ選び，その記号を書きなさい。(３点)

ア　Ms. Mooreは，昨夜スタジアムでラグビーの国際試合を観戦した。

イ　Bledisloe Cup は日本で行われたことがある。

ウ　Haka は，スポーツの国際試合のみでみられる伝統的な踊りである。

エ　New Zealand と Australia のラグビーの試合は毎年一回行われる。

問3　下線部について，あなたはスポーツをみることとすることのどちらが好きかについて英語の授業でスピーチをします。〔条件〕に従い，空欄 A に3文以上の英文を書いて，**スピーチ原稿**を完成させなさい。(6点)

スピーチ原稿

Hi, everyone. Today, I'm going to tell you how I enjoy sports.
A
Thank you.

〔条件〕①　1文目は，あなたはスポーツをみることとすることのどちらが好きか，I like に続けて，解答欄の①に書きなさい。

②　2文目以降は，その理由が伝わるように，2文以上で解答欄の②に書きなさい。

＜学校選択問題＞

時間 50分　　満点 100点

1 放送を聞いて答える問題（28点）

問題は，№１～№７の全部で７題あり，放送はすべて英語で行われます。放送される内容についての質問にそれぞれ答えなさい。№１～№６は，質問に対する答えとして最も適切なものを，A～Dの中から一つずつ選び，その記号を書きなさい。№７は，それぞれの質問に英語で答えなさい。放送中メモを取ってもかまいません。各問題について英語は２回ずつ放送されます。

【№１～№３】（各２点）

No. 1

A　　B　　C　　D

No. 2

A　　B　　C　　D

No. 3

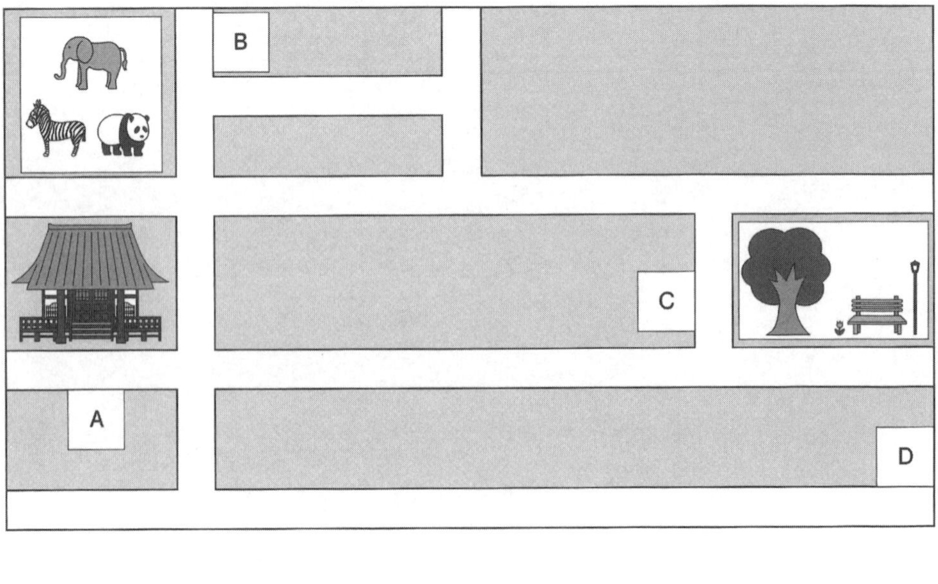

【No.4，No.5】（各２点）

No.4

A　Do not eat or drink.　　B　Please stand up.

C　Take off your shoes.　　D　Do not enter.

No.5

A　OK.　It's red.　　B　Do you know what color it is?

C　Do you have a bigger one?　　D　What a big T-shirt!

【No.6】（各３点）

(1)　Question 1

A　Because the students try to be quiet in English class.

B　Because today is the last day of English class with the students.

C　Because the students have tried to talk to Mr. Jones in English.

D　Because he can still remember his first class.

(2)　Question 2

A　She asked Chika to carry the bag.

B　She asked Chika to use English.

C　She asked Chika to talk about Chinese history.

D　She asked Chika to take a picture.

(3)　Question 3

A　Mr. Jones uses an example to talk about Kyoto.

B　English will help the students in the future.

C　It's important to talk with people about language.

D　Mr. Jones wants the students to think about his Japanese friend.

【No.7】（各３点）

(1)　Question 1:　When did Kenta leave Aichi?
　　Answer :　He left Aichi (　　).

(2)　Question 2:　What did Emily ask Kenta about his friendship with Shinji?
　　Answer :　She asked him (　　) have been friends.

(3)　Question 3:　Why is Emily going to Tokyo next Saturday?
　　Answer :　Because the (　　) to buy are not sold in her city.

2　次の[1]～[4]は，中学生の Kento，Mandy と Jiro の会話です。これらを読んで，問１～問７に答えなさい。＊印のついている語句には，本文のあとに〔注〕があります。（28点）

[1]　*〈The students are trying to decide the topic for their presentation.〉*

Kento :　We have a presentation in class next week.　What topic do you want to talk about?

Mandy : Hmm, how about the Olympics?　The next one will be held in *Paris this summer. I hope to be there to watch the games.

Jiro : That's nice. Paris showed the next Olympics' *pictograms to the world.

Mandy : Sorry. What are pictograms?

Jiro : Pictograms are *simple pictures that tell people information. They are used in many public places, such as stations.

Kento : Ah, I know. I have seen pictograms for the Paris Olympics on the Internet. They look cool. Some people say the athletes will feel proud of their sports when they see those pictograms.

Jiro : New ones are made for every Olympics. The designs are different from city to city.

Mandy : What were the pictograms in the 2020 Tokyo Olympics like?

Jiro : Here they are. They are different from those in Paris, aren't they?

Kento : Yes, they are simple.

Mandy : Why did Japanese people make simple pictograms?

Kento : I don't know why. I'm going to look for some books and websites to answer your question.

〔注〕 Paris パリ pictogram ピクトグラム Simple 簡素な

問1 本文1の内容と合うものを，次のア～エの中から一つ選び，その記号を書きなさい。 (3点)

ア Pictograms were created for the first time in the Paris Olympics.

イ The students are going to give a presentation on the topic they choose.

ウ Tokyo created pictograms that look like those for the Paris Olympics in 2020.

エ The students are going to take part in the pictogram contest for the Olympics.

2 〈*The next day, the students are talking about the pictograms for the 1964 Tokyo Olympics.*〉

Kento : Let me tell you about the 1964 Tokyo Olympics. Tokyo is the first city that used pictograms for the Olympics.

Mandy : Why were pictograms used in the 1964 Tokyo Olympics?

Kento : In the 1964 Tokyo Olympics, Japanese people needed to communicate with visitors from all over the world, but it was difficult to support visitors in their languages. So, Tokyo (   ) of another way to communicate with everyone. That was the pictogram.

Jiro : I think many visitors from other countries could not understand Japanese.

Kento : Right. For that reason, Tokyo decided to tell people important information through pictograms.

Mandy : I see. Then, do you know who created the pictograms for the 1964 Tokyo Olympics?

Kento : Yes, a group of designers started creating the pictograms. Katsumi Masaru, an *art critic, was one of them. The designers worked in small groups. One team was *working on sports pictograms. Another was working on pictograms for public places. Each group worked hard *based on Mr. Katsumi's idea. He thought the pictograms would *play an important role in big events such as the Olympics.

〔注〕 art critic　美術評論家　　work on ～　～に取り組む　　based on ～　～に基づいて
play an important role　重要な役割を果たす

問2　下線部が「それで，東京は全ての人と意思疎通をするための別の方法について考えなければなりませんでした。」という意味になるように，（　）に適切な3語の英語を書きなさい。

（4点）

3 ⟨*The students continue talking.*⟩

Jiro : What were the pictograms for public places like?

Kento : Here is an example. Have you ever seen this?

Mandy : Yes, it means a restaurant.

Kento : That's right. This was used in Haneda Airport in 1964. Haneda Airport was an entrance to Japan for visitors from other countries at that time. Before that, there were *notices on the wall, but because most of them were written in Japanese, it was hard for many foreign visitors to understand what the notices *said. So, pictograms were ［ to / for / making / useful / easier for / the information / foreign visitors ］ understand.

Jiro : We often see such pictograms at the airports in Japan now.

Kento : There were pictograms in public places before 1964. But each country had different pictograms. Mr. Katsumi and other designers tried to make simpler pictograms that everyone in the world could understand when they started getting ready for the 1964 Tokyo Olympics. Simple pictograms created by Japanese designers many years ago are still used around the world.

〔注〕 notice　掲示　　say ～　～と書いてある

問3　［　］内のすべての語句を，本文の流れに合うように，正しい順序に並べかえて書きなさい。

（4点）

4 ⟨*Kento shows another pictogram.*⟩

Kento : Now, many kinds of pictograms are used in public places. Have you seen this pictogram?

Mandy : Yes, I have seen it in school. It shows a door that is used to leave the building when there is a fire or an earthquake.

Kento : That's right. It was created by Japanese designers and became an *international standard in 1987. There is another example. Have you seen a *magnifying glass icon on websites?

Jiro : Of course. It means "search."

Kento : Right. It is often difficult to read the *text because of too much information in a limited space on websites. That's why pictograms are used on websites instead of text.

Mandy : One more example. Look, here is a small gift my friend in Australia gave me. You see it on the roads.

Jiro : Oh, it means "Be careful of kangaroos." That's easy. I would like to share it with our classmates. Why don't we talk about the history of pictograms and those found in other countries for the presentation?

Mandy : That's a good idea. In our presentation, I would like to tell everyone that there are many pictograms around us. Let's make the *slides and write a *script.

〔注〕 international standard 国際基準　magnifying glass icon 虫眼鏡のアイコン
text テキスト（文字だけのデータ）　slide スライド　script 台本

問４ 下線部<u>this pictogram</u>のさすものとして最も適切なものを，次のア～エの中から一つ選び，その記号を書きなさい。（３点）

ア 
イ 
ウ 
エ 

問５ 本文[4]の内容に関する次の質問に，英語で答えなさい。（４点）

Why is it often difficult to read the text on websites?

問６ 本文[1]～[4]の内容と合うように，次の(1)，(2)の英語に続く最も適切なものを，ア～エの中から一つずつ選び，その記号を書きなさい。（各３点）

(1) In the students' discussion,

ア Mandy showed the pictogram which means "restaurant."

イ Kento said that foreign languages helped people find the information they need.

ウ Jiro said that pictograms with different designs are made for each Olympics.

エ they learned that Japanese designers tried to become an international standard for pictograms.

(2) According to the discussion, Kento explained

ア pictograms for the Paris Olympics were created based on those for the 2020 Tokyo Olympics.

イ pictograms created by Japanese designers spread around the world after the 1964 Tokyo Olympics.

ウ pictograms were created in 1964 for Japanese people who didn't use English.

エ pictograms were created to increase the number of words on websites.

問７　次は，後日の Kento と Mandy の会話です。自然な会話になるように，（　）に適切な３語以上の英語を書きなさい。（４点）

Kento : The slides you made were very good. The pictogram quiz was also interesting.

Mandy : Thank you. I hope that our classmates will enjoy it. Is there (　　　　　　) do for our presentation?

Kento : Well, I'm writing a script. So, can you check my English?

Mandy : Sure. I'm happy to help.

3　次は，高校１年生の Nana が artificial hibernation（人工冬眠）について調べ，書いた英文です。これを読んで，問１～問６に答えなさい。＊印のついている語句には，本文のあとに〔注〕があります。（34点）

I read some surprising news last week. According to that news, humans will be able to *hibernate in the near future. It said that some researchers have been studying how to *apply artificial hibernation to humans. It also said that by doing more research on hibernation, we may be able to use it in space or in the *medical field. However, not many animals hibernate, and there are still many things that we don't know. What is hibernation? How can it be applied to humans? I read some books and articles to answer these questions.

First of all, animals that hibernate are some *poikilotherms and some *mammals, such as bears. Poikilotherms, such as frogs or turtles, hibernate during winter because the outside temperature and their body temperatures are almost the same, so they cannot be active. Mammals, on the other hand, are able to keep almost the same body temperature by producing *heat inside their bodies. Hibernation of mammals is a *mysterious phenomenon. The body temperature drops, and the body stops the *metabolism that produces heat. Then, the body saves energy. Some mammals hibernate, but others do not. Some researchers believe that all mammals had the *ability to hibernate, but maybe they have lost this ability because of the environment they live in. Maybe some mammals learned to survive winter without hibernating.

In 2020, the world was surprised by a study from a Japanese research team. It said that the team put *mice into a condition very similar to hibernation, though mice do not hibernate. The team *stimulated a part of the mouse brain [A] the "*Q neuron." After the Q neurons were stimulated, the mice's *oxygen consumption *decreased and their body temperature dropped, and this hibernation condition continued for more than a day. After that, the mice *spontaneously returned to their original condition without any serious damage. This may be the way to apply artificial hibernation to humans.

Another research team has found a different hibernation *switch. That is "smell." When mice smell a *certain odor, [①] This condition is similar to hibernation. The team also found that the hibernation switch *elicits the ability to survive in a difficult situation, such as in a low-oxygen environment. One of the team members who discovered this hibernation switch says, "For example, we can give a certain odor that elicits hibernation to a person in a serious condition. By <u>doing so</u>, we can use artificial hibernation to help someone in a serious situation survive. As a result, we may be able to save more [B]."

If artificial hibernation becomes possible, what situations will it be used in? Sunagawa Genshiro, one of the members of the Q neuron research team, says, "We would like to start with hibernation for short periods of time and then increase the hibernation time. We will start with hibernation of only part of the body, and we would like to continue hibernation for a few hours or a few days. This can be used for medical care. We are also thinking about '*voluntary hibernation.' In this hibernation, [②] Everyone will be able to put themselves into artificial hibernation when they suddenly become sick. Each of us will be able to control when to hibernate. This would help many people." Before starting this research, Mr. Sunagawa was a doctor. He took care of sick children at one of the famous children's hospitals in Japan. He saved many children, but [③] He could not forget the children who were not saved. Because of that experience, he started his hibernation research.

If we can hibernate for longer periods of time, this technology will be used in other fields. Mr. Sunagawa said, "In the future, hibernation will be used for space travel. If you are in hibernation while you travel in space, by saving water and food, it will be possible to travel beyond the stars." Hibernation may be a technology that gives us more chances for space travel.

I thought that hibernation was a mysterious phenomenon found only in some animals, but recent research in science and technology shows that there is a chance of applying hibernation to humans. After researching hibernation, I became interested in hibernation in the medical field. If humans can use artificial hibernation, more people will be saved in the future. I look forward to future research on hibernation as [can / help / sick / that / people / or injured / a technology].

〔注〕 hibernate 冬眠する　apply ～ ～を適用する　medical field 医療分野
poikilotherm 変温動物（周囲の温度が変化すると体温も変化する動物）　mammal 哺乳類

heat　熱　mysterious phenomenon　不思議な現象
metabolism　代謝（生物の体の中で起こる化学反応）　ability　能力　mice　［複数の］ネズミ
stimulate~　～を刺激する　Q neuron　Q神経　oxygen consumption　酸素消費
decrease　低下する　spontaneously　自発的に　switch　スイッチ
certain odor　特定の匂い　elicit ~　～を引き出す　voluntary　任意の

問1　空欄 A ，B にあてはまる最も適切なものを，次の中から一つずつ選び，必要に応じて，それぞれ正しい形にかえて書きなさい。（各3点）

produce	call	light	health	like	put	stand	life

問2　空欄 ① ～ ③ にあてはまる最も適切な文を，次のア～カの中から一つずつ選び，その記号を書きなさい。なお，同じ記号を2度以上使うことはありません。（各3点）

ア　he also had a hard time.
イ　the outside temperature drops and they cannot be active.
ウ　some of them asked the government to let this technology be used.
エ　people control when to start hibernation.
オ　a few doctors tried to apply hibernation to humans.
カ　their body temperature drops and metabolism decreases.

問3　下線部 doing so は，どのようなことをさしていますか。日本語で書きなさい。（3点）

問4　本文の内容に関する次の質問に，英語で答えなさい。（4点）

According to Mr. Sunagawa, why will space travel beyond the stars become possible if we use artificial hibernation?

問5　［　］内のすべての語句を，本文の流れに合うように，正しい順序に並べかえて書きなさい。（3点）

問6　次の英文は，本文の内容をまとめたものです。次の（1）～（3）に適切な英語を，それぞれ2語で書きなさい。（各3点）

Nana read the news about hibernation. She learned what hibernation is and was (1) know that hibernation might be applied to humans. She read books and articles about hibernation. Some people believe all mammals had the ability to hibernate, but most of them lost it. Maybe hibernation is (2) for them now because the environment is not hard. She learned that the research teams found two switches for artificial hibernation. One is the "Q neuron," and the other is "smell." However, it is still (3) the researchers to control when and how to start hibernation. She hopes that hibernation will be applied to humans and this technology will be used in space travel or the medical field.

4　次のページの英文を読んで，下線部の質問に対するあなたの考えを，その理由が伝わるように，〔記入上の注意〕に従って40語以上50語程度の英語で書きなさい。＊印のついている語句には，本文のあとに〔注〕があります。（10点）

Some people buy things with money. However, these days, many people use *cashless payments, such as *credit cards or *electronic money. Cashless payments include IC cards and *prepaid cards. Do you think people should use that way to pay more often?

〔注〕 cashless payment キャッシュレス決済 credit card クレジットカード
electronic money 電子マネー prepaid card プリペイドカード

〔記入上の注意〕

① 【記入例】にならって，解答欄の下線___の上に１語ずつ書きなさい。
・符号（，．？！など）は語数に含めません。
・50語を超える場合は，解答欄の破線......で示された行におさまるように書きなさい。

② 英文の数は問いません。

③ 【下書き欄】は，必要に応じて使ってかまいません。

【記入例】

Hi!	I'm	Nancy.	I'm	from
Canada.	Where	are	you	from?
is	April	2,	2008.	It (50語)

is Ken's birthday, too.

＜理科＞

時間　50分　　満点　100点

1　次の各問に答えなさい。(24点)

問1　貝やサンゴなどの死がいが堆積してできた，炭酸カルシウムが主成分である岩石を，次の**ア**～**エ**の中から一つ選び，その記号を書きなさい。(3点)

ア　石灰岩　　**イ**　チャート　　**ウ**　花こう岩　　**エ**　凝灰岩

問2　**図1**は，ある植物の茎から葉にかけての断面を模式的に表したものです。葉の表側を通る管**X**の名称と，管**X**を通る物質が運ばれる向きの組み合わせとして正しいものを，次の**ア**～**エ**の中から一つ選び，その記号を書きなさい。(3点)

ア　X…師管　向き…A
イ　X…道管　向き…A
ウ　X…師管　向き…B
エ　X…道管　向き…B

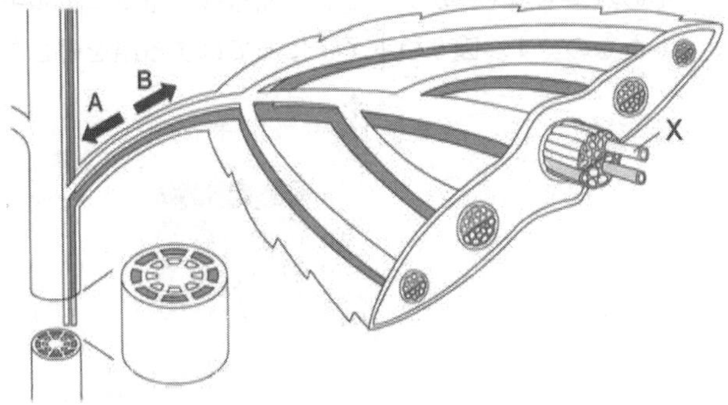

図1

問3　こまごめピペットで溶液をはかりとるときの持ち方として正しいものを，次の**ア**～**エ**の中から一つ選び，その記号を書きなさい。(3点)

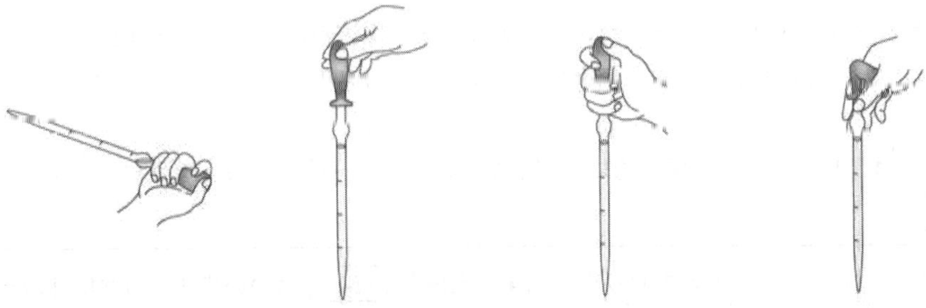

ア　　**イ**　　**ウ**　　**エ**

問4　**図2**のように，水で満たした円柱状の透明なコップを腕をのばして持ち，じゅうぶん離れた壁に貼ってある文字「**は**」を，コップを通して見るとどのように見えますか。最も適切なものを，次の**ア**～**エ**の中から一つ選び，その記号を書きなさい。(3点)

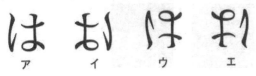

ア　　**イ**　　**ウ**　　**エ**

図2

問５ 日本列島付近では，夏には主に南東の風，冬には主に北西の風がふきます。このような，季節によって風向の異なる特徴的な風を何といいますか。その名称を書きなさい。（３点）

問６ **図３**のミカヅキモなどの単細胞生物や，**図４**のジャガイモが行う，受精によらない個体のふえ方の総称を何というか，書きなさい。（３点）

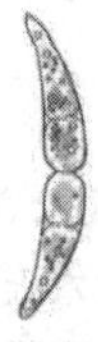

図３

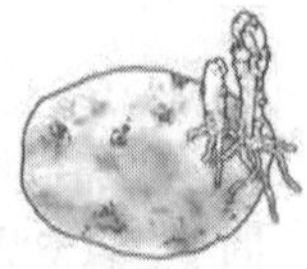

図４

問７ **図５**は，火力発電において，石油のもつ Y エネルギーがボイラーで熱エネルギーに，その熱エネルギーがタービン・発電機で電気エネルギーに変換されていくようすを模式的に表したものです。**図５**の Y にあてはまる語を書きなさい。（３点）

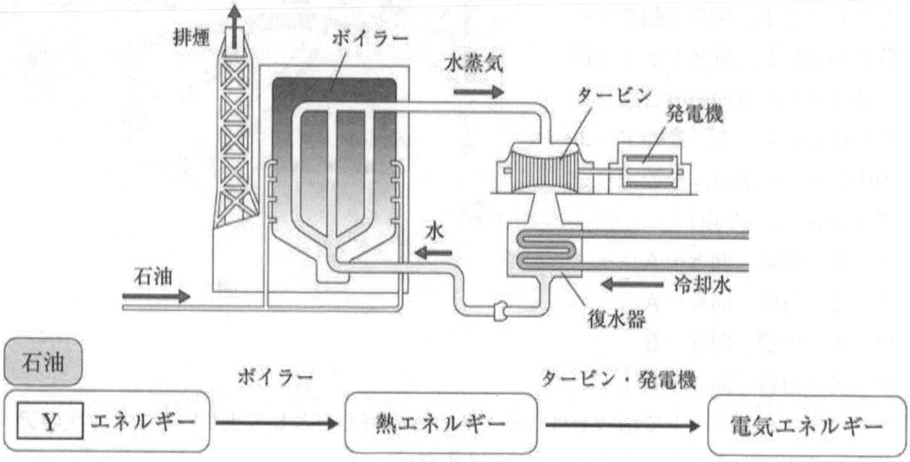

図５

問８ ケイ素（シリコン）やゲルマニウムのように，電流が流れやすい物質とほとんど流れない物質の中間の性質をもつ物質を何といいますか。その名称を書きなさい。（３点）

2 Wさんは，月について，探究的に学習しました。問１～問５に答えなさい。（19点）

場面１

先 生：月のように惑星のまわりを公転する天体を M といいます。月が地球のまわりを公転することによって，月の見え方は**図１**の写真Ａ～Ｉのように少しずつ変化します。

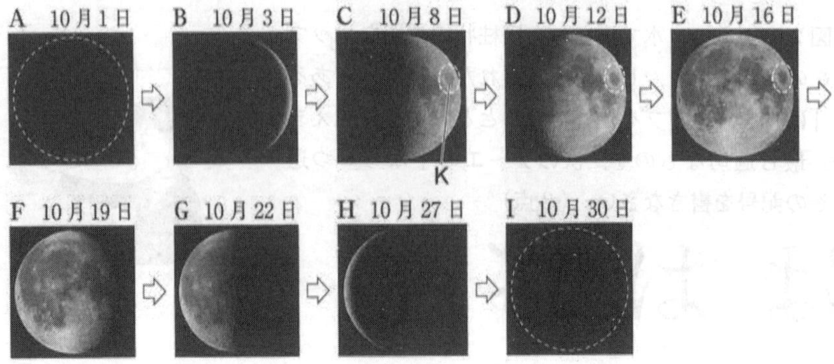

図１

Wさん：図1のC，D，Eに見られる月の表面のKの部分に着目すると，位置に変化がないことがわかりますね。太陽では黒点の位置の変化から自転している事実がわかったことを考えると，①月は自転していないということでしょうか。

先　生：いい着眼点ですね。それについては，図2の太陽－地球－月の位置関係と図1の月の見え方を合わせて考えてみるといいですよ。

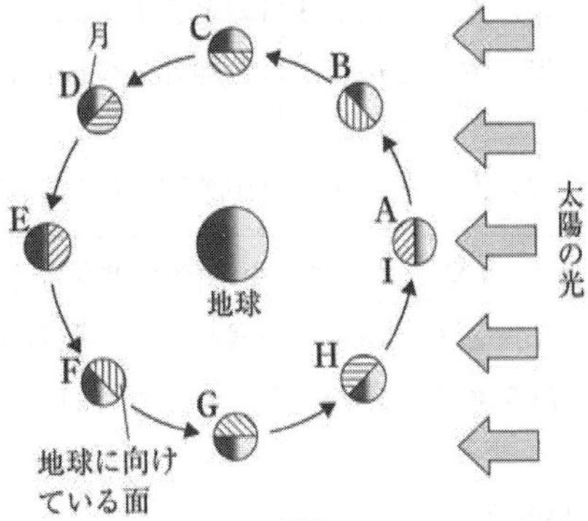

図2

問1　M にあてはまる語を書きなさい。(3点)

問2　Wさんは，下線部①について仮設を立て，次のようにまとめました。P にあてはまることばを，**Kの部分**という語を使って書きなさい。(4点)

> 仮説として，月が自転していないとする。図3のように，月が「Eで地球に向けている面」を太陽に向けて固定したまま地球のまわりを回ると考えると，図3のCでは　P　ことになり，図1の見え方と矛盾する。よって，この仮説は正しくない。改めて，図2の月が「地球に向けている面」をA～Iの順にみていくと，月は約30日かけて1回自転していることがわかる。

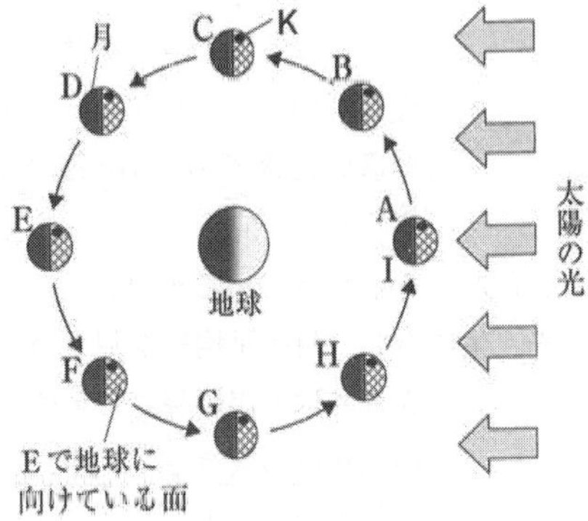

図3

場面2

Wさん：図2について，前から不思議に思っていたことがあります。新月と満月を比べると，新月は月に当たった太陽の光が地球に届かないので見えないことはわかります。でも，満月のときは月に太陽の光が当たる前に地球に当たるので，月にはそもそも光が当たらなくなってしまうのではないでしょうか。

先　生：いいことに気づきましたね。図2のように平面的に考えるとわかりづらいのですが，月の公転面は，図4のように，地球の公転面に対して約5°傾いています。

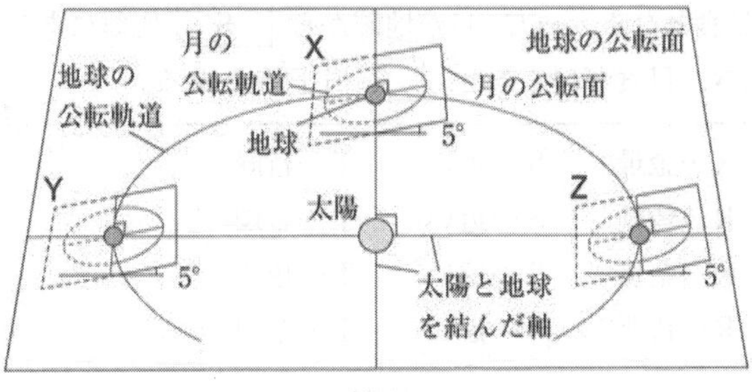

図4

Wさん：それで満月のときも太陽の光がちゃんと当たっているんですね。
先　生：ただし，月と地球の位置関係によっては，太陽の光が月に当たりにくくなることはあります。
Wさん：それが，月が地球の影に入る［N］という現象なんですね。

問3　［N］にあてはまる語を書きなさい。また，この現象が見られるのはいつですか。**図4**の**X**～**Z**の中から一つ選んでその記号を書き，解答欄の図に，この現象が見られるときの月の位置を●でかき入れなさい。（5点）

場面3

Wさん：もう一つ気になることがあります。②<u>今日の満月は，普段の満月より大きくて明るく見えるなと思うときがあるんですが</u>，見かけの大きさって変わるんですか。
先　生：よく観察していますね。確かに月が大きく見えることはあります。その理由は，**図5**のように，地球と月の距離が，最も近いときで35.6万km，最も遠いときで40.7万kmと変化するためです。

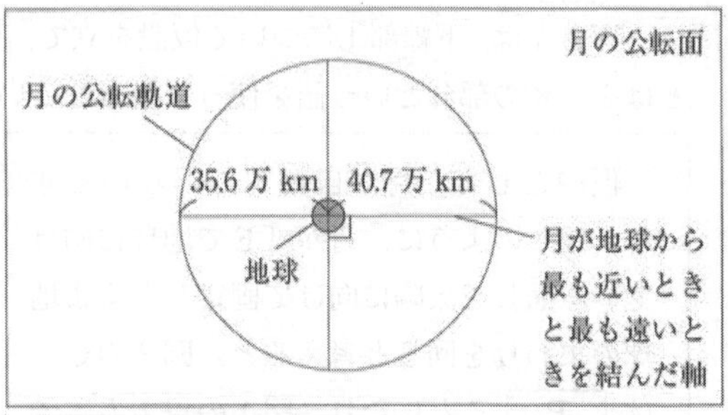

図5

Wさん：そうだったんですね。
先　生：なお，月の平均的な見かけの大きさは太陽の見かけの大きさとほぼ同じです。③<u>もし日食が起こったときに，月の見かけの大きさが大きかったり小さかったりするとどうなるか</u>，考えてみるとおもしろいですよ。

問4　下線部②について，**図5**では，満月が最も大きく見えるときの見かけの直径は，最も小さく見えるときを基準にすると，14%長く見えます。月の明るさが月の見かけの面積に比例するとしたとき，満月が最も大きく見えるときの明るさは，最も小さく見えるときの明るさの何倍ですか。小数第2位を四捨五入して小数第1位まで求めなさい。ただし，満月の見え方は完全な円であるものとします。（4点）

問5　Wさんは，下線部③について考え，次のようにまとめました。あてはまる語の組み合わせとして正しいものを，下の**ア**～**エ**の中から一つ選び，その記号を書きなさい。（3点）

月が地球から［Q］距離にあるときには，月は大きく見える。このとき，日食が起こると，［R］日食となる。一方，月が地球から［S］距離にあるときには，月は小さく見える。このとき，日食が起こると，［T］日食となる。

ア　Q…遠い　R…金環　S…近い　T…皆既
イ　Q…遠い　R…皆既　S…近い　T…金環
ウ　Q…近い　R…金環　S…遠い　T…皆既
エ　Q…近い　R…皆既　S…遠い　T…金環

3　Yさんたちは，動物の分類について，探究的に学習しました。問1～問5に答えなさい。(19点)

観察

課題

学校周辺にはどのような動物がいるのだろうか。

【方法】

［1］　学校周辺で動物をさがし，見つけた助物を記録した。

［2］　見つけた動物の一部を①ルーペで観察し，それらの特徴を生物カードにまとめた。

【結果】

学校周辺で見つけた動物

バッタ，カエル，ヘビ，ヤモリ，タヌキ，ザリガニ，イモリ，フナ，メダカ，コウモリ，スズメ，ハト

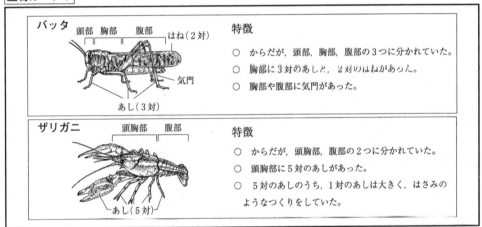

生物カード1

バッタ

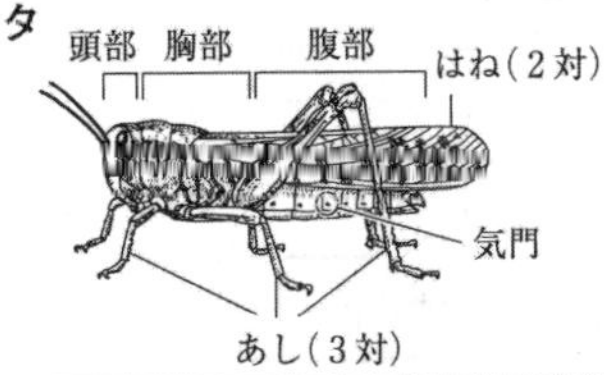

特徴

○　からだが，頭部，胸部，腹部の3つに分かれていた。

○　胸部に3対のあしと，2対のはねがあった。

○　胸部や腹部に気門があった。

ザリガニ

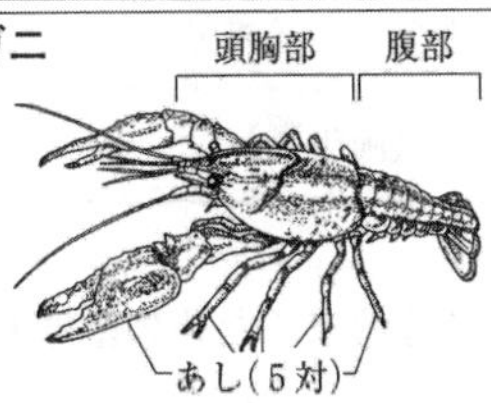

特徴

○　からだが，頭胸部，腹部の2つに分かれていた。

○　頭胸部に5対のあしがあった。

○　5対のあしのうち，1対のあしは大きく，はさみのようなつくりをしていた。

問1　下線部①について，図のように，バッタを入れた透明な容器を手にとって，ルーペで観察します。このときのルーペの使い方として正しいものを，次の**ア**～**エ**の中から一つ選び，その記号を書きなさい。(3点)

図

ア　ルーペを目に近づけて固定し，容器を前後に動かして，ピントを合わせる。

イ　ルーペを容器に近づけて固定し，顔を前後に動かして，ピントを合わせる。

ウ　ルーペを目から遠ざけて固定し，容器を前後に動かして，ピントを合わせる。

エ　容器を目から遠ざけて固定し，ルーペを前後に助かして，ピントを合わせる。

問2　**生物カード1** について，バッタとザリガニの共通点を次のようにまとめました。［Ⅰ］，［Ⅱ］にあてはまる語をそれぞれ書きなさい。(4点)

バッタとザリガニのからだは丈夫な殻のようなつくりである［Ⅰ］で覆われており，からだとあしに節がある。［Ⅰ］は，からだを支えるとともに，内部を［Ⅱ］はたらきをしている。

Yさんたちは，学校周辺で見つけた動物を，脊椎動物の５つのなかまと無脊椎動物に分類するため，基準を考えてノートにまとめました。

ノート

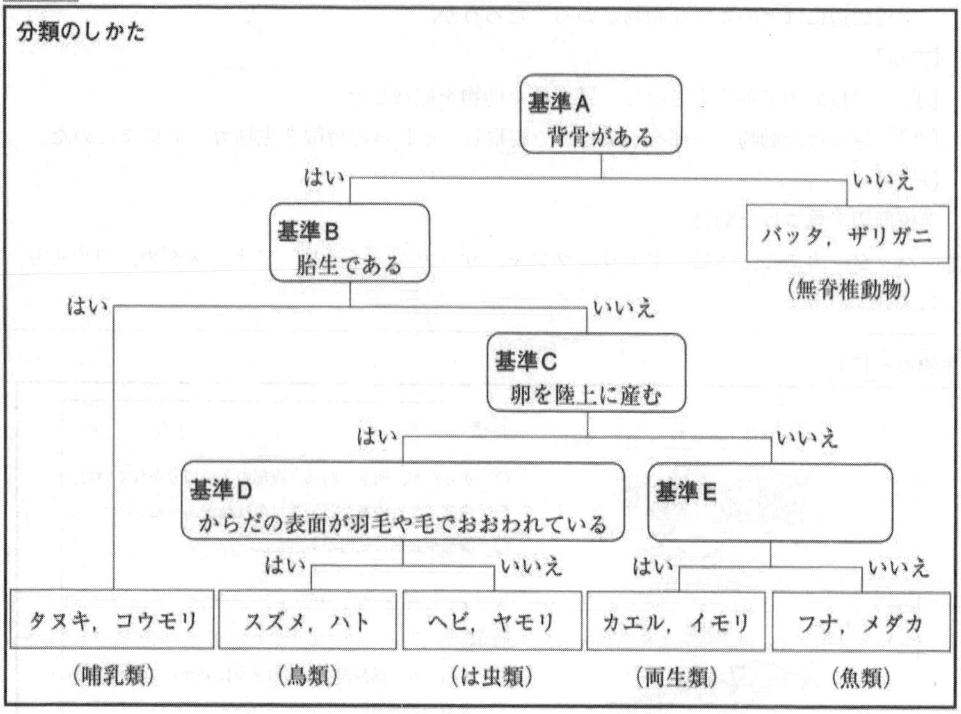

問３　カエル，イモリ，フナ，メダカを，ノートのように分類するための**基準E**にあてはまるものを，次の**ア**～**エ**の中から**すべて**選び，その記号を書きなさい。(４点)

ア　からだの表面がうろこでおおわれている　　**イ**　陸上で生活する時期がある

ウ　卵の殻がかたい　　**エ**　皮ふでも呼吸を行う

場面１

Yさん：学校周辺で見つけた動物をすべて分類できたね。同じ分類の動物どうしは，多くの共通点をもっていて，からだのつくりも似ているんだね。

Nさん：そうだね。でも，コウモリは哺乳類なのに鳥類と同じように翼をもつよ。

Yさん：確かに，考えてみると，クジラも哺乳類だけど魚類と同じようにひれをもつね。分類が異なっていても，からだのつくりが似ている例はたくさんありそうだね。

Nさん：生物は，長い年月を経て，からだのつくりが［　X　］ように進化した結果，さまざまな形質をもつようになったと考えられるよ。だから，分類が異なっていても，からだのつくりが似ることがあるんだね。

問４　［X］に，生物のからだのつくりがどうのように進化したのかを書きなさい。(４点)

Yさんたちは，ノート に示した**分類のしかた**で，カモノハシを分類するために，その特徴を調べて生物カードにまとめました。

生物カード2

カモノハシ

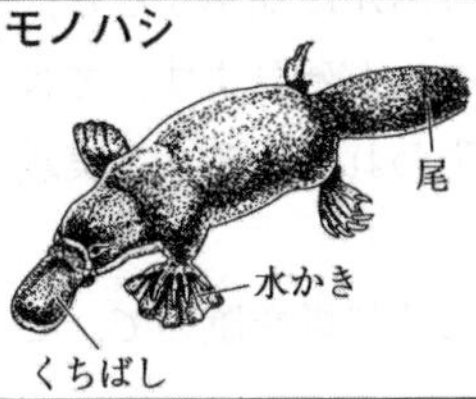

特徴
○　背骨がある。　○　卵を陸上に産む。
○　からだの表面が毛でおおわれている。　○　くちばしがある。
○　あしの指と指の間に，水中を泳ぐのに適した水かきがある。
○　尾がある。　○　乳の出るしくみがある。　○　肺で呼吸を行う。

場面2

Yさん：生物カード2 をもとに，ノート に示した**分類のしかた**でカモノハシを分類すると鳥類になるね。

Nさん：でも，調べてみると，カモノハシは哺乳類に分類されるみたいだよ。この**分類のしかた**ではカモノハシを哺乳類に分類できないね。**表**は，脊椎動物の5つのなかまとカモノハシについて，共通点と相違点がわかるようにまとめたものだよ。②ノート を見直して，カモノハシを哺乳類に分類できるようにするにはどうすればいいか，考えてみよう。

表

特徴	魚類	両生類	は虫類	鳥類	哺乳類	カモノハシ
背骨がある	○	○	○	○	○	○
卵生である	○	○	○	○	×	○
からだの表面が羽毛や毛でおおわれている	×	×	×	○	○	○
P　くちばしがある	×	×	×	○	×	○
Q　水かきがある	×	○	×	△	△	○
R　尾がある	○	○	○	○	○	○
S　乳の出るしくみがある	×	×	×	×	○	○
T　肺で呼吸する時期がある	×	○	○	○	○	○

○…あてはまる　△…一部あてはまる　×…あてはまらない

問5　下線部②について，Yさんたちはカモノハシを，タヌキ，コウモリが属する哺乳類に分類できるようにするため，次のように考えをまとめました。Ⅲ にあてはまる基準を書きなさい。また，Ⅳ にあてはまる特徴を，**表**の**P**～**T**の中から一つ選び，その記号を書きなさい。(4点)

> ノート の**基準A**～**基準D**のうち，**基準** Ⅲ を Ⅳ と変更すればカモノハシを哺乳類に分類できるようになる。

4 Aさんたちは，炭酸水素ナトリウムの反応について，探究的に学習しました。問１～問５に答えなさい。(19点)

場面１

先　生：試験管に入れた炭酸水素ナトリウム$NaHCO_3$をじゅうぶんに加熱すると，二酸化炭素CO_2や水H_2Oが失われ，炭酸ナトリウムNa_2CO_3のみが残ります。では，炭酸水素ナトリウムの質量の何％が二酸化炭素や水として失われているか，実験で確かめてみましょう。まず，先生が実験してみせますね。

[１] 図１のように電源を入れた電子てんびんの上に薬包紙を置いて，ゼロ点調整をします。

[２] 試薬びんから薬包紙に約２ｇの炭酸水素ナトリウムをとり出し，その値を記録します。先生がはかりとった値は(X)2.00ｇちょうどでした。

[３] 乾いた試験管に，はかりとった炭酸水素ナトリウムを入れます。

[４] 試験管ばさみを使って，試験管に入れた試料をじゅうぶんに加熱します。①このとき試験管の口は図２のように少し下に傾けます。

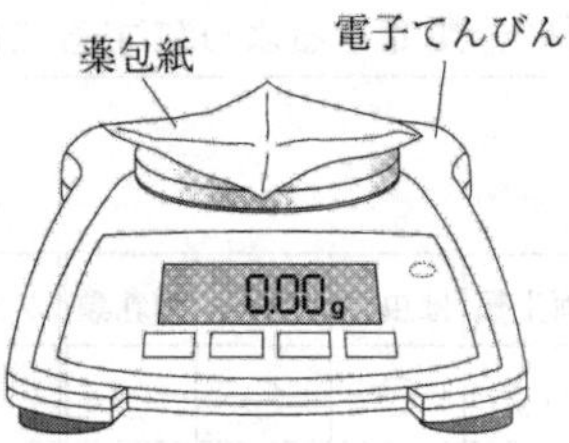

図１

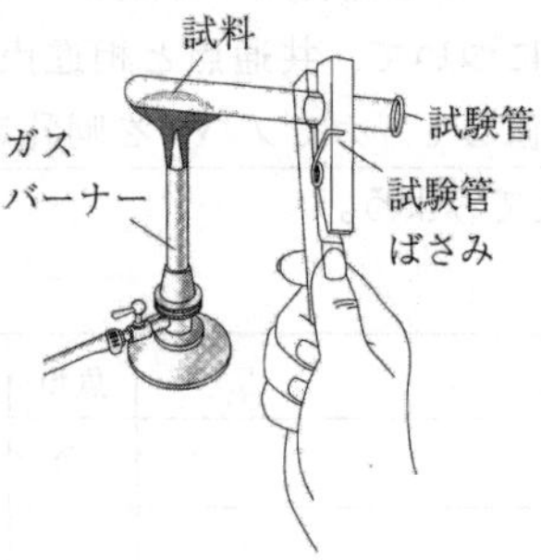

図２

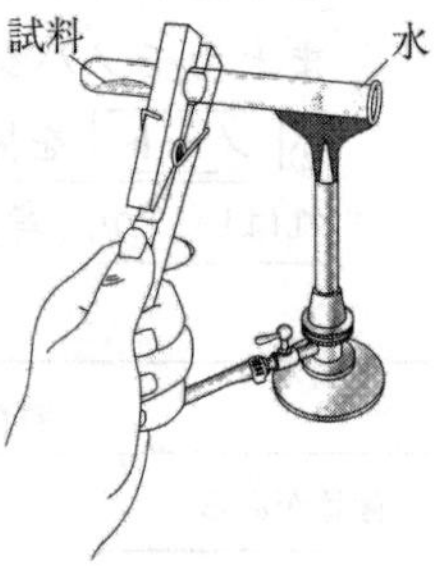

図３

[５] 生じた水を完全に蒸発させるために，図３のように別の試験管ばさみに持ちかえて，試験管の口を加熱したり，再び試料を加熱したりしながら，試験管全体をじゅうぶんに加熱します。

[６] 試験管をよく冷まし，薬包紙を置いてからゼロ点調整をした電子てんびんで，試験管の中の試料をすべて薬包紙にとり出して質量をはかり，その値を記録します。先生が実験で得られた値は(Y)1.26ｇでした。

では，みなさんもやってみましょう。

Aさん：([２] のとき) あ，多くとり出しすぎちゃった。まあ，大丈夫かな。

Bさん：([３] のとき) あとで試験管の中の試料をとり出さなくても，先に試験管の質量をはかっておけば，実験後に試験管ごと質量をはかれるな。

Cさん：([６] のとき) よし。先生が実験で得られた値と同じ値だ。

問１　下線部①の操作をする理由を，**水**という語を使って書きなさい。(４点)

問２　**場面１** の炭酸水素ナトリウムの反応で波線部(X)，(Y)の値を用いたとき，二酸化炭素や水として失われた質量は，もとの炭酸水素ナトリウムの質量の何％か，求めなさい。(４点)

問３　Ａさんたちは，場面１ の実験で得られた値を，**表１**にまとめました。先生の結果が正しいものとするとき，誰の結果が**正しく得られなかったか**，一つ書きなさい。また，結果が正しく得られなかった理由として最も適切なものを，下の**ア**～**エ**の中から一つ選び，その記号を書きなさい。（４点）

表１

	先　生	Ａさん	Ｂさん	Ｃさん
[2]　実験前の質量〔g〕	2.00	3.00	2.06	1.90
[6]　実験後の質量〔g〕	1.26	1.89	1.30	1.26

ア　[１]で，ゼロ点調整をした後に薬包紙を電子てんびんに置いてしまったから。
イ　[３]で，試験管に炭酸水素ナトリウムを多く入れすぎたから。
ウ　[５]で，水を完全に蒸発しきれなかったから。
エ　[６]で，試験管の中の試料をとり出さなかったから。

場面２

先　生：では，炭酸水素ナトリウムと，炭酸ナトリウムの性質を比較してみましょう。２本の試験管に水を５ cm^3 ずつとり，一方には炭酸水素ナトリウム，もう一方には炭酸ナトリウムを1.00ｇずつ入れ，溶かします。次にそれぞれの水溶液に，フェノールフタレイン溶液を１滴ずつ加えます。
Ｂさん：やってみると，炭酸水素ナトリウムと炭酸ナトリウムでは明らかに性質が違いますね。
先　生：そうですね。さて，②この炭酸ナトリウム水溶液が入った試験管に，二酸化炭素を入れて振り混ぜ，どんな化学変化が起こったのか，考えてみましょう。

問４　Ｂさんたちは，場面２ の実験結果を**表２**にまとめて比較したところ，下線部②の操作で，炭酸ナトリウムは炭酸水素ナトリウムに化学変化したのだと考えました。この化学変化を化学反応式で表しなさい。（４点）

表２

	炭酸水素ナトリウム水溶液	炭酸ナトリウム水溶液	炭酸ナトリウム水溶液に二酸化炭素を入れて振り混ぜたもの
溶質の溶けているようす	溶け残った	すべて溶けた	沈殿が生じた
フェノールフタレインの色の変化	うすい赤色になった	赤色になった	赤色が少しうすくなった

場面3

Aさん：身のまわりでは，炭酸水素ナトリウムも炭酸ナトリウムも，掃除用洗剤として使われているんですね。

先　生：はい。炭酸水素ナトリウムは重曹という名称で販売されています。また，炭酸ナトリウムは，セスキ炭酸ソーダという，炭酸ナトリウムと炭酸水素ナトリウムが半量ずつ入ったものとして販売されています。

Cさん：それぞれの③洗浄効果の違いについて調べてみます。

問5　Cさんたちは，下線部③についてインターネットで調べて**表3**を作成し，重曹とセスキ炭酸ソーダで洗浄効果に違いが生じる理由を，次のようにまとめました。［M］，［N］にあてはまることばの組み合わせとして最も適切なものを，下の**ア**～**エ**の中から一つ選び，その記号を書きなさい。（3点）

表3

	重曹	セスキ炭酸ソーダ
衣類の皮脂汚れ	△	○
キッチンの油汚れ	○	◎
鍋の焦げ	◎	○

◎…とても効果がある　○…効果がある　△…少し効果がある

調べていくうちに，油はアルカリによって分解されることがわかった。このことから，皮脂汚れや油汚れに対しては，油が分解されることで汚れが落ちるのだと考えられる。このとき，pHの［M］セスキ炭酸ソーダの方が，効果があることがわかる。一方，鍋の焦げに対して，重曹の方が効果があるのは，重曹が比較的水に［N］，研磨剤の効果も期待できることが要因の一つと考えられる。

ア　M…より大きい　　N…溶けにくく
イ　M…より大きい　　N…溶けやすく
ウ　M…より小さい　　N…溶けにくく
エ　M…より小さい　　N…溶けやすく

5　Kさんたちは，斜面を下る鉄球の運動について，探究的に学習しました。問1～問4に答えなさい。ただし，レールどうしはなめらかにつながっており，鉄球にはたらく摩擦や空気の抵抗は考えないものとします。(19点)

実験1

課題1

鉄球の速さは，レール上で鉄球をはなす高さとどのような関係があるのだろうか。

【方法1】

［1］　図1のように，長さ15 cmのレールを7本用いてコースを組み立てた。

［2］　10 gの鉄球を，5 cmの高さから静かに手をはなし，速さ測定器で速さを1回測定した。高さを10 cm，15 cmと変えて，同様の操作を行った。

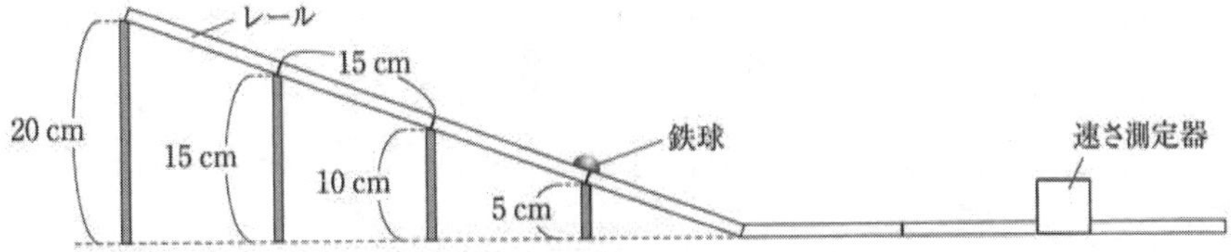

図 1

問 1　**図 2** は，斜面上の鉄球にはたらく重力を矢印で表したものです。この重力について，斜面に垂直な方向と斜面に平行な方向に分解した 2 つの力を，定規を用いて矢印で表しなさい。(4 点)

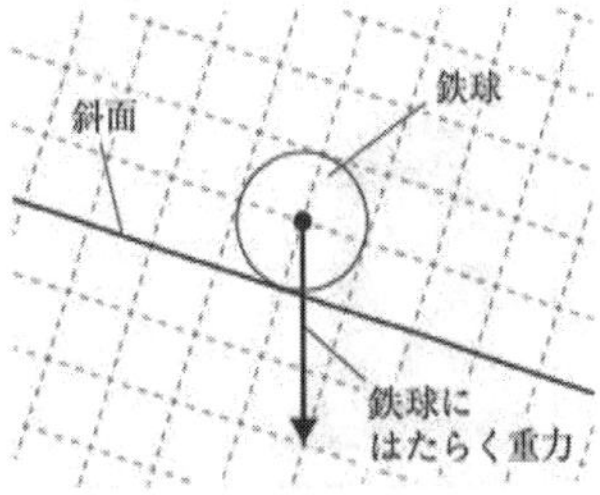

図 2

問 2　**実験 1** で鉄球が斜面を下っているとき，鉄球にはたらく斜面に平行な方向の分力の大きさは，時間の経過とともにどうなりますか。最も適切なものを，次の**ア**～**エ**の中から一つ選び，その記号を書きなさい。(3 点)

ア　小さくなる。
イ　変化しない。
ウ　大きくなる。
エ　大きくなったあと一定になる。

実験 1 の続き

【結果 1】

鉄球をはなす高さ〔cm〕	5.0	10.0	15.0
鉄球の速さ〔m/s〕	0.99	1.40	1.71

会話

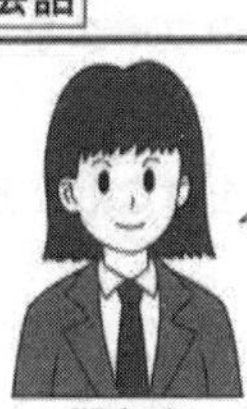

Kさん

わたしは，**【結果 1】**から測定値を点で記入し，**図 3** のように，原点を通って，上下に測定値の点が同程度に散らばるように，直線のグラフをかいたよ。

ぼくは，**図 4** のように，原点を通って，なるべく測定値の点の近くを通るように，曲線のグラフをかいたよ。

Mさん

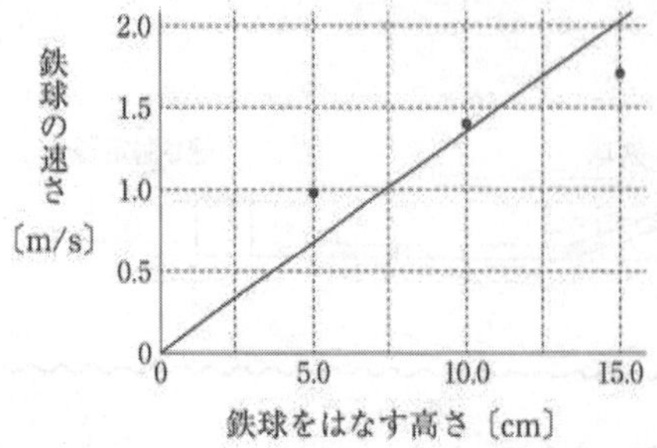

図3

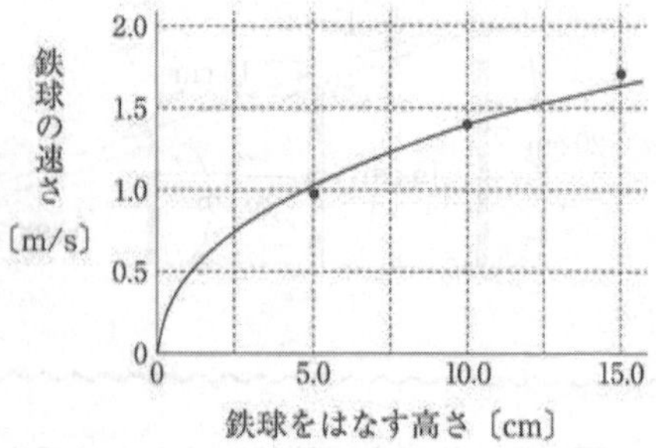

図4

①グラフが直線になるか曲線になるかを判断するには，追加で実験を行う必要があるね。

問3　下線部①のために，**実験1** に追加すべき実験内容として最も適切なものを，次のア～エの中から一つ選び，その記号を書きなさい。（4点）

ア　**【方法1】**の［2］を3回くり返し，平均を求める。

イ　鉄球の質量を20gにかえて，**【方法1】**の［2］を行う。

ウ　鉄球をはなす高さを2.5cm，7.5cm，12.5cm，17.5cmにして，**【方法1】**の［2］を行う。

エ　斜面の傾きを大きくして，鉄球をはなす高さは5.0cm，10.0cm，15.0cmとしたまま，**【方法1】**の［2］を行う。

Kさんたちは，コースの形を変えることで鉄球の運動にどのような違いが生じるかに興味をもち，2つのコースで実験を行いました。

実験2

課題2

コースの形を変えることで，鉄球の速さに違いが生じるのだろうか。

【方法2】

［1］　次のページの**図5**のように，**実験1** で用意したコースを**コース1**とし，**コース1**の点C，点Dの高さを変えて，それぞれを点C′，点D′とした**コース2**の2つのコースを用意した。

［2］　10gの鉄球を，**コース1**，**コース2**それぞれの点Aから同時に静かに手をはなし，速さ測定器で速さを測定した。

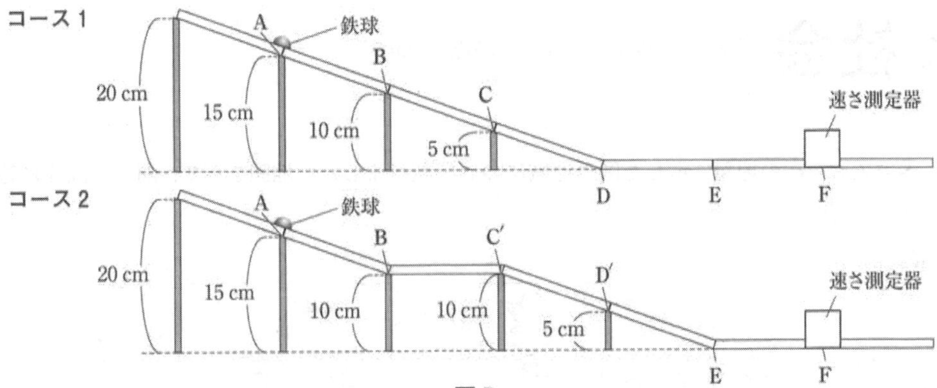

図5

【結果2】

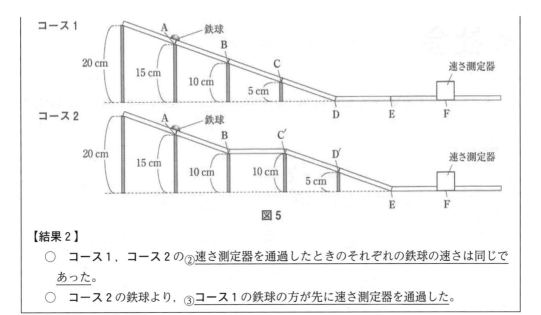

○　コース1，コース2の②<u>速さ測定器を通過したときのそれぞれの鉄球の速さは同じであった。</u>

○　コース2の鉄球より，③<u>コース1の鉄球の方が先に速さ測定器を通過した。</u>

問4　**実験2** について，次の(1)，(2)に答えなさい。ただし，点Fを含む水平面を高さの基準とします。

(1)　下線部②の理由を，**位置エネルギー**，点Fという語を使って説明しなさい。(4点)

(2)　Kさんたちは，下線部③の理由を，次のようにまとめました。［ I ］にあてはまる区間を書きなさい。また，［ II ］にあてはまることばを，**運動エネルギー**，**速さ**という語を使って書きなさい。(4点)

> 水平面では鉄球の速さが変化しないとすると，速さの変化のしかたが同じ区間は，両コースのAB間，EF間，**コース1**のBD間と**コース2**のC′E間である。そのため，比較すべき区間**コース1**のDE間と**コース2**の［ I ］間となる。**コース1**の鉄球の方が先に速さ測定器を通過したのは，**コース2**の［ I ］間より**コース1**のDE間の鉄球の方が，［ II ］ためだと考えられる。これは，［ I ］間の速さを測定することで確かめることができる。

<社会> 時間 50分 満点 100点

1 Sさんは，次の**地図**に示した国や地域について調べました。**地図**をみて，問1～問4に答えなさい。(14点)

地図

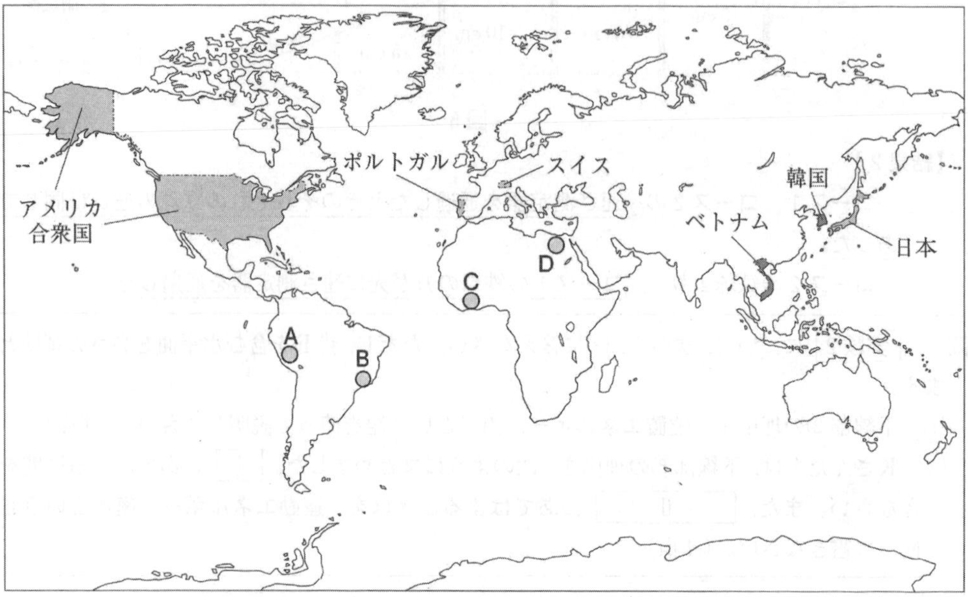

問1 三大洋のうち，**地図**中のポルトガルが面している海洋の名称を書きなさい。(3点)

問2 Sさんは，**地図**中の**A**～**D**のいずれかの地域にみられる人々の生活の様子について調べ，次の**カードⅠ**と**カードⅡ**をつくりました。**カードⅠ**，**カードⅡ**と**地図**中の**A**～**D**の地域の組み合わせとして最も適切なものを，次のページの**ア**～**エ**の中から一つ選び，その記号を書きなさい。(3点)

カードⅠ

標高に応じた，多くの種類のじゃがいもが栽培され，市場で売られています。人々は，アルパカの毛でつくった衣服を重ね着して，高地の寒さと強い日差しを防いでいます。

カードⅡ

植民地時代に持ちこまれたカカオが輸出用に生産されています。国際価格の変動が大きく，生産者の収入も安定しないことが課題となっています。

ア　カードⅠ－A　　カードⅡ－C　　**イ**　カードⅠ－A　　カードⅡ－D
ウ　カードⅠ－B　　カードⅡ－C　　**エ**　カードⅠ－B　　カードⅡ－D

問3　次の**グラフ1**は，**地図**中の韓国とベトナムの，2010年と2020年における，現地に工場などをもつ日本企業の数を示したものです。**グラフ1**中のベトナムの日本企業の数が韓国より増えている理由を，**表**中の①と②から書きなさい。(5点)

グラフ1

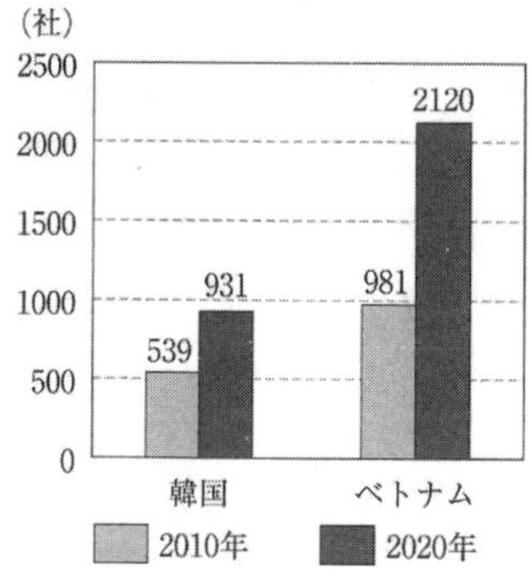

(外務省ホームページから作成)

表　日本，韓国及びベトナムにおける月額賃金と，総人口に占める15～49歳の人口の割合(2020年)

	① 月額賃金	② 総人口に占める15～49歳の人口の割合
日本	2684ドル	39.6%
韓国	2162ドル	48.1%
ベトナム	250ドル	53.5%

(世界人口推計2022年版などから作成)

問4　Sさんは，**地図**中のアメリカ合衆国，ポルトガル，スイス及び日本の4か国の，1990年と2020年の1人あたりのGDPについて調べ，次の**グラフ2**をつくりました。**グラフ2**から読みとれる内容を述べた文として正しいものを，下の**ア**～**オ**の中から**すべて**選び，その記号を書きなさい。(3点)

グラフ2

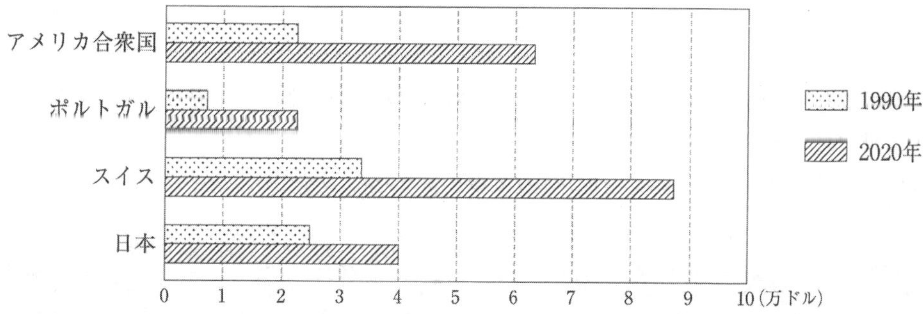

(世界国勢図会2022/23年版などから作成)

ア　1990年において，1人あたりのGDPが2万ドルを超えているのは，4か国のうち2か国である。

イ　2020年において，アメリカ合衆国の1人あたりのGDPは，日本の1人あたりのGDPより高い。

ウ　2020年において，スイスの1人あたりのGDPは，ポルトガルの1人あたりのGDPの3倍以上である。

エ　日本における，1990年の1人あたりのGDPは，2020年の1人あたりのGDPの2分の1以下である。

オ　4か国のうち，1990年の1人あたりのGDPと2020年の1人あたりのGDPとの差が最も大きいのは，アメリカ合衆国である。

2 Nさんは，地理的分野の授業で日本の諸地域を学習したあと，**地図1**を作成しました。**地図1**をみて，問1～問5に答えなさい。(16点)

地図1

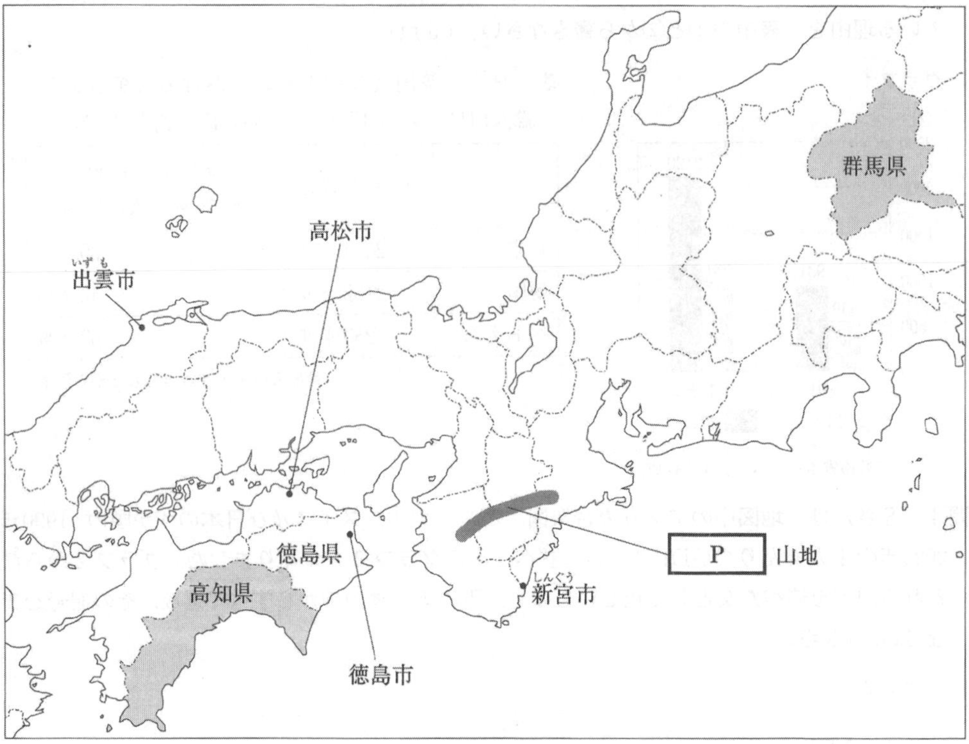

問1 Nさんは，**地図1**中の出雲市，高松市，新宮市の三つの都市の気温と降水量を調べ，次のⅠ～Ⅲのグラフをつくりました。Ⅰ～Ⅲのグラフと都市の組み合わせとして正しいものを，あとの**ア**～**カ**の中から一つ選び，その記号を書きなさい。(3点)

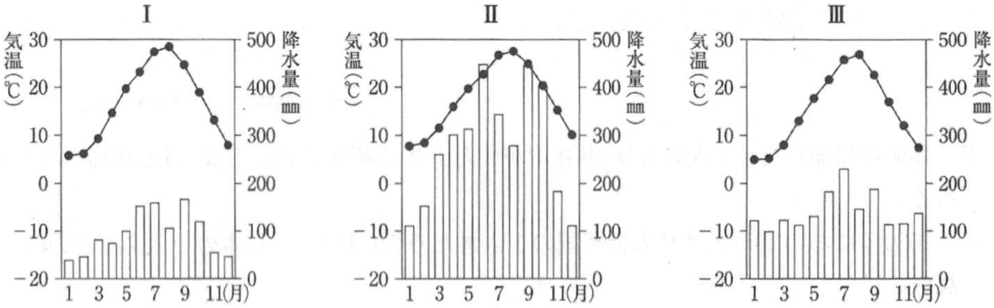

(気象庁ホームページから作成)

ア Ⅰ－出雲市　Ⅱ－高松市　Ⅲ－新宮市
イ Ⅰ－出雲市　Ⅱ－新宮市　Ⅲ－高松市
ウ Ⅰ－高松市　Ⅱ－出雲市　Ⅲ－新宮市

エ　Ⅰ－高松市　Ⅱ－新宮市　Ⅲ－出雲市
オ　Ⅰ－新宮市　Ⅱ－出雲市　Ⅲ－高松市
カ　Ⅰ－新宮市　Ⅱ－高松市　Ⅲ－出雲市

問2　Nさんは，近畿地方の産業について調べ，次のようにまとめました。**地図1**と**まとめ1**の中の［P］にあてはまる語を書きなさい。（3点）

まとめ1

近畿地方の南部にある［P］山地には，豊かな森林が広がっています。急斜面の多い険しい山地ですが，ここでは，すぎやひのきを植林して，間伐をくり返す林業が行われています。林業の後継者の確保が課題となっていますが，現在でも高い品質の木材が生産されています。

問3　Nさんは，**地図1**中の群馬県と高知県で，なすの生産がさかんであることに興味をもち，次の**グラフ1**と**まとめ2**をつくりました。**グラフ1**中の［W］と［X］及び，**まとめ2**の中の［Y］と［Z］には，それぞれ群馬県と高知県のいずれかがあてはまります。**グラフ1**と**まとめ2**の中の高知県にあたる組み合わせとして正しいものを，下の**ア**～**エ**の中から一つ選び，その記号を書きなさい。（3点）

グラフ1　東京都中央卸売市場におけるなすの月別入荷量(2021年)

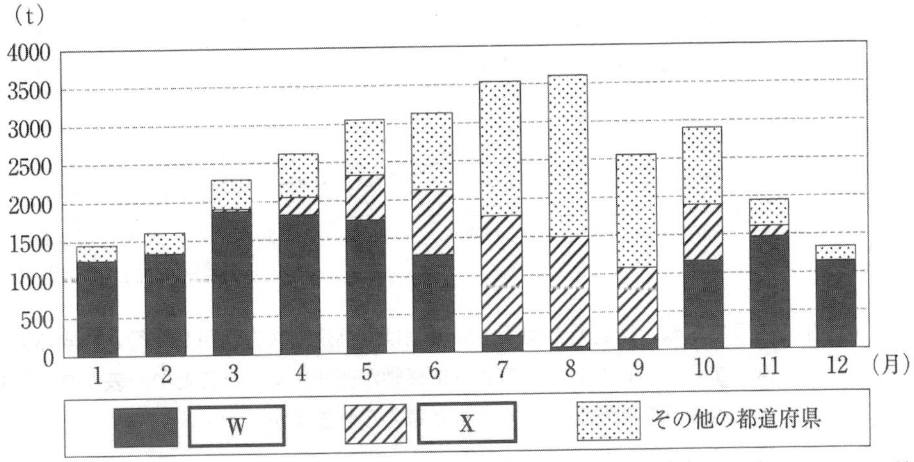

（東京都中央卸売市場ホームページから作成）

まとめ2

【［Y］におけるなすの栽培の特色】
大消費地に近い条件を生かし，主に都市向けに栽培をしており，新鮮なうちに出荷できるようにしている。

【［Z］におけるなすの栽培の特色】
温暖な気候を生かし，ビニールハウスを利用した栽培をしており，出荷時期を早める工夫をしている。

ア　WとY　　イ　WとZ　　ウ　XとY　　エ　XとZ

問4　次は，**地図1**中の徳島県に関連して，日本の交通・通信の特色について学習する授業での，

先生とNさんの会話です。会話文中の Q と R にあてはまることばをそれぞれ書きなさい。（5点）

先　生：資料のように，1980年代から1990年代にかけて，本州四国連絡橋が開通したことを学習しました。このような交通網の整備が地域をどのように変化させたか，徳島県を事例に考えてみましょう。

Nさん：はい。明石海峡大橋の開通で徳島県が本州に直接つながって以降，グラフ2からは，［　Q　］ことが読みとれます

資料　本州四国連絡橋のルートと主な連絡橋が開通した年

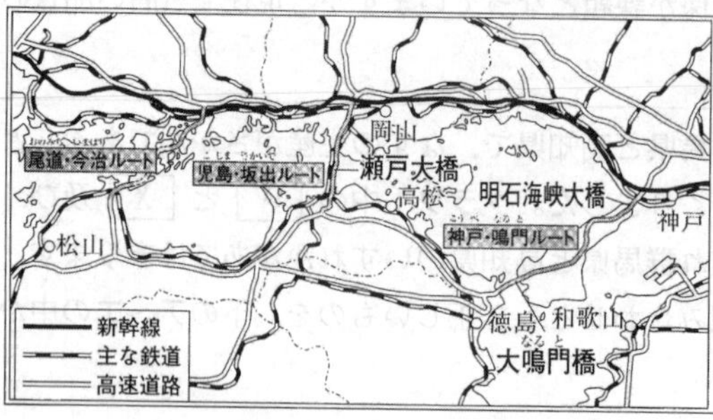

大鳴門橋	1985年
瀬戸大橋	1988年
明石海峡大橋	1998年
尾道・今治ルート（しまなみ海道）	1999年

グラフ2　徳島県と関西方面を結ぶフェリーと旅客船の輸送人数の推移

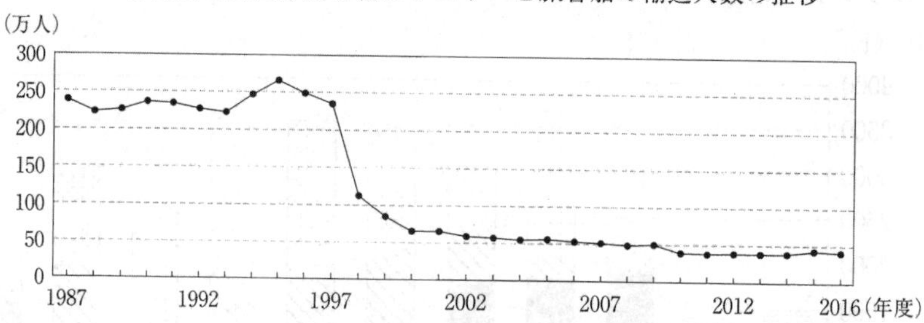

（四国運輸局ホームページから作成）

先　生：そうですね。徳島県と関西方面の間は，高速バスを利用して行き来する人が多くなりました。しかし，このように移動が便利になったことで，表から，徳島県ではどのような課題が生じていると考えられますか。

表　徳島県における年間商品販売額の推移（億円）

1994年	1997年	1999年	2002年	2004年	2007年	2012年	2014年
20205	20911	21157	18218	17621	16615	12746	13433

（RESASから作成）

Nさん：はい。表から，徳島県の年間商品販売額は，1999年以降少しずつ低くなっている傾向が読みとれます。これは，買物などで［　R　］ことが理由の一つとして考えられます。

先　生：そうですね。このように交通網が整備されたことで，地方の消費が落ちこむこともあります。

問５　Ｎさんは，**地図１**中の徳島市で野外観察を行い，その記録をまとめました。次の①，②は，下の**地図２**中のＡ～Ｄのいずれかの地点の記録です。①，②と**地図２**中のＡ～Ｄの地点の組み合わせとして最も適切なものを，**ア**～**エ**の中から一つ選び，その記号を書きなさい。（２点）

①

駅とロープウェイのりばとの間の中心市街地ですが，閉店している商店もいくつかみられます。

②

山に囲まれた高台にある住宅地で，一戸建てが多くみられます。

地図２　徳島市の一部を示した２万５千分の１の地形図

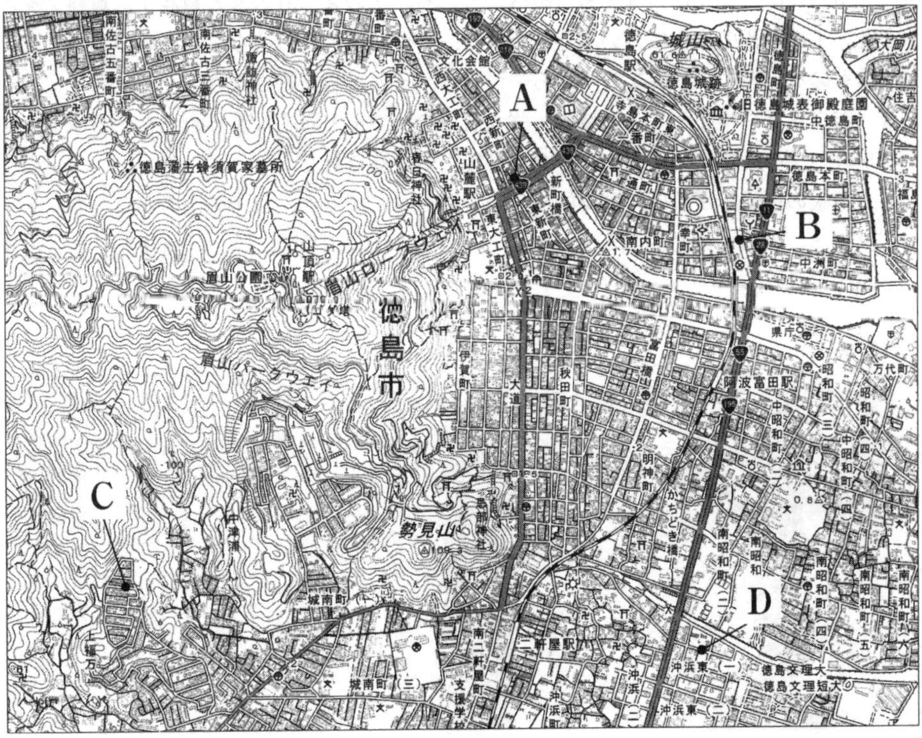

（国土地理院２万５千分の１地形図「徳島」平成31年発行一部改変）

ア　①－Ａ　　②－Ｃ　　　**イ**　①－Ａ　　②－Ｄ

ウ　①－Ｂ　　②－Ｃ　　　**エ**　①－Ｂ　　②－Ｄ

3 次のⅠ～Ⅴは，Mさんが，五つの異なる時代の人々の生活について調べ，まとめたものです。これをみて，問1～問5に答えなさい。(16点)

Ⅰ	朝廷は人々に開墾をすすめ，新しく開墾した土地は，租を納めることと引きかえにいつまでも私有地としてよいことにした。
Ⅱ	社会が変化し，人々の心に不安な気持ちが高まると，念仏を唱えて阿弥陀如来にすがり，死後に極楽浄土へ生まれ変わることを願う浄土信仰が都でおこった。
Ⅲ	農作業に牛や馬が利用され，鉄製の農具が広まり，草や木を焼いた灰が肥料として使われるようになった。寺社の門前や交通の便利な所には定期市が開かれ，町が生まれた。
Ⅳ	土倉や酒屋などをおそって借金の帳消しなどを求める土一揆が起こるようになり，近畿地方を中心に広がった。
Ⅴ	庶民の間にも教育への関心が高まり，町や農村に多くの寺子屋が開かれ，読み・書き・そろばんなど実用的な知識や技能を教えた。

問1 Mさんは，文化に興味をもち調べたところ，次のa，bの文と**資料1**，**資料2**をみつけました。Ⅰの時代の文化について述べた文と，その時代の代表的な文化財の組み合わせとして正しいものを，**表**中の**ア**～**エ**の中から一つ選び，その記号を書きなさい。(3点)

a 奈良盆地を中心とする地域に，強大な力を持つ王と有力な豪族たちとから成る大和政権が現れ，王や豪族の墓として大きな前方後円墳が造られた。

b 国家の仕組みが整い，国際的な交流がさかんになると，日本の国のおこりや，天皇が国を治めることの由来を説明しようとする動きが朝廷の中で起こり，「古事記」と「日本書紀」が作られた。

資料1

興福寺の阿修羅像

資料2

武人埴輪

表

	文化	代表的な文化財
ア	a	資料1
イ	a	資料2
ウ	b	資料1
エ	b	資料2

問2 Ⅱの時代における政治の様子を述べた文として正しいものを，次のページの**ア**～**エ**の中から一つ選び，その記号を書きなさい。(2点)

ア　戦乱の時代から残る社会のあらあらしい気風をただすため，生類憐みの政策が行われた。

イ　元軍の再度の侵攻に備え，御家人たちによって，博多湾の沿岸に石垣が築かれた。

ウ　豪族が支配していた土地と人々とを，公地・公民として国家が直接支配する方針が示された。

エ　貴族の中でも天皇と深い関係のある人々が力を持つようになり，摂関政治が行われた。

問3　Mさんは，Ⅲの時代における，地頭と領家（荘園の領主）の争いが読みとれる，**資料3**をみつけました。**資料3**から，ここでの争いはどのように解決されたのかを，「地頭」という語を用いて書きなさい。（5点）

資料3

問4　Ⅳの時代に起こった世界のできごとを述べた文として，その正誤の組み合わせが正しいものを，下の**ア**～**エ**の中から一つ選び，その記号を書きなさい。（3点）

X	明は，正式な貿易船の証明として，勘合を日本の船に与えて貿易を始めた。
Y	ロシアの使節ラクスマンが蝦夷地の根室に来航し，通商を求めた。
Z	朝鮮半島では，李成桂が高麗をほろぼして朝鮮国を建てた。

ア　X　正　Y　正　Z　誤　　**イ**　X　正　Y　誤　Z　正

ウ　X　誤　Y　正　Z　正　　**エ**　X　誤　Y　誤　Z　正

問5　Mさんは，Ⅴの時代の学問について調べ，次のようにまとめました。**まとめ**の中の［P］にあてはまる人物名を書きなさい。（3点）

まとめ

佐原（さわら）の名主で商業を営んでいた［P］は，江戸で天文学や測量術を学び，各地を自費で測量しました。その技術におどろいた幕府は，全国の測量を幕府の事業とすることとし，［P］にこれを命じました。**資料4**は，［P］によって作られた地図です。

資料4

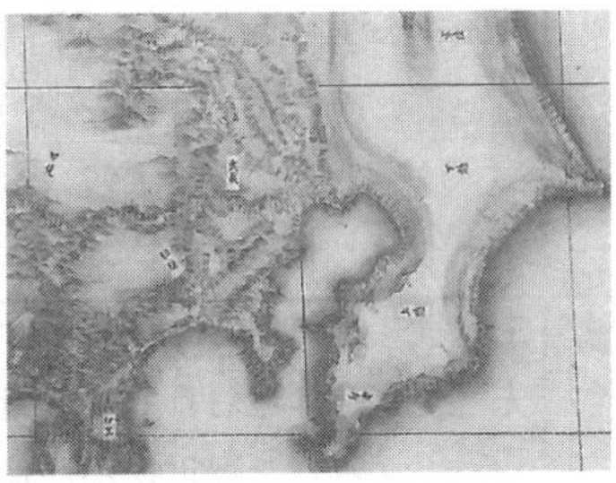

4 次の年表をみて，問１～問４に答えなさい。(17点)

西暦(年)	で き ご と	
1853	・アメリカの使節ペリーが浦賀に来る	↕A
1871	・岩倉使節団が欧米に派遣される	↕B
1914	・第一次世界大戦がはじまる	↕C
1939	・第二次世界大戦がはじまる	
1973	・石油危機が起こる	↕D
1992	・国際平和協力法が成立する	

問１　次は，年表中Aの時期の，開国によって受けた影響について学習する授業での，先生と生徒の会話です。会話文を読み，下の(1)と(2)の問いに答えなさい。

先　生：この時期の状況を示した**資料１**の浮世絵から，どのようなことが読みとれますか。

生　徒：はい。生活に必要な品物がかかれた凧(たこ)があがっていることが読みとれます。

先　生：そうですね。では，この時期がどのような状況かを考えるために，開国して貿易が始まったときの，国内への影響について思い出してみましょう。

生　徒：はい。日本の主要な輸出品だった［ P ］の生産がさかんになる一方で，安くて質の良い綿織物や綿糸が輸入されたため，国内の綿産業は打撃を受けました。

先　生：そうでしたね。では，開国後の貿易によって，人々の生活はどのような影響を受けたのでしょうか。**資料２**から読みとれる変化にふれながら，考えてみましょう。

生　徒：はい。［ Q ］と考えられます。

先　生：そのとおりです。**資料１**は，この状況を示した浮世絵だと考えられますね。

資料１

資料２　幕末の物価の変化

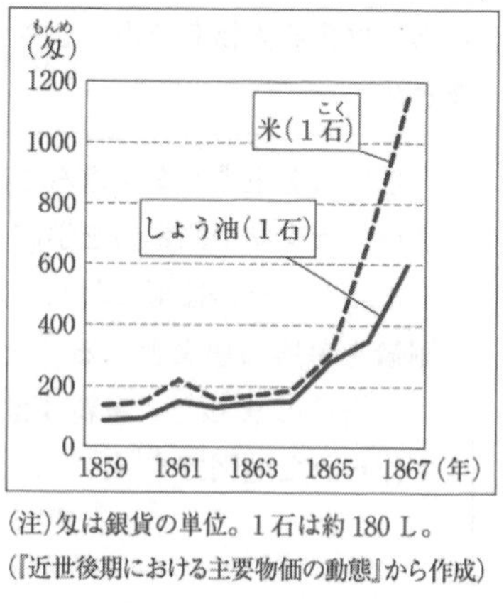

(注)匁は銀貨の単位。１石は約 180 L。
(『近世後期における主要物価の動態』から作成)

(1)　会話文中の［ P ］にあてはまる語を，次の**ア**～**エ**の中から一つ選びその記号を書きなさい。(３点)

ア　毛織物　　**イ**　武器　　**ウ**　鉄鋼　　**エ**　生糸

(2)　会話文中［ Q ］にあてはまることばを書きない。(５点)

問２　次の**図**は，年表中Bの時期を学習する授業で，ある生徒が「不平等条約の改正」をテーマに，できごとを起こった順にまとめたステップチャートです。**図**中の X と Y にあてはまる語の組み合わせとして正しいものを，下の**ア**～**エ**の中から一つ選び，その記号を書きなさい。（３点）

図

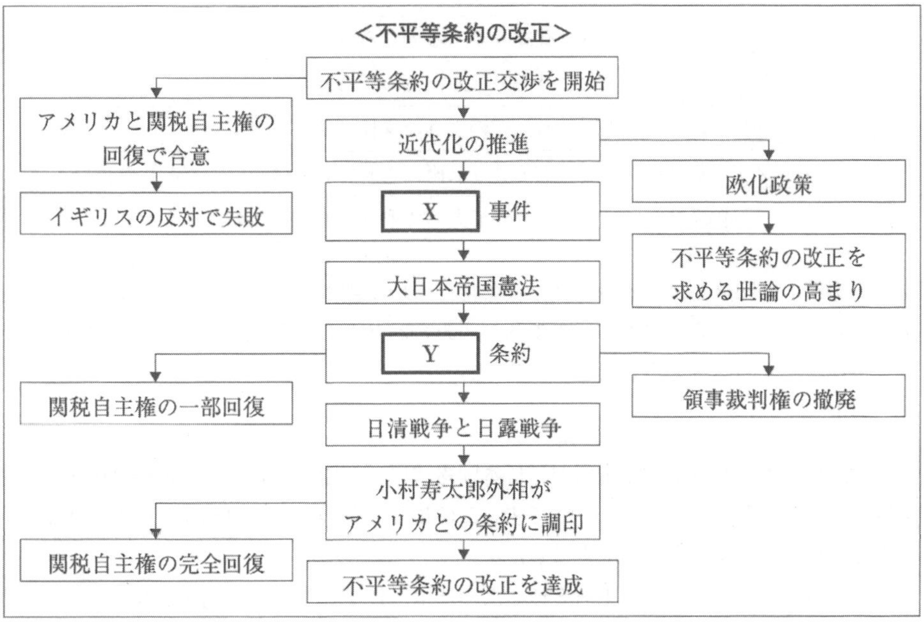

ア　X－日比谷焼き打ち　Y－日英通商航海　　**イ**　X－日比谷焼き打ち　Y－ポーツマス
ウ　X－ノルマントン号　Y－日英通商航海　　**エ**　X－ノルマントン号　Y－ポーツマス

問３　年表中Cの時期における日本の政治や経済の様子を述べた文として正しいものを，次の**ア**～**エ**の中から一つ選び，その記号を書きなさい。（３点）

ア　原敬は，選挙法を改正して選挙権を持つのに必要な納税額を引き下げた。
イ　自由民権運動は，政党の結成へと進み，板垣退助を党首とする自由党が結成された。
ウ　テレビ放送が始まり，最初は街頭でみられていたが，次第に一般の家庭へと普及していった。
エ　自動車などの輸出がのび，貿易黒字が増えると，アメリカなどとの貿易摩擦が深刻化した。

問４　次は，年表中Dの時期のあるできごとについてまとめたものです。**まとめ**の中の Z にあてはまる語を書きなさい。（３点）

まとめ

東ヨーロッパ諸国では，民主化運動が高まり，共産主義政権が次々とたおれました。アメリカのブッシュ大統領とソ連のゴルバチョフ共産党書記長は，1989年12月に地中海の Z 島で会談し，冷戦の終結を宣言しました。**資料３**は，その Z 会談の様子です。

資料３

5　Kさんは，公民的分野の学習で，次の**学習課題**について調べました。これをみて，問１～問７に答えなさい。(23点)

学習課題

・①社会権とはどのような権利なのだろうか。
・②参政権にはどのようなものがあるのだろうか。
・③日本の司法制度には，どのような仕組みがあるのだろうか。
・④地方公共団体の課題には，どのようなものがあるのだろうか。
・⑤消費者の権利はどのように保障され，どのような責任があるのだろうか。
・⑥社会保障の充実と経済成長とを，どのように両立させていけばよいのだろうか。
・世界の課題に，⑦国際社会ではどのように協力して取り組んできたのだろうか。

問１　下線部①に関連して，Kさんは，社会権について調べ，次のようにまとめました。**まとめ１**の中の［Ⅰ］と［Ⅱ］にあてはまる語の組み合わせとして正しいものを，下の**ア**～**エ**の中から一つ選び，その記号を書きなさい。(３点)

まとめ１

社会権の中でも基本的な権利が，日本国憲法に「健康で文化的な最低限度の生活を営む権利」と規定されている［Ⅰ］です。この規定に基づいて，日本は，医療，年金，介護などの社会保障を充実させてきました。

私たちが健康で文化的な生活を送るためには，仕事と生活との調和を図る［Ⅱ］が重要です。労働人口が減っている日本では，働きたいと考える人たちが，無理なく力を発揮できる社会をつくっていくことがよりいっそう重要になります。

ア　Ⅰ－生存権　Ⅱ－ダイバーシティ
イ　Ⅰ－生存権　Ⅱ－ワーク・ライフ・バランス
ウ　Ⅰ－勤労の権利　Ⅱ－ダイバーシティ
エ　Ⅰ－勤労の権利　Ⅱ－ワーク・ライフ・バランス

問２　下線部②について述べた文として正しいものを，次の**ア**～**オ**の中から**すべて**選び，その記号を書きなさい。(３点)

ア　選挙権は，満18歳以上の国民に認められている。
イ　国会議員の選挙では，外国に住んでいる日本国民にも，投票できる仕組みがある。
ウ　都道府県知事に立候補する被選挙権は，満25歳以上の国民に認められている。
エ　憲法の改正は，国民の３分の２以上の賛成で，国民が，これを発議し，国会に提案する。
オ　最高裁判所の裁判官に対しては，国民が直接，任命が適切かどうか，国民審査を行う。

問３　下線部③について述べた文として最も適切なものを，あとの**ア**～**エ**の中から一つ選び，その記号を書きなさい。(３点)

ア　一つの事件について，最大で２回まで裁判を受けることができ，第一審の判決が不服な場合は，第二審の裁判所に上告することができる。
イ　被告人は，判決を受けるまでは有罪とみなされるが，公平で速やかな，公開された裁判を受ける権利が保障されている。

ウ　捜査が適正に行われたかを後から確かめられるように，裁判員裁判の対象となる事件などで，警察官や検察官の取り調べを録画・録音する，取り調べの可視化が義務化されている。

エ　一部の事件では，被害者が，裁判に参加することが認められているが，被告人や証人に質問することはできない。

問４　下線部④に関連して，次の**グラフ**は，2019年度の大阪府と鳥取県の歳入とその内訳を示したものです。**グラフ**から，国から配分される地方交付税交付金などの歳入に占める割合が，大阪府と鳥取県で異なることが読みとれます。**グラフ**をみて，国から地方交付税交付金が配分される目的を，「**自主財源**」と「**格差**」という**二つの語**を用いて書きなさい。（５点）

グラフ

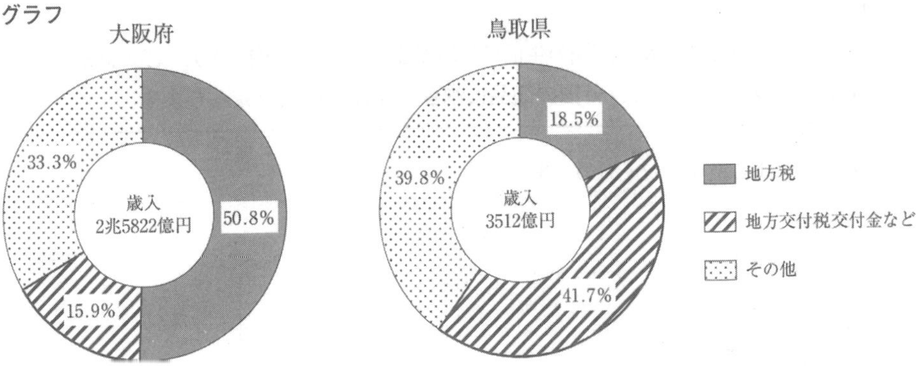

（データでみる県勢 2022 年版などから作成）

問５　下線部⑤に関連して，Kさんは，契約を解除することを通知する次の**資料１**をみつけました。訪問販売や電話勧誘などで商品を購入した場合に，一定期間内であれば消費者側から無条件で契約を解除することができます。この制度を何といいますか，その名称を書きなさい。（３点）

資料１

通知書

次の契約を解除します。

契約年月日　令和〇〇年〇月〇日
商品名　〇〇〇〇
契約金額　〇〇〇〇〇〇円
販売会社　株式会社 ××××□□営業所
担当者△△△△

支払った代金〇〇〇〇〇〇円を返金し，商品を引き取ってください。

令和〇〇年〇月〇日
埼玉県〇市〇町〇丁目〇番〇号
氏名　〇〇〇〇

問６　下線部⑥に関連して，Kさんは，ある国における四つの政党の主張について調べ，次のようにまとめました。**まとめ２**をもとに，各政党が主張する政策を分類し，次のページの**図**中の**ア**～**エ**のいずれかの領域に位置付けたとき，**【C党】**の考え方が位置する領域として最も適切なものを一つ選び，その記号を書きなさい。（３点）

まとめ２

【A党】
・国民の税金の負担を軽くするために，行政や福祉のサービスを減らします。

・自国の商品が売れるように，外国の商品には税金をかけて販売価格を高くします。

【B党】
・国民の生活は自己責任を基本として，医療や福祉のサービスを減らし，税金を安くします。
・外国の商品を安く輸入できるように，外国の商品にかかっている税金を減らして，市場を開放します。

【C党】
・国民の税金の負担は重くなりますが，行政や福祉の手厚いサービスを提供します。
・外国の商品にかかっている税金を減らして，外国の商品の販売価格を低くします。

【D党】
・税金は高くなりますが，国民の生活は政府が支え，医療や福祉のサービスを充実させます。
・自国の産業を守るため，外国の商品に税金をかけて輸入を減らします。

図 座標軸による政党の考え方の分類

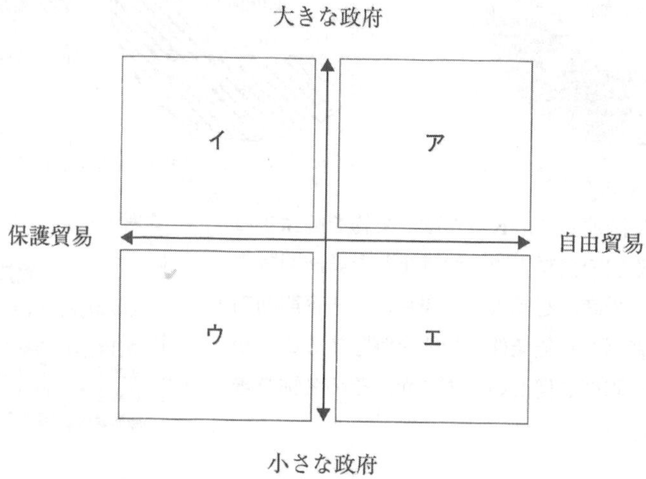

問7 下線部⑦に関連して，Kさんは，国際会議について調べ，次のようにまとめました。**まとめ3**の中の X と Y にあてはまる語の組み合わせとして正しいものを，次のページのア～エの中から一つ選び，その記号を書きなさい。(3点)

まとめ3

国際社会の重要な課題に対応するため，さまざまな国際会議が開催されます。例えば，世界の政治や経済について話し合う X があります。次のページの**資料2**は，2023年5月に，日本を議長国として， Y で開催された X の行事の様子です。被爆から復興をとげた Y の姿を世界に向けて発信することで，平和の素晴らしさを改めて強調しました。

資料２

ア　X－アジア太平洋経済協力会議（APEC）　　Y－広島
イ　X－アジア太平洋経済協力会議（APEC）　　Y－京都
ウ　X－主要国首脳会議（G７）　　Y－広島
エ　X－主要国首脳会議（G７）　　Y－京都

6　Fさんのクラスでは，校外学習で四つのグループに分かれて職場を訪問しました。そこで働いている人から聞いた内容の一部を，次の**カードⅠ**～**カードⅣ**にまとめました。これらに関する問１～問４に答えなさい。(14点)

カードⅠ

外交官のHさん

私たちは，外務省や世界各国にある日本の大使館などに勤務し，国家間の交渉にたずさわっています。相手国の文化などを積極的に理解しようとする姿勢や社交性が求められます。

カードⅡ

証券取引所に勤めているRさん

私たちは，投資家が安心して市場で取引でき，上場した企業が安定して資金を集められるようにサポートをしています。株式などの売買が，ルールに従って正しく行われているかを監視しています。

カードⅢ

プログラマーのTさん

私は，システムエンジニアが考案したシステムなどの設計に従って，プログラミングを行っています。コンピュータを動かすためのプログラミング言語などの専門知識が必要です。

カードⅣ

畜産農家のUさん

私は，食肉として販売するために，豚などの家畜を育てています。基本的に毎日同じ時間にえさやりや掃除を行っており，動物の異変にすぐに気づける注意力が欠かせません。

問1　**カードⅠ**に関連して，次の**ア**～**エ**は，日本と外国との関係に関するできごとについて述べた文です。年代の**古い順**に並べかえ，その順に記号で書きなさい。(3点)

ア　憲法の制定に向けて，伊藤博文はヨーロッパへ調査に行き，君主権の強いドイツやオーストリアなどで憲法について学んだ。

イ　幕府は，貿易を望む大名や豪商に，東南アジアへの渡航を許可する朱印状を発行し，東南アジアの国々に対して，朱印船の保護を求めた。

ウ　イエズス会の宣教師の勧めにより，キリシタン大名が少年4人をローマ教皇のもとへ派遣した。

エ　世界平和と国際協調を目的とする国際連盟が設立され，新渡戸稲造が事務次長に選ばれた。

問2　**カードⅡ**に関連して，Fさんは，株式会社の仕組みについて，次のようにまとめました。**まとめ1**の中の［X］と［Y］にあてはまる語の組み合わせとして最も適切なものを，下の**ア**～**エ**の中から一つ選び，その記号を書きなさい。(3点)

まとめ1

> 株式会社は，必要となる資金を少額に分けた株式を発行して，多くの人から資金を集めます。株式は，資金を出したことの「証明書」であり，株式を購入した個人や法人を株主といいます。株主には，［X］に参加して経営の基本方針に対して意見を述べる権利や，保有する株式数に応じて，利潤の一部を［Y］として受け取る権利が保障されています。

ア　X－労働組合　　Y－年金保険
イ　X－労働組合　　Y－配当
ウ　X－株主総会　　Y－年金保険
エ　X－株主総会　　Y－配当

問3　**カードⅢ**に関連して，Fさんは，アメリカ合衆国の産業について，次のようにまとめました。**まとめ2**の中の［P］にあてはまる語を書きなさい。また，［P］の位置として最も適切なものを，次のページの**地図**中の**ア**～**エ**の中から一つ選び，その記号を書きなさい。(3点)

まとめ2

> 現代のアメリカ合衆国は，新しい産業の分野で世界をリードしています。特に，サンフランシスコの南に位置するこの地域は，［P］とよばれ，先端技術産業の拠点となる大学や研究機関を中心として，多くのICT関連企業が集中し，高度な技術の開発が進められています。［P］には，アジア系をはじめ，さまざまな国籍をもつ人材が集まっています。

地図

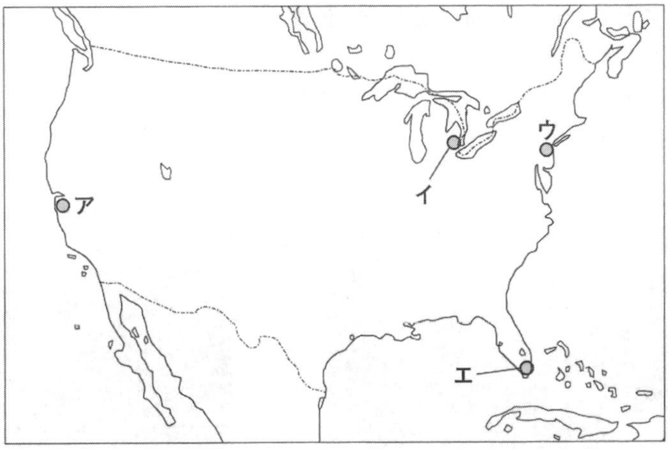

問４　**カードⅣ**に関連して，Ｆさんは，豚肉の生産がさかんな鹿児島県の取り組みについて調べ，**レポート**にまとめました。**グラフ２**の［ａ］にあてはまる，取り組みの成果を示す最も適切なものを，あとの**ア**～**エ**の中から一つ選び，その記号を書きなさい。また，［Ａ］にあてはまることばを書きなさい。なお，［Ａ］には，**資料**と**グラフ２**から読み取れる，取り組みの内容とその成果があてはまります。（５点）

レポート

≪探究課題≫

持続可能な畜産業を実現するため，私たちはどのようなことができるか。

≪課題設定理由≫

鹿児島県では，豚の飼育戸数が減少している一方で，「かごしま黒豚」とよばれる日本を代表する豚肉が生産され，国内外で人気を集めています。この人気を集めた取り組みが，日本の畜産業を発展させるための参考になると考えたからです。

≪探究内容≫

１　日本における豚肉の生産の現状

グラフ１から，豚肉の国内生産量は，ほぼ一定であるのに対して，豚肉の輸入量は増加傾向であることが読みとれます。価格の安い外国産の豚肉に対抗するには，「かごしま黒豚」のように品質重視の豚肉を生産し，ブランド化していく必要があります。

グラフ１

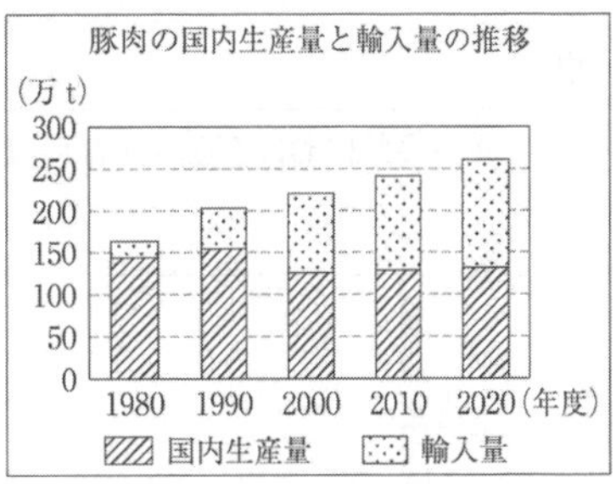

２　鹿児島県の主な取り組みとその成果

(1)　黒豚の品種改良を進め，さつまいもを飼料に使うことで，肉質や食感の良い黒豚肉が生産されています。

(2) 厳格な生産ルールのもと，黒豚を飼育管理することで，安全，安心な黒豚肉が消費者に届けられています。

(3) 資料とグラフ2から，［ A ］ことが分かります。

グラフ2

a

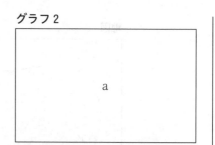

資料　鹿児島県産の食肉の輸出の促進を図る主な取り組み

新規輸出国に対する広報活動の様子

ホンコン(香港)の消費者向けに黒豚肉を紹介している動画の一部

(注)レポートは一部である。

(鹿児島県黒豚生産者協議会ホームページなどから作成)

ア

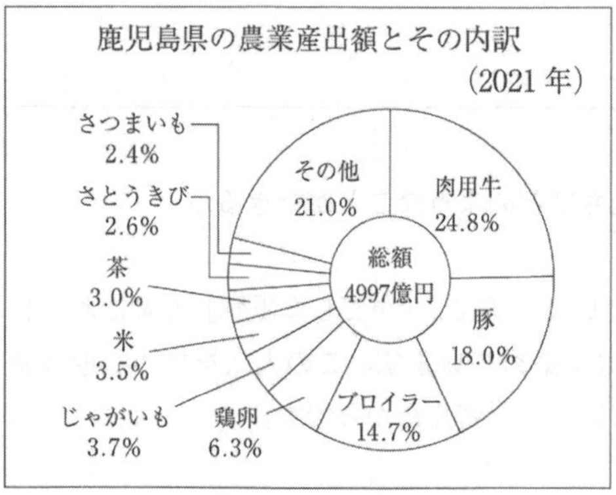

(注) ブロイラーとは，食用の鶏のことである。

イ

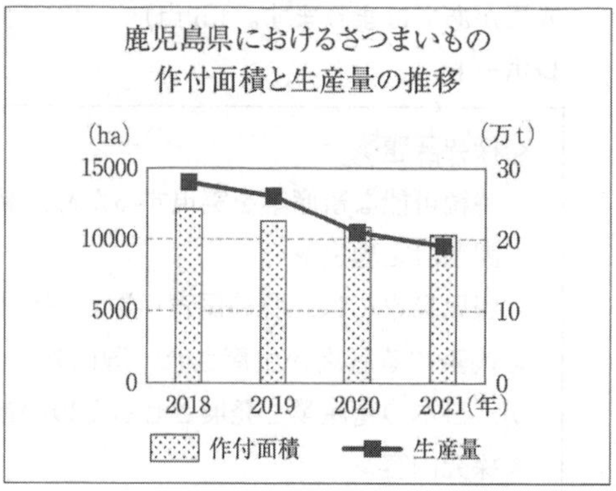

ウ

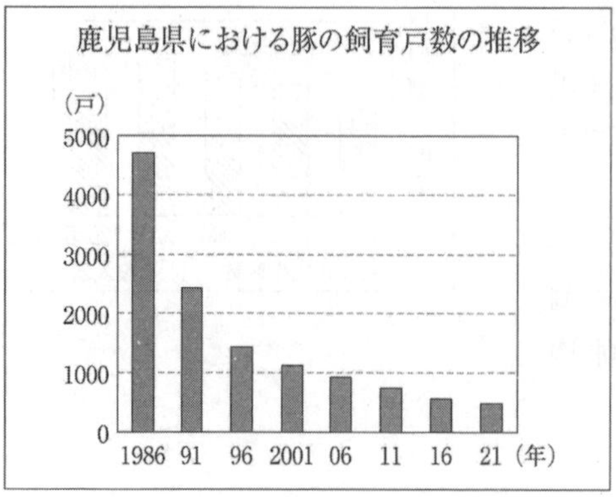

エ

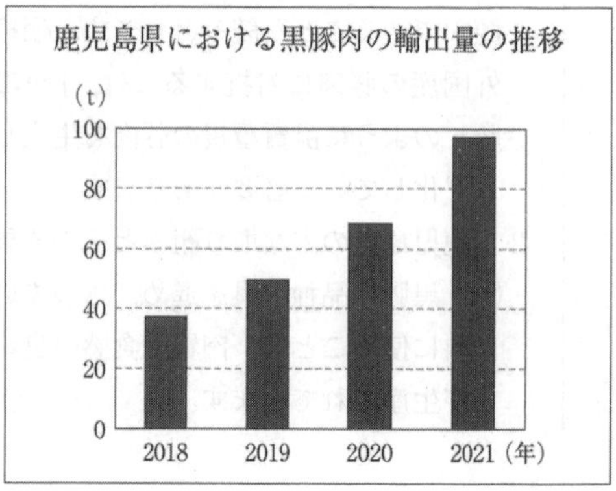

(鹿児島県ホームページなどから作成)

な社会を築くためにわたしたちができること」について、一人一人が自分の考えを文章にまとめることにしました。あとの（注意）に従って、あなたの考えを書きなさい。（12点）

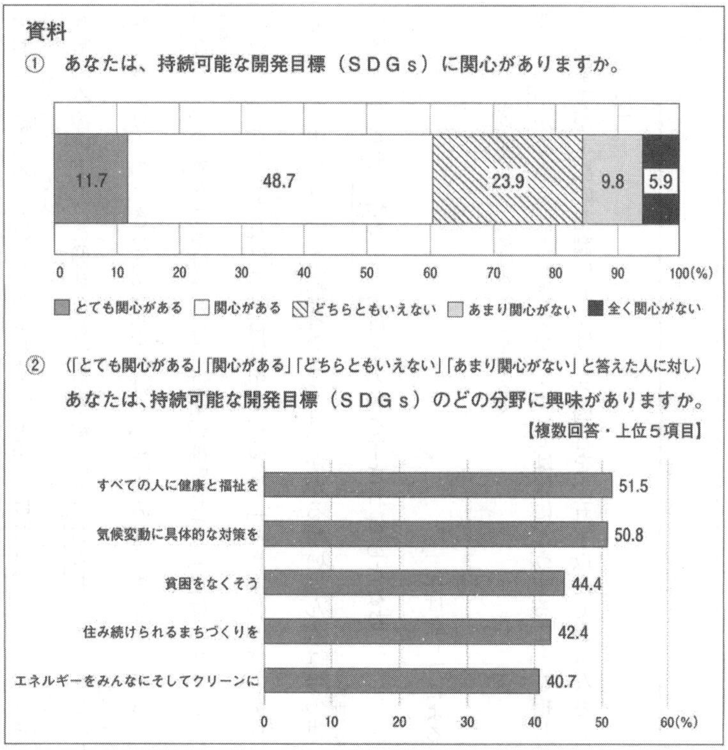

埼玉県　第208回簡易アンケート「埼玉県におけるＳＤＧｓの推進について」（令和４年度）から作成

（注意）

(1) **二段落構成**とし、第一段落では、あなたが資料から読み取った内容を、第二段落では、第一段落の内容に関連させて、自分の体験（見たこと聞いたことなども含む）をふまえてあなたの考えを書くこと。

(2) 文章は、十一行以上、十三行以内で書くこと。

(3) 原稿用紙の正しい使い方に従って、文字、仮名遣いも正確に書くこと。

(4) 題名・氏名は書かないで、一行目から本文を書くこと。

世の中は月にむら雲花に風近衛殿には左近なりけり

とよみて、これをつかはされければ、村々の百姓、「①かかる事にては、免（年貢のお許しを多くくださる）おほく給（たま）はること思ひもよらず。」と申しければ、一休「ひらさら（ひたすら）此（この）歌のみ捧げよ。」と仰（おほ）せられて帰り給へば、②おのおのせんぎしけれ（集まって相談したが）共（ども）、本より土のつきたる男共なれば、一筆よみかく事ならざれば、ぜひなく（しかたなく）、かの歌をささげければ、近衛殿御覧じて、「是はいかなる人のしける。」と仰出（おほせいだ）されける（おっしゃった）。百姓申しけるは、「たき木の一休の御作にて候（さうらふ）。」と申せば、「その※放者（おどけもの）ならでは、かかる事いはん人は今の世に覚えず（今の世にはいない）。」と③興（けう）じ給（たま）ひて、おほくの免を下されけるとなり。

（『一休（いっきゅう）ばなし』による。）

（注）※放者（おどけもの）……ふざけたことをする人。

問1 ①かかる事 とありますが、ここでは誰にどうすることを指していますか。次の空欄にあてはまる内容を十五字以内で書きなさい。（3点）

（　　　　　　　　　　　　　　　）こと。

問2 ②おのおの とありますが、これは誰のことを指していますか。最も適切なものを、次のア～エの中から一つ選び、その記号を書きなさい。（3点）

ア 百姓共　**イ** 一休　**ウ** 近衛殿　**エ** 左近

問3 ③興（けう）じ給（たま）ひて とありますが、この部分を「現代仮名遣い」に直し、**すべてひらがな**で書きなさい。（3点）

問4 次は、この文章を読んだあとの先生とAさんの会話です。空欄 I にあてはまる内容として最も適切なものを、あとの**ア**～**エ**の中から一つ選び、その記号を書きなさい。（3点）

先生　「文章中に『世の中は月にむら雲花に風近衛殿には左近なりけり』とありますが、これはどのようなことを伝えようとしたものなのでしょうか。」

Aさん　「上の句には、『月』と『むら雲』、『花』と『風』という組み合わせが表現されています。これをふまえて下の句『近衛殿には左近なりけり』を考えると、近衛殿が領地を治める上で、I ということを伝えようとしたものだと考えられます。」

先生　「そのとおりです。一休はその意図が、近衛殿にはわかってもらえるという確信があったのでしょうね。」

ア 農民たちと左近は公平に扱われなければならない
イ 左近が反乱の動きをみせているので警戒するべきだ
ウ 左近が農民たちを苦しめることを責めないでほしい
エ 農民たちを苦しめる左近の存在が妨げになっている

5 次の資料は、「持続可能な開発目標（ＳＤＧｓ）の推進」について、主に県内在住者を対象に調査し、その調査の結果をまとめたものです。

国語の授業で、この資料から読み取ったことをもとに「持続可能

イ　もらった手編みのマフラーには編んだ人の「彼／彼女らしさ」があり、マフラーを捨てることで贈り手の人格そのものを否定することにつながるから。

ウ　もらった手編みのマフラーには編んだ人の思いが込められており、マフラーを手放すことは贈り手への裏切りであり慣習的にも法的にも不当なものだから。

エ　もらった手編みのマフラーには編んだ人の魂が宿っており、マフラーを介して形成された「魂と魂との紐帯」によりそもそも手放すことができなくなるから。

問4　④所有（私的所有）と他者への贈与や分配を対立するものとみなすとありますが、この考え方を説明した文として最も適切なものを、次の**ア**～**エ**の中から一つ選び、その記号を書きなさい。（4点）

ア　私的所有されたモノは、持ち主である個人に所有権があり贈与や分配ができないのに対し、他者から贈与や分配されたモノは、さらに別の他者に贈与や分配ができるという考え方。

イ　私的所有されたモノには、持ち主である個人が排他的な権利を有しているのに対し、モノを他者に贈与したり分配したりしたときには、その権利が失われてしまうという考え方。

ウ　個人がモノを所有するには、身体による労働が必要であるのに対し、他者から贈与や分配されたモノは、労働せず得られたゆえに、真に私的所有したとは言えないという考え方。

エ　個人がモノを所有するには、身体のなかに閉じ込められた自己が必要になるのに対し、他者に贈与したり分配したりするときには、自己と身体の同一視が前提になるという考え方。

問5　⑤私的所有に失敗することを「損失」とみなし、贈与や分配を「利他的な行為」であるとみなす必然性はどこにもない。とありますが、筆者はなぜこのように考えるのですか。次の空欄にあてはまる内容を、**媒介**、**帰属**の二つの言葉を使って、四十字以上、五十字以内で書きなさい。ただし、二つの言葉を使う順序は問いません。（7点）

私的所有に失敗したり、モノを贈与したり分配したりしても、
（40）　（50）
と考えることができるから。

4

次の文章を読んで、あとの問いに答えなさい。（……の左側は口語訳です。）（12点）

一休和尚（いっきゅうおしょう）は「たき木」という所に時々住んでおられた。そのあたりの村々は近衛殿（このえどの）の御領地であったが、家老の左近（さこん）が農民から年貢（ねんぐ）を強引に取るので、農民たちはこれを嘆いていた。農民たちが近衛殿への訴状を考えていたところへ、一休がやってきた。

百姓共（農民たち）一休を請じ、「此訴状御書き下されよ。」とたのみければ、「やすき事也、いかなることぞや。」とのたまへば、「しかじかのことにて侍る。」と申しければ、「長々しき状までもいるべからず。是をもちて近衛殿へ捧げよ。」とて歌よみてやらせたまふ。

のを回避するかをめぐるミクロな攻防がモノの所有をめぐる大きな関心であることは間違いない。だが、明らかに自身に所有権がある場合でも、「譲ってくれ。」「共有させてくれ。」という要請を心情的あるいは社会道徳的に断ることができず、モノや財を手放すことは多々ある。そうした事態は、「私的所有の失敗」のように見える。

　しかし、先述したように、元の所有者がモノを媒介として財を譲り受けた者たちに働きかけていることを前提とすると、⑤私的所有に失敗することを「損失」とみなし、贈与や分配を「利他的な行為」であるとみなす必然性はどこにもない。そのような所有と贈与を対置させる見方は、身体のなかに閉じ込められた自己、自己と身体との同一視を前提とした考え方に過ぎない。

（小川(おがわ)さやか著「手放すことで自己を打ち立てる――タンザニアのインフォーマル経済における所有・贈与・人格」による。一部省略がある。）

（注）※遊休資産……活用されていない資産。
※インフォーマル経済……行政の指導の下で行われていない経済活動。
※アイデンティティ……ここでは、個性や独自性、自分らしさのこと。
※マオリ……ニュージーランドのポリネシア系先住民。
※紐帯(ちゅうたい)……二つのものを結びつけるもの。
※エージェント……代理人。

問1　①こうした循環　とありますが、その説明として最も適切なものを、次の**ア**～**エ**の中から一つ選び、その記号を書きなさい。（4点）

ア　タンザニアでは、モノの融通や共有が進んでおり、ICTを利用した不用品の交換などを通じて限られた資源を有効活用しているということ。

イ　タンザニアでは、資本主義経済の進展で失われた「つながり」やコミュニティの再興を通じて、モノの融通や共有を推進しているということ。

ウ　タンザニアでは、商品を購入する能力が不足している人びとが多いため、モノは誰かからの贈与によってはじめて入手可能になるということ。

エ　タンザニアでは、モノは寿命限界までリユースやリサイクルされ、贈与や転売が繰り返されることで様々な人の所有物へと変化していくこと。

問2　②モノの価値は、使用価値だけでなく、モノの社会的履歴に伴って変化する交換価値によっても決まる　とありますが、「モノの社会的履歴」に伴って「交換価値」が変化するとはどういうことですか。次の空欄にあてはまる内容を、**商品化**、**付帯**の二つの言葉を使って、三十五字以上、四十五字以内で書きなさい。ただし、二つの言葉を使う順序は問いません。（7点）

モノは、［　　　　　　　　　　（35）　　　　　　（45）］ということ。

問3　③日本では、恋人からもらった手編みのマフラーを誰か別の人に贈ったり売ったりすることは忌避されがちだ。　とありますが、その理由として最も適切なものを、次の**ア**～**エ**の中から一つ選び、その記号を書きなさい。（4点）

ア　もらった手編みのマフラーには編んだ人の人格が憑(つ)いていると感じ、マフラーを手放すことは編んだ人との関係性を断つことを意味すると考えるから。

う万年筆の社会的履歴によって、そのモノは非常に高価なものになっている。もし、その万年筆の履歴に恋人から文豪へ贈られたというロマンスが発見されれば、その価値はより高くなるだろうし、万年筆を購入した富豪が次々と不審な死を遂げたという履歴が明らかになれば、呪われた万年筆としてその価値は下がるだろう。

同じことは、文豪による所有に限らずに生じる。車などの日用品から美術品を含め、多くのモノや財は「個人化・人格化」と「商品化」を行き来している。それぞれの文化的な履歴には、そのモノにまつわるさまざまな関係性が埋め込まれている。そして、ひとたび誰かのものとされたモノが再び商品化されるとき、そのモノは、そのモノの履歴に関係する人びとの※アイデンティティを帯びることもあるのだ。

元の所有者や関係者のアイデンティティがモノに付帯するという考え方は、人類学ではとりわけモノが贈与される場面において強調されてきた。そのような議論の端緒は、マルセル・モースの『贈与論』における※マオリの贈り物の霊「ハウ」をめぐる謎だ。よく知られている通り、モースは、贈り物に返礼が起きるのは、贈り物にとり憑いた霊「ハウ」が、元の持ち主のもとに戻りたいと望むからであるとするマオリのインフォーマント（情報提供者）の説明にこだわった。モースは、マオリの法体系において、モノを介して形成される※紐帯は「魂との紐帯」であり、「何かを誰かに贈るということは、自分自身の何ものかを贈ることになる。」と論じた。なぜならモノには元の持ち主、贈り手の魂が宿り、元の持ち主は贈り物を介して受け手に影響力を発揮しているからである。

贈り物に持ち主の人格が宿っていること自体は、私たちにも経験的に理解できることである。

たとえば、③日本では、恋人からもらった手編みのマフラーを誰か別の人に贈ったり売ったりすることは忌避されがちだ。それは、そのマフラーにマフラーを編んだ恋人の思い、すなわち魂が込められているように感じられるからだろう。恋人がデパートで選んだ商品でさえ、そこに「彼／彼女らしさ」、すなわち贈り手の人格が憑いていると感じ、不要になっても捨てるのを躊躇する人は多いだろう。別れた恋人の贈り物を捨てるという行為が、そのモノとの関係だけでなく、そのモノを媒介にして恋人への執着と決別するという儀式になるのも、モノが元の持ち主のアイデンティティやその持ち主と受け手が共有する何がしかを帯びていると考えるからだろう。

こうした贈り物に与え手の人格の一部が宿っているといったヒトとモノとの分離不可能な関係を論じてきた人類学は、「個人」が所有物に対して排他的な権利を有するという、個人の「身体＝労働」を基盤とする私的所有論の考え方に対して異議を提示してきた。

モノの社会的履歴、そしてモノに付帯して循環する持ち主たちの人格は、④所有（私的所有）と他者への贈与や分配を対立するものとみなす議論に再考を促す。すなわち、法的な権利とはべつに、贈り物を※エージェントにして受け手に働きかけ続ける元の所有者は、その贈り物の所有権を放棄したと言えるのだろうか。そのモノはいまだ持ち主に帰属しているのではないか。「譲渡不可能」な贈り物とはいかなるもので、それはいかにモノとヒトとの関係を取り結んでいるか。これらの問いは必然的に、さまざまな角度から「自己」とは何かをめぐる問いも喚起してきた。

たしかに、タンザニアのインフォーマル経済従事者のあいだでも共同（集団）所有か私的（個人）所有か、あるいは所有権が認められているか否かといった慣習的、法的なルールだけでなく、何をどこまで他者に分け与えたり、他者と共有したりするか、いかにして譲り渡す

イ　最初から最後まで手元の原稿から目を離さずに一定の速度で話す。

ウ　話の内容が伝わっているかどうか、聞き手の反応を確かめながら話す。

エ　伝えたい内容や相手に応じて、話す速度や声の大きさなどを工夫して話す。

(3)　Aさんは――部の文が不自然であると考え、それを推敲しました。推敲後の文中の＝＝部と空欄の関係が適切になるように、空欄 Ⅱ にあてはまる言葉を書きなさい。（3点）

（原稿 中の文）
これらの野菜がよく給食で使われるのは、埼玉県でたくさん採れます。
（推敲後の文）
これらの野菜がよく給食で使われるのは、埼玉県でたくさん［　Ⅱ　］。

3　次の文章を読んで、あとの問いに答えなさい。（26点）

「循環型社会」「シェアリング経済」「持たない暮らし」。日本社会で目にするこれらの用語には、ICT（情報通信技術）などの利用を通じて不用品を交換したり、※遊休資産へのアクセスを可能にしたり、特定のモノへのオープンアクセスを実現することで、限られた資源を有効活用するとともに、資本主義経済の進展で失われた「つながり」やコミュニティを再興する意図が込められている。本章では、こうした議論が基盤とする「個人と個人のあいだのモノの融通・共有」とそれによる「持たない暮らし」とは異なる世界観で成り立っている、東アフリカに位置するタンザニア社会の「持たない暮らし」を提示したい。

欧米諸国や日本の人びとが捨てた不用品は、タンザニアを含む発展途上国に輸出され、モノの寿命限界までリユースやリサイクルされてきた。タンザニアでは現在でも、中古車や中古家電、古着など中古品が人びとの消費生活において重要なウェイトを占めている。タンザニアの消費者が購入した中古品は、彼らの隣人や友人、故郷の親族へ贈られたり、生活に困窮して転売されたり、金銭を借りる担保にされたりする。贈られた中古品がさらに別の誰かに贈られたり、担保として友人に預けたモノが買い戻されたりもする。誰かがひとたび所有したモノが贈与や転売を通じて別の誰かの所有物となる。それが何度も繰り返されることで、モノは「私のもの」「誰かのもの」「さらに別の誰かのもの」「ふたたび私のもの」などと変化を遂げながら、社会の中で循環してきたのだ。

①こうした循環が起きるのは、ある面では新品の商品を購入する能力が不足しているからであり、豊かな者から貧しい者へと富が分配されることを是とする社会規範があるからである。またある面では、手に入れた財を転売したり投資したりしながら、「自転車操業的」に営む※インフォーマル経済がひろく展開しているからである。

いずれの場合でも重要なのは、「私のもの」が「他の誰かのもの」に変化する際、そのモノは、それを一時所有した「私」から切り離された無色透明の「モノ」になるわけではないことである。

人類学者のアルジュン・アパデュライは、②モノの価値は、使用価値だけでなく、モノの社会的履歴に伴って変化する交換価値によっても決まることを論じた。私たちの身近な例で説明すると、わかりやすいだろう。たとえば、ある骨董品（こっとうひん）店で売られている万年筆は、すでに書くという行為には使えないとしよう。だが文豪に使用されていたとい

うどうと響きをあげる激流が、こっぱみじんに橋げたを跳ね飛ばしていた。

（太宰治著『走れメロス』による。）

問4　中学生のAさんは、委員会活動で調べてわかったことについて、全校集会でスピーチを行うことになりました。このスピーチに使う次の **原稿** を読んで、あとの問いに答えなさい。

原稿

昨日の給食の献立は、ご飯、牛乳、ふりかけ、焼きシシャモ、さといものそぼろ煮、ほうれんそうのおひたし、かぶのとろみ汁でした。皆さんおいしく食べましたか。先日配った給食委員会新聞ではシシャモについての特集を掲載しましたが、今日は給食の野菜について調べたことを発表します。

ここで問題です。昨日の献立の中には、何種類の野菜の名前が入っていたでしょうか。答えは、さといも、ほうれんそう、かぶの三種類です。これらの野菜がよく給食で使われるのは、埼玉県でたくさん採れます。地産地消という言葉を聞いたことがありますよね。現在、さまざまな理由で地産地消の取り組みが行われています。

地産地消とは、どのような意味でしょうか。

［　Ⅰ　］

地産地消には、地域を活性化する効果が見込まれています。また、消費者にとっては生産者との結びつきが強くなることで、ニーズに合った農産物が増えたり、安心で新鮮な農産物が手に入りやすくなったりする効果もあります。

さて、昨日の献立の野菜のうち、さといもとほうれんそうは、二〇二一年産の野菜において、埼玉県の収穫量が全国一位となったものです。かぶも全国で二位でした。埼玉県は、県内で採れる多くの農産物を、たくさんの人に知ってもらったり、活用してもらったりするための取り組みをしています。例えば、県内の施設での野菜収穫体験や、埼玉県産の農産物を活用した加工食品の宣伝などです。

給食委員会としては、地産地消の取り組みの紹介から、地域の野菜の魅力を感じてもらい、地域の活性化につなげてほしいと思っています。給食に使われている野菜は、地域の生産者の思いがこもっていますから、毎日の給食をしっかり食べましょう。

以上で発表を終わります。ありがとうございました。

(1)　次の**ア**～**エ**は、**原稿** 中の空欄 **Ⅰ** に記入されていた文です。文脈が通るように並べかえ、その順に記号で書きなさい。（3点）

ア　その地産地消の現状について、次の二点を調べてみました。

イ　次に、埼玉県産の農産物を普及させる取り組みについても調べました。

ウ　まず、地産地消の効果について調べました。

エ　それは「その地域で生産された食材をその地域で消費すること」という意味です。

(2)　このスピーチをする際のAさんの話し方として**適切でないもの**を、次の**ア**～**エ**の中から一つ選び、その記号を書きなさい。（2点）

ア　自分の感じたことを強く伝えるために、言葉の抑揚や間の取り方を意識しながら話す。

字以内で書きなさい。ただし、二つの言葉を使う順序は問いません。（7点）

真宙は、柳くんが［　　］ことに、衝撃を受けている。

問5 本文の内容や表現について述べた文として**適切でないもの**を、次のア～オの中から**二つ**選び、その記号を書きなさい。（5点）

ア 「真宙は驚いた」のように作品中の登場人物ではない第三者の客観的な視点に立つ語り手によって物語が展開される一方、「なんでオレが、ショック受けてるんだろう」のように真宙の心情が地の文でも表現されている。

イ 「まるでそこに宇宙線が見えるみたいに空を見上げる」や「途方に暮れたような真宙の呟き」などの比喩を用いることで、登場人物の行動や心情がわかりやすく表現されている。

ウ 「真宙は、えっと目を見開いた」という表現によって、天音が初対面の柳くんに気軽に話しかけている様子に真宙が戸惑いや驚きを感じていることを印象づけている。

エ 「腕組みをして長く黙り込んだ後で」や「柳くんが、今度もまた『うーん。』と長く考え込んだ」という表現によって、柳くんが真宙や天音の質問に真剣に答えようとしていることを印象づけている。

オ 本文は、真宙、天音、柳くんの三者がやりとりをする「現在」の場面と、真宙が小学校時代の自分を回想する「過去」の場面とで構成されており、真宙の長年にわたる柳くんへの憧れの強さが表現されている。

2 次の各問いに答えなさい。（24点）

問1 次の――部の漢字には読みがなをつけ、かたかなは漢字に改めなさい。（各2点）

(1) 試供品を無料で頒布する。

(2) 彼を懐柔して味方にする。

(3) 炎天下の作業でかいた汗を拭う。

(4) 大臣がシュウニンのあいさつをする。

(5) アヤういところで難を逃れた。

問2 次の＝＝部「ない」と同じ意味（用法）であるものを、あとのア～エの文の――から一つ選び、その記号を書きなさい。（3点）

わたしは、あまり漫画を読まない。

ア 今日は何もしないで、のんびりしましょう。

イ 友人にお願いをしたら、頼りない返事だった。

ウ マラソンに挑戦したいが、長距離を走ったことはない。

エ この部屋は、エアコンが壊れていて涼しくない。

問3 次の――部の熟語の構成（成り立ち）が**他の三つと異なるもの**を、ア～エの中から一つ選び、その記号を書きなさい。（3点）

ぶらぶら歩いて二里行き三里行き、そろそろ全里程の半ばに到達（ア）した頃、降ってわいた災難（イ）、メロスの足は、はたと、止まった。見よ、前方の川を。昨日の豪雨で山の水源（エ）地は氾濫し、濁流（ウ）とうとうと下流に集まり、猛勢一挙に橋を破壊し、ど

連絡するね。」
「ありがとうございます！」
「じゃ、また。」

真宙通じて連絡する――というのは、昔のサッカーチーム時代の名簿を見て連絡してくるという意味だろうか。母さんからあれこれ詮索されたら面倒だな……とちょっと思った。だけど、真宙も天音とともに、トラックを駆けていく柳くんの後ろ姿をただ見送る。

たぶん、④柳くんの答えが衝撃だったからだ。

（辻村深月著『この夏の星を見る』による。一部省略がある。）

問1　①中井、何言ってんの？　と当惑して、思わず空を見上げる。とありますが、このときの真宙の様子を説明した文として最も適切なものを、次の**ア**～**エ**の中から一つ選び、その記号を書きなさい。（4点）

ア　天音がいきなり「ウチュウセン」と言い出したことにとまどい、宇宙線は肉眼で見ることができないことを確認しようと空を見渡している。

イ　天音がいきなり「ウチュウセン」と言い出したことにどう対応していいかわからず、本当に宇宙船が飛んでいるのかと目を空に向けている。

ウ　天音がいきなり「ウチュウセン」と言い出したことに恥ずかしさを感じ、天音や柳くんの顔を見ることができずに天を仰いでいる。

エ　天音がいきなり「ウチュウセン」と言い出したことにがっかりしてしまい、子どものようなことを口にする天音から目を背けている。

問2　②真宙の中で、体温がすっと下がっていく感覚がする。　とありますが、このときの真宙の心情を説明した文として最も適切なものを、次の**ア**～**エ**の中から一つ選び、その記号を書きなさい。（4点）

ア　宇宙線や物理部の活動について天音や柳くんが興奮して話をしていたので、話題が変わったことで少しずつ落ち着きを取り戻して、嬉しく感じている。

イ　宇宙線という自分にはわからない話がずっと続いていたので、真宙にもわかる柳くんの中学生の頃のことに話題を変えることができて、ほっとしている。

ウ　それまで宇宙線や物理部について話していたのに、突然柳くんの中学生の頃のことという天音にはわからない話を始めてしまったことを反省している。

エ　思わず陸上部のことを聞いてしまったあとで、柳くんが陸上をやっていたことは聞いてはいけなかったのかもしれないと思い直し、不安になっている。

問3　③ちょっと気まずそうに頬をかきながら　とありますが、柳くんはなぜ気まずかったのですか。**物理部**、**センス**の二つの言葉を使って、十五字以上、二十五字以内で書きなさい。ただし、二つの言葉を使う順序は問いません。（6点）

真宙と天音に、［　　15　　25］から。

問4　④柳くんの答えが衝撃だったからだ。　とありますが、このときの真宙の様子について次のようにまとめました。空欄にあてはまる内容を、**答え**、**スポーツ**の二つの言葉を使って、三十字以上、四十

あきらめちゃったのか——。

だけど、柳くんが「あ、オレ?」と自分の顔を指さす。あっけらかんと続けた。

「オレは、楽しいから。」

言葉に詰まった。あまりに柳くんが自然な言い方をしたからだ。

「中学までスポーツしかしてこなかったし、これまで興味なかったからこそ、こういうのもいいかなって思って。うちの部、歴代、人工衛星作ってるんだけどさ。」

「ええっ! 人工衛星って個人が作れるものなんですか?」

天音が興奮したようにフェンスに手をかけ、がしゃりと網目がたわむ音がした。柳くんが笑う。

「そう思うでしょ? アメリカとか海外の学生が作った人工衛星が、かなりの数、軌道に乗ってたりするし、日本の宇宙線クラブのメンバーがいる学校でも、作ってるところはあるはず。」

「羨ましいです。」

天音の言葉に、柳くんがさらに嬉しそうに微笑(ほほえ)む。

「オレたちも先輩から受け継いだのを十年計画くらいで完成目指してる感じ。」

「物理って、〇点か百点の世界だって、聞きます。」

天音が尋ねる。

「私はまだ中学生だから物理、習ってないですけど、物理って、得意な人は全問正解できるくらい理解できて、だけど逆に、そういうセンスがない人は、一問もわからなくてまったく太刀打ちできない世界なんだって聞いたことがあります。だから、皆さん、すごい。」

「え、そんなこともないよ。オレ、選択科目で物理、取ってないし。」

え……という声が、これは真宙と天音、両方の口から洩(も)れた。

③ちょっと気まずそうに頬をかきながら、柳くんは「勉強と部活は、またちょっと違う感じだし。」と続ける。

「うちの高校、物理始まるの二年からだから、一年の部を決める段階でもう物理のセンスがあるかどうかなんて、わかってるヤツいないと思うよ。ただ、研究とか観測が楽しいからやってるだけで。」

「楽しい……。」

真宙が呟く。さっき聞いたばかりの宇宙線の話も、十年計画で自分の代では完成するかどうかがわからない人工衛星の話も、まだしっかりとその楽しさがイメージできない。途方に暮れたような真宙の呟きを拾って、柳くんが「うん。」と頷(うなず)いた。

「物理の研究とか観測って、どういうところが楽しいですか。」

天音が聞いた。柳くんが、今度もまた「うーん。」と長く考え込んだ。やがて、答える。

「答えがないことじゃないかな。」

「答えが、ない?」

「うん。答えがないっていうか、正確に言うと、もうすでにある答えに向けて確かめるための実験とか観察をするんじゃなくて、今、自分たちが観測してることが答えそのものになっていくっていうか。まだない答えを探してるって気持ちが強くて、そこが楽しいのかもしれない。」

柳くんが言って、腕時計を見る。仲間の方を振り返り、「そろそろ行くね。」と言った。

「もし興味あるなら、今度、宇宙線クラブのオンライン会議、覗(のぞ)いてみる?」

「え! いいんですか?」

「うん。画面上で見学するくらいなら、たぶん大丈夫。真宙通じて、

腕組みをして長く黙り込んだ後で、「えっとね。」と前置きをして説明してくれる。
「こんな説明だと、顧問や先輩たちから厳密には違うって怒られそうだけど、建物を間に挟むことで、宇宙線が受ける影響について調べてる。高い建物と低い建物だとデータがどう違うかとか、木造とコンクリートだとどうか、とか。」
「へえ……。」
「もっとわかりやすく言うと――どう言ったらいいかな、えーと。」
「なんかすみません。オレ、理解できもしないのに、気軽に聞いちゃって。」
「いや、わかるように説明できないオレが未熟なんだ。ごめん。」
真宙は驚いた。未熟、と自分のことを言う柳くんが、言葉と裏腹にとても大人に思えたのだ。
天音が尋ねる。
「皆さんは、高校の部で活動してるんですか？　理科部とか。」
「物理部だよ。」
柳くんが答える。真宙は、えっと目を見開いた。柳くんが何かを気負う様子もなく、淡々とした声で続ける。
「主に物理と、あとは宇宙に関することをやるのが、うちの部。」
「柳くん。」
「ん？」
「陸上部は？」
思わず聞いていた。柳くんがびっくりしたように真宙を見つめ返す。②真宙の中で、体温がすっと下がっていく感覚がする。
「あー。」
柳くんが呟いた。また、平淡な声だった。
「チームのコーチとかに聞いた？　オレがサッカーやめてから、中学で陸上やってたこと。」
「足が速くて、スカウトされたって……。」
「まあ、よく言えば。だけど、中学で入ったサッカーのクラブチームが本当に強くてさ。オレじゃレギュラーになれる見込みがまったくなかったし、だから、陸上に行ったっていう方が正しいけど。」
自分がショックを受けていることに、真宙は気づいた。目の前の、柳くんの顔を見ながら、だけど、視界の一部がチカチカ点滅しているようだ。
小学校時代しか知らないけど、柳くんは、すごくサッカーがうまかった。練習や試合でプレーを見て、あんなふうになりたいと憧れた。
だけど、そんな柳くんが中学じゃ通用しなかったのか。真宙の動揺に気づかない様子で、柳くんが続ける。
「陸上もさ、うちの高校は運動部って、レベル高いんだ。試合に出れる見込みないからって、高校でやめたヤツも結構いる。ただ、もちろん続けるヤツもいるし、そこは人それぞれ。」
「柳くんはどうなの。」
「え？」
「どうして物理部なの？」
陸上でも、柳くんにはなんらかの挫折があったのだろうか。真宙が知る世界の中では一番のスター。柳くんがスポーツの世界から離れてしまうなんて、想像もできなかった。
なんでオレが、ショック受けてるんだろう。柳くんに、オレは、どんなことを期待していたのか。柳くんが高校で文化系の部に所属していることが、どうしてこんなにショックなのかわからない。柳くん、

＜国語＞

時間　五〇分　　満点　一〇〇点

1　次の文章を読んで、あとの問いに答えなさい。（26点）

> 中学一年生の安藤真宙は、サッカー部が部員不足でなくなってしまい、サッカーを続けることができなくなる。他に入りたいと思う部活がひとつもない真宙は、ある日の帰り道、同級生の中井天音から、理科部へ誘われる。天音の話を聞きながら歩いていると、校庭で機械を運ぶ高校生たちの姿が目に入る。その様子を見ていた真宙は、高校生の中に小学校のサッカーチームの先輩、柳数生を見つけ、久しぶりに言葉を交わす。

「あの、すみません！」

天音が、隣で声を上げた。

「皆さん、何をしてるんですか？」

いきなり大きな声を上げた年下の女子に、柳くんが「へ？」と呟く。するとと、答えを待たずに彼女が聞いた。

「ひょっとして、ウチュウセンの観測ですか？」

今度は真宙が「へ？」と思う番だった。ウチュウセン——。頭の中に飛行船のように細長い機体の「宇宙船」がイメージされる。

①中井、何言ってんの？と当惑して、思わず空を見上げる。だけど、何も確認できない。驚いたのはその後だ。こっちを見ていた柳くんが「おー！」と嬉しそうに声を張り上げたのだ。

「そうそう。宇宙線クラブ。知ってるの？」

「知ってます。じゃ、あれが検出器ですか？」

「うん。そう、仙台の大学から借りたやつ。」

「すごい！　初めて見ます。結構大きいんですね。」

盛り上がる二人を眺めながら——だけど、真宙はちんぷんかんぷんだ。水を差すようで気が引けたけど、「あのー。」と話しかける。

「ウチュウセンクラブって、なんですか。」

「あ、ひょっとして『船』の字の方、連想した？　宇宙船。だったら、オレと同じだー。」

柳くんが軽やかな口調で言う。真宙が「はあ。」と呟くと、柳くんが、仲間の方を振り返る。

「『船』じゃなくて、ラインの『線』の字の方で、宇宙線。宇宙に飛び回ってる、粒子のことをそう呼ぶの。光くらいの速さで、地球にもたくさん降り注いでるんだけど、まあ、そういうのがあるんだよね。知ってた？」

「え、知らない。」

柳くんは「だよなー。」と軽く応じる。

「肉眼じゃ見えないけど、存在してるんだって。で、専用の検出器を使うと、それが検出できて、そこからいろんなデータを取ることができる。仙台にある大学が、その解析に特に熱心に取り組んでて、そこの教授が作ってるのが、宇宙線クラブっていう共同活動。」

柳くんが、まるでそこに宇宙線が見えるみたいに空を見上げる。

「宇宙線観測って、本当に一度にたくさんデータが取れるから、学校ごとに、みんな、それぞれ違うこと調べて研究してる。」

「柳くんたちはその宇宙線を観測して、なんの研究してるの？」

今度は真宙が聞いた。

何気なく聞いただけのつもりが、柳くんの顔つきが明確に変わった。

「え？　うーん。」

2024年度

解　答　と　解　説

《2024年度の配点は解答用紙集に掲載してあります。》

＜数学解答＞

1 (1)　$2x$　(2)　-9　(3)　$18xy^2$

(4)　$x=-4$　(5)　$3\sqrt{3}$　(6)　$(x-9)(x+8)$

(7)　$x=1$，$y=-4$　(8)　$x=\dfrac{-7\pm\sqrt{41}}{4}$

(9)　$y=2x+4$　(10)　108(度)

(11)　3(倍)　(12)　エ　(13)　$\dfrac{1}{6}$

(14)　192π (cm^3)　(15)　$x=9$　(16)　解説参照

2 (1)　右図　(2)　解説参照

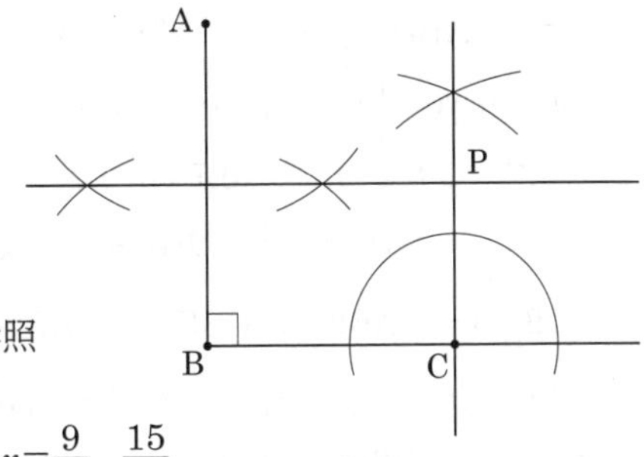

3 (1)　ア　t　イ　$\dfrac{1}{3}t^2$　(2)　解説参照　(3)　$x=\dfrac{9}{4}$，$\dfrac{15}{4}$

4 (1)　378(cm^3)　(2)　$\dfrac{24\sqrt{5}}{5}$(cm)

＜数学解説＞

1 (数・式の計算，一次方程式，平方根，因数分解，連立方程式，二次方程式，一次関数，角度，円の性質，面積比，資料の散らばり・代表値，確率，回転体の体積，規則性)

(1)　$5x-3x=(5-3)x=2x$

(2)　四則をふくむ式の計算の順序は，乗法・除法→加法・減法となる。$2\times(-4)-1=(-8)-1=(-8)+(-1)=-(8+1)=-9$

(3)　$6x^2y\times12y\div4x=6x^2y\times12y\times\dfrac{1}{4x}=\dfrac{6x^2y\times12y}{4x}=18xy^2$

(4)　$5x-7=6x-3$　左辺の-7を右辺へ，右辺の$6x$を左辺へ移項して，$5x-6x=-3+7$　$-x=4$　両辺をxの係数の-1で割って　$-x\div(-1)=4\div(-1)$　$x=-4$

(5)　$\sqrt{12}=\sqrt{2^2\times3}=2\sqrt{3}$だから，$\sqrt{12}+\sqrt{3}=2\sqrt{3}+\sqrt{3}=(2+1)\sqrt{3}=3\sqrt{3}$

(6)　たして-1，かけて-72になる2つの数は，$(-9)+(+8)=-1$，$(-9)\times(+8)=-72$より，-9と$+8$だから，$x^2-x-72=\{x+(-9)\}\{x+(+8)\}=(x-9)(x+8)$

(7)　$\begin{cases}6x-y=10\cdots① \\ 4x+3y=-8\cdots②\end{cases}$　①×3+②より　$(6x-y)\times3+(4x+3y)=10\times3+(-8)$　$18x-3y+4x+3y=30-8$　$22x=22$　$x=1$　これを①に代入して，$6\times1-y=10$　$-y=4$　$y=-4$　よって，$x=1$，$y=-4$

(8)　**2次方程式$ax^2+bx+c=0$の解は，$x=\dfrac{-b\pm\sqrt{b^2-4ac}}{2a}$**で求められる。問題の2次方程式は，$a=2$，$b=7$，$c=1$の場合だから，$x=\dfrac{-7\pm\sqrt{7^2-4\times2\times1}}{2\times2}=\dfrac{-7\pm\sqrt{49-8}}{4}=\dfrac{-7\pm\sqrt{41}}{4}$

(9)　yがxの一次関数で，そのグラフの傾きが2である一次関数の式は$y=2x+b\cdots①$　とおくことができる。このグラフが点$(-3,-2)$を通るから，①に点$(-3,-2)$の座標を代入して，$-2=2\times(-3)+b$　$-b=-6+2=-4$　$b=4$　よって，求める一次関数の式は$y=2x+4$である。

(10)　円の中心をOとする。点A～Jは円周の長さを10等分する点だから，$\angle EOH=360^\circ\times\dfrac{\overset{\frown}{EH}}{円Oの円周の長さ}=360^\circ\times\dfrac{3}{10}=108^\circ$　同様にして，$\angle AOB=360^\circ\times\dfrac{1}{10}=36^\circ$　$\overset{\frown}{EH}$に対する**中心角と円周角の関係**から，$\angle EAH=\dfrac{1}{2}\angle EOH=\dfrac{1}{2}\times108^\circ=54^\circ$　同様にして，$\angle AHB=\dfrac{1}{2}\angle AOB=\dfrac{1}{2}\times36^\circ=18^\circ$　△AHKの内角の和は180°だから，$x=180^\circ-\angle KAH-\angle AHK=180^\circ-\angle EAH-\angle AHB=180^\circ-54^\circ-18^\circ=108^\circ$

(11)　対角線AC，BDを引き，平行四辺形ABCDの面積をSとする。△ABEと△ABDで，**高さが等しい三角形の面積比は，底辺の長さの比に等しい**から，△ABE：△ABD＝AE：AD＝1：2　△ABE$=\dfrac{1}{2}$△ABD$=\dfrac{1}{2}\times\dfrac{1}{2}$平行四辺形ABCD$=\dfrac{1}{4}S$　同様にして，△CBF$=\dfrac{1}{2}$△CBD$=\dfrac{1}{2}\times\dfrac{1}{2}$平行四辺形ABCD$=\dfrac{1}{4}S$　△DACで，点E，Fはそれぞれ辺AD，CDの中点だから，**中点連結定理**より，EF//AC　これより，△DEF∽△DACであり，**相似比**はED：AD＝1：2　**面積比**は$1^2:2^2=1:4$　よって，△DEF$=\dfrac{1}{4}$△DAC$=\dfrac{1}{4}\times\dfrac{1}{2}$平行四辺形ABCD$=\dfrac{1}{8}S$　以上より，△EBF＝平行四辺形ABCD－△ABE－△CBF－△DEF$=S-\dfrac{1}{4}S-\dfrac{1}{4}S-\dfrac{1}{8}S=\dfrac{3}{8}S$であり，△EBF÷△DEF$=\dfrac{3}{8}S\div\dfrac{1}{8}S=3$だから，△EBFの面積は△DEFの面積の3倍である。

(12)　ア…**中央値**は資料の値を大きさの順に並べたときの中央の値。生徒の人数は20人で偶数だから，借りた本の冊数の少ない方から10番目と11番目の生徒が含まれている**階級**が，中央値のある階級。8冊以上12冊未満の階級の**累積度数**は2＋3＋4＝9(人)で，12冊以上16冊未満の階級の累積度数は9＋8＝17(人)だから，借りた本の冊数の少ない方から10番目と11番目の生徒が含まれている階級，即ち，中央値のある階級は12冊以上16冊未満である。正しくない。
イ…**相対度数**$=\dfrac{\textbf{各階級の度数}}{\textbf{度数の合計}}$。**度数**の合計は20，8冊以上12冊未満の階級の度数は4だから，その階級の相対度数は$\dfrac{4}{20}=0.2$である。正しくない。　ウ…**最頻値**は**度数分布表**の中で度数の最も多い階級の**階級値**だから，度数が8人で最も多い12冊以上16冊未満の階級の階級値$\dfrac{12+16}{2}=14$(冊)が最頻値である。正しくない。　エ…12冊以上16冊未満の階級の累積度数は2＋3＋4＋8＝17(人)だから，**累積相対度数**は$\dfrac{17}{20}=0.85$である。正しい。

(13)　大小2つのさいころを1回投げるとき，全ての目の出方は6×6＝36(通り)。このうち，大きいさいころの出た目の数をx，小さいさいころの出た目の数をyとしたとき，$10x+y$が7の倍数になるのは，$(x,\ y,\ 10x+y)=(1,\ 4,\ 10\times1+4=14)$，$(2,\ 1,\ 10\times2+1=21)$，$(3,\ 5,\ 10\times3+5=35)$，$(4,\ 2,\ 10\times4+2=42)$，$(5,\ 6,\ 10\times5+6=56)$，$(6,\ 3,\ 10\times6+3=63)$の6通り。よって，求める確率は$\dfrac{6}{36}=\dfrac{1}{6}$である。

(14)　できる立体は，底面の半径が4＋2＝6(cm)，高さが6cmの円柱から，底面の半径が2cm，高さが6cmの円柱を除いた立体だから，その体積は$\pi\times6^2\times6-\pi\times2^2\times6=6\pi\times(6^2-2^2)=6\pi\times(36-4)=192\pi$(cm^3)である。

(15)　1辺が8cmの正三角形をx個かいたとき，かげをつけた重なる部分(1辺が4cmの正三角形)は$(x-1)$個できる。1辺が8cmの正三角形と1辺が4cmの正三角形は相似であり，相似比は8：4＝2：1だから，面積比は$2^2:1^2=4:1$である。これより，1辺が8cmの正三角形の面積を4Sとするとき，1辺が4cmの正三角形の面積はSと表される。できる図形全体の面積は$4S\times x-S\times(x-1)=S\times(3x+1)$だから，かげをつけた重なる部分と重ならない部分の面積の比が2：5になるとき，$S\times(x-1):\{S\times(3x+1)-S\times(x-1)\}=2:5$　整理して，$(x-1):(2x+2)=2:5$　これを解いて，$x=9$である。

(16)　(説明)　(例)期間①より期間②の方が，**第1四分位数**，**第3四分位数**ともに基準日に近い。

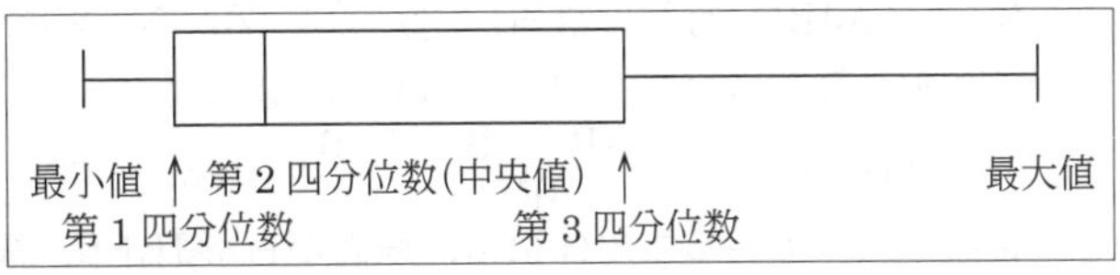

(補足説明)　**箱ひげ図**とは，右図のように，**最小値**，第1四分位数，**第2四分位数(中央値)**，第3四分位数，**最大値**を箱と線(ひげ)を用いて1つの図に表したものである。

2 (作図，合同の証明)

(1)　(着眼点)　∠ABC＝90°，AB//PCより，PC⊥BCである。また，AB：PC＝2：1より $PC=\frac{1}{2}AB$ だから，点Pは線分ABの**垂直二等分線**上にある。(作図手順)　次の①～④の手順で作図する。　①　線分BCを点Cの方へ延長する(**半直線BC**)。　②　点Cを中心とした円を描き，半直線BC上に交点をつくる。

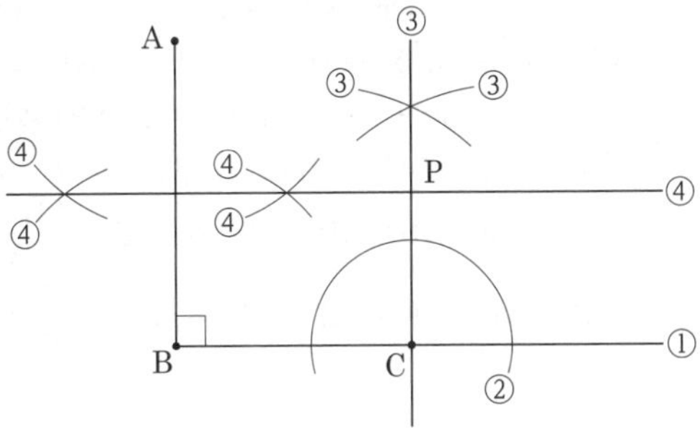

③　②でつくったそれぞれの交点を中心として，交わるように半径の等しい円を描き，その交点と点Cを通る直線(点Cを通る半直線BCの垂線)を引く。　④　点A，Bをそれぞれ中心として，交わるように半径の等しい円を描き，その交点を通る直線(線分ABの垂直二等分線)を引き，点Cを通る半直線BCの垂線との交点をPとする。

(2)　(証明)　(例)△ACDと△AGBにおいて，仮定から，AC＝AG…①　AD＝AB…②　∠CAD＝∠CAB＋∠BAD＝∠CAB＋90°　∠GAB＝∠GAC＋∠CAB＝90°＋∠CABから，∠CAD＝∠GAB…③　①，②，③から，2組の辺とその間の角がそれぞれ等しいので，△ACD≡△AGB

3 (図形と関数・グラフ)

(1)　ア…点Qは $y=x$…①　上の点であり，そのx座標はtなので，y座標は，①に$x=t$を代入して，$y=t$よりtである。　イ…点Rは $y=\frac{1}{3}x^2$…②　上の点であり，そのx座標はtなので，y座標は，②に$x=t$を代入して，$y=\frac{1}{3}t^2$より$\frac{1}{3}t^2$である。

(2)　(説明)　(例)点Rのy座標が，点Qのy座標より大きくなるから。

(3)　y軸に平行な線分PQ，PRの長さは，それぞれ両端の点のy座標の大きい方から小さい方を引いて求められる。これより，$PQ=t-0=t$…③　$PR=\frac{1}{3}t^2-0=\frac{1}{3}t^2$…④　と表される。$0<t<3$…⑤　の場合，PQ：RQ＝4：1という条件にあてはまるのは，PQ：PR＝PQ：(PQ－RQ)＝4：(4－1)＝4：3だから，③，④より，$t:\frac{1}{3}t^2=4:3$　$\frac{4}{3}t^2=3t$　$4t^2-9t=0$　$t(4t-9)=0$　⑤より，$t=\frac{9}{4}$　$3<t\leqq 5$…⑥の場合，PQ：RQ＝4：1という条件にあてはまるのは，PQ：PR＝PQ：(PQ＋RQ)＝4：(4＋1)＝4：5だから，③，④より，$t:\frac{1}{3}t^2=4:5$　$\frac{4}{3}t^2=5t$　$4t^2-15t=0$　$t(4t-15)=0$　⑥より，$t=\frac{15}{4}$　以上より，PQ：RQ＝4：1になるときの点Pのx座標は$\frac{9}{4}$と$\frac{15}{4}$である。

4 (空間図形，体積，線分の長さ)

(1)　次ページの図のように，2点J，Kをとる。また，床と水面はそれぞれ水平であることから，JB//FKであり，AE//BFでもある。△ABFと△JABにおいて，∠ABF＝∠JAB＝90°…①　∠BAF＝180°－∠ABF－∠AFB＝180°－90°－∠AFB＝90°－∠AFB＝∠BFK＝∠JBF(平行線の錯

角)＝∠AJB(平行線の錯角)…② ①，②から，2組の角がそれぞれ等しいので△ABF∽△JAB よって，AB：BF＝JA：ABより，JA＝$\frac{\text{AB}\times\text{AB}}{\text{BF}}=\frac{6\times6}{12}=3$(cm) 以上より，容器に残っている水の体積は，底面が台形JEFB，高さがADの四角柱と考えて，$\frac{1}{2}\times$(JE＋BF)×EF×AD＝$\frac{1}{2}\times$\{(AE－JA)＋BF\}×EF×AD＝$\frac{1}{2}\times\{(12-3)+12\}\times6\times6=$378(cm^3)である。

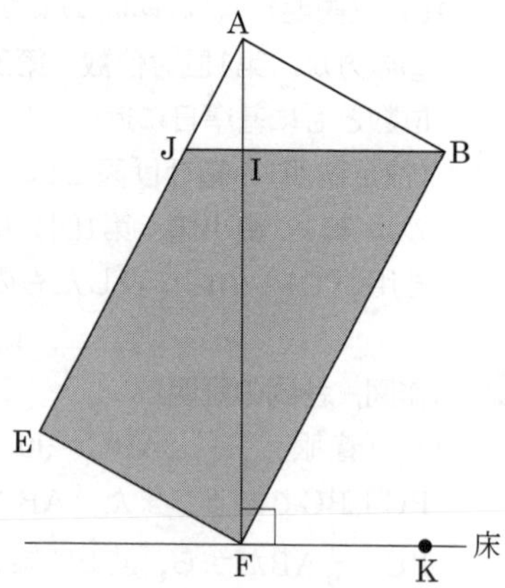

(2) △ABFに**三平方の定理**を用いると，AF＝$\sqrt{\text{AB}^2+\text{BF}^2}=\sqrt{6^2+12^2}=6\sqrt{5}$(cm) △ABFと△AIBにおいて，∠ABF＝∠AIB＝90°…① ∠BAF＝∠IAB(共通な角)…② ①，②から，2組の角がそれぞれ等しいので△ABF∽△AIB よって，AF：AB＝AB：AIより，AI＝$\frac{\text{AB}\times\text{AB}}{\text{AF}}=\frac{6\times6}{6\sqrt{5}}=\frac{6\sqrt{5}}{5}$(cm) 以上より，床から水面までの高さFIは，FI＝AF－AI＝$6\sqrt{5}-\frac{6\sqrt{5}}{5}=\frac{24\sqrt{5}}{5}$(cm)である。

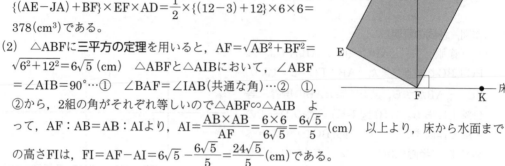

＜数学解答＞(学校選択問題)

1 (1) $-100xy^2$ (2) $2-2\sqrt{2}$ (3) $x=\frac{7\pm\sqrt{29}}{10}$

(4) エ (5) $x=9$ (6) $\frac{4}{3}$(倍)

(7) $y=\frac{1}{2}x+2$ (8) $4\sqrt{2}\,\pi$(cm^3)

(9) 108(度) (10) 解説参照

2 (1) 右図 (2) 解説参照

3 (1) ア t イ $\frac{1}{3}t^2$ (2) 解説参照

(3) $x=\frac{9}{4}, \frac{15}{4}$

4 (1) $\frac{1}{4}$ (2) ① 5(通り) ② 9(通り)

5 (1) 378(cm^3) (2) $\frac{6\sqrt{10}}{5}$(cm)

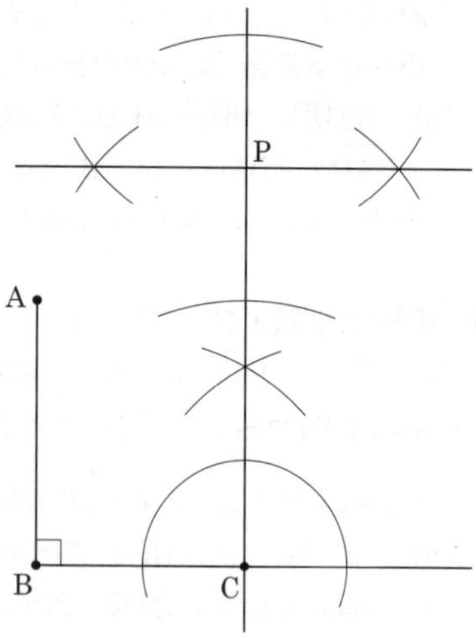

＜数学解説＞

1 **(数・式の計算，平方根，式の値，二次方程式，資料の散らばり・代表値，規則性，面積比，関数とグラフ，回転体の体積，角度，円の性質)**

(1) $(-5x)^2=(-5x)\times(-5x)=25x^2$だから，$(-6xy^3)\div\left(\frac{3}{2}x^2y\right)\times(-5x)^2=(-6xy^3)\times\left(\frac{2}{3x^2y}\right)\times25x^2=-\frac{6xy^3\times2\times25x^2}{3x^2y}=-100xy^2$

(2) $x=\sqrt{2}+1$，$y=\sqrt{2}-1$のとき，$xy-x-y+1=x(y-1)-(y-1)=(x-1)(y-1)=(\sqrt{2}+1-1)(\sqrt{2}-1-1)=\sqrt{2}(\sqrt{2}-2)=2-2\sqrt{2}$

(3) $5(x-1)^2+3(x-1)-1=0$において，$x-1=M$とおくと，$5M^2+3M-1=0$ **解の公式**を用いて，$M=x-1=\frac{-3\pm\sqrt{3^2-4\times5\times(-1)}}{2\times5}=\frac{-3\pm\sqrt{9+20}}{10}=\frac{-3\pm\sqrt{29}}{10}$ よって，$x=1+\frac{-3\pm\sqrt{29}}{10}$

$=\frac{10-3\pm\sqrt{29}}{10}=\frac{7\pm\sqrt{29}}{10}$

(4)　ア…**中央値**は資料の値を大きさの順に並べたときの中央の値。生徒の人数は20人で偶数だから，借りた本の冊数の少ない方から10番目と11番目の生徒が含まれている**階級**が，中央値のある階級。8冊以上12冊未満の階級の**累積度数**は$2+3+4=9$(人)で，12冊以上16冊未満の階級の累積度数は$9+8=17$(人)だから，借りた本の冊数の少ない方から10番目と11番目の生徒が含まれている階級，即ち，中央値のある階級は12冊以上16冊未満である。正しくない。　イ…**相対度数**$=\frac{\text{各階級の度数}}{\text{度数の合計}}$。**度数**の合計は20，8冊以上12冊未満の階級の度数は4だから，その階級の相対度数は$\frac{4}{20}=0.2$である。正しくない。　ウ…**最頻値**は**度数分布表**の中で度数の最も多い階級の**階級値**だから，度数が8人で最も多い12冊以上16冊未満の階級の階級値$\frac{12+16}{2}=14$(冊)が最頻値である。正しくない。　エ…12冊以上16冊未満の階級の累積度数は$2+3+4+8=17$(人)だから，**累積相対度数**は$\frac{17}{20}=0.85$である。正しい。

(5)　1辺が8cmの正三角形をx個かいたとき，かげをつけた重なる部分(1辺が4cmの正三角形)は$(x-1)$個できる。1辺が8cmの正三角形と1辺が4cmの正三角形は相似であり，相似比は$8:4=2:1$だから，面積比は$2^2:1^2=4:1$である。これより，1辺が8cmの正三角形の面積を$4S$とするとき，1辺が4cmの正三角形の面積はSと表される。できる図形全体の面積は$4S\times x-S\times(x-1)=S\times(3x+1)$だから，かげをつけた重なる部分と重ならない部分の面積の比が$2:5$になるとき，$S\times(x-1):\{S\times(3x+1)-S\times(x-1)\}=2:5$　整理して，$(x-1):(2x+2)=2:5$　これを解いて，$x=9$である。

(6)　平行四辺形ABCDの面積をSとすると，$\triangle ABC=\triangle DAC=\frac{1}{2}S$である。AD//BCより，**平行線と線分の比についての定理**を用いると，$AG:GC=AE:BC=AE:AD=1:2$　△ABGと△ABCで，**高さが等しい三角形の面積比は，底辺の長さの比に等しい**から，$\triangle ABG:\triangle ABC=AG:AC=AG:(AG+GC)=1:(1+2)=1:3$　よって，$\triangle ABG=\frac{1}{3}\triangle ABC=\frac{1}{3}\times\frac{1}{2}S=\frac{1}{6}S$　△DACで，点E，Fはそれぞれ辺AD，CDの中点だから，**中点連結定理**より，EF//AC　これより，$\triangle DEF\backsim\triangle DAC$であり，**相似比**は$ED:AD=1:2$　**面積比**は$1^2:2^2=1:4$　よって，$\triangle DEF=\frac{1}{4}\triangle DAC=\frac{1}{4}\times\frac{1}{2}S=\frac{1}{8}S$　以上より，△ABGの面積は△DEFの面積の$\frac{1}{6}S\div\frac{1}{8}S=\frac{4}{3}$(倍)である。

(7)　線分ABの傾き$\frac{1}{2}$は，放物線$y=ax^2$について，xの値が点Aから点Bまで増加するとき，つまり，xの値が-2から4まで増加するときの**変化の割合**に等しい。$y=ax^2$について，$x=-2$のとき$y=a\times(-2)^2=4a$，$x=4$のとき$y=a\times4^2=16a$。よって，xの値が-2から4まで増加するときの変化の割合は，$\frac{16a-4a}{4-(-2)}=2a$。これが$\frac{1}{2}$に等しいから，$2a=\frac{1}{2}$　$a=\frac{1}{4}$　これより，点Aのy座標は，$y=\frac{1}{4}x^2$に$x=-2$を代入して，$y=\frac{1}{4}\times(-2)^2=1$　求める一次関数の式は，傾きが$\frac{1}{2}$で，点A$(-2,\ 1)$を通るから，$y=\frac{1}{2}x+b$に点Aの座標を代入して，$1=\frac{1}{2}\times(-2)+b$　$b=2$　よって，$y=\frac{1}{2}x+2$である。

(8)　△ABCは**直角二等辺三角形で，3辺の比は**$1:1:\sqrt{2}$だから，$BC=AB\times\sqrt{2}=2\sqrt{2}$ (cm)　右図のように，直線ABと直線ℓとの交点をDとすると，△DBCは直角二等辺三角形であり，点Aは線分BDの中点である。点Aから直線ℓへ垂線AEを引く。これより，求める立体の体積は，底面の半径がBC，高さがDCの円錐(円錐P)の体積から，底面の半径がAE，高さがDEの円錐(円錐Q)の体積と，

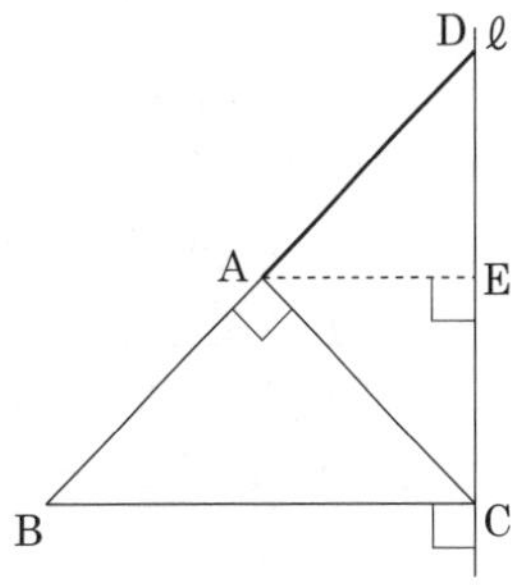

底面の半径がAE，高さがECの円錐(円錐R)の体積を引いたものに等しい。さらに，円錐P∽円錐Qであり，その相似比がDB：DA＝2：1より，**体積比**が$2^3：1^3$＝8：1であること，また，円錐Q≡円錐Rであることを考慮すると，求める立体の体積は，(円錐P)－(円錐Q)－(円錐R)＝(円錐P)$-\frac{1}{8}$(円錐P)×2＝$\frac{3}{4}$(円錐P)＝$\frac{3}{4}\times\left\{\frac{1}{3}\times(\pi\times BC^2)\times DC\right\}=\frac{3}{4}\times\left\{\frac{1}{3}\times(\pi\times BC^2)\times BC\right\}=\frac{\pi}{4}\times BC^3=\frac{\pi}{4}\times(2\sqrt{2})^3=4\sqrt{2}\pi$(cm³)である。

(9) 線分AHを引き，円の中心をOとする。点A～Jは円周の長さを10等分する点だから，$\angle EOH=360^\circ\times\frac{\overset{\frown}{EH}}{円Oの円周の長さ}=360^\circ\times\frac{3}{10}=108^\circ$ 同様にして，$\angle AOB=360^\circ\times\frac{1}{10}=36^\circ$ $\overset{\frown}{EH}$に対する**中心角と円周角の関係**から，$\angle EAH=\frac{1}{2}\angle EOH=\frac{1}{2}\times108^\circ=54^\circ$ 同様にして，$\angle AHB=\frac{1}{2}\angle AOB=\frac{1}{2}\times36^\circ=18^\circ$ △AHKの内角の和は180°だから，$x=180^\circ-\angle KAH-\angle AHK=180^\circ-\angle EAH-\angle AHB=180^\circ-54^\circ-18^\circ=108^\circ$

(10) (説明) (例)期間①より期間②の方が，**第1四分位数**，**第3四分位数**ともに基準日に近い

(補足説明) **箱ひげ図**とは，右図のように，**最小値**，第1四分位数，**第2四分位数(中央値)**，第3四分位数，**最大値**を箱と線(ひげ)を用いて1つの図に表したものである。

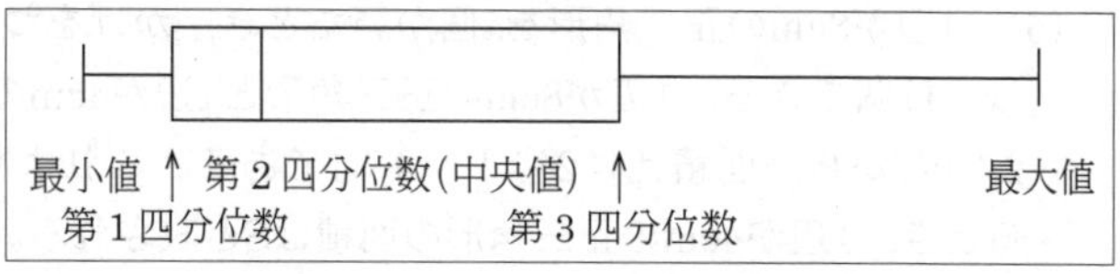

2 (作図，図形の証明)

(1) (着眼点) ∠ABC＝90°，AB//PCより，PC⊥BCである。また，AB：PC＝2：3よりPC＝$\frac{3}{2}$AB＝1.5ABである。(作図手順) 次の①～⑤の手順で作図する。 ① 線分BCを点Cの方へ延長する(**半直線BC**)。 ② 点Cを中心とした円を描き，半直線BC上に交点をつくる。 ③ ②でつくったそれぞれの交点を中心として，交わるように半径の等しい円を描き，その交点と点Cを通る直線(点Cを通る半直線BCの垂線)を引く。 ④ 点Cを通る半直線BCの垂線上に，AB＝CD＝DEとなる点D，Eをとる。 ⑤ 点D，Eをそれぞれ中心として，交わるように半径の等しい円を描き，その交点を通る直線(線分DEの**垂直二等分線**)を引き，点Cを通る半直線BCの垂線との交点をPとする。(ただし，解答用紙には点D，Eの表記は不要である。)

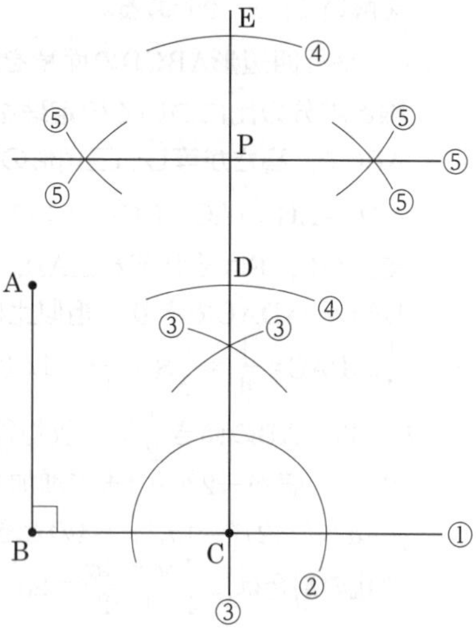

(2) (証明) (例)△ACDと△AGBにおいて，仮定から，AC＝AG…① AD＝AB…② ∠CAD＝∠CAB＋∠BAD＝∠CAB＋90° ∠GAB＝∠GAC＋∠CAB＝90°＋∠CABから，∠CAD＝∠GAB…③ ①，②，③から，2組の辺とその間の角がそれぞれ等しいので，△ACD≡△AGB…④ <u>△AGHと△ICHにおいて ④から，∠AGH＝∠ICH…⑤ ∠GHA＝∠CHI…⑥ ⑤，⑥から，2組の角がそれぞれ等しいので，△AGH∽△ICH したがって，∠GAH＝∠CIH＝90°</u>

(下線部の別解) ④から，∠AGI＝∠ACI これより，4点A，I，G，Cについて，G，Cが直線AIの同じ側にあって，∠AGI＝∠ACIだから，**円周角の定理の逆**より，この4点は1つの円周上にある。したがって，∠CIH＝∠CIG＝∠CAG＝90°

3 (図形と関数・グラフ)

(1)　ア…点Qは$y=x$…①　上の点であり，そのx座標はtなので，y座標は，①に$x=t$を代入して，$y=t$よりtである。　イ…点Rは$y=\frac{1}{3}x^2$…②　上の点であり，そのx座標はtなので，y座標は，②に$x=t$を代入して，$y=\frac{1}{3}t^2$より$\frac{1}{3}t^2$である。

(2)　(説明)　(例)点Rのy座標が，点Qのy座標より大きくなるから。

(3)　y軸に平行な線分PQ，PRの長さは，それぞれ両端の点のy座標の大きい方から小さい方を引いて求められる。これより，$PQ=t-0=t$…③　$PR=\frac{1}{3}t^2-0=\frac{1}{3}t^2$…④　と表される。$0<t<3$…⑤　の場合，PQ：RQ＝4：1という条件にあてはまるのは，PQ：PR＝PQ：(PQ－RQ)＝4：(4－1)＝4：3だから，③，④より，$t:\frac{1}{3}t^2=4:3$　$\frac{4}{3}t^2=3t$　$4t^2-9t=0$　$t(4t-9)=0$　⑤より，$t=\frac{9}{4}$　$3<t\leqq 5$…⑥　の場合，PQ：RQ＝4：1という条件にあてはまるのは，PQ：PR＝PQ：(PQ＋RQ)＝4：(4＋1)＝4：5だから，③，④より，$t:\frac{1}{3}t^2=4:5$　$\frac{4}{3}t^2=5t$　$4t^2-15t=0$　$t(4t-15)=0$　⑥より，$t=\frac{15}{4}$　以上より，PQ：RQ＝4：1になるときの点Pのx座標は$\frac{9}{4}$と$\frac{15}{4}$である。

4 (動点，場合の数，確率)

(1)　硬貨を2回投げたとき，表と裏の出方は全部で2×2＝4(通り)。このうち，操作が終了するのは，合計で頂点4つ分進む，2回とも表が出る1通り。よって，求める確率は$\frac{1}{4}$である。

(2)　①　点Pが正方形ABCDをちょうど1周したところで，操作が終了する場合は，合計で頂点4つ分進む場合であり，2＋2(表－表)，2＋1＋1(表－裏－裏)，1＋2＋1(裏－表－裏)，1＋1＋2(裏－裏－表)，1＋1＋1＋1(裏－裏－裏－裏)の5通りある。

②　点Pが正方形ABCDをちょうど2周したところで，操作が終了する場合は，1周したところでは操作は終了せず(1周目では頂点Aに止まらず)，合計で頂点8つ分進む場合であり，硬貨を5回投げたとき操作が終了する場合が1＋2＋2＋1＋2(裏－表－表－裏－表)，1＋2＋2＋2＋1(裏－表－表－表－裏)，2＋1＋2＋1＋2(表－裏－表－裏－表)，2＋1＋2＋2＋1(表－裏－表－表－裏)の4通り，硬貨を6回投げたとき操作が終了する場合が2＋1＋2＋1＋1＋1(表－裏－表－裏－裏－裏)，1＋2＋2＋1＋1＋1(裏－表－表－裏－裏－裏)，1＋1＋1＋2＋2＋1(裏－裏－裏－表－表－裏)，1＋1＋1＋2＋1＋2(裏－裏－裏－表－裏－表)の4通り，硬貨を7回投げたとき操作が終了する場合が1＋1＋1＋2＋1＋1＋1(裏－裏－裏－表－裏－裏－裏)の1通り，全部で4＋4＋1＝9(通り)ある。

5 (空間図形，体積，線分の長さ)

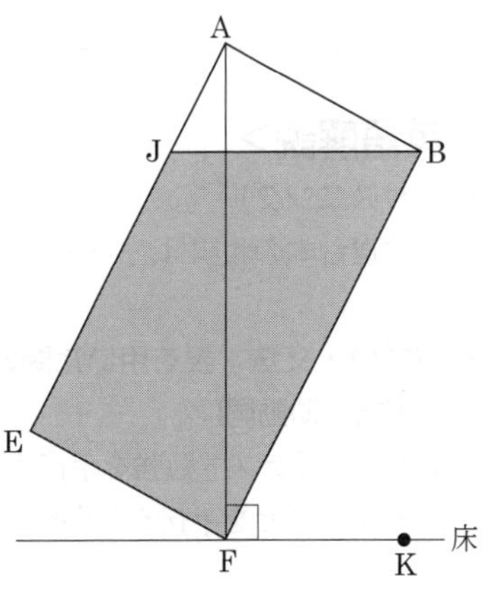

(1)　右図のように，2点J，Kをとる。また，床と水面はそれぞれ水平であることから，JB//FKであり，AE//BFでもある。△ABFと△JABにおいて，∠ABF＝∠JAB＝90°…①　∠BAF＝180°－∠ABF－∠AFB＝180°－90°－∠AFB＝90°－∠AFB＝∠BFK＝∠JBF(平行線の錯角)＝∠AJB(平行線の錯角)…②　①，②から，2組の角がそれぞれ等しいので△ABF∽△JAB　よって，AB：BF＝JA：ABより，$JA=\frac{AB\times AB}{BF}=\frac{6\times 6}{12}=3$(cm)　以上より，容器に残っている水の体積は，底面が台形JEFB，高さがADの四角柱と考え

て，$\frac{1}{2}\times(\mathrm{JE}+\mathrm{BF})\times\mathrm{EF}\times\mathrm{AD}=\frac{1}{2}\times\{(\mathrm{AE}-\mathrm{JA})+\mathrm{BF}\}\times\mathrm{EF}\times\mathrm{AD}=\frac{1}{2}\times\{(12-3)+12\}\times6\times6=378(\mathrm{cm}^3)$である。

(2)　線分APとBFとの交点をRとし，点Bから床へ垂線BSをおろす。△ABFに**三平方の定理**を用いて，$\mathrm{AF}=\sqrt{\mathrm{AB}^2+\mathrm{BF}^2}=\sqrt{6^2+12^2}=6\sqrt{5}$(cm)　△AFPは直角二等辺三角形で，3辺の比は$1:1:\sqrt{2}$だから，$\mathrm{FP}=\mathrm{AF}\times\frac{1}{\sqrt{2}}=\frac{6\sqrt{5}}{\sqrt{2}}=3\sqrt{10}$(cm)　∠FRP＝∠ARB，∠FPR＝∠ABR＝90°より，△FPR∽△ABRであり，相似比は$\mathrm{FP}:\mathrm{AB}=3\sqrt{10}:6=\sqrt{10}:2$。これより，FR＝$x$cmとおくと，$\mathrm{RP}=\mathrm{RB}\times\frac{\sqrt{10}}{2}=(\mathrm{BF}-\mathrm{FR})\times\frac{\sqrt{10}}{2}=\frac{\sqrt{10}}{2}(12-x)$　△FPRに三平方の定理を用いて，$\mathrm{FP}^2+\mathrm{RP}^2=\mathrm{FR}^2$より，$(3\sqrt{10})^2+\left\{\frac{\sqrt{10}}{2}(12-x)\right\}^2=x^2$　整理して，$x^2-40x+300=0$　$(x-10)(x-30)=0$　$0<x<12$より$x=10$　$\mathrm{RP}=\frac{\sqrt{10}}{2}(12-10)=\sqrt{10}$(cm)　RP//BSより，平行線と線分の比についての定理を用いて，RP：BS＝FR：BF＝10：12＝5：6　よって，$\mathrm{PQ}=\mathrm{BS}=\mathrm{RP}\times\frac{6}{5}=\sqrt{10}\times\frac{6}{5}=\frac{6\sqrt{10}}{5}$(cm)である。

＜英語解答＞

1　No.1　D　No.2　B　No.3　A　No.4　A　No.5　C　No.6　(1)　C　(2)　D　(3)　B　No.7　(1)　(He left Aichi)two years(ago.)　(2)　(They will)play baseball(in the park.)　(3)　(Because she is going to look for some English books about)nature(in Japan.)

2　問1　A　test　B　Friday　C　by　問2　D　(例)want to study　問3　E　(例)(Could you)join Study Time?　We need your help to study English.

3　問1　C　問2　ア　問3　(I did not know that there)was a country called (Niue until recently.)　問4　(He)likes to look(at maps.)　問5　ウ

4　問1　(例)なぜ日本の人々は簡素なピクトグラムを作ったのか。　問2　(So, Tokyo)had to think of another way(to communicate with everyone.)　問3　エ　問4　イ　問5　ア　問6　エ　問7　(例)(I hope that our)classmates will enjoy(it.)

5　問1　between　問2　イ　問3　(例)①　I like playing sports better.
②　Playing sports is a kind of communication.　I can communicate with other players through playing sports.

＜英語解説＞

1　(リスニング)

放送台本の和訳は，92ページに掲載

2　(語い・文法：表を用いた問題，語句の問題，和文英訳，条件英作文，前置詞，関係代名詞，不定詞，助動詞)

問1　A　「テスト勉強を手伝う」help you study for the test <help + 人 + 原形>「人が～することを手伝う」for「～のために」　B　「金曜日」Friday　C　「～までに」by

問2　D subjects▼you want to study「勉強したい教科」＜先行詞（＋目的格の関係代名詞）＋主語＋動詞＞目的格の関係代名詞の省略　＜**want** ＋不定詞[**to** ＋原形]＞「～したい」

問3　（全訳：模範解答含む）　こんにちは，ドイル先生／これは私たちの学校のスタディタイムに関するポスターです。／Eスタディタイムに参加していただけませんか。英語を勉強するために，先生の助けが必要です。／後ほど，話します。／ユウスケ

Could you ～？「～してもらえますか」 Will you ～?／Would you ～? よりも丁寧。

3 **(長文読解問題・紹介文：文の挿入，語句補充，語句の並べ換え，英問英答・記述，内容真偽，接続詞，不定詞，分詞の形容詞的用法，動名詞，比較，前置詞，受け身，関係代名詞)**

（全訳）　あなた方のほとんどが世界で最小の人口の国を知っているのではないでしょうか？　その通りです。バチカン市国です。では，2番目に少ない人口の国はいかがですか。答えはニウエです。ニウエの人口は2020年でおよそ1900人でした。今日は，ニウエに関して皆さんに話したいと思います。

ニウエはニュージーランドの北東およそ2400キロに位置しています。世界で最大のサンゴ礁の島の一つです。以前はニュージーランドの一部でしたが，1974年に自治権を得ました。1963年にはその人口は約5000人でしたが，1970年に空港が開業した後に，人々はニウエを離れました。およそ20年前には，人口は2000人を下回るところまで減少しました。

ニウエでは人々はバナナのような果物を栽培しています。しかしながら，他の国へ販売する目的の果物を栽培するための水や農地が十分にありません。実際に，ニウエには産業があまり存在しません。Cそこで，ニウエではお金を生み出す方策を探す必要があって，彼らはそれを見つけたのです。彼らの国には多くの自然が存在していて，森林におけるハイキングのような観光者に対する活動のために利用できることが，ニウエの人々にはわかったのです。

最近まで，ニウエと呼ばれる国が存在していることを私は知りませんでした。ニウエについて知ってから，今，私は地図を見たいと感じています。地図を見れば，まだ私が知らない多くの国々が存在していることに気づきます。

問1　「実際に，ニウエには産業があまり存在しない」→ C「だから，ニウエはお金を生み出す方策を探す必要があり，それを見つけた」＜**There** ＋ **be**動詞＋ **S** ＋場所＞「Sが～にある[いる]」～． **So** ……「～である。だから，そういうわけで，それで……」look for「～を探す」 a way to make money ← 不定詞の形容詞的用法＜名詞＋不定詞[to ＋原形]＞「～するための／するべき／という名詞」

問2　文頭の however「しかしながら，けれども」の意味に注意しながら考えること。such as「～のような」＜**There** ＋ **be**動詞＋ **S** ＋場所＞「Sが～にある[いる]」不定詞[to ＋原形]の副詞的用法「～するために」／不定詞の形容詞的用法＜名詞＋ to ＋原形＞「～するための／するべき／という名詞」not enough「十分に～ない」 full of「～で一杯な」 a few「いくつかの」 a lot of「多くの～」

問3　(I did not know that there) was a country called (Niue) until recently. ＜**There** ＋ **be**動詞＋ **S** ＋場所＞「Sが～にある[いる]」call O C「OをCと呼ぶ」S＋be動詞＋ called ＋ C「SはCと呼ばれる」＜**名詞＋過去分詞＋他の語句**＞「**～された名詞**」**過去分詞の形容詞的用法**

問4　質問：「ニウエについて学んだ後に，今，リョウは何をしたいか」／答え：「彼は地図を見たい」最終段落の第2文に I like to look at maps now, after learning about Niue. とあるので，参考にすること。答えの主語は he で一般動詞の現在形なので，likes と三単現のs

が付くことに注意。<like +不定詞[to +原形]>「～することが好きである」look at「～を見る」after learning ← <前置詞+動名詞[原形+ −ing]>

問5 ア 「ニウエは世界で最も少ない人口の国である」(×) 第1段落に Now, how about the country with the second smallest population? The answer is Nue. とあり，ニウエは2番目に人口が少ない国なので，不可。How about ～ ?「～ついてはどうか」**<the +序数[second／third／fourth ……]+最上級>「2／3／4……番目に最も～」** 所有・付属を表すwith「～を持っている／のある[付いた] イ 「地図上でニウエよりも島を見つけることにリョウは興味がある」(×) 記述ナシ。**<be動詞 + interested in +動名詞[原形+ -ing]>「～することに興味がある」** 前置詞の後ろに動詞を持ってくる際には動名詞にする。an island that is smaller than ～ ← **<先行詞[もの]+主格の関係代名詞+動詞>「動詞する先行詞」／<比較級[規則変化：原形+ -er]+ than>「～と比べてより……」** ウ 「旅行者の活動に使える自然を有しているということにニウエの人々は気づいた」(○) 第3段落最終文(The people of Niue realized that their country has a lot of nature and it can be used for tourist activities such as hiking in the forest.)に一致。nature that can be used ← **<先行詞+主格の関係代名詞+動詞>「動詞する先行詞」／<助動詞 + be +過去分詞>助動詞付きの受け身** a lot of「多くの～」A such as B「BのようなA」 エ 「ニウエは1970年に空港を開き，当時の人口は約1900人だった」(×) 第2段落後半に，空港が開業したことと，その前後の人口の推移が記載されており，1970年当時に人口が1900人まで減少していないことが確認できる。drop to「～まで落ち込む」less than「～より少ない」**less は little の比較級。**

4 **(長文読解問題：指示語，日本語で答える問題，語句の並べ換え，語句補充・選択，内容真偽，絵・図などを用いた問題・要約文などを用いた問題，接続詞，助動詞，不定詞，受け身，関係代名詞，間接疑問文，比較，分詞の形容詞的用法，現在完了)**

[1] (全訳)*<生徒たちが彼らの発表に対する主題を決めようとしている>*

ケント(以下K)：来週授業で発表があります。どのような主題について話し合いたいと思いますか？／マンディ(以下M)：そうですね，オリンピックはどうですか？ 次回のオリンピックはこの夏にパリで開催されます。大会を見るために，そこへ行きたいと思っています。／ジロウ(以下J)：それはすばらしいですね。パリは次回のオリンピックのピクトグラムを世界に公表しました。／M：すみません。ピクトグラムって何ですか？／J：ピクトグラムは人々に情報を伝達する簡素な図です。駅などの多くの公共の場所で使われています。／K：あっ，私は知っています。インターネットでパリオリンピックのピクトグラムを見ました。素敵ですよ。これらのピクトグラムを見て，選手は自身が携わるスポーツを誇りに思うだろう，と発言する人々もいます。／J：新しいものがオリンピックごとに作られています。その図案は都市によって異なります。／M：東京オリンピック2020でのピクトグラムはどんな感じだったのでしょうか？／J：ここにあります。パリのものと違っていますよね。／K：はい，それらは簡素ですね。／M：なぜ日本の人々は簡潔なピクトグラムを作製したのでしょうか？／K：私にはその理由がわかりません。あなたの疑問を解消するために，ウェブサイトと本を探してみようと思います。

問1 直前のマンディの発言 Why did Japanese people make simple pictograms? を指す。

[2] (全訳)*<翌日，生徒たちは東京オリンピック1964のピクトグラムについて話している>*

K：東京オリンピック1964について話します。東京はオリンピックでピクトグラムを使った最初の都市です。／M：なぜピクトグラムが東京オリンピック1964で使われたのですか？／K：東京オリンピック1964では，日本人は世界中の来訪者と意思疎通をする必要がありましたが，彼らが使う言語で来日する人々を支援することは困難でした。そこで，東京は，あらゆる人々と分かり合うために，別の方法を考えなければならなかったのです。それがピクトグラムだったのです。／J：他の国から訪ねてきた多くの人々は，日本語を理解することが出来なかったのではないでしょうか？／K：その通りです。そのような理由から，東京はピクトグラムを通じて，重要な情報を人々に伝達することを決意したのです。／M：なるほど。それでは，東京オリンピック1964のピクトグラムを誰が作成したか，わかりますか？／K：はい，デザイナーの集団がピクトグラムを作り始めました。美術批評家の勝見勝はその一人でした。デザイナー達は小さなグループに分かれて，作業に当たりました。一つのチームはスポーツのピクトグラムに取り組みました。別のチームは公共の場所に対するピクトグラムを担当しました。各々の集団は，勝見氏の考えに基づき，励みました。オリンピックのような大規模な催しにおいて，ピクトグラムは重要な役割を果たすだろう，と彼は考えました。

問2　(So, Tokyo)had to think of another way(to communicate with everyone.)　～．**So**……「～である。それゆえに／だから／それで……」<had ＋不定詞[to ＋原形]> ← <**have[has]＋不定詞[to ＋原形]**>「**～しなければならない／に違いない**」の過去形　不定詞の形容詞的用法　<名詞＋不定詞[to ＋原形]>「～するための／すべき／という名詞」／不定詞の副詞的用法(目的)「～するために」

問3　正解：エ　「日本人は他国からの多くの訪問者と意思疎通をする必要があったので，東京オリンピック1964でピクトグラムが使われた」英文②のジロウの最初の発言とそれに対するケントの応答に注目すること(「他国からの多くの訪問者が日本語を理解できなかった」→「だから，東京はピクトグラムを通して情報を伝達することにした」)。were used ← <**be動詞＋過去分詞**>**受け身「～される，されている」** could not ← can not「できない」の過去形　ア「日本人が外国語を話すことは簡単だったので」英文②のケントの2番目のせりふで，it was difficult (for the Japanese)to support visitors in their language. とある。<**It is…… for ＋ S ＋不定詞[to ＋原形]**>「**Sにとって～[不定詞]することは……だ**」　イ「東京は他の国に日本の文化について学んで欲しいと願った」　ウ「スポーツに興味を抱く多くのデザイナーが存在したので」<**There ＋ be動詞＋ S**>「**Sがある，いる**」<**先行詞(人)＋主格の関係代名詞 who ＋動詞**>「**～する先行詞**」<**人＋ be動詞＋ interested in ＋物事**>「**人が物事に興味がある**」

③　(全訳)*<生徒たちは話し続ける>*

J：公共の場におけるピクトグラムはどのようなものだったのですか？／K：例があります。これを見たことがありますか？／M：はい，レストランですね。／K：その通りです。これは1964年に羽田空港で使われていたものです。当時，羽田空港は海外からの来訪者に対する日本への玄関口でした。それ以前は，壁への掲示はありましたが，それらのほとんどが日本語で表示されていたので，何と書かれているのかを理解することは，多くの外国人来訪者にとって困難だったのです。従って，海外からの来日者が情報を理解しやすくするのにピクトグラムが役立ったわけです。／J：現在，日本の空港では，そのようなピクトグラムを頻繁に見かけますね。／K：1964年以前にも，公共の場でピクトグラムは存在していたのです。けれども，各国で異なったピクトグラムが使用されていました。東京オリンピック1964の準備に着手した際に，勝見氏と他のデザイナーらは，世界中の誰もが理解できるより簡潔なピクトグラムを作製しようと心がけました。何年も前に日本人デザイナーらによって作り出した簡略なピクトグラムが，いまだに世界中で使われています。

問4　ア 「1964年よりも以前には，他の国からの多くの来訪者は羽田空港の掲示を理解した」(×) 英文③のケントの2番目の発言に，「1964年より以前は，掲示物のほとんどが日本語で書かれていたので，外国人が理解するのは困難だった」とあるので，不適。<**There** + **be動詞**+ S +場所>「Sが～にある，いる」were written ← <**be動詞+過去分詞**>受け身「～される，されている」It was hard for many foreign visitors to understand what the notices said. ← <**It is** …… **for** + **S** +不定詞[**to** +原形]>「Sにとって～[不定詞]することは……だ」／疑問文が他の文に組み込まれる[間接疑問文]と<疑問詞+主語+動詞>の語順になる。　イ 「1964年以前には，公共の場に対して，異なったピクトグラムが作られていた」(○) 英文③のケントの最後にせりふに，There were pictograms in public places before 1964. But each country had different pictograms. とある。were made ← <**be動詞+過去分詞**>受け身「～される，されている」<**There** + **be動詞** + **S** + 場所>「Sが～にある，いる」　ウ 「勝見氏が作ったピクトグラムは日本語に基づいてデザインされていた」(×) 記述ナシ。the pictograms▼Mr. Katsumi created ← <先行詞(+目的格の関係代名詞)+主語+動詞>「主語が動詞する先行詞」目的格の関係代名詞の省略 were designed ←<**be動詞+過去分詞**>受け身「～される，されている」　エ 「多くの国々は単純なピクトグラムよりも自国のピクトグラムを好む」(×) 英文③の最終文に，Simple pictograms created by Japanese designers many years ago are still used around the world. とある。**better** ← **good**／**well** の比較級「よりよい／よりよく」<名詞+過去分詞+他の語句>「～された名詞」過去分詞の形容詞的用法 <be動詞+過去分詞>受け身「～される，されている」

④ (全訳) *<ケントが別のピクトグラムを提示する>*

K：現在では，多くの種類のピクトグラムが公共の場で使われています。このピクトグラムを見たことがありますか？／M：はい，学校で見たことがあります。火事や地震の際に，建物から離れるために用いられる扉を示しています。／K：その通りです。これは日本人デザイナーらにより作られて，1987年に国際基準になりました。別の例があります。ピクトグラムはしばしばウェブサイト上で用いられています。虫眼鏡のアイコンを見たことがありますか？／J：Aもちろんです。検索を表しています。／K：正解です。ピクトグラムは，限られた場所で重要な情報を人々に伝えるためにしばしば用いられています。／M：別の例です。見てください。オーストラリアの私の友人がくれたちょっとした贈り物です。道路で見かけます。／J：あっ，『カンガルーに注意してください』を意味していますね。明確です。私達のクラスメイトに話したいと思います。発表には，ピクトグラムの歴史や他の国で見かけるものについて話をするのはどうでしょうか？／M：それは良い考えですね。私達の発表では，私達の周囲には多くのピクトグラムが存在していることを皆に伝えたいと思います。スライドを作成して，台本を書きましょう。

問5　下線部の言葉を受けて，It shows a door that is used to leave the building when there is a fire or an earthquake. と述べていることに注目すること。I have seen it in school. ← <**have**／**has** +過去分詞>(経験，結果，完了，継続)現在完了 <先行詞(もの)+ 主格の関係代名詞 **that** +動詞>「～する先行詞」<be動詞+過去分詞>受け身「～される，されている」不定詞の副詞的用法(目的)「～するために」<**There** + **be動詞**+ **S**>「Sがある，いる」

問6　Have you seen a magnifying glass icon? という質問に対して，空所Aを挟んで，It means “search.” と即答していることから考える。Of course.「もちろん」<**have**／**has** +過去分詞>(経験，結果，完了，継続)現在完了　ア 「あなたは見たことがありますか？」

イ 「それは誰ですか？」 ウ No, thank you.「いいえ，結構です」

問7 (全訳；模範解答例含む)K：あなたが作ったスライドは素晴らしかったです。ピクトグラムクイズもおもしろかったです。／M：ありがとうございます。私達のクラスメイトが楽しんでくれれば良いなあ，と思っています。／K：きっと皆が興味をもってくれるでしょう。／M：そうなれば良いですね。私達の発表に対して，私ができることは他にありますか？

5 (長文読解問題・エッセイ：空所補充・記述，内容真偽，自由条件英作文，前置詞，受け身，動名詞，比較)

(全訳) 昨夜，皆さんは何をしましたか？ 私はテレビでニュージーランド対オーストラリアのラグビーの試合を見ました。私はニュージーランドの出身なので，ニュージーランドチームの熱烈なファンです。ニュージーランドとオーストラリアは，長年，ラグビーにおけるライバル関係にあります。昨夜私が見た試合は，ブレディスローカップと呼ばれています。1930年頃に開始された国際試合で，ラグビーファンの間では特別の意味を持ちます。両チームが1年に数回対戦します。ブレディスローカップは，通常，ニュージーランド，ないしは，オーストラリアの競技場で開催されますが，時には，他の国で開かれた時もあります。日本では2回開催されました。

ハカと言う言葉を聞いたことがありますか？ ニュージーランドの伝統的踊りの一つです。尊敬と感謝の表現の一つとして演じられる，という人もいます。卒業式，スポーツの試合，そして，多くの催し物において，ハカをしばしば見かけることになるでしょう。また，試合前に，ニュージーランドチームによって行われる踊り，ハカを見ることで，私はワクワクします。その踊りを見ると，試合が間もなく始まるということが，実感されます。

昨晩の試合には，興奮させられました。引き分けで終了しましたが，非常に好試合でした。実は，私は地元のラグビーチームの一員であり，週末にはラグビーをします。スポーツは，観戦して，行って，楽しいものです。皆さんは，スポーツを観戦するのと，行うのとでは，どちらが好きですか？

問1 第1段落第2文の I watched the rugby match between New Zealand and Australia on TV. を参考にすること。**between A and B**「AとBの間」

問2 ア(×) 第1段落第2文に I watched the rugby match between New Zealand and Australia on TV. とある。 イ(○) 第1段落最終文に It[The Bledisloe Cup] was held in Japan twice. とある。**<be動詞＋過去分詞>受け身「～される，されている」** ウ(×) 第2段落第4文に You will often see it[Haka]at graduation ceremonies, sports matches, and many other events. とある。 エ(×) 第1段落の最後から第3文目で，Both[New Zealand and Austrian]teams play several times a year. と述べられている。

問3 (全訳；模範解答含む)皆さん，こんにちは。今日は，どのように私がスポーツを楽しんでいるかを皆さんにお伝えしようと思います。／①私はスポーツをする方が好きです。②スポーツをすることは，意思疎通の一種です。スポーツをすることで，他の選手と心が通じ合います。

<I like ＋動名詞[原形＋ －ing]＋ better>「～[動名詞]することの方がより好きだ」

better ← good／well の比較級「よりよい／よりよく」

＜英語解答＞(学校選択問題)

1　No.1　D　No.2　B　No.3　A　No.4　A　No.5　C　No.6　(1)　C
(2)　D　(3)　B　No.7　(1)　(He left Aichi)two years ago(.)　(2)　(She asked him)how long they(have been friends.)　(3)　(Because the)books she wants(to buy are not sold in her city.)

2　問1　イ　問2　(例)(So, Tokyo)had to think(of another way to communicate with everyone.)　問3　(So, pictograms were)useful for making the information easier for foreign visitors to(understand.)　問4　ア
問5　(例)Because there is too much information in a limited space.
問6　(1)　ウ　(2)　イ　問7　(例)(Is there)anything I can(do for our presentation?)

3　問1　A　called　B　lives　問2　①　カ　②　エ　③　ア　問3　(例)特定の匂いを与えること。　問4　(例)Because we can save water and food.
問5　(I look forward to future research on hibernation as)a technology that can help sick or injured people(.)　問6 (1)　(例)surprised to
(2)　not necessary　(3)　hard for

4　(例)Yes, I do. If we use this way to pay, we can pay quickly and don't have to carry much money with us. That saves time for stories, too. Also, we can easily check how much money we have used. This will make us more careful when we use money.

＜英語解説＞

1　(リスニング)

放送台本の和訳は，92ページに掲載

2　(長文読解問題・紹介文：内容真偽，語句補充・記述・選択，語句の並べ換え，絵・図などを用いた問題，英問英答・記述，要約文などを用いた問題，助動詞，受け身，不定詞，前置詞，関係代名詞，未来，接続詞，動名詞，文の構造・目的語と補語，比較，分詞の形容詞的用法，付加疑問文)

①　(全訳)*＜生徒たちが彼らの発表に対する主題を決めようとしている＞*
ケント(以下K)：来週授業で発表があります。どのような主題について話し合いたいと思いますか？／マンディ(以下M)：そうですね，オリンピックはどうですか？　次回のオリンピックはこの夏にパリで開催されます。大会を見るために，そこへ行きたいと思っています。／ジロウ(以下J)：それはすばらしいですね。パリは次回のオリンピックのピクトグラムを世界に公表しました。／M：すみません。ピクトグラムって何ですか？／J：ピクトグラムは人々に情報を伝達する簡素な図です。駅などの多くの公共の場所で使われています。／K：あっ，私は知っています。インターネットでパリオリンピックのピクトグラムを見ました。素敵ですよ。これらのピクトグラムを見て，選手は自身が携わるスポーツを誇りに思うだろう，と発言する人々もいます。／J：新しいものがオリンピックごとに作られています。その図案は都市によって異なります。／M：東京オリンピック2020でのピクトグラムはどんな感じだったのでしょうか？／J：ここにあります。パリ

のものと違っていますよね。／K：はい，それらは簡素ですね。／M：なぜ日本の人々は簡潔なピクトグラムを作製したのでしょうか？／K：私にはその理由がわかりません。あなたの疑問を解消するために，ウェブサイトと本を探してみようと思います。

問1　ア 「ピクトグラムはパリオリンピックで初めて作られた」(×)　マンディが最初のせりふで，The next one[Olympics]will be held in Paris this summer. と述べていて，ジロウは3番目のせりふで，New ones[pictograms]are made for every Olympics. と言っているだけで，選択肢アのような内容の発言はない。**助動詞の付いた受け身<助動詞＋ be ＋過去分詞>** for the first time「初めて」　イ 「生徒は自分らが選ぶ主題に関して発表することになっている」(○)　ケントの最初の発言(We have a presentation in class next week. What topic do you want to talk about?)から，内容と一致していると言える。**<be動詞＋ going ＋不定詞[to ＋原形]>「～しようとしている，するつもりである」** on「～について，関する」the topic▼they choose ← **<先行詞(＋目的格の関係代名詞)＋主語＋動詞>「主語が動詞する先行詞」目的格の関係代名詞の省略**　ウ 「パリオリンピックのピクトグラムに酷似したものを，2020年に東京では作られた」(×)　New ones[pictograms]are made for every Olympics. The designs are different from city to city. という3番目のジロウのせりふを参考にすること。～ pictograms that look like ～ ← 主格の関係代名詞 that **<be動詞＋過去分詞>受け身「～される，されている」**　エ 「生徒達はオリンピックのピクトグラムコンテストへ参加しようとしている」(×)　記述ナシ。**<be動詞＋ going ＋不定詞[to ＋原形]>「～しようとしている，するつもりである」** take part in「～に参加する」

[2]　(全訳)*<翌日，生徒たちは東京オリンピック1964のピクトグラムについて話している>*

K：東京オリンピック1964について話します。東京はオリンピックでピクトグラムを使った最初の都市です。／M：なぜピクトグラムが東京オリンピック1964で使われたのですか？／K：東京オリンピック1964では，日本人は世界中の来訪者と意思疎通をする必要がありましたが，彼らが使う言語で来日する人々を支援することは困難でした。そこで，東京は，あらゆる人々と分かり合うために，別の方法を考えなければならなかったのです。それがピクトグラムだったのです。／J：他の国から訪ねてきた多くの人々は，日本語を理解することが出来なかったのではないでしょうか？／K：その通りです。そのような理由から，東京はピクトグラムを通じて，重要な情報を人々に伝達することを決意したのです。／M：なるほど。それでは，東京オリンピック1964のピクトグラムを誰が作成したか，わかりますか？／K：はい，デザイナーの集団がピクトグラムを作り始めました。美術批評家の勝見勝はその一人でした。デザイナー達は小さなグループに分かれて，作業に当たりました。一つのチームはスポーツのピクトグラムに取り組みました。別のチームは公共の場所に対するピクトグラムを担当しました。各々の集団は，勝見氏の考えに基づき，励みました。オリンピックのような大規模な催しにおいて，ピクトグラムは重要な役割を果たすだろう，と彼は考えました。

問2　(So, Tokyo)had to think(of another way to communicate with everyone.)　～．**So**……「**～である。それゆえに／だから／それで……**」<had ＋不定詞[to ＋原形]> ← **<have[has] ＋不定詞[to ＋原形]>「～しなければならない／に違いない」**の過去形　think of「～のことを(よく)考える，について考える」不定詞の形容詞的用法<名詞 ＋ 不定詞[to ＋ 原形]>

[3]　(全訳)*<生徒たちは話し続ける>*

J：公共の場におけるピクトグラムはどのようなものだったのですか？／K：例があります。これを見たことがありますか？／M：はい，レストランですね。／K：その通りです。これは1964年に羽田空港で使われていたものです。当時，羽田空港は海外からの来訪者に対する日本への玄関口でした。それ以前は，壁への掲示はありましたが，それらのほとんどが日本語で表示されていたので，何と書かれているのかを理解することは，多くの外国人来訪者にとって困難だったのです。従って，海外からの来日者が情報を理解しやすくするのにピクトグラムが役立ったわけです。／J：現在，日本の空港では，そのようなピクトグラムを頻繁に見かけますね。／K：1964年以前にも，公共の場でピクトグラムは存在していたのです。けれども，各国で異なったピクトグラムが使用されていました。東京オリンピック1964の準備に着手した際に，勝見氏と他のデザイナーらは，世界中の誰もが理解できるより簡潔なピクトグラムを作製しようと心がけました。何年も前に日本人デザイナーらによって作り出した簡略なピクトグラムが，いまだに世界中で使われています。

問3　(So, pictograms were)useful for making the information easier for foreign visitors to(understand.)前置詞＋動名詞[原形＋ ing]前置詞の後ろに動詞を持ってくる際には動名詞にする。**make O C**「OをCの状態にする」easier ← easy「簡単な」の比較級 <for ＋ S ＋不定詞[to ＋原形]>不定詞の主語は直前に for ＋ S で表す。

4　(全訳)*<ケントが別のピクトグラムを提示する>*

K：現在では，多くの種類のピクトグラムが公共の場で使われています。このピクトグラムを見たことがありますか？／M：はい，学校で見たことがあります。火事や地震の際に，建物から離れるために用いられる扉を示しています。／K：その通りです。これは日本人デザイナーらにより作られて，1987年に国際基準になりました。別の例があります。ウェブサイト上の虫眼鏡のアイコンを見たことがありますか？／J：もちろんです。検索を表しています。／K：正解です。ウェブサイト上の限られたスペースには情報があふれすぎていて，テキストが読みづらいということがしばしばあります。だから，テキストの代わりに，ウェブサイト上でピクトグラムが使われているのです。／M：別の例です。見てください。オーストラリアの私の友人がくれたちょっとした贈り物です。道路で見かけます。／J：あっ，『カンガルーに注意してください』を意味していますね。明確です。私達のクラスメイトに話したいと思います。発表には，ピクトグラムの歴史や他の国で見かけるものについて話をするのはどうでしょうか？／M：それは良い考えですね。私達の発表では，私達の周囲には多くのピクトグラムが存在していることを皆に伝えたいと思います。スライドを作成して，台本を書きましょう。

問4　下線部を受けて，It shows a door that is used to leave the building when where is a fire or　an earthquake. と答えていることから考えること。非常口のことである。<先行詞＋主格の関係代名詞 **that** ＋動詞>「動詞する先行詞」<**be**動詞＋過去分詞>受け身「～される，されている」不定詞[to ＋原形]の副詞的用法(目的)「～するために」<**There** ＋ **be**動詞＋ **S**>「Sがある，いる」

問5　質問：「ウェブサイト上のテキストを読むのは，なぜしばしば難しいのか」／解答(例)：「制限されたスペースに情報が多すぎるので」英文4のケントの3番目のせりふに，It is often difficult to read the text because of too much information in a limited space on websites. とあるのを参考にすること。<It is ＋形容詞＋不定詞[to ＋原形]>「～［不定詞］することは…… ［形容詞］だ」<because of ＋名詞(相当語句)>「～のために」too「～もまた／あまりにも～すぎる」<過去分詞＋名詞>「～された名詞」過去分詞の形容詞的用法

問6　(1)「生徒たちの議論で，ゥ各オリンピックに対して，異なったデザインを有するピクトグラムが作られた，とジロウが発言した」英文1のジロウの3番目の発言に，New ones [pictograms]are made for every Olympics. とある。with「～がある，を持って」(所有・所持・携帯)<**be**動詞＋過去分詞>受け身「～される，されている」　ア「レストランを表すピクトグラムをマンディは示した」記述ナシ。the pictogram which means ～ ← 主

格の関係代名詞 which　イ「外国語は彼らが必要な情報を見つける手助けとなる，とケントは述べた」英文②のケントの2番目のせりふに，it was difficult to support visitors in their[foreign]languages. とある。<help ＋人＋原形>「人が～［原形］することを助ける」the information▼they need ← 関係代名詞の省略　**<It is ＋形容詞＋不定詞[to ＋原形]>「～［不定詞］することは……［形容詞］だ」**　エ「日本人のデザイナー達はピクトグラムに対して国際基準になろうとした，ということを彼らは知った」international standard という言葉は，英文④のケントの2番目のせりふに出てくるが，日本人デザインらが作成した非常口のピクトグラムに対して使われている。

(2)「議論によると，イ日本人デザイナーによって作られたピクトグラムは，東京オリンピック1964以降に，世界中に広がった，とケントは説明した」英文③において，ケントは最後の発言で，Simple pictograms created by Japanese designers many years ago are still used around the world. と述べている。according to「～によると」pictograms created by Japanese designers ← **<名詞＋過去分詞＋他の語句>「～された名詞」過去分詞の形容詞的用法**　spread「広がる」の過去形は原形と同形。**<be動詞＋過去分詞>受け身「～される，されている」**　ア「パリオリンピックに対するピクトグラムは，東京オリンピック2020のものに基づいて作られた」英文①で，ジロウの4番目の発言(They[the pictograms in the 2020 Tokyo Olympics]are different from those in Paris, aren't they?)に対して，ケントは肯定で答えている。were created ← **<be動詞＋過去分詞>受け身「～される，されている」<肯定文,＋否定の短縮疑問文；主語は人称代名詞>「～ですね，でしょうね」**(確認・同意を求める)**付加疑問文**　ウ「ピクトグラムは，英語を使わなかった日本人に対して，1964年に作られた」英文②で，ジロウは I think many visitors from other countries could not understand Japanese. と述べており，それに対してケントは，For that reason, Tokyo decided to tell people important information through pictograms. と応じている。were created ← **<be動詞＋過去分詞>受け身「～される，されている」**Japanese people who didn't use ～ ← **<先行詞(人)＋主格の関係代名詞 who ＋主語>「～する先行詞」**could ← can「できる」の過去形　エ「ピクトグラムはウェブ上の語い数を増やす目的で作られた」英文④のケントの3番目のせりふで，It is often difficult to read the text because of too much information in a limited space on websites. That's why pictograms are used on websites instead of text. と述べられている。are created／are used ← <be動詞＋過去分詞>受け身「～される，されている」**<It is ＋形容詞＋不定詞[to ＋原形]>「～［不定詞］することは……［形容詞］だ」**<because of ＋名詞(相当語句)>「～のために」too「～もまた／あまりにも～すぎる」**<過去分詞＋名詞>「～された名詞」過去分詞の形容詞的用法**　instead of「～の代わりに」

問7（全訳；模範解答例含む）K：あなたが作ったスライドは素晴らしかったです。ピクトグラムクイズもおもしろかったです。／M：ありがとうございます。私達のクラスメイトが楽しんでくれれば良いなあ，と思っています。私達の発表に対して，私ができることは他にありますか？／K：そうですね，私は台本を書いています。従って，私の英語を確認してくれますか？／M：もちろんです。喜んで，手伝います。<be動詞＋ there ＋ S ?>「Sがありますか」something「何か」は，通常，疑問文では anything を使う。anything(which／that)I can do ～ ← 目的格の関係代名詞は省略可。

3 (長文読解問題・論説文：語句補充・選択，文の挿入，日本語で答える問題，語句の解釈・指示語，英問英答・記述，語句の並べ換え，要約文を用いた問題，語句の問題，分詞の形容詞的用法，助動詞，比較，不定詞，接続詞，前置詞，動名詞，関係代名詞，受け身，現在完了)

(全訳)　先週，私はある驚くべきニュースを目にした。そのニュースによると，近い将来，人間は冬眠することが可能となるだろう，とのことだった。何人かの研究者たちが，人工冬眠を人間に適用する方法をこれまで学んできた，と述べられていた。また，もっと冬眠を研究することで，私達はそれを宇宙，あるいは，医療分野で利用することができるかもしれない，とも書かれてあった。でも，それほど多くの生物は冬眠をすることはなく，私達が知らない多くのことが未だに存在している。冬眠とは何か。どのように人類に応用することができるのか。これらの質問を解明するために，私は数冊の本や記事を読んだ。

まず，冬眠する動物は，一部の変温動物と熊のような一部の哺乳類である。カエルや亀のような変温動物は冬の間に冬眠する。というのは，外の気温と彼らの体温がほぼ同じで，活発に活動できないからである。一方で，体内で熱を生み出すことで，哺乳類はほぼ同じ体温を維持することができる。哺乳類の冬眠は不思議な現象と言える。体温が下がり，体は熱を生み出す代謝を停止する。そして，体はエネルギーを蓄える。哺乳類の中には，冬眠をするものと，しないものが存在する。一部の研究者は，全ての哺乳類は冬眠する能力を有しているものの，住環境の影響で，おそらくこの能力を失ってしまったのではないか，と信じている。多分，哺乳類の中には，冬眠をせずに，冬を越すことを学んだ種がいるのであろう。

2020年に，日本の研究チームのある研究が，世界を驚かせた。ネズミは冬眠をしないものだが，そのチームはネズミを冬眠に非常に似た状態にすることに成功した，と報じたのである。チームはQ神経と$_{\mathrm{A}}$<u>呼ばれる</u>ネズミの脳の一部を刺激した。Q神経が刺激された後に，ネズミの酸素消費量は低下して，体温が下がり，この冬眠状態が1日以上続いた。その後，深刻な被害もなく，ネズミは自発的に元の状態へ戻った。この手法は人工的冬眠を人間に応用する方法かもしれない。

別の研究チームが異なった冬眠スイッチを見つけた。匂いだ。ネズミがある匂いを嗅ぐと，①カ<u>体温が低下して，代謝が減少する</u>。この状態は冬眠に似ている。同時に，この冬眠スイッチが，低酸素状態のような困難な状況下で生き残る能力を引き出すこと，をチームは発見した。この冬眠スイッチを見つけたチームの一員が次のように述べている。「例えば，重篤な症状の人に対して，冬眠を引き起こす特定の匂いをかがせることが可能です。<u>そうすること</u>で，深刻な症状の人の生存を手助けするために，人工冬眠を利用することが可能です。その結果，より多くの$_{\mathrm{B}}$<u>生命</u>を救えるかもしれません」

仮に人工冬眠が実現すれば，それはどのような場面に対して利用されるのだろうか。Q神経研究チームの構成員の一人である砂川玄志郎氏は次のように述べている。「短期間の冬眠から開始して，冬眠の期間を延長したいです。体の一部だけの冬眠から始めて，数時間から数日間へと，冬眠を持続させたいと考えています。医療にも利用が可能です。任意の冬眠についても考えています。この冬眠では，②エ<u>いつ冬眠を開始するかを人々が制御します</u>。突然，病気になった際に，自身を人工冬眠状態にすることが可能となるでしょう。私達各々が，冬眠する時期を操作できるようになるでしょう。このことで，多くの人々が救われることになるでしょう」この研究を開始する以前は，砂川氏は医師だった。彼は日本の有名な小児科病院の一つで病気の子供達の看護に当たっていた。彼は多くの子供達を救ったが，③ア<u>同時に，思い通りにいかないこともあった</u>。命を救うことがかなわなかった子供達のことを，彼は忘れることはなかった。この経験が理由となり，彼は冬眠の研究に着手した。

もしより長期間冬眠することが可能となれば，この技術は他の分野でも活用されるだろう。砂川氏は以下のように述べている。「将来，冬眠は宇宙旅行に対して用いられるでしょう。宇宙を旅している間に，冬眠状態にあれば，水や食料を節約することで，星を超えた地点まで移動することが可能となるでしょう」冬眠は宇宙旅行に対してより多くの機会を私達にもたらしてくれる技術であるかもしれない。

冬眠は特定の動物のみに見かける神秘的現象だと考えていたが，人へ冬眠を適用することの可能性を科学や技術における最近の研究が示唆している。冬眠について調べた後に，医療分野での冬眠に対して興味を抱いた。人が人工冬眠を活用することが可能ならば，将来，より多くの人々が救われるだろう。病人やケガ人を救済する技術として，冬眠に関する将来の研究に期待を寄せたい。

問1　A　a part of the mouse brain [A] the “Q neuron” 空所前後の関係を考える。「Q神経と呼ばれるネズミの脳の一部」なので，called 過去分詞が正解。call O C「OをCと呼ぶ」<S + be動詞 + called + C>「SはCと呼ばれる」**<名詞+過去分詞+他の語句>「〜と呼ばれた名詞」過去分詞の形容詞的用法**　B　we may be able to save more [B]. 正解は，「人命」を表す life の複数形 lives である。**may「〜してもよい，かもしれない」<be able to +原形>「〜することができる」more「もっと多く(の)」← many／much の比較級**

問2　①「ネズミが特定の匂いを嗅ぐと，①カ体温と代謝が低下する」←「この状態は冬眠に似ている」後続の文意から考える。similar to「〜に似ている」　②「任意の冬眠についても考えている。この冬眠では，②エいつ冬眠を開始するかを人々が制御する」空所を含む文から2文目に Each of will be able to control when to hibernate. という文があり，同意の選択肢が当てはまる。**<when +不定詞[to +原形]>「いつ〜するか」<be able to +原形>「〜することができる」**　③「彼は多くの子供達を救ったが，③ア同時に，思い通りにいかないこともあった」空所の直前に but「しかし」があることから考える。　イ「外の気温は下がり，彼らは活動的になれない」　ウ「彼らの中には，この技術を使わせてもらえるように政府に依頼する者がいた」let this technology be used ← **<let + O +原形>「Oに〜させる」**<be動詞+過去分詞>受け身　オ「数人の医師が冬眠を人に適用しようとした」

問3　直前に，we can give a certain odor that elicits hibernation to a person in a serious condition. とあることから考える。by doing so ← <前置詞+動名詞[原形+-ing]>前置詞の後ろに動詞を持ってくる時には，動名詞にする。

問4　質問：「砂川氏によると，人工冬眠を用いれば，なぜ星を超えた地点までの宇宙旅行が可能となるのだろうか」第6段落の砂川氏の言葉に，If you are in hibernation while you travel in space, by saving water and food, it will be possible to travel beyond the stars. とあるのを参考にすること。according to「〜によると」<前置詞+動名詞[原形+ -ing]> **<It is +形容詞+不定詞[to +原形]>「〜[不定詞]することは…… [形容詞]だ」**

問5　(I look forward to future research on hibernation as) a technology that can help sick or injured people(.) look forward to「〜を期待する，楽しみにして待つ」on「〜について，関する」as「接続詞；〜するように，する時に，なので／前置詞；〜として」**<先行詞+主格の関係代名詞 that +動詞>「〜する先行詞」<過去分詞+名詞>「〜された名詞」過去分詞の形容詞的用法**

問6　(全訳；模範解答含む)　ナナは冬眠に関するニュースを目にした。彼女は冬眠が何であるかを学び，冬眠が人に適用されうる1と知り，驚いた。彼女は冬眠に関する本や記事を読んだ。全ての哺乳類には冬眠する能力があるが，ほとんどがそれを失った，と信じている人々がいる。環境が過酷でないので，おそらく現在，冬眠はそれらの種にとって2必要ないのだろう。研究チームは人工冬眠に対して2つのスイッチを見つけた，と彼女は知った。一つはQ神経で，もう一つは匂いである。しかしながら，いつ，どのようにして冬眠を開始するかを制御することは研究者たちにとって，いまだに3難しい。冬眠が人間に応用されて，この技術が宇宙旅行や医療分野で活用されることを彼女は望んでいる。 （1） 第1段落冒頭(I read some surprising news last week. According to that news, humans will be able to hibernate in the near future.)を参考にすること。surprising「驚くべき」(物が人に対して)／surprised「驚いて」(人が物に対して)was surprised to know ～ ← <**be動詞＋感情を表す表現＋不定詞[to ＋原形]**>「～して感情がわきあがる」 She learned what hibernation is ～ ← **疑問文が他の文に組み込まれる[間接疑問文]と，<疑問詞＋主語＋動詞>の語順**になる。might be applied to ～ ← <助動詞＋ be ＋過去分詞>助動詞付きの受け身 might ← may「～してもよい，かもしれない」の過去形／「～かもしれない；現在」(mayよりも薄い可能性を示す) （2） 第2段落最後から2文(Some researchers believe that all mammals had the ability to hibernate, but maybe they have lost this ability because of the environment they live in. Maybe some mammals learned to survive winter without hibernating.)を参考にすること。<**have[has]＋過去分詞>現在完了(完了・経験・結果・継続)** <because of ＋名詞(相当語句)>「～の理由で，のために」 the environment▼they live in「彼らが住む環境」← <先行詞(＋目的格の関係代名詞)＋主語＋動詞＋前置詞>(前置詞の目的語が関係代名詞になった場合)／目的格の関係代名詞の省略 <without ＋動名詞[原形＋ -ing]>「～することなしで」 （3） 冬眠の開始時期を制御することに関しては第5段落で言及されているが，未来時制で示されており，未だに実現してないことに注意。it is still not necessary for the researchers to control when and how to start hibernation. ← <**It is ＋形容詞＋ for ＋ S ＋不定詞[to ＋原形]**>「Sにとって～ [不定詞]することは…… [形容詞]だ」<**when ＋不定詞[to ＋原形]**>「いつ～するか」<**how ＋不定詞[to ＋原形]**>「どのように～するか」

4 （自由・条件英作文）

(指示文；全訳) お金で商品を購入する人々がいる。だが，近頃，多くの人々が，クレジットカード，あるいは，電子マネーのようなキャッシュレス決済を利用する。キャッシュレス決済は，ICカードやプリペイドカードを含む。そのような支払い方法を人々はもっと使うべきだと思うか。

(模範解答例訳) はい，私はそう思う。このような支払い方法を使えば，素早く払うことができ，多くのお金を携行する必要がない。店の時間も節約できる。また，いくら使ったかを簡単に確認できる。こうすることで，お金を使う際に，より注意深くなるだろう。

下線部の質問に対して，Yes／Noの立場をはっきりさせて，その理由を明示させること。また，字数制限(40語以上50語程度)を厳守すること。

2024年度英語 リスニングテスト

〔放送台本〕

問題は，No.1～No.7の全部で7題あり，放送はすべて英語で行われます。放送される内容についての質問にそれぞれ答えなさい。No.1～No.6は，質問に対する答えとして最も適切なものを，A～Dの中から一つずつ選び，その記号を書きなさい。No.7は，それぞれの質問に英語で答えなさい。放送中メモを取ってもかまいません。各問題について英語は2回ずつ放送されます。では，始めます。

Look at No. 1 to No. 3.

Listen to each talk, and choose the best answer for each question. Let's start.

No. 1

A: Good morning, Tom. Where is Dad?
B: He is out now. I think he is running in the park. He left ten minutes ago.
A: Good for him. Well, I'm going to watch TV now. Do you want to watch, too?
B: No. I'm going to do my homework in my room, so I can't.

Question: What is Tom going to do now?

No. 2

A: Lisa, I can't wait for our field trip tomorrow.
B: But the weather report says it will rain tomorrow. So we must remember to bring a raincoat.
A: I will not forget it.
B: Good, see you tomorrow.

Question: What does Lisa say they should bring for the field trip?

No. 3

A: It's time for lunch. Do you know any good restaurants around here?
B: Yes. The restaurant across the street from the temple is famous for traditional Japanese food. There are two popular Italian restaurants around the park. Also, there is a cafe near the zoo. It has good sandwiches.
A: Well, how about going to the restaurant across the street from the temple? I want to eat some Japanese food.
B: OK. Let's go.

Question: Where are they planning to go?

〔英文の訳〕

No.1からNo.3を見なさい。それぞれの会話を聞いて，各々の質問に対して最も適切な答えを選びなさい。では，始めます。

No. 1

A：トム，おはようございます。お父さんはどこにいますか？／B：今，彼は外出中です。彼は公園を走っていると思います。彼は10分前に出かけました。／A：すごいですね。えーと，私は今，テレビを見ようと思っています。あなたも見たいですか？／B：いいえ。自分の部屋で，宿題をやろうと思っているので，私はテレビを見ることができません。

質問：今，トムは何をしようとしていますか？／正解：宿題をしている D

No. 2

A：リサ，明日の私たちの校外見学が待ちきれません。／B：でも，天気予報によると，明日は雨が降るそうです。そこで，レインコートを持って行くのを忘れないようにしなければなりません。／A：忘れないようにします。／B：問題ないですね。では，また明日。

質問：校外見学のために，彼女らは何を持って行くべきだ，とリサは言っていますか？／正解：レインコートのB

No. 3

A：昼食の時間です。この周辺で，何か良いレストランを知っていますか？／B：はい。寺の向かいにあるレストランは伝統的な和食で有名です。公園の周辺には，2軒の人気があるイタリアンレストランがあります。また，動物園の近くに，一軒のカフェがあります。そこではおいしいサンドウィッチが食べられます。／A：そうですね，寺の向かいにあるレストランへ行くのはいかがですか？私は和食を食べたいです。／B：わかりました。行きましょう。

質問：どこへ彼らは行こうとしていますか？／正解：寺の向かいのレストラン A

〔放送台本〕

Look at No. 4 and No. 5. Listen to each situation, and choose the best answer for each question. Let's start.

No. 4

John is at an art museum.
He gets hungry and thirsty, but he remembers a sign by the entrance.
He realizes he should not eat or drink here.

Question: What does the sign show?

No. 5

Julia is looking for a present for her father at a shop.
Next Sunday is his birthday.
She finds a nice blue T-shirt, but it looks too small.

Question: What will Julia say to the staff?

〔英文の訳〕

No. 4

ジョンは美術館にいます。彼はお腹がすいて，のどが渇いていますが，入り口のそばの看板を覚えています。ここでは食べたり飲んだりするべきでないことを，彼は理解しています。

質問：その看板は何を示していますか？

(選択肢の訳)

Ⓐ　飲食してはいけません。　B　起立してください。　C　靴を脱いでください。

D　入ってはいけません。

No. 5

ジュリアは店で彼女の父親のために贈り物を探しています。次の日曜日は彼の誕生日です。彼女はすばらしい青いTシャツを見つけますが，小さすぎるようです。

質問：ジュリアは店員に何と言うでしょうか？

(選択肢の訳)

A　いいですね。それは赤です。　B　それは何色かわかりますか？

Ⓒ　より大きいサイズはありますか？　D　何と大きなTシャツでしょう。

〔放送台本〕

Look at No. 6.

Listen to Mr. Jones. He's an ALT at a junior high school. Choose the best answer for questions 1, 2 and 3. Let's start.

No. 6

Today is our last day of English class. Your English has improved a lot, and I really enjoyed my English classes with all of you. I still remember our first English class two years ago. Most of you were quiet when I asked you something in English. Now, you try to talk to me in English. That makes me happy.

Well, let me tell you how English is useful for communication. This is a story about Chika, my Japanese friend. When she visited a shrine in Kyoto, a tourist asked her to take a picture in Chinese. Chika couldn't speak Chinese, so she talked with her in English. After that, they talked to each other in simple English. Chika thought the English she learned at school is useful for communicating with people from other countries.

Please remember this. It's wonderful to talk with people from different countries. Please keep learning English. It will help you in the future. Thank you.

Question 1: Why is Mr. Jones happy now?

Question 2: What did a tourist ask Chika to do at the shrine in Kyoto?

Question 3: Which is true about Mr. Jones' speech?

〔英文の訳〕

No.6を見なさい。ジョーンズ先生の話を聞きなさい。彼は中学で外国語指導助手をしています。質問1，2，3に対して最も適切な答えを選びなさい。

今日は，私たちにとって，英語の授業の最終日です。皆さんの英語は非常に上達して，皆さん全員との英語の授業は本当に楽しかったです。2年前の私たちの最初の英語の授業のことをいまだに覚えています。私が英語で何かを尋ねた時に，皆さんのほとんどが黙っていました。今では，私に対して皆さんは英語で話しかけようとしています。そのことがうれしいです。／ところで，いかに英語が意思伝達にとって役に立つかを話しましょう。私の日本人の友人であるチカに関する話です。彼女が京都の神社を訪問した時に，ある旅行者が中国語で彼女に写真撮影を依頼しました。チカは中国語を話すことができなかったので，その人物と英語で話をしました。その後に，彼女らは簡単な英語で互いに話をしました。学校で学んだ英語が他の国から来た人々と意思伝達をするのに役に立つ，とチカは思いました。／次のことを覚えておいてください。異なった国々からやって来た人々と話をすることはすばらしいことです。どうか英語を学び続けてください。将来，そのことが皆さんの役に立つことでしょう。ありがとうございました。

質問1：なぜジョーンズ先生は現在喜んでいるのでしょうか？

（選択肢の訳）A　生徒が英語の授業で静かにしようと努めているから。　B　生徒がジョーンズ先生に日本語を教えようと試みているから。　Ⓒ　生徒が英語でジョーンズ先生に話しかけようとしているから。　D　生徒が英語の授業で日本語を使おうとしているから。

（学校選択問題）A　生徒が英語の授業で静かにしようと努めているから。　B　今日が生徒との英語の授業の最終日だから。　Ⓒ　生徒が英語でジョーンズ先生に話しかけようと努めてきたから。　D　彼が自分の最初の授業のことをいまだに思い出すことができるから。

質問2：京都の神社で，ある旅行者がチカに何をするように依頼しましたか？

（選択肢の訳）A　神社を紹介すること。　B　英語で彼女と話すこと。　C　日本語を話すこと。　Ⓓ　写真を撮ること。

（学校選択問題）A　彼女はチカにかばんを運ぶように頼みました。　B　彼女はチカに英語を使うように頼みました。　C　彼女はチカに中国の歴史について話すように頼みました。　Ⓓ　彼女はチカに写真を撮るように頼みました。

質問3：ジョーンズ先生のスピーチに関して，どれが真実ですか？

（選択肢の訳）A　ジョーンズ先生は京都の歴史について語っています。　Ⓑ　英語は将来生徒の手助けとなるでしょう。　C　言語について人々と話をすることは重要です。　D　ジョーンズ先生は中国にいる彼の友人について話さなければいけません。

（学校選択問題）A　ジョーンズ先生は京都に関して話すために，例を用いています。　Ⓑ　英語は将来生徒の手助けとなるでしょう。　C　言語について人々と話をすることは重要です。　D　ジョーンズ先生は生徒たちに彼の日本人の友達について考えて欲しいと願っています。

〔放送台本〕

Look at No. 7.

Listen to the talk between Kenta and Emily, a student from the U.S., and read the questions. Then write the answer in English for questions 1, 2 and 3.

Let's start.

No. 7

Emily: Hi, Kenta. You look happy.

Kenta: Hi, Emily. My friend, Shinji, is coming from Aichi to see me next Saturday.

Emily: That's great. Did you live in Aichi?

Kenta: Yes. But, because of my father's job, my family left Aichi two years ago.
Emily: I see. How long have you been friends with him?
Kenta: For five years. When I was ten years old, I joined one of the baseball teams there. Shinji was on the same team.
Emily: Does he still play baseball?
Kenta: Yes, he does. He is a member of the baseball club at his school. We will play baseball together in the park. Do you have any plans for next Saturday, Emily?
Emily: Yes. I'm going to some bookstores in Tokyo. I have been looking for some English books about nature in Japan, but I couldn't find them at the bookstores in this city.
Kenta: I hope you can find the books you want.
Emily: Thanks. Oh, the next class starts in a few minutes. See you, Kenta.

〔英文の訳〕

No.7を見なさい。ケンタとアメリカからの留学生であるエミリの会話を聞いて，質問を読みなさい。そして，質問1，2，3に対する答えを英語で書きなさい。

エミリ(以下E)：こんにちは，ケンタ。うれしそうですね。／ケンタ(以下K)：こんにちは，エミリ。私の友達のシンジが，次の土曜日に，私に会いに愛知からやって来ます。／E：それはすばらしいですね。あなたは愛知に住んでいたのですか？／K：はい。でも，父の仕事が理由で，私の家族は2年前に愛知から引っ越しをしました。／E：なるほど。あなたはどのくらいの間，彼とは友人なのですか？／K：5年間です。10歳だった時に，愛知の野球チームの一つに私は参加しました。シンジは同じチームにいました。／E：彼は今でも野球をしているのですか？／K：はい，しています。彼は自分が通う学校の野球部の一員です。私たちは公園で一緒に野球をすることになっています。エミリ，次の土曜に何か予定がありますか？／E：はい。東京にある本屋を数軒訪れようと思っています。日本で自然に関する英語の本を探してきましたが，この町の本屋では見つけることができませんでした。／K：あなたが欲しい本を見つけることができるように願っています。／E：ありがとうございます。あっ，次の授業があと数分で始まります。ケンタ，またあとで。

(質問と模範解答の訳)

(1)　質問1：いつケンタは愛知から引っ越しましたか？／答え：彼は愛知から2年前に引っ越しました。

(2)　質問2：ケンタとシンジは何をする予定ですか？／答え：彼らは公園で野球をする予定です。

(3)　質問3：なぜエミリは次の土曜日に東京へ行きますか？／答え：彼女は日本で自然に関する英語の本を探すつもりです。

(学校選択問題)

(1)　質問1：いつケンタは愛知から引っ越しましたか？／答え：彼は愛知から2年前に引っ越しました。

(2)　質問2：ケンタとシンジの交友関係に関してエミリはケンタに何と尋ねましたか？／答え：どのくらいの期間，彼らはつきあっているか[友人関係にあるか]，彼女は彼に尋ねました。

(3)　質問3：なぜエミリは次の土曜日に東京へ行きますか？／答え：彼女が購入したい本が，彼女の町では，販売されていないからです。

＜理科解答＞

1 問1 ア 問2 エ 問3 ウ 問4 イ 問5 季節風[モンスーン] 問6 無性生殖
問7 化学(エネルギー) 問8 半導体

2 問1 衛星 問2 (例)Kの部分が見えない
問3 N 月食 記号 X 月の位置 右図
問4 1.3(倍) 問5 エ

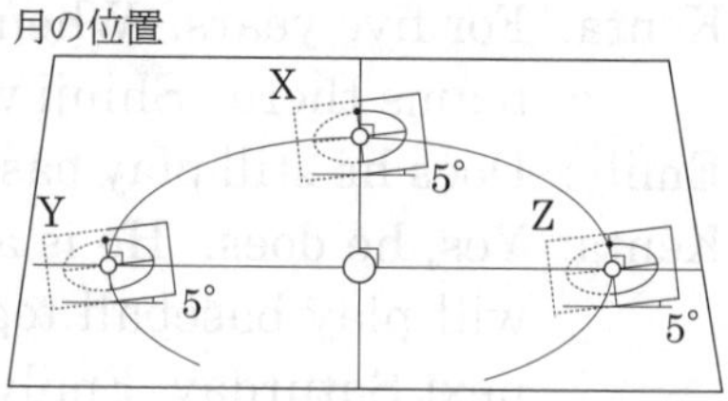

3 問1 ア 問2 Ⅰ 外骨格 Ⅱ (例)保護する
問3 イ，エ 問4 (例)生息している環境に適する 問5 Ⅲ B Ⅳ S

4 問1 (例)生じた水が加熱部分に流れて，試験管が割れないようにするため。 問2 37(%)
問3 (結果) Cさんの結果 (理由) ウ
問4 $Na_2CO_3 + H_2O + CO_2 \rightarrow 2NaHCO_3$ 問5 ア

5 問1 右図 問2 イ 問3 ウ 問4 (1) (例)両コースの点Aにある鉄球がもっている位置エネルギーの大きさは同じで，コースは違っても点Fでは，すべての位置エネルギーが運動エネルギーに移り変わり，運動エネルギーの大きさが同じになるから。 (2) Ⅰ BC′(間) Ⅱ (例)運動エネルギーが大きくなり，速さが大きくなる

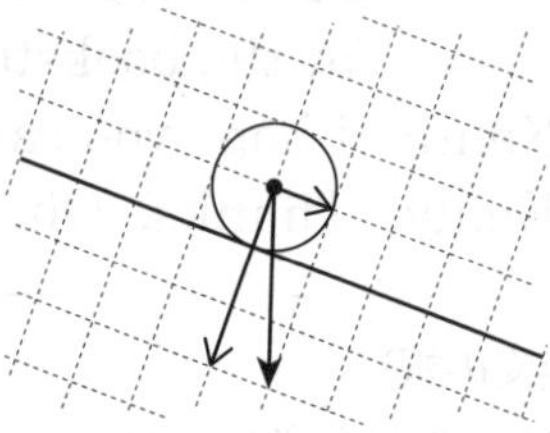

＜理科解説＞

1 (小問集合－地層の重なりと過去の様子：堆積岩，植物の体のつくりとはたらき，中和と塩：こまごめピペットの使い方，光・音：光の屈折，日本の気象，生物の成長と生殖，エネルギーとその変換，電流・科学技術の発展：半導体)

問1 貝やサンゴなどの死がいが堆積してできた，**炭酸カルシウム**が主成分である岩石は，堆積岩である**石灰岩**である。

問2 葉の表側を通る管Xは**道管**であり，道管を通る物質は**根から吸収された水**や，水にとけた肥料分などで，**Bの向きに流れる**。

問3 **こまごめピペット**の使い方は，親指と人さし指でゴム球を押して，先端を液体につけ，吸い上げる。ゴム球を押す強さで，落とす液体の量を調節する。

問4 壁に貼ってある文字「は」は，**水が入っていない円柱状の透明なコップ**を通してみると，図アの「**は**」のように見えるが，**水を入れて満たした円柱状の透明なコップ**を通して見ると，図イの「**左右だけが逆の像**」が見える。それは，水で満たした円柱状の透明なコップは，水平方向のみ曲面であり，**凸レンズのようなはたらき**をすると考えられる。

問5 日本列島付近では，夏には主に南東の風，冬には主に北西の風がふく。このような，季節によって風向の異なる特徴的な風を**季節風(モンスーン)**という。

問6 ミカヅキモなどの単細胞生物やジャガイモが行う，受精によらない個体のふえかたを**無性生殖**という。

問7 火力発電において，石油のもつ**化学エネルギー**がボイラーで熱エネルギーに変換される。

問8 ケイ素(シリコン)やゲルマニウムのように，**電流が流れやすい物質とほとんど流れない物質の中間の性質をもつ物質を半導体**という。

2 (太陽系と恒星：月の動きと見え方・日食と月食の地球と月の公転との関係・仮説の検証)

問1　月のように惑星のまわりを公転する天体を**衛星**という。

問2　仮説として，月が自転していないと考えるとすると，**月が「Eで地球に向けている面」を太陽に向けて固定したまま地球のまわりを回ることになり，図3のCでは，Kの部分は地球から見えている部分の裏側になるため，見えないことになり**，図1の写真ではKが見えているので，矛盾する。よって，この仮説は正しくない。月は1回自転しながら1回公転するため，写真のように月の表側だけ見え，裏側は見えない。

問3　地球の公転面に対して約5°傾いている月の公転面上で。**太陽，地球，月が一直線上**に並ぶのはXのときであり。このとき月が地球の影に入り**月食**が起こる。よって，**月食が見られる月の位置は，太陽と地球を結んだ軸と月の公転面との交点に月が公転してきたときである。**

問4　満月が最も大きく見えるときの見かけの直径は，最も小さく見えるときを基準にすると，14％長く見えるため，最も小さく見えるときの半径をrとすると，最も大きく見えるときの半径は1.14rである。月の明るさが月の見かけの面積に比例するとしたとき，**「満月が最も大きく見えるときの明るさ」÷「満月が最も小さく見えるときの明るさ」**$=\pi(1.14r)^2\div\pi r^2=1.14^2\fallingdotseq1.29\fallingdotseq1.3$である。したがって，1.3倍である。

問5　**月が地球から近い距離にあるときは**，月は太陽より大きく見える。このとき日食が起こると，**皆既日食**となる。月が地球から**遠い距離にあるときは**，月は太陽より小さく見える。このとき日食が起こると，**金環日食**となる。

3 (動物の特徴と分類，生物の観察と分類のしかた，生物の種類の多様性と進化)

問1　**ルーペは目に近づけて**，観察するものが動かせるときは，観察するものを前後に動かしてピントを合わせる。観察するものが動かせないときは，観察するものに自分が近づいたり離れたりしてピントを合わせる。バッタを入れた容器は，動かせるので，前者である。

問2　バッタとザリガニはどちらも節足動物である。**外骨格**で覆われており，からだとあしに節がある。外骨格は，からだを支えるとともに，**内部を保護する**はたらきをしている。

問3　両生類と魚類を分類するための観点は，**両生類は，子はえらや皮ふで呼吸し，親は肺や皮ふで呼吸**するため，陸上で生活する時期がある。魚類は水中生活のみである。

問4　生物は長い年月を経て，からだのつくりが**生息している環境に適するように進化**した結果である，コウモリが哺乳類なのに翼をもつ，クジラが哺乳類なのにひれをもつなどは**相同器官**である。

問5　**カモノハシは，哺乳類**でありながら**卵を産む**という特異な繁殖をする。よって，ノートの基準B(**胎生である**)を，表のS(**乳の出るしくみがある**)と**変更すればカモノハシを哺乳類に分類できる**ようになる。

4 (物質の成り立ち：炭酸水素ナトリウムの熱分解・実験操作・実験データの考察・検証実験，化学変化：化学反応式，化学変化と物質の質量)

問1　炭酸水素ナトリウムを加熱して熱分解するときの操作において，加熱する試験管の口を少し下に傾けるのは，熱分解したときの化学反応式が，$2NaHCO_3 \rightarrow Na_2CO_3 + H_2O + CO_2$，であるため，**生じた水が加熱部分に流れて，試験管が割れないようにするため**である。

問2　図2と図3の操作で炭酸水素ナトリウムを熱分解させた場合，発生した水は水蒸気となって，二酸化炭素とともに空気中に放出される。そのため，**炭酸水素ナトリウム2.00gを熱分解**した結果試験管内に残った**1.26gは炭酸ナトリウムのみ**である。よって，二酸化炭素や水として失われた質量パーセントは，(2.00g－1.26g)÷2.00g×100＝37〔%〕，より37〔%〕である。

問3　表1のデータでは，**Cさんの場合，実験前の質量が先生より小さいのに，実験後の質量は先生と同じ値になっている。それは，二酸化炭素や水として失われた質量パーセントが小さいためと考えられる。**計算すると，(1.90g－1.26g)÷1.90g×100≒**33.7〔%〕**であり，発生した二酸化炭素は空気中に放出するため，試験管内には残らない。よって，図3の操作において，**水を完全に蒸発しきれなかったため，**結果が正しく得られなかったことがわかる。

問4　表2で，**炭酸水素ナトリウム水溶液**は**フェノールフタレイン**を加えると**うすい赤色**になったため**弱いアルカリ性**である。加熱後，試験管に残った**炭酸ナトリウムの水溶液**は**赤色**になったため**強いアルカリ性**である。よって場面1の実験において，**炭酸ナトリウムは，炭酸水素ナトリウムの熱分解によって生じたもの**であることが分かる。**炭酸ナトリウム水溶液に二酸化炭素を入れて振り混ぜると，二酸化炭素が水にとけて炭酸になり，$Na_2CO_3+H_2O+CO_2 \rightarrow 2NaHCO_3$，の化学反応式で表せる化学変化が起きる。**沈殿が生じたことからできた物質は炭酸ナトリウムより水に溶けにくいことや，フェノールフタレインを加えたときの色の変化は赤色が少しうすくなり弱いアルカリ性になったことから，**炭酸水素ナトリウムと同じ性質をもった物質ができたことが分かる。**この実験は，炭酸水素ナトリウムの熱分解で，炭酸ナトリウムと二酸化炭素と水が生じたことを**検証するために設定**されたものである。

問5　**セスキ炭酸ソーダ**は，炭酸ナトリウムと炭酸水素ナトリウムが半量ずつ入ったものである。炭酸水素ナトリウムは**重曹**という名称で販売されている。表2から，炭酸ナトリウムは炭酸水素ナトリウムよりもアルカリ性が強く，**セスキ炭酸ソーダの方が重曹よりpHは大きいため，皮脂汚れや油汚れが落ちやすい。重曹は，**水に溶けやすい炭酸ナトリウムが入っているセスキ炭酸ソーダよりも**比較的水に溶けにくいため，研磨剤の効果**がある。

5　**(力と物体の運動：斜面を下る鉄球の運動・等速直線運動，力のつり合いと合成・分解：斜面上の鉄球にはたらく力の分解，力学的エネルギー：位置エネルギーと運動エネルギー・力学的エネルギー保存の法則)**

問1　鉄球にはたらく重力を対角線とする長方形を作図する。斜面に垂直な方向の1辺が斜面に垂直な方向の分力であり，斜面に平行な方向の1辺が斜面に平行な方向の分力である。

問2　**鉄球にはたらく斜面に平行な方向の分力の大きさは，斜面の角度が一定であるので変化しない。**

問3　鉄球をはなす高さを2.5cm，7.5cm，12.5cm，17.5cmにして，【方法1】の[2]を行うことにより，**測定値の点の数が多くなり，グラフが曲線になることを判断できる。**

問4　(1)　両コースの点Aにある鉄球がもっている位置エネルギーの大きさは同じで，コースは違っても点Fでは，**すべての位置エネルギーが運動エネルギーに移り変わり，運動エネルギーの大きさが同じになるからである。**　(2)　比較すべき区間は**コース1のDE間とコース2のBC′間**となる。**コース1の鉄球の方が先に速さ測定器Fを通過**したのは，コース2のBC′間より**コース1のDE間の鉄球の方が運動エネルギーが大きくなり，速さが大きくなる**ためである。それは，コース1ではDF間が等速直線運動であり，**速さ測定器Fで測定した値がDE間の速さであるため，BC′間の速さを測定して比べることで確かめることができる。**

＜社会解答＞

1　問1　大西洋　　問2　ア　　問3　(例)ベトナムは韓国より賃金が安く，15～49歳の人口の割合が高いから。　　問4　イ，ウ

2　問1　エ　　問2　紀伊(山地)　　問3　イ　　問4　(Q)　(例)フェリーと旅客船の輸送人数が減っている　　(R)　(例)多くの人が大都市に行くようになった[大都市に人が吸い寄せられて移動した]　　問5　ア

3　問1　ウ　　問2　エ　　問3　(例)土地を地頭と領家で分け合った。[幕府によって裁かれ，土地の半分が地頭に与えられた。]　　問4　イ　　問5　伊能忠敬

4　問1　(1)　エ　　(2)　(例)物価が上昇して，人々の生活は苦しくなった　　問2　ウ　問3　ア　　問4　マルタ

5　問1　イ　　問2　ア，イ，オ　　問3　ウ　　問4　(例)自主財源だけでまかなえない分を補って，財政の格差をおさえるため。　　問5　クーリング・オフ(制度)　　問6　ア　　問7　ウ

6　問1　ウ→イ→ア→エ　　問2　エ　　問3　(P)　シリコンバレー　　(記号)　ア　問4　(記号)　エ　　(A)　(例)新たな輸出国への広報をしたり，海外の消費者に動画で紹介したりすることで，鹿児島県の黒豚肉の輸出量が増えている

＜社会解説＞

1　(地理的分野－世界の諸地域に関する問題)

問1　**三大洋**とは，ユーラシア大陸と南北アメリカ大陸の間に広がる**太平洋**，ユーラシア大陸・アフリカ大陸と南北アメリカ大陸の間に広がる**大西洋**，ユーラシア大陸の南とアフリカ大陸の東に広がる**インド洋**のことである。

問2　**Aはペルー，Bはブラジル，Cはガーナ，Dはエジプト**である。アルパカはペルー南部に生息しており，カカオの生産は1位がコートジボワール・2位がガーナ(2019年)であることと併せて判断すればよい。

問3　人件費を考えたとき，月額賃金はベトナムの方が安く15～49歳人口もベトナムの方が多いことが表から読み取れることに注目すればよい。

問4　2020年の一人あたりGDPを見ると，アメリカは6万ドル超で4万ドルほどの日本より高いことから，イは正しい。また，スイスの一人あたりGDPは8万ドル超で2万ドル超のポルトガルの3倍以上となっていることから，ウは正しい。1990年を見ると，2万ドルを超えているのはポルトガルを除く3か国であることから，アは誤りである。1990年の日本の一人あたりGDPは2.5万ドル程度あり，2020年の4万ドルの2分の1以上あることから，エは誤りである。1990年と2020年の一人あたりGDPを比較すると，5万ドル以上の差があるスイスが最大となっているので，オは誤りである。

2　(地理的分野－日本の諸地域に関する問題)

問1　**出雲市**は**冬に雪が多い日本海側の気候**，**高松市**は**年間降水量が少ない瀬戸内の気候**，**新宮市**は**夏に降水量が多い太平洋側の気候**であることから判断すればよい。

問2　紀伊半島中央に位置する**紀伊山地周辺**は林業が盛んで，**人工の三大美林**に挙げられる**吉野杉・尾鷲ひのき**が知られている。

問3　**高知県**は**促成栽培**が盛んであり，**夏が旬であるなすは冬場にかけて出荷量が多くなる**ことか

ら判断すればよい。

問4　Q　資料から明石海峡大橋は1998年に開通したことが，また，グラフ2から1998年以降フェリーと旅客船による輸送人数が大きく減っていることが分かるはずである。　R　1998年に明石海峡大橋が開通したことで，人の動きがどのように変化したのかに注目すればよい。

問5　Aはロープウェイ乗り場と駅の間，Bは官庁街，Cは山に囲まれた住宅街，Dは元々あった住宅街である。これらを併せて判断すればよい。

3　(歴史的分野－各時代の生活を切り口にした問題)

問1　**開墾した土地の私有を認めるのは723年**に出された**三世一身の法**や**743年**に出された**墾田永年私財法**であり，いずれも**奈良時代**のものである。文章aは古墳時代，文章bは**古事記**が**712年**，**日本書紀**が**720年**にまとめられたことから奈良時代の内容である。また，資料1は奈良時代の阿修羅像，資料2は古墳時代の武人埴輪である。これらを併せて判断すればよい。

問2　1052年から仏教が衰退していく末法の世が始まるという考え方から，**空也上人**の説く**浄土信仰が10世紀半ば以降に広まる**ようになったことから，Ⅱは平安時代の内容である。アの**生類憐れみの政策**は**江戸幕府5代将軍徳川綱吉**の政策，イの**元寇**は**鎌倉時代**，ウの**公地公民**は646年に出された**改新の詔**に示された**律令制度の中心となる考え方**，エの**摂関政治**は平安時代の**11世紀前半に全盛を迎える藤原氏の政治手法**である。

問3　地頭と荘園領主との間の争いごとを解決するために，土地を折半してそれぞれ自分の側の土地を保有し処分する権利を認め合った**下地中分**のことである。

問4　Ⅳは**1428年**に下剋上の最初の例である**正長の土一揆**が起きたことから，室町時代の内容である。Xは**1404年**に**室町幕府3代将軍足利義満が始めた日明貿易**の内容であることから，Xは該当する。Yは1792年の出来事であることから，Yは該当しない。Zは1392年の出来事であることから，Zは該当する。これらを併せて判断すればよい。

問5　Ⅴは**寺子屋**とあることから**江戸時代**の内容である。自ら測量し地図を作成とあることから，該当するのは伊能忠敬であり，資料4は**大日本沿海輿地全図**であることが分かる。

4　(歴史的分野－開国以降の外交を切り口にした問題)

問1　(1)　**幕末の貿易**では，**輸出品の1位は生糸**，**輸入品の1位は毛織物**である。　(2)　資料2から，米・しょう油という生活必需品の価格が上昇していることが読み取れるので，その影響で生活が苦しくなることと併せてまとめればよい。

問2　X　イギリス船ノルマントン号沈没の際，日本人乗客が死亡したにも拘わらず船長が無罪とされたことにより条約改正の機運が高まったことから判断すればよい。**日比谷焼き打ち事件**は，**ポーツマス条約の内容に不満を持った人々が暴徒化して警察署を襲撃・放火した事件**である。

Y　領事裁判権の撤廃は，1894年にイギリスが応じたことが最初であることから判断すればよい。**ポーツマス条約は日露戦争の講和条約**である。

問3　アは1919年，イは1881年，ウは1953年，エは1980年代のことである。

問4　アメリカのブッシュ大統領とソ連のゴルバチョフ書記長の間で冷戦終結の話し合いが行われたのは，1989年12月のマルタ会談である。

5　(公民的分野－さまざまな課題に関する問題)

問1　Ⅰ　**日本国憲法第25条**に規定されている内容である**勤労の権利は日本国憲法第27条**の内容である。　Ⅱ　仕事と生活とあることから判断すればよい。**ダイバーシティとは多様性**のことである。

問2　**都道府県知事に立候補する被選挙権は，満30歳以上の国民**に認められていることから，ウは誤りである。**日本国憲法第96条**の規定で，**憲法改正の発議は各議院の総議員の3分の2以上の多数の賛成で国会が発議**するとされていることから，エは誤りである。

問3　取り調べの可視化は2019年から施行された内容である。**裁判は3回まで**受けることができ，**第二審を求めることは控訴，第三審を求めることは上告**となることから，アは誤りである。被告人は判決を受けるまでは無罪とみなされる**推定無罪の原則**があることから，イは誤りである。**被害者参加制度**により，被害者もしくはその遺族が被告人や証人に質問や尋問をすることが認められていることから，エは誤りである。

問4　地方自治体の自主財源である地方税収入が多い自治体には少なく，少ない自治体には多く配分されているのが**地方交付税交付金**である。この交付金の**使途は各自治体が任意で決める**ことができ，財政格差を埋めるために使うものであることに注目してまとめればよい。

問5　消費者保護のために1976年に公布されたものである。

問6　税金の負担が大きいのは大きな政府であり，**外国の商品にかかっている税金**である**関税**を減らすということは自由貿易に近づくことであることから判断すればよい。

問7　**岸田文雄首相**や**アメリカのバイデン大統領**のほか各国首脳が原爆ドームを背景に写真撮影していることから，広島で開催された主要国首脳会議であることが分かる。

6　**(総合問題－さまざまな職業を切り口にした問題)**

問1　アは1882年，イは16世紀末から17世紀初め，ウは1582年，エは1920年である。

問2　株主が参加するのは株主総会，株式数に応じて受け取るのは配当である。

問3　コンピューターの重要な部品である**半導体の主原料であるシリコン**と，**地形が峡谷**であったことに由来する名前である。**サンフランシスコ**は**アメリカ西海岸の都市**であることから判断すればよい。

問4　a　鹿児島県における黒豚のブランド化が成功して，輸出量が増えていることを表すグラフを選べばよい。　A　資料にある広報活動の内容を説明し，その結果がグラフに現れていることをまとめればよい。

＜国語解答＞

1　問1　イ　　問2　エ　　問3　(例)物理のセンスがあるから物理部に入ったと思われた
問4　(例)スポーツの世界を離れて，答えがないことが楽しくて物理部で研究や観測をしている　　問5　ウ，オ

2　問1　(1)　はんぷ　　(2)　かいじゅう　　(3)　ぬぐ(う)　　(4)　就任　　(5)　危(うい)
問2　ア　　問3　ウ　　問4　(1)　エ→ア→ウ→イ　　(2)　イ　　(3)　(例)採れるからです

3　問1　エ　　問2　(例)元の所有者などのアイデンティティが付帯することにより，再び商品化されるときに価値が変わる　　問3　ア　　問4　イ　　問5　(例)元の所有者がモノを媒介として受け手に働きかけているならば，そのモノはまだ元の所有者に帰属している

4　問1　(例)近衛殿に一休の歌をささげる　　問2　ア　　問3　きょうじたまいて　　問4　エ

5　(例)資料によれば，調査対象の約60％の人たちがSDGsに関心を持ち，特に健康・福祉，気候変動に興味を持っている人が多い。

私が気になるのは，気候変動だ。以前見たテレビ番組で，最近の異常気象の原因は地球温暖化だと言っていたが，正直なところ私にはよくわからない。まずは気候変動の実態を知り，対策が必要だとすればどうするのが効果的なのかを調べるところから，自分にできることを考えていきたい。

＜国語解説＞

1 (小説－情景・心情，内容吟味)

問1　傍線部①の「当惑」は，とまどうことという意味。直前に「**『宇宙船』がイメージされる**」とあるので，真宙が「ウチュウセン」を「宇宙船」と**勘違いしてとまどっていたこと**がわかる。この勘違いを指摘したイが正解。アは「宇宙線」であることを理解しているので誤り。ウの「恥ずかしさ」やエの「がっかり」する気持ちは，この場面からは読み取れない。

問2　真宙は，柳くんに「びっくりしたように」見つめ返されたことで，「陸上部は？」と質問してしまったことを後悔した。スポーツが得意な柳くんが物理部に入ったことには事情があるのかもしれないと思い，**踏み込んではいけない領域を侵す質問をしてしまったのではないかと不安になった**のである。正解はエ。アの喜びやイの安心，ウの天音への気遣いは，この場面からは読み取れない。

問3　天音は，「物理」は「〇点か百点の世界」と聞いたことがあり，**物理部の人たちは全員物理のセンスがあると思い込んで**「みなさん，すごい」と言っている。そして，真宙にも物理のセンスがある人が物理部に入るという先入観があった。柳くんは，二人の反応を見て，実際の自分が天音や真宙の期待を裏切っていることを気まずく感じたのである。この内容をもとに，指定語句の**「物理部」「センス」**を入れて前後の表現につながるように15～20字で書く。

問4　真宙は，「**スポーツの世界から離れてしまう**なんて，想像もできなかった」柳くんが，スポーツとは無縁の物理部の活動を楽しんでいることに衝撃を受けている。柳くんは，途方に暮れたような真宙に対して，**物理の研究や観測は，「答えがないこと」が楽しい**と続ける。指定語句の**「答え」「スポーツ」**を必ず入れて，前後の表現につながるように40字以内で書くこと。

問5　**適切でないものを二つ選ぶ**。アの，「客観的な視点に立つ語り手」による展開の一方で真宙の心情が地の文で表現されているという説明は正しい。イの比喩表現の使用とその効果についての説明は適切である。ウは，「真宙は，えっと目を見開いた」は，**柳くんが物理部の活動をしていると聞いたときの反応**なので，誤りである。エの表現と印象づけていることの説明は適切である。この文章は，真宙の「過去」については触れる程度で，**中心となっているのは「現在」の場面**なので，オの説明は不適切である。

2 (知識・スピーチ―内容吟味，文脈把握，漢字の読み書き，熟語，短文作成，品詞・用法)

問1　(1)　「**頒布**」は，広く配ること。　(2)　「**懐柔**」は，自分の思う通りに手なずけるという意味。　(3)　「拭」には「ショク・ふ(く)・**ぬぐ(う)**」という読みがある。　(4)　「**就任**」は，任務や職務につくこと。　(5)　「**危**」の音読みは「キ」で，「危険」「危機」などの熟語を作る。

問2　「読まない」の「ない」は**助動詞**。ア「しない」は助動詞，イ「頼りない」は形容詞の一部，ウ「ない」は形容詞，エ「涼しくない」は補助形容詞なので，アが正解となる。

問3　それぞれの熟語の構成(成り立ち)を見ると，ア「到達」とイ「災難」とエ「破壊」は似た意味の漢字の組み合わせであるが，ウ「**濁流**」は「濁った流れ」ということであり，前の漢字が後の漢字を修飾しているので，ウが異なるものである。

問4　(1)　空欄Ⅰ直前の問いは地産地消の意味を問うものであり，その答えにあたるエが，「地産地消の現状」という別の話題を取り上げるアより前にくる。アに「次の二点」という語句があり，イは「次に」，ウは「まず」で始まっているので，アの後にウ，イの順で続く。したがって，**エ→ア→ウ→イ**の順に並べかえれば文脈が通る。　(2)　イの**「原稿から目を離さずに」**は聞き手を見ないということであり，**「一定の速度」**で話すと聞き手には重要な点がわかりにくく，注意がそれやすい。したがって，イが**適切でない**ものである。スピーチをするときは，アの「言葉の抑揚や間の取り方」を意識すること，ウの「聞き手の反応」を確かめること，エの「話す速度や声の大きさ」などを工夫して話すことが適切である。　(3)　前の「使われるのは」と呼応するように，**「採れるからです」**などと書く。

3　(論説文－内容吟味，指示語の問題)

問1　傍線部①は，タンザニア社会におけるモノの循環を指している。欧米諸国や日本の中古品はタンザニアの消費者に購入され，**「贈与や転売を通じて別の誰かの所有物となる」**こと，つまり所有者が変わることが**何度も繰り返されて社会の中で循環する**。そして，**「モノの寿命限界までリユースやリサイクル」される**のである。このことを説明したエが正解。他の選択肢は，贈与や転売による「循環」の説明になっていないので不適切である。

問2　傍線部②の「モノの社会的履歴」とは，モノを誰が所有していたか，どのように使用されていたかなどである。モノには所有者などのアイデンティティが付帯し，**再び商品化される**ときに，**元の所有者のアイデンティティによって，価値が変わる**のである。このことをふまえ，指定語句の**「商品化」「付帯」**を入れて前後の表現につながるように35～45字で書く。

問3　傍線部③の前に，「贈り物に持ち主の人格が宿っている」とある。モノに「人格が憑いている」と感じるからこそ，モノを**捨てる行為がそれを贈ってくれた人との決別の儀式**になるのである。正解はア。「マフラーを捨てる」という行為は贈り手の人格否定にはならないので，イは誤り。ウは「法的にも不当」が誤り。法的な問題はない。エの「『魂と魂との紐帯』によりそもそも手放すことができなくなる」は，現代日本の文化には当てはまらないので不適切である。

問4　傍線部④は，「所有」(＝自分が持っている)と「贈与や分配」(＝他人が持っている)を対立するものとみなすが，その根底にあるのは，所有権はどちらか一方にしかない，という考え方である。このことを**「持ち主である個人が排他的な権利を有している」**と説明しているイが正解。アは，「私的所有されたモノ」について「贈与や分配ができない」としている点が誤り。ウの所有には「身体による労働が必要」ということは，本文から読み取れない。エの「身体のなかに閉じ込められた自己」「自己と身体の同一視」は同じことを言っており，所有と贈与の対立関係を説明していない。

問5　傍線部⑤の二つ前の段落に，「受け手に働きかけ続ける元の所有者」はその贈り物の所有権を放棄したのではなく，**「そのモノはいまだ持ち主に帰属している」**という筆者の考え方が示されている。これをふまえると，傍線部⑤の直前にあるように**「元の所有者がモノを媒介として財を譲り受けた者たちに働きかけている」**のであれば，表面的には私的所有に失敗したように見えても，完全に所有権を失ったことにはならない。また，贈与や分配について，自分の影響力を高めて利益をもたらすという利己的な側面も見えてくる。この内容を，指定語句の**「媒介」「帰属」**を入れて前後の表現につながるように40～50字で書く。

4　(古文―内容吟味，指示語の問題，仮名遣い)

〈口語訳〉　農民たちが一休を招いて，「この訴状をお書きください」と頼んだので，(一休が)「たやすいことだが，どういうことか。」とおっしゃると，「これこれのことです。」と申したので，「長々しい訴状もいらないだろう。これを持って近衛殿に差し上げなさい。」と言って，歌を詠んでお与えになった。

世の中では月に一群の雲がかかり花に風が吹く。近衛殿には左近がいる。

と読んで，これをお与えになったので，村々の百姓は，「このようなことでは，年貢のお許しを多くくださるとは思えません。」と申すと，一休は「ひたすらこの歌だけを差し上げなさい。」とおっしゃってお帰りになったので，農民たちは集まって相談したが，もともと土を耕している男たちなので，文章を読み書きすることができないので，しかたなくこの歌を差し上げたところ，近衛殿がご覧になって，「これはどういう人がしたのか。」とおっしゃった。農民が申したことには，「たき木にいらっしゃる一休様がなさったことでございます。」と申すと，「そのふざけたことをする人でなければ，このようなことを言うような人は今の世にはいない。」とおもしろがられて，年貢のお許しを多くくださったということだ。

問1　「かかる事」は「このようなこと」という意味で，前の「是をもちて近衛殿に捧げ」ることを指している。「是」は一休の歌のことだから，15字以内で「こと」につながるように**「近衛殿に一休の歌をささげる」**(13字)などと書く。

問2　一休を招き，一休が帰ったあと相談した者たちを指しているので，ア**「百姓共」**が適切である。

問3　**「興」**(けう)を**「きょう」**，**「給ひ」**を**「たまい」**に直して**「きょうじたまいて」**と書く。

問4　「むら雲」は月の光を遮るもの，「風」は花を散らすもので，この二つは月や花のすばらしさを味わおうとするときに妨げとなるものである。これをふまえると，歌の下の句の**「左近」**は**「近衛殿」が領地を治める上で妨げになる**存在ということになるので，エが最も適切である。

5　(資料一作文)

テーマは「持続可能な開発目標(SDGs)の推進」であり，第一段落には「**資料**から読み取った内容」を，第二段落には「自分の**体験**(見たこと聞いたことなども含む)」をふまえて「自分の**考え**」を書く。それぞれの要素が抜け落ちたり混乱したりしないよう，構成に注意して書くこと。(例)は，「資料から読み取った内容」として，SDGsに関心を持つ人の割合と興味がある分野を示し，関連する「自分の体験」に触れて「自分の考え」を述べるという構成にしている。文章の書き始めや段落の初めは1字空けることや，行末の句読点の書き方など，**原稿用紙の使い方**にも注意する。書き終わったら必ず読み返して，誤字・脱字や表現のおかしなところは書き改める。

埼玉県公立高等学校

2023年度

★★★★★★★★★★★★★★★★★★★★★★★★

入 試 問 題

●くわしい解説……75ページ

＜数学＞

時間　50分　　満点　100点

【注意】 1　答えに根号を含む場合は，根号をつけたままで答えなさい。
　　　　2　答えに円周率を含む場合は，πを用いて答えなさい。

1　次の各問に答えなさい。(65点)

(1)　$7x-3x$　を計算しなさい。(4点)

(2)　$4\times(-7)+20$　を計算しなさい。(4点)

(3)　$30xy^2\div 5x\div 3y$　を計算しなさい。(4点)

(4)　方程式 $1.3x+0.6=0.5x+3$　を解きなさい。(4点)

(5)　$\dfrac{8}{\sqrt{2}}-3\sqrt{2}$　を計算しなさい。(4点)

(6)　$x^2-11x+30$　を因数分解しなさい。(4点)

(7)　連立方程式 $\begin{cases} 3x+5y=2 \\ -2x+9y=11 \end{cases}$　を解きなさい。(4点)

(8)　2次方程式 $3x^2-5x-1=0$　を解きなさい。(4点)

(9)　次の**ア**～**エ**の調査は，全数調査と標本調査のどちらでおこなわれますか。標本調査でおこなわれるものを**二つ**選び，その記号を書きなさい。(4点)

ア　ある河川の水質調査　　　　**イ**　ある学校でおこなう健康診断
ウ　テレビ番組の視聴率調査　　**エ**　日本の人口を調べる国勢調査

(10)　右の図において，曲線は関数 $y=\dfrac{6}{x}$ のグラフで，曲線上の2点A，Bの x 座標はそれぞれ-6，2です。
　2点A，Bを通る直線の式を求めなさい。(4点)

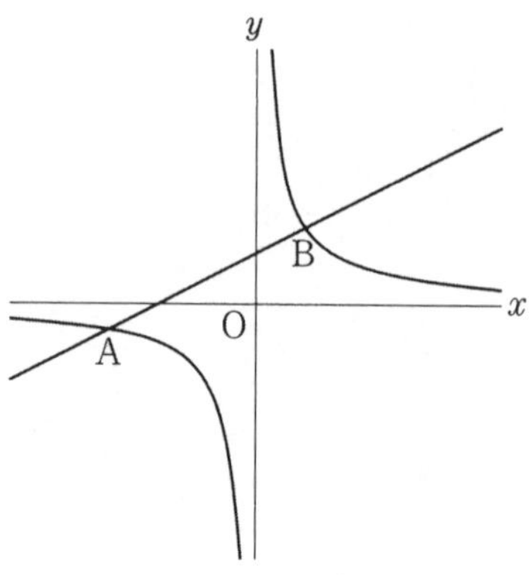

(11) 関数 $y=2x^2$について，xの変域が $a \leqq x \leqq 1$ のとき，yの変域は $0 \leqq y \leqq 18$ となりました。このとき，aの値を求めなさい。(4点)

(12) 右の図のような，AD＝5㎝，BC＝8㎝，AD∥BCである台形ABCDがあります。辺ABの中点をEとし，Eから辺BCに平行な直線をひき，辺CDとの交点をFとするとき，線分EFの長さを求めなさい。

(4点)

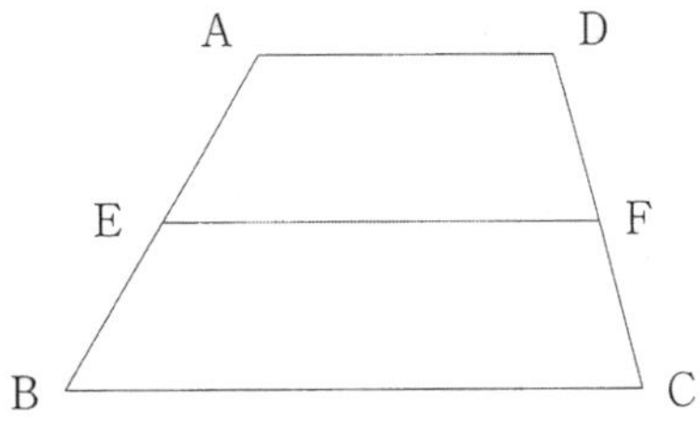

(13) 100円硬貨1枚と，50円硬貨2枚を同時に投げるとき，表が出た硬貨の合計金額が100円以上になる確率を求めなさい。

ただし，硬貨の表と裏の出かたは，同様に確からしいものとします。(4点)

(14) 半径7㎝の球を，中心から4㎝の距離にある平面で切ったとき，切り口の円の面積を求めなさい。(4点)

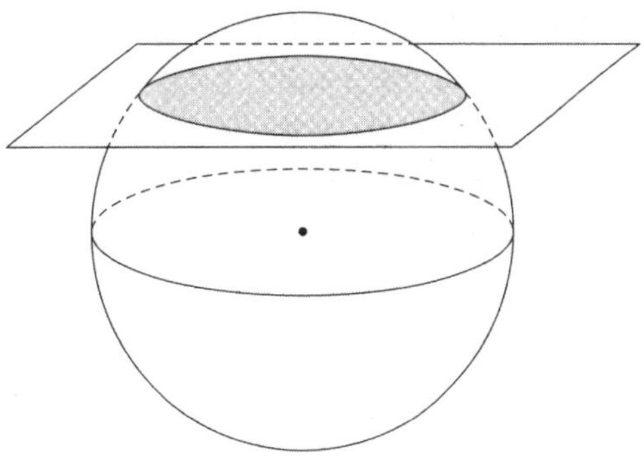

(15) 次の**ア**～**エ**は，関数 $y=ax^2$ のグラフと，一次関数 $y=bx+c$ のグラフをコンピュータソフトを用いて表示したものです。**ア**～**エ**のうち，a，b，cがすべて同符号であるものを一つ選び，その記号を書きなさい。(4点)

ア

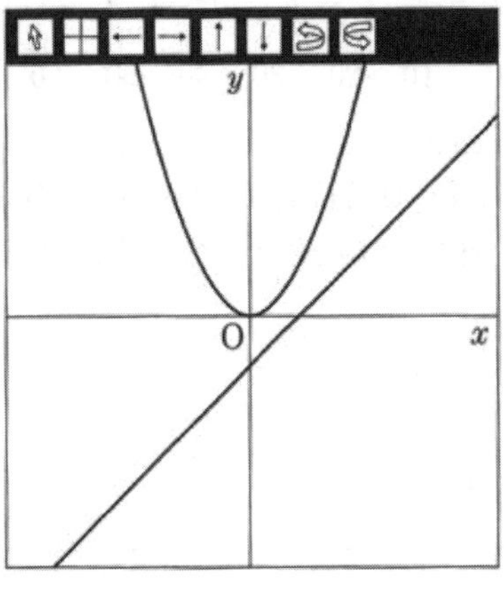

イ

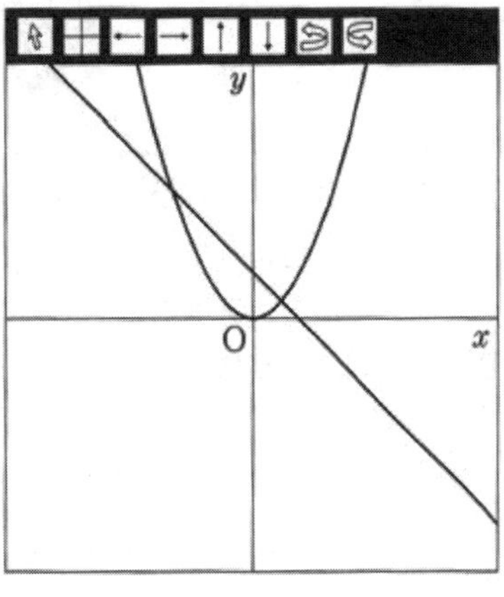

ウ

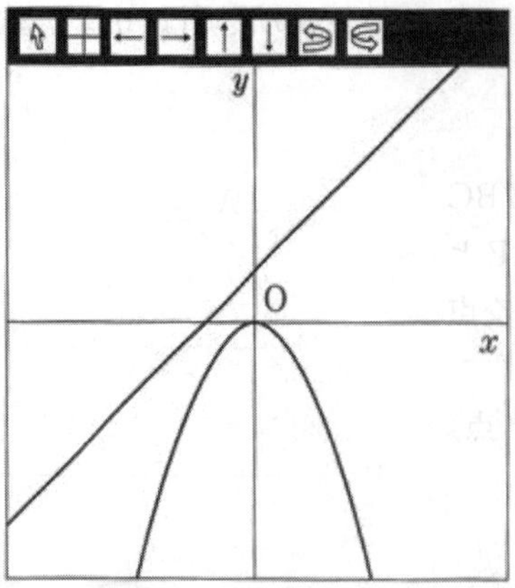

エ

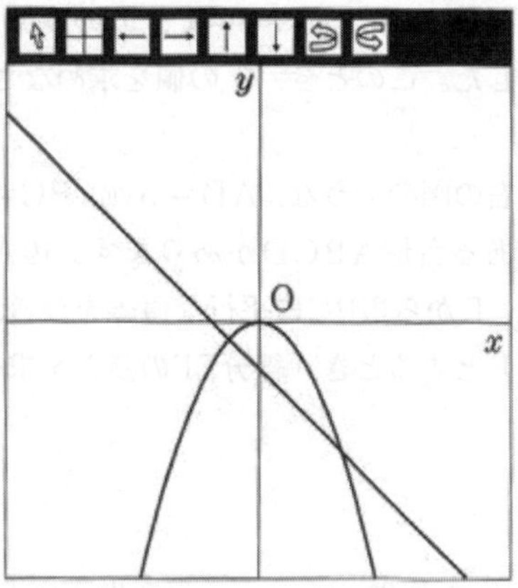

(16) 次は，ある数学の【問題】について，AさんとBさんが会話している場面です。これを読んで，次のページの問に答えなさい。

【問題】

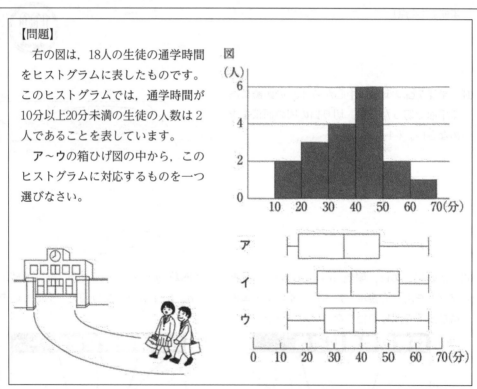

右の図は，18人の生徒の通学時間をヒストグラムに表したものです。このヒストグラムでは，通学時間が10分以上20分未満の生徒の人数は2人であることを表しています。

ア～ウの箱ひげ図の中から，このヒストグラムに対応するものを一つ選びなさい。

図

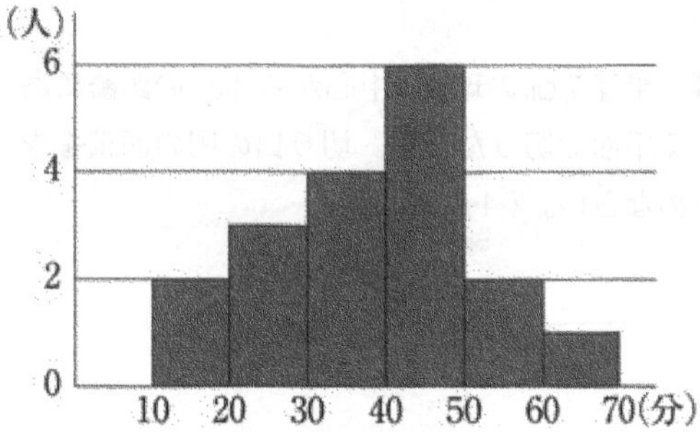

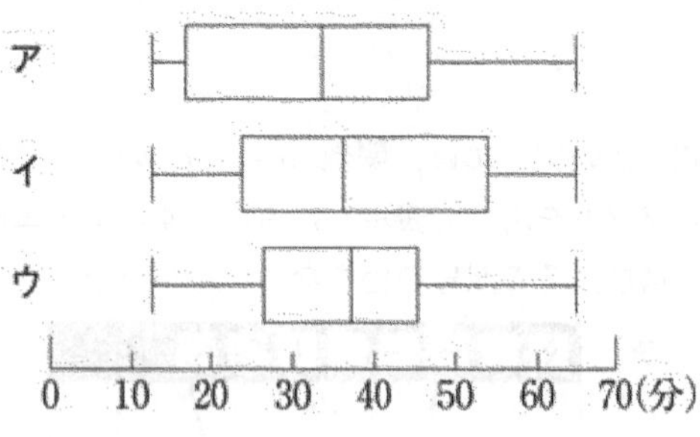

Aさん「ヒストグラムから読みとることができる第1四分位数は，20分以上30分未満の階級に含まれているけれど，アの第1四分位数は10分以上20分未満で，異なっているから，アは対応していないね。」

Bさん「同じように，

I

　　　から，**イ**も対応していないよ。」
Aさん「ということは，ヒストグラムに対応しているものは**ウ**だね。」

問　会話中の［I］にあてはまる，**イが対応していない理由**を，ヒストグラムの階級にふれながら説明しなさい。（5点）

2　次の各問に答えなさい。(11点)

(1)　下の図の点Aは，北の夜空にみえる，ある星の位置を表しています。4時間後に観察すると，その星は点Bの位置にありました。北の夜空の星は北極星を回転の中心として1時間に15°だけ反時計回りに回転移動するものとしたときの北極星の位置を点Pとします。このとき，点Pをコンパスと定規を使って作図しなさい。

　ただし，作図するためにかいた線は，消さないでおきなさい。（5点）

(2)　2桁の自然数Xと，Xの十の位の数と一の位の数を入れかえてできる数Yについて，XとYの和は11の倍数になります。その理由を，文字式を使って説明しなさい。（6点）

3　次は，先生とAさん，Bさんの会話です。これを読んで，あとの各問に答えなさい。（8点）

先　生「次の表は，2以上の自然数nについて，その逆数$\frac{1}{n}$の値を小数で表したものです。これをみて，気づいたことを話し合ってみましょう。」

n	$\frac{1}{n}$の値
2	0.5
3	0.33333333333333…
4	0.25
5	0.2
6	0.16666666666666…
7	0.14285714285714…
8	0.125
9	0.11111111111111…
10	0.1

Aさん「nの値によって，割り切れずに限りなく続く無限小数になるときと，割り切れて終わりのある有限小数になるときがあるね。」
Bさん「なにか法則はあるのかな。」
Aさん「この表では，nが偶数のときは，有限小数になることが多いね。」
Bさん「だけど，この表の中の偶数でも，$n=$ ア のときは無限小数になっているよ。」
Aさん「それでは，nが奇数のときは，無限小数になるのかな。」
Bさん「nが5のときは，有限小数になっているね。nが**2桁の奇数**のときは，$\frac{1}{n}$ は無限小数になるんじゃないかな。」
Aさん「それにも，$n=$ イ という反例があるよ。」
Bさん「有限小数になるのは，2，4，5，8，10，16，20， イ ，32，…」
Aさん「それぞれ素因数分解してみると，なにか法則がみつかりそうだね。」
先　生「いいところに気づきましたね。他にも，有理数を小数で表すと，有限小数か循環小数になることを学習しましたね。」
Bさん「循環小数とは，同じ数字が繰り返しあらわれる無限小数のことですね。」
Aさん「その性質を利用すれば，循環小数の小数第50位の数なども求めることができますね。」

(1) ア ， イ にあてはまる数を求めなさい。（4点）

(2) $\frac{1}{7}$ の値を小数で表したときの小数第50位の数を求めなさい。（4点）

4 右の図のような，1辺の長さが4cmの正方形を底面とし，高さが6cmの直方体ABCD－EFGHがあり，辺AE上にAI＝4cmとなる点Iをとります。

点Pが頂点Bを出発して毎秒1cmの速さで辺BF上を頂点Fまで動くとき，次の各問に答えなさい。（16点）

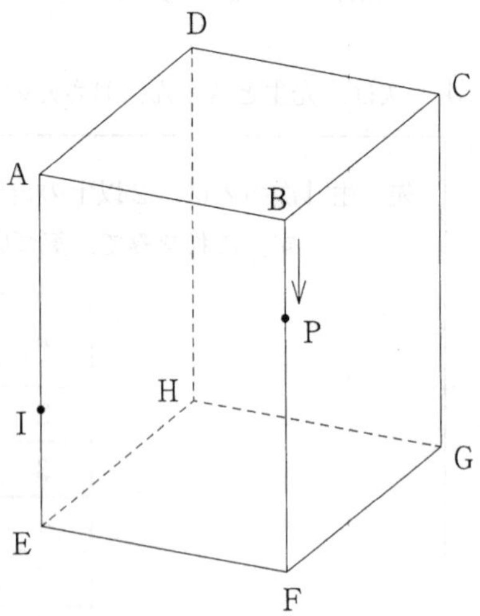

(1) IP＋PGの長さが最も短くなるのは，点Pが頂点Bを出発してから何秒後か求めなさい。（4点）

(2) 頂点Bを出発した後の点Pについて，△APCは二等辺三角形になることを証明しなさい。（6点）

(3) 頂点Bを出発してから4秒後の点Pについて，3点I，P，Cを通る平面で直方体を切ったときにできる2つの立体のうち，体積が大きい方の立体の**表面積**を求めなさい。（6点）

<学校選択問題>

時間　50分　　満点　100点

【注意】 1　答えに根号を含む場合は，根号をつけたままで答えなさい。
2　答えに円周率を含む場合は，π を用いて答えなさい。

1　次の各問に答えなさい。(44点)

(1)　$10xy^2\times\left(-\dfrac{2}{3}xy\right)^2\div(-5y^2)$　を計算しなさい。(４点)

(2)　$x=3+\sqrt{7}$，$y=3-\sqrt{7}$　のとき，x^3y-xy^3　の値を求めなさい。(４点)

(3)　２次方程式 $(5x-2)^2-2(5x-2)-3=0$　を解きなさい。(４点)

(4)　次の**ア**～**エ**の調査は，全数調査と標本調査のどちらでおこなわれますか。標本調査でおこなわれるものを**二つ**選び，その記号を書きなさい。(４点)

ア　ある河川の水質調査　　　　**イ**　ある学校でおこなう健康診断
ウ　テレビ番組の視聴率調査　　**エ**　日本の人口を調べる国勢調査

(5)　100円硬貨１枚と，50円硬貨２枚を同時に投げるとき，表が出た硬貨の合計金額が100円以上になる確率を求めなさい。
ただし，硬貨の表と裏の出かたは，同様に確からしいものとします。(４点)

(6)　半径７㎝の球を，中心から４㎝の距離にある平面で切ったとき，切り口の円の面積を求めなさい。(４点)

(7)　右の図はある立体の展開図で，これを組み立ててつくった立体は，３つの合同な台形と２つの相似な正三角形が面になります。
この立体をＶとするとき，立体Ｖの頂点と辺の数をそれぞれ求めなさい。また，立体Ｖの辺のうち，辺ABとねじれの位置になる辺の数を求めなさい。(４点)

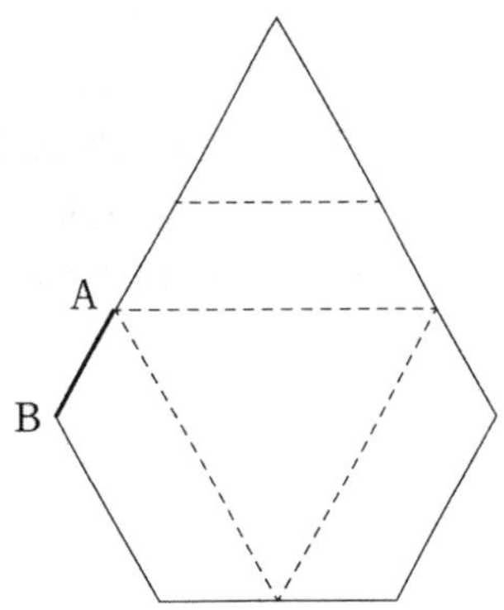

(8)　ある３桁の自然数Ｘがあり，各位の数の和は15です。また，Ｘの百の位の数と一の位の数を入れかえてつくった数をＹとすると，ＸからＹを引いた値は396でした。十の位の数が７のとき，Ｘを求めなさい。(５点)

(9) 関数 $y = 2x^2$ について，x の変域が $a \leqq x \leqq a + 4$ のとき，y の変域は $0 \leqq y \leqq 18$ となりました。このとき，a の値を**すべて**求めなさい。(5点)

(10) 次の図は，18人の生徒の通学時間をヒストグラムに表したものです。このヒストグラムでは，通学時間が10分以上20分未満の生徒の人数は2人であることを表しています。

下の箱ひげ図は，このヒストグラムに**対応するものではない**と判断できます。その理由を，ヒストグラムの階級にふれながら説明しなさい。(6点)

図

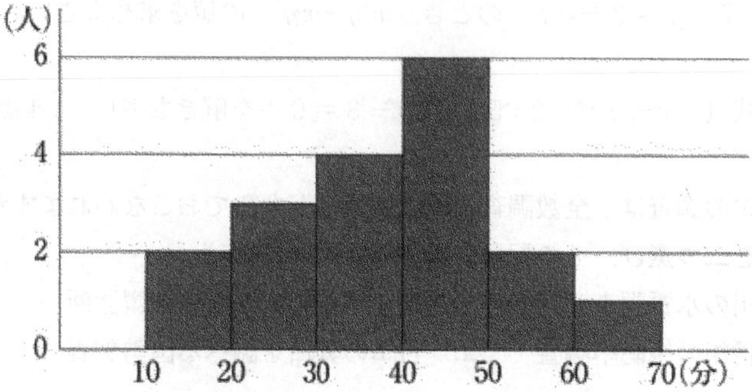

箱ひげ図

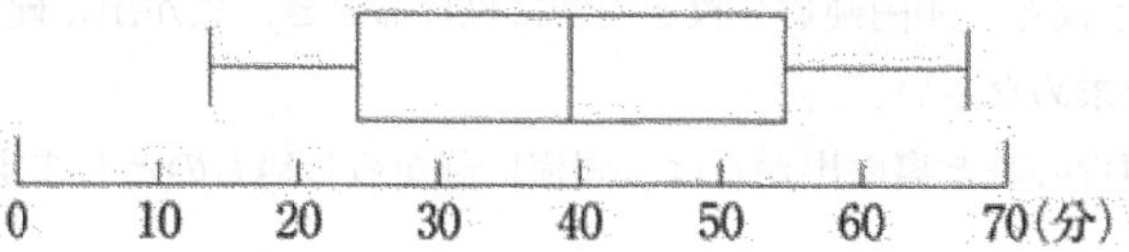

2 次の各問に答えなさい。(13点)

(1) 下の図の点Aは，北の夜空にみえる，ある星の位置を表しています。2時間後に観察すると，その星は点Bの位置にありました。北の夜空の星は北極星を回転の中心として1時間に15°だけ反時計回りに回転移動するものとしたときの北極星の位置を点Pとします。このとき，点Pをコンパスと定規を使って作図しなさい。

ただし，作図するためにかいた線は，消さないでおきなさい。(6点)

(2) 下の図のように，平行四辺形ABCDの辺AB，BC，CD，DA上に4点E，F，G，Hをそれぞれとり，線分EGとBH，DFとの交点をそれぞれI，Jとします。
AE＝BF＝CG＝DHのとき，△BEI≡△DGJであることを証明しなさい。(7点)

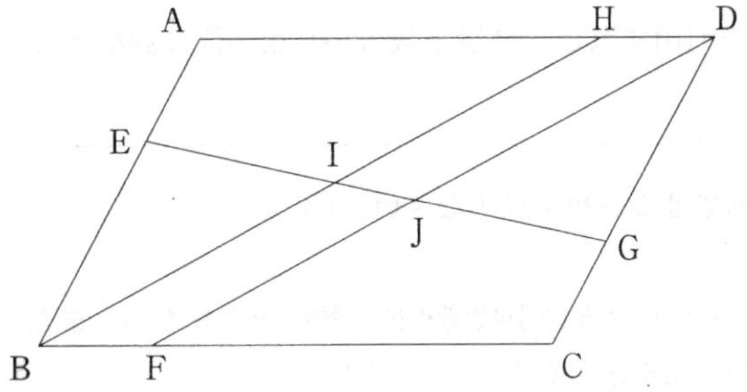

3 次は，先生とAさん，Bさんの会話です。これを読んで，あとの各問に答えなさい。(9点)

先　生「次の表は，2以上の自然数nについて，その逆数$\frac{1}{n}$の値を小数で表したものです。これをみて，気づいたことを話し合ってみましょう。」

n	$\frac{1}{n}$の値
2	0.5
3	0.33333333333333…
4	0.25
5	0.2
6	0.16666666666666…
7	0.14285714285714…
8	0.125
9	0.11111111111111…
10	0.1

Aさん「nの値によって，割り切れずに限りなく続く無限小数になるときと，割り切れて終わりのある有限小数になるときがあるね。」
Bさん「なにか法則はあるのかな。」
Aさん「この表では，nが偶数のときは，有限小数になることが多いね。」
Bさん「だけど，この表の中の偶数でも，n＝ ア のときは無限小数になっているよ。」
Aさん「それでは，nが奇数のときは，無限小数になるのかな。」
Bさん「nが5のときは，有限小数になっているね。nが**2桁の奇数**のときは，$\frac{1}{n}$は無限小数になるんじゃないかな。」
Aさん「それにも，n＝ イ という反例があるよ。」
Bさん「有限小数になるのは，2，4，5，8，10，16，20， イ ，32，…」

Aさん「それぞれ素因数分解してみると，なにか法則がみつかりそうだね。」
先　生「いいところに気づきましたね。他にも，有理数を小数で表すと，有限小数か循環小数になることを学習しましたね。」
Bさん「循環小数とは，同じ数字が繰り返しあらわれる無限小数のことですね。」
Aさん「その性質を利用すれば，循環小数の小数第50位の数なども求めることができますね。」

(1) ア，イ にあてはまる数を求めなさい。（4点）

(2) $\frac{1}{7}$ の値を小数で表したときの小数第30位の数を求めなさい　また，小数第1位から小数第30位までの各位の数の和を求めなさい。（5点）

4 右の図は，コンピュータソフトを使って，座標平面上に関数 $y=ax^2$ のグラフと，一次関数 $y=bx+c$ のグラフを表示したものです。a，b，c の数値を変化させたときの様子について，下の各問に答えなさい。（17点）

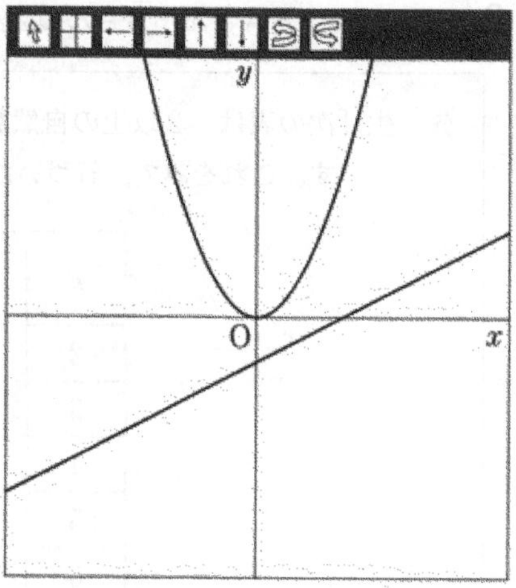

(1) グラフが右の図1のようになるとき，a，b，c の大小関係を，不等号を使って表しなさい。（5点）

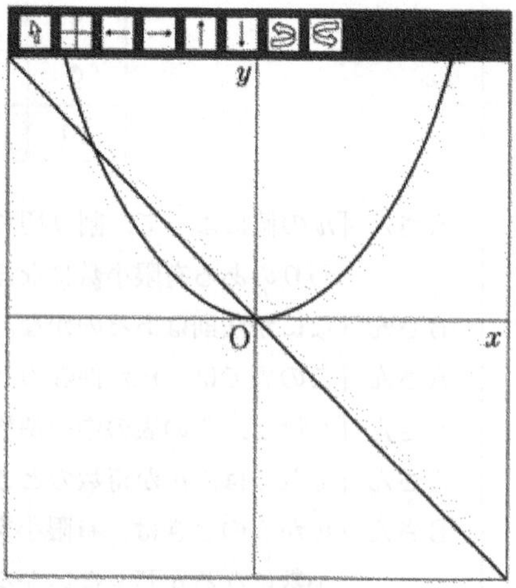

図1

(2) 右の図2は，a，b，c がすべて正のときの，関数 $y=ax^2$ と $y=-ax^2$ のグラフと，一次関数 $y=bx+c$ と $y=-bx-c$ のグラフを表示したものです。

図2のように，$y=ax^2$ と $y=bx+c$ とのグラフの交点をP，Qとし，$y=-ax^2$ と $y=-bx-c$ とのグラフの交点をS，Rとすると，四角形PQRSは台形になります。このとき，次の①，②に答えなさい。

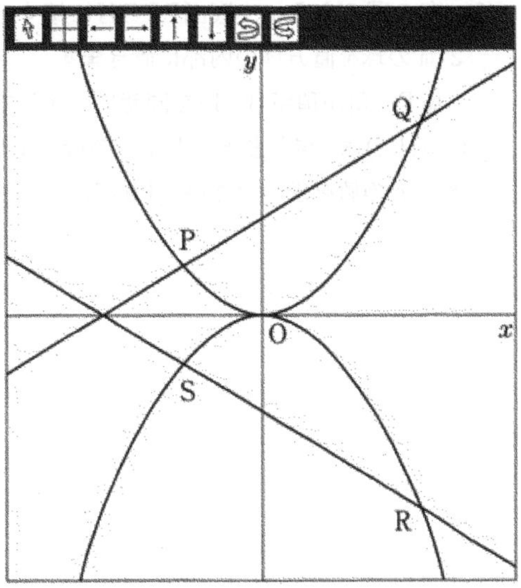

図2

① a，b の値を変えないまま，c の値を大きくすると，台形PQRSの面積はどのように変化するか，次の**ア**～**ウ**の中から一つ選び，その記号を書きなさい。また，その理由を説明しなさい。(6点)

ア　大きくなる　　**イ**　一定である

ウ　小さくなる

② 点P，Qの x 座標がそれぞれ－1，2で，直線QSの傾きが1のとき，a，b，c の値を求めなさい。また，そのときの台形PQRSを x 軸を軸として1回転させてできる立体の体積を求めなさい。

ただし，座標軸の単位の長さを1㎝とします。(6点)

5　右の図のような，1辺の長さが4㎝の正方形を底面とし，高さが6㎝の直方体ABCD－EFGHがあり，辺AE上に，AI＝4㎝となる点Iをとります。

点Pは頂点Bを出発して毎秒1㎝の速さで辺BF上を頂点Fまで，点Qは頂点Dを出発して毎秒1㎝の速さで辺DH上を頂点Hまで動きます。

点P，Qがそれぞれ頂点B，Dを同時に出発するとき，次の各問に答えなさい。(17点)

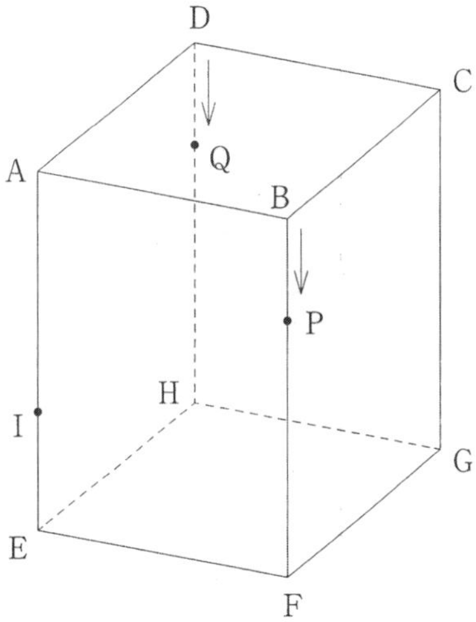

(1) IP＋PGの長さが最も短くなるのは，点Pが頂点Bを出発してから何秒後か求めなさい。(4点)

(2) 点P，Qが頂点B，Dを同時に出発してから2秒後の3点I，P，Qを通る平面で，直方体を切ります。このときにできる2つの立体のうち，頂点Aを含む立体の体積を，途中の説明も書いて求めなさい。(7点)

(3)　右の図のように，底面EFGHに接するように半径2㎝の球を直方体の内部に置きます。

点P，Qが頂点B，Dを同時に出発してから x 秒後の△IPQは，球とちょうど１点で接しました。このときの x の値を求めなさい。（６点）

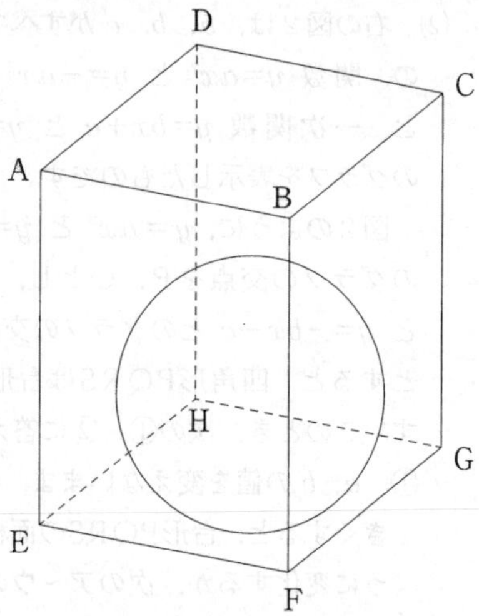

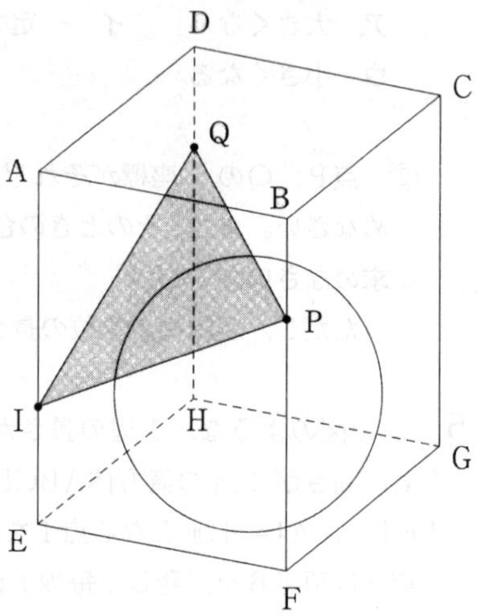

＜英語＞

時間　50分　　満点　100点

1　放送を聞いて答える問題（28点）

問題は，No.1 ~ No.7 の全部で7題あり，放送はすべて英語で行われます。放送される内容についての質問にそれぞれ答えなさい。No.1 ~ No.6 は，質問に対する答えとして最も適切なものを，A ~ D の中から一つずつ選び，その記号を書きなさい。No.7 は，それぞれの質問に英語で答えなさい。放送中メモを取ってもかまいません。各問題について英語は2回ずつ放送されます。

【No.1 ~ No.3】（各2点）

Listen to each talk, and choose the best answer for each question.

No. 1

A　B　C　D

No. 2

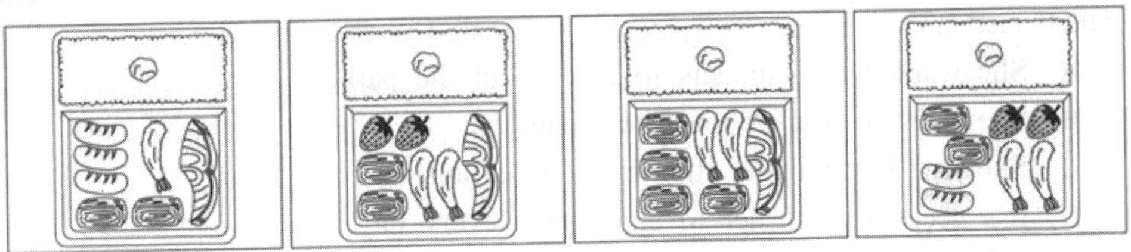

A　B　C　D

No. 3

		A 月	B 火	C 水	D 木
1	8:50～ 9:40	国語	社会	数学	国語
2	9:50～10:40	数学	体育	理科	理科
3	10:50～11:40	理科	英語	体育	数学
4	11:50～12:40	英語	国語	英語	英語
給食　／　昼休み					
5	13:40～14:30	美術	技術・家庭	音楽	総合的な学習の時間
6	14:40～15:30			社会	

【No.4, No.5】(各2点)

Listen to each situation, and choose the be answer for each question.

No.4

A What time did you go to bed last night?

B Where did you play video games?

C You have to watch TV every day.

D You should get up early every day.

No.5

A Great. Thank you for the map.

B No. I don't need anything.

C Hello. Can I speak to Cathy?

D Wait there. I'll come to you.

【No.6】(各3点)

Listen to Ms. Brown. She's an ALT at a junior high school. Choose the best answer for questions 1, 2 and 3.

(1) Question 1

A Once a month.

B Twice a month.

C Three times a month.

D Four times a month.

(2) Question 2

A She enjoyed cycling.

B She made lunch.

C She talked to other families.

D She played badminton.

(3) Question 3

A She wanted her students to talk about the park.

B She likes to think about the weather.

C She had lunch under the cherry blossoms.

D It's necessary for her to stay home every day.

【No.7】(各3点)

Listen to the talk between Tomoki and Alice, a student from the U.S., and read the questions. Then write the answer in English for questions 1, 2 and 3.

(1) Question 1: When did Tomoki take the pictures in the U.S.?
Answer: He took them last (   ).

(2) Question 2: Where was Tomoki's friend, David, on the bus?
Answer: He was standing (   ) Tomoki.

(3) Question 3: Why was Tomoki surprised at the airport?
Answer: Because he (   ) David there again.

2 吹奏楽部のMikaが〔日本語のメモ〕をもとに，日本に住む友人のJennyを吹奏楽部のコンサートに誘うメールを英語で作成します。〔日本語のメモ〕と英語のメールを読んで，問1～問3に答えなさい。(17点)

〔日本語のメモ〕

> **彩中学校 吹奏楽部コンサート**
>
> 日付：5月13日(土)　開演：午後1時30分　場所：彩中学校体育館
>
> ・たくさんの有名な曲を演奏します。
> ・きっと知っている曲もあり，楽しんで聞いてもらえると思います。
> ・コンサートに来られますか。友達や家族と来てはどうでしょうか。

> From: Mika
> To: Jenny
> Subject: Sai Junior High School Brass Band Concert
>
> Hello Jenny,
> How are you?
> We have a brass band concert next weekend. Here's the information.
>
> Date: Saturday, [A] 13　Start: 1:30 p.m.　Place: Sai Junior High School Gym
>
> We're going to play a lot of [B] music. I'm [C] that you know some of the music, and you can enjoy listening to it. Can you come to the concert?
> [D] come with your friends and family, too?
>
> Your friend,
> Mika

問1 〔日本語のメモ〕をもとに，空欄 [A] ～ [C] にあてはまる適切な1語を，それぞれ英語で書きなさい。なお，省略した形や数字は使わないものとします。(各3点)

問2 〔日本語のメモ〕をもとに，空欄 [D] に適切な3語以上の英語を書きなさい。(4点)

問3 次は，Mikaからの**誘いを断る**，Jennyの返信メールです。あなたがJennyなら，どのような返信メールを送りますか。空欄 [E] に2文以上の英文を書きなさい。1文目はI'm sorry, butに続けて，「コンサートに行けない」ということを伝え，2文目以降は，【語群】の中の語を1語のみ使ってその理由を書きなさい。(4点)

> From: Jenny
> To: Mika
> Subject: Re: Sai Junior High School Brass Band Concert
>
> Hi, Mika! Thank you for your e-mail.
> [E]
> I hope I can go to your brass band concert next time.
> Your friend,
> Jenny

【語群】
・dentist
・family
・homework

3 次は，アイルランド (Ireland) のセント・パトリックス・デー (Saint Patrick's Day) について Ayumi がクラスで発表した英文です。これを読んで，問1～問5に答えなさい。＊印のついている語句には，本文のあとに〔注〕があります。(18点)

When I was an elementary school student, I lived in Ireland. I had a great time and a lot of experiences. Today I'll tell you about one of my interesting experiences in Ireland.

There are a lot of national holidays *related to *religion in Ireland. One is Saint Patrick's Day. Do you know it? It is celebrated every year on March 17. These are the pictures of the day. In the pictures, people are wearing green clothes and are dancing on the street. So, the streets become green. [A] Why do people wear green clothes on Saint Patrick's Day?

One of the reasons is related to another name for Ireland, **The Emerald Isle*. [B] This name means that [is / the / whole / covered / country] in green, because it rains a lot, and is warm and wet in summer. So, green is the *symbol of Ireland and used on Saint Patrick's Day.

On the day, I wore green clothes and joined the *parade with my family. It was a wonderful time because I enjoyed traditional *Irish music, clothes, and food. [C] The sound of Irish music was interesting. <u>I wish I (　　) a traditional Irish *instrument.</u>

Today, Saint Patrick's Day is becoming popular. It is celebrated in other cities and countries. For example, one of the biggest parades is *held in New York because a lot of Irish people live there. People are happy to take part in the Saint Patrick's Day parade.

〔注〕 relate to ～　～と関連がある　　religion　宗教　　*The Emerald Isle*　エメラルドの島
symbol　象徴　　parade　行進　　Irish　アイルランドの　　instrument　楽器
hold ～　～を開催する

問1　本文中の [A] ～ [C] のいずれかに，At first, that looked very strange to me. という1文を補います。どこに補うのが最も適切ですか。[A] ～ [C] の中から一つ選び，その記号を書きなさい。(3点)

問2　〔　〕内のすべての語を，本文の流れに合うように，正しい順序に並べかえて書きなさい。(4点)

問3　下線部について，(　) にあてはまる最も適切なものを，次のア～エの中から一つ選び，その記号を書きなさい。(3点)

ア　could play　　イ　will play　　ウ　are playing　　エ　have played

問4　本文の内容に関する次の質問の答えとなるように，(　) に適切な英語を書きなさい。(4点)

Question:　What do people in Ireland wear on Saint Patrick's Day?
Answer:　　They usually (　　　).

問5　本文の内容と合うものを，次のア～エの中から一つ選び，その記号を書きなさい。（4点）

ア　People in Ireland say that the Saint Patrick's Day parade is only held in Ireland.

イ　People in Ireland believe that "*The Emerald Isle*" comes from Saint Patrick's Day.

ウ　Ayumi joined the Saint Patrick's Day parade and enjoyed traditional Irish music.

エ　Ayumi thinks that Saint Patrick's Day has not become popular around the world yet.

4　次の[1]～[4]は，Mr. Ito と中学２年生の Ken，Emma，Yui の会話です。これらを読んで，問１～問７に答えなさい。＊印のついている語句は，本文のあとに〔注〕があります（25点）

[1]　〈*In the classroom, Mr. Ito tells the students about the field trip.*〉

Mr. Ito：We are going on a field trip to Keyaki City next month.　There are a lot of places to visit.　On the day of the field trip, we will meet at Keyaki West Park at 9 a.m.　Each group will start there and come back to the park by 3 p.m.　So, you have six hours of group time.

Ken：Can we decide where to go?

Mr. Ito：Yes, but you need to go to one of the four places on the list as a check point, so the teachers can see how you are doing.　Today, I want you to choose which place to visit as a check point in a group *discussion.

Ken：Uh, it is hard to choose one.　We need more information.

Mr. Ito：You can use books or the Internet to get information.

Emma：Can we take a taxi?

Mr. Ito：No.　You can travel on foot, by bus or by train.

Yui：How much money can we take on the trip?

Mr. Ito：You can bring *up to 3,000 yen for the *fares, *admission tickets, and lunch.

Yui：I see.

Mr. Ito：During the trip, don't forget to take pictures and *take notes about something you did.　<u>These</u> will help you with your presentation after the trip.　OK, please start your group discussions.

〔注〕 discussion　話し合い　　up to ～　～まで　　fare　運賃　　admission ticket　入場券
take notes　メモを取る

問1　下線部 <u>These</u> は，どのようなことをさしていますか。日本語で**二つ**書きなさい。（4点）

[2] 〈*Ken tells the others his idea.*〉

Emma: Ken, which place are you interested in?

Ken: I am interested in the Sakuraso Tower because we can walk there from Keyaki West Park. It is the tallest building in the area, so we can enjoy the beautiful view from the *observation deck. If it's sunny, we will see the beautiful mountains. In the tower, we can enjoy a *planetarium show. The show is about thirty minutes long and performed once every ninety minutes. The tower also has a lot of restaurants and shops.

Emma: That sounds exciting!

Ken: I really recommend it.

Yui: How much is a ticket for both the observation deck and the planetarium?

Ken: Here is the admission ticket price list. We are students, so we can get a 10 percent *discount from the adult price.

Yui: So, the cheapest ticket for us for both *attractions *costs 2,430 yen. Umm... It's difficult to do everything we want.

Emma: I agree with you, Yui. Though we get a student discount, it's still expensive. It's better to choose only one thing to do at the tower.

Ken: I see.

Admission Ticket Price List

	Age	Observation Deck or Planetarium	*Combo (Observation Deck and Planetarium)
Adult	13 years old and over	1,500 yen	2,700 yen
Student	13 - 18 years old	A	2,430 yen
Child	Younger than 13 years old	500 yen	900 yen

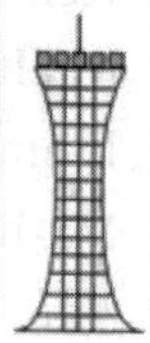

➢ **If you are a student, please bring your student card.**

〔注〕 observation deck 展望デッキ　planetarium プラネタリウム　discount 割引
attraction アトラクション　cost （費用が）かかる　combo セット

問２ 本文[2]の内容と合うように，次の英語に続く最も適切なものを，ア～エの中から一つ選び，その記号を書きなさい。（４点）

At the Sakuraso Tower, the students will

ア have a special lunch in the planetarium restaurant.
イ see the beautiful mountains if the weather is nice.
ウ get a prize if they go up to the observation deck.
エ watch a star show for ninety minutes in the theater.

問3　本文[2]の内容と合うように，Admission Ticket Price List の空欄 [A] にあてはまるものを，次のア～エの中から一つ選び，記号を書きなさい。（3点）

ア　1,350 yen　　イ　1,500 yen　　ウ　1,650 yen　　エ　1,800 yen

[3] 〈*Yui shares her idea.*〉

Emma: Yui, how about you?

Yui: I would like to go to Keyaki Zoo or the Keyaki University Science Museum, because I like animals and plants. I am especially interested in the science museum. It's on *campus, and 〔 about / to / there / takes / get / it / ten minutes 〕 by bus from Keyaki West Park. The museum shows the history of *agriculture and traditional Japanese food. And there is a restaurant which *serves the traditional food.

Ken: Sounds good. I want to try the traditional Japanese food there.

Emma: I am interested in the traditional buildings on campus, too. We can go into them on a *guided campus tour.

Yui: That's great! Do we need to buy tickets for the tour?

Emma: If you want to join it, yes. Just walking around the campus is free.

Ken: Then, what about Keyaki Zoo? I went there when I was younger. It is so large that we can spend all day there.

Yui: The admission ticket is 600 yen, if you buy it online. However, the zoo is far from the park.

〔注〕 campus （大学の）キャンパス，敷地　agriculture 農業　serve ～ ～を出す
guided ガイド付きの

問4 〔 〕内のすべての語句を，本文の流れに合うように，正しい順序に並べかえて書きなさい。（4点）

問5 本文[3]の内容と合うものを，次のア～エの中から一つ選び，その記号を書きなさい。（3点）

ア Yui went to Keyaki Zoo and spent all day there.
イ Students have to buy tickets to walk around the campus.
ウ Emma is interested in the large animals at Keyaki Zoo.
エ Students need tickets if they join a guided campus tour.

[4] 〈*Ken asks Emma to share her idea.*〉

Ken: Emma, which place do you want to go to?

Emma: I like traditional Japanese *crafts, so I want to go to the Shirakobato Craft Center. It has a lot of traditional crafts such as **Hina* dolls. You can join a *craft making workshop and make your own *folding fan with traditional Japanese paper. The workshop starts at 10 a.m.

and 2 p.m. It takes about two hours.

Yui: How much does it cost for the workshop?

Emma: It costs about 1,000 yen, *including the materials. It's not cheap, but this experience will be a good memory.

Ken: The fan can be a gift for my family.

Emma: [B] My mother will be happy to have one.

Yui: That's nice. Is it near Keyaki West Park?

Emma: No, we have to take a bus.

Ken: Now, we have shared our ideas. Let's decide where to go on our field trip.

〔注〕 craft 工芸　*Hina* dolls ひな人形　craft making workshop 工芸教室
folding fan 扇子　including the materials 材料を含めて

問6 空欄 [B] にあてはまる最も適切なものを，次のア～エの中から一つ選び，その記号を書きなさい。(3点)

ア It's not true.　イ I'm coming.
ウ You can't believe it.　エ I think so, too.

問7 次は，field trip の後の Emma と Yui の会話です。自然な会話になるように，(　) に適切な3語以上の英語を書きなさい。(4点)

Emma: Are you ready for the presentation? I've started making videos on the computer.

Yui: I've started writing the speech for the presentaion. I need more pictures to make our presentation better.

Emma: Oh, I remember Ken took a lot during the trip.

Yui: Thank you. I will ask (　　) his pictures to us.

5 次は，あなたが通う学校の英語の授業で，ALT の Mr. Jones が行ったスピーチです。これを読んで，問1～問3に答えなさい。＊印のついている語句には，本文のあとに〔注〕があります。(12点)

Hi, everyone. I am going to talk about my hobby. I like to watch movies. When I watch a movie, I can relax and enjoy the story. Last week, I watched a movie *based on a man's life. It was about the professional basketball player, Michael Carter. His team won *championships three times. He also joined the Olympics on a national team and got a gold *medal. His life *seemed to be going well, until one day everything changed. During a game, he broke his leg. A doctor said to him. "You should stop playing basketball because your leg can't *handle it." He was so *disappointed because he could not continue playing basketball. But he never gave up his work *related to basketball. A few years later, he became a *coach and made his team stronger. I thought that it would be difficult for an *ordinary person to *overcome this situation, but

Carter did.

I learned about this story through the movie, but there is an original book which this movie is based on. I finished reading the book yesterday and enjoyed it, too. Now. I have a question for you. If you want to enjoy a story, which do you like better, reading the book or watching the movie?

〔注〕 based on ～　～をもとにしている　championship　選手権　medal　メダル
seem to ～　～にみえる　handle ～　～に対応する　disappointed　がっかりした
relate to ～　～と関連がある　coach　コーチ　ordinary　一般の
overcome ～　～に打ち勝つ

問1　本文の内容に合うように，次の英文の（　）にあてはまる最も適切な1語を，本文中から抜き出して書きなさい。（3点）

Though he was in a (　　　　) situation, Michael Carter did not give up his work related to basketball.

問2　本文の内容と合うものを，次のア～エの中から一つ選び，その記号を書きなさい。（3点）

ア　Carter は，けがから復帰した後，選手として優勝した。
イ　Carter は，けがをした後，選手としてオリンピックに出場した。
ウ　Carter は，けがをする前に，選手としてオリンピックで金メダルを獲得した。
エ　Carter は，けがをしたが，選手としての競技生活を引退しなかった。

問3　下線部について，あなたは本と映画のどちらで物語を楽しむのが好きかについて英語の授業でスピーチをします。〔条件〕に従い，[A] に3文以上の英文を書いて，**スピーチ原稿**を完成させなさい。（6点）

スピーチ原稿

Hi, everyone. Today, I'm going to tell you about my favorite way to enjoy stories.
A
Thank you.

〔条件〕 ①　1文目は，あなたは本と映画のどちらで物語を楽しむのが好きか，I like に続けて，解答欄の①に書きなさい。
②　2文目以降は。その理由が伝わるように，2文以上で解答欄の②に書きなさい。

＜学校選択問題＞

時間 50分 満点 100点

1 放送を聞いて答える問題（28点）

問題は，No.1 ~ No.7 の全部で７題あり，放送はすべて英語で行われます。放送される内容についての質問にそれぞれ答えなさい。No.1 ~ No.6 は，質問に対する答えとして最も適切なものを，A ~ Dの中から一つずつ選び，その記号を書きなさい。No.7 は，それぞれの質問に英語で答えなさい。放送中メモを取ってもかまいません。各問題について英語は２回ずつ放送されます。

【No.1 ~ No.3】（各２点）

No.1

A　B　C　D

No.2

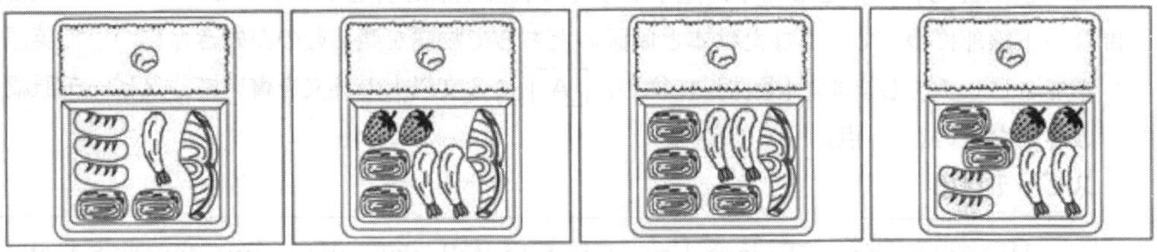

A　B　C　D

No.3

		A 月	B 火	C 水	D 木
1	8:50～ 9:40	国語	社会	数学	国語
2	9:50～10:40	数学	体育	理科	理科
3	10:50～11:40	理科	英語	体育	数学
4	11:50～12:40	英語	国語	英語	英語
給食 ／ 昼休み					
5	13:40～14:30	美術	技術・家庭	音楽	総合的な学習の時間
6	14:40～15:30			社会	

【No.4, No.5】（各２点）

No.4

A　What time did you go to bed last night?

B　Where did you play video games?

C　You have to watch TV every day.

D　You should get up early every day.

No.5

A　Great.　Thank you for the map.

B　No.　I don't need anything.

C　Hello.　Can I speak to Cathy?

D　Wait there.　I'll come to you.

【No.6】（各３点）

(1)　Question 1

A　Once a month.　　B　Twice a month.

C　More than twice a month.　　D　Every four months.

(2)　Question 2

A　She enjoyed cycling.　　B　She had lunch.

C　She talked to other families.　　D　She played badminton.

(3)　Question 3

A　She wants her students to talk about their experiences at the park.

B　It's important for her to think about the weather every day.

C　She is telling the students how her family spent time at the park last Sunday.

D　The best way to spend time with her family is to be at home.

【No.7】（各３点）

(1)	Question 1:	What did Alice ask Tomoki when he showed the pictures to her?
	Answer:	She (　　) the man in the pictures was.
(2)	Question 2:	How long did Tomoki and his friend, David, talk on the bus?
	Answer:	They kept talking until Tomoki (　　) the bus.
(3)	Question 3:	Why did Alice feel that Tomoki's experience in the U.S. was wonderful?
	Answer:	Because she felt the word "*Konnichiwa*" created a (　　) Tomoki and David.

2 次の1～4は，Mr. Itoと中学２年生のKen，Emma，Yuiの会話です。これらを読んで，問１～問７に答えなさい。＊印のついている語句は，本文のあとに〔注〕があります（28点）

1 〈*In the classroom, Mr. Ito tells the students about the field trip.*〉

Mr. Ito: We are going on a field trip to Keyaki City next month. There are a lot of places to visit. On the day of the field trip, we will meet at Keyaki West Park at 9 a.m. Each group will start there and come back to the park by 3 p.m. So, you have six hours of group time.

Ken: Can we decide where to go?

Mr. Ito: Yes, but you need to go to one of the four places on the list as a check point, so the teachers can see how you are doing. Today, I 〔 to / to / you / place / want / visit / choose / which 〕 as a check point in a group *discussion.

Ken: Uh, it is hard to choose one. We need more information.

Mr. Ito: You can use books or the Internet to get information.

Emma: Can we take a taxi?

Mr. Ito: No. You can travel on foot, by bus or by train.

Yui: How much money can we take on the trip?

Mr. Ito: You can bring *up to 3,000 yen for the *fares, *admission tickets, and lunch.

Yui: I see.

Mr. Ito: During the trip, don't forget to take pictures and take notes about something you did. These will help you with your presentation after the trip. OK, please start your group discussions.

〔注〕 discussion 話し合い　up to ～ ～まで　fare 運賃　admission ticket 入場券

問１ 〔 〕内のすべての語を，本文の流れに合うように，正しい順序に並べてかえて書きなさい。（４点）

問２ 本文1の内容と合うものを，次のア～エの中から一つ選び，その記号を書きなさい。（３点）

ア Students have to come to the same park twice on the day of their trip.
イ Students have to study about the places on the list as their homework.
ウ Students will decide what to buy at Keyaki West Park in the discussion.
エ Students will use a one-day bus ticket Mr. Ito gives them in the classroom.

2 〈*Ken tells the others his idea.*〉

Emma: Ken, which place are you interested in?

Ken: I am interested in the Sakuraso Tower because we can walk there from Keyaki West Park. It is the tallest building in the area, so we can enjoy the beautiful view from the *observation deck. If it's sunny, we will see the beautiful mountains. In the tower, we can enjoy a *planetarium show. The show is about thirty minutes long and performed once every ninety minutes. The tower also has a lot of restaurants and shops.

Emma: That sounds exciting!

Ken: I really recommend it.

Yui: How much is a ticket for both the observation deck and the planetarium?

Ken: Here is the admission ticket price list.

Yui: So, the cheapest ticket for us for both *attractions costs [A] yen. Umm... It's difficult to do (　　　　　　　　).

Emma: I agree with you, Yui. Though we get a student discount, it's still expensive. It's better to choose only one thing to do at the tower.

Ken: I see.

Admission Ticket Price List

	Age	Observation Deck or Planetarium	*Combo (Observation Deck and Planetarium)
Adult	13 years old and over	1,500 yen	2,700 yen
Child	6 - 12 years old	800 yen	1,300 yen
	Younger than 6 years old	500 yen	700 yen

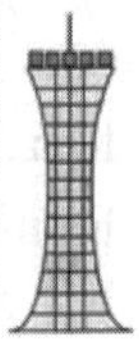

➢ If you are over 60 years old, you can get a 200 yen discount.

➢ If you are a student, you can get a 10 percent discount.

〔注〕 observation deck　展望デッキ　　planetarium　プラネタリウム
attraction　アトラクション　　combo　セット

問3　本文2の内容と合うように，空欄 [A] にあてはまる最も適切なものを，次のア～エの中から一つ選び，その記号を書きなさい。(3点)

ア　1,500　　イ　2,430　　ウ　2,700　　エ　2,970

問4　下線部が「私たちが望むことをすべてすることは難しい。」という意味になるように，(　)に適切な3語の英語を書きなさい。(4点)

3 〈*Yui shares her idea.*〉

Emma: Yui, how about you?

Yui: I would like to go to Keyaki Zoo or the Keyaki University Science Museum, because I like animals and plants. I am especially interested in the science museum. It's on *campus, and it takes about ten minutes to get there by bus from Keyaki West Park. The museum shows the history of *agriculture and traditional Japanese food. And there is a restaurant which serves the traditional food. Also, I want to walk around the campus because I have never been to a university campus.

Ken: Sounds good. I want to try the traditional Japanese food there.

Emma: I am interested in the traditional buildings on campus, too. We can go into them on a *guided campus tour.

Yui: That's great! Do we need to buy tickets for the tour?

Emma: If you want to join it, yes. Just walking around the campus is free.

Ken: Then, what about Keyaki Zoo? I went there when I was younger. It is so large that we can spend all day there.

Yui: The admission ticket is 600 yen, if you buy it online. However, the zoo is far from the park.

〔注〕 campus （大学の）キャンパス，敷地　agriculture 農業　guided ガイド付きの

問5 本文3の内容に関する次の質問に，英語で答えなさい。（4点）

Why does Yui want to walk around the campus?

4 〈*Ken asks Emma to share her idea.*〉

Ken: Emma, which place do you want to go to?

Emma: I like traditional Japanese *crafts, so I want to go to the Shirakobato Craft Center. It has a lot of traditional crafts such as *Hina* dolls. You can join a *craft making workshop and make your own *folding fan with traditional Japanese paper. The workshop starts at 10 a.m. and 2 p.m. It takes about two hours.

Yui: How much does it cost for the workshop?

Emma: It costs about 1,000 yen, *including the materials. It's not cheap, but this experience will be a good memory.

Ken: The fan can be a gift for my family.

Emma: I think so, too. My mother will be happy to have one.

Yui: That's nice. Is it near Keyaki West Park?

Emma: No, we have to take a bus.

Ken: Now, we have shared our ideas. Let's decide where to go on our field trip.

〔注〕 craft 工芸　craft making workshop 工芸教室　folding fan 扇子
including the materials 材料を含めて

問6 本文1～4の内容と合うように，次の(1)，(2)の英語に続く最も適切なものを，ア～エの中から一つずつ選び，その記号を書きなさい。（各3点）

(1) According to the students' discussion,

ア Keyaki Zoo shows the history of animals and plants.

イ students have to take a bus to go to the Shirakobato Craft Center.

ウ Yui is worried that she cannot finish making her craft in two hours.

エ Ken does not agree with Emma's idea because a folding fan is expensive.

(2) In the discussion, Emma is worried that

ア Keyaki Zoo is too far from Keyaki West Park, though the ticket is cheap.

イ students have to wait for two hours if they miss the craft making workshop.

ウ students get a discount for visiting both the observation deck and the planetarium.

エ the combo ticket price for the Sakuraso Tower is still high, even with the student discount.

問7　次は，後日の Mr. Ito と Emma の会話です。自然な会話になるように，(　) に適切な３語以上の英語を書きなさい。(４点)

Mr. Ito: Have you decided where to go as a check point yet?
Emma: Yes, we have. We are going to visit the Shirakobato Craft Center.
Mr. Ito: Good. (　　　　　) place to the other students in your group?
Emma: I did. Everyone agreed with my idea.

3　次は，高校１年生の Mayumi が書いた英文です。これを読んで，問１～問６に答えなさい。＊印のついている語句には，本文のあとに〔注〕があります。(34点)

How do you *deal with rainy days? I use an umbrella. *Whenever I use an umbrella, I wonder why the shape of umbrellas never changes. I wish there were an umbrella that I didn't have to hold with my hands. But there are no umbrellas like that. Umbrellas still keep the same shape. When I use an umbrella, I open it and hold it. When did people start using umbrellas? How do people in other countries deal with rainy days? Why hasn't the shape of the umbrella changed? I researched the history and culture of umbrellas to answer my questions.

Early umbrellas looked like a *canopy with a stick and could not close (**Picture 1**). It *seems that they were used to [A] the *authority of the owner, such as a king.

Picture 1

The earliest *evidence of umbrellas in Japan is from the Kofun period. However, it is hard to find where Japanese umbrellas were born. Some say umbrellas came from other countries. Others say umbrellas were made in Japan a long time ago.

After reading some articles and books. I learned that people began to use umbrellas after the middle of the Edo period. Japanese umbrellas were made from bamboo *shafts and bones covered with oil paper. They were very expensive, so only rich people could buy them. They could open and close but were heavy and easily [B]. So, until the Edo period, most people used *mino* and *sugegasa* on rainy days (Picture 2). After the way of making Japanese umbrellas spread, they became easier and cheaper to make. Umbrella culture was found in *Kabuki* and *Ukiyo-e*, so it spread to many people. Japanese umbrella makers thought their umbrellas would be popular, but the *introduction of Western umbrellas to Japan changed the situation.

Picture 2

Many Japanese people first saw Western umbrellas when *Commodore Perry came to Japan by ship. Some staff who came with him to Japan used them. After the Meiji period, Western umbrellas were brought to and sold in Japan. They became popular because of their light weight and cool design, and soon they spread around Japan.

In the twentieth century, some makers in Japan kept making Japanese umbrellas, and others started making Western umbrellas. However, some makers tried hard to create their own umbrellas. Around 1950, some makers created folding umbrellas, *based on the ones developed in Germany. About 10 years later, an umbrella maker invented the *vinyl umbrella. It was first seen by people around the world at the 1964 Tokyo Olympics. It became popular in Japan and overseas. Maybe the *transparency and good visibility made it popular. In this way, [①]

By the way, how do people in other countries deal with rainy days? In some countries, the rainy and dry seasons are *distinct. In the rainy season, it rains suddenly and stops after a short time. For this reason, many people say, "We don't use umbrellas because [②]"

How about Japan? Of course, it rains a lot in Japan, and Japan has a rainy season. But, I found an interesting news article on the Internet. It said each person has an *average of 3.3 umbrellas in Japan and the average for other countries is 2.4 umbrellas. This means that Japanese people *tend to use umbrellas more often when it rains. However, in New Zealand, people don't use umbrellas very often when it rains, though [③] What is the reason for this difference? I *compared the *humidity of the two countries and found that Japan has higher humidity. In my opinion, because of the high humidity, it takes longer to dry off if they get wet, so Japanese people use umbrellas more often than people in other countries. It seems that the way of thinking about umbrellas depends on the weather of the country which you live in.

Before reading the articles and books about umbrellas, I didn't think that the shape of umbrellas has changed. However, when I researched the history of umbrellas, I learned that they have actually changed shape. Early umbrellas were a canopy with a stick. But now, umbrellas can open and close, and there are folding umbrellas, too. Umbrellas will continue to change shape in the future. Sometimes〔 I / in / be / like / will / what / imagine / umbrellas 〕the future. For example, there may be umbrellas that fly above our heads and *provide a barrier. When I was thinking about future umbrellas, I *noticed something interesting. The umbrella I imagined might be a *sugegasa* with a different shape. We may get a hint for creating a new umbrella by learning about its history.

〔注〕 deal with ～　～に対処する　whenever ～　～するときはいつでも
canopy with a stick　棒のついた天蓋　seem ～　～のようである
authority of the owner　所有者の権威　evidence　形跡　shaft and bone　軸と骨
introduction　伝来　Commodore Perry　ペリー提督　based on ～　～をもとに
vinyl　ビニール　transparency and good visibility　透明で良好な視界
distinct　はっきりしている　average　平均　tend to ～　～する傾向にある
compare ～　～を比べる　humidity　湿度　provide a barrier　バリアを張る
notice ～　～に気づく

問１　本文の内容に関する次の質問に，英語で答えなさい。（４点）

Why did Western umbrellas become popular in Japan after the Meiji period?

問２　Mayumi は，自身の意見として，日本人が，他国の人々と比べて傘を使う頻度が高いのはなぜだと述べていますか。日本語で書きなさい。（３点）

問３　空欄 A ， B にあてはまる最も適切なものを，次の中から一つずつ選び，必要に応じて，それぞれ正しい形にかえて書きなさい。（各３点）

break	surprise	show	sell	worry	buy	learn	know

問４　空欄 ① ～ ③ にあてはまる最も適切な文を，次のア～カの中から一つずつ選び，その記号を書きなさい。なお，同じ記号を２度以上使うことはありません。（各３点）

ア　many umbrella makers stopped making new umbrellas.
イ　it is sold at a higher price.
ウ　some types of umbrellas were made by Japanese makers.
エ　it rains as much as in Japan.
オ　everyone uses an umbrella when it rains.
カ　it will soon stop raining.

問５　〔 〕内のすべての語を，本文の流れに合うように，正しい順序に並べかえて書きなさい。（３点）

問6 次の英文は，本文の内容をまとめたものです。次の（1）～（3）に適切な英語を，それぞれ2語で書きなさい。(各3点)

Mayumi wondered why umbrellas have not changed their shape. She researched the history and culture of umbrellas. She learned that people in Japan started （ 1 ） after the middle of the Edo period. After the Meiji period, some Japanese makers tried hard to make their own umbrellas. She also learned that Japanese people have （ 2 ） from people in other countries about using umbrellas. After she finished her research, she found that umbrellas have actually changed shape. She sometimes imagined future umbrellas. She noticed that the umbrella she imagined could be *sugegasa* with a different shape. She thought learning the history of umbrellas would （ 3 ） a hint for creating a new umbrella.

4 次の英文を読んで，あなたの考えを，〔条件〕と〔記入上の注意〕に従って40語以上50語程度の英語で書きなさい。＊印のついている語句には，本文のあとに〔注〕があります。(10点)

It is important to consider what kind of place you want to live in. Some people *prefer living near the sea because they think the sea is better than mountains. Of course, other people like areas near mountains better than those near the sea. There are many things you have to think about when you decide where to live. <u>Which do you prefer, living near the sea or mountains?</u>

〔注〕prefer ～ ～を好む

〔条件〕下線部の質問に対するあなたの考えを。その理由が伝わるように書きなさい。

〔記入上の注意〕

① 【記入例】にならって，解答欄の下線____の上に1語ずつ書きなさい。
・符号（，．？！など）は語数に含めません。
・50語を超える場合は，解答欄の破線......で示された行におさまるように書きなさい。

② 英文の数は問いません。

③ 【下書き欄】は，必要に応じて使ってかまいません。

【記入例】

Hi!	I'm	Nancy.	I'm	from
Canada.	Where	are	you	from?
is	April	2,	2007.	It (50語)

is Ken's birthday, too.

＜理科＞　時間　50分　満点　100点

1　次の各問に答えなさい。(24点)

問１　海岸の埋め立て地や河川沿いなどの砂地において，地震による揺れで**図１**のような被害をもたらす，地面が急にやわらかくなる現象を何といいますか。下の**ア**～**エ**の中から一つ選び，その記号を書きなさい。(３点)

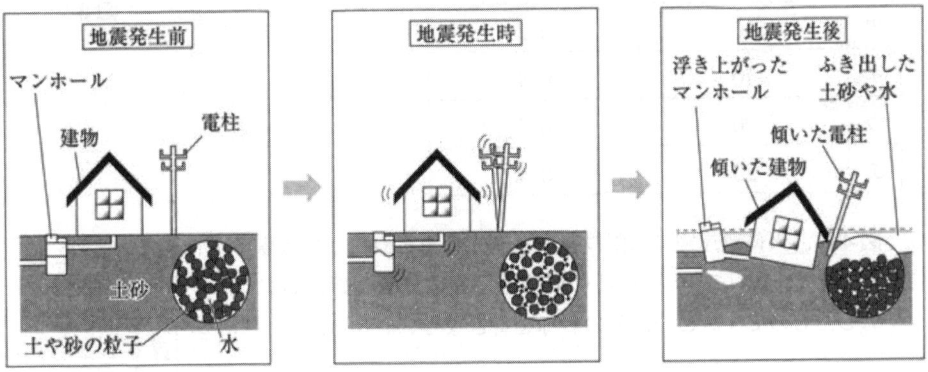

図１

ア　津波　　**イ**　土石流　　**ウ**　液状化　　**エ**　高潮

問２　次の**ア**～**エ**の細胞のつくりのうち，植物の細胞と動物の細胞に共通して見られるつくりを**二つ**選び，その記号を書きなさい。(３点)

ア　核　　**イ**　葉緑体　　**ウ**　細胞膜　　**エ**　細胞壁

問３　硫酸銅水溶液，硫酸亜鉛水溶液の入った試験管を３本ずつ用意し，それぞれの水溶液に，銅，亜鉛，マグネシウムの金属片を**図２**のように入れました。**表１**はしばらくおいたあとに観察した結果をまとめたものです。この結果から，銅，亜鉛，マグネシウムを**イオンになりやすい順**に並べたものを，下の**ア**～**エ**の中から一つ選び，その記号を書きなさい。(３点)

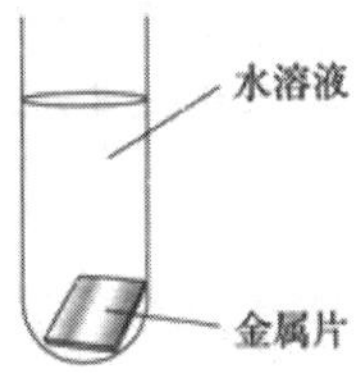

図２

表１

		水溶液	
		硫酸銅水溶液	硫酸亜鉛水溶液
金属片	銅	変化がなかった。	変化がなかった。
	亜鉛	金属表面に赤色の物質が付着した。	変化がなかった。
	マグネシウム	金属表面に赤色の物質が付着した。	金属表面に銀色の物質が付着した。

ア　銅＞亜鉛＞マグネシウム　　**イ**　銅＞マグネシウム＞亜鉛
ウ　マグネシウム＞銅＞亜鉛　　**エ**　マグネシウム＞亜鉛＞銅

問4 **図3**のように，一定の速さで糸を引いて物体を0.2mもち上げます。物体に20Nの重力がはたらいているとき，糸を引く力の大きさと，糸を引く距離の組み合わせとして最も適切なものを，次の**ア**～**エ**の中から一つ選び，その記号を書きなさい。ただし，糸と滑車の質量，糸と滑車の間の摩擦は考えないものとします。（３点）

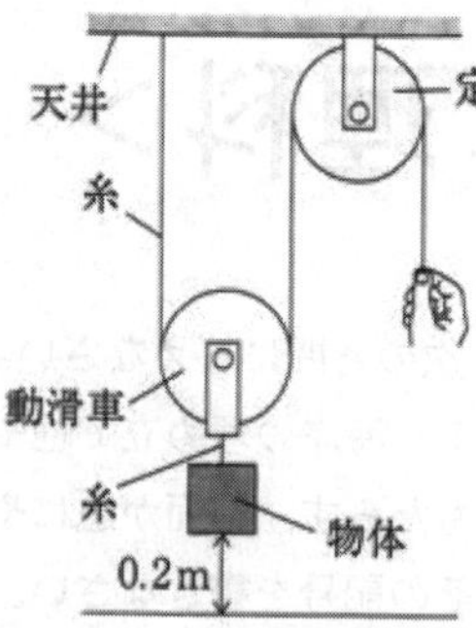

図3

	糸を引く力の大きさ〔N〕	糸を引く距離〔m〕
ア	10	0.2
イ	10	0.4
ウ	20	0.2
エ	20	0.4

問5 **図4**は，天体望遠鏡に太陽投影板と遮光板をとりつけて太陽の像を投影したときに，まわりより暗く見える部分を記録用紙にスケッチしたものです。この部分の名称を書きなさい。（３点）

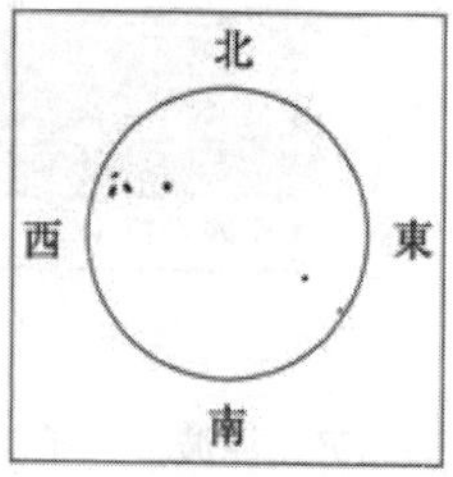

図4

問6 **図5**のバッタやカニのように，外骨格をもち，からだに多くの節がある動物をまとめて何といいますか。その名称を書きなさい。（３点）

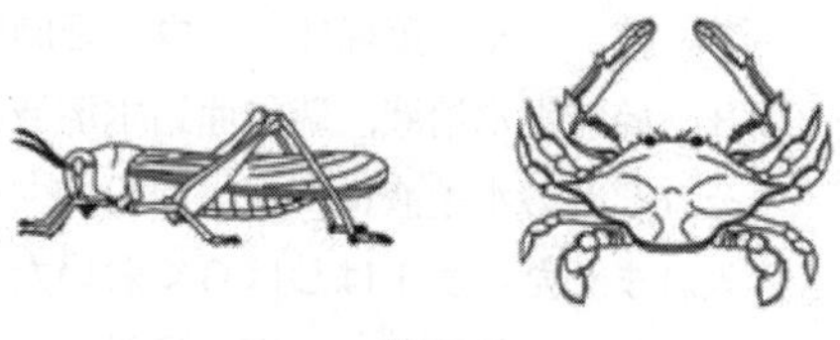
図5

問7 ポリエチレンの袋に液体のエタノール4.0gを入れ，空気を抜いて密閉したものに，**図6**のように熱湯をかけると，エタノールはすべて気体となり，袋の体積は2.5Lになりました。このときのエタノールの気体の密度は何g/cm³か，求めなさい。（３点）

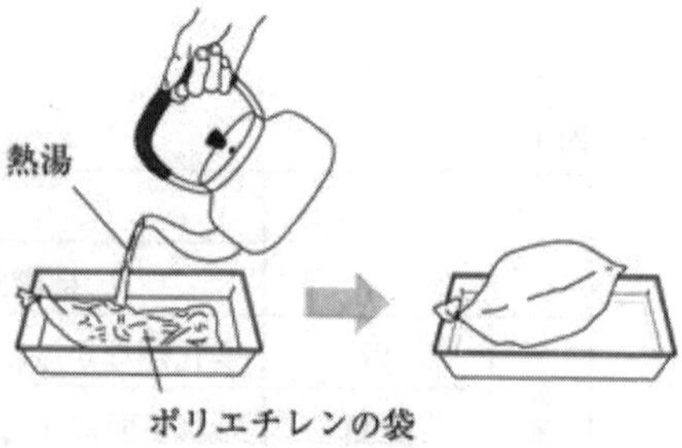

図6

問8 放射性物質が，放射線を出す能力のことを何といいますか。その名称を書きなさい。（３点）

2　YさんとNさんは，理科の授業で風に関して学習しました。問１～問５に答えなさい。

（19点）

授業

先　生：図１と図２は異なる日の天気図です。図１と図２を比べて，どのようなことがわかりますか。

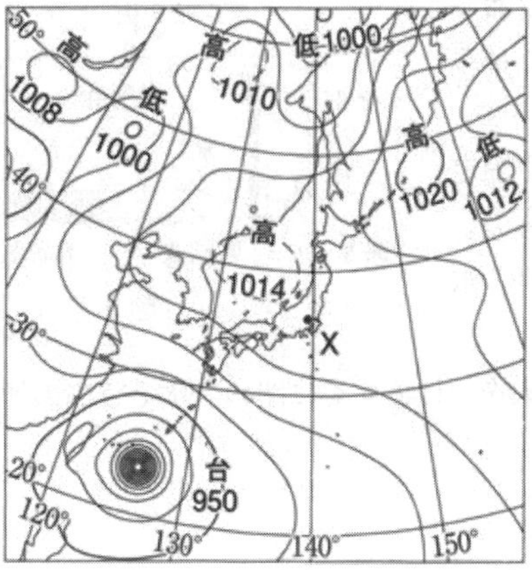

図１

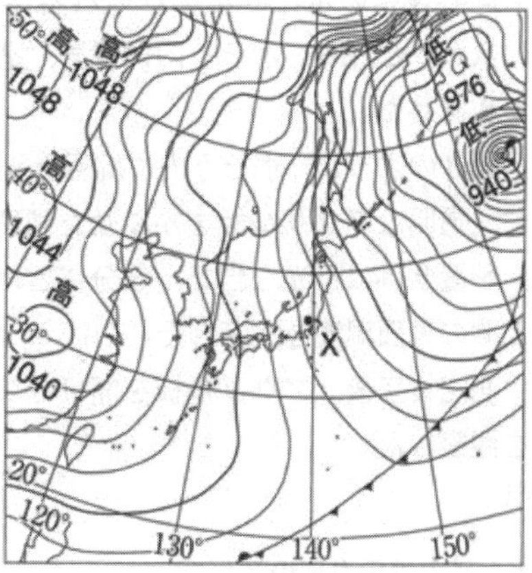

図２

Yさん：地点Xにおける風の強さを図１と図２で比べると，図２の方が等圧線の間隔が［ P ］ことから，図２の方が風が［ Q ］と考えられます。

先　生：そうですね。では，他にどのようなことがわかりますか。

Nさん：図１では日本列島の南の海上に台風がみられます。図２でも東の海上に発達した低気圧がみられますが，位置から考えると，これは台風が温帯低気圧に変化したものだと思います。夏から秋にかけて多くの台風がやってくるので，図１と図２はどちらも夏か秋の天気図ではないでしょうか。

先　生：図１のものは台風ですが，図２のものは台風が温帯低気圧に変化したものではありません。実は，図１と図２はそれぞれ異なる季節の典型的な天気図です。もう一度，全体的な気圧配置に着目し，季節について考えてみましょう。

Nさん：図１は，太平洋高気圧が日本列島の広範囲をおおっているので夏の天気図だと考えられ，図２は，西高東低の気圧配置がみられるので，［ R ］の天気図だと考えられます。

先　生：そうですね。

問１　［授業］の［ P ］，［ Q ］にあてはまる語の組み合わせとして最も適切なものを，次の**ア**～**エ**の中から一つ選び，その記号を書きなさい。（３点）

ア　P…せまい　　Q…弱い　　**イ**　P…広い　　Q…弱い

ウ　P…せまい　　Q…強い　　**エ**　P…広い　　Q…強い

問２　［授業］の［ R ］にあてはまる季節を書きなさい。（３点）

Nさんは，海陸風に興味をもち，水を海，砂を陸に見立てて実験を行いました。

実験

課題

海岸地域の風の向きは，どのように決まるのだろうか。

【方法】

［1］ 同じ体積の水と砂をそれぞれ容器Aと容器Bに入れ，これらを水そう内に置き，室温でしばらく放置した。

［2］ 図3のように，水そう内に線香と温度計を固定し，透明なアクリル板をかぶせた装置を作った。

［3］ 装置全体に日光を当て，3分ごとに18分間，水と砂の表面温度を測定した。

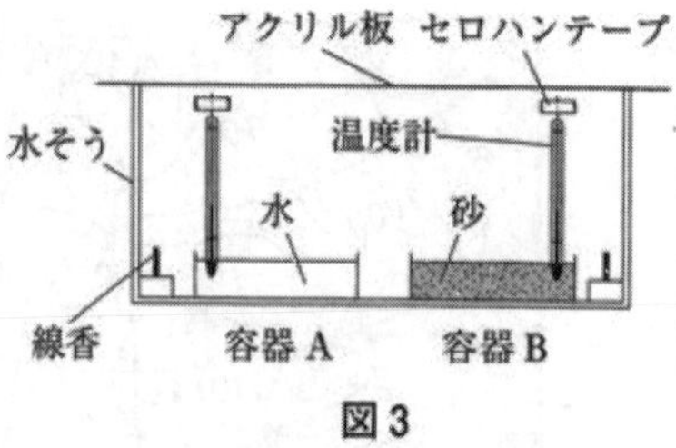

図3

［4］ 測定終了後，アクリル板を開けて線香に火をつけてすぐに閉め，水そう内の煙の動きを観察した。

【結果】

○ 水と砂の表面温度の変化

時間〔分〕	0	3	6	9	12	15	18
水の表面温度〔℃〕	29.0	31.0	32.8	34.5	36.3	38.2	39.9
砂の表面温度〔℃〕	29.0	33.0	37.0	41.0	44.0	47.8	50.5

○ 水そう内の線香の煙は，図4のように動いていた。

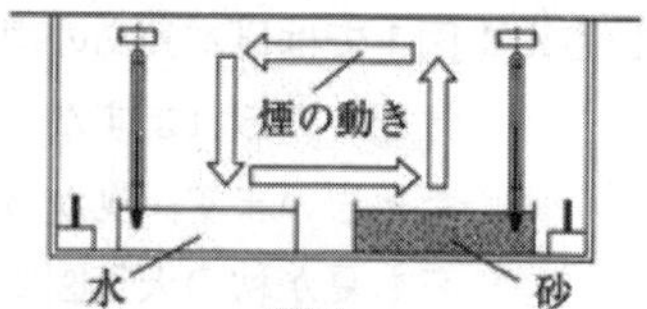

図4

【考察】

○ 水と砂のあたたまり方について，この**【結果】**から［ S ］ことがわかる。

問3 **【考察】**の［S］にあてはまることばとして最も適切なものを，次の**ア**～**エ**の中から一つ選び，その記号を書きなさい。（3点）

ア 砂の方が水よりもあたたまりやすい　**イ** 水の方が砂よりもあたたまりやすい

ウ 水と砂であたたまりやすさに差がない　**エ** どちらがあたたまりやすいか判断できない

問4 **実験** から，よく晴れた日の昼における海岸地域の地表付近の風の向きは，右の**ア**，**イ**のどちらであると考えられますか。その記号を書きなさい。また，そのような風の向きになるしくみを，**気温**，**上昇気流**という語を使って説明しなさい。（5点）

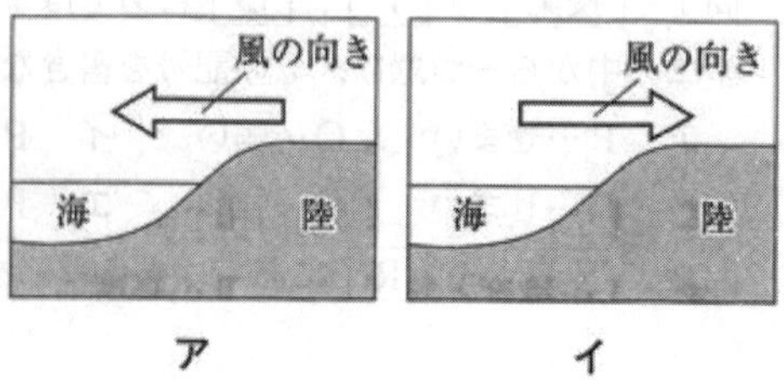

Yさんは，旅行で飛行機に乗った際に気づいたことについて，Nさんと会話しました。

会話

Yさん：旅行で東京から福岡に行ったときに飛行機に乗ったけど，行きと帰りで飛行機の所要時間に差があったよ。調べてみると，**表1**のとおりだったよ。

表1

	行き 東京国際空港(羽田空港)から福岡空港	帰り 福岡空港から東京国際空港(羽田空港)
所要時間	115分	95分

Nさん：**表1**から，所要時間は帰りの方が行きよりも短いことがわかるね。**図5**のように，中緯度地域の上空では，偏西風という，地球を1周して移動する大気の動きがあるね。<u>帰りの所要時間が短くなるのは，飛行機が偏西風の影響を受けるから</u>ではないかな。

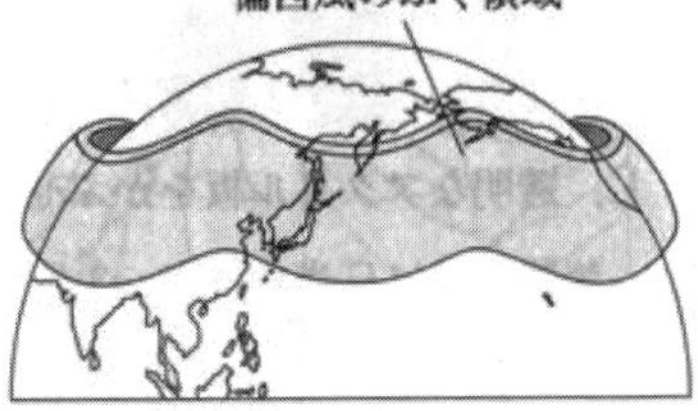

図5

Yさん：その仮説が正しいかどうか考えてみよう。

問5　Yさんは，下線部の仮説について，数値データを集めて**表2**と**表3**にまとめ，下のように考察しました。[Ⅰ]～[Ⅲ]にあてはまる語句の組み合わせとして最も適切なものを，**ア**～**カ**の中から一つ選び，その記号を書きなさい。また，[T]には，帰りの飛行機が偏西風からどのような影響を受けながら飛んでいるのか書きなさい。ただし，飛行機は，行きと帰りで同じ距離を飛ぶものとします。(5点)

表2

	高度
偏西風のふく領域	5.5～14 km
飛行機の飛ぶ高さ	10 km

表3

		緯度	経度
偏西風のふく領域		北緯30～60°	—
飛行機の発着場所	東京国際空港(羽田空港)	北緯36°	東経140°
	福岡空港	北緯34°	東経130°

[Ⅰ]の数値データから，飛行機は偏西風のふく領域を飛ぶと判断でき，飛行機は偏西風の影響を受けると考えられる。
さらに，[Ⅱ]の数値データと偏西風のふく向きから，帰りの飛行機の飛ぶ向きが偏西風のふく向きと[Ⅲ]向きになり，帰りの飛行機は[　　T　　]飛んでいると判断できるため，帰りの所要時間が短くなると考えられる。

ア　Ⅰ…高度と緯度　Ⅱ…経度　Ⅲ…同じ　　**イ**　Ⅰ…高度と緯度　Ⅱ…経度　Ⅲ…逆
ウ　Ⅰ…高度と経度　Ⅱ…緯度　Ⅲ…同じ　　**エ**　Ⅰ…高度と経度　Ⅱ…緯度　Ⅲ…逆
オ　Ⅰ…緯度と経度　Ⅱ…高度　Ⅲ…同じ　　**カ**　Ⅰ…緯度と経度　Ⅱ…高度　Ⅲ…逆

3 Wさんは，エンドウについて学習し，ノートにまとめました。問１～問４に答えなさい。

(19点)

ノート１

観察

エンドウについて，**図１**は開花後の花のようす，**図２**は開花後の花の縦断面，**図３**は種子のつくりを模式的に表したものである。

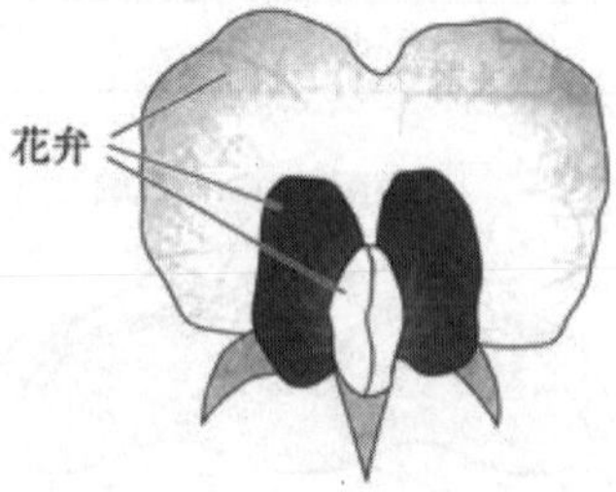

図１

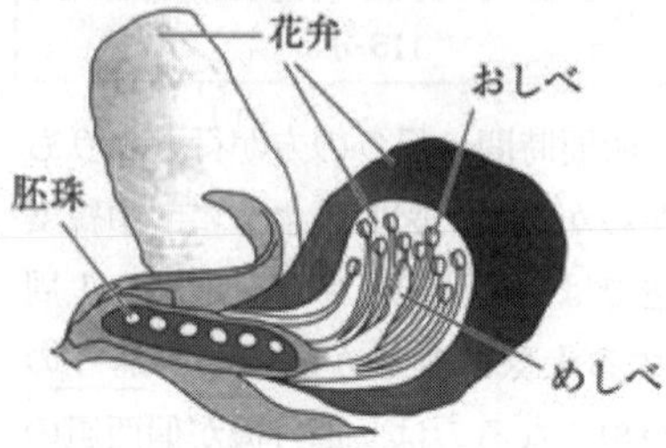

図２

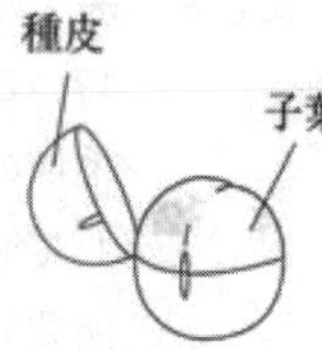

図３

わかったこと

○ ①エンドウは，自然の状態では外から花粉が入らず，自家受粉を行う。

○ 胚珠は発達して種子となる。エンドウの種子の種皮はうすく，中の子葉の色が透けてみえる。

○ ②エンドウの子葉の色には，黄色と緑色の２種類がある。

問１　エンドウの花弁のつき方による分類と，そこに分類される代表的な植物の組み合わせとして最も適切なものを，次の**ア**～**エ**の中から一つ選び，その記号を書きなさい。(４点)

	分類	代表的な植物
ア	合弁花類	アブラナ，サクラ
イ	合弁花類	アサガオ，ツツジ
ウ	離弁花類	アブラナ，サクラ
エ	離弁花類	アサガオ，ツツジ

問２　下線部①の理由を，**図１**と**図２**を参考にし，エンドウの花のつくりにふれながら，**開花後**という語を使って書きなさい。(４点)

問３　下線部②について，エンドウの子葉の色には，黄色と緑色のいずれかの形質しか現れません。この黄色と緑色のように，同時に現れない２つの形質のことを何といいますか。その名称を書きなさい。(３点)

Wさんは，先生からもらった子葉の色が異なる２種類のエンドウの種子を，１つずつ育てたときのようすについて，ノートにまとめました。

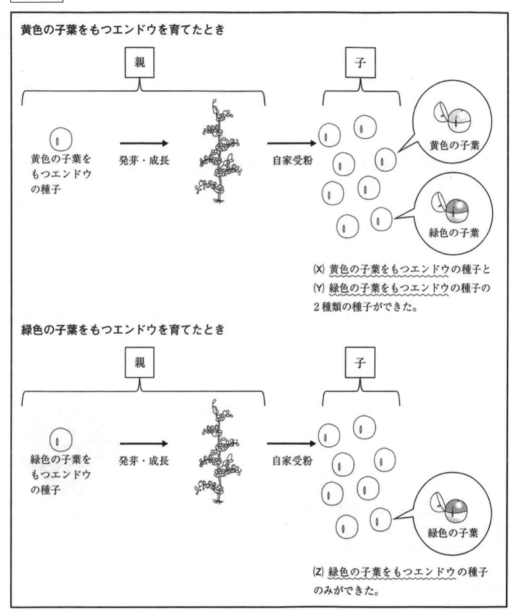

ノート２

黄色の子葉をもつエンドウを育てたとき

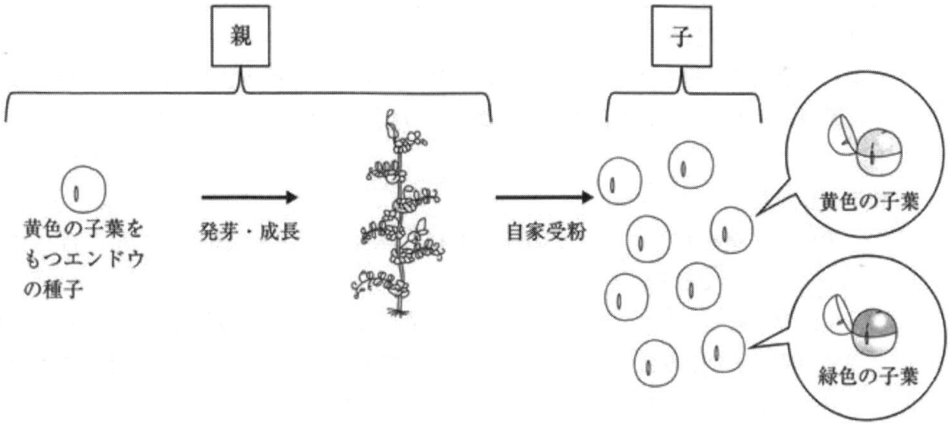

(X) 黄色の子葉をもつエンドウの種子と(Y) 緑色の子葉をもつエンドウの種子の２種類の種子ができた。

緑色の子葉をもつエンドウを育てたとき

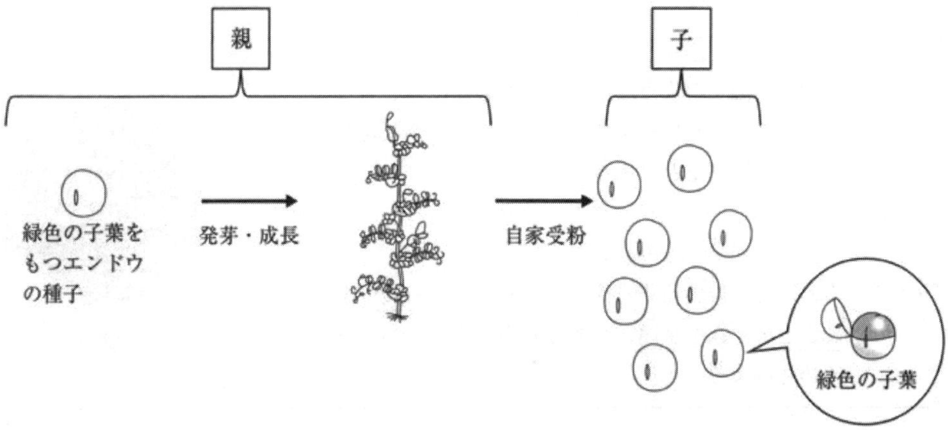

(Z) 緑色の子葉をもつエンドウの種子のみができた。

問４　ノート２ について，次の(1)，(2)に答えなさい。ただし，エンドウの子葉の色を決める遺伝子のうち，顕性形質の遺伝子をA，潜性形質の遺伝子をaで表すものとします。

(1)　波線部(X)，(Y)，(Z)のエンドウのうち，遺伝子の組み合わせが特定できないものを一つ選び，その記号を書きなさい。また，そのエンドウがもつ可能性のある遺伝子の組み合わせを，A，aを使って**二つ**書きなさい。（４点）

(2) Wさんは，(1)で答えた遺伝子の組み合わせが特定できないエンドウをPとして，Pの遺伝子の組み合わせを特定するための方法について調べ，次のようにまとめました。［Ⅰ］，［Ⅱ］にあてはまる遺伝子の組み合わせを，A，aを使って書きなさい。また，［M］にあてはまる比として最も適切なものを，下のア～エの中から一つ選び，その記号を書きなさい。（4点）

> **方法**
>
> Pに「遺伝子の組み合わせがaaのエンドウ」をかけ合わせて生じたエンドウについて，黄色の子葉をもつものと緑色の子葉をもつものの数の比を確認する。
>
> **特定のしかた**
>
> ○ 黄色の子葉をもつエンドウのみが生じた場合，Pがもつ遺伝子の組み合わせは［Ⅰ］と特定できる。
>
> ○ 黄色の子葉をもつエンドウと，緑色の子菜をもつエンドウの両方が生じた場合，Pがもつ遺伝子の組み合わせは［Ⅱ］と特定できる。このとき，黄色の子葉をもつエンドウと緑色の子葉をもつエンドウの数の比は，およそ［M］となる。

ア 1：1　イ 2：1　ウ 3：1　エ 4：1

4 科学部のFさんとHさんは，クジャク石から銅をとり出す実験を行いました。問1～問4に答えなさい。(19点)

会話1

> Fさん：先生から図1のようなクジャク石のかけらをもらったんだ。クジャク石は銅を主成分とした化合物なんだって。この石から銅をとり出せないかな。
>
> Hさん：調べてみると，クジャク石は熱分解によって，酸化銅にすることができるみたいだよ。
>
> Fさん：それなら，炭素粉末を使って①<u>酸化銅から酸素をとり除くこと</u>で，銅を金属としてとり出せそうだね。実験で確かめてみよう。
>
> 
>
> 図1

実験1

> **課題1**
>
> クジャク石を熱分解すると，どのように反応が起こるだろうか。
>
> **【方法1】**
>
> [1] クジャク石をハンマーでくだいた後，鉄製の乳鉢で細かくすりつぶして粉末にした。
>
> [2] 粉末にしたクジャク石10.00gを試験管に入れ，次のページの図2の装置でじゅうぶんに加熱した。

［3］ 試験管の口に生じた液体を調べた後，液体を加熱によって完全に蒸発させた。

［4］ 残った粉末の質量を測定した。

【結果1】

○ 試験管の口に生じた液体は，②水であることがわかった。

○ 試験管内からとり出された黒い粉末（**試料A**とする）は7.29gであった。

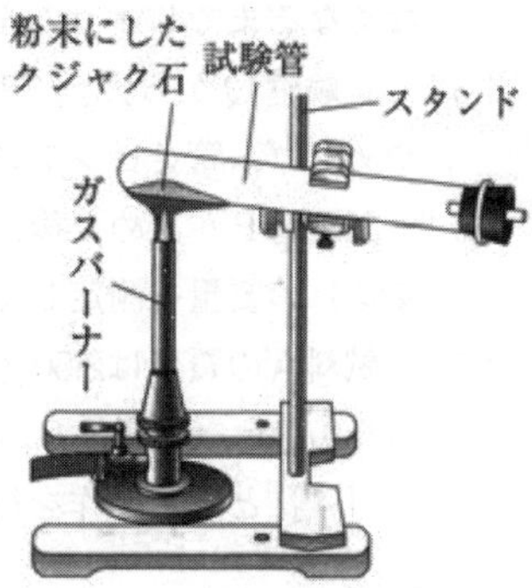

図2

問1 下線部①のように，酸化物から酸素がとり除かれる化学変化を何といいますか。その名称を書きなさい。(3点)

問2 下線部②について，試験管の口に生じた液体が水であることを確かめる方法を，次のようにまとめました。［　　］にあてはまることばを書きなさい。(4点)

> 試験管の口に生じた液体に［　　　　　］ことを確認すれば水であることが確かめられる。

会話2

Fさん：**実験1** でとり出された**試料A**は純粋な酸化銅なのかな。

Hさん：いや，ほぼ純粋な酸化銅だろうけど，クジャク石は天然のものだから多少の不純物は混じっていると考えるべきだろうね。

Fさん：そうすると，炭素粉末と反応させるだけでは純粋な銅は得られないね。不純物の割合をできるだけ低くするには，**試料A**をどれくらいの炭素粉末と反応させればいいんだろう。

Hさん：炭素粉末を加え過ぎても，反応しなかった分が不純物になってしまって，銅の割合が低くなるよね。**試料A**をもっと準備して，加える炭素粉末の質量をかえて実験してみよう。

実験2

課題2

試料Aからできるだけ不純物の割合の低い銅を得るには，どれくらいの炭素粉末と反応させるのが適切なのだろうか。

【方法2】

［1］ **試料A**2.50gと純粋な炭素粉末0.06gをはかりとり，よく混ぜ合わせた。

［2］ ［1］の混合物をすべて試験管Pに入れ，次のページの**図3**の装置で，気体が発生し

なくなるまでじゅうぶんに加熱した。

[3] 試験管Qからガラス管の先を抜いて加熱をやめ，ゴム管をピンチコックでとめた。

[4] 試験管Pが冷めた後，残った粉末（試料Bとする）の質量を測定した。

[5] 試料Aの質量は2.50 gのまま，炭素粉末の質量を0.12 g，0.18 g，0.24 g，0.30 gにかえ，[1]～[4]と同じ操作を行った。

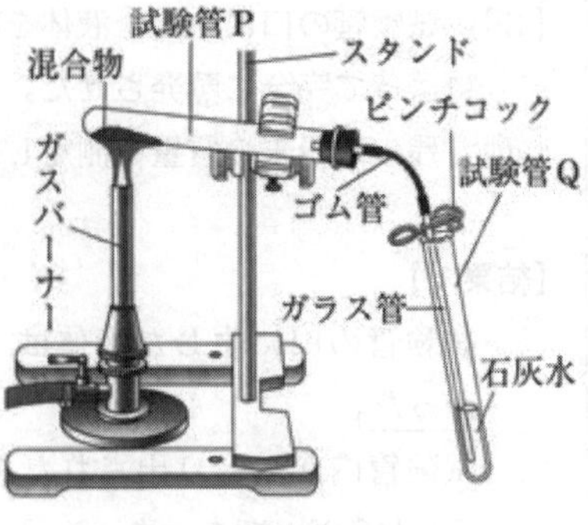

図3

【結果2】

○ 発生した気体は，石灰水を白くにごらせたことから，二酸化炭素であることがわかった。

問3 次は，実験2 における酸化銅と炭素の反応を，原子・分子のモデルを使って表し，それをもとに化学反応式で表したものです。銅原子を◎，酸素原子を○，炭素原子を●として［ ］にあてはまるモデルをかき，それをもとに化学反応式を完成させなさい。（4点）

化学反応を原子・分子のモデルを使って表したもの	◎○ ◎○	＋	●	→	［ ］	＋ ［ ］
					銅	二酸化炭素
化学反応式	2 CuO	＋	C	→	□	＋ □

実験2の続き

○ 加えた炭素粉末の質量に対して，試験管Pに残った飼料Bの質量は次のようになった。

試料A〔g〕	2.50	2.50	2.50	2.50	2.50
炭素粉末〔g〕	0.06	0.12	0.18	0.24	0.30
試料B〔g〕	2.34	2.18	2.02	2.08	2.14

問4 実験2 について，次の(1)，(2)に答えなさい。ただし，炭素粉末と酸化銅の少なくとも一方は，完全に反応したものとします。なお，炭素粉末は試料A中の酸化銅としか反応しないものとし，試料A中の不純物は加熱しても反応しないものとします。

(1) 実験2の続き について，加えた炭素粉末の質量と発生した二酸化炭素の質量の関係を表したグラフとして最も適切なものを，次のページのア～エの中から一つ選び，その記号を書きなさい。（4点）

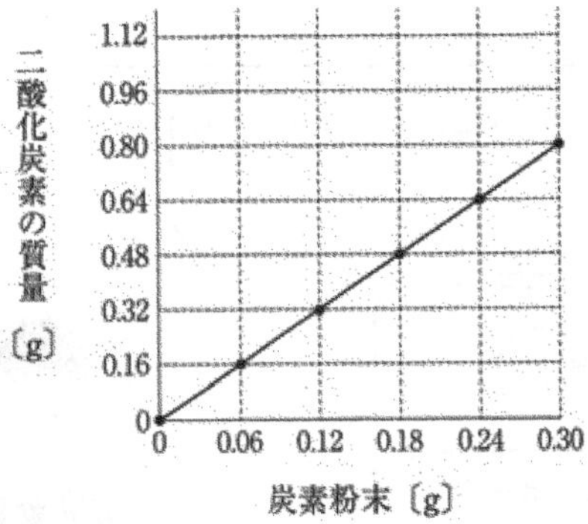

ア

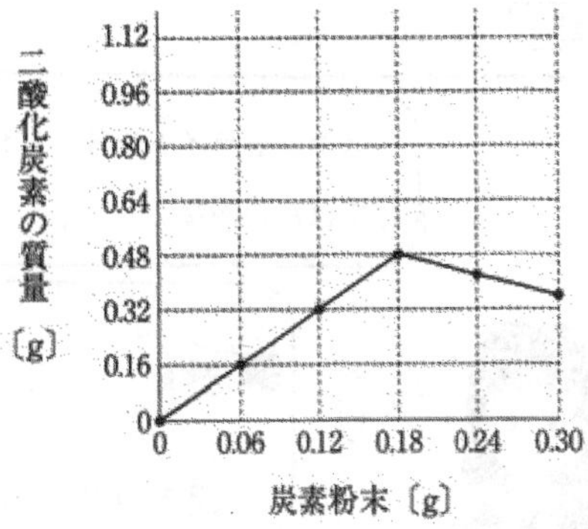

イ

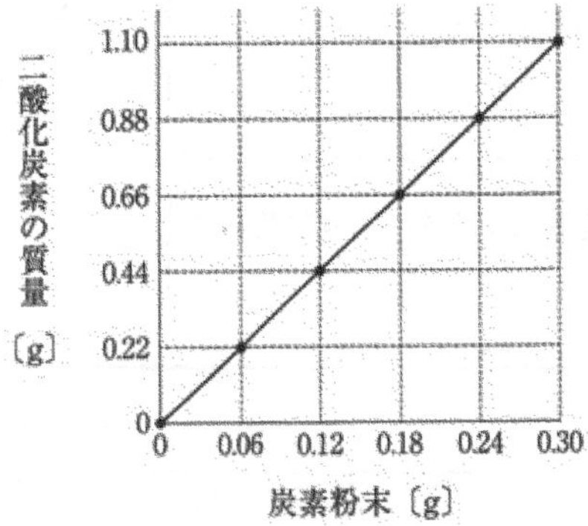

ウ

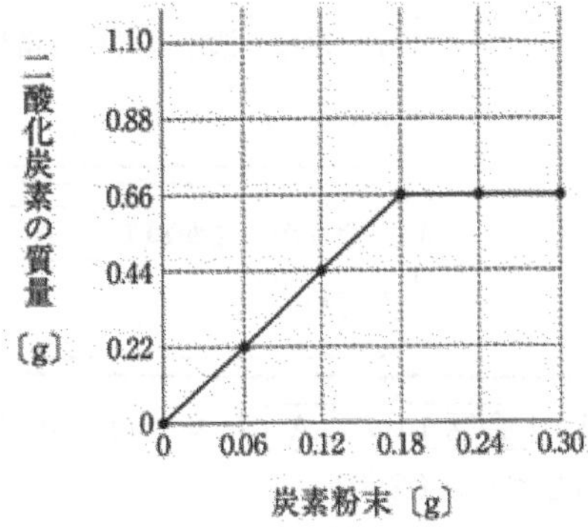

エ

(2)　**試料A** 2.50 g から得られる**試料B**の銅の割合をできるだけ高くするには，何 g の炭素粉末と反応させるのが最も適切か，書きなさい。また，そのとき得られる**試料B**に含まれる銅の質量は何 g か，求めなさい。ただし，酸化銅は銅と酸素が４：１の質量比で結びついたものとします。(４点)

5　演劇部のＫさんとＭさんは，四方八方に広がる光を一方向に集める図１のようなスポットライトを，部活動で使用するために自作できないかと考え，試行錯誤しています。問１～問５に答えなさい。(19点)

図１

会話1

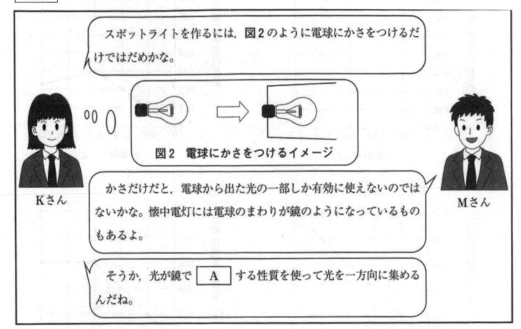

スポットライトを作るには，図2のように電球にかさをつけるだけではだめかな。

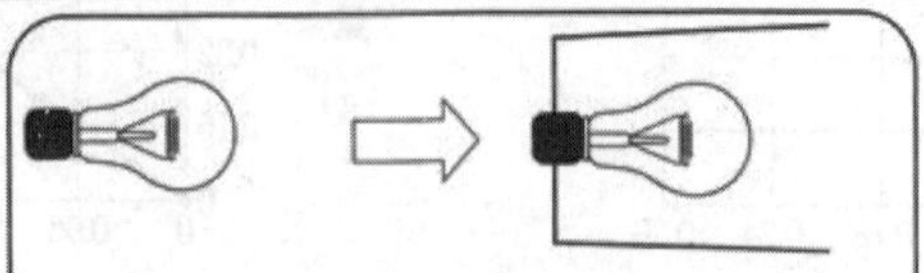

図2　電球にかさをつけるイメージ

Kさん

Mさん

かさだけだと，電球から出た光の一部しか有効に使えないのではないかな。懐中電灯には電球のまわりが鏡のようになっているものもあるよ。

そうか，光が鏡で　A　する性質を使って光を一方向に集めるんだね。

問1　会話1 の　A　にあてはまる語を書きなさい。(3点)

問2　Kさんは，電球のまわりを鏡でおおい，スクリーンを照らす実験を行いました。図3は，その断面のようすを横から見た模式図です。矢印の向きに出た光はどのように進みますか。スクリーンまでの光の道すじを，定規を用いて作図しなさい。(4点)

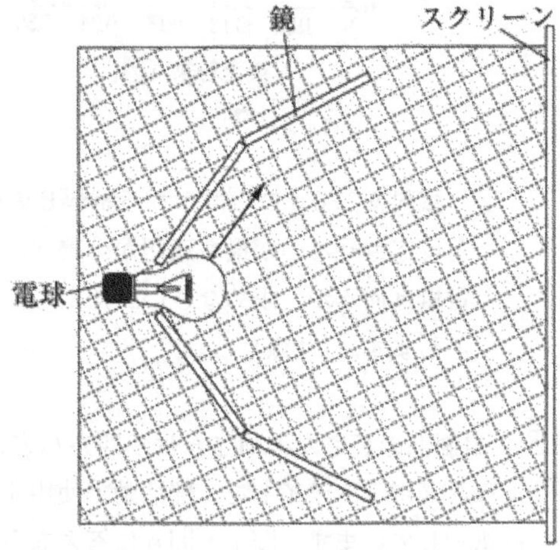

図3

会話2

Kさん

スポットライトを作るなら，凸レンズでも光を一方向に集められるのではないかな。

なるほどね。光源に対する凸レンズの位置を変えて，光の進み方がどのように変わるのか，いろいろと試してみよう。

Mさん

実験

課題

光源に対する凸レンズの位置によって，光の進み方はどのように変わるのだろうか。

【方法】

［1］ 直径が6㎝で焦点距離が10㎝の凸レンズを準備し，**図4**のように光学台の上に光源，凸レンズ，スクリーンを置いた装置を組み立て，光源のフィラメントが凸レンズの軸（光軸）上になるように調整した。

［2］ 光源を固定したまま凸レンズの位置を変え，スクリーンにうつる光のようすを，スクリーンを凸レンズから10㎝ずつ遠ざけて調べた。

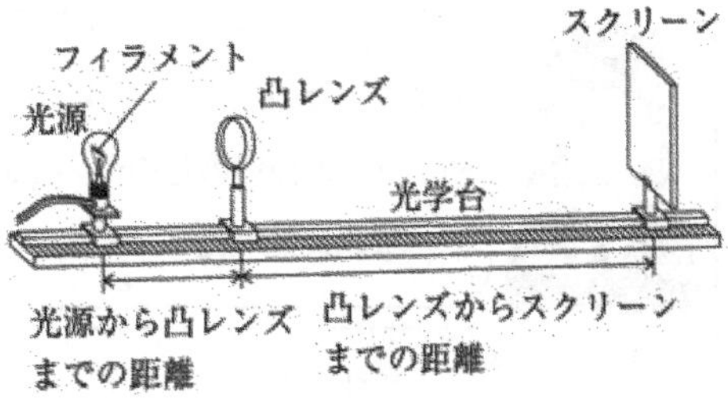

図4

【結果】

<table>
<tr><td colspan="2" rowspan="2"></td><td colspan="6">凸レンズからスクリーンまでの距離</td></tr>
<tr><td>10 cm</td><td>20 cm</td><td>30 cm</td><td>40 cm</td><td>50 cm</td><td>60 cm</td></tr>
<tr><td rowspan="2">光源から凸レンズまでの距離</td><td>10 cm</td><td colspan="6">像はできず，いずれの距離でも明るい光が直径約6 cmの円としてうつった。</td></tr>
<tr><td>20 cm</td><td>像はできず，明るい光が直径約3 cmの円としてうつった。</td><td>上下左右が逆向きのフィラメントの<u>実像ができた</u>。</td><td colspan="4">像はできず，遠ざけるほど光が広がり，暗くなった。</td></tr>
</table>

問3 **【結果】**の下線部について，このときできた像の大きさはもとの光源の大きさの何倍ですか。最も適切なものを，次の**ア**～**エ**の中から一つ選び，その記号を書きなさい。（4点）

ア 0.5倍　　**イ** 1倍　　**ウ** 1.5倍　　**エ** 2倍

問4 実験 について，光源から凸レンズまでの距離が10㎝のとき，スクリーンを凸レンズから遠ざけても，明るい光が同じ大きさの円としてうつる理由を，**平行**という語を使って説明しなさい。ただし。光源から出た光は凸レンズの軸(光軸)上の1点から出たものとします。（4点）

会話3

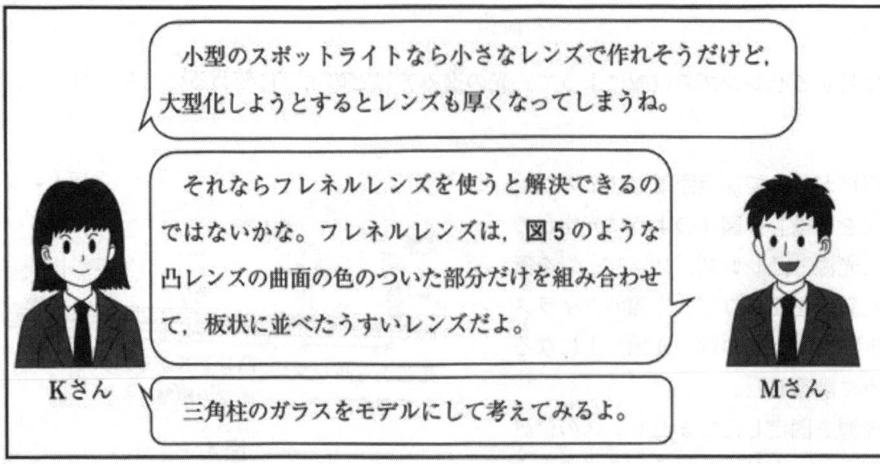

小型のスポットライトなら小さなレンズで作れそうだけど，大型化しようとするとレンズも厚くなってしまうね。
それならフレネルレンズを使うと解決できるのではないかな。フレネルレンズは，図5のような凸レンズの曲面の色のついた部分だけを組み合わせて，板状に並べたうすいレンズだよ。
三角柱のガラスをモデルにして考えてみるよ。
Kさん
Mさん

図5

問5　Kさんはフレネルレンズを理解するために，三角柱のガラスを机に並べ，光源装置から光を当てる実験を行いました。図6は，そのようすを上から見た模式図です。Kさんは，1点から出た光源装置の光を図6の6か所の［　］に置いた三角柱のガラスに当てると，それぞれの光がたがいに平行になるように進むことを確認しました。このときの三角柱のガラスの並べ方として最も適切なものを，次のア～エの中から一つ選び，その記号を書きなさい。（4点）

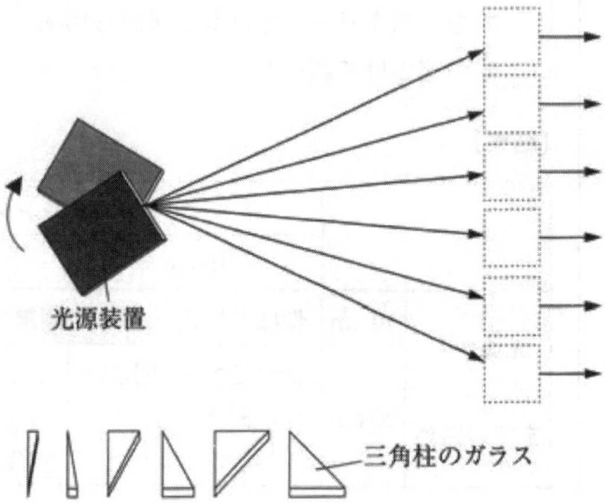

図6

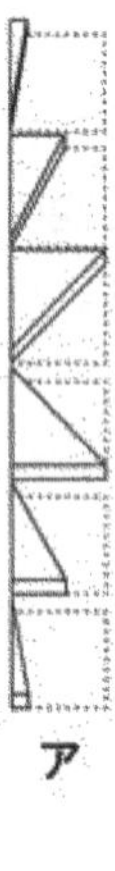

ア

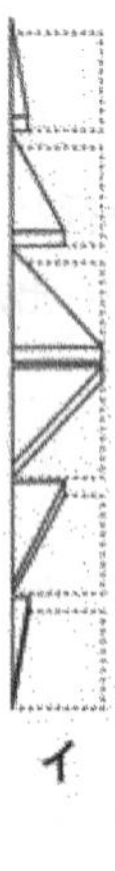

イ

ウ

エ

<社会>　時間　50分　満点　100点

1　Sさんは，次の**地図**に示した国や地域について調べました。**地図**をみて，問1～問4に答えなさい。(14点)

地図

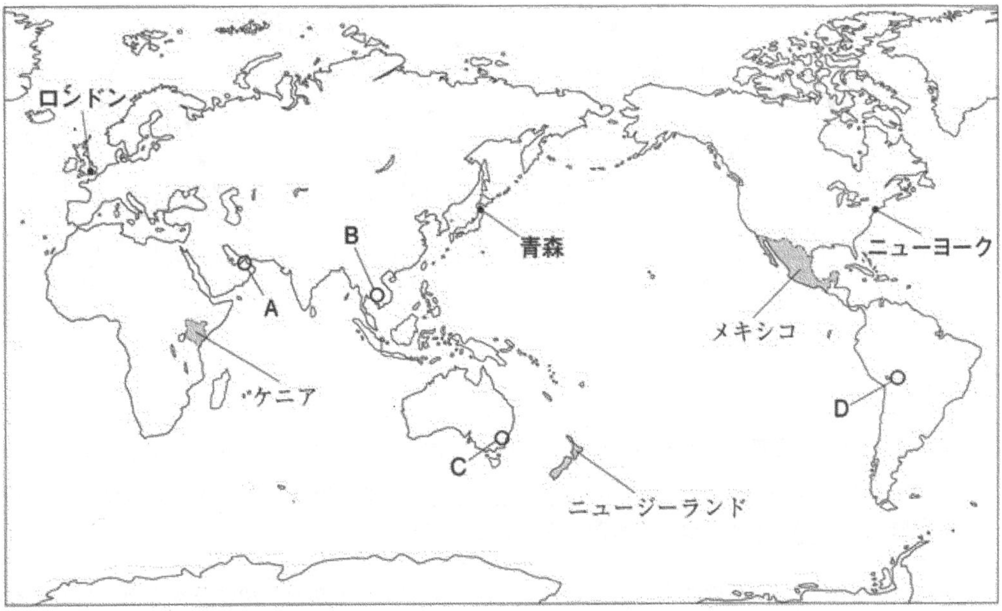

問1　六大陸のうち，**地図**中のケニアがある大陸の名称を書きなさい。(3点)

問2　Sさんは，**地図**中の**A**～**D**のいずれかの地域にみられる人々の生活の様子について調べ，次の**カードⅠ**と**カードⅡ**をつくりました。**カードⅠ**，**カードⅡ**と**地図**中の**A**～**D**の地域の組み合わせとして最も適切なものを，次のページの**ア**～**エ**の中から一つ選び，その記号を書きなさい。(3点)

カードⅠ

石油で得た資金で，砂漠の中に近代都市が建設され，高層ビルなどが建ち並んでいます。豊かな生活を送る人々が増え，観光開発に力を入れています。

カードⅡ

海洋からしめった風がふきこむ雨季と，大陸から乾燥した風がふきこむ乾季がみられ，雨季になると，水上集落の家のすぐ下まで，湖の水位が上がります。

ア　カードⅠ－A　　カードⅡ－B　　イ　カードⅠ－A　　カードⅡ－D
ウ　カードⅠ－C　　カードⅡ－B　　エ　カードⅠ－C　　カードⅡ－D

問3　Sさんは，**地図**中に示した**ロンドン**，**青森**，**ニューヨーク**の三つの都市の気温と降水量について調べ，次の**グラフ1**をつくり，下のようにまとめました。**まとめ**の中の X にあてはまることばと，Y にあてはまる語をそれぞれ書きなさい。（5点）

グラフ1

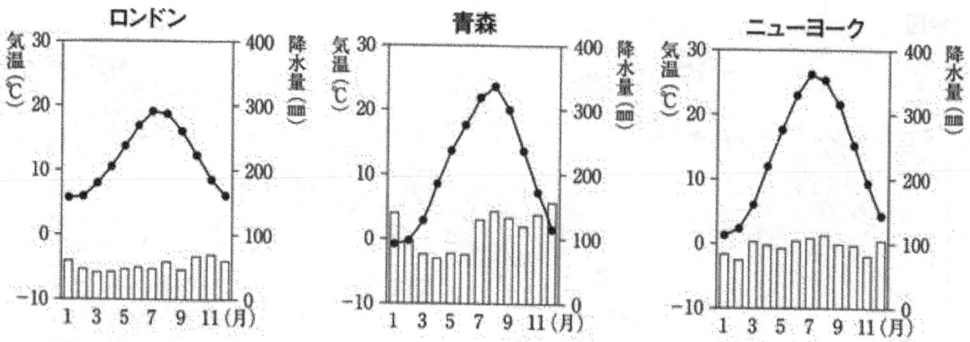

（気象庁ホームページから作成）

まとめ

ロンドンは，**青森**と**ニューヨーク**より高緯度に位置しています。しかし，**グラフ1**から，三つの都市の冬の気温を比べると，［　X　］ことが読みとれます。これは，**ロンドン**が暖流の［ Y ］海流などの影響を受けるためです。

問4　Sさんは，日本が**地図**中のメキシコとニュージーランドから，かぼちゃを輸入していることに興味をもち調べたところ，次の**グラフ2**をみつけました。**グラフ2**から読みとれる内容を述べた文として正しいものを，次のページの**ア**～**オ**の中から**すべて**選び，その記号を書きなさい。（3点）

グラフ2　東京都中央卸売市場におけるかぼちゃの月別入荷量（2020年）

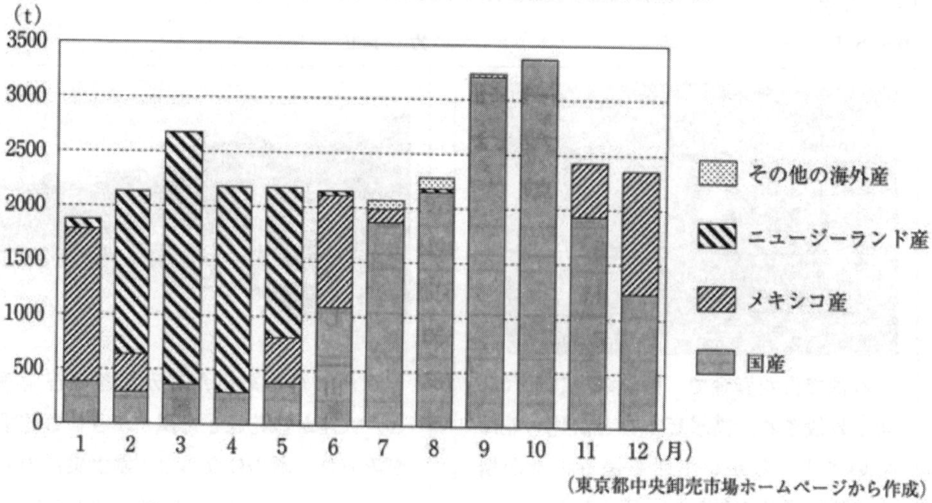

（東京都中央卸売市場ホームページから作成）

ア　1月から12月のうち，メキシコ産の入荷量が，国産の入荷量より多い月はない。
イ　2月から5月は，ニュージーランド産の入荷量が，国産の入荷量より多い。
ウ　11月の入荷量のうち，メキシコ産の入荷量の割合は，10%以下である。
エ　10月の国産の入荷量は，12月の国産の入荷量の2倍以上である。
オ　国産の年間入荷量は，10000 t を超えている。

2　Nさんは，地理的分野の授業で日本の諸地域を学習したあと，**地図1**を作成しました。**地図1**をみて，問1～問5に答えなさい。(16点)

地図1

問1　次のページの**資料1**は，**地図1**中のA――Bに沿って，断面図を模式的にかいたものです。**資料1**中の L 山脈は，日本アルプスとよばれる三つの山脈の一つにあたります。 L にあてはまる語を書きなさい。(3点)

資料１

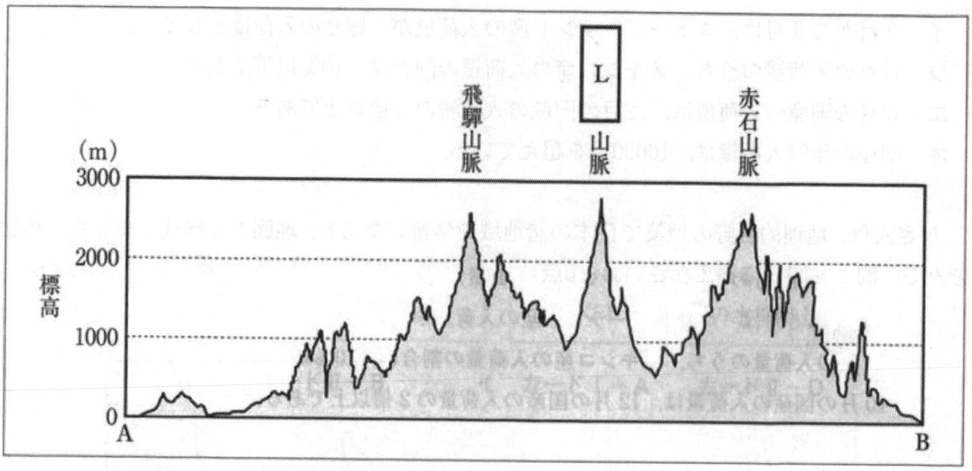

問２　Nさんは，前のページの**地図１**中の上越市，上田市，浜松市の三つの都市の１月と７月の平均気温と降水量を調べ，次の**表１**をつくりました。**表１**中のⅠ～Ⅲにあてはまる都市の組み合わせとして正しいものを，下の**ア**～**カ**の中から一つ選び，その記号を書きなさい。（３点）

表１

	平均気温		降水量	
	１月	７月	１月	７月
Ⅰ	6.3℃	26.3℃	59.2 mm	209.3 mm
Ⅱ	2.5℃	25.0℃	429.6 mm	206.8 mm
Ⅲ	−0.5℃	23.9℃	29.3 mm	135.6 mm

（気象庁ホームページから作成）

ア　Ⅰ－上越市　　Ⅱ－上田市　　Ⅲ－浜松市
イ　Ⅰ－上越市　　Ⅱ－浜松市　　Ⅲ－上田市
ウ　Ⅰ－上田市　　Ⅱ－上越市　　Ⅲ－浜松市
エ　Ⅰ－上田市　　Ⅱ－浜松市　　Ⅲ－上越市
オ　Ⅰ－浜松市　　Ⅱ－上越市　　Ⅲ－上田市
カ　Ⅰ－浜松市　　Ⅱ－上田市　　Ⅲ－上越市

問３　次のページの**表２**は，中部地方各県の，2019年における人口と農業産出額について，各県を人口の多い順に並べたものです。**表２**中のX～Zには石川県，山梨県，愛知県のいずれかがあてはまり，ａとｂには米と果実のいずれかがあてはまります。Ｙとａの組み合わせとして正しいものを，下の**ア**～**カ**の中から一つ選び，その記号を書きなさい。（３点）

ア　Ｙ－石川県　　ａ－米　　**イ**　Ｙ－石川県　　ａ－果実
ウ　Ｙ－山梨県　　ａ－米　　**エ**　Ｙ－山梨県　　ａ－果実
オ　Ｙ－愛知県　　ａ－米　　**カ**　Ｙ－愛知県　　ａ－果実

表2

	人口(千人)	農業産出額(億円)	a	b	野菜
X	7552	2949	190	298	1010
静岡県	3644	1979	234	198	607
新潟県	2223	2494	86	1501	317
長野県	2049	2556	743	473	818
岐阜県	1987	1066	55	229	323
Y	1138	551	34	299	97
富山県	1044	654	24	452	56
Z	811	914	595	61	110
福井県	768	468	9	309	81

（データでみる県勢2022年版などから作成）

問4　次は，(47ページ) **地図1**中の愛知県に関連して，日本の産業の特色について学習する授業における，先生とNさんの会話です。会話文中の［P］にあてはまることばと，［Q］にあてはまる語をそれぞれ書きなさい。（5点）

先　生：愛知県は，自動車などの輸送用機械工業がさかんであることを学習しました。では，自動車の生産は，どのようなところで，どのように行われているのでしょうか。

Nさん：はい。**資料2**から，自動車の組み立てに必要な部品は，部品工場から組み立て工場へ納入されるしくみになっていることが読みとれます。

資料2　自動車の生産の流れ

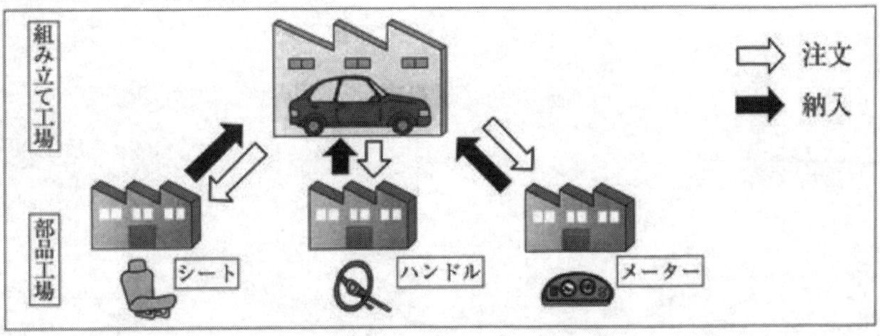

先　生：そのとおりです。自動車の生産は，組み立て工場と部品工場との協力で成り立っています。これらをふまえると，**地図2**（次のページ）から，どのようなことが読みとれますか。

Nさん：はい。組み立て工場へ効率よく部品を納入するため，［　P　］ことが読みとれます。

地図2 愛知県における主な自動車関連工場の分布(2021年)

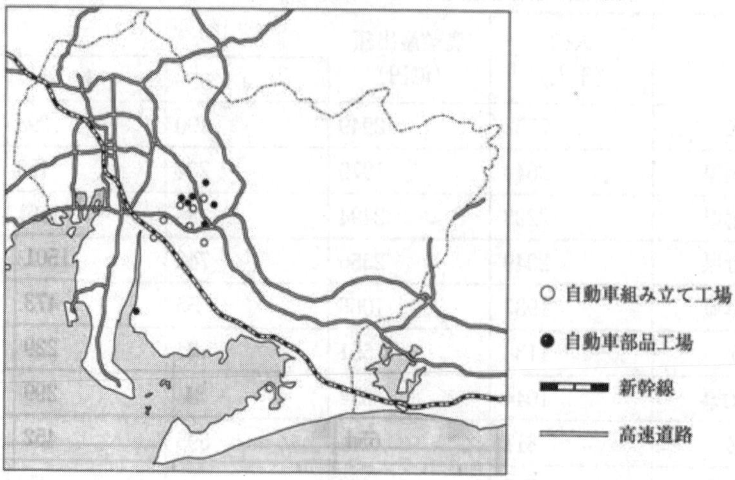

(日本自動車工業会資料から作成)

先 生：そうですね。さらに，完成した自動車を日本各地や世界の国々へ運びやすくするため，**地図2**から，組み立て工場がどのようなところにあるか，読みとれますか。

Nさん：はい。組み立て工場は，主に [Q] 沿いや一部海沿いにあることが読みとれます。

先 生：そのとおりです。

問5 次の**資料3**は，**地図1**(47ページ) 中の**佐久島**(さくしま)を上空から撮影したものです。また，次のページの**地図3**は，**佐久島**を示した2万5千分の1の地形図です。**資料3**を撮影した方向として最も適切なものを，**地図3**中の**ア**～**エ**の中から一つ選び，その記号を書きなさい。(2点)

資料3

(Google Earth から作成)

地図３

※編集の都合により90％に縮小してあります。

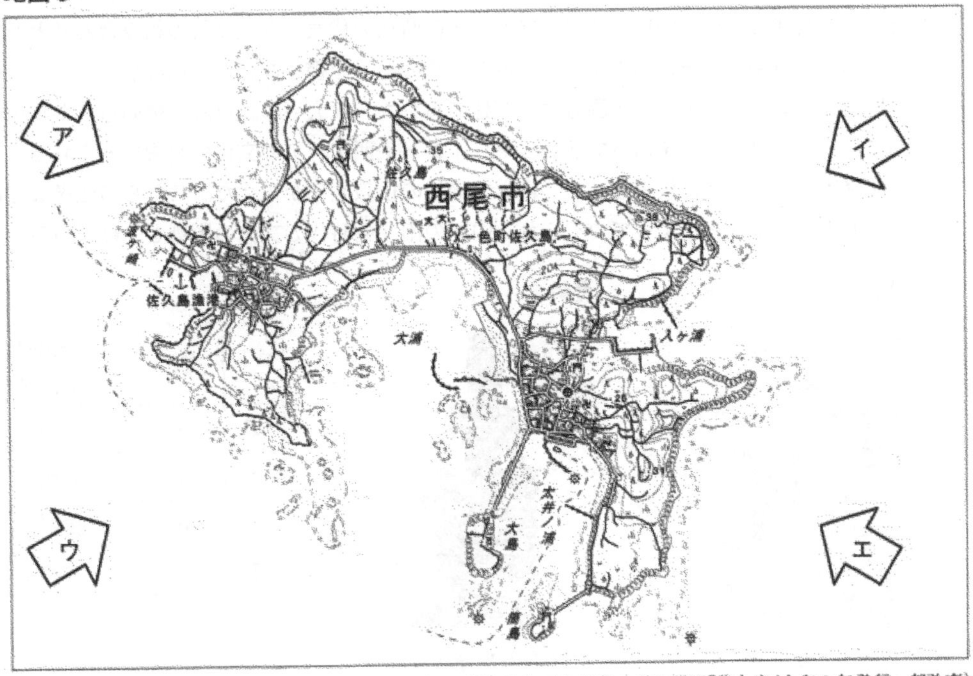

（国土地理院２万５千分の１地形図「佐久島」令和３年発行一部改変）

3　次のⅠ～Ⅴは，Ｍさんが，五つの異なる時代の資料を調べ，それらの資料の一部を，わかりやすくなおしてまとめたものです。これをみて，問１～問５に答えなさい。(16点)

Ⅰ	一に曰く，和をもって貴しとなし，さからうことなきを宗とせよ。 二に曰く，あつく三宝を敬え。三宝とは仏・法・僧なり。 三に曰く，詔をうけたまわりては必ずつつしめ。
Ⅱ	私が送らせた記録をみましたところ，唐の国力の衰退しているようすが詳しく書かれていました。これから遣唐使にどのような危険が生じるかしれません。どうか遣唐使の派遣の可否を審議し決定するようお願いします。
Ⅲ	日本はときどき中国に使いを送ってきたが，私（フビライ）の時代になってからは一人の使いもよこさない。今後は友好を結ぼうではないか。武力を使いたくはないのでよく考えてほしい。
Ⅳ	諸国の百姓が刀やわきざし，弓，やり，鉄砲，そのほかの武具などを持つことは，かたく禁止する。
Ⅴ	一　学問と武道にひたすら精を出すようにしなさい。 一　諸国の城は，修理する場合であっても，必ず幕府に申し出ること。まして新しい城を造ることは厳しく禁止する。

問１　Ｍさんは，文化に興味をもち調べたところ，次のａ．ｂの文と**資料１**，**資料２**をみつけました。Ⅰの時代の文化について述べた文と，その時代の代表的な文化財の組み合わせとして正しいものを，**表**中の**ア**～**エ**の中から一つ選び，その記号を書きなさい。(３点)

ａ　地方には国ごとに国分寺と国分尼寺が建てられた。東大寺の正倉院に納められた美術工芸品には，シルクロードを通って伝わった，インドや西アジアの文化の影響もみられる。

ｂ　法隆寺の仏像などに代表される，日本で最初の仏教文化が栄えた。これらの仏像などは，主に渡来人の子孫らによってつくられ，中国の南北朝時代の文化の影響も受けている。

資料１

鳥毛立女屏風

資料２

広隆寺の弥勒菩薩像

表

	文化	代表的な文化財
ア	a	**資料１**
イ	a	**資料２**
ウ	b	**資料１**
エ	b	**資料２**

問２　Ⅱの時代の資料は，遣唐使に任命された人物が，天皇に提案をした書状の一部です。この書状を出した人物名を書きなさい。(３点)

問３　Ⅲの時代における元寇のあとのできごとを述べた文として正しいものを，次の**ア**～**エ**の中から一つ選び，その記号を書きなさい。(２点)

ア　幕府は，御家人が手放した土地を返させる徳政令を出した。

イ　執権の北条泰時が，御成敗式目（貞永式目）を定めた。

ウ　朝廷の勢力を回復しようとする後鳥羽上皇が兵を挙げ，承久の乱が起こった。

エ　天皇と上皇の対立や政治の実権をめぐる対立から，保元の乱と平治の乱が起こった。

問４　Ⅳの時代に起こった世界のできごとを述べた文として，その正誤の組み合わせが正しいものを，下の**ア**～**エ**の中から一つ選び，その記号を書きなさい。(３点)

Ｘ　マルコ・ポーロが「世界の記述」(「東方見聞録」) の中で，日本を「黄金の国ジパング」と紹介した。
Ｙ　李舜臣は，日本による朝鮮侵略に対して，水軍を率いて反撃した。
Ｚ　アメリカ合衆国で奴隷制度などをめぐる対立から，南北戦争が起こった。

ア　Ｘ 正　Ｙ 正　Ｚ 誤　**イ**　Ｘ 正　Ｙ 誤　Ｚ 誤
ウ　Ｘ 誤　Ｙ 正　Ｚ 誤　**エ**　Ｘ 誤　Ｙ 正　Ｚ 正

問５　Ｍさんは，Ⅴの時代の大名の統制について調べ，(次のページの) **資料３**と**資料４**をみつけました。**資料３**中の下線部の制度の名称を書きなさい。また，この制度によって藩の財政が苦しくなった理由を，**資料４**から読みとれることにふれて書きなさい。(５点)

資料3　幕府による大名の統制

大名に対して，定期的に領地と江戸とを往復するよう命じた。江戸での滞在時は，江戸城を守る役割を命じ，妻や子を江戸に住まわせた。

資料4　佐賀藩(鍋島氏)の予算の内訳(1655年)

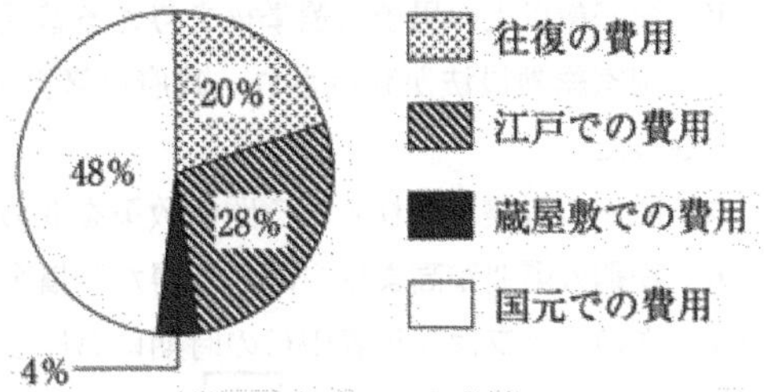

(注)国元とは，大名の領地のことである。

(『日本の歴史15　大名と百姓』から作成)

4　次の年表をみて，問1～問5に答えなさい。(17点)

西暦(年)	で　き　ご　と
1874	・民撰議院設立の建白書が提出される
1889	・大日本帝国憲法が発布される
1919	・ベルサイユ条約が結ばれる
1939	・第二次世界大戦が始まる
1951	・サンフランシスコ平和条約が結ばれる
1978	・日中平和友好条約が結ばれる
1997	・京都議定書が採択される

(A：1874～1889　B：1889～1919　C：1919～1939　D：1951～1997　E：1978～1997)

問1　次は，年表中Aの時期のできごとについてまとめたものです。**まとめ1**の中の P にあてはまる人物名と，その人物が反乱を起こした場所の地図中の位置の組み合わせとして正しいものを，下の**ア**～**カ**の中から一つ選び，その記号を書きなさい。(3点)

まとめ1

国民が政治に参加する権利の確立を目指す自由民権運動と重なりながら展開したのが，政府の改革に不満をもっていた士族の反乱でした。

士族たちは，西日本を中心に各地で反乱を起こしました。なかでも，1877年に P を中心とした士族ら約4万人が起こした西南戦争は最も大規模なものでしたが，政府軍によって鎮圧されました。

地図

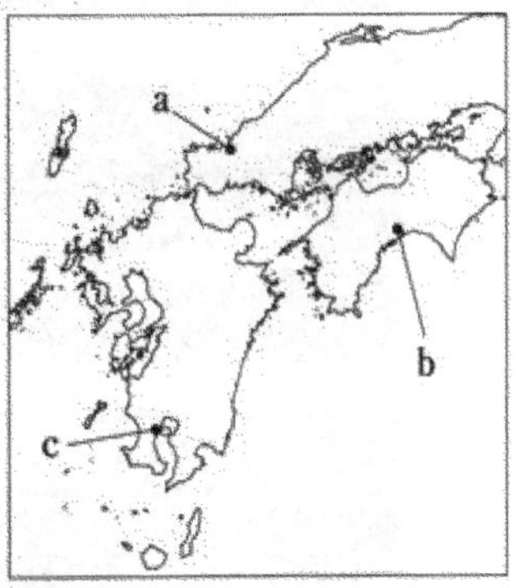

ア　P－板垣退助　位置－a　　**イ**　P－西郷隆盛　位置－a
ウ　P－板垣退助　位置－b　　**エ**　P－西郷隆盛　位置－b
オ　P－板垣退助　位置－c　　**カ**　P－西郷隆盛　位置－c

問２　前のページの年表中Ｂの時期における日本の政治や経済の様子を述べた文として正しいものを，次の**ア**～**エ**の中から一つ選び，その記号を書きなさい。（３点）

ア　満25歳以上の男子に選挙権を与える普通選挙法が成立した。

イ　国家総動員法が制定され，政府は議会の承認なしに，労働力や物資を動員できるようになった。

ウ　欧米の習慣を取り入れる欧化政策を進め，鹿鳴館が建てられた。

エ　鉄鋼の需要が高まり，清から得た賠償金などを用いて官営の八幡製鉄所が設立された。

問３　次の**グラフ**は，年表中Ｃの時期における日本の財政支出に占める軍事費の割合の推移を示したものです。**グラフ**中の X の時期の日本の財政支出に占める軍事費の割合が，他の時期と比べてどのようになっているかについて，**資料**からわかることにふれながら，**「国際協調」**という語を用いて書きなさい。（５点）

グラフ

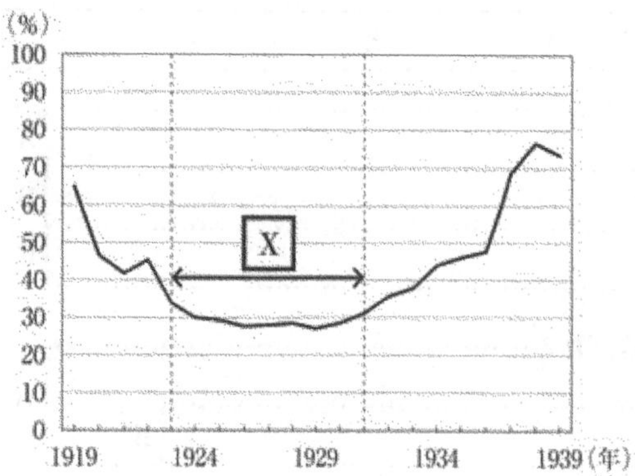

（『昭和財政史 第四巻』から作成）

資料　1922年にワシントン会議で結ばれた条約の主な内容

> 基準の重量三万五千トンを超える主力艦は，いずれの締約国も取得したり，建造したりすることはできない。

問４　次の**ア**～**エ**は，年表中Ｄの時期に起こったできごとを報じた新聞記事の見出しと写真の一部です。年代の**古い**順に並べかえ，その順に記号で書きなさい。（３点）

ア

イ

ウ

エ

問５　次は，年表中Ｅの時期における日本の社会や経済についてまとめたものです。**まとめ２**の中の［Ｑ］にあてはまる語を，書きなさい。（３点）

まとめ２

1980年代後半，企業などが，株価や地価の上昇によって発生する差額で利益を得る投機を行ったことで，株価や地価が異常に高くなる「［Ｑ］経済」とよばれる不健全な経済の状況になりました。この「［Ｑ］経済」は，1990年代の初めに崩壊しました。

5　Ｋさんのクラスでは，公民的分野の学習のまとめとして，自分の興味のある分野からテーマを選び，調べることになりました。次の**表１**は，Ｋさんが興味をもった分野とテーマについてまとめたものです。**表１**をみて，問１～問７に答えなさい。（23点）

表１

分野	テーマ
人権と共生社会	・①共生社会では，どのような取り組みが必要なのだろうか。
国の政治のしくみ	・②国会と内閣の関係はどのようなものなのだろうか。
③裁判員制度と司法制度改革	・裁判員にはどのような役割と責任があるのだろうか。
市場経済のしくみと金融	・④為替相場とはどのようなものなのだろうか。
労働の意義と⑤労働者の権利	・労働者の権利はどのように守られているのだろうか。
社会保障のしくみ	・⑥社会保障制度はどのようなものなのだろうか。
⑦さまざまな国際問題	・問題の解決に向けて，どのような取り組みが必要なのだろうか。

問１　下線部①に関連して，Ｋさんは，共生社会の実現について調べ，次のようにまとめました。**まとめ１**の中の［Ⅰ］と［Ⅱ］にあてはまる語の組み合わせとして正しいものを，次のページの**ア**～**エ**の中から一つ選び，その記号を書きなさい。（３点）

まとめ１

障がいがあっても教育や就職の面で不自由なく生活できるといったインクルージョンの実現が求められています。例えば，**資料１**のように，公共の交通機関や建物では，障がいのある人々も利用しやすいように，段差をなくすといった［Ⅰ］が進められています。

また，**資料２**は，片側のハンドルを円形でなくすることで，どのような握り方にも対応した「はさみ」です。このように，製品やサービスを，言語や性別，障がいの有無などにかかわらず，だれもが利用しやすいように工夫した，［Ⅱ］が広がってきています。

資料１

資料２

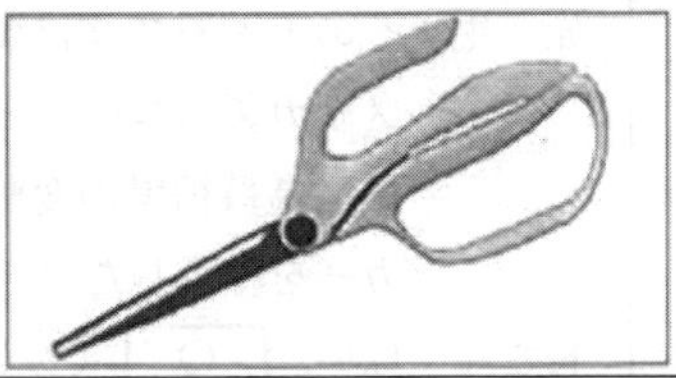

ア　Ⅰ－グローバル化　　　Ⅱ－ユニバーサルデザイン
イ　Ⅰ－グローバル化　　　Ⅱ－インフォームド・コンセント
ウ　Ⅰ－バリアフリー化　　Ⅱ－ユニバーサルデザイン
エ　Ⅰ－バリアフリー化　　Ⅱ－インフォームド・コンセント

問２　下線部②に関連して，衆議院で内閣不信任の決議が可決された場合，内閣はどのようなことを選択しなければならないかを，具体的に説明しなさい。（５点）

問３　下線部③について述べた文として正しいものを，次の**ア**～**オ**の中から**すべて**選び，その記号を書きなさい。（３点）

ア　裁判員制度の対象になるのは，殺人や強盗致死などの重大な犯罪についての刑事裁判である。
イ　一つの事件の裁判は，3人の裁判員と６人の裁判官が協力して行う。
ウ　裁判員は，満18歳以上の立候補した国民の中から，試験によって選ばれる。
エ　裁判員が参加するのは地方裁判所で行われる第一審だけで，第二審からは参加しない。
オ　裁判員は，公判に出席して，被告人や証人の話を聞いたり，証拠を調べたりし，有罪か無罪かの判断は，裁判官だけで行う。

問４　次は，下線部④について学習する授業における，先生とＫさんの会話です。会話文中の［Ｐ］と［Ｑ］にあてはまる語の組み合わせとして正しいものを，次のページの**ア**～**エ**の中から一つ選び，その記号を書きなさい。（３点）

先　生：外国と貿易したり，海外旅行をしたりするときには，為替相場を考えることになります。為替相場は，外国通貨の１単位が日本円のいくらにあたるかで示されます。これらについて，**資料３**からどのようなことがわかりますか。

資料３

年月	2016年１月	2016年８月
為替相場	１ドル＝120円	１ドル＝100円
アメリカ製スニーカー（一足80ドル）	80ドル＝9600円 	80ドル＝［Ｑ］ 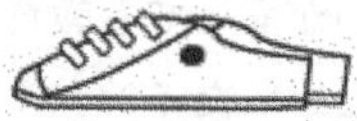

Ｋさん：はい。**資料３**から，2016年の１月に１ドルが120円だった為替相場は，同じ年の８月には１ドルが100円になっていることがわかります。この場合，円をもっている人からみれば，120円を出さなければ交換できなかった１ドルを100円で交換できるようになり，円の価値が上がりドルの価値が下がったことを意味します。このように，外国通貨に対して円の価値が上がることを［Ｐ］といいます。

先　生：そのとおりです。**資料３**から，例えば，１ドルが120円のとき，一足80ドルのアメリカ製スニーカーを輸入したときの支払額は，日本円で一足9600円です。その後，為替相場の変動によって，１ドルが100円になると，同じアメリカ製スニーカーを輸入したときの支払額は，日本円で一足いくらですか。

Ｋさん：はい。［Ｑ］です。

先　生：そのとおりです。為替相場の変動は，私たちの生活にも影響をおよぼすということですね。

ア　P－円高　Q－11200円　**イ**　P－円高　Q－8000円
ウ　P－円安　Q－11200円　**エ**　P－円安　Q－8000円

問５　下線部⑤に関連して，Kさんは，労働者の権利を守る法律について調べ，ある法律の主な内容を次のようにまとめました。この法律の名称を書きなさい。（３点）

・労働条件は，労働者と使用者が，対等の立場において決定すべきものとする。
・男女は同一の賃金とする。
・労働時間は原則として，週40時間，１日８時間以内とする。
・労働者には，少なくとも週１日の休日が与えられるものとする。

問６　下線部⑥に関連して，Kさんは，日本の社会保障制度の四つの柱について調べ，次の**表２**をつくりました。**表２**中の X ～ Z にあてはまる語の組み合わせとして正しいものを，下の**ア**～**カ**の中から一つ選び，その記号を書きなさい。（３点）

表２

四つの柱	社会保障の内容
社会福祉	高齢者や子どもなど，社会の中で弱い立場になりやすい人々を支援する。
X	人々が毎月保険料を負担し合い，病気や高齢の人々に給付する。
Y	生活環境の改善や感染症の予防などで，人々の健康や安全な生活を守る。
Z	最低限の生活ができない人々に対して，生活費や教育費などを支給する。

ア　X－公衆衛生　Y－社会保険　Z－公的扶助
イ　X－公衆衛生　Y－公的扶助　Z－社会保険
ウ　X－社会保険　Y－公衆衛生　Z－公的扶助
エ　X－社会保険　Y－公的扶助　Z－公衆衛生
オ　X－公的扶助　Y－公衆衛生　Z－社会保険
カ　X－公的扶助　Y－社会保険　Z－公衆衛生

問７　下線部⑦に関連して，Kさんは，国際問題の解決に向けた取り組みについて調べ，次のようにまとめました。**まとめ２**の中の R にあてはまる語を書きなさい。（３点）

まとめ２

現在の国際社会では，世界各地で，暮らしていた場所から周辺国などへとにげこむ， R が増えています。その要因は，地域紛争や貧困のほか，自然災害など，さまざまです。こうした状況から，「国連 R 高等弁務官事務所（UNHCR）」では，食料や水などを援助しており，また，自力で生活を立て直したり，

資料４

住み慣れた場所にもどったりするための支援も行っています。**資料４**は，日本人初の国連 [R] 高等弁務官として活躍した，緒方貞子さんの活動の様子です。

6　Ｆさんは，３年間の社会科学習のまとめとして，持続可能な開発目標（SDGs）をもとに日本のさまざまな課題などについて調べ，次の**カードⅠ～カードⅣ**をつくりました。これらに関する問１～問４に答えなさい。(14点)

カードⅠ

ゴール４
質の高い教育を
みんなに

江戸時代には，武士から庶民まで教育の広がりがみられました。だれもが公平に，良い教育を受けられるように，学びの機会を広めていくことが必要です。

カードⅡ

ゴール７
エネルギーをみんなに
そしてクリーンに

電力などのエネルギーは，私たちの生活に欠かせないものです。日本では，省エネルギーの技術の開発とともに，新たなエネルギー資源の開発も求められています。

カードⅢ

ゴール13
気候変動に
具体的な対策を

日本の年平均気温は，変動を繰り返しながら上昇しています。自然環境の変化で，集中豪雨や局地的な大雨が，いたるところで起こっています。

カードⅣ

ゴール11
住み続けられる
まちづくりを

大都市の過密を解消するために建設された大規模な宅地であるニュータウンは，住民の高齢化や住宅の老朽化が急速に進んでいます。

問１　**カードⅠ**に関連して，次の**ア～エ**は，日本の教育に関するできごとについて述べたものです。年代の**古い順**に並べかえ，その順に記号で書きなさい。(３点)

ア　教育勅語が出されて，忠君愛国の道徳が示され，教育の柱とされるとともに，国民の精神的なよりどころとされた。

イ　西洋の学問をオランダ語で研究する蘭学が発達し，蘭学を教える緒方洪庵の適塾が開かれ，全国から弟子が集まった。

ウ　民主主義の教育の基本を示す教育基本法が制定され，９年間の義務教育などの学校制度が始まった。

エ　学制が公布され，欧米の学校教育制度を取り入れて，満６歳になった男女は，すべて小学校に通うように定められた。

問2　**カードⅡ**に関連して，Ｆさんは，化石燃料による発電と太陽光や風力を利用した発電の特徴について調べ，次の**表**をつくりました。**表**中のＸ～Ｚにあてはまる文①～③の組み合わせとして最も適切なものを，下の**ア**～**カ**の中から一つ選び，その記号を書きなさい。（３点）

表

	化石燃料による発電	太陽光や風力を利用した発電
利点	需要量に合わせて発電量を調節しやすい。	X
課題	Y	Z

①
埋蔵する地域の分布にかたよりがあり，採掘できる年数も限られる。

②
電力の供給が自然条件の影響を受けやすい。

③
発電時に二酸化炭素を排出しない。

ア　X－①　Y－②　Z－③　**イ**　X－①　Y－③　Z－②
ウ　X－②　Y－①　Z－③　**エ**　X－②　Y－③　Z－①
オ　X－③　Y－①　Z－②　**カ**　X－③　Y－②　Z－①

問3　**カードⅢ**に関連して，Ｆさんは，都市化が進んだ地域の気候について調べ，次のようにまとめました。**まとめ**の中の［Ｐ］にあてはまる語を書きなさい。（３点）

まとめ

地面がアスファルトで固められ，高層ビルや商業施設が集中する，東京や大阪など大都市の中心部では，周辺部と比べて気温が高くなる［Ｐ］現象がみられます。

大阪市では，**資料１**のように市役所の屋上を緑化するなど，［Ｐ］現象を緩和するための取り組みをしています。

資料１

問4　**カードⅣ**に関連して，Fさんは，大阪府にある千里ニュータウンの取り組みについて調べ，**レポート**にまとめました。**グラフ2**の［a］にあてはまる，取り組みの成果を示す最も適切なものを，あとの**ア**～**エ**の中から一つ選び，その記号を書きなさい。また，［A］にあてはまることばを書きなさい。なお，［A］には，**資料2**と**グラフ2**から読みとれる，取り組みの内容とFさんが考えるその取り組みの成果があてはまります。（5点）

レポート

＜探究課題＞

住み続けられるまちづくりを実現するため，私たちはどのようなことができるか。

＜課題設定理由＞

1960年代から宅地開発が行われている，千里ニュータウンの課題とその解決に向けた取り組みが，私たちの地域を発展させるための行動の参考になると考えたからです。

＜探究内容＞

1　千里ニュータウンの現状と主な課題

グラフ1から，1975年に約13万人であった人口は，2005年，約9万人に減少しましたが，2015年に10万人近くにまで回復していることが読みとれます。ただし，住民の高齢化は地域の課題の一つとなっています。

2　千里ニュータウンの主な取り組みとその成果

(1)　人口減少に対して，古い住宅の建てかえを進めていることが，新たな世帯を増やしていると考えられます。

(2)　高齢者の世帯の増加に対して，福祉施設を整備したり，共通の趣味で集う場をつくったりすることが，高齢者に暮らしやすい環境になっていると考えられます。

(3)　**資料2**と**グラフ2**から，子育て世代や子どもに対して，［　　A　　］と考えられます。

グラフ2

［　a　］

グラフ1

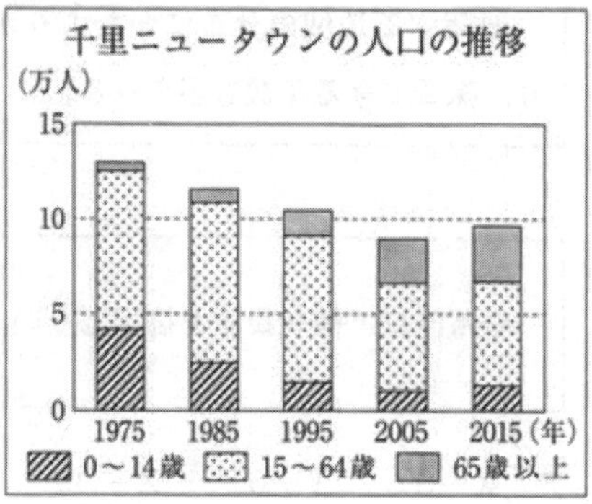

資料2　子育て世代や子どもへの主な取り組み

2010年から住宅地に設けられた地域交流ルーム

2017年から開催されている水遊びイベント

(注)レポートは一部である。

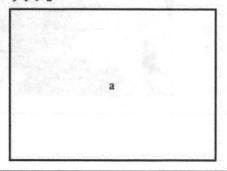

(千里ニュータウン情報館ホームページなどから作成)

ア

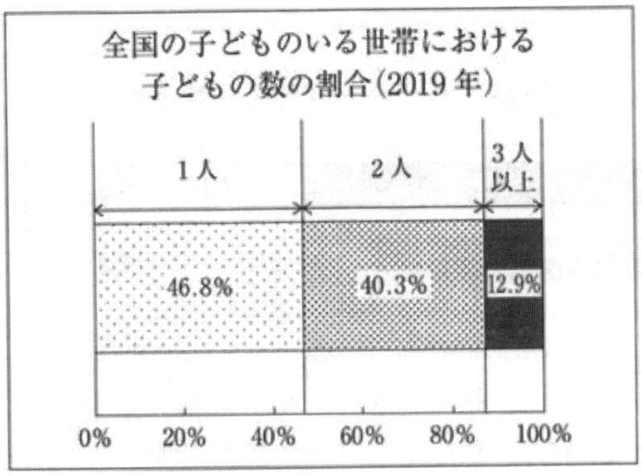

イ

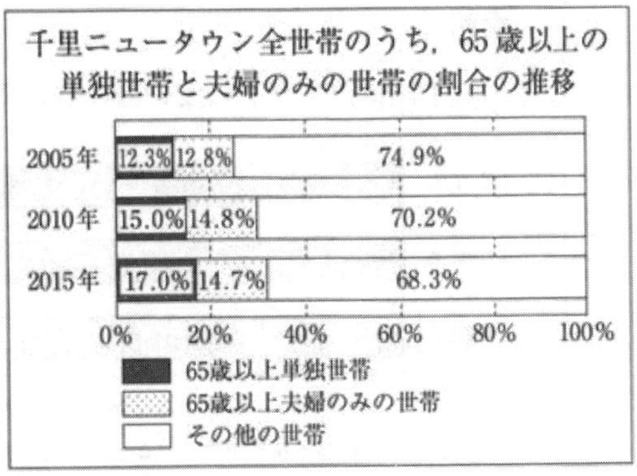

ウ

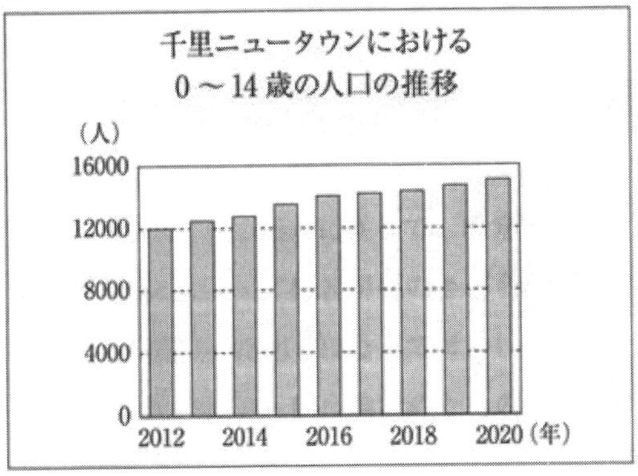

エ

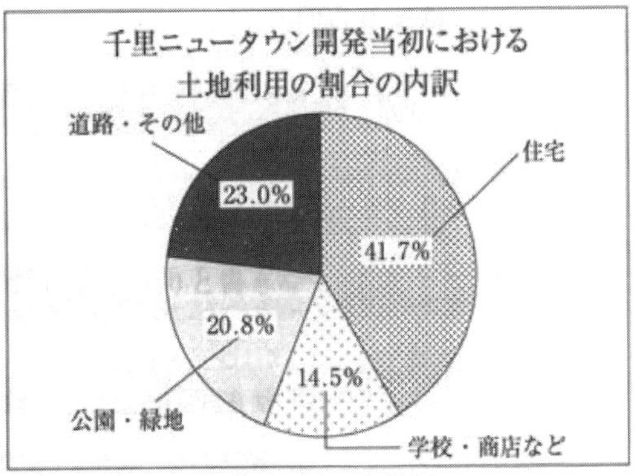

(「千里ニュータウンの資料集」などから作成)

資料

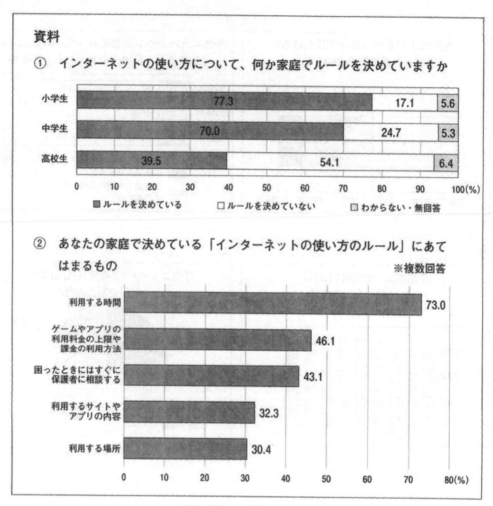

① インターネットの使い方について、何か家庭でルールを決めていますか

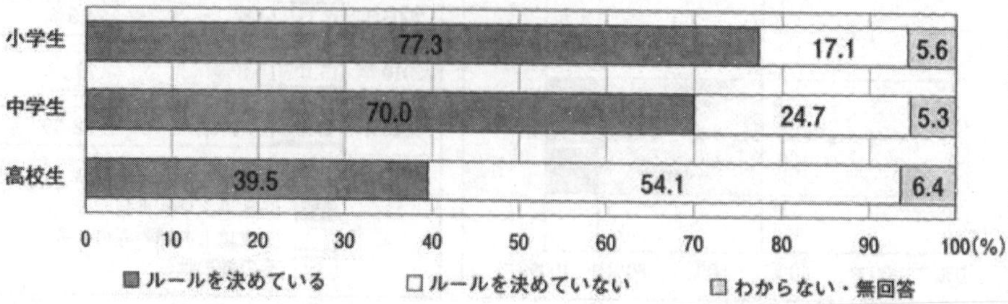

② あなたの家庭で決めている「インターネットの使い方のルール」にあてはまるもの

※複数回答

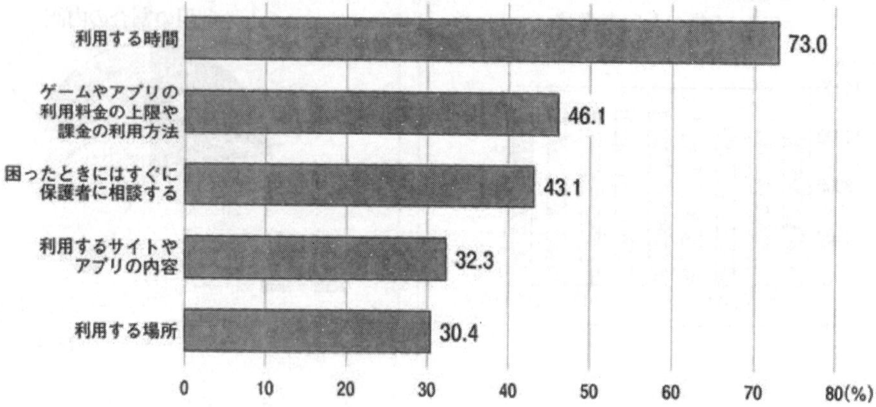

内閣府 令和3年度「青少年のインターネット利用環境実態調査」より作成

れがしが描いたやうには、得飛ぶまい（飛ぶことはできまい）。」といふた。

（「浮世物語」による。）

（注）※焼筆……細長い木の端を焼きこがして作った筆。

問1 ①望む とありますが、これは誰が望んだのですか。最も適切なものを、次の**ア**～**エ**の中から一つ選び、その記号を書きなさい。（3点）

ア よき者　**イ** 白鷺　**ウ** 絵描き　**エ** 亭主

問2 ②羽づかひがかやうでは とありますが、この部分を「現代仮名遣い」に直し、**すべてひらがな**で書きなさい。（3点）

問3 ③第一の出来物 は、「もっともすぐれた点」という意味ですが、ここでは何を指していますか。次の空欄にあてはまる内容を十五字以内で書きなさい。（3点）

［　　　　　　　　　　　　　　　］を指している。

問4 次は、この文章を読んだあとの先生とAさんの会話です。空欄 I にあてはまる内容を本文中から二十字以内で探し、そのはじめの五字を書き抜きなさい。（3点）

Aさん「先生、この文章を図書館で調べたところ、『自慢するは下手芸といふ事』という題がついていることがわかりました。」

先生「この文章は、前半では自慢する人の未熟さを述べ、後半ではそれを笑い話で説明しています。後半の登場人物が、『をのれが疵をかくさん』としている様子は、どこに表現されているかわかりますか。」

Aさん「本当の白鷺を見ても、『　I　』と負け惜しみを言っているところです。」

先生「そのとおりです。」

5 次のページの資料は、内閣府が行ったインターネットの利用についての調査結果のうち、「インターネットを利用している」と答えた満十歳から満十七歳の回答をまとめたものです。

国語の授業で、この資料から読み取ったことをもとに「インターネットの適切な利用」について、一人一人が自分の考えを文章にまとめることにしました。あとの（注意）に従って、あなたの考えを書きなさい。（12点）

（注意）

(1) **二段落構成**とし、第一段落では、あなたが資料から読み取った内容を、第二段落では、第一段落の内容に関連させて、自分の体験（見たことと聞いたことなども含む）をふまえてあなたの考えを書くこと。

(2) 文章は、十一行以上、十三行以内で書くこと。

(3) 原稿用紙の正しい使い方に従って、文字、仮名遣いも正確に書くこと。

(4) 題名・氏名は書かないで、一行目から本文を書くこと。

「私の消しゴムも、ホワイトハウスも、同じ白という色を持っている」という、当たり前に思われた事実が、

																													30
									40																				

という問題。

問4　④何かが存在するという事態を捉えるためには、そのもの以外のものに目を向ける必要がある。とありますが、その理由として最も適切なものを、次のア～エの中から一つ選び、その記号を書きなさい。（4点）

ア　そのものの在り方が定められることで、初めて輪郭を持つことが可能となるので、現に存在する同じ在り方をしている他のものを参考にして在り方を定める必要があるから。

イ　そのものは単独では存在することができず、そのものの在り方が定まり存在できるようになるためには、そのものから隔てられ区別された他のものが必要不可欠であるから。

ウ　そのものの輪郭の持ち方が、そのものが単独で存在できるかできないかを決めることになるので、他のものがどのような輪郭を持っているのか比較することが求められるから。

エ　そのものは単独で存在することができるが、他のものとどのような関係で空間に存在しているかを見ないと、そのものが存在する場所を正しく認識することができないから。

問5　本文で述べられた「ものの存在の仕方」について、次のようにまとめました。空欄 Ⅰ 、Ⅱ にあてはまる内容を、それぞれ十字以上、十五字以内で書きなさい。（7点）

個物は［　Ⅰ　］ことで存在するのに対し、普遍者は［　Ⅱ　］ことで存在する。

4　次の文章を読んで、あとの問いに答えなさい。（……の左側は口語訳です。）（12点）

今はむかし、物ごと自慢くさき（どんなことでもやたらに自慢したがる）は未練（未熟）のゆへなり。物の上手の上からは、すこしも自慢はせぬ事也（なり）。我より手上（技量がすぐれている）の者ども、広き天下にいかほどもあるなり。諸芸ばかりに限らず、侍道（さぶらひだう）にも武辺・口上（武芸・弁舌）以下、さらに（まったく）自慢はならぬものを、今の世は、貴賤（きせん）上下（身分が高い人も低い人も）それぞれに自慢して、声高に荒言（偉そうなこと）はきちらし、わがままをする者多し。その癖に、をのれが疵（きず）をかくさん（隠そう）とて、よき者を誹り（そし）（非難し）笑ふ事あり。ある者、座敷をたてて（座敷を作って）絵を描かする。白鷺（しらさぎ）の一色を（白鷺だけを描くこと）①望む。絵描き、「心得たり。」とて※焼筆（やきふで）をあつる（ふすまに焼筆で下絵を描いた）。亭主のいはく、「いづれも良さそうなれども、此（この）白鷺の飛びあがりたる、②羽（は）づかひがかやうでは、飛ばれまい。」といふ。絵描きのいはく、「いやいや此飛びやう（飛び方）が③第一の出来物（できもの）ぢや。」といふうちに、本の（本当の）白鷺が四五羽うちつれて飛ぶ。亭主これを見て、「あれ見給（たま）へ。あのやうに描きたいものぢや。」といへば、絵描きこれを見て、「いやいやあの羽づかひではあつてこそ、そ

ら概念的に区別されているということとが、切り離せないということだ。前に見た輪郭による空間的な区別だけでなく、概念的な区別もまた、何かが存在するということを成立させている。

空間的な区別は、輪郭で区切ることによって、個物を存在させている。これに対して、概念的な区別は、輪郭を持たない普遍者をも存在させていると考えることができる。

例として、「白い」という性質を取り上げる。白という色は、黒や赤といった白以外の色から区別されている。このことによって、「白い」という性質は存在することができている。

色以外の性質についても考えよう。「直方体である」という性質は、「球である」「三角錐である」といった性質から区別されることによって存在している。

このように、多くの個物や普遍者について、存在するということは、他と区別されているということと不可分である。

（川瀬和也著『ヘーゲル哲学に学ぶ　考え抜く力』による。一部省略がある。）

（注）※ホワイトハウス……アメリカ合衆国の大統領官邸。白色の外観からこのように呼ばれる。
※ヘーゲル……ドイツの哲学者。（一七七〇～一八三一）

問1　①これに対して、個別者は一つしかない。とありますが、その説明として最も適切なものを、次の**ア**～**エ**の中から一つ選び、その記号を書きなさい。（4点）

ア　消しゴムが担っているさまざまな性質は、相互の組み合わせによって変化するため、完全に同じ性質は存在しないということ。

イ　消しゴムが持つさまざまな特徴を、特定の性質として認識するのは個人であり、人によって認識には差があるということ。

ウ　ある特定の消しゴムのように、さまざまな性質を担っている個別的で具体的なものは、一つしか存在しないということ。

エ　消しゴムなどの特定の個物が担うことのできる性質は一つしかないため、普遍的なものにはなることができないということ。

問2　②「白い」という性質が存在すると言えるかどうかについては、判断することは難しいかもしれない。とありますが、その理由として最も適切なものを、次の**ア**～**エ**の中から一つ選び、その記号を書きなさい。（4点）

ア　私たちは白い消しゴムを見たことがあるが、そもそもその消しゴムが本当に存在すると言えるのかという問題について、明確な答えをもっていないから。

イ　私たちは「白い」という性質を持つ消しゴムを見たことがあるが、その消しゴムが本当に「白い」かどうかを客観的に判断する手段をもっていないから。

ウ　私たちが見ている消しゴムが「白い」という性質を持っていたとしても、同じ性質のものは世界中に存在するため、すべてを比較することができないから。

エ　私たちは消しゴムのように「白い」という性質を持つものを見たことがあっても、消しゴムの持つ「白い」という性質自体を実際に見たことはないから。

問3　③この問題　とありますが、この「問題」を説明した次のページの空欄にあてはまる内容を、**存在**、**説明**の二つの言葉を使って、三十字以上、四十字以内で書きなさい。ただし、二つの言葉を使う順序は問いません。（7点）

くる。

しかし、「白さ」が存在しないと考えると都合が悪くなる場面もある。例えば、私の消しゴムとホワイトハウスはどちらも「白い」という性質を共有していると考えられる。だからこそどちらも白いと言われる。ここで、「白い」という性質が存在しないとしたらどうなるだろうか。私の消しゴムとホワイトハウスが共通して持つものなど何もない、ということになるだろう。それではなぜ、何も共通するところのない私の消しゴムとホワイトハウスがどちらも「白い」と呼ばれることになるのだろうか。「私の消しゴムも、ホワイトハウスも、同じ白という色を持っている」という、当たり前に思われた事実が、説明不可能になってしまわないだろうか。

③この問題を回避するには、「白さ」そのものが存在すると考えた方が都合がよい。「白さ」そのもの、すなわち「白い」という性質がもし存在するなら、「私の消しゴムとホワイトハウスはどちらも〈白い〉という性質を共有している」という文を、文字通りの事実として認めることができるようになる。

※ヘーゲルも、「本当は何が存在するのか」や、「そもそも何かが存在するとはどういうことなのか」という存在論の問いを、哲学の最も重要な課題だと考えていた。ヘーゲルはこの問いに、「他のものと区別されているときである」という独特の答えを提示している。

ヘーゲルは「そこにある」ものを考えるにあたって、そこにあるものが輪郭を持っているということを重視する。

再び消しゴムについて考えてみよう。机の上に載っている消しゴムには輪郭がある。輪郭によって、消しゴムは消しゴムでないものと区別される。消しゴムの輪郭は、消しゴムが載っている机と消しゴムを隔てる。また、消しゴムの周りの何もない空間と消しゴムを隔てる。

こうして輪郭によって周囲のものや空間と区別されることで、消しゴムというものの在り方が定まる。そしてこれによって、消しゴムは現に、そこに存在することができている。

ここで重要なのは、何かが存在しているときには必ず、そのものは他のものと区別されている、ということである。現に存在するものは、輪郭を持つ。輪郭を持つということは、周囲と隔てられているということである。周囲と隔てられているということはつまり、周囲のものや空間と区別されているということだ。④何かが存在するという事態を捉えるためには、そのもの以外のものに目を向ける必要がある。それ以外の、他のものと区別されることで、そのものは存在している。

何かの在り方を定め、それによってそのものを存在させるような区別は、空間的なものばかりではない。空間的でない区別も、ものを存在させている。

例えば、消しゴムは鉛筆ではない。机でもない。修正液でもなければ、輪ゴムでもない。また、白い消しゴムは、黒い消しゴムではない。直方体の消しゴムは、丸い消しゴムではない。このように、それが何であるのか、そしてどのような特徴を持つのかということに関しても、存在するものは、他のものと区別されている。この区別がなければ、「白い直方体の消しゴム」が存在するとは言えないだろう。

ここで「白い直方体の消しゴム」の存在を可能にしている区別は、輪郭による空間的な区別ではない。そうではなくて、「消しゴム」や「鉛筆」、「修正液」、あるいは「白」や「黒」といった性質に関わる、概念的な区別である。概念的に区別されることで、「白い直方体の消しゴム」は存在する。

重要なのは、何かが存在するということと、そのものが他のものか

ますか。最も適切なものを、次の**ア**〜**エ**の中から一つ選び、その記号を書きなさい。(2点)

ア　相手の緊張を緩和しこちらへの親しみをもってもらうため、敬語を使用せずに話す。

イ　相手の話題が質問の内容からそれてしまったときは、それを伝えて流れを修正する。

ウ　相手の回答を受けて、より詳しく聞きたい話題に対しさらに踏み込んだ質問をする。

エ　相手の話が一部聞き取れなかったときは、内容を復唱し正しいかどうかを確認する。

(2)　ぶらぶらと歩く　とありますが、同様の意味を持つ二字の熟語を、インタビューの様子　から探し、書き抜きなさい。(3点)

(3)　【メモ】の内容には、インタビューの様子　からは得ることのできない情報が入っています。AさんはB店長にどのような質問をして、その情報を得たと考えられますか。質問文を考えて書きなさい。(3点)

3　次の文章を読んで、あとの問いに答えなさい。(26点)

私はいま、白い直方体の真新しい消しゴムを持っている。この消しゴムは、「白い」、「直方体である」、「新しい」といった特徴を持っている。これらの特徴のことを、哲学では専ら「性質」と呼ぶ。

この「性質」こそが「普遍者」とも呼ばれてきたものだ。例えば、「白い」という性質は普遍者である。これに対して、これらの性質を担(にな)っている消しゴムのようなものを「個物」ないし「個別者」と言う。「白い」という性質が普遍者だと言われるのは、これが消しゴム以外の全ての白いものに、「普遍的に」当てはまるからである。砂糖も、塩も、※ホワイトハウスも、「白い」という性質を共有している。「直方体である」についても同様だ。この本も、豆腐も、あなたが小学一年生のときに通った教室も、全て「直方体である」という性質を共有している。①これに対して、個別者は一つしかない。白いものはたくさんあるのに対し、いま私が持っている白い消しゴムは一つしかない。ホワイトハウスも一つしかない。直方体であるものはたくさんあるが、あなたが小学一年生のときに通った教室は一つしかない。このような意味で、「白い」のような性質は普遍者(あるいは単に「普遍」)、特定の消しゴムのようなものは個別者(あるいは「個物」)と呼ばれる。

右のような仕方で普遍者と個別者を分けることは自然なことのように思える。しかしここから、西洋哲学史上最大の問題の一つが生まれてくる。それは、普遍者は本当に存在すると言えるのか、また、もし存在するとしたらどのような仕方で存在するのか、という問題だ。

私が持つ白い消しゴムは、明らかに存在する。しかし、この消しゴムが持つ白さ、すなわち②「白い」という性質が存在すると言えるかどうかについては、判断することは難しいかもしれない。私たちは白い消しゴムや白い家を見たことがある。しかし、「白さ」そのもの、「白い」という性質そのものを見たことがある人など一人もいない。私たちが見ているのは白い消しゴムであって、白さそのものではないのだ。

また、「白さ」が存在するとしたとき、それがどの場所にあるかもわからない。例えば私の消しゴムは私の家にあり、ホワイトハウスはアメリカのワシントンDCにある。私の家と、ホワイトハウスの両方に、そしてその他の白いものがある全ての場所に、同じ「白さ」が存在するのだろうか。このように考えると、「白い」という性質、普遍者が存在すると考えるのは、かなり具合の悪いことだ、と感じられて

徴です。遠方からわざわざ見にいらっしゃる方もいます。」

Aさん「なるほど。では次に、商店街にあるお店や商品についてのお話を聞かせてください。」

B店長「そうですね。この商店街は長い歴史があるため、伝統のあるお店がたくさんありますよ。特に通りの中心にあるパン店のあんパンは、五十年以上売れ続けている人気商品です。」

Aさん「それはすごいですね。わたしも以前食べましたが、すごくおいしかったです。何か特別な工夫があるのでしょうか。」

B店長「一度にたくさん作らずに、少ない数を一日に何度も焼き上げることで、常に焼きたてを提供できるようにしているそうです。お店といえば他にも、人形店や呉服店など伝統的な品物を扱っている店舗や、若い人たちに人気のスポーツ用品店や洋菓子店など、商店街ならではの様々な専門店がありますよ。」

Aさん「色々なお店を回りながら、ぶらぶらと歩くだけでも楽しそうですね。」

B店長「そのとおりです。その場合は、地元の高校生がデザインした、商店街オリジナルの地図をおすすめしています。一枚どうぞ。」

Aさん「ありがとうございます。手書きのイラストやコメントがたくさん入っていて、とても見やすい地図ですね。これはどこで手に入れることができるのでしょうか。」

B店長「商店街の中にある案内所で散策用に配っていますよ。」

Aさん「わかりました。次に、商店街の今後の課題について教えてください。」

B店長「課題としては、商店街全体での一体感が少し足りないことでしょうか。また、一部のお店では、技術を受け継ぐ若い世代の人がいないという問題があるようです。」

Aさん「それは、今後社会へと出ていく私たちにも関係のある問題ですね。」

B店長「そうですね。中学生のみなさんには、ぜひ色々な職業に興味をもって、調べたり体験したりしてほしいと思います。」

Aさん「わかりました。学校でも伝えたいと思います。」

～インタビューが続く～

【メモ】

●商店街の名物
➡ 時計塔（大正時代の建築物）

●通りの中心にあるパン店
➡ 50年以上売れ続けているあんパン
➡ 常に焼きたてを提供

●人形店・呉服店（伝統）

●スポーツ用品店や洋菓子店（若い人に人気）

商店街オリジナルの地図 ➡ 地元の高校生がデザイン

●課題①
商店街全体の一体感が不足 ➡ 商店街のお祭りを企画中

●課題②
一部のお店で、技術を継承する人がいない
⬇
色々な職業について、調べたり体験したりしてほしい

☆ 私たちにも無関係ではないので、何かできることはないか、スピーチのまとめとして考えておく。

(1) Aさんは、このインタビューにおいてどのような工夫をしてい

玲ちゃんの演奏を聞いて、＿＿＿＿＿＿＿＿＿＿（30）＿＿＿＿＿＿（40）から。

問5　本文の内容や表現について述べた文として**適切でないもの**を、次の**ア**～**オ**の中から**二つ**選び、その記号を書きなさい。（5点）

ア　「小柄な体格とは対照的に、ずしんと腹に響くような芯のある音を出す。」のように対句を用いて表現することで、比較された双方がより印象的に伝わるようになっている。

イ　「水が流れるような繊細さ」や、「精密機械のように正確にテンポをキープして」という比喩表現によって、演奏されている曲や演奏している状況がイメージしやすくなっている。

ウ　「パユを聴いた。」から「ニコレを、ツェラーを、高木綾子（たかぎあやこ）を、有田正広（ありたまさひろ）を」までの部分では、具体的な人物名を列挙し、「私」が様々な演奏を聴いたことが表現されている。

エ　「したたかさは、彼女の演奏ともつながっている気がする。」という表現によって、「私」に対抗心を向ける玲ちゃんに、「私」が見下した態度で接していることを印象づけている。

オ　本文は、作品中の登場人物である「私」が語り手となって展開しており、「無邪気に言うことができない。」のように、会話文以外でも「私」の思いや考えが表現されている。

2　次の各問いに答えなさい。（24点）

問1　次の――部の漢字には読みがなをつけ、かたかなは漢字に改めなさい。（各2点）

(1)　友人に本当の気持ちを吐露する。

(2)　資料の利用を許諾する。

(3)　兄は仕事で外国に赴くことになった。

(4)　小銭をサイフに入れる。

(5)　あの人は細かい点にまで目がトドく。

問2　次の――線部の述語に対する主語を、一文節で書き抜きなさい。（3点）

> 夏休み期間中は大会こそ行われないものの、練習試合などは数多く予定されているため、電車に乗る機会も普段よりは多いだろう。

問3　次の**ア**～**エ**の俳句について、表現されている季節が**他の三つと異なるもの**を一つ選び、その記号を書きなさい。（3点）

ア　夏草や兵（つはもの）どもが夢の跡

イ　荒海や佐渡（さど）によこたふ天河（あまのがは）

ウ　五月雨をあつめて早し最上川（もがみがは）

エ　閑（しづ）かさや岩にしみ入る蝉（せみ）の声

問4　中学生のAさんは、授業で「地元の商店街を紹介する」スピーチをするため、商店街の方にインタビューを行いました。次の［インタビューの様子］と、Aさんが書いた【メモ】を読んで、あとの問いに答えなさい。

［インタビューの様子］

Aさん「本日はありがとうございます。さっそくですが、この商店街の名物といえば何ですか。」

B店長「はい。この商店街の名物といえば、何といっても築百年をこえる時計塔です。大正時代の建築物であり、商店街の象

「わーい。約束ですよ。」

嬉しそうに微笑んでくる彼女に向かって、私は無理やり笑顔を作った。

(逸木裕著『風を彩る怪物』による。一部省略がある。)

(注) ※パッセージ……楽曲の一節。

※アンサンブル……小人数の合奏。

※ソリスト……独奏者。独奏(ソロ)をする人。

※リフレイン……繰り返すこと。

※パユ……フルート奏者。以下、「ランパル」「ゴールウェイ」「ニコレ」「ツェラー」「高木綾子」「有田正広」も同じ。

問1 ①動悸が、高鳴る。とありますが、このときの「私」の心情を説明した文として最も適切なものを、次の**ア**～**エ**の中から一つ選び、その記号を書きなさい。(4点)

ア 玲ちゃんが吹くクラリネットの音からは、どんな音を出したいのか、どんな音楽を表現したいのかが伝わってくるので、より高いレベルの演奏ができるのではと、期待している。

イ 音大を目指している高校一年生の玲ちゃんが、ぶれない意志が伝わってくるような力強いのに柔らかさもある美しい音でクラリネットを吹いているのを見て、心が乱されている。

ウ 玲ちゃんが吹くクラリネットの分厚く美しい音色に、細田さんたちが惹かれている様子を見て、玲ちゃんが新たなメンバーとして受け入れられていることをうれしく感じている。

エ ずしんと腹に響くような芯のある音でクラリネットを吹く玲ちゃんがまだ高校一年生だと知り、自分も早く目標に向かって進んでいかなければならないと、あせりを感じている。

問2 ②演奏の途中で、私は気づいた。とありますが、「私」はどのようなことに気づいたのですか。次の空欄にあてはまる内容を、三十五字以上、四十五字以内で書きなさい。(6点)

玲ちゃんが、［　　35　　45　　］ということ。

問3 ③私は内心を隠しながら、呟いた。とありますが、「私」が隠した内心とはどのようなものですか。最も適切なものを、次の**ア**～**エ**の中から一つ選び、その記号を書きなさい。(4点)

ア フルートをまともに演奏できずに思い悩んでいる「私」にとって、音大受験を〈当然〉と考えている玲ちゃんの質問には、まだきちんと答えることができないという心情。

イ 音大受験を目指す「私」にとって、志望校にくわえ、目標とする奏者まで明確にすることを〈当然〉とする玲ちゃんの考え方は、レベルが高くてついていけないという心情。

ウ まだ音大受験をするかどうかで悩む「私」にとって、高校一年生の時点で志望校を決めて練習することを〈当然〉とする玲ちゃんの姿勢は、立派で尊敬に値するという心情。

エ 音大受験のためにすべてを捨てた「私」にとって、部活とレッスンの両立を〈当然〉とする玲ちゃんの音楽への関わり方は、負担が重いので止めた方がいいという心情。

問4 ④リッププレートに当てた唇が、小刻みに震えている。とありますが、このとき「私」の唇が震えた理由を次のようにまとめました。空欄にあてはまる内容を、**コンクール**、**個性**の二つの言葉を使って、三十字以上、四十字以内で書きなさい。ただし、二つの言葉を使う順序は問いません。(7点)

人レッスン一本に絞ったころだった。楽しむためのフルートはもうやらないと、高校のブラスの誘いを蹴ったときに決意した。

　でも、玲ちゃんは部活も真剣にやっているようだ。その上であれだけの演奏をして、しかも音大も目指している。私よりも、明らかに大きな器量を持っている。

「陽菜先輩は来年、どこを受験するんですか？」

　それ以外の選択肢は、彼女の中には存在していないようだった。彼女が引いている〈当然〉のラインが、高い。

「やっぱり、藝大かな。」③私は内心を隠しながら、呟いた。

「あー、やっぱそうですよね。陽菜先輩なら受かると思いますよ。先輩って、フルートだと誰が好きなんですか。」

「うーん色々好きな人がいて……どうしたの、ずいぶん聞くね。」

「こんな話ができる人がいなくて。私、メイエ様命なんですよ。」

　確かに、玲ちゃんの柔らかく芯の強い音色は、フランスの名手、ポール・メイエを思いだす。

「メイエ様みたいなクラリネットを吹くのが夢なんです。」

　ちょっとお茶買ってきます！　と言って、玲ちゃんは出ていく。音楽室がしんと静まり返った。

　静寂の中、私は膝の上に置いたフルートを手に取り、構えた。

　④リッププレートに当てた唇が、小刻みに震えている。

　無理やりそのまま、音を出す。フルートから出る音はみっともなく震えたまま、発したそばから床のほうに落ちてしまう。私は、フルートを膝の上に戻した。カチカチと、歯が鳴った。

　コンクールのことが、否応なく頭の中で※リフレインする。玲ちゃんの、才気溢れるクラリネットが、あの日のことを呼び覚ます。

　私は、忘れていた。私が抱えている問題が、何ひとつ解決していないことを。

　あのコンクールのあと――私は、必死に〈個性〉を探した。

　※パユを聴いた。

ランパルを聴いた。ゴールウェイを聴いた。ニコレを、ツェラーを、高木綾子を、有田正広を、ジャズのフルートから古楽の演奏まで、フルートを聴き続けた。そのどれもが素晴らしかった。それぞれに違った個性があって、優劣がつけられなかった。私は玲ちゃんのように、メイエ様が一番と、無邪気に言うことができない。

　――私には、嫌いなものがない。

　ブラスバンド部の同級生は、プロの演奏に対しても嫌いだとか下手くそだとか、平気で言っていた。自分のことを棚に上げたそういう態度が私はすごく嫌だったけれど、もしかしたら、おかしいのは私のほうなのかもしれない。

　嫌いなものがない。それは、好きなものがないことと同じではないか。

　自分の音楽が、ないことと。

「陽菜せんぱーい。」

　玲ちゃんを先頭に、休憩所にいたメンバーが帰ってくる。

「陽菜、玲の高校に教えにきてくれるんだって？　忙しいところ、悪いな。」

「え、ちょっと待ってください。私、そんなこと……。」

「陽菜先輩、きてくれないんですか？」

　玲ちゃんが悪戯っぽく首をかしげる。可愛らしいけれど、こういうところは金森さんの娘だ。したたかさは、彼女の演奏ともつながっている気がする。強い音楽。強い個性。

「判ったよ。来年くらいに落ち着いたら、声かけて。」

セージの中で水が流れるような繊細さも表現しなければならない。
「オーケー。いつでもいいよ。」
　細田さんの準備ができたところで、私は楽器を構え、ブレスを取って合図を出した。
　オーボエのソロがはじまる。
　細田さんは、器用な奏者ではない。ゆったりとしたメロディーを歌い込ませると絶品なのだけれど、この曲のように技巧的なパッセージを吹かせるとかなり雲行きが怪しくなる。
　でも、今日の細田さんは、安定していた。難しい楽譜に苦戦してはいるものの、音楽の流れを滞らせずにすいすいと前に進んでいく。こんなに細密な演奏ができたんだと、私は少し驚いた。
　いや。
　――玲ちゃんがいるからだ。
　②演奏の途中で、私は気づいた。冒頭から、オーボエとクラリネットの掛け合いが延々と続く。玲ちゃんは精密機械のように正確にテンポをキープして、※アンサンブルの土台をしっかりと支えている。対話相手が安定しているから、細田さんも安心して吹けているのだ。
　いまアンサンブルの中心にあるのは、金森玲という安定した船だった。
　クラリネットのソロ。
　それまで裏方に隠れていた玲ちゃんの音が、一瞬で※ソリストの音になった。音色が一気に艶やかさを増し、フレーズを見事に歌い上げる。〈奥瀬見クインテット〉が、彼女の色に染まった。
　次は、私のソロだ。私は息を肺の深いところまで吸い込み、長いフレーズに備えた。
　――あ。
「……おっ？　ちょっと止めよう。」
　亜季姉が言葉を挟み、演奏が止まった。せっかくいい流れで進んでいた音楽は、宙に消えてしまう。私は背もたれに身体を預けた。
「ごめんなさい。拍を間違えて、入れませんでした。」
「まあ、そういうこともあるよ。あたしもミスりまくっちゃってごめんなさい。もう一回冒頭からやりましょう。」
「すみません。次はちゃんとやります。」
　私は謝って、もう一度フルートを構える。
　唇が、震えた。
　私は、ショックを受けた。もう、震えがくることは、ないと思っていたのに――。
　すべての感情を押し殺して、私はブレスを取った。

　休憩時間。なんとなく休憩所に行く気が起きず、フルートの席に座り続けていた私に、玲ちゃんが話しかけてきた。
「すっごい吹きやすかったです。どんどんリードしてくれるし、音も色々持ってるし……ほんと、勉強になりました。」
「いや、こちらこそ、だよ。玲ちゃんはいま、高一だっけ？」
「そうです。ママと東京に住んでて、吹部やりながら、レッスン通ってます。パパは仕事忙しいみたいで、山梨にひとりで住んでるんです。」
「そうなんだ。私も実家は東京なんだ。」
「パパから聞いてます。陽菜先輩、うちに指導きてくださいよ。」
　――高一、か。
　そのころの私は、どんな演奏をしていたっけ。
　音大受験のために、中学までやっていたブラスバンドをやめて、個

＜国語＞

時間　五〇分　　満点　一〇〇点

1 次の文章を読んで、あとの問いに答えなさい。(26点)

> 「私」(陽菜)は音楽大学(音大)受験前に出場したコンクールで結果が出ず、打ちのめされる。思い悩むうちにまともに演奏できなくなった「私」は、姉の亜季(亜季姉)が住む奥瀬見を訪れ、オルガン製作をする工房に通うようになる。「私」はオルガン製作を通じて音楽と向き合い、亜季が金森さん、細田さん、祐子さんと組む《奥瀬見クインテット》に参加するようになる。

〈奥瀬見クインテット〉は、秋にコンサートをやることになった。

演奏会が終わったら、奥瀬見を去るつもりだ。

最近はフルートを吹いても唇が震えたりはしない。そろそろ私も、自分の目標に向かって進む番だ。

「あれ?」

音楽室に近づいたところで、私は違和感を覚えた。中から、クラリネットの音が二種類聴こえてくる。しかも、片方の音は、やけに艶がある。

「よっ、亜季、陽菜。」

クラリネットの席に座る金森さんの横に、眼鏡をかけた背の低い女の子がいた。

「娘の玲だ。見学したいっていうから、つれてきた。」

「あっ、金森玲です。よろしくお願いします!」

慌てたように立ち上がり、ぺこりとお辞儀をする。幼い顔をしていて、私よりも年下のようだ。

「玲は高一でな、音大を目指してるんだ。陽菜の話をしたら、一緒に演奏したいって言いだして聞かなくてな。まあ悪いが、面倒見てやってくれ。」

——音大。

どうりで、艶やかな音が聴こえてきたわけだ。

「よろしくお願いします、陽菜さん。色々教えてください。」

「あ、うん、そんな、教えることなんかないと思うけど……。」

「すごく上手だってパパから聞きました。朝からメッチャ緊張してましたけど、頑張ります!」

玲ちゃんは人懐っこい笑顔を見せると、座って音出しをはじめる。

——上手い。

小柄な体格とは対照的に、ずしんと腹に響くような芯のある音を出す。力強いのに柔らかさもある、分厚い音色。細田さんも祐子さんも、玲ちゃんの美音に耳を惹かれている。

①動悸が、高鳴る。

基礎練習を吹いているだけだが、音と音とが滑らかにつながり、きちんと作曲された音楽を聴いている気分になる。彼女の中に、生きた音楽が鳴っているからだ。どんな音を出したいのか、どんな音楽を表現したいのか、玲ちゃんの音からはぶれない意思が伝わってくる。

「じゃあ、最初は『クープランの墓』からやりましょっか。」

音出しが終わったところで、亜季姉が言った。

一曲目、プレリュード。

隣に座る細田さんが、両手の指を動かしてかちゃかちゃとキーを動かしている。プレリュードはオーボエの難曲として有名な曲で、冒頭から延々とソロが続く。単に指が動けばいいのではなく、速い※パッ

MEMO

大切なことはメモしておこうネ！

2023年度

解　答　と　解　説

《2023年度の配点は解答用紙集に掲載してあります。》

＜数学解答＞

1　(1)　$4x$　(2)　-8　(3)　$2y$　(4)　$x=3$　(5)　$\sqrt{2}$　(6)　$(x-5)(x-6)$
(7)　$x=-1$，$y=1$　(8)　$x=\dfrac{5\pm\sqrt{37}}{6}$　(9)　アとウ
(10)　$y=\dfrac{1}{2}x+2$　(11)　$a=-3$　(12)　$(\mathrm{EF}=)\dfrac{13}{2}(\mathrm{cm})$
(13)　$\dfrac{5}{8}$　(14)　$33\pi(\mathrm{cm}^2)$　(15)　エ　(16)　解説参照

2　(1)　右図　(2)　解説参照

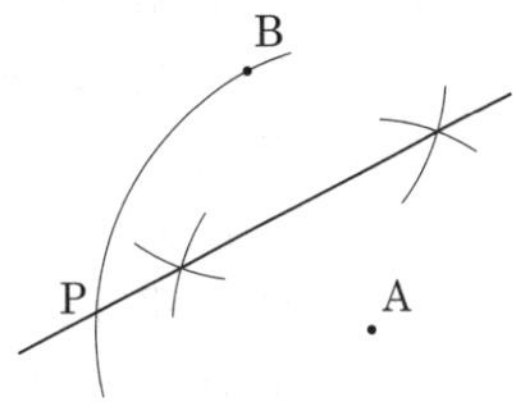

3　(1)　ア　6　イ　25　(2)　4

4　(1)　5(秒後)　(2)　解説参照　(3)　$80+16\sqrt{2}(\mathrm{cm}^2)$

＜数学解説＞

1　(数・式の計算，一次方程式，平方根，因数分解，連立方程式，二次方程式，標本調査，関数とグラフ，関数$y=ax^2$，線分の長さ，確率，面積，資料の散らばり・代表値)

(1)　$7x-3x=(7-3)x=4x$

(2)　四則をふくむ式の計算の順序は，乗法・除法→加法・減法となる。$4\times(-7)+20=(-28)+(+20)=-(28-20)=-8$

(3)　$30xy^2\div5x\div3y=30xy^2\times\dfrac{1}{5x}\times\dfrac{1}{3y}=\dfrac{30xy^2}{5x\times3y}=2y$

(4)　$1.3x+0.6=0.5x+3$　両辺を10倍して，$13x+6=5x+30$　$+6$と$5x$を移項して，$13x-5x=30-6$　$8x=24$　両辺をxの係数8で割って　$8x\div8=24\div8$　$x=3$

(5)　$\dfrac{8}{\sqrt{2}}=\dfrac{8\times\sqrt{2}}{\sqrt{2}\times\sqrt{2}}=\dfrac{8\sqrt{2}}{2}=4\sqrt{2}$だから，$\dfrac{8}{\sqrt{2}}-3\sqrt{2}=4\sqrt{2}-3\sqrt{2}=(4-3)\sqrt{2}=\sqrt{2}$

(6)　たして-11，かけて$+30$になる2つの数は，$(-5)+(-6)=-11$，$(-5)\times(-6)=+30$より，-5と-6だから　$x^2-11x+30=\{x+(-5)\}\{x+(-6)\}=(x-5)(x-6)$

(7)　$\begin{cases}3x+5y=2\cdots①\\-2x+9y=11\cdots②\end{cases}$　①×2＋②×3より，$(3x+5y)\times2+(-2x+9y)\times3=2\times2+11\times3$
$6x+10y-6x+27y=4+33$　$37y=37$　$y=1$　これを①に代入して，$3x+5\times1=2$　$3x=-3$　$x=-1$　よって，$x=-1$，$y=1$

(8)　**2次方程式$ax^2+bx+c=0$の解は，$x=\dfrac{-b\pm\sqrt{b^2-4ac}}{2a}$**で求められる。問題の2次方程式は，$a=3$，$b=-5$，$c=-1$の場合だから，$x=\dfrac{-(-5)\pm\sqrt{(-5)^2-4\times3\times(-1)}}{2\times3}=\dfrac{5\pm\sqrt{25+12}}{6}=\dfrac{5\pm\sqrt{37}}{6}$

(9)　**標本調査**は，**全数調査**を行うと多くの手間や時間，費用などがかかる場合や，工場の製品の良否を調べるのに製品をこわすおそれがある場合で，集団全体の傾向が把握できればいい場合に行う。アのある河川の水質調査は，川の水質がおおまかに推測できればよく，全数調査を行うと

多くの手間や時間，費用などがかかるので標本調査。イのある学校でおこなう健康診断は，生徒全員の健康状況を調べるので全数調査。ウのテレビ番組の視聴率調査は，テレビ番組がどの位の割合で見られたか推測できればよく，全数調査を行うと多くの手間や時間，費用などがかかるので標本調査。エの日本の人口を調べる国勢調査は，国内の人口，世帯構成，産業などを調べる目的で，5年ごとに行われる全数調査。

(10)　点A，Bは$y=\frac{6}{x}$上にあるから，そのy座標はそれぞれ$y=\frac{6}{-6}=-1$，$y=\frac{6}{2}=3$　よって，A$(-6,\ -1)$，B$(2,\ 3)$　直線ABの傾き$=\frac{3-(-1)}{2-(-6)}=\frac{4}{8}=\frac{1}{2}$　よって，直線ABの式を$y=\frac{1}{2}x+b$とおくと，点Bを通るから，$3=\frac{1}{2}\times2+b$　$3=1+b$　$b=2$　よって，直線ABの式は$y=\frac{1}{2}x+2$

(11)　yの**最小値**が0であることから，xの**変域**に0を含まなければならない。これより，$a\leqq0$　また，関数$y=2x^2$は，xの変域の両端の値のうち絶対値の大きい方のxの値でyの値は最大になる。これより，$x=1$で$y=2\times1^2=2$であることを考慮すると，$x=a$で**最大値**$y=18$となり，$y=2a^2=18$　$a^2=9$　$a\leqq0$より，$a=-\sqrt{9}=-3$

(12)　辺CDに平行な直線を点Aからひき，線分EF，辺BCとの交点をそれぞれG，Hとすると，四角形AGFD，AHCDはそれぞれ平行四辺形となるから，AD＝GF＝HC＝5cm　EG//BHより，△ABHに**平行線と線分の比についての定理**を用いると，EG：BH＝AE：AB＝1：2　$\mathrm{EG}=\frac{1}{2}\mathrm{BH}=\frac{1}{2}(\mathrm{BC}-\mathrm{HC})=\frac{1}{2}(8-5)=\frac{3}{2}$(cm)　よって，$\mathrm{EF}=\mathrm{EG}+\mathrm{GF}=\frac{3}{2}+5=\frac{13}{2}$(cm)

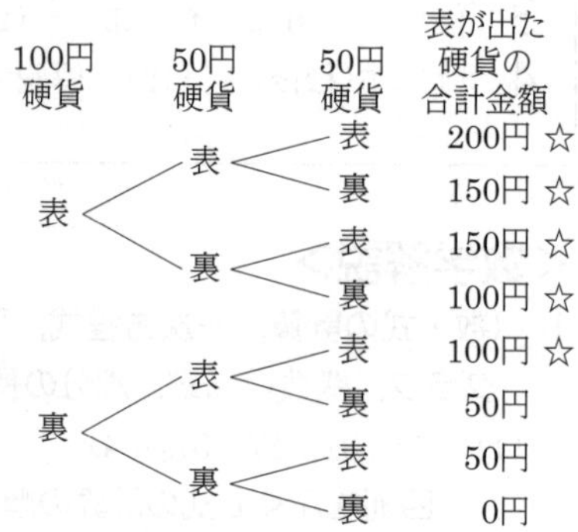

(13)　100円硬貨1枚と，50円硬貨2枚を同時に投げるとき，表と裏の出かたは全部で右図に示す樹形図の8通り。このうち，表が出た硬貨の合計金額が100円以上になるのは，☆印を付けた5通りだから求める確率は，$\frac{5}{8}$

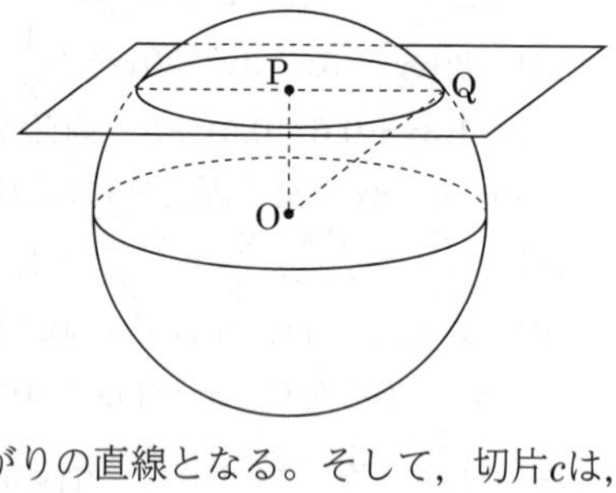

(14)　右図のように，球の中心をO，切り口の円の中心をP，円Pの直径と円周との交点の1つをQとすると，問題の条件よりOQ＝7cm，OP＝4cm　△OPQに**三平方の定理**を用いると，$\mathrm{PQ}^2=\mathrm{OQ}^2-\mathrm{OP}^2=7^2-4^2=33$　よって，求める切り口の円の面積は$\pi\times\mathrm{PQ}^2=\pi\times33=33\pi$ (cm²)

(15)　関数$y=ax^2$のグラフは，$a>0$のとき上に開き，$a<0$のとき下に開いている。また，一次関数$y=bx+c$のグラフは，$b>0$のとき右上がりの直線となり，$b<0$のとき右下がりの直線となる。そして，切片cは，グラフがy軸と交わる点$(0,\ c)$のy座標になっている。以上より，アは$a>0$，$b>0$，$c<0$，イは$a>0$，$b<0$，$c>0$，ウは$a<0$，$b>0$，$c>0$，エは$a<0$，$b<0$，$c<0$である。

(16)　（説明）（例）**ヒストグラム**から読みとることができる**第3四分位数**は，40分以上50分未満の**階級**に含まれているが，イの第3四分位数は50分以上60分未満で，異なっている。

2 (作図，式による証明，数の性質)

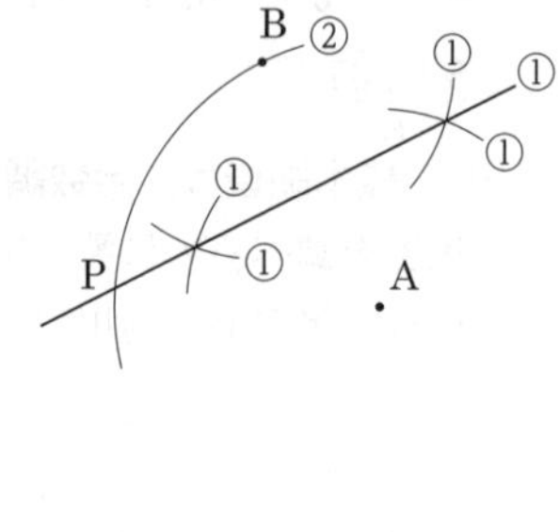

(1)　（着眼点）**円の中心は弦の垂直二等分線上にある**ことから，回転の中心Pは線分ABの垂直二等分線上にある。また，∠APB＝毎時15°×4時間＝60°であることより，△APBは正三角形である。（作図手順）次の①～②の手順で作図する。①　点A，Bをそれ

ぞれ中心として，交わるように半径の等しい円を描き，その交点を通る直線(線分ABの垂直二等分線)を引く。　②　点Aを中心として半径ABの円を描き，線分ABの垂直二等分線との交点をPとする。

(2)　(説明)　(例)Xの十の位の数をa，一の位の数をbとすると，$X=10a+b$，$Y=10b+a$と表されるので，$X+Y=(10a+b)+(10b+a)=11a+11b=11(a+b)$　a，bは整数なので，$a+b$も整数。したがって，X+Yは11の倍数になる。

3 (数の性質，規則性)

(1)　ア…問題の表より，$n=6$のときは，$\frac{1}{6}=0.16666666666666\cdots=0.1\dot{6}$より，偶数でも**無限小数**になっている。　イ…問題の表で**有限小数**になったnについて**素因数分解**すると，$4=2^2$，$8=2^3$，$10=2\times5$であることより，$\frac{1}{n}$が有限小数になるのは，分母nの**素因数**が2，5のみのときではないかと予想できる。この予想から，$20<n<32$のnに関して，素因数が5のみである$n=25=5^2$は，$\frac{1}{25}=0.04$であり，予想通り有限小数になる。

(2)　$\frac{1}{7}=0.14285714285714\cdots=0.\dot{1}4285\dot{7}$より，$\frac{1}{7}$の小数部分は142857の6個の数字の並びがくり返し現れる。よって，$\frac{1}{7}$の値を小数で表したときの小数第50位の数は，$50\div6=8$あまり2より，142857の6個の数字の並びを8回くり返して，142857の2番目の数だから4である。

4 (空間図形，動点，線分和の最短の長さ，図形の証明，表面積)

(1)　直方体ABCD－EFGHの展開図の一部を右図に示す。IP＋PGの長さが最も短くなるのは，この展開図において，点Pが線分IG上にあるとき。AE//BFより，△IEGに平行線と線分の比についての定理を用いると，PF：IE＝GF：GE＝4：8＝1：2　$PF=\frac{1}{2}IE=\frac{1}{2}(AE-AI)=\frac{1}{2}(6-4)=1$(cm)　よって，$BP=BF-PF=6-1=5$(cm)　5cm÷毎秒1cm＝5(秒)より，IP＋PGの長さが最も短くなるのは，点Pが頂点Bを出発してから5秒後である。

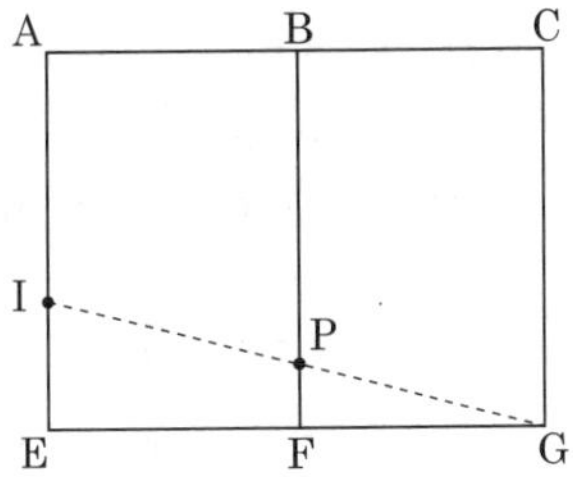

(2)　(証明)　(例)△ABPと△CBPにおいて，BPは共通…①　仮定から，AB＝CB…②　∠ABP＝∠CBP…③　①，②，③から，2組の辺とその間の角がそれぞれ等しいので，△ABP≡△CBP　したがって，PA＝PCなので，△APCは二等辺三角形になる。

(3)　頂点Bを出発してから4秒後の点Pについて，BP＝毎秒1cm×4秒＝4(cm)より，右図のようになる。このとき，△ADI≡△BCPであり，△ADIはAD＝AI＝4(cm)の**直角二等辺三角形で，3辺の比が1：1：$\sqrt{2}$** だから，$DI=CP=AD\times\sqrt{2}=4\sqrt{2}$(cm)　以上より，3点I，P，Cを通る平面で直方体を切ったときにできる2つの立体のうち，体積が大きい方の立体，すなわち，四角柱DIEH－CPFGの表面積は，底面積×2＋側面積＝$\frac{1}{2}\times(DH+IE)\times EH\times2+DC\times(DI+IE+EH+HD)=\frac{1}{2}\times(6+2)\times4\times2+4\times(4\sqrt{2}+2+4+6)=80+16\sqrt{2}$ (cm²)である。

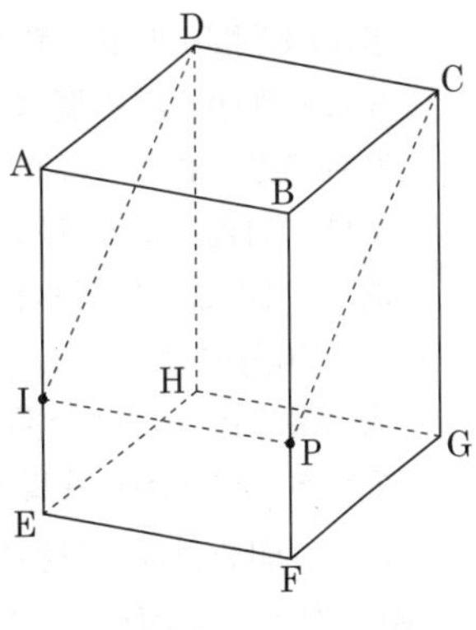

＜数学解答＞ (学校選択問題)

1 (1) $-\frac{8x^3y^2}{9}$ (2) $24\sqrt{7}$ (3) $x=\frac{1}{5}$, 1 (4) アとウ (5) $\frac{5}{8}$
(6) 33π(cm^2) (7) (頂点) 6個 (辺) 9本
(ねじれの位置) 2本 (8) 672 (9) $a=-1$, -3
(10) 解説参照

2 (1) 右図 (2) 解説参照

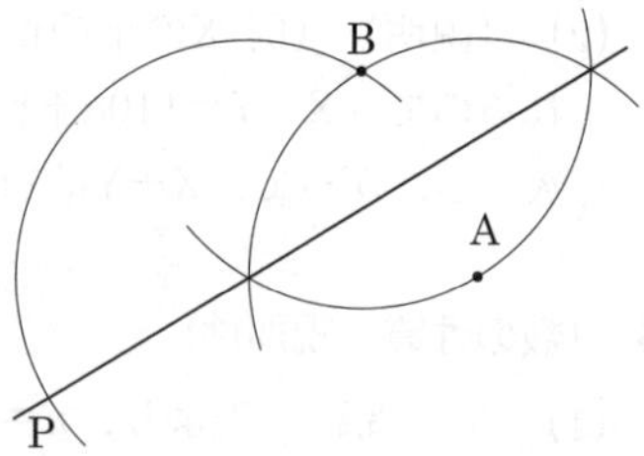

3 (1) ア 6 イ 25 (2) (小数第30位の数) 7
(和) 135

4 (1) $b<c<a$ (2) ① (記号) ア (説明は解説参照) ② $a=\frac{3}{5}$, $b=\frac{3}{5}$, $c=\frac{6}{5}$, (体積) $\frac{189}{25}\pi$(cm^3)

5 (1) 5(秒後) (2) 32(cm^3)(説明は解説参照) (3) $x=4-2\sqrt{2}$

＜数学解説＞

1 (数・式の計算, 平方根, 式の値, 二次方程式, 標本調査, 確率, 面積, 空間図形, 空間内の2直線の位置関係, 方程式の応用, 関数$y=ax^2$, 資料の散らばり・代表値)

(1) $\left(-\frac{2}{3}xy\right)^2=\left(-\frac{2}{3}xy\right)\times\left(-\frac{2}{3}xy\right)=\frac{4x^2y^2}{9}$だから, $10xy^2\times\left(-\frac{2}{3}xy\right)^2\div(-5y^2)=10xy^2\times\frac{4x^2y^2}{9}\div(-5y^2)=-\left(\frac{10xy^2}{1}\times\frac{4x^2y^2}{9}\times\frac{1}{5y^2}\right)=-\frac{10xy^2\times4x^2y^2\times1}{1\times9\times5y^2}=-\frac{8x^3y^2}{9}$

(2) $x=3+\sqrt{7}$, $y=3-\sqrt{7}$のとき, $x+y=(3+\sqrt{7})+(3-\sqrt{7})=6$, $x-y=(3+\sqrt{7})-(3-\sqrt{7})=2\sqrt{7}$, $xy=(3+\sqrt{7})(3-\sqrt{7})=3^2-(\sqrt{7})^2=9-7=2$だから, $x^3y-xy^3=xy(x^2-y^2)=xy(x+y)(x-y)=2\times6\times2\sqrt{7}=24\sqrt{7}$

(3) $(5x-2)^2-2(5x-2)-3=0$において, $5x-2=M$とおくと, $M^2-2M-3=0$ $(M+1)(M-3)=0$ Mを$5x-2$にもどして, $(5x-2+1)(5x-2-3)=0$ $(5x-1)(5x-5)=0$ よって, $5x-1=0$より$x=\frac{1}{5}$ $5x-5=0$より, $x=\frac{5}{5}=1$

(4) **標本調査**は, **全数調査**を行うと多くの手間や時間, 費用などがかかる場合や, 工場の製品の良否を調べるのに製品をこわすおそれがある場合で, 集団全体の傾向が把握できればいい場合に行う。アのある河川の水質調査は, 川の水質がおおまかに推測できればよく, 全数調査を行うと多くの手間や時間, 費用などがかかるので標本調査。イのある学校でおこなう健康診断は, 生徒全員の健康状況を調べるので全数調査。ウのテレビ番組の視聴率調査は, テレビ番組がどの位の割合で見られたか推測できればよく, 全数調査を行うと多くの手間や時間, 費用などがかかるので標本調査。エの日本の人口を調べる国勢調査は, 国内の人口, 世帯構成, 産業などを調べる目的で, 5年ごとに行われる全数調査。

(5) 100円硬貨1枚と, 50円硬貨2枚を同時に投げるとき, 表と裏の出かたは全部で右図に示す樹形図の8通り。このうち, 表が出た硬貨の合計金額が100円以上になるのは, ☆印を付けた5通りだから求める確率は, $\frac{5}{8}$

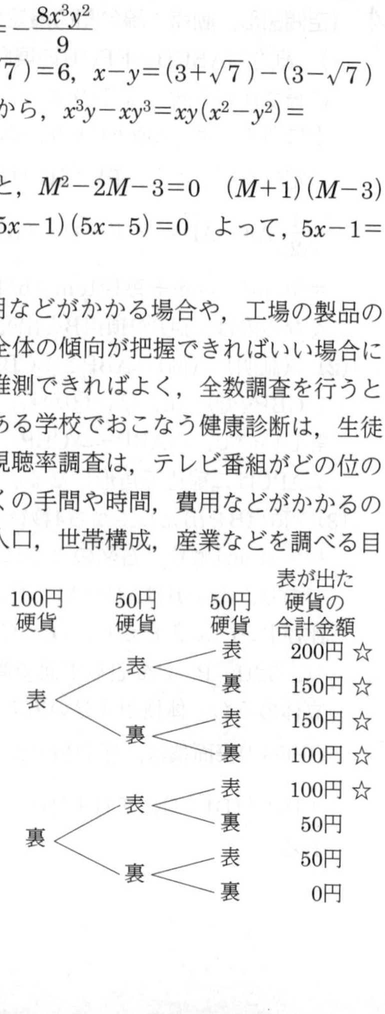

(6) 次ページ図1のように, 球の中心をO, 切り口の円の中心をP, 円Pの直径と円周との交点の1つをQとすると, 問題の条件よりOQ=7cm, OP=4cm △OPQに**三平方の定理**を用いると, $PQ^2=OQ^2-OP^2=7^2-4^2=$

33　よって，求める切り口の円の面積は$\pi\times PQ^2=\pi\times 33=33\pi$ (cm²)

図1

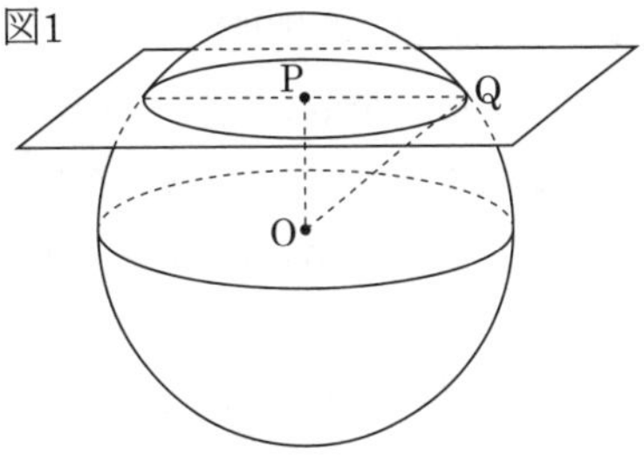

(7)　問題の展開図を組み立ててつくった立体Vは，右図2の正三角錐O－ACEを，底面ACEに平行な平面BDFで切断したときの下側の立体BDF－ACEである。これより，立体Vの頂点はB，D，F，A，C，Eの6個，辺はBD，DF，FB，BA，DC，FE，AC，CE，EAの9本である。また，**空間内で，平行でなく，交わらない2つの直線はねじれの位置にある**という。辺ABと平行な辺はない。辺ABと交わる辺は，辺BD，辺FB，辺DC，辺FE，辺AC，辺EAの6本であり，辺ABとねじれの位置にある辺は，辺DF，辺CEの2本である。

図2

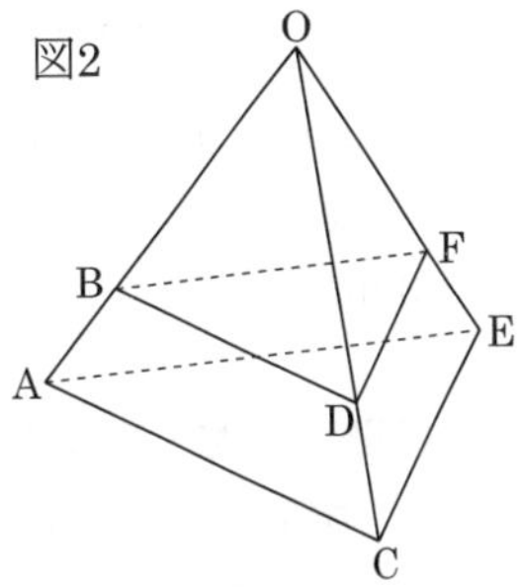

(8)　自然数Xの百の位の数をa，一の位の数をbとすると，$X=100a+70+b$，$Y=100b+70+a$と表される。自然数Xの各位の数の和は15だから，$a+7+b=15$　$a+b=8$…①　XからYを引いた値は396だから，$X-Y=(100a+70+b)-(100b+70+a)=396$　$a-b=4$…②　①＋②より，$2a=12$　$a=6$　これを①に代入して，$6+b=8$　$b=2$　よって，自然数Xは672

(9)　関数$y=2x^2$が$y=18$となるxの値は，$18=2x^2$　$x^2=9$より，$x=\pm\sqrt{9}=\pm3$　また，yの**最小値**が0であることから，xの**変域**に0を含まなければならない。これより，$a=-3$と，$a+4=3$の2つの場合が考えられる。$a=-3$のとき，$a+4=-3+4=1$となり，xの変域に0を含むから，問題に合っている。$a+4=3$のとき，$a=-1$となり，xの変域に0を含むから，問題に合っている。以上より，$a=-1$，-3

(10)　(説明)　(例)**ヒストグラム**から読みとることができる**第3四分位数**は，40分以上50分未満の**階級**に含まれていて，**箱ひげ図**の第3四分位数とは異なっている。

2 (作図，合同の証明)

(1)　(着眼点)　**円の中心は弦の垂直二等分線上にある**ことから，回転の中心Pは線分ABの垂直二等分線上にある。また，∠APB＝毎時15°×2時間＝30°であることより，3点A，B，Pを通る円の中心をOとすると，$\overset{\frown}{AB}$**に対する中心角と円周角の関係**から，∠AOB＝2∠APB＝60°であり，△AOBは正三角形となる。　(作図手順)　次の①～②の手順で作図する。

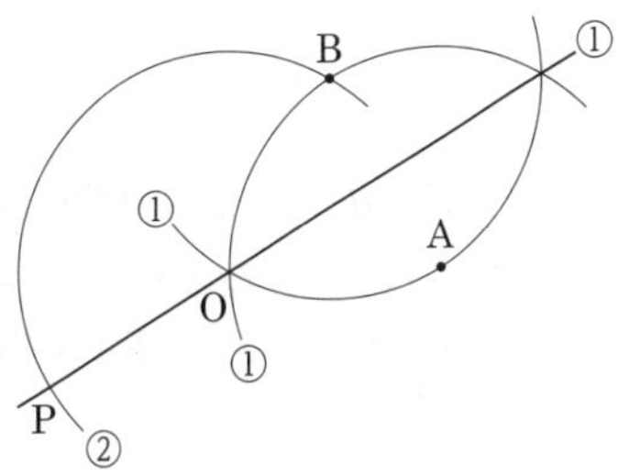

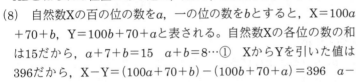

①　点A，Bをそれぞれ中心として，交わるように半径ABの円を描き，その交点を通る直線(線分ABの垂直二等分線)を引く。また，2つの交点のうちの1つをOとする。(△AOBは正三角形)　②　点Oを中心として半径OBの円を描き，線分ABの垂直二等分線との交点のうち，直線ABに対して点Oと同じ側にある方をPとする。(ただし，解答用紙には点Oの表記は不要である。)

(2)　(証明)　(例)四角形DHBFにおいて，仮定から，HD//BF，HD＝BF　1組の対辺が平行でその長さが等しいので，四角形DHBFは平行四辺形になる。△BEIと△DGJにおいて，仮定から，AB＝CD，AE＝CGなので，BE＝DG…①　**錯角**なので，∠BEI＝∠DGJ…②　BH//FDから，**同位角，対頂角**なので，∠EIB＝∠EJF＝∠GJD…③　②，③から，∠EBI＝∠GDJ…④　①，②，④から，1組の辺とその両端の角が等しいので，△BEI≡△DGJ

3 （数の性質，規則性）

(1)　ア…問題の表より，$n=6$のときは，$\frac{1}{6}=0.1666666666666\cdots=0.1\dot{6}$より，偶数でも**無限小数**になっている。　イ…問題の表で**有限小数**になったnについて**素因数分解**すると，$4=2^2$，$8=2^3$，$10=2\times5$であることより，$\frac{1}{n}$が有限小数になるのは，分母nの**素因数**が2，5のみのときではないかと予想できる。この予想から，$20<n<32$のnに関して，素因数が5のみである$n=25=5^2$は，$\frac{1}{25}=0.04$であり，予想通り有限小数になる。

(2)　$\frac{1}{7}=0.14285714285714\cdots=0.\dot{1}4285\dot{7}$より，$\frac{1}{7}$の小数部分は142857の6個の数字の並びがくり返し現れる。よって，$\frac{1}{7}$の値を小数で表したときの小数第30位の数は，$30\div6=5$より，142857の6個の数字の並びをちょうど5回くり返した最後の数の7である。また，小数第1位から小数第30位までの各位の数の和は，$(1+4+2+8+5+7)\times5=27\times5=135$である。

4 （図形と関数・グラフ，回転体の体積）

(1)　関数$y=ax^2$のグラフは，$a>0$のとき上に開き，$a<0$のとき下に開いている。また，一次関数$y=bx+c$のグラフは，$b>0$のとき右上がりの直線となり，$b<0$のとき右下がりの直線となる。そして，切片cは，グラフがy軸と交わる点$(0,\ c)$のy座標になっている。以上より，$a>0$，$b<0$，$c=0$だから，a，b，cの大小関係は$b<c<a$である。

(2)　①　（説明）（例）cの値を大きくすると，辺PSと辺QRはそれぞれ長くなり，辺と辺の距離も大きくなる。台形の上底，下底，高さのそれぞれが大きくなるので，面積も大きくなる。

②　直線PQとx軸との交点をTとする。また，線分PS，QRとx軸との交点をそれぞれU，Vとする。点P，Qは$y=ax^2$上にあるから，$\mathrm{P}(-1,\ a)$…①，$\mathrm{Q}(2,\ 4a)$…②　点Sは$y=-ax^2$上にあるから，$\mathrm{S}(-1,\ -a)$…③　点P，Qは$y=bx+c$上にもあるから，$\mathrm{P}(-1,\ -b+c)$…④，$\mathrm{Q}(2,\ 2b+c)$…⑤　直線QSの傾きが1のとき，②，③より$\frac{4a-(-a)}{2-(-1)}=1$　$\frac{5a}{3}=1$　$a=\frac{3}{5}$…⑥　①，④，⑥より，$-b+c=a=\frac{3}{5}$　$-5b+5c=3$…⑦　②，⑤，⑥より，$2b+c=4a=\frac{12}{5}$　$10b+5c=12$…⑧　⑦，⑧の連立方程式を解いて，$b=\frac{3}{5}$，$c=\frac{6}{5}$　これより，$\mathrm{P}\left(-1,\ \frac{3}{5}\right)$，$\mathrm{Q}\left(2,\ \frac{12}{5}\right)$　直線PQの傾きは$\left(\frac{12}{5}-\frac{3}{5}\right)\div\{2-(-1)\}=\frac{3}{5}$　直線PQの式を$y=\frac{3}{5}x+d$とおくと，点Pを通るから，$\frac{3}{5}=\frac{3}{5}\times(-1)+d$　$d=\frac{6}{5}$　直線PQの式は$y=\frac{3}{5}x+\frac{6}{5}$　これに$y=0$を代入して，$0=\frac{3}{5}x+\frac{6}{5}$　$x=-2$　よって，$\mathrm{T}(-2,\ 0)$　以上より，台形PQRSをx軸を軸として1回転させてできる立体の体積は，底面の半径がQV，高さがTVの円錐から，底面の半径がPU，高さがTUの円錐を除いたものだから，$\frac{1}{3}\pi\times\mathrm{QV}^2\times\mathrm{TV}-\frac{1}{3}\pi\times\mathrm{PU}^2\times\mathrm{TU}=\frac{1}{3}\pi\times\left(\frac{12}{5}\right)^2\times\{2-(-2)\}-\frac{1}{3}\pi\times\left(\frac{3}{5}\right)^2\times\{-1-(-2)\}=\frac{189}{25}\pi\ (\mathrm{cm}^3)$

5 （空間図形，動点，切断，線分和の最短の長さ，体積）

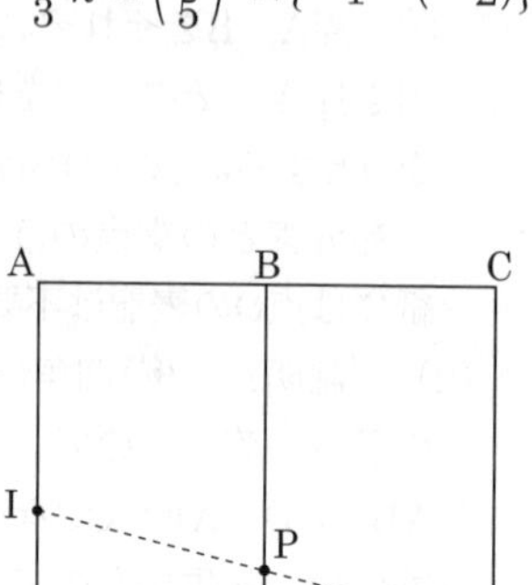

(1)　直方体ABCD－EFGHの展開図の一部を右図に示す。IP＋PGの長さが最も短くなるのは，この展開図において，点Pが線分IG上にあるとき。AE//BFより，△IEGに**平行線と線分の比についての定理**を用いると，PF：IE＝GF：GE＝4：8＝1：2　$\mathrm{PF}=\frac{1}{2}\mathrm{IE}=\frac{1}{2}(\mathrm{AE}-\mathrm{AI})=\frac{1}{2}(6-4)=1(\mathrm{cm})$　よって，BP＝BF－PF＝6－1＝5(cm)　5cm÷毎秒1cm＝5(秒)より，IP＋PG

の長さが最も短くなるのは，点Pが頂点Bを出発してから5秒後である。

(2)　(説明)　(例)2秒後の3点I，P，Qを通る平面で直方体を切ると，平面は点Cを通る。また，P，Qを通り面ABCDに平行な面とAIの交点をR，CGとの交点をSとすると，三角錐IPQRと三角錐CPQSは，底面は合同な三角形で，高さが2なので，体積は等しい。したがって，求める体積は直方体ABCDRPSQと等しくなるので，$2\times4\times4=32$

(3)　球の中心をOとする。x秒後の△IPQと球Oとの接点をJとし，4点A，E，G，Cを通る平面で直方体を切ったときの断面で考える(右図)。ここで，対角線BD，線分PQ，対角線FHと平面AEGCとの交点をそれぞれL，M，Nとする。△EFGは直角二等辺三角形で3辺の比は$1:1:\sqrt{2}$だから，$EG=EF\times\sqrt{2}=4\sqrt{2}$(cm)　よって，$IO=EN=\frac{EG}{2}=2\sqrt{2}$(cm)　△OIJは∠OJI＝90°，$OJ:IO=2:2\sqrt{2}=1:\sqrt{2}$だから，3辺の比が$1:1:\sqrt{2}$の直角二等辺三角形。△MIOと△OIJで，共通な角より∠MIO＝∠OIJ　∠MOI＝∠OJI＝90°　よって，△MIO∽△OIJだから，△MIOも3辺の比が$1:1:\sqrt{2}$の直角二等辺三角形。以上より，$MO=IO=2\sqrt{2}$(cm)　LM＝LN－MN＝LN－(MO＋ON)＝$6-(2\sqrt{2}+2)=(4-2\sqrt{2})$cm　x＝LM÷毎秒1cm＝$(4-2\sqrt{2})$cm÷毎秒1cm＝$(4-2\sqrt{2})$秒

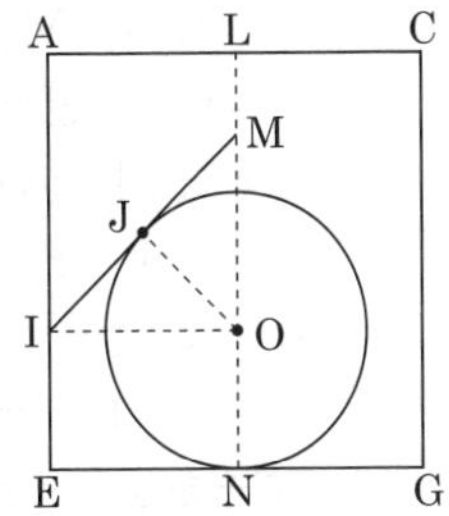

＜英語解答＞

1　No.1　B　No.2　A　No.3　C　No.4　A　No.5　D　No.6　(1)　B　(2)　D　(3)　C　No.7　(1)　(He took them last) summer(.)　(2)　(He was standing) next to (Tomoki.)　(3)　(Because he) saw (David there again.)

2　問1　A　May　B　famous　C　sure　問2　D　(例) Why don't you　問3　E　(例) (I'm sorry, but) I can't go to the concert. I have to go to the dentist.

3　問1　A　問2　(This name means that) the whole country is covered (in green, because it rains a lot, and is warm and wet in summer.)　問3　ア　問4　(例) (They usually) wear green clothes (.)　問5　ウ

4　問1　(例)遠足中に写真を撮ること，遠足中にしたことについてメモを取ること。　問2　イ　問3　ア　問4　(It's on campus, and) it takes about ten minutes to get there (by bus from Keyaki West Park.)　問5　エ　問6　エ　問7　(例) (I will ask) him to give (his pictures to us.)

5　問1　difficult　問2　ウ　問3　(例)①　I like reading books to enjoy stories.　②　I imagine the characters' feelings when I read books. This helps me understand the story.

＜英語解説＞

1　(リスニング)

放送台本の和訳は，91ページに掲載

2　(長文読解問題・手紙文：語句の問題，和文英訳，条件英作文，助動詞)

(全訳)差し出し人：ミカ／宛先：ジェニー／題目：彩中学校吹奏楽部コンサート／こんにちは，ジェニー／お元気ですか？／来週末，吹奏楽部のコンサートがあります。以下，情報です。／日付：土曜日，A5月13日。開始：午後1時30分。場所：彩中学校体育館。／私たちは多くのB有名な曲を演奏する予定です。Cきっと知っている曲もあり，楽しんで聞いてもらえると思います。あなたはコンサートに来られますか？また，友達と家族と来てみてはDいかがですか？／あなたの友人。／ミカ

問1 A 「5月」May B 「有名な」famous C 「きっと」(I'm) sure

問2 「～したらどうですか？」<**Why don't you** ＋原形 **～?**>

問3 (全訳：模範解答訳含む) 差し出し人：ジェニー／宛先：ミカ／題目：返信：彩中学校吹奏楽部コンサート／こんにちは，ミカ。電子メールをありがとうございます。／Eごめんなさい，でも，コンサートへ行けません。歯医者へ行かなければなりません。／次回，あなたの吹奏楽部のコンサートへ行くことが出来れば良いなあと思っています。／あなたの友人。／ジェニー
「～できない」<**can't** ＋原形> 「～しなければならない」<**must** ＋原形／**have**[**has**]＋**to** ＋原形>

3 (長文読解問題・スピーチ：文の挿入，語句の並べ換え，語句補充・選択，英問英答・記述，内容真偽，受け身，仮定法，進行形，現在完了)

(全訳)小学生だった頃に，私はアイルランドに住んでいました。私は楽しい時を過ごして，多くの経験を積みました。今日は，アイルランドにおける私にとって興味深い経験のひとつについて話そうと思います。

アイルランドには，宗教に関連した多くの祭日があります。ひとつがセント・パトリックス・デーです。あなたはそれを知っていますか？それは毎年3月17日に祝われています。これらはその日の写真です。写真では，人々が緑色の服を着て，通りで踊っています。だから，通りは緑色になるのです。A当初，このことは私にとって非常に奇妙に思えました。なぜ人々はセント・パトリックス・デーに緑色の服を着るのでしょうか？

その理由のひとつが，アイルランドの別名である*エメラルド島*に関連しています。この名称は，雨が多く降り，夏は温暖で，湿っぽいので，国中が緑で覆われている，ということを意味しています。従って，緑はアイルランドの象徴であり，セント・パトリックス・デーに使われているのです。

当日，私は緑色の服を着て，家族と一緒に行進に参加しました。伝統的アイルランドの音楽，洋服，そして，食べ物を楽しんだので素晴らしい時間になりました。アイルランドの音楽の音は興味深く思えました。伝統的なアイルランドの楽器を演奏することが出来ればなあと思います。

現在，セント・パトリックス・デーは普及しています。他の町や国でも祝われています。例えば，多くのアイルランドの人々が住んでいるので，最大の行進の一つはニューヨークで開催されているのです。人々は喜んでセント・パトリックス・デーの行進に参加しています。

問1 挿入文は「最初，そのことは私にとって非常に奇妙に思えました」の意。「そのこと」that が何を指すか考えて，挿入箇所を判断すること。「写真では，人々が緑色の服を着て，通りで踊っている。だから，通りは緑色になる」→ A「最初，そのことは私にとってとても奇妙に思えた」→「なぜ人々はセント・パトリックス・デーに緑色の服を着るのか」

問2 (This name means that)the whole country is covered(in green, because ～)
<**be**動詞＋過去分詞> 受け身「～されている／される」

問3 <**I wish I could** ＋原形>「～できたら良いなあ」 I wish と仮定法の過去[過去形の助動詞 could]を用いると，現在事実でないことを望む表現となる。

問4　質問：「セント・パトリックス・デーにアイルランドでは，人々は何を着ますか？」／応答文：「彼らは通常緑色の服を着ます[wear green clothes]」。

問5　ア 「セント・パトリックス・デーはアイルランドだけで開催される，とアイルランドの人々は述べている」(×)　第5段落に，「今日，セント・パトリックス・デーは普及している。それは他の町々や国々で祝われている」とあるので，不適。is held／is celebrated ← <**be**動詞＋過去分詞>　受け身「～されている／される」 is becoming ← 進行形 <**be**動詞＋ **-ing**>「～しているところだ」　イ 「"*エメラルド島*"はセント・パトリックス・デーが由来だ，とアイルランドの人々は信じている」(×)　エメラルド島と呼ばれる由来については，第3段落に書かれてあり(高温多雨で緑に覆われているいう事由)，セント・パトリックス・デーに由来しているわけではない。　ウ 「アユミはセント・パトリックス・デーのパレードに参加して，伝統的なアイルランド音楽を楽しんだ」(○)　第4段落に一致。　エ 「セント・パトリックス・デーはまだ世界中に普及していない，とアユミは考えている」(×)　第5段落1・2文に Today, Saint Patrick's Day is becoming popular. It is celebrated in other cities and countries. とあるので，不適。has not become ← 現在完了 <**have**[**has**]＋過去分詞>(経験・継続・完了・結果)　is becoming ← 進行形 <**be**動詞 ＋ **-ing**>「～しているところだ」 is celebrated ← <**be**動詞＋過去分詞> 受け身「～されている／される」

4 (会話文問題：日本語で答える問題，指示語，内容真偽，語句補充・選択，語句の並べ換え，要約文などを用いた問題，不定詞，関係代名詞，助動詞，動名詞，受け身，接続詞)

[1]　(全訳)<教室で，イトウ先生が校外見学について生徒に話をしている。>／イトウ先生(以下I)：来月，私たちはケヤキ市に校外見学へ行くことになっています。訪問する場所はたくさんあります。校外見学の当日は，午前9時にケヤキ西公園に集まることになります。各グループがそこから出発して，午後3時までに，公園に戻ってきます。従って，6時間のグループで過ごす時間があります。／ケン(以下K)：私たちはどこへ行くか決めることができますか？／I：はい，ですが，チェックポイントとしてリストにある4か所のうち1か所へ行く必要があります。皆さんがどのようにやっているか教員が確認できるようにするためです。今日は，皆さんに，グループでの話し合いの中で，チェックポイントとしてどの場所を訪問するかを選んで欲しいと思います。／K：あっ，1つを選ぶのは大変ですね。私たちには，もっと情報が必要です。／I：情報を得るには，本やインターネットを使うことができます。／エマ(以下E)：私たちはタクシーを使うことはできますか？／I：いいえ，できません。徒歩か，あるいは，バス，電車で移動することはできます。／ユイ(以下Y)：校外見学には，いくらのお金を持っていくことができますか？／I：運賃，入場券，そして，昼食に，3000円まで持っていくことができます。／Y：なるほど。／I：校外見学中は，自分がしたことについてメモを取ることや，写真を撮影することを忘れてはいけません。これらは，校外見学の後のあなた方の発表に役立つでしょう。いいですね，では，グループの話し合いを始めてください。

問1　直前の to take pictures and take notes about something you didを指す。<help ＋人＋ with ＋もの>「人をもので手助けする」<Don't forget ＋不定詞>「～することを忘れるな」something ▼ you did「あなたがした何か」← <**先行詞(＋目的格の関係代名詞)＋主語＋動詞**>「**主語が動詞する先行詞**」**目的格の関係代名詞の省略**

[2]　(全訳)<ケンは他の人にアイデアを話す>E：ケン，どの場所にあなたは興味がありますか？／K：ケヤキ西公園から歩けるので，サクラソウ・タワーに興味があります。その地域では最も高い建物なので，展望デッキからは美しい景色を楽しむことができます。もし晴天ならば，美しい山々を見ることができるでしょう。タワー内では，プラネタリウム・ショーを楽しむことができ

ます。ショーはおよそ30分で，90分ごとに1回上演されています。タワーには多くのレストランと店もあります。／E：ワクワクしますね！／K：本当にお勧めです。／Y：展望デッキとプラネタリウムの両方でチケットはいくらですか？／K：ここに入場チケットの値段表があります。私たちは学生なので，大人の料金から10パーセントの割引があります。／Y：ですから，私たちにとって最も安いチケットは，両方のアトラクションで，2430円かかります。そうですね……私たちがしたいことをすべて行うのは難しいかもしれません。／E：ユイ，あなたの考えに賛成です。私たちは学生割引が利用できるけれど，それでも高いですね。タワーで行うことは，ひとつだけに絞った方が良いでしょう。／K：なるほど。

問2 「サクラソウ・タワーでは，学生は イ天気が良ければ，美しい山々を見るだろう」ケンは，If it's sunny, we will see the beautiful mountains. と述べている。 ア「プラネタリウムのレストランで特別の昼食を食べるつもりである」(×)　言及ナシ。 ウ 「展望デッキまで登れば，賞を得るだろう」(×)　言及ナシ。 エ 「劇場で，天体ショーを90分間見るだろう」(×)　The show is about thirty minutes とあるので，不適。once every ~「～ごとに1回」

問3 ケンは，「学生は大人料金から10％の割引が利用できる」と述べており，1500円の10％割引がいくらになるか考えること。￥1500×0.9＝￥1,350

③ (全訳)<ユイがアイデアを共有する>E：ユイ，あなたはどう考えますか？／Y：私はケヤキ動物園，あるいは，ケヤキ大学科学博物館へ行きたいです。というのは，私は動物や植物が好きだからです。私は特に科学博物館に興味があります。それは大学の敷地にあり，ケヤキ西公園からバスでおよそ10分かかります。博物館では農業の歴史や伝統的な和食が展示されています。そして，伝統的な食事を出すレストランがあります。／K：良さそうですね。私はそこの伝統的な和食を食べてみたいです。／E：私は大学の敷地内の伝統的な建物にも興味があります。ガイド付きのキャンパスツアーに参加して，私たちはその中に入ることができます。／Y：それは素晴らしいですね！ツアーにはチケットを買う必要がありますか？／E：ツアーに参加したければ，買う必要があります。敷地を単に歩きまわるだけならば，無料です。／K：では，ケヤキ動物園はどうでしょうか？幼い頃，そこへ行ったことがあります。とても大きいので，そこでは1日中過ごすことができます。／Y：オンラインで買えば，入園券は600円です。でも，動物園は公園からは遠いです。

問4 it takes about 10 minutes to get there(by bus from Keyaki West Park.) **<It takes +時間+不定詞>「～するには……かかる」** get to「～に到着する」→ get there「そこに到着する」

問5 ア 「ユイはケヤキ動物園に行き，そこで1日中過ごした」(×)　ケヤキ動物園に行ったのは幼い頃のケン。 イ 「キャンパスを歩きまわるにはチケットを買わなければならない」(×)　Just walking around the campus is free. とエマが述べているので，不適。**<have + to不定詞>「～しなければならない／ちがいない」** walking ← **<原形+ -ing>「～すること」動名詞** ウ「エマはケヤキ動物園の大型動物に興味がある」(×)　動物が好きなのはユイ。**<be動詞 + interested in>「～に興味がある」** エ 「学生がガイド付きのキャンパスツアーに参加するのであれば，チケットが必要である」(○)　ユイの Do we need to buy tickets for the tour？という質問に対して，エマは If you want to join it, yes. と答えている。

④ (全訳)<ケンはエマに彼女の考えを共有するように依頼する。>／K：エマ，どの場所にあなたは行きたいと思いますか？／E：私は伝統的な日本の工芸が好きなので，シラコバト工芸センターに行きたいです。そこには，ひな人形のような多くの伝統的な工芸が展示されています。工芸教

室に参加して，伝統的な和紙を使い，自分自身の扇子を作ることができます。講習は午前10時と午後2時に開始されます。時間は約2時間を要します。／Y：講習にはいくらかかりますか？／E：材料も含めて，およそ1000円かかります。安くはありませんが，こういった経験は良い記憶として残るでしょう。／K：扇子は家族への贈り物になりますね。／E：B私もそう思います。それを手にすれば，母は喜ぶでしょう。／Y：それは素晴らしいですね。シラコバト工芸センターはケヤキ西公園から近いですか？／E：いいえ，バスに乗らなければなりません。／K：さて，私たちの考えを互いに共有することができました。校外見学にどこに行くか決めましょう。

問6　ケン：「扇子は家族への贈り物になり得ますね」／E：「［B］それを手にすれば，母は喜ぶでしょう」以上の文脈から判断すること。正解は，　エ　I think so, too.「私もそう思います」。<感情を表す語＋不定詞>「～してある感情が湧き上がる」　ア 「それは事実ではありません」　イ 「私は行きます」　ウ 「あなたはそのことが信じられないでしょう」

問7　(全訳)E：発表の準備はできていますか。私はコンピューターでビデオを作り始めました。／Y：私は発表のスピーチ原稿を書き始めました。私たちの発表をより良くするにはもっと写真が必要ですね。／E：あっ，ケンが校外見学でたくさん撮影していたのを思い出しました。／Y：ありがとうございます。彼に写真を私たちに提供してくれるように頼みましょう。文脈から，「彼に写真を私たちに提供してくれるように頼みましょう」という意味になるように，英文を完成させること。<ask＋人＋不定詞>「人に～するように頼む」

5 (長文読解問題・スピーチ：語句補充・記述，内容真偽，日本語で答える問題，条件英作文，接続詞，不定詞)

(全訳)皆さん，こんにちは。私の趣味について話しましょう。私は映画を見ることが好きです。私は映画を見ると，くつろぎ，話を楽しむことができます。先週，ある人物の人生をもとにした映画を見ました。それはプロのバスケットボール選手であるマイケル・カーターについての映画でした。彼のチームは選手権に3回優勝しました。また，彼はナショナルチームでオリンピックに参加して，金メダルを獲得しました。ある日，すべてが変わってしまうまでは，彼の人生は順調そのもののように見えました。彼は試合中に足を骨折してしまったのです。医師は彼に告げます。「バスケットボールをするのは止めるべきです。あなたの足は対応できないからです」彼はバスケットボールを続けることが出来ないので，とてもがっかりしました。でも，彼はバスケットボールに関連がある仕事を決してあきらめることはなかったのです。数年後，彼はコーチになり，自分のチームをより強くしました。一般の人がこのような状況に打つ勝つことは困難であろうと私は考えましたが，カーターはやり遂げたのでした。

私は映画を通じてこの話を知りましたが，この映画の元になった原作があります。私はその本を昨日読み終えて，その本を読むことを楽しみもしました。さて，皆さんに質問があります。話を楽しむのであれば，本を読むことと，映画を見ることのどちらが好みでしょうか？

問1　与えられた英文の文脈から，空所を含む箇所が「困難な状況」となるように1語を答えること。「彼は困難な状況にあったが，マイケル・カーターはバスケットボールに関連がある彼の仕事をあきらめなかった」though「～であるが」give up「あきらめる」～ it would be difficult for an ordinary person to overcome this situation ～ ← <**It is**＋形容詞＋ **for** ＋人＋不定詞>「人が不定詞することは形容詞である」

問2　ウ(○)　He joined the Olympics on a national team and got a gold medal. と述べられている。けがをした後，選手生活に終止符を打ち，コーチに転身したと述べられているので，他の選択肢はすべて不適。

問3 (解答例全訳)「皆さん，こんにちは。今日は，話を楽しむための私の好きな方法について，皆さんに伝えたいと思います。①物語を楽しむには，私は本を読むことが好きです。②本を読むことで，登場人物の感情を想像します。このことが，話を理解する手助けになります」本と映画のどちらで物語を楽しむのが好きか，に関して3文以上でまとめる条件英作文。

<英語解答>(学校選択問題)

1 No.1 B No.2 A No.3 C No.4 A No.5 D No.6 (1) B (2) D (3) C No.7 (1) (She) asked him who (the man in the pictures was.) (2) (They kept talking until Tomoki) got off (the bus.) (3) (Because she felt the word "*Konnichiwa*" created a) friendship between (Tomoki and David.)

2 問1 (Today, I) want you to choose which place to visit (as a check point in a group discussion.) 問2 ア 問3 イ 問4 (例) (It's difficult to do) everything we want(.) 問5 (例) Because she has never been to a university campus. 問6 (1) イ (2) エ 問7 (例) Who suggested the (place to other students in your group?)

3 問1 (例) Because they were light and cool. 問2 (例) 日本は湿度が高く，ぬれると乾くのに時間がかかるから。 問3 A show B broken 問4 ① ウ ② カ ③ エ 問5 (Sometimes) I imagine what umbrellas will be like in (the future.) 問6 (1) (例) using them (2) (例) different ideas (3) give us

4 (例) I want to live near mountains. I can feel the changing seasons, and there is clean air and water in a quiet environment. In summer, I can enjoy swimming in the river, and in winter, I can enjoy skiing. I want to relax in nature and eat fresh fruits. (49語)

<英語解説>

1 (リスニング)

放送台本の和訳は，91ページに掲載

2 (会話文問題：語句の並べ換え，内容真偽，語句補充・選択・記述，英問英答・記述，要約文などを用いた問題，不定詞，助動詞，関係代名詞，現在完了，受け身，接続詞)

① (全訳) <教室で，イトウ先生が校外見学について生徒に話をしている。>／イトウ先生(以下I)：来月，私たちはケヤキ市に校外見学へ行くことになっています。訪問する場所はたくさんあります。校外見学の当日は，午前9時にケヤキ西公園に集まることになります。各グループがそこから出発して，午後3時までに，公園に戻ってきます。従って，6時間のグループで過ごす時間があります。／ケン(以下K)：私たちはどこへ行くか決めることができますか？／I：はい，ですが，チェックポイントとしてリストにある4か所のうち1か所へ行く必要があります。皆さんがどのようにやっ

ているか教員が確認できるようにするためです。今日は，皆さんに，グループでの話し合いの中で，チェックポイントとしてどの場所を訪問するかを選んで欲しいと思います。／K：あっ，1つを選ぶのは大変ですね。私たちには，もっと情報が必要です。／I：情報を得るには，本やインターネットを使うことができます。／エマ(以下E)：私たちはタクシーを使うことはできますか？／I：いいえ，できません。徒歩か，あるいは，バス，電車で移動することはできます。／ユイ(以下Y)：校外見学には，いくらのお金を持っていくことができますか？／I：運賃，入場券，そして，昼食に，3000円まで持っていくことができます。／Y：なるほど。／I：校外見学中は，自分がしたことについてメモを取ることや，写真を撮影することを忘れてはいけません。これらは，校外見学の後のあなた方の発表に役立つでしょう。いいですね，では，グループの話し合いを始めてください。

問1　(Today, I)want you to choose which place to visit(as a check point in a group discussion.) <want ＋人＋不定詞>「人に～してもらいたい」<which ＋名詞＋不定詞>「どちらの名詞を～するか」

問2　ア 「生徒は校外見学の日に2回同じ公園に来なければならない」(○)　イトウ先生のせりふに「校外見学の当日は，午前9時にケヤキ西公園に集まり，各グループがそこから出発して，午後3時までに，その公園に戻ってくることになります」とあるので，内容に一致。**<have ＋不定詞>「～しなければならない／ちがいない」**　他の選択肢は以下の通りだが，いずれも言及がない。　イ 「生徒は宿題として，リストにある場所について勉強しなければならない」(×)　**<have ＋不定詞>「～しなければならない／ちがいない」**　ウ 「生徒は話し合いでケヤキ西公園において何を買うか決定する予定だ」(×)　**<what ＋不定詞>「何を～するか」**　エ 「イトウ先生が教室で彼らに与える1日バス乗車券を生徒は使うことになっている」(×)　a one-day bus ticket ▼ Mr. Ito gives them ← **<先行詞(＋目的格の関係代名詞)＋主語＋動詞>「主語が動詞する先行詞」目的格の関係代名詞の省略**

2　(全訳)<ケンは他の人にアイデアを話す>E：ケン，どの場所にあなたは興味がありますか？／K：ケヤキ西公園から歩けるので，サクラソウ・タワーに興味があります。その地域では最も高い建物なので，展望デッキからは美しい景色を楽しむことができます。もし晴天ならば，美しい山々を見ることができるでしょう。タワー内では，プラネタリウム・ショーを楽しむことができます。ショーはおよそ30分で，90分ごとに1回上演されています。タワーには多くのレストランと店もあります。／E：ワクワクしますね！／K：本当にお勧めです。／Y：展望デッキとプラネタリウムの両方でチケットはいくらですか？／K：ここに入場チケットの値段表があります。／Y：となると，私たちにとって最も安いチケットは，両方のアトラクションで，[A]2430円かかることになります。そうですね……私たちがしたいことをすべて行うのは難しいかもしれません。／E：ユイ，あなたの考えに賛成です。私たちは学生割引が利用できるけれど，それでも高いですね。タワーで行うことは，ひとつだけに絞った方が良いでしょう。／K：なるほど。

問3　表の下に，「学生は10%の割引が受けられる」との記述があり，大人の展望デッキとプラネタリウムの組み合わせのチケットが2700円であることから考えること。¥2700×0.9＝¥2430なので，正解はイ。

問4　(It's difficult to do)everything we want.　**<It's ＋形容詞＋不定詞>「不定詞することは形容詞である」** everything ▼ we want ← **<先行詞(＋目的格の関係代名詞)＋主語＋動詞>「主語が動詞する先行詞」目的格の関係代名詞の省略**

3　(全訳)<ユイが彼女の考えを共有する。>／E：ユイ，あなたはどう考えますか？／Y：私はケヤキ動物園，あるいは，ケヤキ大学科学博物館へ行きたいです。というのは，私は動物や植物が好きだからです。私は特に科学博物館に興味があります。それは大学の敷地にあり，ケヤキ西公園からバスでおよそ10分かかります。博物館では農業の歴史や伝統的な和食が展示されています。そして，伝統的な食事を出すレストランがあります。また，大学の敷地に一度も行ったことがないので，キャンパスを歩きまわりたいと思います。／K：良さそうですね。私はそこの伝統的な和食を食べてみたいです。／E：私は大学の敷地内の伝統的な建物にも興味があります。ガイド付きのキャンパスツアーに参加して，私たちはその中に入ることができます。／Y：それは素晴らしいですね！ツアーにはチケットを買う必要がありますか？／E：ツアーに参加したければ，買う必要があります。敷地を単に歩きまわるだけならば，無料です。／K：では，ケヤキ動物園はどうでしょうか？幼い頃，そこへ行ったことがあります。とても大きいので，そこでは1日中過ごすことができます。／Y：オンラインで買えば，入園券は600円です。でも，動物園は公園からは遠いです。

問5　質問：「なぜユイは大学の敷地を歩きまわりたいのか」I want to walk around the campus because I have never been to a university campus. と述べていることから，考えること。<**have[has]been to**>「～へ行ったことがある」

④　(全訳)<ケンはエマに彼女の考えを共有するように依頼する。>／K：エマ，どの場所にあなたは行きたいと思いますか？／E：私は伝統的な日本の工芸が好きなので，シラコバト工芸センターに行きたいです。そこには，ひな人形のような多くの伝統的な工芸が展示されています。工芸教室に参加して，伝統的な和紙を使い，自分自身の扇子を作ることができます。講習は午前10時と午後2時に開始されます。時間は約2時間を要します。／Y：講習にはいくらかかりますか？／E：材料も含めて，およそ1000円かかります。安くはありませんが，こういった経験は良い記憶として残るでしょう。／K：扇子は家族への贈り物になりますね。／E：[B]私もそう思います。それを手にすれば，母は喜ぶでしょう。／Y：それは素晴らしいですね。シラコバト工芸センターはケヤキ西公園から近いですか？／E：いいえ，バスに乗らなければなりません。／K：さて，私たちの考えを互いに共有することができました。校外見学にどこに行くか決めましょう。

問6　(1)「生徒の話し合いによると，[イ]シラコバト工芸センターへ行くにはバスに乗らなければならない」(○)　ユイの「(シラコバト工芸センターは)ケヤキ西公園から近いですか」という問いに，エマは No, we have to take a bus. と答えている。<**have** ＋**不定詞**>「**～しなければならない／ちがいない**」　ア「ケヤキ動物園は動物や植物の歴史について展示している」(×)　事実に反する。　ウ「2時間では工芸を作るのを終えることができないとユイは心配している」(×)　言及ナシ。<be動詞＋ worried that ＋主語＋動詞>「主語が動詞であることを心配している」　エ「扇子は高額なので，ケンはエマの考えに賛成していない」(×)　ケンはむしろ「扇子は家族への贈り物になりうる」と述べている。

(2)「話し合いで，[エ]学生割引を利用しても，サクラソウ・タワーのセットチケットは高い，とエマは心配している」(○)　場面②で，エマは Though we get a student discount, it's still expensive. と述べている。**though**「**だけれども，にもかかわらず**」<be動詞＋ worried>「(人が)心配している」← <もの＋ worry ＋人>「ものが人を心配させる」　ア「チケットは安いが，ケヤキ西公園からケヤキ動物園は遠すぎる，とエマは心配している」(×)　言及ナシ。though「だけれども，にもかかわらず」　イ「工芸教室を逃すと，生徒は2時間待たなければならない」(×)講習は午前10時と午後2時に開始されて，所要時間は約2時間を要する，と述べられているので，不適。<**have** ＋**不定詞**>「**～しなければならない／ちがいない**」　ウ「学生は展望デッキとプラネタリウムの両方を訪れるのに割引を利用できる，とエマは心配している」(×)　学生が展望デッキとプラネタリウムのセット券を割引で利用できるというのは事実だが，エマが心配しているのは，値段が高いという点なので，不適。

問7　(全訳：解答訳含む)I：もうチェックポイントとして，どこに行くか決定しましたか。／E：はい，決まりました。シラコバト工芸センターへ行くつもりです。／I：それは良いですね。あなたのグループでその場所を他の生徒に誰が提案したのですか。／E：私です。皆が私の考えに賛成しました。エマの応答文から推測して，イトウ先生の質問文を完成させること。「提案する」suggest

3 (長文読解問題・エッセイ：英問英答・記述，日本語で答える問題，語句の問題，語句補充・選択・記述，文の挿入，語句の並べ換え，接続詞，比較，不定詞，受け身，動名詞，間接疑問文)

(全訳)雨の日にどのように対処しますか？私は傘を使います。傘を使う時はいつでも，傘の形が決して変わることがないのはなぜだろうかと思います。手で握る必要のない傘が存在すればいいなあと思います。でも，そのような傘はありません。傘はそれでも同じ形を維持しています。私は傘を使う時には，それを広げて，握ります。いつ人々は傘を使い始めたのでしょうか？他の国の人々はどのように雨に対処するのでしょうか？なぜ傘の形は変わらないのでしょうか？私の疑問に対する答えを得るために，私は傘の歴史と文化について調べてみました。

初期の傘は棒のついた天蓋のようで，閉じませんでした(図1)。それは王様のような所有者の権威[A]<u>を示す</u>ために使われていた模様です。

日本において傘が存在していたという最初の形跡は古墳時代にあります。しかし，どこで日本の傘が生まれたかを見つけ出すことは，困難です。傘は他の国から伝来してきたと言う人がいます。傘は，はるか昔に日本で作られたと言う人もいます。

いくつかの記事や本を読んで，江戸時代の中期以降に，人々が傘を使い始めたということを知りました。日本の傘は，油紙で覆われた竹の軸と骨から作られていました。非常に高価だったので，金持ちしか買うことが出来ませんでした。それらは開閉することは可能でしたが，重く，簡単に[B]<u>壊れて</u>しまいました。そこで，江戸時代までは，雨天時には，ほとんどの人々が*蓑*(みの)と*菅笠*(すげがさ)を使っていました(図2)。日本の傘を作る方法が広まると，作るのがより簡単になり，安価になりました。傘の文化は*歌舞伎*や*浮世絵*でも見受けられ，多くの人々の間に広がりました。日本の傘生産者は自分らの傘が広まるだろうと考えていましたが，西洋傘の日本への伝来で，状況が一変しました。

ペリー提督が船で来日した際に，多くの日本人は初めて西洋の傘を目にしました。彼と一緒に日本にやって来たスタッフの中には傘を使う者がいたのです。明治時代以降，西洋傘が日本にもたらされて，売られるようになりました。重量が軽くて，デザインがお洒落だったので，人気が出て，瞬く間に，日本中に広まりました。

20世紀には，日本で和傘を作り続ける製作者がいる一方で，西洋傘を作り始める製作者も存在しました。しかし，独自の傘を作ろうと懸命に努力する製作者もいました。1950年ごろには，ドイツで作り出されたものをもとにして，折り畳み傘を作る製作者が現れました。およそ10年後に，ある傘製作者がビニール傘を作り出しました。それは，1964年の東京オリンピックで，世界中の人々が初めて目の当たりにしました。ビニール傘は，日本と海外で人気を博しました。おそらく透明で良好な視界が理由で，それは普及したのでしょう。このようにして，①<u>いくつかの種類の傘が日本の製作者により作り出されたのです</u>。

ところで，他の国の人々はどのようにして雨の日に対処しているのでしょうか？ある国では，雨季と乾季の区別がはっきりとしています。雨季には，雨が突然降り出して，短時間で止みます。こういったことが理由で，多くの人々が「②<u>すぐに雨が止むので</u>，傘は使いません」と言います。

日本ではどうですか？もちろん，日本では雨が多く降り，雨季が存在します。でも，私はインターネットで興味深いニュース記事を見つけました。それによると，日本では各自が平均3.3本の傘を所有しており，他の国の平均は2.4本とのことです。このことは，雨が降ると，日本人はより頻繁に傘を使う傾向があるということを意味しています。しかしながら，③日本と同じくらい雨が降りますが，ニュージーランドでは，雨が降っても，それほど頻繁に傘は使われません。この違いの理由は何でしょうか？2か国の湿度を比べると，日本の方が，湿度が高いことに気づきます。私の考えでは，高湿度ゆえに，濡れると乾くのにより長い時間がかかるので，日本人は他の国々の人々よりも頻繁に傘を使うのではないでしょうか。傘についての考え方は，住んでいる国の天候次第であるようです。

傘に関する記事や本を読む前は，傘の形が変容してきた，と私は考えませんでした。しかし，傘の歴史を調べると，実際には，傘はその形を変えてきたことに気づきました。初期の傘は，棒のついた天蓋でした。でも現在では，傘は開閉が可能で，折りたたみ傘も存在します。傘は将来も形を変えていくことでしょう。時々，将来，傘はどのようになっているのだろうか，と想像することがあります。例えば，私たちの頭上に飛んできて，バリアを張る傘が存在しているかもしれません。将来の傘について考えていると，興味深いことに気づきました。私が想像する傘は，ひょっとしたら異なった形をした*菅笠*であるかもしれません。その歴史を学ぶことで，新しい傘を作りだすヒントが得られるかもしれません。

問1　質問：「明治時代以降，日本で西洋傘が普及した理由はなぜですか」第5段落で，明治時代以降西洋傘が普及したことに関して，They became popular because of their light weight and cool design. と述べられていることから考えること。<**because of ＋名詞相当語句**>「～の理由で」

問2　第8段落で，In my opinion, because of the high humidity, it takes longer to dry off if they get wet, so Japanese people use umbrella more often than people in other countries. と述べられていることから判断する。<**because of ＋名詞相当語句**>「～の理由で」longer ← longの比較級 ～, **so**……「～，だから……」often の比較級 → more often／oftener

問3 [A]「それは王様のような所有者の権威Aを示すために(to show)使われたようだ」**不定詞の目的を示す副詞的用法「～するために」** were used ← <**be動詞＋過去分詞**>「～される／されている」**受け身**　such as「～のように」 [B]「それらは開閉することは可能だが，重く，簡単にB壊れて(broken)しまった。そこで，江戸時代までは，ほとんどの人々が雨の日には蓑(みの)と菅笠(すげがさ)を使った」were broken ← <**be動詞＋過去分詞**>「～される／されている」**受け身**

問4　①　空所①の前段階で，折り畳み傘やビニール傘が作り出されたとの記述があることから考える。「このようにして，①ウいくつかの種類の傘が日本の製作者により作り出された」were made by「～によって作り出された」← <**be動詞＋過去分詞**>「～される／されている」**受け身**　②「雨季には，雨が突然降り出して，短時間で止む」→「それゆえに，多くの人々が言う。『②カすぐに雨が止むので，傘は使いません』」stop raining ← <**stop ＋動名詞**>「**～することを止める**」　③「日本では各自が平均3.3本の傘を所有していて，他の国の平均は2.4本だ」→「このことは，雨が降ると，日本人はより頻繁に傘を使う傾向があるということを示している」→「しかしながら，③エ日本と同じくらい雨が降るが，ニュージーランドでは，雨が降っても，それほど頻繁に傘は使われない」as much as「同じくらいの量」← <**as ＋原級＋as**>「**同じくらい～**」**though「～だけれども，にもかかわらず」however「しかしながら，けれども」** more often／oftener ← often の比較級　ア「多くの傘製作者は新しい傘を作ることを止めた」stopped making ← <**stop ＋動名詞**>「～することを止める」　イ「それはより高い値段で売られている」is sold ← <**be動詞＋過去分詞**>「**～される／されている**」**受け身**　higher ← high「高い」の比較級　オ「雨が降ると，皆が傘を使う」

問5　(Sometimes) I imagine what umbrella will be like in(the future.) **疑問文を他の文に組み込まれる(間接疑問文)と，<疑問詞＋主語＋動詞>の語順になる**。ここでは，疑問詞が主語に位置にあるので，<疑問詞＋動詞>の形になっている。　<what ＋名詞>「どのような名詞」 <What + is ~ like ?>「～はどのような物[人]ですか」 in the future「将来に，これからは」

問6　(全訳：模範解答訳含む)マユミは傘がその形を変えてこなかった理由に思いを巡らせた。彼女は傘の歴史と文化について調べた。江戸時代の中期以降，日本の人々が[1]それらを使うことを始めた，と彼女は知った。明治時代の後に，日本の製作者の中には，独自の傘を作ることに尽力するものが存在した。傘を使うことに関して，日本の人々は他の国の人々とは[2]異なった考えを有していることも彼女は学んだ。情報収集を終えた後に，彼女は傘が実際には形を変えてきたことを知った。彼女は時には未来の傘を想像することもあった。彼女が想像した傘は，異なった形を有する*菅笠*でありうることに彼女は気づいた。傘の歴史を学ぶことで，新しい傘を作るヒントが[3]私たちに与えられる，と彼女は考えた。　(1) ~ people in Japan started using them after ~ <start ＋動名詞>「～し始める」ここでのthemは，umbrellasを指す。　(2) ~ Japanese people have different ideas from people in other countries about using umbrellas. different from「～と異なる」about using ← <前置詞＋動名詞>　(3) She thought learning the history of umbrellas would give us a hint for ~ <give + O_1+ O_2>「O_1にO_2を与える」learning ← <**原形＋ -ing**>「**～すること**」**動名詞**

4 **(条件英作文)**

(指示文全訳)「どのような種類の場所に住みたいか考えることは重要だ。海は山よりも良いと考えているので，海の近くに住むことを好む人がいる。もちろん，海の近くの地域よりも，山間部が好きな人もいる。どこに住むかを決定する際には，考えなければならないことが多くある。あなたは海の近くと山の近くのどちらに住むことを好みますか」

(解答例全訳)「私は山の近くに住みたい。変わりゆく季節を感じることができて，静かな環境で，きれいな空気と水がある。夏には，川で泳ぎ，冬にはスキーをして楽しむことができる。自然の中でくつろぎ，新鮮な果物を食べたい」

テーマに応じて，自分の考えを40語以上50語程度の英文にまとめる条件英作文問題。

2023年度英語　リスニングテスト

〔放送台本〕

問題は，No.1~No.7の全部で7題あり，放送はすべて英語で行われます。放送される内容についての質問にそれぞれ答えなさい。No.1~No.6は，質問に対する答えとして最も適切なものを，A~Dの中から一つずつ選び，その記号を書きなさい。No.7は，それぞれの質問に英語で答えなさい。放送中メモを取ってもかまいません。各問題について英語は2回ずつ放送されます。では，始めます。

Look at No. 1 to No. 3.

Listen to each talk, and choose the best answer for each question. Let's start.

No. 1

A : Nancy, look at this picture. It's me. My friend took it when we were watching a soccer game in the stadium.
B : Oh, you look very excited, Yuji.
A : Yes. I really enjoyed watching my favorite soccer player.
B : That's great.

Question : Which picture are they talking about?

No. 2

A : Your lunch looks good, Erika. The sausages look delicious.
B : Thank you, Tony. Yours looks good, too. It has strawberries, but I don't have any.
A : Actually, I bought them at the supermarket yesterday. They are so sweet.
B : That's nice. I like strawberries, so I'll buy some later.

Question : Which is Erika's lunch?

No. 3

A : Today, we had English class just before lunch, and we sang an English song. It was fun.
B : Yes. But for me, math class was more interesting.
A : Oh, really? For me, science class right after math class was also interesting.
B : I know you like science, but you like music the most, right? You enjoyed music class in the afternoon.

Question : What day are they talking about?

〔英文の訳〕

No.1からNo.3を見てください。それぞれの会話を聞いて，それぞれの質問に対して最も適した答えを選びなさい。では，始めます。

No. 1

A：ナンシー，この写真を見てください。これは私です。スタジアムで私たちがサッカーを観戦した時に，私の友達が撮影したものです。／B：あっ，ユウジ，あなたはとても興奮しているみたいですね。／A：ええ，私の好きなサッカー選手を見て，本当に楽しかったです。／B：それは素晴らしいですね。

質問：彼らはどの写真について話をしていますか？／正解：スタジアムでサッカー観戦しているB。

No. 2

A：あなたの昼食は素晴らしいですね，エリカ。ソーセージがおいしそうです。／B：ありがとうございます，トニー。あなたの昼食もおいしそうですね。あなたの昼食にはいちごがありますが，わたしの昼食にはありません。／A：実は，昨日，スーパーでいちごを買いました。とても甘いです。／B：それは良いですね。私はいちごが好きなので，後でいくつか買おうと思います。

質問：エリカの昼食はどれですか？／正解：ソーセージがあっていちごがないA。

No. 3

A：今日，昼食の直前に英語の授業があって，私たちは英語の歌を歌いました。楽しかったですね。／B：そうですね。でも，私にとっては，数学の授業の方がより興味深かったです。／A：えっ，本当ですか？　私にとっては，数学の直後の理科の授業も同様におもしろかったです。／B：あなたが理科が好きなことはわかっていますが，あなたは音楽が最も好きなのではないでしょうか。あなたは午後の音楽の授業を楽しんでいましたよね。

質問：どの日のことを話していますか？／正解：数学の直後に理科。午後に音楽のC。

〔放送台本〕

Look at No. 4 and No. 5. Listen to each situation, and choose the best answer for each question. Let's start.

No. 4

Kenta talks to Jane at school in the morning. She tells him that she studied for the test until late last night. She also tells him she's really sleepy because of that.

Question : What will Kenta say to Jane?

No. 5

Cathy is on her way to Tom's house, but she cannot find his house. She calls Tom and tells him what she can see around her. Then she asks him to tell her how to get to his house.

Question : What will Tom say to Cathy?

〔英文の訳〕

No.4とNo.5を見なさい。それぞれの状況を聞いて，それぞれの質問に対する最も適した答えを選びなさい。では，始めます。

No. 4

午前中，ケンタは学校でジェーンに話しかけます。昨夜遅くまでテスト勉強をした，と彼女は彼に話します。また，それが理由で非常に眠い，と彼女は彼に告げます。

質問：ケンタはジェーンに何と言いますか？

(選択肢の訳)

Ⓐ　昨夜，何時に寝ましたか？　　B　どこでビデオゲームをしましたか？
C　毎日，テレビを見なければなりません。　　D　毎日早く起きるべきです。

No. 5

キャシーはトムの家に向かう途中ですが，彼の家が見つかりません。彼女はトムに電話をして，周囲に何が見えるかを彼に告げます。そして，彼の家の行き方を彼女に告げるように彼に頼みます。

質問：トムはキャシーに何と言いますか？

（選択肢の訳）

A　素晴らしいです。地図をありがとうございます。　　B　いいえ。何も必要ありません。
C　もしもし。キャシーと話せるでしょうか？　　Ⓓ　そこで待ってください。あなたのところへ向かいます。

〔放送台本〕

Look at No. 6.

Listen to Ms. Brown. She's an ALT at a junior high school. Choose the best answer for questions 1, 2 and 3. Let's start.

No. 6

Hello, everyone. Before starting English class, let's talk about last weekend. Did you have a good weekend? I had a good weekend, so let me tell you about it. Last Sunday, I went to Kobaton Park with my family because the weather was nice. We go there twice a month. It's one of the largest parks in my town. There are many things you can enjoy.

First, I played badminton with my children. The park has a large space to play sports. After that, we had lunch under the cherry blossoms. They were beautiful, and the sandwiches my children made were so good! After lunch, we enjoyed cycling around the park. Spending time at the park on weekends helps me relax.

OK, now, I want you to make pairs and talk about last weekend in English. I'll give you a few minutes. If you have any questions, please ask me. Are you ready?

Question 1：How many times does Ms. Brown's family go to Kobaton Park in a month?

Question 2：What did Ms. Brown do first in the park?

Question 3：Which is true about Ms. Brown's story?

〔英文の訳〕

No. 6を見なさい。ブラウン先生の話を聞きなさい。彼女は中学校の外国語指導助手です。質問1，2，3に対する最も適切な答えを選びなさい。では，始めます。

こんにちは，皆さん。英語の授業を始める前に，先週末のことについて話そうと思います。皆さんは良い週末を過ごしましたか？私は素晴らしい週末を過ごしたので，そのことについて話しましょう。先週の日曜日に，天気が良かったので，私は私の家族と一緒にコバトン公園へ行きました。私たちは月に2回そこへ行きます。そこは私の町では最も大きな公園の1つです。楽しむことが出来る多くのものがあります。

まず，私は私の子供達とバトミントンをしました。公園には，スポーツをすることができる大きな空間があります。その後に，桜の下で私たちは昼食を食べました。桜は美しくて，私の子供たちが作ったサンドイッチはとても美味しかったです！昼食後，私たちは公園の周囲をサイクリングして楽しみました。週末に公園で過ごすことで，私はくつろげます。

さて，皆さんには，ペアとなり，英語で先週末について話して欲しいと思います。数分間時間を差し上げます。質問が何かある時には，私に尋ねてください。準備はいいですか？

(1)　質問1：ブラウン先生の家族は，月に何回コバトン公園へ行きますか？

(選択肢の訳)　A　月に1回。　Ⓑ　月に2回。　C　月に3回。　D　月に4回。

(学校選択問題)A　月に1回。　Ⓑ　月に2回。　C　月に2回よりも多く。　D　4ヵ月ごとに。

(2)　質問2：ブラウン先生は公園で最初に何をしましたか？

(選択肢の訳)A　サイクリングを楽しんだ。　B　昼食を食べた。　C　他の家族と話した。

Ⓓ　バドミントンをした。

(3)　質問3：ブラウン先生の話についてどれが真実ですか？

(選択肢の訳)A　(彼女の)生徒に公園について話して欲しい。　B　彼女は天候について考えたい。

Ⓒ　彼女は桜の木の下で昼食を食べた。　D　彼女は毎日家に留まることが必要である。

(学校選択問題)　A　彼女の生徒たちに彼らの公園での経験について話してほしい。

B　彼女にとって毎日天気について考えることが重要である。

Ⓒ　この前の日曜日にいかに彼女の家族が公園で過ごしたかを彼女の生徒に伝えている。

D　彼女の家族と過ごす一番良い方法は，自宅にいることである。

〔放送台本〕

Look at No. 7.

Listen to the talk between Tomoki and Alice a student from the U.S. and read the questions. Then write the answer in English for questions 1, 2 and 3.

Let's start.

No. 7

Tomoki :	Alice, look at these pictures. I took them when I traveled to the U.S. last summer.
Alice :	Wow. You took so many. Wait, who is this man, Tomoki?
Tomoki :	He's my American friend, David. When I was on the bus in San Francisco, he was standing next to me and said with a smile, "*Konnichiwa.*" Then, we started talking to each other in English until I got off the bus.
Alice :	Did you enjoy talking with him?
Tomoki :	Yes. We talked about our hobbies and hometowns.
Alice :	That's good.
Tomoki :	Actually, I have an interesting story.
Alice :	Oh, what is it?

Tomoki :	The next day, I went to the airport in San Francisco to go back to Japan, and I saw him there! I was really surprised to see him again. He said, "When you get a chance to visit the U.S. again, you can come and see me." Then he gave me his e-mail address.
Alice :	Wow!
Tomoki :	I've kept in touch with him since then. I send him an e-mail once a week.
Alice :	You had a wonderful experience in the U.S. "*Konnichiwa*" created a friendship between you and him!

〔英文の訳〕

No.7を見なさい。トモキとアメリカからの留学生であるアリスとの間で交わされた会話を聞き，質問を読みなさい。そして，質問1，2，3に対して，英語で答えを書きなさい。では，始めます。

トモキ(以下T)：アリス，これらの写真を見てください。この前の夏に，アメリカへ旅行した際に，撮影したものです。／アリス(以下A)：うわっ，とても多く撮りましたね。待ってください，トモキ，この男性は誰ですか？／T：彼は私のアメリカ人の友人のデヴィッドです。私がサンフランシスコでバスに乗っていた時に，彼は私の隣に立っていて，笑顔で私に「*こんにちは*」と話しかけてきたのです。そして，バスを降りるまで，私たちは英語で互いに話し始めたのです。／A：彼との話は楽しかったですか？／T：はい。私たちは互いの趣味や故郷について話をしました。／A：それは良いですね。／T：実は，興味深い話があります。／A：えっ，それは何ですか？／T：翌日，日本に帰国するために，サンフランシスコの空港へ行き，そこで彼を見かけたのですよ！ 再び彼を見かけて，私は本当に驚きました。彼は言いました。「またアメリカへ訪問する機会がある際には，私のところにやって来て，私と会うことができます」そして，彼は私に彼の電子メールのアドレスを教えてくれました。／A：うわっ！／T：それ以来，私は彼と連絡を取り合ってきました。私は週に1回彼に電子メールを送っています。／A：あなたはアメリカで素晴らしい体験をしましたね。「*こんにちは*」はあなたと彼の間に交友関係をもたらしたのですね！

(質問と模範解答の訳)

(1) 質問1 ：いつトモキはアメリカで写真を撮影しましたか？
答え ：彼はそれらをこの前の夏[Summer]に撮影しました。

(2) 質問2 ：バスでトモキの友人のデヴィッドはどこにいましたか？
答え ：彼はトモキの隣に[next to]立っていました。

(3) 質問3 ：なぜトモキは空港で驚きましたか？
答え ：そこでデヴィッドを再び見かけた[saw]からです。

(学校選択問題)

(1) 質問1 ：トモキがアリスに写真を見せた時に，アリスはトモキに何と尋ねましたか？
答え ：彼女は写真の男性は誰かと彼に尋ねました。[asked him who]

(2) 質問2 ：トモキと彼の友人のデヴィッドはバスでどのくらいの間話しましたか？
答え ：トモキがバスから降りる[got off]まで，彼らは話し続けました。

(3) 質問3 ：なぜアリスはアメリカでのトモキの経験が素晴らしいと感じましたか？
答え ：彼女は"こんにちは"という言葉がトモキとデヴィッドの間に親しい関係[friendship between]を作り出したと感じたからです。

＜理科解答＞

1 問1　ウ　　問2　アとウ　　問3　エ　　問4　イ　　問5　黒点　　問6　節足動物
問7　0.0016g/cm^3　　問8　放射能

2 問1　ウ　　問2　冬　　問3　ア　　問4　(記号)　イ　　(しくみ)　(例)陸上の気温が海上の気温より高くなり，陸上で上昇気流が生じ，海から陸に向かって風がふく。
問5　(記号)　ア　　(T)　(例)偏西風に押されながら[追い風を受けながら／偏西風にのって]

3 問1　ウ　　問2　(例)エンドウは開花後も，おしべとめしべが一緒に花弁に包まれているから。　　問3　対立形質　　問4　(1)　記号　(X)
遺伝子の組み合わせ　AAとAa　　(2)　Ⅰ　AA　　Ⅱ　Aa　　M　ア

4 問1　還元　　問2　(例)塩化コバルト紙をつけ，青色から赤色(桃色)に変化する　　問3　下図1　　問4　(1)　エ
(2)　炭素　0.18g　　銅　1.92g

5 問1　反射　　問2　右図2　　問3　イ　　問4　(例)　焦点から出た光は，凸レンズを通ったあと，凸レンズの軸(光軸)に平行に進むから。
問5　エ

図1

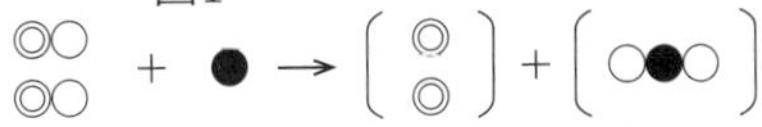

銅　　二酸化炭素

$2CuO + C \rightarrow$ [$2Cu$] $+$ [CO_2]

図2

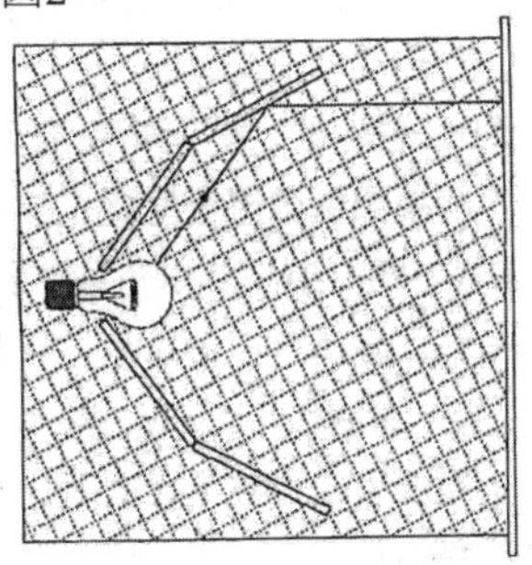

＜理科解説＞

1 **(小問集合－地震と地球内部のはたらき：自然災害，生物と細胞，化学変化と電池：金属のイオン化傾向，仕事とエネルギー：動滑車，太陽系と恒星：太陽の黒点，動物の特徴と分類，身のまわりの物質とその性質：密度，電流：放射線)**

問1　海岸の埋め立て地や河川などの地盤のやわらかい所ほどゆれ(震度)が大きくなるため，やわらかい地盤中にふくまれている水や砂が地震のゆれで動き，土砂まじりの水を地表に噴出する。これが**液状化現象**で，建物の土台がくずれて傾いたり，電柱が傾いたりする。

問2　植物の細胞と動物の細胞に共通して見られるつくりは，**核と細胞膜**である。葉緑体と細胞壁は植物の細胞のみに見られる。

問3　硫酸銅水溶液の電離を化学式で表すと，$CuSO_4 \rightarrow Cu^{2+} + SO_4{}^{2-}$である。亜鉛の金属片を入れたとき金属面についた赤色の物質は銅の金属である。その変化をモデルで表すと，$Zn \rightarrow Zn^{2+} + 2e^-$，$Cu^{2+} + 2e^- \rightarrow Cu$，**であり，イオンへのなりやすさは，Zn＞Cuである。**同様にして，Mg＞Cuである。硫酸亜鉛水溶液の電離を化学式で表すと，$ZnSO_4 \rightarrow Zn^{2+} + SO_4{}^{2-}$である。マグネシウムの金属片を入れたとき金属面についた銀色の物質は亜鉛の金属である。その変化をモデルで表すと，$Mg \rightarrow Mg^{2+} + 2e^-$，$Zn^{2+} + 2e^- \rightarrow Zn$，**であり，イオンへのなりやすさは，Mg＞Znである。**よって，銅，亜鉛，マグネシウムをイオンになりやすい順に並べると，Mg(マグネシウム)＞Zn(亜鉛)＞Cu(銅)，である。

問4　図3で定滑車を1つ使っている場合，糸を引く力の大きさと，糸を引く距離は，定滑車を使わずに直接引き上げた場合と同じである。図3で**動滑車を1つ使っている場合，糸を引く力の大きさは半分になるかわりに，糸を引く距離は2倍になる。**よって，図3で定滑車を1つと動滑車を1つ使っている場合，糸を引く力の大きさは10Nであり，糸を引く距離は0.4mである。

問5 太陽の像のまわりより暗く見える部分は，**黒点**とよばれる黒い斑点(**周囲よりも温度が低い部分**)である。

問6 図5のバッタやカニのように，**外骨格**をもち，からだに多くの節がある動物のなかまを**節足動物**という。

問7 袋の中の気体になったエタノールの**密度**は，4.0〔g〕÷2500〔cm^3〕=0.0016〔g/cm^3〕である。

問8 放射線を出す物質を放射性物質という。**放射性物質が放射線を出す能力を放射能**という。

2 (日本の気象：日本の天気の特徴・海陸風，天気の変化：偏西風，気象要素の観測：気圧と風)

問1 空気は気圧の高いところから低いところへ移動する。その空気の動きが風となるため，**風は気圧の高いところから低いところへ向かってふく**。地点Xにおける風の強さを図1と図2で比べると，図2の方が**等圧線の間隔がせまく**，気圧の変化が急であるため，空気の移動が速く，**強い風がふく**。

問2 図1は，**太平洋高気圧**が日本列島の広範囲をおおっているので，**夏**の天気図である。図2は，**西高東低の気圧配置**がみられるので，**冬**の天気図である。

問3 同じ条件で水と砂に日光を当てた結果は，表から砂の表面温度の方が水の表面温度より高かった。このことより，砂の方が水よりもあたたまりやすいことがわかる。

問4 実験から，よく晴れた日の昼は，陸上の気温が海上の気温より高くなる。**陸上では大気の密度が小さくなることで上昇気流が生じ，地表付近の気圧が低くなるため，海から陸に向かって風がふく**。よって，風の向きは，図のイである。

問5 表2の**高度**の数値データから，偏西風のふく領域は高度5.5km～14kmであり，表3の**緯度**の数値データから，偏西風のふく領域は北緯30°～60°であり，東京・福岡間の飛行経路は偏西風のふく領域内であると判断できる。**帰りの所要時間が短くなったのは**，表3の**経度**の数値データと**偏西風のふく向き**から考察すると，東経130°の福岡から東経140°の東京へ向かう**飛行機の飛ぶ向きは西から東**であるため，**偏西風のふく向きと同じ向き**になり，帰りの飛行機は**偏西風に押されながら**飛んでいるためと考えられる。

3 (遺伝の規則性と遺伝子：遺伝子の組み合わせの特定方法，植物の特徴と分類)

問1 **エンドウの花は**，3種類・5枚の花弁からなる**離弁花**である。アブラナやサクラも離弁花であり，同じ仲間に分類される。

問2 エンドウは，自然の状態では外から花粉が入らず，**自家受粉**できるのは，**エンドウは開花後も，おしべとめしべが一緒に花弁に包まれているため**である。

問3 エンドウの子葉の色には，黄色と緑色のいずれかの形質しか現れない。このように，どちらか一方の形質しか現れない形質どうしを**対立形質**という。

問4 (1) **黄色の子葉をもつエンドウの種子を親として育て自家受粉**した結果，(X) 黄色の子葉をもつエンドウの種子と (Y) 緑色の子葉をもつエンドウの種子の2種類の種子ができたことから，**親の種子は黄色の形質の遺伝子と緑色の形質の遺伝子の両方をもっている**ことが分かる。**緑色の子葉をもつエンドウの種子を親として育て自家受粉**した結果，**(Z) 緑色の子葉**をもつエンドウの種子**のみ**ができた。以上から，**子葉の色は黄色が顕性形質で，緑色が潜性形質**であるため，**親として育てた黄色の子葉**をもつエンドウの種子の遺伝子の組み合わせは**Aa**であり，**その子である (X) 黄色の子葉**をもつエンドウの種子の遺伝子の組み合わせは**AAまたはAa**であり，**(Y) 緑色の子葉**をもつエンドウの種子の遺伝子の組み合わせは**aa**である。よって，遺伝子の組み合わせが特定できないのは (X) であり，(X) がもつ可能性がある遺伝子の組み合わせは，AAと

Aaである。

(2)　遺伝子の組み合わせがAAまたはAaのどちらか特定できないエンドウをPとして，Pの遺伝子の組み合わせを特定するための方法は，Pに遺伝子の組み合わせがaaの緑色の子葉をもつエンドウをかけ合わせる。　○黄色の子葉をもつエンドウのみが生じた場合は，AAとaaのかけ合わせで，子の遺伝子の組み合わせはすべてAaとなるため，Pがもつ遺伝子の組み合わせはAAと特定できる。　○黄色の子葉をもつエンドウと緑色の子葉をもつエンドウの両方が生じた場合は，Aaとaaのかけ合わせで，子の遺伝子の組み合わせは，Aa：aa＝1：1，となるため，Pがもつ遺伝子の組み合わせはAaと特定できる。

4 (化学変化と物質の質量：質量保存の法則・質量変化の規則性・グラフ化と応用問題，化学変化：還元・化学変化のモデル化・化学反応式，物質の成り立ち：塩化コバルト紙)

問1　酸化物から酸素がとり除かれる化学変化を還元という。

問2　試験管の口に生じた液体が水であることを確かめる方法は，「試験管の口に生じた液体に塩化コバルト紙をつけ，青色から赤色(桃色)に変化する。」ことを確認する。

問3　酸化銅が炭素により還元されるとき，炭素は酸化されて二酸化炭素になり，銅が単体として残る。この化学反応を原子・分子のモデルを使って表したものは，◎○　◎○ ＋ ● → ◎ ◎ ＋ ○●○，であり，化学反応式は，$2CuO + C \rightarrow 2Cu + CO_2$，である。

問4　(1)　質量保存の法則により，「酸化銅と不純物」(試料A)の質量＋炭素の質量＝「銅と不純物」(試料B)の質量＋二酸化炭素の質量，により表の実験結果から，二酸化炭素の質量をもとめる。炭素粉末の質量が0.06gのとき発生した二酸化炭素の質量は，2.50〔g〕＋0.06〔g〕－2.34〔g〕＝0.22〔g〕である。同様に計算して，グラフ上に，(炭素粉末〔g〕，二酸化炭素の質量〔g〕)の座標を示す点，(0.06，0.22)，(0.12，0.44)，(0.18，0.66)，(0.24，0.66)，(0.30，0.66)，を記入する。(0.06，0.22)，(0.12，0.44)，(0.18，0.66)は，原点を通る比例の直線を引く。(0.18，0.66)，(0.24，0.66)，(0.30，0.66)は，二酸化炭素の質量が一定の横軸に平行な直線を引く。よって，エのグラフである。

(2)　試料Aの2.50gから得られる試料Bの銅の割合が最も高くなるのは，最も過不足なく反応したときで，グラフより，炭素粉末0.18gと反応させたときである。そのとき，試料Aに加えた炭素が酸化銅に含まれる酸素と化合して二酸化炭素になることにより，酸化銅が還元されて銅になるため，また，二酸化炭素は空気中に放出するため，試料Aの質量－試料Bの質量＝還元された酸化銅に含まれていた酸素の質量，であり，2.50〔g〕－2.02〔g〕＝0.48〔g〕，である。酸化銅は銅と酸素が4：1の質量比で結びついたものであるため，試料Bに含まれる銅の質量は，0.48〔g〕×4＝1.92〔g〕，である。

5 (光と音：反射の法則，凸レンズによってできる像，フレネルレンズ，科学技術の発展：フレネルレンズ)

問1　光が鏡で反射する性質を使って光を一方向に集めることができる。

問2　電球からの光が鏡に当った後は，光の反射の法則により，入射角と反射角が等しくなるようにスクリーンまで直進する光の道すじを作図する。

問3　光源から凸レンズまでの距離を焦点距離の2倍の20cmとし，凸レンズからスクリーンまでの距離を焦点距離の2倍の20cmとすると，上下左右が逆向きの光源のフィラメントの1倍の実像ができる。

問4　光源から凸レンズまでの距離が焦点距離の10cmのとき，スクリーンを凸レンズから遠ざけても，明るい光が同じ大きさの円としてうつる理由は，**光源から出た光は凸レンズの軸(光軸)上の焦点の位置から出た光であるため，凸レンズを通ったあと，光軸に平行に進むからである。**なお，凸レンズに太陽の光を通すと，焦点の位置に集めることができる。このことから，太陽の光は平行に進んでいることがわかる。逆に，焦点の位置に光源があると，凸レンズを通ることで光軸に平行な光になる。

問5　**フレネルレンズは、図5のような凸レンズの曲面の部分だけを分解してそのままの順に組み合わせて板状に並べたうすいレンズであるため，**エが最も適切である。光源から出た光は，異なった入射角で，斜面の角度が異なる6枚の三角柱に入るが，斜面は凸レンズの曲面の一部であることから，凸レンズを通ったときと同様の効果となり，屈折光となって三角柱を出た後は，互いに平行になるように進む。スポットライト，灯台の明かりなど用途は広い。

＜社会解答＞

1　問1　アフリカ(大陸)　　問2　ア　　問3　(X)　(例)ロンドンの冬の気温は，青森とニューヨークより高い　　(Y)　北大西洋(海流)　　問4　イ，エ，オ

2　問1　木曽(山脈)　　問2　オ　　問3　イ　　問4　(P)　(例)自動車組み立て工場の近くに自動車部品工場がある[地域全体で自動車の生産が行われいる]　　(Q)　高速道路　　問5　イ

3　問1　エ　　問2　菅原道真　　問3　ア　　問4　ウ　　問5　(制度)　参勤交代
(理由)　(例)往復の費用や江戸での費用に多くの出費をしいられたから。

4　問1　カ　　問2　エ　　問3　(例)国際協調の高まりの中，軍備が制限され，日本の財政支出に占める軍事費の割合は低くなっている。　　問4　ウ→ア→イ→エ　　問3　バブル(経済)

5　問1　ウ　　問2　(例)内閣は10日以内に衆議院の解散を行うか，総辞職するかを選択しなけてばならない。[内閣は，10日以内に衆議院が解散されない限り，総辞職をしなければならない。]　　問3　ア，エ　　問4　イ　　問5　労働基準法　　問6　ウ　　問7　難民

6　問1　イ→エ→ア→ウ　　問2　オ　　問3　ヒートアイランド(現象)　　問4　(記号)　ウ
(A)　(例)交流の場をつくったり，イベントを催したりすることが，0～14歳の人口を増やしている

＜社会解説＞

1　(地理的分野ー世界地図・各国の様子に関する問題)

問1　ユーラシア大陸に次いで，世界で二番目に広い大陸である。

問2　カードIはアラブ首長国連邦の**ドバイの高層ビル群**，カードIIは**タイの水上生活者村**，これらを併せて判断すれば良い。

問3　雨温図を読み取ると，冬の気温はロンドンが一番高いことが分かる。**イギリス周辺を流れているのは暖流の北大西洋海流**である。これらを併せて判断すれば良い。

問4　1月の入荷量を見るとメキシコ産の方が国産より多いことが読み取れるので，アは誤りである。11月のメキシコ産の入荷量は，約2500t中の500t程度であることから，その割合は20%程度であることが分かるので，ウは誤りである。残りの選択肢の内容は読み取り通りである。

2　(地理的分野ー日本の諸地域の様子・気候・産業・地形図の読み取りに関する問題)

問1　**北アルプスと呼ばれる飛騨山脈**と**南アルプスと呼ばれる赤石山脈**の間に位置するのは，**中央アルプスと呼ばれる木曽山脈**である。

問2　Ⅰは，**1月の降水量が7月より少ない太平洋側の気候**の特徴が読み取れるので，静岡県の浜松市である。Ⅱは，**1月の降水量が7月より多い日本海側の気候**の特徴が読み取れるので，新潟県の上越市である。Ⅲは，**1月も7月も降水量が少なく1月の気温が氷点下を記録する内陸性の気候**の特徴が読み取れるので，長野県の上田市である。これらを併せて判断すれば良い。

問3　**人口に注目**すると，**Xが愛知県，Yが石川県，Zが山梨県**であることが分かる。**山梨県は，ぶどうと桃の生産量が全国1位**であることから，aが果実であることが分かる。これらを併せて判断すれば良い。

問4　P　地図2から，自動車組み立て工場と自動車部品工場が近くにあることが読み取れるはずである。　Q　地図2から，自動車組み立て工場が高速道路近くにあることが読み取れるはずである。どちらも，地図2をきちんと読み取ることで判断できる内容である。

問5　防波堤が1本だけ見えること，入り江が深く入り込んでいることに注目すれば良い。

3　(歴史的分野―各時代の資料を切り口にした問題)

問1　aは天平文化，bは飛鳥文化の説明である。資料1は天平文化，資料2は飛鳥文化のものである。Ⅰが**聖徳太子の十七条の憲法**であることから，飛鳥文化の組み合わせを選べば良い。

問2　**遣唐使派遣の停止を進言したのが菅原道真**であることから判断すれば良い。

問3　アは1297年，イは1232年，ウは1221年，エは1156年・1159年のことである。元寇は1274年・1281年である。これらを併せて判断すれば良い。

問4　Xは13世紀，Yは16世紀，Zは19世紀のことである。Ⅳは，豊臣秀吉によって16世紀に行われたものである。これらを併せて判断すれば良い。

問5　領地と江戸を往復するとあることから，**江戸幕府3代将軍徳川家光が1635年に出した寛永の武家諸法度の中で定めた参勤交代**であることが分かる。資料4から，参勤交代に関わる費用が，鍋島藩の予算の48%及んでいることに注目して説明すれば良い。

4　(歴史的分野―明治時代から現在に至る様々な出来事に関する問題)

問1　**西南戦争**は，**西郷隆盛**が中心となって鹿児島で起こした，**最後の士族の反乱**である。

問2　アは1925年，イは1938年，ウは1883年，エは1901年のことである。

問3　グラフから，Xの時期は財政に占める軍事費の割合が低いことが読み取れる。また，資料から，ワシントン会議において主力艦の建造制限を各国間で定めたことが読み取れる。これらを併せて説明すれば良い。

問4　アは1964年，イは1972年，ウは1956年，エは1992年のことである。

問5　**実体がない**経済成長という意味から，**泡を表すバブル**という表現がされたものである。

5　(公民的分野―政治のしくみ・裁判・経済・社会保障・国際問題などに関する問題)

問1　Ⅰは障害を排除するという意味，Ⅱは普遍的な設計という意味である。

問2　**日本国憲法第69条**の内容を説明すれば良い。

問3　**裁判員裁判は，裁判員6名と裁判官3名で行う**ことから，イは誤りである。裁判員は，毎年くじで選ぶことから，ウは誤りである。**裁判員裁判では**，有罪・無罪の判断だけではなく，有罪の場合は**量刑の決定まで行う**ことから，オは誤りである。残りの選択肢は内容通りである。

問4　P　外国通貨に対する価値が高くなるという意味である。　Q　アメリカで一足80ドルとあることから，1ドル100円になると，80ドルは日本円では80×100＝8000(円)になることから判断すれば良い。

問5　**労働時間の条件が定められている**ことに注目すれば，1947年に制定された**労働基準法**であることが分かる。

問6　Xは**保険料を負担し合う**とあることから**社会保険**，Yは感染症の予防とあることから，**保健所が行う公衆衛生**，Zは**生活費の支給**とあることから**公的扶助**であると判断できる。

問7　1951年の難民条約で「人種・宗教・国籍・政治的意見または特定の社会集団に属するという理由で，自国にいると迫害を受けるおそれがあるために他国に逃れ国際的保護を必要とする人々」と規定されていることから判断すれば良い。

6 (総合問題―SDGsを切り口にした問題)

問1　アの**教育勅語は1890年**に発表，イの**適塾は1838年**に開学，ウの**教育基本法は1947年**に公布，エの**学制は1872年**に公布されたものであることから判断すれば良い。

問2　X　自然界にあるものをそのまま利用している点から判断すれば良い。　Y　日本は99%以上の石油を輸入している点から判断すれば良い。　Z　夜間は太陽光発電ができない点から判断すれば良い。

問3　**地球温暖化は世界規模**で起きているが，**ヒートアイランド現象は都市部**で起きている点に違いがある。

問4　a　資料から，子ども向けの施策を実施していることが読み取れるので，子どもの数が増えていることを表すグラフを選べば良い。　A　資料2にある，子ども向けの施設やイベントについて説明すれば良い。

<国語解答>

1　問1　イ　　問2　(例)アンサンブルの土台を支えているから，細田さんが音楽の流れを滞らせずに安心して吹けている　　問3　ア　　問4　(例)コンクールのことが呼び覚まされ，自分には個性や自分の音楽がないことを思い出した　　問5　ア　エ

2　問1　(1)　とろ　　(2)　きょだく　　(3)　おもむ(く)　　(4)　財布　　(5)　届(く)
問2　機会も　　問3　イ　　問4　(1)　ウ　　(2)　散策　　(3)　(例)商店街の一体感を強める方策は何かありますか。

3　問1　ウ　　問2　エ　　問3　(例)白いという性質が存在しないとしたら，共有するものがなくなり，説明不可能になる　　問4　イ　　問5　Ⅰ　(例)輪郭により空間的に区別される
Ⅱ　(例)他の性質と概念的に区別される

4　問1　エ　　問2　はづかいがかようでは　　問3　(例)絵描きの描いた白さぎの飛び方
問4　それがしが

5　(例)　資料によれば，インターネットの使い方について，小中学生の家庭の七十%以上が利用時間などのルールを決めている。

　私の家でも，夜十時以降はスマートフォン禁止というルールがある。以前，兄がインターネットのゲームに夢中になり，学習や睡眠に支障が出てしまったためである。ルールが邪魔だと思うこともあるが，自分で自分の生活を管理できるようになるまでは，ある程度のルールは必要だと思う。

<国語解説>

1 (小説－情景・心情，内容吟味)

問1 「私」はコンクールで結果が出なかったことをきっかけにフルートを「まともに演奏できなく」なり，奥瀬見に通いながら音楽と向き合っていた。そこへ玲ちゃんが現れ，「芯のある音」，「力強いのに柔らかさもある，分厚い音色」，「ぶれない意思が伝わってくる」音を奏でる。まだ完全な状態ではない「私」が思いがけない「美音」を聞いて動揺する様子を読み取り，イを選ぶ。このときの「私」には，アの期待やウのうれしさを感じる余裕はない。また，この場面では自分の進路のことは考えていないため，エは不適当である。

問2 傍線部②の直前に「玲ちゃんがいるからだ」とある。玲ちゃんが「精密機械のようにテンポをキープして，アンサンブルの土台をしっかりと支えている」から，いつもは技巧的なパッセージが苦手な細田さんが「音楽の流れを滞らせずに」「安心して吹けている」ということに，「私」は気づいたのである。この内容を前後の語句につながるように35～45字で書く。

問3 「私」は，まだまともにフルートを演奏することができない。音大を受験するかどうかも迷っているのである。しかし，「私」の音大受験を信じ切っている玲ちゃんにはそのことを告げられず，ごまかしているのである。このことを説明するアが正解。ここで話題になっているのは進路であり，目標とする演奏家ではないので，イは誤り。この場合の「内心」は「私」に関することであり，玲ちゃんに対する思いではないので，ウとエは不適当である。

問4 唇の震えは，「私」の内心の動揺を示すものである。傍線部④の後の部分には，「コンクールのことが，否応なく頭の中でリフレインする」とあり，「私が抱えている問題」が「〈個性〉のなさ」「自分の音楽が，ないこと」であったことも明らかにされる。この内容をもとに，指定語句を用いて前後の語句につながるように30～40字で書く。

問5 アは，引用された部分は対句になっていないので，適切でない。イの比喩は，曲や状況をイメージしやすくしているので，適切である。ウで示されている人名は，注にあるようにすべてフルート奏者であり，適切な説明である。エは，「対抗心」「見下した態度」が不適切。玲ちゃんが「私」に向けているのは尊敬や憧れであり，「私」は玲ちゃんに脅威を感じている。オは，この文章では「私」が語り手として会話文以外にも思いや考えを表現していることから，適切である。

2 (知識・俳句・会話―内容吟味，漢字の読み書き，語句の意味，短文作成，文と文節，表現技法・形式)

問1 (1) 「吐露」は，心の中を隠さずに話すという意味。 (2) 「許諾」は，聞き入れて許すこと。 (3) 「赴」の音読みは「フ」で，「赴任」などの熟語を作る。 (4) 「財布」の「布」は「ナ＋巾」である。 (5) 「届」の「由」を「田」としない。

問2 「夏休み期間中は大会こそ行われないものの」「練習試合などは数多く予定されているため」は「多いだろう」に係る修飾部である。この後の部分を文節に分けると「電車に／乗る／機会も／普段よりは／多いだろう」となるが，「電車に乗る」は「機会も」に係る修飾部，「普段よりは」は「多いだろう」に係る修飾語で，「多いだろう」に対応する主語は「機会も」である。主語を示す助詞は「が」「は」を用いることが多いが，「も」も使う場合があるので注意する。

問3 それぞれの俳句の季語と季節は，ア「夏草」＝夏，イ「天河」＝秋，ウ「五月雨」＝夏，エ「蝉」＝夏なので，イが正解。旧暦では，5月は夏，七夕がある7月は秋である。

問4 (1) Aさんは敬語を使用しているので，アは誤り。インタビュー中に話題はそれていないので，イは不適当。あんパンの工夫など，より詳しく聞きたい話題について踏み込んだ質問をしているので，ウが適当である。インタビュー中にAさんが内容を復唱する場面はないので，エは誤り。 (2) B店長は,「ぶらぶらと歩く場合」に使う地図を手に入れる場所について,「商店街の中にある案内所で散策用に配っていますよ。」と言っているので,ここから書き抜く。 (3)【メモ】の「商店街のお祭りを企画中」は,インタビューにはない内容である。これは「商店街の一体感が不足」していることに関連するものとして書かれているので,「商店街の一体感を強める方策は何かありますか。」などという質問をしたと考えられる。

3 (論説文－内容吟味,指示語の問題)

問1 傍線部①の「個別者」は,直後に「いま私が持っている白い消しゴム」と具体的に言い換えられている。「いま」「私が」「持っている」「白い」というたくさんの性質のすべてを備えた個別者は一つしか存在しないということなので,このことを説明したウが正解。アは,「同じ性質は存在しない」が性質を普遍者とする筆者の考え方に合わない。イの「認識」による違いは,本文に書いていない内容である。エは,「特定の個物が担うことのできる性質は一つしかない」が誤りである。

問2 傍線部②の後に,「私たちは白い消しゴムや白い家を見たことがある」が,「『白い』という性質そのものを見たことがある人など一人もいない」とある。この内容と合致するエが正解。アは,消しゴムの存在に対して疑問を示しているので誤り。イは,本文では消しゴムが「白い」かどうかについては問題にしていないので,不適当。ウは,「同じ性質のものは世界中に存在する」という説明が,傍線部②の内容と矛盾する。

問3 傍線部③の問題は,「白い」という性質が存在しないと考えた場合に生じる問題である。「白い」という性質が存在しなければ,他に共通点がない「消しゴム」と「ホワイトハウス」を「白い」という同じ言葉で表現する理由が説明できなくなる。この内容を,前後の語句につながるように30～40字で書く。指定語句の「存在」「説明」を必ず入れて書くこと。

問4 傍線部④の直後に「他のものと区別されることで,そのものは存在している」とある。つまり,そのものが存在するためには,周囲から隔てるための輪郭をもつことが必要であり,その周囲に他のものが存在することが不可欠なのである。このことを説明するイが正解。アの「同じ在り方をしている他のもの」は,「他のもの」の捉え方を誤っている。ウは,「他のもの」との「輪郭」の比較が本文にない内容。エは,「そのものは単独で存在することができる」が筆者の考えと合わない。

問5 消しゴムという個物は,「輪郭によって周囲のものや空間と区別される」ことで存在する。しかし,普遍者を存在させる区別は,空間的なものではない。傍線部④の三つ後の段落には「ここで『白い直方体の消しゴム』の存在を可能にしている区別は……性質に関わる,概念的な区別である」とされている。それぞれの内容を,10～15字で前後の語句につながるように書く。

4 (古文ー内容吟味,文脈把握,仮名遣い)

〈口語訳〉 今となっては昔のことであるが,どんなことでもやたらと自慢したがるのは未熟だからである。その道の達人は,少しも自慢はしないことである。自分より技量がすぐれている者たちは,広い天下にいくらでもいるのだ。諸芸だけに限らず,侍道であっても武芸・弁舌など,まったく自慢はよくないのに,今の世は,身分が高い人も低い人もそれぞれに自慢して,声高に偉そうなことを言い散らし,勝手きままにする者が多い。そのくせに,自分の欠点を隠そうとして,よい者を非難し笑うことがある。ある者が,座敷を作ってふすまに絵を描かせた。白鷺だけを描くことを望んだ。絵描きは,「わかりました」と言って焼筆で下絵を描いた。亭主が言うことには,「どれも良さそうだけれども,この白鷺で飛び上がっているのは,羽づかいがこのようでは飛べないだろう。」と言う。絵描きが言うことには，「いやいやこの飛び方がもっともすぐれた点だ。」と言っている間に，本当の白鷺が4，5羽連れだって飛ぶ。亭主はこれを見て，「あれを見てください。あのように描いてほしいものだ。」と言うと，絵描きはこれを見て，「いやいやあの羽づかいであっては，私が描いたようには飛ぶことはできまい。」と言った。

問1　傍線①「望む」の主語は前の文と同じで「ある者」である。選択肢から，「ある者」と同じ人物を指しているエ「亭主」を選ぶ。

問2　1字目の「羽」をひらがなの「は」に書き換え，4字目の「ひ」を「い」，7字目の「や」を「よ」に直して「はづかいがかようでは」とする。2字目「づ」，最後の「は」は書き換えない。

問3　傍線部③は，絵描きの描いた絵で「もっともすぐれた点」ということである。絵描きは白鷺の絵を描き，「飛びやう」(＝飛び方)がすぐれた点だと言っているので，「絵描きの描いた白さぎの飛び方」などとまとめる。

問4　絵描きの負け惜しみの言葉は「いやいやあの羽づかひではあつてこそ，それがしが描いたやうには，得飛ぶまい。」というものであるが，20字以内という条件があるので，後半の「それがしが描いたやうには，得飛ぶまい。」(19字)のはじめの5字を書き抜く。

5 (資料―作文)

テーマは「インターネットの適切な利用」であり，内容として，「資料から読み取った内容」「自分の体験(見たこと聞いたことなども含む)」「自分の考え」の3つの要素が必要である。それぞれの要素が抜け落ちたり混乱したりしないよう，構成に注意して書くこと。(例)は，「資料から読み取った内容」として，インターネットの使い方についてルールを決めている家庭の割合を示し，関連する「自分の体験」に触れて「自分の考え」を述べるという構成にしている。文章の書き始めや段落の初めは1字空けることや，行末の句読点の書き方など，原稿用紙の使い方にも注意する。書き終わったら必ず読み返して，誤字・脱字や表現のおかしなところは書き改める。

MEMO

大切なことはメモしておこうネ！

埼玉県公立高等学校

2022年度

★★★★★★★★★★★★★★★★★★★★

入　試　問　題

2022年度

●くわしい解説……73ページ

＜数学＞

時間　50分　　満点　100点

【注意】 1　答えに根号を含む場合は，根号をつけたままで答えなさい。
　　　　2　答えに円周率を含む場合は，πを用いて答えなさい。

1　次の各問に答えなさい。(65点)

⑴　$7x-9x$　を計算しなさい。(４点)

⑵　$5\times(-3)-(-2)$　を計算しなさい。(４点)

⑶　$12x^2y\div3x\times2y$　を計算しなさい。(４点)

⑷　方程式　$7x-2=x+1$　を解きなさい。(４点)

⑸　$\dfrac{12}{\sqrt{6}}-3\sqrt{6}$　を計算しなさい。(４点)

⑹　x^2-x-20　を因数分解しなさい。(４点)

⑺　連立方程式　$\begin{cases}4x-3y=10\\3x+2y=-1\end{cases}$　を解きなさい。(４点)

⑻　２次方程式　$2x^2-3x-3=0$　を解きなさい。(４点)

⑼　右の図において，点Oは円の中心で，３点A，B，Cは円Oの円周上の点です。このとき，$\angle x$の大きさを求めなさい。(４点)

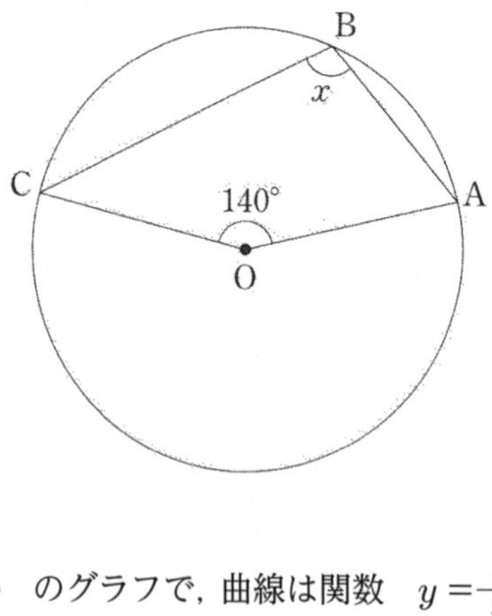

⑽　次のページの図において，直線は一次関数　$y=ax+b$　のグラフで，曲線は関数　$y=\dfrac{c}{x}$　のグラフです。

　座標軸とグラフが，右の図のように交わっているとき，a，b，cの正負の組み合わせとして正しいものを，次の**ア**～**ク**の中から一つ選び，その記号を書きなさい。(４点)

ア　$a>0$，$b>0$，$c>0$　　**イ**　$a>0$，$b>0$，$c<0$

ウ　$a>0$，$b<0$，$c>0$　　**エ**　$a>0$，$b<0$，$c<0$

オ　$a<0$，$b>0$，$c>0$　**カ**　$a<0$，$b>0$，$c<0$

キ　$a<0$，$b<0$，$c>0$　**ク**　$a<0$，$b<0$，$c<0$

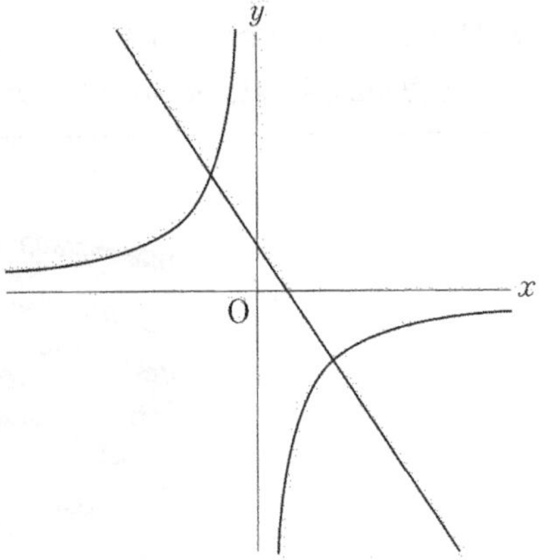

(11)　右の図は，母線の長さが８㎝，底面の円の半径が３㎝の円錐の展開図です。図のおうぎ形OABの中心角の大きさを求めなさい。（４点）

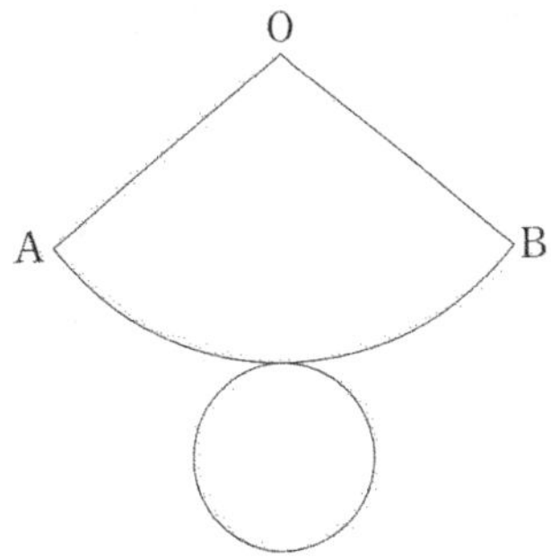

(12)　$\sqrt{\dfrac{540}{n}}$ の値が整数となるような自然数 n は，全部で何通りあるか求めなさい。（４点）

(13)　右の図で，AB，CD，EFは平行です。AB＝２㎝，CD＝３㎝のとき，EFの長さを求めなさい。

（４点）

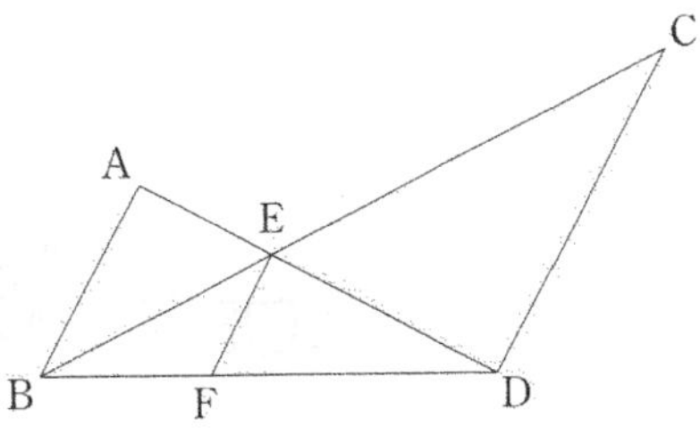

(14)　次の**ア**～**エ**の中から，箱ひげ図について述べた文として**誤っているもの**を一つ選び，その記号を書きなさい。（４点）

ア　データの中に離れた値がある場合，四分位範囲はその影響を受けにくい。

イ　四分位範囲は第３四分位数から第１四分位数をひいた値である。

ウ　箱の中央は必ず平均値を表している。

エ　第２四分位数と中央値は必ず等しい。

(15) ある養殖池にいる魚の総数を，次の方法で調査しました。このとき，この養殖池にいる魚の総数を推定し，小数第１位を四捨五入して求めなさい。(４点)

【１】 網で捕獲すると魚が22匹とれ，その全部に印をつけてから養殖池にもどした。
【２】 数日後に網で捕獲すると魚が23匹とれ，その中に印のついた魚が３匹いた。

(16) ある店では同じ味のアイスクリームをＳ，Ｍ，Ｌの３種類のサイズで販売しており，価格は次の表のとおりです。これらのアイスクリームをすべて円柱とみなして考えると，ＳサイズとＭサイズは相似な立体で，相似比は３：４です。また，ＭサイズとＬサイズの底面の半径の比は４：５で，Ｌサイズの高さはＭサイズの２倍です。このとき，最も割安なサイズを求め，その理由を数や式を用いて説明しなさい。(５点)

サイズ	S	M	L
価格(円)	160	320	960

2 次の各問に答えなさい。(10点)

(1) 右の図は，OAを半径とする中心角180°のおうぎ形です。$\overset{\frown}{AB}$上に点Ｃをとるとき，AO：AC＝１：$\sqrt{2}$となる点Ｃをコンパスと定規を使って作図しなさい。

ただし，作図するためにかいた線は，消さないでおきなさい。(５点)

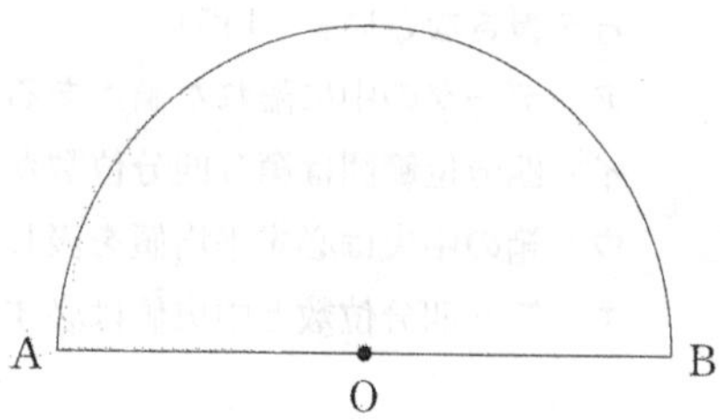

(2)　右の図において，曲線は関数 $y = ax^2 (a > 0)$ のグラフで，曲線上に x 座標が -3，3である2点A，Bをとります。また，曲線上に x 座標が3より大きい点Cをとり，Cと y 座標が等しい y 軸上の点をDとします。

点Dの y 座標が8のとき，四角形ABCDが平行四辺形になりました。このとき，a の値と平行四辺形ABCDの面積を求めなさい。

ただし，座標軸の単位の長さを1㎝とします。（5点）

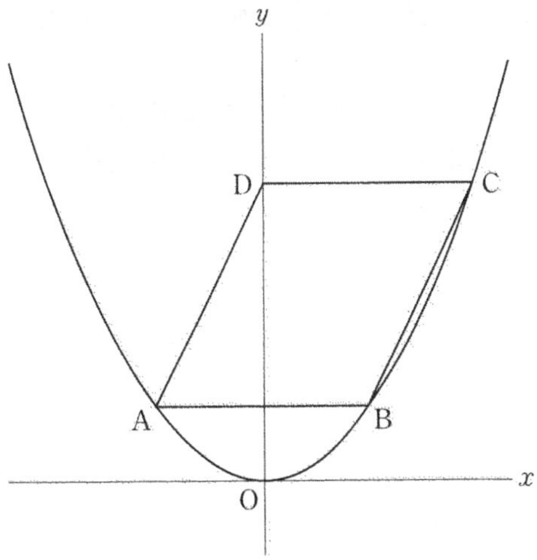

3　次の文と会話を読んで，あとの各問に答えなさい。（14点）

先　生「次の**設定**を使って，確率の問題をつくってみましょう。」

設定

座標平面上に2点A(2，1)，B(4，5)があります。1から6までの目が出る1つのさいころを2回投げ，1回目に出た目の数を s，2回目に出た目の数を t とするとき，座標が (s, t) である点をPとします。

ただし，さいころはどの目が出ることも同様に確からしいものとし，座標軸の単位の長さを1㎝とします。

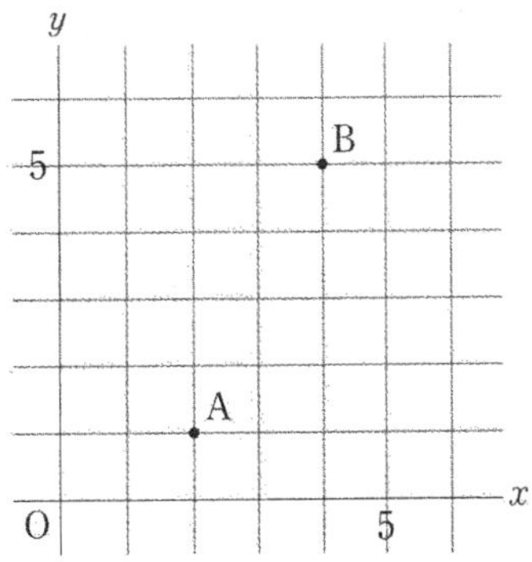

【Eさんがつくった問題】

3点A，B，Pを結んでできる図形が**三角形になる場合のうち**，△ABPの面積が4㎠以上になる確率を求めなさい。

Rさん「この問題は，**三角形になる場合のうち**，としているから，注意が必要だね。」

Kさん「点Pが<u>直線AB</u>上にあるときは，3点A，B，Pを結んでできる図形が三角形にならないからね。」

Rさん「この問題だと，点Pが線分ABと重なるときは，三角形にならないね。」

Kさん「三角形にならない点Pは［ア］個あるから，三角形になる場合は全部で［イ］通りになるね。」

Rさん「そのうち，△ABPの面積が4㎠以上になる点Pの個数がわかれば，確率を求めることができそうだね。」

(1)　下線部について，直線ABの式を求めなさい。（4点）

(2) ア，イ にあてはまる数を求めなさい。(4点)

(3) 【Eさんがつくった問題】について，△ABPの面積が4㎠以上になる確率を，途中の説明も書いて求めなさい。その際，解答用紙の図を用いて説明してもよいものとします。(6点)

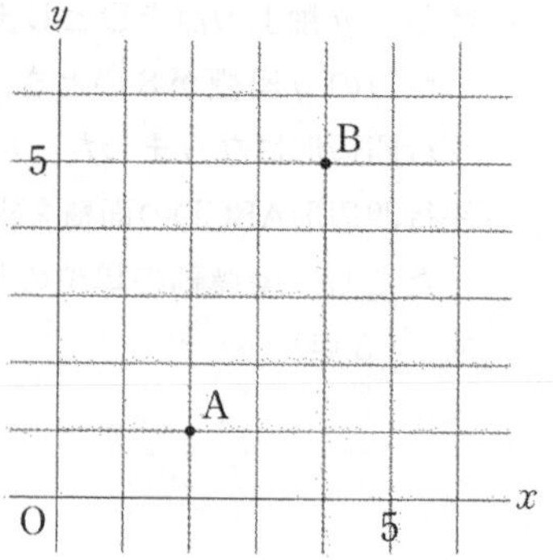

4　下の図のように，点Oを中心とする円Oの円周上に2点A，Bをとり，A，Bを通る円Oの接線をそれぞれℓ，mとします。

直線ℓとmとが点Pで交わるとき，次の各問に答えなさい。(11点)

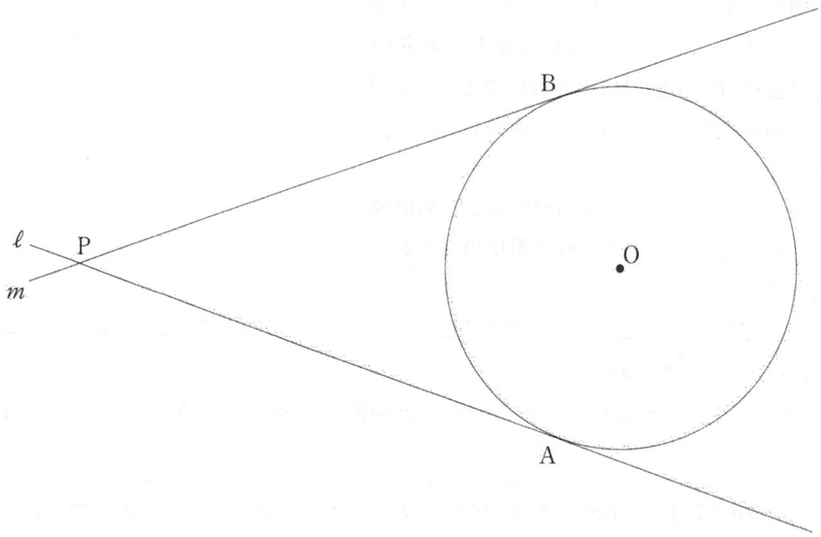

(1) PA＝PBであることを証明しなさい。(6点)

(2) 次のページの図のように，直線ℓ，mに接し，円Oに点Qで接する円の中心をRとします。また，点Qを通る円Oと円Rの共通の接線をnとし，ℓとnとの交点をCとします。

円Oの半径が5㎝，円Rの半径が3㎝であるとき，線分PCの長さを求めなさい。(5点)

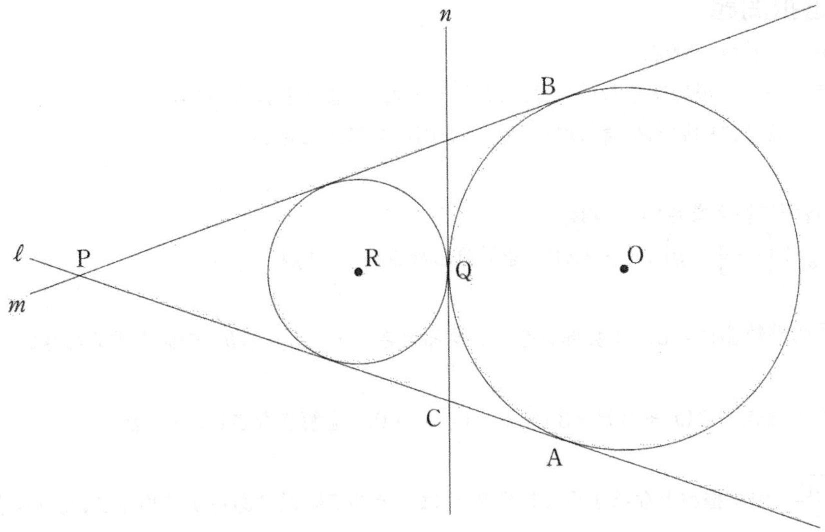
n
B
ℓ
P
R
Q
O
m
C
A

<学校選択問題>

時間　50分　　満点　100点

【注意】 1　答えに根号を含む場合は，根号をつけたままで答えなさい。

2　答えに円周率を含む場合は，πを用いて答えなさい。

1　次の各問に答えなさい。(43点)

(1)　$6xy^2 \div \left(-\frac{3}{5}xy\right) \div (-2x)^3$　を計算しなさい。(4点)

(2)　$\sqrt{11}$の整数部分をa，小数部分をbとするとき，$a^2 - b^2 - 6b$　の値を求めなさい。(4点)

(3)　2次方程式　$2(x+3)^2 - 3(x+3) - 3 = 0$　を解きなさい。(4点)

(4)　$\sqrt{\frac{540}{n}}$の値が整数となるような自然数nは，全部で何通りあるか求めなさい。(4点)

(5)　右の図で，AB，CD，EFは平行です。AB＝2㎝，CD＝3㎝のとき，EFの長さを求めなさい。(4点)

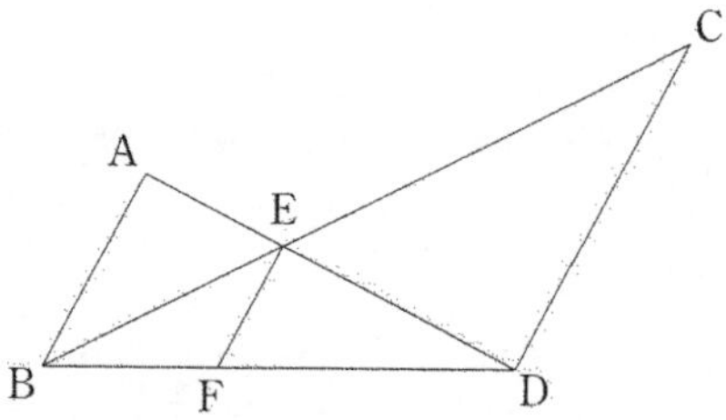

(6)　次のア～エの中から，箱ひげ図について述べた文として**誤っているもの**を一つ選び，その記号を書きなさい。(4点)

ア　データの中に離れた値がある場合，四分位範囲はその影響を受けにくい。

イ　四分位範囲は第3四分位数から第1四分位数をひいた値である。

ウ　箱の中央は必ず平均値を表している。

エ　第2四分位数と中央値は必ず等しい。

(7)　ある養殖池にいる魚の総数を，次の方法で調査しました。このとき，この養殖池にいる魚の総数を推定し，小数第1位を四捨五入して求めなさい。(4点)

【1】　網で捕獲すると魚が22匹とれ，その全部に印をつけてから養殖池にもどした。 【2】　数日後に網で捕獲すると魚が23匹とれ，その中に印のついた魚が3匹いた。

(8)　Aさんは，午後1時ちょうどに家を出発して1500m離れた公園に向かいました。はじめは毎分50mの速さで歩いていましたが，途中から毎分90mの速さで走ったところ，午後1時24分ちょうどに公園に着きました。このとき，Aさんが走り始めた時刻を求めなさい。(5点)

(9)　次のページの図において，曲線①は関数　$y = ax^2$　のグラフで，曲線②は関数　$y = \frac{b}{x}$

のグラフ，直線ℓは一次関数　$y=cx+d$　のグラフです。

曲線①，②と直線ℓが，x座標が-1である点Pで右の図のように交わっているとき，a，b，c，dの大小関係を**小さい順**に不等号を使って表しなさい。（5点）

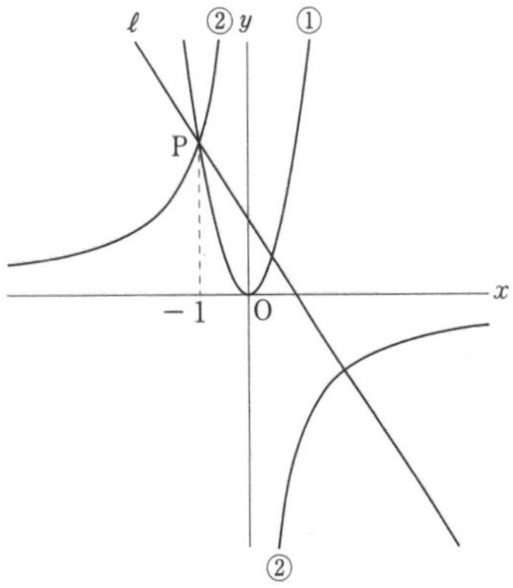

⑽　ある店では同じ味のアイスクリームをS，M，Lの3種類のサイズで販売しており，価格は次の表のとおりです。これらのアイスクリームをすべて円柱とみなして考えると，SサイズとMサイズは相似な立体で，相似比は3：4です。また，MサイズとLサイズの底面の半径の比は4：5で，Lサイズの高さはMサイズの2倍です。このとき，最も割安なサイズを求め，その理由を数や式を用いて説明しなさい。（5点）

サイズ	S	M	L
価格(円)	160	320	960

2　次の各問に答えなさい。(12点)

⑴　下の図の線分AB上に点Cをとるとき，AC：AB＝1：$\sqrt{2}$となる点Cをコンパスと定規を使って作図しなさい。

ただし，作図するためにかいた線は，消さないでおきなさい。（6点）

⑵　次のページの図において，曲線は関数 $y=ax^2$ $(a>0)$ のグラフで，曲線上にx座標が-3，3である2点A，Bをとります。また，曲線上にx座標が3より大きい点Cをとり，Cとy座標が等しいy軸上の点をDとします。

線分ACと線分BDとの交点をEとすると，AE＝ECで，AC⊥BDとなりました。このとき，aの値を求めなさい。（6点）

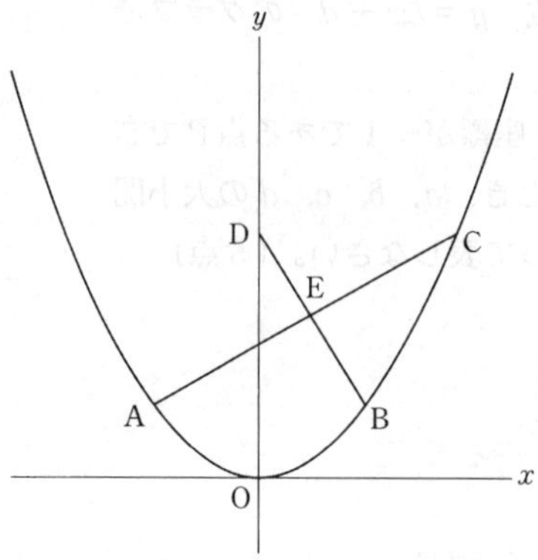

3　次の文と会話を読んで，あとの各問に答えなさい。(17点)

先　生「次の**設定**を使って，確率の問題をつくってみましょう。」

設定

座標平面上に２点A(２，１)，B(４，５)があります。１から６までの目が出る１つのさいころを２回投げ，１回目に出た目の数をs，２回目に出た目の数をtとするとき，座標が(s，t)である点をPとします。

ただし，さいころはどの目が出ることも同様に確からしいものとし，座標軸の単位の長さを１cmとします。

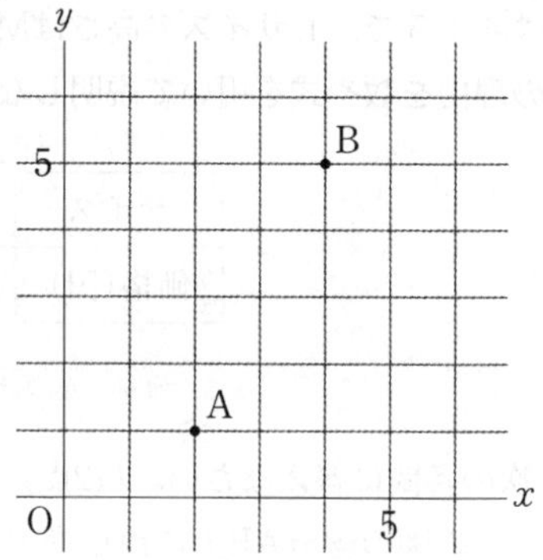

【Hさんがつくった問題】

∠APB＝90°になる確率を求めなさい。

【Eさんがつくった問題】

３点A，B，Pを結んでできる図形が**三角形になる場合のうち**，△ABPの面積が４cm^2以上になる確率を求めなさい。

Rさん「【Hさんがつくった問題】について，∠APB＝90°になる点Pは何個かみつかるけど，これで全部なのかな。」

Kさん「円の性質を利用すると，もれなくみつけることができそうだよ。」

Rさん「【Eさんがつくった問題】は，【Hさんがつくった問題】と違って，**三角形になる場合のうち**，としているから注意が必要だね。」

Kさん「点Pの位置によっては，３点A，B，Pを結んでできる図形が三角形にならないこともあるからね。」

Rさん「点Pが直線 ア 上にあるときは三角形にならないから，三角形になる場合は全

部で　イ　通りになるね。」
Kさん「そのうち，△ABPの面積が4㎠以上になる点Pの個数がわかれば，確率を求めることができそうだね。」

(1) 【Hさんがつくった問題】について，∠APB＝90°になる確率を求めなさい。（5点）

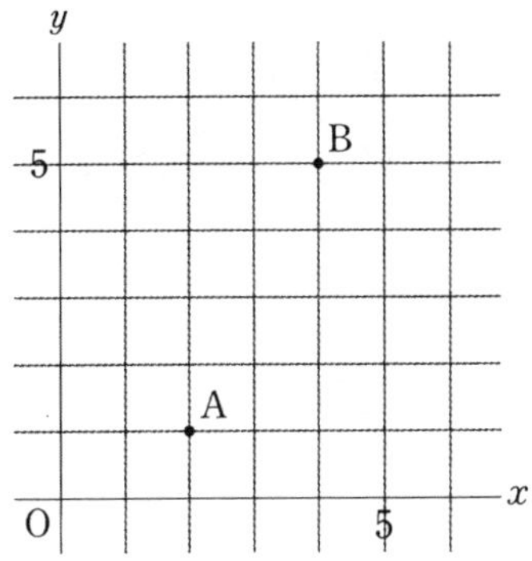

(2) ア にあてはまる直線の式を求めなさい。また，イ にあてはまる数を求めなさい。（6点）

(3) 【Eさんがつくった問題】について，△ABPの面積が4㎠以上になる確率を，途中の説明も書いて求めなさい。その際，解答用紙の図を用いて説明してもよいものとします。（6点）

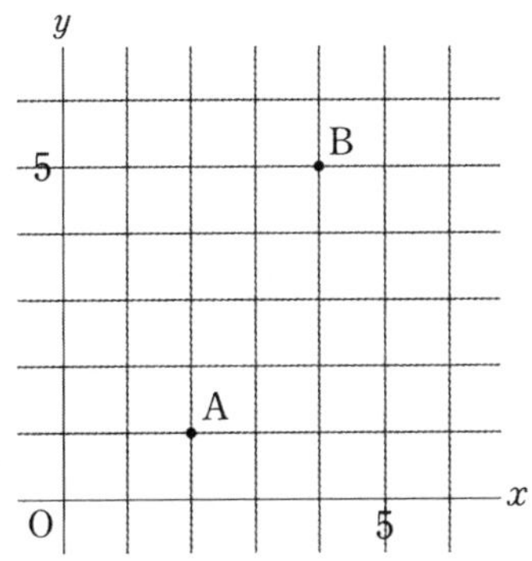

4　次のページの図のように，点Oを中心とする円Oの円周上に2点A，Bをとり，A，Bを通る円Oの接線をそれぞれℓ，mとします。

直線ℓとmとが点Pで交わるとき，次の各問に答えなさい。(11点)

(1) PA＝PBであることを証明しなさい。（6点）

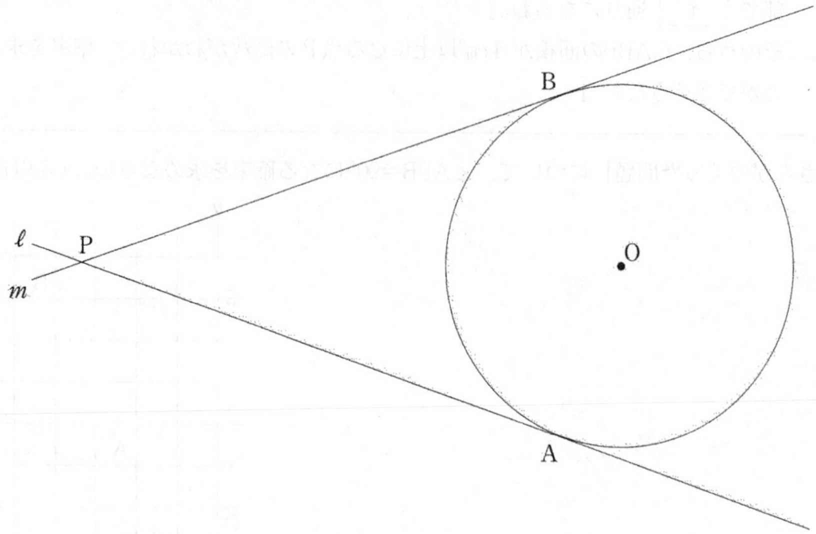

(2) 下の図のように，直線 ℓ，m に接し，円Oに点Qで接する円の中心をRとします。また，点Qを通る円Oと円Rの共通の接線を n とし，ℓ と n との交点をCとします。

円Oの半径が５㎝，円Rの半径が３㎝であるとき，線分PCの長さを求めなさい。（５点）

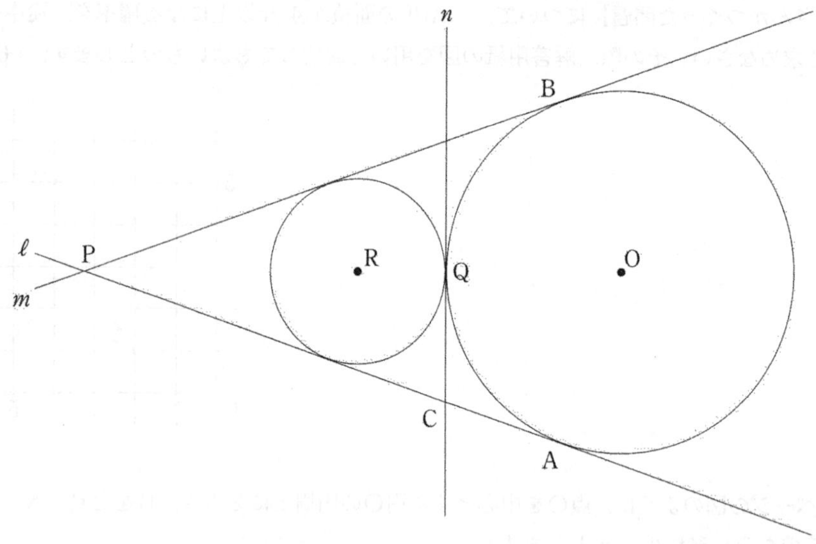

5 次の文を読んで，あとの各問に答えなさい。(17点)

Tさんは，カットされた状態で販売されているスイカを見たときに，そのひとつひとつは平面で切られた多面体であることに気づきました。

球から多面体を切り出したときの立体の体積について興味をもったTさんは，次のように考えました。

下の図１は中心O，半径 r cmの球を，Oを通る平面で切った半球で，切り口の円の円周上に∠AOB＝90°となるように２点A，Bをとります。また，∠AOC＝∠BOC＝90°となる半球の表面上の点をCとし，半球を点A，O，Cを通る平面と点B，O，Cを通る平面の２つの平面で切ります。

図２は，半球をこの２つの平面で切ったあとにできる立体のうち，点A，B，Cを含むもので，この立体をVとします。

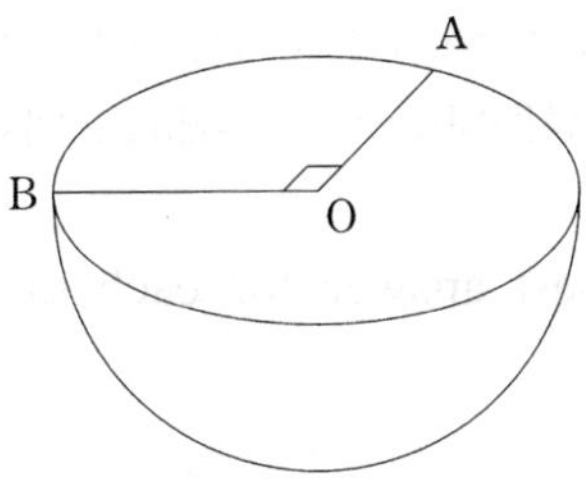

図１

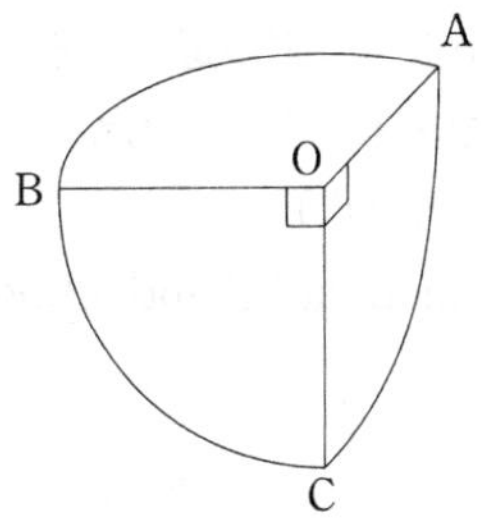

図２（立体V）

(1)　立体Vの体積を求めなさい。（４点）

(2)　図２において，おうぎ形OBCの $\overset{\frown}{BC}$ の長さを二等分する点Dを，図３のようにとります。このとき，５つの点A，B，C，D，Oを頂点とする四角錐の体積を，途中の説明も書いて求めなさい。（７点）

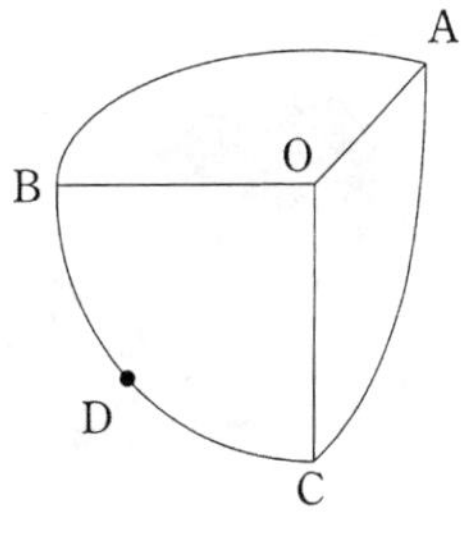

図３

(3)　図２において，おうぎ形ＯＢＣの $\overset{\frown}{BC}$ 上に∠COE＝30°となる点Eをとり，点Eと線分ＯＡを通る平面で立体Vを切ると，点Cを含む立体は図４のようになりました。

図４のように，おうぎ形OACの $\overset{\frown}{AC}$ を１：２に分ける点をF，おうぎ形OAEの $\overset{\frown}{AE}$ を１：２に分ける点をGとするとき，６つの点A，C，E，F，G，Oを頂点とする五面体の体積を求めなさい。（６点）

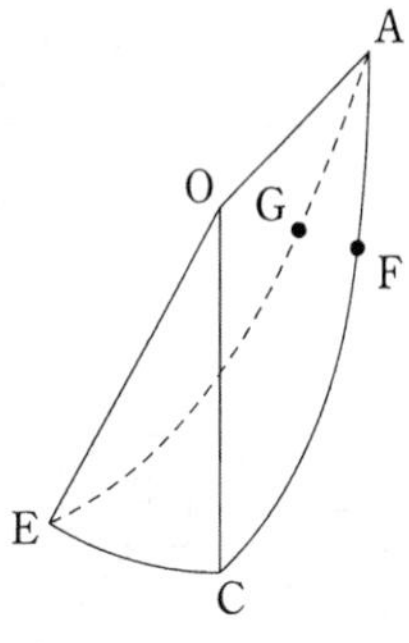

図４

＜英語＞

時間　50分　　満点　100点

1　放送を聞いて答える問題（28点）

問題は，No. 1～No. 7の全部で７題あり，放送はすべて英語で行われます。放送される内容についての質問にそれぞれ答えなさい。No. 1～No. 6は，質問に対する答えとして最も適切なものを，A～Dの中から一つずつ選び，その記号を書きなさい。No. 7は，それぞれの質問に英語で答えなさい。放送中メモを取ってもかまいません。各問題について英語は２回ずつ放送されます。

【No. 1～No. 3】（各２点）

Listen to each talk, and choose the best answer for each question.

No. 1

A　　B　　C　　D

No. 2

A　　B　　C　　D

No. 3

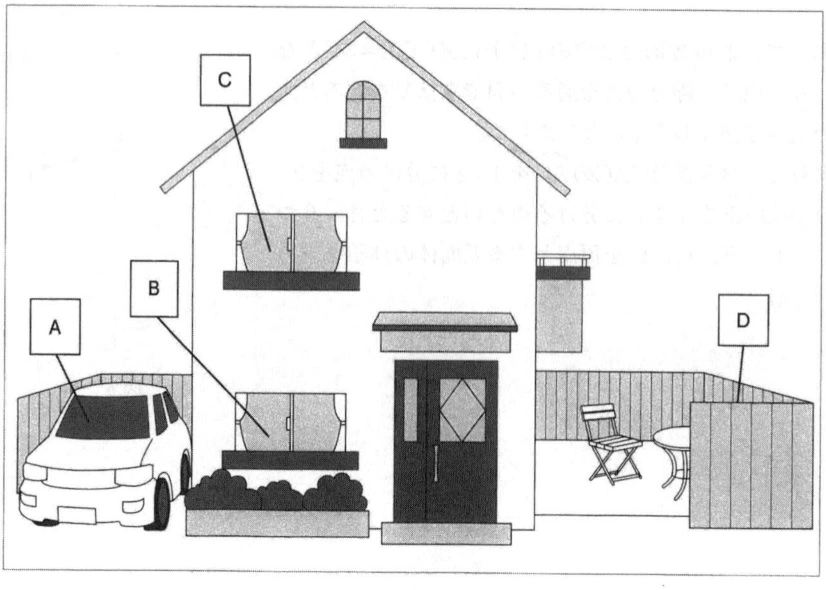

【No. 4, No. 5】(各2点)

Listen to each situation, and choose the best answer for each question.

No. 4

A Thank you for your help.

B How about tomorrow afternoon?

C Can you do it by yourself?

D Sorry, I'm busy all day.

No. 5

A I've lost my key.

B I'll look for it tomorrow.

C Mine is a little small.

D Let's take it to the police station.

【No. 6】(各3点)

Listen to the tour guide on the bus, and choose the best answer for questions 1, 2 and 3.

(1) Question 1

A The chocolate cake.　B The ice cream cake.

C The fruit cake.　D The cheese cake.

(2) Question 2

A At eleven fifty a.m.　B At noon.

C At one twenty-five p.m.　D At one thirty p.m.

(3) Question 3

A Chinese food is more popular than Japanese food at the restaurant.

B People on the bus don't have to get off the bus to order lunch.

C The restaurant is a great place to eat many different foods from all over the world.

D There are some famous shops in the restaurant.

【No. 7】(各3点)

Listen to the talk between Kayo and John, a student from the U.S., and read the questions. Then write the answer in English for questions 1, 2 and 3.

(1) Question 1 : How long has John studied Japanese?
Answer : He has studied it for (　　　　) years.

(2) Question 2 : Why does Kayo listen to the English program on the radio?
Answer : Because she wants to (　　　　) for her job in the future.

(3) Question 3 : Why did John ask Kayo to help him with his math homework?
Answer : Because she is (　　　　) math.

2 フリーマーケット（flea market）の案内を英語で作成します。〔日本語のメモ〕をもとに，空欄 A ～ C にあてはまる適切な１語を，それぞれ英語で書きなさい。また，空欄 D には適切な３語以上の英語を書きなさい。なお，空欄 A ～ C には省略した形や数字は使わないものとします。(13点)

〔日本語のメモ〕

けやき街フリーマーケット

けやき街フリーマーケットに来て楽しんでください！
たくさんの種類の中古の本，CD，DVDや食器などがあります。
何かいいものをみつける絶好の機会です。

1 日時：6月18日（土）午前９時～午後５時
2 会場：けやき街ファミリー公園
けやき駅からバスで 10 分

買い物のためのバッグを持ってきてください。

Keyaki Town Flea Market

Come and [A] the Keyaki Town Flea Market!
There will be many [B] of used books, CDs, DVDs and dishes.
It's a great chance to find something nice.

1 Time and Date : From 9 a.m. to 5 p.m. on Saturday, [C] 18
2 Place : Keyaki Town Family Park
10 minutes from Keyaki Station by bus

Please [D] for shopping.

（A，B，C各３点，D４点）

3 次は，中学生のDaisukeが書いた英文です。これを読んで，問１～問５に答えなさい。＊印のついている語句には，本文のあとに〔注〕があります。(18点)

I am a junior high school student and I love music. But I couldn't play *instruments well until *recently. One day, I had a chance to try a guitar in music class at school. One of my friends, Aki, and I *made a pair and we practiced with one guitar. Aki played the guitar well because she learned the guitar when she was an elementary school student. [A] Then, our music teacher, Mr. Kishi, gave me some *advice for playing the guitar.

After coming back home, I said to my mother, "I practiced the guitar but I couldn't play it well yet." "Oh, I see. Do you want to try my guitar? I (　　) the guitar I played when I was young," my mother said. I didn't know that my mother could play the guitar, so I was surprised to hear that. She smiled and brought the guitar from her room and gave it to me. [B] "Can I play this?" I asked. "Of course!" said my mother. *Thanks to my mother's help and Mr. Kishi's advice, I started to get better.

At the next music class, I did my best to play the guitar, but I made some mistakes. Mr. Kishi and the other students were surprised because I improved a lot since last time. Now, I have a new goal. [C] I am going to play the guitar with Aki at the school festival. We 〔 been / have / the / practicing 〕 guitar together every day after school.

〔注〕 instrument……楽器　recently……最近　make a pair……ペアをつくる　advice……助言
thanks to ～……～のおかげで

問1　本文中の [A] ～ [C] のいずれかに，But it was very difficult for me to play it well. という1文を補います。どこに補うのが最も適切ですか。[A] ～ [C] の中から一つ選び，その記号を書きなさい。(3点)

問2　下線部について，(　) にあてはまる最も適切なものを，次のア～エの中から一つ選び，その記号を書きなさい。(3点)

ア　always break　イ　often forget　ウ　still have　エ　should make

問3　〔　〕内のすべての語を，本文の流れに合うように，正しい順序に並べかえて書きなさい。(4点)

問4　本文の内容に関する次の質問の答えとなるように，(　) に適切な英語を書きなさい。(4点)

Question : Why was Daisuke surprised when he was talking with his mother?
Answer : Because he heard that she could (　　　　　　　　　　).

問5　本文の内容と合うものを，次のア～エの中から一つ選び，その記号を書きなさい。(4点)

ア　Daisuke couldn't play any instruments because he didn't like music.
イ　Daisuke used the guitar that his mother brought from her room to practice.
ウ　Aki couldn't play the guitar well because Daisuke brought the school guitar to his house.
エ　Aki played the guitar well because Mr. Kishi taught her how to play it.

4　次の[1]～[4]は，書道部の Naoto, Kimmy と Ayako の会話です。これらを読んで，問1～問8に答えなさい。＊印のついている語句には，本文のあとに〔注〕があります。(29点)

[1] 〈*One day after school, Naoto, Kimmy and Ayako are talking.*〉

Naoto : Our ALT, Mr. Smith is going back to Australia. He often comes to this calligraphy club. All the members in our club like him very much.

Kimmy : He is very nice to us. He gives us good *advice.

Ayako : He helps us a lot. He loves the calligraphy *works we make, too. Hey, I have an idea. How about giving him a present?

Naoto : That's a good idea! What should we get for him?

Kimmy : Let's write messages for him on *shikishi*. I think he'll be glad to read our messages.

Ayako : [A] It's a popular present and easy to make. Should we make something else for him?

Naoto : We should give him *shikishi* and one more thing, but I cannot think of any good ideas *right now.

Kimmy : I *wonder what he would like.

Ayako : Let's tell the other members of our club about our ideas. I think they will help us choose a good present.

〔注〕 advice……助言　work……作品　right now……今すぐに　wonder ～……～だろうかと思う

問１　空欄 [A] にあてはまる最も適切なものを，次のア～エの中から一つ選び，その記号を書きなさい。（３点）

ア I don't believe it.　イ That sounds good.

ウ Don't worry about it.　エ I'll give it to you.

問２　本文[1]で，Ayako は，自分たちの考えを他の部員たちに伝えようとするのはなぜだと述べていますか。日本語で書きなさい。（４点）

[2] 〈*The next day, they start a *discussion after talking with the club members.*〉

Naoto : So, everyone in our club wants to give Mr. Smith a present, right?

Ayako : Yes, we talked about plans for a present during the club meeting yesterday, but we couldn't decide what to give him as a present with the *shikishi*.

Kimmy : Then, we need to think of a good plan.

Naoto : After we talked in the club meeting, one of the club members gave me Mr. Smith's *self-introduction sheet. Mr. Smith gave it to all the students in his first English class. I think it'll help. Let's look for ideas on the sheet. It's better to give 〔 is / he / him / interested / something 〕 in.

Ayako : Oh, I remember I was given this sheet when I was a first-year student. That's a good idea.

Naoto : *Based on this sheet, how about giving him flowers, too? I'm sure he'll like them.

Kimmy : I don't think that's a good idea. I think there are rules for taking flowers or plants out of the country.

Naoto : Oh, you mean that he cannot take flowers from Japan to Australia?

Kimmy : I'm not sure, but if the flowers we give him cannot be taken from Japan to Australia, he may have trouble.

Ayako : If we give him things that are too large or heavy, it'll be hard for him to carry them to Australia, so we shouldn't choose things like that.

Naoto :　You're right.　What should we give him instead?

Self-Introduction Sheet

Timothy Smith	
出身地	Australia
一番好きなもの	Japanese pop songs
趣味	B
やってみたいこと	Calligraphy and *kendo*

〔注〕 discussion……話し合い　　self-introduction……自己紹介　　based on ～……～に基づけば

問３　［　］内のすべての語を，本文の流れに合うように，正しい順序に並べかえて書きなさい。（４点）

問４　本文②の内容と合うように，Self-Introduction Sheet の空欄 B にあてはまる最も適切なものを，次のア～エの中から一つ選び，その記号を書きなさい。（３点）

ア　Collecting pens　　イ　Cooking

ウ　Traveling　　エ　Taking care of flowers

問５　本文②の内容と合うように，次の英語に続く最も適切なものを，ア～エの中から一つ選び，その記号を書きなさい。（３点）

Naoto said that

ア　flowers were good as a present, but Kimmy didn't agree with that idea.

イ　something that was too large or heavy was not bad as a present.

ウ　he needed Mr. Smith's self-introduction sheet, so he asked Ayako to find it at her house.

エ　the self-introduction sheet was easy to read, so Ayako thought it was very useful to study English.

③　〈*They continue their discussion.*〉

Ayako :　How about singing some songs for him?　Do you know any good Japanese pop songs, Kimmy?

Kimmy :　Yes, I do.　I'll think of some Japanese pop songs we can sing for him.

Naoto :　Thanks.　I'm sure he'll like listening to Japanese pop songs because he wrote so on his self-introduction sheet.

Kimmy :　Well, I can play the piano, so I will play the piano for the songs.　I think we can use the music classroom at school if we ask our music teacher, Ms. Fukuda.　If we choose to sing songs for him, I'll ask her.

Naoto :　Great.　Well, how about collecting pictures of us and making a photo *album for him?

Kimmy :　That's also a good idea.　We'll have to find a lot of pictures.　Oh, I have another idea, too.

〔注〕 album……アルバム

問6 本文③の内容と合うものを，次のア～エの中から一つ選び，その記号を書きなさい。（4点）

ア Naoto thinks it is difficult to take good pictures.
イ Ayako has a lot of pictures she collected with Mr. Smith.
ウ Mr. Smith has never listened to Japanese pop songs.
エ Kimmy will play the piano if they sing songs for Mr. Smith.

④ 〈*They try to reach a *conclusion.*〉

Kimmy : We can also make some calligraphy works as a present. What do you think?

Naoto : Good idea. I wonder what words we should write for the works.

Kimmy : So, we have *come up with three ideas for presents. Singing songs for him, a photo album, and calligraphy works. How about giving him the *shikishi* and all three of these presents?

Naoto : We don't have enough time to *prepare all of them. We should give him the *shikishi* and one more present. Let's choose one of the three.

Ayako : OK. I think we should [C]

Kimmy : I agree with you. I hope Mr. Smith will like our presents.

Naoto : I hope so, too. Let's tell the other club members about our plan. I'm sure they'll like it.

〔注〕 conclusion……結論　come up with ～……～を思いつく　prepare ～……～を準備する

問7 空欄 C について，あなたなら，本文④の３つのプレゼントの案の中からどのプレゼントを選びますか。会話が自然な流れになるように，I think we should に続けて，あなたが選んだプレゼントについて２文以上の英文を書きなさい。１文目は選んだプレゼントを１つあげて，２文目以降はその理由が伝わるように書きなさい。（4点）

問8 次は，後日の Naoto と Kimmy の会話です。自然な会話になるように，（ ）に適切な４語以上の英語を書きなさい。（4点）

Naoto : Finally, we are ready. Let's give him our presents.

Kimmy : I hope he will like them. (　　　　　) them to him?

Naoto : How about this Friday afternoon? I think he will be at school.

Kimmy : OK. I can't wait!

5 次は，アメリカに住む，あなたの友人である Danny から届いたメールです。これを読んで，問１～問３に答えなさい。＊印のついている語句には，本文のあとに［注］があります。(12点)

Hi, how are you doing?

Last month, I watched an old movie on TV with my mother. She said that the old movie was her favorite. She watched it many times when she was young. It was a *science fiction movie, and in the movie, a scientist makes many things, like a time machine. With a time machine, you can go to the future and see what happens. I really loved the movie. That night, my little brother went to bed early, so my mother recorded the movie for him. The next day, she showed him the movie, too. After he finished watching the movie, he said, "I want to go to the future, too!" My brother and I like the movie as much as our mother likes it. We have watched it many times since then. If I traveled to the future, I could see what my life is like. *As for my future, I'd like to be a doctor. I hope my dream will come true. How about you? What is your dream for the future?

〔注〕 science fiction movie……SF映画　as for ～……～について言えば

問1　本文の内容に合うように，次の英文の（　）にあてはまる最も適切な１語を，本文中から抜き出して書きなさい。（３点）

After Danny and his brother watched the old movie, it became their (　　) movie.

問2　本文の内容と合うものを，次の**ア**～**エ**の中から一つ選び，その記号を書きなさい。（３点）

ア　Danny は，このメールを書くまでに何度もその映画を見た。

イ　Danny の母は科学者なので，タイムマシンを作りたいと考えている。

ウ　Danny は先月初めて，Danny の弟にその映画を見せてもらった。

エ　Danny は，弟と一緒に見るまで，その映画を見たことがなかった。

問3　下線部について，あなたの将来の夢について，〔条件〕に従い，Danny に伝わるように，［A］に３文以上の英文を書いて，**メール**を完成させなさい。（６点）

メール

Hi, Danny. How are you? Thank you for your interesting e-mail.

A

See you!

〔条件〕 ①　１文目は，あなたの将来の夢はどのようなものかを，My dream に続けて，解答欄の①に書きなさい。

②　２文目以降は，①について具体的に，２文以上で解答欄の②に書きなさい。

＜学校選択問題＞

時間 50分 満点 100点

問題は，No.1～No.7の全部で７題あり，放送はすべて英語で行われます。放送される内容についての質問にそれぞれ答えなさい。No.1～No.6は，質問に対する答えとして最も適切なものを，A～Dの中から一つずつ選び，その記号を書きなさい。No.7は，それぞれの質問に英語で答えなさい。放送中メモを取ってもかまいません。各問題について英語は２回ずつ放送されます。

【No.1～No.3】（各２点）

No. 1

A B C D

No. 2

A B C D

No. 3

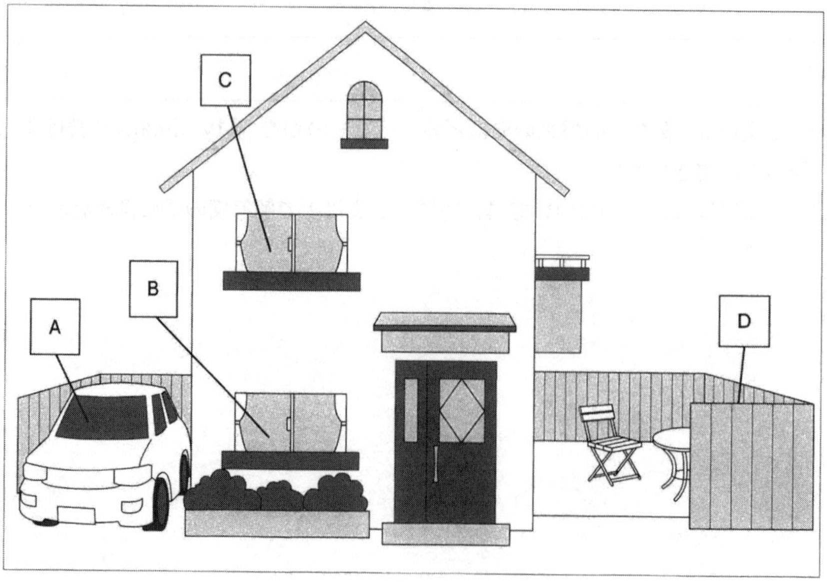

【No. 4, No. 5】(各2点)

No. 4

A Thank you for your help.
B How about tomorrow afternoon?
C Can you do it by yourself?
D Sorry, I'm busy all day.

No. 5

A I've lost my key.
B I'll look for it tomorrow.
C Mine is a little small.
D Let's take it to the police station.

【No. 6】(各3点)

(1) Question 1

A The chocolate cake.
B The ice cream cake.
C The fruit cake.
D The cheese cake.

(2) Question 2

A At eleven fifty-five a.m.
B At noon.
C At one twenty-five p.m.
D At one thirty p.m.

(3) Question 3

A Chinese food is more popular than Japanese food at the restaurant.
B People on the bus don't have to get off the bus to order lunch.
C The restaurant is a great place to eat many different foods from all over the world.
D There are some famous shops in the restaurant.

【No. 7】(各3点)

(1) Question 1 : Why does John read a Japanese newspaper every morning?
Answer : To (　　　　　　　　).

(2) Question 2 : How many days a week does Kayo listen to the English program on the radio?
Answer : She listens to the program (　　　　　　　　) week.

(3) Question 3 : Why did John ask Kayo to help him with his math homework?
Answer : Because she is (　　　　　　　　) math.

2 次の1～4は，書道部の Naoto, Kimmy と Ayako の会話です。これらを読んで，問1～問7に答えなさい。＊印のついている語句には，本文のあとに〔注〕があります。(28点)

1 〈*One day after school, Naoto, Kimmy and Ayako are talking.*〉

Naoto : Our ALT. Mr. Smith is going back to Australia. He often comes to this calligraphy club. All the members in our club like him very much.

Kimmy : He is very nice to us. He gives us good advice.

Ayako : He helps us a lot. He loves the calligraphy *works we make, too. Hey, I have ar idea. How about giving him a present?

Naoto : That's a good ideal What should we get for him?

Kimmy : Let's write messages for him on *shikishi.* I think he'll be glad to read our messages.

Ayako : That sounds good It's a popuJar present and easy to maka <u>Should we ( ) him?</u>

Naoto : We should give him *shikishi* and one more tiling. but I cannot think of any good ideas right now.

Kimmy : I *wonder what he would like.

Ayako : Let's tell the other members of our club about our ideas. I think [him / us / everyone / present for / help / will / choose / a good].

〔注〕 work……作品　wonder ～……～だろうかと思う

問１　下線部が「彼に他の何かを作るべきでしょうか。」という意味になるように，（　）に適切な４語の英語を書きなさい。（３点）

問２　［　］内のすべての語句を，本文の流れに合うように，正しい順序に並べかえで書きなさい。（４点）

2 〈*The next day, they start a *discussion after talking with the club members.*〉

Naoto : So, everyone in our club wants to give Mr. Smith a present, right?

Ayako : Yes, we talked about plans for a present during the club meeting yesterday, but we couldn't decide what to give him as a present with the *shikishi.*

Kimmy : Then, we need to think of a good plan.

Naoto : After we talked in the club meeting, one of the club members gave me Mr. Smith's *self-introduction sheet. Mr. Smith gave it to all the students in his first English class. I think it'll help. Let's look for ideas on the sheet. It's better to give him something he is interested in.

Ayako : That's a good idea. Oh, look at this. <u>His advice really helped me.</u>

Kimmy : Yes, your English is much better now!

Naoto : *Based on this sheet, how about giving him flowers, too? I'm sure he'll like them.

Kimmy : I don't think that's a good idea I think there are rules for taking flowers or plants out of the country.

Naoto : Oh, you mean that he cannot take flowers from Japan to Australia?

Kimmy : I'm not sure, but if the flowers we give him cannot be taken from Japan to Australia he may have trouble.

Ayako : If we give him things that are too large or heavy, it'll be hard for him to carry them to Australia, so we shouldn't choose things like that.

Naoto : You're right. What should we give him instead?

Self-Introduction Sheet

Hello, everyone! My name is Timothy Smith. I am from Australia. My hobby is taking care of flowers.

I like Japanese pop scngs. My favorite Japanese foods are *sushi* and *takoyaki*. But I do not like the hot weather in Japan very much. Someday, I want to try calligraphy and *kendo*.

Today, I will give you some advice about learning English. I think you should [A]

Keep trying! Thank you.

〔注〕 discussion……話し合い　self-introduction……自己紹介　based on ～……～に基づけば

問３　下線部His advice really helped me.について，Self-Introduclion Sheetの空欄 [A] には，Mr. Smithから生徒へのアドバイスが入ります。あなたならどのようなアドバイスを書きますか。本文[2]の内容と合うように，I think you shouldに続けて，２文以上の英文を書きなさい。１文目はアドバイスを１つあげて，2文目以降はその理由が伝わるように書きなさい。（４点）

[3] 〈*They continue their discussion.*〉

Ayako : How about singing some songs for him? Do you know any good Japanese pop songs, Kimmy?

Kimmy : Yes, I do. I'll think of some Japanese pop songs we can sing for him.

Naoto : Thanks. I'm sure he'll like listening to Japanese pop songs because he wrote so on his self-introduction sheet.

Kimmy : Well, I can play the piano, so I will play the piano for the songs. I think we can use the music classroom at school if we ask our music teacher, Ms. Fukuda. If we choose to sing songs for him, I'll ask her.

Naoto : Great. Well, how about collecting pictures of us and making a photo album for him?

Kimmy : That's also a good idea. We'll have to find a lot of pictures. If we make a photo album, I can borrow a camera from my homeroom teacher, Mr. Kishi, to take new pictures. Oh, I have another idea, too.

問４　本文[3]の内容と合うものを，後のア～エの中から一つ選び，その記号を書きなさい。（３点）

ア Kimmy thinks it is difficult to take a good photo Mr. Smith will like.

イ Naoto will ask Mr. Kishi to take pictures because he doesn't have enough pictures for the album.

ウ Ayako wants to practice singing songs, so she told Kimmy to play the piano for practice.

エ Kimmy will ask their music teacher to let them use the music classroom if they need.

4 ⟨*They try to reach a *conclusion.*⟩

Kimmy : We can also make some calligraphy works as a present. What do you think?

Naoto : Good idea. I wonder what words we should write for the works.

Kimmy : So, we have *come up with three ideas for presents. Singing songs for him, a photo album, and calligraphy works. How about giving him the *shikishi* and all three of these presents?

Naoto : We don't have enough time to prepare all of them. We should give him the *shikishi* and one more present. Let's choose one of the three.

Ayako : OK. I think a photo album is the best idea because he can look at it and remember his time in Japan.

Kimmy : I agree with you. OK, I'll go to see Mr. Kishi later. I hope Mr. Smith will like our presents.

Naoto : I hope so, too. Let's tell the other club members about our plan. I'm sure they'll like it.

〔注〕 conclusion……結論　　come up with ～……～を思いつく

問５　本文1～4の内容に関する次の質問に，英語で答えなさい。（４点）

Why will Kimmy go to see her homeroom teacher, Mr. Kishi, after choosing the present for Mr. Smith?

問６　本文1～4の内容と合うように，次の(1)，(2)の英語に続く最も適切なものを，ア～エの中から一つずつ選び，その記号を書きなさい。（各３点）

(1) Naoto thinks the presents should be *shikishi* and one of the other three ideas because

ア he cannot think of any good ideas right now.

イ it would take too much time to prepare all three presents for Mr. Smith.

ウ he has to tell all the club members about his idea.

エ choosing only one of the four presents is enough for Mr. Smith.

(2) During the discussion,

ア Naoto came up with the idea of flowers as a present, but Kimmy didn't agree with his idea

イ Kimmy thought Mr. Smith could make good calligraphy works based on the information written on his self-introduction sheet.

ウ Naoto brought Mr. Smith's self-introduction sheet, so Mr. Smith could remember Japan.

エ Ayako said calligraphy works from all the club members would be a good present.

問7　次は，後日の Kimmy と Naoto の会話です。自然な会話になるように，(　)に適切な4語以上の英語を書きなさい。(4点)

Kimmy : I started taking pictures to make the photo album for Mr. Smith. Here are some of them. What do you think?

Naoto : Oh, these are good pictures, but we need more.

Kimmy : Hey, don't you have (　　　　　) at the school festival two years ago? I'm sure Mr. Smith was with us at that time. Didn't Mr. Kishi let you use a camera then?

Naoto : Oh, I remember! After the school festival, Mr. Kishi gave me some of them. I'll look for them at home.

3　次は，高校1年生の Tsuneo が書いた英文です。これを読んで，問1～問6に答えなさい。＊印のついている語句には，本文のあとに〔注〕があります。(34点)

When I was an elementary school student, we had to use pencils made of wood. Some of my friends wanted to use *mechanical pencils, but we didn't use them at our elementary school. Why are pencils the first *writing tools used by elementary school students? The pencils I used at school were given to me by my mother, and when the pencils became short, I asked her to buy me new ones again. After we entered junior high school, almost all of my friends started using mechanical pencils. I always used pencils made of wood in elementary school, but after that, I only used mechanical pencils. One day, I found an article about pencils while I was reading the newspaper. It said that about 1,400,000,000 pencils were made every year in the 1960s in Japan, but in 2019, only 180,000,000 pencils were made. That is about 13% of the amount of pencils made every year in the 1960s. One of the reasons is the *decline in the number of children. I became interested in pencils, so I decided to research them on the Internet.

In 1564, in *Borrowdale, England, a black material was discovered in the ground. This material was *graphite. People found it was useful for writing. But, if you hold graphite, your hands get dirty. [①] These were the first pencils. After that, pencils spread across Europe, and soon became popular. After about two hundred years, people couldn't find any more graphite in Borrowdale because there was no graphite left there. People in England couldn't find better graphite than that in Borrowdale. [②] After trying many ways to make pencils, they *mixed graphite and *sulfur. But this graphite mixed with sulfur was not as good as the graphite in Borrowdale. But in Germany, people knew a better way to mix graphite and sulfur. People in France bought pencils made in England, but in the eighteenth century, people in France couldn't get pencils from England because of the wars between France and England. People say that *Napoleon Bonaparte asked a scientist to make better pencils because they needed to make their own pencils in France. The scientist mixed graphite and *clay, and the graphite mixed with clay was *heated to around 1,100℃ to make the *lead. Then, the scientist was finally able to make the best lead. It was almost the same as the lead used today. ③ The company put six pieces of lead between two boards, and then cut them into six pencils. This is almost the same *process used to make many pencils at once today.

How about pencils in Japan? People say that Tokugawa Ieyasu was the first Japanese person to use a pencil. In Shizuoka Prefecture, a [he / protecting / shrine / has / that / been / the pencil] used since 1617. In *the Meiji period, Japanese people tried to learn many new things from the U.S. and Europe. Young people had more chances to learn than before. In 1873, about twenty Japanese engineers were sent to Europe to learn new technologies. After they came back to Japan, some of them taught a man how to make pencils. People say that this man, Koike Uhachiro, made the first pencils in Japan. These pencils made in Japan were A in an *exposition in Ueno, Tokyo in 1877. After this, pencils became more popular in Japan and many people started using them. About forty pencil companies were made in those days, and some of them still make pencils today.

There are several *merits of pencils. Do you know how long you can write with just one pencil? I read an article on the Internet. It said you can draw a line about 50 km long! <u>I thought this was amazing!</u> You can write with a pencil longer than many other writing tools. A pencil can be used in many different environments, too. For example, if you use a *ball-point pen in a very cold place like the top of a mountain in winter, writing will probably be very difficult. In Japan, pencils are the first writing tools elementary school students use to learn how to write because pencils are hard to break. If there B no pencils, it would be much more difficult for children in Japan to practice writing.

Now I know a lot more about pencils. Pencils have a very interesting history. It was very surprising to learn about. How about other writing tools around us? They may have their own surprising history. I want to know more about them.

〔注〕 mechanical pencil……シャープペンシル　writing tool……筆記用具
decline in ～……～の減少　Borrowdale……ボローデール（地名）　graphite……黒鉛
mix ～……～を混ぜる　sulfur……硫黄　Napoleon Bonaparte……ナポレオン・ボナパルト
clay……粘土　heat ～……～を熱する　lead……（鉛筆の）芯　process……過程
the Meiji period……明治時代　exposition……博覧会　merit……長所
ball-point pen……ボールペン

問１　本文の内容に関する後の質問に，英語で答えなさい。（４点）

Why are pencils the first writing tools used by elementary school students in Japan?

問2　空欄 ① ～ ③ にあてはまる最も適切な文を，次のア～カの中から一つずつ選び，その記号を書きなさい。なお，同じ記号を２度以上使うことはありません。(各３点)

ア　Before they found new graphite, they were making new pencils in the same way for two hundred years.

イ　After that, those people finally brought pencils to England.

ウ　Then, in the nineteenth century, a pencil company in the U.S. found a new way to make pencils.

エ　Then, those scientists sold the new ones to a pencil company in the U.S. to make more money.

オ　So, they had to find another way to make pencils.

カ　So, they put the graphite between two pieces of wood.

問3　[　]内のすべての語句を，本文の流れに合うように，正しい順序に並べかえて書きなさい。(３点)

問4　空欄 A ， B にあてはまる最も適切なものを，次の中から一つずつ選び，それぞれ正しい形にかえて書きなさい。(各３点)

ask	be	give	go	have	show	turn	write

問5　下線部 <u>I thought this was amazing!</u> の this は何をさしていますか。日本語で書きなさい。(３点)

問6　次の英文は，本文の内容をまとめたものです。次の（１）～（３）に適切な英語を，それぞれ２語で書きなさい。(各３点)

Tsuneo used pencils in elementary school, but he stopped (1) in junior high school. One day, he became interested in pencils because of an article in the newspaper. After researching them, he learned a lot of things about pencils. For example, he learned when and where the first pencils were made, and he learned how people (2) better and how pencils were introduced to Japan. He also learned many other things about pencils, for example, how long you can write with just one pencil. Tsuneo was (3) learn about the interesting history of pencils. He wants to know more about the history of other writing tools, too.

4　次の英文を読んで，あなたの考えを，〔条件〕と〔記入上の注意〕に従って40語以上50語程度の英語で書きなさい。＊印のついている語には，本文のあとに〔注〕があります。(10点)

Making a speech or presentation is effective to *deepen your understanding. When you make a speech or presentation, you may *discover some things that you want to learn more about. To learn more, you will need to do research. For example, you can do this in many ways at school. The school library and the *tablet computers can also help you. <u>How will you use things, such as the library or computers for your research?</u>

〔注〕 deepen ～……～を深める　discover ～……～を発見する　tablet……タブレット型の

〔条件〕 下線部の質問に対するあなたの考えを，その理由が伝わるように書きなさい。

〔記入上の注意〕

① 【記入例】にならって，解答欄の下線＿＿の上に１語ずつ書きなさい。
　・符号（ ， ． ？ ！ など）は語数に含めません。
　・50語を超える場合は，解答欄の破線……で示された行におさまるように書きなさい。

② 英文の数は問いません。

③ 【下書き欄】は，必要に応じて使ってかまいません。

【記入例】

Hi!	I'm	Nancy.	I'm	from
America.	Where	are	you	from?
is	April	2,	2006.	It

50語

is Ken's birthday, too.

【下書き欄】

40語

50語

＜理科＞　時間　50分　満点　100点

1　次の各問に答えなさい。(24点)

問１　次の**ア**～**エ**の中から，マグマが冷え固まってできた岩石を一つ選び，その記号を書きなさい。(３点)

ア　石灰岩　　**イ**　チャート　　**ウ**　花こう岩　　**エ**　砂岩

問２　**図１**はカエルの精子と卵のようすを模式的に表したものです。放出された精子が卵に達すると，そのうちの１つの精子が卵の中に入り，精子の核と卵の核が合体して新しい１個の核となります。この過程を何といいますか。最も適切なものを，次の**ア**～**エ**の中から一つ選び，その記号を書きなさい。(３点)

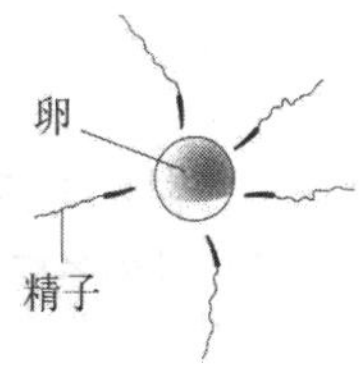

図１

ア　受精　　**イ**　受粉　　**ウ**　減数分裂　　**エ**　体細胞分裂

問３　**図２**のように，ダニエル電池を使用した回路で光電池用モーターを作動させました。このダニエル電池に関して述べた文として**誤っているもの**を，次の**ア**～**エ**の中から一つ選び，その記号を書きなさい。(３点)

ア　電子は，導線を通って亜鉛板から銅板へ流れる。

イ　銅よりも亜鉛の方が，陽イオンになりやすい。

ウ　水溶液中のイオンは，セロハンを通過することができる。

エ　電流を流し続けると，亜鉛板は重くなり，銅板は軽くなる。

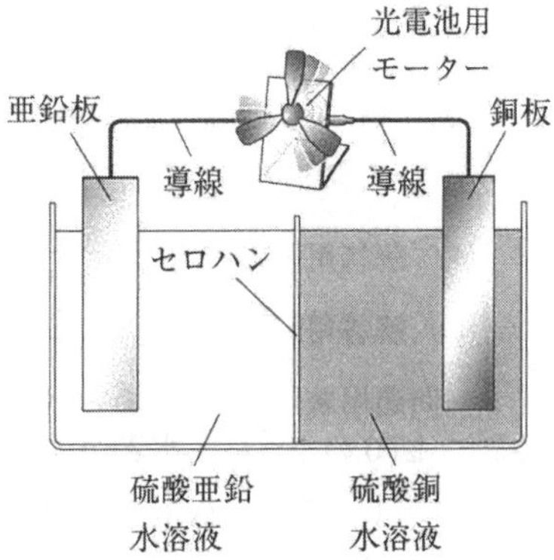

図２

問４　**図３**は，磁石のN極とS極の間にある導線に電流を流したときのようすを模式的に表したものです。このとき，導線にはたらく力の向きとして正しいものを，**図３**の**ア**～**エ**の中から一つ選び，その記号を書きなさい。(３点)

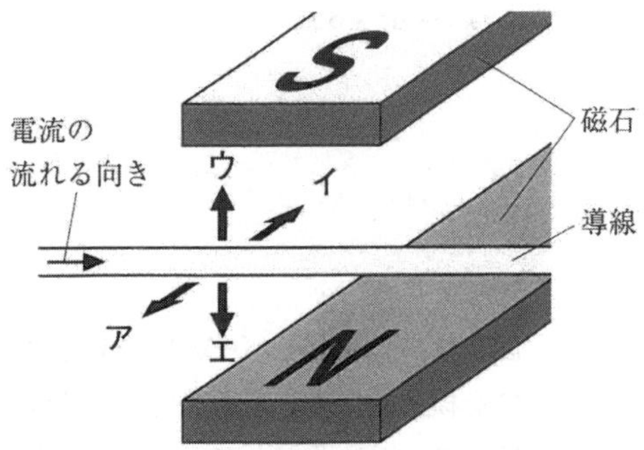

図３

問５　次のページの**図４**は，暖気が寒気の上にはい上がって進んでいくようすを模式的に表した図で，線A－Bは前線を表しています。線A－Bの前線を，破線┈┈┈を利用して，天気図に使う記号で表しなさい。(３点)

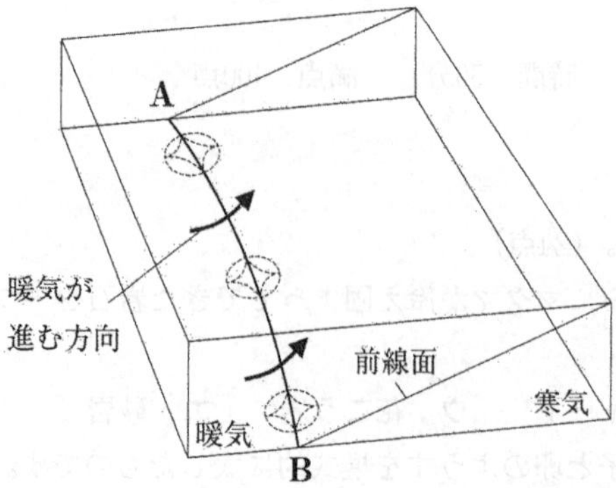

図4

問6　図5は，アブラナの花の断面を模式的に表したもので，Xはおしべの先端の小さな袋です。このXの名称を書きなさい。（3点）

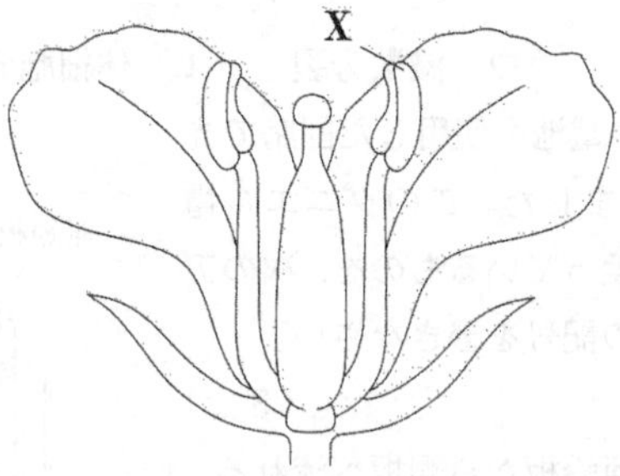

図5

問7　図6のように，水素が入った試験管のゴム栓をはずし，すぐに火のついたマッチを試験管の口に近づけると，音を立てて水素が燃え，試験管の内側がくもりました。この化学変化を化学反応式で表しなさい。（3点）

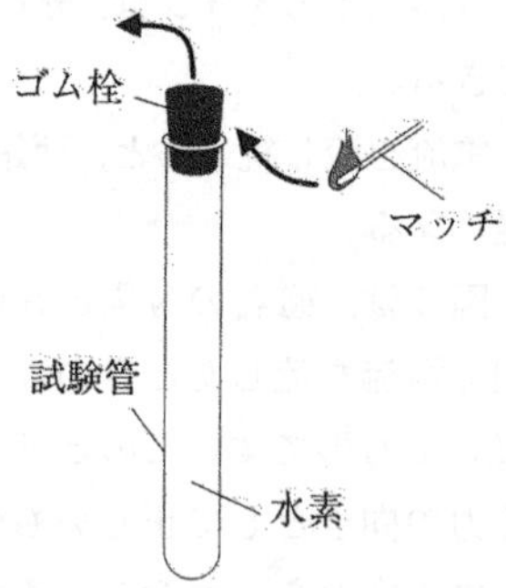

図6

問8　図7は，光ファイバーの中を光が通っているようすを模式的に表したものです。光ファイバーは，図7のように曲がっていても光が外に出ることはなく，光を届けることができます。光ファイバーでは，光のどのような現象を利用して光を届けることができますか。この現象の名称を書きなさい。（3点）

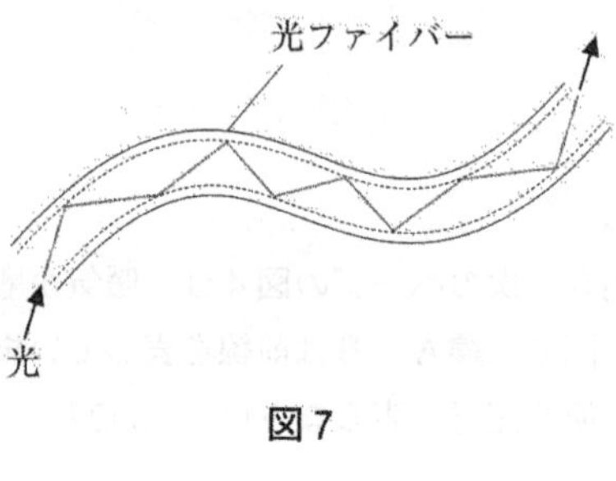

図7

2　WさんとSさんは，暦と天体の運行の関係について調べました。問１～問５に答えなさい。
(19点)

理科の授業場面１

先　生：現在の日本で使われている暦は太陽暦といい，天体の運行をもとに決められています。暦について調べてみましょう。

Wさん：暦のもととなる１年は，季節をもとに決められたんじゃないかな。

Sさん：調べてみると，**図１**のように地球が太陽のまわりを１周するのにかかる時間をもとに１年が決められたんだね。現在の太陽暦のもととなった暦では，①<u>春分の日</u>を基準としたみたいだよ。

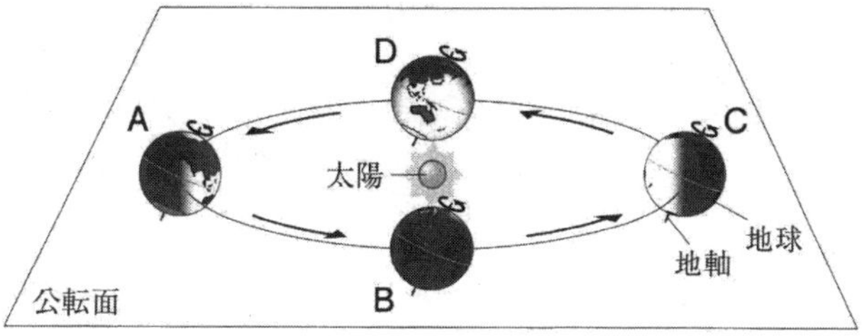

図１

Wさん：１日はどうやって定義したんだろう。

Sさん：**図２**に表される太陽の日周運動で，②<u>太陽が南中する時刻</u>から，次に太陽が南中する時刻までの時間をもとに１日を定義しているね。

Wさん：では，時刻はどうやって決めたんだろう。

Sさん：日時計を使っていたみたいだね。いろいろな日時計が作られていて，**図３**のように身近な材料で作れる日時計もあるようだよ。

Wさん：この日時計は，半透明な板に円周を24等分した文字盤をかいて，竹串を文字盤と垂直になるよう，円の中心にさしたものなんだね。どうやって使うんだろう。

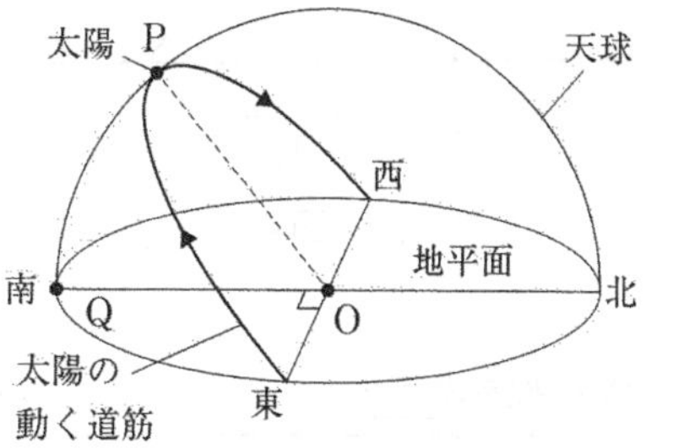

図２

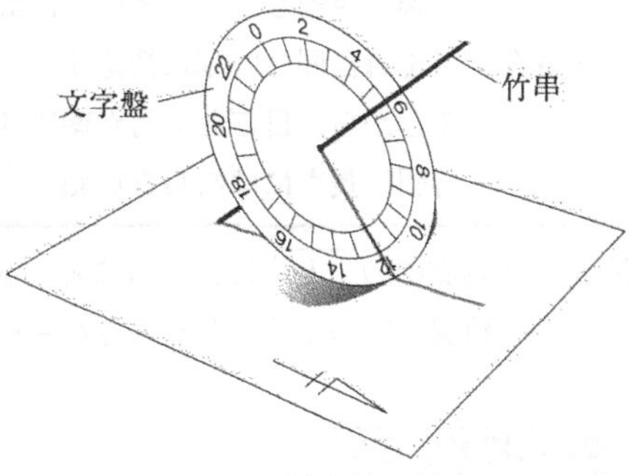

図３

問１　下線部①について，北半球における春分にあたる地球の位置を示したものは，**図１**のA～Dのどれですか。最も適切なものを一つ選び，その記号を書きなさい。（３点）

問２　**図２**について，観測者の位置をO，天球上の太陽の位置をP，地平面上の真南の位置をQ

としたとき，下線部②における角度∠QOPのことを何といいますか。その名称を書きなさい。
（３点）

問３　WさんとＳさんは図３の日時計の設置のしかたに関して，次のようにまとめました。［Ⅰ］，［Ⅱ］にあてはまる数値や語句を書きなさい。（各３点）

> 埼玉県の北緯36°の地点で図３の日時計を使う場合，図４のように地平面と文字盤のなす角度が［Ⅰ］°となるように傾け，竹串を真北に向けて，平らなところに設置する。これは，図５のように，空に向けた竹串が［Ⅱ］を指すようにするためであり，こうすることで文字盤を天球まで拡張したときの円周は，春分の日と秋分の日の太陽の通り道と同じになる。

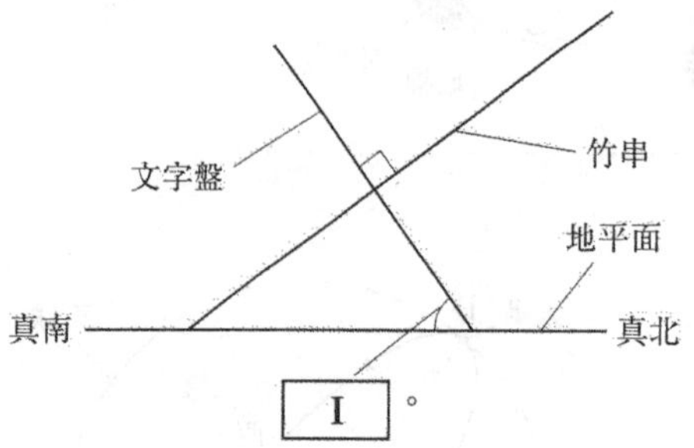

図４

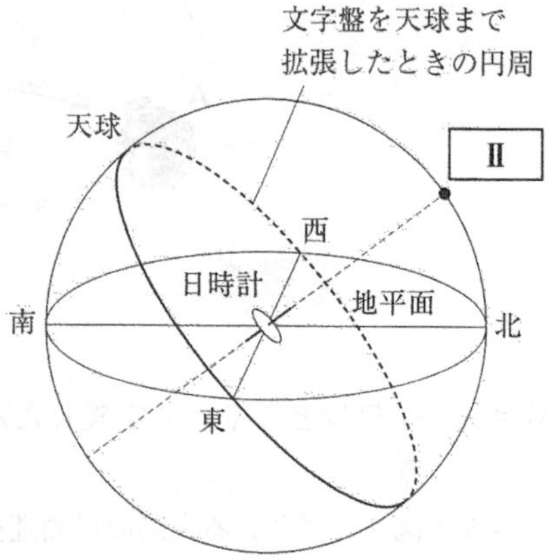

図５

理科の授業場面２

> Wさん：１日を，太陽が南中する時刻で定義するかわりに，月が南中する時刻で定義すると，太陽で定義したときと同じ時間の長さになるのかな。
> Ｓさん：月を毎日同じ時刻に観測すると，月は前日より［Ｌ］へ移動して見えるね。このことから，日ごとに月が南中する時刻は［Ｍ］ことがわかるので，同じ時間の長さにはならないね。

問４　会話文中の［Ｌ］にあてはまる方位を，東または西で書きなさい。また，［Ｍ］にあてはまる，観測してわかることを書きなさい。（３点）

理科の授業場面３

> Wさん：太陽暦の他に，月の満ち欠けを基準とした太陰暦という暦もあるんだね。
> Ｓさん：次のページの図６のように月が満ち欠けする周期を新月から次の新月までとすると，その周期は平均29.53日のようだね。地球の公転周期は365.24日だから，月が満ち欠けする周期12回分を太陰暦の１年と考えると，地球の公転周期とは一致しないね。

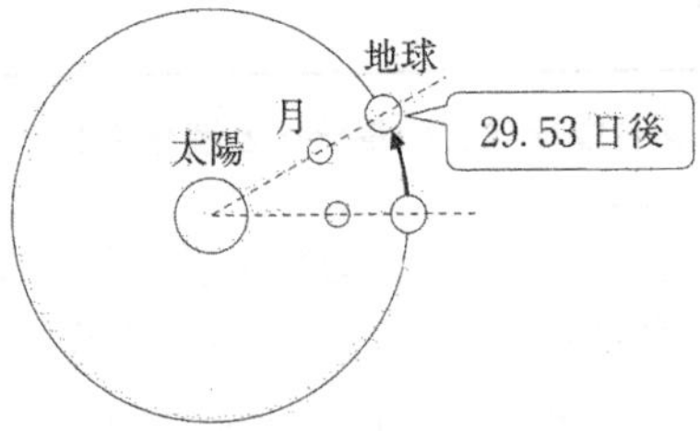

図6

Wさん：でも太陽暦の場合も，１年が365日であるのに対して，地球の公転周期とは0.24日という差があるから，１年ごとにその差が大きくなってしまうよね。

Sさん：そうだね。だから４年に１度，２月に29日を入れることで周期の差を修正しているよね。

Wさん：では太陰暦でも，１月から12月のどこかに，月が満ち欠けする周期１回分を「13番目の月」として入れれば，差は修正できるね。例えば［N］年に１度「13番目の月」を入れれば，［N］年間における地球の公転周期と太陰暦の差は，年平均１日程度に抑えられるね。

問５　会話文中の［N］にあてはまる整数を書きなさい。（４点）

3　YさんとNさんは，ヒトの消化と呼吸のしくみに関して次のページのノートにまとめました。問１～問６に答えなさい。(19点)

問１　［ノート１］からわかることとして最も適切なものを，次の**ア**～**エ**の中から一つ選び，その記号を書きなさい。（３点）

ア　デンプンは，だ液と胃液と小腸の壁の消化酵素によって分解される。

イ　タンパク質は，胃液とすい液と小腸の壁の消化酵素によって分解される。

ウ　脂肪は，だ液とすい液と小腸の壁の消化酵素によって分解される。

エ　胆汁は，デンプンとタンパク質を分解する。

問２　小腸における養分の吸収について，次のようにまとめました。［I］にあてはまる語を書きなさい。（３点）

> 小腸の内側の壁には多数の柔毛がある。これにより，小腸の内側の［I］が大きくなるため，養分を効率よく吸収できる。

ノート1

食物にふくまれる成分が，ブドウ糖などの養分へと消化されるようす

	食物にふくまれる成分		
	デンプン	タンパク質	脂肪
消化される前のようす	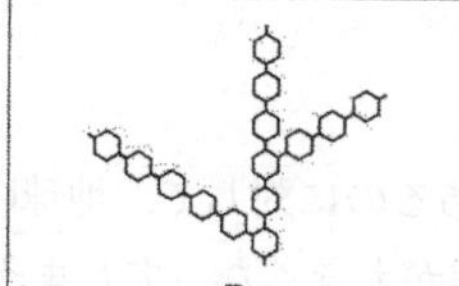	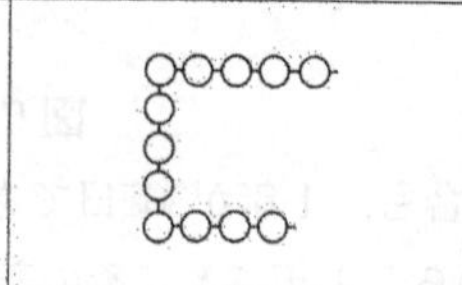	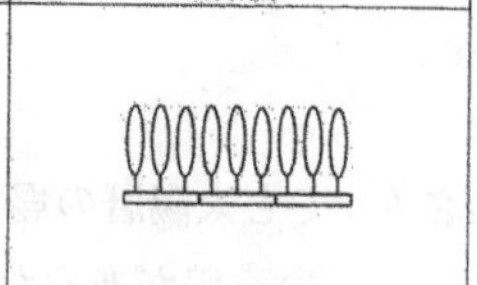
だ液と混合されたあとのようす	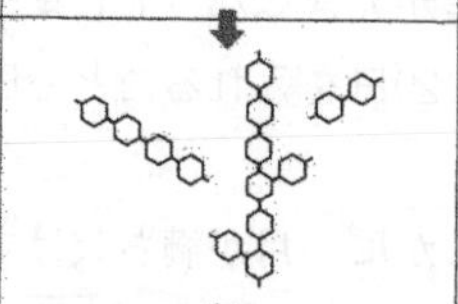	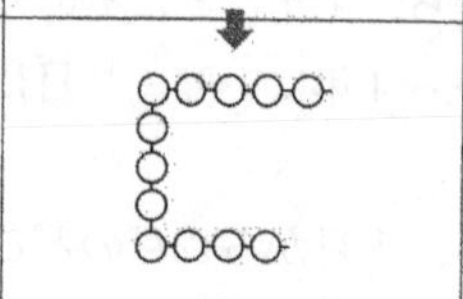	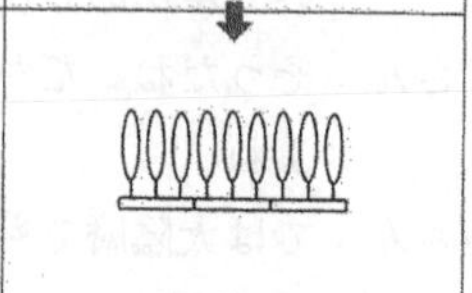
胃液と混合されたあとのようす	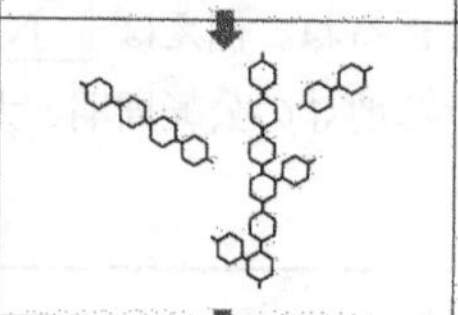	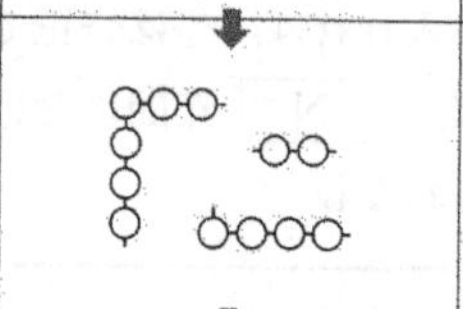	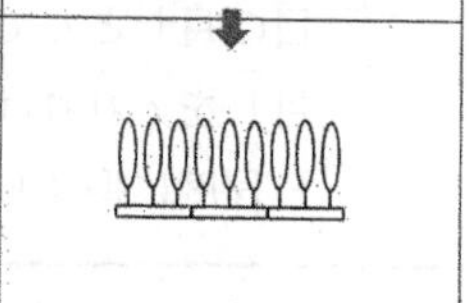
胆汁と混合されたあとのようす	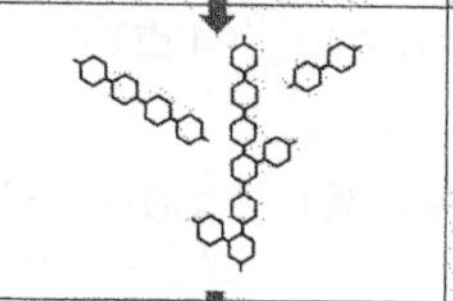	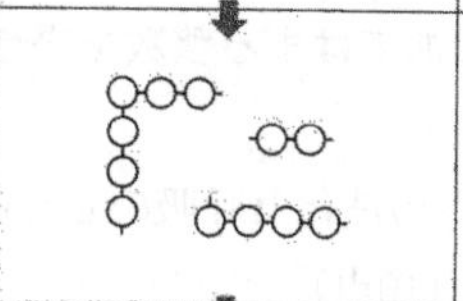	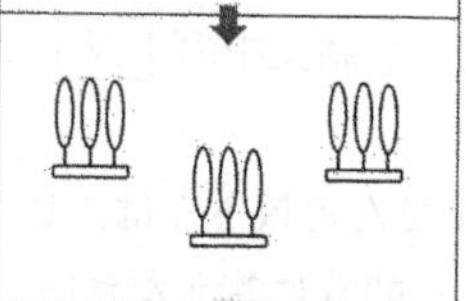
すい液と混合されたあとのようす	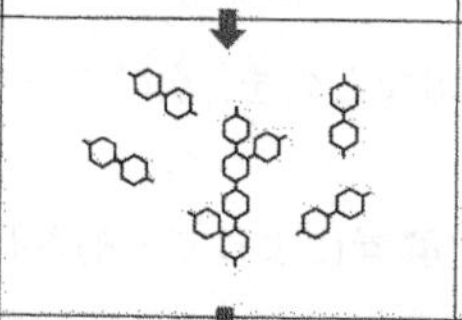	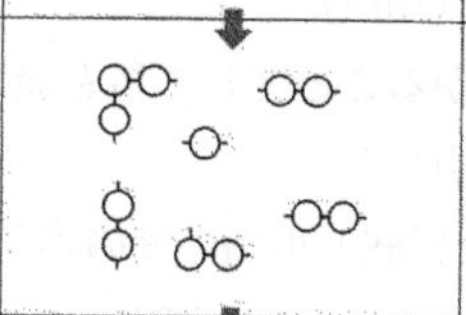	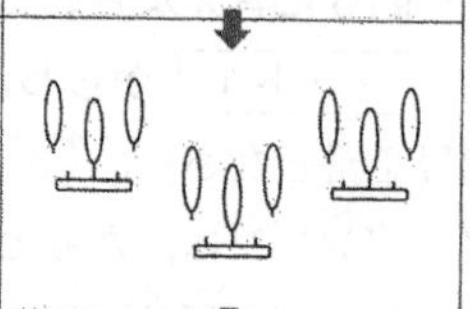
小腸の壁の消化酵素と混合されたあとのようす	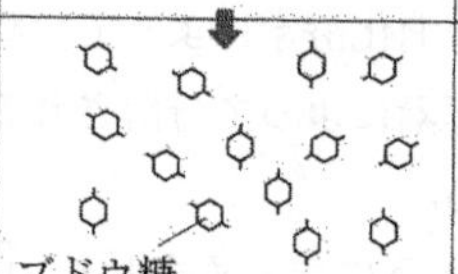	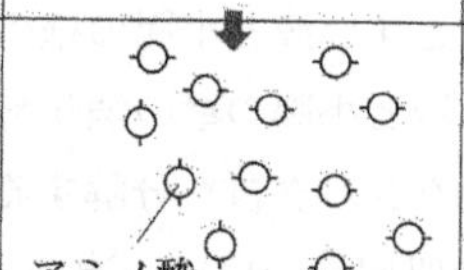	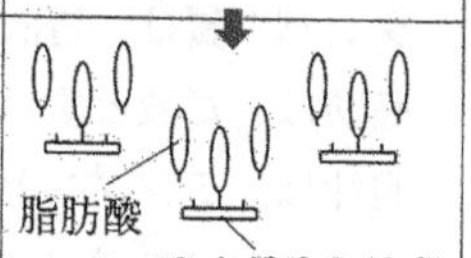

YさんとNさんが話し合いをしている場面1

Yさん：吸収された養分はどのように全身に運ばれるのかな。

Nさん：①吸収された養分は血液によって全身に運ばれるよ。次のページの図1は血液の循環のようすを模式的に表したものだよ。血液は養分のほかに酸素や二酸化炭素も運ぶね。

Yさん：酸素の運搬には赤血球が関係すると習ったよ。

Nさん：赤血球にはヘモグロビンという物質がふくまれているんだ。ヘモグロビンは，酸素が［Ⅱ］ところで酸素と結びつき，酸素が［Ⅲ］ところで酸素をはなすという性質をもつよ。

Yさん：ヘモグロビンと酸素の結びつきやすさに影響をあたえる要因は，ほかにもあるのかな。

Nさん：調べてみると，血液のpHが変化すると，ヘモグロビンと酸素の結びつきやすさが変わるみたいだよ。

Yさん：二酸化炭素は水に溶け，その水溶液は酸性を示すと習ったね。

Nさん：全身の細胞から排出された二酸化炭素は血液にとりこまれるよ。二酸化炭素が多く溶けている血液ではpHが［Ⅳ］なり，ヘモグロビンが酸素をはなしやすくなるみたいだね。

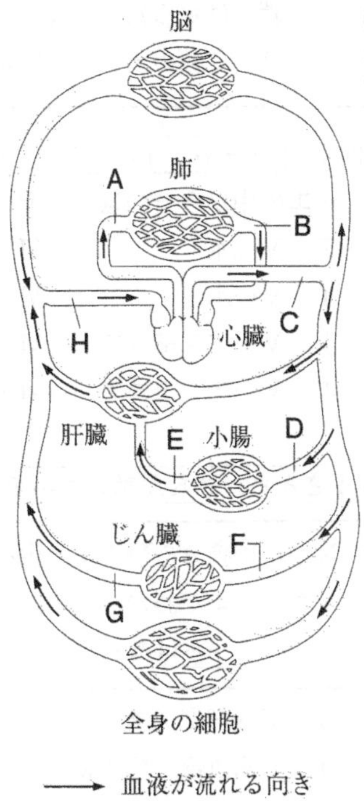

図1

問3　下線部①について，図1のA～Hの中から，吸収されたブドウ糖を最も多くふくむ血液が流れている場所を一つ選び，その記号を書きなさい。（3点）

問4　会話文中の［Ⅱ］～［Ⅳ］にあてはまる語の組み合わせとして最も適切なものを，次のア～エの中から一つ選び，その記号を書きなさい。（3点）

ア　Ⅱ…少ない　Ⅲ…多い　Ⅳ…小さく
イ　Ⅱ…少ない　Ⅲ…多い　Ⅳ…大きく
ウ　Ⅱ…多い　Ⅲ…少ない　Ⅳ…小さく
エ　Ⅱ…多い　Ⅲ…少ない　Ⅳ…大きく

YさんとNさんは，養分と酸素が細胞でどのように利用されるのかについて興味をもち，調べました。

［ノート2］

調べてわかったこと

○　養分と酸素は全身の細胞にとりこまれ，細胞呼吸（細胞による呼吸）に利用される。図2は，ブドウ糖を利用した細胞呼吸のしくみを模式的に表したものである。

ブドウ糖　＋　酸素　——→　二酸化炭素　＋　［Ⅴ］

⇩

生命を維持するためのエネルギー

図2

○ 養分はからだをつくる材料としても利用される。
○ ブドウ糖の一部は，肝臓で Ⅵ という物質に変えられて，一時的にたくわえられる。

問5 ノート2 の Ⅴ ， Ⅵ にあてはまる物質の組み合わせとして正しいものを，次のア～エの中から一つ選び，その記号を書きなさい。（3点）

ア Ⅴ…水 Ⅵ…グリコーゲン
イ Ⅴ…水 Ⅵ…尿素
ウ Ⅴ…アンモニア Ⅵ…グリコーゲン
エ Ⅴ…アンモニア Ⅵ…尿素

YさんとNさんが話し合いをしている場面2

Nさん：養分や酸素は，生命を維持するために利用されることがわかったね。
Yさん：まだわからないことがあるんだ。②血管内の血液にふくまれる養分やヘモグロビンからはなれた酸素は，どのように全身の細胞に届けられるのかな。

問6 下線部②の養分や酸素は，どのように血液中から全身の細胞に届けられますか。**血しょう**，**毛細血管**，**組織液**という語を使って説明しなさい。（4点）

4 Kさんは，気体の水への溶けやすさに興味をもち，アンモニア，二酸化炭素，酸素を用いて，それらの違いを比較する実験を行い，レポートにまとめました。問1～問4に答えなさい。（19点）

レポート1

課題1

気体の種類によって，気体の水への溶けやすさはどのくらい違うのだろうか。

【実験1】

［1］ 500mLの乾いたペットボトルを3本用意し，それぞれペットボトルA，B，Cとした。

［2］ 図1のように，ゴム管をつないだ大型注射器に水を50mL入れてピンチコックで閉じ，ゴム管の一端を，ゴム栓を通したガラス管につないだ。この器具を3つ用意した。

［3］ ペットボトルAに①アンモニアを，ペットボトルBに②二酸化炭素を，ペットボトルCに③酸素を集め，それぞれ図1の器具で栓をした。

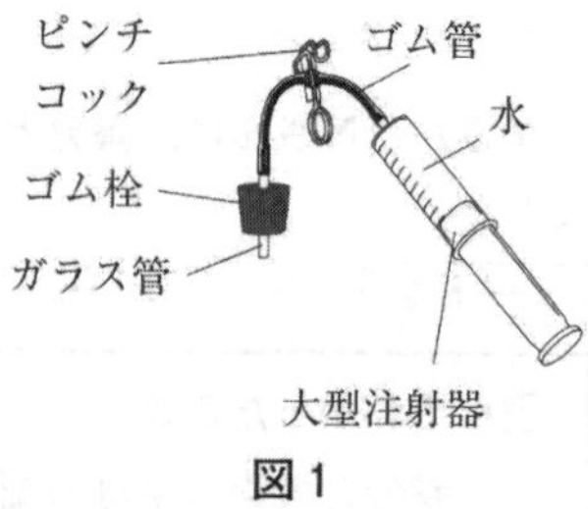

図1

［4］ ピンチコックを開いてペットボトルA，B，C内に水を注入し，ピンチコックを閉じて中の気体と水を混合して，ペットボトルの変化を調べた。

【結果１】

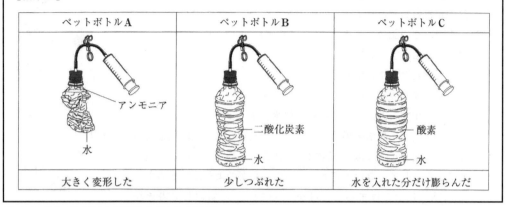

ペットボトルA	ペットボトルB	ペットボトルC
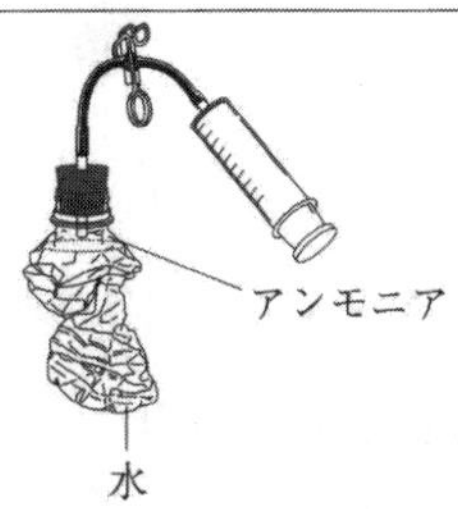		
大きく変形した	少しつぶれた	水を入れた分だけ膨らんだ

Kさんが M さんに説明している場面１

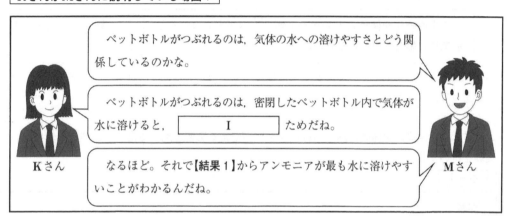

Mさん：ペットボトルがつぶれるのは，気体の水への溶けやすさとどう関係しているのかな。

Kさん：ペットボトルがつぶれるのは，密閉したペットボトル内で気体が水に溶けると，［　Ⅰ　］ためだね。

Mさん：なるほど。それで【結果１】からアンモニアが最も水に溶けやすいことがわかるんだね。

Kさん　　Mさん

問１　下線部①について，Kさんはアンモニアを図２の装置で集めました。このとき，アンモニアがじゅうぶんにたまったことを確認する方法として最も適切なものを，次のア〜エの中から一つ選び，その記号を書きなさい。（３点）

ア　火のついた線香をペットボトルの口に近づけて，燃え方が激しくなるかを見る。

イ　乾いた塩化コバルト紙をペットボトルの口に近づけて，色が変化するかを見る。

ウ　水でぬらした赤色リトマス紙をペットボトルの口に近づけて，色が変化するかを見る。

エ　水でぬらした青色リトマス紙をペットボトルの口に近づけて，色が変化するかを見る。

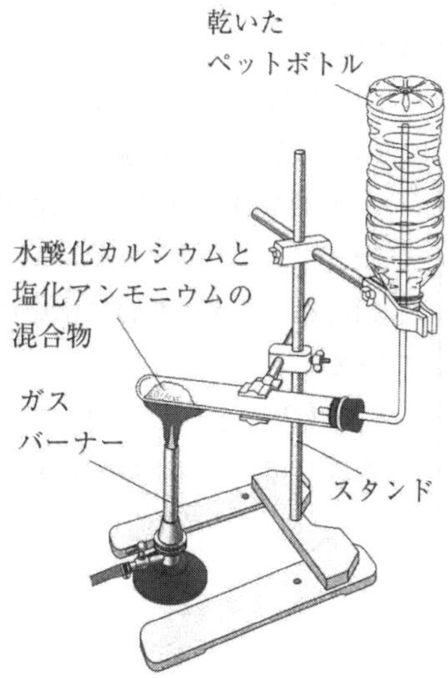

図２

問２　下線部②，③について，Kさんは二酸化炭素および酸素を，それぞれ次のページの図３のように下方置換法で集めました。次のページの⑴，⑵に答えなさい。

(1) 二酸化炭素および酸素を，それぞれ発生させるために必要な薬品の組み合わせとして正しいものを，次の**ア**～**エ**の中から一つずつ選び，その記号を書きなさい。(4点)

ア 亜鉛とうすい塩酸

イ 石灰石とうすい塩酸

ウ 硫化鉄とうすい塩酸

エ 二酸化マンガンとうすい過酸化水素水

(2) 二酸化炭素と酸素を集めるときは，一般的に水上置換法を使います。しかしKさんは，**【実験1】**ではこれらを水上置換法で集めることが適していないと考え，その理由を次のようにまとめました。 X にあてはまることばを， **課題1** に着目して書きなさい。(4点)

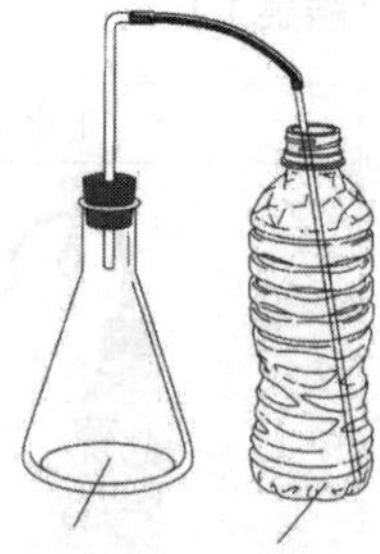

図3

> 水上置換法を使うことでペットボトル内が水でぬれると， X ため，実験結果に影響が出るおそれがある。

問3 会話文中の I にあてはまることばを，気体の粒子の数にふれながら，**大気圧**という語を使って書きなさい。(4点)

Kさんは，温度が気体の水への溶けやすさにあたえる影響を調べるため，二酸化炭素を用いて実験を行いました。

レポート2

課題2

温度が変わると，二酸化炭素の水への溶けやすさはどのように変化するのだろうか。

【実験2】

[1] 500mLのペットボトルを3本用意し，それぞれペットボトルD，E，Fとした。

[2] 二酸化炭素の温度と水の温度を一致させるため，5℃の水が入った水そうの中にペットボトルDを固定して二酸化炭素を満たし，5℃の水を50mL入れた**図1**の器具で栓をした。

[3] ペットボトルDに水を注入して混合し，そのまま5分置いてペットボトルの変化を調べた。

[4] [2]，[3] と同様の操作を，ペットボトルEでは水そう内の水温と注射器内の水温を25℃に，ペットボトルFではそれぞれの水温を45℃にかえて行った。

【結果２】

ペットボトルD	ペットボトルE	ペットボトルF
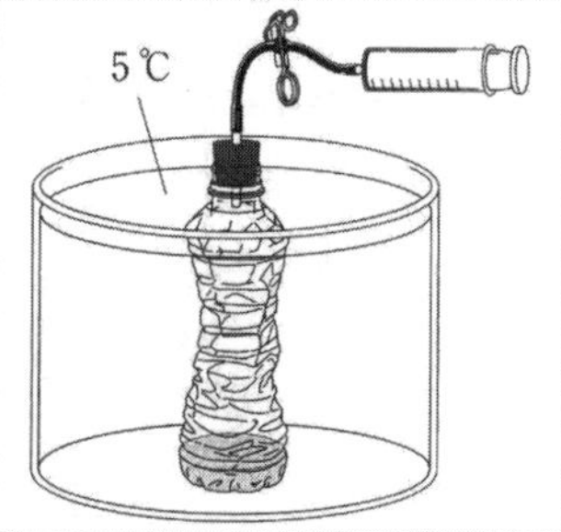	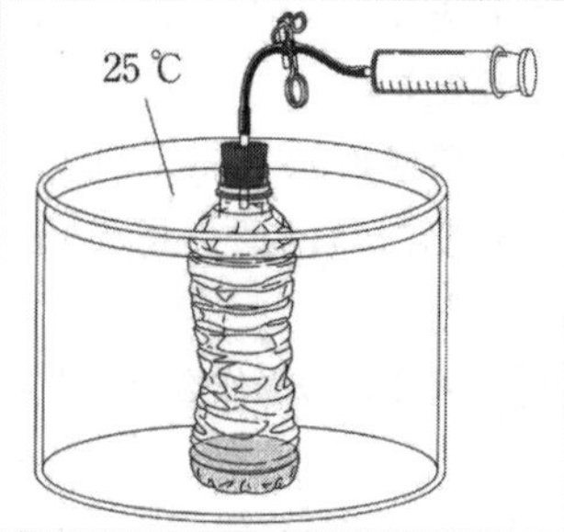	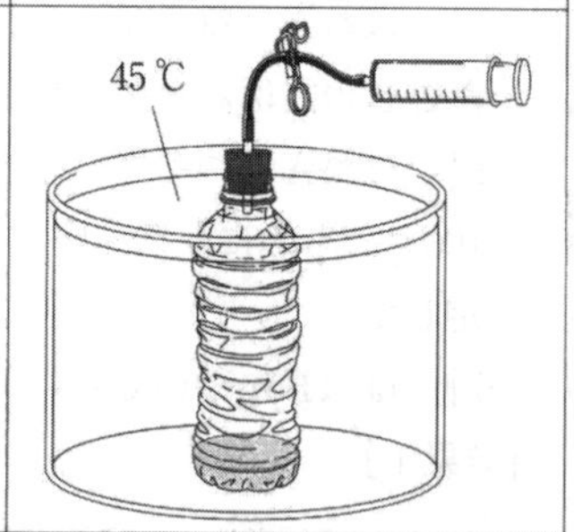
かなりつぶれた	少しつぶれた	ほとんどつぶれなかった

Kさんが Mさんに説明している場面２

Kさん

Mさん

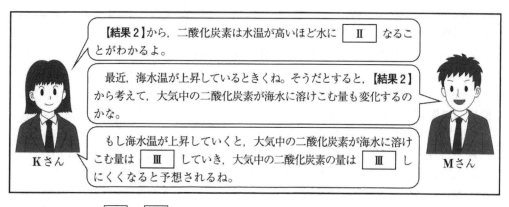

【結果２】から，二酸化炭素は水温が高いほど水に [Ⅱ] なることがわかるよ。

最近，海水温が上昇しているときくね。そうだとすると，【結果２】から考えて，大気中の二酸化炭素が海水に溶けこむ量も変化するのかな。

もし海水温が上昇していくと，大気中の二酸化炭素が海水に溶けこむ量は [Ⅲ] していき，大気中の二酸化炭素の量は [Ⅲ] しにくくなると予想されるね。

問４　会話文中の [Ⅱ]，[Ⅲ] にあてはまる語の組み合わせとして正しいものを，次のア～エの中から一つ選び，その記号を書きなさい。ただし，二酸化炭素は，水にも海水にも同じだけ溶けこむものとします。（４点）

ア　Ⅱ…溶けやすく　Ⅲ…減少　　イ　Ⅱ…溶けにくく　Ⅲ…減少
ウ　Ⅱ…溶けやすく　Ⅲ…増加　　エ　Ⅱ…溶けにくく　Ⅲ…増加

5　Ｔさんは，ばねを用いて物体を支える力を測定する実験を行い，レポートにまとめました。問１～問５に答えなさい。ただし，質量100ｇの物体にはたらく重力の大きさを１Ｎとし，実験で用いるばね，糸，フックの質量，および糸とフックの間にはたらく摩擦は考えないものとします。

（19点）

レポート１

課題１

ばね全体の長さとばねにはたらく力の大きさには，どのような関係があるのだろうか。

【実験１】

［１］　ばねAとばねBの，２種類のばねを用意した。

［2］　図1のようにスタンドにものさしを固定し，ばねAをつるしてばね全体の長さを測定した。

［3］　ばねAに質量20gのおもりをつるし，ばねAがのびたときの，ばね全体の長さを測定した。

［4］　ばねAにつるすおもりを，質量40g，60g，80g，100gのものにかえ，［3］と同様にばね全体の長さを測定した。

［5］　ばねBについても，［2］～［4］の操作を行った。

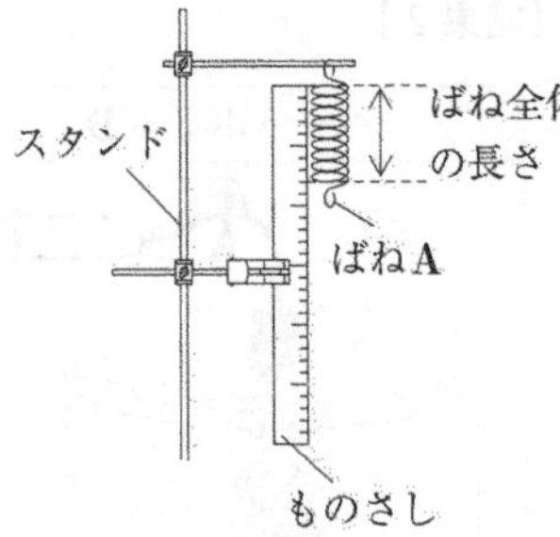

図1

【結果1】

おもりの質量〔g〕	0	20	40	60	80	100
ばねAの全体の長さ〔cm〕	8.0	10.0	12.0	14.0	16.0	18.0
ばねBの全体の長さ〔cm〕	4.0	8.0	12.0	16.0	20.0	24.0

問1　**【結果1】**をもとに，おもりの質量に対するばねAののびを求め，その値を•で表し，おもりの質量とばねAののびの関係を表すグラフをかきなさい。ただし，グラフは定規を用いて実線でかくものとします。（3点）

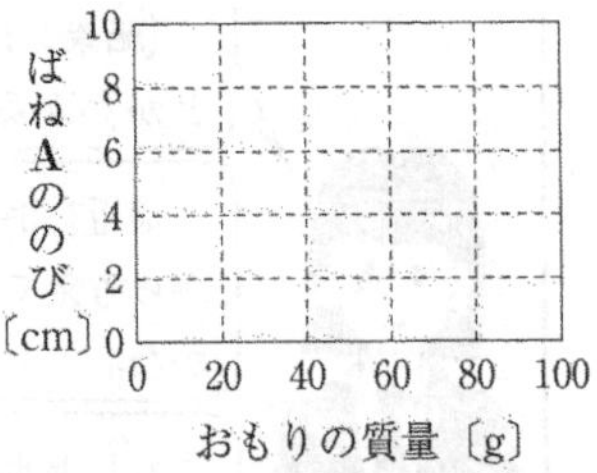

問2　**【結果1】**からわかることとして正しいものを，次の**ア**～**オ**の中から**二つ**選び，その記号を書きなさい。（4点）

ア　ばねAもばねBも，おもりの質量を2倍にするとばねののびは2倍になっている。

イ　ばねAもばねBも，おもりの質量とばね全体の長さは比例の関係になっている。

ウ　ばねAとばねBに40gのおもりをつるしたとき，ばねAののびとばねBののびは等しくなっている。

エ　ばねAとばねBに同じ質量のおもりをつるしたとき，ばねAとばねBのばね全体の長さの差は，つるしたおもりの質量にかかわらず常に一定になっている。

オ　ばねAとばねBに同じ質量のおもりをつるしたとき，ばねAののびとばねBののびを比較すると，ばねBののびは，ばねAののびの2倍になっている。

Tさんは，図2のような「斜張橋（しゃちょうきょう）」では，塔から斜めに張られたケーブルが橋げたを支えていることを知りました。そこで，斜張橋に見立てた実験装置をつくり，ケーブルにはたらく力を，ばねを用いて測る実験を行いました。

図2

レポート２

課題２

斜張橋において，ケーブルと塔がつくる角度を変化させると，ケーブルにはたらく力はどのように変化するのだろうか。

【実験２】

［１］【実験１】で用いたばねA，ケーブルに見立てた糸，橋げたに見立てたフック付きの金属板，塔に見立てた２台のスタンドを用意した。

［２］２台のスタンドを垂直に立て，図３のように，ばねAの一方をスタンドのPの位置にかけ，もう一方に糸をつけて，この糸をPと同じ高さのQの位置にかけたのち，フック付きの金属板を水平になるように糸にかけた。

［３］フックが糸にかかっている位置をOとするとき，OP間の距離とOQ間の距離を等しくしたまま，糸とスタンドがつくる角度を60°になるようにして，ばねAの全体の長さを測定した。

［４］［３］と同様の操作を，<u>糸とスタンドがつくる角度を45°に変えて行った。</u>

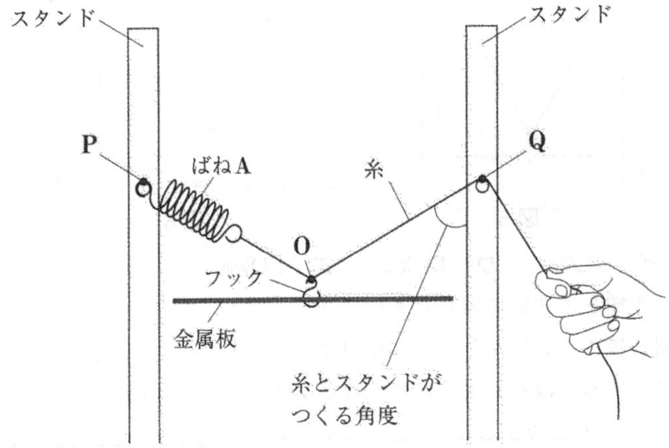

図３

【結果２】

糸とスタンドがつくる角度〔°〕	60	45
ばねAの全体の長さ〔cm〕	18.0	15.1

問３　下線部について，糸が金属板を支える力のうち，P側の糸にはたらく力を力Ⅰ，Q側の糸にはたらく力を力Ⅱとし，力Ⅰと力Ⅱの合力を力Ⅲとします。力Ⅰを次のページの図４のように矢印で表したとき，力Ⅱと力Ⅲを，矢印を使ってそれぞれ作図しなさい。ただし，矢印は定規を用いてかくものとし，作図するためにかいた線は，消さないでおきなさい。なお，必要に応じてコンパスを用いてもかまいません。（４点）

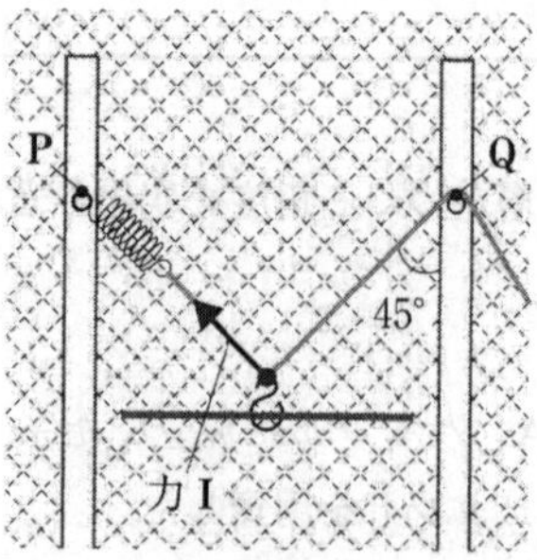

図4

問4　【実験2】の［3］において，図5のように糸とスタンドがつくる角度を30°に変えると，ばねA全体の長さは何cmになると考えられますか。最も適切なものを，図6を参考にして次のア～エの中から一つ選び，その記号を書きなさい。ただし，$\sqrt{3}=1.73$とします。（4点）

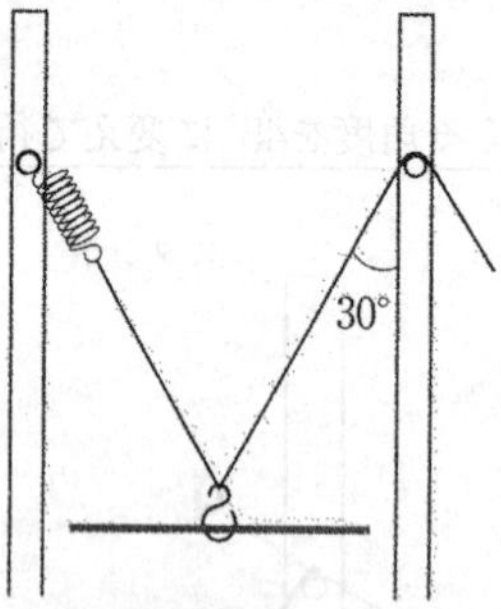

図5

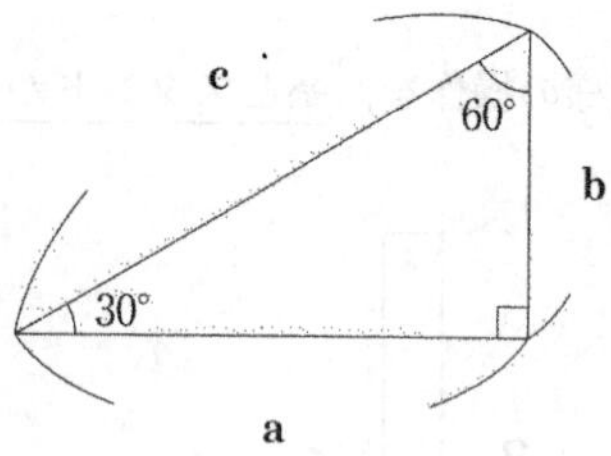

$a:b:c = \sqrt{3}:1:2$

図6

ア　10.9cm　　イ　12.2cm　　ウ　13.0cm　　エ　13.8cm

問5　図7は，斜張橋を模式的に表したものです。Tさんは，この斜張橋について，ケーブルにはたらく力をさらに小さくするにはどのようにすればよいかを考え，次のようにまとめました。［L］にあてはまる角度の変化を書きなさい。また，［M］にあてはまる方法を，図7中のYやZを使って書きなさい。ただし，ケーブルの数と塔の数は変えないものとします。（4点）

ケーブルにはたらく力をさらに小さくするには，Xが［L］なるように［M］。

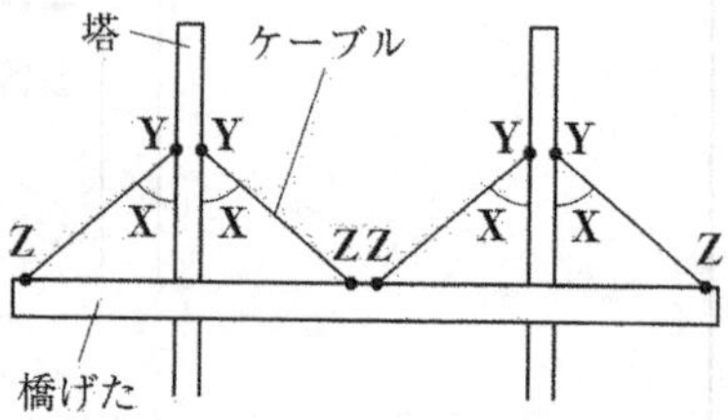

X：ケーブルと塔がつくる角度

Y：ケーブルと塔をつなぐ部分

Z：ケーブルと橋げたをつなぐ部分

図7

＜社会＞

時間　50分　　満点　100点

1　Sさんは，次の**地図**に示した国や地域について調べました。**地図**をみて，問1～問4に答えなさい。（14点）

地図

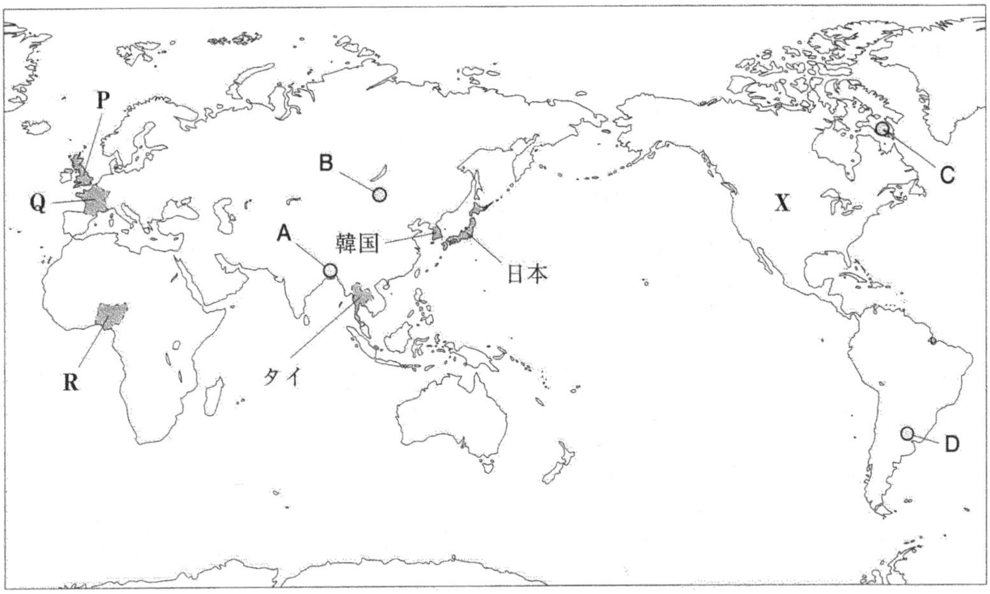

問1　六大陸のうち，**地図**中の**X**の大陸の名称を書きなさい。（3点）

問2　Sさんは，**地図**中の**A**～**D**のいずれかの地域にみられる人々の生活の様子について調べ，次の**カードⅠ**と**カードⅡ**をつくりました。**カードⅠ**，**カードⅡ**と**地図**中の**A**～**D**の地域の組み合わせとして最も適切なものを，次のページの**ア**～**エ**の中から一つ選び，その記号を書きなさい。（3点）

カードⅠ

この地域は，雨が少ないため，乾燥した土地で，水や草を求めて家畜とともに移動する遊牧を行っています。住居は，移動しやすい折りたたみ式で，アンテナを利用してテレビをみることができます。

カードⅡ

この地域は，季節による日照時間の差が大きく，夏は太陽が沈んでも暗くならない白夜とよばれる現象をみることができます。犬ぞりでの移動が中心でしたが，近年では，スノーモービルが使われています。

ア カードⅠ－A カードⅡ－C
イ カードⅠ－A カードⅡ－D
ウ カードⅠ－B カードⅡ－C
エ カードⅠ－B カードⅡ－D

問3 Sさんは，**地図**中に示したタイと韓国の，1980年と2018年における輸出総額と輸出総額に占める輸出品の割合（上位5品目）について調べ，次の**表1**をつくりました。**表1**から読みとれる内容を述べた文として正しいものを，下の**ア**～**オ**の中から**すべて**選び，その記号を書きなさい。（3点）

表1

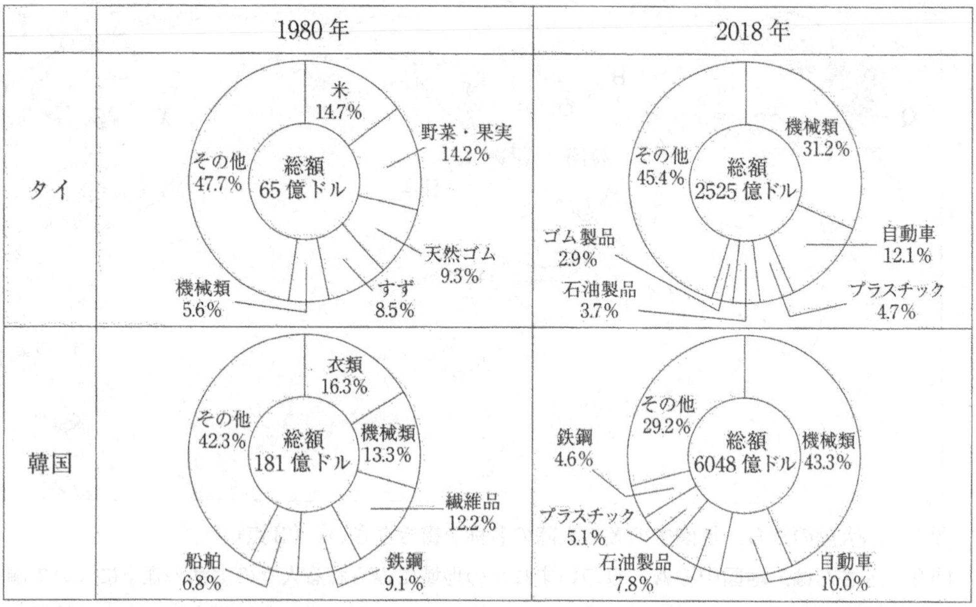

（世界国勢図会 2020/21年版などから作成）

ア 1980年のタイにおいて，輸出品上位5品目はすべて農産物であり，輸出総額に占める米と野菜・果実の割合の合計は，30%を超えている。

イ 1980年の韓国において，輸出品上位5品目はすべて軽工業製品であり，輸出総額に占める衣類と繊維品の割合の合計は，30%を超えている。

ウ 2018年のタイにおいて，機械類の輸出額は，輸出品上位5品目のうち，機械類を除く輸出品上位4品目の輸出額の合計より多い。

エ 2018年のタイの自動車の輸出額は，2018年の韓国の自動車の輸出額より多い。

オ 2018年の韓国の輸出総額は，1980年の韓国の輸出総額の30倍以上である。

問4 Sさんは，地図中に示したP，Q，R及び日本の4か国の，2017年における穀物の輸出入量と穀物の自給率について調べ，次のページの**表2**と**グラフ**をつくりました。**地図**，**表2**及び**グラフ**の中のQにあたる国の名称を書きなさい。また，**表2**と**グラフ**から読みとれる，P，R及び日本の3か国に共通する特色と比較したQの国の特色を書きなさい。（5点）

表2　4か国の穀物の輸出入量

	輸出量(千ｔ)	輸入量(千ｔ)
P	3250	6519
Q	28735	4811
R	19	5607
日本	316	23982

グラフ　4か国の穀物の自給率

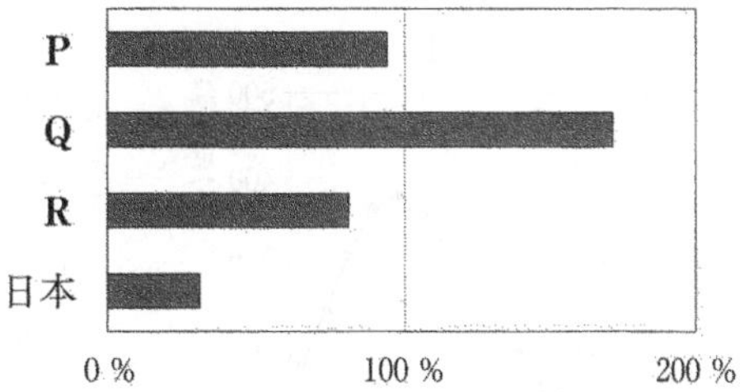

（世界国勢図会 2020/21 年版から作成）

2　Nさんは，地理的分野の授業で日本の諸地域を学習したあと，**地図1**を作成しました。**地図1**をみて，問1～問4に答えなさい。(15点)

地図1

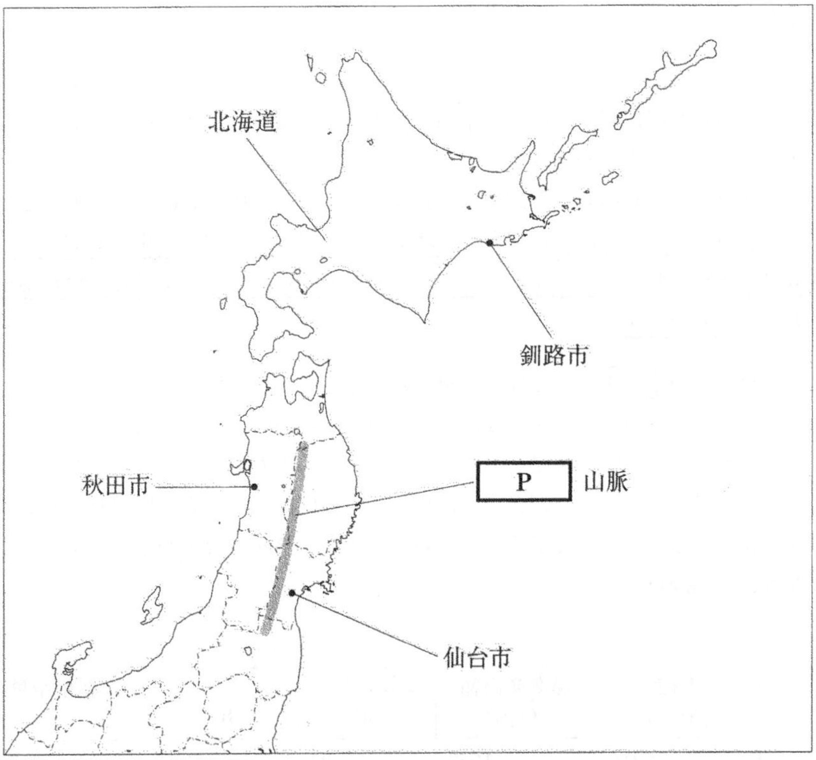

問1　Nさんは，**地図1**中の釧路市，秋田市，仙台市の三つの都市の気温と降水量を調べ，次のページのⅠ～Ⅲのグラフをつくりました。Ⅰ～Ⅲのグラフと都市の組み合わせとして正しいものを，あとの**ア**～**カ**の中から一つ選び，その記号を書きなさい。(3点)

ア　Ⅰ－釧路市　Ⅱ－秋田市　Ⅲ－仙台市
イ　Ⅰ－釧路市　Ⅱ－仙台市　Ⅲ－秋田市
ウ　Ⅰ－秋田市　Ⅱ－釧路市　Ⅲ－仙台市
エ　Ⅰ－秋田市　Ⅱ－仙台市　Ⅲ－釧路市
オ　Ⅰ－仙台市　Ⅱ－釧路市　Ⅲ－秋田市

カ　Ⅰ－仙台市　　Ⅱ－秋田市　　Ⅲ－釧路市

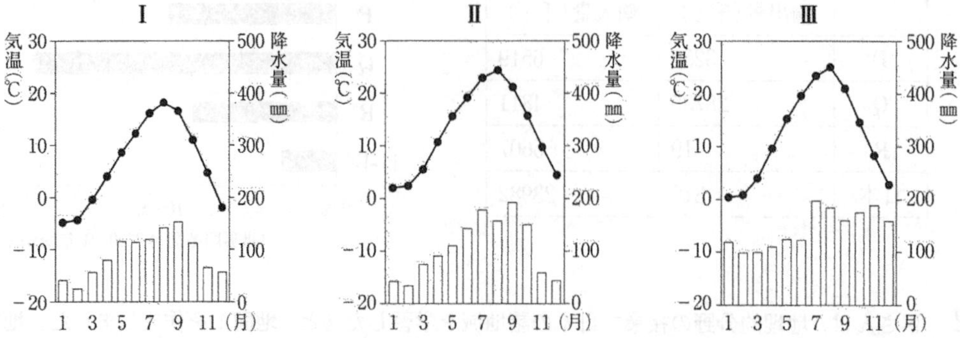

（気象庁ホームページから作成）

問２　Nさんは，東北地方について調べ，次のようにまとめました。**まとめ**を読み，下の⑴と⑵の問いに答えなさい。

まとめ

> 東北地方は本州の北部に位置し，中央に［P］山脈がはしり，日本海側に出羽山地などが，太平洋側に北上高地などがあります。
> 山地からは大きな川が流れ出し，下流には平野などが広がり，山地の間には盆地などがみられます。東北地方では，これらの平野や盆地に人口が集中し，おもに平野で稲作が，盆地で果樹栽培がそれぞれさかんです。また，三陸海岸の沖合いは，たくさんの魚が集まる豊かな漁場となっています。

⑴　**地図１**と**まとめ**の中の［P］にあてはまる語を書きなさい。（２点）

⑵　**まとめ**の中の下線部に関連して，次の**表**は，東北地方の各県の，2018年における人口，農業産出額，漁業生産量について，各県を人口の多い順に並べたものです。**表**中のX～Zには岩手県，宮城県，秋田県のいずれかがあてはまり，aとbには米と果実のいずれかがあてはまります。Xとaの組み合わせとして正しいものを，あとの**ア**～**カ**の中から一つ選び，その記号を書きなさい。（２点）

表

	人口（千人）	農業産出額（億円）			漁業生産量（t）
			a	b	
X	2316	1939	26	818	266530
福島県	1864	2113	255	798	51398
青森県	1263	3222	828	553	179515
Y	1241	2727	126	582	127794
山形県	1090	2480	709	835	4308
Z	981	1843	72	1036	6709

（データでみる県勢 2021 年版などから作成）

ア　X－岩手県　　a－米　　　**イ**　X－岩手県　　a－果実
ウ　X－宮城県　　a－米　　　**エ**　X－宮城県　　a－果実
オ　X－秋田県　　a－米　　　**カ**　X－秋田県　　a－果実

問３　次は，**地図１**中の北海道に関連して，日本の産業の特色について学習する授業における，先生とNさんの会話です。会話文中の［Q］と［R］にあてはまることばをそれぞれ書きなさい。（５点）

Nさん：北海道では，牧草などの飼料を生産しながら，乳牛を飼育する酪農がさかんであることを学習しました。

先　生：そうですね。北海道を中心に各地で飼育されている乳牛からしぼり出された生乳は，乳製品などの加工用，または牛乳などの飲用として処理されています。次の**地図２**と**地図３**からは，それぞれどのようなことが読みとれますか。

地図２　2018年における加工用の処理量と全国に占める都道府県別の割合（上位６道県）

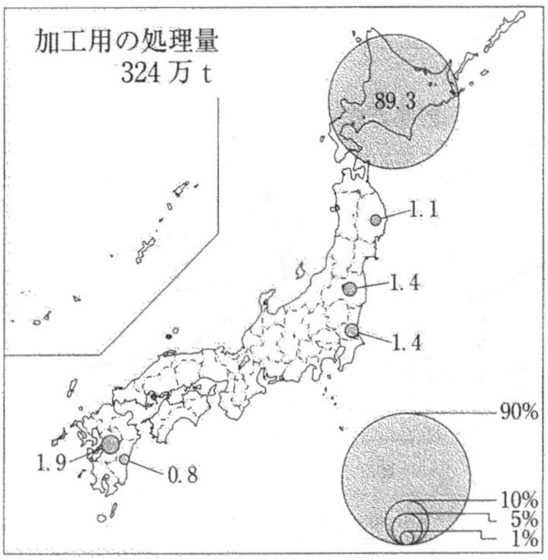

地図３　2018年における飲用の処理量と全国に占める都道府県別の割合（上位６道県）

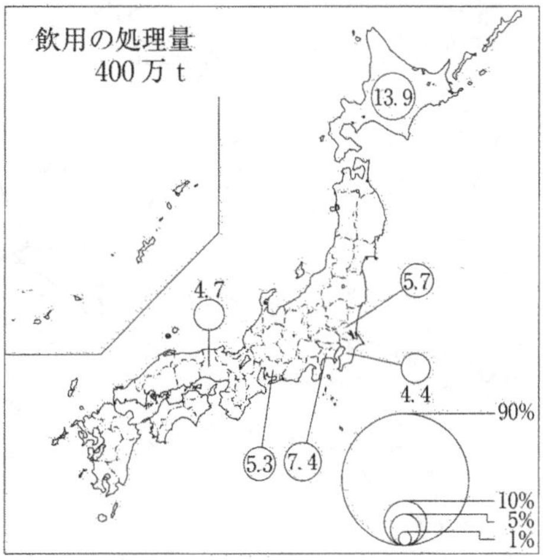

（農林水産省ホームページから作成）

Nさん：はい。**地図２**から，加工用の処理量は，北海道の割合がとても高いことが読みとれます。乳製品などは，おもに北海道の工場で生産されているということですね。

先　生：そのとおりです。では，**地図３**からは，どのようなことが読みとれますか。

Nさん：はい。**地図３**から，飲用の処理量も，加工用の処理量ほどではないですが，北海道の割合が最も高いことが読みとれます。さらに，北海道を除く上位５県の位置に着目すると，それらの県は［　Q　］という共通した特色が読みとれます。

先　生：よく読みとれました。では，そのような共通した特色となる理由を説明できますか。

Nさん：はい。牛乳などの飲用は，乳製品などの加工用に比べて，［　R　］ため，工場で処理して出荷されてからできるだけ早く消費者に届けられる必要があります。よって，牛乳などは，おもに　Q　ところの工場で生産されている傾向があると考えられます。

先　生：そのとおりです。このように日本の産業は，各地との結びつきで成り立っていることがわかりますね。

問４　次の**地図４**は，**地図１**中の北海道の一部を示した２万５千分の１の地形図です。**地図４**から読みとれる内容を述べた文として下線部が正しいものを，あとの**ア**～**オ**の中から**すべて**選び，その記号を書きなさい。（３点）

地図４

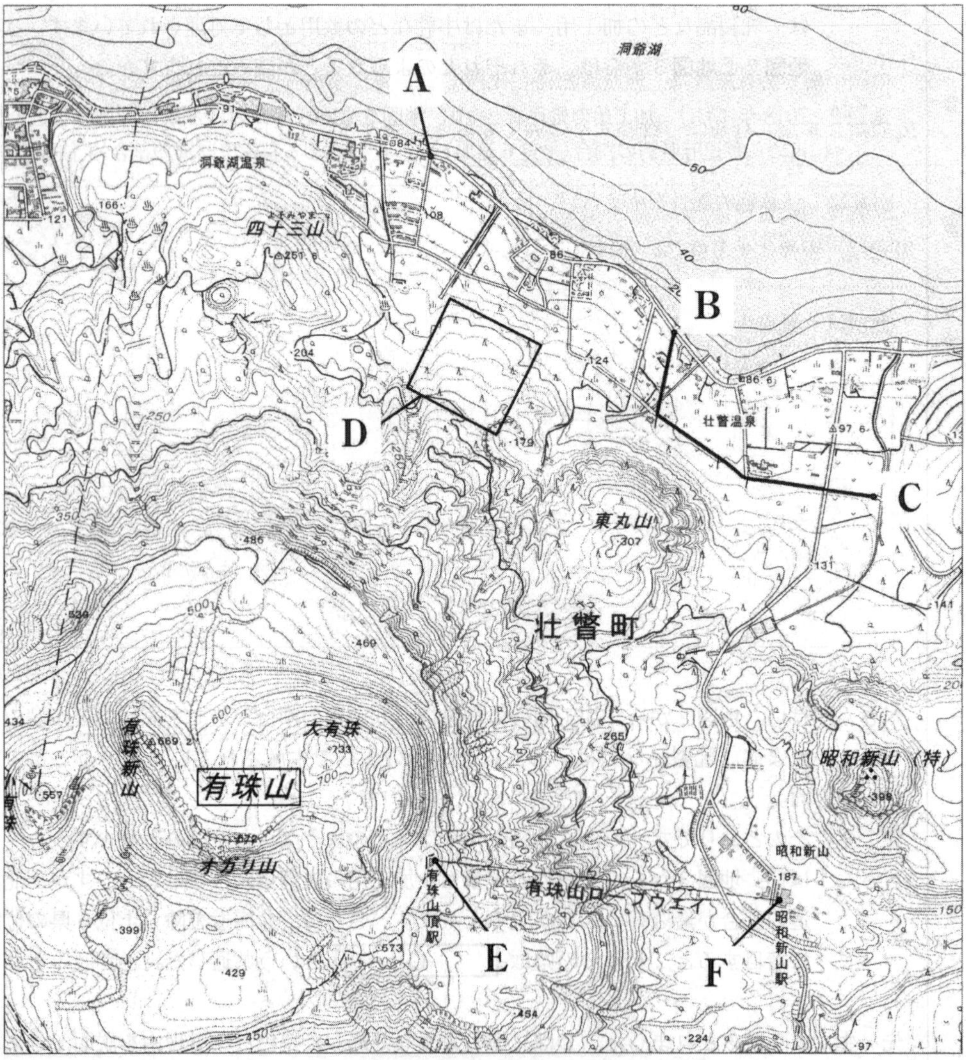

（国土地理院２万５千分の１地形図「洞爺湖温泉」平成 27 年発行一部改変）

ア　Ａ地点からＢ地点まで最短の道のりで移動する途中，進行方向左側に洞爺湖がある。

イ　Ｂ地点からみると，有珠山は，およそ南東の方向にある。

ウ　B地点からC地点までの道のりは，地図上で約５㎝であり，実際の道のりは約1250mである。

エ　Dの範囲内には，広葉樹林がみられる。

オ　E地点の有珠山頂駅の標高とF地点の昭和新山駅の標高の差は，300m以上である。

3　次のⅠ～Ⅴは，Mさんが，五つの異なる時代の仏教に関することについて調べ，まとめたものです。これをみて，問１～問５に答えなさい。(16点)

Ⅰ	仏教や儒教の考え方を取り入れた十七条の憲法が定められ，天皇を中心とする政治にはげむよう，役人の心構えが示された。
Ⅱ	中国の僧である鑑真は，何度も航海に失敗し，失明しながらも日本に渡って，仏教の教えを広めた。また，行基は一般の人々の間で布教し，人々とともに橋や用水路をつくった。
Ⅲ	日蓮は，法華経の題目を唱えれば，人も国も救われると説いた。また，中国に渡った栄西や道元は，座禅による厳しい修行で自ら悟りを開こうとする禅宗を日本に伝えた。
Ⅳ	禅僧は，幕府の使者として中国・朝鮮に派遣され，政治や外交で重要な役割を果たした。また，足利義政が建てた銀閣の東求堂同仁斎には，書院造が取り入れられた。
Ⅴ	幕府は，キリスト教を禁じる禁教令を出した。また，宗門改で仏教徒であることを寺に証明させ，葬式も寺で行われるようになった。

問１　Ⅰの時代における日本と中国との関係について述べた文として正しいものを，次のア～エの中から一つ選び，その記号を書きなさい。(２点)

ア　邪馬台国の卑弥呼は，倭の30ほどの小さな国々を従え，魏の都に使者を送り，魏の皇帝から「親魏倭王」という称号と金印を授けられた。

イ　日本は，小国に分かれた中国を統一した宋とは正式な国交を結ばなかったが，民間の商人による貿易は行われた。

ウ　南北朝を統一した隋との国交を開き，進んだ文化を取り入れようとして，小野妹子らが使者として派遣された。

エ　日本から唐にたびたび使者などが送られるなか，阿倍仲麻呂は，日本に帰国せず，唐で一生を終えた。

問２　次の**資料１**は，Ⅱの時代に出された詔の一部をわかりやすくなおしたものです。この詔を出した人物名を書きなさい。(３点)

資料１

> …わたしは，人々とともに仏の世界に近づこうと思い，金銅の大仏をつくることを決心した。…もし一本の草や一にぎりの土を持って大仏づくりに協力したいと願う者がいたら，そのまま認めよう。…

問3 Ⅲの時代において，承久の乱の直後のできごとについて述べた文として，その正誤の組み合わせが正しいものを，下のア～エの中から一つ選び，その記号を書きなさい。(3点)

X 有力な御家人どうしの争いが激しくなるなか，北条政子の父である北条時政が，幕府の実権をにぎった。

Y 管領とよばれる将軍の補佐役には有力な守護が任命され，鎌倉府の長官には将軍の一族が就いた。

Z 上皇に味方した貴族や武士の領地は没収され，新たに東日本の御家人がその土地の地頭に任命された。

ア X 正 Y 正 Z 誤　　イ X 正 Y 誤 Z 正

ウ X 誤 Y 正 Z 誤　　エ X 誤 Y 誤 Z 正

問4 Ⅳの時代の日明貿易では，勘合が使用されました。この勘合は，どちらの国がどちらの国に対して与え，どのような役割を果たしていたかを書きなさい。(5点)

問5 Mさんは，文化に興味をもち調べたところ，次のa，bの文と**資料2**，**資料3**をみつけました。Ⅴの時代の文化について述べた文と，その時代の代表的な文化財の組み合わせとして正しいものを，**表**中のア～エの中から一つ選び，その記号を書きなさい。(3点)

a 上方を中心に，町人たちをにない手とする文化が栄えた。俳諧では，松尾芭蕉が自己の内面を表現する新しい作風を生み出し，「おくのほそ道」を執筆した。

b 民衆の経済的な成長とともに民衆にも文化が広がった。能が各地の農村の祭りでも楽しまれるようになったり，お伽草子とよばれる絵入りの物語がつくられたりした。

資料2

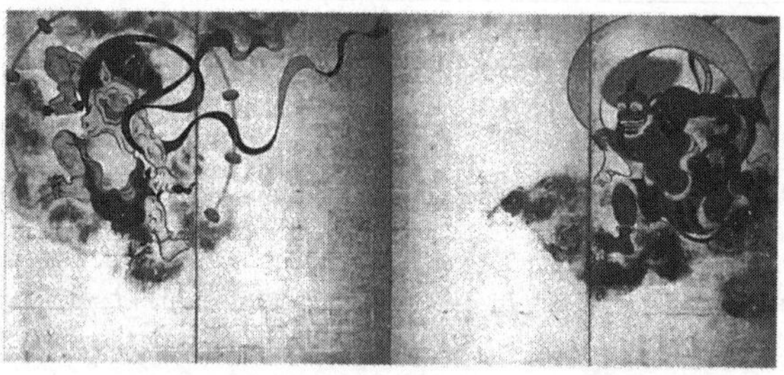

俵屋宗達がえがいた風神雷神図屏風

資料3

雪舟の水墨画

表

	文化	代表的な文化財
ア	a	資料2
イ	a	資料3
ウ	b	資料2
エ	b	資料3

4 次の年表をみて，問１～問５に答えなさい。(17点)

西暦(年)	できごと	
1868	・五箇条の御誓文が定められる	A
1871	・日清修好条規が結ばれる	B（1871～1915）
1914	・第一次世界大戦が始まる	C（1914～1919）
1915	・日本が中国に二十一か条の要求を出す	
1919	・ベルサイユ条約が結ばれる	
1939	・第二次世界大戦が始まる	D（1939～1956）
1956	・日本が国際連合に加盟する	
1990	・東西ドイツが統一される	E（1990～2004）
2004	・自衛隊がイラクに派遣される	

問１　次の**資料１**は，年表中Aのできごとのあとに行われた改革の詔の一部をわかりやすくなおしたものです。**資料１**の改革の名称を書きなさい。また，**資料１**の改革において中央集権国家を確立するために行われたことを，「**県令**」という語を用いて書きなさい。(５点)

資料１

…私は，以前に版と籍を返させることを許可し，新たに藩の政治を行う知藩事に元の藩主を任命してそれぞれの職を勤めさせた。ところが，数百年にわたる古いしきたりのため，なかには名のみでその成果のあがらない者がいる。…よって今，さらに藩を廃止して県を置く。…

問２　次の**ア**～**エ**は，年表中Bの時期のできごとについて述べた文です。年代の**古い順**に並べかえ，その順に記号で書きなさい。(３点)

ア　旅順や大連の租借権を日本がゆずり受けることなどを定めた，ポーツマス条約が結ばれた。

イ　遼東半島や台湾などを日本がゆずり受け賠償金が日本に支払われることなどを定めた，下関条約が結ばれた。

ウ　朝鮮では，東学を信仰する農民たちが腐敗した政治の改革などを求める甲午農民戦争が起こった。

エ　満州では，鉄道を中心に，炭鉱の開発や沿線での都市の建設などを進めようと，半官半民の南満州鉄道株式会社が設立された。

問３　年表中Cの時期における日本の社会や経済の様子を述べた文として正しいものを，あとの**ア**～**エ**の中から一つ選び，その記号を書きなさい。(３点)

ア　金融恐慌が起こり，中小銀行が不良債権を抱えて経営に行きづまり，預金を引き出そうとする人々が銀行に殺到し，取り付けさわぎが起こった。

イ　アメリカなどへの工業製品の輸出が大幅に増えたり，重化学工業が急成長したりするなど，日本経済は好況になった。

ウ　軍需品の生産が優先され，生活必需品の供給が減り，米，砂糖，マッチ，衣料品などが配給制や切符制になった。

エ　産業を育てることで経済の資本主義化をはかる殖産興業政策が進められ，富岡製糸場などの官営模範工場がつくられた。

問４　次は，年表中Ｄの時期のできごとについてまとめたものです。**まとめ１**の中の［Ｐ］にあてはまる都市名を書きなさい。（３点）

まとめ１

朝鮮戦争が始まると，アメリカは東アジアでの日本の役割を重んじ，日本との講和を急ぎました。1951年９月，［Ｐ］で講和会議が開かれ，吉田茂内閣はアメリカなど48か国と平和条約を結びました。

1952年４月28日，［Ｐ］平和条約が発効し，日本は独立を回復しました。**資料２**は，［Ｐ］平和条約の調印の様子です。

資料２

問５　次は，年表中Ｅの時期における地域紛争についてまとめたものです。**まとめ２**の中の［Ｘ］にあてはまる語として最も適切なものを，下の**ア**～**エ**の中から一つ選び，その記号を書きなさい。また，［Ｙ］にあてはまる語を書きなさい。（３点）

まとめ２

中東では，石油資源をねらうイラクが，クウェートに侵攻したのをきっかけに，1991年，［Ｘ］が起こりました。イラクを制裁する国連決議に基づいて，多国籍軍が派遣され，イラクをクウェートから撤退させました。

国連は，主に紛争の平和的な解決を目的とする［Ｙ］を世界各地で展開してきました。日本は，1992年に，国際平和協力法（［Ｙ］協力法）に基づいて，カンボジアにおいて初めて自衛隊が参加しました。

ア　ベトナム戦争　　**イ**　第四次中東戦争　　**ウ**　湾岸戦争　　**エ**　イラク戦争

5　Ｋさんのクラスでは，公民的分野の学習のまとめとして，自分の興味のある分野からテーマを選び，調べることになりました。次の**表１**は，Ｋさんが興味をもった分野とテーマについてまとめたものです。**表１**をみて，問１～問６に答えなさい。（23点）

表１

分野	テーマ
国民としての責任と義務	・私たちの①<u>人権</u>が制約されるのは，どのような場合だろうか。
②<u>国会</u>の地位としくみ	・国会の地位としくみはどのようになっているのだろうか。
③<u>選挙制度</u>とその課題	・選挙はどのようなしくみで行われているのだろうか。
④<u>価格の働き</u>	・価格はどのような働きをしているのだろうか。
私たちの生活と財政	・⑤<u>税金</u>にはどのような種類があるのだろうか。
⑥<u>国際連合</u>のしくみと役割	・国際連合は，どのような役割を果たしているのだろうか。

問１　下線部①に関連して，Kさんは，人権が制約される場合について調べ，次のようにまとめました。**まとめ１**の中の P にあてはまる語を書きなさい。（３点）

まとめ１

> 他人の人権を侵害するような場合や，社会全体の利益を優先する必要がある場合には，例外的に人権の制約を認めることがあります。人々が社会の中でともに生きていく時に必要となるこうした制約のことを，日本国憲法では，「 P 」による制約といい，第12条において，国民は自由及び権利を「濫用してはならないのであって，常に P のためにこれを利用する責任を負ふ」と定められています。

問２　下線部②に関連して，日本の国会に関して述べた文として最も適切なものを，次の**ア**～**エ**の中から一つ選び，その記号を書きなさい。（３点）

ア　国会議員には，国会が開かれている間は原則として逮捕されない不逮捕特権や，国会で行った演説や採決などについて法的な責任を問われない免責特権が認められている。

イ　特別会（特別国会）は，内閣が必要と認めたとき，またはいずれかの議院の総議員の４分の１以上の要求があった場合に召集される。

ウ　条約の承認について，衆議院と参議院の議決が一致せず，両院協議会でも意見が一致しない場合は，衆議院で出席議員の３分の２以上の賛成で再び可決されれば承認される。

エ　裁判官としての務めを果たさなかったり，ふさわしくない行いをしたりした裁判官を辞めさせるかどうかを判断する裁判官弾劾裁判所は，衆議院議員のみで組織される。

問３　下線部③に関連して，Kさんは，選挙制度について調べ，小選挙区制と比例代表制の特徴を次のようにまとめました。**まとめ２**をもとに小選挙区制と比例代表制を分類し，次のページの**図１**中のＡ～Ｄのいずれかに位置付けたときの組み合わせとして最も適切なものを，**ア**～**エ**の中から一つ選び，その記号を書きなさい。（３点）

まとめ２

> 【小選挙区制】
> ・いずれかの政党が単独で議会の過半数の議席を得やすくなる。
> ・死票が多くなる傾向がある。
> 【比例代表制】
> ・得票の少ない政党も議席を得やすくなる。
> ・死票が少なくなる傾向がある。

ア　小選挙区制－Ａ　比例代表制－Ｃ

イ　小選挙区制－Ｂ　比例代表制－Ｄ

ウ　小選挙区制－Ｃ　比例代表制－Ａ

エ　小選挙区制－Ｄ　比例代表制－Ｂ

図１　座標軸による選挙制度の分類

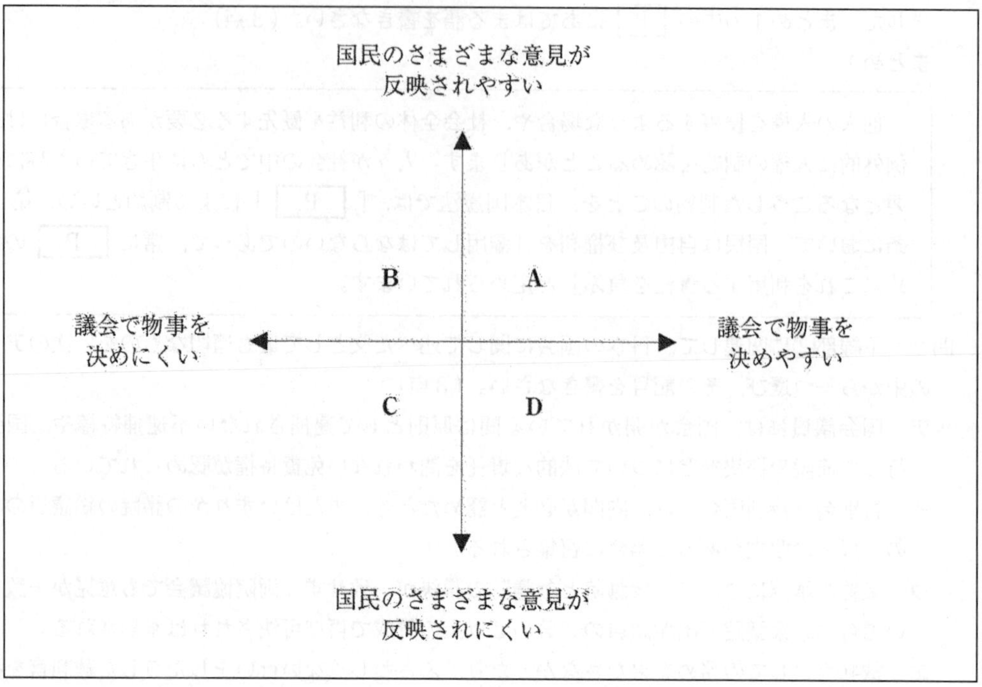

問４　下線部④に関連した学習において，次の**資料１**はある市場について，**資料２**は市場における需要・供給と価格との関係について，それぞれまとめたものです。**資料１**が示す市場について，**資料２**をみて，下の⑴と⑵の問いに答えなさい。なお，**図２**は必要に応じて利用してもかまいません。

資料１

ある地域で，もも１個の価格と買いたい量，売りたい量との関係についてアンケート調査を行いました。次はその結果です。

買いたい量について

価格(円)	100	200	300	400
買いたい量(個)	80	50	30	20

売りたい量について

価格(円)	100	200	300	400
売りたい量(個)	20	50	70	80

資料２

縦軸が価格，横軸が数量を示すグラフにおいて，需要量と価格の関係を表す線を需要曲線，供給量と価格の関係を表す線を供給曲線といいます。

需要曲線と供給曲線の交点では需要量と供給量が一致します。このときの価格を，均衡価格といいます。

図２

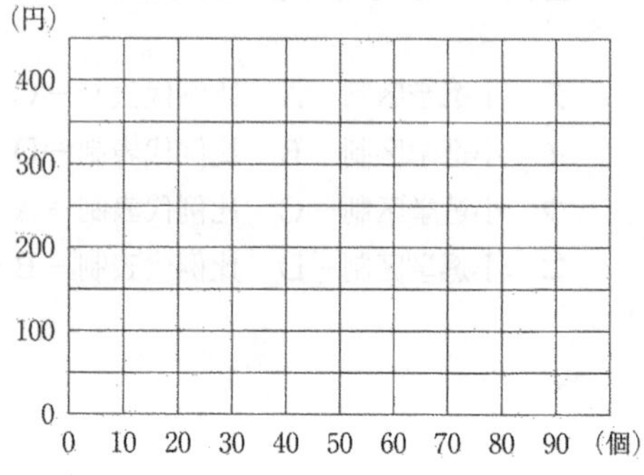

(1)　もも１個の価格が300円のときの需要量と供給量の関係についての説明として最も適切なものを，次のア～エの中から一つ選び，その記号を書きなさい。（３点）

ア　需要量が30個であり供給量が70個なので，ももは40個売れ残る。

イ　需要量が30個であり供給量が70個なので，ももは売り切れる。

ウ　需要量が70個であり供給量が30個なので，ももは40個売れ残る。

エ　需要量が70個であり供給量が30個なので，ももは売り切れる。

(2)　ももの評判があがり，需要が増えたとします。このときの需要曲線と供給曲線の交点が位置する領域として最も適切なものを，右の**図３**中の**ア**～**エ**の中から一つ選び，その記号を書きなさい。ただし，供給には変化がないものとします。（３点）

図３

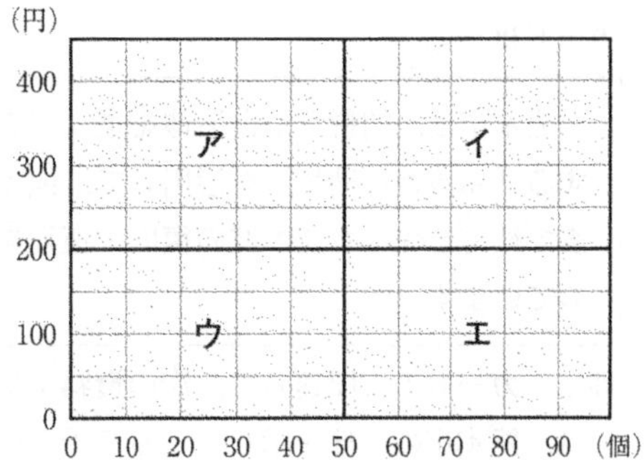

問５　下線部⑤に関連して，Ｋさんは，税金の公平性について調べ，次のようにまとめました。**まとめ３**の中の Q にあてはまる，所得税における累進課税の課税方法の特徴を書きなさい。（５点）

まとめ３

税金は，国民が公正に分担して納める必要があります。消費税は，所得に関係なく，すべての国民が，同じ金額の商品の購入に対して同じ金額を負担しなければなりません。それに対して，所得税は， Q という特徴がある累進課税の課税方法が採られています。

このように，税制は，複数の税金をうまく組み合わせることで，全体としての公平性が保たれています。

問６　下線部⑥に関連して，Ｋさんは，国際連合の主な機関について調べ，次の**表２**をつくりました。**表２**中の R にあてはまる語を書きなさい。（３点）

表２

名称	説明
総会	すべての加盟国で構成され，毎年９月から開かれます。決定にはすべての加盟国が加わり，各国が１票を持っています。
安全保障理事会	常任理事国５か国と非常任理事国10か国とで構成され，世界の平和と安全を維持するため，強い権限が与えられています。
R	国どうしの争いを国際法に基づいて解決するための機関です。裁判を開始するには，争っている当事国の合意が必要となります。
事務局	国連事務総長が代表を務め，各国の利害をはなれて中立的な立場から，国連のさまざまな機関が決定した計画や政策を実施します。

6 Fさんは3年間の社会科学習のまとめとして，熊本県熊本市について調べ，次の**カードⅠ**～**カードⅣ**をつくりました。これらに関する問1～問5に答えなさい。(15点)

カードⅠ

熊本市は，九州のほぼ中央に位置しており，東に阿蘇山，西に有明海（ありあけかい）をのぞみ，南部には平野が広がっています。

カードⅡ

肥後国（ひごのくに）にあった鹿子木荘（かのこぎのしょう）は，中世の著名な荘園の一つであり，その場所は，現在の熊本市の北部にあたります。

カードⅢ

熊本市は，納税者が自治体を選んで寄付する「ふるさと納税」を活用して，熊本地震で被害を受けた熊本城の復旧・復元を進めています。

カードⅣ

熊本市では水が浸透しやすい性質の土地に水田を開いたので，大量の水が地下に浸透し，地下水が豊富になりました。

問1　**カードⅠ**に関連して，次の**資料1**は，熊本市を上空から撮影したものです。また，**地図1**は，熊本市の一部を示した2万5千分の1の地形図です。**資料1**を撮影した方向として最も適切なものを，**地図1**中の**ア**～**エ**の中から一つ選び，その記号を書きなさい。(2点)

資料1

(Google Earth Web から作成)

地図1

(国土地理院2万5千分の1地形図「熊本」平成30年発行一部改変)

問２　**カードⅡ**に関連して，次の**ア**～**エ**は日本の土地制度に関して述べた文です。年代の**古い順**に並べかえ，その順に記号で書きなさい。（３点）

ア　全国の土地の面積を調査して，地価を定め，地券を発行して，土地の所有権を認めた。

イ　新たに開墾した土地であれば，開墾した者が永久に所有することを認める墾田永年私財法が定められた。

ウ　武士の社会で行われていた慣習に基づいて，20年以上継続してその土地を実際に支配していれば，その者の土地の所有を認める法律が初めて定められた。

エ　荘園の領主である公家や寺社などがもっていた複雑な土地の権利が否定され，直接耕作する農民に土地の所有権が認められた。

問３　**カードⅢ**に関連して，Ｆさんは地方財政について調べ，次のようにまとめました。**まとめ１**の中の［Ｐ］と［Ｑ］にあてはまる語を，それぞれ書きなさい。（３点）

まとめ１

地方公共団体の収入には，自主財源と依存財源があります。依存財源には，地方公共団体の間の財政の格差をおさえるために国から配分される［Ｐ］や，教育や道路の整備といった特定の仕事の費用を国が一部負担する［Ｑ］，地方公共団体の借金である地方債などがあります。**グラフ１**は，2018年度当初計画における地方公共団体の歳入の内訳です。

グラフ１

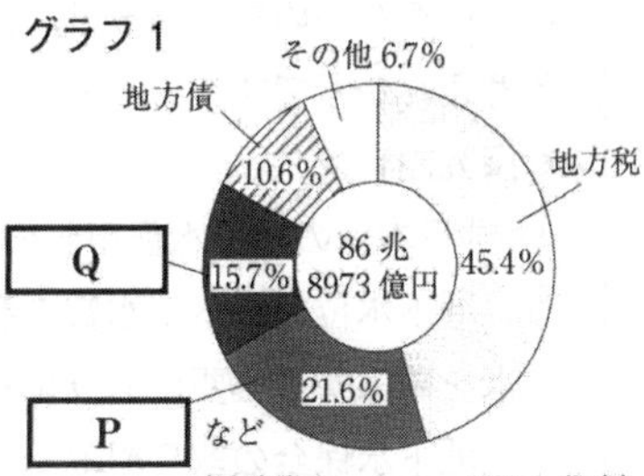

（財務省ホームページから作成）

問４　**カードⅣ**の中の下線部に関連して，Ｆさんは水力発電について調べ，**地図２**と**グラフ２**をみつけました。**地図２**中の［Ｗ］と［Ｘ］及び，**グラフ２**中の［Ｙ］と［Ｚ］には，それぞれ水力と火力のいずれかがあてはまります。**地図２**と**グラフ２**中の水力にあたる組み合わせとして正しいものを，**ア**～**エ**の中から一つ選び，その記号を書きなさい。（２点）

地図２　日本の主な発電所の分布（2017 年度）

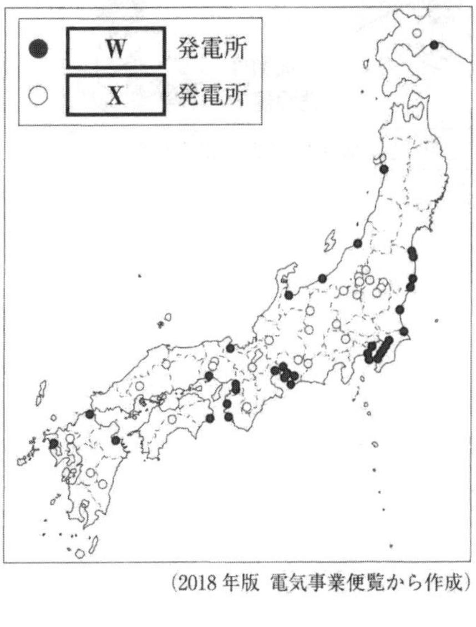

（2018 年版 電気事業便覧から作成）

グラフ２　日本の発電電力量の内訳（2017 年度）

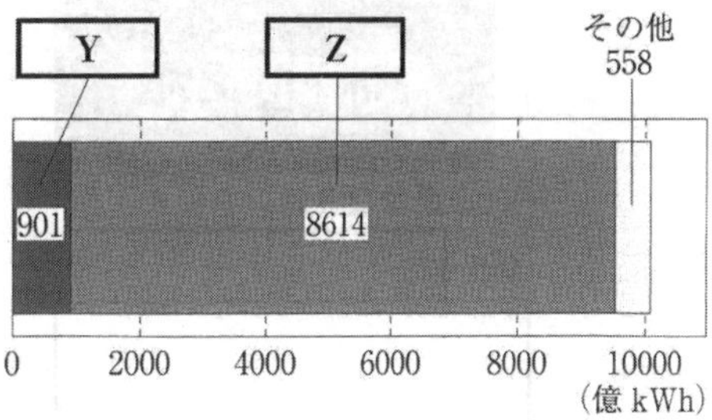

（日本国勢図会 2020/21 年版から作成）

ア　ＷとＹ　　**イ**　ＷとＺ

ウ　ＸとＹ　　**エ**　ＸとＺ

問5 Fさんは，熊本市の「日本一の地下水都市」の取り組みについて調べ，まとめました。次のまとめ2は，その一部です。まとめ2の中の A には，地下水の量を守るための取り組みとその効果についての説明があてはまり， a には，地下水の量を守るための取り組みの効果を示すグラフがあてはまります。まとめ2の a のグラフとして最も適切なものを，あとのア～エの中から一つ選び，その記号を書きなさい。また，まとめ2の A にあてはまる適切なことばを書きなさい。（5点）

まとめ2

≪探究課題≫

持続可能な社会を実現するために私たちはどのように行動すべきか。
～熊本市の「日本一の地下水都市」の取り組み～

≪課題設定理由≫

熊本市は，約74万人の市民の水道水源をすべて地下水でまかなっています。これを継続していくための取り組みは，持続可能な社会を実現するための私たちの行動の参考になると考えたからです。

≪探究内容≫

1 「日本一の地下水都市」の現状と課題

地下水位の低下や水質の悪化がみられており，市民の生活用の水使用量に必要な地下水を確保する必要があります。

2 地下水保全の取り組み

(1) 地下水の量を守るための2つの取り組みとそれぞれの効果

① 収穫後の田畑に水をはることなどによって，地下水かん養量が増えています。

② 資料2とグラフ3から， A ということが読みとれます。

資料2

市民に取り組みを促す運動

市民に示された取り組みの例

グラフ3

a

(2) 地下水の質を守るための取り組み

地下水質の監視，地下水の汚染防止対策などを行うことで，汚染物質を地下に浸透させないようにしています。

(注)　地下水かん養量…雨水などが土中にしみこみ，地下水として蓄えられる量のこと。

ア

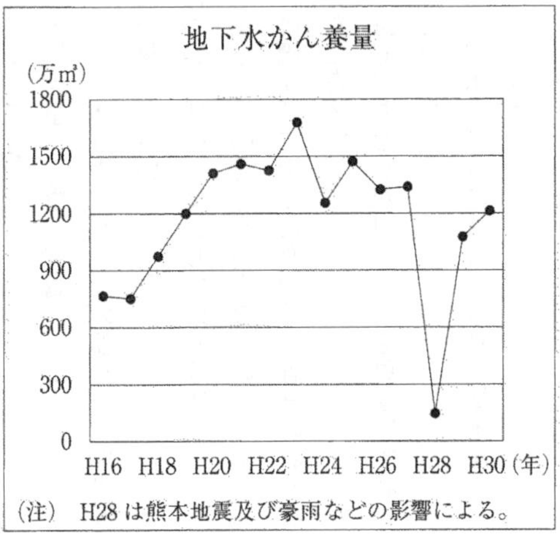

イ

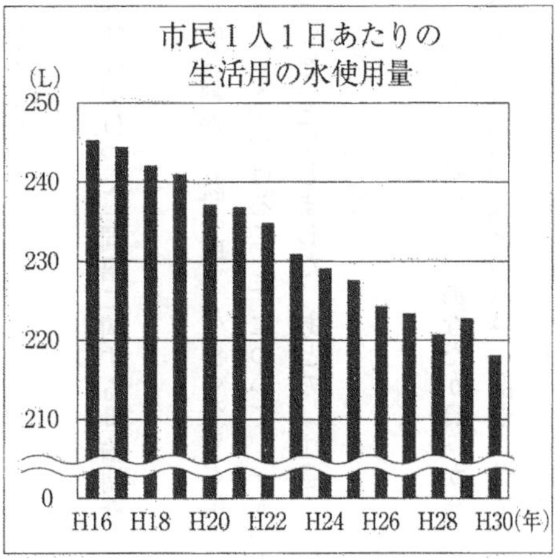

ウ

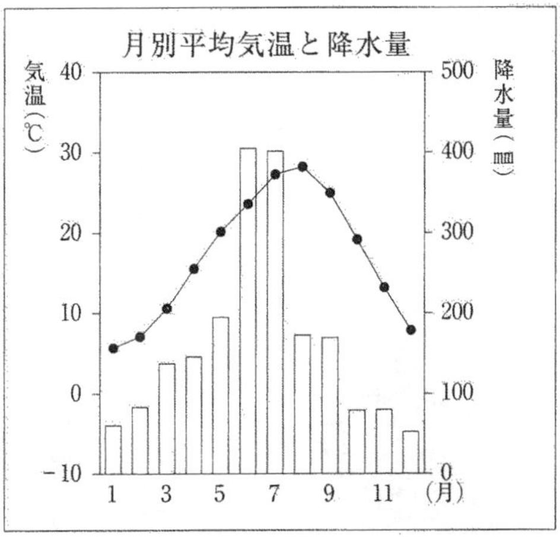

エ

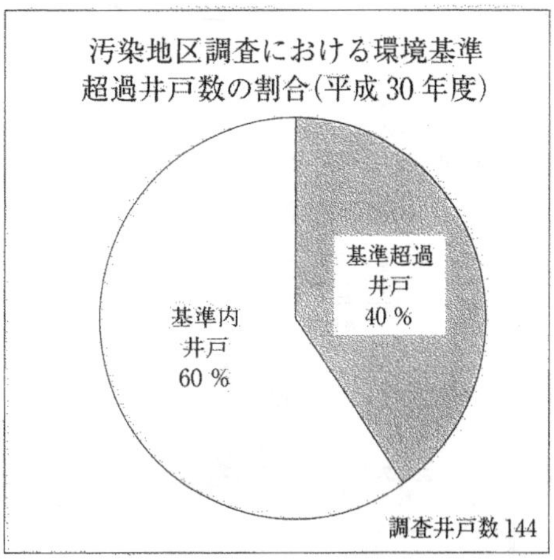

(熊本市ホームページなどから作成)

問2 ②ほかを見る事なし。 の主語を、次のア～エの中から一つ選び、その記号を書きなさい。（3点）

ア 作者　**イ** 天智天皇　**ウ** 御鷹　**エ** 野をまもる者

問3 ③こずゑにゐたる とありますが、この部分を「現代仮名遣い」に直し、ひらがなで書きなさい。（3点）

問4 本文の内容について述べた文として最も適切なものを、次の**ア**～**エ**の中から一つ選び、その記号を書きなさい。（3点）

ア 天智天皇は、御鷹が風に流されたのは、野守のおきなが管理を怠っているせいだと考えた。

イ 天智天皇は、野守のおきなが自らの顔を見ないで話し続けたことに、強い怒りを感じた。

ウ 野守のおきなは、水たまりに映しだされた様子から、御鷹が止まっている場所を知った。

エ 野守のおきなは、職務を忠実に果たしたため、「野守のかがみ」と呼ばれるようになった。

5 下の資料は、文化庁が行った「国語に関する世論調査」の結果をまとめたものです。

国語の授業で、この資料から読み取ったことをもとに「コミュニケーションを図るときに気をつけること」について、一人一人が自分の考えを文章にまとめることにしました。あとの（注意）に従って、あなたの考えを書きなさい。（12点）

（注意）

(1) **二段落構成**とし、第一段落では、あなたが資料から読み取った内容を、第二段落では、第一段落の内容に関連させて、自分の体験（見たこと聞いたことなども含む）をふまえてあなたの考えを書くこと。

(2) 文章は、十一行以上、十三行以内で書くこと。

(3) 原稿用紙の正しい使い方に従って、文字、仮名遣いも正確に書くこと。

(4) 題名・氏名は書かないで、一行目から本文を書くこと。

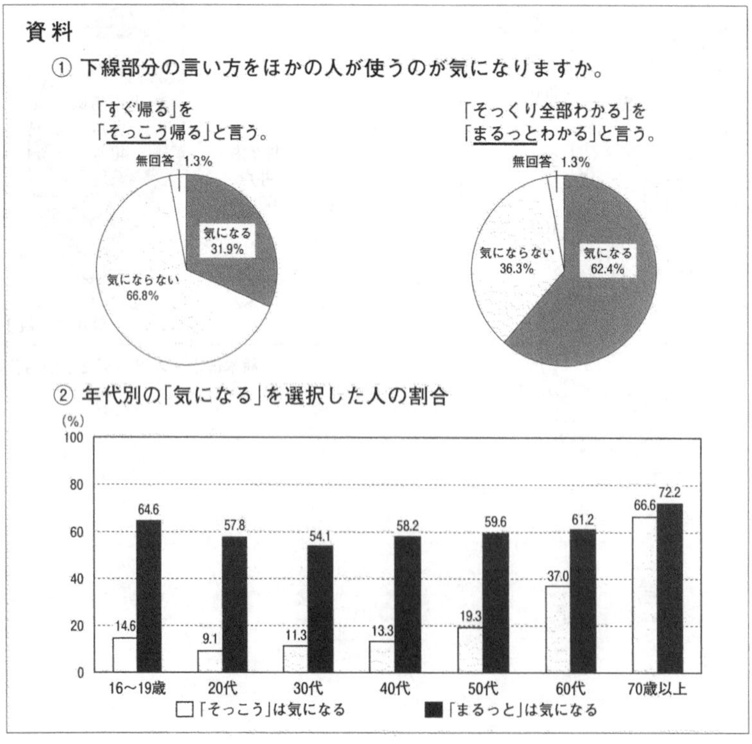

文化庁　令和２年度「国語に関する世論調査」より作成

て最も適切なものを、次の**ア**～**エ**の中から一つ選び、その記号を書きなさい。（4点）

ア　倫理の正解が国会で定められた法律に則（のっと）って裁定されたものであり、必ず従わなければならないものである以上、倫理の正解が適切かどうかを考えることに意味はないから。

イ　倫理の正解が「実在する」ものか「構成されたものとして『ある』」ものかに関わらず、従わねばならないものとしてある以上、倫理の存在論を考えることに意味はないから。

ウ　倫理の正解が「実在する」ものか「実在しない」ものかに関わらず、この世界には予め（あらかじ）の正解がどこにも存在しない以上、倫理の正解を存在論に求めることに意味はないから。

エ　倫理の正解が人それぞれの生き方や生きる意味から導き出されるものであり、人々が必ず従うべきものとはなりえない以上、何が正解なのかを考えることに意味はないから。

問5　⑤倫理の存在論というものが、論じるに足る重要な問題であるとまじめに考える人たちはそうは思っていません。　とありますが、倫理の存在論はなぜ重要な問題だといえるのですか。次の空欄にあてはまる内容を、**人工物**、**時代**の二つの言葉を使って、四十字以上、五十字以内で書きなさい。ただし、二つの言葉を使う順序は問いません。（7点）

倫理の存在論において、倫理の正解が、［　　　（40）　　　（50）］と考えられるから。

4　次の文章を読んで、あとの問いに答えなさい。（……の左側は口語訳です。）（12点）

むかし、天智（てんぢ）天皇と申すみかどの、野にいでて鷹狩（たかがり）せさせ給（たま）ひける（鷹をつかった狩りをなさった）に、御鷹、風にながれてうせにけり。むかしは、野をまもる者ありけるに、召して、「御鷹うせにたり、①たしかにもとめよ。」と仰（おほ）せられ（おっしゃられ）ければ（たので）、かしこまりて、「御鷹は、かの岡の松のほつえ（上の枝）に、南にむきて、しか侍（はべ）る（止まっております）。」と申しければ、おどろかせ給ひにけり。「そもそもなんぢ、地にむかひて、かうべを地につけて、②ほかを見る事なし。いかにして、③こずゑにゐたる鷹のあり所を知る。」と問はせ給ひければ、野守（のもり）のおきな「民は、公主におもてをまじふる事なし（君主に顔を見せる）。しばのうへにたまれる水を、かがみとして、かしら（白髪）の雪をもさとり、おもてのしわをもかぞふるものなれば、そのかがみをまぼりて（うかがい見て）、御鷹の木居（こゐ）（木の枝に止まっていること）を知れり。」と申しければ、そののち、野の中にたまれりける水を、野守のかがみとはいふなり、とぞいひつたへたる。

（『俊頼髄脳（としよりずいのう）』による。）

問1　①たしかにもとめよ。　とありますが、天智（てんぢ）天皇は誰にどのようなことを命じたのですか。空欄 Ⅰ にあてはまる内容を書きなさい。（3点）

［　Ⅰ　］ことを命じた。

たい誰が作ったのか、そしてその誰かが作ったものになぜこの私が従わねばならないのか、従わない人をどう扱えばいいのか、という問題が生じるからです。

　物理法則のような、世界の側に時間を通じて不変に存在するものについては、逆らうことはできません。気に入らないから、私は万有引力の法則には従わないよ、というわけにはいきませんし、2＋3を勝手に4にすることもできません。

　他方で、誰かが作ったものについては、気に入らない場合、それに従わずに、変更を加えたり、新しいものを作ったりしたって構わないはずです。時代遅れになった洋服は処分して新しい洋服を買うように、昔の人が作った倫理も現代という時代にあっていないなら、作り直した方がいいかもしれません。

（佐藤岳詩著『「倫理の問題」とは何か　メタ倫理学から考える』による。一部省略がある。）

問1 ①途端に事態は複雑になります。とありますが、この説明として最も適切なものを、次の**ア**～**エ**の中から一つ選び、その記号を書きなさい。（4点）

ア　何の特別な事情もないときには正しくないことでも、特別な事情が絡んでくると必ずしも正しくないとは言い切れない場合があるということ。

イ　何の特別な事情もないときには正しくないことでも、様々な事情を絡めていくなかで人々に正しいことだと誤解させることは可能であるということ。

ウ　何の特別な事情もないときには正しいことであっても、特別な事情を理由としてそれらに反対したり抵抗したりする人が存在するということ。

エ　何の特別な事情もないときには正しいことであっても、現代社会は人それぞれに異なる事情を抱えているため全員が納得することはないということ。

問2 ②答えるのが難しいことと、正解がないことは違います。とありますが、その説明として最も適切なものを、次の**ア**～**エ**の中から一つ選び、その記号を書きなさい。（5点）

ア　事情が複雑になればなるほど正解を出すことが難しくなるのは感じ方の問題であり、正解がないというのは倫理学における揺るぎない事実であるということ。

イ　事情が複雑になればなるほど正解を出すことが難しくなるのは明らかな事実であり、正解がないというのはそれを考える倫理学者の能力の問題だということ。

ウ　事情が複雑になればなるほど正解を出すことが難しくなるが、それはあくまで倫理の問題には正解がないという前提によって生じるものだということ。

エ　事情が複雑になればなるほど正解を出すことが難しくなるが、考えねばならない事情が増えることと正解があることは別の問題であり関連しないということ。

問3 ③そのように主張するのです。とありますが、この主張の内容を説明した次の文の空欄 Ⅰ 、 Ⅱ にあてはまる内容を、それぞれ十五字以上、二十字以内で書きなさい。（6点）

　物理法則が Ⅰ ものであるのに対し、倫理のルールは Ⅱ ものという違いがある。

問4 ④存在論なんてどうでもいい、と考える人々もいます。とありますが、ここで「人々」が存在論をどうでもいいと考える理由とし

も多いのです。

ポイントは「存在している」というところにあります。たとえば、算数や物理の問題については、正解は最初から決まっています。誰一人、人間がいなくても、リンゴは重力にひかれて落下するでしょうし、2＋3は5だろうと考えることは自然です。その意味で、算数や物理といった形式科学にかかわる問題の正解は最初から存在している、と考えることができます。

他方で、倫理の問題の正答はそうではない、とは考えられないでしょうか。

たとえば、万学の祖と称されるアリストテレスも次のように述べています。「『美しいこと』や『正しいこと』には多くの相違やゆらぎがあると思われており、そのためそうした美しいことや正しいことは、ただ単に人々の定めた決まりごとでしかなく、本来は存在しないものだと思われている。『善いこと』にもこうした種類のゆらぎがある。」

つまり、数学や物理の法則は、誰かが作ったものではなく、最初からあるもので、世界がどれだけ変わっても、これからもあり続けるものです。その意味で、それらの法則は世界に「存在」しています。他方、倫理のルールは違う、と言われることがあります。それによれば、倫理のルールは誰かが作った決まりごとであり、社会や文化が変われば、いつかは変わってしまうかもしれないものに過ぎません。それは確かに、今の私たちの行動を左右するという意味で「ある」と認められるものかもしれませんが、だからといって物理法則のように「存在する」ものとは違う。倫理の問題には正解が存在するわけではないと考える人々は、③そのように主張するのです。

とはいえ、倫理の問題でも正解が「存在しない」からといって、何をしてもいい、とはならない、と倫理に正解は「存在しない」と考える人たちも主張します。むしろ、彼らの多くは、正解が存在すると考える人々と同等以上に、倫理の問題について真剣に考えています。というのも、正解が存在するならば、個人は悩むことなく単純にその正解に従えばいいからです。

他方、最初から定まった正解がないとしたら、私たちは自分たち自身で、自分たちの生き方を決めなければいけません。他に頼りにできるものはないのです。予（あらかじ）めの正解がどこにもない世界で、どうやって隣人と接し、何を指針とし、何に生きる意味を見出（みいだ）すかについて考え、自分たちなりの答えを作り出すことこそ、倫理学の課題であると、彼らは考えてきました。

こういった問題は倫理の存在論と呼ばれていて、そこでは以下のように両者は言い換えられています。ここまで正解が「存在する」と言ってきたものは「実在する」、正解が「ある」と言ってきたものは、誰かが作ったもので「構成されたものとして『ある』」。このような区別をした上で、実在論者と反実在論者は激しい論争を繰り広げています。

もちろん、「実在する」と「ある」の区別なんてしゃらくさい、天然ものであれ、人工物であれ、あるものはあるのだから、④存在論なんてどうでもいい、と考える人々もいます。確かに、それは一理あります。法学においても、法律とは不変の法を具現化したものだと考える立場と、人々が一から作り上げたものだと考える立場の間の対立がありますが、裁判の場面では何はともあれ国会で定められた法律に則（のっと）って裁定は下されます。

しかし、⑤倫理の存在論というものが、論じるに足る重要な問題であるとまじめに考える人たちはそうは思っていません。それは法律のように立法の手続きや執行者の権威、違反したときの処分が明確なものと違って、仮に倫理の正解が誰かが作った人工物だとすれば、いっ

討すべきことを述べている。

ウ　直前の発言内容の一部を具体的に言い換えた上で、自分の考えを提案として示している。

エ　直前の発言内容を一部否定しながら、新たな意見を出し合うよう全体に呼びかけている。

(3) Aさんはこの話し合いのあと、「切磋琢磨」という言葉に興味をもち調べたところ、「切磋」と「琢磨」という似た意味の二字熟語を組み合わせてできた四字熟語であることがわかりました。「切磋琢磨」と同じ構成である四字熟語を、次の**ア**～**エ**の中から一つ選び、その記号を書きなさい。（3点）

ア　異口同音　**イ**　和洋折衷

ウ　春夏秋冬　**エ**　威風堂々

3　次の文章を読んで、あとの問いに答えなさい。（26点）

さて、まずは倫理の問題に答えはあるか、という問いにはどのような答えがありそうでしょうか。もっとも素朴に考えられるのは次の二つの可能性です。

（一）倫理の問題に、正解はない

（二）倫理の問題に、正解はある

皆さんは、どちらに賛成でしょうか。しばしば聞かれるのが、（一）の倫理の問題に正解などないという意見です。確かに、倫理の問題は簡単には答えられないものが多いようです。より多くの人を助けるために、少数の人を犠牲にしてもいいかという問題一つをとってみても、答えは人によって分かれるでしょう。しかし、倫理学の世界では、実は（一）はあまり人気がありません。というのも、倫理の問題には、明らかに、答えられるものもあるからです。

たとえば、何の特別な事情もないときに、他人に暴力をふるってもよいか、他人のものを取り上げてもよいか、他人を監禁して自由を奪ってもいいか、他人の命を奪ってもいいか、などの問題は、すべてノーが正解だと言えるのではないでしょうか。

もちろん特別な事情というのが絡んでくると、①途端に事態は複雑になります。たとえば、刑罰という観点から見るなら、先ほど挙げたものはいずれも許容される余地があります。日本では身体刑こそ廃止されていますが、財産刑（罰金などで財産を奪う）、自由刑（懲役などで自由を奪う）、生命刑（死刑によって生命を奪う）が採用されています。どんな事情があればどの程度の刑に相当するのか、ということを決めるのは、非常に難しいことです。

しかし、②答えるのが難しいことと、正解がないことは違います。数式が長く複雑になれば計算は難しくなるのと同じで、事情が複雑になればなるほど正解を出すことは難しくなります。計算に入れねばならない事象が増えれば増えるほど、証明の完成は遠のきます。しかし、だからといって、そのために答えがなくなるわけではありません。

多くの倫理学者たちも、同じように考えています。確かに、人々がどれだけ知恵を絞っても、なお答えが分からない問題もたくさんあります。それでも複雑に絡まりあった事情を一本一本、丁寧に選り分けていくことで、少しでも正解に近づくために、倫理の研究は行われています。

もちろん、それでも納得がいかないという人がいるかもしれません。実際、先ほど言ったこととはまったく逆のことを言うように見えるかもしれませんが、正解など存在してない、と考える倫理学者たち

会にできると思います。」

Cさん「私は③の『切磋琢磨〜今この瞬間に生まれる絆〜』を推薦します。互いに励まし合い競争し合うことで共に向上する、という『切磋琢磨』の意味と、副題を合わせて考えると、各クラス内だけでなく、競い合う他のクラスや他学年とも励まし合い、絆を生み出すという目標になるため、学校行事のスローガンとしてふさわしいと思うからです。」

Dさん「私は②の『全力！　感動！　みんなで楽しむ体育大会！』がよいと思いました。『楽しむ』という言葉から、最終的な［Ⅰ］のみにとらわれることなく全力を尽くし、最高の思い出を作る、という意志が感じられるからです。」

Eさん「Dさんの意見に賛成です。ただ、『楽しむ』という言葉を使用した意図を示さないと、スローガンを見た人たちに意味を誤解されてしまうかもしれないので、気をつけた方がよいと思います。」

Fさん「そうですね。『楽しむ』という言葉が、『楽をしたい』や『好きなことだけがんばる』といった意味にとらえられてしまわないように、意図を補足する副題をつけ加えてはどうでしょうか。」

Aさん「なるほど。それでは②については、副題の追加も含めて、引き続き検討していきたいと思います。他に何か意見はありますか。」

【黒板】

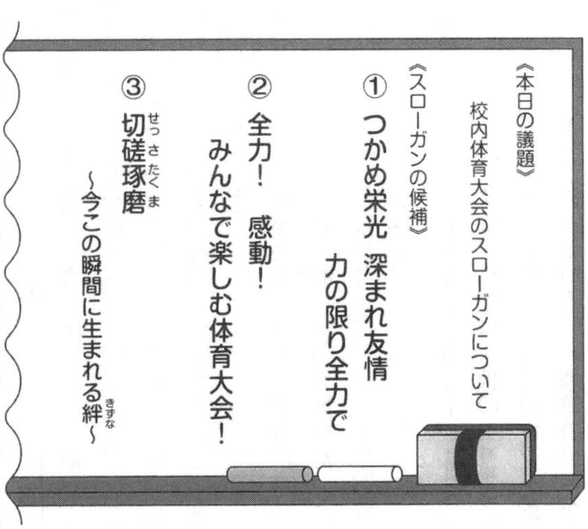

《本日の議題》
校内体育大会のスローガンについて
《スローガンの候補》
① つかめ栄光　深まれ友情
力の限り全力で
② 全力！　感動！
みんなで楽しむ体育大会！
③ 切磋琢磨（せっさたくま）
〜今この瞬間に生まれる絆（きずな）〜

(1) 空欄［Ⅰ］にあてはまる言葉を、［話し合いの様子］の中から探し、四字で書き抜きなさい。（3点）

(2) 『楽しむ』という言葉が、『楽をしたい』や『好きなことだけがんばる』といった意味にとらえられてしまわないように、意図を補足する副題をつけ加えてはどうでしょうか。　とありますが、このFさんの発言についての説明として最も適切なものを、次のア〜エの中から一つ選び、その記号を書きなさい。（2点）

ア　他の人の発言と自分の発言の問題点を示して、賛成するか反対するかの確認をしている。

イ　他の人の発言を引用して、話し合い全体の振り返りと今後検

問5 本文の表現について述べた文として**適切でないもの**を、次の**ア**～**オ**の中から二つ選び、その記号を書きなさい。（5点）

ア 浩弥が語り手となって展開する場面と小町（こまち）さんが語り手となって展開する場面の双方があり、同じ出来事（できごと）でも複数の見方ができることが示されている。

イ 浩弥の話を中心にしつつ、そこに征太郎の小説家デビューに関する話、ダーウィンとウォレスの進化論をめぐる話を重ね合わせて展開されている。

ウ 「す、すげえ！ よかったじゃん！」や「ほんとにすげえ」とくだけた表現を用いることで、浩弥の感情がわかりやすく率直に表現されている。

エ 「でも高校のとき、浩弥だけは言ってくれたんだ。征太郎の小説は面白いから書き続けろって。」のように倒置を用いることで、文章を印象づけている。

オ 「どういう意味だろうと考えてしまうような、でも理屈じゃなくすごくわかるような。」と連用形で文を切ることで、物語がテンポ良く展開している。

2

次の各問いに答えなさい。（24点）

問1 次の――部の漢字には読みがなをつけ、かたかなは漢字に改めなさい。（各2点）

⑴ 資源が潤沢にある。
⑵ 新しい作品を披露する。
⑶ 遠い故郷に焦がれる。
⑷ 家と学校を歩いてオウフクする。
⑸ 重要な記事に大きく紙面をサく。

問2 次の文を単語に分けたとき、最も多く使われている品詞の名称を書きなさい。（3点）

> あきらめずに練習を続けようと思いました。

問3 次の文中の――部と＝部とが反対の意味になるように、あとの**ア**～**オ**の漢字を組み合わせてそれぞれ二字の熟語を作ります。このとき、**□に用いない漢字**を一つ選び、その記号を書きなさい。ただし、同じ漢字は一度しか用いないものとします。（3点）

> あまり深く考えずに判断してしまうといった□□な行動をやめ、□□に構えて物事にじっくりと取り組むことが、今後の課題です。

ア 重　**イ** 審　**ウ** 率　**エ** 慎　**オ** 軽

問4 次は、中学生のAさんたちが行っている、校内体育大会のスローガンについての話し合いの一部です。次のページの【黒板】の内容と［話し合いの様子］を読んであとの問いに答えなさい。

［話し合いの様子］

Aさん「では、提案された三つの候補について、必要があれば修正しつつ、最終的に一つを選びたいと思います。まずはそれぞれの候補について、よい点や改善点などを自由に発言してください。」

Bさん「①の『つかめ栄光　深まれ友情　力の限り全力で』がよいと思います。理由は、他のクラスと勝ち負けを争って優勝を目指すということと、練習や本番を通じて友情を深め団結を強めるという、二種類の目標が入っているからです。それぞれの視点から取り組むことで、より充実した体育大

※タイムカプセル……ここでは、浩弥が高校卒業時に埋め、最近の同窓会で掘り出されたもの。

問1 ①<u>俺は開いたままの本の上につっぷした。</u>とありますが、このときの浩弥の心情として最も適切なものを、次の**ア**～**エ**の中から一つ選び、その記号を書きなさい。(4点)

ア 『進化の記録』を読んで自然淘汰を恐ろしく思いながら、自分がダーウィンのように相手を蹴落とす側になるためにはどうしたらいいか、策を巡らせている。

イ 『進化の記録』を読んで自然淘汰を恐ろしく思いながら、ダーウィンのことを自分自身に重ね合わせて多少卑怯なことをしてでも生き残ろうと決意している。

ウ 『進化の記録』を読みながら環境に適応できず滅びた者のことを思い、ウォレスのことを自分自身に重ね合わせて自分の将来や社会に希望がもてなくなっている。

エ 『進化の記録』を読みながら環境に適応できず滅びた者のことを思い、どうしたらウォレスのように人から受けた裏切りを許すことができるのかを考えている。

問2 ②<u>名も残さぬ人々のことを想った。</u>とありますが、このときの浩弥の心情はどのようなものですか。次の空欄にあてはまる内容を十五字以上、二十五字以内で書きなさい。(6点)

名も残さぬ人々に対しても、［　　　　（15～25字）　　　　］ことができるのかもしれない、という心情。

問3 ③<u>俺も涙があふれて止まらなかった。</u>とありますが、その理由として最も適切なものを、次の**ア**～**エ**の中から一つ選び、その記号を書きなさい。(4点)

ア 征太郎が作品を出版してくれる出版社と巡りあった喜びにくわえ、浩弥以外にも征太郎の才能を認めてくれる人がいたことに驚きを感じたから。

イ 征太郎の作家デビューが決まったことに感動するとともに、征太郎が浩弥の言葉を心の支えにして小説を書き続けてきたことをうれしく思ったから。

ウ 征太郎が作家になる夢をかなえたうれしさにくわえ、水道局の仕事を続けながら今後も小説を書き続けると約束してくれたことを心強く思ったから。

エ 浩弥の言葉が征太郎を支えてきたことを知った驚きとあわせ、作家になれるわけないと言っていた人たちを見返してくれたことをうれしく思ったから。

問4 ④<u>今からでも、遅くないよな。</u>とありますが、このときの浩弥の心情の変化を次のようにまとめました。次の空欄にあてはまる内容を、**可能性**、**人生**の二つの言葉を使って、四十五字以上、五十五字以内で書きなさい。ただし、二つの言葉を使う順序は問いません。(7点)

今までは、世間や社会が悪いと思うと同時に、［　　　　（45～55字）　　　　］という心情に変化した。

ぞれの手に載せた。
飛行機。誰もが知ってる文明の利器。大勢の客や荷物を乗せて空を飛んでいても、今、驚く人はいない。

たった百六十年前――――。
それまでヨーロッパでは、生物はすべて神が最初からその形に創ったもので、これまでもこれからも姿を変えることなんかないって固く信じられていた。
サンショウウオは火から生まれたと、極楽鳥は本当に極楽から来た使いだと。みんな真剣にそう思っていた。
だからダーウィンは発表することを躊躇したのだ。まさに、環境に適応しない考えを持つ自分自身が淘汰されることを恐れて。
でも、今や進化論はあたりまえになっている。ありえないって思われてたことが、常識になっている。ダーウィンもウォレスも、当時の研究者たちはみんな、自分を信じて、学び続けて発表し続けて……。
自分を取り巻く環境のほうを変えたんだ。

右手に載った飛行機を眺める。
百六十年前の人たちに、こんな乗り物があるって話しても誰も信じないだろう。
鉄が飛ぶはずないって。そんなものは空想の世界の話だって。
俺も思っていた。
俺に絵の才能なんてあるわけない、普通に就職なんてできるはずない。
でもそのことが、どれだけの可能性を狭めてきたんだろう?

そして左手には、土の中に保管されていた高校生の俺。四つ折りにされた紙の端をつまみ、俺はようやく、タイムカプセルを開く。
そこに書かれた文字を見て、俺はハッとした。

「人の心に残るイラストを描く」

たしかに俺の字で、そう書いてあった。
そうだったっけ……ああ、そうだったかもしれない。
どこかでねじまがって、勘違いが刷り込まれていた。「歴史に名を残す」って書いてたと思い込んでいた。壮大な夢を抱いていたのに打ち砕かれたって。俺を認めてくれない世間や、ブラックな企業がはびこる社会が悪いって、被害者ぶって。でも俺の根っこの、最初の願いは、こういうことだったじゃないか。
丸めようとしていた俺の絵を、救ってくれたのぞみちゃんの手を思い出す。俺の絵を、好きだって言ってくれた声も。俺はそれを、素直に受け取っていなかった。お世辞だと思っていた。自分のことも人のことも信じてなかったからだ。
十八歳の俺。ごめんな。
④今からでも、遅くないよな。歴史に名が刻まれるなんて、うんと後のことよりも……それよりも何よりも、誰かの人生の中で心に残るような絵が一枚でも描けたら。
それは俺の、れっきとした居場所になるんじゃないか。

（青山美智子著『お探し物は図書室まで』による。一部省略がある。）

（注）※ウォレス……アルフレッド・ラッセル・ウォレス。（一八二三～一九一三）イギリスの博物学者。

じゅうぶんに、この世界にウォレスの生きる場所を作ったということじゃない？」

俺がウォレスの生きる場所を？

誰かが誰かを想う。それが居場所を作るということ……？

「それに、ウォレスだって立派に有名人だよ。世界地図には、生物分布を表すウォレス線なんてものも記されてる。彼の功績はちゃんと認められてると思うよ。その背後には、どれだけたくさんの名も残さぬ偉大な人々がいただろうね。」

ざくざく、ざくざく。小町さんが無言になって、毛玉に針を刺しはじめる。

俺は本に目を落とし、ウォレスのそばにいたであろう②名も残さぬ人々のことを想った。

コミュニティハウスを出たところで、スマホが鳴った。

征太郎からの電話だった。友達からの電話なんてほぼかかってきたことがなくて、俺は立ち止まり、緊張気味に出た。

「浩弥、僕……僕…。」

スマホの向こうで征太郎が泣きじゃくっている。俺はうろたえた。

「どうしたんだよ、おい、征太郎。」

「……作家デビュー、決まった。」

「は？」

「実は、年末にメイプル書房の編集さんからメールがあったんだ。僕、秋の文学フリマで小説の冊子を出していて、それを読んでくれた崎谷さんって人から。何度か会って打ち合わせして、少し手を入れる方向で、今日、企画が通ったって。」

「す、すげえ！　よかったじゃん！」

震えた。

すげえ、ほんとにすげえ。夢かなえちゃったよ、征太郎。

「浩弥に、一番に言いたかったんだ。」

「え。」

「僕が作家になれるわけないって、きっとみんな思ってた。でも高校のとき、浩弥だけは言ってくれたんだ。征太郎の小説は面白いから書き続けろって。浩弥は忘れちゃったかもしれないけど、僕にとってはそのひとことが原動力で、最強に信じられるお守りだったんだ。」

征太郎は大泣きしていたけど、③俺も涙があふれて止まらなかった。俺の……俺の小さなひとことを、そこまで大事にしてくれてたなんて。

でも、征太郎が書き続けて発表し続けてこられたのは、そのせいだけじゃない。きっと、征太郎の中に自分を信じる気持ちがあったからだ。

「じゃあ、もう水道局員じゃなくて作家だな。」

鼻水をすすりながら俺が言うと、征太郎は「ううん。」と笑った。

「水道局の仕事があったから、小説を書き続けることができたんだ。これからも辞めないよ。」

俺はその言葉を、頭の中で繰り返した。どういう意味だろうと考えてしまうような、でも理屈じゃなくすごくわかるような。

「今度、お祝いしような。」と言って、俺は電話を切った。

俺は気持ちを落ち着かせながら、ジャンパーの両ポケットに手を突っ込んだ。

左に※タイムカプセルの紙、右に小町さんがくれたぬいぐるみ。

どちらも入れたままになっていた。俺はふたつとも取り出し、それ

〈国語〉

時間　五〇分　満点　一〇〇点

1 次の文章を読んで、あとの問いに答えなさい。(26点)

> 高校卒業後、就職もアルバイトもなかなかうまくいかない「俺」(浩弥)は、近所のコミュニティハウスにある図書室で、司書の小町さんや司書見習いののぞみちゃんと知り合う。そして、小町さんから飛行機をかたどった自作のぬいぐるみをもらい、『進化の記録』という本を読むようすすめられる。

図書室に入ると、小町さんがどどんと貸出カウンターにいてびっくりした。やっぱりざくざくとぬいぐるみを作っている。

俺は閲覧テーブルに座って、『進化の記録』を開いた。

こうしていると、昨晩乱れた心が少し落ち着いた。俺にはさして関心のない様子で、だけど拒絶もせず、すぐそばで手を動かし続けている小町さんの存在がありがたかった。いつでも本を読みにくればいいと言ってくれたことが。

でも、それもいっときのことだ。一生ここで本を読んでいることはやっぱりできないだろう。小学生は時期がくれば卒業するけど、俺の節目は自動的にはやってこない。終わりも始まりも、誰も決めてくれない。

自然淘汰。環境に適応できない者は滅びる。

それなら、適応できないってわかっていながら、好ましくない変異なんて思われながら、苦しい思いをしながらなんで生きていかなくちゃいけないんだ。

俺自身にたいした力がなくたって、世渡りできる器用さがちょっとでもあればうまくやっていけるのに。たとえ多少卑怯なことをしてでも。

そんなふうに思いながらも、そうやって蹴落とされた側の痛みばかりがリアルに迫ってくる。光を当てられなかった※ウォレスは、本当にダーウィンを「よき友人」なんて思っていたんだろうか。

①<u>俺は開いたままの本の上につっぷした。</u>

小町さんが抑揚のない声で「どうした。」とつぶやく。

「…………ダーウィンって、ひどい奴じゃないですか。ウォレスが不憫だ。先に発表しようとしたのはウォレスなのに、ダーウィンばっかりもてはやされて。俺、この本を読むまでウォレスなんて名前も知らなかった。」

しばらく沈黙が続いた。俺はつっぷしたままで、小町さんは何も言わずにおそらく針を刺していた。

少しして、小町さんが口を開いた。

「伝記や歴史書なんかを読むときに、気をつけなくちゃいけないのは。」

俺は顔を上げる。小町さんは俺と目を合わせ、ゆっくりと続けた。

「それもひとつの説である、ということを念頭に置くのを忘れちゃだめだ。実際のところは本人にしかわからないよ。誰がああ言ったとかこうしたとか、人伝えでいろんな解釈がある。リアルタイムのインターネットでさえ誤解は生じるのに、こんな昔のこと、どこまで正確かなんてわからない。」

こきん、と小町さんは首を横に倒す。

「でも、少なくとも浩弥くんはその本を読んでウォレスを知ったよね。そしてウォレスについて、いろんなことを考えている。それって

2022年度

解　答　と　解　説

《2022年度の配点は解答用紙集に掲載してあります。》

＜数学解答＞

1　(1)　$-2x$　(2)　-13　(3)　$8xy^2$　(4)　$x=\frac{1}{2}$　(5)　$-\sqrt{6}$　(6)　$(x+4)(x-5)$

(7)　$x=1,\ y=-2$　(8)　$x=\frac{3\pm\sqrt{33}}{4}$　(9)　110(度)　(10)　カ　(11)　135(度)

(12)　4(通り)　(13)　(EF＝)$\frac{6}{5}$(cm)　(14)　ウ

(15)　(およそ)169(匹)

(16)　L(サイズ)(説明は解説参照)

2　(1)　右図　(2)　$a=\frac{2}{9}$，(面積)36(cm²)

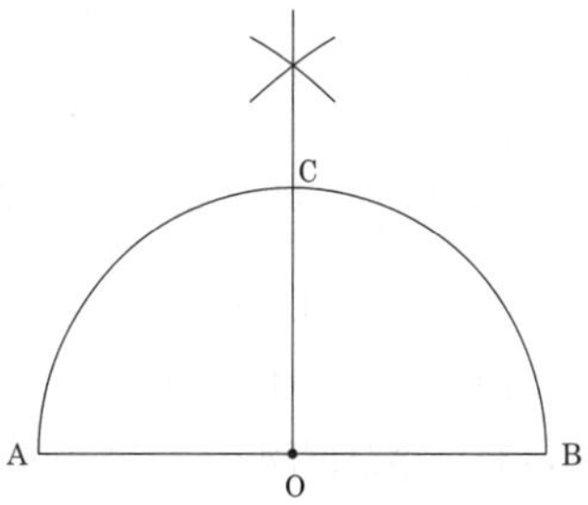

3　(1)　$y=2x-3$　(2)　ア　3，　イ　33

(3)　$\frac{5}{11}$(説明は解説参照)

4　(1)　解説参照　(2)　(PC＝)$4\sqrt{15}$(cm)

＜数学解説＞

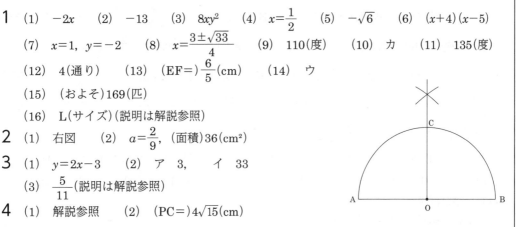

1　(数・式の計算，一次方程式，平方根，因数分解，連立方程式，二次方程式，角度，円の性質，関数とグラフ，おうぎ形の中心角，線分の長さ，資料の散らばり・代表値，標本調査，体積比)

(1)　$7x-9x=(7-9)x=-2x$

(2)　**四則をふくむ式の計算の順序は，乗法・除法→加法・減法**となる。$5\times(-3)-(-2)=(-15)-(-2)=(-15)+(+2)=-(15-2)=-13$

(3)　$12x^2y\div3x\times2y=12x^2y\times\frac{1}{3x}\times2y=\frac{12x^2y\times2y}{3x}=8xy^2$

(4)　$7x-2=x+1$　左辺の-2と右辺のxを移項して　$7x-x=1+2$　$6x=3$　両辺をxの係数の6で割って　$6x\div6=3\div6$　$x=\frac{3}{6}=\frac{1}{2}$

(5)　$\frac{12}{\sqrt{6}}=\frac{12\times\sqrt{6}}{\sqrt{6}\times\sqrt{6}}=\frac{12\sqrt{6}}{6}=2\sqrt{6}$　より，$\frac{12}{\sqrt{6}}-3\sqrt{6}=2\sqrt{6}-3\sqrt{6}=(2-3)\sqrt{6}=-\sqrt{6}$

(6)　たして-1，かけて-20になる2つの数は，$(+4)+(-5)=-1$，$(+4)\times(-5)=-20$より，$+4$と-5だから　$x^2-x-20=\{x+(+4)\}\{x+(-5)\}=(x+4)(x-5)$

(7)　$\begin{cases}4x-3y=10\cdots① \\ 3x+2y=-1\cdots②\end{cases}$　①×2＋②×3より　$4x\times2+3x\times3=10\times2+(-1)\times3$　$17x=17$　$x=1$

これを②に代入して　$3\times1+2y=-1$　$2y=-4$　$y=-2$　よって　$x=1,\ y=-2$

(8)　**2次方程式$ax^2+bx+c=0$の解は，$x=\frac{-b\pm\sqrt{b^2-4ac}}{2a}$**で求められる。問題の2次方程式は，$a=2,\ b=-3,\ c=-3$の場合だから，$x=\frac{-(-3)\pm\sqrt{(-3)^2-4\times2\times(-3)}}{2\times2}=\frac{3\pm\sqrt{9+24}}{4}=\frac{3\pm\sqrt{33}}{4}$

(9)　点Bを含まない$\overset{\frown}{AC}$に対する**中心角と円周角の関係**から，$\angle x=\frac{1}{2}\angle AOC=\frac{1}{2}(360°-140°)=110°$

(10)　一次関数$y=ax+b$のグラフは傾きがa，切片がbの直線である。グラフは，$a>0$のとき，xが増加するとyも増加する右上がりの直線となり，$a<0$のとき，xが増加するとyは減少する右下がりの直線となる。切片bは，グラフがy軸と交わる点$(0,\ b)$のy座標になっている。よって，問題のグラフより，$a<0$，$b>0$である。また，xとyの関係が定数cを用いて$y=\frac{c}{x}$と表されるとき，**xはyに反比例**し，そのグラフは**双曲線**を表す。そして，$c>0$のとき，xが増加するとyは減少するグラフになり，$c<0$のとき，xが増加するとyも増加するグラフになる。よって，問題のグラフより，$c<0$である。

(11)　おうぎ形OABの中心角を$x°$とすると，$\overset{\frown}{AB}$の長さは$2\pi\times8\times\frac{x}{360}=\frac{2}{45}\pi x$…①　また，$\overset{\frown}{AB}$の長さは底面の円の円周の長さ$2\pi\times3=6\pi$…②に等しい。①，②より，$\frac{2}{45}\pi x=6\pi$　$x=135$

(12)　$\sqrt{\frac{540}{n}}$の値が整数となるためには，根号の中が平方数になればいい。$\sqrt{\frac{540}{n}}=\sqrt{\frac{2^2\times3^3\times5}{n}}=\sqrt{\frac{2^2\times3^2\times3\times5}{n}}$より，このような自然数$n$は，$\sqrt{\frac{2^2\times3^2\times3\times5}{2^2\times3^2\times3\times5}}=\sqrt{1}=1$，$\sqrt{\frac{2^2\times3^2\times3\times5}{3^2\times3\times5}}=\sqrt{2^2}=2$，$\sqrt{\frac{2^2\times3^2\times3\times5}{2^2\times3\times5}}=\sqrt{3^2}=3$，$\sqrt{\frac{2^2\times3^2\times3\times5}{3\times5}}=\sqrt{2^2\times3^2}=6$の4通り。

(13)　AB//CD//EFだから，**平行線と線分の比についての定理**より，AE：ED＝AB：CD＝2：3　EF：AB＝ED：AD＝ED：(AE＋ED)＝3：(2＋3)＝3：5　EF＝$\frac{3}{5}$AB＝$\frac{3}{5}\times2=\frac{6}{5}$(cm)

(14)　**箱ひげ図**とは，右図のように，**最小値，第1四分位数，第2四分位数(中央値)，第3四分位数，最大値**を箱と線(ひげ)を用いて1つの図に表したものであり，この箱の横の長さを**四分位範囲**といい，第3四分位数から第1四分位数を引いた値で求められる。また，箱の中央，つまり，第1四分位数と第3四分位数の**平均値**は，データの平均値と等しいとは限らない。四分位範囲はデータの散らばりの度合いを表す指標として用いられる。極端にかけ離れた値が一つでもあると，最大値や最小値が大きく変化し，範囲はその影響を受けやすいが，四分位範囲はその影響をほとんど受けないという性質がある。以上より，ア，イ，エは正しいが，ウは誤っている。

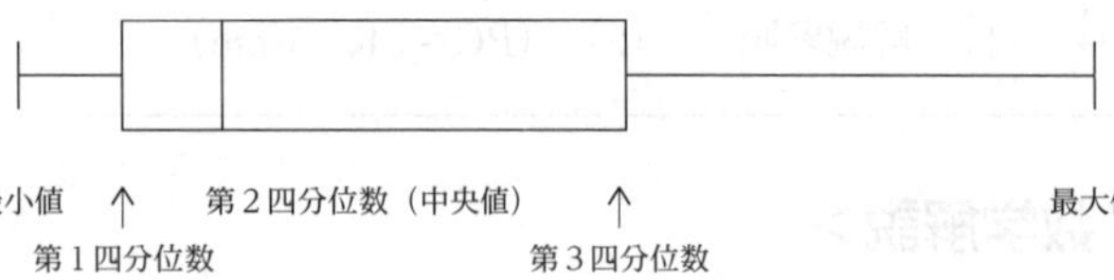

(15)　**標本**における網で捕獲した魚と，その中の印のついた魚の比率は23：3。よって，**母集団**における養殖池にいる魚と，その中の印のついた魚の比率も23：3と推測できる。養殖池にいる魚の総数をx匹とすると，$x：22=23：3$　$x=\frac{22\times23}{3}=168.6\cdots$より，養殖池にいる魚の総数は小数第1位を四捨五入して，およそ169匹と推定できる。

(16)　(説明)(例)SとMの**体積比**は$3^3：4^3=27：64$　価格の比は160：320＝1：2　価格が2倍なのに対して，体積は2倍より大きいので，Mの方が割安。MとLの底面積の比は$4^2：5^2=16：25$，Lの高さはMの2倍なので，体積比は16：50　価格の比は320：960＝1：3　価格が3倍なのに対して，体積は3倍より大きいので，Lの方が割安。したがって，最も割安なのはLサイズ。

2 (作図，図形と関数・グラフ，面積)

(1)　(着眼点)　△OACがAO＝COの直角二等辺三角形になるように，$\overset{\frown}{AB}$上に点Cをとるとき，3辺の比はAO：CO：AC＝$1：1：\sqrt{2}$となる。　(作図手順)　次の①～②の手順で作図する。①　点A，Bをそれぞれ中心として，交わるように半径の等しい円を描き，その交点と点Oを通る直線(点Oを通る線分ABの垂線)を引く。　②　点Oを通る線分ABの垂線と$\overset{\frown}{AB}$との交点をCとする。

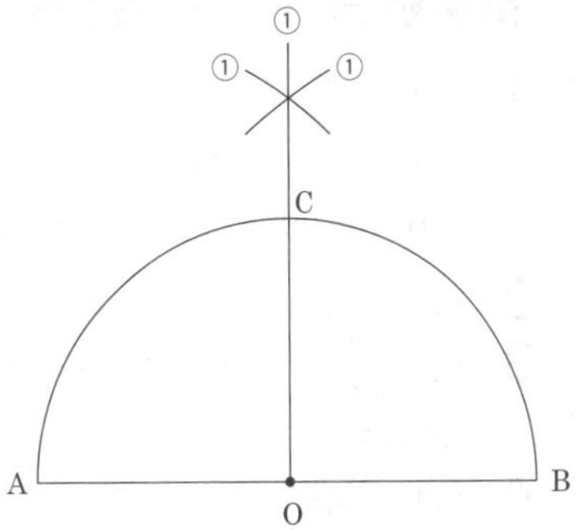

(2)　四角形ABCDは平行四辺形だから，CD＝AB＝3－(－3)＝6　また，点Dはy座標が8のy軸上の点であることから，C(6，8)　曲線$y=ax^2$は点Cを通るから，$8=a\times6^2=36a$　$a=\frac{2}{9}$　これより，点Aのy座標は$y=\frac{2}{9}\times(-3)^2=2$　(平行四辺形ABCDの面積)＝AB×(点Dのy座標－点Aのy座標)＝$6\times(8-2)=36$(cm^2)

3 (図形と確率)

(1)　2点A(2，1)，B(4，5)を通る直線の傾きは$\frac{5-1}{4-2}=2$　よって，直線ABの式を$y=2x+b$とおくと，点Aを通るから，$1=2\times2+b$　$b=-3$　直線ABの式は$y=2x-3$

(2)　さいころを2回投げるとき，全ての目の出方は6×6＝36通りあるから，点Pは座標平面上に36個できる。このうち，3点A，B，Pを結んでできる図形が三角形にならない,つまり，点Pが直線AB上にあるのは，(2，1)，(3，3)，(4，5)の3個(ア)だから，三角形になる場合は全部で36－3＝33(通り)(イ)になる。

(3)　(説明)(例)点Pが(2，5)，(4，1)のとき，△ABPの面積は4cm^{2}になる。ABを底辺としたときの高さを，ABに平行な直線をひいて考えると，右図の15個の点で面積が4cm^{2}以上になることがわかる。また，三角形になる場合は33通り。したがって，求める確率は$\frac{5}{11}$

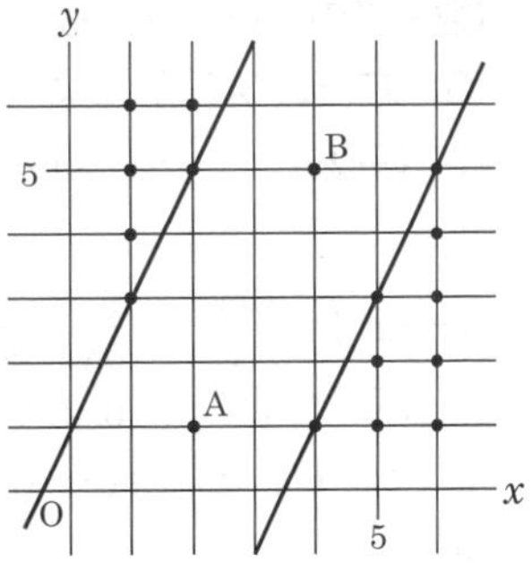

4 (図形の証明，線分の長さ，相似の性質，三平方の定理，円の性質)

(1)　(証明)(例)△APOと△BPOにおいて，POは共通･･･①　円の半径なので，OA＝OB･･･②　A，Bは接点なので，∠PAO＝∠PBO＝90°･･･③　①，②，③から，直角三角形で，斜辺と他の1辺がそれぞれ等しいので，△APO≡△BPO　したがって，PA＝PB

(2)　2点Q，Rは線分PO上にある。円Rと直線ℓとの接点をDとし，点Rから線分OAへ垂線RHを引く。四角形RDAHが長方形であることを考慮して，△HROに**三平方の定理**を用いると，DA＝RH＝$\sqrt{RO^2-OH^2}=\sqrt{(RQ+OQ)^2-(OA-RD)^2}=\sqrt{(3+5)^2-(5-3)^2}=2\sqrt{15}$(cm)

∠RHO＝∠PAO＝90°よりRH//PAだから，平行線と線分の比についての定理より，RH：PA＝OH：OA＝2：5　PA＝$\frac{5}{2}\times$RH＝$\frac{5}{2}\times2\sqrt{15}=5\sqrt{15}$(cm)　また，**円外の1点からその円に引いた2つの接線の長さは等しい**から，CD＝CQ＝CAより，点Cは線分DAの中点である。以上より，PC＝PA－CA＝PA－$\frac{DA}{2}=5\sqrt{15}-\frac{2\sqrt{15}}{2}=4\sqrt{15}$(cm)

(補足説明：2点Q，Rは線分PO上にある)△APO≡△BPOより，∠OPA＝$\frac{1}{2}$∠AOB･･･①　同様にして，∠RPD＝$\frac{1}{2}$∠AOB･･･②　①，②より，∠OPA＝∠RPDだから，点Rは線分PO上にある。また，∠OQC＝∠RQC＝90°より，点Qは線分RO上，つまり，線分PO上にある。

＜数学解答＞（学校選択問題）

1　(1)　$\dfrac{5y}{4x^3}$　　(2)　7　　(3)　$x=\dfrac{-9\pm\sqrt{33}}{4}$　　(4)　4（通り）　　(5)　（EF＝）$\dfrac{6}{5}$(cm)
(6)　ウ　　(7)　（およそ）169（匹）　　(8)　午後1時16分30秒　　(9)　$b<c<d<a$
(10)　L（サイズ）（説明は解説参照）

2　(1)　右図　　(2)　$a=\dfrac{\sqrt{3}}{9}$

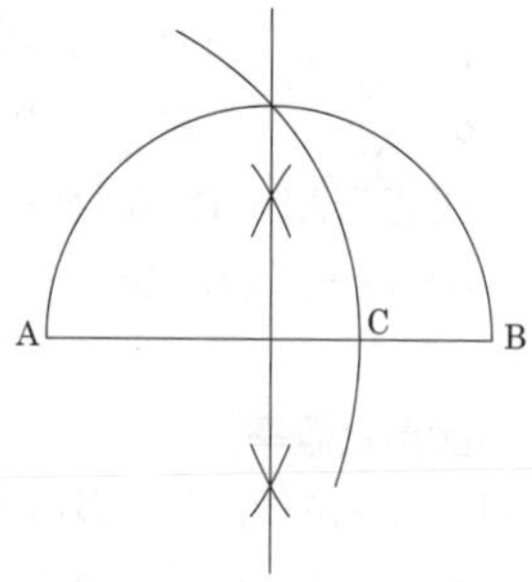

3　(1)　$\dfrac{1}{6}$　　(2)　ア　$y=2x-3$，イ　33　　(3)　$\dfrac{5}{11}$（説明は解説参照）

4　(1)　解説参照　　(2)　（PC＝）$4\sqrt{15}$(cm)

5　(1)　$\dfrac{\pi}{6}r^3$(cm³)　　(2)　$\dfrac{\sqrt{2}}{6}r^3$(cm³)（説明は解説参照）
(3)　$\dfrac{1+3\sqrt{3}}{48}r^3$(cm³)

＜数学解説＞

1　（数・式の計算，平方根，式の値，二次方程式，線分の長さ，資料の散らばり・代表値，標本調査，方程式の応用，関数とグラフ，体積比）

(1)　$(-2x)^3=(-2x)\times(-2x)\times(-2x)=-8x^3$だから，$6xy^2\div\left(-\dfrac{3}{5}xy\right)\div(-2x)^3=6xy^2\div\left(-\dfrac{3xy}{5}\right)\div$
$(-8x^3)=\dfrac{6xy^2}{1}\times\dfrac{5}{3xy}\times\dfrac{1}{8x^3}=\dfrac{5y}{4x^3}$

(2)　$\sqrt{9}<\sqrt{11}<\sqrt{16}$より$3<\sqrt{11}<4$だから，$a=3$，$b=\sqrt{11}-a=\sqrt{11}-3$　よって，$a^2-b^2-6b=a^2-b^2-6b-9+9=a^2-(b^2+6b+9)+9=a^2-(b+3)^2+9=3^2-\{(\sqrt{11}-3)+3\}^2+9=3^2-(\sqrt{11})^2+9=7$

(3)　$2(x+3)^2-3(x+3)-3=0$において，$x+3=M$とおくと，$2M^2-3M-3=0$…①　**2次方程式$ax^2+bx+c=0$の解は，$x=\dfrac{-b\pm\sqrt{b^2-4ac}}{2a}$**で求められる。①の2次方程式は，$a=2$，$b=-3$，$c=-3$の場合だから，$M=\dfrac{-(-3)\pm\sqrt{(-3)^2-4\times2\times(-3)}}{2\times2}=\dfrac{3\pm\sqrt{9+24}}{4}=\dfrac{3\pm\sqrt{33}}{4}$　Mを$x+3$にもどして，$x+3=\dfrac{3\pm\sqrt{33}}{4}$　$x=\dfrac{3\pm\sqrt{33}}{4}-3=\dfrac{3\pm\sqrt{33}-12}{4}=\dfrac{-9\pm\sqrt{33}}{4}$

(4)　$\sqrt{\dfrac{540}{n}}$の値が整数となるためには，根号の中が平方数になればいい。$\sqrt{\dfrac{540}{n}}=\sqrt{\dfrac{2^2\times3^3\times5}{n}}=\sqrt{\dfrac{2^2\times3^2\times3\times5}{n}}$より，このような自然数$n$は，$\sqrt{\dfrac{2^2\times3^2\times3\times5}{2^2\times3^2\times3\times5}}=\sqrt{1}=1$，$\sqrt{\dfrac{2^2\times3^2\times3\times5}{3^2\times3\times5}}=\sqrt{2^2}=2$，$\sqrt{\dfrac{2^2\times3^2\times3\times5}{2^2\times3\times5}}=\sqrt{3^2}=3$，$\sqrt{\dfrac{2^2\times3^2\times3\times5}{3\times5}}=\sqrt{2^2\times3^2}=6$の4通り。

(5)　AB//CD//EFだから，**平行線と線分の比についての定理**より，AE：ED＝AB：CD＝2：3
EF：AB＝ED：AD＝ED：(AE+ED)　＝3：(2+3)＝3：5　EF＝$\dfrac{3}{5}$AB＝$\dfrac{3}{5}\times2=\dfrac{6}{5}$(cm)

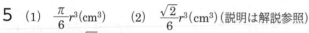

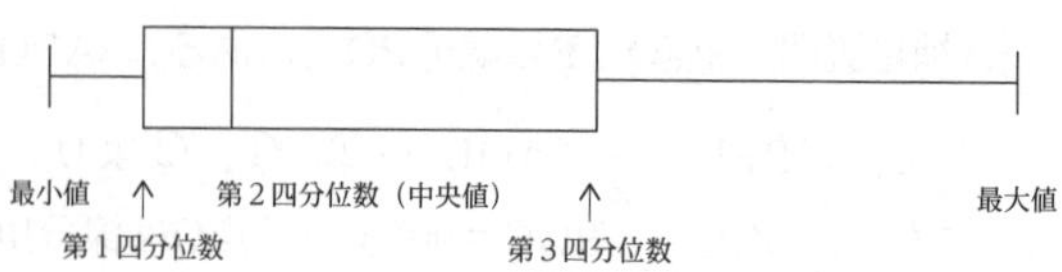

(6)　**箱ひげ図**とは，右図のように，**最小値**，**第1四分位数**，**第2四分位数（中央値）**，**第3四分位数**，**最大値**を箱と線（ひげ）を用いて1つの図に表したものであり，この箱の横の長さを**四分位範囲**といい，第3四分位数から第1四分位数を引

いた値で求められる。また，箱の中央，つまり，第1四分位数と第3四分位数の**平均値**は，データの平均値と等しいとは限らない。四分位範囲はデータの散らばりの度合いを表す指標として用いられる。極端にかけ離れた値が一つでもあると，最大値や最小値が大きく変化し，範囲はその影響を受けやすいが，四分位範囲はその影響をほとんど受けないという性質がある。以上より，ア，イ，エは正しいが，ウは誤っている。

(7)　**標本**における網で捕獲した魚と，その中の印のついた魚の比率は23：3。よって，**母集団**における養殖池にいる魚と，その中の印のついた魚の比率も23：3と推測できる。養殖池にいる魚の総数をx匹とすると，$x:22=23:3$　$x=\frac{22\times 23}{3}=168.6\cdots$より，養殖池にいる魚の総数は小数第1位を四捨五入して，およそ169匹と推定できる。

(8)　Aさんが走り始めた時刻を午後1時x分とすると，家から公園まで，午後1時24分－午後1時＝24分かかったことから，毎分50mの速さで歩いた時間はx分，毎分90mの速さで走った時間は$(24-x)$分である。**(道のり)＝(速さ)×(時間)**より，歩いた道のりと走った道のりの関係から，毎分50m×x分＋毎分90m×$(24-x)$分＝1500m　つまり，$50x+90(24-x)=1500$　これを解いて，$x=16\frac{1}{2}$　Aさんが走り始めた時刻は午後1時$16\frac{1}{2}$分＝午後1時16分30秒である。

(9)　関数$y=ax^2$のグラフは，$a>0$のとき，上に開き，$a<0$のとき，下に開いている。よって，問題のグラフより，$a>0\cdots$③　xとyの関係が定数bを用いて$y=\frac{b}{x}$と表されるとき，**yはxに反比例**し，そのグラフは**双曲線**を表す。そして，$b>0$のとき，xが増加するとyは減少するグラフになり，$b<0$のとき，xが増加するとyも増加するグラフになる。よって，問題のグラフより，$b<0\cdots$④

　一次関数$y=cx+d$のグラフは傾きがc，切片がdの直線である。グラフは，$c>0$のとき，xが増加するとyも増加する右上がりの直線となり，$c<0$のとき，xが増加するとyは減少する右下がりの直線となる。切片dは，グラフがy軸と交わる点$(0,\ d)$のy座標になっている。よって，問題のグラフより，$c<0,\ d>0\cdots$⑤　$x=-1$において，曲線①，②と直線ℓのy座標が等しいことから，$a\times(-1)^2=\frac{b}{-1}=c\times(-1)+d$　整理して，$a=-b=-c+d\cdots$⑥　⑥より$a=-c+d$であり，⑤の$c<0$より$-c>0$だから，$d<a\cdots$⑦である。また，⑥の$-b=-c+d$より$c=b+d$であり，⑤より$d>0$だから，$b<c\cdots$⑧である。以上，③，④，⑤，⑦，⑧より，$b<c<d<a$である。

(10)　(説明)(例)SとMの**体積比**は$3^3:4^3=27:64$　価格の比は$160:320=1:2$　価格が2倍なのに対して，体積は2倍より大きいので，Mの方が割安。MとLの底面積の比は$4^2:5^2=16:25$，Lの高さはMの2倍なので，体積比は16：50　価格の比は$320:960=1:3$　価格が3倍なのに対して，体積は3倍より大きいので，Lの方が割安。したがって，最も割安なのはLサイズ。

2 (作図，図形と関数・グラフ)

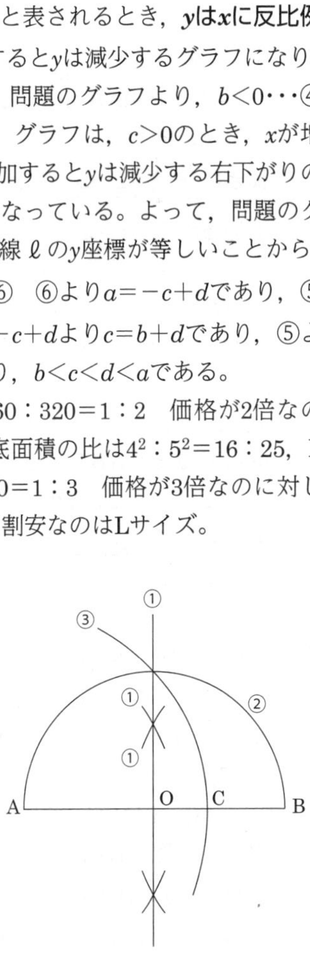

(1)　(着眼点)　線分ABを直径とする円の$\overset{\frown}{AB}$と，円の中心Oを通る線分ABの垂線との交点をPとすると，△PABはPA＝PB，∠APB＝90°の直角二等辺三角形となり，3辺の比はPA：PB：AB＝$1:1:\sqrt{2}$である。(作図手順)　次の①～③の手順で作図する。　①　点A，Bをそれぞれ中心として，交わるように半径の等しい円を描き，その交点を通る直線(線分ABの**垂直二等分線**)を引き，線分ABとの交点をOとする。　②　点Oを中心として$\overset{\frown}{AB}$を描き，線分ABの垂直二等分線との交点をPとする。　③　点Aを中心として半径APの円を描き，線分ABとの交点をCとする。(ただし，解答用紙には点O，Pの表記は不要である。)

(2)　2点A，Bのx座標がそれぞれ-3，3であることから$AB=3-(-3)=6$　2点C，Dのy座標が等しいことから$AB//DC$であり，$AE=EC$を考慮すると，平行線と線分の比についての定理より，$AB:DC=AE:EC=1:1$　$DC=AB=6$　点Dがy軸上の点であることから，点Cのx座標は6　3点A，B，Cは$y=ax^2$上にあるから，それぞれ$A(-3,\ 9a)$，$B(3,\ 9a)$，$C(6,\ 36a)$　点Eは線分ACの中点であり，**2点$(x_1,\ y_1)$，$(x_2,\ y_2)$の中点の座標は，$\left(\frac{x_1+x_2}{2},\ \frac{y_1+y_2}{2}\right)$**で求められるから，$E\left(\frac{-3+6}{2},\ \frac{9a+36a}{2}\right)=E\left(\frac{3}{2},\ \frac{45a}{2}\right)$　$AC\perp BD$より，△ABEに**三平方の定理**を用いると，$AE^2+BE^2=AB^2$より，$\left\{\left(-3-\frac{3}{2}\right)^2+\left(9a-\frac{45a}{2}\right)^2\right\}+\left\{\left(3-\frac{3}{2}\right)^2+\left(9a-\frac{45a}{2}\right)^2\right\}=6^2$　整理して，$\left\{\left(-\frac{9}{2}\right)^2+\left(-\frac{27a}{2}\right)^2\right\}+\left\{\left(\frac{3}{2}\right)^2+\left(-\frac{27a}{2}\right)^2\right\}=6^2$　これを解いて，$a^2=\frac{1}{27}$　$a>0$より$a=\sqrt{\frac{1}{27}}=\frac{\sqrt{3}}{9}$

3 (図形と確率)

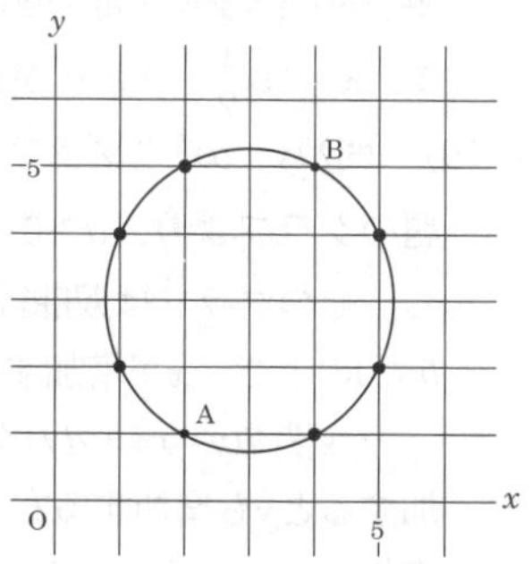

(1)　さいころを2回投げるとき，全ての目の出方は$6\times6=36$(通り)。このうち，$\angle APB=90°$になるのは，**直径に対する円周角が90°**であることから，ABを直径とする円を描いて考えると，右図の6個の点で$\angle APB=90°$になることがわかる。したがって，求める確率は$\frac{6}{36}=\frac{1}{6}$

(2)　点Pが直線AB上にあるときは，3点A，B，Pを結んでできる図形は三角形にならない。2点$A(2,\ 1)$，$B(4,\ 5)$を通る直線の傾きは$\frac{5-1}{4-2}=2$　よって，直線ABの式を$y=2x+b$とおくと，点Aを通るから，$1=2\times2+b$　$b=-3$　直線ABの式は$y=2x-3$(ア)

　さいころを2回投げるとき，全ての目の出方は$6\times6=36$(通り)あるから，点Pは座標平面上に36個できる。このうち，点Pが直線AB上にあるのは，(2，1)，(3，3)，(4，5)の3個だから，三角形になる場合は全部で$36-3=33$(通り)(イ)になる。

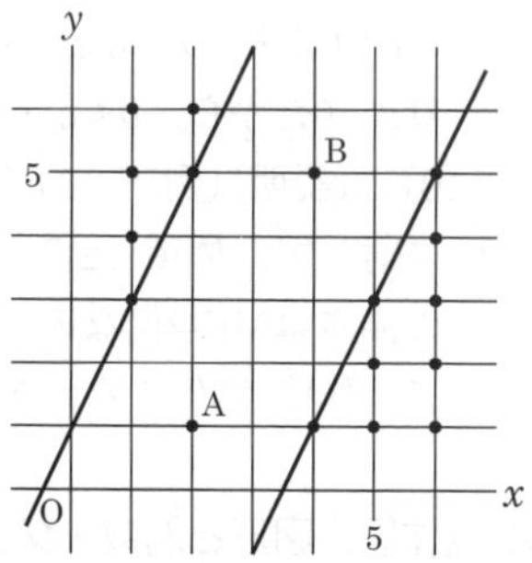

(3)　(説明)(例)点Pが(2，5)，(4，1)のとき，△ABPの面積は$4cm^2$になる。ABを底辺としたときの高さを，ABに平行な直線をひいて考えると，右図の15個の点で面積が$4cm^2$以上になることがわかる。また，三角形になる場合は33通り。したがって，求める確率は$\frac{5}{11}$

4 (図形の証明，線分の長さ，相似の性質，三平方の定理，円の性質)

(1)　(証明)(例)△APOと△BPOにおいて，POは共通・・・①　円の半径なので，$OA=OB$・・・②　A，Bは接点なので，$\angle PAO=\angle PBO=90°$・・・③　①，②，③から，直角三角形で，斜辺と他の1辺がそれぞれ等しいので，$\triangle APO\equiv\triangle BPO$　したがって，$PA=PB$

(2)　2点Q，Rは線分PO上にある。円Rと直線ℓとの接点をDとし，点Rから線分OAへ垂線RHを引く。四角形RDAHが長方形であることを考慮して，△HROに**三平方の定理**を用いると，$DA=RH=\sqrt{RO^2-OH^2}=\sqrt{(RQ+OQ)^2-(OA-RD)^2}=\sqrt{(3+5)^2-(5-3)^2}=2\sqrt{15}$(cm)

$\angle RHO=\angle PAO=90°$より$RH//PA$だから，平行線と線分の比についての定理より，$RH:PA=OH:OA=2:5$　$PA=\frac{5}{2}\times RH=\frac{5}{2}\times2\sqrt{15}=5\sqrt{15}$(cm)　また，**円外の1点からその円に引いた**

2つの接線の長さは等しいから，CD＝CQ＝CAより，点Cは線分DAの中点である。以上より，$PC=PA-CA=PA-\frac{DA}{2}=5\sqrt{15}-\frac{2\sqrt{15}}{2}=4\sqrt{15}$(cm)

(補足説明：2点Q，Rは線分PO上にある)△APO≡△BPOより，$\angle OPA=\frac{1}{2}\angle AOB$…①　同様にして，$\angle RPD=\frac{1}{2}\angle AOB$…②　①，②より，∠OPA＝∠RPDだから，点Rは線分PO上にある。また，∠OQC＝∠RQC＝90°より，点Qは線分RO上，つまり，線分PO上にある。

5 (空間図形，球の切断，体積)

(1)　立体Vは半径$r$cmの球の$\frac{1}{2}\times\frac{1}{4}=\frac{1}{8}$の立体だから，その体積は$\frac{4}{3}\pi r^3\times\frac{1}{8}=\frac{\pi}{6}r^3$(cm^3)

(2)　(説明)(例)底面がOBDC，高さがOAの四角錐と考えると，底面の面積は△BODの2倍。△BODは∠BOD＝45°，BO＝DO＝rであり，点DからOBにひいた垂線の長さをhとすると，$h:DO=1:\sqrt{2}$　$h=\frac{\sqrt{2}}{2}r$　したがって，四角錐の体積は，$\frac{1}{3}\times(2\times\triangle BOD)\times OA=\frac{1}{3}\times2\times\frac{1}{2}\times r\times\frac{\sqrt{2}}{2}r\times r=\frac{\sqrt{2}}{6}r^3$

(3)　直線OA，CF，EGの交点をPとする。また，三角錐P－OEC，三角錐P－OEF，三角錐P－OGF，三角錐P－AGFの体積をそれぞれV_1，V_2，V_3，V_4とする。PO⊥面OECだから，三角錐P－OECの底面を△OECとすると，高さはPOである。点Cから線分OAへ垂線CHを引くと，△OCHは30°，60°，90°の直角三角形で，3辺の比は$2:1:\sqrt{3}$だから，$CH=\frac{1}{2}OC=\frac{r}{2}$。$\overset{\frown}{AF}:\overset{\frown}{FC}=1:2$より，∠COF＝60°。△OCFはOC＝OF，∠COF＝60°の二等辺三角形だから，正三角形。よって，△POCは30°，60°，90°の直角三角形で，3辺の比は$2:1:\sqrt{3}$で，$PC=2OC=2r$，$PO=\sqrt{3}OC=\sqrt{3}r$　よって，$V_1=\frac{1}{3}\times\triangle OEC\times PO=\frac{1}{3}\times\left(\frac{1}{2}\times OE\times CH\right)\times PO=\frac{1}{3}\times\left(\frac{1}{2}\times r\times\frac{r}{2}\right)\times\sqrt{3}r=\frac{\sqrt{3}}{12}r^3$　$V_4=\frac{PA}{PO}\times V_3=\frac{PA}{PO}\times\left(\frac{PG}{PE}\times V_2\right)=\frac{PA}{PO}\times\frac{PG}{PE}\times\left(\frac{PF}{PC}\times V_1\right)=\frac{PO-AO}{PO}\times\frac{PE-GE}{PE}\times\frac{PC-FC}{PC}\times V_1=\frac{\sqrt{3}r-r}{\sqrt{3}r}\times\frac{2-r}{2r}\times\frac{2r-r}{2r}\times V_1=\frac{3-\sqrt{3}}{12}V_1$　以上より，求める五面体の体積は，$V_1-V_4=V_1-\frac{3-\sqrt{3}}{12}V_1=\frac{9+\sqrt{3}}{12}V_1=\frac{9+\sqrt{3}}{12}\times\frac{\sqrt{3}}{12}r^3=\frac{1+3\sqrt{3}}{48}r^3$(cm^3)

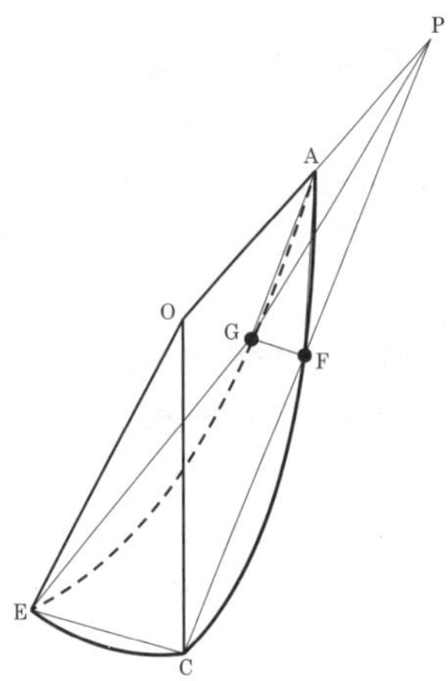

＜英語解答＞

1 No.1　B　No.2　C　No.3　A　No.4　B　No.5　D
No.6　(1)　A　(2)　D　(3)　C　No.7　(1)　(He has studied it for) three (years.)
(2)　(Because she wants to) use English (for her job in the future.)
(3)　(Because she is) good at (math.)

2 A　enjoy　B　kinds　C　June　D　(例)bring a bag

3 問1　A　問2　ウ　問3　(We) have been practicing the (guitar together every day after school.)

問4 (例)(Because he heard that she could) play the guitar(.)　問5 イ
4 問1 イ　問2 (例)Ayakoたちがよいプレゼントを選ぶのを，彼らは助けるだろうと思うから。
問3 (It' s better to give) him something he is interested (in.)
問4 エ　問5 ア　問6 エ
問7 (例)(I think we should) give him calligraphy works. I want him to remember his time with us.
問8 (例)When should we give (them to him ?)
5 問1 favorite　問2 ア　問3 (例)① My dream is to travel around the world.
② I want to meet a lot of people. I will learn about many other cultures during my travels.

＜英語解説＞

1 (リスニング問題)

放送台本の和訳は，90ページに掲載

2 (語彙・文法：語句の問題・和文英訳，語句補充・選択，メモを用いた問題)

A 「～を楽しむ」enjoy「～しなさい」(命令文)動詞の原形で始める。　B 「多くの種類の」many kinds of　C 「6月」June　D 「バッグを持ってきてください」Please bring a bag「～してください」<Please ＋ 動詞の原形～／命令文, please.>

3 (長文読解問題・エッセイ：文の挿入，語句補充・選択，語句の並べ換え，英問英答・記述，内容真偽，接続詞，不定詞，関係代名詞，助動詞，現在完了，受け身，進行形)

(全訳)私は中学生で，音楽が大好きだ。でも，最近まで楽器を上手く演奏できなかった。ある日学校の音楽の授業で，ギターを弾いてみる機会があった。友人の一人のアキと私はペアをつくり，一つのギターで練習した。アキは小学生だった時に，ギターを習っていたので，ギターを上手く弾けた。Aでも，私にとってはそれを上手く演奏するのは非常に難しかった。それで，私たちの音楽のキシ先生は，ギターを演奏することに対して私にある助言を与えてくれた。

帰宅すると，私は母に言った。「ギターを練習したけれど，僕はまだ上手く弾くことができなかった」「そうなの。私のギターを弾いてみたいかしら？若かった時に弾いていたギターを，私はいまだに持っているのよ」と母は言った。母がギターを弾くことができることを私は知らなかったので，そのことを聞いて私は驚いた。彼女は微笑み，自分の部屋からギターを持ってきて，私に差し出した。「これを弾いても良いの？」私は尋ねた。「もちろんよ！」と母は言った。母の手助けとキシ先生の助言のおかげで，私は上達し始めた。

次の音楽の授業で，私は最善を尽くしてギターを弾いたが，少し間違えてしまった。前回から私がかなり上達したので，キシ先生と他の生徒たちは驚いていた。今，私には新しい目標がある。私は文化祭でアキと一緒にギターを演奏しようと思っている。毎日，放課後，私たちは一緒にギターの練習を続けている。

問1 挿入文にある逆接の but「しかし」の意味に注意して考えること。Aの位置に補うと，「アキはギターが上手かったけれども，私がそれを弾くのは非常に難しかった」となり，文意が成立する。B，Cの空所では文意が不成立。<It is+形容詞 ＋ for ＋ (人) ＋ to不定詞>「(人)にとって～ [to不定詞]するのは・・・[形容詞]である」

問2 完成文は(I) ウstill have(the guitar ▼ I played when I was young.)「私が若かっ

た時に，私が弾いていたギターを私はいまだに持っている」となる。the guitar と I の間には，**目的格の関係代名詞が省略**されている。他の選択肢は次の通り。ア「つねに壊す」 イ「しばしば忘れる」 エ「～を作るべき」**should「すべきだ，きっと～だろう」**

問3 (We)have been practicing the(guitar together every day after school.)**動作動詞の継続<have[has]+ been + -ing>「～し続けている」完了進行形** play the +(楽器)「(楽器)を演奏する」after school「放課後」

問4 質問：「母親と話をしている時に，なぜダイスケは驚いたのか」／答え：(Because he heard that she could)play the guitar(.)「彼女がギターを弾くことができると聞いたので」本文中で I didn't know that my mother could play the guitar, so I was surprised to hear that.「母がギターを弾くことができるということを知らなかったので，そのことを聞いて驚いた」と述べていることから考えること。<be動詞 + surprised>「驚いている」was talking ←<be動詞 + -ing>進行形「～しているところだ」～, so・・・「～なので，だから[それで]・・・」could ← can「できる」の過去形

問5 問5 ア「ダイスケは音楽が嫌いなので，いかなる楽器も演奏できなかった」(×)1文目に，ダイスケは音楽が大好きだ，と述べられている。 イ「練習するために，母が自分の部屋から持ってきたギターをダイスケは使った」(○)第2段落の記述に一致。used the guitar that his mother brought**<先行詞 + that + 主語 + 動詞>目的格の関係代名詞 that「主語が～［動詞］する先行詞」不定詞[to + 原形]の副詞的用法(目的)「～するために」** ウ「ダイスケが学校のギターを自宅に持ち帰ったので，アキはギターを上手く弾きことができなかった」(×)記述なし。エ「キシ先生がアキに弾き方を教えたので，彼女はギターを上手く弾いた」(×)ギターが上手なのは，アキが小学校の時に習っていたからである(第1段落第5文)**<how + to不定詞>「～をする方法，いかに～するか」**

4 (会話文問題：文の挿入，日本語で答える問題，語句の並べ換え，語句補充・選択，内容真偽，条件英作文，比較，不定詞，関係代名詞，受け身，現在完了，動名詞，接続詞，助動詞)

[1] (全訳)<ある日の放課後，ナオト，キミー，アヤコが話をしている>

ナオト(以下N)：私たちの外国語指導助手であるスミス先生がオーストラリアに帰ります。彼はしばしばこの書道部にやって来てくれました。我が部のすべての部員が彼のことがとても好きです。／キミー(以下K)：彼は私たちにとても親切にしてくれます。彼は私たちに良い助言を与えてくれます。／アヤコ(以下A)：彼は私たちを大いに助けてくれます。彼は私たちが作り出す書道の作品を大いに気に入ってもくれています。ねえ，私にはある考えがあります。彼に贈り物をあげたらどうでしょう？／N：それは良い考えです！彼に何をあげたらよいでしょうか？／K：色紙に彼のためにメッセージを書きましょう。彼は私たちのメッセージを読んで，喜んでくれると思います。A：^A^それは良さそうです。それは人気の贈り物で，作るのも簡単です。彼に何か他のものも作るべきでしょうか？／N：色紙ともう一つ別の何かをあげるべきでしょうが，今すぐに良い考えが思い浮かびません。／K：彼は何を好むでしょうか。／A：私たちの考えについて，部の部員たちに話してみましょう。彼らは私たちが良い贈り物を選ぶ手助けをしてくれるでしょう。

問1 空所Aの直前で，キミーが「色紙にメッセージを書くこと」を提案したのに対して，空所Aの直後で，アヤコが，「それは人気があり，作るのに簡単である」と，キミーの提案に対して，賛成理由を述べている点から考えること。正解はイ「それは良さそうです」。他の選択肢は以下の通り。ア「信じられない」 ウ「心配するな」worry about「～について心配する，悩む」 エ「それをあなたにあげよう」

問2　アヤコは最後のせりふで，自分たちの考えを他の部員たちに伝えることを提案したのちに，I think they[the other members of our club]will help us choose a good present. と述べている点から考えること。<help +(人)+ 原形>「(人)が～することを手伝う」

[2]　(全訳)＜翌日，部員たちと話した後，話し合いが始まる＞

N：それでは，私たちの部の全員が，スミス先生に贈り物をあげたいというわけですね。／A：ええ，昨日，部のミーティングで贈り物に対する計画について話し合いましたが，色紙と一緒に贈り物として彼に何を渡すかを決めることができませんでした。／K：それでは，私たちは良い計画について考える必要があります。N：部のミーティングで私たちが話した後に，部員の一人がスミス先生の自己紹介用紙を私に渡してくれました。スミス先生は，最初の英語の授業の際，それを全ての生徒たちに配布しました。それが役に立つと思います。用紙で情報を探してみましょう。彼が興味あるものを彼に渡した方が良いでしょう。／A：あっ，思い出しました。私が1年生だった時に，この用紙を渡されたことを。それは良い考えですね。／N：この用紙に基づけば，彼に花も渡すのはどうでしょうか？きっと彼は気に入るでしょう。／K：それは良い考えだと私は思いません。国外に花や植物を持ち出すには規制があったと思います。／N：あっ，日本からオーストラリアへ花を持ち出すことができないということですか？／K：はっきりはしないのですが，もし私たちが彼にあげる花が，日本からオーストラリアに持って行けないのならば，彼が困るでしょうね。／A：大きすぎたり，重すぎたりするものを彼に渡せば，彼にとってはそれをオーストラリアまで運搬するのが大変となるので，私たちはそのようなものを選ぶべきではありません。／N：その通りです。代わりに，彼に何を渡すべきでしょうか？

問3　(It's better to give)him something he is interested(in.)better ← good の比較級　<It is + 形容詞 + to不定詞>「～［不定詞］することは・・・［形容詞］だ」give A B「AにBを与える」something と he の間に目的格の関係代名詞が省略。<先行詞(+目的格の関係代名詞)+ 主語 + 動詞>「～［主語］が・・・［動詞］する［先行詞］」be interested in「～に興味がある」

問4　3番目の発言でナオトは，自己紹介用紙に基づいて，花を渡すことを提案していることから考える。正解は，エ「花を世話すること」。take care of「～の世話をする」How about -ing？「～することはいかがですか」<原形 + -ing>動名詞「～すること」他の選択肢は次の通り。ア「ペンを集めること」　イ「料理すること」　ウ「旅行すること」

問5　正解は，ア「ナオトは花が贈り物として良いと述べたが，キミーはその考えに賛成しなかった」。3番目のナオトの発言と，それに対する，植物の国外持ち出し規制に言及しているキミーの発言に一致。他の選択肢は次の通り。イ「大きすぎたり，重すぎたりするものは贈り物として良くないとナオトは述べた」(×)大きすぎたり重すぎたりするものは良くないと述べたのは，アヤコ(最後の発言)。something that was too large主格の関係代名詞that　ウ「ナオトによると，ナオトはスミス先生の自己紹介用紙が必要なので，アヤコに彼女の自宅でそれを探すように依頼した」(×)言及なし。～，so・・・「～なので・・・」　エ「ナオトが自己紹介用紙は読みやすいと述べたので，その用紙は英語を勉強するのに非常に便利だとアヤコは考えた」スミス先生の自己紹介用紙が英語の勉強に役立つという発言はない。

[3]　(全訳)＜彼らは話し合いを続ける＞

A：彼に何か歌を歌うのはどうでしょう？キミー，あなたは何か良い日本のポップソングを知っていますか？／K：はい，知っています。彼のために私たちが歌うことができる日本のポップソングについて考えてみます。／N：ありがとう。きっと彼は日本のポップソングを聞いて気に入り，喜ぶことでしょう。というのは，そのように彼の自己紹介用紙に彼は書いていますから。／K：あの，私はピアノを弾けるので，それらの歌にピアノを伴奏しましょう。音楽のフクダ先生に頼めば，学校の音楽室を使うことができると思います。彼に歌を歌うことを選択するのならば，彼女に頼んでみます。／N：良いですね。えーと，私たちの写真を集めて，彼に写真のアルバムを作るのはどうでしょうか。／K：それもまた良い考えですね。私たちはたくさんの写真を見つけなければならないでしょう。あっ，他の考えも思い浮かびました。

問6　ア「ナオトは良い写真を撮るのは難しいと考えている」(×)言及なし。　イ「アヤコはスミス先生と集めた多くの写真を持っている」(×)不一致。a lot of pictures she collected　ウ「スミス先生は日本のポップソングを一度も聞いたことがない」(×)スミス先生の好きなものは，Japanese pop songs なので，不可。**現在完了＜have [has]＋ 過去分詞＞(経験)**　エ「スミス先生に彼らが歌を歌うのならば，キミーはピアノを弾くだろう」(○)2番目のキミーの発言に一致。

[4]　(全訳)＜結論に到達しようとしている＞
K：贈り物として，書道作品を作ることもできます。どう思いますか？／N：良い考えです。作品にどのような言葉を書くべきでしょうか。／K：ですから，贈り物として，私たちは3つの考えを思いつきました。彼に歌を歌うこと，写真アルバム，書道作品です。彼には色紙とこれらの3つのすべての贈り物を渡すのはいかがでしょうか。／N：私たちには，それらすべてを準備する十分な時間はありません。彼には色紙ともう1つの贈り物を渡すべきです。3つから1つを選びましょう。／A：わかりました。私たちは C(例)彼に書道作品をあげるべきです。彼に私たちとの時間を覚えておいてもらいたいからです。／K：同意見です。スミス先生には私たちの贈り物を喜んでもらえると良いですね。／N：私もそうなることを望んでいます。私たちの計画について他の部員に話しましょう。きっと彼らも気に入ることでしょう。

問7　解答と全訳参照。選んだプレゼントとその選択理由に言及する英文にすること。

問8　(全訳)N：ついに，準備が整いました。彼に私たちのプレゼントを渡しましょう。／K：彼が気に入ってくれると良いのですが。それらを彼にいつ渡すべきでしょうか。／N：今週の金曜日の午後はどうでしょうか？彼は学校にいると思います。／K：わかりました。待ちきれません！

キミーの空所を含む質問に対して，ナオトが「今週の金曜日の午後」と時間を答えていることから，考える。「いつプレゼントを渡すか」という質問を完成させること。should「～すべきである，した方が良い」

5 (長文読解問題・メール文：語句の問題，内容真偽，日本語で答える問題，メール文を用いた問題，条件英作文，現在完了)

(全訳)こんにちは，ご機嫌いかがですか。／先月，私は母とテレビである古い映画を見ました。その古い映画は彼女のお気に入りのものだと彼女は述べていました。彼女が若かった頃，彼女はそれを何度も見ました。それはSF映画で，映画では，ある科学者がタイムマシーンのような多くのものを作り出します。タイムマシーンに乗れば，将来に行き，何が起きるかを見ることができます。私は本当にその映画が気に入りました。その晩，幼い弟が早く寝たので，母は彼のためにその映画を録画しました。翌日，母は彼にもその映画を見せました。映画を見終わった後に，弟は「僕も未来に行きたい」と言いました。母と同じくらい，弟と私はその映画が気に入りました。それ以来，私たちはその映画を何度も見ました。もし私が未来を旅したら，私の人生がどのようなものであるかわかるでしょう。私の将来について言えば，私は医者になりたいのです。私の夢が実現することを願っています。あなたはいかがですか？将来のあなたの夢は何ですか？

問1　「ダニーと彼の弟がその古い映画を見た後に，それは彼らのお気に入りの[favorite]映画になった」映画を見て，二人にとってその映画がお気に入りになって何度も見た点から考えること。

問2　ア(○)一致。We have watched it may times since then. と本文では述べられている。<have[has]＋ 過去分詞>現在完了(経験)　イ(×)母の仕事に関する言及はない。　ウ(×)最初に一緒にその映画を見たのは母親。　エ(×)ウ参照。

問3　(模範解答全訳)ダニー，こんにちは。元気ですか？興味深いメールをありがとう。／①　私の夢は世界中を旅することです。②　私は多くの人々と会いたいです。私の旅行中に多くの他の文化について学びたいです。

テーマ，書き出し，文構造，文の数等の条件に従うこと。

＜英語解答＞(学校選択問題)

1　No.1 B　No.2 C　No.3 A　No.4 B　No.5 D
No.6 (1) A (2) D (3) C　No.7 (1) (例)(To)learn Japanese(.) (2) (She listens to the program)five days a(week.) (3) (Because she is)good at(math.)

2　問1　(例)(Should we)make something else for(him ?)　問2　(I think)everyone will help us choose a good present for him(.)　問3　(例)(I think you should)talk to people in English. By doing this, your English will get better.
問4 エ　問5　(例)Because she wants to borrow a camera.
問6 (1) イ (2) ア　問7　(例)(Hey, don' t you have)the pictures you took(at the school festival two years ago ?)

3　問1　(例)Because pencils are hard to break.　問2　① カ　② オ　③ ウ
問3　(In Shizuoka Prefecture, a)shrine has been protecting the pencil that he (used since 1617.)
問4　A shown　B were　問5　(例)一本の鉛筆で約50キロメートルの線がかけること。
問6　(1)　(例)using them　(2)　(例)made pencils　(3)　(例)surprised to

4　(例)First, I will collect information on the Internet. There is a lot of information on the Internet, and some of it may be wrong. Next, I will read books from the school library to make sure that the information is not wrong. Then, I can learn more about difficult topics. (50語).

＜英語解説＞

1 (リスニング)

放送台本の和訳は，90ページに掲載

2 (会話文問題：和文英訳。語句の並べ換え，条件英作文，内容真偽，英問英答・記述，助動詞，不定詞，関係代名詞，接続詞，動名詞，分詞の形容詞的用法)

□1　(全訳)<ある日の放課後，ナオト，キミー，アヤコが話をしている>

ナオト(以下N)：私たちの外国語指導助手であるスミス先生がオーストラリアに帰ります。彼はしばしばこの書道部にやって来てくれます。我が部のすべての部員が彼のことがとても好きです。／キミー(以下K)：彼は私たちにとても親切にしてくれます。彼は私たちに良い助言を与えてくれます。／アヤコ(以下A)：彼は私たちを大いに助けてくれます。彼は私たちが作り出す書道の作品を大いに気に入ってもくれています。ねえ，私にはある考えがあります。彼に贈り物をあげたらどうでしょう？／N：それは良い考えです！彼に何をあげたらよいでしょうか？／K：色紙に彼のためにメッセージを書きましょう。彼は私たちのメッセージを読んで，喜んでくれると思います。A：それは良さそうです。それは人気の贈り物で，作るのも簡単です。彼に他の何かを作るべきでしょうか？／N：色紙ともう一つ別の何かをあげるべきでしょうが，今すぐに良い考えが思い浮かびません。／K：彼は何を好むでしょうか？／A：私たちの考えについて，部の他の部員たちに話してみましょう。私たちが彼に良い贈り物を選ぶことを，みんなが手助けをしてくれるでしょう。

問1　something else「他の何か」make A for B「BにAを作る」should「～すべきである，したほうがよい，きっと～するはずだ」

問2　(I think)everyone will help us choose a good present for him(.) <help + 人 + 動詞の原形>「人が～［動詞の原形］することを手伝う」choose A for B「AをBに選ぶ」

2　(全訳)<翌日，部員たちと話した後，話し合いが始まる>

N：それでは，私たちの部の全員が，スミス先生に贈り物をあげたいというわけですね。／A：ええ，昨日，部のミーティングで贈り物に対する計画について話し合いましたが，色紙と一緒に贈り物として彼に何を渡すかを決めることができませんでした。／K：それでは，私たちは良い計画について考える必要があります。／N：部のミーティングで私たちが話した後に，部員の一人がスミス先生の自己紹介用紙を私に渡してくれました。スミス先生は，最初の英語の授業の際，それを全ての生徒たちに配布しました。それが役に立つと思います。用紙で情報を探してみましょう。彼が興味あるものを彼に渡した方が良いでしょう。／A：それは良い考えですね。あっ，これを見て下さい。彼の助言が私には非常に役立ちました。／K：ええ，あなたの英語は今やはるかに上達しましたね！／N：この用紙に基づけば，彼に花も渡すのはどうでしょうか？きっと彼は気に入るでしょう。／K：それは良い考えだと私は思いません。国外に花や植物を持ち出すには規制があったと思います。／N：あっ，日本からオーストラリアへ花を持ち出すことができないということですか？／K：はっきりはしないのですが，もし私たちが彼にあげる花が，日本からオーストラリアに持って行けないのならば，彼が困るでしょうね。／A：大きすぎたり，重すぎたりするものを彼に渡せば，彼にとってはそれをオーストラリアまで運搬するのが大変になるので，私たちはそのようなものを選ぶべきではありません。／N：その通りです。代わりに，彼に何を渡すべきでしょうか？

<自己紹介用紙>

皆さん，こんにちは。私の名前はティモシースミスです。オーストラリアからやって来ました。私の趣味は花の世話をすることです。／私は日本のポップソングが好きです。私の好きな日本の食べ物は寿司とたこ焼きです。でも，日本の暑い気候はあまり好きではありません。いつか，書道と剣道に挑戦してみたいと思います。／本日は，英語を学ぶことに関して，皆さんにある助言を与えたいと思います。皆さんは［　A　］すべきだと私は思います。／頑張ってください。ありがとうございます。

問3　(模範解訳)「皆さんは英語で人々に話しかけるべきだと私は思います。そうすることで，あなたの英語は上達するでしょう」具体的なアドバイスとその理由を2文以上の英語で表すこと。

3(全訳)<彼らは話し合いを続ける>

A：彼に何か歌を歌うのはどうでしょう。キミー，あなたは何か良い日本のポップソングを知っていますか？／K：はい，知っています。彼のために私たちが歌うことができる日本のポップソングについて考えてみます。／N：ありがとう。きっと彼は日本のポップソングを聞いて気に入り，喜ぶことでしょう。というのは，そのように彼の自己紹介用紙に彼は書いていますから。／K：あの，私はピアノを弾けるので，それらの歌にピアノを伴奏しましょう。音楽のフクダ先生に頼めば，学校の音楽室を使うことができると思います。彼に歌を歌うことを選択するのならば，彼女に頼んでみます。／N：良いですね。えーと，私たちの写真を集めて，彼に写真のアルバムを作るのはどうでしょうか？／K：それもまた良い考えですね。私たちはたくさんの写真を見つけなければならないでしょう。もし，写真アルバムを作るのならば，新しい写真を撮影するために，担任のキシ先生から，カメラを借りることができます。あっ，他の考えも思い浮かびました。

問4 ア「キミーは，スミス先生が好む良い写真を撮影することが困難であると考えている」(×)言及ナシ。<It is + 形容詞 + to不定詞>「～[不定詞]するのは・・・[形容詞]である」 a good photo Mr. Smith will like ← 目的格の関係代名詞の省略<先行詞(+目的格の関係代名詞)+ 主語 + 動詞>「～[主語]が・・・[動詞]する先行詞」 イ「アルバムに十分な写真がないので，ナオトはキシ先生に写真を撮影することを依頼する」(×)事実に反する。 ウ「歌を歌うことを練習したいので，練習のために，アヤコはキミーにピアノを弾くように言った」(×)ピアノを弾くことをキミは自ら申し出ている。～，so・・・「～それで[だから]・・・」 エ「必要であれば，音楽室を使わせてもらえるように，キミーは音楽の先生に依頼するだろう」(○)キミーの2番目の発言に一致。<let + 人 + 動詞の原形>「人に～させる」

4(全訳)<結論に到達しようとしている>

K：贈り物として，書道作品を作ることもできます。どう思いますか？／N：良い考えです。作品にどのような言葉を書くべきでしょうか。／K：ですから，贈り物として，私たちは3つの考えを思いつきました。彼に歌を歌うこと，写真アルバム，書道作品です。彼には色紙とこれらの3つのすべての贈り物を渡すのはいかがでしょうか？／N：私たちには，それらすべてを準備する十分な時間はありません。彼には色紙ともう1つの贈り物を渡すべきです。3つから1つを選びましょう。／A：わかりました。私は，写真アルバムが一番良い考えだと思います。彼がそれをみることで，日本で過ごした時間を覚えていられるからです。／K：同意見です。わかりました，あとでキシ先生に会いに行きます。スミス先生には私たちの贈り物を喜んでもらえると良いですね。／N：私もそうなることを望んでいます。私たちの計画について他の部員に話しましょう。きっと彼らも気に入ることでしょう。

問5 質問「スミス先生への贈り物を選んだ後に，なぜキミーは担任のキシ先生に会いに行くのか？」 3 の最後で，キミーが，新しい写真を撮影するためにキシ先生からカメラを借りることができる，と述べている点から考えること。after choosing ← <前置詞 + 動名詞[動詞の原形 + -ing]>

問6 (1) 「贈り物は，色紙と他の3つの考えうち1つであるべきだと，ナオトは考えている。というのは，イスミス先生のためにすべて3つの贈り物を用意するには時間がかかりすぎるからだ」 4 の2番目のせりふでナオトは We don' t have enough time to prepare all of them. と応えていることから，考えること。<too + 形容詞[副詞]+ to不定詞>「～ [形容詞・副詞]しすぎて・・・[不定詞]できない」 it would take too much time「もしそうなったら・・・だろう」という仮定の表現。他の選択肢は次の通り。ア「今現在，良い考えが全く思いつかないからだ」 ウ「彼の考えについて全ての部員に告げなければならないからだ」<have[has]+ to不定詞>「～しなければならない」 エ「4つの贈り物から1つのみを選ぶことはスミス先生にとって十分であるからだ」choosing ～ is enough ～ ← 動名詞[動詞の原形 + -ing]「～すること」

(2) ア「(議論中に,)ナオトは贈り物として花を贈ることを思いついたが，キミーは彼の考えに賛成しなかった」(○) 2 における3番目のナオトの発言と，それに対する，植物の国外持ち出し規制に言及しているキミーの発言に注目すること。come up with「思いつく」agree with「～に賛成する」<How about + 動名詞 ～ ?>「～してはどうか」他の選択肢は次の通り。イ「自己紹介用紙に書かれた情報に基づいて，スミス先生が良い書道作品を作成することができる，とキミーは考えた」(×)スミス先生の自己紹介用紙には，Someday, I want to try calligraphy と書かれているだけで，実際に書道作品取り組むのは，書道部員なので，不適。the information written on ～ ← <名詞 + 過去分詞 + 他の語句>「～された名詞」過去分詞の形容詞的用法　ウ「ナオトがスミス先生の自己紹介用紙を持ってきたので，スミス先生は日本のことを覚えていることができた」(×)自己紹介用紙とスミス先生の日本での思い出の記憶に関連した発言はない。～　so,・・・「～それで[だから]・・・である」 エ「全ての部員からの書道作品は良い贈り物になるとアヤコは述べた」(×)事実に反する。

問7　(全訳)K：スミス先生への写真アルバムを作成するために，写真を撮影し始めました。ここに何枚かあります。どう思いますか？／N：へえ，これらは良い写真ですが，もっと必要です。／K：ねえ，2年前に文化祭で撮影した写真を持っていませんか？その時，スミス先生は私たちと一緒にいたはずです。その時，キシ先生はカメラを使わせてくれなかったでしょうか。／N：あっ，思い出しました！文化祭後に，キシ先生から写真を何枚かもらいました。家でそれらを探してみます。　(Hey, don't you have)the pictures you took(at the school festival two years ago ?) 目的格の関係代名詞の省略<先行詞(+目的格の関係代名詞)+ 主語 + 動詞>「～ [主語]が・・・[動詞]する先行詞」

3 (長文読解問題・エッセイ：英問英答・記述，文の挿入，語句の並べ換え，語句の問題，指示語，日本語で答える問題，要約文を用いた問題，分詞の形容詞的用法，接続詞，助動詞，進行形，比較，現在完了，関係代名詞，受け身，間接疑問文，動名詞，不定詞)

(全訳)私が小学生だったとき，私たちは木製の鉛筆を使わなければならなかった。私の友人の一部はシャープペンシル使いたがったが，私たちは小学校ではそれらを使わなかった。なぜ鉛筆が小学生によって使われる最初の筆記用具なのだろうか？学校で私が使っていた鉛筆は，母から与えられたもので，鉛筆が短くなると，母に再び新しいものを買ってくれるように頼んだ。中学に入学すると，私の友人のほぼ全員がシャープペンシル使い始めた。私は小学校ではつねに木製の鉛筆を使っていたが，その以降は，私はシャープペンシルだけを使うようになった。ある日，新聞を読んでいると，鉛筆に関するある記事を見つけた。記事によると，日本では1960年代には，毎年およそ14億本の鉛筆が作られていたが，2019年には，わずか1億8千万本の鉛筆のみが製造されたとのことだ。それは1960年代に毎年製造された鉛筆の量の約13%に該当する。理由の一つは，子供の数の減少だ。私は鉛筆に対して興味がわいたので，インターネットで鉛筆について調べてみることにした。

1564年にイギリスのボローデールにて，地中よりある黒い物質が発見された。この物質は黒鉛だった。それはものを書くのに便利であることが判明した。だが，黒鉛を握ると，手が汚れてしまう。①[カ]そこで，黒鉛を2つの木片の間に挟んだのである。これらが最初の鉛筆だった。その後，鉛筆はヨーロッパに広がり，まもなく普及した。およそ200年後，ボローデールではもはや黒鉛を見つけることができなくなってしまった。その地に黒鉛が全く残されていなかったからだ。イギリス人は，ボローデールのものよりも好品質の黒鉛を見つけることができなかった。②[オ]そこで，彼らは鉛筆を作るのに別の方法を見つけなければならなかった。鉛筆を作る多くの方法を試した後に，彼らは黒鉛と硫黄を混ぜるに至った。だが，硫黄と混ぜたこの黒鉛は，ボローデールの黒鉛ほど良いものではなかった。しかし，ドイツでは，黒鉛と硫黄を混ぜるより良い方法が知られていた。フランスの人々は英国製の鉛筆を購入したが，フランスとイギリス間の戦争の影響で，18世紀には，フランス人はイギリスから鉛筆を入手できなくなった。フランスでは独自の鉛筆を生産する必要が生じて，ナポレオンボナパルトがある科学者により良い鉛筆を作るように依頼したと言われている。その科学者は黒鉛と粘土を混ぜ，芯を作るために，粘土と混ぜられた黒鉛は約1,100度まで熱せられた。それで，その科学者はついに最良の芯を作ることに成功した。それは現在使われている芯とほぼ同様のものだった。③[ウ]そして，19世紀には，アメリカのある鉛筆会社が，鉛筆を生産する新たな方法を見つけた。その会社は2つの板の間に6本の芯を挟み，それを6本の鉛筆へと切断したのであった。これは，現在一度に多くの鉛筆を作るために用いられているものとほぼ同じ過程である。

日本の鉛筆はどうだろうか？徳川家康が最初に鉛筆を使った日本人であると言われている。静岡県では，彼が使った鉛筆がある神社によって1617年以来ずっと保存されてきた。明治時代には，日本人は多くの新しいことをアメリカやヨーロッパから学ぼうとした。若者には，以前よりも多くの学ぶ機会が確保されたのである。1873年におよそ20名の日本人技師が新しい技術を学ぶためにヨーロッパへと派遣された。彼らが日本に戻ると，そのうちの何名かが，ある人物に鉛筆の作り方を教えた。この人物，小池卯八郎が日本で最初の鉛筆を作ったと言われている。日本で作られたこれらの鉛筆は，1877年の東京，上野で開かれた博覧会で[A]公開された。この後，日本では鉛筆がより普及して，多くの人々が使い始めた。当時，約40社の鉛筆会社が創業して，その中の何社かは現在いまだに鉛筆を作っている。

鉛筆にはいくつかの長所がある。たった1本の鉛筆だけで，どのくらい長く書くことが可能であるのか，ご存じだろうか？私はインターネットである記事を読んだ。およそ50kmの1本線を書くことができるとのことだ！これは驚くべきことだと私は考えた！多くの他の筆記用具よりも，鉛筆を使った方がより長く書くことができるのである。鉛筆は多くの異なった環境下でも使うことができる。たとえば，冬に山頂のような非常に寒い場所で，ボールペンを使えば，おそらく書くことはとても難しいだろう。日本では，鉛筆が，小学生が書き方を学ぶために使う最初の筆記用具であるのは鉛筆が壊れにくいからだ。もしこの世に鉛筆が[B]なければ，日本で子供たちが書き方を練習することが，はるかにもっと困難になるだろう。

今や私は鉛筆についてより多くのことを知っている。鉛筆には非常に興味深い歴史がある。知って，とても驚くべきことだった。私たちの周囲の他の筆記用具はどうだろうか？それらには，独自の驚くべき歴史があるかもしれない。それらについてもっと知りたい。

問1　(模範解答訳)鉛筆は壊れにくいくらい硬いからだ。「なぜ鉛筆が日本で小学生によって使われる最初の筆記用具なのか？」第4段落の最後から2文目に because pencils are hard to break とあるのを参考にすること。the first writing tools used by elementary school students ← ＜名詞＋過去分詞＋他の語句＞「～された名詞」過去分詞の形容詞的用法

問2　①　＜黒鉛を握ると，手が汚れる＞ → ①[カ]＜そこで，黒鉛を2つの木片の間に挟んだ＞ → ＜これらが最初の鉛筆だ＞　～ so,・・・「～それで，だから，・・・である」②　＜イギリス人はボローデールのものよりも好品質の黒鉛を見つけることができなかった＞ → ②[オ]＜そこで，彼らは鉛筆を作るのに別の方法を見つけなければならなかった＞　＜had ＋ to不定詞＞「～しなければならなかった」＜have ＋ to不定詞＞「～しなければならない」の過去形　③　＜その科学者は最上の芯を作ることに成功した。それは現在使われている芯とほぼ同様のものだった＞ →　③[ウ]＜そして，19世紀に，アメリカのある鉛筆会社が鉛筆を生産する新たな方法を見つけた＞ → ＜その会社は2つの板の間に6本の芯を挟み，それを6本の鉛筆へと切断した＞　他の選択肢は次の通り。ア「新しい黒鉛を発見する前に，2百年間同じ方法で新しい鉛筆を作っていた」were making ← ＜be動詞＋-ing＞進行形「～しているところだ」 イ「その後，そ

れらの人々はついに鉛筆をイギリスへと持ち込んだ」 エ「そして，お金をもっと稼ぐために，それらの科学者らは，新しいものをアメリカの鉛筆会社に売った」ones ← one「もの，1つ」(前に述べられた数えられる名詞の代わりとして)more ← many／much の比較級「もっと多くの，もっと多く」

問3　(In Shizuoka Prefecture, a)shrine has been protecting the pencil that he(used since 1617.)has been protecting「～を保護し続けてきた」← <have[has]been -ing>現在完了進行形(動作動詞の継続)「～し続けている」the pencil that he used「彼が使った鉛筆」目的格の関係代名詞<先行詞＋目的格の関係代名詞＋主語＋動詞>「～［主語］が・・・［動詞］する先行詞」

問4　Ⓐ These pencils made in Japan were Ⓐshown in「日本で作られたこれらの鉛筆は～に展示された」these pencils made in ← 過去分詞の形容詞的用法<名詞 ＋ 過去分詞 ＋ 他の語句>「～された名詞」were shown ← <be動詞 ＋ 過去分詞>受け身「～される」
Ⓑ If there Ⓑ were no pencils, it would be much more difficult for children in Japan to practice writing.「もし鉛筆がなければ，日本の子供たちが書き方の練習をするのがはるかにより困難になるだろう」仮定法過去<If ＋ S ＋ 過去形 ～，主語 ＋ 過去の助動詞・・・>現在の事実の反する事柄を仮定「もし～ならば，・・・だろう」

問5　前述箇所(You can draw a line about 50 km long！)を指す。Do you know how long you can write with just one pencil？← How long can you write ～？間接疑問文(疑問文が他の文に組み込まれた形)<(疑問詞＋)主語 ＋ 動詞>の語順になる。

問6　(全訳)ツネオは小学校で鉛筆を使っていたが，中学校では，[1]それらを使うことを止めてしまった。ある日，新聞のある記事により，彼は鉛筆に興味を持つようになった。鉛筆について調査して，彼は鉛筆に関して多くのことを学んだ。例えば，いつどこで最初の鉛筆が作られたかを知り，どのようにして人々が[2]鉛筆を改良し，いかに鉛筆が日本へともたらされたかを学んだ。彼はまた，例えば，単に1本の鉛筆だけで，どのくらい長く書けるかなど，鉛筆に関して他の多くのことも知った。ツネオは鉛筆の興味深い歴史について知り，[3]驚いた。彼は他の筆記用具の歴史についても，もっと知りたいと願っている。　1 stop＋動名詞[原形＋-ing形]「～することを止める」 2 learned how people made pencil better ← How did people make pencil better？間接疑問文(疑問文が他の文に組み込まれた形)<(疑問詞＋)主語＋動詞>の語順になる。better ← good／well の比較級「もっとよい，もっとよく」 make A B「AをBの状態にする」 3 was surprised to learn ← <感情を表す語句 ＋to不定詞>「～してある感情がわきあがる」

4 (条件英作文)

(指示文全訳)スピーチや発表をするのは，あなたの理解を深めるうえで効果的だ。スピーチや発表をする際，もっと知りたいと願っていることを発見するかもしれない。もっと学ぶためには，調査する必要があるだろう。例えば，学校では，多くの方法でこのことを行うことが可能である。学校の図書館やタブレット型のコンピューターもまた役に立ちうる。あなたの調査に対して，図書館やコンピューターのようなものを，あなたはどのように使うだろうか。

(解答例訳)まず，私はインターネットで情報を集めるだろう。インターネット上には多くの情報があり，あるものは間違っているかもしれない。次に，情報が間違っていないということを確認するために，学校の図書館の本を数冊読むだろう。そうすれば，難しい話題についてもっと学ぶことが可能となる。

下線部に対する考えとその理由を40語以上50語程度の英語でまとめる条件英作文。

2022年度英語　リスニングテスト

〔放送台本〕

問題は，No.1~No.7の全部で7題あり，放送はすべて英語で行われます。放送される内容についての質問にそれぞれ 答えなさい。No.1~No.6は，質問に対する答えとして最も適切なものを，A~Dの中から一つずつ選び，その記号を書きなさい。No.7は，それぞれの質問に英語で答えなさい。放送中メモを取ってもかまいません。各問題について英語は2回ずつ放送されます。

Look at No.1 to No.3.

Listen to each talk, and choose the best answer for each question. Let's start.

No. 1

A : Can I have one hamburger, two hot dogs and a cup of coffee, please?
B : Sorry, but we don't have hot dogs.
A : Really? OK, then I'll have one more hamburger, please.
B : Sure. That'll be six hundred yen.

Question : What will the man have?

No. 2

A : Look at the bird in this picture. It is really cute. I'm glad we came to see it. Is there anything you like, Mike?
B : Well, there are a lot of nice pictures. My favorite is the picture of a train and a mountain. It's wonderful.
A : Oh, I haven't seen it yet. Where is it?
B : I saw it over there.

Question : Where are they talking?

No. 3

A : Mom, do you know where Dad is? I can't find him. He isn't on the second floor.
B : He went to the post office to send letters.
A : Oh, really? I want to carry some chairs to the garden, but they are too heavy. I need his help.
B : Oh, look. Your father just came back, Michael. See? He has just stopped his car.

Question : Where is Michael's father?

〔英文の訳〕

No.1からNo.3を見て下さい。各会話を聞いて，それぞれの質問に対して最も適切な答えを選びなさい。では，始めます。

No.1　A：ハンバーガーを1つ，ホットドッグを2つとコーヒーは1杯お願いします。
B：すいませんが，ホットドッグはございません。
A：本当ですか？　わかりました，では，ハンバーガーをもう1つ下さい。
B：かしこまりました。600円になります。
質問：男性はどれを食べる[注文する]でしょうか。／正解：ハンバーガー２つとコーヒー１杯の図B。

No.2　A：この写真の鳥を見て下さい。本当にかわいいです。それを見るためにここに来られてうれしいです。マイク，あなたが好きなものは何かありますか？
B：そうですね，多くの写真がありますね。私が好きなものは，列車と山の写真です。素晴らしいです。
A：えっ，私はそれをまだ見ていません。それはどこにありますか。
B：向こうに見えます。
質問：彼らはどこで話をしていますか。／正解：写真を見ている図C。

No.3　A：ママ，パパがどこにいるかわかる？彼が見当たらない。彼は2階にいない。
B：彼は手紙を出しに，郵便局へ行ったわ。
A：えっ，本当？　私は何脚かのいすを庭に運びたいのだけれども，重すぎて。彼の助けが必要なんだ。
B：あっ，見て。ミッシェル，お父さんがちょうど帰って来たわ。わかる？　彼はたった今，車を停めたところよ。
質問：ミッシェルの父はどこにいますか？／正解：車の中のA。

〔放送台本〕

Look at No.4 and No.5. Listen to each situation, and choose the best answer for each question. Let's start.

No. 4

Robert asks Ken to play soccer together tomorrow.
Ken has to help his mother at home tomorrow morning.
But Ken is free in the afternoon, so he wants to play then.

Question : What will Ken say to Robert?

No. 5

Mika is taking a walk with her father.
She has found a key on the way, but they don't know whose key it is.
Her father tells her what to do.

Question : What will Mika's father say to Mika?

〔英文の訳〕

No.4とNo.5を見て下さい。各状況を聞いて，それぞれ質問に最も適切な答えを選びなさい。では，始めます。

No.4 ロバートはケンに明日一緒にサッカーをすることができるか尋ねます。ケンは明日の午前中は家で母親の手伝いをしなければなりません。でも，午後は暇なので，その時にケンはサッカーをしたいと思っています。

質問：ケンはロバートに何と言うでしょうか？

〔選択肢の訳〕

A 手助けしてくれてありがとう。 (B) 明日の午後はどうですか？

C 自分だけでそれをしてもらえますか？ D ごめんなさい，1日中忙しいのです。

No.5 ミカは彼女の父親と散歩をしています。途中で，彼女は鍵を見つけましたが，それが誰のものかわかりません。彼女の父親が彼女に何をしたらよいか告げます。

質問：ミカの父はミカに何と言うでしょうか？

〔選択肢の訳〕

A 私が私の鍵をなくしました。 B 明日，それを探しましょう。

C 私のものは少しだけ小さいです。 (D) 交番にそれを持って行きましょう。

〔放送台本〕

Look at No. 6.

Listen to the tour guide on the bus, and choose the best answer for questions 1, 2 and 3. Let's start.

No. 6

It's eleven fifty-five, so it's almost lunch time. We will arrive at the Saitama Restaurant soon. Let me tell you about the restaurant.

The Japanese food at the restaurant is really popular, but if you want to have food from other countries, Saitama Restaurant is a great place. You can eat many different foods from all over the world.

The cakes are really delicious, too. Most people order the chocolate cake at the restaurant. You can also have fruit cake and ice cream. I'm sure you will like everything.

We've just arrived at the restaurant. It's twelve o'clock now. Our bus will stay here for an hour and thirty minutes. When you finish having lunch, you'll have some free time. You can go shopping if you want to, and near the restaurant, there is a famous shop that sells cheese cake. It is very popular. Please come back here by one twenty-five p.m. Thank you and have fun, everyone.

Question1 : What is the most popular cake at the Saitama Restaurant?
Question2 : What time will the bus leave the restaurant?
Question3 : Which is true about the Saitama Restaurant?

〔英文の訳〕

No.6を見てください。バスのツアーガイドの話を聞いて，質問1，2，3に対する最も適切な答えを選びなさい。では，始めます。

今，11時55分なので，もう少しで昼食の時間となります。埼玉レストランにまもなく到着します。レストランについて説明いたします。

レストランの和食はとても人気がありますが，他の国の食べ物を食べたいのならば，埼玉レストランはすばらしい場所でしょう。世界中の多くの様々な食べ物を食べることができます。

ケーキも本当に美味しいです。レストランではほとんどの人々がチョコレートケーキを注文します。フルーツケーキやアイスクリームも食べることができます。きっとすべてに満足されることでしょう。

ただいまレストランに到着しました。現在12時です。私たちのバスはここに1時間30分滞在します。昼食を食べ終わったら，自由時間となります。お望みなら，ショッピングをすることができますし，レストランの近くには，チーズケーキを販売している有名な店がございます。とても人気があります。ここには午後1時25分までにお戻りください。皆さん，ご清聴ありがとうございます。お楽しみください。

質問1：埼玉レストランで最も人気があるケーキは何でしょうか？

〔選択肢の訳〕 Ⓐ チョコレートケーキ　B アイスクリームケーキ　C フルーツケーキ　D チーズケーキ

質問2：バスはレストランを何時に出発するでしょうか？

〔選択肢の訳〕 A 午前11時50分　B 正午　C 午後1時25分　Ⓓ 午後1時30分

質問3：埼玉レストランに関して正しいのはどれですか？

〔選択肢の訳〕 A そのレストランでは中華が和食より人気がある。

B 昼食を注文するために，人々はバスから降りる必要がない。

Ⓒ そのレストランは，世界中から多くの様々な食べ物を食べるにはすばらしい場所である。

D そのレストラン内にはいくつかの有名な店がある。

〔放送台本〕

Look at No.7.

Listen to the talk between Kayo and John, a student from the U.S., and read the questions. Then write the answer in English for questions 1, 2 and 3.

Let's start.

John : Good morning, Kayo. Sorry, I'm a little late.

Kayo : That's OK. What were you doing?

John : I was reading a Japanese newspaper. I read a Japanese newspaper every morning because it's a good way to learn Japanese. This morning, I found some difficult *kanji*, so I asked my host father how to read them.

Kayo : I see. How long have you studied Japanese?

John : I've studied it for three years. It's still difficult for me to read and write *kanji*. What do you usually do in the morning, Kayo?

Kayo : I usually listen to an English program on the radio in the morning. I want to use English for my job in the future, so I listen to it every day

from Monday to Friday.
John : That's nice.
Kayo : I think it's great to use your free time in the morning to learn something you like.
John : I agree. By the way, are you free after school?
Kayo : Yes. What's up?
John : I have math homework, but I can't answer some questions. I need your help because you're good at math.
Kayo : OK. Actually I haven't finished it yet. Let's do it together.
John : Thank you.

〔英文の訳〕

No.7を見てください。カヨとアメリカからの留学生，ジョンとの会話を聞いて，質問を読みなさい。それから，質問1，2，3に対して，英語で答えを書きなさい。では，始めます。

ジョン(以下J)：カヨ，おはよう。少し遅れて，ごめんなさい。／カヨ(以下K)：平気よ。何をしていたの？／J：日本語の新聞を読んでいたよ。僕は毎朝日本語の新聞を読んでいるのさ。日本語を学ぶには良い方法だからね。今朝，難しい漢字を見つけたので，ホストファザーに読み方を尋ねたよ。／K：なるほど。あなたはどのくらいの間日本語を学んでいるの？／J：3年間学んでいるよ。それでも，僕にとっては，漢字を読んだり，書いたりするのは難しいんだ。カヨ，君は朝，通常何をしているのかな？／K：私はいつも朝，ラジオで英語番組を聞いているの。将来，自分の仕事で英語を使いたいので，月曜日から金曜日まで毎日それを聞いているわ。／J：それは素晴らしいね。／K：好きなことを学ぶために，朝の自由時間を使うのは有効だと思うわ。／J：同感だね。ところで，放課後，暇？／K：ええ。どうかしたの？／J：数学の宿題があるけれど，いくつかの質問の答えがわからないのさ。君は数学が得意だから，君の手助けが必要なんだ。／K：いいわ。実は，私もまだ終わっていないのよ。一緒にやりましょう。／J：ありがとう。

〔問題文の訳〕

(1)質問1：どのくらいの期間ジョンは日本語を学んでいるのか？／答え：彼は3[three]年間それを学んでいる。

(2)質問2：なぜカヨはラジオで英語番組を聞いているのか？／答え：将来の仕事に使う[use]ことを望んでいるから。

(3)質問3：なぜジョンはカヨに彼の数学の宿題を手伝うように頼んだのか？／答え：彼女は数学が得意[good at]だから。

(学校選択問題)

(1)質問1：なぜ毎朝ジョンは新聞を読んでいるのか？／答え：日本語を勉強するために。[(To) learn Japanese.]

(2)質問2：一週間のうち何日カヨはラジオで英語番組を聞いているのか？／答え：彼女は週に5日[five days a(week.)]その番組を聞いている。

(3)質問3：なぜジョンはカヨに彼の数学の宿題を手伝うように頼んだのか？／答え：彼女は数学が得意[good at]だから。

＜理科解答＞

1 問1　ウ　　問2　ア　　問3　エ　　問4　ア　　問5　右図
問6　やく　　問7　$2H_2+O_2 \rightarrow 2H_2O$　　問8　全反射

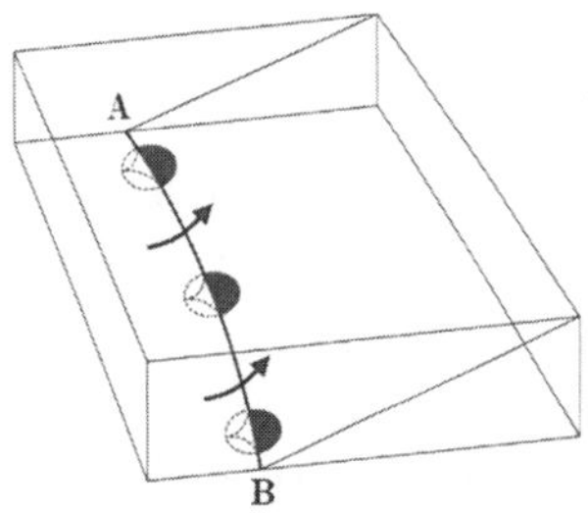

2 問1　D　　問2　南中高度
問3　I　54　　II　天の北極[北極星]
問4　L　東　　M　(例)遅くなっていく　　問5　3

3 問1　イ　　問2　(例)表面積　　問3　E　　問4　ウ
問5　ア　　問6　(例)血液中の養分や酸素は，血しょうに溶けた状態で毛細血管からしみ出て，組織液を通して全身の細胞に届けられる。

4 問1　ウ　　問2　(1)　二酸化炭素　イ　　酸素　エ
(2)　(例)乾いたペットボトルを使って集めたアンモニアと条件がそろわなくなる[その水に気体が溶ける]，[ペットボトルに入る水の量が増える]
問3　(例)気体として存在している粒子の数が減少することで，大気圧よりペットボトル内の気体の圧力が小さくなる
問4　イ

5 問1　下図　　問2　アとオ　　問3　右図　　問4　エ
問5　L　小さく　　M　(例)Yを高くする[Zを塔に近づける]，[Y，Zを固定したまま橋げたを下げる]

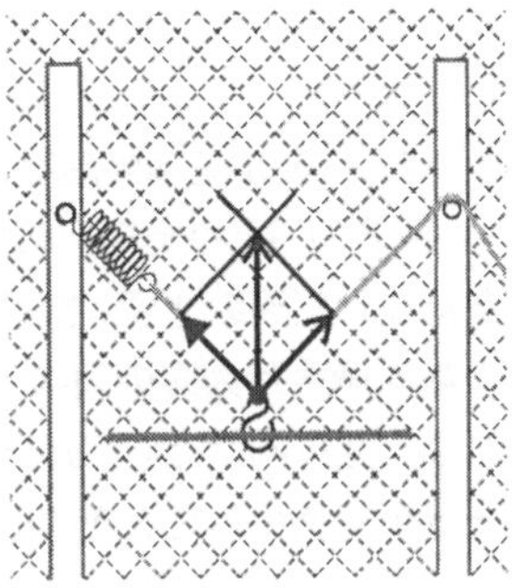

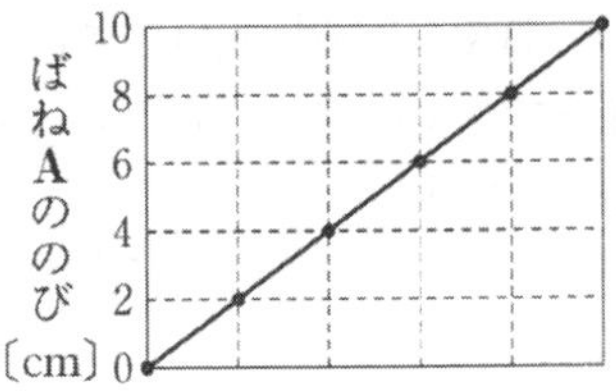

＜理科解説＞

1 (小問集合－火山活動と岩石：火成岩，生物の成長と生殖：受精，化学変化と電池：ダニエル電池，電流と磁界：フレミングの左手の法則，天気の変化：温暖前線，植物の体のつくりとはたらき，化学変化：燃焼，光と音：全反射)

問1　マグマが地下深くで冷え固まってできた岩石は**花こう岩**で，鉱物の結晶からなる**等粒状組織**であることから**火成岩のなかでも深成岩に分類**される。石灰岩，チャート，砂岩は堆積岩である。

問2　卵に精子が入り，精子の核と卵の核が合体して新しい1個の核となる過程を受精という。

問3　セロハンにはとても小さな穴が開いており，水溶液中の陽イオンと陰イオンはこの穴を通りぬけることができる。**ダニエル電池では，イオン化傾向(イオンへのなりやすさ)の大きい亜鉛原子Znが水溶液中に亜鉛イオンZn^{2+}となって溶け出し，亜鉛板に残った電子は導線を通って銅板へ移動し電流が流れる。水溶液中の銅イオンCu^{2+}は銅板に達した電子を受けとって銅原子Cuになる。(－極)$Zn \rightarrow Zn^{2+}+2e^-$，(＋極)$Cu^{2+}+2e^- \rightarrow Cu$**，により，電流を流し続けると，亜鉛板は軽くなり，銅板は重くなる。

問4　**フレミングの左手の法則**により，中指を電流の流れる向きに，人さし指を磁界の向き(N極か

らS極への向き)に合わせると，親指のさす向きが電流が磁界から受ける力の向きであり，導線にはたらく力の向きである。

問5 暖気が寒気の上にはい上がって進んでいくため，線A—Bは**温暖前線**であり，天気図記号は，である。

問6 アブラナの花のおしべの先端の小さな袋の名称は**やく**である。

問7 水素が燃焼した結果，試験管の内側がくもったのは，水ができたからである。この化学変化を化学反応式で表すと，$2H_2 + O_2 \rightarrow 2H_2O$，である。

問8 光が光ファイバーから空気へ進むとき，**入射角を大きくして屈折角が90°より大きくなるようにしており**，すべての光が反射する全反射となっている。

2 (天体の動きと地球の自転・公転：地球の公転と季節・太陽の日周運動・日時計，太陽系と恒星：月の見え方・太陽暦と太陰暦)

問1 **Aの位置では，北極側が太陽の方向に傾くため，北半球では南中高度が高くなり**，昼間の長さは長くなるため，夏である。Cの位置では，北極側が太陽と反対の方向に傾くため，北半球では南中高度が低くなり，昼間の長さは短くなるため，冬である。よって，Dが春分である。

問2 天球上の太陽の位置がPのときは，太陽が北と天頂と南を結ぶ半円(天の子午線)上を通過するときで，太陽の位置がもっとも高くなり，このとき太陽は南中するといいい，このときの高度である**∠QOPを南中高度**という。

問3 **春分の日と秋分の日の太陽の南中高度 = 90° −36° (北緯) = 54° である。太陽は，地軸を延長した天の北極(北極星付近)を中心として，東から西へ移動する。よって，地平面と文字盤のなす角度が太陽の南中高度である54° となるように傾け，竹串を真北に向けて設置する。これは，空に向けた竹串が天の北極(北極星付近)を指すようにするためであり，こうして文字盤を天球まで拡張したときの円周は，春分の日と秋分の日の太陽の通り道と同じになる。**

問4 月は，月の公転によって**西から東へ1日に約12°**ずつ移動して見える。このことから，日ごとに月が南中する時刻は遅くなっていくことがわかる。

問5 月が満ち欠けする周期12回分を太陰暦の1年とすると，地球の公転周期との差 = 29.53〔日〕×12〔月〕−(365〔日〕+0.24〔日〕)= 354.36〔日〕−365.24〔日〕= 10.88〔日〕である。**この1年間における差が毎年蓄積した結果，太陰暦の1か月分になる年限 = 29.53日÷10.88日 ≒ 2.7，であり，3年に1度，月が満ち欠けする周期1回分を「13番目の月」として入れれば，差は修正できる。**「13番目の月」を加えた場合，太陰暦の1年は，月が満ち欠けする周期の3分の1回分(= 29.53〔日〕÷3≒9.84〔日〕)を元の太陰暦の1〔年〕に加えたことになり，354.36〔日〕+9.84〔日〕= 364.20日となる。地球の公転周期は365.24日であることから，3年間における地球の公転周期と太陰暦の差は，年平均1日程度に抑えられる。

3 (動物の体のつくりとはたらき：ヒトの消化と吸収・肝臓のはたらき・血液の循環・細胞の呼吸，酸・アルカリとイオン：pH)

問1 「ノート1」は，食物にふくまれる大きな分子の成分が，各消化器官から出される消化酵素によって，消化されやすい小さい分子に分解されていくようすを表している。**タンパク質は，胃液にふくまれる塩酸や消化酵素のペプシンによって分解される。すい臓でつくられるすい液は十二指腸に出されるが，消化酵素のトリプシンがふくまれ，また，小腸の壁にある消化酵素などのはたらきで，タンパク質はほぼ完全に消化され，さらに小さい分子であるアミノ酸になる。**

問2 小腸の内側の壁には多数の柔毛がある。これにより，**小腸の内側の表面積が大きくなるた**

め，養分を効率良く吸収できる。

問3　**ブドウ糖は，小腸の柔毛の表面から吸収されて毛細血管に入り，小腸と肝臓をつなぐ静脈であるE(肝門脈)を通って肝臓に入る。肝臓では，ブドウ糖の一部はグリコーゲンという物質に合成されてたくわえられ，必要に応じて再びブドウ糖に分解され血液中に送り出される。その後，静脈となって肝臓を出てから心臓にもどる。よって，吸収されたブドウ糖を最も多くふくむ血液が流れている場所はEである。**

問4　赤血球にはヘモグロビンがふくまれている。ヘモグロビンは，酸素が多いところで酸素と結びつき，酸素が少ないところで酸素をはなす性質がある。よって，全身の細胞から排出された**二酸化炭素が血液に多く溶けこむと血液のpHが小さくなるため，ヘモグロビンが酸素をはなしやすくなり，**その酸素は全身の細胞に供給される。

問5　**細胞の呼吸**は，からだの1個1個の細胞が，酸素を使って，ブドウ糖などの栄養分を分解し，生命を維持するためのエネルギーをとり出すことである。このとき，二酸化炭素と水ができる。ブドウ糖の一部は，肝臓でグリコーゲンという物質に変えられて，一時的にたくわえられる。

問6　血液中の養分や酸素は，**血しょう**に溶けた状態で毛細血管からしみ出て，**組織液**を通して全身の細胞に届けられる。

4 (気体の発生とその性質，大気圧と圧力，自然環境の調査と環境保全：地球の温暖化)

問1　**アンモニアは水に非常に溶けやすくその水溶液はアルカリ性**を示す。よって，水でぬらした赤色リトマス紙をペットボトルの口に近づけて，青色に変化するかを見る。

問2 (1)　二酸化炭素を発生させるために必要な薬品は，石灰石とうすい塩酸($CaCO_3 + 2HCl \rightarrow CaCl_2 + H_2O + CO_2$)である。また，酸素を発生させるために必要な薬品は，二酸化マンガンとうすい過酸化水素水($2H_2O_2 \rightarrow 2H_2O + O_2$)である。

(2)　水上置換により気体を捕集した場合は，ペットボトルの内壁についた水に気体が溶け，乾いたペットボトルを使って集めたアンモニアと条件がそろわなくなる。

問3　気体を集めたペットボトルに水を注入し，ピンチコックを閉じて，中の気体と水を混合すると，**ペットボトルがつぶれるのは，気体として存在している粒子の数が減少することで，大気圧よりペットボトル内の気体の圧力が小さくなるから**である。

問4　【結果2】から，二酸化炭素を満たした3本のペットボトルに，水温が異なる水を加え栓をしたところ，水温が高いほどペットボトルのつぶれが少なかったことから，**二酸化炭素は，水温が高いほど，水に溶けにくくなる**ことがわかる。海水温が上昇していくと，大気中の二酸化炭素が海水に溶けこむ量は減少していき，大気中の二酸化炭素の量は減少しにくくなると予想される。二酸化炭素などの気体には**温室効果**があり，地球の温暖化の原因の一つになっている。

5 (力のつり合いと合成・分解：斜張橋の合力と分力，力のはたらき：フックの法則，数学：相似)

問1　結果1より，(おもりの質量，ばねAののび)を求めると，(0 g，0 cm)，(20 g，2.0 cm)，(40 g，4.0 cm)，(60 g，6.0 cm)，(80 g，8.0 cm)，(100 g，10.0 cm)である。それぞれの点(・)をグラフに記入する。原点を通り，各測定点(・)のなるべく近くを通る直線を引く。

問2　おもりにはたらく重力の大きさは，おもりがばねを引く力の大きさに等しい。**フックの法則**により，**ばねののびはばねを引く力の大きさに比例する。**よって，結果1から，アとオが正しい。

問3　力Ⅰの矢印の長さと同じ長さの力Ⅱの矢印をかく。力Ⅰと力Ⅱの合力として力Ⅲをフックが糸にかかっている位置であるOを作用点として正方形の対角線の長さの矢印をかく。

問4　実験2の[3]において，力の平行四辺形は分力のなす角度が120°のひし形である。120°のひし形は正三角形を組み合わせたものであるから，分力と合力の大きさは等しい。**合力はフック付きの金属板にかかる重力とつり合う力で大きさは一定であり，分力がかかるばねAののびは結果2と結果1から10cmである。分力の大きさは，図5のように糸とスタンドがつくる角度の大きさによってかわる。**糸とスタンドがつくる角度を30℃にした場合は,力の平行四辺形は分力のなす角度が60°のひし形であり,図6の直角三角形を4個組み合わせたものである。**その直角三角形は図6と相似であり，**直角をはさんだ2辺のうち長いほうの辺の長さは，合力の2分の1の大きさを表し，ばねののびは，10cm÷2＝5cm，である。ばねAののびの長さをxcmとすると，c：a＝2：$\sqrt{3}$ ＝ x〔cm〕：5〔cm〕，x〔cm〕＝5〔cm〕×2÷1.73≒5.8〔cm〕，である。よって，ばねA全体の長さは，8〔cm〕＋5.8〔cm〕＝ 13.8〔cm〕，である。

問5　実験2の結果2および問4より，糸とスタンドがつくる角度が小さくなるほどばねAの全体の長さが小さくなることがわかる。よって，ケーブルにはたらく力をさらに小さくするにはXが小さくなるように，Yを高くするか，Zを塔に近づけるか，または，Y，Zを固定したまま橋げたを下げるようにする。

<社会解答>

1　問1　北アメリカ(大陸)　問2　ウ　問3　ウ，オ　問4　(Q)　フランス
(特色)　(例)　穀物の輸出量が輸入量より多く，穀物の自給率が100%を超えている。

2　問1　イ　問2　(1)　奥羽(山脈)　(2)　エ　問3　(Q)　(例)　大消費地に近い[大都市に近い]　(R)(例)　新鮮さが求められる[保存がきかない]
問4　ア，ウ，オ

3　問1　ウ　問2　聖武天皇　問3　エ　問4　(例)　明が日本に対して与え，正式な貿易船であることを証明する役割を果たしていた。　問5　ア

4　問1　(名称)　廃藩置県　(行われたこと)　(例)　中央から各県に県令が派遣された。
問2　ウ→イ→ア→エ　問3　イ　問4　サンフランシスコ
問5　(記号)　ウ　(Y)PKO[国連平和維持活動]

5　問1　公共の福祉　問2　ア　問3　エ　問4　(1)　ア　(2)　イ
問5　(例)　所得が高いほど，所得に対する税金の割合を高くする　問6　国際司法裁判所

6　問1　エ　問2　イ→ウ→エ→ア　問3　(P)　地方交付税交付金　(Q)　国庫支出金
問4　ウ　問5　(記号)　イ　(A)　(例)　節水によって，市民1人1日あたりの生活用の水使用量が減っている

<社会解説>

1　**(地理的分野－世界地図・各国の様子に関する問題)**

問1　ユーラシア大陸・アフリカ大陸に次いで，世界で三番目に広い大陸である。

問2　カードⅠは**モンゴルの遊牧民が使う移動式住居のゲル**である。カードⅡは**白夜**とあることから**北緯・南緯66度33分以北・以南の地域**であることが分かるが，Cは北半球にあることから北極圏に位置していることになる。これらを併せて判断すれば良い。

問3　1980年のタイからの輸出品の4位は鉱産物資源であるすず，5位は機械類であることから，アは誤りである。1980年の韓国からの輸出品の2位は機械類，4位は鉄鋼，5位は船舶でることから，イは誤りである。2018年のタイからの自動車の輸出額は2525億ドル×12.1%＝305.525億ドル，同年の韓国からの自動車の輸出額は6048億ドル×10.0%＝604.8億ドルで，韓国の輸出額の方が

多いことから，エは誤りである。したがって，正しいものはウ・オである。

問4　Pはイギリス，Qはフランス，Rはナイジェリアである。これらの国々の内，穀物の輸出量が輸入量を上回っているのはフランスだけであることに注目すれば良い。

2 (地理的分野－日本の諸地域の様子・気候・産業・地形図の読み取りに関する問題)

問1　Ⅰは**冬の平均気温0度を大きく下回っていることから北海道の雨温図**，すなわち釧路市であることが分かる。Ⅲは**冬の降水量が多いことから日本海側の雨温図**，すなわち秋田市であることが分かる。これらを併せて判断すれば良い。

問2　(1)　**東北地方の背骨**と呼ばれる山脈である。　(2)　Xは人口が一番多いことから，政令指定都市のある宮城県であることが分かる。aは青森県・山形県の額が多いことから，両県で生産量が多いりんご・さくらんぼが中心となって数字が構成されていることが分かる。これらを併せて判断すれば良い。

問3　Q　北海道を除いた茨城県・千葉県・神奈川県・愛知県・兵庫県の共通点が**東京・名古屋・大阪の三大都市圏**であることに注目すれば良い。　R　空欄のすぐ後に，できるだけ早く消費者に届けられる必要があると書かれている点に注目すれば良い。

問4　A地点とB地点は道路で結ばれており，B地点への進行方向左側に洞爺湖があることから，アは正しい。地形図の**縮尺が25000分の1**とあることから，**地図上の1cmの実際の長さは25000cm＝250m**である。したがって，BC間の道のりは5×250＝1250mとなることから，ウは正しい。E地点近くに573m，F地点近くに187mの標高が示されていることから，2地点の標高差は300m以上あることが分かるので，オは正しい。有珠山はB地点の南西に位置しておりイは誤りである。D地点に見られるΛ**は針葉樹林の地図記号**でありエは誤りである。

3 (歴史的分野－各時代の経済を切り口にした問題)

問1　**十七条の憲法を定めたのは聖徳太子**である。その聖徳太子が**遣隋使として派遣したのが小野妹子**であることから判断すれば良い。

問2　**行基は東大寺の大仏造りに協力した僧**である。その**大仏造りの詔を出したのは聖武天皇**であることから判断すれば良い。

問3　**承久の乱で上皇軍を討ったのは北条義時**であることから，Xは誤りである。**鎌倉府長官は鎌倉公方と呼ばれ，上杉氏が世襲**したことから，Yは誤りである。承久の乱の結果，西日本にも幕府の勢力が及び東日本の御家人が地頭職に任命されたことから，Zは正しい。これらを併せて判断すれば良い。

問4　**日明貿易は，日本が明に朝貢**する形で行われていたこと，**勘合は海賊船と貿易船を区別**するためのものであることを併せて説明すれば良い。

問5　幕府が出した禁教令とあることから，該当するものは1612・1614年に江戸幕府が出したものであることが分かる。aは江戸時代の元禄文化，bは室町文化の説明である。資料2の作者である**俵屋宗達は江戸時代初期の画家**である。資料3の作者は**室町時代に水墨画を大成した雪舟**である。これらを併せて判断すれば良い。

4 (歴史的分野－明治時代から現在に至る様々な出来事に関する問題)

問1　藩を廃止して県を置くとあることから，**1871年に実施された廃藩置県**であることが分かる。県令は，中央集権国家を目指すために，政府から各県に派遣されたことを説明すれば良い。

問2　アは1905年，イは1895年，ウは1894年，エは1906年のことである。

問3 **第一次世界大戦中に日本では大戦景気**となったことに注目すれば良い。アの金融恐慌は1927年，ウの米・砂糖・マッチなどの配給制は1940年，エの富岡製糸場建設は1872年のことである。

問4 太平洋戦争の講和会議は，1951年にアメリカ西海岸の都市サンフランシスコで開かれたことから判断すれば良い。

問5 イラクによるクウェート侵攻で引き起こされた戦争は湾岸戦争である。国際連合の行う平和維持活動は，Peacekeeping Operations（国連平和維持活動）である。

5 **（公民的分野－国民の義務・三権分立・選挙制度・価格・国際連合などに関する問題）**

問1 **日本国憲法第12条**の条文から判断すれば良い。

問2 **日本国憲法第50条**及び**51条**の内容から判断すれば良い。特別会は衆議院議員総選挙後30日以内に召集されて内閣総理大臣を指名するものであることから，イは誤りである。条約の承認は**日本国憲法第61条**により衆議院の優越が認められていることから，ウは誤りである。**日本国憲法第64条**により，弾劾裁判は衆議院・参議院それぞれ7名の国会議員によって行われることから，エは誤りである。

問3 小選挙区では二大政党制になりやすいことから，議会で物事を決めやすい反面多様性がなくなることが分かる。比例代表制では小政党も議席を確保しやすくなることから，多様性は保証されるが物事の決定は難しくなりやすいことが分かる。これらを併せて判断すれば良い。

問4 (1) ももの価格が300円の時，需要量は30個，供給量は70個となっていることから判断すれば良い。 (2) 供給量が70個のままであれば，需要が増えれば価格は上昇することになるので，イの領域に位置することが分かるはずである。

問5 累進課税とは，課税額が増えると税率が上昇する仕組みであることに注目すれば良い。

問6 **オランダのハーグ**にある，国際連合の機関である。

6 **（総合問題－熊本県熊本市を切り口にした問題）**

問1 川の向こう側に鉄道が見えることから判断すれば良い。

問2 アは**明治時代の地租改正**，イは**奈良時代の墾田永年私財法**，ウは**鎌倉時代の御成敗式目**，エは戦国時代の太閤検地である。

問3 P **使い道が国から指定されていないので，地方交付税交付金**であることが分かる。

Q **使い道が国から指定されているので，国庫支出金**であることが分かる。

問4 水力発電にはダムが必要であることから，建設場所は内陸である。また，水力発電は発電量が天候に左右されることに加え，建設できる場所にも限りがあるため発電量が少ない。これらを併せて判断すれば良い。

問5 資料２は節水に関する資料であり，ア～エのグラフの中で節水に関するグラフはイの市民１人あたりの生活用の水使用量である。そのグラフを読み取ると，使用量が減っていることが分かる。

<国語解答>

1 問1 ウ　問2 (例)自分が想うことによって，この世界に居場所を作る
問3 イ　問4 (例)自分に才能がないと思い可能性を狭めていたが，今からでも誰かの人生の中で心に残るような絵が描けるのではないか　問5 ア オ

2 問1 (1) じゅんたく　(2) ひろう　(3) こ(がれる)　(4) 往復　(5) 割(く)
問2 助動詞　問3 イ　問4 (1) 勝ち負け　(2)ウ　(3)エ

3 問1　ア　　問2　エ　　問3　Ⅰ　(例)最初から存在してこれからもあり続ける　　Ⅱ　(例)誰かが作った変わってしまうかもしれない　　問4　イ　　問5　(例)誰かが作った人工物であり不変のものではないとしたら，時代にあわせて作り直した方がいいかもしれない

4 問1　(例)野をまもる者に鷹を探す　　問2　エ　　問3　こずえにいたる　　問4　ウ

5 (例)　資料から，「そっこう」のように若い世代の人にとってはあまり気にならない言葉でも，世代が異なる人にとっては気になる場合があるということがわかる。
　私は，以前，近所の方に対して，自分の友だちと話すときのような言葉遣いをしてしまい，母に叱られたことがある。これからは，相手の年齢や立場を考え，その人にふさわしい言葉を選んでコミュニケーションをとるよう心がけたい。

<国語解説>

1　(小説－情景・心情，内容吟味)

問1　浩弥は、『進化の記録』を読み、「環境に適応できない者は滅びる」ことを痛切に感じながら、「就職もアルバイトもなかなかうまくいかない」自分と、「光を当てられなかったウォレス」とを重ね、適応できないのに生きていかなければならない自分の将来を悲観しているので、ウが正解である。浩弥は、ダーウィンと自分を重ねていないので、アとイは誤り。エのウォレスが「裏切りを許す」という内容は、本文からは読み取れない。

問2　小町さんの言葉を受けて、浩弥は「誰かが誰かを想う。それが居場所を作るということ」という考え方を知り、名も残さぬ人々に想いをはせる。この部分の内容を、前後につながるように制限字数内で書く。

問3　浩弥は、征太郎が作家になるという夢をかなえたことに対して「すげえ」と感動するとともに、征太郎が「俺の小さなひとこと」を「大事にしてくれてた」ことをうれしく思っている。正解はイ。アの「驚き」は、この場面の説明として不適切。ウの「水道局の仕事を続ける」ことは、涙の理由とは言えない。エの「見返してくれた」ことは、浩弥が「うれしく思った」理由とはならない。

問4　浩弥は、「俺に絵の才能なんてあるわけない」と思っていたことが、自分の「可能性を狭めてきた」ことに気づき、改めて高校生の頃の夢に立ち返り、「誰かの人生の中で心に残るような絵」を描きたいと思うようになったのである。この内容を前後につながるように45～55字で書く。

問5　適切でないものを選ぶことに注意する。アは、この文章はすべて浩弥が語り手となっており、小町さんが語り手となって展開する場面はないので、不適切。イの、取り上げている話題の説明は適切である。ウのくだけた表現の使用とその効果の説明は正しい。エの倒置表現の使用とその効果の説明は正しい。オの「ような」は連用形ではなく、助動詞「ようだ」の連体形なので不適切。したがって、正解はアとオである。

2　(知識・話し合い一内容吟味，文脈把握，漢字の読み書き，同義語・対義語，熟語，品詞・用法)

問1　(1)「潤沢」は、たくさんある様子。　(2)「披露」の「露」を「ロウ」と読むことに注意。
　(3)「焦」には「ショウ・こ(げる)・こ(がす)・こ(がれる)・あせ(る)」という読みがある。
　(4)「往復」は、「往」「復」とも部首は「彳」(ぎょうにんべん)。　(5)「割く」を同訓の「裂く」「咲く」と混同しないように注意する。

問2　単語に分けると、品詞は「あきらめ(動詞)／ず(助動詞)／に(助詞)／練習(名詞)／を(助

詞)／続け(動詞)／よう(助動詞)／と(助詞)／思い(動詞)／まし(助動詞)／た(助動詞)」なので、助動詞が最も多く使われている。

問3　傍線部は「あまり深く考えずに行動してしまう様子」という意味の「軽率」が入る。二重傍線部は「注意深くて，軽々しく行動しないこと」という意味の「慎重」が入る。したがって、用いない漢字はイ「審」である。

問4　(1)Dさんは、Bさんの「勝ち負けを争って優勝を目指す」とは反対の立場から「 I のみにとらわれることなく」と言っているので、「勝ち負け」があてはまる。　(2)傍線部の前半は、Eさんの発言の「意味を誤解されてしまうかもしれない」を具体的に言い換えたものである。また、後半は「～どうでしょうか。」という形で自分の考えを提案として示している。正解はウ。「問題点」は示していないし、賛成か反対かの「確認」はしていないので、アは不適切。前の人の発言を言い換えているが、「引用」や「否定」はしていないので、イとエは誤りである。　(3)アの「異口」(＝異なる人の口)と「同音」(＝同じ内容)は，似た意味とは言えない。イは「和」と「洋」を「折衷する」(＝ほどよく調和させる)ということであり，二字熟語の組み合わせではない。ウは「春」「夏」「秋」「冬」という四つのものの組み合わせである。エの「威風」は他のものを従わせる強い力をもつ様子，「堂々」は力強く立派な様子を表す熟語なので，これが正解となる。

3 (論説文－内容吟味)

問1　傍線部①の前後は，他人の財産や自由を奪うことなどについて，「特別な事情がないとき」はノーと答えられるが，「刑罰」という「特別な事情があるとき」は判断が難しいということを述べている。特別な事情がないときとあるときを対比して説明しているアが正解。特別な事情によって正解そのものがゆらいでしまうので，イの「誤解」は不適切。ウの「反対」「抵抗」，エの「全員が納得する」は，論点がずれている。

問2　傍線部②の後に，倫理も計算と同様で，「事情が複雑になればなるほど正解を出すことは難しく」なるが，「そのために答えがなくなるわけではありません」とある。つまり，「正解を出すことが難しい」ということと，「正解がない」ということは，別の問題なのである。正解はエ。アは，「正解がない」ことは「揺るぎない事実」とはいえないので誤り。イの「倫理学者の能力」は，ここでは問題になっていない。ウは，正解を出すことの難しさと「正解がない」ということを，同じ問題として扱っているので，誤りである。

問3　I　傍線部③を含む段落の前半に，物理法則について，「誰かが作ったものではなく，最初からあるもので，世界がどれだけ変わっても，これからもあり続けるもの」と書いてあるので，この部分の内容を前後につながるように書く。　Ⅱ　同じ段落の後半に，倫理のルールについて，「誰かが作った決まりごとであり，社会や文化が変われば，いつかは変わってしまうかもしれないもの」と書かれている。

問4　「倫理の存在論」とは，従うべき正解が「ある」か「ない」かということではなく，「最初から定まった正解がある」か「誰かの手で構成されたものとして正解がある」かということである。だから，どうせ従わねばならないものがあるのなら，それが何であっても同じだと考える人々がいるのである。このことを説明したイが正解。アは「倫理の正解」を「国会で定められた法律に則って裁定されたもの」としている点が誤り。ウは，「この世界には予めの正解がどこにも存在しない」が，数学や物理の法則を無視した説明なので誤り。エは，「存在論」の内容を誤解している。

問5　倫理の正解が，「世界の側に時間を通じて不変に存在するもの」であるならば，議論の余地なく従わなければならない。しかし，「誰かが作った人工物」だとしたら，「変更を加えたり，新しいものを作ったりしたって構わないはず」で，「時代にあっていないなら，作り直したほうがいい」かもしれない。この部分の内容を，指定語句の「人工物」「時代」を必ず入れて，前後につながるように40～50字で書く。

4 (古文―内容吟味，仮名遣い)

〈口語訳〉 昔，天智天皇と申す天皇が，野に出て鷹をつかった狩りをなさったときに，御鷹が，風に流されていなくなった。昔は，野をまもる者がいたので，その者をお呼びになって，「御鷹がいなくなった，必ず探せ。」とおっしゃられたので，(野を守る者は)平伏して，「御鷹は，あの岡の松の上の枝に，南を向いて，止まっております。」と申したので，(天皇は)驚きなさった。「そもそもお前は，地面を向いて，頭を地面につけて，他のところを見る事がない。どのようにして，木の枝の先にいた鷹の居場所を知るのか。」とご質問なさると，野守の老人は「民は，君主に顔を見せることはありません。草の上にたまった水を，鏡として，白髪が生えたことを知り，顔のしわも数えるので，その鏡をうかがい見て，御鷹が木の枝に止まっていることを知りました。」と申したので，そののち，野の中にたまった水を，野守の鏡というのだ，と言い伝えた。

問1 「誰」にあたるのは，「野をまもる者」または「野守(のおきな)」である。また，命令の内容は，いなくなった鷹を探すことである。

問2 「ほかを見る事」がないのは，天智天皇の会話中の「なんぢ」，つまり，天智天皇の会話の相手であるエ「野をまもる者」である。

問3 「ゑ」を「え」，「ゐ」を「い」に直して「こずえにいたる」とする。

問4 本文は，「野守のおきな」が「しばのうへにたまれる水」を，「かがみ」として「御鷹の木居」を知ったことが書いてあるので，ウが正解。アは，「野守のおきなが管理を怠っている」が誤り。イの「怒り」は本文に書かれていない。エは，「野守のかがみ」の意味を誤って捉えている。

5 (資料―作文)

内容としては，「資料から読み取った内容」「自分の体験(見たこと聞いたことなども含む)」「コミュニケーションを図るときに気をつけることについての自分の考え」の３つの要素が必要である。それぞれの要素が抜け落ちたり混乱したりしないよう，構成に注意して書くこと。(例)は，「資料から読み取った内容」として「そっこう」について資料から読み取ったことを書き，関連する「自分の体験」に触れて「自分の考え」を述べるという構成にしている。

文章の書き始めや段落の初めは1字空けることや，行末の句読点の書き方など，原稿用紙の使い方にも注意する。書き終わったら必ず読み返して，誤字・脱字や表現のおかしなところは書き改める。

MEMO

大切なことはメモしておこうネ！

埼玉県公立高等学校

2021年度

★★★★★★★★★★★★★★★★★★★★★★★★

入　試　問　題

●くわしい解説……69ページ

2021年　埼玉県公立高校入試　出題範囲縮小内容

令和2年5月13日付け2文科初第241号「中学校等の臨時休業の実施等を踏まえた令和3年度高等学校入学者選抜等における配慮事項について（通知）」を踏まえ，出題範囲について以下通りの配慮があった。

○以下の内容は出題しない。

数学	・『相似な図形』のうち、日常生活で相似な図形の性質を利用する場面 ・円周角と中心角 ・三平方の定理 ・標本調査
英語	関係代名詞のうち ・主格の that、which、who ・目的格の that、which の制限的用法（接触節も出題しない。） 主語＋動詞＋ what などで始まる節（間接疑問文） ※教科書で扱う語彙はすべて出題範囲とする。
理科	○第1分野 ・科学技術と人間 ○第2分野 ・地球と宇宙 ・自然と人間
社会	○公民的分野 ・私たちと経済 ・私たちと国際社会の諸課題
国語	・第3学年における言葉の特徴やきまりに関する事項のうち「慣用句・四字熟語などに関する知識」 ・第3学年の教科書で学習する漢字の読み書き

＜数学＞

時間　50分　　満点　100点

【注意】 答えに根号を含む場合は，根号をつけたままで答えなさい。

1 次の各問に答えなさい。(65点)

(1) $4x-9x$ を計算しなさい。(4 点)

(2) $-3+(-4)\times 5$ を計算しなさい。(4 点)

(3) $4xy\div 8x\times 6y$ を計算しなさい。(4 点)

(4) 方程式 $3x+2=5x-6$ を解きなさい。(4 点)

(5) $2\sqrt{3}-\frac{15}{\sqrt{3}}$ を計算しなさい。(4 点)

(6) $x^2+7x-18$ を因数分解しなさい。(4 点)

(7) 連立方程式 $\begin{cases}5x-4y=9\\2x-3y=5\end{cases}$ を解きなさい。(4 点)

(8) 2 次方程式 $2x^2-5x+1=0$ を解きなさい。(4 点)

(9) 右の図で，$\angle x$ の大きさを求めなさい。(4 点)

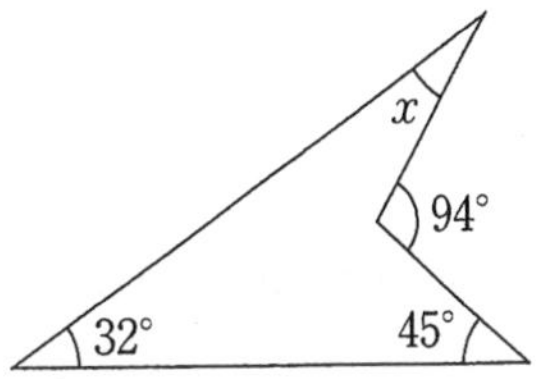

(10) 関数 $y=ax^2$ について，x の変域が $-2\leqq x\leqq 3$ のとき，y の変域は $-36\leqq y\leqq 0$ となりました。このとき，a の値を求めなさい。(4 点)

(11) 半径が 2 cmの球の体積と表面積を求めなさい。ただし，円周率は π とします。(各 2 点)

(12) 次の**ア**～**エ**は立方体の展開図です。これらをそれぞれ組み立てて立方体をつくったとき，面Aと面Bが平行になるものを，**ア**～**エ**の中から 1 つ選び，その記号を書きなさい。(4 点)

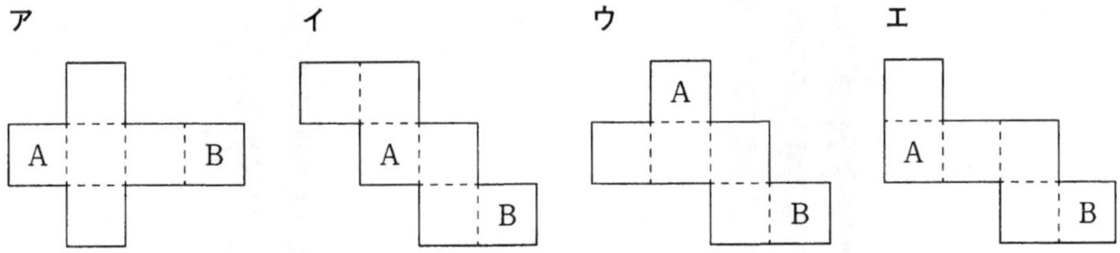

(13) 地球の直径は約12700kmです。有効数字が1，2，7であるとして，この距離を整数部分が1けたの数と，10の何乗かの積の形で表すと次のようになります。［ア］と［イ］にあてはまる数を書きなさい。（4点）

$$\boxed{\text{ア}} \times 10^{\boxed{\text{イ}}} \text{ km}$$

(14) 1から6までの目が出る1つのさいころを投げます。このときの目の出方について述べた文として正しいものを，次のア～エの中から1つ選び，その記号を書きなさい。

ただし，さいころはどの目が出ることも同様に確からしいものとします。（4点）

ア さいころを6回投げるとき，そのうち1回はかならず6の目が出る。

イ さいころを3回投げて3回とも1の目が出たあとに，このさいころをもう一度投げるとき，1の目が出る確率は$\frac{1}{6}$より小さくなる。

ウ さいころを2回投げるとき，偶数の目と奇数の目は1回ずつ出る。

エ さいころを1回投げるとき，3以下の目が出る確率と4以上の目が出る確率は同じである。

(15) 右の表は，あるクラスの生徒40人の休日の学習時間を度数分布表に表したものです。このクラスの休日の学習時間の中央値（メジアン）が含まれる階級の相対度数を求めなさい。（4点）

学習時間（時間）	度数（人）
以上　　未満	
0 ～ 2	2
2 ～ 4	4
4 ～ 6	12
6 ～ 8	14
8 ～ 10	8
合計	40

(16) Aさんは，同じ大きさの3本の筒を図1のように並べてひもで束ねようとしましたが，ひもの長さが足りませんでした。そこで，図2のように並べかえたところ，ひもで束ねることができました。必要なひもの長さの違いに興味をもったAさんは，筒を並べてその周りにひもを巻いたものを上からみた様子を，次のページのア，イのように模式的に表しました。

円の半径を2㎝，円周率をπとするとき，アとイのひもの長さの差を，途中の説明も書いて求めなさい。その際，解答用紙の図を用いて説明してもよいものとします。

ただし，必要なひもの長さは1周だけ巻いたときの最も短い長さとし，ひもの太さや結び目については考えないものとします。（5点）

図1

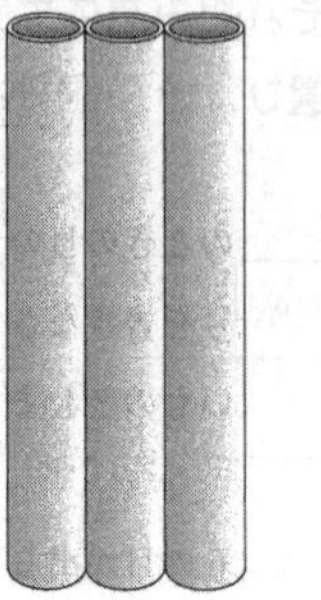

図2

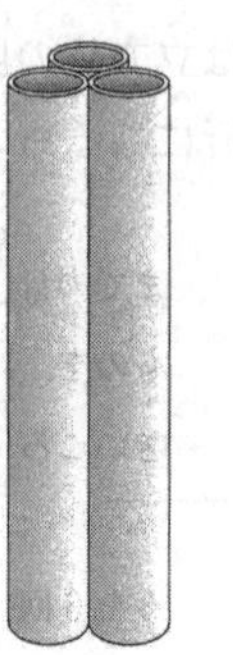

ア

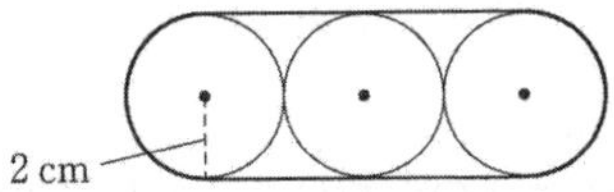

イ

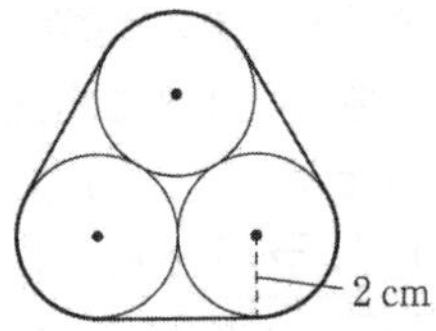

2　次の各問に答えなさい。(10点)

(1)　下の図のように，直線 ℓ と直線 ℓ 上にない２点A，Bがあります。直線 ℓ 上にあり，2点A，Bから等しい距離にある点Pを，コンパスと定規を使って作図しなさい。

ただし，作図するためにかいた線は，消さないでおきなさい。(５点)

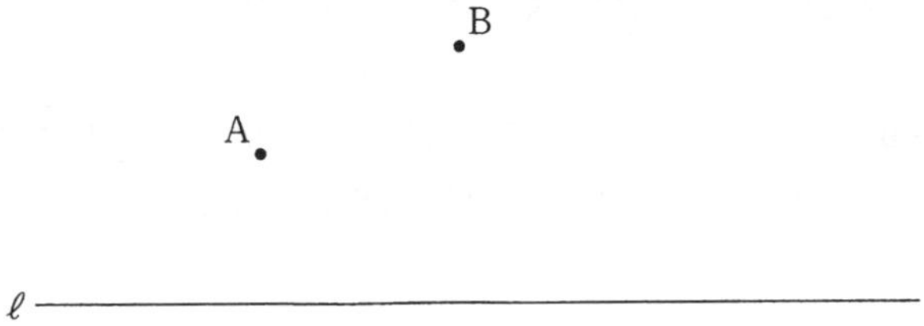

(2)　右の図で，曲線は関数 $y=2x^2$ のグラフです。曲線上に x 座標が-3，2である２点A，Bをとり，この２点を通る直線 ℓ をひきます。直線 ℓ と x 軸との交点をCとするとき，△AOCの面積を求めなさい。

ただし，座標軸の単位の長さを１cmとします。(５点)

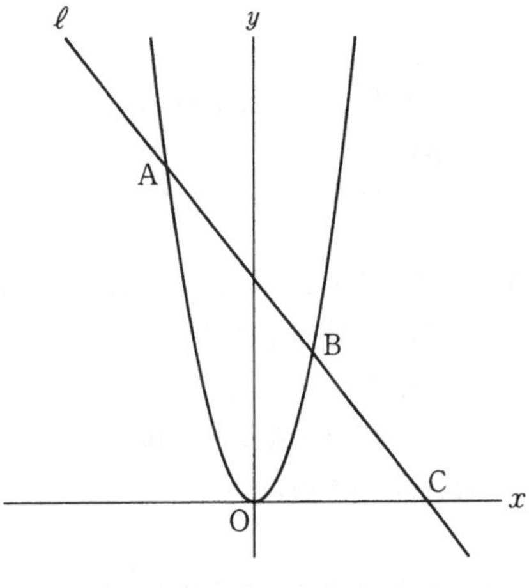

3　次は，先生とAさんの会話です。これを読んで，下の各問に答えなさい。(10点)

先　生「次の表は，式 $3x+5$ について，x に１から順に自然数を代入したときの $3x+5$ の値を表したものです。表をみて気づいたことはありますか。」

x	1	2	3	4	5	6	7	8	9	10	11	…
$3x+5$	8	11	14	17	20	23	26	29	32	35	38	…

Aさん「表をみると，x に１，５，９を代入したときの $3x+5$ の値が，すべて４の倍数になっています。」

先　生「1，5，9の共通点はありますか。」
Aさん「1も5も9も，4で割ると1余る数です。」
先　生「4で割ると1余る自然数は他にありますか。」
Aさん「あります。1，5，9の次の数は［ア］です。」
先　生「xに［ア］を代入したときの$3x+5$の値は4の倍数になるでしょうか。」
Aさん「［ア］を代入したときの$3x+5$の値は［イ］なので，これも4の倍数になっています。」
先　生「そうですね。これらのことから，どのような予想ができますか。」
Aさん「<u>$3x+5$のxに，4で割ると1余る自然数を代入すると，$3x+5$の値は4の倍数になると</u>予想できます。」

(1)　［ア］と［イ］にあてはまる自然数を書きなさい。（4点）

(2)　下線部の予想が正しいことを，次のように証明しました。［①］にあてはまる式を書きなさい。また，［②］に証明の続きを書いて，証明を完成させなさい。（6点）

（証明）
nを0以上の整数とすると，4で割ると1余る自然数は［①］と表される。

［②］

したがって，$3x+5$のxに，4で割ると1余る自然数を代入すると，$3x+5$の値は4の倍数になる。

4　次の図1のように，△ABCの辺AB上に，∠ABC＝∠ACDとなる点Dをとります。また，∠BCDの二等分線と辺ABとの交点をEとします。AD＝4㎝，AC＝6㎝であるとき，次の各問に答えなさい。（15点）

(1)　△ABCと△ACDが相似であることを証明しなさい。（5点）

(2)　線分BEの長さを求めなさい。（5点）

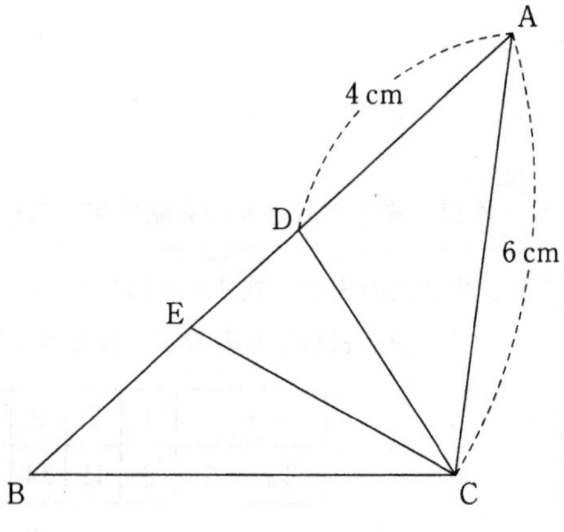

図1

(3)　右の図２のように，∠BACの二等分線と辺BCとの交点をF，線分AFと線分ECとの交点をGとします。

　△ABCの面積が18㎝²であるとき，△GFCの面積を求めなさい。（５点）

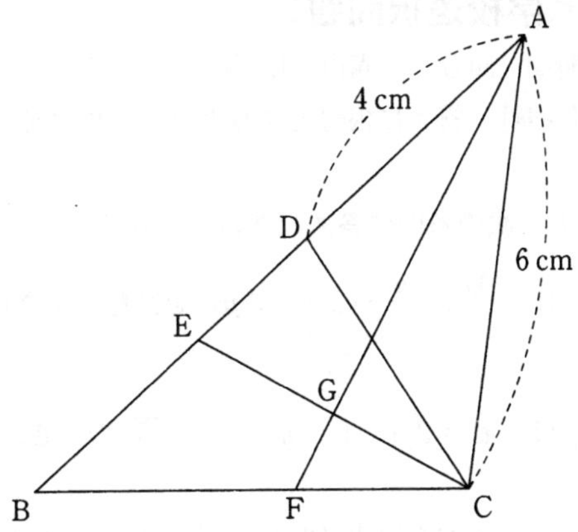

図２

＜学校選択問題＞

時間　50分　　満点　100点

【注意】 答えに根号を含む場合は，根号をつけたままで答えなさい。

1　次の各問に答えなさい。(44点)

(1) $\dfrac{4x-y}{2}-(2x-3y)$ を計算しなさい。(4 点)

(2) $x=3+\sqrt{5}$，$y=3-\sqrt{5}$ のとき，x^2-6x+y^2-6y の値を求めなさい。(4 点)

(3) 2次方程式 $(2x+1)^2-7(2x+1)=0$ を解きなさい。(4 点)

(4) 関数 $y=ax^2$ について，x の変域が $-2\leqq x\leqq 3$ のとき，y の変域は $-36\leqq y\leqq 0$ となりました。このとき，a の値を求めなさい。(4 点)

(5) 地球の直径は約12700kmです。有効数字が 1，2，7 であるとして，この距離を整数部分が 1 けたの数と，10の何乗かの積の形で表すと次のようになります。[ア] と [イ] にあてはまる数を書きなさい。(4 点)

[ア] $\times 10^{[イ]}$ km

(6) 右の表は，あるクラスの生徒40人の休日の学習時間を度数分布表に表したものです。このクラスの休日の学習時間の中央値（メジアン）が含まれる階級の相対度数を求めなさい。(4 点)

学習時間(時間)	度数(人)
以上　　未満	
0 ～ 2	2
2 ～ 4	4
4 ～ 6	12
6 ～ 8	14
8 ～ 10	8
合計	40

(7) 右の図は立方体の展開図です。これを組み立てて立方体をつくったとき，辺ABとねじれの位置になる辺を，次のア～エの中から 1 つ選び，その記号を書きなさい。(4 点)

ア　辺CG　　イ　辺JM　　ウ　辺LM　　エ　辺KN

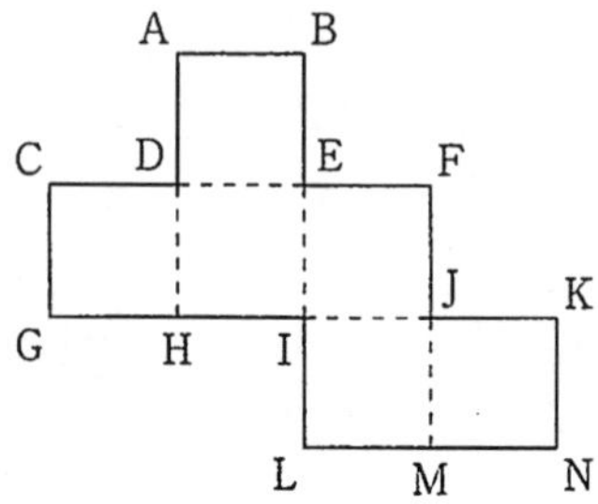

(8) ある高校の昨年度の全校生徒数は500人でした。今年度は昨年度と比べて，市内在住の生徒数が20%減り，市外在住の生徒数が30%増えましたが，全校生徒数は昨年度と同じ人数でした。今年度の市内在住の生徒数を求めなさい。（５点）

(9) 赤玉３個と白玉２個が入っている袋があります。この袋から玉を１個取り出して色を確認して，それを袋に戻してから，もう一度玉を１個取り出して色を確認します。このとき，２回とも同じ色の玉が出る確率を求めなさい。

ただし，袋の中は見えないものとし，どの玉が出ることも同様に確からしいものとします。

（５点）

(10) Ａさんは，同じ大きさの７本の筒を図１のように並べてひもで束ねようとしましたが，ひもの長さが足りませんでした。そこで，図２のように並べかえたところ，ひもで束ねることができました。必要なひもの長さの違いに興味をもったＡさんは，筒を並べてその周りにひもを巻いたものを上からみた様子を，下の**ア**，**イ**のように模式的に表しました。

円の半径を r cm，円周率を π とするとき，**ア**と**イ**のひもの長さの差を，途中の説明も書いて求めなさい。その際，解答用紙の図を用いて説明してもよいものとします。

ただし，必要なひもの長さは１周だけ巻いたときの最も短い長さとし，ひもの太さや結び目については考えないものとします。（６点）

図１

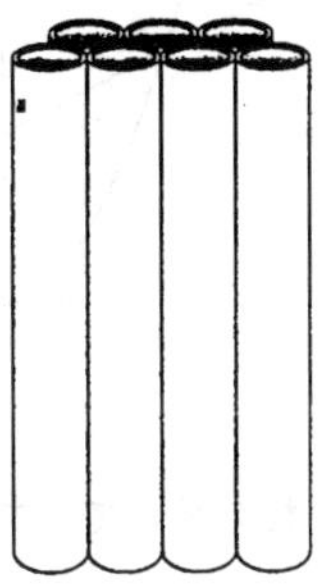

図２

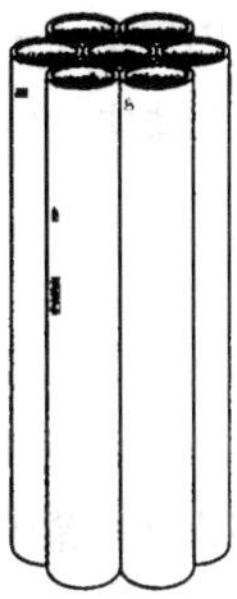

ア

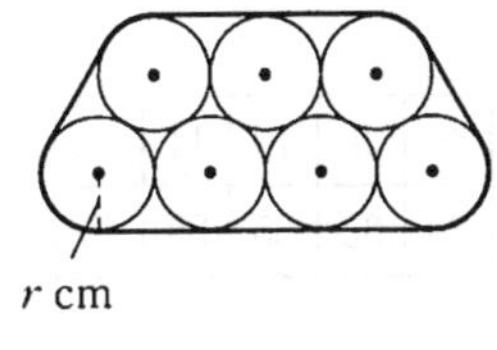

イ

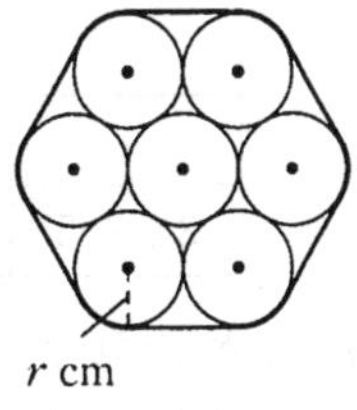

2 次の各問に答えなさい。(11点)

(1) 下の図のように，直線 ℓ と直線 ℓ 上にない２点A，Bがあり，この２点を通る直線を m とします。直線 ℓ と直線 m からの距離が等しくなる点のうち，２点A，Bから等しい距離にある点をPとするとき，点Pをコンパスと定規を使って作図しなさい。

ただし，作図するためにかいた線は，消さないでおきなさい。(５点)

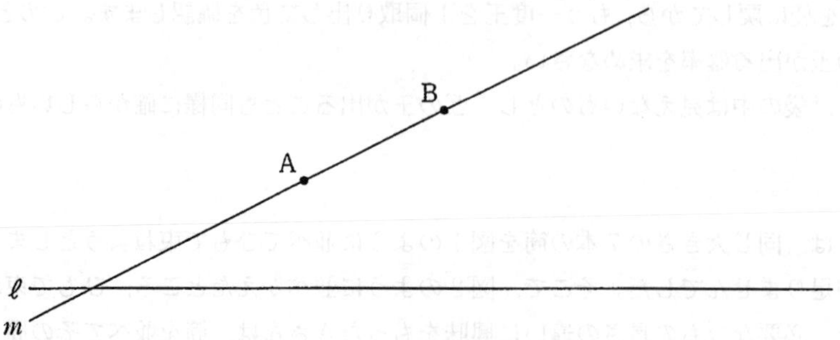

(2) 右の図で，曲線は関数 $y=\frac{1}{2}x^2$ のグラフです。曲線上に x 座標が－３，２である２点A，Bをとり，この２点を通る直線 ℓ をひきます。直線 ℓ と x 軸との交点をCとするとき，△AOCを x 軸を軸として１回転させてできる立体の体積を求めなさい。

ただし，円周率は π とし，座標軸の単位の長さを１cmとします。(６点)

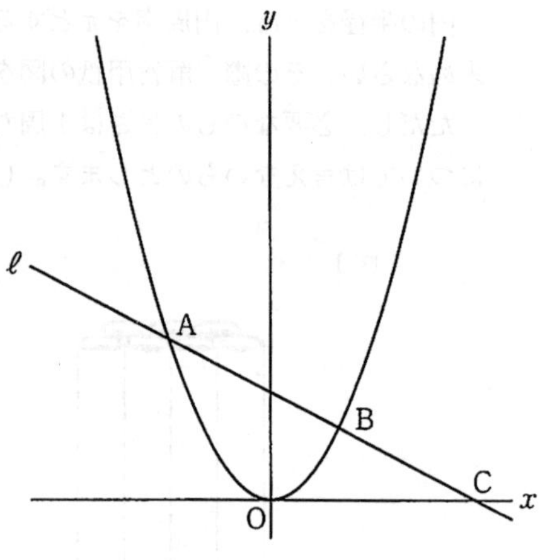

3 次は，Aさんが授業中に発表している場面の一部です。これを読んで，あとの各問に答えなさい。(12点)

次の表は，式 $3x+5$ について，x に１から順に自然数を代入したときの $3x+5$ の値を表したものです。

x	1	2	3	4	5	6	7	8	9	10	11	…
$3x+5$	8	11	14	17	20	23	26	29	32	35	38	…

この表をみて私が気づいたことは，
x に１，５，９を代入したときの値が，４の倍数になっていることです。
１も５も９も，４で割ると１余る自然数であることから，
$3x+5$ の x に，４で割ると１余る自然数を代入すると，$3x+5$ の値は４の倍数になる。と予想しました。

(1)　下線部の予想が正しいことを証明しなさい。その際，「n を 0 以上の整数とすると，」に続けて書きなさい。(6点)

(2)　この発表を聞いて，Bさんと Cさんはそれぞれ次のような予想をしました。

【Bさんの予想】，【Cさんの予想】の内容が正しいとき，[ア]～[ウ]にあてはまる1けたの自然数をそれぞれ書きなさい。(6点)

> 【Bさんの予想】
> $3x+5$ の x に，[ア]で割ると[イ]余る自然数を代入すると，
> $3x+5$ の値は7の倍数になる。

> 【Cさんの予想】
> $3x+5$ の x に自然数を代入したときの値を，3で割ると余りは2になり，
> $(3x+5)^2$ の x に自然数を代入したときの値を，3で割ると余りは[ウ]になる。

4　右の図1のように，△ABCの辺AB上に，∠ABC＝∠ACDとなる点Dをとります。また，∠BCDの二等分線と辺ABとの交点をEとします。AD＝4㎝，AC＝6㎝であるとき，次の各問に答えなさい。(16点)

(1)　線分BEの長さを求めなさい。(5点)

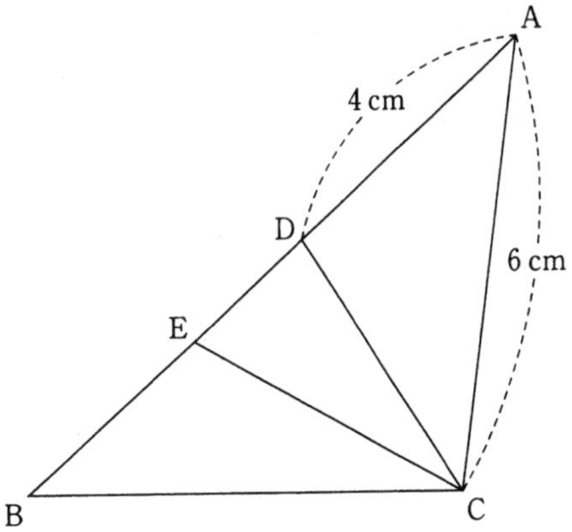

図1

(2)　右の図2のように，∠BACの二等分線と辺BCとの交点をF，線分AFと線分EC，DCとの交点をそれぞれG，Hとします。

このとき，△ADHと△ACFが相似であることを証明しなさい。(6点)

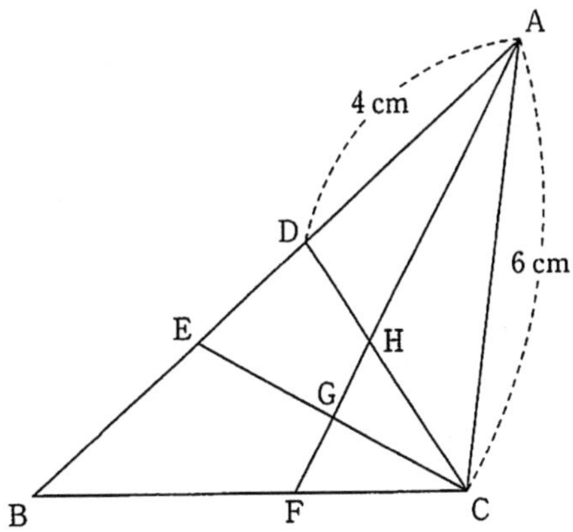

図2

(3)　図2において，△ABCの面積が18㎠であるとき，△GFCの面積を求めなさい。(5点)

5　右の図のような，AB＝BC＝5㎝，CD＝2㎝，DA＝4㎝，∠A＝∠D＝90°の台形ABCDがあります。

点Pは点Aを出発して，辺AB上を毎秒1㎝の速さで動き，点Bに到着すると止まります。また，点Qは点Aを出発して，辺AD，DC，CB上を順に毎秒1㎝の速さで動き，点Bに到着すると止まります。

2点P，Qが点Aを同時に出発してからx秒後の△APQの面積をy㎠とするとき，次の各問に答えなさい。(17点)

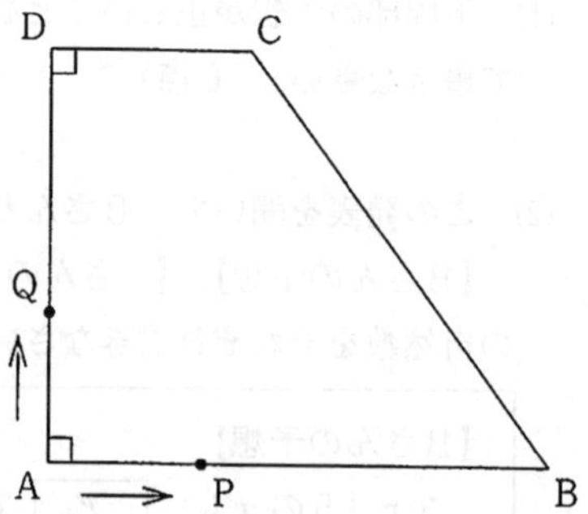

(1)　点Qが点Dに到着するまでのxとyの関係を式で表しなさい。また，そのときのxの変域を求めなさい。(5点)

(2)　△APQと△AQCの面積比が3：1になるときのxの値をすべて求めなさい。(6点)

(3)　△APQの面積が台形ABCDの面積の半分になるときのxの値を，途中の説明も書いてすべて求めなさい。(6点)

<英語>　時間　50分　満点　100点

1　放送を聞いて答える問題（28点）

問題は，No. 1 ～ No. 7 の全部で 7 題あり，放送はすべて英語で行われます。放送される内容についての質問にそれぞれ答えなさい。No. 1 ～ No. 6 は，質問に対する答えとして最も適切なものを，A ～ D の中から 1 つずつ選び，その記号を書きなさい。No. 7 は，それぞれの質問に英語で答えなさい。放送中メモを取ってもかまいません。各問題について英語は 2 回ずつ放送されます。

【No. 1 ～ No. 3】（各 2 点）

Listen to each talk, and choose the best answer for each question.

No. 1

A　　B　　C　　D

No. 2

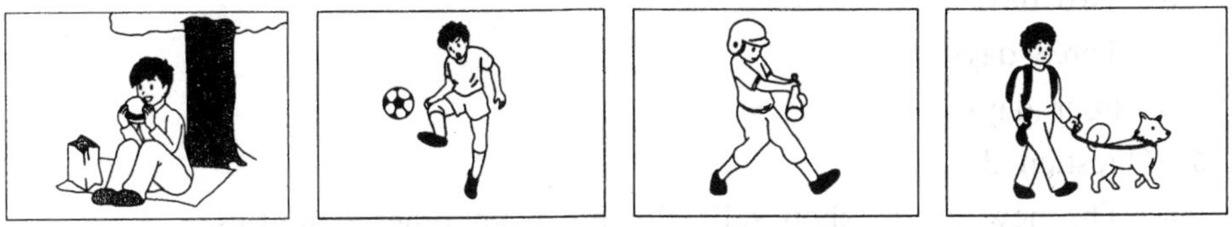

A　　B　　C　　D

No. 3

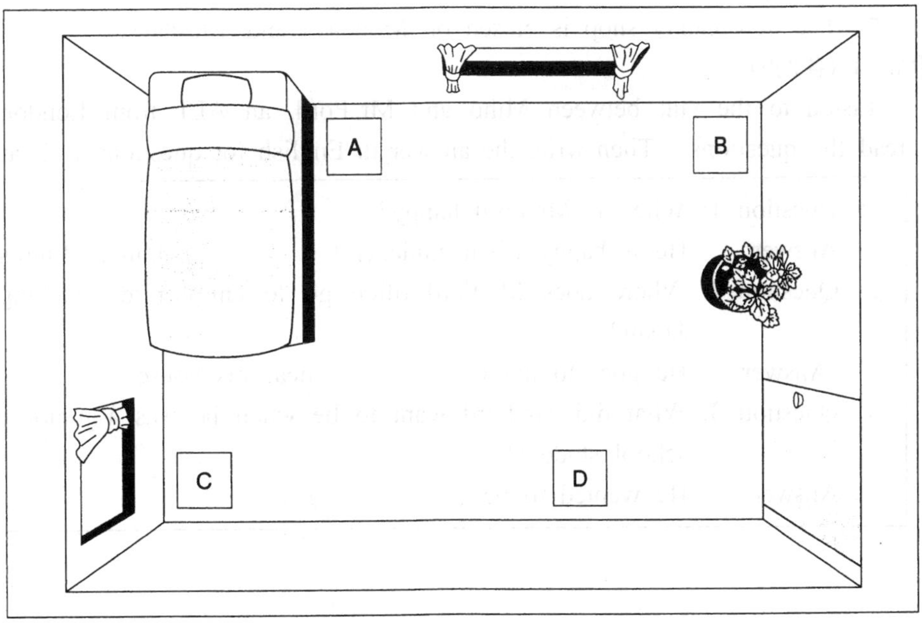

【No. 4 , No. 5】(各 2 点)

Listen to each situation, and choose the best answer for each question.

No. 4

A Here you are. B Thanks.

C You, too. D Give me some water, please.

No. 5

A Sorry, I don't know. B You should go alone.

C I will go with you. D Will you change trains at the station?

【No. 6】(各 3 点)

Listen to the talk about a new candy shop, Sweet Saitama, and choose the best answer questions 1, 2 and 3.

(1) Question 1

A On the shopping street near Keyaki Station.

B In the soccer stadium.

C In the building of Keyaki Station.

D On the way to a flower shop.

(2) Question 2

A One day.

B Two days.

C Three days.

D Four days.

(3) Question 3

A The new candy shop sells flowers from other countries.

B The new candy shop opens at seven a.m.

C The special ice cream is the most popular at the new candy shop.

D The new candy shop is closed on Mondays and Tuesdays.

【No. 7】(各 3 点)

Listen to the talk between Miho and Mr. Ford, an ALT from London, and read the questions. Then write the answer in English for questions 1, 2 and 3.

(1) Question 1: When is Mr. Ford happy?
Answer: He is happy when students (　　　　) him in English.

(2) Question 2: Where does Mr. Ford often go to enjoy bird watching in Japan?
Answer: He goes to the (　　　　) near his house.

(3) Question 3: What did Mr. Ford want to be when he was a junior high school student?
Answer: He wanted to be (　　　　).

2　Akioが中学校のALTのMs. Greenへの手紙を英語で作成します。〔日本語のメモ〕をもとに，空欄 A ～ D にあてはまる適切な1語を，それぞれ英語で書きなさい。なお，空欄 A ～ D には省略した形や数字は使わないものとします。(12点)

〔日本語のメモ〕

> グリーン先生へ
>
> お元気ですか。
> 私は，高校生活を楽しんでいます。
> 私は，科学部に入りました。
> 部員は15人です。兄も部員です。
> 7月には，たくさんの星を観察する計画をしています。
> とてもわくわくしています。
> お元気で。
>
> 明夫

> Dear Ms. Green,
>
> How are you?
> I'm having a great time in high school. I'm in the [A] club now. There are fifteen members. My [B] is a member, too. In [C], we are planning to look at many [D]. I'm really excited.
> Please take care.
>
> Sincerely,
> Akio

(各3点)

3　次は，中学生のToshiyaが書いた英文です。これを読んで，問1～問5に答えなさい。＊印のついている語句には，本文のあとに〔注〕があります。(18点)

My younger sister started to go to elementary school last year. One day in spring, she asked me to show her how to ride a bike. I started 〔 I / a bike / was / when / riding 〕 in elementary school, too. [A] At that time, my father helped me *patiently. I practiced hard. I remember my father looked very happy when I rode a bike for the first time.

The next day, I brought out a small, old bike from the * garage because I wanted my sister to practice with it. [B] It was my first bike, and I practiced with it when I was younger. I cleaned it up. <u>I was glad that we could (　　　) it.</u>

That weekend, we began to practice with the bike. When my sister tried to ride the bike for the first time, she couldn't *balance herself well. I told her to hold the *handlebars with both hands and I held the back of the bike for her. [C] So, I tried to help her patiently like my father.

A week later, she could finally ride the bike *all by herself! She was really happy and I was happy for her. Now, we're going to buy her a new bike next week.

〔注〕 patiently……忍耐強く　garage……車庫　balance ～……～のバランスをとる
handlebar……ハンドル　all by herself……ひとりで

問1 〔 〕内のすべての語句を，本文の流れに合うように，正しい順序に並べかえて書きなさい。（4点）

問2 本文中の [A] ～ [C] のいずれかに，My sister practiced hard, too. という1文を補います。どこに補うのが最も適切ですか。[A] ～ [C] の中から1つ選び，その記号を書きなさい。（3点）

問3 下線部について，（ ）にあてはまる最も適切なものを，次のア～エの中から1つ選び，その記号を書きなさい。（3点）

ア even break　イ never drive　ウ wait for　エ still use

問4 本文の内容に関する次の質問の答えとなるように，（ ）に適切な英語を書きなさい。（4点）

Question: Why did Toshiya bring out his small, old bike from the garage?
Answer: Because he wanted his ( ).

問5 本文の内容と合うものを，次のア～エの中から1つ選び，その記号を書きなさい。（4点）

ア Toshiya's sister decided to ride a bike because he told her to do so.
イ When Toshiya was learning to ride a bike, his father helped him.
ウ It was hard for Toshiya's sister to balance herself, but he just watched her.
エ Toshiya and his sister bought a new bike last week.

4 次の[1]～[4]は，Haruka, イギリス（the UK）に住む Phil と ALT の Mr. Belle の会話と発表です。これらを読んで，問1～問8に答えなさい。＊印のついている語句には，本文のあとに〔注〕があります。（30点）

[1] 〈*Haruka in Japan is *making a video call with Phil in the UK on her *tablet computer.*〉

Phil: Hi, Haruka. What are you doing today?
Haruka: Hi, Phil. It's raining today, so I'm reading a book. How [A] in your town?
Phil: It's sunny today. Haruka, I learned something interesting about Japan. It was about the entrance of houses.
Haruka: What did you learn?
Phil: I'll show you. Just a minute. I'm going to the entrance of my house. Please look at the *front door. I am opening it, and then closing it. Is

anything different?

Haruka: There are no *shoe boxes.

Phil: Well, you're right, but that is not the point.

Haruka: Oh, I see! Your door opens to the *inside of the house. The front door of my house opens to the *outside.

Phil: That's right My father has been to many countries before. So, I asked him about it. He said that many front doors in other countries usually open to the inside.

Haruka: Really? I think many front doors in Japan open to the outside. But why do they open to the outside?

〔注〕 make a video call……ビデオ通話をする　tablet……タブレット型の
front door……玄関のドア　shoe……靴　inside……内側　outside……外側

問1　空欄 A にあてはまる最も適切なものを，次のア～エの中から1つ選び，その記号を書きなさい。(3点)

ア is the weather
イ do you like it
ウ long have you lived
エ much is this book

問2　本文①の内容と合うように，次の英語に続く最も適切なものを，ア～エの中から1つ選び，その記号を書きなさい。(4点)

Phil wants Haruka

ア to call him more often on her tablet computer on rainy days.
イ to know that he doesn't have a shoe box.
ウ to learn that the front door of his house opens to the inside.
エ to look at his shoes because his father bought them abroad.

② *〈At school, Haruka is talking with her ALT, Mr. Belle.〉*

Haruka: Mr. Belle, why do front doors in Japan open to the outside of the house?

Mr. Belle: There may be a few *reasons. One of them is shoes.

Haruka: Shoes?

Mr. Belle: You don't wear shoes in the house, so you put your shoes at the entrance.

Haruka: Oh, I see! If the front door opens to the outside of the house, the door will not hit the shoes. So, front doors opening to the outside are good for houses in Japan.

Mr. Belle: That's right.

Haruka: That's interesting. Do you have any other examples like that?

Mr. Belle: Well, many people in Japan *clean their whole houses at the end of the year. But people in some countries do it in spring.

Haruka: Why do they do it in spring?

Mr. Belle: Why don't you find out and give a speech about it in English class next week?

Haruka: That sounds interesting. Thank you.

〔注〕 reason……理由 clean their whole houses……大掃除をする

問３ 本文②で，Haruka は，外側に開く玄関のドアが日本の家に適しているのはなぜだと述べていますか。日本語で書きなさい。（４点）

③ 〈*Haruka is giving a speech to her classmates in English class.*〉

When do you clean your whole house? Most of you will do it in December. But people in some countries do it in spring. Why do they do it then?

In the *past, many houses in some *northern countries had *fireplaces. Winter in these countries is very cold. So, people 〔 wood / their houses / burned / make / to 〕 warm. After the cold winter, there was a lot of *soot from the fireplace in their houses. So, they needed to clean their houses in spring. This is called "spring cleaning." Now, many people in those countries have other *heating systems in their houses, so they don't need to use fireplaces in winter. They don't need to clean their houses in spring, but they still have this *custom.

Different people have different ways of living. I think this is an important thing for you to remember to understand other cultures.

〔注〕 past……過去 northern……北の fireplace……暖炉 soot……すす
heating system……暖房装置 custom……習慣

問４ 〔 〕内のすべての語句を，本文の流れに合うように正しい順序に並べかえて書きなさい。（４点）

問５ 本文③の内容と合うものを，次のア～エの中から１つ選び，その記号を書きなさい。（４点）

ア December is the best month to clean the whole house for everyone in the world.

イ "Spring cleaning" meant that people didn't have to clean their houses before winter.

ウ Many people in some northern countries don't use fireplaces now, but the custom of "spring cleaning" still continues.

エ People live in many different places, but their ways of living are not so different.

④ 〈*At school, Haruka is talking with Mr. Belle.*〉

Haruka: It's very interesting to learn about other cultures.

Mr. Belle: Why don't you study abroad in the future?

Haruka: *Actually, I often think about it.

Mr. Belle: What country do you want to go to?

Haruka: I'm interested in a few countries, but I haven't decided yet. A few days ago, I was looking for some *information about studying abroad. I found a very interesting graph. Among *Europe, *Asia, and North

America, which *area has the most Japanese students studying abroad, Mr. Belle?

Mr. Belle: It's North America, right?

Haruka: North America has a lot of Japanese students, but it doesn't have the most.

Mr. Belle: Then what about Europe?

Haruka: Well, North America has more students from Japan than Europe has. Actually, foreign countries in Asia have the most Japanese students.

Mr. Belle: Oh, really? I didn't know.

Haruka: I will study a lot and think about my reasons for studying abroad, and then I will choose a country.

Mr. Belle: Good idea. Try your best.

Haruka: These days, I often call my friend in the UK. He told me a lot about his culture. But <u>the best way to learn about foreign cultures is to visit foreign countries.</u>

〔注〕 actually……実は　information……情報　Europe……ヨーロッパ　Asia……アジア
area……地域

問6　次は，本文4で述べられているグラフです。本文の内容と合うように，空欄 ① ～ ③ にあてはまるものを，下のア～ウの中から1つずつ選び，その記号を書きなさい。なお，同じ記号を2度以上使うことはありません。(3点)

グラフ　地域別日本人留学生の人数

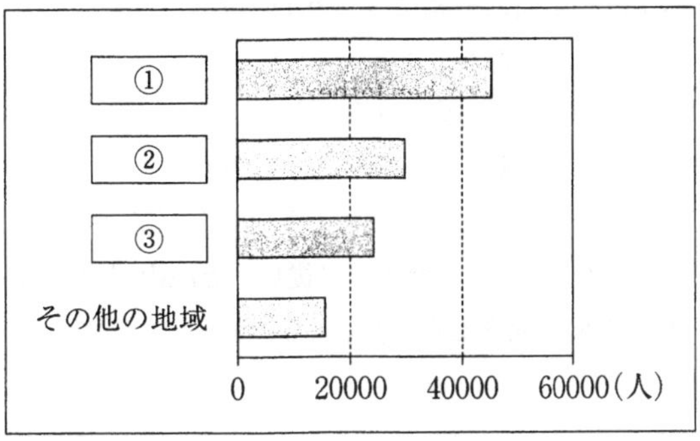

ア　ヨーロッパ　　イ　北アメリカ　　ウ　アジア

問7　下線部について，あなたの考えを2文以上の英語で書きなさい。1文目は，賛成か反対かを書きなさい。2文目以降は，その理由が伝わるように書きなさい。(4点)

問8　次は，後日のHarukaとPhilのビデオ通話での会話です。自然な会話になるように，(　) に適切な3語以上の英語を書きなさい。(4点)

Haruka: I gave a speech in English class a few days ago.

Phil: (　　　　　　　　　　) about?

Haruka: It was about "spring cleaning."

Phil: Oh, that's good. I like cleaning in spring.

5 次は，オーストラリアに住む，あなたの友人であるEmilyから届いたメールです。これを読んで，問1～問3に答えなさい。(12点)

Hi! How are you?

Last week, I was looking at some photos. My father took them when he went to Osaka to see his old friend. In one of them, he was standing in front of a large castle. In another photo, he was eating Japanese food. I was very interested in his trip there, so I asked him about it.

He said he stayed in Osaka for five days in August two years ago. It was his first time in Japan. The castle in the photo is Osaka Castle. My father went there with his friend, and he was very glad to see the castle. His friend showed him around the castle, and took him to a beautiful shrine. Then, they ate *takoyaki* and *okonomiyaki* at a famous restaurant in Osaka. When my father and I were looking at the photos, he said, "I'll take you to Osaka next time."

I want to go to many countries all over the world. Japan is one of them. Are you interested in any cities or countries abroad? <u>Where do you want to go in the future?</u>

問1　本文の内容に合うように，次の英文の（　）にあてはまる最も適切な1語を，本文中から抜き出して書きなさい。(3点)

Emily wanted to know more about her father's (　　) to Osaka.

問2　本文の内容と合うものを，次のア～エの中から1つ選び，その記号を書きなさい。(3点)

ア　Emilyと彼女の父は，2年前に一緒に大阪へ行った。
イ　Emilyの父は，5日間大阪に滞在した。
ウ　Emilyの父は，一人で大阪城周辺を散策した。
エ　Emilyは，彼女の父にたこ焼きとお好み焼きをつくった。

問3　下線部について，あなたは，将来あなたが海外に行くならどこに行きたいかについて，Emilyに英語でメールを書きます。〔条件〕に従い，Emilyに伝わるように，[A]に3文以上の英文を書いて，メールを完成させなさい。(6点)

メール

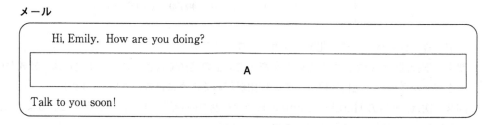

Hi, Emily. How are you doing?
A
Talk to you soon!

〔条件〕①　1文目は，どこに行きたいかということを，I would like to に続けて，解答欄の①に書きなさい。

②　2文目以降は，①について具体的にそこでどのようなことをしたいかを，2文以上で解答欄の②に書きなさい。

＜学校選択問題＞

時間　50分　　満点　100点

1　放送を聞いて答える問題（28点）

問題は，No. 1 ～ No. 7 の全部で7題あり，放送はすべて英語で行われます。放送される内容についての質問にそれぞれ答えなさい。No. 1 ～ No. 6 は，質問に対する答えとして最も適切なものを，A～Dの中から１つずつ選び，その記号を書きなさい。No. 7 は，それぞれの質問に英語で答えなさい。放送中メモを取ってもかまいません。各問題について英語は２回ずつ放送されます。

【No. 1 ～ No. 3】（各２点）

No. 1

A　B　C　D

No. 2

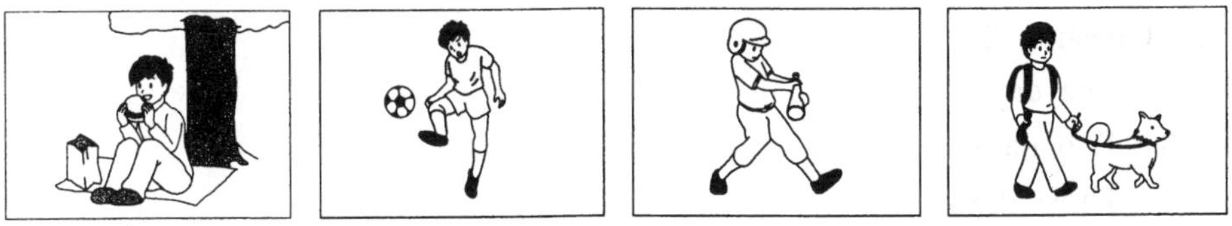

A　B　C　D

No. 3

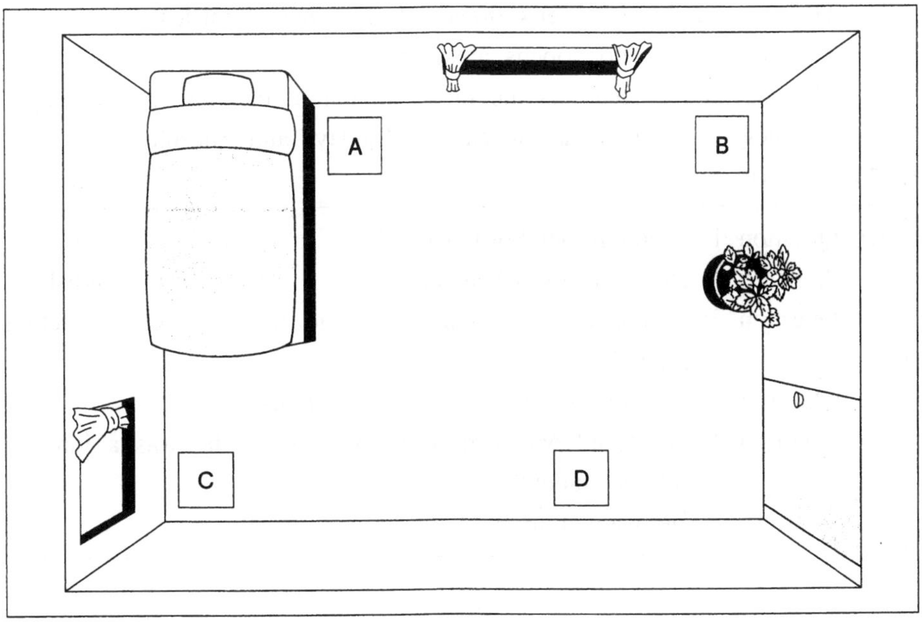

【No. 4，No. 5】(各2点)

No. 4

A　Here you are.

B　Thanks.

C　You, too.

D　Give me some water, please.

No. 5

A　Sorry, I don't know.

B　You should go alone.

C　I will go with you.

D　Will you change trains at the station?

【No. 6】(各3点)

(1)　Question 1

A　On the shopping street near Keyaki Station.

B　In the soccer stadium.

C　In the building of Keyaki Station.

D　On the way to a flower shop.

(2)　Question 2

A　One day.

B　Two days.

C　Three days.

D　Four days.

(3)　Question 3

A　The new candy shop sells flowers from other countries.

B　The new candy shop opens at seven a.m.

C　The special ice cream is the most popular at the new candy shop.

D　The new candy shop is closed on Mondays and Tuesdays.

【No. 7】(各3点)

(1)	Question 1:	When is Mr. Ford happy?
	Answer:	He is happy when students (　　　　) in English.
(2)	Question 2:	Where does Mr. Ford often go to enjoy bird watching in Japan?
	Answer:	He goes to the (　　　　) house.
(3)	Question 3:	What did Mr. Ford want to be when he was a junior high school student?
	Answer:	He wanted to be (　　　　).

2 次の1～4は，Haruka, イギリス（the UK）に住むPhilとALTのMr. Belleの会話と発表です。これらを読んで，問1～問7に答えなさい。＊印のついている語句には，本文のあとに〔注〕があります。(28点)

1 *⟨Haruka in Japan is *making a video call with Phil in the UK on her *tablet computer.⟩*

Phil: Hi, Haruka. What are you doing today?

Haruka: Hi, Phil. It's raining today, so I'm reading a book. How is the weather in your town?

Phil: It's sunny today. Haruka, I learned something interesting about Japan. It was about the entrance of houses.

Haruka: What did you learn?

Phil: I'll show you. Just a minute. I'm going to the entrance of my house. Please look at the *front door. I am opening it, and then closing it. Is anything different?

Haruka: There are no shoe boxes.

Phil: Well, you're right, but that is not the point.

Haruka: Oh, I see! Your door opens to the inside of the house. The front door of my house opens to the outside.

Phil: That's right <u>My father (　　　　　　) many countries before.</u> So, I asked him about it. He said that many front doors in other countries usually open to the inside.

Haruka: Really? I think many front doors in Japan open to the outside. But why do they open to the outside?

〔注〕 make a video call……ビデオ通話をする　tablet……タブレット型の
front door……玄関のドア

問1 下線部が「今までに，父は多くの国に行ったことがあります。」という意味になるように，（ ）に適切な3語の英語を書きなさい。(3点)

2 *⟨At school, Haruka is talking with her ALT, Mr. Belle.⟩*

Haruka: Mr. Belle, why do front doors in Japan open to the outside of the house?

Mr. Belle: There may be a few reasons. One of them is shoes.

Haruka: Shoes?

Mr. Belle: You don't wear shoes in the house, so you put your shoes at the entrance.

Haruka: Oh, I see! If the front door opens to the outside of the house, the door will not hit the shoes. So, front doors opening to the outside are good for houses in Japan.

Mr. Belle: That's right.

Haruka: That's interesting. Do you have any other examples like that?

Mr. Belle: Well, many people in Japan clean their whole houses at the end of the year. But people in some countries do it in spring.

Haruka: Why do they do it in spring?

Mr. Belle: Why don't you find out and give a speech about it in English class next week?

Haruka: That sounds interesting. Thank you.

問2　本文②で，Haruka は，外側に開く玄関のドアが日本の家に適しているのはなぜだと述べていますか。日本語で書きなさい。(4点)

③ 〈*Haruka is giving a speech to her classmates in English class.*〉

When do you clean your whole house? Most of you will do it in December. But people in some countries do it in spring. Why do they do it then?

In the past, many houses in some northern countries had *fireplaces. Winter in these countries is very cold. So, people burned wood to make their houses warm. After the cold winter, there was a lot of *soot from the fireplace in their houses. So, they needed to clean their houses in spring. This is called "spring cleaning." Now, many people in those countries have other *heating systems in their houses, so [A] in winter. They don't need to clean their houses in spring, but they still have this custom.

Different people have different ways of living. I think this is an important thing for you to remember to understand other cultures.

〔注〕 fireplace……暖炉　　soot……すす　　heating system……暖房装置

問3　空欄 [A] にあてはまる最も適切なものを，次のア～エの中から1つ選び，その記号を書きなさい。(3点)

ア　a lot of people visit those countries

イ　you can enjoy skiing

ウ　they don't need to use fireplaces

エ　most of them burn more wood

問4　本文③の内容に関する次の質問に，英語で答えなさい。(4点)

What does Haruka want her classmates to remember to understand other cultures?

④ 〈*After school, Haruka is talking with Mr. Belle.*〉

Haruka: It's very interesting to learn about other cultures.

Mr. Belle: Why don't you study abroad in the future?

Haruka: Actually, I often think about it.

Mr. Belle: What country do you want to go to?

Haruka: I'm interested in a few countries, but I haven't decided yet A few days ago, I was looking for some information about studying abroad. I found a very interesting graph. Among Europe, Asia, and North America, which area has the most Japanese students studying abroad, Mr.

Belle?

Mr. Belle: It's North America, right?

Haruka: North America has a lot of Japanese students, but it doesn't have the most.

Mr. Belle: Then what about Europe?

Haruka: Well, 〔 than / more / Europe / from / has / Japan / North America / students 〕 has. Actually, foreign countries in Asia have the most Japanese students.

Mr. Belle: Oh. really? I didn't know.

Haruka: I will study a lot and think about my reasons for studying abroad, and then I will choose a country.

Mr. Belle: Good idea. Try your best.

Haruka: These days. I often call my friend in the UK. He told me a lot about his culture. But the best way to learn about foreign cultures is to visit foreign countries.

問５　次は，本文④で述べられているグラフです。本文④の〔　〕内のすべての語句を，本文の流れとグラフに合うように，正しい順序に並べかえて書きなさい。（４点）

グラフ　地域別日本人留学生の人数

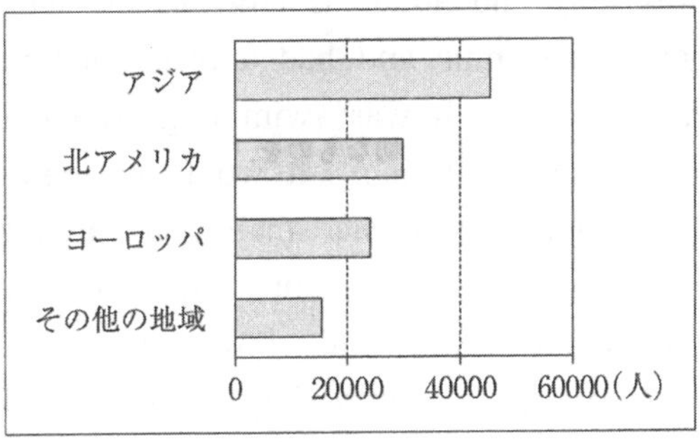

問６　①～④の会話と発表の内容と合うように，次の(1)，(2)の英語に続く最も適切なものを，ア～エの中から１つずつ選び，その記号を書きなさい。（各３点）

(1) Phil wants Haruka

ア to call him more often on her tablet computer on rainy days.

イ to learn that the front door of his house opens to the inside.

ウ to know that he doesn't have a shoe box.

エ to look at his shoes carefully because his father bought them abroad.

(2) Haruka says that

ア winter is the best of all the seasons for cleaning.

イ she is interested in studying abroad in the future to learn English.

ウ people stopped doing "spring cleaning" after their way of living changed.

エ she will choose a country to study in after she thinks about her reasons to study abroad.

問7　次は，後日の Haruka と Mr. Belle の会話です。自然な会話になるように，(　　) に適切な3語の英語を書きなさい。(4点)

Haruka: Mr. Belle, I have a question. Can I talk with you now?
Mr. Belle: Sure, what do you want to know?
Haruka: Can you tell me (　　　　　) more friends from foreign countries?
Mr. Belle: I think there are many ways. For example, you can take part in many international events, or you can ask your friend in the UK to introduce his friends to you.
Haruka: OK! Thank you.

3　次は，高校1年生の Tomoko が書いた英文です。これを読んで，問1～問6に答えなさい。＊印のついている語句には，本文のあとに〔注〕があります。(34点)

I like visiting *aquariums. I have visited a lot of aquariums and seen many different sea animals. There are always a lot of *colorful fish in the fish *tanks. I am always happy when I see them in aquariums.

Last summer, I went to an aquarium with my family. I had a great time and watched the fish as I always do. I found two interesting fish in the corner of a large fish tank. One was gray and about as large as my tennis racket. It opened its large mouth. The other was blue and had a black line running along its side. It was about ten centimeters long. It was swimming around the head of the large fish. I was worried about the small fish. It would be easy for the large fish to eat the small fish. But I didn't think the small fish cared about this. Actually, 〔 afraid / didn't even / swimming / look / into / of / it 〕 the large fish's mouth. Soon after it swam in, it quickly swam out. I was surprised to see this. I found a *staff member at the aquarium, and asked her a question. I said, "Is it safe for the small fish to swim around the large fish? The large fish may eat the small fish." She said, "Don't worry. The small fish is a *bluestreak cleaner wrasse. It eats *parasites and *diseased parts on other fish, so it is called a cleaner fish. This small cleaner fish keeps the large fish healthy. The large fish knows this, so it will not eat the cleaner fish." I said, "I've never heard about cleaner fish. This is a very interesting *relationship. Thank you very much."

[①] There was a yellow fish in another fish tank. It came out of a hole in the ground, and then a *shrimp followed it. I read the *explanation on the wall by the tank. I learned that the fish was a kind of *goby. The shrimp was *digging a hole and the goby just stayed near the shrimp. It was very interesting to see them together. Then, both of them got in the hole again. I thought they were good friends. Why did they stay together? I wanted to learn more about these relationships, so I used the Internet to learn about them.

I learned that such relationships are called *mutualisms. [②] This means that each side *benefits from the relationship *in some way. In the relationship between the bluestreak cleaner wrasse and the large fish, the large fish is cleaned by the cleaner fish. This is good for the large fish. This relationship is also good for the cleaner fish. The large fish goes to the cleaner fish for help, so the cleaner fish can get food easily just by swimming around the large fish. Both benefit from each other.

Then, what about the relationship between the goby and the shrimp? Both of them live in a hole together at the bottom of the sea. The hole is their house. The shrimp is very good at digging holes, but doesn't have good eyes and cannot swim well. *On the other hand, the goby can see well. It can swim fast, but it cannot swim very far. [③] The shrimp sometimes needs to *repair their house. When the shrimp comes out, the goby comes out too. The shrimp always stays near the goby, and keeps touching the goby's body to get a sign from the goby. The goby looks around carefully. As soon as the goby finds a dangerous animal, it gives a sign to the shrimp. When the shrimp gets this sign, it also knows that an animal [A] to eat them is coming. Both of them quickly get inside their house. The shrimp can stay safe with the goby's help, and the goby can *hide itself in the house [B] by the shrimp.

In the natural world, some animals eat and some are eaten. I didn't think of other relationships among sea animals. But some different kinds of animals live together by helping each other. I learned this after watching the sea animals at the aquarium. I want to learn even more about sea animals. I am looking forward to learning about *diversity in the sea.

〔注〕 aquarium……水族館　colorful……色彩豊かな　tank……水槽　staff……従業員
bluestreak cleaner wrasse……ホンソメワケベラ（魚の名前）　parasite……寄生虫
diseased……病気の　relationship……関係　shrimp……エビ　explanation……説明
goby……ハゼ（魚の名前）　dig ～……～を掘る　mutualism……相利共生
benefit……利益を得る　in some way……何らかの点で
on the other hand……これに対して　repair ～……～を修理する　hide ～……～を隠す
diversity……多様性

問１　〔　〕内のすべての語句を，本文の流れに合うように，正しい順序に並べかえて書きなさい。（３点）

問２　空欄 [①] ～ [③] にあてはまる最も適切な文を，次のア～カの中から１つずつ選び，その記号を書きなさい。なお，同じ記号を２度以上使うことはありません。（各３点）

ア　After watching them, I found another interesting relationship between two sea animals at the aquarium.

イ　In this relationship, one gets something from the other, but the other gets nothing.

ウ　Each of them has both good points and bad points, so they support each other to stay safe.

エ Later, another relationship between two fish was found, and this surprised a lot of scientists.

オ In these relationships, one animal always has to follow the stronger one to live in peace.

カ In relationships like these, two or more different kinds of animals may give food, safe places, or care to each other.

問3 空欄 A , B にあてはまる最も適切なものを，次の中から１つずつ選び，それぞれ正しい形にかえて書きなさい。(各３点)

forget	grow	hold	make	sound	stop	send	try

問4 下線部I learned thisの this は何をさしていますか。日本語で書きなさい。(３点)

問5 本文の内容に関する次の質問に，英語で答えなさい。(４点)

Why is the relationship with the large fish good for the bluestreak cleaner wrasse?

問6 次の英文は，本文の内容をまとめたものです。次の（１）～（３）に適切な英語を，それぞれ２語で書きなさい。(各３点)

When Tomoko visited the aquarium, she found two interesting relationships between different kinds of animals. One was the relationship between a small fish and a large fish. It would be dangerous for the small fish to swim near the large fish, but the small fish （ 1 ） because the large fish knew the small fish would help it. The other was the relationship between a goby and a shrimp. The goby has good eyes. It is a （ 2 ） but isn't able to swim far. It looks around carefully （ 3 ） any dangerous animals. The shrimp doesn't see or swim well, but it is good at digging holes. The two animals help each other. These relationships are called mutualisms.

4 次の英文を読んで，あなたの考えを，〔条件〕と〔記入上の注意〕に従って40語以上50語程度の英語で書きなさい。＊印のついている語句には，本文のあとに〔注〕があります。(10点)

Many people think that it is good to do many activities in *nature. So, many *organizations give children chances to spend time in nature. For example, schools hold many outdoor events to take children to places like mountains, rivers, lakes, or the sea. Museums or other *public facilities also hold events such as nature *observation classes or *farming activity classes. Children can do a lot of different activities in nature.

Some people say that elementary school children should spend more time in nature. What do you think about this?

〔注〕 nature……自然　organization……団体　public facilities……公共施設
observation……観察　farming……農業

〔条件〕 下線部の質問に対するあなたの考えを，その理由が伝わるように書きなさい。

〔記入上の注意〕

① 【記入例】にならって，解答欄の下線＿＿の上に１語ずつ書きなさい。
・符号（．，？！など）は語数に含めません。
・50語を超える場合は，解答欄の破線……で示された行におさまるように書きなさい。

② 英文の数は問いません。

③ 【下書き欄】は，必要に応じて使ってかまいません。

【記入例】

Hi!	I'm	Nancy.	I'm	from
America.	Where	are	you	from?
is	April	2,	2005.	It

50語

is Ken's birthday, too.

【下書き欄】

40語

50語

＜理科＞

時間 50分 満点 100点

1 次の各問に答えなさい。(24点)

問1 地表に出ている岩石が，長い間に気温の変化や水のはたらきによってもろくなり，くずれていく現象を何といいますか。次の**ア**～**エ**の中から一つ選び，その記号を書きなさい。(3点)

ア 堆積　**イ** 風化　**ウ** 沈降　**エ** 隆起

問2 発根したソラマメの根に，**図1**のように，根の先端とそこから6㎜ごとに印をつけました。**図1**の状態から2日後の印のようすとして最も適切なものを，次の**ア**～**エ**の中から一つ選び，その記号を書きなさい。(3点)

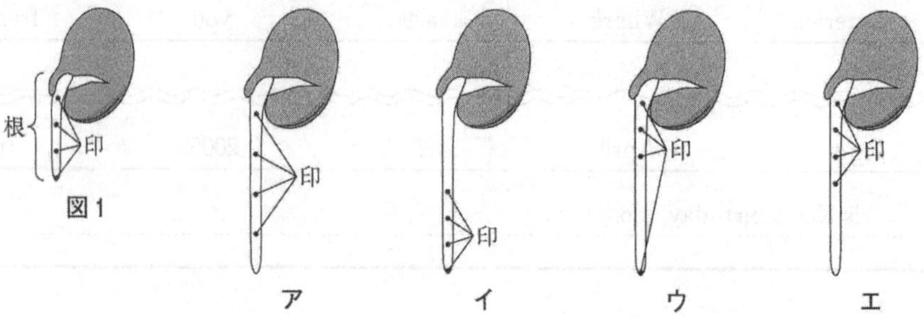

問3 水酸化カルシウムと塩化アンモニウムを反応させると，アンモニアと水と塩化カルシウムが生じます。試験管Aに入れた水酸化カルシウムと塩化アンモニウムの混合物を加熱してアンモニアを試験管Bに集める操作として最も適切なものを，次の**ア**～**エ**の中から一つ選び，その記号を書きなさい。(3点)

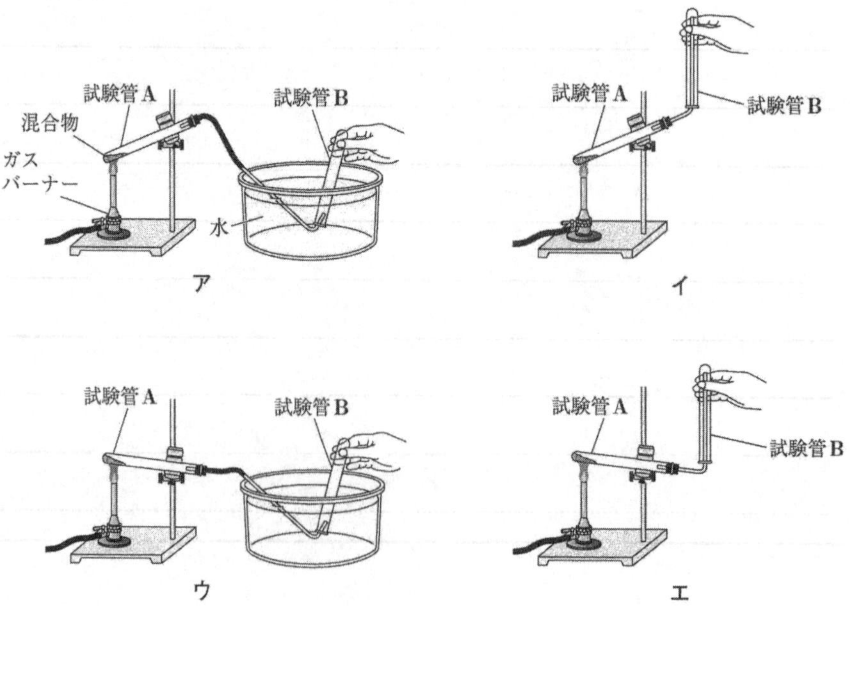

問４　**図２**は，１秒間に50打点する記録タイマーを用いて，物体の運動のようすを記録した記録テープです。記録テープの**Ｘ**の区間が24.5㎝のとき，**Ｘ**の区間における平均の速さとして最も適切なものを，下の**ア**～**エ**の中から一つ選び，その記号を書きなさい。（３点）

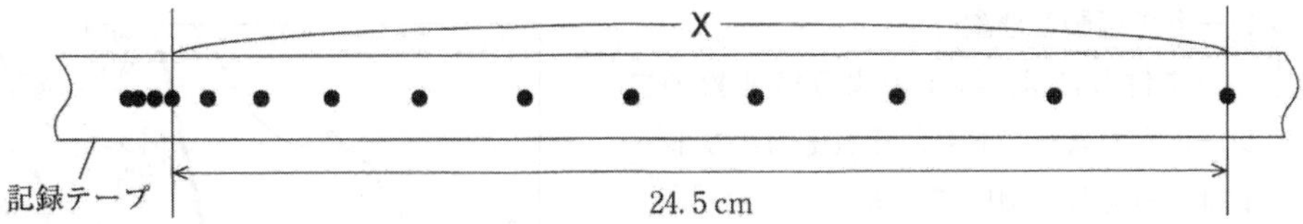

図２

ア　4.9㎝／s　　**イ**　24.5㎝／s　　**ウ**　122.5㎝／s　　**エ**　245.0㎝／s

問５　地球上の水は，太陽のエネルギーによってその状態を変えながら，たえず海と陸地と大気の間を循環しています。**図３**は地球上の水の循環について模式的に表したもので，矢印は水の移動を，（　）内のそれぞれの数値は地球の全降水量を100としたときの水の量を示しています。**Ｙ**にあてはまる数値を求めなさい。（３点）

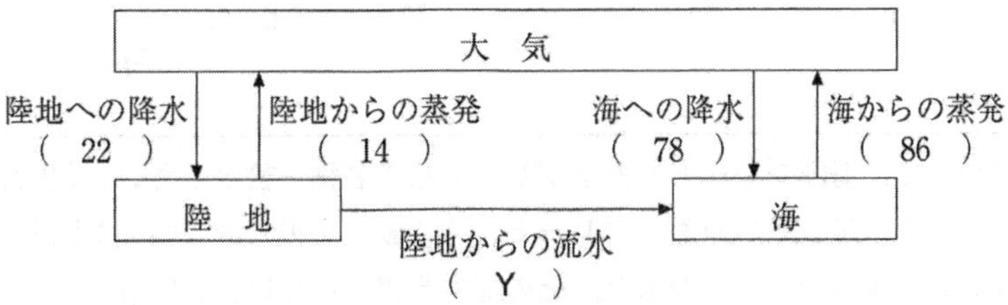

図３

問６　ツユクサの葉の裏側の表皮を顕微鏡で観察したところ，向かい合った三日月形の細胞が多数見られました。**図４**は向かい合った三日月形の細胞を拡大した写真です。この写真に見られる**すきま**を何といいますか。その名称を書きなさい。（３点）

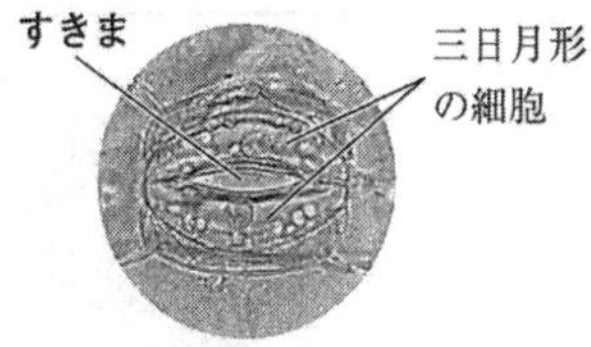

図４

問７　鉄粉3.5ｇと硫黄の粉末2.0ｇの混合物を試験管に入れ，**図５**のように混合物の上部をガスバーナーで加熱しました。混合物の色が赤くなり始めたところで加熱をやめ，しばらく置いたところ，鉄と硫黄がすべて反応して黒色の物質に変化しました。この化学変化を化学反応式で表しなさい。（３点）

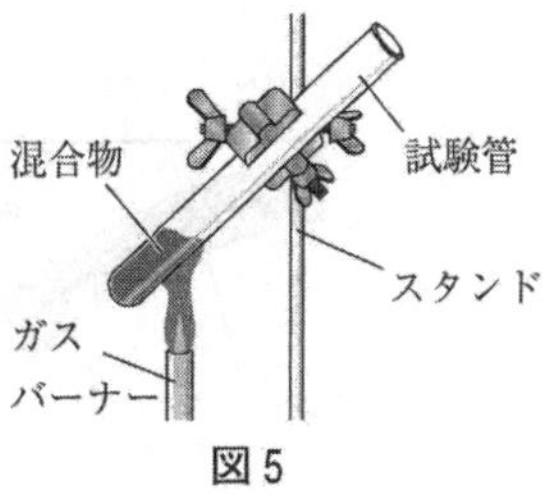

図５

問８　物体を水に入れると，**図６**のように物体が水に浮いた状態で静止しました。このとき，物体にはたらく重力とつり合っている力は何ですか。その名称を書きなさい。

（３点）

図６

2　Wさんは，日本付近のプレートの運動と地震について学習しました。問１～問５に答えなさい。(19点)

ノート

プレートの運動と地震

○　日本付近には，図１のように４枚のプレートが集まっており，それぞれのプレートはゆっくりと動いている。

○　プレートAとプレートBは大陸プレートに，プレートCとプレートDは海洋プレートに分けられる。

○　日本は４枚のプレートの境界付近にあるため，地震が多く発生する。

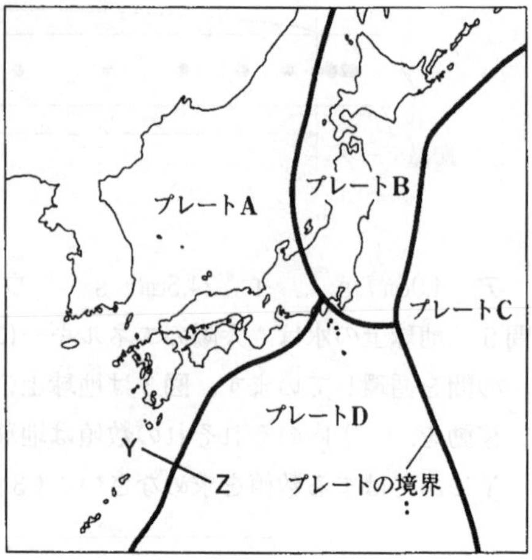

図１

問１　図１について，海洋プレートであるプレートCの名称を書きなさい。(３点)

問２　図１について，Y－Zの断面とプレートの主な動きを模式的に表した図として最も適切なものを，次のア～エの中から一つ選び，その記号を書きなさい。(３点)

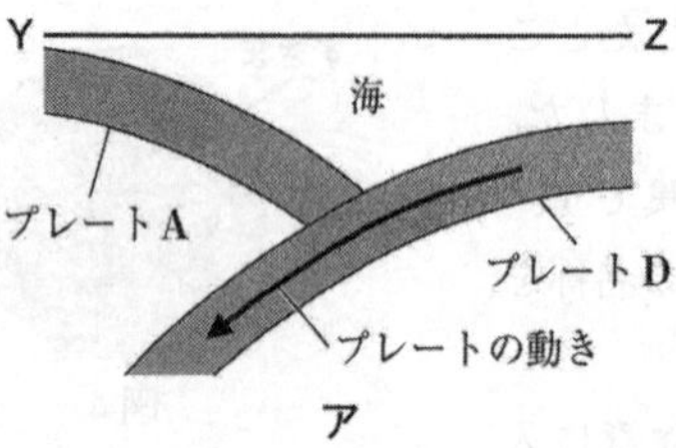

ア

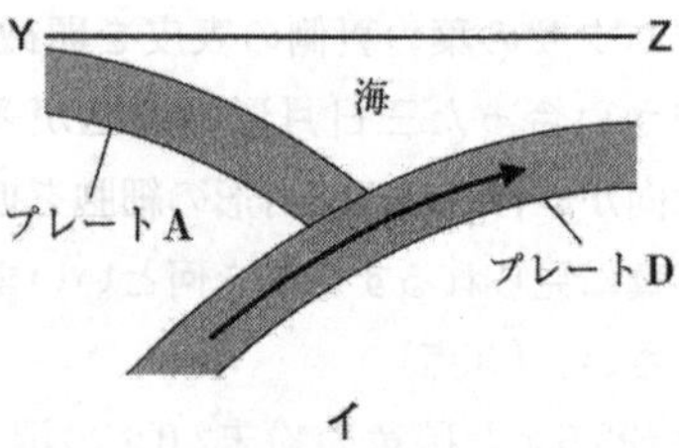

イ

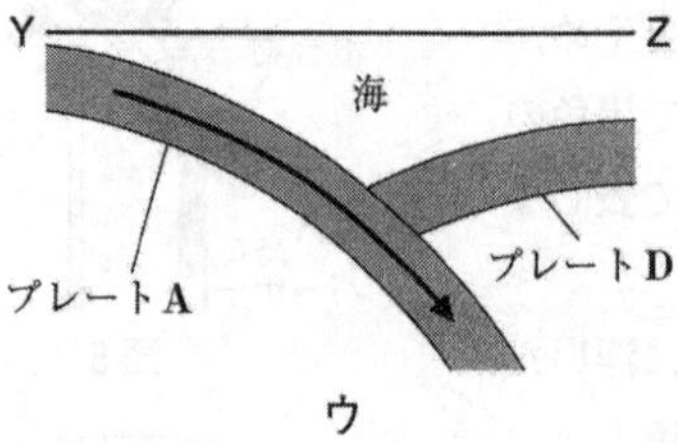

ウ

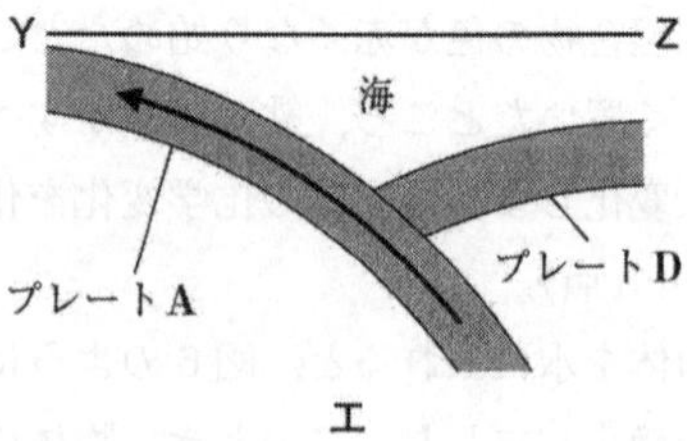

エ

理科の授業場面１

先生

ある地震について，同じ種類の地震計を使って，２つの地点Ｋ，Ｌでゆれを記録しました。**図２**は，それらの記録についてＰ波の到達時刻を０秒とし，並べたものです。なお，この①<u>地震のゆれの大きさ</u>は，地点Ｋ，Ｌともに震度４でした。

図２から，②<u>地点Ｋの方が地点Ｌよりも震源に近い場所であることがわかります</u>。その理由を考えてみましょう。

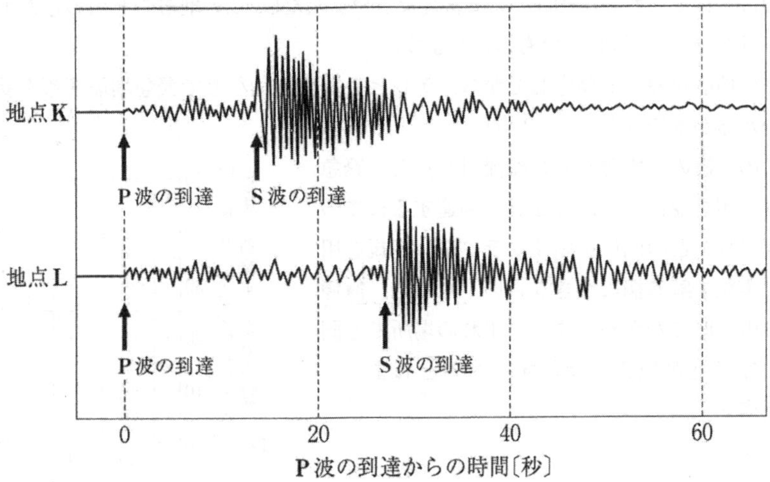

図２

問３　下線部①について，日本では，震度はいくつの階級（段階）に分けられているか，書きなさい。（３点）

問４　下線部②の理由を，**初期微動**という語を使って書きなさい。ただし，この地震によって発生したＰ波とＳ波は，それぞれ一定の速さで伝わったものとします。（４点）

理科の授業場面２

緊急地震速報は，大きなゆれが予想される地震が発生したときに出されます。

図３は，地震が発生してからテレビや携帯電話などで緊急地震速報を受信するまでのしくみを模式的に表しています。地震が発生し，震源の近くの地震計がＰ波をとらえると，その地震の情報が気象庁に伝えられます。気象庁はその情報をもとに，大きなゆれが予想される地域に，緊急地震速報を発信します。

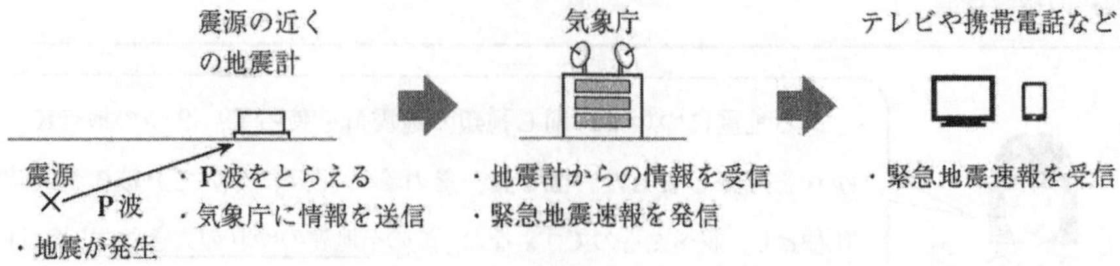

図3

問5　ある地震において，震源から25kmのところに設置されている地震計が，P波をとらえました。この地震計がP波をとらえてから，テレビや携帯電話などで緊急地震速報を受信するまでの時間は5秒でした。次の(1)，(2)に答えなさい。ただし，この地震のP波の速さは5km/s，S波の速さは3km/sで伝わったものとします。

(1)　この地震が震源で発生してから，テレビや携帯電話などで緊急地震速報を受信するまで何秒かかるか求めなさい。（3点）

(2)　この地震の，震源からの距離〔km〕と，緊急地震速報を受信してから**S波が到達するまで**の時間〔秒〕との関係を表すグラフを，定規を用いて実線で解答欄にかきなさい。ただし，震源からの距離にかかわらず，いずれの場所でも同時に緊急地震速報を受信するものとします。（3点）

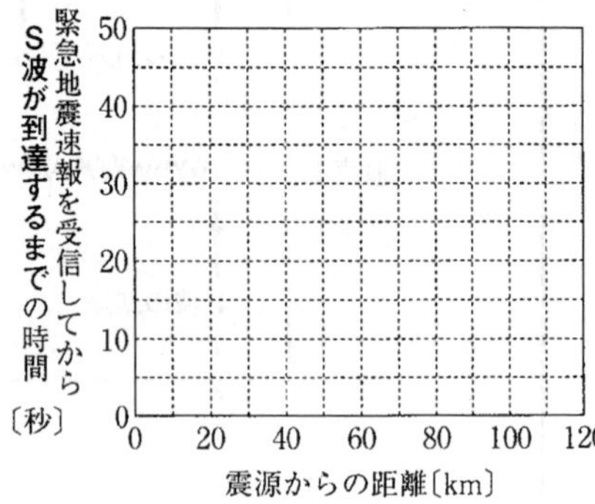

3　Tさんは，理科の授業で骨や筋肉などのからだのつくりについて学習をしました。問1～問5に答えなさい。（19点）

黒板

ヒトの骨と筋肉のようす

○　ヒトのからだには多数の骨があり，それらの骨がたがいに組み合わさって骨格をつくっている。骨格にはからだを支えるはたらきがあるとともに，脳などを［ P ］はたらきもある。

○　①ひじなどの関節は骨と骨のつなぎ目で，骨格を動かすときに曲がる部分である。図1のように，骨についている筋肉の両端は［ Q ］とよばれるじょうぶなつくりになっている。

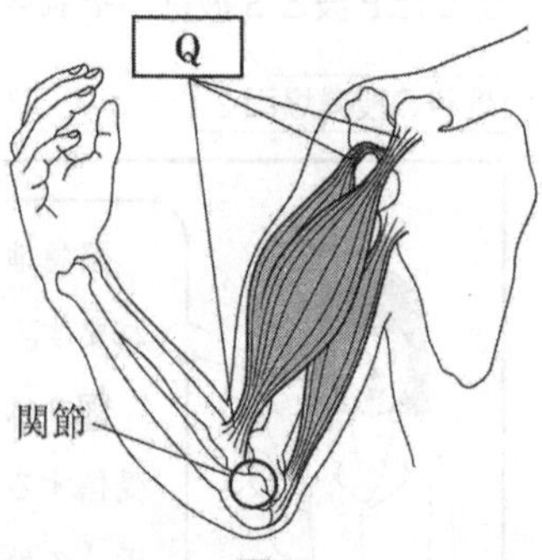

図1

問1　［黒板］の［ P ］，［ Q ］にあてはまる語をそれぞれ書きなさい。（4点）

問2　Tさんは下線部①について，うでを曲げたときの骨や筋肉を模式的に示した**図2**をもとに，うでが動くしくみを次のようにまとめました。うでを曲げのばしする筋肉が，どのように，どこについているか，［R］にあてはまることばを，**関節**という語を使って書きなさい。

（4点）

筋肉Xと筋肉Yは骨Wを囲み，たがいに向き合っている。筋肉Xと筋肉Yは，それらの筋肉の両端が［　　R　　］ついているため，うでを曲げのばしするときに対になってはたらく。

○　うでを曲げるとき…筋肉Xが縮み，筋肉Yがゆるむ。

○　うでをのばすとき…筋肉Yが縮み，筋肉Xがゆるむ。

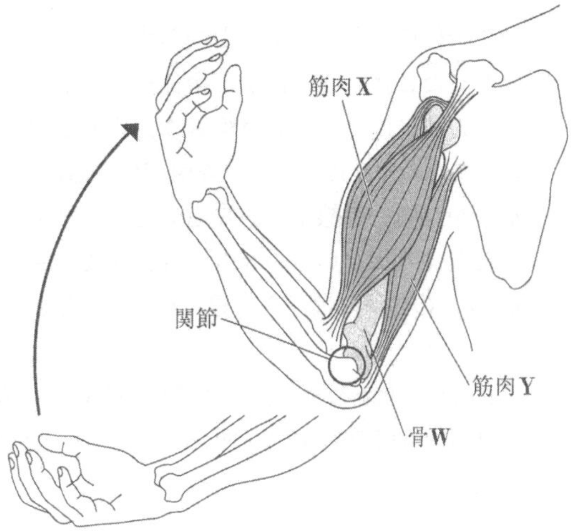

図2

理科の授業場面

ヒトのうでのつくりは②てこのはたらきを利用していて，うでの筋肉の縮む長さが短くても，うでを大きく動かすことができます。

図3はひじを曲げて買い物かごを支えているときの，うでの模式図です。**図3**では，関節が支点，筋肉Xが骨についているところが力点，買い物かごの持ち手をにぎっているところが作用点になります。

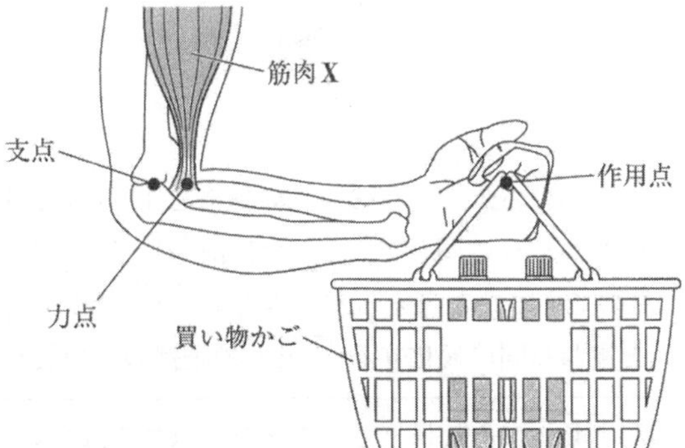

図3

問３　下線部②について，図４は全体の質量が２kgの買い物かごを支え，静止させているときのうでの模式図です。支点から力点までの距離が３㎝，支点から作用点までの距離が30㎝，作用点にはたらく力が買い物かご全体にはたらく重力と同じ大きさの力であったとき，買い物かご全体を支えるために力点にはたらく力は何Ｎか，求めなさい。ただし，支点，力点，作用点の３点は，水平かつ同一直線上にあるものとし，うでの質量は考えないものとします。また，質量100ｇの物体にはたらく重力を１Ｎとします。（４点）

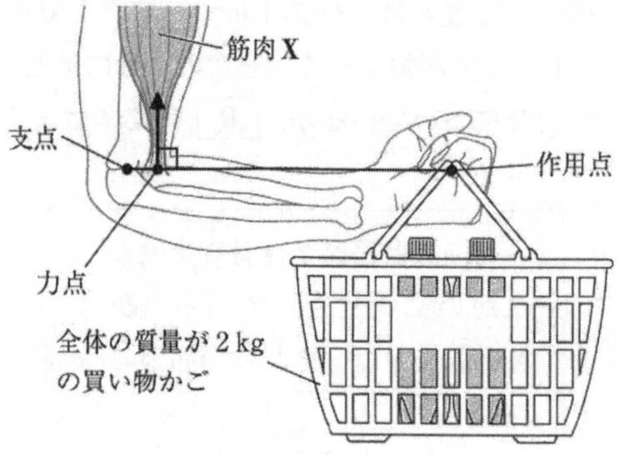

図４

Ｔさんは，ヒト以外の動物の骨格がどのようなつくりをしているかについても興味をもち，ホニュウ類の骨格のようすについて調べ，ノートにまとめました。

ノート

ホニュウ類の骨格のようす

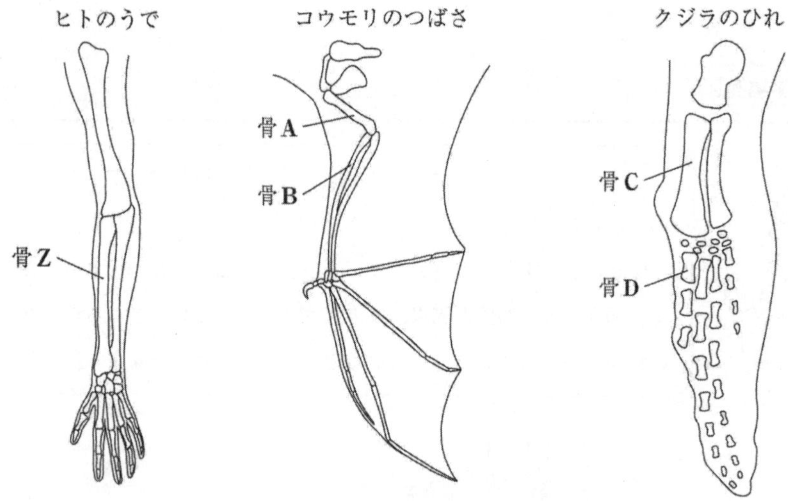

図５

調べてわかったこと

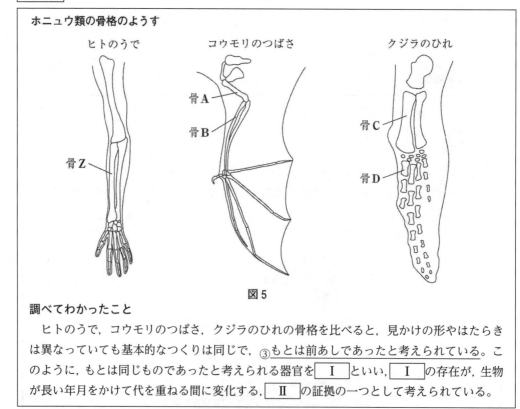

ヒトのうで，コウモリのつばさ，クジラのひれの骨格を比べると，見かけの形やはたらきは異なっていても基本的なつくりは同じで，③もとは前あしであったと考えられている。このように，もとは同じものであったと考えられる器官を［Ⅰ］といい，［Ⅰ］の存在が，生物が長い年月をかけて代を重ねる間に変化する，［Ⅱ］の証拠の一つとして考えられている。

問４　［ノート］の［Ⅰ］，［Ⅱ］にあてはまる語をそれぞれ書きなさい。（４点）

問５　下線部③について，コウモリのつばさとクジラのひれの骨格で，ヒトのうでの骨Ｚにあたる骨はそれぞれどれですか。骨Ａ～骨Ｄの組み合わせとして最も適切なものを，次のページの

ア～エの中から一つ選び，その記号を書きなさい。(３点)

ア　コウモリ…骨A　　クジラ…骨C
イ　コウモリ…骨A　　クジラ…骨D
ウ　コウモリ…骨B　　クジラ…骨C
エ　コウモリ…骨B　　クジラ…骨D

4　Mさんは，理科の授業で電池の学習を行いました。問１～問５に答えなさい。(19点)

レポート１

課題１

金属と水溶液を使って電気エネルギーをとり出すための条件は何だろうか。

【実験１】

(1)　金属として亜鉛板，銅板，マグネシウムリボンをそれぞれ２枚と，水溶液としてうすい塩酸，食塩水，砂糖水を用意した。

(2)　図１のような装置で，電極に亜鉛板と銅板を，水溶液にうすい塩酸を使い，電極に電子オルゴールをつないで鳴るかどうかを調べた。

(3)　電極に用いる金属や，水溶液の組み合わせを変え，電子オルゴールが鳴るかどうかを調べた。

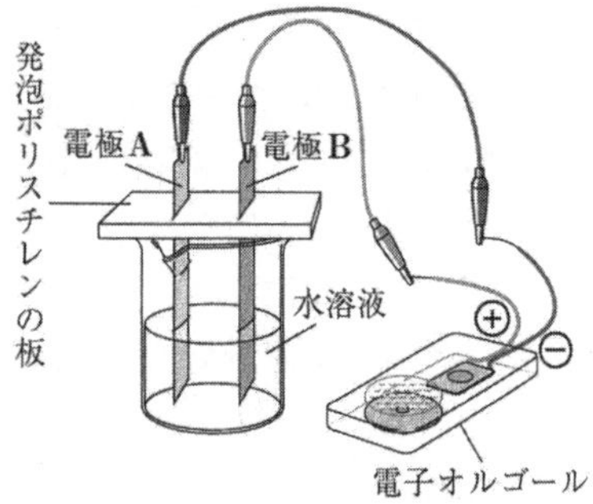

図１

【結果１】

電子オルゴール　○鳴った　×鳴らなかった

金属		水溶液		
電極A	電極B	うすい塩酸	食塩水	砂糖水
亜鉛	銅	○	○	×
マグネシウム	銅	○	○	×
銅	銅	×	×	×
亜鉛	亜鉛	×	×	×
マグネシウム	亜鉛	○	○	×
マグネシウム	マグネシウム	×	×	×

○　電極を水溶液に入れたときや，電極に電子オルゴールをつないだとき，①電極から気体が発生することがあった。

○　電子オルゴールが鳴る組み合わせでも，電子オルゴールの⊕，⊖を逆につなぐと鳴らなかった。

問１　下線部①について，**【実験１】**の(2)の条件で，電子オルゴールが鳴っているときに銅板の表面から発生する気体の名称を書きなさい。(３点)

問２ **【結果１】**から，金属と水溶液を使って電気エネルギーをとり出すのに必要な条件は何であるといえますか。正しいものを，次の**ア**～**エ**の中から一つ選び，その記号を書きなさい。（３点）

ア 同じ種類の金属と，非電解質の水溶液を使うこと。
イ 同じ種類の金属と，電解質の水溶液を使うこと。
ウ 異なる種類の金属と，非電解質の水溶液を使うこと。
エ 異なる種類の金属と，電解質の水溶液を使うこと。

レポート２

課題２

備長炭（びんちょうたん）電池では，どのような化学変化が起きているのだろうか。

【実験２】

(1) 濃い食塩水をしみこませたペーパータオルを**図２**のように備長炭に巻きつけ，さらにその上からアルミニウムはくを巻きつけた。

(2) アルミニウムはくと備長炭に，それぞれクリップをセロハンテープで取りつけてアルミニウムはくと備長炭を電極とした備長炭電池をつくり，**図３**のように電極に電子オルゴールをつないで鳴るかどうかを調べた。

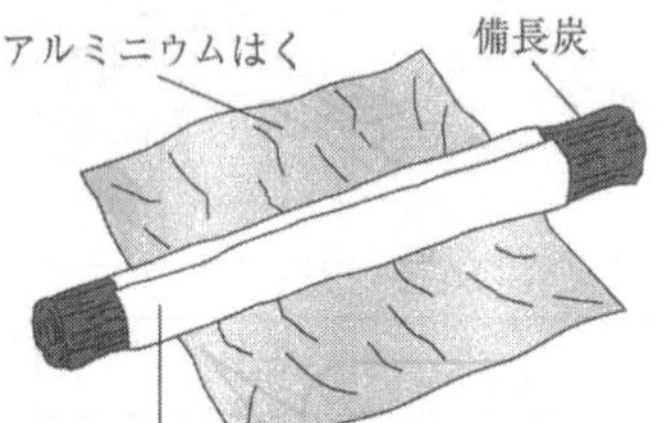

図２

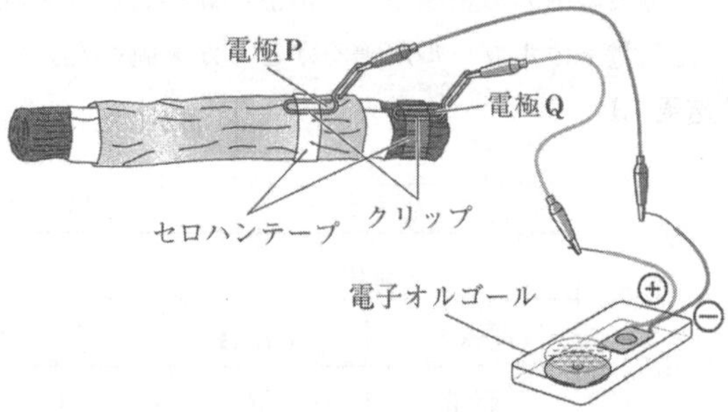

図３

(3) 備長炭電池で電子オルゴールを１日鳴らし続けたあと，電子オルゴールとの接続を切って備長炭電池を分解し，ペーパータオルにフェノールフタレイン溶液を数滴かけた。

【結果２】

○ 電子オルゴールの⊖を電極Pに，⊕を電極Qに接続すると，②<u>電子オルゴールが鳴った</u>。

○ 実験後の備長炭電池を分解すると，③<u>アルミニウムはくに穴があいて</u>，ぼろぼろになっていた。フェノールフタレイン溶液をかけると，④<u>ペーパータオルが赤くなった</u>。

【調べてわかったこと】

実験後のペーパータオルが赤くなった原因は，電極Qで空気中の酸素と食塩水中の水による化学変化が起こったからである。

問３ 下線部②と下線部③について，回路に電流が流れて電子オルゴールが鳴った理由と化学変化によってアルミニウムはくに穴があいた理由を，**陽イオン**，**電子**，**食塩水**という語を使って説明しなさい。（６点）

問４　下線部④のように，実験後のペーパータオルにフェノールフタレイン溶液をかけると赤くなる原因となったイオンの名称を書きなさい。（３点）

理科の授業場面

先生

電池の中には，水の電気分解の逆の化学変化を利用する，燃料電池とよばれるものがあります。燃料電池は，反応する物質が金属でなくても，水素と酸素が化学変化を起こすときに発生する電気エネルギーをとり出すことができます。では，**図４**の装置を使って，**図５**の電子オルゴールが鳴るようにつないでみましょう。

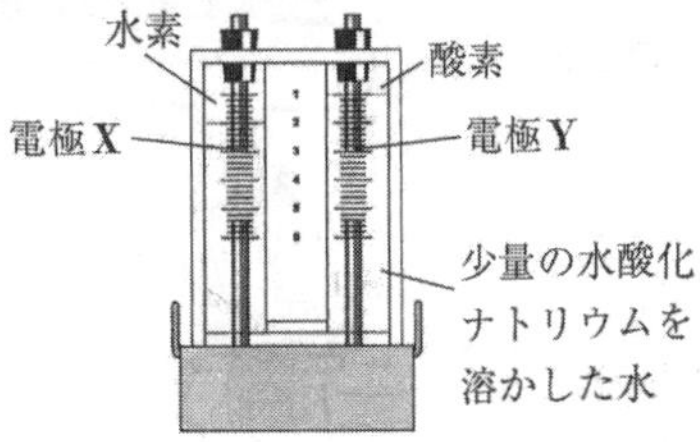

図４

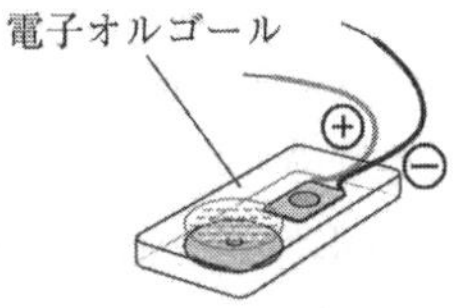

図５

Mさん

⑤電子オルゴールの⊖を電極Xに，⊕を電極Yに接続すると，電子オルゴールが鳴りました。

問５　Mさんは **レポート１** ，**レポート２** をふまえ，燃料電池について下線部⑤からわかることを，次のようにまとめました。［Ⅰ］～［Ⅲ］にあてはまる語の組み合わせとして最も適切なものを，下の**ア**～**エ**の中から一つ選び，その記号を書きなさい。（４点）

> 図４の装置を図５の電子オルゴールとつなぐと，電子は回路を［Ⅰ］→電子オルゴール→［Ⅱ］の順に流れていることがわかる。よって，燃料電池の－(マイナス)極で反応している物質は［Ⅲ］であるといえる。

ア　Ⅰ…電極X　　Ⅱ…電極Y　　Ⅲ…水素
イ　Ⅰ…電極X　　Ⅱ…電極Y　　Ⅲ…酸素
ウ　Ⅰ…電極Y　　Ⅱ…電極X　　Ⅲ…水素
エ　Ⅰ…電極Y　　Ⅱ…電極X　　Ⅲ…酸素

5 Hさんは，電熱線の両端に電圧を加えたときの温度の変化を調べる実験を行い，レポートにまとめました。問1～問5に答えなさい。(19点)

レポート

課題

電熱線の両端に電圧を加えたときの，回路に流れる電流の大きさと電熱線の温度上昇にはどのような関係があるのだろうか。

【実験】

(1) 抵抗の大きさが5Ω，7.5Ω，10Ωの電熱線を用意した。

(2) **図1**のように抵抗の大きさが5Ωの電熱線を用いた回路をつくった。電熱線の表面温度を測定したあと，スイッチを入れて回路の電熱線に加わる電圧が3.0Vになるように電圧を調整し，電流の大きさを測定した。

(3) 電流を流してから1分後に電源装置の電源を切り，同時に電熱線の表面温度を測定した。

(4) 回路に用いる電熱線を7.5Ωと10Ωのものにとりかえ，それぞれ(2)，(3)と同じ操作を行った。

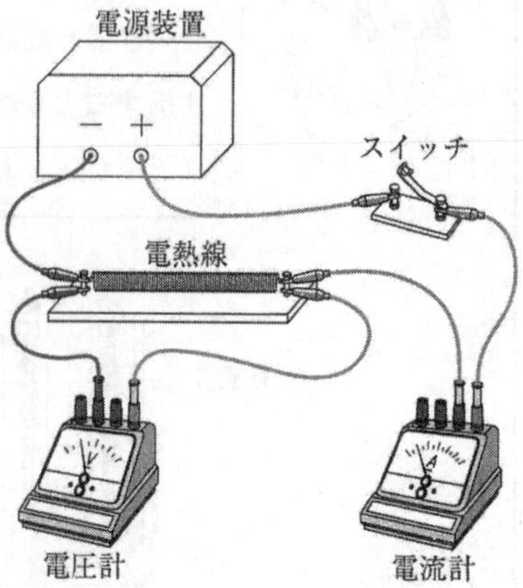

図1

問1 **図1**について，この回路の回路図を完成させなさい。ただし，解答欄には**図2**のように回路図の一部が示されているので，それに続けて，**図3**に示した電気用図記号を用いてかきなさい。なお，必要に応じて定規を用いてもかまいません。(3点)

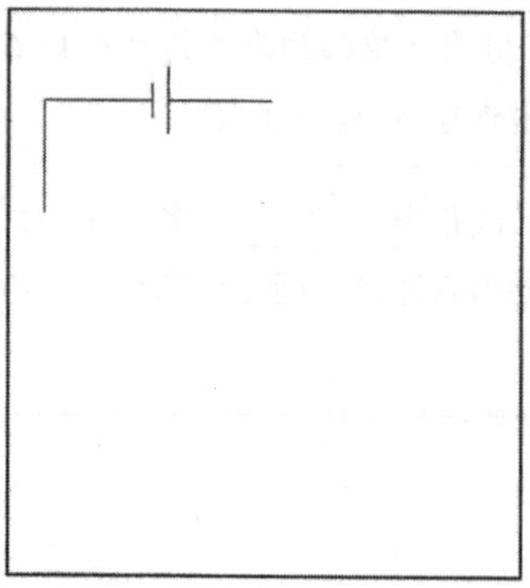

図2

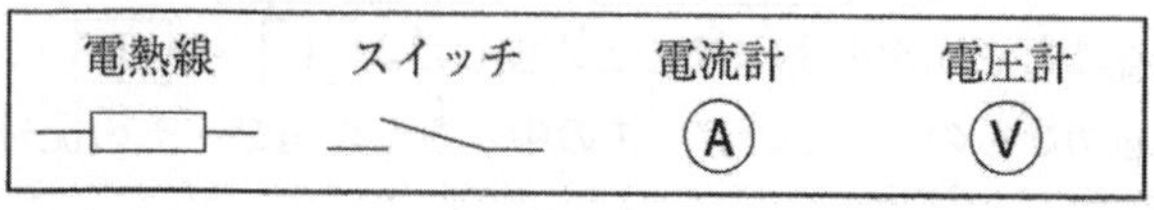

図3

レポートの続き

【結果】

電圧…3.0 V　電流を流す前の電熱線の表面温度…30.0 ℃

	5 Ω の電熱線	7.5 Ω の電熱線	10 Ω の電熱線
電流〔A〕	0.6	0.4	0.3
電流を流してから1分後の電熱線の表面温度〔℃〕	42.2	34.9	32.3
上昇した温度〔℃〕	12.2	4.9	2.3

【考察】

○ 電熱線の両端に加わる電圧が一定である場合，電流の大きさは電熱線の抵抗の大きさに［ I ］していた。

○ 電熱線の両端に加わる電圧が一定で電流の流れた時間が等しい場合，電熱線の消費する電力が大きいほど発生する熱量が大きくなったことから，抵抗の大きさが［ II ］ほど電熱線の消費する電力が大きくなり，温度上昇が大きくなる。

【新たな疑問】

実験中，電熱線に手をかざすとあたたかく感じた。これは，電熱線の表面から熱が空気中ににげているからではないだろうか。

【新たな実験】

図4のような電気ケトルを使って水を加熱し，消費した電力量と水の温度上昇に使われた熱量を比較して，水からにげた熱量を考える。

図4

問2 【結果】について，7.5Ωの電熱線が消費する電力の大きさは何Wか，求めなさい。(3点)

問3 【考察】の［ I ］，［ II ］にあてはまる語の組み合わせとして正しいものを，次のア～エの中から一つ選び，その記号を書きなさい。(3点)

ア　I…比例　II…小さい　　イ　I…反比例　II…小さい

ウ　I…比例　II…大きい　　エ　I…反比例　II…大きい

問4 【新たな実験】について，消費電力が910Wの電気ケトルを使って，水温20℃の水150cm³を100℃まで温度上昇させると90秒かかりました。発生した熱量のうち，水からにげた熱量は，150cm³の水を何℃上昇させる熱量にあたるか，求めなさい。ただし，水1gの温度を1℃上昇させるのに必要な熱量は4.2J，水の密度は1g/cm³とし，電気ケトルから発生した熱はすべて水に伝わったものとします。(4点)

Hさんは，電気器具を図5のような電源タップに接続して使用しているとき，電源タップのコードの温度が上昇することから，電流を流すためのコード自体にも抵抗があることに気づきました。そこで，電源タップについて調べたところ，使用上の注意点をみつけました。

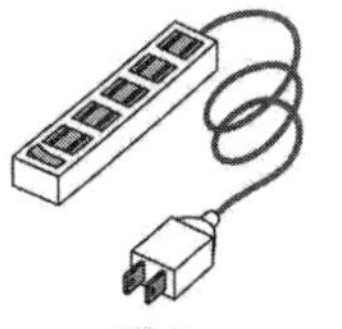

図5

使用上の注意点

電源タップに接続した電気器具の消費電力の合計が大きくなると，電源タップのコードの温度が高くなります。電源タップに表示された電力に対し，余裕をもって使用しましょう。

問5　Hさんは **使用上の注意点** について調べてわかったことを，次のようにまとめました。下の(1)，(2)に答えなさい。

○　電源タップは並列回路になっていて，接続した電気器具に加わる電圧は [a] 。
○　消費電力が400Wのこたつと1300Wの電気ストーブを１つの電源タップに接続して同時に使用すると，全体の消費電力は [b] Wとなる。そのため，消費電力が1500Wまで使用できる電源タップの場合，[c] 。
○　電源タップに表示された電力以上の電気器具を電源タップに接続して使用すると，電源タップに [X] ので，特に電源タップのコードをたばねているときは，発火する危険性が高くなる。

(1) [a] ～ [c] にあてはまることばや数値の組み合わせとして正しいものを，次の**ア**～**エ**の中から一つ選び，その記号を書きなさい。(3 点)

ア	a…すべて等しい	b…1700	c…安全には使用できない
イ	a…すべて等しい	b…850	c…安全に使用できる
ウ	a…すべての電圧の和になる	b…1700	c…安全には使用できない
エ	a…すべての電圧の和になる	b…850	c…安全に使用できる

(2) [X] にあてはまることばを，**電流**，**発生する熱量**という語句を使って書きなさい。(3 点)

<社会>　時間　50分　満点　100点

1　Mさんは，フランス，オーストラリア，アメリカ合衆国，チリ及び日本の５か国について調べました。次の**地図**をみて，問１～問４に答えなさい。(15点)

地図

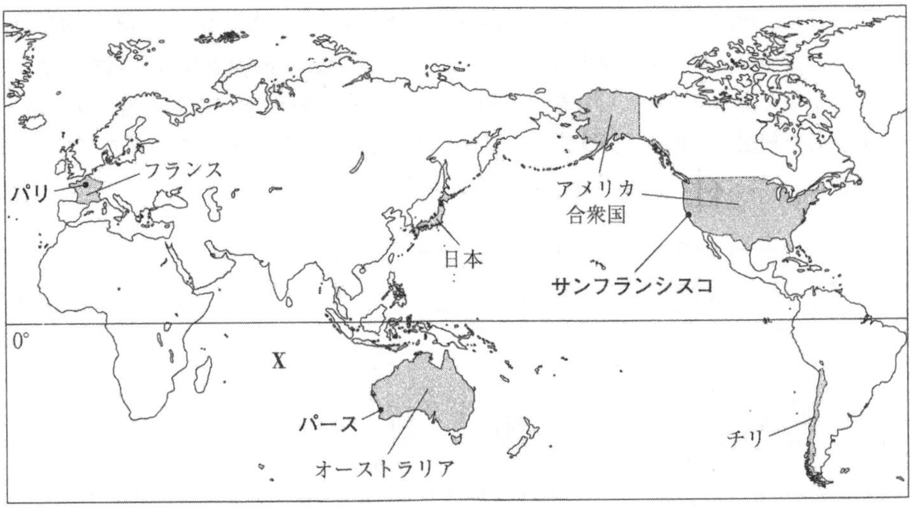

問１　三大洋のうち，**地図**中のXの海洋の名称を書きなさい。(３点)

問２　Mさんは，**地図**中のチリの輸出の変化について調べ，次の**グラフ**と**表１**をつくりました。また，これらから読みとれることを，あとのようにまとめました。**まとめ**の中の［P］にあてはまる州の名称と［Q］にあてはまる輸出品を，それぞれ書きなさい。(４点)

グラフ　チリの輸出総額に占める輸出相手国の割合(上位５か国)

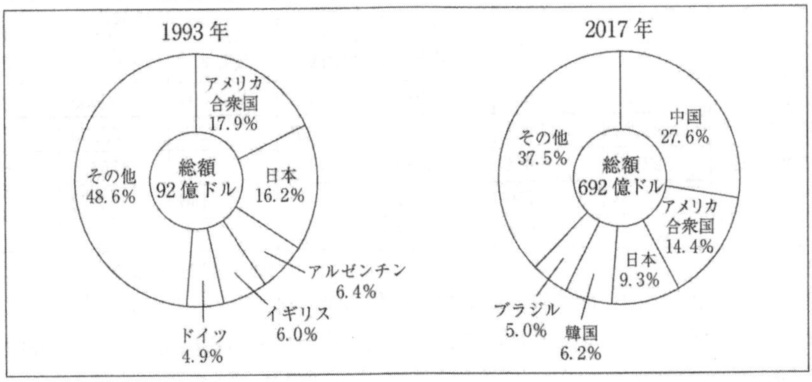

表１　チリの輸出総額に占める輸出品の割合(上位３品目)

1993年		2017年	
銅	37.7％	銅	50.5％
野菜・果実	10.7％	野菜・果実	9.1％
魚介類	7.9％	魚介類	8.1％

(注)　銅は，銅と銅鉱の合計である。

(世界国勢図会 2019/20 年版などから作成)

まとめ

グラフをみると，チリの2017年の輸出総額は1993年と比べて増加しており，おもな輸出相手国やその地域も変化していることがわかります。チリの輸出相手国の上位５か国に着目すると，1993年には１か国だった［P］州の国が，2017年には３か国となっています。表１をみると，チリの輸出総額に占める割合が最も高い輸出品は，1993年と2017年ともに［Q］であることがわかります。

問３　Mさんは，地図中に示した，パリ，パース，サンフランシスコの三つの都市の気温と降水量を調べ，次のア～ウのグラフをつくりました。このうち，地中海性気候に属するサンフランシスコの気温と降水量を示すものを，ア～ウの中から一つ選び，その記号を書きなさい。また，そう判断した理由を，選んだグラフから読みとれる特色のうち，6月から９月の気温，気温と降水量の関係の二点に着目して説明しなさい。（５点）

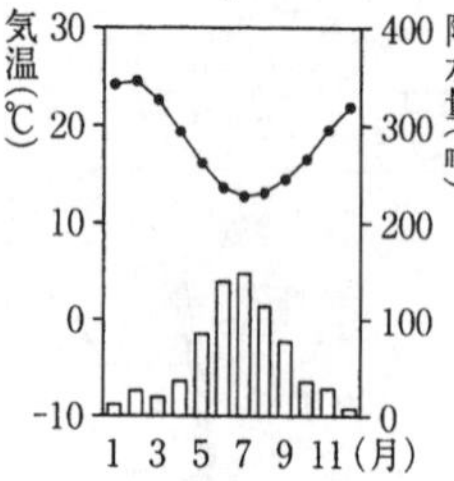

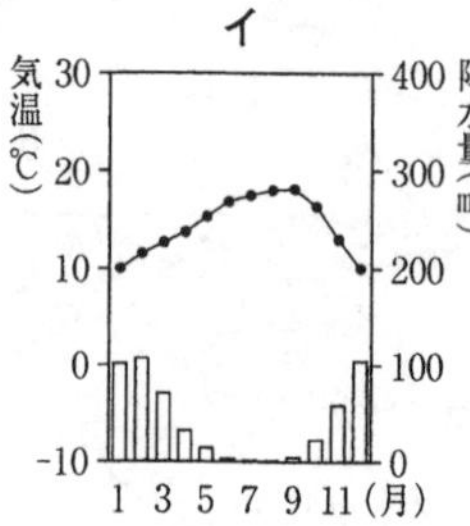

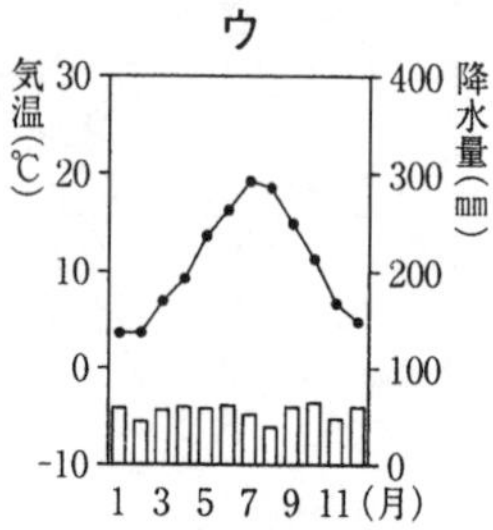

（理科年表 2020 から作成）

問４　次の表２は，地図中に示した５か国の，2016年における人口，国土面積，農地面積，穀物生産量を示したものです。表２から読みとれる内容を述べた文として正しいものを，下のア～オの中からすべて選び，その記号を書きなさい。（３点）

表２

	人口（千人）	国土面積（千 km²）	農地面積（千 km²）			穀物生産量（千 t）	
				耕地・樹園地	牧場・牧草地		小麦の生産量
フランス	64721	552	287	193	94	54655	29504
オーストラリア	24126	7692	3711	464	3247	35230	22275
アメリカ合衆国	322180	9834	4059	1549	2510	475984	62859
チリ	17910	756	157	17	140	3872	1732
日本	127749	378	45	39	6	9035	791

（世界国勢図会 2019/20 年版などから作成）

ア　アメリカ合衆国の国土面積に占める農地面積の割合は，3分の１以上である。

イ　フランスとアメリカ合衆国を比べると，穀物生産量に占める小麦の生産量の割合は，アメリカ合衆国の方が高い。

ウ　オーストラリアと日本を比べると，農地面積に占める牧場・牧草地の面積の割合は，オーストラリアの方が高い。

エ　５か国においては，耕地・樹園地の面積が大きい順に，穀物生産量が多い。

オ　５か国においては，国土面積が最も小さい国が，人口密度が最も高い。

2 Nさんは，地理的分野の授業で日本の諸地域を学習したあと，**地図１**を作成しました。**地図１**をみて，問１～問５に答えなさい。(17点)

地図１

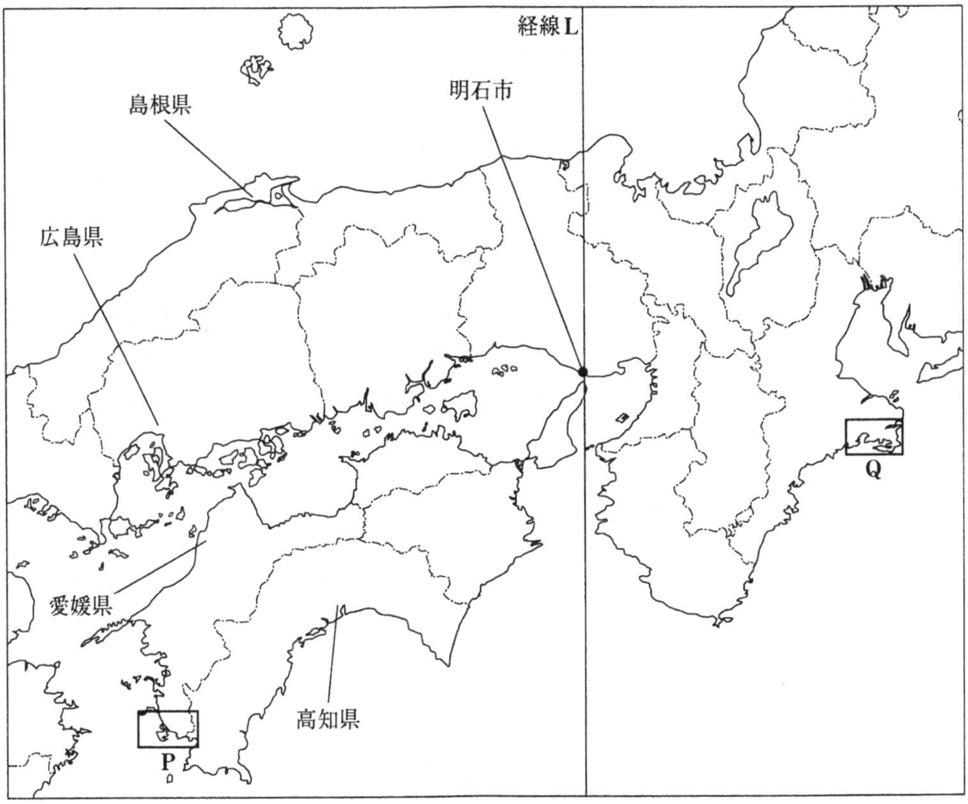

問１　Nさんは，**地図１**中の経線Lについて調べ，次のようにまとめました。**まとめ**の中の［L］にあてはまる経度を，**東経**または**西経**をつけて書きなさい。(３点)

まとめ

> 世界の国々は，それぞれ基準になる経線を決めて，それに合わせた時刻を標準時として使っています。日本は，兵庫県明石市を通る［L］度の経線を基準にし，この経線上を太陽が通る時刻を正午として標準時を決めています。

問２　Nさんは，**地図１**中の島根県，広島県，高知県の三つの県における県庁所在地の12月・１月・２月と７月・８月・９月のそれぞれ３か月間の降水量と年降水量を調べ，次の**表１**をつくりました。**表１**中のⅠ～Ⅲにあてはまる県庁所在地の組み合わせとして正しいものを，あとの**ア**～**カ**の中から一つ選び，その記号を書きなさい。(３点)

表１

	Ⅰ	Ⅱ	Ⅲ
12月・１月・２月の３か月間の降水量	150.8 mm	404.8 mm	218.6 mm
７月・８月・９月の３か月間の降水量	538.9 mm	564.0 mm	960.7 mm
年降水量	1537.6 mm	1787.2 mm	2547.5 mm

(注)　降水量は1981年～2010年の平均値である。

(気象庁ホームページから作成)

ア　Ⅰ－松江市　Ⅱ－広島市　Ⅲ－高知市
イ　Ⅰ－松江市　Ⅱ－高知市　Ⅲ－広島市
ウ　Ⅰ－広島市　Ⅱ－松江市　Ⅲ－高知市
エ　Ⅰ－広島市　Ⅱ－高知市　Ⅲ－松江市
オ　Ⅰ－高知市　Ⅱ－松江市　Ⅲ－広島市
カ　Ⅰ－高知市　Ⅱ－広島市　Ⅲ－松江市

問３　次の**表２**は，**地図１**中の島根県，広島県，愛媛県，高知県の，2017年における人口，農業産出額，工業出荷額を示したものです。**表２**中のＸ～Ｚにあてはまる県の組み合わせとして正しいものを，下の**ア**～**エ**の中から一つ選び，その記号を書きなさい。（３点）

表２

	人口（千人）	農業産出額（億円）			工業出荷額（億円）
		米	野菜	果実	
X	2829	263	240	172	102356
Y	714	125	750	118	5919
Z	1364	164	206	537	42008
島根県	685	196	103	38	11841

（データでみる県勢 2020 年版から作成）

ア　Ｘ－広島県　Ｙ－愛媛県　Ｚ－高知県
イ　Ｘ－広島県　Ｙ－高知県　Ｚ－愛媛県
ウ　Ｘ－愛媛県　Ｙ－広島県　Ｚ－高知県
エ　Ｘ－高知県　Ｙ－愛媛県　Ｚ－広島県

問４　次は，**地図１**中のＰの範囲と，三重県志摩半島の一部を示したＱの範囲を，それぞれ拡大した地図です。ＰとＱには，同じ特色をもつ海岸の地形がみられます。ＰとＱにみられる海岸の地形の名称を書きなさい。また，その海岸の地形の特色を書きなさい。（５点）

P

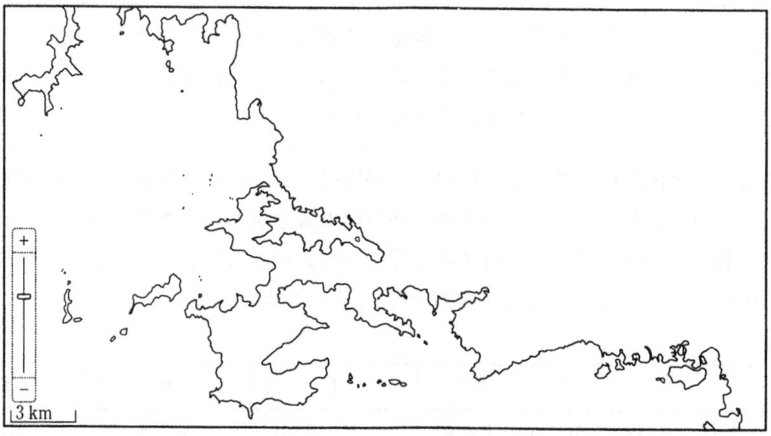

Q

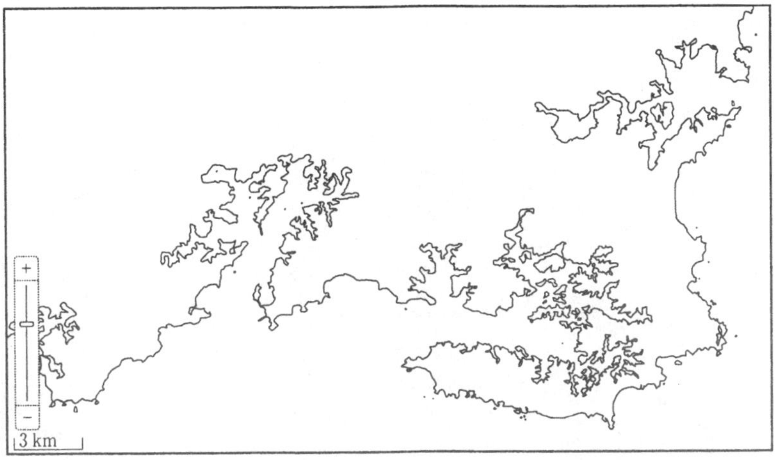

（国土地理院 地理院地図から作成）

問５　次のページの**地図２**は，**地図１**中の島根県の一部を示した２万５千分の１の地形図です。**地図２**から読みとれる内容を述べた文として下線部が正しいものを，次の**ア**～**オ**の中から**すべて**選び，その記号を書きなさい。（３点）

ア　Ａ地点からＢ地点まで列車で移動する途中には，進行方向左側に宍道(しんじ)湖がある。

イ　Ｂ地点からみると，Ｃ地点の高等学校は，およそ南西の方向にある。

ウ　Ｄ地点からＥ地点までの直線距離は，地図上で約８㎝であり，実際の直線距離は約２㎞である。

エ　Ｆ地点には老人ホームがある。

オ　Ｇ地点からＨ地点までと，Ｇ地点からＩ地点までとでは，等高線から考えると，Ｇ地点からＩ地点までの方が急な傾斜となっている。

3　次のⅠ～Ⅴは，Ｓさんが，日本の五つの異なる時代の経済などについて調べ，まとめたものです。これをみて，問１～問５に答えなさい。（17点）

Ⅰ	壬申の乱に勝って即位した［Ａ］天皇は，強力な支配のしくみをつくり上げていった。日本で最初の銅の貨幣である富本銭は，［Ａ］天皇のころにつくられた。
Ⅱ	平清盛は，平治の乱に勝利したのち，武士として初めて太政大臣になった。清盛は，中国の宋との貿易に目をつけ，航路を整え，港を整備した。
Ⅲ	足利義満は，正式な貿易船の証明として，勘合を日本の船に持たせて貿易を行った。この貿易で銅銭などが，大量に日本に入った。
Ⅳ	豊臣秀吉は，大名の領地にある金山や銀山から税を取った。また，佐渡(さど)金山や生野(いくの)銀山などを直接支配して開発を進め，大判などの金貨を発行した。
Ⅴ	田沼意次は，年貢だけにたよる従来の政策を転換し，商品の流通や生産から得られる利益によって財政の立て直しをはかった。

地図２

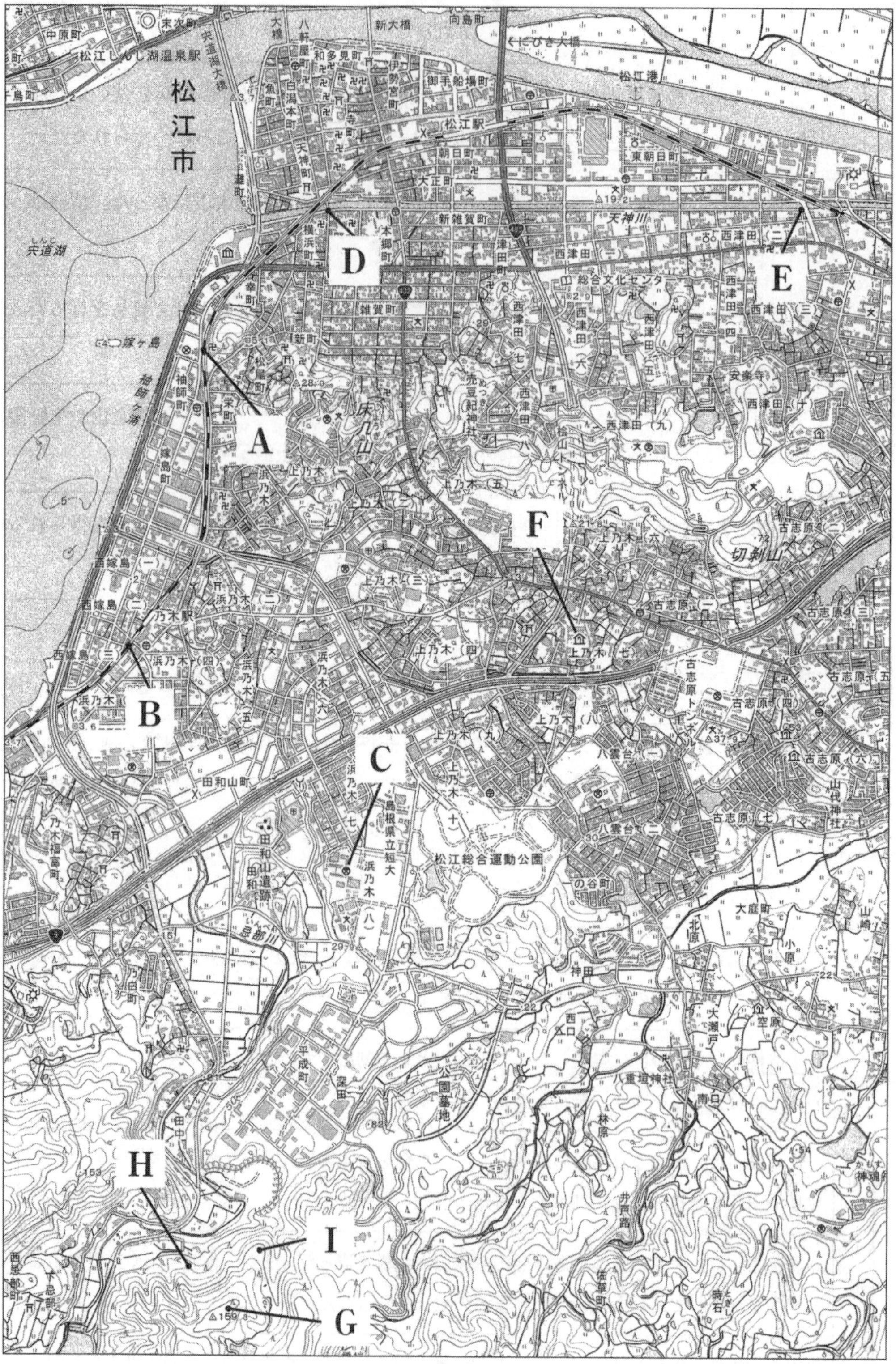

（国土地理院２万５千分の１地形図「松江」平成28年発行一部改変）

問1　まとめの中の A にあてはまる人物名を書きなさい。(3点)

問2　Ⅱの時代の平清盛に関連して，次の図1は皇室と平氏の関係を示し，図2は皇室と藤原氏の関係を示しています。平清盛が権力をふるったときに行ったことと藤原道長が行ったことには共通点があります。その共通点を，図1と図2から書きなさい。(5点)

図1

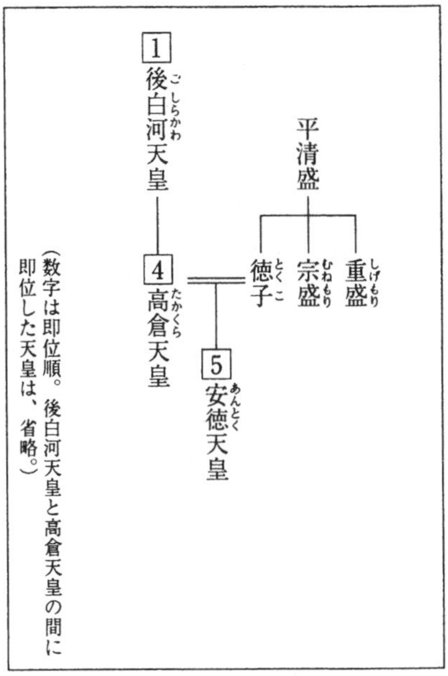

図2

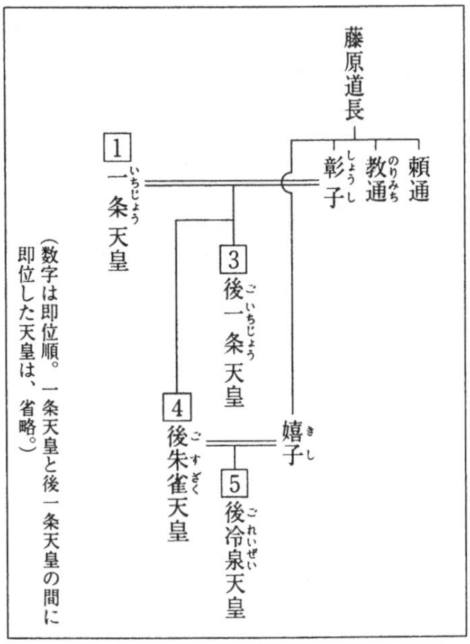

問3　Ⅲの時代に起こった世界のできごとを述べた文として，その正誤の組み合わせが正しいものを，下のア～エの中から一つ選び，その記号を書きなさい。(3点)

X　ムハンマドは，唯一の神アラーのお告げを受けたとして，イスラム教の開祖になった。
Y　モンゴル高原では，チンギス・ハンが遊牧民の諸部族を統一し，モンゴル帝国を築いた。
Z　朝鮮半島では，李成桂が高麗をほろぼして，朝鮮国を建てた。

ア　X 正　Y 誤　Z 誤　　イ　X 誤　Y 正　Z 誤
ウ　X 誤　Y 誤　Z 正　　エ　X 誤　Y 正　Z 正

問4　Sさんは，文化に興味をもち調べたところ，次のページのa，bの文と資料1，資料2をみつけました。Ⅳの時代の文化について述べた文と，その時代の代表的な文化財の組み合わせとして正しいものを，表中のア～エの中から一つ選び，その記号を書きなさい。(3点)

資料1

狩野永徳がえがいた唐獅子図屏風

資料2

尾形光琳のすずり箱

表

	文化	代表的な文化財
ア	a	資料1
イ	a	資料2
ウ	b	資料1
エ	b	資料2

a　茶の湯は大名や大商人たちの交流の場になり，流行した。千利休は禅宗の影響を受け，内面の精神性を重視し，質素なわび茶の作法を完成させた。

b　上方を中心に，町人をにない手とする文化が生まれた。人形浄瑠璃では近松門左衛門が現実に起こった事件をもとに台本を書き，庶民の共感を呼んだ。

問５　Ⅴの時代における社会や経済の様子を述べた文として正しいものを，次の**ア**～**エ**の中から一つ選び，その記号を書きなさい。(３点)

ア　団結を固めた農民などは，お金の貸し付けを行っていた土倉や酒屋などをおそって借金の帳消しなどを求める土一揆を起こした。

イ　幕府の支配を支えていた御家人の生活が，領地の分割相続などによって苦しくなったので，幕府は，手放した土地を御家人に返させる徳政令を出して救おうとした。

ウ　公家や寺社といった荘園領主などがそれぞれもっていた土地の複雑な権利が否定され，検地帳に登録された農民だけに，土地の所有権が認められた。

エ　有力な本百姓は，庄屋（名主）や組頭，百姓代などの村役人になり，村の自治をになうとともに年貢を徴収して領主におさめた。

4　次の年表をみて，問１～問５に答えなさい。(17点)

西暦(年)	で　き　ご　と	
1871	・岩倉使節団が派遣される	A
1889	・大日本帝国憲法が発布される	B
1911	・関税自主権が完全に回復される	
1933	・日本が国際連盟の脱退を通告する	C
1945	・ヤルタ会談が行われる	
1962	・［　Y　］危機が起こる……E	D
1989	・マルタ会談が行われる	

問１　次は，年表中Aの時期のできごとについてまとめたものです。**まとめ１**の中の［P］と［Q］にあてはまる人物名の組み合わせとして正しいものを，下の**ア**～**エ**の中から一つ選び，その記号を書きなさい。(３点)

まとめ１

> 政府を去った［　P　］らが，民撰議院設立の建白書を政府に提出したことで，立憲政治の実現をめざす自由民権運動が始まりました。政治への意識が高まるなか，民権派の団体の代表者たちは大阪に集まり，国会の開設を求めました。政府は，国会の早期開設などの急進的な主張をしていた［　Q　］を政府から追い出すとともに，10年後に国会を開くことを約束しました。自由民権運動は，国会開設に備えて政党の結成へと進み，［　P　］を党首とする自由党や，［　Q　］を党首とする立憲改進党が結成されました。

ア　P　板垣退助　Q　大隈重信　　**イ**　P　板垣退助　Q　大久保利通

ウ　P　伊藤博文　Q　大久保利通　　**エ**　P　伊藤博文　Q　大隈重信

問2　次の**グラフ1**と**グラフ2**は，年表中Bのある時期における日本の綿糸の輸出入量と国内生産量の推移を示したものです。また，**資料**は大阪の紡績工場の様子を示したものです。**グラフ1**における綿糸の輸入量に対する輸出量の変化を，**グラフ2**と**資料**から読みとれることにふれながら書きなさい。(5点)

グラフ1　綿糸の輸出入量

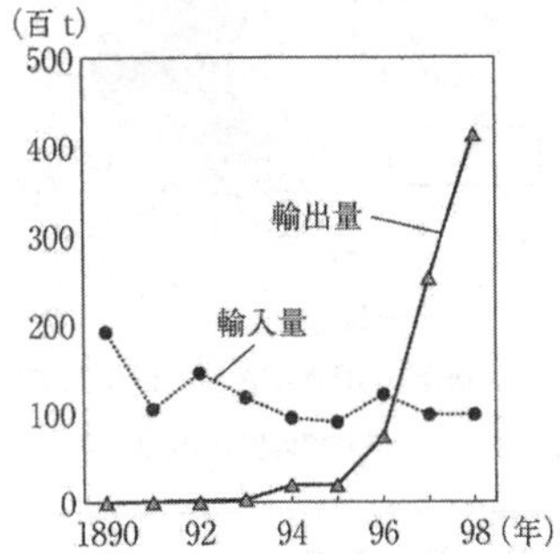

グラフ2　綿糸の国内生産量

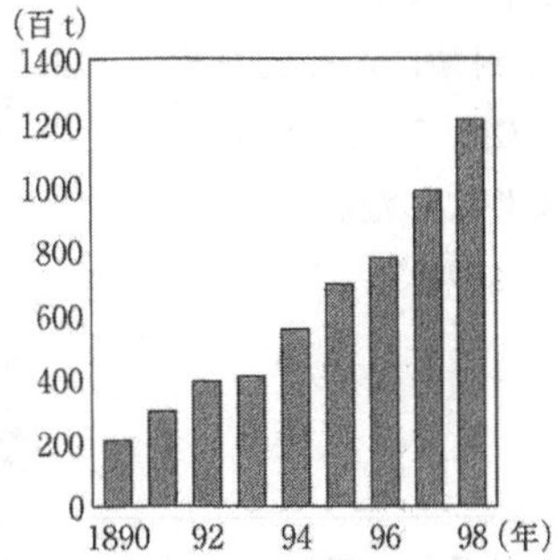

(日本紡績史から作成)

資料

問3　年表中Cの時期における日本の政治や社会の様子を述べた文として正しいものを，次の**ア**～**エ**の中から一つ選び，その記号を書きなさい。(3点)

ア　農地改革が行われ，政府が地主の小作地を強制的に買い上げ，小作人に安く売りわたした。

イ　国家総動員法が制定され，政府は議会の承認なしに，労働力や物資を動員できるようになった。

ウ　シベリア出兵を見こした米の買いしめから，米価が高くなり，米の安売りを求める騒動が起こった。

エ　大気汚染や水質汚濁などの公害問題が深刻化するなか，公害対策基本法が制定された。

問4　次の**ア**～**エ**は，年表中Dの時期の日本の経済について述べた文です。年代の**古い順**に並べかえ，その順に記号で書きなさい。(3点)

ア　池田勇人内閣が所得倍増をスローガンにかかげるなど，政府も経済成長を促進し，国民総生産は，資本主義国の中でアメリカに次ぐ第2位になった。

イ　朝鮮戦争が始まると，大量の軍需物資が日本で調達され，特需景気が起こった。

ウ　多くの企業が土地や株式を買い集めたことで，地価や株価が異常に高くなり，バブル経済とよばれる不健全な好景気が起こった。

エ　第四次中東戦争をきっかけとした石油価格の大幅な上昇により，日本経済は大きな打撃を受け，戦後初めて経済成長率がマイナスとなった。

問5　次は，年表中Eのできごとについてまとめたものです。**まとめ2**の中の X にあてはまる語を書きなさい。また，年表及び**まとめ2**の中の Y にあてはまる国を，あとの**ア**～**エ**の中から一つ選び，その記号を書きなさい。(3点)

まとめ2

アメリカを中心とする資本主義陣営（西側諸国）と，ソ連を中心とする社会主義陣営（東側諸国）の対立は，両陣営の全体や，米ソの間では直接の武力戦争が起こらなかったので，X とよばれました。右の地図は，1955年における両陣営の対立を示したものです。

X という国際的な緊張のもと，1962年には，右の地図中にある Y にソ連が核ミサイル基地を建設していることを知ったアメリカが，海上封鎖にふみ切りました。これにより，米ソの間で，核兵器による全面戦争の危機が高まりました。

地図

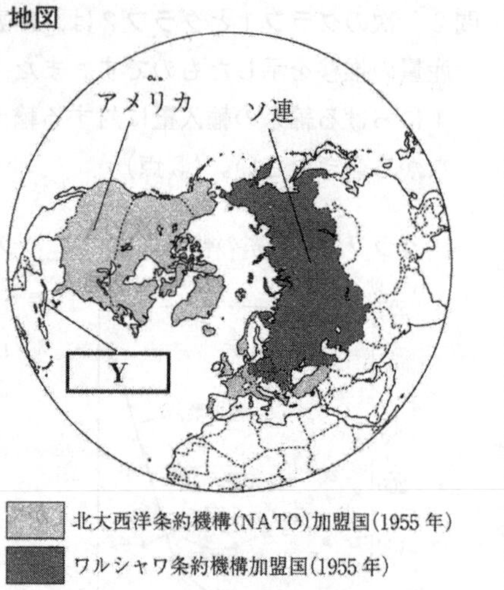

ア キューバ　イ イギリス　ウ ベトナム　エ インドネシア

5 Kさんのクラスでは，これまでの公民的分野の学習のまとめとして，自分の興味のある分野からテーマを選び，調べることになりました。次の**表**は，Kさんが興味をもった分野とテーマについてまとめたものです。**表**をみて，問1～問5に答えなさい。(18点)

表

分野	テーマ
社会の変化と①「新しい人権」	・人権はどのように広がってきているのだろうか。
②国会のはたらき	・国会はどのような仕事をしているのだろうか。
内閣と国会の関係	・③議院内閣制とはどのような制度なのだろうか。
裁判所のしくみとはたらき	・法や④裁判はどのような役割を果たしているのだろうか。
⑤地方財政のしくみと課題	・地方財政はどのような課題をかかえているのだろうか。

問1 下線部①に関連して，Kさんは，情報化の進展と人権について調べ，次のようにまとめました。**まとめ1**の中の Ⅰ と Ⅱ にあてはまる語の組み合わせとして正しいものを，下の**ア**～**エ**の中から一つ選び，その記号を書きなさい。(2点)

まとめ1

> 情報化が進む現代では，国や地方公共団体に多くの情報が集まっており，これらの情報を手に入れる権利として，Ⅰ が主張されています。Ⅰ は，私たちが主権者として意思決定する前提となる重要な権利です。国では1999年に Ⅱ が制定され，私たちが請求すると，国が作成した公的な文書などをみることができる制度が設けられました。

ア Ⅰ－プライバシーの権利　Ⅱ－個人情報保護法
イ Ⅰ－プライバシーの権利　Ⅱ－情報公開法
ウ Ⅰ－知る権利　Ⅱ－個人情報保護法
エ Ⅰ－知る権利　Ⅱ－情報公開法

問2　下線部②について，次のXとYの正誤の組み合わせとして正しいものを，下のア～エの中から一つ選び，その記号を書きなさい。(3点)

X　全国民を代表する選挙された議員によって構成される国会は，国権の最高機関であり，唯一の行政機関である。

Y　衆議院と参議院は国政調査権をもち，証人を議院によんで質問したり，政府に記録の提出を要求したりすることができる。

ア　X　正　Y　正　　イ　X　正　Y　誤

ウ　X　誤　Y　正　　エ　X　誤　Y　誤

問3　次は，下線部③について学習する授業における，先生とKさんの会話です。会話文を読み，あとの(1)と(2)の問いに答えなさい。

先　生：以前の授業で学習しましたが，内閣を組織して政権をになう政党のことを，野党に対して何というかわかりますか。

Kさん：［　A　］です。

先　生：そうです。場合によっては，複数の政党が［　A　］となり，政権をになうこともあります。

Kさん：そのような政権を連立政権といいます。

先　生：そのとおりです。しっかり理解していますね。
今日は，以前の授業をふまえ，国会と内閣の関係について学習しましょう。

Kさん：国会と内閣の関係について調べていたら，次の**資料**をみつけました。

資料　2017年11月1日の新聞記事の一部

第98代首相 安倍氏指名へ

衆院選を受けた第195特別国会が1日召集され、安倍晋三首相が午後の衆院本会議での首相指名選挙で、第98代首相に選出される。

先　生：**資料**は，衆議院が解散して総選挙が行われたあと，首相が国会で指名された日のものですね。この**資料**から，日本では議院内閣制が採用されていることがわかりますね。日本で採用されている議院内閣制とは，どのようなしくみか，説明できますか。

Kさん：はい。日本で採用されてる議院内閣制とは［　B　］しくみです

先　生：そうですね。衆議院の総選挙が行われたときは，必ず内閣は総辞職し，新しい内閣がつくられます。

(1) 会話文中の A にあてはまる語を書きなさい。(2 点)

(2) 会話文中の B にあてはま議院内閣制のしくみの説明を「**信任**」,「**連帯**」,「**責任**」という**三つの語**を用いて書きなさい。(5 点)

問 4 下線部④に関連して，Kさんは，刑事裁判について調べ，次のようにまとめました。**まとめ2**の中の P と Q にあてはまる語を，それぞれ書きなさい。(3 点)

まとめ2

殺人や傷害などの事件が起こると，警察が捜査し被疑者を逮捕したあと， P 官が警察官の協力を得て取り調べを行います。 P 官は，罪を犯した疑いが確実で，罰したほうがよいと判断すると，被疑者を起訴し，刑事裁判が行われます。

重大な犯罪の疑いで起訴された事件の第一審は， Q 制度の対象となります。原則として国民から選ばれた 6 人の Q と 3 人の裁判官が一つの事件を担当し，被告人が有罪か無罪か，有罪の場合はどのような刑罰にするかを決めます。

問 5 下線部⑤に関連して，Kさんは，埼玉県の財政について調べ，次の**グラフ**をつくりました。**グラフ**について説明した文として正しいものを，下の**ア**～**エ**の中から一つ選び，その記号を書きなさい。(3 点)

グラフ 埼玉県の平成 12 年度及び平成 31 年度一般会計当初予算(歳入)の内訳

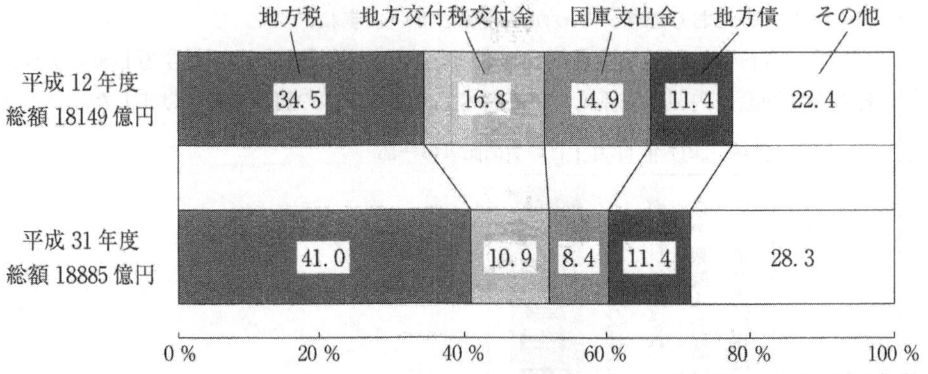

(埼玉県ホームページから作成)

ア 地方税は，必要な収入をまかなうことが困難な地方公共団体が借り入れるものであり，平成31年度の地方税の収入額は，平成12年度の地方税の収入額よりも多い。

イ 地方交付税交付金は，地方公共団体の間の財政格差をおさえるために国から配分されるものであり，平成31年度の地方交付税交付金の収入額は，平成12年度の地方交付税交付金の収入額よりも少ない。

ウ 国庫支出金は，義務教育や道路整備など特定の費用の一部について国が負担するものであり，平成31年度の国庫支出金の収入額は，平成12年度の国庫支出金の収入額よりも多い。

エ 地方債は，地方公共団体が独自に集める自主財源であり，平成31年度の地方債の収入額は，平成12年度の地方債の収入額と同じである。

6　Fさんは，東京と各地との結びつきに関して，江戸時代から現代までを調べ，次の**資料1**～**資料3**をつくりました。これらをみて，問1～問5に答えなさい。(16点)

資料1

幕府は，江戸を起点に東海道や中山道などの五街道を整備し，各地に関所を設け，人々の通行や荷物の運送を監視しました。箱根関所では，江戸への鉄砲の持ち込みと，大名の妻が江戸を出ることを特に取りしまりました。

箱根関所跡

資料2

明治政府は殖産興業政策の一つとして，1872年に新橋，横浜間に鉄道を開通させるなど，交通の整備を進めました。明治時代の中ごろには，鉄道網が全国に広がりました。①大正時代から昭和時代のはじめにかけて，東京郊外に宅地開発が計画され，都心と郊外とが鉄道で結ばれました。

東京汐留(しおどめ)鉄道御開業祭礼図

資料3

1964年に東海道新幹線が開通するなど，東京は，全国を結ぶ交通網の中心となっています。②東京とその周辺地域は人口が増え，③東京周辺の貿易港は，世界各地と物流で結びついています。

今日では，④インターネットなどの整備も進み，国境を越えての交流や情報交換ができるようになっています。

東海道新幹線開業

問1　**資料1**に関連して，江戸時代の文化について述べた文として正しいものを，次の**ア**～**エ**の中から一つ選び，その記号を書きなさい。(3点)

ア　幕府の保護を受けた観阿弥と世阿弥は，民衆の間で行われていた田楽や猿楽を，能として大成させた。

イ　武士や民衆の力がのびるにつれて，文化に新しい動きが起こり，文学では，「平家物語」などの武士の活躍をえがいた軍記物が生まれた。

ウ　欧米文化を取り入れつつ，これまでの伝統文化を独自に発展させたものが多く，絵画ではフランスの画風を学んだ黒田清輝が，帰国後に日本らしい情景を「湖畔」でえがいた。

エ　庶民をにない手として発展してきた文化は，地方にも広がり，十返舎一九が伊勢参りなどの道中をこっけいにえがいた「東海道中膝栗毛」を書いた。

問２　Ｆさんは，**資料２**の下線部①の時期の人物について調べ，次のようにまとめました。**まとめ１**の中の［Ｐ］にあてはまる政党名を書きなさい。また，**まとめ１**の中の原内閣のときのできごとについて述べた文として正しいものを，下の**ア**～**エ**の中から一つ選び，その記号を書きなさい。（３点）

まとめ１

> 陸軍出身の寺内正毅首相が辞職すると，1918年９月，原敬が内閣を組織しました。原内閣は，陸軍，海軍，外務の３大臣以外はすべて，衆議院第一党の［Ｐ］の党員で組織する，初めての本格的な政党内閣でした。原敬は，藩閥とは縁のない盛岡藩出身で，華族の爵位（しゃくい）をもたず，軍人出身でもない初めての首相であることから，「平民宰相」とよばれました。

ア　満州事変をきっかけに日本国内では軍部への支持が高まり，政党政治家や財閥の要人が暗殺される事件もあい次ぎ，五・一五事件が起こった。

イ　選挙法が改正され，選挙権の資格に必要な直接国税の納税額が10円以上から３円以上に引き下げられた。

ウ　治安維持法が制定され，共産主義に対する取りしまりが強められた。

エ　新聞や知識人は，藩閥をたおし，憲法に基づく政治を守ることをスローガンとする第一次護憲運動を起こした。

問３　Ｆさんは，**資料３**の下線部②について調べたところ，**グラフ１**，**図１**と**図２**をみつけました。**グラフ１**から読みとれる東京23区における昼間人口と夜間人口の関係の特色を書きなさい。また，そのような特色となる理由を，**図１**と**図２**から書きなさい。（５点）

グラフ１　東京23区，都内市町村，埼玉県，千葉県，神奈川県の昼間人口と夜間人口(2015年)

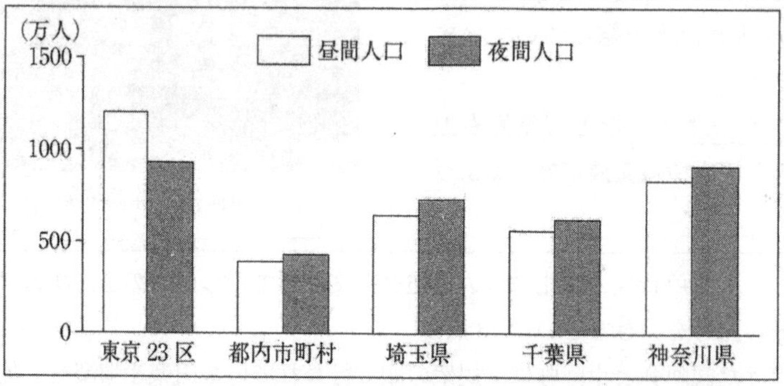

（注）夜間人口とは，その地域に常に住んでいる人口のことである。

図１　東京23区への通勤・通学人口(2015年)

図２　東京23区からの通勤・通学人口(2015年)

（平成27年国勢調査から作成）

問４　Ｆさんは，**資料３**の下線部③に関連して，海上輸送と航空輸送について調べ，次の**表**をつくりました。また，**表**から読みとれることを，下のようにまとめました。**表**と**まとめ２**の中の X ～ Z にあてはまる語句の組み合わせとして正しいものを，**ア～エ**の中から一つ選び，その記号を書きなさい。（２点）

表　2018年における横浜港と成田国際空港の輸出入総額に占める輸出入品目の割合(上位２品目)

	X		Y	
横浜港	自動車	22.1％	石油	9.1％
	自動車部品	4.9％	液化ガス	5.2％
成田国際空港	科学光学機器(カメラ・レンズなど)	6.2％	通信機(携帯電話など)	14.0％
	金(非貨幣用)	5.2％	医薬品	11.6％

(日本国勢図会 2019/20年版から作成)

まとめ２

輸出入総額に占める輸出入品目の割合をみると，海上輸送の拠点である横浜港では，自動車など輸送機械の X の割合が高く，鉱産資源の Y の割合が高いことがわかります。また，航空輸送の拠点である成田国際空港では，横浜港に比べて，おもに科学光学機器や通信機のような Z 品目の輸出入の割合が高いことがわかります。

ア　Ｘ－輸出　Ｙ－輸入　Ｚ－重量の軽い　　**イ**　Ｘ－輸入　Ｙ－輸出　Ｚ－重量の軽い

ウ　Ｘ－輸出　Ｙ－輸入　Ｚ－重量の重い　　**エ**　Ｘ－輸入　Ｙ－輸出　Ｚ－重量の重い

問５　Ｆさんは，**資料３**の下線部④に関連して，インターネットを利用した商品やサービスの購入について調べたところ，次の**グラフ２**と**グラフ３**をみつけました。**グラフ２**と**グラフ３**から読みとれる内容を述べた文として正しいものを，下の**ア～エ**の中から一つ選び，その記号を書きなさい。（３点）

グラフ２　2018年の世帯主の年齢階級別ネットショッピングの支出金額と利用世帯の割合

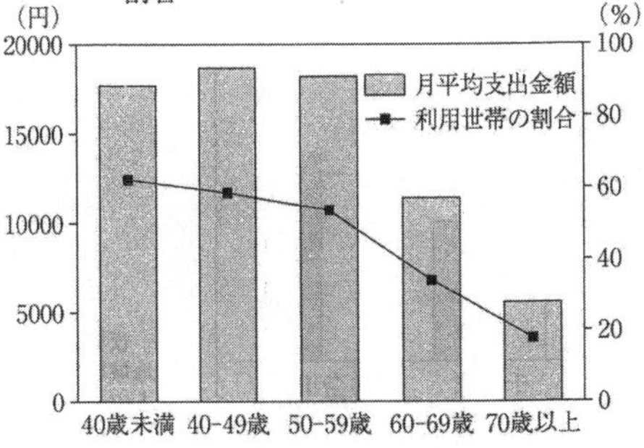

グラフ３　電子マネー保有世帯の割合と電子マネー利用世帯の割合の推移

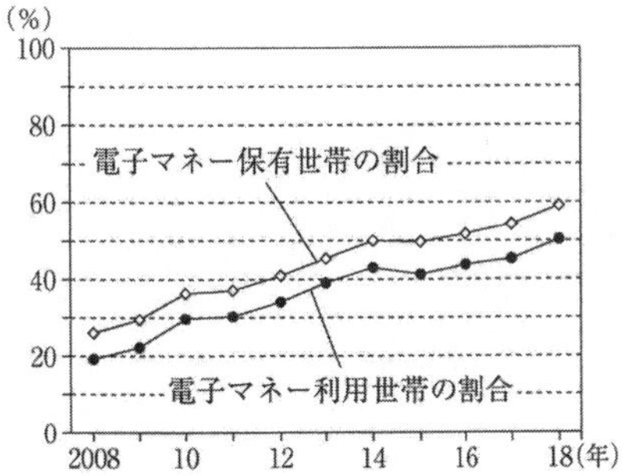

(総務省ホームページ「家計消費状況調査」から作成)

ア　**グラフ２**をみると，ネットショッピング利用世帯の割合は，世帯主の年齢階級が低いほど低くなる。

イ　**グラフ２**をみると，月平均支出金額が最も高い年齢階級は，40歳未満である。

ウ　**グラフ３**をみると，電子マネー利用世帯の割合は，前年を下回った年はない。

エ　**グラフ３**をみると，2018年の電子マネー保有世帯の割合と電子マネー利用世帯の割合は，いずれも2008年と比べて２倍以上である。

（注意）

(1) 二段落構成とし、第一段落では、あなたが資料から読み取った内容を、第二段落では、第一段落の内容に関連させて、自分の体験（見たこと聞いたことなども含む）をふまえてあなたの考えを書くこと。

(2) 文章は、十一行以上、十三行以内で書くこと。

(3) 原稿用紙の正しい使い方に従って、文字、仮名遣い（づか）も正確に書くこと。

(4) 題名・氏名は書かないで、一行目から本文を書くこと。

る人、乾き砂子を設くる（準備する）は、故実（昔からのならわし）なりとぞ。

（『徒然草』による。）

（注）※鎌倉中書王にて……宗尊親王のお住まいで。
※鞠……蹴鞠。革製の鞠を蹴る貴族の遊戯。

問1　①わづらひなかりけり　とありますが、この部分を「現代仮名遣い」に直し、ひらがなで書きなさい。（3点）

問2　②人感じあへりけり。は「人々は感心しあった」という意味ですが、人々は佐々木隠岐入道のどのような行動に感心したのですか。次の空欄にあてはまる内容を、十字以内で書きなさい。（3点）

□□□□□□□□□□をしたこと。

問3　③のたまひたり　の主語を、次のア～エの中から一つ選び、その記号を書きなさい。（3点）

ア　佐々木隠岐入道　　イ　ある者
ウ　吉田中納言　　エ　庭の儀を奉行する人

問4　本文の内容について述べた文として最も適切なものを、次のア～エの中から一つ選び、その記号を書きなさい。（3点）

ア　雨が降る前から庭に砂を敷いておいて、ぬかるみを防ぐ必要があるということ。
イ　庭を整備する者たちが車で道具を運ぶことは、下品な行いに見えるということ。
ウ　砂を庭にまいてぬかるみを乾かすためには、砂が大量に必要であるということ。
エ　庭のぬかるみに対して乾いた砂を敷くやり方が、元々の慣習であるということ。

5　次の資料は、日本の満13歳から満29歳を対象にしたある調査で「ボランティア活動に興味がある」と答えた人による回答をまとめたものです。

国語の授業で、この資料から読み取ったことをもとに「ボランティア活動に期待すること」について、一人一人が自分の考えを文章にまとめることにしました。あとの（注意）に従って、あなたの考えを書きなさい。（12点）

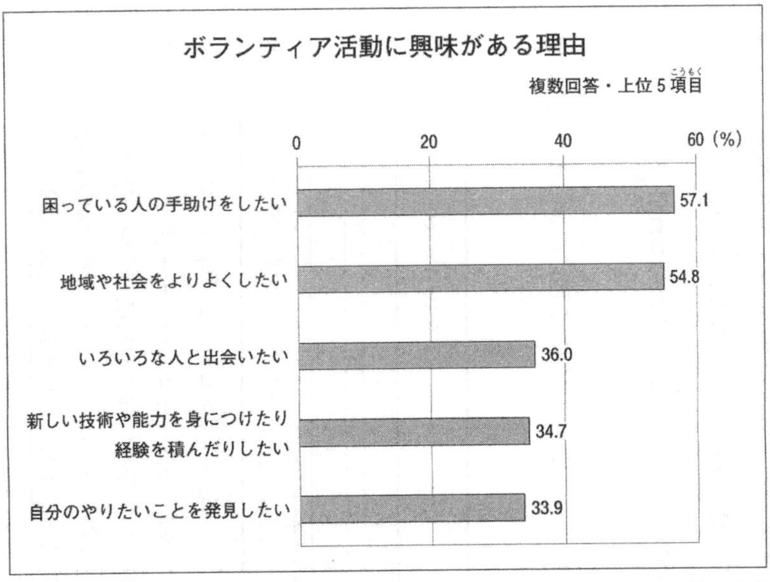

内閣府『我が国と諸外国の若者の意識に関する調査（平成30年度）』より作成

る。

イ　乗馬では、相棒となる馬と自然について対話をしながら進むが、その馬の歩行のリズムは、非常に快適であり、快楽をもたらすものである。

ウ　乗馬は、相棒である馬と自然について対話をしながら進めるが、誰にでも快適さをもたらすものであり、素晴らしい経験を得ることができる。

エ　セイリングは、個体の生命を自覚させられる危険な行為である反面、自然に完全に包まれるために、多忙な労働を絶え間なく続ける必要がある。

オ　セイリングでは、自然に包みこまれ、風と波、海の一部と化すことができるが、風と波のリズムを反映し、多忙な労働と瞑想が交互にやってくる。

問3　③散歩やトレッキングは、ただ足を前後することではない。とありますが、筆者の述べる散歩やトレッキングとは、何を感じ取り、どのようにすることですか。次の空欄にあてはまる内容を、二十字以上、三十字以内で書きなさい。（6点）

特定の目的をもたずに、何かとの出会いを求めて歩きながら、□□□□□□□□□□□□□□□□□□□□□□□□□□□□□□（20）（30）こと。

問4　④さがしものが自分を変化させる　とありますが、筆者の考えるさがしものと同じ内容を表している部分を、本文中の同じ段落（形式段落）から二十二字で探し、最初の五字を書き抜きなさい。（5点）

問5　⑤こうした散歩の歩き方は、考えることに非常に似ている　とありますが、筆者の述べる散歩の歩き方は、どのような点で考えることに似ているのですか。次の空欄にあてはまる内容を、**道路**、**失敗**の二つの言葉を使って、四十字以上、五十字以内で書きなさい。ただし、二つの言葉を使う順序は問いません。（7点）

散歩の歩き方は、どこにたどり着くかおぼつかないが、□□（40）（50）という点で、考えることに似ている。

4

次の文章を読んで、あとの問いに答えなさい。（……の左側は口語訳です。）（12点）

※鎌倉中書王にて、御※鞠ありけるに、雨降りて後、いまだ庭の乾かざりければ、いかがせんと沙汰ありける（どうしたらよかろうかと相談があった）に、佐々木隠岐入道、鋸の屑（おがくず）を車に積みて、多く奉りたりければ（たくさん差し上げた）、一庭に敷かれて、①泥土のわづらひなかりけり。「とりためけん（集めた）用意ありがたし。」と、②人感じあへりけり。

この事をある者の語り出でたりしに、吉田中納言の、「乾き砂子（乾いた砂）の用意やはなかりける（なかったのだろうか）。」と③のたまひたりしかば（おっしゃった）、はづかしかりき。いみじ（すばらしい）とおもひける鋸の屑、賤しく（下品で）、異様の事なり。庭の儀を奉行す（庭の整備を取り仕切る）

は、記号化され、誰からも分かるような道端に置かれているのではない。微かな徴だけを頼りに、草深い※トレイルを歩いて見出すのだ。さがしものを手に入れることに目的があるのではない。④さがしものが自分を変化させることが大切である。それは自分にしか見つけられない場所を訪れることである。

散歩において見つけた、しばし留まるべき場所、これまでの自分とは異なった視野を与えてくれる丘の頂上、緑の生き物の内臓のような森、不健康なほどコバルト色の空が宇宙に届いている高原、風の足跡を残してうねる砂丘、永遠にクロールしたくなるようなサンゴ礁の海辺。これらの場所に到達して私は変身する。そこに永らく座っていたくなるだろう。しかし自分が散歩の途中であったことを思い出し、私たちは再び歩き出す。どこでもない目的地を探して。

⑤こうした散歩の歩き方は、考えることに非常に似ていることにお気づきだろう。思考には、問題解決のためのありとあらゆる行動が含まれている。それは、問いに始まり、どこにたどり着くかおぼつかない旅である。知的な探求は、踏みならされた道路を進むことではありえない。

歩くこと、話すこと、考えることには、共通の構造がある。それは、※ドロワによれば、「崩壊しはじめ」、「持ち直し」、「また始める」という構造である。たしかに、ある方向に移動するという推進と、それを実現するための足と地面との調整の連続で歩行はできている。細かな失敗と修正を繰り返して、私たちは歩むのだし、考えることも話すことも同じような過程で進んでいく。この点にはまったく同意できる。ドロワは、さまざまな哲学者の歩行＝思考の仕方を分析し、それぞれの哲学者の思想の違いは、その歩き方の違いに対応しているという興味深い説を展開している。

（河野哲也著『人は語り続けるとき、考えていない　対話と思考の哲学』による。一部省略がある。）

（注）※ホワイトウォーター…川の激流。　※トレッキング……山歩き。
※形而上学……物事の根本原理を研究する学問。
※ケンタウロス……ギリシャ神話で上半身は人体、下半身は馬の形の怪物。
※セイリング……水上を帆走すること。
※逍遥……あちこちをぶらぶら歩くこと。
※トレイル……踏み分けた跡。
※ドロワ……ロジェ＝ポル・ドロワ。フランスの哲学者。（一九四九～）

問1 ①カヌーは深い思索に誘われる。とありますが、カヌーでの思考の働き方について説明した文として最も適切なものを、次の**ア**～**エ**の中から一つ選び、その記号を書きなさい。（4点）

ア カヌーでは、歩くことよりも、より深く、より多角的に、環境の一部分となって移動しているように感じられる。

イ カヌーでは、自分の足で歩くときと同じくらい深く、多角的に、その場所に包まれているように感じられる。

ウ カヌーでは、水から身を引き剥がし、足を宙に浮かせることで、その場所に包まれているように感じられる。

エ カヌーでは、その姿勢や足の運びが歩くことと似ており、環境の一部分となって移動しているように感じられる。

問2 ②自然のもつ意味が、それぞれに散歩やトレッキングとは大きく異なっている。とありますが、筆者の考える乗馬やセイリングにおける自然との関わりについて説明した文として適切なものを、次の**ア**～**オ**の中から**二つ**選び、その記号を書きなさい。（4点）

ア 乗馬では、馬を相棒にして自然との対話を楽しむが、初心者は、ときに難解な言葉を容赦なく馬に浴びせてしまうことがあ

話しながら進んでいく。だが、この相棒と私とは志向性がかなり異なり、ときに初心者には難解な言葉を容赦なく浴びせてくる。馬の歩行のリズムは、人間の歩行のリズムと異なるが、非常に快適であり、快楽をもたらす。※ケンタウロスは、ひとつの人間の身体的理想なのかもしれない。

　ヨットは、散歩よりもはるかに危険な行為であり、個体の生命をつねに自覚させられる。※セイリングでは、カヌーと同じく、自然に完全に包まれ、風と波、海の一部と化す。しかしカヌーが身体との一体感が強いのに比較すると、ボートは依然として乗り物であり、クルーもいる。風と波に従いながら、それらを最善に利用するには、知恵とチームワークが必要である。セイリングでは、多忙な労働と瞑想が交互にやってくる。それは風と波のリズムの反映である。

　こうして、カヌーやヨット、乗馬では、②自然のもつ意味が、それぞれに散歩やトレッキングとは大きく異なっている。

　歩くことは独特の経験である。しかし足もある意味で乗り物である。乗り物はさまざまな用途に使える。ここで私が論じているのは、散歩としての、トレッキングとしての歩きである。それは歩くこと自体に注意を向け、歩くことで展開する風景に侵入される経験である。リズミカルに、しかし道の細かい変化を足の裏で拾い上げながら、ほんの少しスピードを変えて、周りの空気を静かに吸って吐き、自分が押しのける風のなかで自分の体を感じるのである。歩くことそのものが、生きることであったのではないか。

　しかし、③散歩やトレッキングは、ただ足を前後することではない。自宅の小さな庭をぐるぐる回るのでは楽しめない。外に出て、いつもの道と寄り道を取り混ぜながら、あるいは旅行先の見知らぬ場所を歩くことは、大げさに言えば、自分を異なった存在にすることである。散歩もトレッキングも、自分の歩みと連動する風景、息と大気の循環、束縛がなく自由に動かせる空間と身体、あらゆるものをしっかり観察できるゆったりしたスピード、少しずつであるが蓄積される疲労と休憩の場所、こうした身体と環境との即応を感じ取るものである。もっとも重要なことは何か特定の目的がないことである。しかし、私たちは歩くことで何かとの出会いを求めている。しかしそれが何かは分かっていない。いつ出会えるかも分からない。そのような特別のものに出会える場所を見つけようとしているのだ。いや、見つけるというのは適切な言葉ではない。そうした人間の能動的な選択によって現れるのではなく、その何かが、その場所で待っていてくれるという表現を使ったほうがいい。

　哲学と散歩の結びつきはかなり本質的である。多くの哲学者たちが散歩を好み、散歩しながら思索し、友人と議論をした。アリストテレスは歩きながら議論し、その弟子たちは※逍遥学派と呼ばれたことは知られている。東洋思想でも、散歩と思索はひとつのものであった。近代になっても、散歩者を数えればキリがない。

　なぜ、哲学と散歩はここまで強い結び付きがあるのだろうか。人類学的な説明をすれば、二足歩行により、手が自由になり、口に鋭い歯と重い顎が必要なくなった。話して考える準備は、足がもたらしてくれたのだ。しかしより本質的に言えば、歩くことと考えることが同じ行為だからではないだろうか。

　散歩は目的地をもっているわけではない。かりに目的地がある散歩であっても、そこに到達する過程の方に意味がある。散歩は、何であるか分からないものとの出会いを求めて歩く。自分が求めているものが何かわからず、何に出会うかも分からないが、出会ったときにはそれを必然と感じるような何かを探して歩いている。そのさがしもの

包装』という言葉が、【発表メモ】の『おわり』のところにあるので、まとめとしてそこで提示するのがよいと思います。」

Bさん「なるほど。【フリップ】に示した言葉が、発表の中で使われたときに提示するのは効果的ですね。それならば、【発表メモ】の『なか①』で『プラスチック製容器包装』という言葉が初めて出てくるので、そこで【フリップ】を提示しながら説明をしてはどうでしょうか。」

Cさん「それはいい考えですね。伝えたい内容をわかりやすく提示することができるので賛成です。」

Aさん「それでは、【フリップ】を提示するタイミングは、そのようにしましょう。」

～話し合いが続く～

(1) Aさんたちのグループは、【フリップ】を発表のどの場面で提示することにしましたか。話し合いの様子をふまえて、【発表メモ】の**ア**～**エ**の中から一つ選び、その記号を書きなさい。(3点)

(2) 伝えたい内容をわかりやすく提示するとありますが、スピーチやプレゼンテーションなどにおいて、フリップを作成して用いるときに気をつけることとして**適切でないもの**を、次の**ア**～**エ**の中から一つ選び、その記号を書きなさい。(3点)

ア　写真やデータを引用する場合には、それらの出典をフリップに記して明示する。

イ　フリップの一部を付箋で隠してあとから見せるなど、相手の興味を引く工夫をする。

ウ　会場の広さなどに応じて、フリップの文字や図表を適切な大きさに調整する。

エ　発表の台本に記した言葉は、すべてフリップにも記して相手に見えるようにする。

(3) Aさんは次のような文を書き、それを推敲しました。推敲後の文中の═══部と──部の関係が適切になるように、空欄にあてはまる言葉を、ひらがな四字で書きなさい。(2点)

(はじめの文)
私が目標とするのは、聞く人に正しく伝わるように発表したいです。

(推敲後の文)
私が目標とするのは、聞く人に正しく伝わるように発表□□□□です。

3　次の文章を読んで、あとの問いに答えなさい。(26点)

乗り物のうちで、歩くことにもっとも近いのは、著者の経験ではカナディアン・カヌーに思われる。もちろん、※ホワイトウォーターに挑むスポーツとしてのカヤッキングではない。河と湖をカナディアン・カヌーで進み、森のなかではそれを担いで踏破する移動だ。①カヌーは深い思索に誘われる。哲学するためにこの乗り物を作ったのではないかと思えるほどだ。しかしそれは歩いているときや※トレッキングしているときとは、思考の働き方がかなり異なる。カヌーを漕いでいるときの方が、より深く、より多角的に、その場所に包まれる。自分は環境の一部分となり、その一部分全体が移動する。自分は水となり、その水が海に向かう。歩いているときには、自分の身体は環境に包まれつつも、それから身を引き剝がし、足を宙に浮かしている。カヌーでの思考は、歩行のときよりも※形而上学的になる。

ヨットと乗馬は、圧倒的に素晴らしい経験であるが、歩くこととは似ていない。乗馬には、馬という相棒がいる。相棒と自然について対

中の登場人物の様子を伝えている。

2 次の各問いに答えなさい。（24点）

問1 次の――部の漢字には読みがなをつけ、かたかなは漢字に改めなさい。（各2点）

(1) 農家の庭先で脱穀をしている。
(2) 迅速な行動をこころがける。
(3) 美術館で展覧会を催す。
(4) 市内をジュウダンする地下鉄。
(5) 彼にとって、その問題を解決することはヤサしい。

問2 次の＝＝部の動詞と活用の種類が同じものを、あとの**ア**～**エ**の文の――部から一つ選び、その記号を書きなさい。（3点）

> 方位磁針が北の方角を指している。

ア 詳細は一つ一つ確認をしてから記入する。
イ 好きな小説の文体をまねて文章を書いた。
ウ 思いのほか大きな声で笑ってしまった。
エ 普段からの努力を信じて本番に臨む。

問3 次の＝＝部「だ」と同じ意味（用法）であるものを、**ア**～**エ**の中から一つ選び、その記号を書きなさい。（3点）

> 彼女の趣味(しゅみ)は読書だ。ある日、休み時間に話しかけると、彼女は顔を上げ、本にそっとしおりを挟(はさ)んだ（ア）。和紙で作られた少し大きめのしおりだ（イ）。教室に人は少なく、いつもより静かだ（ウ）。私が、好きな本について話そうと言うと、彼女の表情は少しやわらいだ（エ）。

問4 次は、中学生のAさんたちが、グループで調べた内容を発表する学習で用いた【発表メモ】と【フリップ】その発表の準備のための［話し合いの様子］です。これらを読んで、あとの問いに答えなさい。

【発表メモ】

ア
はじめ(1分)
調べ始めたきっかけ
・プラスチックごみについての新聞記事
・私たちの身の回りにあるプラスチック

イ
なか①(1分)
調べてわかったこと
・プラスチックごみの種類と量
・多くをしめる「プラスチック製容器包装」
・ポイ捨てされたプラスチックごみのゆくえ

ウ
なか②(1分)
地域の清掃活動に参加して
・実際に河川にあったプラスチックごみの種類
・市役所の方にうかがった話

エ
おわり(2分)
これから私たちにできること
・「プラスチック製容器包装」などのごみを正しく捨てる
・ポスターなどによる地域への呼びかけ

【フリップ】

［話し合いの様子］

Aさん「【発表メモ】と【フリップ】を見てください。発表の中で【フリップ】を提示するのは、どの場面がよいと思いますか。」
Bさん「私は、【発表メモ】でいうと『はじめ』の場面がよいと思います。発表を聞く人たちがプラスチックごみについて具体的にイメージをしやすいと思うからです。」
Cさん「私は、発表の中の言葉に注目しました。『プラスチック製容器

けてくれていてアーティストへの道を譲（ゆず）ってくれたやさしさをありがたく感じている。

問2　②望音はろくに答えられなかった。とありますが、望音が答えられなかった理由を説明した文として最も適切なものを、次の**ア**～**エ**の中から一つ選び、その記号を書きなさい。（4点）

ア　英語がうまくできないというだけでなく、ロンドンの学生たちの個性的で自由な発想の作品に圧倒され、誰と創作していくか決めかねていたから。

イ　急に苦手な英語で問われたことで答えにつまり、絵画のことよりもロンドンの生活様式に馴染（なじ）むことができるか、少しだけ迷いを感じたから。

ウ　英語でのやりとりということもあるが、自己主張を求められるロンドンのような大都会で本当に自分はやっていけるのかと、覚悟が決まらなかったから。

エ　英語での会話の内容はともかく、自分は言葉によらず作品だけで勝負しており、良い作品を作るのに場所は関係ないと感じているから。

問3　③望音は目をぱちぱちさせながら太郎を見る。とありますが、このときの望音の様子を説明した次の文の、空欄（くうらん）［Ⅰ］にあてはまる言葉を五字で、空欄［Ⅱ］にあてはまる言葉を九字で、本文中からそれぞれ書き抜きなさい。（6点）

> わざわざ［Ⅰ］必要がない、絵が描ければそれでいいという気持ちがあると太郎に告げたが、ロイアカで勉強したあとの自分が［Ⅱ］を見てみたいという、思いもよらない言葉を太郎にかけられて驚いている。

問4　④太郎さん、ありがと。とありますが、このとき望音が太郎に感謝をしている理由を、次のようにまとめました。空欄にあてはまる内容を、**卒業制作**、**未知**の二つの言葉を使って、四十字以上、五十字以内で書きなさい。ただし、二つの言葉を使う順序は問いません。（7点）

> 太郎が、自分の才能を信じてくれて勇気が出たということだけでなく、［　　　（40～50字）　　　］と思わせてくれたから。

問5　本文の表現について述べた文として**適切でないもの**を、次の**ア**～**オ**の中から**二つ**選び、その記号を書きなさい。（5点）

ア　「諦（あきら）めてしもうて」「これからどうするんじゃ。」のように、太郎の言葉には方言独特の言い回しが含まれており、離島出身の太郎の人物像を印象づけている。

イ　「つぎにいつ望音と話せるか分からないので、太郎は聞いておきたかった。」のように、登場人物の心の中が会話文以外においても表現されている。

ウ　望音と太郎の会話の途中に、望音が過去の出来事を回想する場面を入れることで、望音の心情をよりくわしく読者に伝えている。

エ　「描くことは冒険であり旅」「想像もつかなかったような、大輪の花を咲かせるんだよ。」のように、擬人法（ぎじんほう）を用いることで、望音の様子を読者に印象づけている。

オ　「望音は遠慮がちに、作業着を握りしめながら言う。」「望音は肯（うなず）く。」のように、会話文と会話文の間に文を入れることで、会話

いた頃の自分には描けなかったものも描けるようになったのに、あの卒業制作のプランは、それ以前の自分の自己模倣でしかなかった。
　もう島から出て行かなくちゃ。
　もっと広くて未知の世界に足を踏み入れなくちゃ。
　望音さ、と太郎は天を仰いだ。
「へこんでる場合じゃないよ。目の前に広がってる可能性に比べたら、どれもちっぽけなことじゃん。望音が本当にいいと思う絵を描いていれば、望音が望音じゃなくなるわけないよ。だって望音には、才能があるもん。」
　太郎は自分の言葉に納得したようにつづける。
「うん、才能だよ。運や努力も関係するんだろうけど、生まれつき途方もない才能があるやつって、世の中にはごく稀にいると思うんだ。そういうやつは放っておいても、回り道しても、いつか絶対に花ひらく。まわりには想像もつかなかったような、大輪の花を咲かせるんだよ。」
　才能という、実体のない言葉が望音にはずっと苦手だった。
　母をはじめ周囲の口から出るたび、ぴんと来なくて信じられなかった。
　自分に才能があるのかどうかは分からない。でもこうして誰かに才能があると信じてもらうことが、こんなにも勇気になるのだと望音ははじめて知った。太郎の言葉が、強力なおまじないのように望音に勇気を与える。その勇気が指先に伝わり、絵を描きたいという気持ちが広がっていく。
「俺さ、望音が咲かせるその花を、いつか見られるのを今から楽しみにしてるんだ。だってその花は本人への贈り物なだけじゃなくて、結果的にはまわりへの贈り物でもあって、他の大勢の人の心に必ず残るものだから。」
　太郎は絵画棟を見上げながら言った。
④「太郎さん、ありがと。」
　太郎と別れたあとアトリエに戻りながら、望音は不思議と痛みと耳鳴りが消えたような気がした。

（一色さゆり著『ピカソになれない私たち』による。一部省略がある。）

（注）※アトリエ……画家・彫刻家などの仕事部屋。工房。
※グラフィティ……落書きアート。いたずら書きに似たペイントアートのこと。
※YPP……ここでは若手の画家を対象とした賞「ヤング・ペインター・プライズ」の略。
※インスタレーション……さまざまな物体を配置し、その空間全体を作品とする手法。

問1　①望音はやっと太郎を見て、ほほ笑んだ。とありますが、このときの望音の心情を説明した文として最も適切なものを、次の**ア**～**エ**の中から一つ選び、その記号を書きなさい。（4点）

ア　一緒に卒業しようと約束したはずの太郎が退学することが、急な話で受け入れられないばかりか、かける言葉も思い浮かばないので苦笑いをしている。

イ　卒業制作を太郎と一緒に頑張ることはできないが、同じ芸術を志す仲間として、太郎が自分なりにやりたいことを探していることを聞いて少し安心している。

ウ　太郎が昔の仲間と意気投合して、自分だけの表現を追い求めて他の美大に行くことが決まっていることに尊敬の念とうらやましさを感じている。

エ　太郎とは卒業制作を続けられないものの、自分のことを気にか

「でも正直、まだ迷ってる。家族にもまだ言ってなくて――。」

三月上旬、※YPPの審査員をつとめたロイヤル・アカデミーの教授から、望音は一通のメールを受け取った。望音は誘われるままに、春休みとYPPの賞金を利用して、ロンドンを訪れた。

王立芸術院、英名でロイヤル・アカデミー・オブ・アーツは古めかしくて歴史を感じさせる外観でありながら、開放的で明るい雰囲気だった。美術館には豊富なコレクションの一部が無料で公開され、毎年名だたる現代アーティストも参加する「夏季展覧会」は、ロンドンの夏の風物詩として有名らしい。

さらに美術館の奥には、個性的な服装の若者たちが制作している建物があった。

印象に残ったのは、付属の小さなスペースで展示されていた学生たちの作品である。どれも素晴らしい絵ばかりで、望音は圧倒された。絵だけではなく立体や※インスタレーションなど、ジャンルに囚われずに自由な発想で展開されていた。

教授から大学院生を紹介され、アカデミー内を案内してもらいながら、彼らがしっかりと自作を説明し、確固たるビジョンを持って制作をしていることに驚かされた。

――で、あなたはここで、どんな絵を描きたいの？

そう訊ねられ、②望音はろくに答えられなかった。

その理由は、英語だったからだけではない。

望音はロンドンの喧騒を行き先も決めずに彷徨った。明るい未来がこの街に広がっているはずなのに、頭のなかを不安が塗りつぶす。離島出身で美術のことも日本のこともなにも知らなくて、東京でだって精一杯なのに、さまざまな人種や言語の行き交う、当たり前に自己主張を求められる大都会で、本当に自分はやっていけるのか。

とりあえず語学が留学の必要条件だったので、帰国後は参考書やオンライン英会話で勉強したけれど、根本的な迷いは消えなかった。覚悟がいまだに決まらないまま、また誰にも打ち明けられないまま、ここまで来てしまっていた。

最初に描いた島の絵が却下されたのも、今ふり返れば、その誘いによる迷いや焦りが邪魔をしたからだ。

「この美大に来たのも、本当はうちの意志じゃなかったんよ。うちはただ、絵が描ければそれでいいっていう気持ちがあって。それは島にいても、東京にいても、どこにいても同じじゃ。だったら、わざわざ海外に行く必要なんてない気もして――。」

「なに言ってんの？」

いきなり太郎に一喝されて、望音は顔を上げた。

「ロイアカだよ？　マジですごいじゃん！　俺、望音が海外に行って勉強したあと、どんな絵を描くのか、めちゃくちゃ見てみたいよ。」

「見てみたい？」

③望音は目をぱちぱちさせながら太郎を見る。

「そう、たぶん俺だけじゃないよ。ゼミのみんなだって、荒川さんとか他科のみんなも、今の話を聞いたら、望音の絵がどんな風になるか知りたいって答えると思うよ。望音だって見てみたいと思わないの？　海外に身を置くことで『自分の絵』がどんな風に変わっていくのか。」

そう言われて、はじめて望音は思い出す。

絵は自分にとって「見たい世界」を描くものだった。

でもいつのまにか、熟知した世界ばかり描くようになっていた。描くことは冒険であり旅のはずなのに、安心するために、自分を守るために、自分の殻に籠城してただただ描きやすいものばかり選んでいた。

この美大に来てから、とくに森本ゼミに入ってから、少しずつ島に

＜国語＞

時間 五〇分　満点 一〇〇点

1 次の文章を読んで、あとの問いに答えなさい。（26点）

> 東京の美術大学に通う離島出身の望音は、森本研究室（森本ゼミ）に所属し、卒業制作に取り組んでいる。夏休み明けに、同じゼミの太郎が、大学を辞めるつもりだとゼミの仲間に打ち明けたところ、望音は、「十分頑張った、とか言うな！」と言って部屋を出て行った。

望音は食堂の前のベンチに一人で座っていた。太郎は黙って近づき、自販機で買った紙パックのジュースを差し出す。

「……すみません、偉そうなこと言って。」と望音は小さく頭を下げた。

「いいよ。」

「ほんとに、辞めるんですか。」

「うん。」

望音は遠慮がちに、作業着を握りしめながら言う。

「うちはもっと太郎さんと一緒に頑張りたかった。同じアトリエ※で、最後まで絵を描いてたかった。卒業制作も、太郎さんにいろいろ見てほしかった。なのに……ほんまに諦めてしもうて、後悔せんの？」

テラス席に座っている学生のグループが、ちらちらと見てくる。

「俺さ、この一ヶ月ずっと自分を見つめ直してたんだ。それで気づいたんだけど、あの壁にグラフィティ※をかいたとき、久しぶりに内面から湧いてくる感動みたいなものを体験できたんだよ。ああ、俺って、みんなでここで青春を過ごしたんだなって。たぶん俺には、周囲と競争して一握りのプロの席を奪い合うよりも、俺らしく、誰かと協力して好きなことをする方が大事なんだ。でもそれって残念ながら、森本先生が目指している答えとは違うし、いわゆる『アーティスト』として食べていく才能もないんだと思う。けじめをつけるためにも退学しようって、自分で決めたんだ。」

しばらく黙って話を聞いていた望音は、「これからどうするんじゃ。」と訊ねた。

「まだ決まっていないけど、昔の仲間が訪ねて来てくれてさ。知らなかったんだけど、そいつは別の美大に入って、アートの文脈でグラフィティを実践しようとしているみたいで、もしよかったらまた一緒にやらないかって誘われた。またやるかは分からないけど、今までやってきたことは無駄じゃない気がしてる。」

①「……そっか、うまくいくとええなぁ。」

望音はやっと太郎を見て、ほほ笑んだ。

「ありがとう。でもさ、望音も俺と同じで、他人の評価には縛られたくないタイプだと思ってたんだけど、どうしてそんなに頑張れるの？卒業したあと、大学院で森本研究室に残るわけじゃないんだろ。」

つぎにいつ望音と話せるか分からないので、太郎は聞いておきたかった。

望音は迷うように、手に持っていた紙パックのジュースに視線を落とした。

「じつはうち、ロイヤル・アカデミーの先生から、大学院に誘われとるんじゃ。」

「ロイヤル・アカデミーって、イギリスの？」

前期がはじまった頃、アトリエにロイアカの大学院生が見学に来ていたという話を太郎は思い出す。

望音は肯く。

2021年度

解 答 と 解 説

《2021年度の配点は解答用紙集に掲載してあります。》

＜数学解答＞

1 (1) $-5x$ (2) -23 (3) $3y^2$ (4) $x=4$ (5) $-3\sqrt{3}$ (6) $(x-2)(x+9)$
(7) $x=1$, $y=-1$ (8) $x=\dfrac{5\pm\sqrt{17}}{4}$ (9) 17(度) (10) $a=-4$
(11) 体積 $\dfrac{32}{3}\pi$ (cm^3), 表面積 16π (cm^2) (12) イ (13) ア 1.27 イ 4
(14) エ (15) 0.35
(16) 4(cm)(説明は解説参照)

2 (1) 右図 (2) 54(cm^2)

3 (1) ア 13 イ 44
(2) ① $4n+1$ ② 解説参照

4 (1) 解説参照 (2) (BE＝)3(cm)
(3) $\dfrac{6}{5}$(cm^2)

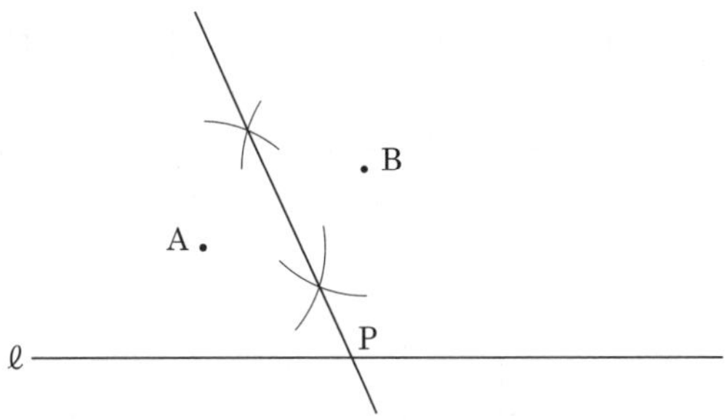

＜数学解説＞

1 (数・式の計算，一次方程式，平方根，因数分解，連立方程式，二次方程式，角度，関数$y=ax^2$，球の体積と表面積，立方体の展開図，近似値，確率，資料の散らばり・代表値，式による説明)

(1) $4x-9x=(4-9)x=-5x$

(2) 四則をふくむ式の計算の順序は，乗法・除法→加法・減法となる。異符号の2数の積の符号は負で，絶対値は2数の絶対値の積だから，$(-4)\times5=-(4\times5)=-20$より，$-3+(-4)\times5=(-3)+(-20)=-(3+20)=-23$

(3) $4xy\div8x\times6y=4xy\times\dfrac{1}{8x}\times6y=\dfrac{4xy\times6y}{8x}=3y^2$

(4) $3x+2=5x-6$　左辺の$+2$と右辺の$5x$を移項して　$3x-5x=-6-2$　$-2x=-8$　両辺を-2で割って　$-2x\div(-2)=-8\div(-2)$　$x=4$

(5) $\dfrac{15}{\sqrt{3}}=\dfrac{15\times\sqrt{3}}{\sqrt{3}\times\sqrt{3}}=\dfrac{15\sqrt{3}}{3}=5\sqrt{3}$　より，$2\sqrt{3}-\dfrac{15}{\sqrt{3}}=2\sqrt{3}-5\sqrt{3}=(2-5)\sqrt{3}=-3\sqrt{3}$

(6) たして$+7$，かけて-18になる2つの数は，$(-2)+(+9)=+7$，$(-2)\times(+9)=-18$より，-2と$+9$だから　$x^2+7x-18=\{x+(-2)\}\{x+(+9)\}=(x-2)(x+9)$

(7) $\begin{cases}5x-4y=9\cdots①\\2x-3y=5\cdots②\end{cases}$　①×3－②×4より　$5x\times3-2x\times4=9\times3-5\times4$　$7x=7$　$x=1$　これを②に代入して　$2\times1-3y=5$　$-3y=3$　$y=-1$　よって　$x=1$，$y=-1$

(8) **2次方程式$ax^2+bx+c=0$の解は，$x=\dfrac{-b\pm\sqrt{b^2-4ac}}{2a}$**で求められる。問題の2次方程式は，$a=2$，$b=-5$，$c=1$の場合だから，$x=\dfrac{-(-5)\pm\sqrt{(-5)^2-4\times2\times1}}{2\times2}=\dfrac{5\pm\sqrt{25-8}}{4}=\dfrac{5\pm\sqrt{17}}{4}$

(9) 半直線CDと辺ABの交点をEとする(次ページの図を参照)。△EBCの**内角と外角の関係**から，∠AED＝∠EBC＋∠ECD＝32°＋45°＝77°　同様にして，△AEDの内角と外角の関係から，$\angle x=\angle \mathrm{ADC}-\angle \mathrm{AED}=94^\circ-77^\circ=17^\circ$

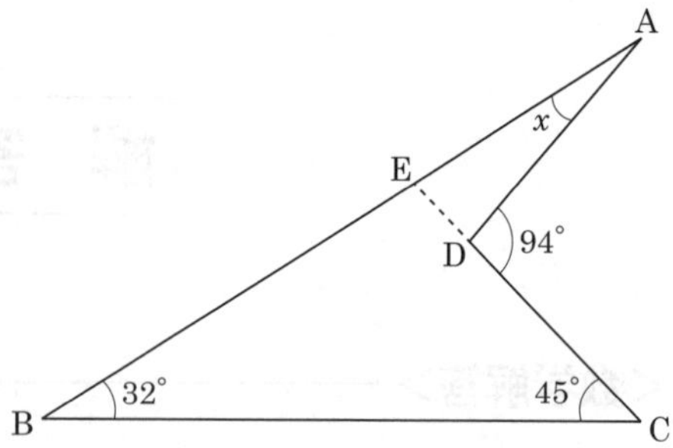

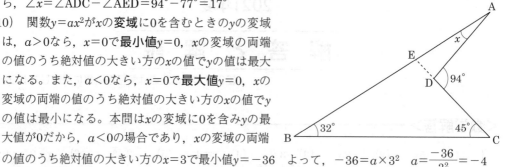

(10)　関数$y=ax^2$がxの**変域**に0を含むときのyの変域は，$a>0$なら，$x=0$で**最小値**$y=0$，xの変域の両端の値のうち絶対値の大きい方のxの値でyの値は最大になる。また，$a<0$なら，$x=0$で**最大値**$y=0$，xの変域の両端の値のうち絶対値の大きい方のxの値でyの値は最小になる。本問はxの変域に0を含みyの最大値が0だから，$a<0$の場合であり，xの変域の両端の値のうち絶対値の大きい方の$x=3$で最小値$y=-36$　よって，$-36=a\times 3^2$　$a=\frac{-36}{3^2}=-4$

(11)　**半径rの球の体積は$\frac{4}{3}\pi r^3$，表面積は$4\pi r^2$**だから，半径2cmの球の体積は，$\frac{4}{3}\pi\times 2^3=\frac{32}{3}\pi$ (cm^3)，表面積は，$4\pi\times 2^2=16\pi\ (\mathrm{cm}^2)$

(12)　展開図アを組み立てたとき，面Aと平行になるのは面Bの左隣の面である。また，組み立てたときに重なる辺を目安に，イ～エのそれぞれの展開図の面Bの位置を変えると下図のようになるから，展開図イを組み立てたとき，面Aと平行になるのは面Bであり，展開図ウを組み立てたとき，面Aと平行になるのは面Cであり，展開図エを組み立てたとき，面Aと平行になるのは面Dである。

イ

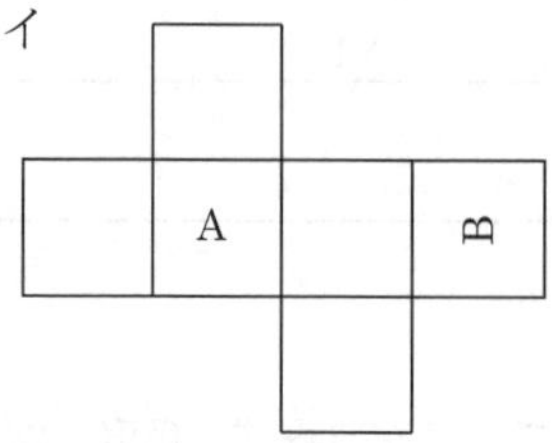

ウ

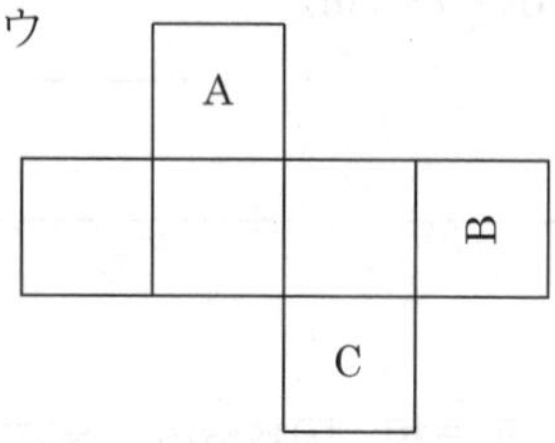

エ

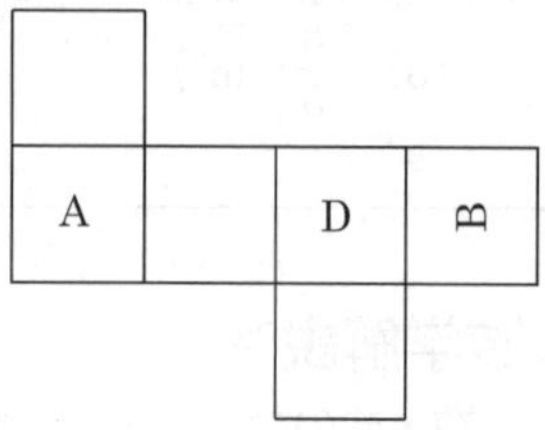

(13)　**有効数字**が1，2，7であるとき，これを整数部分が1けたの小数で表すと1.27　実際は整数部分の1は10000の位だから，1.27を10000$(=10^4)$倍して　1.27×10^4(km)

(14)　**確率は「あることがらの起こることが期待される程度を表す数」**。1つのさいころを6回投げるとき，そのうち1回は6の目が出ることが期待されるが，かならず1回は6の目が出るとは限らない。アは正しくない。どの目が出ることも**同様に確からしい**から，1つのさいころを1回投げるとき，1の目が出る確率は$\frac{1}{6}$に等しく，この確率は投げるごとに変わることはない。イは正しくない。同様に，1つのさいころを1回投げるとき，偶数の目が出る確率も奇数の目が出る確率も$\frac{1}{2}$に等しく，偶数の目が出ることと奇数の目が出ることは同じ程度に期待されるが，さいころを2回投げるとき，2回とも偶数の目，あるいは2回とも奇数の目が出ることもある。ウは正しくない。1つのさいころを1回投げるとき，3以下の目は1，2，3の3通りだから，3以下の目が出る確率は$\frac{3}{6}=\frac{1}{2}$。また，4以上の目は4，5，6の3通りだから，4以上の目が出る確率も$\frac{3}{6}=\frac{1}{2}$で，3以下の目が出る確率と同じである。エは正しい。

(15)　**中央値**は資料の値を大きさの順に並べたときの中央の値。生徒の人数は40人で偶数だから，学習時間の少ない方から20番目と21番目の生徒が含まれる**階級**が，中央値が含まれる階級。0時間以上6時間未満の階級には生徒が$2+4+12=18$(人)含まれていて，0時間以上8時間未満の階級には生徒が$18+14=32$(人)含まれているから，学習時間の少ない方から20番目と21番目の生徒が含まれる階級，すなわち，中央値が含まれる階級は，6時間以上8時間未満の階級。**相対度数$=\frac{\text{各階級の度数}}{\text{度数の合計}}$**

6時間以上8時間未満の階級の度数は14だから，中央値が含まれる階級の相対度数は$\frac{14}{40}=0.35$

(16)　(説明)(例)右の図で，曲線部分の長さの和はともに4π cmで等しいので，アとイのひもの長さの差は，直線部分の差になる。したがって，その差は　4×4−4×3＝4

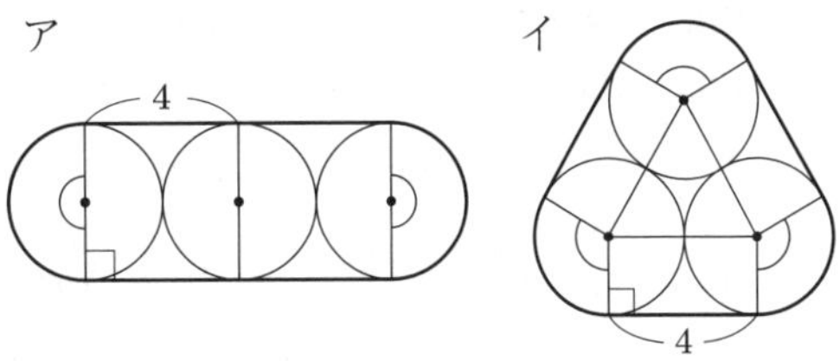

2　(作図，図形と関数・グラフ)

(1)　(着眼点)　**2点A，Bから等しい距離にある点は，線分ABの垂直二等分線上にある。**
(作図手順)　次の①～②の手順で作図する。
①　点A，Bをそれぞれ中心として，交わるように半径の等しい円を描き，その交点を通る直線(線分ABの**垂直二等分線**)を引く。
②　線分ABの垂直二等分線と直線ℓとの交点をPとする。

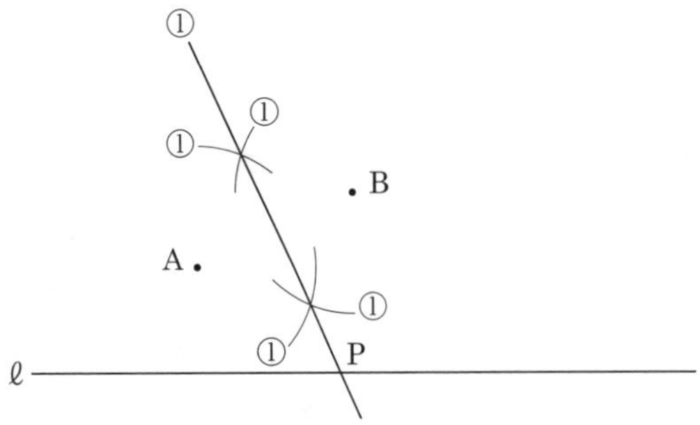

(2)　2点A，Bは$y=2x^2$上にあるから，そのy座標はそれぞれ　$y=2\times(-3)^2=18$，$y=2\times2^2=8$　よって，A(−3，18)，B(2，8)　直線ℓの傾き$=\dfrac{8-18}{2-(-3)}=-2$　これより，直線ℓの式を$y=-2x+b$　とおくと，点Bを通るから，$8=-2\times2+b$　$b=12$　直線ℓの式は　$y=-2x+12$　点Cはx軸上の点だから，直線ℓの式に$y=0$を代入して，$0=-2x+12$　$x=6$　よって，C(6，0)　以上より，$\triangle\mathrm{AOC}=\dfrac{1}{2}\times\mathrm{OC}\times$(点Aの$y$座標)$=\dfrac{1}{2}\times6\times18=54$(cm^2)

3　(数の性質，式による証明)

(1)　4で割ると1余る自然数に関して，1，5，9の次の数は，4×0＋1＝1，4×1＋1＝5，4×2＋1＝9より，4×3＋1＝13…ア　である。また，xに13を代入したときの$3x+5$の値は，3×13＋5＝44…イ　なので，44÷4＝11より，これも4の倍数になっている。

(2)　①　nを0以上の整数とすると，4で割ると1余る自然数は，前問(1)の説明の4×0＋1＝1，4×1＋1＝5，4×2＋1＝9より，$4n+1$と表される。
②　(例)これを$3x+5$のxに代入すると，$3(4n+1)+5=12n+8=4(3n+2)$　$3n+2$は整数だから，$4(3n+2)$は4の倍数である。

4　(相似の証明，線分の長さ，面積)

(1)　(証明)(例)△ABCと△ACDにおいて，∠Aは共通…①　仮定から，∠ABC＝∠ACD…②
①，②から，2組の角がそれぞれ等しいので，△ABC∽△ACD

(2)　△ABC∽△ACDより，AB：AC＝AC：AD　$\mathrm{AB}=\dfrac{\mathrm{AC}\times\mathrm{AC}}{\mathrm{AD}}=\dfrac{6\times6}{4}=9$(cm)　線分ECは∠BCDの二等分線だから，**角の二等分線と線分の比の定理**より，BE：DE＝BC：CD＝AC：AD＝6：4＝3：2　$\mathrm{BE}=\mathrm{BD}\times\dfrac{\mathrm{BE}}{\mathrm{BD}}=(\mathrm{AB}-\mathrm{AD})\times\dfrac{\mathrm{BE}}{\mathrm{BE}+\mathrm{DE}}=(9-4)\times\dfrac{3}{3+2}=3$(cm)

(3)　線分AFと線分DCとの交点をHとする。△ADHと△ACFにおいて，仮定から，∠DAH＝∠CAF…①　△BCDにおいて，**外角はそのとなりにない2つの内角の和に等しい**ので，∠ADH＝∠DBC＋∠DCB…②　また，∠ACF＝∠ACD＋∠DCB…③　仮定から，∠DBC＝∠ACD…④　②，③，④から，∠ADH＝∠ACF…⑤　①，⑤から，2組の角がそれぞれ等しいので，△ADH∽△ACF　よって，∠AFC＝∠AHD＝∠CHFより，△CFHは∠CFH＝∠CHFの二等辺三角形である。線分ECが∠BCDの二等分線であることと，**二等辺三角形の頂角の二等分線は底辺を垂

直に二等分することから，点Gは線分FHの中点である。以上より，**高さが等しい三角形の面積比は底辺の長さの比に等しい**ことと，角の二等分線と線分の比の定理を用いて，$\triangle ACD=\triangle ABC\times\frac{AD}{AB}=18\times\frac{4}{9}=8(cm^2)$　$\triangle ACH=\triangle ACD\times\frac{HC}{DC}=\triangle ACD\times\frac{HC}{DH+HC}=\triangle ACD\times\frac{AC}{AD+AC}=8\times\frac{6}{4+6}=\frac{24}{5}(cm^2)$　$\triangle AFC=\triangle ABC\times\frac{FC}{BC}=\triangle ABC\times\frac{FC}{BF+FC}=\triangle ABC\times\frac{AC}{AB+AC}=18\times\frac{6}{9+6}=\frac{36}{5}(cm^2)$　$\triangle GFC=\triangle CFH\times\frac{FG}{FH}=\triangle CFH\times\frac{1}{2}=(\triangle AFC-\triangle ACH)\times\frac{1}{2}=\left(\frac{36}{5}-\frac{24}{5}\right)\times\frac{1}{2}=\frac{6}{5}(cm^2)$

＜数学解答＞（学校選択問題）

1　(1)　$\frac{5}{2}y$　(2)　-8　(3)　$x=-\frac{1}{2}$，3　(4)　$a=-4$　(5)　ア　1.27　イ　4
(6)　0.35　(7)　ウ　(8)　240(人)
(9)　$\frac{13}{25}$　(10)　$2r$(cm)(説明は解説参照)

2　(1)　右図　(2)　$\frac{81}{2}\pi$ (cm^3)

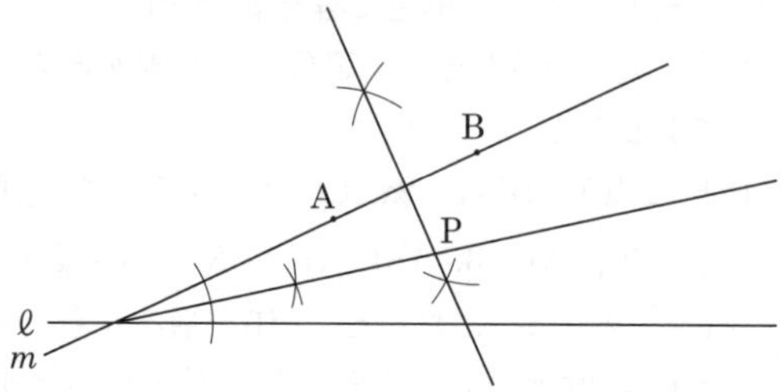

3　(1)　解説参照　(2)　ア　7　イ　3　ウ　1

4　(1)　(BE＝)3(cm)　(2)　解説参照
(3)　$\frac{6}{5}$(cm^2)

5　(1)　$y=\frac{1}{2}x^2$　(xの変域)$0\leqq x\leqq 4$　(2)　$x=\frac{9}{2}$，$\frac{29}{4}$　(3)　$x=\sqrt{14}$，$\frac{15}{2}$(説明は解説参照)

＜数学解説＞

1　(数・式の計算，平方根，式の値，二次方程式，関数$y=ax^2$，近似値，資料の散らばり・代表値，立方体の展開図，方程式の応用，確率，式による説明)

(1)　$\frac{4x-y}{2}-(2x-3y)=\frac{4x-y}{2}-\frac{2(2x-3y)}{2}=\frac{(4x-y)-2(2x-3y)}{2}=\frac{4x-y-4x+6y}{2}=\frac{5y}{2}$

(2)　$x=3+\sqrt{5}$，$y=3-\sqrt{5}$のとき，$x^2-6x+y^2-6y=x^2-6x+9+y^2-6y+9-18=(x-3)^2+(y-3)^2-18=(3+\sqrt{5}-3)^2+(3-\sqrt{5}-3)^2-18=(\sqrt{5})^2+(-\sqrt{5})^2-18=5+5-18=-8$

(3)　$(2x+1)^2-7(2x+1)=0$　において，$2x+1=M$とおくと，$M^2-7M=0$　$M(M-7)=0$　Mを$2x+1$にもどして，$(2x+1)(2x+1-7)=0$　$(2x+1)(2x-6)=0$　よって，$x=-\frac{1}{2}$，3

(4)　関数$y=ax^2$が**xの変域**に0を含むときのyの変域は，$a>0$なら，$x=0$で**最小値**$y=0$，xの変域の両端の値のうち絶対値の大きい方のxの値でyの値は最大になる。また，$a<0$なら，$x=0$で**最大値**$y=0$，xの変域の両端の値のうち絶対値の大きい方のxの値でyの値は最小になる。本問はxの変域に0を含みyの最大値が0だから，$a<0$の場合であり，xの変域の両端の値のうち絶対値の大きい方の$x=3$で最小値$y=-36$　よって，$-36=a\times3^2$　$a=\frac{-36}{3^2}=-4$

(5)　**有効数字**が1，2，7であるとき，これを整数部分が1けたの小数で表すと1.27　実際は整数部分の1は10000の位だから，1.27を10000(＝10^4)倍して　1.27×10^4(km)

(6)　**中央値**は資料の値を大きさの順に並べたときの中央の値。生徒の人数は40人で偶数だから，学習時間の少ない方から20番目と21番目の生徒が含まれる**階級**が，中央値が含まれる階級。0時間以上6時間未満の階級には生徒が2＋4＋12＝18(人)含まれていて，0時間以上8時間未満の階級には生徒が18＋14＝32(人)含まれているから，学習時間の少ない方から20番目と21番目の生徒が含まれる階級，すなわち，中央値が含まれる階級は，6時間以上8時間未満の階級。**相対度数$=\frac{\text{各階級の度数}}{\text{度数の合計}}$** 6時間以上8時間未満の階級の度数は14だから，中央値が含まれる階級の相対度数は$\frac{14}{40}=0.35$

(7) 問題の展開図を組み立てたときの立方体の見取り図を右図に示す。これより，辺CGは辺ABと交わる辺である。辺JMは辺ABと平行になる辺である。辺LMは辺ABと**ねじれの位置**になる辺である。辺KNは辺ABと重なる辺である。

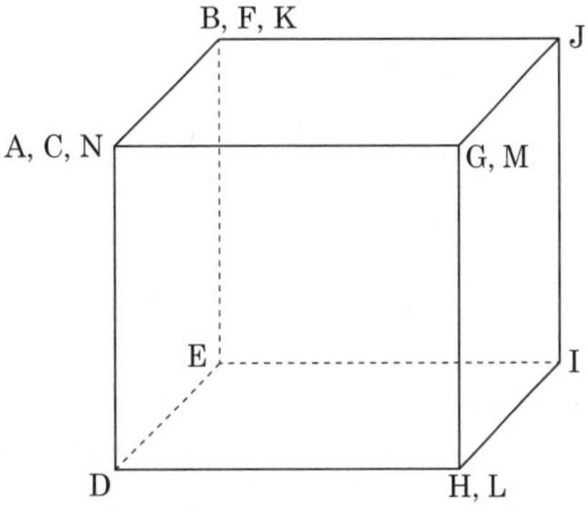

(8) 昨年度の市内在住の生徒数と市外在住の生徒数をそれぞれx人，y人とすると，昨年度の全校生徒数が500人であったことから　$x+y=500$…①　また，今年度は昨年度と比べて，市内在住の生徒数が20％減り，市外在住の生徒数が30％増えたが，全校生徒数は昨年度と同じ人数であったということは，市内在住の生徒数の減った人数$\frac{20}{100}x$人と，市外在住の生徒数の増えた人数$\frac{30}{100}y$人が等しいということであり　$\frac{20}{100}x=\frac{30}{100}y$　整理して，$2x-3y=0$…②　①×3＋②より　$x\times3+2x=500\times3+0$　$5x=1500$　$x=300$　よって，今年度の市内在住の生徒数は　$\left(1-\frac{20}{100}\right)x=\frac{80}{100}\times300=240$(人)

(9) 3個の赤玉を$赤_1$，$赤_2$，$赤_3$，2個の白玉を$白_1$，$白_2$と区別すると，この袋から玉を1個取り出して色を確認して，それを袋に戻してから，もう一度玉を1個取り出して色を確認するときの取り出し方は全部で右図の25通り。このうち，2回とも同じ色の玉が出るのは，○印を付けた13通り。よって，求める確率は　$\frac{13}{25}$

1回目＼2回目	$赤_1$	$赤_2$	$赤_3$	$白_1$	$白_2$
$赤_1$	○	○	○		
$赤_2$	○	○	○		
$赤_3$	○	○	○		
$白_1$				○	○
$白_2$				○	○

(10) (説明)(例)右の図で，曲線部分の長さの和はともに$2\pi r$cmで等しいので，アとイのひもの長さの差は，直線部分の差になる。したがって，その差は
$2r\times7-2r\times6=2r$

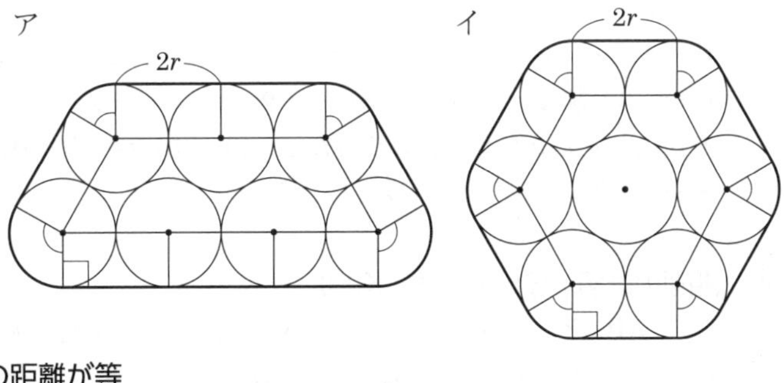

2 (作図，図形と関数・グラフ)

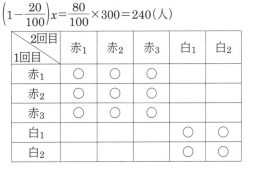

(1) (着眼点)**角をつくる2辺からの距離が等しくなる点は，角の二等分線上にある。また，2点A，Bから等しい距離にある点は，線分ABの垂直二等分線上にある。**よって，点Pは直線ℓと直線mがつくる角の二等分線上にあり，線分ABの垂直二等分線上にある。(作図手順) 次の①～③の手順で作図する。　① 直線ℓと直線mの交点をOとして，点Oを中心とした円を描き，直線ℓと直線m上に交点をつくる。　② ①でつくった

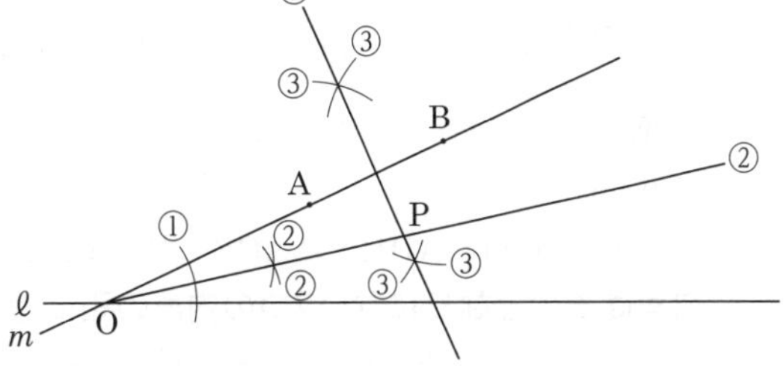

それぞれの交点を中心として，交わるように半径の等しい円を描き，その交点と点Oを通る直線(直線ℓと直線mがつくる角の二等分線)を引く。　③　点A，Bをそれぞれ中心として，交わるように半径の等しい円を描き，その交点を通る直線(線分ABの**垂直二等分線**)を引き，直線ℓと直線mがつくる角の二等分線との交点をPとする。(ただし，解答用紙には点Oの表記は不要である。)

(2)　点Aからx軸へ垂線AHを引く。2点A，Bは$y=\frac{1}{2}x^2$上にあるから，そのy座標はそれぞれ　$y=\frac{1}{2}\times(-3)^2=\frac{9}{2}$，$y=\frac{1}{2}\times2^2=2$　よって，$A\left(-3,\ \frac{9}{2}\right)$，B(2, 2)　直線$\ell$の傾き$=\left(2-\frac{9}{2}\right)\div\{2-(-3)\}=-\frac{1}{2}$　これより，直線ℓの式を　$y=-\frac{1}{2}x+b$　とおくと，点Bを通るから，$2=-\frac{1}{2}\times2+b$　$b=3$　直線ℓの式は　$y=-\frac{1}{2}x+3$　点Cはx軸上の点だから，直線ℓの式に$y=0$を代入して，$0=-\frac{1}{2}x+3$　$x=6$　よって，C(6, 0)　以上より，△AOCをx軸を軸として1回転させてできる立体は，底面の半径がAH，高さがCHの円錐から，底面の半径がAH，高さがOHの円錐を除いたものだから，求める体積は　$\frac{1}{3}\times(\pi\times AH^2)\times CH-\frac{1}{3}\times(\pi\times AH^2)\times OH=\frac{1}{3}\times(\pi\times AH^2)\times(CH-OH)=\frac{1}{3}\times(\pi\times AH^2)\times CO=\frac{1}{3}\times\left\{\pi\times\left(\frac{9}{2}\right)^2\right\}\times6=\frac{81}{2}\pi\ (cm^3)$

3 (数の性質，式による証明)

(1)　(証明)(例)(nを0以上の整数とすると，)4で割ると1余る自然数は$4n+1$となる。これを$3x+5$のxに代入すると，$3(4n+1)+5=12n+8=4(3n+2)$　$3n+2$は整数だから，$4(3n+2)$は4の倍数である。したがって，$3x+5$のxに，4で割ると1余る自然数を代入すると，$3x+5$の値は4の倍数になる。

(2)　【Bさんの予想】問題の表で，$3x+5$の値が7の倍数になるのは14と35であり，このときのxに代入した値は3と10である。この$x=3$を，bで割ると商がqでr余る自然数と考えると，次に現れる$x=10$は，bで割ると商が$q+1$でr余る自然数だから，それぞれ　$bq+r=3$…①，$b(q+1)+r=10$…②　と表される。②の左辺を変形して　$bq+b+r=10$…③　③－①より，$b=7$　3も10も7で割ると余りは3だから，$r=3$　以上より，$3x+5$のxに，7…ア　で割ると3…イ　余る自然数を代入すると，$3x+5$の値は7の倍数になる。　【Cさんの予想】$3x+5$のxに自然数を代入したときの値を，3で割ると，$3x+5=3x+3+2=3(x+1)+2$より，余りは2になり，$(3x+5)^2$のxに自然数を代入したときの値を，3で割ると，$(3x+5)^2=9x^2+30x+25=9x^2+30x+24+1=3(3x^2+10x+8)+1$より，余りは1…ウ　になる。

4 (相似の証明，線分の長さ，面積)

(1)　△ABCと△ACDにおいて，∠Aは共通…①　仮定から，∠ABC＝∠ACD…②　①，②から，2組の角がそれぞれ等しいので，△ABC∽△ACD　よって，AB：AC＝AC：AD　$AB=\frac{AC\times AC}{AD}=\frac{6\times6}{4}=9$(cm)　線分ECは∠BCDの二等分線だから，**角の二等分線と線分の比の定理**より，BE：DE＝BC：CD＝AC：AD＝6：4＝3：2　$BE=BD\times\frac{BE}{BD}=(AB-AD)\times\frac{BE}{BE+DE}=(9-4)\times\frac{3}{3+2}=3$(cm)

(2)　(証明)(例)△ADHと△ACFにおいて，仮定から，∠DAH＝∠CAF…①　△BCDにおいて，**外角はそのとなりにない2つの内角の和に等しい**ので，∠ADH＝∠DBC＋∠DCB…②　また，∠ACF＝∠ACD＋∠DCB…③　仮定から，∠DBC＝∠ACD…④　②，③，④から，∠ADH＝∠ACF…⑤　①，⑤から，2組の角がそれぞれ等しいので，△ADH∽△ACF

(3)　△ADH∽△ACFより，∠AFC＝∠AHD＝∠CHFだから，△CFHは∠CFH＝∠CHFの二等辺三角形である。線分ECが∠BCDの二等分線であることと，**二等辺三角形の頂角の二等分線は底辺を垂直に二等分する**ことから，点Gは線分FHの中点である。以上より，**高さが等しい三角形の面積比は底辺の長さの比に等しい**ことと，角の二等分線と線分の比の定理を用いて，$\triangle ACD=\triangle ABC\times\frac{AD}{AB}=18\times\frac{4}{9}=8(cm^2)$　$\triangle ACH=\triangle ACD\times\frac{HC}{DC}=\triangle ACD\times\frac{HC}{DH+HC}=\triangle ACD\times\frac{AC}{AD+AC}=\frac{6}{4+6}=\frac{24}{5}(cm^2)$　$\triangle AFC=\triangle ABC\times\frac{FC}{BC}=\triangle ABC\times\frac{FC}{BF+FC}=\triangle ABC\times\frac{AC}{AB+AC}=18\times\frac{6}{9+6}=\frac{36}{5}(cm^2)$　$\triangle GFC=\triangle CFH\times\frac{FG}{FH}=\triangle CFH\times\frac{1}{2}=(\triangle AFC-\triangle ACH)\times\frac{1}{2}=\left(\frac{36}{5}-\frac{24}{5}\right)\times\frac{1}{2}=\frac{6}{5}(cm^2)$

5　**(動点，関数とグラフ，面積比，面積，方程式の応用)**

(1)　AP＝x(cm)，AQ＝x(cm)だから，$\triangle APQ=\frac{1}{2}\times AP\times AQ=\frac{1}{2}\times x\times x=\frac{1}{2}x^2(cm^2)$　また，点Qが点Dに到着するのは，点Qが点Aを出発して　DA÷1＝4÷1＝4(秒後)　だから，xの変域は$0\leqq x\leqq 4$

(2)　点Qが辺AD上にあるとき，△APQと△AQCの底辺をAQと考えると，△APQと△AQCの面積比は高さであるAPとCDの比に等しく，△APQ：△AQC＝AP：CD＝3：1より，AP＝3CD＝3×2＝6(cm)　これは，AB＝5(cm)を超えてしまうので，点Qが辺AD上にあるとき，△APQ：△AQC＝3：1にはならない。点Qが辺DC上にあるとき，△APQと△AQCの底辺をそれぞれAP，CQと考えると，高さが等しいから，△APQと△AQCの面積比はAPとCQの比に等しく，△APQ：△AQC＝AP：CQ＝3：1より，AP＝3CQ　ここで，AP＝x(cm)，CQ＝$6-x$(cm)だから，$x=3(6-x)$より，$x=\frac{9}{2}$　これは，AP＝$\frac{9}{2}$(cm)＜5(cm)より，問題にあっている。点Qが辺CB上にあるとき，点Pは点B上にあるから，△APQと△AQCの底辺をそれぞれQB，CQと考えると，高さが等しいから，△APQと△AQCの面積比はQBとCQの比に等しく，△APQ：△AQC＝QB：CQ＝3：1より，$QB=BC\times\frac{QB}{BC}=BC\times\frac{QB}{QB+CQ}=5\times\frac{3}{3+1}=\frac{15}{4}$(cm)　よって，$x$＝AD＋DC＋CB－QB＝$\frac{29}{4}$　したがって，$x=\frac{9}{2}$，$\frac{29}{4}$

(3)　(説明)(例)台形ABCDの面積の半分は7cm²　点Qが辺AD上にあるとき，$0\leqq x\leqq 4$なので，$\frac{1}{2}x^2=7$　から，$x=\pm\sqrt{14}$　問題にあっているのは　$x=\sqrt{14}$　点Qが辺DC上にあるとき，$y=7$にはならない。点Qが辺CB上にあるとき，$6\leqq x\leqq 11$であり，点Qから辺ABにひいた垂線の長さをhとすると，$\frac{1}{2}\times h\times 5=7$　から　$h=\frac{14}{5}$　h：QB＝4：5　なので，QB＝$\frac{7}{2}$　よって，x＝AD＋DC＋CB－QB＝$\frac{15}{2}$　したがって，$x=\sqrt{14}$，$\frac{15}{2}$

<英語解答>

1　No.1　D　No.2　B　No.3　B　No.4　A　No.5　C　No.6　(1)　A　(2)　C　(3)　D　No.7　(1)　(He is happy when students) talk to (him in English.)　(2)　(He goes to the) lake (near his house.)　(3)　(He wanted to be) a doctor(.)

2　A　science　B　brother　C　July　D　stars

3　問1　(I started) riding a bike when I was (in elementary school, too.)
問2　C　問3　エ　問4　(例) (Because he wanted his) sister to practice with

it(.) 問5 イ

4 問1 ア 問2 ウ 問3 (例)ドアが靴にぶつからないから。 問4 (So, people) burned wood to make their houses(warm.) 問5 ウ 問6 ① ウ ② イ ③ ア 問7 (例)I think so. If I study abroad, I can experience people's everyday life in that country. 問8 (例)What was it(about ?)

5 問1 trip 問2 イ 問3 (例)① I would like to go to France. ② I like history. I want to visit a lot of old buildings.

<英語解説>

1 (リスニング)

放送台本の和訳は，86ページに掲載

2 (文法：語句の問題，空所補充・記述，進行形，不定詞)

A「科学」science B「兄」brother C「7月」July D「星」stars 直前にmanyがあるので，複数形にすること。I'm having ～／we are planning ～ ← <**be**動詞 + 現在分詞[原形 + **-ing**]> 進行形「～してるところだ」 excited「わくわくして」 Take care.「気を付けて」別れの際の言葉

3 (長文読解問題：語句の並べ換え，文の挿入，語句補充・選択，英問英答・記述，内容真偽，動名詞，接続詞，不定詞，比較，助動詞，進行形，未来)

(全訳)昨年，私の妹は小学校へ通い始めた。春のある日に，彼女は私に自転車の乗り方を教えて欲しいと言ってきた。私も小学生だった時に自転車に乗り始めた。当時，父は忍耐強く私を手助けしてくれた。私は懸命に練習した。私が初めて自転車に乗れた時に，父が非常にうれしそうだったことを記憶している。

次の日，私は車庫から小さな古い自転車を引っ張り出した。妹にはそれで練習して欲しかったからだ。それは私の最初の自転車で，幼かった頃に私はそれで練習をしたのだ。私はそれを清掃した。私たちがそれをまだ使うことができて，私はうれしかった。

その週末に，私たちはその自転車を使い，練習を開始した。妹は初めて自転車に乗ろうとしたが，上手くバランスをとることができなかった。私は妹に両手でハンドルを握るように指示して，彼女のために自転車の後部を押さえた。C妹も一生懸命に練習した。よって，父のように私は辛抱強く彼女を手助けしようとした。

一週間後，彼女はついにひとりで自転車に乗ることができるようになった。彼女はとても喜び，私も彼女のためを思い，うれしかった。さて，来週，私たちは彼女のために新しい自転車を購入することになっている。

問1 (I started)riding a bike when I was(in elementary school, too.) riding ← 動名詞[原形 + **-ing**]「～すること」 <接続詞**when** + 主語+動詞>「(主語)が(動詞)するときに」

問2 挿入文は「私の妹も懸命に練習した」の意。空所Aの前後は，トシヤの幼かった頃の自転車の練習光景なので，不可。空所Bの後続文は，トシヤが自転車の練習をした自転車についての記述であり，妹の自転車の練習シーンではないので，不適。空所Cのみ，妹の自転車の練習場面であり，挿入文を入れることで文意が通じる。<want + 人 + 不定詞>「(人)に～して欲しい」 younger

「より若い」← young の比較級　<tell ＋ 人 ＋ 不定詞>「(人)に～するように言う」 <～. **So** …>「**～である。だから[それで]…**」

問3　空所を含む文は「私たちはそれを[エ]まだ使うことができて，私はうれしかった」の意。空所を含む第2段落は，妹に練習してもらいたくて，トシヤは自分が初めて練習した時に用いた自転車を持ち出して，きれいにした場面。空所のすぐ後ろの語 it はその自転車を指す。正解は，エ still use「まだ使うことができて」。could「～することができた」← canの過去形。I was glad that ～ ← <感情を表す語 ＋ that ＋ 主語 ＋ 動詞>「(主語)が(動詞)して，(ある感情)がわきあがる」 他の選択肢は以下の通り。ア「壊すことさえできて」 イ「決して運転することができず」 ウ「待つことができて」wait for「～を待つ」

問4　質問：「なぜトシヤは車庫から，彼の小さな古い自転車を引っ張り出したのか」／回答：「彼は彼の妹にそれで練習して欲しかったから」 第2段落最初の文の I brought out a small, old bike from the garage because I wanted my sister to practice with it. を参考にすること。答えは「妹にそれで練習してもらいたかったから」等の意味となるように空所に適語を入れること。**because「～なので」**理由を表す接続詞　<want ＋ 人 ＋ 不定詞[to ＋ 原形]>「(人)に～して欲しい」

問5　ア 「トシヤの妹は自転車に乗ることを決意した。というのは，彼が彼女にそうするように言ったからである」(×)　第1段落2文から，妹自身がトシヤに自転車の乗り方を教えて欲しいと頼んだことがわかる。<**how ＋ 不定詞[to ＋ 原形]**>「**～する方法**」 <ask ＋ 人 ＋ to do>「(人)に～するように頼む」 <decide ＋ 人 ＋ 不定詞>「～することを決心する」 <tell ＋ 人 ＋ to do>「(人)に～することを言う」　イ 「トシヤが自転車を乗ることを学んでいたときに，彼の父が助けてくれた」(○)　第1段落最後から3文目に一致。was learning ← <**be動詞 ＋ 現在分詞[原形 ＋ -ing]**> **進行形「～している」**　ウ 「トモミの妹にとって自身のバランスをとるのが難しかったが，彼は単に彼女を見ているだけだった」(×)　第3段落3文では，「後部を彼女のためにしっかりと摑んだ」，空所Cの後続文では，「父のように辛抱強く彼女を手助けしようとした」という記述があるので，不一致。<**It ＋ be動詞 ＋ 形容詞 ＋ for ＋ S ＋ 不定詞[to ＋ 原形]**>「**Sにとって～ [不定詞]することは…[形容詞]だ**」　エ 「トシヤと彼の妹は先週新しい自転車を買った」(×)　記載なし。最終文に「来週新しい自転車を買うつもりだ」とあるが，それまで妹の練習に使った自転車は，トシヤの初めて使ったお古の一台。<**be動詞 ＋ going ＋ 不定詞[to ＋ 原形]**>「**～しようとしている，するつもりだ**」<近い未来や意思>

4 (長文読解問題・会話文・スピーチ：語句補充・選択，内容真偽，日本語で答える問題，語句の並べ換え，グラフを用いた問題，条件英作文，不定詞，比較，接続詞，分詞の形容詞的用法，文の構造・目的語と補語)

1　(全訳)<日本にいるハルカは，彼女のタブレット型のコンピューター上で，イギリスのフィルとビデオ通話をしている>

フィル(以下P)：こんにちは，ハルカ。今日，あなたは何をしていますか。／ハルカ(以下H)：こんにちは，フィル。今日は雨が降っているので，本を読んでいます。あなたの街では[Aア]天気はどうですか。／P：今日は晴れています。ハルカ，日本について興味深いことを知りました。それは家の入口についてでした。／H：何を知ったのですか。／P：お見せしましょう。ちょっと待ってください。自分の家の入口に向かいます。玄関のドアを見てください。ドアを開けています，そして，閉めています。何か違いがありますか。／H：靴箱がありません。／P：ええ，そうですね，でも，それが要点ではありません。／H：あっ，わかりました！　あなたのドアは家の内側に開いていますね。うちの玄関のドアは外側に開きます。／P：そのとおりです。私の父は今までに多くの国々へ行ったことがあります。そこで，私はそのことについて彼に尋ねてみました。彼は言っていました。他の国々の多くの玄関のドアは，通常，内側に開くと。／H：本当ですか。日本の多くの玄関のドアは外側に開きます。でも，なぜ外側に開くのでしょうか。

問1　ハルカの空所Aを含む文を受けて，フィルは天候を述べている(「今日は晴れです」)ので，天候を尋ねるア「あなたの町では天候はいかがですか」が正解。他の選択肢は次の通り。イ「あなたの町では，あなたはどのようにそのことが好きですか」 ウ「あなたの町にどのくらいの期間，住んでいますか」 エ「この本はいくらですか」 **<How long ～ ?>「どのくらいの長さ[期間]～」** **<How much ～ ?>「いくら」**

問2　フィルは日本と英国や他の国との玄関のドアの開閉の違いついて話をしていることから考えること。正解は「フィルはハルカに[ウ]彼の家の玄関のドアが内側に開くことを知って欲しい」<want+ 人 + 不定詞[to + 原形]>「(人)に～して欲しい」他の選択肢は次の通り。　ア「フィルはハルカに[ア]雨の日にはタブレット型のコンピューターでもっと頻繁に電話をかけて欲しい」(×)　言及なし。**more often／oftener　← often の比較級は2通り。**　イ「フィルはハルカに[イ]彼が靴箱をもっていないことを知って欲しい」(×)　靴箱がないことは事実だが，それが話の要点ではない(that is not the point)と述べているので，不可。　エ「フィルはハルカに[エ]彼の父が海外で(靴を)購入したので，その彼の靴を見て欲しかった」(×)　言及なし。**look at「～を見る」**

[2]　(全訳)<学校にて，ハルカは外国語指導助手であるベル先生と話をしている>

ハルカ(以下H)：ベル先生，なぜ日本では玄関のドアが家の外側に開くのですか。／ベル先生(以下B)：いくつかの理由があるかもしれません。それらのうちの1つが靴です。／H：靴ですって？／B：日本では，家で靴を履かないので，入り口に靴を置くでしょう。／H：あっ，なるほど。玄関のドアが家の外に開けば，ドアは靴にぶつからない。だから，外側に開く玄関のドアが，日本の家屋には適しているのですね。／B：その通りです。／H：興味深いですね。そのような例が他にもありますか。／B：そうですね，日本では多くの人々が年末に家全体を掃除しますよね。でも，春にそれを行う国の人々もいます。／H：なぜ春にそれを行うのですか。／B：次週の英語の授業で，理由を見つけて，そのことに関するスピーチをしてみてはいかがですか。／H：それは面白そうですね。ありがとうございます。

問3　ハルカの3番目のセリフ(If the front door opens to the outside of the house, the door will not hit the shoes. So, front doors opening to the outside are good for houses in Japan.)を参考にすること。**if「もし～ならば」条件を示す接続詞　<～. So …>「～。だから[それで]…」** front doors opening to ～ ← **<名詞 + 現在分詞[原形 + -ing+他の語句>「～している(名詞)」**現在分詞の形容詞的用法

[3]　(全訳)<ハルカは英語の授業で彼女の級友に対してスピーチをしている>

いつみなさんは家全体を掃除しますか。みなさんのほとんどは12月にするでしょう。でも，(それを)春に行う国々の人たちもいます。では，なぜ(彼らはそうするの)でしょうか。

昔，北国の多くの家には暖炉がありました。これらの国々の冬は非常に寒い。したがって，家を暖かくするために木を燃やしたのです。寒い冬が過ぎると，家の暖炉からたくさんのすすが出た。そこで，春に家を清掃する必要があったのですね。これは‘春季大掃除’[spring cleaning]と呼ばれます。今では，これらの国々の多くの人々の自宅には，他の暖房装置があるので，冬に暖炉を使う必要がありません。春に家を清掃する必要がなくなりましたが，彼らはいまだにこの習慣を守っているのです。

人が変われば，生活様式も異なる。他の文化を理解するうえで，このことを覚えておくことが重要である，と私は考えます。

問4　(So people)burned wood to make their house(warm.)　to make ～ ← 不定詞[to ＋ 原形]の理由を表す副詞的用法「～するために」 **make A B**「AをBの状態にする」

問5　ア「世界のすべての人にとって，12月は家全体を掃除するには最も良い月だ」(×)　第1段落3文より，春に掃除を行う習慣の国があることがわかる。best「最も良い[良く]」← good／wellの最上級　イ「'春季大清掃'は，冬の前に家を掃除する必要がないということを意味した」(×)　記述なし。meant ← mean「意味する」の過去形　**<have ＋ 不定詞[to ＋ 原形](しなければならない)の否定形>「～する必要がない」**　ウ「今や，北国の多くの人々は暖炉を使っていないが，'春季大掃除'の習慣はいまだに続いている」(○)　第2段落の最後の2文に一致。**<～，so…>「～である，だから…」**　エ「多くの違った場所に人々が住んでいるが，彼らの生活様式はそれほど違わない」(×)　第3段落1文に「人によって生活様式も変わる」ということが述べられているので，不一致。not so「それほど～でない」

4　<学校で，ハルカがベル先生と話をしている>

ハルカ(以下H)：他の文化について学ぶことはとても楽しいですね。／ベル先生(以下B)：将来，留学してみてはいかがですか。／H：実は，そのことについて頻繁に考えています。／B：どの国へあなたは行きたいと思っていますか。／H：いくつかの国々に興味がありますが，まだ決まっていません。数日前に，留学の情報を探していたところ，非常に興味深いグラフを見つけました。ベル先生，ヨーロッパ，アジア，そして，北アメリカの中で，どの地域に日本人留学生が最も多くいるでしょうか。／B：北アメリカではないかなあ。／H：北アメリカには多くの日本人学生がいますが，一番多いわけではありません。／B：では，ヨーロッパはどうですか。／H：そうですね，ヨーロッパよりも，北アメリカの方が日本人学生は多い。なんと，アジア諸国に最も多くの日本人学生がいるのです。／B：えっ，本当ですか？　知りませんでした。／H：たくさん勉強を重ねて，留学する動機についてもっと考えて，(行先の)国を選ぶことにします。／B：それは良い考えですね。最善を尽くしてください。／H：最近，私は英国の友達によく電話をかけます。彼は自国の文化についてたくさん話をしてくれます。でも，外国の文化を学ぶ最善の手段は，外国を訪れることですね。

問6　地域別日本人留学生の人数のグラフを完成させる問題。本文より，ヨーロッパ，北アメリカ，アジアの順に人数が多くなることが，本文よりわかるので，それに応じて解答すること。**most「最も多い[多く]」← many／muchの最上級　more「より多い[多く]」← many／muchの比較級　<比較級 ＋ than>「～と比べてより…」** Japanese students studying abroad「外国で勉強している日本人学生」← **<名詞 ＋ 現在分詞 ＋ 他の語句>「～している名詞」現在分詞の形容詞的用法**

問7　下線部は「外国の文化を学ぶ最良の方法は，海外の国々を訪問することだ」の意。賛成・反対の立場を明確にして，その理由を述べる，といった条件英作文。the best way to learn ← **<名詞 ＋ 不定詞[to ＋ 原形]>「～するための[するべき](名詞)」不定詞の形容詞的用法**　(模範解答訳)「私はそう思う。もし留学するならば，その国の人々の日常生活を経験することが可能となる」

問8　(全訳)ハルカ：数日前に私は英語の授業でスピーチをしました。／フィル：それは何に関するものでしたか。[What was it(about ?)]／ハルカ：'春季大掃除'についてでした。／フィル：おお，それは素晴らしいですね。私は春に掃除をするのが好きです。

ハルカの「英語のスピーチをした」という発言に対するフィルのせりふを完成させる問題。空所の発言を受けて，ハルカはスピーチのテーマ(春季大掃除)を答えているので，「何についてだったか」とテーマを尋ねる文を完成させること。

5 (長文読解問題・メール文：語句補充・記述，日本語で答える問題・選択，条件英作文，比較，受け身，前置詞，進行形)

(全訳)こんにちは。元気ですか。

先週，私は何枚かの写真を見ていました。旧友に会いに大阪に行った時に，父がそれらの写真を撮影したものです。その中の1枚では，彼は大きな城の前に立っていました。別の1枚では，彼は和食を食べていました。そこへの父の旅行に私はとても興味を抱き，旅行について彼に尋ねてみました。

2年前の8月に大阪に5日間滞在したことを，父は語ってくれました。そのときが彼にとって初めての日本でした。写真の城は大阪城です。父は友人とそこを訪れ，城を見て，彼は非常に満足したようです。彼の友人は城の周りを案内してくれて，彼を美しい神社に連れて行きました。それから，彼らは大阪の有名な飲食店で，たこ焼きとお好み焼きを食べました。父と私がそれらの写真を見ていた際に，父は次のように述べました。「次は君を大阪に連れて行こう」

私は世界中の多くの国々を訪問したいと思っています。日本はそれらの国々の1つです。あなたは海外のいずれかの国や都市に興味がありますか。<u>将来，どこに行きたいですか</u>。

問1　英文の文意は「エミリは彼女の父の大阪への(　　)についてもっと知りたいと考えた」。第2段落最終文 I was very interested in his trip there, so I asked him about it. を参考にすること。空所には，「旅行」に相当する trip が当てはまる。**more**「もっと多い[多く]」← **many／much**の比較級　<**be**動詞 + **interested in**>「～に興味がある」

問2　ア)　エミリは父と一緒に大阪に行っていないので，不可。　イ)　第3段落の最初の文に一致。<for + 期間>「～の間」　ウ)　友人が案内してくれたので，不一致。　エ)　エミリが料理したわけではないなので，不正解。

問3　下線部の意は「将来どこへ行きたいか」。「将来海外のどこに行きたいのか」，そして，「何をそこでしたいのか」に関して，3文以上の英文で書く問題。<**would like** + 不定詞[**to** + 原形]>「～したい」 How are you doing ?　機嫌を尋ねる表現。(模範解答訳)私はフランスへ行きたい。私は歴史が好きだ。多くの古い建物を訪れたい。

<英語解答>(学校選択問題)

1　No.1　D　No.2　B　No.3　B　No.4　A　No.5　C　No.6　(1)　A　(2)　C　(3)　D　No.7　(1)　(He is happy when students)talk to him(in English.)　(2)　(He goes to the)lake near his(house.)　(3)　(He wanted to be)a doctor(.)

2　問1　(My father)has been to(many countries before.)　問2　(例)ドアが靴にぶつからないから。　問3　ウ　問4　(例)She wants them to remember that different people have different ways of living.　問5　(Well,)North America has more students from Japan than Europe(has.)　問6　(1)　イ　(2)　エ　問7　(例)(Can you tell me)how to make(more friends from foreign countries ?)

3　問1　(Actually,)it didn't even look afraid of swimming into(the large fish's mouth.)　問2　①　ア　②　カ　③　ウ　問3　A　trying　B　made

問4 (例)お互いに助け合って，一緒に生きている異なる種類の動物もいるということ。
問5 (例)Because it can get food easily just by swimming around the large fish.
問6 (1) (例)was safe (2) (例)fast swimmer (3) (例)to find

4 (例)I agree with this. Activities in nature are very fun, and children learn many things by doing them. For example, if they go camping, they will enjoy looking at beautiful views, fishing or cooking with their friends. By experiencing these activities, children will learn that working together is very important.

＜英語解説＞

1 (リスニング)

放送台本の和訳は，86ページに掲載

2 (長文読解問題・会話文・スピーチ：語句補充・記述，現在完了，接続詞，分詞の形容詞的用法，比較，不定詞，受け身，動名詞)

[1] (全訳)＜日本にいるハルカは，彼女のタブレット型のコンピューター上で，イギリスのフィルとビデオ通話をしている＞

フィル(以下P)：こんにちは，ハルカ。今日，あなたは何をしていますか。／ハルカ(以下H)：こんにちは，フィル。今日は雨が降っているので，本を読んでいます。あなたの街では天気はどうですか。／P：今日は晴れています。ハルカ，日本について興味深いことを知りました。それは家の入口についてでした。／H：何を知ったのですか。／P：お見せしましょう。ちょっと待ってください。自分の家の入口に向かいます。玄関のドアを見てください。ドアを開けています，そして，閉めています。何か違いがありますか。／H：靴箱がありません。／P：ええ，そうですね，でも，それが要点ではありません。／H：あっ，わかりました！　あなたのドアは家の内側に開いていますね。うちの玄関のドアは外側に開きます。／P：そのとおりです。今までに，私の父は多くの国へ行ったことがあります。そこで，私はそのことについて彼に尋ねてみました。彼は言っていました。他の国々の多くの玄関のドアは，通常，内側に開くと。／H：本当ですか。日本の多くの玄関のドアは外側に開きます。でも，なぜ外側に開くのでしょうか。

問1 「今までに，父は多くの国に行ったことがあります」という意味を表すように空所を補充する問題。(My father)has been to(many countries before) 「～へ行ったことがある」**have[has] been to ～**

[2] (全訳)＜学校にて，ハルカは外国語指導助手であるベル先生と話をしている＞

ハルカ(以下H)：ベル先生，なぜ日本では玄関のドアが家の外側に開くのですか。／ベル先生(以下B)：いくつかの理由があるかもしれません。それらのうちの1つが靴です。／H：靴ですって？／B：日本では，家で靴を履かないので，入り口に靴を置くでしょう。／H：あっ，なるほど。玄関のドアが家の外に開けば，ドアは靴にぶつからない。だから，外側に開く玄関のドアが，日本の家屋には適しているのですね。／B：その通りです。／H：興味深いですね。そのような例が他にもありますか。／B：そうですね，日本では多くの人々が年末に家全体を掃除しますよね。でも，春にそれを行う国の人々もいます。／H：なぜ春にそれを行うのですか。／B：次週の英語の授業で，理由を見つけて，そのことに関するスピーチをしてみてはいかがですか。／H：それは面白そうですね。ありがとうございます。

問2　ハルカの3番目のセリフ(If the front door opens to the outside of the house, the door will not hit the shoes. So, front doors opening to the outside are good for houses in Japan.)を参考にすること。**if**「もし～ならば」条件を示す接続詞　**＜～. So …＞「～。だから[それで]…」** the front doors opening to ～ ← **＜名詞 ＋ 現在分詞[原形 ＋ -ing ＋ 他の語句＞「～している(名詞)」**現在分詞の形容詞的用法

③　(全訳)＜ハルカは英語の授業で彼女の級友に対してスピーチをしている＞

いつみなさんは家全体を掃除しますか。みなさんのほとんどは12月にするでしょう。でも，(それを)春に行う国々の人たちもいます。では，なぜ(彼らはそうするの)でしょうか。

昔，北国の多くの家には暖炉がありました。これらの国々の冬は非常に寒い。したがって，家を暖かくするために木を燃やしたのです。寒い冬が過ぎると，家の暖炉からたくさんのすすが出た。そこで，春に家を清掃する必要があったのですね。これは‘春季大掃除’[spring cleaning]と呼ばれます。今では，これらの国々の多くの人々の自宅には，他の暖房装置があるので，冬にAウ暖炉を使う必要がありません。春に家を清掃する必要がなくなりましたが，彼らはいまだにこの習慣を守っているのです。

人が変われば，生活様式も異なる。他の文化を理解するうえで，このことを覚えておくことが重要である，と私は考えます。

問3「昔，人々が使用していた暖炉に代わる暖房装置が今やあるので，冬には A 」→「春に家を掃除する必要がない」という論旨なので，ウ「暖炉を使う必要がない」を入れれば，文意が通ることになる。**＜～, so…＞「～なので，…」**他の選択肢は次の通り。ア「多くの人々がそれらの国々を訪れる」**a lot of「多数の／多くの」**　イ「あなたはスキーを楽しむことができる」＜enjoy ＋ 動名詞[原形 ＋ -ing]＞「～をすることを楽しむ」ア・イ共に文脈にそぐわない。エ「彼らのほとんどがもっと多くの木を燃やす」暖炉を使わなくなっているので，たきぎを燃やす必要がないため，不適。**more「より多い[より多く]」← many／muchの比較級**

問4　質問：「他の文化を理解するために，ハルカは彼女の級友に何を覚えておいて欲しいと考えているか」第3段落の2文 Different people have different ways of living. I think this is an important thing for you to remember to understand other cultures. に注目。第2文は「他の文化を理解するうえで，このことを覚えておくことが重要であると考える」で，this「このこと」の具体的内容は第1文目となる。あとは，質問文に対する応答文としてふさわしい形式(She wants her classmates to remember ～.)でまとめること。

④　＜放課後，ハルカがベル先生と話をしている＞

ハルカ(以下H)：他の文化について学ぶことはとても楽しいですね。／ベル先生(以下B)：将来，留学してみてはいかがですか。／H：実は，そのことについて頻繁に考えています。／B：どの国へあなたは行きたいと思っていますか。／H：いくつかの国々に興味がありますが，まだ決まっていません。数日前に，留学の情報を探していたところ，非常に興味深いグラフを見つけました。ベル先生，ヨーロッパ，アジア，そして，北アメリカの中で，どの地域に日本人留学生が最も多くいるでしょうか。／B：北アメリカではないかなあ。／H：北アメリカには多くの日本人学生がいますが，一番多いわけではありません。／B：では，ヨーロッパはどうですか。／H：そうですね，ヨーロッパよりも，北アメリカの方が日本人学生は多い。なんと，アジア諸国に最も多くの日本人学生がいるのです。／B：えっ，本当ですか？　知りませんでした。／H：たくさん勉強を重ねて，留学する動機についてもっと考えて，(行先の)国を選ぶことにします。／B：それは良い考えですね。最善を尽くしてください。／H：最近，私は英国の友達によく電話をかけます。彼は自国の文

化についてたくさん話をしてくれます。でも，外国の文化を学ぶ最善の手段は，外国を訪れることですね。

問5 (Well,)North America has more students from Japan than Europe(has.)
グラフより，日本人学生はヨーロッパより北米の方が多いことを確認して，その事実を示す英文を完成させること。**more**「より多い[多く]」← **many／much** の比較級 <比較級 + **than**>「～と比較してより…」

問6 (1) ①の英文で，フィルは日本と英国や他の国との玄関のドアの開閉の違いついて話をしていることから考えること。正解は「フィルはハルカにイ彼の家の玄関のドアが内側に開くことを知って欲しい」<want + 人 + 不定詞[to + 原形]>「(人)に～して欲しい」他の選択肢は次の通り。 ア「フィルはハルカにア雨の日にはタブレット型のコンピューターでもっと頻繁に電話をかけて欲しい」(×) 言及なし。more often／oftener ← often の比較級は2通り。 ウ「フィルはハルカにイ彼が靴箱をもっていないことを知って欲しい」(×) 靴箱がないことは事実だが，それが話の要点ではない(that is not the point)と述べているので，不可。 エ「フィルはハルカにエ彼の父が海外で(靴を)購入したので，その彼の靴を注意深く見て欲しかった」(×)言及なし。look at「～を見る」 (2) ア「ハルカはアすべての季節の中で冬が清掃に最も良いと述べている」(×) ③の英文を参照すること。記述なし。 イ「ハルカはイ英語を勉強するために将来留学することに興味があると述べている」(×) ④の英文で，ハルカは留学する動機に関して，これからもっと考える，と述べており(ハルカの最後から2番目のせりふ)，英語を勉強するためとは明言していない。is interested in studying ← <**be**動詞 + **interested in**>「～に興味がある」 in studying ← <前置詞 + 動名詞[原形 + -ing]> ウ「ハルカはウ生活様式が変わってのちに，'春季大掃除' を行うことを人々はやめてしまったと述べている」(×) ③の英文では，暖炉を使わなくなり，すす払いの必要がなくても，春に清掃する習慣は変わっていない，と述べられている。<stop + 動名詞[原形 + -ing]>「～することをやめる」 エ「ハルカはエ海外で学ぶ理由について考えてから，勉強する国を選ぶつもりであると述べている」(○) ④の英文の最後から2番目のハルカの発言に一致。

問7 (全訳)ハルカ：ベル先生，質問があります。今，話しても良いですか。／ベル先生：もちろん，何を知りたいのですか。／ハルカ：外国からの友人をもっと多くつくる方法を教えてください。／ベル先生：多くの方法があると思います。例えば，国際的行事に参加するとか，あなたの英国の友人に友達を紹介してもらうとかなら可能ですよね。／ハルカ：わかりました。ありがとうございます。 文脈や空所の前後の語句より，「より多く海外の人と友人になる方法」に該当する表現を完成させればよいことがわかる。正答は，how to make more friends である。<**how** + **不定詞[to + 原形]**>「**どのように～するか，～する方法**」。**more**「**より多い[多く]**」← **many／much** の比較級

3 (長文読解問題・エッセイ：語句の並べ換え，文の挿入，語句の問題，語句補充・選択，指示語，英問英答・記述，要約文を用いた問題，形容詞，動名詞，助動詞，接続詞，受け身，不定詞，比較，分詞の形容詞的用法)

(全訳)私は水族館へ行くことが好きだ。これまで多くの水族館を訪れ，多くの異なった海生動物を見てきた。水槽には常に色彩豊かな魚がいる。水族館でそれらを見ると，私は必ず幸せな気分になる。

この前の夏に，家族とある水族館へ行った。私は有意義な時間を過ごし，いつもするように，魚を鑑賞した。大きな水槽の隅に，2匹の興味深い魚を見つけた。1匹は灰色で，およそテニスラケ

ットとほぼ同じくらいの大きさだった。大きな口が開いた。別の1匹は青くて，1本の黒線が胴体に入っていた。その体長はおよそ10cmだった。それは大きな魚の頭部周辺を泳いでいた。私はこの小魚のことが心配だった。大きな魚が小魚を食べることはたやすいだろう。でも，小魚がこの点を気にしているようには思えなかった。実際，大魚の口の中に入って泳ぐことさえ恐れているようには見えなかった。小魚は中に入るや否や，素早く外に出てきた。これを見て，私は驚いた。水族館の従業員の姿を見つけて，彼女に次の質問をした。私は尋ねた。「小魚が大魚の周りを泳いで，安全なのでしょうか？　大魚が小魚を食べてしまうかもしれません」彼女は答えた。「心配しなくて平気ですよ。小魚はホンソメワケベラです。それは寄生虫や他の魚の病気に感染した箇所を食べるので，掃除屋と呼ばれています。この小さな掃除屋のおかげで，あの大きな魚は健康でいられるのです。あの大きな魚はこのことを知っているので，掃除屋を食べることはありません」私は次のように述べた。「掃除屋について，初めて知りました。これはとても興味深い関係ですね。どうもありがとうございます」

①ァそれらを見た後に，水族館における2匹の海生動物間に存在する他の興味深い関係に遭遇することになった。別の水槽に黄色い魚がいた。それが地中の穴から飛び出してくると，エビがその後に続いたのだ。私は水槽のそばの壁に示されている説明を読んだ。その魚はハゼの種類であることを知った。エビが穴を掘っているそばで，ハゼはただエビの近くにとどまっていた。それらをひとまとまりで見るのは，とてもおもしろかった。それから，2匹が共に再び穴の中に入っていった。2匹はとても仲が良いと感じた。なぜこの2匹は一緒にいるのだろうか。これらの関係についてもっと知りたかったので，さらに情報を集めるべく，インターネットを活用することにした。

そのような関係を相利共生と呼ばれるということを知った。②ヵこれらの関係性においては，2匹以上の異なった種の生物が，食べ物，安全な場所，あるいは，保護，世話を相互に提供し合っているのだ。このことは，なんらかの点で，その関係から双方共に利益を得ている，ということを意味する。ホンソメワケベラと大きな魚との関係では，大魚は掃除屋により清潔にされる。このことは大きな魚にとって利益となる。この関係は掃除屋にとってもためになる。大魚は救助のために掃除屋のもとへ駆けつけてくれるので，掃除屋は大魚の周囲を泳ぐだけで，簡単に食べ物を獲得できるのである。双方が互いから益を得ているのだ。

それでは，ハゼとエビの関係はどうだろうか。彼らは共に海底の穴の中で共生している。その穴が彼らの住み家だ。エビは穴掘りがとても得意だが，視力が悪くて，泳ぎもつたない。これに対して，ハゼは視力が良い。ハゼは速く泳ぐことができるが，非常に離れたところまでは泳ぐことができない。③ゥ各々，長所と短所があるので，安全を確保するために，互いに支え合っているのだ。時折，エビが住み家を修復することが必要となる。エビが外へ出ると，ハゼも続いて表に出てくる。エビは常にハゼの近くにいて，ハゼからの合図を傍受できるように，ハゼの体から離れることはない。ハゼは周囲を注意深く監視する。ハゼが危険な魚を見つけるやいなや，エビに合図を送る。エビがこの合図を受けると，彼らを食べようAとしている生物が接近していることをエビも悟る。2匹は共に素早く家の中に入り込むのである。エビはハゼの力を借りて，安全を確保し，ハゼはエビによって作られた家に身を隠すことが可能となる。

自然界では，動物が捕食し，餌食ともなる。それ以外の関係が，海生生物間であることなど，私は想像もしていなかった。でも，異種の生物が互いに助け合いながら共生することもあるのだ。水族館で海洋生物を観察することで，私はこのことを学んだ。私は海洋生物に関してさらにもっと知りたいと思う。海洋における多様性について知識を深めることを楽しみにしている。

問1　(Actually)it didn’t even look afraid of swimming into(the large fish’s mouth.)前文が「大魚に食べられることを小魚が気にしているようには思えなかった」，後続文

が「小魚が大魚の口の中に入るや否や，素早く外に出てきた」の意味。文脈と与えられている語句から「大きな魚の口の中に泳いでいくことを怖がっているように見えなかった」という文意の英文を完成することになる。<look ＋ 形容詞>「～のように見える」 afraid of「～を怖がって」 of swimming ← <前置詞 ＋ 動名詞[原形 ＋ -ing]>

問2　①　大魚と掃除屋の小魚の関係が第2段落に書かれており，空所①の文から始まる第3段落では，ハゼとエビの別の関係が新たに記されていることから考えること。正解は，After watching them, I found another interesting relationship ～ のア。　②「このような関係を相利共生と呼ばれることを知った」 → ② → 「このことは双方利益を得ているということを意味する」以上の文脈より，カ「異種が食べ物，安全な場所，保護を相互に提供し合う」が，相互の利益につながる共生の説明としてふさわしい。**may**「～かもしれない／してもよい」 **each other**「互いに」　③　③ の前では，エビとハゼの長所と短所が述べられていることから考えること。正解はウ(Each of them has both good points and bad points, ～) **both A and B**「AとBの両方」<～, **so**…>「～であるので，…」他の選択肢は次の通り。　イ「この関係では，一方は他方から何かを得るが，もう一方は何も獲得できない」(×)　共生に該当しないので不可。　エ「後に，2匹の魚間の別の関係が見つかり，<u>このことが多くの科学者を驚かせた</u>」(×)　本文で科学者が登場するような場面はない。was found「見つかった」← <**be動詞 ＋ 過去分詞**>「**～される」受け身**　オ「これらの関係においては，安らかに生活するためには，一方が強者に従わなければならない」(×)　互恵関係として不適。to live in peace「安らかに暮らすために」← **不定詞の目的を表す副詞的用法「～するために」** in peace「安らかに，邪魔されずに，仲良く」 <**have[has] ＋ 不定詞[to ＋ 原形]**>「**～しなければならない／違いない」＝ must**　stronger「より強い」← strong の比較級

問3　A　When the shrimp gets this sign, it also knows that <u>an animal [A] trying to eat</u> them is coming. 下線部「食べようとしている生物」← **<名詞 ＋ 現在分詞[原形 ＋ -ing] ＋ 他の語句>「～している(名詞)」現在分詞の形容詞的用法**　B　the goby can hide itself in <u>the house [B] made by the shrimp</u>.「～によって作られた住み家」← **<名詞 ＋ 過去分詞 ＋ 他の語句>「～された(名詞)」過去分詞の形容詞的用法**

問4　指示語の問題。I learned this の this は直前の some different kinds of animals live together by helping each other を指している。by helping ← <前置詞 ＋ 動名詞[原形 ＋ -ing]>　**each other**「互いに」

問5　英問英答。質問：「なぜ大魚との関係が，ホンソメワケベラにとって良いのか」第4段落最後から2文目(The large fish goes to the cleaner fish for help, so <u>the cleaner fish can get food easily just by swimming around the large fish</u>.)を参考にすること。理由を尋ねられているので，Because ～ で始めること。

問6　(全訳)「トモコが水族館を訪れた際に，異なった種類の生物において，2つの興味深い関係を目撃した。1つは，小魚と大魚との関係だった。通常，小魚が大きな魚の近くで泳いだとしたら，危険だろう。でも，小魚は[1]<u>安全</u>だった。大きな魚は小魚が助けてくれているということを知っていたからだ。もう1つは，ハゼとエビの関係だった。ハゼは目が良い。ハゼは[2]<u>泳ぎが速いけれども</u>，遠くまで泳ぐことができない。ハゼはいかなる危険な生物[3]<u>をも発見するために</u>，周囲を注意深く監視する。エビは視力が悪く，上手く泳げないが，穴掘りが巧みだ。2匹の生物は互いに助け合っているのである。これらの関係は相利共生と呼ばれる」

1　通常だったら危険[dangerous]だが[but]，大魚が助けてくれることを知っていたから(1)。という文脈なので，dangerous の反対の意味を表す形容詞を過去のbe動詞と共に答えればよ

い。正解は was safe となる。<**It is[was] + 形容詞 + for + S + 不定詞[to + 原形]**>「Sにとって～［不定詞］することは…［形容詞］だ」 逆接の**but**「しかし」　2　空所の該当箇所は，ハゼの泳ぎに関する記述なので，本文から該当箇所を探すこと。第5段落に，It can swim fast, but it cannot swim very far.とあり，設問は，It is a (　) but it isn't able to swim far. なので，正解は「速い泳者」fast swimmer となる。<**be動詞 + able + 不定詞[to + 原形]**>「～できる」　3　空所を含む文意は「危険な生物(　3　)注意深く周囲を見回す」である。エビが住み家を補修している際のハゼの行動を本文から探すこと。第5段落に The goby <u>looks around carefully</u>. As soon as the goby find a dangerous animals, it gives a sign to the shrimp. とあり，下線部は要約文に一致。周囲に注意を払うのは，「危険な生物を見つけるため」である。よって，正解は，to find(不定詞の目的を表す副詞的用法)となる。

4 (文法：条件英作文)

(全訳)多くの人々が自然の中でおおいに活動することは良いと考えている。したがって，多くの団体が，自然の中で子供たちが過ごす機会を設けている。例えば，山，川，湖，あるいは，海のような場所へと子供たちを連れていく屋外行事が，学校により催されている。自然観察教室や農作業教室のような行事が，博物館や公共施設では開催されている。

小学生は自然の中でもっと過ごしたほうが良いという人々もいる。<u>このことに関してあなたはどう思うか</u>。

理由を添えて，英文に対する自分の考えを，40語以上50語程度の英語で書くといった条件英作文。agree with「～に賛成する」

(解答例訳)私はこのことに賛成である。自然の中での活動はとても面白くて，それを通して，子供たちは多くのことが学べる。例えば，キャンプへ出かければ，友人と美しい光景を見て，魚を釣ったり，料理を作ったりして，楽しむことになるだろう。これらの活動を体験することにより，協力することが非常に重要であることを，子供たちは学ぶであろう。

2021年度英語　リスニングテスト

〔放送台本〕

問題は，No.1～No.7の全部で7題あり，放送はすべて英語で行われます。放送される内容についての質問にそれぞれ答えなさい。No.1～No.6は，質問に対する答えとして最も適切なものを，A～Dの中から1つずつ選び，その記号を書きなさい。No.7は，それぞれの質問に英語で答えなさい。放送中メモを取ってもかまいません。各問題について英語は2回ずつ放送されます。

Look at No. 1 to No. 3 on page 1. Listen to each talk, and choose the best answer for each question. Let's start.

No. 1

A : Hi, Bill. I went to the car museum and saw many cars last week.
B : Oh, really? I love cars, Mary. I want to go there, too. How can I get there?

A : You can take a bus from the station. But I went there by bike.
B : OK. Thanks.

Question : How did Mary go to the museum?

No. 2

A : I saw Kevin yesterday when I was walking on the way to a hamburger shop. He was practicing soccer.
B : He is good at baseball, too, right?
A : Yes, he is. Look, Kevin is over there.
B : Oh, he is walking with his dog today.

Question : What was Kevin doing yesterday?

No. 3

A : Judy, where do you want to put your new desk?
B : I want to put it in the corner by the window.
A : Oh, you want to put it by the bed?
B : No. There by the plant.

Question : Where does Judy want to put her desk?

〔英文の訳〕

1ページのNo.1からNo.3を見てください。それぞれの話を聞いて，各質問に対する最も適切な答えを選びなさい。では，始めます。

No.1 A：こんにちは，ビル。先週，私は自動車博物館へ行き，多くの車を見ました。
B：えっ，本当ですか。メアリ，僕は車が大好きです。僕もそこへ行きたいです。どのようにしてそこに行くことができますか。
A：駅からバスに乗ることができます。でも，私はそこへは自転車で行きました。
B；わかりました。ありがとう。
質問：どうやってメアリはその博物館へ行ったのか。／正解：自転車の図D。

No.2 A：ハンバーガーショップへ歩いている途中で，昨日，私はケヴィンをみかけました。彼はサッカーの練習をしていました。
B：彼は野球も上手いですよね。
A：はい，そうです。見て，ケヴィンがむこうにいます。
B：あっ，今日は，彼は自分の犬を連れて歩いています。
質問：昨日，ケヴィンは何をしていたか。／正解：サッカーをしている図B。

No.3 A：ジュディ，あなたの新しい机をどこに置きたいですか。
B：私はそれを窓のそばの角に置きたいです。
A：えっ，ベッドのそばに置きたいということですか。

B：いいえ，あそこの植物のそばです。
正解：窓際で植物のそばの角B。

〔放送台本〕

Look at No. 4 and No. 5 on page 2. Listen to each situation, and choose the best answer for each question. Let's start.

No. 4

Peter has just come home by bike.
He is really thirsty and asks his mother to give him something to drink.
She gives him some water.

Question : What will Peter's mother say to him?

No. 5

Emi is walking on the street.
A woman asks her the way to the station.
Emi is also going there, so Emi has decided to take the woman to the station.

Question : What will Emi say to the woman?

〔英文の訳〕

2ページのNo. 4とNo. 5を見てください。おのおのの状況を聞いて，各質問に対する最も適切な答えを選びなさい。では，始めます。

No. 4 ピーターは自転車でちょうど帰宅したところだ。彼は本当にのどがかわいていて，母親に飲み物をくれるように頼んでいる。彼女は彼に水を与える。
質問：ピーターの母は彼に何と言うか。
〔選択肢の訳〕 Ⓐ さあどうぞ。 B ありがとう。 C あなたもね。
D どうか水をください。

No. 5 エミは通りを歩いている。ある女性が彼女に駅までの道を尋ねる。エミもそこへ向かっているので，その女性を駅まで連れていくことにする。
質問：エミはその女性に何と言うだろうか。
〔選択肢の訳〕 A ごめんなさい，知りません。 B あなたは一人で行くべきです。
Ⓒ 私があなたと一緒に行きます。 D 駅で電車を乗り換えていただけませんか。

〔放送台本〕

Look at No. 6. Listen to the talk about a new candy shop, Sweet Saitama, and choose the best answer for questions 1, 2 and 3. Let's start.

No. 6

A new candy shop, Sweet Saitama, just opened yesterday on the shopping street near Keyaki Station. It is on the way to the soccer stadium.

The shop sells things like candy, chocolate, and ice cream from many countries. The flowers made from candy are especially popular. The people working at the shop had training. They can make them by hand. You can see their work through the window of the shop from eleven a.m. to three p.m.

They started a special opening event yesterday, so a lot of people are at the shop today. If you buy something at the shop, you can get a piece of chocolate as a present. This event finishes tomorrow.

The shop is open from Wednesday to Sunday, from ten a.m. to seven p.m. Visit Sweet Saitama for a sweet time.

Question 1 : Where is the new candy shop?

Question 2 : How many days is the special opening event for?

Question 3 : Which is true about the new candy shop?

〔英文の訳〕

No.6を見てください。新しい菓子屋, 'スィート・サイタマ' に関する話を聞いて，質問1, 2, 3に対する最適な答えを選びなさい。では，始めます。

新しい菓子屋，スィート・サイタマが，ケヤキ駅の近くの商店街にて昨日オープンしました。店舗は，サッカースタジアムへ向かう途中に位置しております。／店では，多くの国々からの砂糖菓子，チョコレート，そして，アイスクリームのような商品が売られております。砂糖菓子でできた花が特に好評です。店で働いている従業員は訓練を経ております。手で商品を作ることができます。午前11時から午後3時までは，店の窓越しに彼らの作業がごらんいただけます。／昨日，特別の開店イベントを開始しており，本日，多くの人々にご来店いただいております。店で何かをお買い上げくださった場合には，プレゼントとしてチョコを差し上げます。このイベントは明日で終了いたします。／店は水曜日から日曜日までの午前10時から午後7時まで営業いたしております。心地良い時を求めて，スィート・サイタマを訪れてみてはいかがでしょうか。

質問1：新しいお菓子屋はどこにあるか。

〔選択肢の訳〕 Ⓐ ケヤキ駅の近くの商店街。　B サッカースタジアム内。

C ケヤキ駅ビル内。　D 花屋へ向かう途中。

質問2：特別開店イベントは何日間か。

〔選択肢の訳〕 A 1日間　B 2日間　Ⓒ 3日間　D 4日間

質問3：新しい菓子店について正しいものはどれか。

〔選択肢の訳〕 A 新しい菓子店は他の国々からの花を売っている。

B 新しい店は午前7時に開店する。

C 新しい菓子店では，特別のアイスクリームが最も人気がある。

Ⓓ 新しい菓子店は月曜日と火曜日は閉まっている。

〔放送台本〕

Look at No. 7. Listen to the talk between Miho and Mr. Ford, an ALT from London, and read the questions. Then write the answer in English for questions 1, 2 and 3. Let's start.

No. 7

Miho :	Excuse me, Mr. Ford. May I ask you some questions for the school newspaper? I'm going to write about you.
Mr. Ford :	Of course, Miho.
Miho :	Thanks. Do you enjoy teaching English here?
Mr. Ford :	Yes. I'm happy when students talk to me in English.
Miho :	I also enjoy talking with you in English. What do you like to do on weekends?
Mr. Ford :	I really like bird watching. When I was in London, many birds flew into my garden, and I enjoyed watching them.
Miho :	Do you enjoy bird watching in Japan?
Mr. Ford :	Yes. I often go bird watching at the lake near my house. There are many kinds of birds. I always take a lot of pictures of them there. It's very interesting.
Miho :	That sounds fun. By the way, what did you want to be when you were a junior high school student?
Mr. Ford :	Well, I wanted to be a doctor, then. But when I was a high school student, I had a wonderful teacher, so I wanted to be a teacher like him.
Miho :	Oh, really? Thank you very much. I'll be able to write a good story.

〔英文の訳〕

No.7を見てください。ミホと外国語指導助手であるロンドン出身のフォード先生との会話を聞き，質問を読みなさい。次に，質問1・2・3に対して，英語で答えを書きなさい。では，始めます。

ミホ(以下M)：すみません，フォード先生。学校新聞に関連していくつか質問をさせていただいてよろしいでしょうか。私は先生について記事を書こうと考えています。／フォード先生(以下F)：もちろんです，ミホ。／M：ありがとうございます。先生は，ここで英語を教えることを楽しまれていますか。／F：はい。生徒に英語で私に話しかけられると，うれしいですね。／M：私も先生と英語で話すことが楽しいです。先生は週末に何をされることを好まれますか。／F：バードウォッチングが大好きです。ロンドンに在住の際には，多くの鳥が自宅の庭に飛んできて，私は鳥を見て楽しんだものです。／M：日本でバードウォッチングを楽しまれていますか。／F：ええ。自宅の近くの湖へと，しばしばバードウォッチングに出かけますよ。多くの種類の鳥がいます。いつもそこで鳥の写真を何枚も撮ります。とても面白いですね。／M：それは興味深いですね。ところで，先生が中学生だった時には，どのような職業に就きたいと思われたのでしょうか。／F：そうですね，当時は，医者になりたかったですね。でも，高校生になり，ある素晴らしい先生との出会いがあったので，彼のような教師になりたいと思うようになりました。／M：本当ですか。どうもありがとうございます。良い記事が書けると思います。

〔設問の訳〕

(1)　質問1：どんな時にフォード先生は喜びを感じるか。／答え：生徒が英語で彼に話しかける[talk to]と，彼は幸せである。／(学校選択問題)答え：生徒が英語で彼に話しかける[talk to him]と、彼は幸せである。

(2)　質問2：フォード先生は，日本でバードウォッチングを楽しむために，どこへしばしば出かけるか。／答え：彼は自宅近くの湖[lake]へ出かける。／(学校選択問題)答え：彼は彼の自宅近くの湖[lake near his]へ出かける。

(3)　質問3：中学生だった時，フォード先生は何になりたかったか。／答え：彼は医師[a doctor]になりたかった。／(学校選択問題)答え：彼は医師[a doctor]になりたかった。

＜理科解答＞

1　問1　イ　　問2　ウ　　問3　エ　　問4　ウ
問5　8　　問6　気孔　　問7　$Fe + S \rightarrow FeS$
問8　浮力

2　問1　太平洋プレート　　問2　ア　　問3　10階級(段階)に分けられている。　問4　(例)地点Kの方が地点Lより，初期微動が始まってから主要動が始まるまでの時間が短いから。
問5　(1)　10秒　　(2)　右図

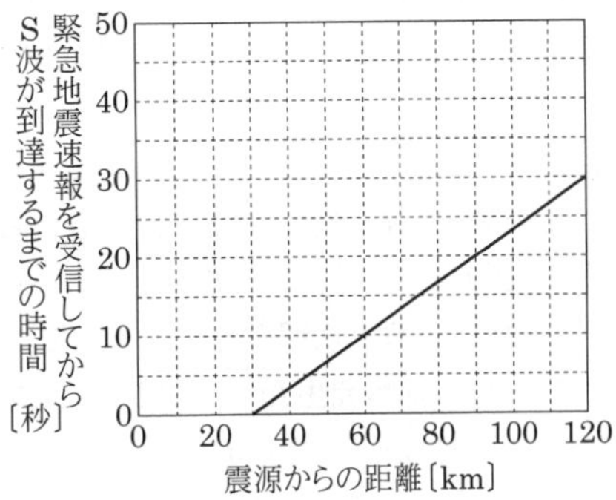

3　問1　P　(例)守る　　Q　けん
問2　(例)関節をまたいで別々の骨に　　問3　200 N
問4　I　相同器官　　II　進化　　問5　ウ

4　問1　水素　　問2　エ　　問3　(例)アルミニウム原子から放出された電子が，導線を通って備長炭に向かって流れたため，電子オルゴールが鳴った。また，アルミニウム原子が電子を放出して陽イオンとなり，食塩水の中に溶けたため，アルミニウムはくに穴があいた。　問4　水酸化物イオン　　問5　ア

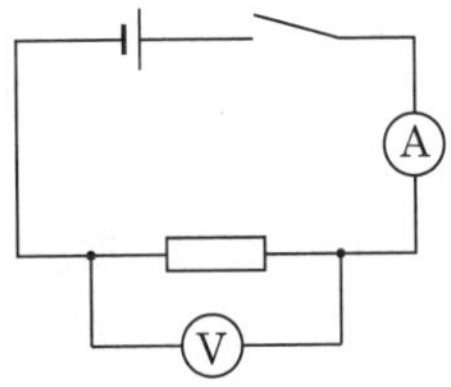

5　問1　右図　　問2　1.2 W　　問3　イ　　問4　50℃
問5　(1)　ア　　(2)　(例)流れる電流が大きくなって，発生する熱量が大きくなる

＜理科解説＞

1　(小問集合－地層の重なりと過去の様子，生物の成長と生殖：根の成長，気体の発生とその性質，力と物体の運動：速さ，天気の変化：水の循環，植物の体のつくりとはたらき，化学変化，力のつり合いと合成・分解：浮力，力のはたらき：重力・2力のつり合い)

問1　地表に出ている岩石が，長い間に気温の変化や水のはたらきによってもろくなり，くずれていく現象を風化という。

問2　根は，先端近くの細胞が体細胞分裂によって数をふやし，さらにそれらの細胞が体積を大きくすることによって成長するため，ウである。

問3　化学反応式で表すと，$Ca(OH)_2 + 2NH_4Cl \rightarrow CaCl_2 + 2NH_3 + 2H_2O$，であり，加熱により**水が生じる**ので冷えて試験管が割れるのを防ぐため，**試験管Aの底を上げる**。また，発生するアンモニアは，**非常に水に溶けやすい**ので，エの**上方置換法で捕集する**。

問4　Xの区間における平均の速さ＝24.5〔cm〕÷$\left(1〔s〕\times\frac{10}{50}\right)$＝122.5〔cm/s〕，である。

問5　地球の全降水量を100としたときの陸地からの流水Y＝22－14＝8，である。

問6　葉の裏側の向かい合った三日月形の細胞を孔辺細胞といい，孔辺細胞に囲まれたすきまを気孔という。

問7　鉄と硫黄の化合の化学反応式は，Fe＋S→FeS，であり，**発熱反応**である。

問8　物体が水に浮いた状態で静止しているとき，物体にはたらく重力とつり合っている力は浮力である。重力と浮力は，物体の重心を作用点とする，大きさが等しく，向きが逆の，一直線上にある2力である。

2 (地震と地球内部のはたらき：プレートの運動と地震・震度・地震波・緊急地震速報，自然災害)

問1　海洋プレートであるプレートCの名称は，太平洋プレートである。

問2　Y－Zの断面のプレートの動きは，海洋プレートであるプレートDが大陸プレートであるプレートAの下に沈み込んでいるので，模式図ア，である。

問3　ある地点での地震によるゆれの大きさは震度で表され，日本では0～7の10階級(0，1，2，3，4，5弱，5強，6弱，6強，7)に分けられている。

問4　図2から，地点Kの方が地点Lよりも震源に近い場所であることがわかる理由は，地点Kの方が地点Lより，初期微動が始まってから主要動が始まるまでの時間が短いからである。

問5　(1)　地震発生から，震源から25kmのところに設置されている地震計にP波が届くまでの時間は，25〔km〕÷5〔km/s〕＝5〔s〕，である。よって，この地震が震源で発生してから，テレビや携帯電話などで緊急地震速報を受信するまでかかる時間は，5〔s〕＋5〔s〕＝10〔s〕，により，10秒である。　(2)　**S波は，P波と同時に発生するので，**(1)から，**緊急地震速報が届いた時刻より，10秒前に震源を出発している。**よって，**震源からの距離をxkmとすると，緊急地震速報を受信してから3km/sのS波が到達するまでの時間yは，y〔s〕＝x〔km〕÷3〔km/s〕－10〔s〕，で表せる。**震源からの距離が30kmの地点では，緊急地震速報を受信してからS波が到達するまでの時間y〔s〕＝0〔s〕であり，緊急地震速報の受信とS波の到達が同時刻である。震源からの距離が120kmの地点では，緊急地震速報を受信してからS波が到達するまでの時間y〔s〕＝30〔s〕であり，緊急地震速報を受信してから30秒後にS波が到達する。グラフ用紙上に，(x〔km〕，y〔s〕)として(30，0)から，(120，30)までの直線を引く。

3 (動物の体のつくりとはたらき：生物の種類の多様性と進化，力のはたらき：力〔N〕，仕事の原理)

問1　骨格にはからだを支えるはたらきがあるとともに，**内臓や脳などを保護する**はたらきもある。骨についている筋肉の両端は，「けん」とよばれるじょうぶなつくりになっている。

問2　筋肉Xと筋肉Yは骨Wを囲み，たがいに向き合っている。**筋肉Xと筋肉Yは，それらの筋肉の両端が関節をまたいで別々の骨についている**ため，うでを曲げのばしするときに対になってはたらく。

問3　(モーメント)＝(加えた力の大きさ)×(支点から力点までの長さ)，であり，てこがつりあう条件は，(左まわりのモーメント)＝(右まわりのモーメント)，である。**質量100gの物体にはたらく重力を1Nとし，**買い物かご全体を支えるために力点にはたらく力をx〔N〕とすると，**x〔N〕×3〔cm〕＝20〔N〕×30〔cm〕**，x〔N〕＝200〔N〕，である。

問4　ホニュウ類の前あしは見かけの形やはたらきは異なっていても，骨格の基本的なつくりには共通点がある。もとは同じ器官であったと考えられるものを**相同器官**という。相同器官の存在は，進化の証拠の一つと考えられている。

問5　ヒトのうでの骨Zにあたる骨は，コウモリのつばさでは骨Bであり，クジラのひれでは骨C，である。

4 (化学変化と電池：電池のしくみ・備長炭電池・燃料電池，水溶液とイオン：イオン化傾向，酸・アルカリとイオン)

問1　図1の装置の**うすい塩酸の中に，電極Aをイオン化傾向が大きい亜鉛板を用いてオルゴールの－極につなぎ，電極Bを亜鉛よりイオン化傾向が小さい銅板を用いてオルゴールの＋極につなぐと電流が流れてオルゴールが鳴り，銅板の表面から水素が発生する。**この電池のしくみをイオンのモデルで説明すると，**－極では，$Zn \rightarrow Zn^{2+} + 2e^-$，により金属の亜鉛が陽イオンとなり，うすい塩酸中にとけ出す。亜鉛板に残された電子は，導線を通って銅板へ移動し，＋極である銅板の表面で，電子は塩酸中の水素イオンに与えられ，$2H^+ + 2e^- \rightarrow H_2$，により，水素になって発生する。電流の向きは電子の移動の向きと逆だから，電流は＋極から－極に流れ，**オルゴールが鳴る。

問2　【結果1】の表から，電極Aと電極Bが異なる種類の金属であり，水溶液がうすい塩酸や食塩水の電解質の場合にオルゴールが鳴り，電流が流れている。

問3　備長炭電池は，電解質水溶液として食塩水を用い，電極としてアルミニウムと炭素を用い，もともと物質がもっている化学エネルギーを化学変化によって電気エネルギーに変換してとり出す装置である。回路に電流が流れてオルゴールが鳴った理由は次のようである。炭素はイオンにならないので，イオン化傾向はアルミニウムの方が大きいため，**アルミニウムがとけて，$Al \rightarrow Al^{3+} + 3e^-$，により，陽イオンとなって濃い食塩水をしみ込ませたペーパータオルへとけ出す。アルミニウムはくに残された電子は導線を通って炭素の方へ移動する。**電流の向きは電子の移動の向きと逆なので，炭素が＋極，アルミニウムはくが－極となって電流が流れ，オルゴールが鳴った。穴があいた理由は，上記より，アルミニウム原子が電子を放出して陽イオンとなり，食塩水の中にとけ出したためである。

問4　実験後のペーパータオルに**フェノールフタレイン溶液をかけると赤くなったのはアルカリ性になったからであり，**備長炭電池では，電池内部での化学変化によって**水酸化物イオン，OH^-が生じた**ことがわかる。

問5　水に電気エネルギーを与えて電気分解すると，$2H_2O \rightarrow 2H_2 + O_2$，の化学変化がおこり，水素と酸素の化学エネルギーに変換される。**燃料電池は，水の電気分解とは逆の化学変化，$2H_2 + O_2 \rightarrow 2H_2O$，を利用して，電気エネルギーを直接とり出す装置である。**下線部⑤で，電子オルゴールの⊖を電極Xに，⊕を電極Yに接続すると，電子オルゴールが鳴ったことから，電流が流れる向きは，電極Y→オルゴール→電極X，である。電流が流れているときの電子が移動する向きは電流の向きとは逆であるため，電子は回路を電極X→オルゴール→電極Y，の順で移動していることがわかる。よって，**燃料電池の－極で反応している物質は水素である。**

5 (電流：回路の電圧と電流と抵抗・電力・熱量)

問1　図1配線図を見て，電源装置，スイッチ，電熱線，電流計，電圧計の配置のとおりに電気用図記号をかき，線で結ぶ導線をかき，回路図をかく。電熱線と電圧計の導線の接続を・で表す。

問2　電熱線が消費する電力〔W〕＝3.0〔V〕×0.4〔A〕＝1.2〔W〕である。

問3 **オームの法則**より電圧＝抵抗×電流であるから，**電圧が一定の場合，電流の大きさは電熱線の抵抗の大きさに反比例する。**電圧が一定の場合，電流の大きさは電熱線の抵抗の大きさに反比例するから，抵抗の大きさが小さいほど電流の大きさは大きくなり，電力〔W〕＝電圧〔V〕×電流〔A〕より，電熱線の消費する電力が大きくなり，温度上昇が大きくなる。

問4 電気ケトルから発生した熱量〔J〕＝910〔W〕×90〔s〕＝81900〔J〕である。水温20℃の水150cm^{3}を100℃まで上昇せるのに必要な熱量〔J〕＝4.2〔J/(g・℃)〕×150〔g〕×80〔℃〕＝50400〔J〕である。発生した熱量81900Jのうち，水からにげた熱量31500J(＝81900J－50400J)が水150cm^{3}をx℃まで上昇せるとすると，31500〔J〕＝4.2〔J/(g・℃)〕×150〔g〕×x〔℃〕，である。よって，x〔℃〕＝50〔℃〕である。

問5 電源タップは並列回路なので，電源タップに接続した電気器具に加わる電圧はすべて等しい。全体の消費電力〔W〕＝400〔W〕＋1300〔W〕＝1700〔W〕である。消費電力が1500Wまで使用できる電源タップの場合，1700Wは1500Wより大きいため，安全には使用できない。電源タップに表示された電力以上の電気器具を電源タップに接続して使用すると，電源タップに流れる電流が大きくなって，発生する熱量が大きくなる。

＜社会解答＞

1 問1 インド洋　問2 (P) アジア(州)　(Q) 銅　問3 (記号) イ
(説明) (例)6月から9月の気温が高く，気温の高い月に降水量が少ないから。
問4 ア，ウ，オ

2 問1 東経135(度)　問2 ウ　問3 イ　問4 (名称) リアス海岸　(特色) (例)海岸線が入り組んでいる。[小さな岬と湾が連続している]　問5 ウ，エ

3 問1 天武(天皇)　問2 (例)娘を天皇のきさきにし，その子を天皇に立てた。
問3 ウ　問4 ア　問5 エ

4 問1 ア　問2 (例)工場に機械が導入されて[産業革命が進み]，綿糸の国内生産量が増え，輸出量が輸入量を上回った。　問3 イ　問4 イ→ア→エ→ウ　問5 (X) 冷戦[冷たい戦争]　(記号) ア

5 問1 エ　問2 ウ　問3 (1) 与党　(2) (例)内閣は国会の信任に基づいて成立し，国会に対して連帯して責任を負う　問4 (P) 検察(官)　(Q) 裁判員　問5 イ

6 問1 エ　問2 (P) 立憲政友会[政友会]　(記号) イ　問3 (特色) (例)昼間人口が，夜間人口より多い。　(理由) (例)東京23区への通勤・通学人口が，東京23区からの通勤・通学人口より多いため。　問4 ア　問5 エ

＜社会解説＞

1 (地理的分野－世界地図・各国の様子に関する問題)

問1 ユーラシア大陸・アフリカ大陸・オーストラリア大陸の間に位置する，世界で三番目に広い海洋である。

問2 (P) グラフをみると，1993年は日本だけであるアジア州の国が，2017年には中国・日本・韓国となっていることが読み取れるはずである。 (Q) 表1をみると，1993年は37.7%，2017年は50.5%とどちらも銅が1位であることが読み取れるはずである。

問3　**地中海性気候の特色は，6月から9月の気温が高く，降水量が少ないこと**であることから判断し，その内容を説明すれば良い。アは6月から9月の気温が低いことから，南半球に位置するオーストラリアのパース，残ったウはパリの雨温図であることが分かる。

問4　4059÷9834×100＝41.3％となることから，アは正しいことが分かる。フランスは29504÷54655×100＝54.0％，アメリカは62859÷475984＝13.2％となり，フランスの方がアメリカより穀物生産量に占める小麦の割合が高いことから，イは誤りであることが分かる。オーストラリアは3247÷3711×100＝87.5％，日本は6÷45×100＝13.3％となり，オーストラリアの方が日本より農地面積に占める牧場・牧草地の割合が高いことから，ウは正しいことが分かる。農地面積が2位のオーストラリアが穀物生産量は3位であることから，エは誤りであることが分かる。人口密度(人/km^2)＝人口(人)÷面積(km^2)で求めることができる。各国の人口密度を求めると，フランスは117.2，オーストラリアは3.1，アメリカは32.8，チリは23.7，日本は338.0(人/km^2)となり，国土面積最小の日本の人口密度が最も高いことから，オは正しいことが分かる。

2 (地理的分野－日本の諸地域の様子・気候・農業・地形図の読み取りに関する問題)

問1　地球は24時間で360度回転することから，360÷24＝15となり，**1時間当たり経度15度回転**していることになる。また，**日本標準時は，世界標準時に対して＋9時間**であることから，15×9＝135となり，本初子午線より135度日付変更線に近い，すなわち東に位置していることが分かるので，東経135度となることが分かる。

問2　島根県の県庁所在地である**松江市は日本海側の気候**であることから，**冬の降水量が多い**Ⅱであることが分かる。広島県の県庁所在地である**広島市は瀬戸内の気候**であることから，**年間降水量が少ない**Ⅰであることが分かる。高知県の県庁所在地である**高知市は太平洋側の気候**であることから，**夏の降水量が多い**Ⅲであることが分かる。これらを併せて判断すれば良い。

問3　**広島県は，自動車生産の盛んな広島市や造船・鉄鋼の盛んな呉市**などがあることから，工業出荷額の多いXであることが分かる。**愛媛県はみかんの生産が盛ん**なことから，果実産出額の多いZであることが分かる。**高知県は野菜の促成栽培が盛ん**なことから，野菜産出額の多いYであることが分かる。これらを併せて判断すれば良い。

問4　**三重県の志摩半島は日本を代表するリアス海岸**の地形であることから判断すれば良い。**リアス海岸は，山地が海に沈んでできた，出入りの激しい海岸**であることに注目して，特色を説明すれば良い。

問5　A地点からB地点に列車で移動するとき，宍道湖は進行方向右側に位置していることから，アは誤りである。地図2には方位記号が描かれていないので，地図の上が北となる。したがって，C地点の高等学校はB地点の南東に位置することになるので，イは誤りである。**縮尺25000分の1の地図では，地図上の1cmの実際の距離は25000cm＝250m**となる。したがって，8cmは8×250＝2000mとなることから，ウは正しい。老人ホームの地図記号は⌂であることから，エは正しい。**土地の傾斜は，等高線の間隔が広いところは緩やかであり，狭いところは急**である。G～H間とG～I間を比較すると，GH間の方が等高線の間隔が狭いことが読み取れるので，傾斜が急なのはGH間となることから，オは誤りである。これらを併せて判断すれば良い。

3 (歴史的分野－各時代の経済を切り口にした問題)

問1　**672年に起きた壬申の乱は，天智天皇の跡継ぎをめぐって，弟の大海人皇子と息子の大友皇子が争った**戦いである。その結果，**大海人皇子が勝利して天皇に即位し，天武天皇となった**ことから判断すれば良い。

問2 2つの図から，自分の娘を天皇の后としていること，その間に生まれた子を天皇に即位させていることが読み取れるはずである。これらをまとめて説明すれば良い。

問3 **足利義満が日明貿易を始めたのは15世紀**のことである。ムハンマドがイスラム教を開いたのは7世紀，チンギス・ハンがモンゴル帝国を築いたのは13世紀，李成桂が朝鮮国を建てたのは15世紀である。これらを併せて判断すれば良い。

問4 Ⅳの時代の文化は桃山文化である。aは桃山文化，bは元禄文化の説明である。資料1は桃山文化，資料2は元禄文化の作品である。これらを併せて判断すれば良い。

問5 Ⅴは江戸時代の説明である。**土一揆は室町時代，御家人は鎌倉時代，荘園の廃止は太閤検地が実施された安土桃山時代**の出来事であることから，それぞれ時代が異なっていることになる。**庄屋(名主)・組頭・百姓代は村方三役と呼ばれる江戸時代の農村支配のための仕組み**である。これらを併せて判断すれば良い。

4 (歴史的分野－明治時代から現在に至る様々な出来事に関する問題)

問1 **自由党**は1881年に**板垣退助が結成**，**立憲改進党**は1882年に**大隈重信が結成**した政党であることから判断すれば良い。

問2 資料から，工場に機械が導入されていることが読み取れる。グラフ2から，綿糸の国内生産量が年々増加していることが読み取れる。グラフ1から，1897年以降綿糸の輸出量が輸入量を上回っていることが読み取れる。これらを併せて説明すれば良い。

問3 年表Cの時期は，15年戦争の時期である。**国家総動員法は1938年**に制定されたものであることから，イが該当する。**農地改革は1947年**にGHQの指揮下で実施されたことから，アは該当しない。**米騒動は1918年**に起きたことから，ウは該当しない。**公害対策基本法は1967年**に制定されたことから，エは該当しない。

問4 **池田勇人の国民所得倍増計画は1960年**に出されたものである。**朝鮮戦争は1950年**に始まったものである。**バブル経済は1986年から始まった**ものである。第四次中東戦争によって引き起こされた**第一次石油危機は1973年**のことである。これらを併せて判断すれば良い。

問5 X 冷戦は，社会体制の違いから引き起こされた，アメリカとソ連の間の直接は戦火を交えない対立のことである。 Y アメリカの南，カリブ海に位置する共産主義の国である。

5 (公民的分野－人権・政治のしくみ・三権分立・地方財政などに関する問題)

問1 知る権利とは，民主主義国家における国民の基本的な権利として，言論・報道の自由や情報公開法制化の基盤となるものである。情報公開法とは，行政機関が保有する行政文書の情報を公開を求めることで，主権者である国民が政治に関わる際の判断材料を得ることができるようにする法律である。一方で，情報が不開示とされる場合もあり，国民の知る権利が十分に保障されているとは言えないという指摘もされている。

問2 X **日本国憲法第41条**に，国会は国権の最高機関であり，唯一の立法機関であると規定されていることから，Xは誤りである。 Y **日本国憲法第62条**の内容であることから，Yは正しい。これらを併せて判断すれば良い

問3 (1) 政権を担当する政党が与党，担当していない政党が野党である。 (2) **日本国憲法第66条3項**の規定である「内閣は，行政権の行使について，国会に対し連帯して責任を負ふ。」を基にして説明すれば良い。

問4 P 刑事裁判において，被害者に代わって被疑者を起訴する権利を行使する主体である。
Q 裁判員は，一般市民から抽選で選出され，殺人事件などの刑事裁判における重大事件の第

一審を扱うものである。

問5　地方税は地方自治体の財政を支える中心となる税金のことであり，借入金ではないことから，アは誤りである。地方交付税交付金は平成12年度が18149億(円)×16.8(%)＝3049億(円)，平成31年度が18885億(円)×10.9(%)＝2058億(円)であり，その趣旨は選択肢に示されている通りであることから，イは正しい。国庫支出金は平成12年度が18149億(円)×14.9(%)＝2704億(円)，平成31年度が18885億(円)×8.4(%)＝1586億(円)であり，平成31年度の方が少額であることから，ウは誤りである。地方債は，地方自治体の借入金のことでるから，エは誤りである。

6 (総合問題－東京と各地の結びつきを切り口にした問題)

問1　**観阿弥・世阿弥は室町時代**の北山文化の人物であることから，アは誤りである。**平家物語は鎌倉文化**の代表的な作品であることから，イは誤りである。**黒田清輝は明治時代**に活躍した画家であることから，ウは誤りである。**十返舎一九の東海道中膝栗毛**は**江戸時代の化政文化**の作品であることから，エは正しい。

問2　P　**立憲政友会は1900年に伊藤博文が立ち上げた政党**である。**原内閣は1918年から1921年**であることから判断すれば良い。**満州事変は1931年，五・一五事件は1932年**であることから，アは時代が異なる。選挙権の資格に必要な**直接国税が10円から3円に引き下げられたのは1919年**であることから，イは正しい。**治安維持法は1925年**に成立していることから，ウは時代が異なる。**第一次護憲運動は1912年から1913年**にかけてであることから，エは時代が異なる。

問3　グラフ1を見ると，東京23区だけが昼間人口が夜間人口より多いことが分かる。図1・2を見ると，東京23区への通勤・通学が東京23区からの通勤・通学より多いことが分かる。これらをまとめて説明すれば良い。

問4　X　日本は機械工業が盛んであり，代表的な製品として自動車を盛んに輸出していることから判断すれば良い。　Y　日本はエネルギー資源が乏しいので，石油を中心としたエネルギー資源の輸入が盛んであることから判断すれば良い。　Z　**飛行機での輸送に適しているものは，集積回路などの「小型・軽量・高価」な製品**であることから判断すれば良い。

問5　ネットショッピング利用世帯の割合が最も低いのは70歳以上であることから，アは誤りである。月平均支出額が最も高いのは40~49歳であることから，イは誤りである。電子マネー利用世帯の割合は2014年から2015年にかけて下がっていることから，ウは誤りである。電子マネー保有世帯の割合は28%から60%に，男子マネー利用世帯の割合は20%から50%に増加していることから，エは正しい。

<国語解答>

1　問1　イ　　問2　ウ　　問3　Ⅰ　海外に行く　　Ⅱ　どんな絵を描くのか
問4　(例)自分の卒業制作のプランは自己模倣でしかなく，もっと広くて未知の世界に足を踏み入れる必要がある　　問5　ア(と)エ

2　問1　(1)　だっこく　　(2)　じんそく　　(3)　もよお(す)　　(4)　縦断　　(5)　易(しい)
問2　ウ　　問3　イ　　問4　(1)　イ　　(2)　エ　　(3)　すること

3　問1　ア　　問2　イ(と)オ　　問3　(例)身体と環境との即応を感じ取って，自分を異なった存在にする　　問4　出会ったと　　問5　(例)踏みならされた道路を進まずに，細かな失敗と修正を繰り返しながら，どこでもない目的地を探し続ける

4 問1 わずらいなかりけり 問2 (例)おがくずの用意 問3 ウ 問4 エ

5 (例) 資料から,「困っている人の手助けをしたい」「地域や社会をよりよくしたい」という気持ちがボランティア活動に対する興味につながっていることがわかります。

私も同じような理由からボランティア活動に興味がありますが,具体的に何をしたらいいのかわかりません。どこでどんなボランティアができるのかを積極的に発信してもらって,もっと気軽にボランティア活動に参加できるしくみがあるといいと思います。

<国語解説>

1 (小説－情景・心情,内容吟味,文脈把握)

問1 望音は,太郎が大学を辞めることにショックを受けたが,彼が**退学したあとの展望**を語るのを聞いて「やっと」納得して**ほほ笑んだ**のである。このことを説明したイが正解。望音は太郎の退学を受け入れるようになっており,アの「苦笑い」は本文のほほ笑みとは異なるので誤り。望音の美術の方向性は太郎とは異なるので,ウの「尊敬の念」「うらやましさ」は不適切。エは「アーティストへの道を譲ってくれた」が不適切である。

問2 「**英語**だったからだけではない」「当たり前に**自己主張を求められる大都会**で,本当に自分はやっていけるのか」を手がかりに,ウを導く。アの「誰と創作していくか」,イの「ロンドンの生活様式に馴染むことができるか」は,ポイントがずれている。エは英語を問題にしていないし,自分が作品を作ることに迷いがないので,不適切である。

問3 Ⅰ 望音の言葉の「わざわざ**海外に行く**必要なんてない気もして――」から抜き出す。

Ⅱ 太郎の言葉の「望音が海外に行って勉強したあと,**どんな絵を描くのか**,めちゃくちゃ見てみたいよ」から抜き出す。

問4 望音は,太郎との会話を通じて,「**あの卒業制作のプランは,それ以前の自分の自己模倣でしかなかった**」「**もっと広くて未知の世界に足を踏み入れなくちゃ**」と思うようになった。この内容をもとに,指定語句の「卒業制作」「未知」を必ず入れ,40～50字で前後につながるように書く。

問5 **適切でないもの**を選ぶことに注意する。「諦めてしもうて」「これからどうするんじゃ」は**望音の言葉**なので,アは不適切。イで示された部分は,会話文以外で登場人物の心の中を表現しているので適切。ウは,望音のロンドン訪問の回想が入っているので,適切である。エの比喩は,**人にたとえたものではない**ので,適切でない。オの,会話文と会話文の間に登場人物の様子を伝える文が入っているという指摘は適切である。したがって,アとエを選べばよい。

2 (知識・話し合い－内容吟味,脱文・脱語補充,漢字の読み書き,品詞・用法)

問1 (1)「**脱穀**」は,穀物の粒からもみがらを取り外すこと。 (2)「**迅速**」は,とてもすばやいこと。 (3)「**催**」の音読みは「サイ」で,「開催」「催促」などの熟語を作る。 (4)「**縦断**」は,細長いものの長い方を端から端まで行くこと。 (5)「**易しい**」を同訓の「優しい」と混同しないように注意する。

問2 二重傍線部「指し」は,**五段活用**動詞「指す」の連用形。ア「し」はサ行変格活用動詞「する」の連用形,イ「まね」は下一段活用動詞「まねる」の連用形,ウ「**笑っ**」は五段活用動詞「笑う」の連用形,エ「信じ」は上一段活用動詞「信じる」の連用形なので,ウが正解。

問3 「読書だ」の「だ」は**断定の助動詞**。ア「挟んだ」は過去の助動詞「た」が濁音化したもの。イ「**しおりだ**」は断定の助動詞,ウ「静かだ」は形容動詞の活用語尾,エ「やわらいだ」は過去の助動詞「た」が濁音化したものなので，イが正解。

問4 (1) Aさんは，Bさんの「【発表メモ】の『なか①』で～説明してはどうでしょうか」という提案に対して「そのようにしましょう」と言っているので，イが正解。 (2) **適切でないもの**を選ぶことに注意する。写真やデータには著作権があり，引用する場合には出典を明示する必要があるので，アは適切。イの「相手の興味を引く工夫をする」ことは適切である。文字や図表が見えなければフリップの意味がないから，ウの大きさの調整は適切。**台本の言葉をすべてフリップに記すと見づらくなるし，何が重要かわからなくなってしまう**ので，エが適切でないものである。 (3) 二重傍線部「目標とするのは」の「の」は名詞の代わりなので，傍線部に「こと」という名詞を入れて「発表**することで**す」とすると，関係が適切になる。

3 (論説文－内容吟味，文脈把握)

問1 傍線部①の後で，歩いているときの思考の働き方と比べて，「**カヌーを漕いでいるときの方がより深く，より多角的に，その場所に包まれる**」と説明されているので，この内容と合致するアが正解。イは「自分の足で歩くときと同じくらい」が誤り。カヌーでは「身を引き剥がし，足を宙に浮かせる」のではなく，環境の一部分となるので，ウは誤り。カヌーと歩くことは姿勢や足の運びが異なるので，エは不適切である。

問2 アは，馬が「難解な言葉」を浴びせると説明する本文と合わない。イは，**人と馬の対話や歩行のリズムについての説明が本文と合致する**ので適切。ウは，「誰にでも」が不適切。初心者が快適に乗馬できるとは限らない。本文で，セイリングは「**多忙な労働と瞑想が交互にやってくる**」と説明されているので，エの「多忙な労働を絶え間なく」は誤りで，オが正解となる。

問3 傍線部③の後の部分に，散歩やトレッキングは「**自分を異なった存在にする**」「**身体と環境との即応を感じ取る**」「特定の目的がない」「何かとの出会いを求めている」と説明されている。このうち，空欄の前に示されているものを除いた内容をまとめて，前後につながるように20～30字以内で書く。

問4 傍線部④と同じ段落の4つめの文に「自分が求めているものが何かわからず，何に出会うかも分からないが，**出会ったときにはそれを必然と感じるような何か**を探して歩いている。」とある。「自分が求めているもの」もさがしものと同じ内容だが，設問に「二十二字」とあるので，「出会ったときにはそれを必然と感じるような何か」の最初の5字を書く。

問5 傍線部⑤の「こうした散歩の歩き方」は，「**どこでもない目的地を探して**」歩く歩き方である。これをふまえて，「**知的な探究は，踏みならされた道路を進むことではありえない**」「**細かな失敗と修正を繰り返して**」の内容と合わせ，40～50字で前後につながるように書く。指定語句の「道路」「失敗」は，必ず2つとも入れること。

4 (古文－内容吟味，仮名遣い)

〈口語訳〉 宗尊親王のお住まいで**蹴鞠**があったときに，雨が降った後でまだ庭が乾いていなかったので，どうしたらよかろうかと相談があったときに，佐々木隠岐入道が，おがくずを車に積んで，たくさん差し上げたので，庭一面にお敷きになって，泥で汚れる心配がなくなった。「(佐々木隠岐入道がおがくずを)集めた用意はめったにないほどすばらしい」と，人々は感心しあった。

このことをある者が話し出したときに，吉田中納言が，「乾いた砂の用意はなかったのだろうか」とおっしゃったので，恥ずかしかった。すばらしいと思ったおがくずは，(乾いた砂より)下品で，変なものだ。庭の整備を取り仕切る人が，乾いた砂を準備することは，昔からのならわしだということだ。

問1 「**づ**」を「**ず**」，「**ひ**」を「**い**」に直して「**わずらいなかりけり**」とする。

問2 直前の「とりためけん**用意**」をもとに考える。佐々木隠岐入道が集めたものはおがくずである。解答欄の後の「をしたこと」に続くように「**おがくずの用意**」「おがくずの準備」などとまとめる。

問3 会話文の前に「**吉田中納言**の」とあることに注目する。この場合の「の」は，現代文の「が」の意味で主語を示す。

問4 最後の「庭の儀を奉行する人，**乾き砂子を設くるは，故実なり**とぞ」(庭の整備を取り仕切る人が，乾いた砂を準備することは，昔からのならわしだということだ)をふまえたエが正解。アは「雨が降る前から」が誤り。砂を敷くのは雨が降った後である。イは，「車で道具を運ぶこと」が下品とは本文に書いていないので不適当。ウの砂の量については，本文に書かれていない。

5 (資料―作文)

内容としては，「**資料**から読み取った内容」「自分の**体験**(見たこと聞いたことなども含む)」「ボランティア活動に期待することについての自分の**考え**」の3つの要素が必要である。それぞれの要素が抜け落ちたり混乱したりしないよう，構成に注意して書くこと。(例)は，「資料から読み取った内容」として調査からわかった「ボランティア活動に興味がある理由」を2つ挙げ，関連する「自分の体験」に触れて「自分の考え」を述べるという構成にしている。

文章の書き始めや段落の初めは1字空けることや，行末の句読点の書き方など，**原稿用紙の使い方**にも注意する。書き終わったら必ず読み返して，誤字・脱字や表現のおかしなところは書き改める。

埼玉県公立高等学校

2020年度

★★★★★★★★★★★★★★★★★★★★★★★★

入　試　問　題

●くわしい解説……69ページ

＜数学＞

時間　50分　　満点　100点

【注意】 答えに根号を含む場合は，根号をつけたままで答えなさい。

1 次の各問に答えなさい。(65点)

(1) $7x-5x$ を計算しなさい。(4点)

(2) $(-5)\times(-2)+3$ を計算しなさい。(4点)

(3) $6x\times 2xy\div 3y$ を計算しなさい。(4点)

(4) 方程式 $5x+3=2x+6$ を解きなさい。(4点)

(5) $\sqrt{18}-6\sqrt{2}$ を計算しなさい。(4点)

(6) $x^2+4x-12$ を因数分解しなさい。(4点)

(7) 連立方程式 $\begin{cases} 6x-y=1 \\ 3x-2y=-7 \end{cases}$ を解きなさい。(4点)

(8) 2次方程式 $3x^2-5x+1=0$ を解きなさい。(4点)

(9) 右の図で，$\ell /\!/ m$ のとき，$\angle x$ の大きさを求めなさい。(4点)

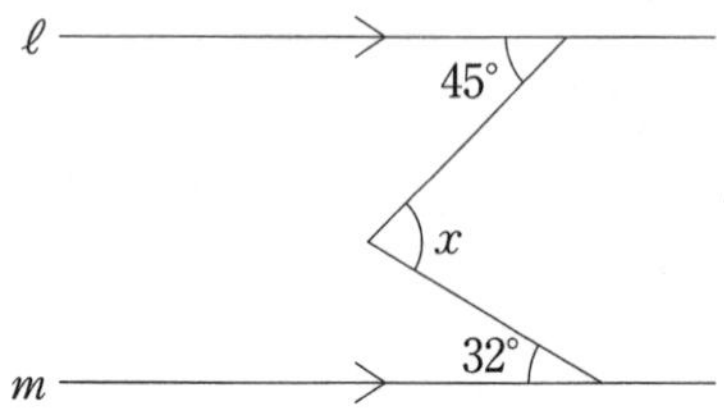

(10) 関数 $y=2x^2$ について，x の値が2から4まで増加するときの変化の割合を求めなさい。(4点)

(11) 右の図のような三角柱ABCDEFがあります。次の**ア**～**エ**の中から，辺ADとねじれの位置にある辺を1つ選び，その記号を書きなさい。(4点)

ア 辺BE
イ 辺AC
ウ 辺DE
エ 辺BC

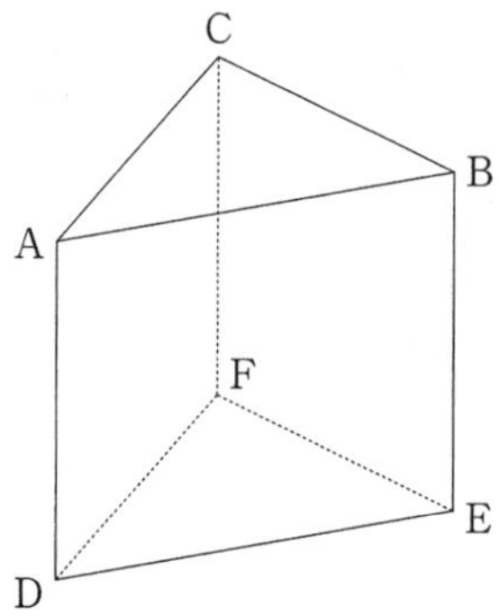

(12) 右の図は，関数 $y=\dfrac{6}{x}$ のグラフです。関数 $y=\dfrac{6}{x}$ について述べた次のア～エの中から，**誤っているもの**を１つ選び，その記号を書きなさい。（４点）

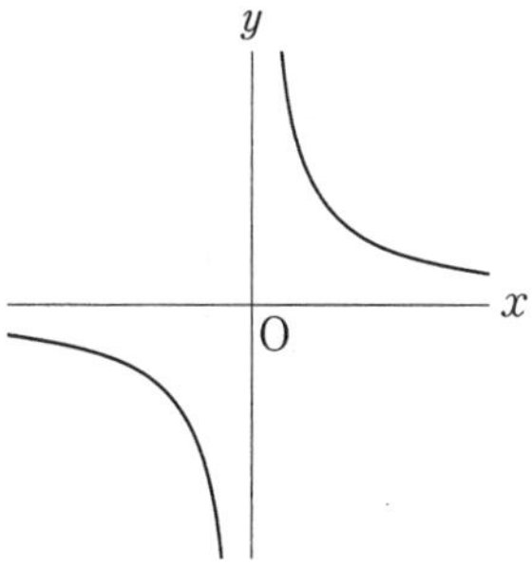

ア　この関数のグラフは，点（2，3）を通る。

イ　この関数のグラフは，原点を対称の中心として点対称である

ウ　$x<0$ の範囲で，変化の割合は一定である。

エ　$x<0$ の範囲で，x の値が増加するとき，y の値は減少する

(13) 右の図のような，底面の半径が３㎝，母線の長さが５㎝の円錐があります。この円錐の高さと体積をそれぞれ求めなさい。

ただし，円周率は π とします。（各２点）

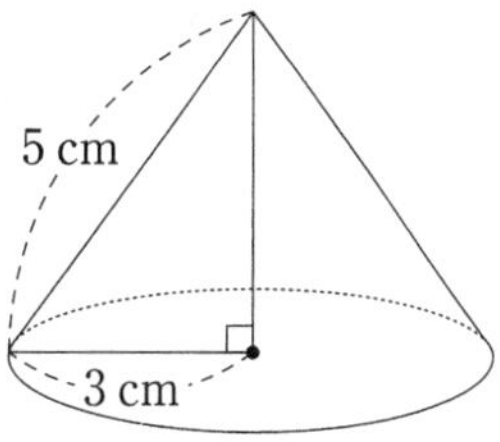

(14) １から６までの目が出る大小１つずつのさいころを同時に１回投げ，大きいさいころの出た目の数を a，小さいさいころの出た目の数を b とします。このとき，$a>b$ となる確率を求めなさい。

ただし，大小２つのさいころは，どの目が出ることも同様に確からしいものとします。（４点）

(15) 次は，５人の生徒がバスケットボールのフリースローをそれぞれ10回行い，成功した回数を記録したものです。５人の生徒のフリースローが成功した回数の平均値と中央値をそれぞれ求めなさい。（各２点）

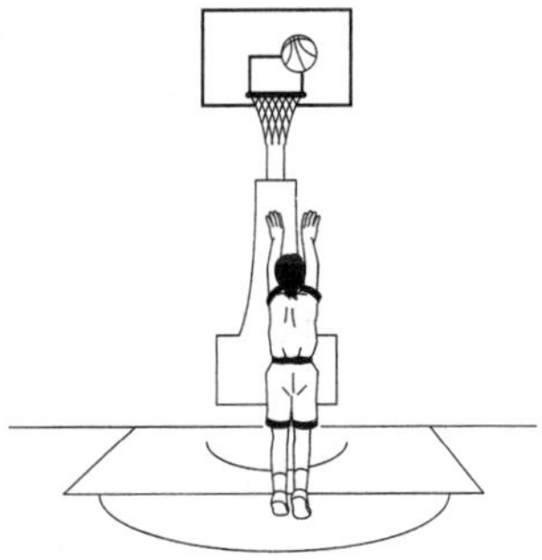

フリースローが成功した回数の記録（回）

5，4，7，5，9

(16) ある中学校で，全校生徒600人が夏休みに読んだ本の１人あたりの冊数を調べるために，90人を対象に標本調査を行うことにしました。次のア～エの中から，標本の選び方として最も適切なものを１つ選び，その記号を書きなさい。また，それが最も適切である理由を説明しなさい。

（５点）

ア　３年生全員の200人に通し番号をつけ，乱数さいを使って生徒90人を選ぶ。

イ　全校生徒600人に通し番号をつけ，乱数さいを使って生徒90人を選ぶ。

ウ　３年生全員の200人の中から，図書室の利用回数の多い順に生徒90人を選ぶ。

エ　全校生徒600人の中から，図書室の利用回数の多い順に生徒90人を選ぶ。

2　次の各問に答えなさい。(11点)

(1)　右の図の△ABCで，頂点Aから辺BCへ垂線をひき，辺BCとの交点をHとします。点Hをコンパスと定規を使って作図しなさい。

ただし，作図するためにかいた線は，消さないでおきなさい。(5点)

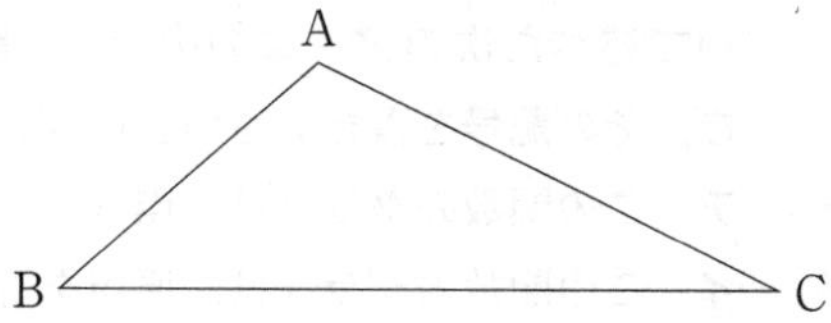

(2)　右の図のように，平行四辺形ABCDの頂点A，Cから対角線BDに垂線をひき，対角線との交点をそれぞれE，Fとします。

このとき，△ABE≡△CDF であることを証明しなさい。(6点)

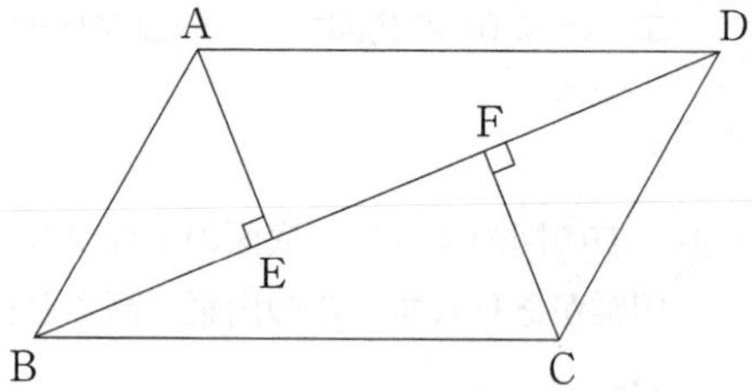

3　次は，AさんとBさんの会話です。これを読んで，下の各問に答えなさい。(9点)

Aさん「あの電柱の高さは，直角三角形の相似の考え方を使って求められそうだね。」 Bさん「影の長さを比較して求める方法だね。」 Aさん「電柱と比較するのに，校庭の鉄棒が利用できそうだね。」

(1)　AさんとBさんが，鉄棒の高さと影の長さ，電柱の影の長さを測ったところ，鉄棒の高さは1.6m，鉄棒の影の長さは2m，電柱の影の長さは8mでした。このとき，電柱の高さを求めなさい。

ただし，影の長さは同時刻に測ったものとし，電柱と鉄棒の幅や厚みは考えないものとします。また，電柱と鉄棒は地面に対して垂直に立ち，地面は平面であるものとします。(4点)

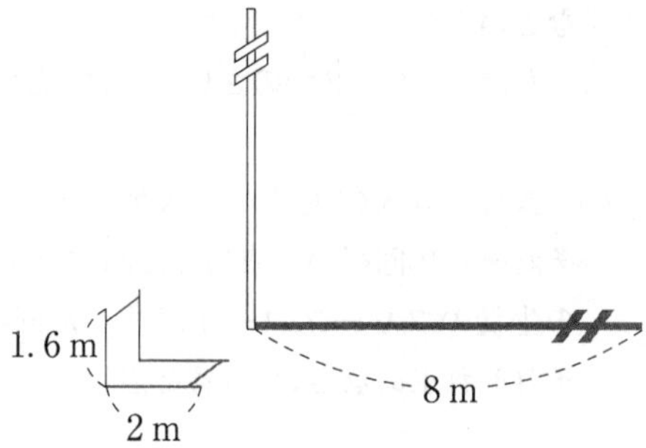

(2)　AさんとBさんは，電柱よりも高い鉄塔の高さを求めようとしました。しかし，障害物があり，鉄塔の影の長さを測ることができないので先生に相談しました。先生は，影の長さを測らずに高さを求める方法を以下のように説明してくれました。

ア にあてはまる値を求めなさい。(5点)

【先生の説明】

次のページの図のように，鉄塔の先端を点Pとし，Pから地面に垂線をひき，地面との交点をQとします。また，Aさんの立つ位置を点A，Aさんの目の位置を点A′，Bさんの立つ位置を点B，Bさんの目の位置を点B′とし，2人は水平な地面に対して垂直に立ちます。

Aさんが水平の方向に対して先端Pを見上げる角度が15°になる位置に，Bさんが2点A，Qを結んだ線分上で，水平の方向に対して先端Pを見上げる角度が30°になる位置に立ち，次の長さがわかると，鉄塔の高さPQを求めることができます。

2人の目の高さAA′とBB′が等しく，AA′が1.5m，AさんとBさんの間の距離ABが50mであるとき，鉄塔の高さPQは［ア］mになります。

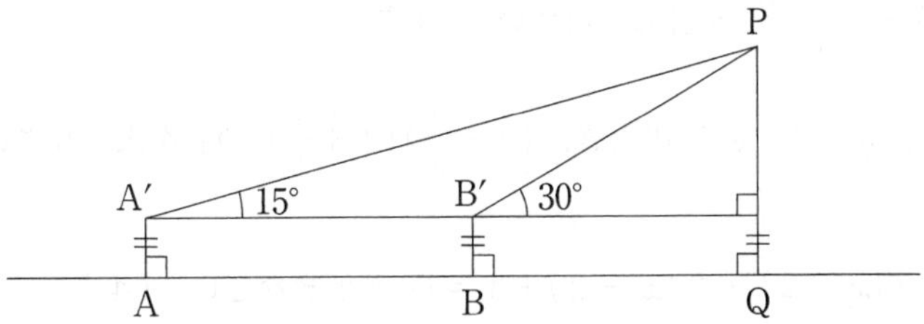

4　右の図1において，曲線は関数 $y=\frac{1}{2}x^2$ のグラフで，直線 ℓ は点A（−6，18），点B（4，8）で曲線と交わっています。

このとき，次の各問に答えなさい。(15点)

(1)　直線 ℓ の式を求めなさい。(4点)

図1

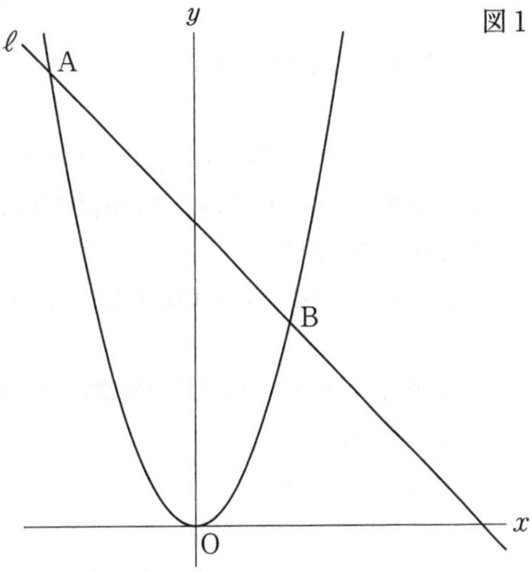

(2)　右の図2において，曲線上を点Aから点Bまで動く点Pをとり，点Pから x 軸と平行な直線をひき，直線 ℓ との交点をQとします。また，点P，Qから x 軸へ垂線をひき，x 軸との交点をそれぞれR，Sとします。

このとき，次の①，②に答えなさい。

①　長方形PRSQが正方形になる点Pの座標を，途中の説明も書いて**すべて**求めなさい。

その際，「点Pの x 座標を t とおくと，」に続けて説明しなさい。(6点)

②　△BPQと△OPQの面積比が1：3となる点Qの座標を，すべて求めなさい。(5点)

図2

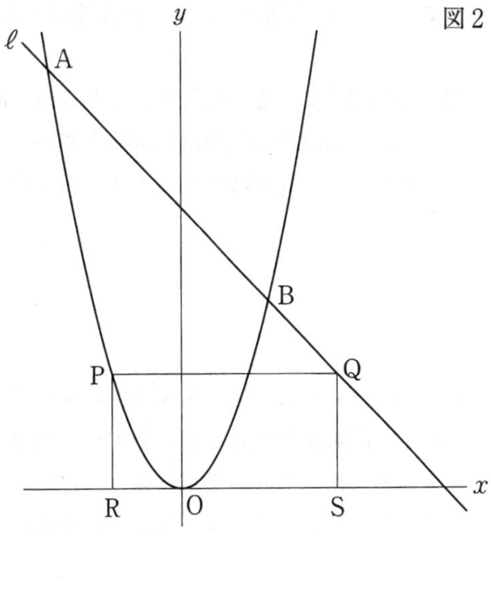

＜学校選択問題＞

時間　50分　　満点　100点

【注意】　答えに根号を含む場合は，根号をつけたままで答えなさい。

1　次の各問に答えなさい。(42点)

(1)　$\frac{1}{2}(3x-y)-\frac{4x-y}{3}$ を計算しなさい。(4点)

(2)　$x=2+\sqrt{3}$，$y=2-\sqrt{3}$ のとき，$\left(1+\frac{1}{x}\right)\left(1+\frac{1}{y}\right)$ の値を求めなさい。(4点)

(3)　2次方程式 $2(x-2)^2-3(x-2)+1=0$ を解きなさい。(4点)

(4)　x と y についての連立方程式 $\begin{cases} ax+by=11 \\ ax-by=-2 \end{cases}$ の解が $x=3$，$y=-4$ であるとき，a，b の値を求めなさい。(4点)

(5)　1から6までの目が出る大小1つずつのさいころを同時に1回投げ，大きいさいころの出た目の数を a，小さいさいころの出た目の数を b とします。このとき，$\frac{a}{b}$ の値が $\frac{1}{3} \leqq \frac{a}{b} \leqq 3$ になる確率を求めなさい。

ただし，大小2つのさいころは，どの目が出ることも同様に確からしいものとします。(5点)

(6)　関数 $y=\frac{6}{x}$ について述べた次の**ア**～**エ**の中から，**誤っているもの**を1つ選び，その記号を書きなさい。(5点)

ア　この関数のグラフは，点(2，3)を通る。

イ　この関数のグラフは，原点を対称の中心として点対称である。

ウ　$x<0$ の範囲で，変化の割合は一定である。

エ　$x<0$ の範囲で，x の値が増加するとき，y の値は減少する。

(7)　右の図のような，底面の半径が3㎝，高さが4㎝の円錐があります。この円錐の表面積を求めなさい。

ただし，円周率は π とします。(5点)

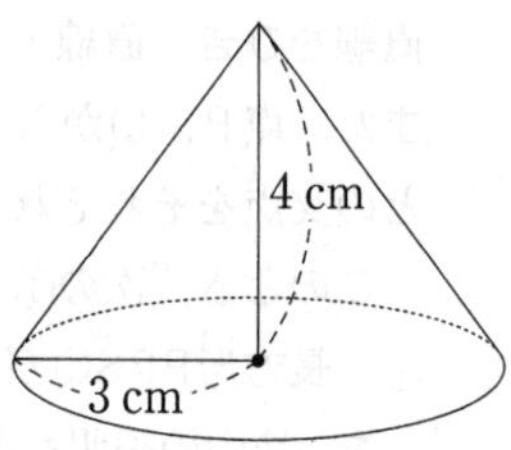

(8)　次のページの表は，8人の生徒がバスケットボールのフリースローをそれぞれ10回行い，成功した回数を記録したものですが，表の一部が汚れたためHさんの記録がわからなくなってしまいました。8人のフリースローが成功した回数の平均値と中央値が等しいことがわかっているとき，Hさんのフリースローが成功した回数を求めなさい。(5点)

生徒	A	B	C	D	E	F	G	H
回数	7	6	8	5	10	8	9	[redacted]

(9) ある中学校で，全校生徒600人が夏休みに読んだ本の１人あたりの冊数を調べるために，90人を対象に標本調査を行うことにしました。次の**ア**～**エ**の中から，標本の選び方として最も適切なものを１つ選び，その記号を書きなさい。また，それが最も適切である理由を説明しなさい。（６点）

ア　３年生全員の200人に通し番号をつけ，乱数さいを使って生徒90人を選ぶ。
イ　全校生徒600人に通し番号をつけ，乱数さいを使って生徒90人を選ぶ。
ウ　３年生全員の200人の中から，図書室の利用回数の多い順に生徒90人を選ぶ。
エ　全校生徒600人の中から，図書室の利用回数の多い順に生徒90人を選ぶ。

2　次の各問に答えなさい。(12点)

(1) 下の図のように，円Oと，この円の外部の点Pがあります。点Pを通る円Oの接線を，コンパスと定規を使って１つ作図しなさい。
　ただし，作図するためにかいた線は，消さないでおきなさい。（５点）

(2) 右の図のように，平行四辺形ABCDの頂点A，Cから対角線BDに垂線をひき，対角線との交点をそれぞれE，Fとします。
　このとき，四角形AECFは平行四辺形であることを証明しなさい。（７点）

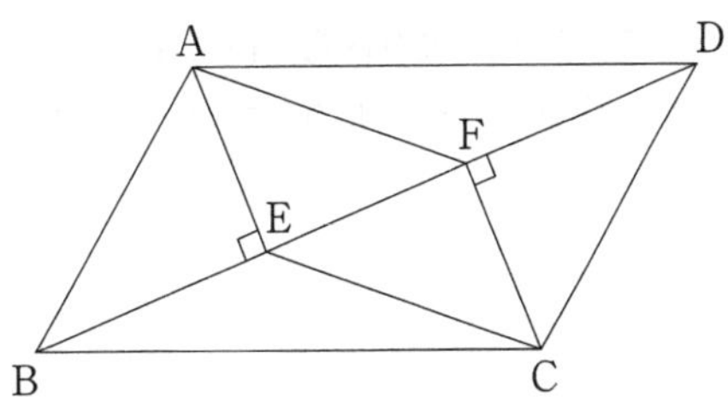

3 次は，AさんとBさんの会話です。これを読んで，下の各問に答えなさい。(11点)

Aさん「あの電柱の高さは直角三角形の相似の考え方を使って求められそうだね。」
Bさん「影の長さを比較して求める方法だね。」
Aさん「電柱と比較するのに，校庭の鉄棒が利用できそうだね。」

(1) AさんとBさんが，鉄棒の高さと影の長さ，電柱の影の長さを測ったところ，鉄棒の高さは1.6m，鉄棒の影の長さは1.8m，電柱の影の長さは7.2mでした。このとき，電柱の高さを求めなさい。

ただし，影の長さは同時刻に測ったものとし，電柱と鉄棒の幅や厚みは考えないものとします。また，電柱と鉄棒は地面に対して垂直に立ち，地面は平面であるものとします。(5点)

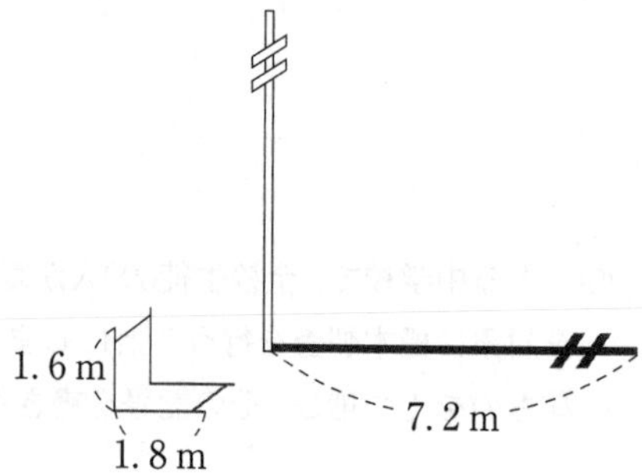

(2) AさんとBさんは，電柱よりも高い鉄塔の高さを求めようとしましたが，障害物があり，鉄塔の影の長さを測ることができませんでした。

そこで，Aさん，Bさん，鉄塔がこの順に一直線上になるような位置で，AさんとBさんが離れて立ち，水平の方向に対して鉄塔の先端を見上げる角度を測りました。

Aさんの目の位置から鉄塔の先端を見上げる角度は15°，Bさんの目の位置から鉄塔の先端を見上げる角度は30°とし，Aさん，Bさんの目の高さを1.5m，AさんとBさんの間の距離を50mとするとき，鉄塔の高さを求めなさい。

ただし，Aさん，Bさん，鉄塔は水平な同じ平面上に垂直に立っているものとし，それぞれの幅や厚みは考えないものとします。

(6点)

4 右の図1において，曲線は関数 $y=\frac{1}{2}x^2$ のグラフで，曲線上に x 座標が－6，4である2点A，Bをとり，この2点を通る直線 ℓ をひきます。

このとき，次の各問に答えなさい。(18点)

(1) 直線 ℓ の式を求めなさい。(5点)

図1

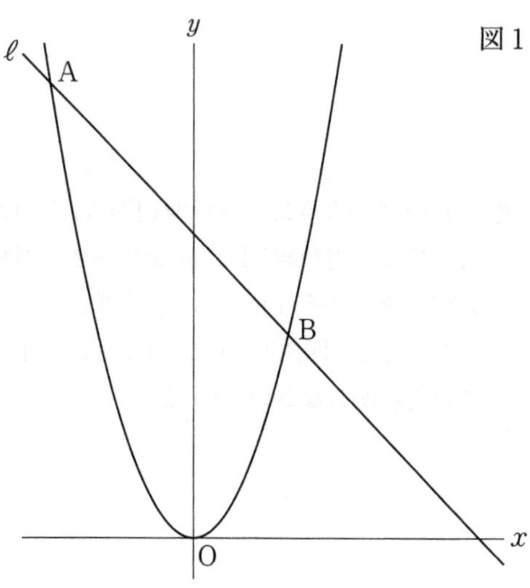

(2) 右の図２において，曲線上を点Ａから点Ｂまで動く点Ｐをとり，点Ｐから x 軸と平行な直線をひき，直線 ℓ との交点をＱとします。また，点Ｐ，Ｑから x 軸へ垂線をひき，x 軸との交点をそれぞれＲ，Ｓとします。

このとき，次の①，②に答えなさい。

① 長方形ＰＲＳＱが正方形になる点Ｐの座標を，途中の説明も書いて**すべて**求めなさい。（７点）

② △ＢＰＱと△ＯＰＱの面積比が １：３ となる点Ｑの座標を，**すべて**求めなさい。（６点）

図２

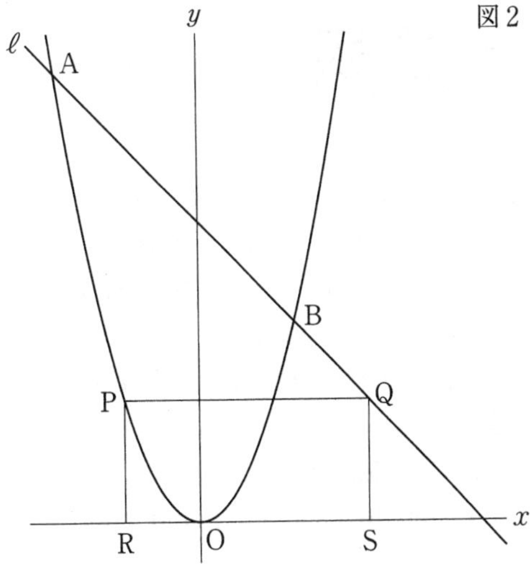

5 右の図１は，正四角錐と立方体を合わせた立体で，頂点をそれぞれ，点Ｐ，Ａ，Ｂ，Ｃ，Ｄ，Ｅ，Ｆ，Ｇ，Ｈとします。

ＰＡ＝ＡＢ＝２㎝ のとき，次の各問に答えなさい。（17点）

(1) この立体の体積を求めなさい。（５点）

(2) 辺ＡＥとねじれの位置にある辺の本数を求めなさい。（５点）

図１

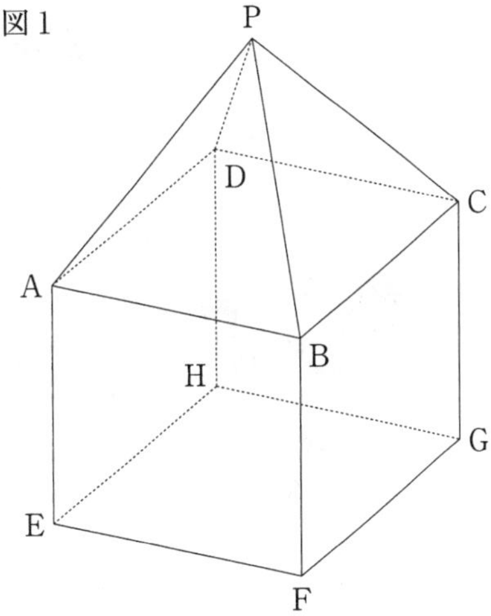

(3) 図２のように，この立体を点Ｅ，Ｂ，Ｄを通る平面で切ります。点Ｅ，Ｂ，Ｄを通る平面と辺ＰＣの交点をＱとするとき，線分ＰＱとＱＣの長さの比を，途中の説明も書いて求めなさい。（７点）

図２

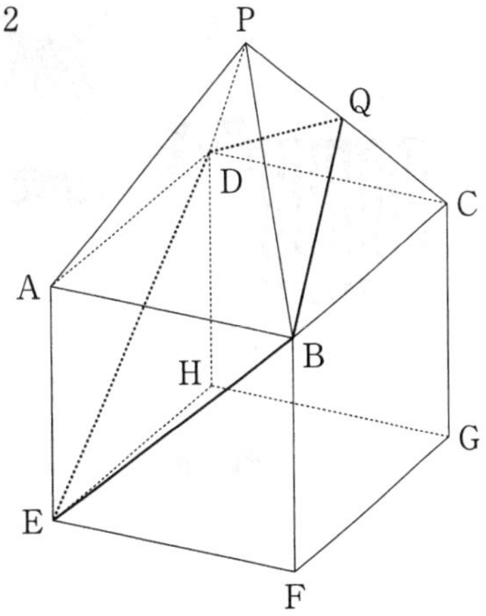

<英語> 時間 50分 満点 100点

1 放送を聞いて答える問題（28点）

問題は，No. 1～No. 7の全部で7題あり，放送はすべて英語で行われます。放送される内容についての質問にそれぞれ答えなさい。No. 1～No. 6は，質問に対する答えとして最も適切なものを，A～Dの中から1つずつ選び，その記号を書きなさい。No. 7は，それぞれの質問に英語で答えなさい。放送中メモを取ってもかまいません。各問題について英語は2回ずつ放送されます。

【No. 1～No. 3】（各2点）

Listen to each talk, and choose the best answer for each question.

No. 1

A B C D

No. 2

A B C D

No. 3

【No. 4, No. 5】(各2点)

Listen to each situation, and choose the best answer for each question.

No. 4

A　Do you have another color?　　B　Do you have a larger one?

C　Shall I bring you another?　　D　What color do you like?

No. 5

A　I'll come after you.　　B　You can close the door.

C　I'll open the door for you.　　D　You should carry these notebooks.

【No. 6】(各3点)

Listen to Mr. Smith, a teacher at English Summer School. He is talking about the plans for school on the first day. Choose the best answer for questions 1, 2 and 3.

(1) Question 1

A　Three classes this morning.

B　Fifty minutes.

C　At nine thirty.

D　From twelve thirty to one twenty.

(2) Question 2

A　In building 3.　　B　In classroom No.8.

C　In the gym.　　D　In the Science Museum.

(3) Question 3

A　They will have an English listening test.

B　They will play games and sing songs.

C　They will talk about their lunch.

D　They will talk about their favorite things at the museum.

【No. 7】(各3点)

Listen to the talk between Tom and his friend, Megumi, and read the questions. Then write the answer in English for questions 1, 2 and 3.

(1)	Question 1 :	What will Tom do after the school festival on Sunday?
	Answer :	He will (　　　　　　　　) to buy a present.
(2)	Question 2 :	What did Tom give his grandmother as a birthday present last year?
	Answer :	He gave her a lot of (　　　　　　　　).
(3)	Question 3 :	Where do Tom and Megumi have to arrive by nine forty on Sunday?
	Answer :	They have to arrive at (　　　　　　　　).

2 ファミリースポーツイベントの案内を英語で作成します。〔日本語のメモ〕をもとに，空欄 A ～ D にあてはまる適切な１語を，それぞれ英語で書きなさい。なお，空欄 A ～ D には省略した形や数字は使わないものとします。(12点)

〔日本語のメモ〕

ファミリースポーツイベント

一緒に走って，楽しもう！

日付　　：12月１日　日曜日
集合時間：午前８時
場所　　：みどりスポーツ公園
費用　　：1,000円
距離　　：３ km

もし雨なら，体育館で他のイベントを行います。

参加希望者は，11月６日　水曜日までに
sportseventoffice@****.com に，メールを送ってください。

Family Sports Event

Let's [A] together and have fun!

Date　　　　:Sunday. [B] I
MeetingTime :8 a.m.
Place　　　　:Midori Sports Park
Cost　　　　:1,000 yen
Distance　　:3km

If it [C], we will have another event in the gym.

If you want to join, please send an e-mail to sportseventoffice@****.com by [D], November 6.

3 次は，中学生の Mikiko が書いた英文です。これを読んで，問１～問６に答えなさい。＊印のついている語句には，本文のあとに〔注〕があります。(18点)

Last May, I went to my grandfather's house with my friend, Carol. There, my grandfather 〔 to / us / grow / showed / how 〕 rice. Carol, my grandfather and I went to the *rice field in the morning. [A] There was only water in the small rice field. My grandfather said. "Today we're going to *plant some young *rice plants. Carol, will you join us?" Carol was surprised. "Well, it may be difficult for me," she said. "It's simple. I'll show you," he answered.

Carol said, "OK. I'll do my best!" [B] We began to plant the rice plants. I thought Carol was having a hard time, so I asked her, "Are you OK? Do you want to take a *break?" ①Carol said, "I'm a little (　　), but I'm OK. Growing rice is hard work!"

Around noon, we had lunch by the rice field. My grandfather made us rice balls for lunch. [C] We learned that work in the rice field was very hard, but we had a good time.

One day in fall, my grandfather sent me a bag of rice. *As soon as I got it. I called him on the phone. ②He said. "Thank you for (help) me. Share the rice with Carol, please."

The next day. I took some of the rice to Carol. She said, "Is this the rice we planted with your grandfather? Wow! I'd like to go with you again next year!"

〔注〕 rice field……田んぼ　plant ～……～を植える　rice plant……稲　break……休憩
as soon as ～……～するとすぐに

問１　(　) 内のすべての語を正しい順序に並べかえて書きなさい。(３点)

問２　本文中の [A] ～ [C] のいずれかに, The rice was better than the rice I usually ate! という１文を補います。どこに補うのが最も適切ですか。[A] ～ [C] の中から１つ選び, その記号を書きなさい。(３点)

問３　下線部①について, (　) にあてはまる最も適切な１語を, 次のア～エの中から１つ選び, その記号を書きなさい。(３点)

ア　tired　イ　fine　ウ　useful　エ　famous

問４　下線部②について, (help) を適切な形にして, 書きなさい。(３点)

問５　本文の内容に関する次の質問の答えとなるように, (　) に適切な英語を書きなさい。(３点)

Question : What did Mikiko's grandfather ask Mikiko to do on the phone?
Answer : He asked her (　　　　　　　　　　　　).

問６　本文の内容と合うものを, 次のア～エの中から１つ選び, その記号を書きなさい。(３点)

ア　Mikiko's grandfather visited Mikiko and Carol to plant some young rice plants.

イ　Mikiko's grandfather came to see Mikiko and Carol and gave them a bag of rice.

ウ　Mikiko and Carol ate rice balls that her grandfather made.

エ　Mikiko and Carol learned that growing rice was easy.

4　次のページの[1]～[4]は, 中学生の Miku, Joseph と子育て支援センターのスタッフ (a staff member at the Child Care Support Center) の Ms. Aida の会話とメールです。これらを読んで, 問１～問８に答えなさい。＊印のついている語句には, 本文のあとに〔注〕があります。(30点)

1 〈*Miku and Joseph are talking.*〉

Miku: Hi, Joseph. How are you today?

Joseph: I'm fine, thanks, Miku. [A] are you going?

Miku: I'm going to the Child Care Support Center.

Joseph: What's that?

Miku: It's a place for small children and their parents. They can play together, and parents can get *advice about taking care of children there, too.

Joseph: Oh, I see. But why are you going there? Is your brother or sister there?

Miku: No. I don't have any brothers or sisters. The center needed some volunteers to take care of the small children, so I started doing volunteer work to help the children there. Also, I want to be a nursery school teacher, so it's really good experience for me.

Joseph: Wow, that's cool! *Actually, I'm interested in that kind of job, too. What do you do there?

Miku: I usually play with the children. I eat lunch with them, and read them some books.

Joseph: That sounds fun. I'd like to go there if I have the chance. Can I do volunteer work there, too?

Miku: I think that will be fine. The center needs volunteers, so I'll ask the staff at the center and send you an e-mail tonight.

Joseph: Thanks.

〔注〕 advice……助言　actually……実は

問1 空欄 [A] にあてはまる最も適切な1語を，次のア～エの中から1つ選び，その記号を書きなさい。(3点)

ア How　イ What　ウ When　エ Where

問2 本文1の内容と合うように，次の英語に続く最も適切なものを，ア～エの中から1つ選び，その記号を書きなさい。(4点)

Miku goes to the Child Care Support Center because

ア she has a sister there.

イ she takes care of children there as a volunteer.

ウ she takes a class to learn about child care once a week there.

エ she wants to send an e-mail.

2 〈*That night, Miku sends an e-mail to Joseph.*〉

Hi, Joseph. I told a staff member at the center about you. She was really glad to hear that you want to be a volunteer. To start, you have to *complete an *application form and send it to the center. I'll give you the application form later. You just have to write your name, phone number, e-mail address, and so on. If you want to start volunteer work next month, you need to take a *workshop there before you start. The center isn't too far from the station. When you get to the station, go straight to the post office. From there, *keep walking and then turn left after you go across Tsukushi River. Then, walk along the river and the center will be on your right. The center is next to a park. So, I'm sure you won't miss it. On your first day of volunteer work, you don't have to change your clothes at the center, but don't forget to bring your lunch to eat with the children. You don't need to use any money there, so you should leave money you don't need at home. Good luck!

〔注〕 complete ～……～に記入する　application form……申込用紙　workshop……研修会
keep ～ ing……～し続ける

問３　次は，本文2のstationやChild Care Support Centerなどが示された地図です。Child Care Support Centerがある場所を，地図中のア～エの中から１つ選び，その記号を書きなさい。（４点）

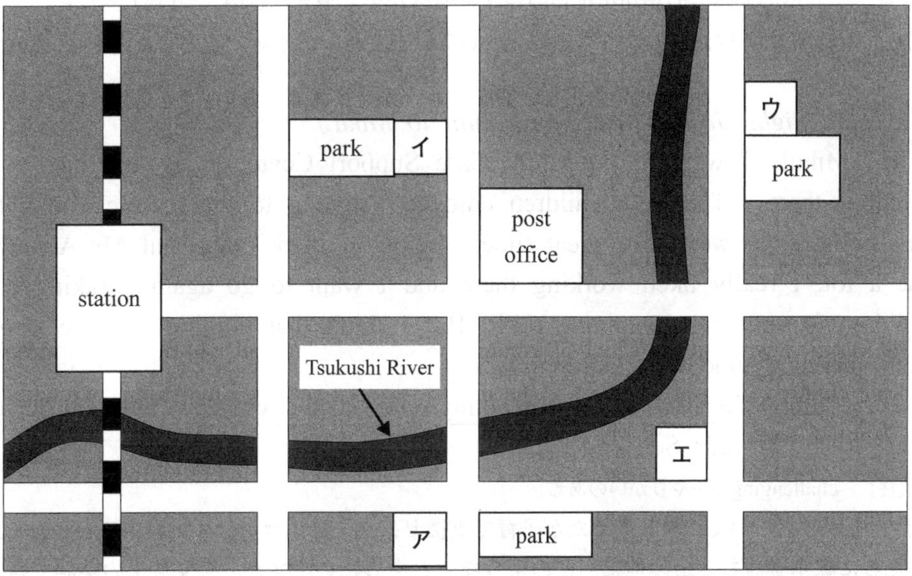

問４　本文2の内容と合うように，次の英語に続く最も適切なものを，ア～エの中から１つ選び，その記号を書きなさい。（３点）

On his first day of volunteer work, Joseph must bring

ア　his lunch.　　イ　his application form.
ウ　money to take a workshop.　　エ　his clothes to change.

3 ⟨*Next month, Joseph goes to the center after the workshop and meets Ms. Aida, a staff member at the center.*⟩

Joseph: I'm interested in working with children in the future, so I wanted to try volunteer work here.

Ms. Aida: There are a lot of children here, and you can get a lot of good experience. Some of the children here are very small, so you have to be careful.

Joseph: I see. I'll be careful.

Ms. Aida: Great! Well, there are some popular Japanese stories written in English here. But we [them / the children / read / have / to / never]. Why don't you read these *picture books in English?

Joseph: Oh, I see. I hope they'll like listening to the stories in English.

Ms. Aida: These stories are very popular, so I think the children will like them. Please read the picture books slowly.

Joseph: Sure. I'll try to do <u>that</u>. Can I choose some of the stories now?

Ms. Aida: Of course. If you are ready, you can start now.

Joseph: OK!

〔注〕 picture book……絵本

問5 〔 〕内のすべての語句を正しい順序に並べかえて書きなさい。(4点)

問6 下線部 <u>that</u> は，どのようなことをさしていますか。日本語で答えなさい。(4点)

4 〈*That night, Joseph sends an e-mail to Miku.*〉

Hi, Miku! I went to the Child Care Support Center today and met a lot of children there. The little children enjoyed listening to the picture books I read in English, and we had a great time. Some of them cried, but Ms. Aida helped me a lot, I really liked working there and I want to go again. Taking care of children is very *challenging work! But I think that nothing is more important than spending time with children.

<u>Next time, I'd like to do something else at the center.</u> Do you have any good ideas, Miku? See you soon.

〔注〕 challenging……やりがいのある

問7 下線部について，もしあなたが子育て支援センターでボランティアをするとしたら，子供たちに絵本を読むことの他に，どのようなことをしたいですか。2文以上の英語で書きなさい。1文目は，具体的にしたいことを書きなさい。2文目以降は，その理由が伝わるように書きなさい。(4点)

問8 次は，後日の Joseph と Miku の会話です。自然な会話になるように，( ) に適切な4語以上の英語を書きなさい。(4点)

Joseph: Many of the children really like picture books, so I'm thinking of making my own picture book for them.

Miku: That sounds interesting! ( ) to the center again?

Joseph: At the end of this month. I want to make my picture book before then.

Miku: Oh, I see. Can I see it when you finish?

Joseph: Of course!

5　次は，アメリカ（theU.S.）に住む，あなたの友人であるPeterから届いたメールです。これを読んで，問１～問３に答えなさい。＊印のついている語には，本文のあとに〔注〕があります。(12点)

Thank you for your e-mail last week. How are you?

Last Saturday. I went out with my family to buy new clothes for *Easter. Do you know about Easter? Easter is an important holiday in the U.S., and its date changes every year. In 2019, it was on the third Sunday of April.

On Easter, many families wear new clothes and buy *Easter eggs. Easter eggs are a *symbol of Easter. Many families in the U.S. *prepare Easter eggs, and a lot of children love looking for Easter eggs that their families *hide for them. I have a little sister, so this week. I'm going to prepare some Easter eggs for her. Last year, I put Easter eggs in the garden, but this year, I'm going to hide Easter eggs in the house. There are a lot of good places to hide them. For example. I can hide them under tables, on chairs, or behind doors. My little sister loves looking for Easter eggs. I like spring the best because of Easter.

I think spring is a good season to visit the U.S. How about Japan? <u>If I visit Japan, which season should I visit in?</u> I hope I can see you soon.

〔注〕 Easter……イースター（復活祭）
Easter egg……イースターエッグ(イースターに贈り物とする彩色した卵，チョコレートで作った卵)
symbol……象徴　prepare ～……～を準備する　hide ～……～を隠す

問１　Peterは，2019年のイースターはいつだったと述べていますか。次のカレンダーをみて，イースターの日付を数字で書きなさい。(３点)

カレンダー

４月					2019	
日	月	火	水	木	金	土
	1	2	3	4	5	6
7	8	9	10	11	12	13
14	15	16	17	18	19	20
21	22	23	24	25	26	27
28	29	30				

問２　本文の内容と合うものを，次の**ア**～**エ**の中から１つ選び，その記号を書きなさい。(３点)

ア　去年，Peterは彼の妹が庭に置いたイースターエッグをみつけようとした。

イ　今年，Peterは彼の妹に卵を壊されないように，卵を隠してしまうつもりだ。

ウ　去年，Peterは卵を手に入れられなかったので，イースターに参加できなかった。

エ　今年，Peterはイースターエッグをテーブルの下など，家の中に隠すつもりだ。

問３　下線部について，あなたはPeterに，日本を訪れるならどの季節がよいかについて英語で紹介する**メール**を書きます。次のページの〔条件〕に従い，Peterに伝わるように，［A］に３文以上の英文を書いて，**メール**を完成させなさい。(６点)

Hi, Peter.　How are you doing?

A

I hope you can come to Japan.　Bye!

〔条件〕 ①　1文目は，どの季節がよいかということを，You should に続けて，解答欄の①に書きなさい。

②　2文目以降は，その理由が伝わるように，2文以上で解答欄の②に書きなさい。

＜学校選択問題＞

時間　50分　　満点　100点

1　放送を聞いて答える問題（28点）

問題は，No. 1 ～No. 7 の全部で 7 題あり，放送はすべて英語で行われます。放送される内容についての質問にそれぞれ答えなさい。No. 1 ～No. 6 は，質問に対する答えとして最も適切なものを，A～Dの中から1つずつ選び，その記号を書きなさい。No. 7 は，それぞれの質問に英語で答えなさい。放送中メモを取ってもかまいません。各問題について英語は2回ずつ放送されます。

【No. 1 ～No. 3】（各2点）

No. 1

A　　B　　C　　D

No. 2

A　　B　　C　　D

No. 3

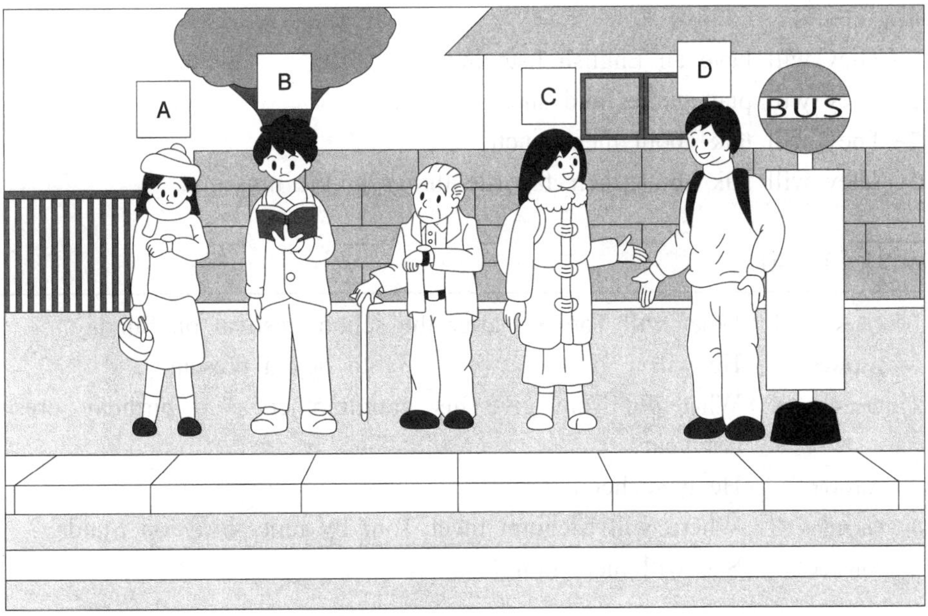

【No. 4, No. 5】(各2点)

No. 4

A Do you have another color?

B Do you have a larger one?

C Shall I bring you another?

D What color do you like?

No. 5

A I'll come after you.

B You can close the door.

C I'll open the door for you.

D You should carry these notebooks.

【No. 6】(各3点)

(1) Question 1

A Three classes this morning.

B Fifty minutes.

C At nine thirty.

D From twelve thirty to one twenty.

(2) Question 2

A In building 3.

B In classroom No.8.

C In building 1.

D In the Science Museum.

(3) Question 3

A They will have an English listening test.

B They will play games and sing songs.

C They will talk about their lunch.

D They will talk about their favorite things at the museum.

【No. 7】(各3点)

(1) Question 1 : What will Tom do after the school festival on Sunday?
Answer : He will (　　　　　　　　) to buy a present.

(2) Question 2 : What did Tom give his grandmother as a birthday present last year?
Answer : He gave her a (　　　　　　　　).

(3) Question 3 : Where will Megumi meet Tom by nine thirty on Sunday?
Answer : She will meet him (　　　　　　　　).

2 次の[1]～[4]は，中学生の Miku, Joseph と子育て支援センターのスタッフ (a staff member at the Child Care Support Center) の Ms. Aida の会話とメールです。これらを読んで，問１～問７に答えなさい。＊印のついている語句には，本文のあとに〔注〕があります。(28点)

[1] 〈*Miku and Joseph are talking.*〉

Miku: Hi, Joseph, How are you today?

Joseph: I'm fine, thanks, Miku. Where are you going?

Miku: I'm going to the Child Care Support Center.

Joseph: What's that?

Miku: It's a place for small children and their parents. They can play together, and parents can get advice about taking care of children there, too.

Joseph: Oh, I see. But why are you going there? Is your brother or sister there?

Miku: No. I don't have any brothers or sisters. The center needed some volunteers to take care of the small children, so I started doing volunteer work to help the children there. Also, I want to be a nursery school teacher, so [A].

Joseph: Wow, that's cool! Actually, I'm interested in that kind of job, too. What do you do there?

Miku: I usually play with the children. I eat lunch with them, and read them some books.

Joseph: That sounds fun. I'd like to go there if I have the chance. Can I do volunteer work there,too?

Miku: I think that will be fine. The center needs volunteers, so I'll ask the staff at the center and send you an e-mail tonight.

Joseph: Thanks.

問１ 空欄 [A] にあてはまる最も適切なものを，次のア～エの中から１つ選び，その記号を書きなさい。(３点)

ア keeping my town clean is very important to me

イ I should tell my parents to help the children

ウ it's really good experience for me

エ I usually go to the hospital to see a doctor

[2] 〈*That night, Miku sends an e-mail to Joseph.*〉

Hi, Joseph. I told a staff member at the center about you. She was really glad to hear that you want to be a volunteer. To start, you have to *complete an *application form and send it to the center. I'll give you the application form later. You just have to write your name, phone number, e-mail address, and so on. If you want to start volunteer work next month, you need to take a *workshop there before you start. The center isn't too far from the station.

[B] So, I'm sure you won't miss it. On your first day of volunteer work, you don't have to change your clothes at the center, but don't forget to bring your lunch to eat with the children. You don't need to use any money there, so you should leave money you don't need at home. Good luck!

〔注〕 complete ～……～に記入する　application form……申込用紙　workshop……研修会

問２　次は，本文②の station や Child Care Support Center などが示された地図です。station から，Child Care Support Center までの道順を説明する英語になるように，地図をもとに，空欄 [B] に適切な２文以上の英語を書きなさい。（４点）

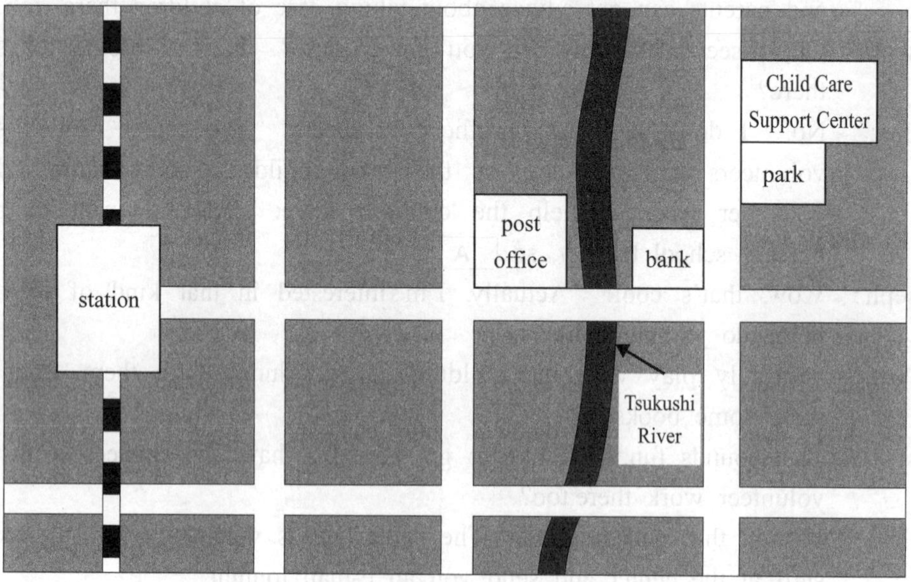

問３　本文②の内容に関する次の質問に，英語で答えなさい。（４点）

What does Joseph have to bring to the Child Care Support Center on his first day of volunteer work?

③ 〈*Next month, Joseph goes to the center after the workshop and meets Ms. Aida, a staff member at the center.*〉

Joseph: I'm interested in working with children in the future, so I wanted to try volunteer work here.

Ms. Aida: There are a lot of children here, and you can get a lot of good experience. Some of the children here are very small, so you have to be careful.

Joseph: Isee. I'll be careful.

Ms. Aida: Great! Well, there are some popular Japanese stories written in English here. But we have never read them to the children. (　　　　　) these picture books in English?

Joseph:　Oh, I see. I hope they'll like listening to the stories in English.
Ms. Aida:　These stories are very popular, so I think the children will like them. Please read the picture books slowly.
Joseph:　Sure. I'll try to do that. Can I choose some of the stories now?
Ms. Aida:　Of course. If you are ready, you can start now.
Joseph:　OK!

問４　下線部が「これらの英語の絵本を読んではどうですか。」という意味になるように，(　) に適切な４語以上の英語を書きなさい。(４点)

4　⟨*That night, Joseph sends an e-mail to Miku.*⟩

Hi, Miku! I went to the Child Care Support Center today and met a lot of children there. The little children enjoyed listening to the picture books I read in English, and we had agreat time. Some of them cried, but Ms. Aida helped me a lot, I really liked working there and I want to go again. Taking care of children is very challenging work! But I think that〔 important / is / spending / than / with / more / time / nothing 〕children.

Next time, I'd like to do something else at the center. Do you have any good ideas, Miku? See you soon.

問５　〔　〕内のすべての語を正しい順序に並べかえて書きなさい。(３点)

問６　1～4の会話とメールの内容と合うように，次の⑴，⑵の英語に続く最も適切なものを，ア～エの中から１つずつ選び，その記号を書きなさい。(各３点)

⑴ Miku goes to the Child Care Support Center because

ア she has a sister there.
イ she takes care of children there as a volunteer.
ウ she takes a class to learn about child care once a week there.
エ she wants to send an e-mail.

⑵ When Joseph came to the center,

ア he thanked Miku because she took him there.
イ he was taught how to read a picture book in Japanese.
ウ he bought picture books to read to the children there.
エ Ms. Aida told him to be careful because some of the children were very small.

問７　次は，後日の Miku と Joseph の会話です。自然な会話になるように，(　) に適切な４語以上の英語を書きなさい。(４点)

Miku:　I also sing songs with the children at the Child Care Support Center.
Joseph:　Really? I'd like to sing with them, too. Do you know (　　　　)?
Miku:　Yes, they like famous Japanese music for children. They like easy English songs, too. The children enjoy singing when I play the piano.
Joseph:　Wow! I'm sure the children love that.

3 次は，高校1年生のMoeが漆（*urushi*）について書いた英文です。これを読んで，問1～問6に答えなさい。＊印のついている語句には，本文のあとに〔注〕があります。(34点)

This winter, I went to Ishikawa Prefecture with my family and visited some museums there. There were a lot of old, traditional *crafts in one of the museums. My mother said that a lot of them were painted with "*urushi*." *Urushi* is used in many traditional crafts in Japan. We enjoyed looking at all the beautiful and *valuable crafts made with *urushi*. After we left the museum, I saw a lot of beautiful crafts made with *urushi* at the shop near the station. My mother smiled, and bought a set of *chopsticks for me. Why did she buy me those chopsticks made with *urushi*? After I came home, I began to use them. They were very beautiful and easy to use. I wanted to know more about *urushi*, so I went to the library to learn more.

There, I learned there are about two hundred and fifty kinds of *urushi* trees around the world. There are five kinds of *urushi* trees in Japan. The *sap of these trees is used as paint or as a *bonding agent. If you touch the sap of *urushi*, then you'll get a *rash, but it's safe to touch *urushi* after it *sets. *Urushi* has been used for over eight thousand years in Japan. Crafts made with *urushi* are well *preserved because they *decay slowly. *Urushi* has preserved very old crafts, so it has played a very important role in Japan.

Urushi has been used in many different ways. *Urushi* can also be used for *restoring crafts. [①] *Urushi* is used for small crafts, and also for buildings made of wood. It was also used to build Kinkakuji Temple in Kyoto. Of course, a lot of *urushi* is needed for restoring buildings. [②] Many old buildings in World Heritage Sites in Nikko also need a lot of *urushi*. [③] In fact, the number of Japanese workers who produce *urushi* is decreasing. These days, Japan is trying to produce all of the *urushi* needed to restore important traditional buildings like these only in Japan.

Around the sixteenth century, many people from Europe came to Japan. These Europeans really liked crafts made with *urushi*, so they bought a lot of these crafts. In Europe, rich people collected crafts made with *urushi* as a *symbol of wealth. Those crafts were called "japan" as symbols of Japan.

Of course, even today, *urushi* is famous as a symbol of Japanese traditional crafts. When the *Nagano Olympic Committee (NAOC) was planning the 1998 Nagano Olympic Winter Games, it decided to make the winners' *medals with *urushi*. NAOC thought that the medals should be made with original *materials and *techniques. They also need to be beautiful and have *permanent value. After thinking about all this, NAOC chose to make them with *urushi* and painted mountains and the morning sun on them with *urushi*.

Many foreign countries restore crafts made with *urushi*, too. Many of the crafts [A] to Europe from Japan now need to be restored. *Urushi* is especially *vulnerable to sunlight, so crafts made with *urushi* are *damaged when they are in the sunlight In Europe, some people have tried to restore their Japanese crafts made with *urushi* with other materials and techniques, because there are no *urushi* trees there. But these materials and techniques didn't work well with *urushi*. For example in Europe, some of the crafts have now turned brown. To stop this, a group of Japanese *craftspeople recently visited Germany and restored some of the Japanese crafts there with traditional *urushi* techniques. They also held *workshops to show students or museum workers how to use the materials and techniques to restore Japanese crafts with *urushi*.

After I learned all this, I realized that crafts made with *urushi* can be used for many years if you take care of them. In fact, some valuable crafts made with *urushi* should be [B] in museums. The crafts made with *urushi* that I saw in Ishikawa were very beautiful. When we use crafts made with *urushi*, we can understand their value more. Craftspeople work hard to make these crafts. I think〔 they / their / many people / to / use / want 〕crafts. Now I know why my mother bought me those chopsticks at that shop. Of course, it is good to enjoy looking at traditional crafts in museums. But it is better to enjoy using them every day. She bought me the chopsticks because she wanted to tell me this. When I asked her about it, she smiled and said, "That's right." I want to tell many people about the value of crafts made with *urushi*.

〔注〕 craft……工芸品　valuable……価値の高い　chopstick……箸　sap……樹液
bonding agent……接合剤　rash……発しん，かぶれ　set……（液体などが）固まる
preserve ～……～を保存する　decay……腐敗する　restore ～……～を修復する
symbol of wealth……富の象徴
Nagano Olympic Committee……長野オリンピック冬季競技大会組織委員会
medal……メダル　material……素材　technique……技術
permanent value……（半）永久的な価値　vulnerable……冒されやすい
damage ～……～を傷つける　craftspeople……職人　workshop……研修会

問１　空欄 [①] ～ [③] にあてはまる最も適切な文を，次のア～カの中から１つずつ選び，その記号を書きなさい。なお，同じ記号を２度以上使うことはありません。（各３点）

ア However, almost all of the *urushi* used in Japan comes from abroad, and only 3% of the *urushi* used in Japan is made in the country.

イ However, most of them don't need to be painted with *urushi* made in Japan because *urushi* made in other countries is better.

ウ For example, about 1,500 kg of *urushi* was used to restore Kinkakuji Temple.

エ For example, if you break a dish, you can restore it by using *urushi* as a bonding agent

オ But Kinkakuji Temple in Kyoto has been preserved for so long.

カ It is because *urushi* made in Japan is too expensive to use for restoring.

問2 本文の内容に関する次の質問に，英語で答えなさい。(4点)

What was painted with *urushi* on the winners' medals?

問3 空欄 A ， B にあてはまる最も適切なものを，次の中から1つずつ選び，それぞれ正しい形にかえて書きなさい。(各3点)

break	bring	buy	keep
paint	tell	visit	write

問4 ［ ］内のすべての語句を正しい順序に並べかえて書きなさい。(3点)

問5 Moe は，駅の近くの店で，彼女の母親が漆の箸を買ってくれたのはなぜだと述べていますか。日本語で書きなさい。(3点)

問6 次の英文は，本文の内容をまとめたものです。次の（1）～（3）に適切な英語を，それぞれ2語で書きなさい。(各3点)

When Moe visited Ishikawa with her family, she became interested in crafts made with *urushi*. *Urushi* has been used not only for painting but also for putting things together. It is very strong and decays slowly, and *urushi* has been used for（ 1 ）time. *Urushi* is also a symbol of Japan, and many people from Europe once wanted to collect *urushi* crafts. Japanese craftspeople teach the techniques that（ 2 ）to restore *urushi* crafts to the people who need them. Moe will use the chopsticks her（ 3 ）her every day.

4 次の environmental problems（環境問題）についての英文を読んで，あなたの考えを，［条件］と［記入上の注意］に従って40語以上50語程度の英語で書きなさい。＊印のついている語句には，本文のあとに［注］があります。(10点)

There are many environmental problems we have to solve in the world. Global warming has *caused serious problems in many parts of the world. Many people are suffering from water pollution. Forest areas are getting smaller, and *desert areas are getting larger.

It is important for each of you to think of these problems as your own problems. Some people say everyone should make *environmentally friendly choices when they use or buy things, or try to do something else. Even students can do something as a small *step. What can you do now?

［注］ cause ～……～を引き起こす　desert……砂漠
environmentally friendly……環境にやさしい　step……一歩

［条件］ 下線部の質問に対するあなたの考えを，その理由が伝わるように書きなさい。

［記入上の注意］

① 【記入例】にならって，解答欄の下線___の上に1語ずつ書きなさい。

・符号（, . ? ! など）は語数に含めません。

・50語を超える場合は，解答欄の破線……で示された行におさまるように書きなさい。

② 英文の数は問いません。

③ 【下書き欄】は，必要に応じて使ってかまいません。

【記入例】

Hi!	I'm	Nancy.	I'm	from
America.	Where	are	you	from?
is	April	2,	2004.	It (50語)

is Ken's birthday, too.

【下書き欄】

				40語
				50語

＜理科＞

時間　50分　満点　100点

1　次の各問に答えなさい。(24点)

問１　次は，チャートと石灰岩の性質を調べるために行った実験Ａ，Ｂについてまとめたものです。下線部の正誤の組み合わせとして正しいものを，下のア～エの中から一つ選び，その記号を書きなさい。(３点)

> Ａ　チャートと石灰岩にうすい塩酸を数滴かけると，チャートでは気体が発生したが，石灰岩では気体が発生しなかった。
>
> Ｂ　チャートと石灰岩をこすり合わせると，チャートは傷がつかなかったが，石灰岩は傷がついた。

ア　Ａ正　Ｂ正　　イ　Ａ正　Ｂ誤　　ウ　Ａ誤　Ｂ正　　エ　Ａ誤　Ｂ誤

問２　キイロショウジョウバエのからだをつくっている細胞１つがもつ染色体の数は８です。キイロショウジョウバエにおける，精子１つがもつ染色体の数，卵１つがもつ染色体の数，受精卵１つがもつ染色体の数の組み合わせとして最も適切なものを，次のア～エの中から一つ選び，その記号を書きなさい。(３点)

	精子１つがもつ染色体の数	卵１つがもつ染色体の数	受精卵１つがもつ染色体の数
ア	4	4	8
イ	4	4	4
ウ	8	8	8
エ	8	8	4

問３　次のア～エの中から，ろ過の操作として最も適切なものを一つ選び，その記号を書きなさい。(３点)

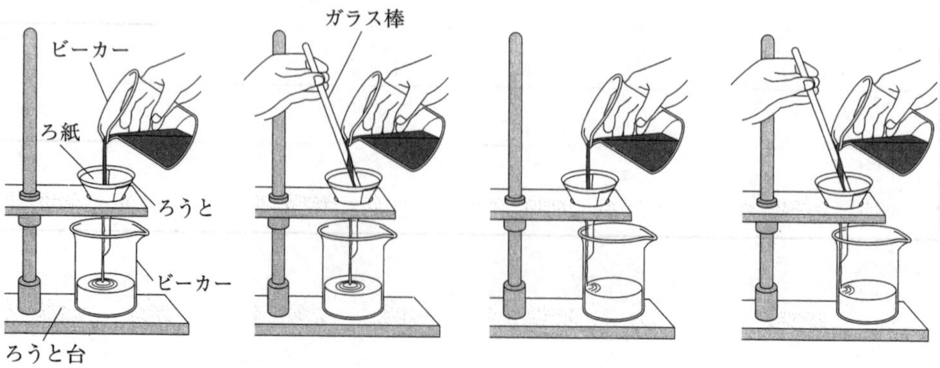

ア　　　　イ　　　　ウ　　　　エ

問4　図1のように，管内を真空にした放電管の電極A，Bを電源装置につないで電極A，B間に高い電圧を加えたところ，蛍光板に陰極線があらわれました。さらに，図2のように電極P，Qを電源装置につないで電極板の間に電圧を加えたところ，陰極線が曲がりました。図2において，電源装置の－極につないだ電極の組み合わせとして正しいものを，下のア～エの中から一つ選び，その記号を書きなさい。（3点）

図1
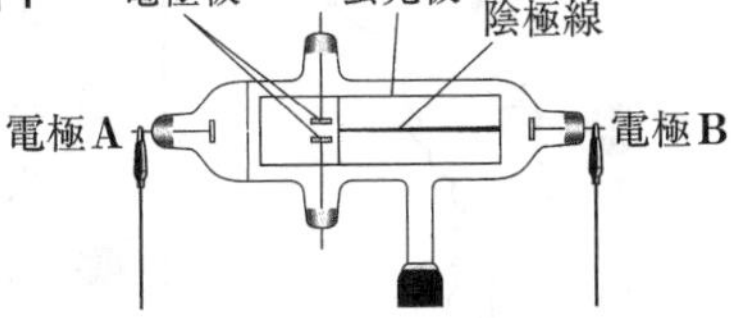

図2
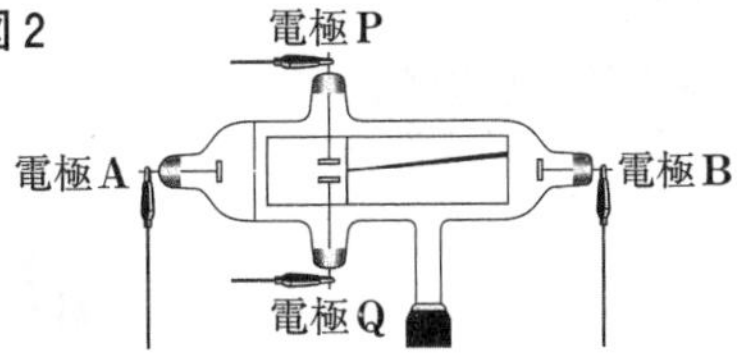

ア　電極A，電極P　　イ　電極A，電極Q　　ウ　電極B，電極P　　エ　電極B，電極Q

問5　図3は，皆既(かいき)日食のようすを示しています。図3のXは太陽をかくしている天体です。図3のXの天体の名称を書きなさい。（3点）

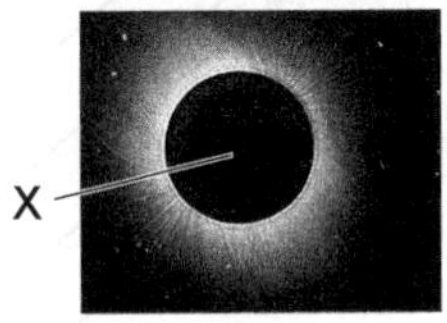

図3

問6　図4のYは，ヒトの血液中の不要な物質をとり除く器官を模式的に表したものです。図4のYの器官の名称を書きなさい。（3点）

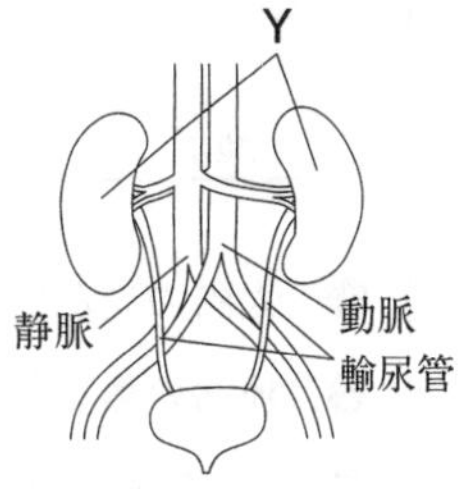

図4

問7　銀の粉末を空気中でじゅうぶんに加熱して，酸化銅をつくる実験をしました。次の表は銅の粉末の質量と，できた酸化銅の質量の関係をまとめたものです。この表から，銅の粉末2.60gをじゅうぶんに加熱してできた酸化銅に化合している酸素の質量を求めなさい。（3点）

表

銅の粉末の質量〔g〕	0.20	0.40	0.60	0.80	1.00
酸化銅の質量〔g〕	0.25	0.50	0.75	1.00	1.25

問8　図5のように，質量1.0kgのおもりを糸1と糸2で天井からつるしました。図5中の矢印は，おもりにはたらく重力を表しています。糸1と糸2が，糸3を引く力を，矢印を使って**すべて**かき入れなさい。ただし，糸の質量は考えないものとし，矢印は定規を用いてかくものとします。なお，必要に応じてコンパスを用いてもかまいません。（3点）

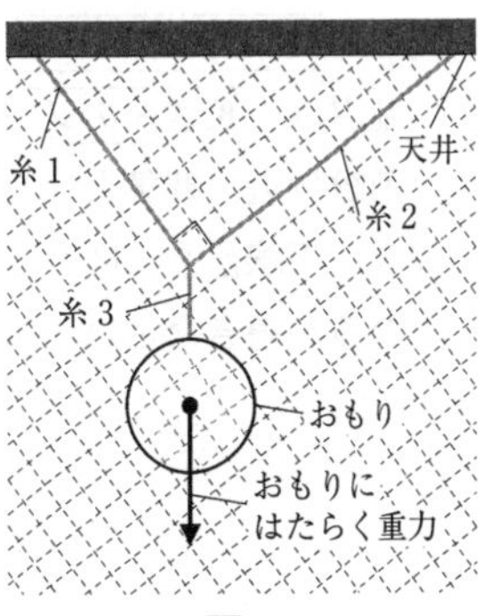

図5

2 Kさんは，理科の授業で雲のでき方と雨や雪の降り方を学習し，雲ができ始める高さに興味をもちました。問１～問５に答えなさい。(19点)

Kさんのノート

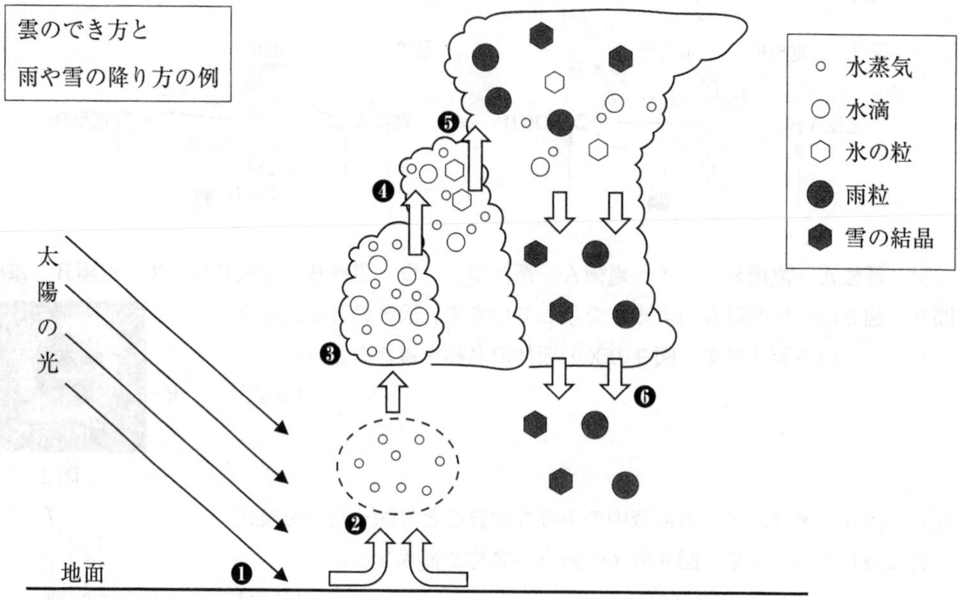

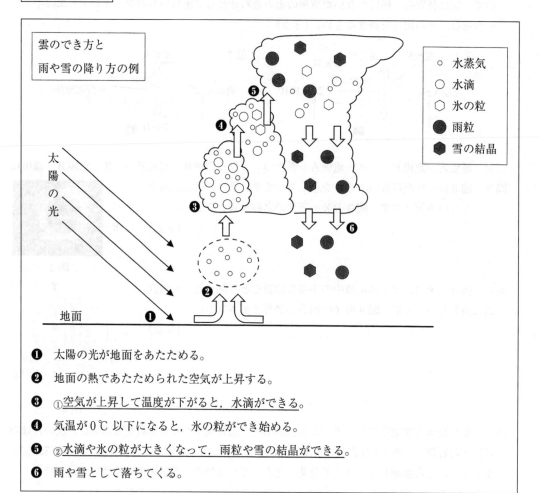

❶ 太陽の光が地面をあたためる。

❷ 地面の熱であたためられた空気が上昇する。

❸ ①<u>空気が上昇して温度が下がると，水滴ができる</u>。

❹ 気温が０℃ 以下になると，氷の粒ができ始める。

❺ ②<u>水滴や氷の粒が大きくなって，雨粒や雪の結晶ができる</u>。

❻ 雨や雪として落ちてくる。

問１　下線部①について，水蒸気が水滴に変わる温度を何といいますか。その名称を書きなさい。(３点)

問２　Kさんのノート に示されたでき方によってできる雲の一つに，積乱雲があります。積乱雲は Kさんのノート で示されたほかに，どのようなときにできますか。**上昇気流**，**寒冷前線付近**，**寒気**という語句を使って説明しなさい。(４点)

問３　下線部②に関して，水滴や氷の粒が雨や雪として落ちてくるまでにどのようにして大きくなるか書きなさい。(３点)

授業

地表付近の空気の温度と湿度がわかると，雲ができ始める高さが予測できます。地表付近の空気は上昇するにつれてその温度が下がります。ここでは空気が100 m上昇するごとに温度が1℃下がるものとして，地表付近の空気の温度と湿度から，夏のある日の日本各地の雲ができ始める高さを予測し，**表1**にまとめてみましょう。ただし，空気が上昇するとき，空気1 m^3あたりに含まれる水蒸気量は変化しないものとします。

表1

地点	福岡	名古屋	熊谷	札幌
温度〔℃〕	34	36	37	31
湿度〔%〕	55	50	45	61
水蒸気が水滴に変わる温度〔℃〕	A	23	B	22
雲ができ始める高さ〔m〕	C	1300	D	900

問4　**表2**は，気温と飽和水蒸気量の関係を表したものです。**表2**を用いて次の(1)，(2)に答えなさい。

表2

気温〔℃〕	20	21	22	23	24	25	26	27	28
飽和水蒸気量〔g/m^3〕	17.3	18.4	19.4	20.6	21.8	23.1	24.4	25.8	27.2
気温〔℃〕	29	30	31	32	33	34	35	36	37
飽和水蒸気量〔g/m^3〕	28.8	30.4	32.1	33.8	35.7	37.6	39.6	41.7	43.9

(1)　**表1**の A にあてはまる数値を，**表2**を用いて整数で書きなさい。（3点）

(2)　**表1**の4つの地点の中から，この日の雲ができ始める高さが最も高い地点と最も低い地点をそれぞれ書きなさい。ただし，各地点の標高は等しいものとします。（3点）

Kさんは先生から，雲ができ始める高さについて予測の精度を上げるには，空気 1 m^3 あたりに含まれる水蒸気量の変化と空気の体積の変化の関係についても，考えるとよいと教わりました。

そこでKさんは，上昇による空気の体積の変化を考えると，雲ができ始める高さが **授業** での予測からどのように変化するかを考察し，**Kさんのノートの続き** にまとめました。

Kさんのノートの続き

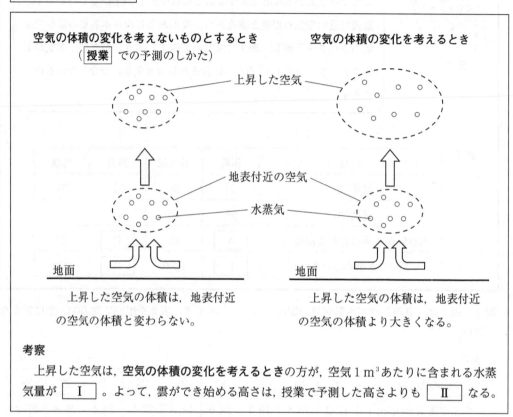

空気の体積の変化を考えないものとするとき
（**授業** での予測のしかた）

空気の体積の変化を考えるとき

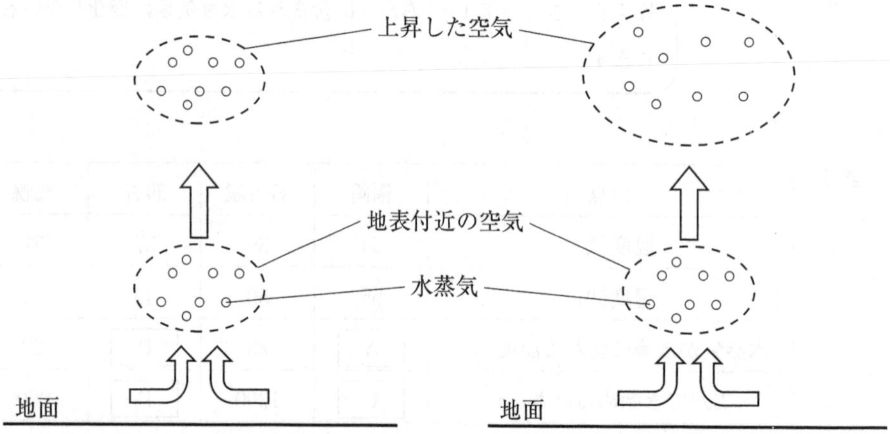

上昇した空気の体積は，地表付近の空気の体積と変わらない。

上昇した空気の体積は，地表付近の空気の体積より大きくなる。

考察

上昇した空気は，**空気の体積の変化を考えるとき**の方が，空気 1 m^3 あたりに含まれる水蒸気量が [I] 。よって，雲ができ始める高さは，授業で予測した高さよりも [II] なる。

問5　考察の [I] ，[II] にあてはまる語の組み合わせとして正しいものを，次の**ア**～**エ**の中から一つ選び，その記号を書きなさい。（3点）

ア　I　多い　　II　高く
イ　I　多い　　II　低く
ウ　I　少ない　II　高く
エ　I　少ない　II　低く

3　Uさんは，光合成や蒸散について調べるため，ふ入りの葉をもつコリウスを使って観察と実験を行いました。問１～問６に答えなさい。(19点)

観察

図１は，コリウスの葉脈のようすを観察し模式的に示したものである。**図２**は，コリウス全体を上から観察し，その一部を模式的に示したものである。

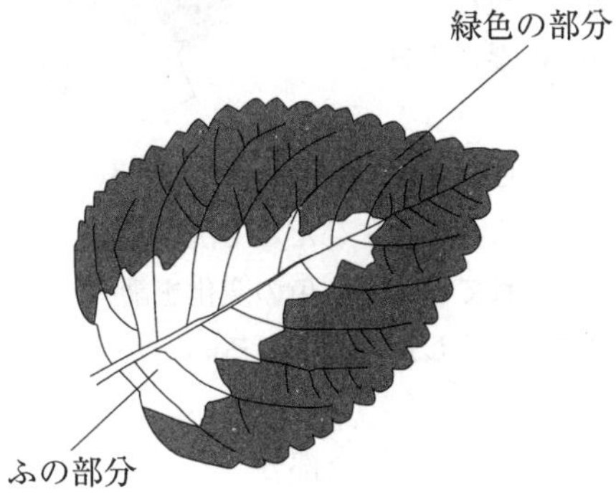

図１

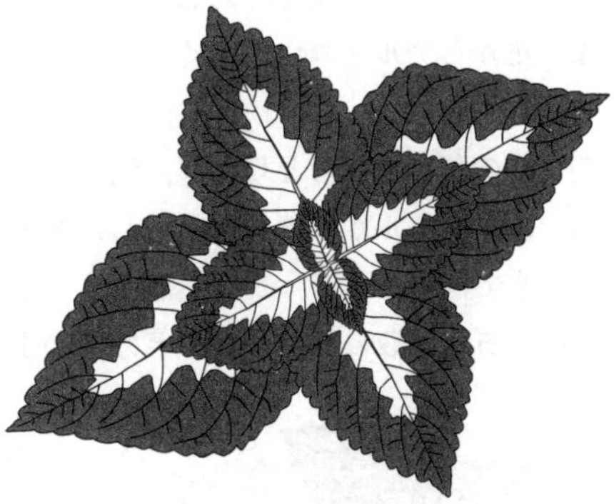

図２

観察してわかったこと

○　コリウスは，双子葉類であることがわかった。
○　コリウスの葉は，緑色の部分とふの部分にわかれていた。
○　コリウスの葉は，葉どうしが重ならないようについていた。

問１　下線部について，次の**ア**～**エ**の植物の中から，双子葉類に分類されるものを一つ選び，その記号を書きなさい。(３点)

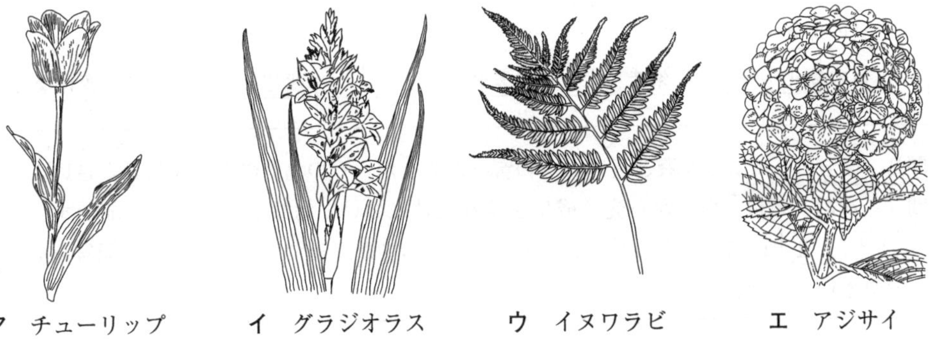

ア　チューリップ　　**イ**　グラジオラス　　**ウ**　イヌワラビ　　**エ**　アジサイ

問２　次の文章は，コリウスの葉のつきかたの特徴について説明したものです。文章中の［Ｉ］にあてはまることばを書きなさい。(３点)

コリウスは，**図２**のようにたがいに重なり合わないように葉がついている。これにより，多くの葉に［　　Ｉ　　］ため，光合成がさかんに行われ，多くの栄養分がつくられる。

Uさんは，光合成に必要な条件を調べるため，コリウスの葉を使って次の実験を行いました。

実験1

(1)　鉢植えのコリウスを，暗室に1日おいた。

(2)　翌日，1枚の葉の一部を，**図3**のようにアルミニウムはくでおおい，日中にじゅうぶん光を当てた。

(3)　アルミニウムはくでおおった葉を，茎から切りとった。

(4)　葉からアルミニウムはくをはずしたあと，90℃の湯に1分間ひたした。

(5)　(4)の葉を湯からとり出し，温めたエタノールで脱色した。

(6)　エタノールから葉をとり出したあと，ビーカーに入れた水にひたして洗った。

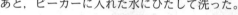

(7)　水で洗った葉を，ヨウ素液が入ったペトリ皿に入れてひたし，色の変化を調べた。**図4**は，ヨウ素液にひたしたあとの葉のようすを模式的に示したものである。

図3

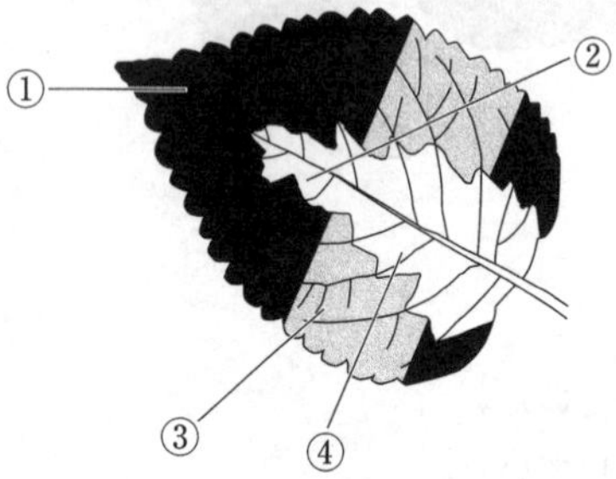

図4

①：光を当てた緑色だった部分
②：光を当てたふの部分
③：アルミニウムはくでおおった緑色だった部分
④：アルミニウムはくでおおったふの部分

(8)　**表1**は，葉をヨウ素液にひたしたあとの色の変化をまとめたものである。

表1

葉の部分	①	②	③	④
色の変化	青紫色に染まった	変化なし	変化なし	変化なし

問3　**図4**の①でヨウ素液と反応した物質は何ですか。その物質の名称を書きなさい。（2点）

問4　次の文章は，**表1**から光合成に必要な条件について考察したものの一部です。文章中の［Ⅰ］，［Ⅱ］にあてはまるものを，下の**ア**～**カ**の中から一つずつ選び，その記号をそれぞれ書きなさい。（4点）

> 光合成が葉の緑色の部分で行われていることは，**図4**の［Ⅰ］の色の変化を比較するとわかる。また，光合成に光が必要であることは，**図4**の［Ⅱ］の色の変化を比較するとわかる。

ア　①と②　　**イ**　①と③
ウ　①と④　　**エ**　②と③
オ　②と④　　**カ**　③と④

Uさんは，植物がどこから蒸散を行っているかを調べるため，次の実験を行いました。

実験2

(1)　葉の枚数や大きさ，茎の太さや長さがほぼ同じである3本のコリウスの枝X～Zを用意した。

(2)　枝X～Zに次の操作を行った。

X：すべての葉の表側にワセリンをぬる

Y：すべての葉の裏側にワセリンをぬる

Z：すべての葉の表側と裏側にワセリンをぬる

※ワセリンは，水や水蒸気を通さない性質をもつ物質である。

(3)　**図5**のように枝X～Zをメスシリンダーにさしたあと，それぞれの液面が等しくなるように水を入れ，水面を油でおおった。

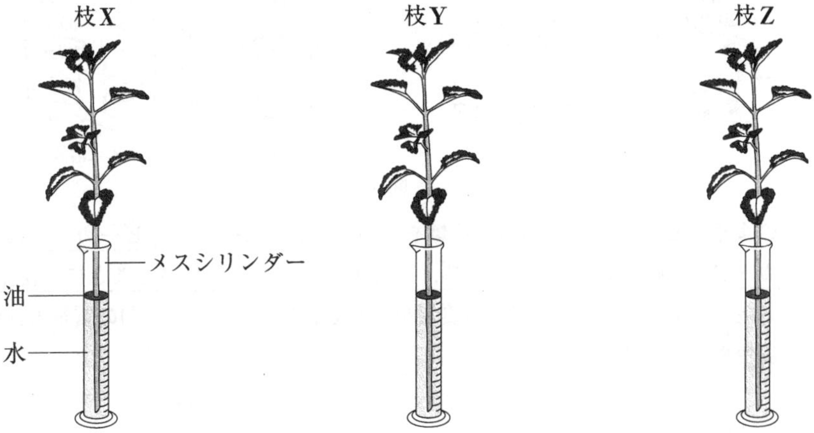

図5

(4)　(3)の枝X～Zを日当たりがよく風通しのよい場所に置き，1日後にそれぞれの水の減少量を調べ，その結果を**表2**にまとめた。

表2

枝	X	Y	Z
水の減少量〔cm^3〕	5.4	2.4	0.6

問5　**表2**から，コリウスの蒸散量は，葉の表側と葉の裏側のどちらが多いといえるか，書きなさい。また，その理由を**水の減少量**という語句を使って説明しなさい。(4点)

問6　**表2**から，このときの葉の表側の蒸散量と葉の裏側の蒸散量の合計は何gになると考えられますか。次の**ア**～**エ**の中から最も適切なものを一つ選び，その記号を書きなさい。ただし，メスシリンダー内の水の減少量は，コリウスの蒸散量と等しいものとし，水の密度は1 g/cm^3とします。(3点)

ア　8.4g　　**イ**　7.8g　　**ウ**　7.2g　　**エ**　6.6g

4　科学部のWさんは中和反応によってできる塩に興味をもち，実験を行って レポート にまとめました。問１～問５に答えなさい。(19点)

レポート

課題

中和反応では，酸とアルカリの組み合わせによって，水に溶けない塩ができたり，水に溶ける塩ができたりする。これによって，反応後の水溶液の性質にどのような違いが生じるのだろうか。

実験１　うすい硫酸とうすい水酸化バリウム水溶液の中和反応

(1)　図１のように，4つのビーカーA1～A4にうすい硫酸をそれぞれ10.0ｇずつ，4つのビーカーB1～B4にうすい水酸化バリウム水溶液を7.5ｇ，15.0ｇ，22.5ｇ，30.0ｇ入れた。

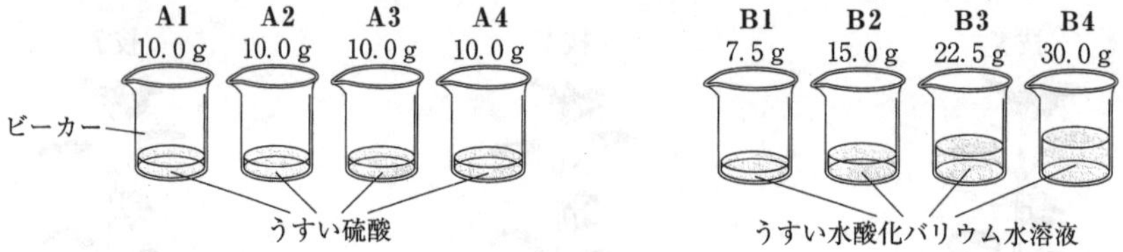

図１

(2)　図２のようにビーカーA1とB1の質量をいっしょにはかった。①<u>ビーカーA1の水溶液にビーカーB1の水溶液をすべて加えて，よく混ぜ合わせて反応させると白い沈殿ができた</u>。反応後，再びビーカーA1とB1の質量をいっしょにはかり，反応前の質量と比較した。なお，混合後の水溶液をX1とした。

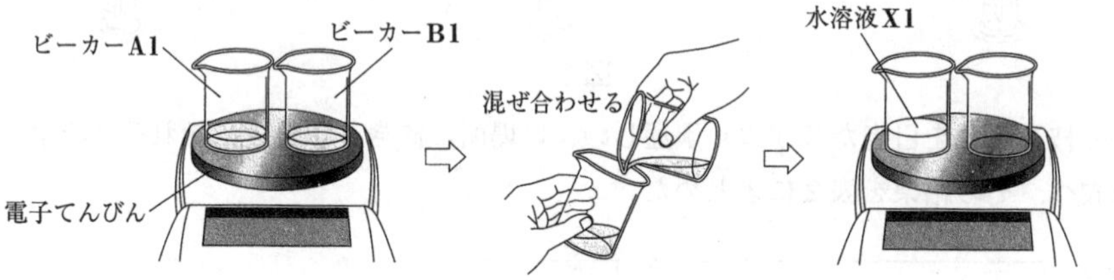

図２

(3)　水溶液X1を試験管に白い沈殿を入れないように１㎤とり，BTB溶液を加えて色の変化を調べた。

(4)　水溶液X1をビーカーに白い沈殿を入れないように10㎤とり，図３のような装置で３Ｖの電圧をかけ，水溶液に電流が流れるかどうかを，豆電球が点灯するかどうかで調べた。

(5)　ビーカーA2とB2，A3とB3，A4とB4についても(2)と同じ操作を行い，混合後のビーカーの水溶液をそれぞれX2，X3，X4とし，得られた水溶液X2～X4について(3)，(4)と同じ操作を行った。

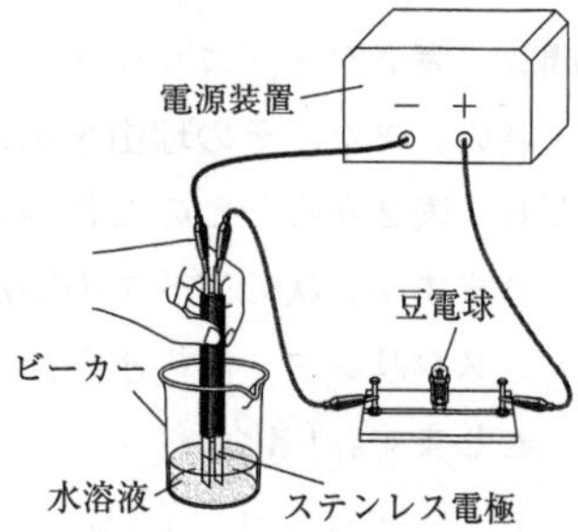

図３

(6)　水溶液X1～X4の中の白い沈殿を集めて蒸留水で洗浄し，乾燥させて質量をはかった。

実験２　うすい塩酸とうすい水酸化ナトリウム水溶液の中和反応

実験１で用いたうすい硫酸をうすい塩酸に，うすい水酸化バリウム水溶液をうすい水酸化ナトリウム水溶液にそれぞれ代えて，**実験１**の(1)～(5)と同じ操作を行った。混合後の水溶液を，加えた水酸化ナトリウム水溶液の量が少ない方から，それぞれY1，Y2，Y3，Y4とした。なお，(2)と同じ操作を行ったとき，Y1～Y4のいずれも沈殿はできなかった。

結果

○　**実験１**，**実験２**のいずれにおいても②化学変化の前後で物質全体の質量に変化はなかった。

○　BTB溶液の色，豆電球の点灯，沈殿の質量については次の**表**の通りである。

表

	実験１				実験２			
水溶液	X1	X2	X3	X4	Y1	Y2	Y3	Y4
BTB溶液の色	黄色	黄色	緑色	青色	黄色	黄色	緑色	青色
豆電球の点灯	あり	あり	なし	あり	あり	あり	あり	あり
沈殿の質量〔g〕	0.1	0.2	0.3	0.3	―	―	―	―

問１　**実験１**の下線部①について，この化学変化を化学反応式で表しなさい。（４点）

問２　**結果**の下線部②のような，化学変化における法則を何というか，その名称を書きなさい。（３点）

問３　**表**中の水溶液X3で電流が流れなかったのはなぜだと考えられますか。水溶液X3と水溶液Y3を比較し，生じた塩の性質にふれながら，**イオン**という語を使って，その理由を書きなさい。（５点）

問４　表中の水溶液Y3は中性になりました。このとき，水溶液Y1～Y3から塩をとり出すために行う操作と，その操作を行うことで塩が純粋な物質として得られる水溶液の組み合わせとして正しいものを，次の**ア**～**エ**の中から一つ選び，その記号を書きなさい。（３点）

	水溶液に行う操作	塩が純粋な物質として得られる水溶液
ア	冷却する	Y1，Y2，Y3
イ	冷却する	Y3
ウ	蒸発させる	Y1，Y2，Y3
エ	蒸発させる	Y3

問５ **実験１**で使用した水酸化バリウム水溶液の質量パーセント濃度は１％でした。うすい硫酸の濃度を変えず，水酸化バリウム水溶液の濃度のみを２％に変えて**実験１**と同じ操作を行います。加える水酸化バリウム水溶液の質量と生じる沈殿の質量の関係を表すグラフを，次の**ア**～**カ**の中から一つ選び，その記号を書きなさい。（４点）

ア

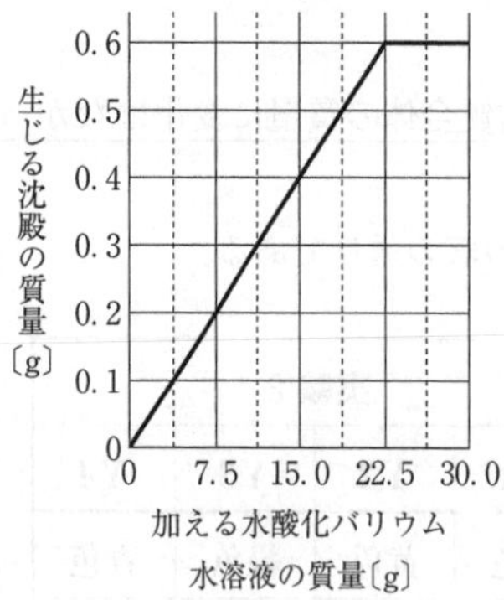

イ

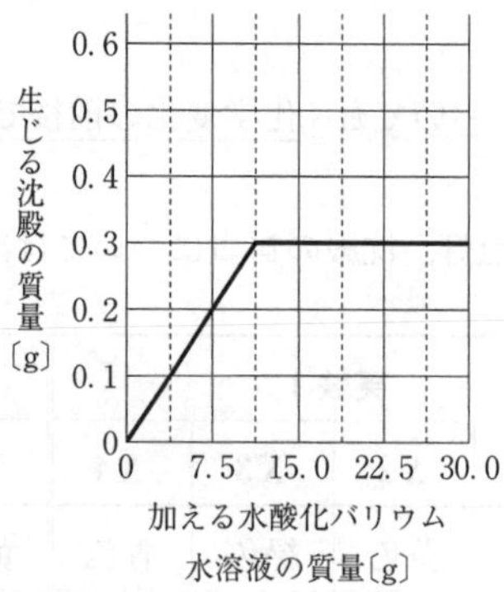

ウ

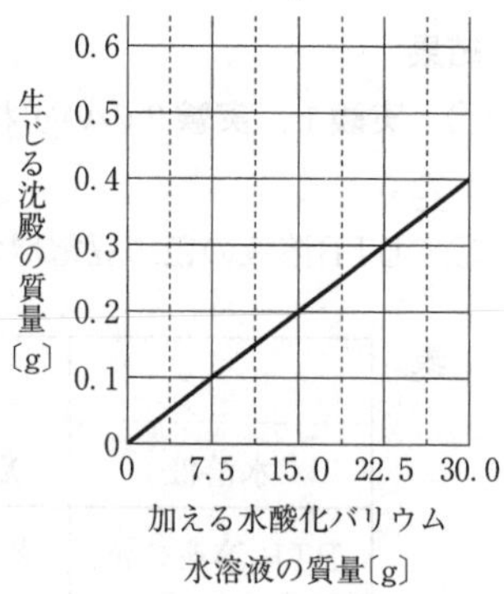

エ

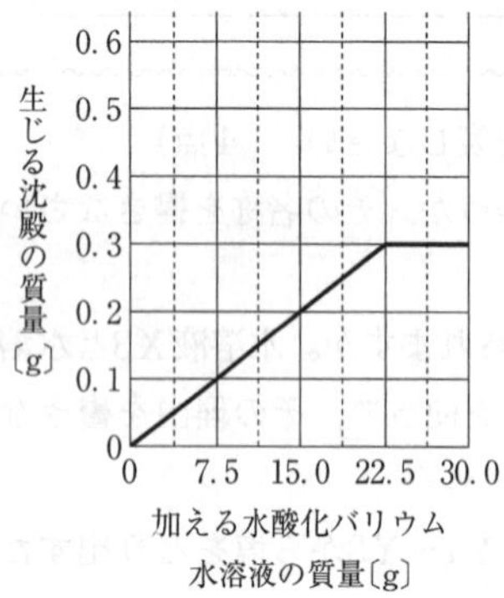

オ

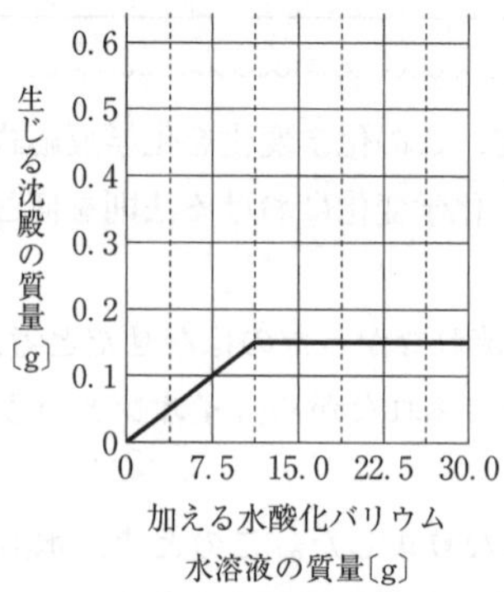

カ

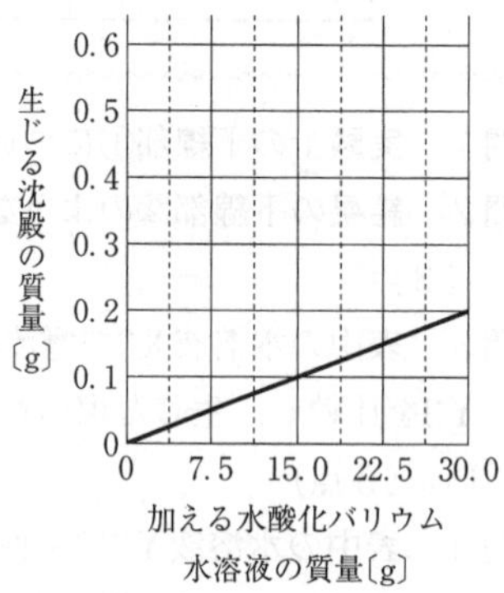

5　Mさんは，理科の授業で音の学習を行いました。問１～問５に答えなさい。(19点)

理科の授業場面

声をマイクロホンでパソコンに入力して，音の波形を見てみましょう。
あー
パソコン
マイクロホン
先生
Mさん

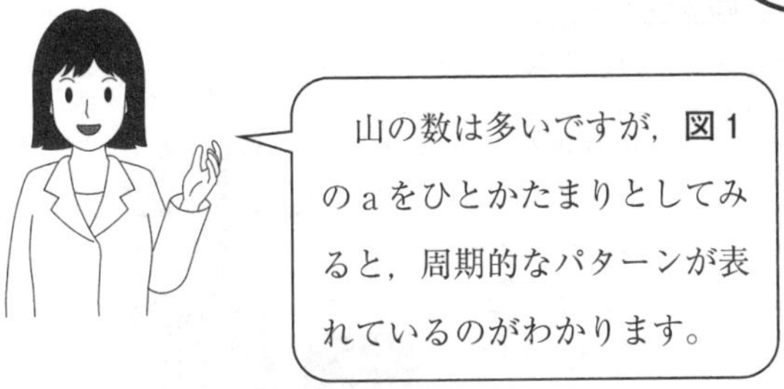

山の数は多いですが，図１のａをひとかたまりとしてみると，周期的なパターンが表れているのがわかります。

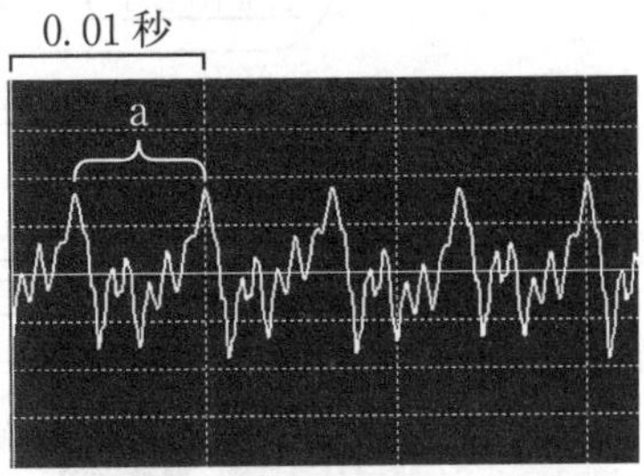

図１　Mさんの声を分析した音の波形

問１　**図１**の横軸の１目盛りが0.01秒のとき，**図１**の波形の音の振動数は何Hzか求めなさい。なお，**図１**のａで示した範囲の音の波形を１回の振動とします。(４点)

問２　Mさんが**図１**で表された波形の音よりも高い声を出すと，音の波形はどのようになりますか。次の**ア**～**エ**の中から，最も適切なものを一つ選び，その記号を書きなさい。(３点)

ア
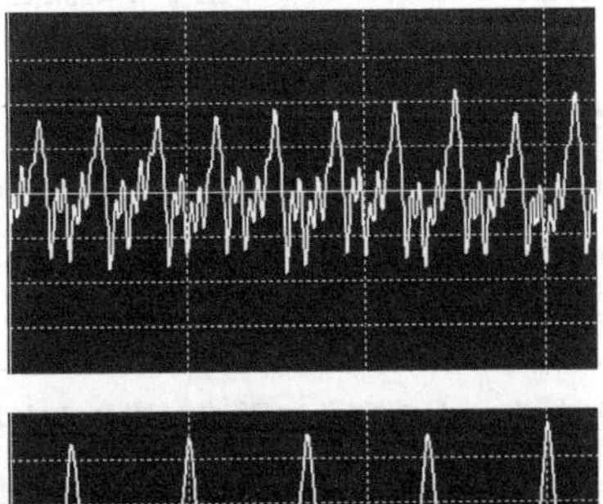

イ
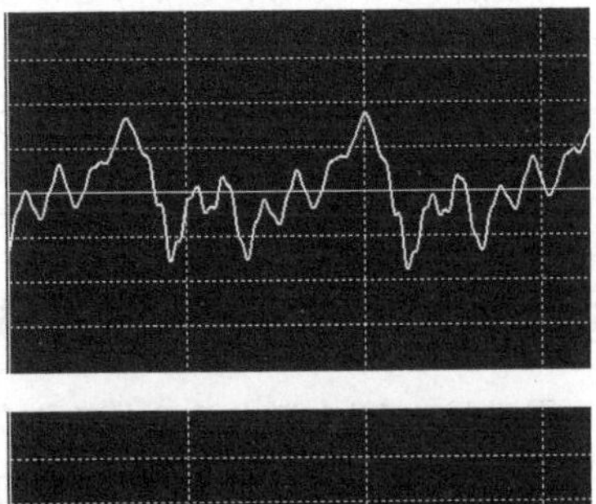

ウ
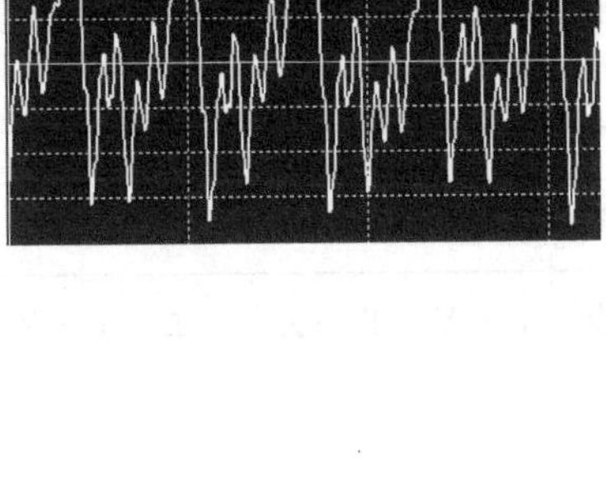

エ
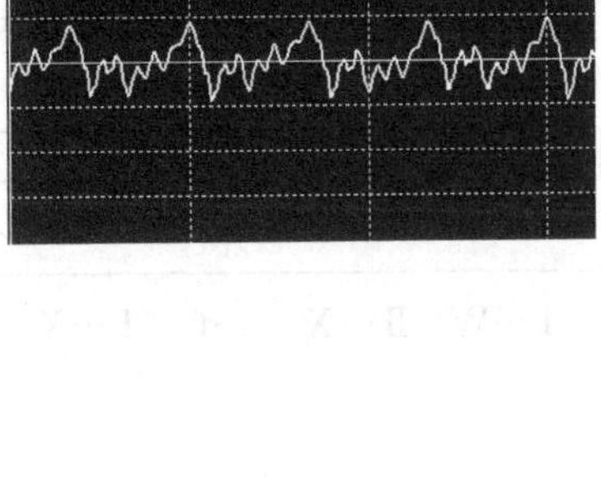

授業後に質問している場面

マイクロホンとスピーカーは同じつくりだときいたのですが，本当ですか。

本当です。**図2**は，あるマイクロホンのしくみを模式的に表したものです。振動板をとりつけたコイルが音によって振動します。①振動で，固定された磁石によるコイルをつらぬく磁界が変化すると，その変化にともなってコイルに電圧が生じ，交流電流が流れます。このように，振動が電気信号に変換されるのがマイクロホンです。

図3は，あるスピーカーのしくみを模式的に表したものです。②**図3**のスピーカーは，**図2**のマイクロホンの逆のしくみで音を出します。このスピーカーのしくみを考えてみましょう。

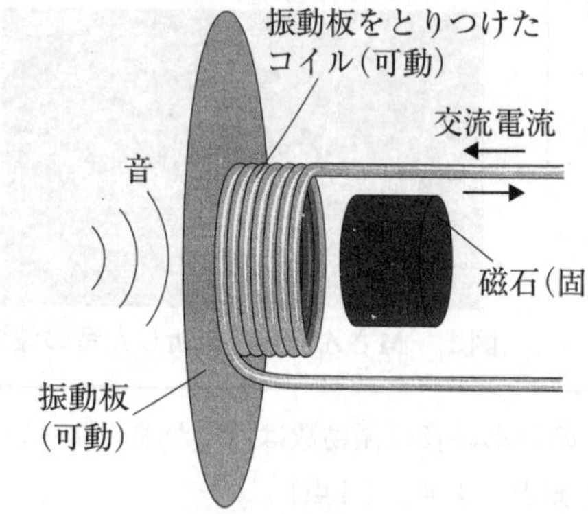

図2

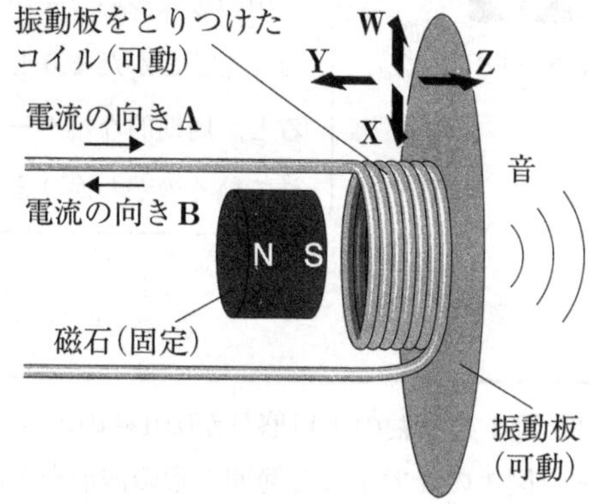

図3

問3　下線部①について，コイルをつらぬく磁界が変化することによって生じる電流を何というか，その名称を書きなさい。(3点)

問4　次は，下報部②について，**図3**のスピーカーがどのようなしくみになっていることで音が生じるのかを説明したものです。［Ⅰ］，［Ⅱ］にあてはまる，**図3**で示された**W**～**Z**の向きの組み合わせとして正しいものを，下の**ア**～**エ**の中から一つ選び，その記号を書きなさい。また，［Ⅲ］にあてはまることばを，**交互**，**磁界**という語を使って書きなさい。(5点)

> 電流がコイルに流れることでコイルが電磁石となる。Aの向きに電流が流れると振動板をとりつけたコイルは［Ⅰ］の向きに動く。同様にBの向きに電流が流れると振動板をとりつけたコイルは［Ⅱ］の向きに動く。先生のマイクロホンの説明から考えると，図3のスピーカーのしくみは
>
> ［　　　　Ⅲ　　　　］
>
> ことで振動板が振動し，音が生じるようになっているとわかる。

ア　Ⅰ…W　Ⅱ…X　　**イ**　Ⅰ…X　Ⅱ…W　　**ウ**　Ⅰ…Y　Ⅱ…Z　　**エ**　Ⅰ…Z　Ⅱ…Y

日常生活との関連を考える場面

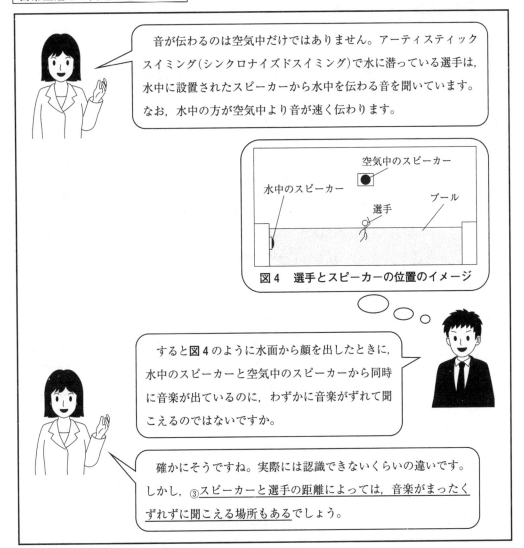

音が伝わるのは空気中だけではありません。アーティスティックスイミング(シンクロナイズドスイミング)で水に潜っている選手は，水中に設置されたスピーカーから水中を伝わる音を聞いています。なお，水中の方が空気中より音が速く伝わります。

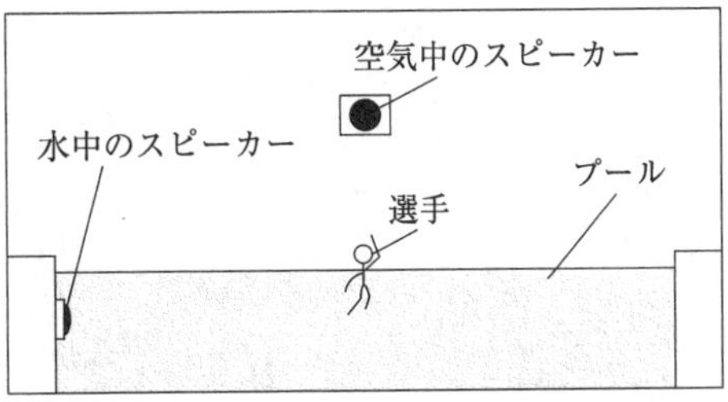

図4　選手とスピーカーの位置のイメージ

すると**図4**のように水面から顔を出したときに，水中のスピーカーと空気中のスピーカーから同時に音楽が出ているのに，わずかに音楽がずれて聞こえるのではないですか。

確かにそうですね。実際には認識できないくらいの違いです。しかし，③<u>スピーカーと選手の距離によっては，音楽がまったくずれずに聞こえる場所もある</u>でしょう。

問5　下線部③について，水面で音楽がずれずに伝わる位置を点P，水中のスピーカーと点Pの距離を22.5mとするとき，空気中のスピーカーと点Pの距離は何mですか。空気中を伝わる音の速さを340m/s，水中を伝わる音の速さを1500m/sとして求めなさい。(4点)

＜社会＞

時間 50分 満点 100点

1 Sさんは，エジプト，モンゴル，オーストラリア，アメリカ合衆国及びアルゼンチンの5か国について調べました。次の**地図1**をみて，問1～問5に答えなさい。(15点)

地図1

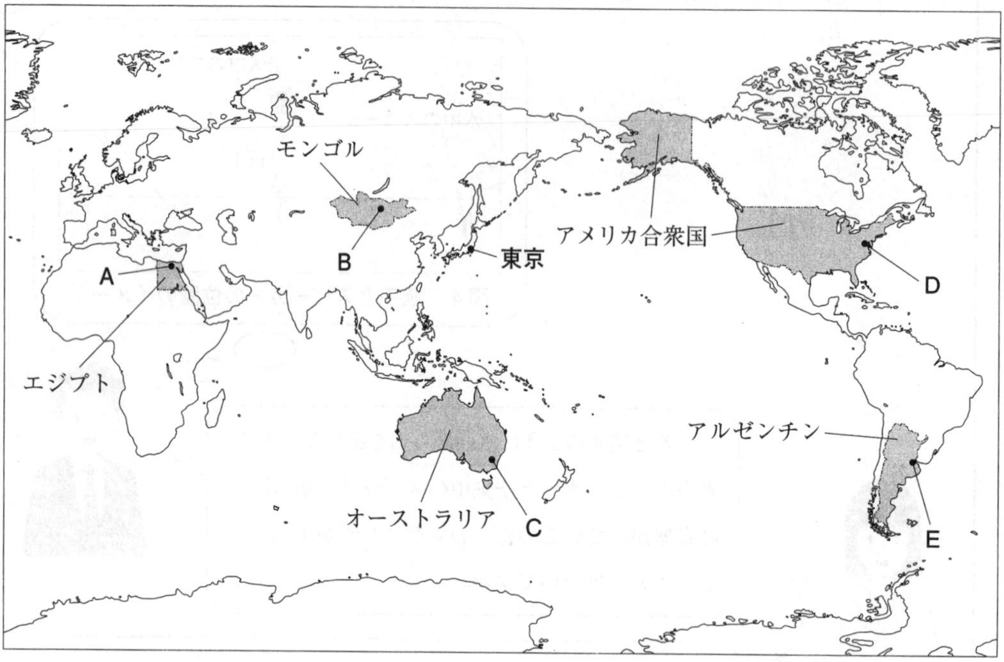

問1 三大洋のうち，**地図1**中に示したアメリカ合衆国のある大陸が面している**二つ**の海洋の名称を，それぞれ書きなさい。(3点)

問2 **地図1**中の**A**～**E**の地点は，5か国の首都の位置を示したものです。5か国の首都の位置について述べた文として正しいものを，次の**ア**～**エ**の中から一つ選び，その記号を書きなさい。(2点)

ア 5か国の首都のうち，南半球に位置するものは三つである。

イ 5か国の首都のうち，ユーラシア大陸に位置するものは二つである。

ウ 5か国の首都のうち，位置の経度が西経で表示されるものは二つである。

エ 5か国の首都のうち，今年最も早く1月1日を迎えた地点に位置する首都は**E**である。

問3 **地図1**中の**E**の地点は，**東京**からみたときにおよそどの方位ですか。**東京**からの距離と方位が正しくあらわされた次のページの**地図2**をみて，最も適切なものを，次の**ア**～**エ**の中から一つ選び，その記号を書きなさい。(2点)

ア 北東 **イ** 東 **ウ** 南東 **エ** 南

地図２

問４　次の**グラフ**は，乾燥帯の砂漠気候に属する**地図１**中の**A**の地点の気温と降水量を示したものです。また，**資料**は，砂漠気候にみられる景観を示したものです。**グラフ**にみられる砂漠気候の特色を，降水量に着目し，**資料**から読みとれる砂漠気候における植物の生育にふれて書きなさい。（５点）

グラフ

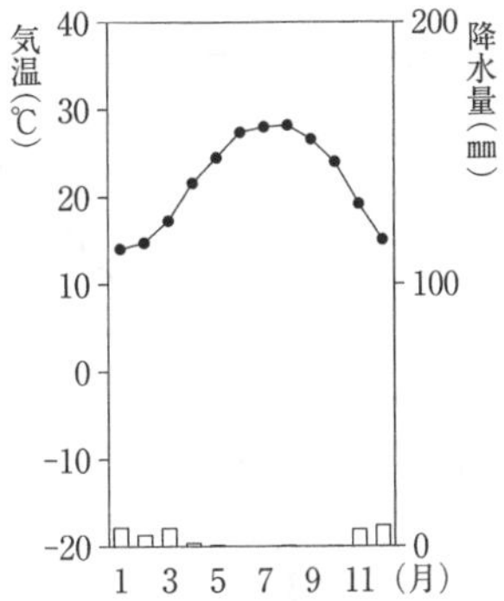

（理科年表　2019 から作成）

資料

サハラ砂漠

問５　次のページの**表**は，**地図１**中に示した５か国の，2016年における１人あたりのGNI，輸出入総額とおもな輸出入品（上位３品目）の総額に占める割合を示したものです。表から読みとれる内容を述べた文として正しいものを，下の**ア**～**オ**の中から**すべて**選び，その記号を書きなさい。（３点）

ア　エジプトとモンゴルとオーストラリアを比べると，金の輸出額が最も多い国は，オーストラリアである。

イ　アメリカ合衆国の原油の輸入額は，石油製品の輸出額の２倍以上である。

ウ　５か国のいずれの国も，輸入総額に占める機械類と自動車の割合の合計は30％を超えている。

エ　５か国において，１人あたりのGNIが50000ドルを超えている国のおもな輸出品は，鉱産資源である。

オ　５か国においては，１人あたりのGNIが最も多い国が，貿易赤字が最も多い。

表

	1人あたりのGNI（ドル）	輸出総額とおもな輸出品（上位3品目）の総額に占める割合				輸入総額とおもな輸入品（上位3品目）の総額に占める割合			
		輸出総額（百万ドル）	第1位（%）	第2位（%）	第3位（%）	輸入総額（百万ドル）	第1位（%）	第2位（%）	第3位（%）
エジプト	2778	22507	金（11.8）	野菜・果実（11.3）	原油（8.0）	58053	機械類（16.4）	自動車（7.8）	鉄鋼（6.0）
モンゴル	3437	4916	銅鉱（32.7）	石炭（19.8）	金（15.4）	3340	機械類（20.0）	石油製品（16.2）	自動車（12.0）
オーストラリア	52730	189630	鉄鉱石（20.9）	石炭（15.6）	金（7.4）	189406	機械類（25.4）	自動車（13.5）	石油製品（6.0）
アメリカ合衆国	58876	1450457	機械類（25.2）	自動車（8.3）	石油製品（4.6）	2248209	機械類（29.1）	自動車（12.5）	原油（4.8）
アルゼンチン	12161	57733	植物性油かす（17.5）	自動車（8.7）	とうもろこし（7.3）	55610	機械類（28.1）	自動車（17.1）	医薬品（4.2）

（世界国勢図会 2018/19 年版から作成）

2　Nさんは，地理的分野の授業で日本の諸地域を学習したあと，**地図1**を作成しました。**地図1**をみて，問1～問5に答えなさい。（15点）

地図1

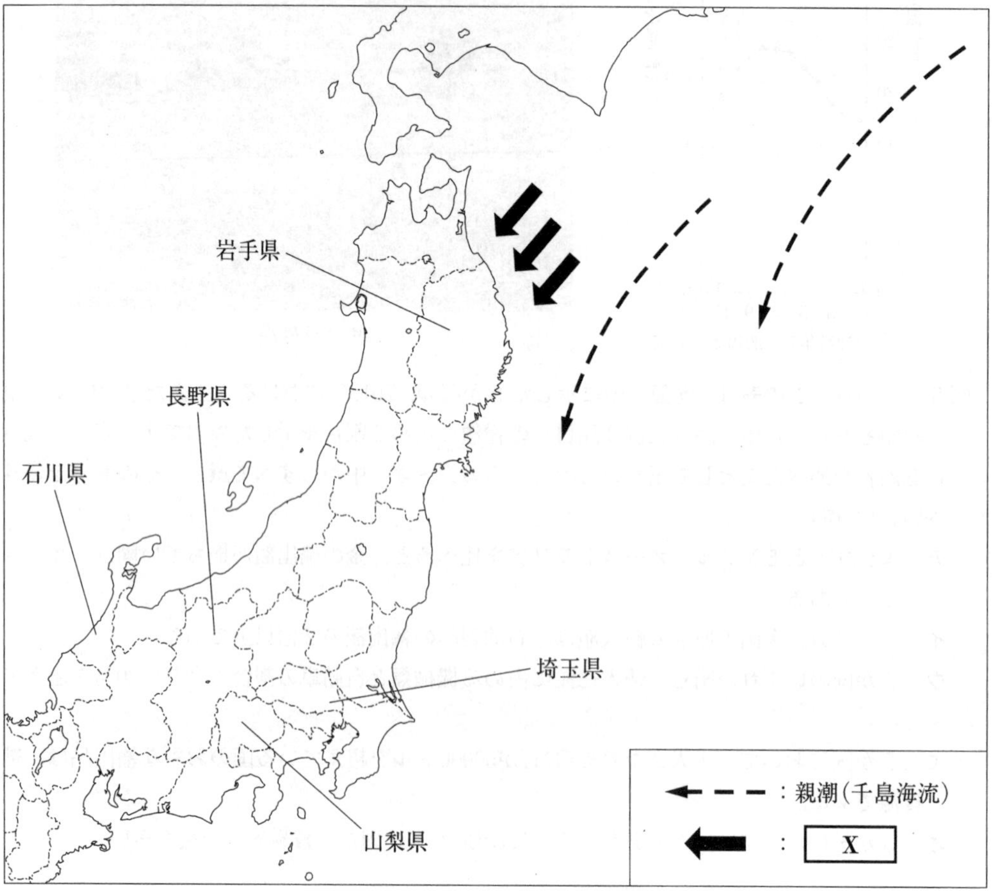

問１　Nさんは，東北地方の夏の気象災害について調べ，**地図１**中に海流と冷害をもたらす風を模式的に示し，次のようにまとめました。**地図１**と**まとめ**の中の X にあてはまる語を書きなさい。（３点）

まとめ

> 東北地方の太平洋側では，夏になると寒流の親潮の影響を受け， X とよばれる冷たく湿った北東の風がふくことがあります。 X がもたらす冷気と霧，また日照不足で，稲などの農作物が十分に育たず，収穫量が減ってしまう冷害が起こることがあります。冷害への対策として，短期間で成長し早く収穫できる品種の作付けなどが行われています。

問２　Nさんは，**地図１**中の埼玉県，長野県，石川県の三つの県における県庁所在地の気温と降水量を調べ，次のⅠ～Ⅲのグラフをつくりました。Ⅰ～Ⅲのグラフと県庁所在地の組み合わせとして正しいものを，下の**ア**～**カ**の中から一つ選び，その記号を書きなさい。（２点）

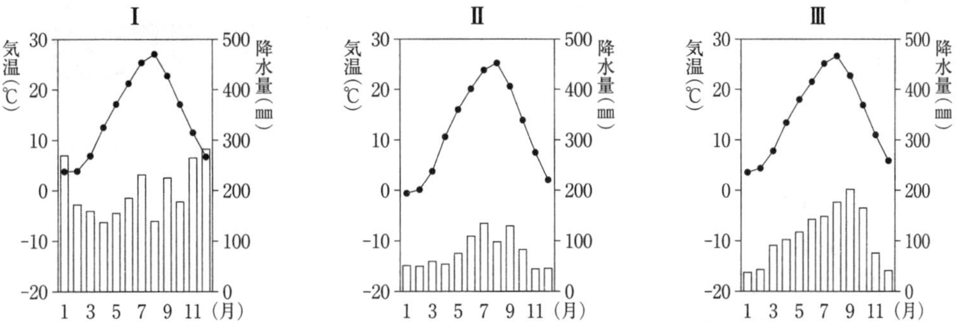

（理科年表　2019 などから作成）

ア	Ⅰ－さいたま市	Ⅱ－長野市	Ⅲ－金沢市
イ	Ⅰ－さいたま市	Ⅱ－金沢市	Ⅲ－長野市
ウ	Ⅰ－金沢市	Ⅱ－さいたま市	Ⅲ－長野市
エ	Ⅰ－金沢市	Ⅱ－長野市	Ⅲ－さいたま市
オ	Ⅰ－長野市	Ⅱ－金沢市	Ⅲ－さいたま市
カ	Ⅰ－長野市	Ⅱ－さいたま市	Ⅲ－金沢市

問３　右の**地図２**は，**地図１**中の山梨県の一部を示した２万５千分の１の地形図です。**地図２**中には，川が山間部から平野や盆地に出たところに土砂がたまってつくられた。水はけがよいという特徴をもつ地形がみられます。このような地形の名称を書きなさい。

また，**地図２**から読みとれる，このような地形での農業におけるおもな土地利用について簡潔に説明しなさい。（５点）

（編集上の都合により88％に縮小してあります。）

地図２

（国土地理院２万５千分の１地形図「塩山」平成28年発行）

問4　Nさんは，農産物について調べ，**地図**1中の岩手県，埼玉県，長野県，石川県の，2016年における農業産出額の割合を示した次の**グラフ**をつくりました。**グラフ**中のA～Cには，米，野菜及び果実のいずれかがあてはまります。A～Cにあてはまる農産物の組み合わせとして正しいものを，下の**ア**～**カ**の中から一つ選び，その記号を書きなさい。(2点)

グラフ

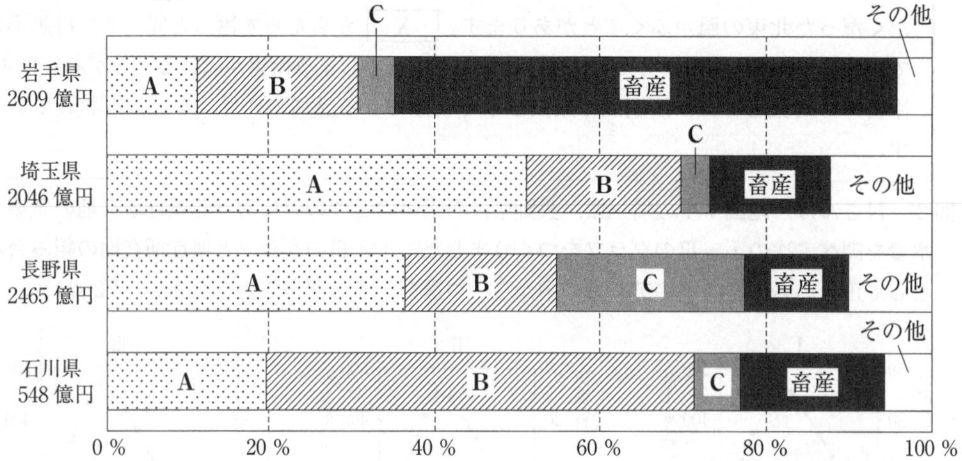

(データでみる県勢2019年版から作成)

ア　A－野菜　B－米　C－果実
イ　A－野菜　B－果実　C－米
ウ　A－米　B－野菜　C－果実
エ　A－米　B－果実　C－野菜
オ　A－果実　B－米　C－野菜
カ　A－果実　B－野菜　C－米

問5　次のページの**地図**3は，**地図**1中の山梨県の一部を示した2万5千分の1の地形図です。**地図**3から読みとれる内容を述べた文として下線部が正しいものを，次の**ア**～**オ**の中から**すべて**選び，その記号を書きなさい。(3点)(編集上の都合により88%に縮小してあります。)

ア　日(ひ)川は，A地点からB地点に向かって流れている。
イ　C地点からD地点までの直線距離は，地図上で約7㎝であり，実際の直線距離は約1750mである。
ウ　E地点の小・中学校からみると，F地点の小・中学校は，およそ南西の方向にある。
エ　G地点には，図書館がある。
オ　H地点の高さとI地点の高さを比べると，H地点の方が高い。

地図３

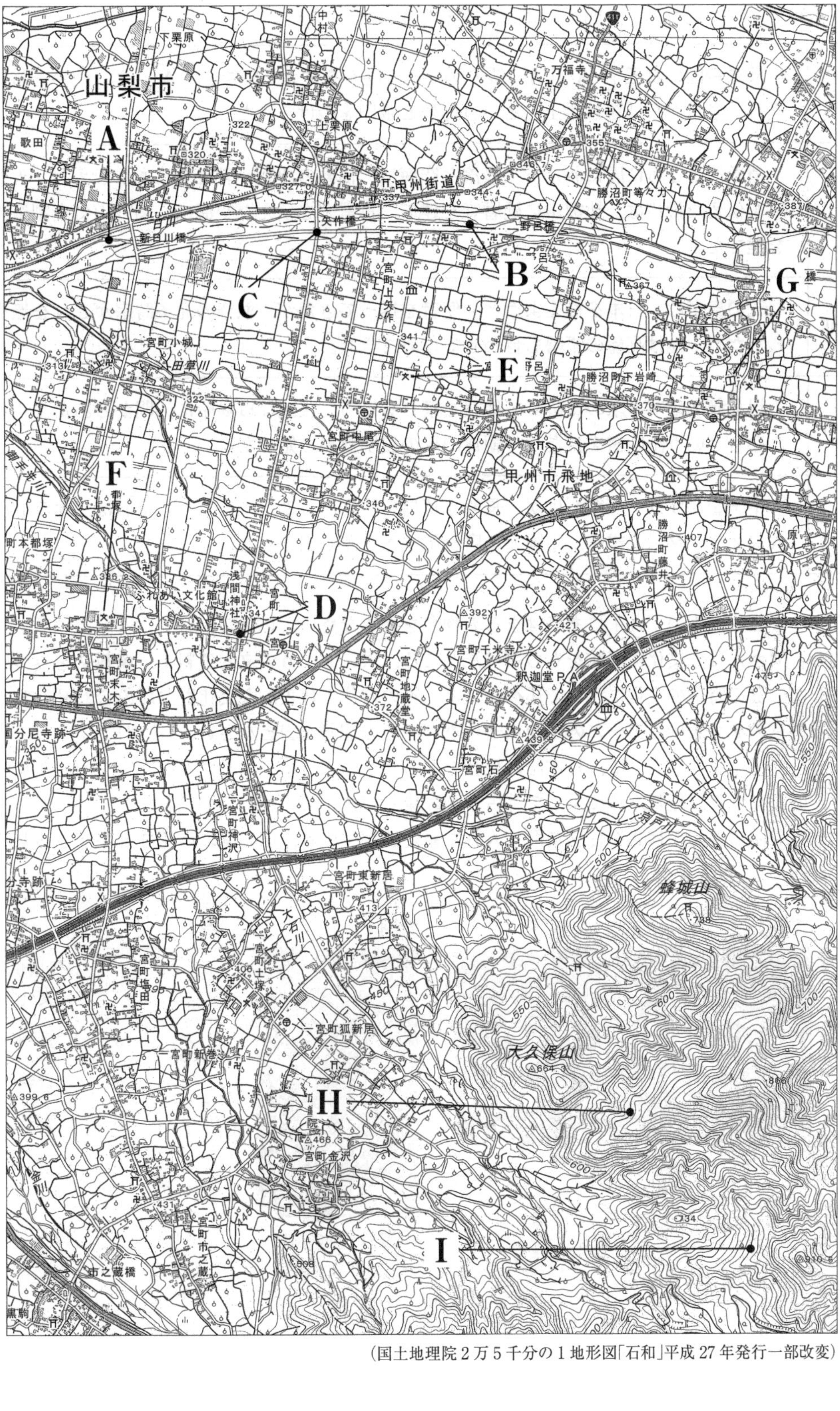

（国土地理院２万５千分の１地形図「石和」平成 27 年発行一部改変）

3 次のⅠ～Ⅴは，Mさんが，五つの異なる時代の日本と中国との関係などについて調べ，まとめたものです。これをみて，問1～問5に答えなさい。(15点)

Ⅰ	邪馬台国の女王 [A] が，倭の30ほどの国々を従えていた。[A] は，使いを魏に送り，皇帝から「親魏倭王」という称号と金印を授けられた。
Ⅱ	遣唐使とともに唐にわたった最澄と空海は，仏教の新しい教えを日本に伝えた。天台宗を伝えた最澄は，比叡山に延暦寺を建て，真言宗を伝えた空海は，高野山に金剛峯寺を建てた。
Ⅲ	元の皇帝は，日本を従えようと，使者を送ってきたが，執権の北条時宗がこれを無視したため，元は高麗の軍勢も合わせて攻めてきた。
Ⅳ	足利義満は明の求めに応じて倭寇を禁じる一方，正式な貿易船に，明からあたえられた勘合という証明書を持たせ，朝貢の形の日明貿易を始めた。
Ⅴ	中国船とオランダ船だけが，長崎で貿易を許されることになった。幕府は，オランダ人にオランダ風説書を，中国人に唐船風説書を差し出させた。

問1 まとめの中の [A] にあてはまる人物名を書きなさい。(3点)

問2 Mさんは，文化に興味をもち調べたところ，次のa，bの文と**資料1**，**資料2**をみつけました。Ⅱの時代の文化について述べた文と，その時代の代表的な文化財の組み合わせとして正しいものを，**表**中の**ア**～**エ**の中から一つ選び，その記号を書きなさい。(2点)

a 漢字を変形させて，日本語の発音をあらわせるように工夫したかな文字を用いた文学が盛んになり，紀貫之らによって「古今和歌集」がまとめられた。

b 寺院の部屋の様式を住居に取り入れた書院造が生まれ，床の間には花などがかざられるようになった。

資料1

源氏物語絵巻

資料2

雪舟の水墨画

表

	文化	代表的な文化財
ア	a	資料1
イ	a	資料2
ウ	b	資料1
エ	b	資料2

問3　Ⅲの時代に起こった世界のできごとを述べた文として，その正誤の組み合わせが正しいものを，下の**ア**～**エ**の中から一つ選び，その記号を書きなさい。(3点)

X　地中海を中心に広大な地域を支配したローマ帝国が東西に分裂した。 Y　フビライに仕えたイタリア人のマルコ・ポーロが『世界の記述』(『東方見聞録』)の中で，「黄金の国ジパング」を紹介した。 Z　ローマ教皇が免罪符を売り出すと，これを批判してルターやカルバンが宗教改革を始めた。

ア　X　正　Y　正　Z　誤　　**イ**　X　正　Y　誤　Z　誤
ウ　X　誤　Y　正　Z　誤　　**エ**　X　誤　Y　正　Z　正

問4　Ⅳの時代における社会や経済の様子を述べた文として正しいものを，次の**ア**～**エ**の中から一つ選び，その記号を書きなさい。(2点)

ア　豪族が支配していた土地と人々とを，公地・公民として国家が直接支配する方針が示された。

イ　惣とよばれる自治組織がつくられ，農業用水路の建設や管理，燃料や飼料をとる森林の利用や管理などについての村のおきてが定められた。

ウ　人々は，口分田の面積に応じて租を負担し，このほかに一般の良民の成人男子には，布や特産物を都まで運んで納める調，庸などの税や，兵役の義務が課されるようになった。

エ　近畿地方の進んだ農業技術が各地に広まり，農具では，田畑を深く耕せる鉄製の備中ぐわや，千歯こきなどが使われるようになって，作業の能率や生産力が上がった。

問5　次の**資料3**は，Ⅴの時代の幕府が大名を統制するために定めた法律で，第3代将軍のときに定められたものの一部をわかりやすくなおしたものです。**資料3**の法律の名称を書きなさい。また，**資料3**中の大名とは，どのような武士のことか，石高にふれながら説明しなさい。(5点)

資料3

一　大名は，毎年4月中に江戸へ参勤すること。 一　新しい城をつくってはいけない。石垣などがこわれたときは奉行所の指示を受けること。 一　大名は，かってに結婚してはいけない。 一　500石積み以上の船をつくってはならない。

4　次のページの年表をみて，問1～問5に答えなさい。(15点)

問1　次の**ア**～**エ**は，年表中Aの時期のできごとについて述べた文です。年代の**古い順**に並べかえ，その順に記号で書きなさい。(3点)

ア　会議を開いて世論に基づいた政治を行うことなどを示した，五箇条の御誓文が発布された。

イ　板垣退助らが，民撰議院設立建白書を政府に提出した。

ウ　版籍奉還が行われ，藩主に土地と人民を政府に返させた。

エ　内閣制度ができ，伊藤博文が初代の内閣総理大臣に就任した。

西暦(年)	できごと	
1867	・大政奉還が行われる	A（1867〜1889）
1889	・大日本帝国憲法が発布される	
1894	・日清戦争が始まる	B（1894〜1914）
1914	・第一次世界大戦が始まる	
1924	・第15回衆議院議員総選挙が行われる	X
1925	・普通選挙法が成立する	C
1928	・第16回衆議院議員総選挙が行われる	Y
1941	・太平洋戦争が始まる	D（1941〜1951）
1951	・サンフランシスコ平和条約が結ばれる	E（1951〜1978）
1978	・日中平和友好条約が結ばれる	

問2　次の文章は，年表中Bの時期のできごとについてまとめたものです。**まとめ**の中の［P］にあてはまる人物名を書きなさい。また，**まとめ**の中の［Q］にあてはまる語と［Q］の**地図**中の位置の組み合わせとして正しいものを，下の**ア**～**カ**の中から一つ選び，その記号を書きなさい。（3点）

まとめ

中国では，清を倒して漢民族の独立と近代国家の建設を目ざす革命運動が盛り上がりました。その中心となった［P］は三民主義を唱えて革命運動を進めました。1911年，武昌で軍隊が反乱を起こすと，革命運動は全国に広がり，多くの省が清からの独立を宣言しました。翌年，［P］が臨時大総統になり，［Q］を首都とする，アジアで最初の共和国である中華民国が建国されました。

地図

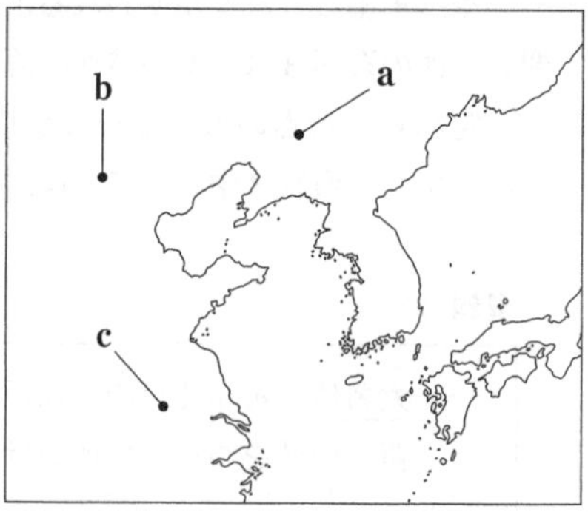

ア　Q－南京　位置－a
イ　Q－南京　位置－b
ウ　Q－南京　位置－c
エ　Q－北京　位置－a
オ　Q－北京　位置－b
カ　Q－北京　位置－c

問３　右の**グラフ**は，年表中Ｘと年表中Ｙにおける全人口と有権者の割合を示したものです。年表中Ｃによって，有権者の割合が変化しましたが，年表中Ｃにより，衆議院議員の選挙権はどのような人がもつこととされたかを説明しなさい。

　また，年表中Ｃのときの内閣総理大臣を，次の**ア**～**エ**の中から一つ選び，その記号を書きなさい。(４点)

ア　原敬
イ　加藤高明
ウ　寺内正毅
エ　犬養毅

グラフ

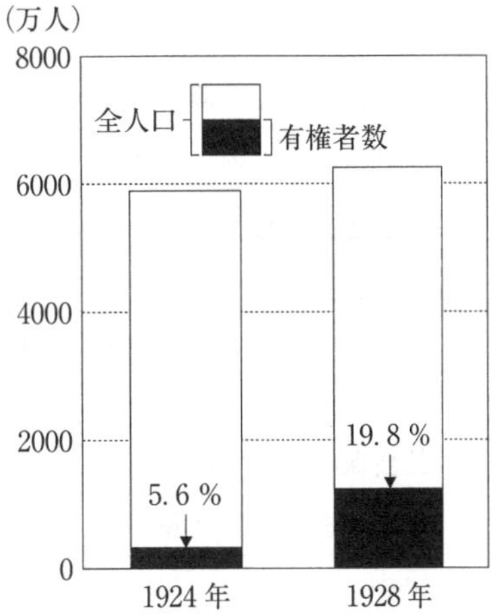

(日本長期統計総覧から作成)

問４　年表中Ｄの時期における日本の社会や経済の様子を述べた文として正しいものを，次の**ア**～**エ**の中から一つ選び，その記号を書きなさい。(２点)

ア　民法が改正され，個人の尊厳と男女の本質的平等に基づく新たな家族制度が定められた。
イ　高度経済成長のなか，テレビ，洗濯機，冷蔵庫などの家庭電化製品や自動車が普及した。
ウ　政党が解散して，新たに結成された大政翼賛会に合流した。
エ　小作料の減額などを求める小作争議が盛んになり，日本農民組合が結成された。

問５　次は，年表中Ｅの時期の日本の外交についてまとめたものです。**まとめ**の中の［Ｚ］にあてはまる語を書きなさい。(３点)

まとめ

> 1960年代以降，日本と韓国・中国との関係にも変化が生まれました。1965年，日本は韓国と日韓基本条約を結び，韓国政府を朝鮮半島の唯一の政府として承認しました。中国とは，1972年，田中角栄内閣のときに［Ｚ］が調印されました。［Ｚ］によって中国との国交を正常化し，1978年には，日中平和友好条約が結ばれました。

5　Ｋさんのクラスでは，公民的分野の学習のまとめとして，自分の興味のある分野からテーマを選び，調べることになりました。次のページの**表**は，Ｋさんが興味をもった分野とテーマについてまとめたものです。**表**をみて，問１～問８に答えなさい。(25点)

問１　下線部①に関連して，2017年９月に衆議院が解散し，11月に第98代内閣が発足しました。Ｋさんは，第97代内閣にかわり第98代内閣が発足するまでの一連のできごとを示した，右の**ア**～**エ**のカードをつくりました。**ア**～**エ**のカードを，第98代内閣が発足するまでの**できごとの順**に並べかえ，その順に記号で書きなさい。(３点)

ア　［**内閣総理大臣の指名**］
イ　［**特別会(特別国会)の招集**］
ウ　［**国務大臣の任命**］
エ　［**衆議院議員総選挙の投票**］

表

分野	テーマ
国の政治のしくみ	・①国会と内閣の関係はどのようなものだろうか。
裁判所のしくみと働き	・法や②裁判は，どのような役割を果たしているのだろうか。
③政治参加と選挙	・選挙はどのように行われ，どのような課題があるのだろうか。
④価格の働き	・市場経済において，価格はどのような働きをしているのだろうか。
私たちの生活と金融機関	・銀行や⑤日本銀行は，どのような仕事をしているのだろうか。
生産と労働	・⑥労働者の権利にはどのようなものがあるのだろうか。
社会保障のしくみ	・⑦日本の社会保障制度はどのようになっているのだろうか。
さまざまな国際問題	・地球はどのような⑧環境問題をかかえているのだろうか。

問２　下線部②に関連して，日本の裁判に関して述べた文として正しいものを，次の**ア**～**オ**の中から**すべて**選び，その記号を書きなさい。（３点）

ア　裁判所は最高裁判所と下級裁判所とに分かれ，下級裁判所には，高等裁判所，地方裁判所，家庭裁判所，簡易裁判所の４種類がある。

イ　第一審の裁判所の判決に納得できない場合，第二審の裁判所に上告し，さらに不服があれば控訴することができる。

ウ　裁判員制度とは，国民の中から選ばれた裁判員が，地方裁判所で行われるすべての刑事裁判に参加する制度である。

エ　民事裁判では，被告人が経済約な理由などにより弁護人を依頼できないときは，国が費用を負担して弁護人をつけることとなっている。

オ　法律が憲法に違反していないかどうかの審査を行う権限は，すべての裁判所がもっている。

問３　次は，下線部③について学ぶ授業における，先生とＫさんの会話です。会話文を読み，後の⑴と⑵の問いに答えなさい。

先　生：衆議院議員の総選挙では，小選挙区制と比例代表制とを組み合わせた選挙制度がとられています。比例代表制とは，どのような選挙制度か，簡潔に説明できますか。

Ｋさん：はい。比例代表制とは，［　　　Ａ　　　］選挙制度です。

先　生：そうですね。よく学習していますね。

Ｋさん：近年，選挙権年齢が満18歳以上に引き下げられたこともあり，選挙に興味をもっています。でも，若い人たちの投票率は低いみたいですね。

先　生：そうですね。投票率が低いことは，選挙の課題の一つですね。

Ｋさん：選挙の課題は，ほかにどのようなものがありますか。

先　生：「一票の格差」も選挙の課題の一つとされています。

Ｋさん：「一票の格差」とは，どのようなことですか。

先　生：有権者の一票の価値に格差が生じることです。わかりやすいように，資料を使って説明しますね。

(1) 会話文中の A にあてはまる比例代表制のしくみの説明を，「**得票数**」と「**議席数**」という**二つの語**を用いて書きなさい。（4点）

(2) 次の**ア**～**エ**の中から，会話文中の「一票の格差」を説明する際に用いる資料として最も適切なものを一つ選び，その記号を書きなさい。（2点）

ア

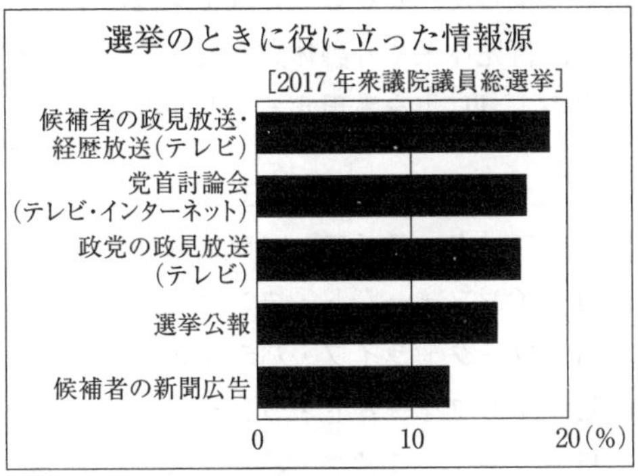

（明るい選挙推進協会ホームページから作成）

イ

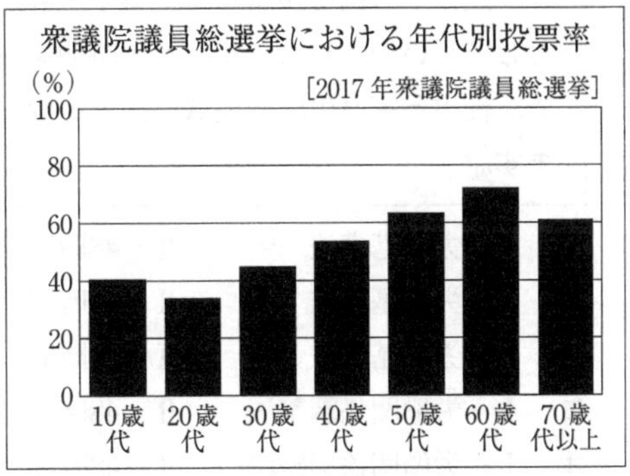

（総務省ホームページから作成）

ウ

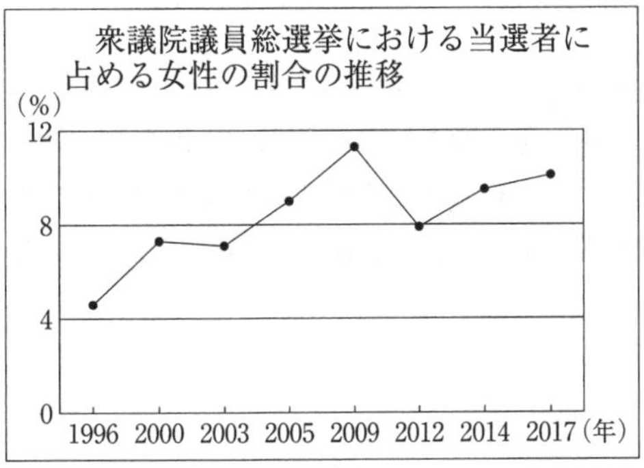

（総務省ホームページから作成）

エ

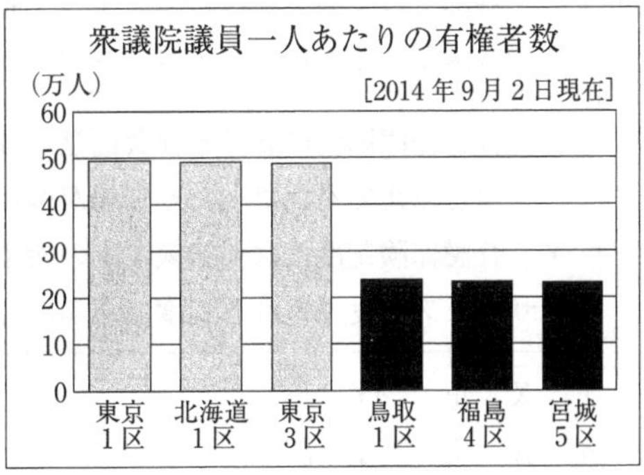

（総務省ホームページから作成）

問4　下線部④に関連して，Kさんは，独占禁止法について調べ，次のようにまとめました。**まとめ**の中の P にあてはまる語を書きなさい。（3点）

まとめ

> 価格競争が弱まると，消費者は不当に高い価格を支払わされることになりかねません。そこで，競争をうながすために独占禁止法が制定され， P がその運用に当たっています。 P は独占禁止法に基づいて設置される行政機関で，不当な取り引きなどをしないよう監視しており，「独占禁止法の番人」ともよばれます。

問5　下線部⑤について，日本銀行には，「発券銀行」，「政府の銀行」，「銀行の銀行」というおもな役割があります。このうち，「銀行の銀行」とよばれる役割について説明しなさい。（4点）

問6　Kさんは，下線部⑥について調べ，次のページのようにまとめました。**まとめ**の中の I ～ Ⅲ にあてはまる語の組み合わせとして正しいものを，後の**ア**～**カ**の中から一つ選び，その記号を書きなさい。（2点）

まとめ

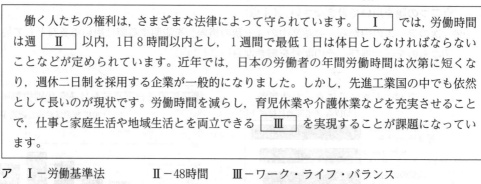

働く人たちの権利は，さまざまな法律によって守られています。[I]では，労働時間は週[II]以内，1日8時間以内とし，1週間で最低1日は休日としなければならないことなどが定められています。近年では，日本の労働者の年間労働時間は次第に短くなり，週休二日制を採用する企業が一般的になりました。しかし，先進工業国の中でも依然として長いのが現状です。労働時間を減らし，育児休業や介護休業などを充実させることで，仕事と家庭生活や地域生活とを両立できる[III]を実現することが課題になっています。

ア　I－労働基準法　　Ⅱ－48時間　　Ⅲ－ワーク・ライフ・バランス
イ　I－労働基準法　　Ⅱ－40時間　　Ⅲ－インフォームド・コンセント
ウ　I－労働基準法　　Ⅱ－40時間　　Ⅲ－ワーク・ライフ・バランス
エ　I－労働関係調整法　　Ⅱ－48時間　　Ⅲ－インフォームド・コンセント
オ　I－労働関係調整法　　Ⅱ－48時間　　Ⅲ－ワーク・ライフ・バランス
カ　I－労働関係調整法　　Ⅱ－40時間　　Ⅲ－インフォームド・コンセント

問7　下線部⑦について，次のXとYの正誤の組み合わせとして正しいものを，下の**ア**～**エ**の中から一つ選び，その記号を書きなさい。(2点)

X　社会保障制度における社会福祉とは，高齢者や障がいのある人，子供など，社会生活を営むうえで不利だったり立場が弱かったりする人々を支援するしくみのことである。
Y　介護保険制度とは，20歳以上の希望する人が加入し，介護が必要になったときに介護サービスを受けられる制度である。

ア　X　正　　Y　正
イ　X　正　　Y　誤
ウ　X　誤　　Y　正
エ　X　誤　　Y　誤

問8　Kさんは，下線部⑧に関連して，地球環境問題の解決に向けた国際社会の取り組みについて調べ，次のようにまとめました。**まとめ**の中の[Q]と[R]にあてはまる語を，それぞれ書きなさい。(2点)

まとめ

1997年に[Q]市で開かれた，気候変動枠組条約の締約国会議で，先進国に温室効果ガスの排出削減を義務づける[Q]議定書が採択されました。しかし，先進国と途上国の間の利害対立などの課題があり，[Q]議定書後の枠組みについて議論が続いていました。そこで，2015年に[R]協定が採択されました。[R]協定では，途上国を含むすべての参加国が自主的に削減目標を決め，平均気温の上昇をおさえる対策をすすめることで合意しました。

6　Hさんは，2018年にユネスコの世界文化遺産に登録された「長崎と天草地方の潜伏キリシタン関連遺産」について調べ，次の**資料1**をつくりました。これをみて，問1～問5に答えなさい。

(15点)

資料1

「長崎と天草地方の潜伏キリシタン関連遺産」は，17世紀から2世紀以上にわたる①キリスト教禁教政策の下で，ひそかに信仰を伝えた人々の歴史を物語る12の資産から構成されています。下の年表は，潜伏キリシタンや長崎に関するできごとをまとめたものです。

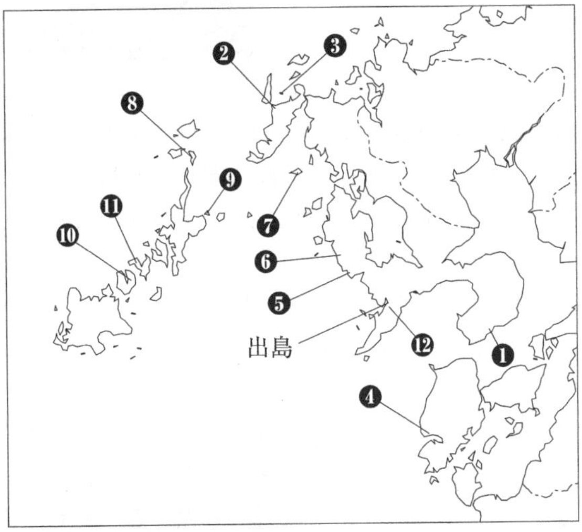

❶	原城跡(はらじょう)
❷❸	平戸の聖地と集落
❹	天草(あまくさ)の﨑津(さきつ)集落
❺	外海(そとめ)の出津(しつ)集落
❻	外海の大野(おおの)集落
❼	黒島(くろしま)の集落
❽	野崎島(のざきじま)の集落跡
❾	頭ヶ島(かしらがしま)の集落
❿	久賀島(ひさかじま)の集落
⓫	奈留島(なるしま)の江上(えがみ)集落
⓬	大浦天主堂(おおうらてんしゅどう)

❶　原城跡(長崎県南島原市)

キリシタンが「潜伏」し，独自に信仰を続ける方法を模索することを余儀なくされたきっかけとなる島原・天草一揆の主戦場跡です。

⓬　大浦天主堂(長崎県長崎市)

居留地の外国人のために建てられた教会堂で，「潜伏」が終わるきっかけとなる「信徒発見」の場所です。1865年，ここを訪れた潜伏キリシタンが，宣教師に信仰を告白しました。

年表

西暦(年)	で　き　ご　と
1587	・豊臣秀吉が宣教師の国外追放を命じる
1612	・幕府領にキリスト教の禁教令が出される
1624	・②スペイン船の来航が禁止される
1637	・島原・天草一揆が起こる
1639	・③ポルトガル船の来航が禁止される
1641	・平戸のオランダ商館を出島に移し，鎖国体制が固まる
1804	・④ロシア使節レザノフが長崎に来航する
1854	・日米和親条約が結ばれる
1858	・⑤日米修好通商条約が結ばれ，長崎が開港される

問1　Hさんは，**資料1**中の下線部①に関連して，キリスト教の伝来について調べ，次のようにまとめました。**まとめ**の中の P にあてはまる人物名を書きなさい。(2点)

まとめ

1549年，アジアで布教していたイエズス会の宣教師 P が，キリスト教を伝えるために日本に来ました。 P は，布教のために鹿児島，山口などを訪れ，2年余りで日本を去りましたが，残った宣教師が布教に努めました。右の**資料2**は， P をえがいた肖像画です。

資料2

問2　**資料1**中の下線部②と下線部③に関連して，Hさんは，スペインとポルトガルの世界進出について調べ，コロンブス，バスコ・ダ・ガマ，マゼランの船隊の航路と，16世紀ごろのスペイン，ポルトガルの植民地を模式的に示した次の**地図**をつくりました。**地図**中の**A**～**C**は航路を，**地図**中の**a**，**b**は植民地を示しています。

バスコ・ダ・ガマの航路とポルトガルの植民地にあたるものの組み合わせとして正しいものを，**ア**～**カ**の中から一つ選び，その記号を書きなさい。(3点)

地図

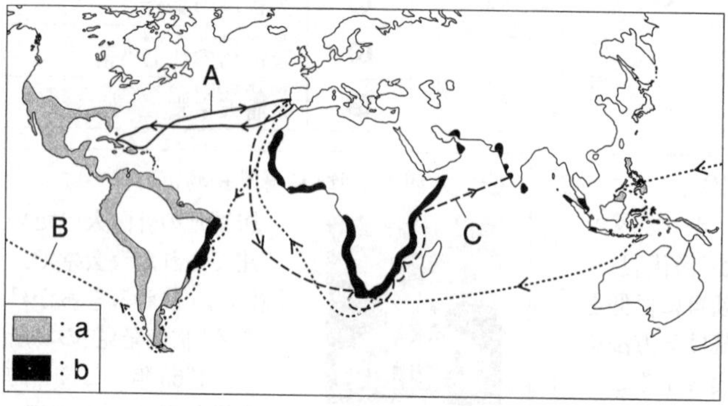

ア　航路－A　植民地－a
イ　航路－B　植民地－a
ウ　航路－C　植民地－a
エ　航路－A　植民地－b
オ　航路－B　植民地－b
カ　航路－C　植民地－b

問3　**資料1**中の下線部④に関連して，次の**ア**～**エ**は，ロシアやソ連に関するできごとについて述べた文です。年代の**古い順**に並べかえ，その順に記号で書きなさい。(3点)

ア　ゴルバチョフ共産党書記長とブッシュ大統領が，地中海のマルタ島で会談し，冷戦の終結を宣言した。

イ　日ソ共同宣言が調印され，日本とソ連との国交が回復し，同年，日本はソ連の支持も受けて国連に加盟した。

ウ　ロシア革命が起こり，レーニンの指導のもと，ソビエトに権力の基盤を置く政府ができた。

エ　ソ連が，ヤルタ会談での秘密協定に基づき，日ソ中立条約を破って，満州や朝鮮に侵攻した。

問4　**資料1**中の下線部⑤に関連して，次のページの**表**は，日米修好通商条約によって開港された函館，神奈川，長崎，新潟，兵庫がある道県の，2016年における人口，面積，海岸線の延長，農業産出額，工業出荷額を示したものです。長崎県にあたるものを，**表**中の**ア**～**オ**の中から一

つ選び，その記号を書きなさい。(２点)

表

道県名	人口(千人)	面積(km^2)	海岸線の延長(km)	農業産出額(億円)	おもな産出物				工業出荷額(億円)
					米	野菜	果実	畜産	
ア	9145	2416	432	846	32	476	86	165	164236
イ	5520	8401	850	1690	452	435	34	679	152350
ウ	2286	12584	635	2583	1484	386	80	499	47480
エ	1367	4132	4183	1582	127	513	138	525	17582
オ	5352	83424	4461	12115	1167	2206	61	6986	61414

(データでみる県勢2019年版などから作成)

問５　Hさんは，長崎県と，2017年に世界文化遺産に登録された「『神宿る島』宗像(むなかた)・沖(おき)ノ島(しま)と関連遺産群」がある福岡県の財政について調べ，次の**グラフ**をつくりました。**グラフ**をみて，福岡県と比較した長崎県の歳入の内訳の特色について，地方税と地方交付税交付金に着目し，地方交付税交付金とはどのようなものかにふれながら説明しなさい。(５点)

グラフ　長崎県と福岡県の平成30年度一般会計当初予算(歳入)の内訳

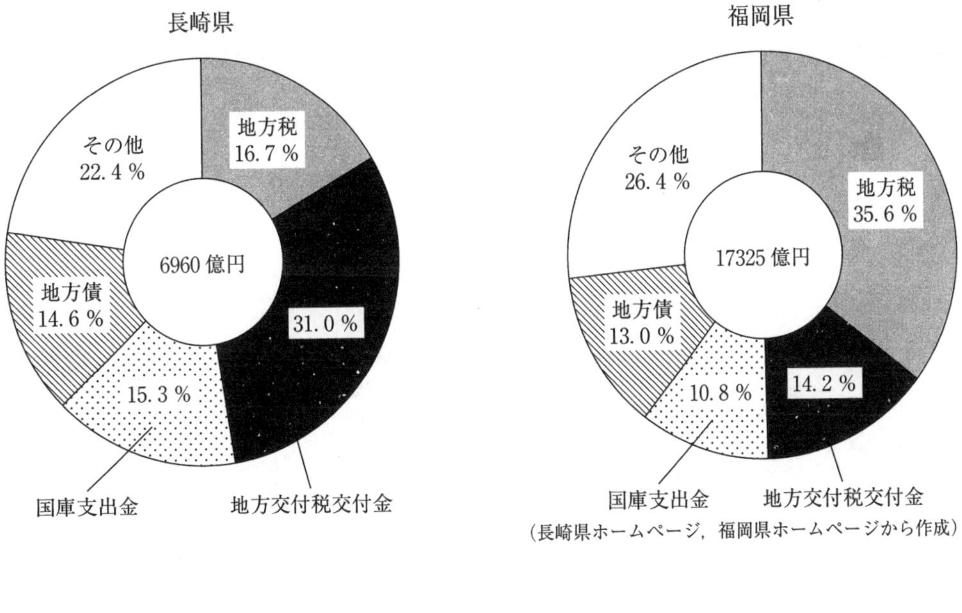

(長崎県ホームページ，福岡県ホームページから作成)

資料①　埼玉県に魅力を感じるか

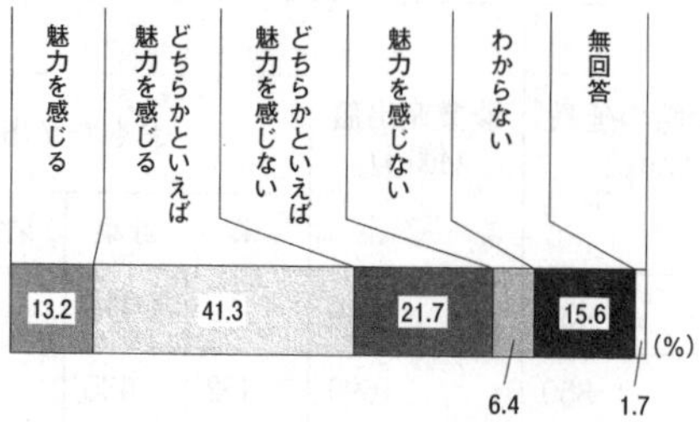

資料②　埼玉県で魅力を感じるもの　上位5項目（複数回答）

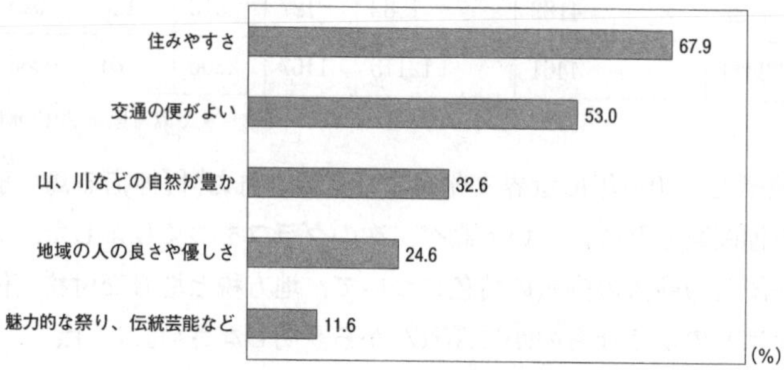

（四捨五入による端数処理の関係で、**資料①**の合計が100％になりません。）

埼玉県『平成30年度埼玉県政世論調査報告書』から作成

(2) 文章は、十一行以上、十三行以内で書くこと。

(3) 原稿用紙の正しい使い方に従って、文字、仮名遣いも正確に書くこと。

(4) 題名・氏名は書かないで、一行目から本文を書くこと。

ね参らせさせたまへりけるに、紫式部を召して、（上東門院は）「何をか参らすべき。（何を差し上げたら良いでしょうか）」とおほせられければ、

「めづらしきものは何かはべるべき。（何がございましょうか、いや、ございません）①新しく作りて参らせたまへかし。」と②申しければ、「作れ。」とおほせられけるを、うけたまはりて、※『源氏』を作りたりけるとこそ、いみじく（すばらしく）めでたくはべれといふ人はべれば、また、いまだ宮仕へもせで（まだ宮中にお仕えもしないで）里にはべりける折、かかるもの作り出でたりけるによりて、召し出でられて、それゆゑ紫式部といふ名はつけたり、とも申すは、③いづれかまことにてはべらむ。

（『無名草子（むみょうぞうし）』による。）

（注）※大斎院（だいさいゐん）……村上天皇の娘。選子内親王。
※上東門院（じやうとうもんゐん）……一条天皇の中宮藤原彰子。
※『源氏』……『源氏物語』のこと。

問1　いふ人（ひと）はべれば　とありますが、この部分を「現代仮名遣い」に直し、**すべてひらがな**で書きなさい。（3点）

問2　①新しく作りて参らせたまへかし。　は「新しく作って差し上げなさいませ」という意味ですが、物語を新しく作ると考えたのは、どうしてですか。次の空欄にあてはまる内容を、十字以内で書きなさい。（3点）

退屈を紛らす物語として［　　　　　　　　　　］から。

問3　②申しければ　の主語として最も適切なものを、次の**ア**～**エ**の中から一つ選び、その記号を書きなさい。（3点）

ア　大斎院（だいさいゐん）　**イ**　上東門院（じやうとうもんゐん）　**ウ**　紫式部　**エ**　作者

問4　③いづれか　とありますが、ここでは何と何のことを指していますか。次の**ア**～**オ**の中からあてはまるものを**二つ**選び、その記号を書きなさい。（3点）

ア　作者が、紫式部の書いた『源氏物語』に高い評価を与えているということ。

イ　『源氏物語』を書いたことで宮中に召された女性が、紫式部と呼ばれたこと。

ウ　紫式部が、『源氏物語』を書いたことにより宮中から出されてしまったこと。

エ　紫式部が、『源氏物語』を書いた動機については不明であるということ。

オ　紫式部が、上東門院の求めに応じて『源氏物語』を書いたということ。

5　次のページの資料は、「埼玉県の魅力」について、県内在住者を対象に調査し、その結果をまとめたものです。

国語の授業で、この資料をもとに「地域の魅力」について、一人一人が自分の考えを文章にまとめることにしました。あとの（注意）に従って、あなたの考えを書きなさい。（12点）

（注意）

(1)　**二段落構成**とし、第一段落では、あなたが資料から読み取った内容を、第二段落では、第一段落の内容に関連させて、自分の体験（見たこと聞いたことなども含む）をふまえてあなたの考えを書くこと。

しており、翻訳語として選ばれた。

エ 「自然」は、明治以降に英語の nature の翻訳語として、副詞や形容詞として人為の加わらない「状態」を表す意味での使われ方が主流となっている。

問2 本文中の空欄 I にあてはまる内容として最も適切なものを、次の**ア**～**エ**の中から一つ選び、その記号を書きなさい。（4点）

ア 他の種を認識し、分類する人間の知識

イ 人間と動物のあいだの魂の連続性

ウ 動物と人間との身体をつうじての交流

エ 人間と他種との具体的なやりとり・交渉

問3 ②完全にトナカイに変身してしまうと、人間に戻れなくなってしまう とありますが、筆者の述べるユカギールの狩猟採集民がこのように考える理由について次のようにまとめました。次の空欄にあてはまる内容を、**魂**、**固有**の二つの言葉を使って、三十字以上、四十字以内で書きなさい。ただし、二つの言葉を使う順序は問いません。（6点）

ユカギールの狩猟採集民は、人間や動物が［　　　　］と考えるから。

問4 ③たとえ都市生活のなかでも自然はある。とありますが、筆者が考える都市生活のなかの自然について具体的に説明した文として**適切でないもの**を、次の**ア**～**オ**の中から**二つ**選び、その記号を書きなさい。（5点）

ア 自然に関する体系化された専門的知識を得るため、インターネットで調べること。

イ 飼い主が、犬の声真似（まね）をして飼い犬を呼んだり、自分と犬を差異化したりすること。

ウ カラスにゴミを荒らされないため、ゴミ袋を縛ったり、中身を見えなくしたりすること。

エ 地球市民として「私たちの自然を守ろう」という環境主義のスローガンを掲げること。

オ 花粉から自分の身を守るために、マスクを着用したり、目薬をさしたりすること。

問5 ④問いを生みだすためのあらたな視角を与えてくれるはずだ。とありますが、人類学は、どのような視角を与えてくれると筆者は述べていますか。次の空欄にあてはまる内容を、**普遍的**、**具体的**の二つの言葉を使って、四十五字以上、五十五字以内で書きなさい。ただし、二つの言葉を使う順序は問いません。（7点）

［　　　　］という視角を与えてくれる。

4 次の文章を読んで、あとの問いに答えなさい。（……の左側は口語訳です。）（12点）

※大斎院（だいさいゐん）より※上東門院（じやうとうもんゐん）、「つれづれ慰みぬべき物語やさぶらふ。」（退屈を紛らすことができる物語がございますか）と尋

ととらえるならば、③たとえ都市生活のなかでも自然はある。

　私たちの多くは、決して自然豊かな環境のなかに住んでいない。また、自然についての体系化された知識をもっているわけではない。しかしそんな私たちでも、具体的な生きものや事物と絶えずやりとりしていることには変わりがない。私たちはペットと情動的な関係を築く。そこで、ユカギールの人たちと変わらず、犬になりきった声真似をして飼い犬を呼んだり、飼い主として自分と犬を差異化したりする。その一方で私たちの生活は「愛せない他者」との関係のなかにもある。たとえば私たちは、ゴミ捨て場に集まるカラスにゴミを荒らされないようにゴミ袋をきっちり縛ったり、新聞紙でゴミ袋の中身を見えなくしたりする。

　このように人間が自然をどう認識し、分類するかではなく、種間のかかわりあいという観点から人間と自然の関係を見つめなおす最近の研究は、他者だけでなく、私たちの社会についても語っている。私たちの生活は犬、カラス、など複数種との関係によってこそ成立する。その複雑な絡みあいを解きほぐすことは、一つの自然を守る「地球市民」ではなく、多様な動植物や事物とのやりとりのなかでしか生きられない具体的な存在として、みずからをとらえなおすことでもあるのだ。

　人類学的に「自然」を問いなおすことは、「私たちの自然を守ろう」といった抽象的な環境主義のスローガンを超えて、他の多様な生物、モノと私たちの日々の具体的な関係に目を向けることである。そうした視点は、「自然保護」「多種共生」という美しいことばではとても表現できない、私たちと多様な存在の緊迫した関係をもクローズアップする。

　そもそも現代社会において、花粉症、鳥インフルエンザなど他の生きもの由来のウイルスは、すでに私たちの日常生活を脅かしている。私たちは冬にはインフルエンザワクチンを接種し、うがい・手洗いを徹底するように言われ、春になるとムズムズする鼻を押さえてマスクを着け、目薬をさす。そのようにして他種から必死で身を守りつづけることでしか、私たちの生活は成り立たない。だからこそ「自然との共存」は今や遠く離れた美しい「自然」を「地球市民」という特権的な地位から守ることではなく、私たち自身の生存にかかわる他種との緊迫した関係である。つねに具体的な自然と人間、種間の関係に注目してきた人類学の研究は、こうしたより日常的で差し迫った「環境問題」に目を向け、④問いを生みだすためのあらたな視角を与えてくれるはずだ。

（松村圭一郎ら編著『文化人類学の思考法』により、「1　自然と知識―環境をどうとらえるか？」〔中空萌執筆〕による。一部省略がある。）

（注）※カテゴリー……区分。
※アイデンティティ……独自の性質や特徴。

問1　①日本語の「自然」ということばとありますが、この説明として最も適切なものを、次の**ア**～**エ**の中から一つ選び、その記号を書きなさい。（4点）

ア　「自然」は、古典的な意味においても、明治以降の英語の nature の翻訳語としても、「自然環境」そのものについて用いるという点では共通している。

イ　「自然」は、明治以降に英語の nature の翻訳語として使用されるようになって初めて、自然環境そのものを表す副詞や形容詞としての意味を獲得した。

ウ　「自然」は、明治以前には人為の加わらない「状態」を示したが、「人為」と対置されているという意味で英語の nature と共通

3 次の文章を読んで、あとの問いに答えなさい。(26点)

私たちは「自然」と言うとき、「手つかずの自然」「自然の脅威」などと表現する。ここにはたしかに、人間の文化の影響を受けていない自然環境、ありのままの動物や植物、山や川などの姿がイメージされているようだ。しかし翻訳研究者の柳父章(やなぶあきら)によると、①日本語の「自然」ということばは、明治以降に英語の nature の翻訳語として使われるようになって初めてこのような意味を獲得したという。明治以前には、自然という語は「おのずからそうなっているさま、天然のままで人為の加わらぬさま」という意味で用いられていた。この古典的な自然の意味は、「人為」と対置されているという意味で nature と共通している。この共通点ゆえにこの語が翻訳語として選ばれた。しかし、日本語の「自然」はもともと副詞や形容詞として使われ、人為の加わらない「状態」を示していた。つまり、名詞として自然環境そのものを表すようなことばではなかった。今でも私たちが使う「自然」ということばには、古い意味と新しい意味が混ざりあっている。私たちは、リラックスした、飾らない状態でテレビに出る芸能人を「あの人は自然体でいい」と賞賛する。その一方で、「手つかずの大自然」「自然の脅威」などという意味での新しい「自然」も、すっかり私たちに馴染(なじ)んでいる。

つまり、日本のことを考えても、人間の文化の影響を受けていないありのままの自然環境、という意味での「自然」は、西欧からの輸入によって成立している。それはせいぜいここ一五〇年くらいの発明であって、まったくもって「あたりまえ」ではない。一九八〇年代から九〇年代にかけての人類学は、各地の「自然と文化」という※カテゴリーに大まかに対応する概念を詳細に検討した。そして、「(人間の外側にある)自然と(人間のつくりだした)文化」という分け方自体が、西洋の文化が構築したものであって、普遍的なものではないということを示していった。

自然に対する分類の多様性というとき、自然を分類する(唯一精神をもった)人間という想定がある。そこには、自然を人間の生活から分離した「手つかずの」実体と見る見方が潜んでいるのかもしれない。はたして誰にとっても、人間以外の種はただ人間に認識され、分類されるのを待っている「考えるのに適した」存在なのだろうか。むしろ人間と動物のあいだに魂の連続性を見る人たちの立場からは、動物は身体のやりとりをつうじて人間と「ともに生きる」存在であり行為主体なのではないか。こうした視点から、［ Ⅰ ］ではなく、種間のかかわりあいに焦点を合わせる民族誌が、あらためて今、注目を集めている。

たとえばシベリアのユカギールの狩猟採集民の世界では、人、動物、モノは魂を備え、同じ理性的能力をもつ。それぞれが異なって思考するのは、種ごとに固有の身体をもっているためだ。狩猟の場において狩人は、獲物であるトナカイの真似(まね)をして移動し、匂いを嗅ぎ、音を出すことで、同族となって彼らを惹(ひ)きつけようとする。ただしそこで②完全にトナカイに変身してしまうと、人間に戻れなくなってしまう(そのような危険な事例もたくさんある)。人間としての※アイデンティティを維持したまま、一時的かつ不完全なかたちで動物の身体を身にまとい、その視点を獲得することが重要なのである。

注目すべきは、こうした自然と文化、人間と他種の関係を問いなおすさまざまな最近の研究は、遠く離れた「他者の現実」について語っているのみならず、私たちの社会についても異なるものの見方を示していることだ。考えてみれば、自然を人間の生活から分離した「手つかずの」実体ではなく、人間と他種との具体的なやりとり・交渉の場

答えなさい。

話し合いの様子

Aさん「【お礼の手紙の原稿】を見てください。これまで学習したことを思い出しながら、何か気づいたことがあったら、発言してください。」

Bさん「私は、季節に合わせた時候の挨拶が書けていてよいと思います。」

Cさん「私は、文末表現が気になります。①文末表現は統一する、と学習したので、一か所直す必要がありますね。」

Aさん「なるほど、そうですね。では、他にはありますか。」

Dさん「私は、前文や末文の書き方がとてもよいと思います。ただ、手紙の最後には、日付や署名、宛名などの後付けを書くと学習しました。②この手紙の最後にも書いた方がよいと思います。」

Bさん「後付けは、入れるとしたら③結語の後でしょうか。日付、署名、宛名などは書く位置についても注意する必要がありますね。」

～話し合いが続く～

【お礼の手紙の原稿】

拝啓

すがすがしい秋晴れが続いていますが、いかがお過ごしでしょうか。

さて、先日の職場体験の際は、大変お世話になりました。体験を通して、様々なことを教えていただいた。特に。勉強になったことは、お客様に接する際の心構えについてです。体験初日の私は、お店にいらっしゃったお客様に対して、心のこもった挨拶ができませんでした。しかし、働いている皆様から「おもてなしの心」について教えてもらい、「今の笑顔、よかったよ。」などと励ましていただいたおかげで、気持ちのよい挨拶ができるようになり、体験を最後まで笑顔でやり遂げることができました。

今回の経験を、今後の中学校生活にも生かしていきたいと思います。

朝夕涼しくなってまいりましたが、皆様、お体を大切になさってください。

Ⅱ

(1) ①文末表現は統一する、と学習したので、一か所直す必要がありますね。とありますが、【お礼の手紙の原稿】の中から適切でない一文節の文末表現を探し、八字で適切な文末表現に書き直しなさい。なお、句点も一字に数えます。（3点）

(2) ②この手紙の最後にも書いた方がよいと思います。とありますが、この発言についての説明として最も適切なものを、次の**ア**～**エ**の中から一つ選び、その記号を書きなさい。（3点）

ア　直前の発言内容を自分なりの言葉でまとめている。

イ　課題点を明確にするため繰り返し質問をしている。

ウ　自分と相手の意見を比較し共通点を確認している。

エ　話し合いの話題や方向をとらえて助言をしている。

(3) ③結語　とありますが、【お礼の手紙の原稿】の空欄 Ⅱ にあてはまる、拝啓という頭語に対応する結語を、漢字二字で書きなさい。（2点）

はじめは難しいと感じていたが、

（45〜55字の解答欄）

という気持ち。

問5 本文の表現について述べた文として**適切でないもの**を、次の**ア**～**エ**の中から一つ選び、その記号を書きなさい。（5点）

ア 「夕方のオレンジ色の光が」で始まる連続する二つの文では、図書館の情景描写によって、有季や麻友の置かれた状況をイメージしやすくしている。

イ 「じゃあ、どうすればいいんだろう」のように、会話文以外においても有季の心情が表現されており、場面の展開をわかりやすくしている。

ウ 「ぴくりとも動かない」「ひょこんと顔を覗（のぞ）かせた」のように、擬態語を用いることで、七曲や麻友など、登場人物の様子を読者に印象づけている。

エ 「本の妖怪にはなれないが」「あの図書館の魔女」のように、隠喩（暗喩）を用いることで、有季や七曲の心情を読者に印象づけている。

2

次の各問いに答えなさい。（24点）

問1 次の――部の漢字には読みがなをつけ、かたかなは漢字に改めなさい。（各2点）

(1) 偉人の軌跡をたどる。

(2) 屋上から市街を眺望する。

(3) 穏やかな口調で話す。

(4) 練習のコウリツを上げる。

(5) 果実が真っ赤にウれる。

問2 次の――部と＝＝部の関係が主・述の関係になっているものを、**ア**～**エ**の中から一つ選び、その記号を書きなさい。（3点）

先週末、友達と映画館に 行った。（**ア**）チケットを購入した後、飲み物と 食べ物を買った。（**イ**）映画はとても感動的で、一緒に行った友達も 泣いていた。（**ウ**）映画を鑑賞し終わった後、記念にパンフレットを 買った。（**エ**）

問3 次の会話の空欄 I にあてはまる言葉を、あとの**ア**～**エ**の中から一つ選び、その記号を書きなさい。（3点）

Aさん「辞書によると、 I の本来の意味は『ある事をするための、ちょうどいい時期』とあります。こういう意味があることを、初めて知りました。」

Bさん「私は、 I という言葉は、『ものごとの終わり』という意味だと思っていました。」

ア 終幕　**イ** 潮時　**ウ** 時事　**エ** 挙句

問4 次は、中学生のAさんが書いた、職場体験でお世話になった方々への【お礼の手紙の原稿】を用いて、グループで話し合いながら手紙を推敲（すいこう）する学習の一部です。これらを読んで、あとの問いに

④思わず、有季は口元がゆるんだ。

(届いた。)

言葉が、本の力を借りて、腹を立てている七曲にも届いたのだ。

(僕の言葉が届いた。)

嬉しかった。そして本の力を借りたにせよ、七曲の心に言葉を届けられた自分が誇らしかった。

(三川みり著『君と読む場所』による。一部省略がある。)

(注)　※『ライ麦畑でつかまえて』……J・D・サリンジャー(一九一九～二〇一〇)著。主人公の高校生ホールデンがニューヨークの街をめぐる長編小説。

問1　①有季は言葉に迷った。とありますが、このときの有季の様子を説明した文として最も適切なものを、次の**ア**～**エ**の中から一つ選び、その記号を書きなさい。(4点)

ア　七曲が怒りに任せ自分たちに返事すらしてくれないことに加えて、所在なさそうに協力を拒む麻友に対して、言いようのないもどかしさを感じている。

イ　七曲が河尻の立場や図書館の大人の事情を知ることで、最終的には理解してくれると大きな期待をしているが、今は何から話すか慎重になっている。

ウ　七曲のねじれてしまった気持ちを正せるようにと考えたが、怒っている大人を前にした緊張感から、言うべきことを忘れてしまい慌てている。

エ　七曲が、ただ大人の事情を知らずに怒っているのではないと考え、河尻や図書館側の事情を話しただけでは納得してもらえないと不安を感じている。

問2　②ふり返った七曲の目には真剣な怒りがあった。とありますが、有季が考える七曲の心情はどのようなものですか。次の空欄にあてはまる内容を三十字以上、四十字以内で書きなさい。(6点)

図書館職員である河尻のことを、
□□□□□□□□□□□□□□□□□□□□□□□□□□□□□□(30)□□□□□□□□□□(40)
という気持ち。

問3　③だから。河尻さんは、魔女なんかじゃないです。とありますが、このときの有季の考えを説明した文として最も適切なものを、次の**ア**～**エ**の中から一つ選び、その記号を書きなさい。(4点)

ア　河尻さんは、時として純粋な高校生のように振る舞いながらも、本を心から愛し、理想を高くもっている人だということ。

イ　河尻さんは、本の廃棄について罪悪感を感じながらも、図書館職員として理性に従い仕事をしている人だということ。

ウ　河尻さんは、本を愛していながらも、本の廃棄については、仕事として行うことをためらわない人だということ。

エ　河尻さんは、本を愛するという理想を追う生き方をしており、言葉にこだわりをもった芯の強い人だということ。

問4　④思わず、有季は口元がゆるんだ。とありますが、ここから有季のどのような心情がわかりますか。次のページの空欄にあてはまる内容を、**好きな本**、**誤解**の二つの言葉を使って、四十五字以上、五十五字以内で書きなさい。ただし、二つの言葉を使う順序は問いません。(7点)

もしれないと思えた。

「河尻さんはホールデンのことを、友だちにはなりたくないけど、むかついたりしないって言いました。『ホールデンの理想のように、人間が生きられたら幸せなんだろうね。ライ麦畑のつかまえ役なんて、本人も言ってたように、馬鹿げているけど幸せよね。』って、言ってました。」

眉間(みけん)に寄っていた七曲の皺(しわ)が、その言葉を聞いて余計に深くなった。しかし、それは不愉快というよりは、よく聞き取ろうとしている様子に思えた。

「僕はそれを聞いて、河尻さんにはホールデンと同じような理想があって、けれどホールデンと同じように、現実世界では理想通りに生きられないから、ホールデンの理想を羨ましがっているような気がして。だって。」

再び七曲が背を向ける隙を与えまいと、有季は必死に言葉を続けた。

「だって、河尻さんはホールデンみたいな高校生じゃないから。色々なことを堪(こら)えて、呑(の)みこんでるのかもって。だから、ライ麦畑のつかまえ役が羨ましいんだろうって。本当は、本を選んで廃棄することもしたくないし、新しい本だって出版されただけ全部図書館に入れたいのに、できないから。逆に、七曲さんみたいに、本を廃棄するって言われて、純粋に怒れる人が羨ましいのかもって。だから。」

一気にそこまで喋(しゃべ)り、一つ息を吸い、言葉を紡(つむ)ぐ。

「③<u>だから。河尻さんは、魔女なんかじゃないです。」</u>

むっとした表情で、七曲は一点を見つめて黙っている。暫く沈黙が続いた。その沈黙が余りにも長すぎるので、有季は口を開く。

「僕も、ホールデンは好きじゃないけど。」

するとようやく、七曲が視線をあげた。

「おまえ、読んだのか。」

反応があったことに、ほっとした。

「読みました。図書館で借りて。ホールデンは好きじゃないけど、でも感じてることは、よくわかるところもあって。僕も、この本は好きです。」

すると七曲がついと、廊下の方を指さした。

「じゃあ、持って帰れ。あれは二、三冊あったはずじゃ。もってけ。」

「良いんですか？」

「ただし、おまえが選んだ本じゃないから、おまえの持ち帰り予定の八十冊にはカウントされんぞ。」

「え、そんな！」

「じゃあ、いらんか。」

せっかく本を持ち帰るなら、ノルマの数にカウントして欲しいのが正直なところだった。けれど、『ライ麦畑でつかまえて』は、手元に置いておきたかった。なぜなら、それを読む自分の年齢によって、感じるものが違うのではないかという予感が、強くしたからだ。もし、十年後、二十年後に読んだとき、自分が何を感じ取るのか、知りたかった。

「いえ、いります。もって帰ります。」

その答えを聞くと、七曲がにやっと笑った。

「まあ、あの図書館の魔女も許してやろう。二冊、本が減るのに貢献したようだからな。」

言葉の意味がわからず、きょとんとした。しかしすぐに理解した。理解した途端に、

「……あ。」

けで。」
「俺の本を廃棄しなくても、誰かが持ち込んだ本は廃棄されるんじゃろうが！」
②ふり返った七曲の目には真剣な怒りがあった。
「それは、そうでしょうけど。」
「図書館は、本の聖地みたいなもんじゃろうが。大昔の本から、新しい本まで、あらゆる種類の本を取りそろえて保管しているなんぞ、天国じゃろうが。その天国の番人が、本を廃棄すると抜かしたんじゃ！」
　目をぎらつかせる七曲を見て、有季は悟った。七曲は怒っているのではなく、どちらかといえばショックを受けているのだ。彼の中で図書館が本の聖地と認識されているとするなら、そこに勤める人々も、七曲と同じく本を愛して止まない人だと信じていたのだろう。
　しかしその人の口から「廃棄」の言葉を聞き、裏切られたような気がしたに違いない。図書館職員でさえ、簡単に本を捨てるのかと。
　けれどそれは誤解だ。
「確かに、図書館では本を廃棄することがあるって聞きました。でも、それは好きこのんで廃棄するわけじゃなくて、やむを得ずなんです。本を捨てることに、すごく罪悪感があるって。」
「やむを得ずでも捨てるなら、同じじゃ。俺は捨てん！」
　また、七曲は背中を向け、腕組みして押し黙る。
「七曲さん。」
　呼んでみたが、ぴくりとも動かない。何度呼んでも、頑(かたく)なな背中は反応しない。
（やっぱり無理か。）
　諦めて、帰ろうかと思った。麻友を探してふり返ると、彼女の背中が廊下の方に見えた。「森田さん。」と呼ぶと、ひょこんと顔を覗(のぞ)かせた。「帰ろう。」と力なく告げると、彼女は頷(うなず)き、こちらにやって来た。手には一冊の本がある。
　麻友は有季のそばに来ると、七曲の背中に細い声で言った。
「七曲さん。これ、下さい。」
　彼女が七曲の方へ向けて表紙を見せた本は、『ライ麦畑でつかまえて』だった。
　それには七曲も反応してふり返り、表紙を認めて、少し嬉(うれ)しそうな顔をした。
「おお、ええぞ。ええ本を選んだじゃないか。俺の好きな本じゃが、それは重複本があるからやる。どうして選んだ。近頃の若いのは、サリンジャーの名前も知らん奴(やつ)が多いのに。」
　手にある本の表紙を見おろし、麻友は呟(つぶや)く。
「七曲さんも、好きなんだ。」
「も？」
　と、七曲が怪訝(けげん)な顔をすると、麻友は暫く考えるように間をあけてから、答えた。
「図書館の、河尻さんも好きだって。」
「あの魔女がか？」
　麻友は頷く。
　有季は、はっとした。
（そうか。七曲さんも『ライ麦畑でつかまえて』が好きなんだったら。）
　本の妖怪にはなれないが、本の力を借りることならできるのではないか。
　いじけた七曲の気持ちにも届けられる言葉を、有季も口にできるか

〈国語〉

時間 五〇分 満点 一〇〇点

1 次の文章を読んで、あとの問いに答えなさい。(26点)

> 同じ中学に通う鈴川有季と森田麻友が職場体験をしている地域の図書館に、二人の共通の知人である読書家の老人、七曲直が現れ、所有する二千冊の本を寄贈することを申し出るが、図書館職員の河尻利香子に断られる。翌日、有季と麻友は、以前から本の一部を引き取る約束をしていた七曲の家を訪れた。

「七曲さん。」

呼んでも、七曲はふり返りもしないし返事もしない。

麻友は居心地が悪そうに有季と七曲を見比べたあと、周囲を見回し、廊下の壁沿いの本棚の方へすうっと近寄っていく。自分は邪魔しないから、存分にやってくれといわれている気がした。

しかし有季にしても、拗ねている七曲に、利香子の苦悩や図書館の実態を上手く説明できるか分からない。けれど、伝えなければならないだろうと思うのは、七曲も利香子も、おなじ本を愛している者同士が、互いを誤解したままなのは哀しいと思うからだ。

「僕、昨日七曲さんと話をした河尻さんに、色々教えてもらったんです。図書館の書庫はもう、今でも溢れるほどに本があって、一冊増やすのすら大変なんだって。だから簡単に寄贈を受け入れられないんです。」

夕方のオレンジ色の光が、七曲の背中の方へうっすら射しこんでいる。彼の周りに、きらきら挨の粒が舞っているのが見えた。

「図書館には、図書館の役割があって。それで、図書館の人たちは、そのために一生懸命仕事していて。」

そこまで話したところで、①有季は言葉に迷った。「だから結局、寄贈を受け付けられない。大人として図書館のシステムを守る使命があるから、河尻さんも理性で感情を殺して仕事しているのだ。」と。そんなことを七曲に言っても、意味がない気がしたのだ。

もし七曲が※『ライ麦畑でつかまえて』のホールデンに似ているとしたら、そんな大人の理屈など百も承知で、それでも心がそれを受け入れられないで腹を立てたり哀しんだりしているとしたら、有季が語る大人の事情や苦悩なんかは、七曲の気持ちを宥める役には立たない。

(じゃあ、どうすればいいんだろう。)

利香子はホールデンのことを純粋さを必死で求めている、と言った。そんな人に対して、なにを言えばねじれた気持ちを慰められるのか、わからない。

暫く有季が沈黙していると、

「寄贈を受け付けてもらえないのは、別に良いんじゃ。」

背を向けたまま七曲が言った。有季の沈黙に、七曲の方が耐えられなくなったような、諦めたような声だった。

「それだけなら、そうか、じゃあ自力でなんとかすると、引き下がるだけで済んだんじゃ。」

七曲がなにを言いたいのかわからず、ちょっと間を置いてから有季は訊いた。

「なにが問題だったんですか。」

「あの魔女は、本を廃棄すると言った。」

「でも別に、七曲さんの家に押しかけてきて、本を廃棄すると言ったわけじゃないんですよ？ 寄贈したら、その可能性があると言っただ

2020年度

解　答　と　解　説

《2020年度の配点は解答用紙集に掲載してあります。》

＜数学解答＞

1 (1) $2x$　(2) 13　(3) $4x^2$　(4) $x=1$　(5) $-3\sqrt{2}$　(6) $(x-2)(x+6)$
(7) $x=1,\ y=5$　(8) $x=\frac{5\pm\sqrt{13}}{6}$　(9) 77(度)　(10) 12　(11) エ
(12) ウ　(13) 高さ 4(cm)
体積 12π (cm^3)　(14) $\frac{5}{12}$
(15) 平均値 6(回)　中央値 5(回)
(16) (記号) イ　(説明) (例)母集団から無作為に選んでいるので最も適切である。

2 (1) 右図　(2) 解説参照

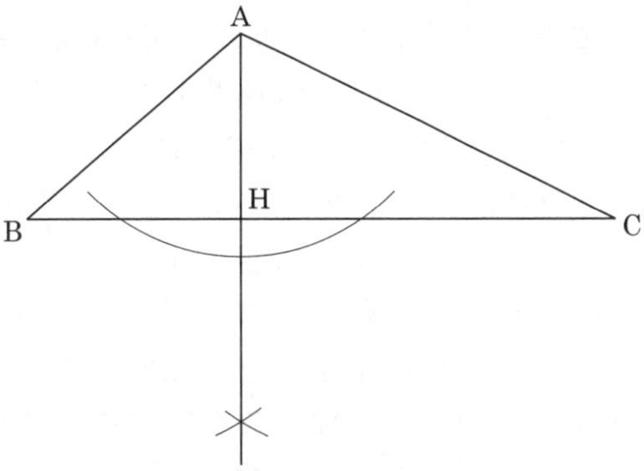

3 (1) 6.4(m)　(2) 26.5(m)

4 (1) $y=-x+12$　(2) ① $\left(3,\ \frac{9}{2}\right)$, $(-4,\ 8)$ (途中の説明は解説参照)
② $(0,\ 12)$, $(6,\ 6)$

＜数学解説＞

1 (数・式の計算，一次方程式，平方根，因数分解，連立方程式，二次方程式，角度，関数$y=ax^2$，空間内の2直線の位置関係，比例関数，円錐の高さと体積，確率，資料の散らばり・代表値，標本調査)

(1) $7x-5x=(7-5)x=2x$

(2) 四則をふくむ式の計算の順序は，乗法・除法→加法・減法となる。同符号の2数の積の符号は正で，絶対値は2数の絶対値の積だから，$(-5)\times(-2)=10$より，$(-5)\times(-2)+3=10+3=13$

(3) $6x\times 2xy\div 3y=6x\times 2xy\times\frac{1}{3y}=\frac{6x\times 2xy}{3y}=4x^2$

(4) $5x+3=2x+6$　左辺の$+3$と右辺の$2x$を移項して　$5x-2x=6-3$　$3x=3$　両辺を3で割って　$x=1$

(5) $\sqrt{18}=\sqrt{2\times 3^2}=3\sqrt{2}$　より，$\sqrt{18}-6\sqrt{2}=3\sqrt{2}-6\sqrt{2}=(3-6)\sqrt{2}=-3\sqrt{2}$

(6) たして$+4$，かけて-12になる2つの数は，$(-2)+(+6)=+4$，$(-2)\times(+6)=-12$より，-2と$+6$だから　$x^2+4x-12=\{x+(-2)\}\{x+(+6)\}=(x-2)(x+6)$

(7) $\begin{cases}6x-y=1\cdots① \\ 3x-2y=-7\cdots②\end{cases}$　①×2−②より　$9x=9$　$x=1$　これを①に代入して　$6\times 1-y=1$　$y=5$　よって　$x=1,\ y=5$

(8) 2次方程式$ax^2+bx+c=0$の解は，$x=\frac{-b\pm\sqrt{b^2-4ac}}{2a}$で求められる。問題の2次方程式は，$a=3,\ b=-5,\ c=1$の場合だから，$x=\frac{-(-5)\pm\sqrt{(-5)^2-4\times 3\times 1}}{2\times 3}=\frac{5\pm\sqrt{25-12}}{6}=\frac{5\pm\sqrt{13}}{6}$

(9) 直線BCと直線mとの交点をEとする。平行線の錯角は等しいから，$\angle\mathrm{CED}=\angle\mathrm{ABC}=45°$

よって，△CEDの**内角と外角の関係**から，
$\angle x=\angle CDE+\angle CED=32^\circ+45^\circ=77^\circ$

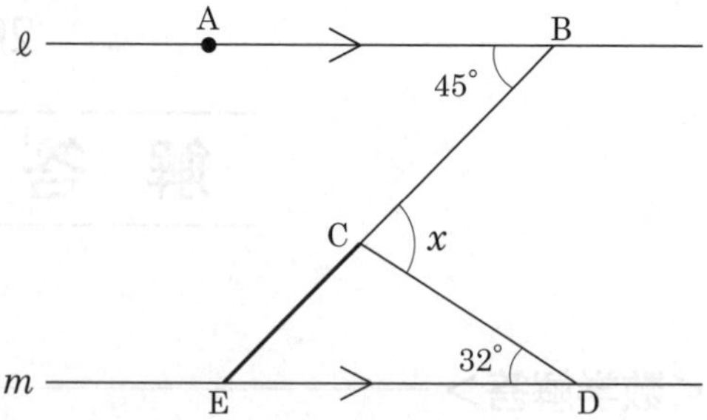

(10)　$y=2x^2$について，$x=2$のとき$y=2\times2^2=8$，$x=4$のとき$y=2\times4^2=32$　よって，xの値が2から4まで増加するときの**変化の割合**は $\frac{32-8}{4-2}=\frac{24}{2}=12$

(11)　空間内で，平行でなく，交わらない2つの直線は**ねじれの位置**にあるという。辺ADと平行な辺は，辺BE，CF　辺ADと交わる辺は，辺AB，AC，DE，DF　辺ADとねじれの位置にある辺は，辺BC，EF

(12)　$y=\frac{6}{x}$について，$x=2$のとき$y=\frac{6}{2}=3$だから，アは正しい。**反比例の関係**$\boldsymbol{y=\frac{a}{x}}$**のグラフは双曲線**で，原点を対称の中心として**点対称**である。イは正しい。例えば，$y=\frac{6}{x}$上の3点$(-3,-2)$，$(-2,\ -3)$，$(-1,\ -6)$に関して，xの値が-3から-2まで増加するときの変化の割合は$\frac{-3-(-2)}{-2-(-3)}=-1$，$-2$から$-1$まで増加するときの変化の割合は$\frac{-6-(-3)}{-1-(-2)}=-3$で，変化の割合は等しくない。ウは誤っている。$y=\frac{6}{x}$上の点は，$x<0$の範囲で，右へ移動($x$の値が増加)するとき，下へ移動($y$の値は減少)している。エは正しい。

(13)　**三平方の定理**を用いて，(円錐の高さ)$=\sqrt{(\text{母線の長さ})^2-(\text{底面の半径})^2}=\sqrt{5^2-3^2}=4$cm
よって，(円錐の体積)$=\frac{1}{3}\times$底面積$\times$高さ$=\frac{1}{3}\times(\pi\times3^2)\times4=12\pi$ cm^3

(14)　大小1つずつのさいころを同時に1回投げるとき，全ての目の出方は　$6\times6=36$通り。このうち，大きいさいころの出た目の数をa，小さいさいころの出た目の数をbとしたとき，$a>b$となるのは，$(a,\ b)=(2,\ 1)$，$(3,\ 1)$，$(3,\ 2)$，$(4,\ 1)$，$(4,\ 2)$，$(4,\ 3)$，$(5,\ 1)$，$(5,\ 2)$，$(5,\ 3)$，$(5,\ 4)$，$(6,\ 1)$，$(6,\ 2)$，$(6,\ 3)$，$(6,\ 4)$，$(6,\ 5)$の15通りだから，求める確率は$\frac{15}{36}=\frac{5}{12}$

(15)　**平均値**＝(フリースローが成功した回数の合計)÷(生徒の人数)＝$(5+4+7+5+9)\div5=30\div5=6$回　**中央値**は資料の値を大きさの順に並べたときの中央の値。5人の生徒の記録を回数の少ない順に並べると，4，5，5，7，9。よって，中央値は回数の少ない方から3番目の5回

(16)　**標本調査**の目的は，抽出した**標本**から**母集団**の状況を推定することである。そのため，標本を抽出するときには，母集団の状況をよく表すような方法で，かたよりなく標本を抽出する必要がある。アの方法では3年生だけが選ばれ，ウの方法では3年生の中で図書室の利用回数の多い生徒だけが選ばれ，エの方法では図書室の利用回数の多い生徒だけが選ばれ，それぞれ標本の性質にかたよりがあるので，標本の選び方として適切ではない。

2 (作図，図形の証明)

(1)　(作図手順)　次の①~②の手順で作図する。
①　頂点Aを中心とした円を描き，辺BC上に交点を作る。　②　①で作ったそれぞれの交点を中心として，交わるように半径の等しい円を描き，その交点と頂点Aを通る直線(頂点Aから辺BCへの垂線)を引き，辺BCとの交点をHとする。

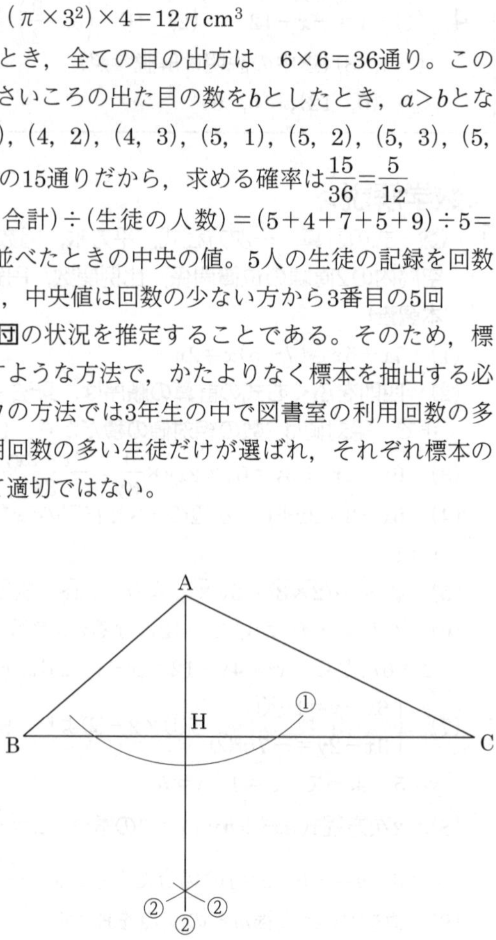

(2)　(証明)　(例)△ABEと△CDFにおいて，仮定から，$\angle AEB=\angle CFD=90^\circ$…①　平行四辺

形の対辺はそれぞれ等しいので，AB＝CD…②　また，AB//DCから錯角は等しいので，∠ABE＝∠CDF…③　①，②，③から，△ABEと△CDFは直角三角形で，斜辺と1つの鋭角がそれぞれ等しいので，△ABE≡△CDF

3 (相似と三平方の定理の利用)

(1)　電柱の高さと電柱の影の長さの比は，鉄棒の高さと鉄棒の影の長さの比と等しいから，(電柱の高さ)：8m＝1.6m：2m　(電柱の高さ)＝$\frac{8\times1.6}{2}$＝6.4m

(2)　直線A´B´と直線PQとの交点をHとする。△PA´B´の内角と外角の関係から，∠A´PB´＝∠PB´H－∠PA´B´＝30°－15°＝15°　よって，△PA´B´は∠PA´B´＝∠A´PB´の二等辺三角形で，PB´＝A´B´＝AB＝50m　△PB´Hは30°，60°，90°の直角三角形で，3辺の比は2：1：$\sqrt{3}$だから，PH＝$\frac{1}{2}$PB´＝$\frac{1}{2}$×50＝25m　以上より，鉄塔の高さPQは，PH＋HQ＝PH＋A´A＝25＋1.5＝26.5m

4 (図形と関数・グラフ)

(1)　2点A(－6，18)，B(4，8)を通る直線ℓの式は，傾き＝$\frac{8-18}{4-(-6)}=\frac{-10}{10}=-1$　なので，$y=-x+b$とおいて点Bの座標を代入すると，8＝－4＋b　b＝12　よって，直線ℓの式は　$y=-x+12$

(2)　①　(説明)　(例)(点Pのx座標をtとおくと，)座標はP$\left(t,\ \frac{1}{2}t^2\right)$，Q$\left(12-\frac{1}{2}t^2,\ \frac{1}{2}t^2\right)$，R($t$，0)となる。正方形は辺の長さが等しいので，PQ＝PR　$12-\frac{1}{2}t^2-t=\frac{1}{2}t^2$　$t^2+t-12=0$　t＝3，－4　tの値はどちらも問題にあっている。t＝3のとき，$\left(3,\ \frac{9}{2}\right)$　t＝－4のとき，(－4，8)

②　△BPQと△OPQは底辺PQを共有するから，面積比は高さの比に等しく，△BPQ：△OPQ＝(△BPQの高さ)：(△OPQの高さ)＝1：3である。直線ℓとx軸との交点をCとするとC(12，0)，点Qのx座標をsとおくとQ(s，$-s+12$)である。点Qが線分AB上

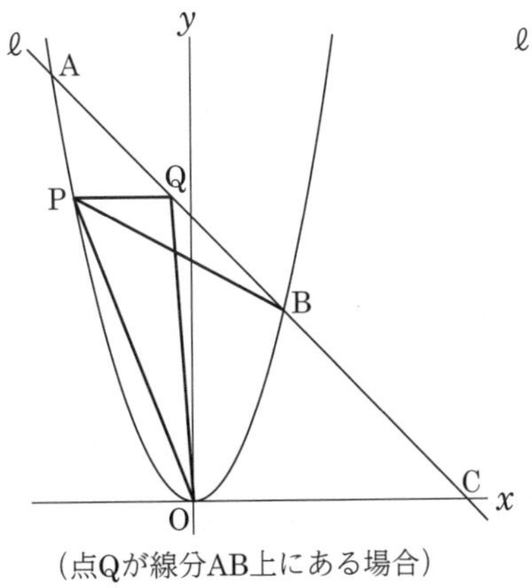

(点Qが線分AB上にある場合)

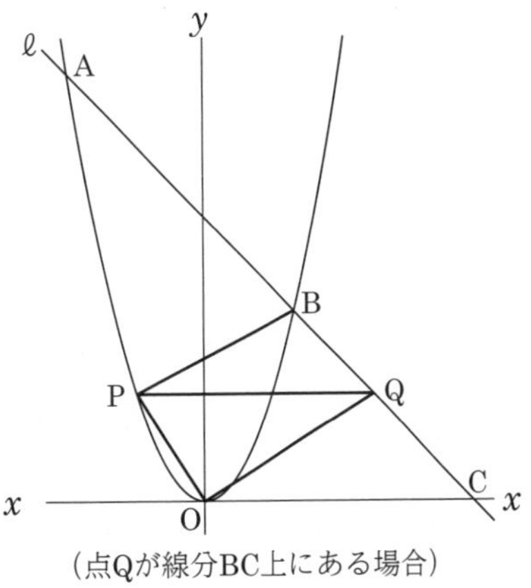

(点Qが線分BC上にある場合)

にあるとき(－6≦s≦4)と，線分BC上にあるとき(4≦s≦12)に分けて考える。点Qが線分AB上にあるとき，(△BPQの高さ)＝点Qのy座標－点Bのy座標＝$-s+12-8=-s+4$，(△OPQの高さ)＝点Qのy座標＝$-s+12$　だから，$(-s+4):(-s+12)=1:3$　より　s＝0。また，点Qが線分BC上にあるとき，(△BPQの高さ)＝点Bのy座標－点Qのy座標＝$8-(-s+12)=s-4$，(△OPQの高さ)＝点Qのy座標＝$-s+12$　だから，$(s-4):(-s+12)=1:3$　より　s＝6。sの値はどちらも問題にあっているから，s＝0のとき，Q(0，12)，s＝6のとき，Q(6，6)となる。

<数学解答> (学校選択問題)

1 (1) $\frac{x-y}{6}$ (2) 6 (3) $x=3,\ \frac{5}{2}$ (4) $a=\frac{3}{2},\ b=-\frac{13}{8}$ (5) $\frac{5}{6}$ (6) ウ
(7) $24\pi(\text{cm}^2)$ (8) 7(回) (9) (記号) イ
(説明) (例)母集団から無作為に選んでいるので最も適切である。

2 (1) 右図 (2) 解説参照

3 (1) 6.4(m) (2) 26.5(m)

4 (1) $y=-x+12$ (2) ① $\left(3,\ \frac{9}{2}\right)$, $(-4,\ 8)$(途中の説明は解説参照) ② $(0,\ 12)$, $(6,\ 6)$

5 (1) $\frac{4\sqrt{2}}{3}+8(\text{cm}^3)$ (2) 6(本)
(3) (PQ:QC=)$\sqrt{2}:2$(途中の説明は解説参照)

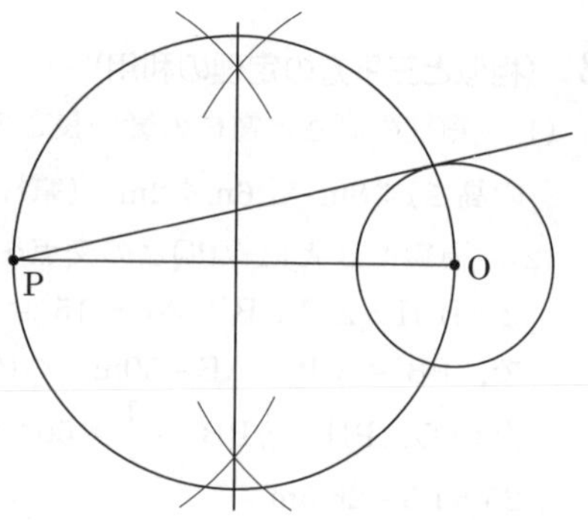

<数学解説>

1 (数・式の計算, 平方根, 式の値, 二次方程式, 連立方程式, 確率, 比例関数, 円錐の表面積, 確率, 資料の散らばり・代表値, 標本調査)

(1) $\frac{1}{2}(3x-y)-\frac{4x-y}{3}=\frac{3x-y}{2}-\frac{4x-y}{3}=\frac{3(3x-y)-2(4x-y)}{6}=\frac{(9x-3y)-(8x-2y)}{6}=\frac{9x-3y-8x+2y}{6}=\frac{x-y}{6}$

(2) $x=2+\sqrt{3}$, $y=2-\sqrt{3}$のとき, $x+y=(2+\sqrt{3})+(2-\sqrt{3})=4$, $xy=(2+\sqrt{3})(2-\sqrt{3})=2^2-(\sqrt{3})^2=1$だから, $\left(1+\frac{1}{x}\right)\left(1+\frac{1}{y}\right)=1+\frac{1}{y}+\frac{1}{x}+\frac{1}{xy}=\frac{xy+x+y+1}{xy}=\frac{xy+(x+y)+1}{xy}=\frac{1+4+1}{1}=6$

(3) $2(x-2)^2-3(x-2)+1=0$ において, $x-2=\text{M}$とおくと, $2\text{M}^2-3\text{M}+1=0$ **解の公式**より, $\text{M}=\frac{-(-3)\pm\sqrt{(-3)^2-4\times2\times1}}{2\times2}=\frac{3\pm\sqrt{9-8}}{4}=\frac{3\pm1}{4}$ より, $\text{M}=1,\ \frac{1}{2}$ Mを$x-2$にもどして, $x-2=1,\ \frac{1}{2}$ より, $x=3,\ \frac{5}{2}$

(4) xとyについての連立方程式$\begin{cases}ax+by=11\cdots① \\ ax-by=-2\cdots②\end{cases}$ の解が$x=3$, $y=-4$だから, ①, ②に$x=3$, $y=-4$を代入して, $\begin{cases}3a-4b=11\cdots③ \\ 3a+4b=-2\cdots④\end{cases}$ ③, ④をa, bについての連立方程式としてみて解く。③+④より, $6a=9$ $a=\frac{3}{2}$ これを④に代入して, $3\times\frac{3}{2}+4b=-2$ $b=-\frac{13}{8}$ よって, $a=\frac{3}{2}$, $b=-\frac{13}{8}$

(5) 大小1つずつのさいころを同時に1回投げるとき, 全ての目の出方は $6\times6=36$通り。このうち, 大きいさいころの出た目の数をa, 小さいさいころの出た目の数をbとしたとき, $\frac{a}{b}$の値が$\frac{1}{3}\leqq\frac{a}{b}\leqq3$ にならないのは, $\frac{a}{b}<\frac{1}{3}$ または, $3<\frac{a}{b}$ のときで, $(b,\ a)=(1,\ 4)$, $(1,\ 5)$, $(1,\ 6)$, $(4,\ 1)$, $(5,\ 1)$, $(6,\ 1)$の6通りだから, 求める確率は$\frac{36-6}{36}=\frac{5}{6}$

(6) $y=\frac{6}{x}$について, $x=2$のとき$y=\frac{6}{2}=3$だから, アは正しい。**反比例の関係$y=\frac{a}{x}$**のグラフは**双曲線**で, 原点を対称の中心として**点対称**である。イは正しい。例えば, $y=\frac{6}{x}$上の3点$(-3,\ -2)$, $(-2,\ -3)$, $(-1,\ -6)$に関して, xの値が-3から-2まで増加するときの**変化の割合**は

$\frac{-3-(-2)}{-2-(-3)}=-1$，$-2$から$-1$まで増加するときの変化の割合は$\frac{-6-(-3)}{-1-(-2)}=-3$で，変化の割合は等しくない。ウは誤っている。右の図は，関数$y=\frac{6}{x}$のグラフである。グラフ上の点は，$x<0$の範囲で，右へ移動（xの値が増加）するとき，下へ移動（yの値は減少）している。エは正しい。

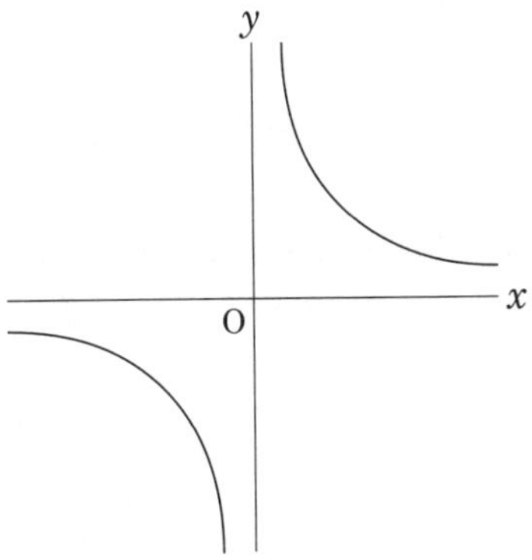

(7)　**三平方の定理**を用いて，
（母線の長さ）$=\sqrt{(\text{底面の半径})^2+(\text{円錐の高さ})^2}=\sqrt{3^2+4^2}=$ 5cm　**半径r，弧の長さℓのおうぎ形の面積は$\frac{1}{2}\ell r$で求められる**から，（円錐の表面積）＝（側面積）＋（底面積）$=\left\{\frac{1}{2}\times(2\pi\times3)\times5\right\}+(\pi\times3^2)=15\pi+9\pi=24\pi\,\text{cm}^2$

(8)　A～Gの7人の生徒の成功した回数の合計は，$7+6+8+5+10+8+9=53$回　また，A～Gの7人の生徒の成功した回数を少ない順に並べると，5，6，7，8，8，9，10　**中央値**は資料の値を大きさの順に並べたときの中央の値。生徒の人数は8人で偶数だから，回数の少ない方から4番目と5番目の生徒の**平均値**が中央値で，その値は整数か，小数点以下が1桁で，小数第一位が5の小数になる。平均値が整数か，小数点以下が1桁で，小数第一位が5の小数になるようなHさんの成功した回数は，3回と7回の2通りが考えられる。ここで，3回とすると，平均値$=\frac{53+3}{8}=7$回，中央値$=\frac{7+8}{2}=7.5$回となり，平均値と中央値は等しくならないから，問題の条件に合わない。7回とすると，平均値$=\frac{53+7}{8}=7.5$回，中央値$=\frac{7+8}{2}=7.5$回となり，平均値と中央値が等しくなるから，問題の条件に合う。以上より，Hさんのフリースローが成功した回数は7回である。

(9)　**標本調査**の目的は，抽出した**標本**から**母集団**の状況を推定することである。そのため，標本を抽出するときには，母集団の状況をよく表すような方法で，かたよりなく標本を抽出する必要がある。アの方法では3年生だけが選ばれ，ウの方法では3年生の中で図書室の利用回数の多い生徒だけが選ばれ，エの方法では図書室の利用回数の多い生徒だけが選ばれ，それぞれ標本の性質にかたよりがあるので，標本の選び方として適切ではない。

2 （作図，図形の証明）

(1)　（着眼点）　線分POを直径とする円と，円Oとの交点の1つをQとすると，**直径に対する円周角は90°になる**ことから，PQ⊥OQであり，直線PQは点Pを通り，接点がQの円Oの接線となる。　（作図手順）　次の①～④の手順で作図する。　①　線分POを引く。　②　点P，Oをそれぞれ中心として，交わるように半径の等しい円を描き，その交点を通る直線（線分POの**垂直二等分線**）を引く。　③　線分POの垂直二等分線と線分POとの交点を中心として，線分POを直径とする円を描き，円Oとの交点の1つをQとする。　④　接線PQを引く。（ただし，解答用紙には点Dの表記は不要である。）

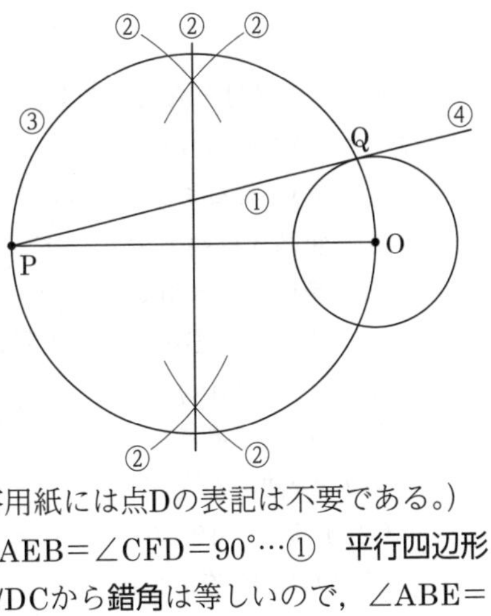

(2)　（証明）　（例）△ABEと△CDFにおいて，仮定から，∠AEB＝∠CFD＝90°…①　**平行四辺形の対辺はそれぞれ等しい**ので，AB＝CD…②　また，AB//DCから**錯角**は等しいので，∠ABE＝∠CDF…③　①，②，③から，△ABEと△CDFは直角三角形で，斜辺と1つの鋭角がそれぞれ

等しいので，△ABE≡△CDF　よって，AE＝CF…④　また，∠AEF＝∠CFE＝90°から錯角が等しいので，AE//FC…⑤　④，⑤から，1組の対辺が平行でその長さが等しいので，四角形AECFは平行四辺形である。

3 （相似と三平方の定理の利用）

（1）　電柱の高さと電柱の影の長さの比は，鉄棒の高さと鉄棒の影の長さの比と等しいから，（電柱の高さ）：8m＝1.6m：2m　（電柱の高さ）$=\frac{8\times1.6}{2}$＝6.4m

（2）　右図のように，鉄塔の先端を点Pとし，Pから地面に垂線を引き，地面との交点をQとする。また，Aさんの立つ位置を点A，Aさんの目の位置を点A´，Bさんの立つ位置を点B，Bさんの目の位置を点B´とし，直線A´B´と直線PQとの交点をHとする。問題の条件より，A´A＝B´B＝1.5m，AB＝50m。△PA´B´の内角と外角の関係から，∠A´PB´＝∠PB´H－∠PA´B´＝30°－15°＝15°　よって，△PA´B´は∠PA´B´＝∠A´PB´の二等辺三角形で，PB´＝A´B´＝AB＝50m　△PB´Hは30°，60°，90°の直角三角形で，3辺の比は2：1：$\sqrt{3}$だから，PH$=\frac{1}{2}$PB´$=\frac{1}{2}\times50$＝25m　以上より，鉄塔の高さPQは，PH＋HQ＝PH＋A´A＝25＋1.5＝26.5m

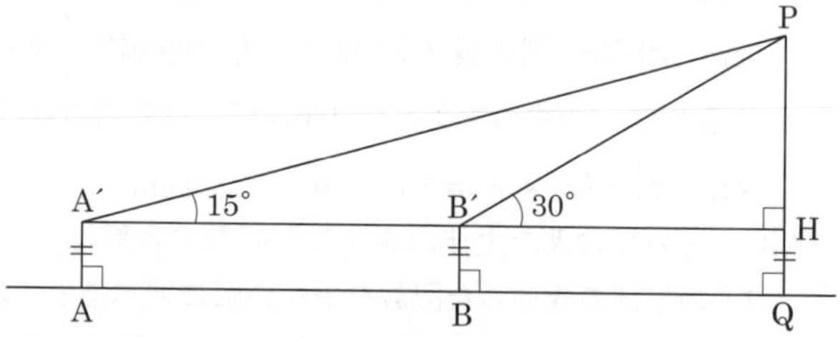

4 （図形と関数・グラフ）

（1）　点A，Bは$y=\frac{1}{2}x^2$上にあるから，そのy座標はそれぞれ　$y=\frac{1}{2}\times(-6)^2=18$　$y=\frac{1}{2}\times4^2=8$　よって，A(－6，18)，B(4，8)　2点A，Bを通る直線ℓの式は，傾き$=\frac{8-18}{4-(-6)}=\frac{-10}{10}=-1$なので，$y=-x+b$とおいて点Bの座標を代入すると，$8=-4+b$　$b=12$　よって，直線ℓの式は　$y=-x+12$

（2）　①　（説明）（例）（点Pのx座標をtとおくと，）座標は$P\left(t,\ \frac{1}{2}t^2\right)$，$Q\left(12-\frac{1}{2}t^2,\ \frac{1}{2}t^2\right)$，$R(t,\ 0)$となる。正方形は辺の長さが等しいので，PQ＝PR　$12-\frac{1}{2}t^2-t=\frac{1}{2}t^2$　$t^2+t-12=0$　$t=3,\ -4$　tの値はどちらも問題にあっている。$t=3$のとき，$\left(3,\ \frac{9}{2}\right)$　$t=-4$のとき，$(-4,\ 8)$

②　△BPQと△OPQは底辺PQを共有するから，面積比は高さの比に等しく，△BPQ：△OPQ＝（△BPQの高さ）：（△OPQの高さ）＝1：3である。直線ℓとx軸との交点をCとするとC(12，0)，点Qのx座標をsとおくとQ(s，$-s+12$)である。点Qが線分

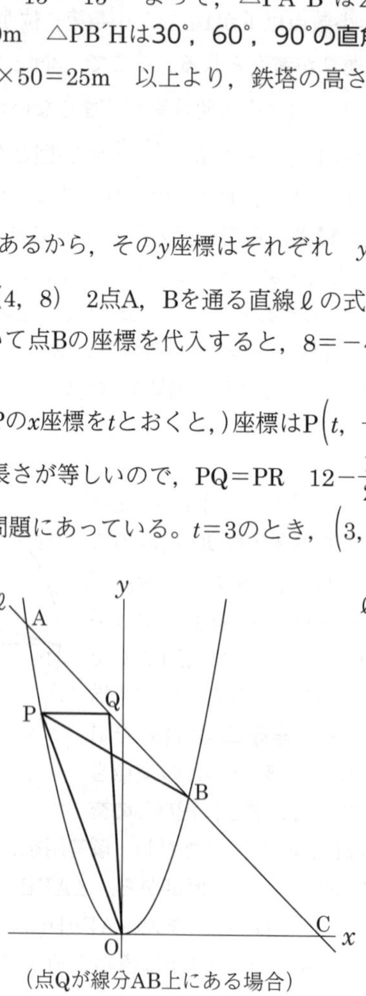

（点Qが線分AB上にある場合）

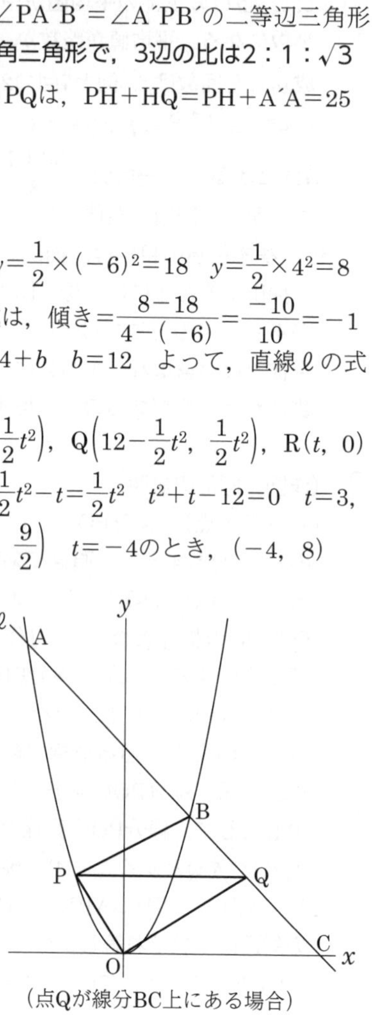

（点Qが線分BC上にある場合）

AB上にあるとき($-6\leqq s\leqq 4$)と，線分BC上にあるとき($4\leqq s\leqq 12$)に分けて考える。点Qが線分AB上にあるとき，(△BPQの高さ)＝点Qのy座標－点Bのy座標＝$-s+12-8=-s+4$，(△OPQの高さ)＝点Qのy座標＝$-s+12$　だから，$(-s+4):(-s+12)=1:3$　より　$s=0$。また，点Qが線分BC上にあるとき，(△BPQの高さ)＝点Bのy座標－点Qのy座標＝$8-(-s+12)=s-4$，(△OPQの高さ)＝点Qのy座標＝$-s+12$　だから，$(s-4):(-s+12)=1:3$　より　$s=6$。sの値はどちらも問題にあっているから，$s=0$のとき，Q(0，12)，$s=6$のとき，Q(6，6)となる。

5 (空間図形，体積，ねじれの位置，線分の長さの比)

(1)　正方形ABCDの対角線の交点をOとすると，PO⊥AC，PO⊥BDとなるから，線分POは正四角錐P－ABCDの高さである。△PACと△BACにおいて，PA＝BA，PC＝BC，AC＝ACより，△PAC≡△BAC　△BACは**直角二等辺三角形で，3辺の比は$1:1:\sqrt{2}$**だから，$AC=\sqrt{2}AB=\sqrt{2}\times 2=2\sqrt{2}$ cm　よって，$PO=BO=AO=\frac{AC}{2}=\frac{2\sqrt{2}}{2}=\sqrt{2}$ cm　以上より，問題の立体の体積は　(正四角錐P－ABCDの体積)＋(立方体ABCD－EFGHの体積)＝$\frac{1}{3}\times AB^2\times PO+AB^3=\frac{1}{3}\times 2^2\times\sqrt{2}+2^3=\frac{4\sqrt{2}}{3}+8$(cm^3)

(2)　空間内で，平行でなく，交わらない2つの直線は**ねじれの位置**にあるという。辺AEと平行な辺は，辺BF，CG，DHの3本。辺AEと交わる辺は，辺AB，AD，PA，PC，EF，EHの6本。辺AEとねじれの位置にある辺は，辺PB，PD，BC，CD，FG，GHの6本。

(3)　(説明)　(例)平面PAEGCにおいて，EQの延長とGCの延長の交点をR，ACの中点をIとすると，ERは点Iを通るので，CR＝2となる。また，△PQIと△CQRにおいて，**対頂角は等しい**ので，∠PQI＝∠CQR…①　**平行線の錯角は等しい**ので，∠PIQ＝∠CRQ…②　①，②から，2組の角がそれぞれ等しいので，△PQI∽△CQR　したがって，$PQ:QC=PI:CR=\sqrt{2}:2$

＜英語解答＞

1 No.1　D　No.2　C　No.3　A　No.4　B　No.5　C　No.6　(1)　B　(2)　A　(3)　D　No.7　(1)　(例)(He will) go shopping (to buy a present.)　(2)　(He gave her a lot of) flowers(.)　(3)　(They have to arrive at) the station(.)

2 A　run　B　December　C　rains　D　Wednesday

3 問1　(There, my grandfather) showed us how to grow (rice.)　問2　C　問3　ア　問4　helping　問5　(例)(He asked her) to share the rice with Carol(.)　問6　ウ

4 問1　エ　問2　イ　問3　ウ　問4　ア　問5　(But we) have never read them to the children(.)　問6　(例)ゆっくりと絵本を読むこと。　問7　(例)I want to sing songs with children. I am good at singing songs.　問8　(例)When will you go (to the center again?)

5 問1　(4月)21(日)　問2　エ　問3　(例)　①　You should visit Japan in summer.　②　You can climb Mt. Fuji in summer. It is exciting to see the morning sun from the top of the mountain.

＜英語解説＞

1 (リスニング)

放送台本の和訳は，85ページに掲載

2 (短文読解問題：メモを用いた問題，絵を用いた問題，語句補充・記述，語句の問題，接続詞，未来・現在)

A 「走る」run **＜Let's + 動詞の原形＞**「～しましょう」 B 「12月」December
C 「もし雨なら」「もし～ならば」**＜if + 主語 + 動詞＞** 「雨が降る」it rains 時や条件を表す節[主語＋動詞から成立する語群]では，時制が未来の内容でも現在形で表すので注意。 D 「水曜日」Wednesday

3 (長文読解問題・紹介文：語句の並べ換え，文の挿入，語句補充・選択，語形変化，英問英答・記述，内容真偽，不定詞，比較，接続詞，形容詞，前置詞，動名詞，関係代名詞)

(和訳) この前の5月に，私の友人キャロルと一緒に私の祖父の家を訪ねた。そこで，私の祖父はどのように米を栽培するかについて私たちに教えてくれた。キャロル，私の祖父，そして，私は朝，田んぼにおもむいた。小さな田んぼには水しかない状態だった。私の祖父は「今日，私達は稲の苗を植えることになっているよ。キャロル，私達(の作業)に加わらないかい」キャロルはびっくりした。「そうですねー，私には難しいかもしれません」と彼女は返事をした。「単純なんだ。教えてあげるよ」と彼は答えた。キャロルは「わかりました。全力を尽くします！」と言った。私たちは稲を植え始めた。キャロルが大変な思いをしているのではないかと思い，「大丈夫かしら。休みたくない？」と彼女に尋ねた。①キャロルは「少し疲れたけれど，平気よ。米を育てるのは大変な仕事ね」と言った。／昼頃，田んぼの脇で私たちは昼ご飯を食べた。私の祖父は昼ごはんとして私達に対しておにぎりを作ってくれた。Cその米は私がいつも食べているものよりも，美味しかった。田んぼでの労働は非常に過酷だということがわかったが，私たちは楽しいひとときを過ごした。／秋のある日に，私の祖父は私に一袋の米を送ってくれた。それを手にするとすぐに，私は彼に電話をかけた。彼は「手伝ってくれてありがとう。キャロルと米を分け合ってね」と言った。／翌日，私は米の一部をキャロルの元へ持って行った。彼女は「これはあなたのおじいちゃんと私たちが植えた米かしら。わあ！ 来年もあなたと再び行きたいわ」と言った。

問1 (There, my grandfather) showed us how to grow(rice.) ＜show ＋人＋もの＞「人にものを示す」 **＜how + to 不定詞＞**「～する方法」

問2 挿入文は「その米は私が通常食べた米よりも美味しい」の意。空所Cの直前の文で，祖父がおにぎりを用意してくれたと述べられているので，この箇所に補うと文意が通る。**better**「より良い／より良く」**good / wellの比較級** the rice▼I usually ate ← 目的格の関係代名詞の省略

問3 下線部①は「『少し( )けれども，私は大丈夫よ』とキャロルは述べた」の意。tired「疲れている」を補えば，慣れない苗を植えるキャロルを心配して「大丈夫？ 休みたくない？」とミキコが尋ねた際のキャロルの応答文としてふさわしい。他の選択肢は，イ「平気だ」／ウ「便利だ」／エ「有名だ」 **but**「だが，しかし」逆接の意の接続詞 a little「少し」

問4 **＜前置詞＋名詞／動名詞[doing]＞**なので，helpingが正解。**thank you for**「～してくれてありがとう」

問5 質問：「ミキコの祖父は電話でミキコに何をするように頼んだか」第3段落最終文 Share the rice with Carol ～ がその内容に該当する。(模範解答訳)「彼は彼女にその米をキャロル

と分け合うことを頼んだ」<ask +人+ to 不定詞>「人に～することを頼む」

問6　ア「ミキコの祖父は，稲の苗木を植えるために，ミキコとキャロルを訪問した」(×)　事実は，ミキコとキャロルがミキコの祖父のもとを訪れたのである(第1文)。よって，不一致。**不定詞の副詞的用法(理由)「～するために」**　イ「ミキコの祖父は，ミキコとキャロルに会いにやって来て，彼女らに一袋の米をくれた」(×)　祖父は米をミキコに送ったのである(第3段落第1文)。come to see「会いに来る」sent ← send「送る」の過去形　ウ「ミキコとキャロルは，ミキコの祖父が作ったおにぎりを食べた」(○)　第2段落の記述に一致。rice balls that her grandfather made目的格の関係代名詞　エ「ミキコとキャロルは米を栽培することがたやすいということを学んだ」(×)　米作りは大変であることがわかったのである(第1・2段落最終文)。easy「簡単な」⇔ hard「困難な」 growing rice「米を育てること」← **<do+-ing>「～すること」動名詞**

4 (長文読解問題・会話文・手紙文・資料読解文：語句補充・選択・記述，内容真偽，地図を用いた問題，語句の並べ換え，指示語，条件英作文，進行形，接続詞，助動詞，不定詞，現在完了，未来)

[1] (和訳)　<ミクとジョセフが話をしている>　ミク(以下M)：こんにちは，ジョセフ。本日の調子はどうかしら。／ジョセフ(以下J)：元気だよ，ありがとう，ミク。君は[A]どこに向かおうとしているの。／M：私は子育て支援センターに行くところよ。／J：それって何？／M：そこは幼い子供とその子供達の親に対する場所なの。一緒に遊ぶことができて，そこでは親が子供を育てることに関して助言を受けることもできるのよ。／J：なるほど。でもなぜ君はそこに行くの。君の弟，ないしは，妹がそこにいるの。／M：いいえ。私には弟も妹もいないわ。センターでは幼児の面倒をみるボランテイアが何名か必要だったの。だから，そこにいる幼児を手助けするためにボランティアの仕事を始めたのよ。それから，私は養護教員になりたいので，私にとっては本当に良い経験になっているわ。／J：うわっ，それは良いことだね。実は僕もそのような類いの仕事に興味をもっている。そこでどんなことをしているの。／M：いつもは幼児と遊んでいるわ。昼ご飯を一緒に食べたり，本を読んだりもしているの。／J：楽しそうだね。機会があれば，そこに行ってみたいね。僕もそこでボランティアをすることができるかなあ。／M：平気だと思うわ。センターもボランティアを必要としているので，(センターの)スタッフに聞いてみて，今晩，電子メールをあなたへ送るわ。／J：ありがとう。

問1　空所を含む文の問いかけに対して，行き先を答えているので，正解は場所を尋ねる疑問詞Where。他の選択肢は次の通り。ア「どのように」／イ「何を」／ウ「いつ」　**<be動詞 +-ing形> 進行形「～しているところだ」**

問2　「ミクは(　)ので，子育て支援センターに行っている」／ア「彼女はそこに妹がいる」(×)「ミクの弟妹がセンターにいるか」というジョセフの問いかけ(第3番目のジョセフのせりふ)に対して，ミクは否定している。　イ「彼女はボランティアとして，そこで子供達の世話をしている」(○)ミクの第4番目・第3文目の発言と一致。take care of「～を世話する」　ウ「彼女はそこで週に1回子育てについて学ぶ講座を受講している」(×)該当箇所なし。<回数 + a[an]+ 期間[時間]>「～の期間[時間]に……回」この場合のa[an]は「～につき」という意。　エ「彼女は電子メールを送りたい」ミクの最後のせりふで，電子メールを送ることに言及しているが，その行為と子育て支援センターに行くことは無関係である。**because「～なので」理由を示す接続詞**

[2] (和訳)　<その晩，ミクはジョセフに電子メールを送る>　こんにちは，ジョセフ。私はあな

たのことをセンターで働いている人に話したわ。あなたがボランティアをしたいということを聞いて，彼女はとても喜んだの。(ボランティアを)始めるに当たり，申込用紙を記入して，それをセンターに送らなければならないわ。後ほど，あなたに申込用紙を渡すわね。あなたの名前，電話番号，電子メールのアドレスなどを記入しさえすればいいの。もし来月からボランティアを開始したければ，始める前に，センターで研修会を受講する必要があるわ。センター(に行くの)は駅から遠くないの。駅に着いたら，郵便局までまっすぐに進んでね。そこから，歩き続けて，ツクシ川を渡ったら，左折するの。それから，川に沿って歩けば，センターはあなたの右手に見えるわ。センターは公園に隣接しているから，きっと見過ごすことはないわね。ボランティアの(仕事の)初日には，センターで服を着替える必要はないけれど，子供達と一緒に食べる昼食を持ってくるのを忘れないようにしてね。現地でお金を使う必要は一切ないので，必要ないお金は家に置いておいたほうが良いわね。幸運を祈っているわ！

問3　子育て支援センターへの行き方は,「駅からまっすぐ歩き続けて，川を渡ったら左折して，公園に隣接した右手に見える建物」と説明されている。

問4「ボランティアの初日には，ジョセフは(　)を持参しなければならない」最後から第3文目に On the first day ~ don't forget to bring your lunch to eat with the children とあるので，正解はア「彼の昼食」。**must**「～しなければならない／に違いない」<**Don't**＋原形> 命令文の否定形(禁止)「～してはいけない」他の選択肢は次の通り。イ「彼の申込用紙」申込用紙は事前に郵送を求められている(第4文目)。／ウ「研修会を受けるためのお金」／エ「着替えるための服」当日はお金や着替えは必要ないと述べられている。(最後から第2・3文目) <**don't[doesn't]have to** 不定詞>「～する必要がない」 **should**「～すべきだ／きっと～だろう」= **must**　不定詞の形容詞的用法<名詞＋**to**不定詞>「～するための[すべき]名詞」

3 (和訳)　<翌月，ジョセフは研修会(受講)後に，センターへ行き，そこのスタッフであるアイダ氏と面会をする>　ジョセフ(以下J)：将来，私は子供と一緒に働く[子供に関連する職種に就く]ことに興味があるので，ここでボランティアをしてみたいと思いました。／アイダ氏(以下A)：ここには多くの子供がいて，たくさんの良い経験を積むことができますよ。子供達の中には，とても幼い子がいるので，注意しなければいけません。／J：わかりました。注意深く心がけたいと思います。／A：その調子！　あと，ここには英語で書かれた人気のある日本の物語が何冊かあるの。でも，私たちはそれらを子供達に読んだことがないわ。これらの絵本を英語で読んでくれないかしら。／J：あっ，なるほど。英語で物語を聞くことが気に入ってくれれば良いですね。／A：これらの物語はとても人気があるので，子供達は気に入ると思うわ。絵本はゆっくりと読んで下さいね。／J：わかりました。そうするように心がけます。今から物語を何冊か選んでも良いですか。／A：もちろん，良いですよ。もしあなたが構わなければ，今から始めてもいいわ。／J：そうします。

問5　(But we)have never read them to the children. 現在完了<**have[has]**＋過去分詞>(完了・経験・継続・結果) ここでは「読んだことがない」という経験を示す。否定形は**not[never]**を過去分詞の前におく。　<read A B ⇔ read B to A「Aに対してBを読み聞かせる」

問6　直前の Pease read the picture books slowly. を指す。<**Please**＋原形～ [原形～, **please**]> 丁寧な命令文「～して下さい」slowly「ゆっくりと」⇔ fast／quickly

4 (和訳)　<その晩，ジョセフはミクに電子メールを送る> こんにちは，ミク。今日，子育て支援センターに行き，そこで多くの子供たちに会ったよ。英語で僕が読んだ絵本を幼児たちは聞いて楽しんでいて，僕たちは一緒に楽しい時を過ごすことができた。泣きだす子もいたけれど，アイダ氏が僕を助けてくれたよ。僕は本当にそこで働くことが気に入ったので，また訪問したいと思っている。子供を世話することは，非常にやりがいのある仕事だね。そして，子供と一緒に時間を過ごすことほど重要なことはないと思うね。／次回は，センターで他のことをしたいと願っている。ミク，君には何か良い考えはあるかい？　じゃあ，またね。

問7　下線部の具体的な内容を2文以上の理由を含めた具体的な英文で表す問題。(模範解答の和訳)「子供たちと一緒に歌を歌いたい。私は歌を歌うことが得意だから」

問8　(模範解答を含む和訳)　ジョセフ(以下J)：子供たちの多くは本当に絵本が好きだったので，僕はあの子たちのために自分自身で絵本を作ろうと思っているよ。／ミク(以下M)：それは面白そうね。センターには今度いつ行くの？／J：今月の下旬だよ。それより前に，自分の絵本を完成させたいね。／M：なるほど。仕上がったら見せてもらっても良いかしら。／J：もちろんだよ！　空所を含む文の次に「今月末」と答えているので，「いつセンターに再び行くのか」という意味になる英文を完成させること。「いつあなたは～するか」When will you ～？

5　**(長文読解問題・手紙文：図を用いた問題，日本語で答える問題，内容真偽，条件英作文，助動詞)**

(和訳)　先週，電子メールをくれてありがとう。元気ですか。／この前の土曜日に，イースターに向けて新しい服を買いに，家族と一緒に出かけました。あなたはイースターについて知っていますか。イースターは，アメリカでは重要な祝日であり，年ごとに日付が移動します。2019年には4月の第3日曜日でした。／イースターにおいては，多くの家庭で新しい服を用意して[着て]，イースターエッグを購入します。イースターエッグはイースターの象徴です。アメリカの多くの家庭がイースターエッグを用意して，家族が隠したイースターエッグを探し回ることが，多くの子供たちにとって楽しみとなっています。私には幼い妹がいるので，今週，彼女のためにイースターエッグをいくつか用意しようと考えています。去年は，私は庭にイースターエッグを置きましたが，今年は，家の中にイースターエッグを隠そうと思っています。隠すのに適した場所ならたくさんあります。例えば，テーブルの下とか，椅子の上，あるいは，ドアの背後などに隠すことが可能です。私の妹はイースターエッグを探すのが好きです。イースターがあるから，私は春が一番好きです。／アメリカを訪れるには，春が適した季節ではないでしょうか。日本はいかがですか。もし日本を訪問するならば，どの季節に訪れるべきですか。再び会えると良いですね。

問1　第2段落の最終文で，4月の第3日曜日と述べられていることを参考にすること。

問2　ア　(×)庭に卵を置いたのはピーターである。(第3段落第5文)　イ　(×)「卵を壊さないように隠す」という記述はナシ。　ウ　(×)去年もイースターを祝福したことが本文から明らかである。　エ　(○)第3段落第5文以降の記述に一致。

問3　日本を訪れるにはどの季節が良いか，3文以上の英文で表す問題。(模範解答和訳)こんにちは，ピーター。ご機嫌いかがですか。A①夏に日本を訪れるべきです。②夏には富士山に登ることができます。山頂から朝日を見るのはワクワクします。日本に来ることができれば良いですね。さようなら。　**should**「～すべきだ／きっと～だろう」

<英語解答>(学校選択問題)

1　No. 1　D　　No. 2　C　　No. 3　A　　No. 4　B　　No. 5　C　　No. 6　(1)　B　(2)　A　(3)　D　　No. 7　(1)　(例)(He will)go shopping(to buy a present.)　(2)　(He gave her a)lot of flowers(.)　(3)　(She will meet him)at his house(.)

2　問1　ウ　　問2　(例)From the station, go straight and turn left at the third corner, and you will see it on your right. It is next to a park. 問3 (例)He has to bring his lunch. 問4 (例)Why don't you read(these picture books in English?) 問5 (But I think that)nothing is more important than spending time with(children.) 問6 (1) イ (2) エ 問7 (例)(Do you know)what kind of music they like(?)

3 問1 ① エ ② ウ ③ ア 問2 (例)Mountains and the morning sun were. 問3 A brought B kept 問4 (I think)they want many people to use their(crafts.) 問5 (例)伝統的な工芸品を毎日使うことを楽しむほうがよいということを伝えたかったから。 問6 (1) (例)a long (2) (例)are used (3) (例)mother bought

4 (例) I try to share the same room with my family when I use the air conditioner, and I turn the lights off in rooms which we don't use. By doing so, I can save electricity. This is a small thing, but it will save the earth in the future.

＜英語解説＞

1 (リスニング)

放送台本の和訳は，85ページに掲載

2 (長文読解問題・会話文・手紙文・資料読解文：文の挿入，地図を用いた問題，条件英作文，英問英答，語句補充・選択・記述，語句の並べ換え，動名詞，助動詞，不定詞，比較，接続詞，受け身，関係代名詞，分詞の形容詞的用法，形容詞，間接疑問文)

[1] (和訳) ＜ミクとジョセフが話をしている＞ ミク(以下M)：こんにちは，ジョセフ。本日の調子はどうかしら。／ジョセフ(以下J)：元気だよ，ありがとう，ミク。君はどこに向かおうとしているの。／M：私は子育て支援センターに行くところよ。／J：それって何？／M：そこは幼い子供とその子供達の親に対する場所なの。一緒に遊ぶことができて，そこでは親が子供を育てることに関して助言を受けることもできるのよ。／J：なるほど。でもなぜ君はそこに行くの。君の弟，ないしは，妹がそこにいるの。／M：いいえ。私には弟も妹もいないわ。センターでは幼児の面倒をみるボランテイアが何名か必要だったの。だから，そこにいる幼児を手助けするためにボランティアの仕事を始めたのよ。それから，私は養護教員になりたいので，Aウ<u>私にとっては本当に良い経験になっているわ</u>。／J：うわっ，それは良いことだね。実は僕もそのような類いの仕事に興味をもっている。そこでどんなことをしているの。／M：いつもは幼児と遊んでいるわ。昼ご飯を一緒に食べたり，本を読んだりもしているの。／J：楽しそうだね。機会があれば，そこに行ってみたいね。僕もそこでボランティアをすることができるかなあ。／M：平気だと思うわ。センターもボランティアを必要としているので，(センターの)スタッフに聞いてみて，今晩，電子メールをあなたへ送るわ。／J：ありがとう。

問1 子育て支援センターでボランティアを始めた経緯を話している中で，空所を含む発言(「私は養護教員になりたいので，( )」)をしている。文脈に合うのはウ「それ[子育て支援センターでのボランティア]は本当に私にとって良い経験となっている」。他の選択肢は次の通り。ア「私の町をきれいにしておくのは私にとって非常に重要です」(×) <u>keeping</u> my town ← 動名詞[**doing**]「～すること」 keep A B「AをBの状態にしておく」 イ「子供達を助けるように私の両親に言うべきです」<tell ＋ 人 ＋ 不定詞[to do]>「～するように言う」 **should**「～するべきだ／きっと～だろう」 エ「医者に診察してもらうために私は通常病院へ行く」(×) to see a doctor 原因「～するために」を表す**不定詞[to do]**の副詞的用法

2 (和訳) <その晩，ミクはジョセフに電子メールを送る> こんにちは，ジョセフ。私はあなたのことをセンターで働いている人に話したわ。あなたがボランティアをしたいということを聞いて，彼女はとても喜んだの。(ボランティアを)始めるに当たり，申込用紙を記入して，それをセンターに送らなければならないわ。後ほど，あなたに申込用紙を渡すわね。あなたの名前，電話番号，電子メールのアドレスなどを記入しさえすればいいの。もし来月からボランティアを開始したければ，始める前に，センターで研修会を受講する必要があるわ。センター(に行くの)は駅から遠くないの。[B]駅からまっすぐに進んで，3つ目の角で左折すれば，センターはあなたの右手に見えるわ。センターは公園に隣接しているのよ。だから，きっと見過ごすことはないわね。ボランティアの(仕事の)初日には，センターで服を着替える必要はないけれど，子供達と一緒に食べる昼食を持ってくるのを忘れないようにしてね。現地でお金を使う必要は一切ないので，必要ないお金は家に置いておいたほうが良いわね。幸運を祈っているわ！

問2 道案内の英語を作成する問題。「直進する」go straight 「左[右]折する」turn left[right] 「右[左]手に」on one's right[left] 「～の隣に」next to～

問3 質問「ボランティアの(仕事の)初日に，子育て支援センターへ何をジョセフは持参しなければならないか」最後から第3文目on your first day of volunteer work, ~ don't forget to bring your lunch to eat with the children を参考にすること。命令文の否定 <**Don't** ＋ 原形～>「～してはいけない」 <**have[has]** ＋ 不定詞[**to do**]>「～しなければならない／にちがいない」

3 (和訳) <翌月，ジョセフは研修会(受講)後に，センターへ行き，そこのスタッフであるアイダ氏と面会をする> ジョセフ(以下J)：将来，私は子供と一緒に働く[子供に関連する職種に就く]ことに興味があるので，ここでボランティアをしてみたいと思いました。／アイダ氏(以下A)：ここには多くの子供がいて，たくさんの良い経験を積むことができますよ。子供達の中には，とても幼い子がいるので，注意しなければいけません。／J：わかりました。注意深く心がけたいと思います。／A：その調子！ あと，ここには英語で書かれた人気のある日本の物語が何冊かあるの。でも，私たちはそれらを子供達に読んだことがないわ。これらの絵本を英語で読んでくれないかしら。／J：あっ，なるほど。英語で物語を聞くことが気に入ってくれれば良いですね。／A：これらの物語はとても人気があるので，子供達は気に入ると思うわ。絵本はゆっくりと読んで下さいね。／J：わかりました。そうするように心がけます。今から物語を何冊か選んでも良いですか。／A：もちろん，良いですよ。もしあなたが構わなければ，今から始めてもいいわ。／J：そうします。

問4 Why don't you read (these picture books in English ?) Why don't you ～ ?「～してはどうですか」

4 (和訳) <その晩，ジョセフはミクに電子メールを送る> こんにちは，ミク。今日，子育て支援センターに行き，そこで多くの子供たちに会ったよ。英語で僕が読んだ絵本を幼児たちは聞いて楽しんでいて，僕たちは一緒に楽しい時を過ごすことができた。泣きだす子もいたけれど，アイダ氏がたくさん僕を助けてくれたよ。僕は本当にそこで働くことが気に入ったので，また訪問したいと思っている。子供を世話することは，非常にやりがいのある仕事だね。そして，子供と一緒に時間を過ごすことほど重要なことはないと思うね。／次回は，センターで他のことをしたいと願っている。ミク，君には何か良い考えはあるかい？ じゃあ，またね。

問5 (But I think that)nothing is more important than spending time with (children.) <否定語句＋比較級＋ than ＋ A>「Aほど～ものはありません／Aが最も～だ」 **長い語の比較級 → <more ＋ 原級>** spending **← 動名詞 doing「～すること」**

問6 (1) 「ミクは( )なので，子育て支援センターへ行く」／ア「彼女はそこに妹がいる」(×) 英文[1]の「ミクの弟妹がセンターにいるか」というジョセフの問いかけ(第3番目のジョセフのせりふ)に対して，ミクはその事実を否定している。イ「彼女はボランティアとして，そこで子供達の世話をしている」(○) 英文[1]のミクの第4番目・第3文目の発言と一致。take care of「～を世話する」 ウ「彼女はそこで週に1回子育てについて学ぶための講座を受講している」(×) 該当箇所なし。<回数 ＋ a[an]＋ 期間[時間]>「～の期間[時間]に……回」この場合のa[an]は「～につき」という意。エ「彼女は電子メールを送りたい」英文[1]のミクの最後のせりふで，電子メールを送ることに言及しているが，その行為と子育て支援センターに行くことは無関係である。**because「～なので」理由を示す接続詞**

(2) 「ジョセフは子育て支援センターにやって来た際，( )」／ア「彼女が彼をそこへ連れていってくれたので，ミクに感謝した」(×) 記述ナシ。イ「彼は日本語で絵本の読み方を教わった」(×) 事実は，彼が英語で絵本を読み聞かせた(英文[4]第2文目)のである。was taught ← **<be動詞＋過去分詞>「～される」受け身 <how ＋ to do>「～の仕方」** the picture books ▼ I read **目的格の関係代名詞の省略<先行詞＋(目的格の関係代名詞)＋主語＋動詞>「主語が動詞する先行詞」** ウ「そこで子供達に読む絵本を彼は購入した」(×) 絵本はセンターに備え付けのものである(英文[3]第2番目のアイダ氏の発言)。bought ← buyの過去形 some popular Japanese stories written in English **← 過去分詞の形容詞的用法<名詞＋過去分詞＋その他の語句>「～された名詞」** エ「子供達の中には非常に幼い子がいるので，アイダ氏は彼に注意をするように言った」(○) 英文[3]の最初のアイダ氏の発言に一致。 <tell ＋ 人 ＋ 不定詞[to do]>「人に～するように言った」careful「注意深い，気をつける」 **<～, so…>「～である，だから[それで]…」 <have[has]＋ 不定詞[to do]>「～しなければならない／にちがいない」**

問7 (模範解答を含む和訳) ミク：私は子育て支援センターで子供達と歌を歌うこともあります。／ジョセフ：本当ですか。私も子供達と一緒に歌いたいですね。子供達はどのような音楽が好きかわかりますか。／ミク：ええ，子供向けの有名な邦楽[日本の音楽]が好きです。簡単な英語の歌も好きですね。私がピアノを弾くと，子供達は歌を楽しみながら歌ってくれます。／ジョセフ：うあ！ きっと子供達はそのことが好きなのですね。

Do you know what kind of music they like？ ← What kind of music do they like？ **間接疑問文(疑問文が他の文に組み込まれた形)<疑問詞＋主語＋動詞>の語順になる**ので注意。

3 (長文読解問題・エッセイ：文の挿入，語句補充・選択，語句の問題，語形変化，語句の並べ換え，日本語で答える問題，要約文を用いた問題，助動詞，受け身，前置詞，動名詞，接続詞，分詞の形容詞的用法，進行形，比較，現在完了，不定詞，関係代名詞，)

(和訳) この冬，私は家族と石川県へ行き，そこにあるいくつかの博物館を訪れた。それらの博物館の1つには，たくさんの古くて伝統的な工芸品が収容されていた。私の母によると，それらの多くが漆で彩られているとのことだった。漆は日本の多くの伝統工芸品に使われている。私たちは漆で出来た美しくて，かつ，価値ある工芸品のすべてを鑑賞し，楽しんだ。博物館を後にすると，駅の近くの店で，漆により作られている多くの美しい工芸品を見かけた。私の母は微笑み，私にひと揃えの箸を購入してくれた。なぜ母は漆で出来た(それらの)箸を私に買ってくれたのだろうか。帰宅すると，私はそれを使い始めた。それはとても美しくて使いやすかった。私は漆についてもっと知りたくなり，知識を深めるために図書館へ行った。

そこで，世界中には約250種類の漆の木があるということを知った。日本には5種類の漆の木が存在している。これらの木の樹液は，塗料ないしは接合剤として使われている。もし漆の樹液に触れると，発疹が生じるが，樹液が乾き，固まった後なら，触っても問題はないのだ。日本では漆が8000年以上もの間，使用されてきた。漆を用いて製作された工芸品は，腐敗しにくい[ゆっくりと腐敗する]ので，保存が利く。非常に古い工芸品は漆によって保存されてきた。よって，漆は日本ではとても重要な役割を果たしてきたのである。

漆は多様な方法で使われてきた。漆は工芸品を修復する用途でも使用することができる。①エ例えば，皿が割れたときに，接合剤として漆を使うことで，修復が可能となる。漆は小さな工芸品に対して，あるいは，木造の建造物に対しても使用される。京都の金閣寺を建設する際にも，用いられたのである。もちろん，建物を修復するには，多くの漆が必要となる。②ウ例えば，約1500キログラムの漆が，金閣寺を修繕するために使われた。日光にある世界遺産の多くの歴史ある木造の建造物でも，たくさんの漆が必要とされている。③アしかしながら，日本で使われている漆のほぼ全てが，外国由来のもので，日本で使われる漆のわずか3%しか国内で生産されていない。実際，漆を製作する日本人の職人数は減っている。最近では，このような重要な伝統的建造物を修復するのに必要とされる全ての漆を，日本国内だけで製造しようとしている。

16世紀頃には，ヨーロッパから多くの人々が来日した。これらのヨーロッパ人は，漆で作られた工芸品を非常に好み，そのような工芸品をたくさん購入していった。ヨーロッパでは，富める人々が富の象徴として，漆で作られた工芸品を収集した。それらの工芸品は日本の象徴として，“ジャパン”と呼ばれた。

もちろん現在でも，漆は日本の伝統工芸品の象徴として有名だ。長野オリンピック委員会(NAOC)が1998年の長野オリンピックを企画した際，漆を用いて勝者のメダルを作ることにした。メダルは(日本)独自の素材と技術を用いて作られるべきだ，とNAOCは考えた。メダルは，美しくて，半永久的な価値を保持することが肝要である。これらすべてを考慮したうえで，NAOCはメダルを漆で製作することを選択して，メダルには漆を用いて，朝日と山脈が描かれたのだ。

多くの外国でも，漆で作られている工芸品が修復されている。現在，日本からヨーロッパにAもたらされた多くの工芸品は修繕が必要となっている。漆は特に日光に冒されやすいので，漆で作られた工芸品は，太陽にさらされると，傷つく。ヨーロッパでは，漆で作られた日本の工芸品を，他の素材や技術で修繕しようとしてきた人々もいる。というのは，そこには，漆の木が存在しないからだ。しかし，これらの素材や技術は漆に対して上手く作用しなかった。例えばヨーロッパでは，現在，茶色に変色してしまう工芸品が出現している。このような事態を防ぐために，最近，日本人の職人集団がドイツを訪れ，その地にある日本の工芸品を昔から伝わる漆の技術を用いながら，修繕してまわった。漆を用いて日本の工芸品を修復するために，どのようにその素材や技術を用いたらよいかを，彼らは学生や博物館の職員に対して伝えるために，研修会も開催した。

私はこういったことをすべて知った後に，丁寧に扱うことで，漆を用いて作られた工芸品は何年も使うことができるということに気づいた。実際，漆で作られた貴重な工芸品の中には，博物館で保存されるべきものもある。私が石川で見た漆でできた工芸品は非常に美しかった。漆製の工芸品を実際に使えば，私達にもその価値が一層理解できるのだ。これらの工芸品を製作するために職人は懸命に働いているのである。彼らは多くの人々に自らの工芸品を使って欲しいのだと思う。これで，なぜ母が店で箸を買ってくれたのかがわかる。もちろん，博物館で伝統工芸品を鑑賞して楽しむのは良いことだ。だが，毎日それらを使って楽しんだ方が一層良い。母はこのことを私に告げたくて，私に箸を購入してくれたのだ。私がそのことについて母に尋ねると，彼女は微笑んで「その通りよ」と答えた。漆で作られた工芸品の価値について，多くの人々に知って欲しいと私は願う。

問1　①　直前の文は「漆は工芸品を修復するために使うことができる」の意。よって，空所①には，その具体例を示す「例えば，皿を割った時に，接合剤として漆を使うことで，修復が可能となる」(選択肢エ)が当てはまる。can be used「使われることができる」**助動詞を含む受け身<助動詞 + be + 過去分詞>**　for restoring／by using <**前置詞 + 動名詞[-ing]**> **前置詞の後に動詞を持ってくるときは動名詞**にする。**for example**「例えば」 **if**「もし〜ならば」条件を示す接続詞　②　直前の文は「建物を修復するには多くの漆が必要だ」の意。従って，空所②には，その具体例であるウ「例えば，約1500キログラムの漆が金閣寺を修繕するために使われた」が当てはまる。　③　「日光にある世界遺産の多くの木造建築でもたくさんの漆が必要とされている」→ ア「しかしながら，日本で使われている漆のほぼ全てが外国由来のもので，日本で使われる漆のわずか3%しか国内で生産されていない」→「実際，漆を作る日本人の職人数は減少している」a lot of「多くの〜」 however「しかしながら」the *urushi* used「使われていた漆」←**<名詞+過去分詞+他の語句>「〜された名詞」過去分詞の形容詞的用法**　in fact「実際には」 the number of「〜の数」workers who produce「〜を生産する働き手」← 主格の関係代名詞　is decreasing「減少している」← **進行形<be動詞+ -ing>「〜しているところだ」** 他の選択肢は次の通り。イ「しかしながら，それらのほとんどが日本製の漆で塗られる必要がない。というのは，他の国で作られた漆の方がより良いから」to be painted ← <to be + 過去分詞> 不定詞の受け身　the *urushi* made「作られた漆」← 過去分詞の形容詞的用法　**better[good/wellの比較級]「より良い／より良く」**

オ「しかし，京都の金閣寺はとても長い間保存されてきた」has been preserved ← **現在完了(継続)の受け身<have[has]been+過去分詞>「〜されてきた」** カ「それは日本で作られた漆は修復には高すぎて使えないから」it is because「それは〜だからだ」 **too 〜 to do「〜するには…すぎる」**

問2　質問「勝者のメダルには漆で何が描かれていたか」第5段落最終文参照　(painted mountains and the morning sun on them[the winners' medals]with *urushi*)　**主語の位置に疑問詞がくる場合の受け身の疑問文<疑問詞+ be動詞+過去分詞 〜 ?> → (答え方)<主語 + be動詞>**

問3　A　Many of the crafts [A] brought to Europe from Japan now need to be restored.　空所Aを含む文以降で，ヨーロッパにおける漆製品事情が述べられている。第4段落第1文では，16世紀に漆製品がヨーロッパにもたらされた経緯が記載されている。従って，「日本からヨーロッパにもたらされた多くの工芸品」という意にすれば良い。正解は bring の過去分詞形 brought。**過去分詞の形容詞的用法<名詞+過去分詞+その他の語句>「〜された名詞」**
B　some valuable crafts made with *urushi* should be [B] kept in museums. 貴重な工芸品は博物館でどうされるべきかを考える。正解は「保存される」という意になるように，keep の過去分詞の kept が挿入される。**助動詞を含む受け身<助動詞+ be +過去分詞> should「〜するべき／きっと〜だろう」**

問4　(I think)they want many people to use their(crafts.)<want +人+不定詞[to do]>「人に〜して欲しい」

問5　最終段落の最後から第3・4文を参考にすること(it is better to enjoy using them [traditional crafts]every day.　She bought me the chopsticks because she wanted to tell me this.)。<**It is** +形容詞+不定詞[**to do**]>「不定詞することは形容詞だ」 **better** <**good**/**well**の比較級>「より良い/より良く」 <enjoy +動名詞[doing]>「~して楽しむ」enjoy の後ろに不定詞は不可。

問6 (和訳) モエが彼女の家族と石川を訪れた時に，漆で作られた工芸品に興味をもつようになった。漆は塗料としてだけでなく，物と物とを接合する用途でも使われてきた。漆はとても強く，腐敗するのもゆっくりで，漆は[1]長い間使われてきた。漆は日本の象徴でもあり，かつてヨーロッパから来日した人々は，漆製の工芸品を収集することを好んだ。必要とする人々に対して，漆の工芸品を修復するために[2]用いられている技術を，日本の職人は教授している。モエは，彼女の[3]母親が買ってくれた箸を使い続けることになるだろう。

(1) 空所を含む箇所は「漆は(1)期間使われてきた」。第2段落最後から第3文目に「漆は日本で8000年以上使われてきた」とある。よって，「長期間」という意味になるように a long (time)とする。has been used ← 現在完了(継続)の受け身 <**have**[**has**]+**been** +過去分詞>「~され続けている」

(2) 空所を含む箇所は「漆の工芸品を修繕するために(2)技術を日本人職人は~に伝える」。よって,「使われた」という意味になるように(the techniques that) are used とする。この that は主格の関係代名詞。

(3) 空所を含む箇所は「彼女の母親が彼女に買った箸」という意味になるようにする。(the chopsticks ▼ her) mother bought (her) 目的格の関係代名詞の省略 <先行詞+(目的格の関係代名詞)+主語+動詞>

4 (条件英作文)

(指示文の和訳) 世界には私達が解決しなければならない多くの環境問題がある。地球温暖化は世界の多くの地域で深刻な問題を起こしてきた。多くの人々が水質汚染に苦しんでいる。森林はその面積を狭め，砂漠[乾燥](地域)は大きくなっている。/我々一人一人が，これらの問題を自分自身の問題として考えることは重要である。何かを使い，購入し，あるいは，他の何かを行おうとする時に，万人が環境にやさしい選択をするべきである，と主張する人々もいる。たとえ学生であっても，小さな一歩として何かをすることは可能だ。今，あなたは何をすることができるか?

(模範解答訳) 「エアコンを使うときに，家族と同じ部屋を一緒に使うようにして，使わない部屋の電気を消す。そうすることで，電気の節約になる。これは小さなことだが，将来，地球を守ることになる」

環境問題の是正につながるようなどのような取組ができるか，理由を明示しながら，40語以上50語程度の英語でまとめる問題。

2020年度英語　リスニングテスト

〔放送台本〕

問題は，No.1~No.7の全部で7題あり，放送はすべて英語で行われます。放送される内容についての質問にそれぞれ答えなさい。No.1~No.6は，質問に対する答えとして最も適切なものを，A~Dの中から1つずつ選び，その記号を書きなさい。No.7は，それぞれの質問に英語で答えなさい。放送中メモを取ってもかまいません。各問題について英語は2回ずつ放送されます。

Look at No.1 to No.3 on page 1. Listen to each talk, and choose the best answer for each question. Let's start.

No. 1

A: I bought a DVD of the movie you wanted to watch, Haruko. Can you come to my house to watch it today?
B: Sorry, I can' t. I have a lot of math homework. I have to do it today.
A: Oh, I see. How about tomorrow?
B: That sounds good, thanks.

Question: What does Haruko have to do today?

No. 2

A：Dad, where are the animal books?
B: I think they are over there. I' ll look for books about cooking.
A：OK. How many books can we borrow here?
B: You can borrow ten books for two weeks.

Question: Where are they talking?

No. 3

A: Oh, that's my classmate over there.
B: Which one, Eri? Is your classmate the girl talking with the boy?
A: No, that's not her. My classmate is the girl standing next to the boy with a book.
B: Oh, I see.

Question: Which one is Eri's classmate?

〔英文の訳〕

1ページ上にあるNo.1からNo.3を見なさい。それぞれの会話を聞いて，各質問に対する最も適切な答えを選びなさい。では，始めましょう。

No.1 A：ハルコ，私はあなたが見たがっていた映画のDVDを買いました。今日，それを見るために私の家に来ることができますか。
B：ごめんなさい。私は行くことができません。私にはたくさんの宿題があります。本日それをしなければなりません。
A：なるほど。明日はいかがですか。
B：それなら平気そうですね。(誘ってくれて)どうもありがとう。
質問：ハルコは本日何をしなければならないか。

No.2 A：お父さん，動物の本はどこにありますか。

B：それらは，むこうにあると思うけれど。お父さんは料理に関する本を探そうと思うよ。
A：わかりました。ここでは何冊の本を(私たちは)借りることができるのかしら。
B：2週間で10冊の本を借りることができるよ。
質問：彼女らはどこで話をしているのか。

No.3 A：あっ，あそこにいるあの人が私のクラスメートです。
B：エリ，どの人ですか。あなたのクラスメートは，あの少年と話をしている少女ですか。
A：いいえ，彼女ではないです。私のクラスメートは，本を持っている少年の隣に立っている少女です。
B：あっ，なるほど。
質問：エリの級友はどの人ですか。

〔放送台本〕

Loot at No.4 and No.5 on page 2. Listen to each situation, and choose the best answer for each question. Let's start.

No. 4

Lisa went shopping and wanted to get a new T-shirt.
She found a T-shirt she wanted at a store.
She tried it on, but it was too small for her.

Question: What will Lisa say to the person working at the store?

No. 5

When Tom was walking to class, he saw his teacher, Ms. Green.
She was trying to go into a classroom, but she was carrying a lot of notebooks, so she couldn' t open the door.
Tom wanted to help her.

Question: What will Tom say to Ms. Green?

〔英文の訳〕

2ページのNo.4とNo.5を見なさい。おのおのの状況を聞いて，各質問に対する最も適切な答えを選びなさい。では，始めましょう。

No.4 リサは買い物に行き，新しいTシャツを購入したがっていた。店で彼女が欲しかったTシャツを見つけた。彼女はそれを試しに着てみたが，彼女には小さすぎることがわかった。
質問：店で働いている人にリサは何と言うだろうか。
〔選択肢の訳〕 A：別の色はありますか。／Ⓑ：もっと大きいものがありますか。／C：別のものをお持ちしましょうか。／D：どの色が好きですか。

No.5 トムが授業に向かうときに，彼の担当のグリーン先生に出会った。彼女が教室に入ろうとしたが，彼女は多くのノートを抱えていたので，ドアを開けることが出来なかった。トムは彼女を手助けしたかった。

質問：トムはグリーン先生へ何と言うのだろうか。

〔選択肢の訳〕 A：あなたの後に続きます[お先にどうぞ]。／B：ドアを閉めても良いです。[閉めることができます]／Ⓒ：あなたのために[に代わって]ドアを開けましょう。／D：これらのノートを運ぶべきです。

〔放送台本〕

Look at No.6. Listen to Mr. Smith, a teacher at English Summer School. He is talking about the plans for school on the first day. Choose the best answer for questions 1, 2 and 3. Let's start.

Welcome to English Summer School. I'm sure you'll enjoy studying English. First, let's talk about today's plan. You'll have three classes this morning. Each class is fifty minutes long. Your first class will begin at nine thirty. In your first class, I'll show you around the school. In your second class, you'll do a few activities like playing games and singing songs. When you talk with the other students, please talk in English. Your second class will be in classroom No. 8. It's on the third floor of building 1. You're in building 3 now, so you need to go to building 1. In your third class, you'll have an English listening test. After that you'll have lunch from twelve thirty to one twenty. You'll have lunch in the lunch room. It's on the first floor of this building. After lunch, you'll visit the Science Museum. Please be at the bus stop by one thirty-five. The bus stop is near the gym. In your class tomorrow, you will talk about your favorite things at the museum. Finally, try to talk with your friends a lot in English. It is a great way to learn English.

Question 1: How long is each class in the morning?

Question 2: Where is the lunch room?

Question 3: What will the students do in class tomorrow?

〔英文の訳〕

No.6を見て下さい。イングリッシュ・サマー・スクール講師，スミス先生(の話)を聞いて下さい。彼は初日のサマー・スクールにおける予定について語っています。質問1,2,3に対する最も適切な答えを選びなさい。では，始めましょう。

イングリッシュ・サマー・スクールへ，ようこそいらっしゃいました。きっとあなた方は英語を楽しみながら学ぶことになるでしょう。まず，本日の予定について話しましょう。午前中には，3時間の授業があります。各授業は50分間です。1時間目の授業は9時30分に始まります。最初の授業では，私がみなさんを連れて学校を案内します。2時間目は，ゲームをしたり，歌を歌ったりといったいくつかの活動をすることになります。他の生徒と話をする際には，どうか英語を使って話してください。2時間目の授業では，第8教室で行われます。1号棟の3階です。今，みなさんは3号棟にいるので，1号棟へ行く必要があります。3時間目の授業では，英語の聴力テストが実施されます。その後に，12時30分から1時20分まで昼食をとることになります。ランチ・ルームで昼食を食べます。ランチ・ルームはこの[今いる]建物の1階にあります。昼食後，科学博物館を訪問します。1時35分までには，バス停に集合して下さい。バス停は体育館の近くです。明日の授業では，博物館で皆さんが気に入ったものについて話すことになります。最後に，友だちとたくさん英語で話をして下さい。それが英語を学ぶ良い方法となります。

質問1：午前中の各授業はどのくらいの長さか。

〔選択肢の訳〕 A：今朝は3つの授業。／Ⓑ：50分間。／C：9時30分。／D：12時30分から1時20分。

質問2：ランチ・ルームはどこにあるか。

〔選択肢の訳〕 Ⓐ：3号棟。／B：第8教室。／C：体育館内。／D：科学博物館内。

質問3：明日の授業では学生は何をするのか。

〔選択肢の訳〕 A：英語の聴力テストが実施される。／B：ゲームをしたり，歌を歌ったりする。
C：昼食について話をする。／Ⓓ：博物館での気に入ったものについて話をする。

〔放送台本〕

Look at No.7. Listen to the talk between Tom and his friend, Megumi, and read the questions. Then write the answer in English for questions 1, 2 and 3. Let's start.

Tom: Hi, Megumi. Are you free on Sunday? I want to go shopping. Can you come with me?
Megumi: Oh, I'm going to my sister's school festival in the morning. Would you like to go? We can go shopping after the school festival.
Tom: That sounds great. I've never been to a school festival in Japan.
Megumi: I'm sure you'll like it. By the way, what are you going to buy?
Tom: I'm going to buy a present for my grandmother in London. Her birthday is next month. Last year, I gave her a lot of flowers. She likes Japanese culture, so I'm looking for something nice from Japan.
Megumi: Well, how about *furoshiki*? They are very useful for carrying clothes or other things. There are a lot of different colors, so I'm sure you'll find one she will like.
Tom: That's perfect!
Megumi: We have to arrive at the station by nine forty on Sunday. So, I'll meet you at your house ten minutes before that.
Tom: OK. See you then.

〔英文の訳〕

No.7を見て下さい。トムと彼の友人のメグミとの会話を聞いて，質問を読みなさい。そして，1・2・3の質問に対して英語で答えを書きなさい。では，始めます。

トム(以下T)：やあ，メグミ。日曜日の君のスケジュールは？　僕は買い物に行きたいんだ。僕と一緒に来られるかい。／メグミ(以下M)：えっ，午前中は，私の姉[妹]の学園祭に行くことになっているの。(そこに)あなたは行きたいかしら？　学園祭の後に，一緒に買い物に行くことは出来るわね。／T：それは良いね。僕は日本の学園祭に行ったことがない。／M：きっと気に入るわ。ところで，あなたは何を買うつもりなの。／T：ロンドンにいるおばあちゃんに贈り物を買おうと思っているんだ。彼女の誕生日は来月だよ。去年は，彼女にたくさんの花をあげた。彼女は日本の文化が好きなので，日本の何かすばらしいものを探しているのさ。／M：そうね，風呂敷はどうかしら。衣類や他の物を運ぶ時にとても便利なのよ。違った多くの色があるので，彼女が気に入るものを見つけることがきっとできるわ。／T：それは完璧だね。／M：日曜日には，9時40分までに駅に到着している必要があるの。だから，それより10分前にあなたの家で落ち合うことにするわ。／T：良いよ。じゃあ，その時にね。

質問1：日曜日に学園祭の後にトムは何をするか。
答え　：贈り物を買うために買い物に行く。
質問2：去年トムは誕生日の贈り物として彼の祖母に何をあげたか。
答え　：彼は彼女に多くの花をあげた。
質問3：日曜にトムとメグミは9時40分までにどこに到着していなければならないのか。
答え　：駅に到着していなければならない。

<理科解答>

1　問1　ウ　　問2　ア　　問3　エ　　問4　イ　　問5　月
問6　じん臓　　問7　0.65g　　問8　右図

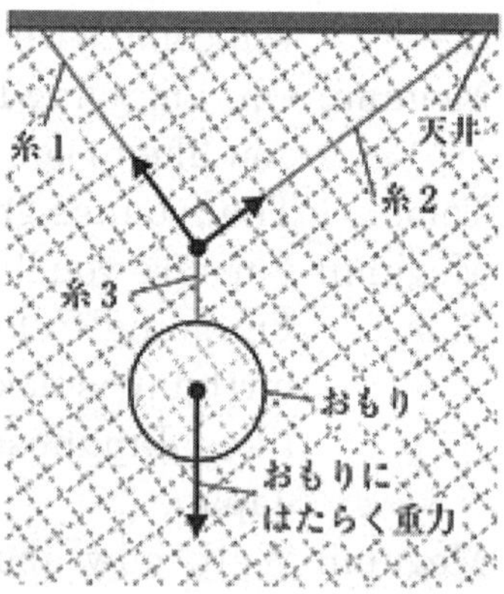

2　問1　露点　　問2　(例)寒冷前線付近で寒気が暖気の下にもぐりこみ，急激な上昇気流が生じるとき。
問3　(例)水滴や氷の粒がたがいにぶつかって大きくなる。
問4　(1)　23　　(2)　最も高い地点　熊谷　　最も低い地点　札幌　　問5　ウ

3　問1　エ　　問2　(例)光が当たる　　問3　デンプン
問4　Ⅰ　ア　　Ⅱ　イ　　問5　葉の裏側　　理由　(例)XとYを比較すると，葉の裏側にワセリンをぬったYの方が，水の減少量が少ないから。　　問6　エ

4　問1　$H_2SO_4+Ba(OH)_2 \rightarrow BaSO_4+2H_2O$　　問2　質量保存の法則　　問3　(例)Y3には，塩化ナトリウムが水に溶けているため，水中にイオンが多くあるのに対し，X3には，硫酸バリウムが水に溶けないため，水中にイオンがないと考えられるから。　問4　ウ　　問5　イ

5　問1　150Hz　　問2　ア　　問3　誘導電流　　問4　記号　エ　　Ⅲ　(例)電流の向きが交互に変わることによって，コイルをつらぬく磁界が変化し，固定された磁石によって，コイルが振動する　　問5　5.1m

＜理科解説＞

1　(小問集合－地層の重なりと過去の様子：堆積岩，生物の成長と生殖，水溶液：ろ過の操作，電流：真空放電，太陽系と恒星：日食，動物の体のつくりとはたらき，化学変化と物質の質量，力のつり合いと合成・分解：3力のつり合い)

問1　チャートと石灰岩は，堆積岩で，生物の遺骸や水にとけていた成分が堆積した岩石である。**石灰岩**には貝殻やサンゴの骨格の主成分である炭酸カルシウムが多く含まれていて，**うすい塩酸をかけると溶けて二酸化炭素を発生**する。**チャート**には二酸化ケイ素が多く含まれていて，うすい塩酸をかけても**気体は発生しない**。チャートは石灰岩に比べて**とてもかたい岩石**で，くぎなどで表面に傷をつけることができない。

問2　キイロショウジョウバエは，体細胞1つがもつ染色体の数が8なので，生殖細胞である精子と卵の染色体の数はどちらも4であり，受精卵の染色体の数は8である。

問3　ろ過の操作では，ろうとのあしのとがった方をビーカーのかべにつけ、ガラス棒を伝わらせて液を入れる。

問4　**陰極線は－の電気をもっている電子の流れ**で，－極から出て＋極へと向かうため，図2では電極Aが－極である。また，陰極線は，その進路に平行な2つの電極のうち電極Pのほうに引かれて曲がっているので，電極Pが＋極であり，電極Qは－極である。

問5　太陽の半径は月の半径の約400倍もある。また、地球から太陽までの距離も，地球から月までの距離の約400倍である。そのため，地球から見た太陽と月の大きさはほぼ同じに見える。また，月の公転によって，**太陽，月，地球の順で一直線に並ぶ**ことがある。図3は，太陽の全体が月にかくれて見えなくなる**皆既日食**で，太陽のまわりにかがやいているのはコロナである。

問6　図4のYは，じん臓である。じん臓は，血液中から尿素などの不要な物質をとり除くはたらきをしている。

問7　銅の酸化の化学反応式は，$2Cu+O_2 \rightarrow 2CuO$，である。表をグラフ化すると，原点を通る直線になることから，**銅の質量と酸化銅の質量は比例**している。よって，銅の粉末2.60gを加熱したときにできる酸化銅の質量をxgとすると，1.00〔g〕：2.60〔g〕＝1.25〔g〕：x〔g〕であり，酸化銅の質量は，3.25gである。以上から，酸化銅3.25gに化合している酸素の質量は，3.25g－2.60g＝0.65g，より，0.65gである。

問8　糸1，糸2，糸3の交点を作用点とする，**おもりにはたらく重力と同一作用線上にあり，大きさが等しく，向きが反対の力**を作図する。**その力を対角線として糸1と糸2の方向をとなりあった2辺とする平行四辺形を作図する。**3本の糸の交点を作用点とし，糸1の方向に平行四辺形の大きい方の一辺の長さを力の大きさとして天井の方向に向かう矢印を描く。同様にして，糸2には平行四辺形の小さい方の一辺の長さを力の大きさとして天井の方向に向かう矢印を描く。図中の糸1を引く力と糸2を引く力の合力が，糸3を引く力である。

2　(天気の変化：飽和水蒸気量・湿度・露点・雲のでき方・雨や雪の降り方・雲ができ始める高さ)

問1　水蒸気を含む空気を冷やしていくと，ある温度で含んでいる水蒸気の量と飽和水蒸気量が等しくなり，さらに温度が下がると、水蒸気の一部が水滴に変わる。この現象を凝結といい，**空気に含まれる水蒸気が凝結し始める温度を露点**という。

問2　寒冷前線付近では，寒気が暖気の下にもぐり込み，暖気を急激に上空高くにおし上げることにより強い上昇気流が生じ、積乱雲が発達する。

問3　雲をつくる水滴や氷の結晶は非常に小さいため空気中に浮かんでいるが，まわりの水蒸気をとりこんだり水滴どうしがぶつかったりして大きくなると落下する。

問4 (1) 福岡の気温は34℃で，飽和水蒸気量は37.6〔g/m³〕である。湿度が55〔%〕なので，福岡市の空気1m³中に含まれる水蒸気量は，37.6〔g/m³〕×0.55＝20.68〔g/m³〕である。よって，水蒸気が水滴に変わる温度，すなわち，露点は23℃である。

(2) 名古屋では，気温と露点との差は36℃－23℃＝13℃であり，空気が100m上昇するごとに温度が1℃下がるので、雲ができ始める高さは1300mである。札幌も同様にして，雲ができ始める高さは900mである。福岡では，(1)から，気温と露点との差は34℃－23℃＝11℃であり，雲ができ始める高さは1100mである。**熊谷の露点を求めると，気温は37℃で，飽和水蒸気量は43.9〔g/m³〕である。湿度が45〔%〕なので，空気1m³中に含まれる水蒸気量は，43.9〔g/m³〕×0.45≒19.8〔g/m³〕である。よって，露点は22℃であり，気温と露点との差は37℃－22℃＝15℃であり，雲ができ始める高さは1500mである。**以上から，この日の雲ができ始める高さが最も高い地点は熊谷であり，最も低い地点は札幌である。

問5 上昇した空気は、空気の体積の変化を考えるときの方が，**空気1m³あたりに含まれる水蒸気量が少ないため露点が低くなり，気温との差が大きくなる。**よって，雲ができ始める高さは，授業で予測した高さよりも高くなる。

3 (植物の体のつくりとはたらき：光合成に必要な条件・蒸散実験，植物の特徴と分類)

問1 葉脈が網静脈であるアジサイが双子葉類である。チューリップとグラジオラスは単子葉類であり，イヌワラビはシダ植物である。

問2 コリウスは、図2のようにたがいに重なり合わないように葉がついている。これにより、多くの葉に日光が当たるため，光合成がさかんに行われ，多くの栄養分がつくられる。

問3 光合成は葉緑体で行われ，デンプンがつくられる。よって，図4の①でヨウ素液と反応した物質は，デンプンである。

問4 光合成が葉の緑色の部分で行われていることは，**日光がじゅうぶんに当たるという共通の条件において，図4の緑色の部分の①と，ふの部分の②を対照実験**としてヨウ素液に対する色の変化を比較するとわかる。また，光合成に光が必要であることは，葉の緑色の部分であるという共通の条件において，図4の日光が当たる部分の①と，日光が当たらないようにアルミニウムはくでおおった部分の③を対照実験としてヨウ素液に対する色の変化を比較するとわかる。

問5 表2から，XとYを比較すると，水の減少量が多いのは，葉の表側にワセリンをぬったXであるため，蒸散量は葉の表側より裏側の方が多い。

問6 枝Xの蒸散は，葉の裏側と茎から行われる。枝Yの蒸散は，葉の表側と茎から行われる。枝Zの蒸散は，茎からのみ行われる。よって，**葉の表側の蒸散量＋葉の裏側の蒸散量＝Y＋X－Z×2**＝2.4〔cm³〕＋5.4〔cm³〕－0.6〔cm³〕×2＝6.6〔cm³〕である。水の密度を1g/cm³とすると，葉の表側と葉の裏側の蒸散量の合計は，1〔g/cm³〕×6.6〔cm³〕＝6.6〔g〕である。

4 (酸・アルカリとイオン，中和と塩，水溶液とイオン，化学変化と物質の質量，水溶液：溶解度，気体の発生とその性質)

問1 うすい硫酸にうすい水酸化バリウム水溶液を加えたときに起こる化学変化を化学反応式で表すと，$H_2SO_4 + Ba(OH)_2 \rightarrow BaSO_4 + 2H_2O$，である。**酸とアルカリの中和反応により水ができ，同時に塩である硫酸バリウムの白い沈殿ができる。**

問2 化学変化の前後で物質をつくる原子の組み合わせは変わるが，反応に関する物質の原子の種類と数は変わらないため，化学変化の前後で物質全体の質量は変わらない。これを質量保存の法則という。

問3　表中のX3とY3は，どちらもBTB溶液が緑色なので完全に中和されて中性になっている。Y3は，うすい塩酸にうすい水酸化ナトリウム水溶液を加えた反応後の水溶液で，化学変化を化学反応式で表すと，HCl+Na(OH) → NaCl+H_2O，であり，酸とアルカリの中和反応により水ができ，同時に塩である電解質の塩化ナトリウムができる。**水溶液X3で電流が流れなかったのは，**Y3には塩化ナトリウムが水に溶けているため水中にイオンが多くある(NaCl → Na^++Cl^-)のに対し，X3には**硫酸バリウムが水に溶けないため水中にイオンがないから**であると考えられる。

問4　塩化ナトリウム(食塩)は，溶解度が温度によってほとんど変わらないので，塩化ナトリウム水溶液から塩化ナトリウムをとり出す方法は，「蒸発させる」である。Y1とY2は酸性であるが，塩酸は塩化水素の気体を溶かしたものであり，**加熱すると揮発性である塩化水素は空気中へと出て行く**ので，Y1とY2はY3と同様の塩化ナトリウム水溶液となり，蒸発させると塩は純粋な物質として得られる。

問5　実験1(1)と表から，うすい硫酸の質量10.0gに，1%水酸化バリウム水溶液の質量を増加させながら加えていくと生じる沈殿の質量は比例して増加し，**1%水酸化バリウム水溶液を22.5g加えたX3では，中性になり，イオンは存在しなくなり，沈殿の質量は0.3gになった。1%水酸化バリウム水溶液を30.0gまで増加しても沈殿の質量は一定であり増加しなかった。**よって，うすい硫酸の質量10.0gに，**2倍の濃度の2%水酸化バリウム水溶液を加える場合は，1%水酸化バリウム水溶液の質量の$\frac{1}{2}$の11.25gのとき沈殿の質量は最大値0.3g**となり，それ以上は増加しない。よって，イのグラフが正しい。

5 (光と音：音の振動数と速さ，電流と磁界：電磁誘導)

問1　振動数は1秒間に弦が振動する回数なので，図1の波形の振動数〔Hz〕$=\frac{3回}{0.02〔s〕}=$150〔Hz〕である。

問2　振動数が多くなるほど，高い音が出るので，高い音を出したときの音の波形は，振幅は図1と等しく振動数が多い，アである。

問3　コイルの中の磁界が変化すると，その変化に応じた電圧が生じて，コイルに誘導電流が流れる。この現象を電磁誘導という。

問4　Aの向きに電流が流れるとき，**右手の4本の指先を電流の向きに合わせたとき，親指の向きがコイルの内側の磁界の向きと一致し，磁石に近い方にS極が生じる**ため，固定された磁石のS極としりぞけ合って，コイルはZの向きに動く。Bの向きに電流が流れるとき，右手の4本の指先を電流の向きに合わせたとき，親指の向きがコイルの内側の磁界の向きと一致し，磁石に近い方にN極が生じるため，コイルはYの向きに動く。図3の**スピーカーのしくみ**は，電流の向きが交互に変わることによって，コイルをつらぬく磁界が変化し，固定された磁石によって，コイルが振動するため振動板が振動し，音が生じる。

問5　水面で音楽がずれずに伝わる位置を点P，水中のスピーカーと点Pの距離を22.5mとするとき，水中のスピーカーから出た音が点Pに伝わる時間〔s〕=22.5〔m〕÷1500〔m/s〕=0.015〔s〕であるから，空気中のスピーカーと点Pの距離〔m〕=340〔m/s〕×0.015〔s〕=5.1〔m〕である。

<社会解答>

1　問1　太平洋　　大西洋　　問2　ウ　　問3　イ　　問4　(例)降水量が少なく，植物がほとんど育たない気候である。　　問5　ア，オ

2 問1 やませ 問2 エ 問3 (名称) 扇状地 (説明) (例)果樹園に利用されている。
問4 ア 問5 イ，ウ，エ

3 問1 卑弥呼(ひみこ)(「ひめこ」も正答とする。) 問2 ア 問3 ウ 問4 イ
問5 (名称) 武家諸法度 (説明) (例)将軍から1万石以上の領地をあたえられた武士のこと。

4 問1 ア→ウ→イ→エ 問2 (人物名) 孫文 (記号) ウ 問3 (説明) (例)満25歳以上の男子がもつこととされた。(年齢については，「25歳以上」も正答とする。)
(記号) イ 問4 ア 問5 日中共同声明

5 問1 エ→イ→ア→ウ 問2 ア，オ 問3 (1) (例)得票数に応じて各政党の議席数を決める (2) エ 問4 公正取引委員会 問5 (例)一般の銀行に対して，資金の貸し出しや預金の受け入れを行う。(「一般の銀行との間で国債などの売買を行う。」など「銀行の銀行」の役割について書かれていれば，正答とする。) 問6 ウ 問7 イ
問8 (Q) 京都 (R) パリ

6 問1 ザビエル 問2 カ 問3 ウ→エ→イ→ア 問4 エ 問5 (例)地方税の割合が低く，財政格差をおさえるために国から配分される地方交付税交付金の割合が高い。

＜社会解説＞

1 (地理的分野ー世界地図・各国の様子に関する問題)

問1 南北アメリカ大陸・オーストラリア大陸・日本列島の間に位置する，**世界一広い海洋が太平洋**である。南北アメリカ大陸・アフリカ大陸・ユーラシア大陸の間に位置する，**世界で二番目に広い海洋が大西洋**である。

問2 **経度0度**となる**本初子午線**は，**イギリスのロンドン郊外の旧グリニッジ天文台を通る経線**であることから，DのワシントンD.C.とEのブエノスアイレスが西経に位置することになる。Cのキャンベラ，Eの2都市が南半球に位置しているので，アは誤りである。Bのウランバートルがユーラシア大陸に位置していることから，イは誤りである。**太平洋上に位置する経度180度にあたる日付変更線**に最も近い都市はCであることから，エは誤りである。

問3 地図2が，**中心からの距離と方位が正しく描かれる正距方位図法**の世界地図であることに注目すれば良い。地図の右側に長く描かれているのが南アメリカ大陸だと読み取れるはずである。

問4 グラフから，年間降水量が少ないことが読み取れる。資料から，植物が少ないことが読み取れる。これらをまとめれば良い。

問5 金の輸出額は輸出総額×金のパーセントで求めることができる。エジプトは2655.8，モンゴルは757.1，オーストラリアは14032.6，(それぞれ百万ドル)であることから，アは正しい。貿易赤字が多いということは，輸入総額－輸出総額の差が最も大きいということである。797752(百万ドル)と最も差が大きいアメリカ合衆国のGNIは58876(ドル)であることから，オは正しい。原油の輸入総額は輸入総額×原油のパーセントで，石油製品の輸出総額は輸出総額×石油製品のパーセントとなる。それぞれ，107914，66721(百万ドル)となり，107914÷66721＝1.62…(倍)となることから，イは誤りである。エジプトの割合を計算すると16.4＋7.8＝24.2(％)となることから，ウは誤りである。アメリカ合衆国の輸出の1位は機械類であることから，エは誤りである。

2 (地理的分野ー日本の諸地域の様子・気候・農業・地形図の読み取りに関する問題)

問1 **東北地方の太平洋側に吹く，夏の冷たい風**で，**冷害をもたらす**とある点から判断すれば良い。

問2　Ⅰは**冬の降水量が多い**ことから，**日本海側の気候**であることが分かる。Ⅱは**冬の平均気温が0℃を少しだけ下回っている**ことから，**内陸性の気候**であることが分かる。したがって，Ⅰが金沢市，Ⅱが長野市となる。Ⅲは残ったさいたま市の気候となる。

問3　川が山から出たところにつくる地形であることから判断すれば良い。**水はけがよい土地**なので，**昔は桑畑**に，**現在では果樹園**に利用されることが多い土地である。

問4　Aは**埼玉県**の割合が高いことから，**近郊農業**でつくられる**野菜**であることが分かる。Bは**石川県**の割合が高いことから，**水田単作地帯である北陸**でつくられる**米**であることが分かる。Cは**長野県**の割合が高いことから，**りんご・ぶどう・ももなどの果実**であることが分かる。

問5　**縮尺25000分の1の地図**では，**地図上の1cmは実際は25000cm＝250m**となる。したがって，7cmは7×250＝1750mとなることから，イは正しい。**方位記号が示されていない地形図**であることから，**地図の上が北**を示していることが分かる。したがって，E地点から見るとF地点は南西の方向になることから，ウは正しい。Gにある地図記号は図書館を表す🕮であることから，エは正しい。A地点の近くに311，B地点の近くに344と数字があることから，B地点の方が高いことが分かる。したがって，川はB地点からA地点に向かって流れていることになるので，アは誤りである。等高線が10mごとに引かれているので，H地点は700m，I地点は800mであることが分かる。したがって，H地点の方が低いことが分かるので，オは誤りである。

3 (歴史的分野－各時代の中国との関係に関する問題)

問1　**魏志倭人伝**に記述のある，邪馬台国の女王である。

問2　aは**平安時代の国風文化**の説明である。bは室町時代につくられた**和室の原型が書院造**であることから，説明が誤りである。資料1は平安時代の絵巻物である。資料2は室町時代の水墨画である。これらを併せて判断すれば良い。

問3　Ⅲは13世紀(1274年・1281年)の元寇の内容を説明したものである。Xは395年のできごと，Yは1271年から1295年にかけてのできごとをまとめたもの，Zは16世紀のできごとである。これらを併せて判断すれば良い。

問4　Ⅳは15世紀の内容を説明したものである。**惣では，寄合と呼ばれる代表者の集まりが開かれて，惣掟を定めていた。**アは大化の改新の詔の内容であるので，大和時代の説明となることから誤りである。ウは班田収授の法などの内容であるので，奈良時代の説明となることから誤りである。エは江戸時代の農具の内容であるので誤りである。

問5　**武家諸法度は1615年に徳川家康が徳川秀忠の名で出した元和令が最初**のものである。以降，最後の改定となる徳川吉宗の享保令まで6度に渡り出されている。石高1万石以上を与えられ，将軍に拝謁することができる者が大名である。江戸時代には，**徳川一族である親藩，関ヶ原の戦い以前からの家臣である譜代大名，関ヶ原の戦い以降の家臣である外様大名**に分けられていた。

4 (歴史的分野－幕末から現在に至る様々な出来事に関する問題)

問1　アは1868年，イは1874年，ウは1869年，エは1885年のことである。

問2　P　宣統3年革命の際臨時大総統に選ばれたが直ちに袁世凱に譲り，のちに袁一派・軍閥派に反対し，広東に臨時政府を組織した。また三民主義の実現に努力し国民党の基礎を固めた。中国革命の象徴とされる政治家である。　Q　**中華民国の首都は南京**であることから判断すれば良い。aはハルビン，bはペキンである。

問3　1925年に制定された**普通選挙法の内容が満25歳以上の男子に選挙権が与えられるものであった**ことから判断すれば良い。この時の内閣総理大臣は，貴族院議員で憲政会総裁の加藤高明である。加藤内閣では，普通選挙法と同時に**社会主義運動を取り締まる治安維持法も成立**している。

問4 Dは太平洋戦争および戦後の復興期であることから判断すれば良い。アは1947年の改正の内容である。**高度経済成長期は1960年代**であることから，イは誤りである。**大政翼賛会は1940年**に結成されたものであることから，ウは誤りである。**日本農民組合は1922年**に結成されたものであることから，エは誤りである。

問5 1972年9月29日に北京を訪問した田中角栄首相と中華人民共和国の周恩来首相が署名し，日中国交正常化実現の元となった声明である。

5 (公民的分野－政治のしくみ・三権分立・経済・社会保障などに関する問題)

問1 日本国憲法第54条・67条・68条の内容から判断すれば良い。

問2 日本国憲法第76条・81条の内容から，ア・オは正しい。三審制において，**第一審から第二審に訴えることは控訴，第二審から第三審に訴えることは上告**であることから，イは誤りである。**裁判員裁判の対象となる裁判は，地方裁判所で行われる殺人などの重大事件の刑事裁判**であることから，ウは誤りである。**国選弁護人がつくのは刑事裁判**であることから，エは誤りである。

問3 (1) 死票を少なくし，政党が獲得する議席に有権者の投票をできるだけ生かすために考えられたしくみである。日本では，**政党の得票を整数で割った商を比較することで議席を配分するドント式**が採用されている。 (2) 選挙区における有権者の差が当選に必要となる得票数の差につながることが分かる資料を探せば良い。

問4 民主的な国民経済の発達を図り公正で自由な競争原理を促進することを目的として設置された内閣府の行政委員会である。

問5 市中銀行の預金の一部を無利子の当座預金で預かり，その預金を別の金融機関等へのお金の貸付けなどに利用している点を説明すれば良い。

問6 労働時間に関する規定が示されている点に注目すれば，Ⅰは労働基準法，Ⅱは労働基準法第32条の内容であることが分かる。また，仕事はワーク，家庭生活はライフであることと併せて判断すれば良い。なお，インフォームド・コンセントとは，医師が病状や治療法などに関して患者に説明をし，患者が十分な情報を得た上で合意することである。

問7 X **社会保険・公的扶助・公衆衛生**と並ぶ社会保障制度の柱の一つであることから，正しい内容である。 Y **介護保険に加入するのは40歳～64歳までの医療保険加入者**であることから，誤った内容である。

問8 Q アメリカ合衆国は批准を拒否したが，ロシア連邦が2004年に批准したことで，2005年に発効した議定書である。 R 2016年に発効した協定であるが，2016年のアメリカ大統領選挙に勝利したドナルド・トランプの主導のもと2019年11月にアメリカ合衆国は正式に離脱し，現在に至っている。

6 (総合問題－世界遺産を切り口にした問題)

問1 イスパニア(今のスペイン)出身で，日本にキリスト教を伝え，九州を中心とした西日本を中心に布教活動を行った人物である。

問2 **バスコ・ダ・ガマはインド航路を開いた人物**であることから航路は判断すれば良い。**南アメリカ大陸では，ブラジルがポルトガルの植民地**であったことから判断すれば良い。

問3 アは1989年，イは1956年，ウは1917年，エは1945年のことである。

問4 海岸線の延長がオに次いで長いことから判断すれば良い。アは人口が一番多いことから神奈川県，イはアに次いで工業生産額が多いことから兵庫県，ウは米の産出額が一番多いことから新潟県，オは面積が一番広いことから北海道であることが分かる。

問5　地方独自の財源である地方税の割合が福岡県に比べて少ないこと，**使い道は限定されないが国からの交付である地方交付税交付金**の割合が福岡県に比べて多いことに注目すれば良い。その際，自主財源が少ないということは財政の健全度が低くなることにも触れるべきである。

<国語解答>

1　問1　エ　問2　(例)本を愛して止まない人だと信じていたが，その人の廃棄という言葉に裏切られた　問3　イ　問4　(例)七曲と河尻の二人が好きな本を話題に，本の力を借りながらも，河尻への誤解を解く言葉を七曲に届けられて誇らしい　問5　ア

2　問1　(1)　きせき　(2)　ちょうぼう　(3)　おだ(やか)　(4)　効率　(5)　熟(れる)　問2　ウ　問3　イ　問4　(1)　いただきました。　(2)　エ　(3)　敬具

3　問1　ウ　問2　ア　問3　(例)魂を備え，同じ理性的能力をもち，種ごとに固有の身体をもつことで異なって思考する　問4　ア(と)エ　問5　(例)「自然と文化」という西洋の分類が普遍的なものではなく，私たちと多様な存在の具体的な緊迫した関係に目を向ける

4　問1　いうひとはべれば　問2　(例)適したものはない　問3　ウ　問4　イ(と)オ

5　(例)　資料からは，埼玉県に魅力を感じる人が半数以上いて，その理由は住みやすさや交通の便のよさにあることがわかる。

　私の住む地域には有名な観光地やテーマパークなどがなく，特に魅力的だという話も聞いたことはないが，確かに交通の便はいいし，店や学校も近くにあって生活には困らない。これからは，県外に行くことも増えるだろうが，今まで気づかなかった地域の魅力を発見・発信していきたい。

<国語解説>

1　(小説－情景・心情，内容吟味)

問1　有季は七曲に対して図書館の事情について説明したが，途中でそんなことは七曲も承知しているはずだと思い至る。そして，**このまま説明を続けても，七曲の怒りを静めることはできないのではないかと不安になり，何と言っていいかわからなくなる**のである。正解はエ。ここでは麻友のことは念頭にないので，アは的はずれ。七曲はすでに事情を知っていると考えられるので，イは誤り。言うべきことは「忘れ」たのではなく，わからなくなったのだから，ウは不適切である。

問2　傍線部②の少し後の，「そこ(＝図書館)に勤める人々も，七曲と同じく**本を愛して止まない人だと信じていた**」「その人の口から『廃棄』の言葉を聞き，**裏切られた**ような気がした」をもとにまとめる。「信じていた」のに「裏切られた」という内容を，制限字数に収まるように前後につながる形で書くこと。

問3　本を愛し，図書館を「天国」と認識する七曲にとって，図書館の職員でありながら本を「廃棄」しようとする河尻は本の敵であり，「魔女」のような存在である。しかし，有季の目にうつる河尻は，決して本を滅ぼそうとする「魔女」などではなく，本を愛し，**仕事として本を「廃棄」せざるを得ない**状況にありながら**本を捨てることに罪悪感**を抱く大人である。このことを説明したイが正解。河尻は「高校生のように」振る舞ってはいないので，アは誤り。河尻は本の廃棄に「罪悪感」を抱いており，「ためらわない」とは言えないので，ウは不適切。河尻自身は

「理想を追う生き方」をしていないので，エは誤りである。

問4「口元がゆるむ」は微笑むという意味。有季は，「ライ麦畑でつかまえて」という七曲と河尻が好きな本を話題にすることで，自分の言葉が七曲に届き，河尻にたいする誤解を解くことができたということがわかったのである。指定語句を2つとも使って，「言葉を届けられた」という内容を前後につながる形で書くこと。

問5　ア　ここで描かれているのは主に有季と七曲のやりとりであり，「図書館の情景描写」に麻友の置かれた状況は無関係なので，これが適切でない選択肢である。　イ　有季の心情は地の文で表現され，場面の展開をわかりやすくしている。適切である。　ウ　「ぴくりとも動かない」が七曲の頑なさを表しているように，擬態語は登場人物の様子を印象づけている。適切である。　エ　「隠喩」は「ようだ」「らしい」などを用いないで表現する比喩で，ここでは登場人物の心情を読者に印象づけている。適切な選択肢である。

2 (知識・話し合い—内容吟味，脱文・脱語補充，漢字の読み書き，語句の意味，文と文節，その他)

問1　(1)「軌跡」は，通ったあと，行いのあとという意味。　(2)「眺望」は，遠くまで見渡すこと。　(3)「穏やか」は，静かで落ち着いている様子。　(4)「効率」の「率」を「卒」と書き間違えないように注意。　(5)「熟」の音読みは「ジュク」で，「成熟」「熟練」などの熟語を作る。

問2　ア　「映画館に行った」とエ「パンフレットを買った」は，修飾・被修飾の関係，　イ　「飲み物と食べ物を」は並立の関係，　ウ　「友達も泣いていた」は主・述の関係である。

問3　ア　「終幕」は終わりになること，　イ　「潮時」はちょうどいい時，　ウ　「時事」は現代の社会的な出来事，　エ　「挙句」はいろいろやってみた結果という意味である。

問4　(1)　他の文の文末は敬体だが，「体験を通して，様々なことを教えていただいた。」の文末は常体になっているので，敬体の「いただきました。」に書き直す。　(2)　文末表現に注目する。お礼の手紙の原稿を直すところが「他にはありますか。」という質問に対して，「後付けを書いた方がよいと思います。」と助言しているので，エが正解となる。アの内容のまとめ，イの質問，ウの確認は，いずれもこの文末表現に合わないし，内容としても不適当である。　(3)　手紙の頭語が「拝啓」の場合，結語は「敬具」とするのが適切である。

3 (論説文－内容吟味，脱文・脱語補充)

問1　日本語の「自然」ということばは，明治以前には「人為の加わらぬさま」という意味で用いられていた。そして，その意味が「『人為』と対置されているという意味でnatureと共通点している」ため，明治以降，natureの翻訳語として選ばれた。正解はウである。「『自然環境』そのものについて用いるようになったのは明治以降のことなので，アは誤り。「副詞や形容詞としての意味」は明治以前にあったので，イは誤り。翻訳語としては「『自然環境』そのもの」という意味で用いられるので，エは不適切である。

問2　空欄Ⅰの前は「自然を分類する人間という想定」に疑問を呈し，「人間と動物のあいだ」の「魂の連続性」に注目している。「[Ⅰ]ではなく，種間のかかわりあいに焦点を合わせる」となっているので，空欄には「自然を分類する人間」と同じ内容を表すアが入る。

問3　ユカギールの狩猟採集民の世界では，「人，動物，モノは魂を備え，同じ理性的能力をもつ」，「それぞれが異なって思考するのは，種ごとに固有の身体をもっているためだ」とある。トナカイの真似をすることでトナカイの思考をし，さらにはトナカイに仲間だと思わせて惹きつけて狩りをする。しかし，完全にトナカイに変身してしまうと，人間としてのアイデンティティを失い，人間に戻れなくなるのである。指定語句と制限字数に気をつけて，前後につながるように書くこと。

問4 **適切でないもの**を選ぶことに注意する。ア「体系化」「専門的知識」「インターネット」は，「自然」とは相容れないものなので，**適切でない**。 イ 傍線部③の次の段落に，「自然」の具体例として「犬になりきった声真似」や「飼い主として自分と犬を差異化」することについて書かれている。適切である。 ウ 犬の例に続いて「カラス」の具体例も本文に書かれている。適切である。 エ「地球市民」「環境主義のスローガン」は，自然を人為と対比する考えに基づくものであり，「都市生活のなかの自然」の例としては**適切でない**。 オ 花粉症は「私たちの日常生活を脅かしている」自然の例であり，適切な説明である。

問5 人類学について説明している部分を探す。第2段落に「一九八〇年代から九〇年代にかけての人類学は～『(人間の外側にある)**自然**と(人間のつくりだした)**文化**』という分け方自体が，西洋の文化が構築したものであって，**普遍的**なものではない」とある。また，最後の2つの段落には「他の多様な生物，モノと私たちの日々の**具体的な関係**に目を向ける」「他種との**緊迫**した関係」とある。この内容を踏まえて，指定語句・制限字数・後の表現に注意して書く。

4 (古文―内容吟味，指示語の問題，仮名遣い)

〈口語訳〉 大斎院から上東門院に「退屈を紛らすことができる物語がございますか。」と尋ね申し上げなさったときに，(上東門院は)紫式部をお呼びになって，「何を差し上げたら良いでしょうか。」とおっしゃったので，「すばらしいものは何がございましょうか，いや，ございません。新しく作って差し上げなさいませ。」と申したところ，(上東門院が)「作れ。」とおっしゃったのを，(紫式部が)お引き受けして，『源氏物語』を作ったことがたいそうすばらしいことでございますと言う人もいますが，また，(紫式部が)まだ宮中にお仕えもしないで自宅にいましたときに，このようなもの(＝『源氏物語』)を作り出したことによって，(宮中に)召し出されて，そのため紫式部という名をつけた，とも申すのはどちらが本当でございましょうか。

問1「いふ」の「**ふ**」は語頭にないので「**う**」に書き換えるが，「ひと」「はべれば」の「ひ」「は」は語頭にあるので書き換えない。したがって，解答は「**いうひとはべれば**」となる。

問2 直前の「めづらしきものは何かはべるべき」に注目する。「めづらしきもの」は「すばらしいもの」「目新しいもの」という意味。「何かはべるべき」の傍訳「何がございましょうか，いや，ございません」は結局「何もない」ということである。紫式部は，「すばらしいものはない」「**適したものはない**」という理由で物語を新しく作ることを考えたのである。

問3 上東門院が紫式部を呼んで尋ねたのに対し，**紫式部**が答えを申し上げたのである。

問4 この文章では，紫式部が『源氏物語』を書いた動機として，「**紫式部が上東門院に命じられて『源氏物語』を書いた**」という説と，「**ある女性が『源氏物語』を書いたことによって宮中に召し出され，紫式部と名づけられた**」という説のどちらが本当だろうかと書かれている。この2つの説と一致するイとオが正解となる。

5 (資料―作文)

内容としては，「**資料**から読み取った内容「自分の**体験**(見たこと聞いたことなども含む)」「自分の**考え**」の3つの要素が必要である。それぞれの要素が抜け落ちたり混乱したりしないよう，構成に注意して書くこと。(例)は，「資料から読み取った内容」として埼玉県に魅力を感じる人の割合とその理由を示し，関連する「自分の体験」に触れて，資料と体験をふまえた「自分の考え」を述べるという構成にしている。

文章の書き始めや段落の初めは1字空けることや，行末の句読点の書き方など，**原稿用紙の使い方**にも注意する。書き終わったら必ず読み返して，誤字・脱字や表現のおかしなところは書き改める。

MEMO

大切なことはメモしておこうネ！

埼玉県公立高等学校

2019年度

★★★★★★★★★★★★★★★★★★★★★★★★★

入　試　問　題

2019年度

●くわしい解説……65ページ

＜数学＞

時間　50分　　満点　100点

【注意】　答えに根号を含む場合は，根号をつけたままで答えなさい。

1　次の各問に答えなさい。(51点)

(1)　$-2a+5a$ を計算しなさい。(４点)

(2)　$(-8)\div(-4)-1$ を計算しなさい。(４点)

(3)　$3x^2\div(-y^2)\times 2xy^3$ を計算しなさい。(４点)

(4)　$\dfrac{10}{\sqrt{5}}-\sqrt{45}$ を計算しなさい。(４点)

(5)　$x^2+6x-27$ を因数分解しなさい。(４点)

(6)　連立方程式 $\begin{cases} y=5-3x \\ x-2y=4 \end{cases}$ を解きなさい。(４点)

(7)　２次方程式 $2x^2-3x-1=0$ を解きなさい。(４点)

(8)　y が x の１次関数で，そのグラフが２点 (４，３)，(−２，０) を通るとき，この１次関数の式を求めなさい。(４点)

(9)　下の図１のような，１組の三角定規があります。この１組の三角定規を，図２のように，頂点Aと頂点Dが重なるように置き，辺BCと辺EFとの交点をGとします。

$\angle$BAE＝25° のとき，$\angle$CGFの大きさ x を求めなさい。(４点)

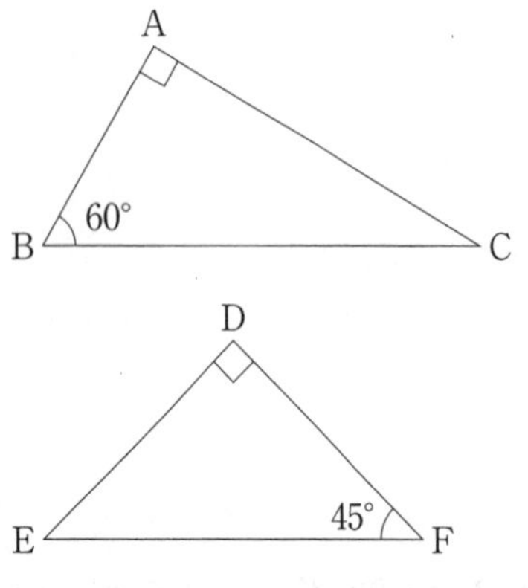

図１

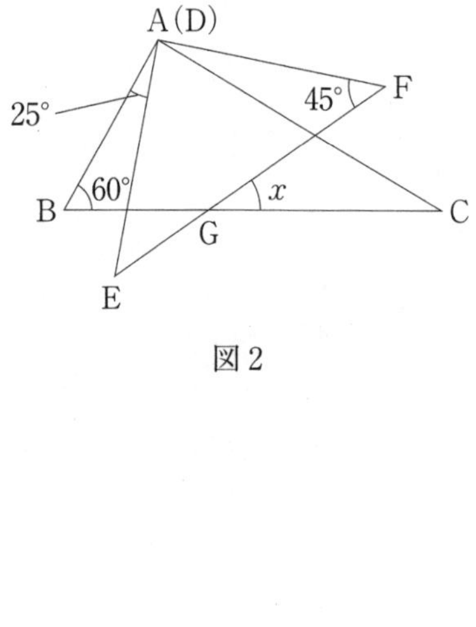

図２

⑽　関数 $y=x^2$ について述べた次の**ア**～**オ**の中から，正しいものを**2つ**選び，その記号を書きなさい。（5点）

ア　この関数のグラフは，点（3，6）を通る。

イ　この関数のグラフは放物線で，y 軸について対称である。

ウ　x の変域が $-1 \leqq x \leqq 2$ のときの y の変域は $1 \leqq y \leqq 4$ である。

エ　x の値が2から4まで増加するときの変化の割合は6である。

オ　$x<0$ の範囲では，x の値が増加するとき，y の値は増加する。

⑾　次は，先生，Aさん，Bさんの会話です。これを読んで，下の①，②に答えなさい。

先　生「縦20cm，横50cmの長方形の赤い布と縦20cm，横30cmの長方形の白い布を使って，縦20cm，横5mのゴールテープを作ろうと思います。」

Aさん「どのように作るのですか。」

先　生「布は切らずに，ゴールテープの縦の長さは20cmにそろえて，横は布と布を5cmずつ重ねて縫い合わせます。」

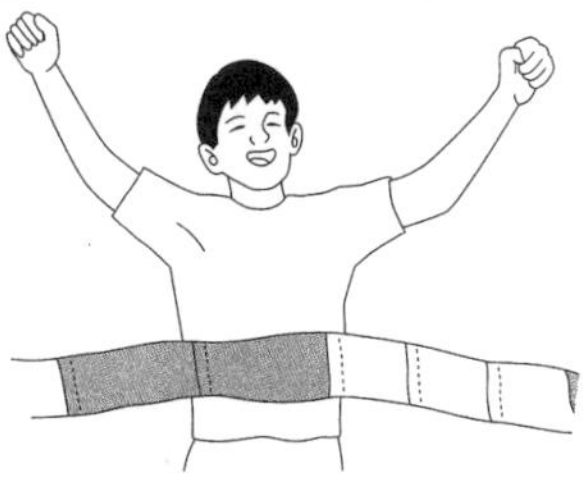

Aさん「赤い布と白い布は何枚あるのですか。」

先　生「どちらもたくさんあります。」

Bさん「Aさん，赤い布と白い布は横の長さが違うけれど，ちょうど5mにできるのかな。」

Aさん「赤い布だけなら，［ア］枚使って5mにできるよ。」

Bさん「赤い布と白い布の両方を使って，ちょうど5mになる枚数の組はあるのかな。」

Aさん「どうだろう。考えてみよう。」

①　［ア］にあてはまる数を書きなさい。（4点）

②　赤い布と白い布の両方を使って，ちょうど5mになる赤い布と白い布の枚数の組を，赤い布を x 枚，白い布を y 枚として，途中の説明も書いて**すべて**求めなさい。（6点）

2　次の各問に答えなさい。（22点）

⑴　白色のペットボトルキャップが入っている袋があります。この袋の中に，同じ大きさのオレンジ色のキャップを50個入れてよく混ぜ，無作為に30個を抽出しました。抽出したキャップのうち，オレンジ色のキャップは6個でした。はじめにこの袋の中に入っていたと考えられる白色のキャップは，およそ何個と推測されるか求めなさい。（5点）

⑵　次のページの図のような，AB＝BC＝BD＝6cm，∠ABC＝∠ABD＝∠CBD＝90°の三角錐ABCDがあり，辺AD上に AP：PD＝1：2 となる点Pをとります。

このとき，三角錐PBCDの体積を求めなさい。（５点）

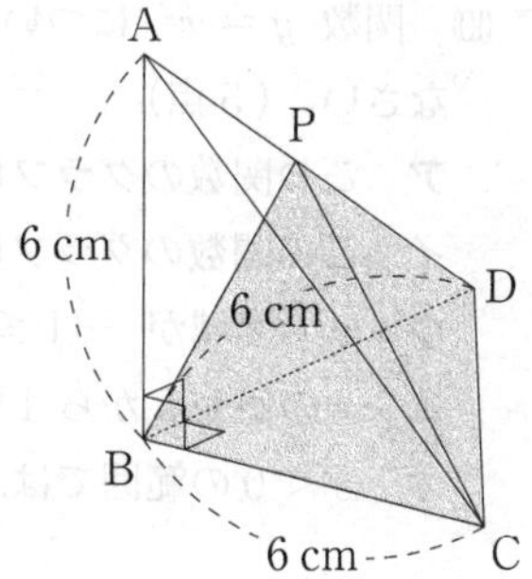

(3) 下の図のように，線分ABがあります。∠CAB＝105°となる半直線ACをコンパスと定規を使って１つ作図しなさい。

ただし，作図するためにかいた線は，消さないでおきなさい。（５点）

(4) 右の図のように，平行四辺形ABCDの対角線の交点をOとし，線分OA，OC上に，AE＝CF となる点E，Fをそれぞれとります。

このとき，四角形EBFDは平行四辺形であることを証明しなさい。（７点）

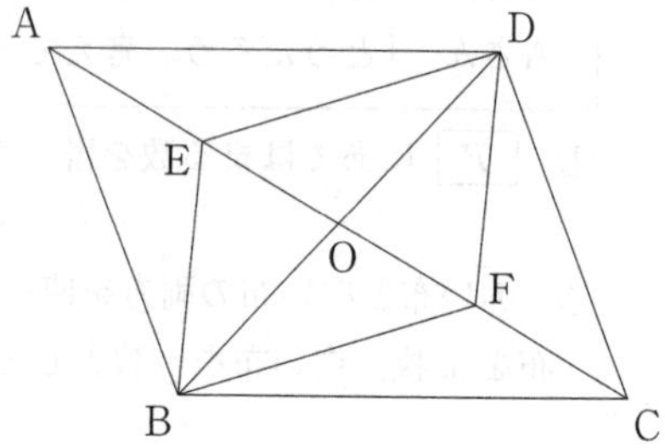

3 右の図において，曲線は関数 $y=\frac{1}{2}x^2$ のグラフで，直線は関数 $y=ax+2\ (a<0)$ のグラフです。直線と曲線との交点のうち x 座標が負である点をA，正である点をBとし，直線と y 軸との交点をCとします。また，曲線上に x 座標が３である点Dをとります。

このとき，次の各問に答えなさい。（10点）

(1) △OCDの面積を求めなさい。

ただし，座標軸の単位の長さを１㎝とします。（４点）

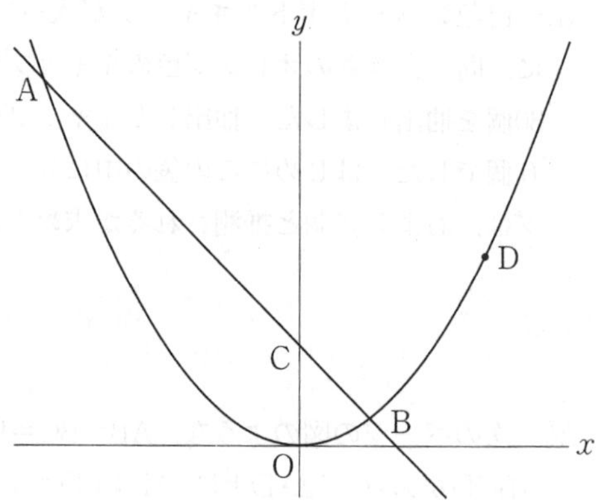

(2) △ADCの面積が，△CDBの面積の４倍になるとき，a の値を求めなさい。(６点)

4 右の図１のように，線分ABを直径とする半円Oの $\overset{\frown}{AB}$ 上に点Ｐをとります。また，線分AP上に AM：MP＝２：１ となる点Mをとり，線分BMをひきます。

AB＝６㎝，∠ABP＝60° のとき，次の各問に答えなさい。(17点)

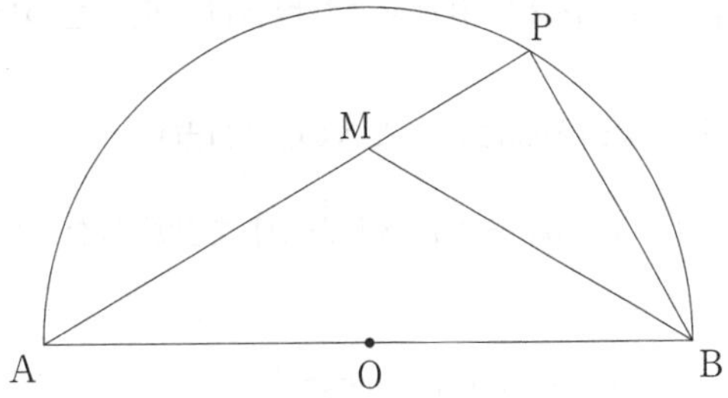

図１

(1) 線分PMの長さを求めなさい。(５点)

(2) 右の図２のように，線分BMを延長し，$\overset{\frown}{AP}$ との交点をQとします。また，線分OPをひき，線分BQとの交点をＲとします。

このとき，次の①，②に答えなさい。

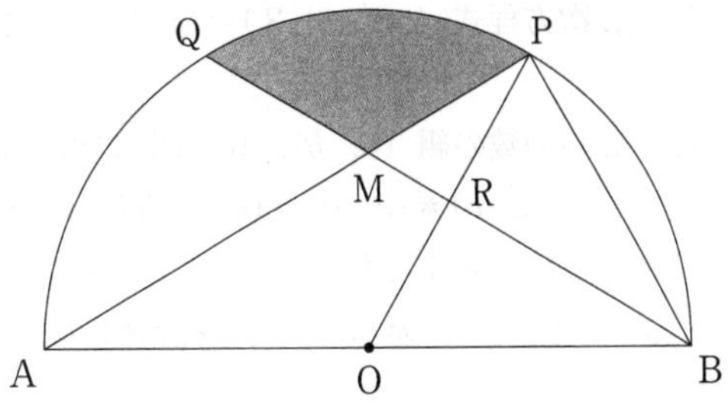

図２

① 半円Oを，線分BQを折り目として折ったとき，点Ｐは点Oと重なります。その理由を説明しなさい。(６点)

② 図２のかげ（▒）をつけた部分の面積を求めなさい。ただし，円周率は π とします。(６点)

＜学校選択問題＞

時間　50分　　満点　100点

【注意】 答えに根号を含む場合は，根号をつけたままで答えなさい。

1　次の各問に答えなさい。(44点)

(1)　$(-a)^3 \div 2a^4 \times \left(\frac{1}{2}a\right)^2$ を計算しなさい。(4点)

(2)　$\frac{(\sqrt{3}-\sqrt{2})^2}{6}+\sqrt{\frac{2}{3}}$ を計算しなさい。(4点)

(3)　2次方程式 $2x(x+3)=(x+3)^2$ を解きなさい。(4点)

(4)　2つの数の組 $(a,\ b)$，$(c,\ d)$ について，「＊」の記号は，

$$(a,\ b)*(c,\ d)=(ac-bd,\ ad+bc)$$

のように計算するものとします。次の①，②に答えなさい。

①　$(1,\ -2)*(3,\ 1)$ を計算しなさい。(4点)

②　$(x,\ y)*(2,\ 3)=(-17,\ 7)$ のとき，x，y の値を求めなさい。(4点)

(5)　下の図1のような，1組の三角定規があります。この1組の三角定規を，図2のように，頂点Aと頂点Dが重なるように置き，辺BCと辺EFとの交点をGとします。

∠BAE＝25° のとき，∠CGFの大きさ x を求めなさい。(4点)

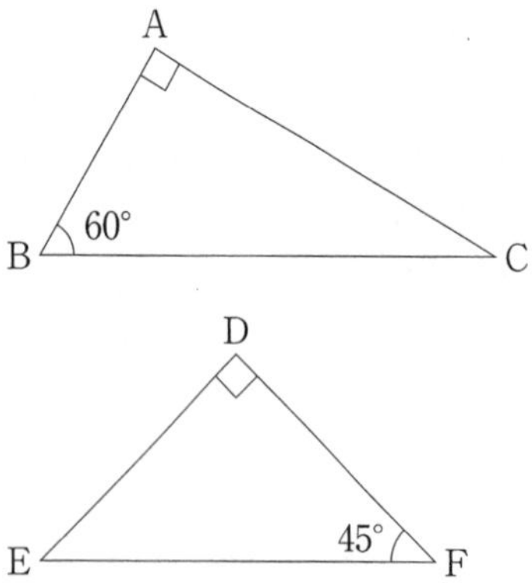

図1

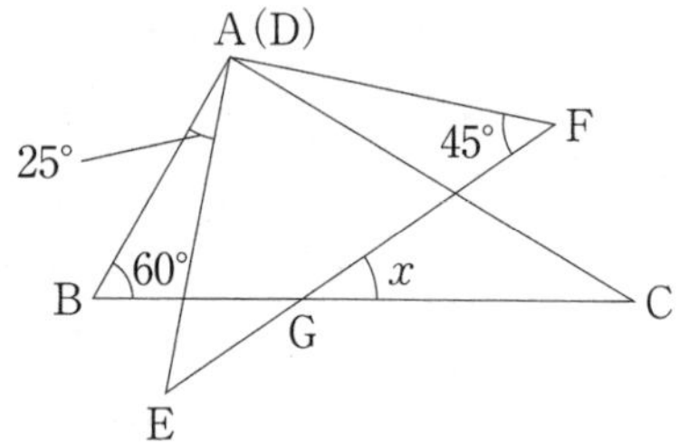

図2

(6)　関数 $y=x^2$ について述べた次の**ア**～**オ**の中から，正しいものを**すべて**選び，その記号を書きなさい。(5点)

ア　この関数のグラフは，点（3，6）を通る。

イ　この関数のグラフは放物線で，y 軸について対称である。

ウ　xの変域が　$-1 \leqq x \leqq 2$　のときのyの変域は　$1 \leqq y \leqq 4$　である。

エ　xの値が2から4まで増加するときの変化の割合は6である。

オ　$x < 0$　の範囲では，xの値が増加するとき，yの値は増加する。

(7)　白色のペットボトルキャップが入っている袋があります。この袋の中に，同じ大きさのオレンジ色のキャップを50個入れてよく混ぜ，無作為に30個を抽出しました。抽出したキャップのうち，オレンジ色のキャップは6個でした。はじめにこの袋の中に入っていたと考えられる白色のキャップは，およそ何個と推測されるか求めなさい。（5点）

(8)　次は，先生，Aさん，Bさんの会話です。これを読んで，下の①，②に答えなさい。

先　生「縦20cm，横50cmの長方形の赤い布と縦20cm，横30cmの長方形の白い布を使って，縦20cm，横5mのゴールテープを作ろうと思います。」

Aさん「どのように作るのですか。」

先　生「布は切らずに，ゴールテープの縦の長さは20cmにそろえて，横は布と布を5cmずつ重ねて縫い合わせます。」

Aさん「赤い布と白い布は何枚あるのですか。」

先　生「どちらもたくさんあります。」

Bさん「Aさん，赤い布と白い布は横の長さが違うけれど，ちょうど5mにできるのかな。」

Aさん「赤い布だけなら，［ア］枚使って5mにできるよ。」

Bさん「赤い布と白い布の両方を使って，ちょうど5mになる枚数の組はあるのかな。」

Aさん「どうだろう。考えてみよう。」

①　［ア］にあてはまる数を書きなさい。（4点）

②　赤い布と白い布の両方を使って，ちょうど5mになる赤い布と白い布の枚数の組を，赤い布をx枚，白い布をy枚として，途中の説明も書いて**すべて**求めなさい。（6点）

2　次の各問に答えなさい。（11点）

(1)　次のページの図のように，線分ABがあります。∠CAB＝105°となる半直線ACをコンパスと定規を使って1つ作図しなさい。

ただし，作図するためにかいた線は，消さないでおきなさい。（5点）

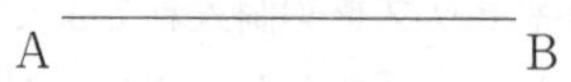

(2) 右の図のように，1から9までの数字がそれぞれ1つずつ書かれた9枚のカードがあります。この9枚のカードから3枚を同時に取り出すとき，3枚のカードの数字の和が3で割り切れる場合は全部で何通りあるか求めなさい。(6点)

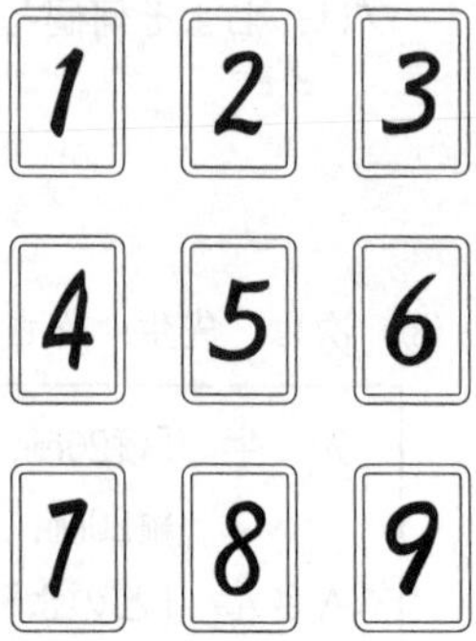

3 右の図において，曲線は関数 $y=\frac{1}{2}x^2$ のグラフで，直線は関数 $y=ax+2\,(a<0)$ のグラフです。直線と曲線との交点のうち x 座標が負である点をA，正である点をBとし，直線と y 軸との交点をCとします。また，曲線上に x 座標が3である点Dをとります。

このとき，次の各問に答えなさい。(10点)

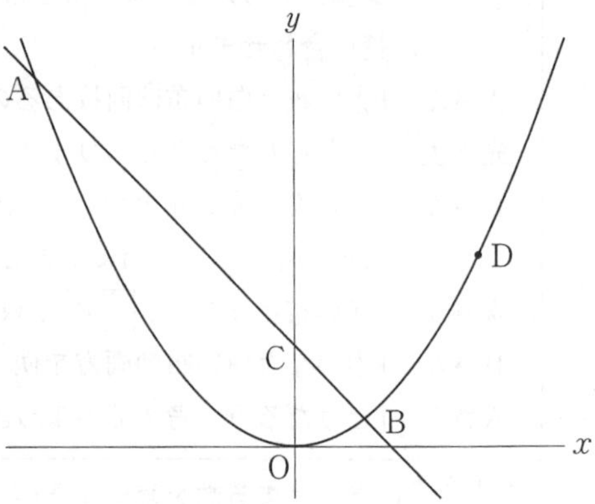

(1) △OCDの面積を求めなさい。

ただし，座標軸の単位の長さを1㎝とします。(4点)

(2) △ADCの面積が，△CDBの面積の4倍になるとき，a の値を求めなさい。(6点)

4 右の図1のように，線分ABを直径とする半円Oの $\overset{\frown}{AB}$ 上に点Pをとります。また，線分AP上に AM：MP＝2：1 となる点Mをとり，線分BMをひきます。

AB＝6㎝，∠ABP＝60° のとき，次の各問に答えなさい。(17点)

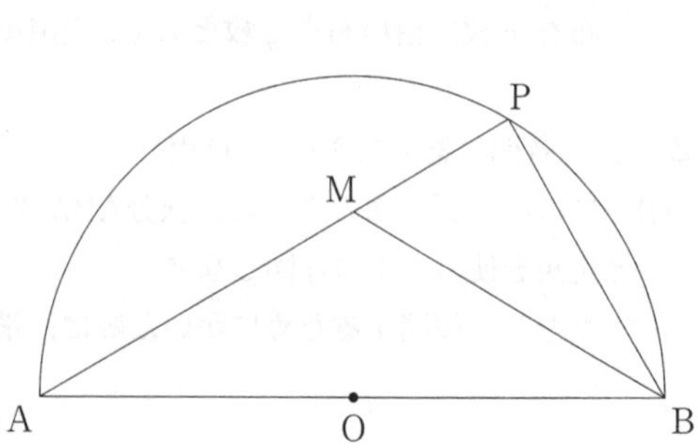

図1

(1) 線分PMの長さを求めなさい。(5点)

⑵ 右の図２のように，線分BMを延長し，$\overset{\frown}{AP}$との交点をQとします。また，線分OPをひき，線分BQとの交点をRとします。
　このとき，次の①，②に答えなさい。
① 半円Oを，線分BQを折り目として折ったとき，点Pは点Oと重なります。その理由を説明しなさい。（６点）

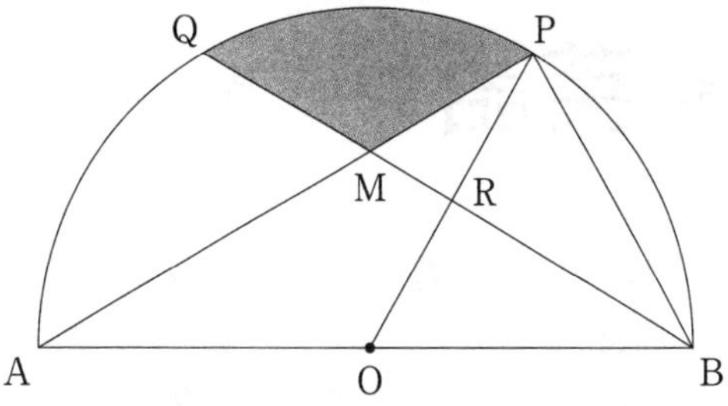

図２

② 図２のかげ（▒）をつけた部分の面積を求めなさい。ただし，円周率はπとします。（６点）

5 右の図１のような，正方形ABCDを底面とし，OA＝OB＝OC＝OD の正四角錐OABCDがあります。頂点Oから底面の正方形ABCDに垂線をひき，底面の正方形ABCDとの交点をHとします。
　このとき，次の各問に答えなさい。（18点）

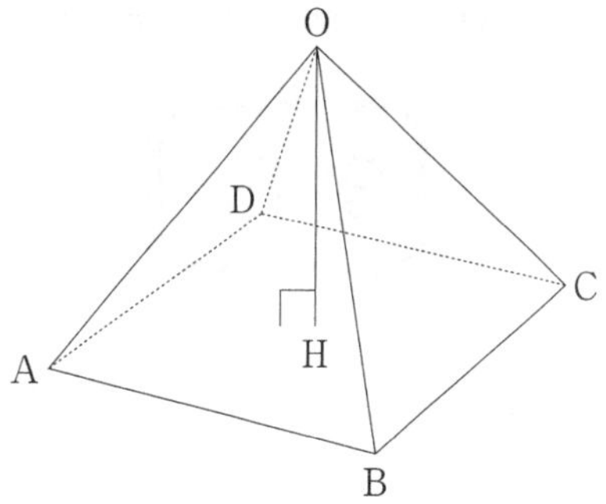

図１

⑴ △OHAと△OHBが合同であることを証明しなさい。（６点）

⑵ 底面の正方形ABCDの１辺の長さが６㎝，OA＝OB＝OC＝OD＝６㎝ のとき，次の①，②に答えなさい。
① 線分OHの長さを求めなさい。（５点）

② 右の図２のように，正四角錐OABCDを３点O，B，Dを通る平面で切って，三角錐OBCDの辺OB上に OP＝２㎝ となる点P，辺OD上に OQ＝４㎝ となる点Qをとります。辺OC上に点Rをとり，PR＋RQ の長さが最も短くなるとき，三角錐OPRQの体積を途中の説明も書いて求めなさい。その際，解答用紙の図を用いて説明してもよいものとします。（７点）

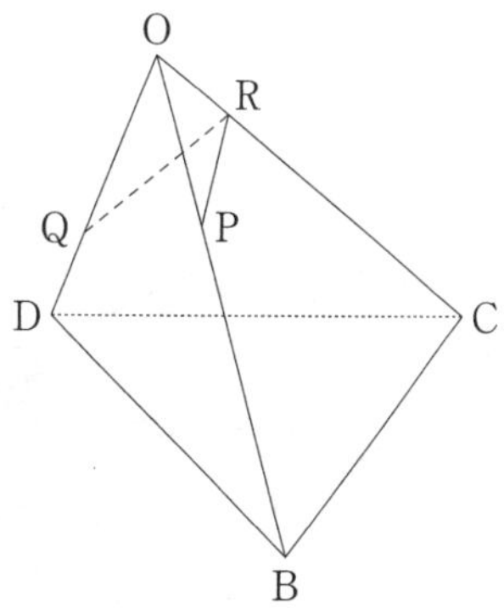

図２

＜英語＞

時間　50分　　満点　100点

1　放送を聞いて答える問題（28点）

問題は，No. 1 ～No. 7 の全部で 7 題あり，放送はすべて英語で行われます。放送される内容についての質問にそれぞれ答えなさい。No. 1 ～No. 5 及びNo. 7 は，質問に対する答えとして最も適切なものを，A～Dの中から１つずつ選び，その記号を書きなさい。No. 6 は，それぞれの質問に英語で答えなさい。放送中メモを取ってもかまいません。各問題について英語は２回ずつ放送されます。

【No. 1 ～No. 3】（各２点）

Listen to each talk, and choose the best answer for each question.

No. 1

A　B　C　D

No. 2

A　B　C　D

No. 3

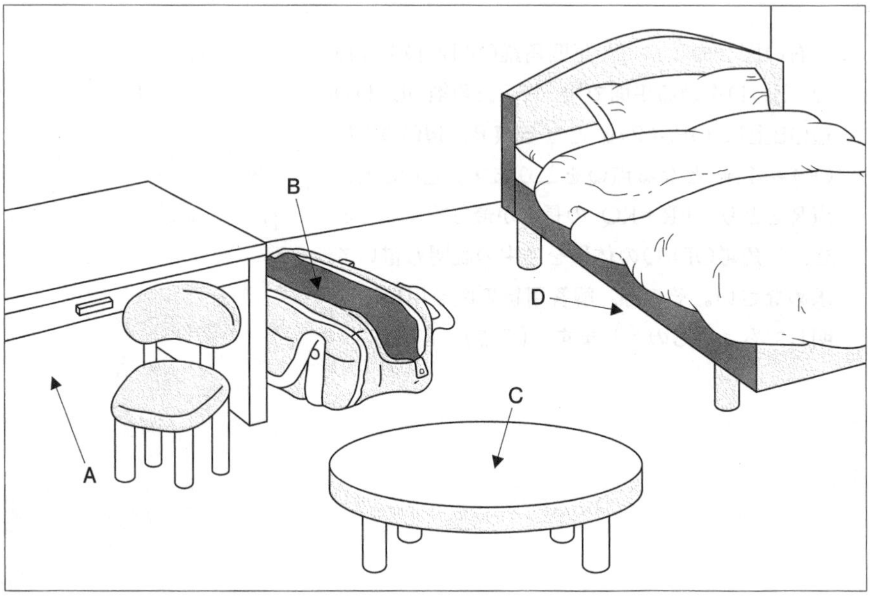

【No. 4，No. 5】(各2点)

Listen to each situation, and choose the best answer for each question.

No. 4

A　To study English.　B　With my friends.

C　For three weeks.　D　Last month.

No. 5

A　Can you come to the tennis match?

B　I bought a new racket last week.

C　Are you free this weekend?

D　Why don't you study more?

【No. 6】(各3点)

Listen to the talk between Takako and an ALT, Mr. Wilson, and read the questions. Then write the answer in English for questions 1, 2 and 3.

(1) Question 1 : When did Mr. Wilson start learning Japanese?
Answer : He started learning Japanese when he was a (　　　　　).

(2) Question 2 : What does Mr. Wilson like to do in Japan?
Answer : He likes to (　　　　　) old towns in Japan.

(3) Question 3 : Why does Takako want to learn Chinese?
Answer : Because she wants to be able (　　　　　) with more people.

【No. 7】(各3点)

Listen to the speech of a junior high school student, Keiko, and choose the best answer for questions 1, 2 and 3.

(1) Question 1

A　Because she found an old map of her town.

B　Because she was interested in the changes in her town.

C　Because she liked swimming in the river in her town.

D　Because she wanted to tell her parents about her town.

(2) Question 2

A　A hospital

B　A library.

C　A convenience store.

D　A new department store.

(3) Question 3

A　She hopes to make the mountains and the rivers in her town beautiful again.

B　She hopes to go shopping at the department store in the town with her mother.

C　She hopes that traditional festivals in the town will change.

D　She hopes that the people's hearts in her town will always be warm.

2　彩の国クッキングスクールの広告を英語で作成します。〔日本語のメモ〕をもとに，空欄 A ～ D にあてはまる適切な1語を，それぞれ英語で書きなさい。なお，空欄 A ～ D には省略した形や数字は使わないものとします。(12点)

〔日本語のメモ〕

料理を楽しもう！
彩の国クッキングスクールは，日本料理教室を開催します。

野菜や魚の天ぷらをつくりましょう。

日付：8月2日　金曜日
時間：午前10時から午後1時
場所：みどりビル3階
費用：2,000円

料理のあとで，一緒に昼食をとります。

参加希望者は，7月25日　木曜日までに sainokuni@＊＊＊＊.com に，メールを送ってください。

Let's enjoy cooking!
Sainokuni Cooking School will hold a Japanese cooking class.

Let's make vegetable and [A] tempura.

Date : Friday, [B] 2
Time : 10 a.m. to 1 p.m.
Place : Midori Building, third floor
Cost : 2,000 yen

We'll have [C] together after cooking.

If you want to join, please send an e-mail to sainokuni@＊＊＊＊.com by [D], July 25.

(各3点)

3　次の英文を読んで，問1～問6に答えなさい。＊印のついている語句には，本文のあとに〔注〕があります。(20点)

Kota is a junior high school student One day in his English class, Mr. Sato, his English teacher, told everyone to write a speech for class. Kota wanted to start writing his speech, but he didn't know what he should talk about.

One week later, Mr. Sato came to class with a new ALT, Ms. Bower. She came to Kota's town a week ago. She said, "Hello, my name is Amy Bower.

Nice to meet you" Mr. Sato looked at Kota and said, "Why don't you *introduce yourself to Ms. Bower in English, Kota?" Kota was nervous but he said, "Hi, my name is Kota I'm in the English club. Nice to meet you, too." Ms. Bower smiled and some of the other students started to talk with her, too. [A] Kota and his classmates asked her many questions about her country and she asked them many questions about their school and life in Japan.

Kota and his classmates talked with Ms. Bower more after class. While they were talking with her, she said she had a problem. Three days ago, she left her *burnable garbage in front of her house in the morning, but it was still there that evening. She had to take it back into her house. She didn't know the *garbage collection rules for the town. [B] She used the Internet and found a poster about the rules.

The next day, Ms. Bower showed the students the poster she found on the Internet. ①The poster was (write) in Japanese. She said she couldn't find an English *version of the poster. She was learning Japanese, but she couldn't understand the poster very well. She found posters in English for other cities but not for their town. Kota and his classmates looked at the poster Ms. Bower brought and tried to help her in English. It was difficult for Kota, so he needed a dictionary to tell her about the rules in English. She had to take her burnable garbage to the *collection site by 8:30 in the morning on Tuesdays and Fridays. She could also leave her plastic bottles out on Wednesdays. [C] "Oh, I see," Ms. Bower said, "Thank you so much. ②Now I know (　　　　　　)." "You all did very well." Mr. Sato said, "It will be easier for Ms. Bower to live in Japan."

After that, Mr. Sato said to Kota, "Now you have a good idea for your speech." [D] Kota thought so, too. The most important thing that Kota learned is that there are a lot of things to do to help people from other countries.

〔注〕 introduce ～…～を紹介する　burnable garbage…可燃ごみ
garbage collection rule…ごみ収集のルール　～ version…～版　collection site…収集場所

問１　本文中の [A] ～ [D] のいずれかに，That was the first big problem she had in Japan. という１文を補います。どこに補うのが最も適切ですか。[A] ～ [D] の中から１つ選び，その記号を書きなさい。（３点）

問２　下線部①について，（write）を適切な形にして，書きなさい。（３点）

問３　下線部②について，（　）にあてはまる最も適切なものを，次のア～エの中から１つ選び，その記号を書きなさい。（３点）

ア　when to start

イ　what to do

ウ　where to live

エ　how to eat

問4 本文の内容に関する次の質問の答えとなるように，(　)に適切な英語を書きなさい。(4点)

Question： What did Kota need when he told Ms. Bower about the garbage collection rules in English?

Answer： He (　　　　　　　　　　　　　).

問5 Kotaが学んだ最も大切なことはどのようなことですか。日本語で書きなさい。(4点)

問6 本文の内容と合うものを，次のア～エの中から1つ選び，その記号を書きなさい。(3点)

ア Ms. Bower found posters in English for Kota's town when she used the Internet.

イ Kota couldn't say anything in English to Ms. Bower when she first came to the English class.

ウ Ms. Bower should leave her plastic bottles out on Tuesdays and Fridays.

エ Ms. Bower understood the garbage collection rules after the students helped her.

4 次の①～④は，Akina, Hayatoとシンガポール(Singapore)出身のALTのMr. Leeの会話と発表です。これらを読んで，問1～問8に答えなさい。＊印のついている語句には，本文のあとに〔注〕があります。(30点)

① 〈*Akina, Hayato and Mr. Lee are talking.*〉

Akina: We learned about *senior citizens in our *home economics class today. Many senior citizens are working in Japan.

Mr. Lee: Really? [A] A lot of senior citizens in Singapore are still working, too.

Hayato: I go to an English language school near my home and the teachers are all senior citizens. They're good at teaching English.

Akina: Oh, all your teachers are senior citizens?

Hayato: Yes, they're all *retired. My favorite teacher was a pilot. He traveled around the world for thirty years!

Mr. Lee: That's cool!

Akina: We have to give a speech about senior citizens for our class next month, right? We should *interview him.

Hayato: He will not be at the English language school this week, but I have another idea. Last week, when I went shopping, I saw many senior citizens who were walking around in the *shopping mall. Let's ask them some questions!

Akina: Let's do it!

Mr. Lee: Oh, that's a good idea. By the way, I'm going to go to Singapore next week. I'll try to take a video there for you, so you can learn about the senior citizens in Singapore.

Hayato: Thanks! I hope you have fun!

〔注〕 senior citizen…高齢者，お年寄り　home economics…家庭科
retired…退職した　interview ～…～にインタビューする
shopping mall…ショッピングモール（大型のショッピングセンター）

問１　空欄 A にあてはまる最も適切なものを，次のア～エの中から１つ選び，その記号を書きなさい。（３点）

ア It's easy for me.
イ It's too difficult
ウ It's the same in my country.
エ It's different in my country.

問２　本文①の内容と合うように，次の英語に続く最も適切なものを，ア～エの中から１つ選び，その記号を書きなさい。（４点）

After Hayato talked about the senior citizens at the English language school,

ア he learned that Mr. Lee was a pilot
イ Akina decided to find a job at the shopping mall in the future.
ウ Mr. Lee decided to make new friends in Singapore.
エ he and Akina decided to ask senior citizens at the shopping mall some questions.

② 〈*Next month, Akina gives a speech with Hayato to their classmates.*〉

Have you ever heard about "mall walking?" Mall walking is a special program that some shopping malls hold. In mall walking programs, people walk around in the shopping mall for their health. Many senior citizens join these programs. Most shopping malls are large and *completely indoors. So, they don't have to worry about bad weather. Shopping malls also have food and drinks. We asked the *manager of the shopping mall in our town about this program. He said he wanted to help people in the city and to build a *community for the senior citizens to keep *healthy. I think it's important for senior citizens to be happy and healthy, too. We interviewed some of the senior citizens in this program. We asked them, "What is good about this program?" Most of them said they felt healthier after walking in the shopping mall, and some others said they made friends or learned useful things. There were more people who said they felt healthier after mall walking than people who said they made friends or learned useful things.

〔注〕 completely indoors…完全に屋内で　manager…（売場などの）責任者
community…地域社会　healthy…健康な

問３　Akina と Hayato のスピーチの内容と合うものを，次のア～エの中から１つ選び，その記号を書きなさい。（４点）

ア People can walk around for their health in large shopping malls.

イ　The senior citizens make healthy food for their friends.

ウ　The mall manager has never thought about senior citizens.

エ　Senior citizens cannot join the programs if it rains.

問4　Akina と Hayato がインタビューした結果を表したグラフとして最も適切なものを，次のア～エの中から１つ選び，その記号を書きなさい。(３点)

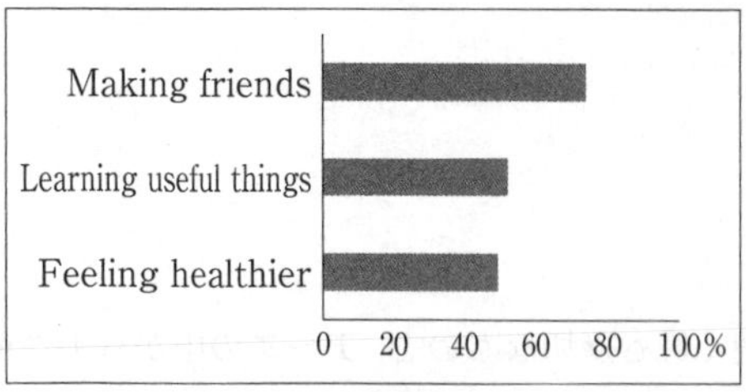

ア

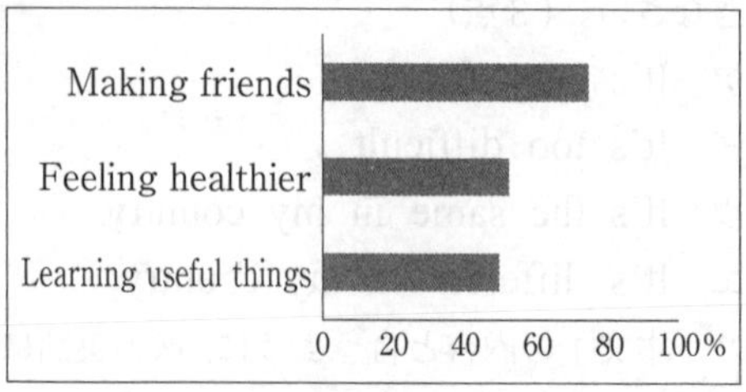

イ

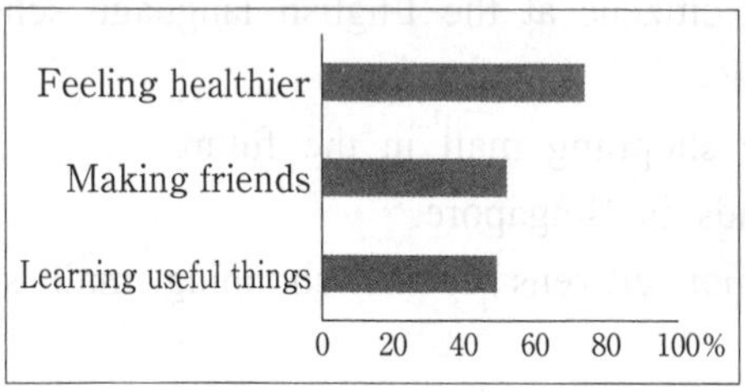

ウ

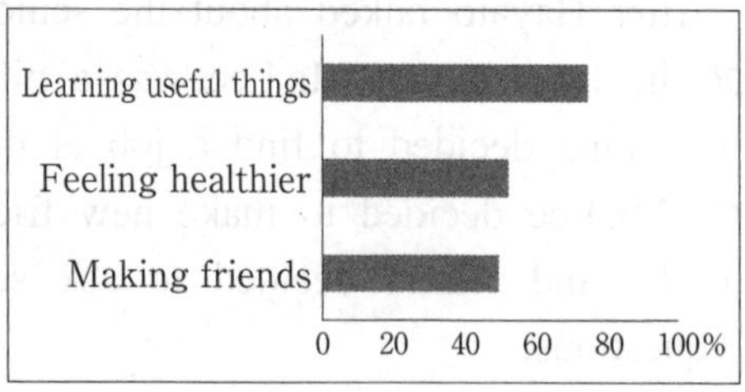

エ

3 ⟨*Mr. Lee took a video in Singapore to show to his class. In the video, he talks about the senior citizens there.*⟩

Hello, class! I'm in a big supermarket in Singapore now. There are a lot of workers here. About 〔 working / of / in / half / the people 〕 this supermarket are over fifty years old. The oldest worker here is eighty-two! That's amazing, right? I interviewed one of the workers here. His name is Ron. He says he is seventy-two years old now and has worked here for five years. He usually works five days a week. He can meet a lot of people, so he likes working at this supermarket. People in Singapore say that sixty is "the new forty" because people live longer now and continue to work. I've heard that in Singapore, 25% of the people who are more than sixty-four years old are still working. I hope I can *stay active like the workers here when I'm older.

〔注〕 stay active…元気でいる

問5　〔　〕内のすべての語句を正しい順序に並べかえて書きなさい。(４点)

問6　本文3の内容に関する次の質問に，英語で答えなさい。(４点)

How long has Ron worked at the supermarket?

④ 〈*After class, Akina, Hayato and Mr.Lee are talking about the speech and video.*〉

Akina: I'm surprised that so many senior citizens in Singapore are still working.

Hayato: Me, too. I didn't know, that there were so many senior citizens who were doing interesting activities in our city. I can't imagine what our lives will be like when we're older.

Mr. Lee: You are still young, so you have a lot of time, to think about your future. Are there any senior citizens you respect, Akina?

Akina: I really respect my grandmother. She teaches calligraphy to elementary school students at the community center in the city. She is very good at calligraphy. She is glad that she can teach many children. She loves her work very much.

Mr. Lee: That's great. People are living longer now, so I think it's important to keep happy and healthy even when we're older.

問7 本文④の会話の中で，Akinaは，自分の祖母がどのようなことに喜んでいると述べていますか。日本語で書きなさい。(４点)

問8 次は，後日のAkinaとMr. Leeの会話です。自然な会話になるように，(　)に適切な４語以上の英語を書きなさい。(４点)

Akina: Mr. Lee, I went to the English language school Hayato talked about before. I learned a lot from the senior citizens working there.

Mr. Lee: I'm sure they know a lot of interesting things we don't know. (　　　　　　　　) at the English language school?

Akina: There are five teachers.

Mr. Lee: I see. When senior citizens are happy and healthy, we can be happy, too. We can learn a lot from senior citizens by talking with them.

5 次の〔質問〕に対して，〔条件〕に従い，まとまった内容の文章を５文以上の英文で書きなさい。(10点)

〔質問〕 What is the best way to learn English for you?

〔条件〕 ① １文目は〔質問〕に対する答えを，解答欄の①に書きなさい。

② ２文目以降は，その理由が伝わるように，４文以上で解答欄の②に書きなさい。

<学校選択問題>

時間　50分　　満点　100点

1　放送を聞いて答える問題（28点）

問題は，No. 1～No. 7の全部で7題あり，放送はすべて英語で行われます。放送される内容についての質問にそれぞれ答えなさい。No. 1～No. 5及びNo. 7は，質問に対する答えとして最も適切なものを，A～Dの中から1つずつ選び，その記号を書きなさい。No. 6は，それぞれの質問に英語で答えなさい。放送中メモを取ってもかまいません。各問題について英語は2回ずつ放送されます。

【No. 1～No. 3】（各2点）

No. 1

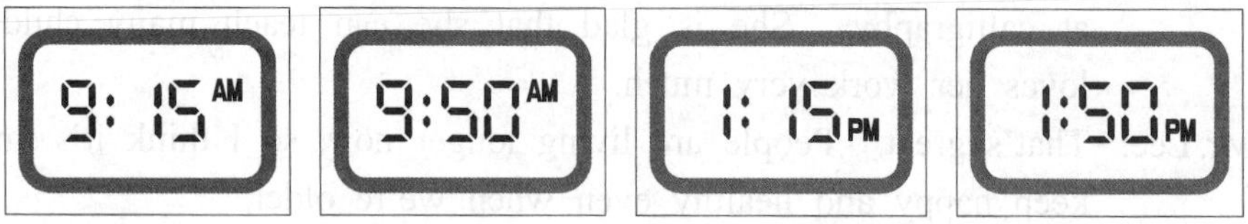

A　　B　　C　　D

No. 2

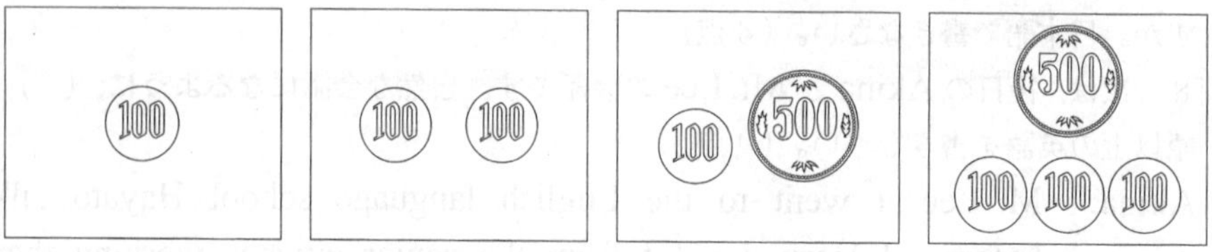

A　　B　　C　　D

No. 3

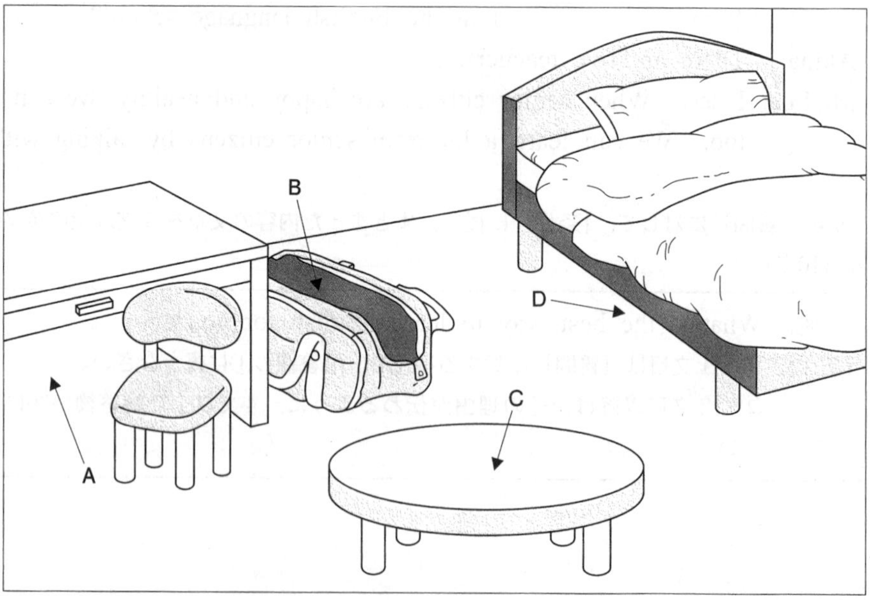

【No. 4，No. 5】（各2点）

No. 4

A　To study English.　　B　With my friends.

C　For three weeks.　　D　Last month.

No. 5

A　Can you come to the tennis match?

B　I bought a new racket last week.

C　Are you free this weekend?

D　Why don't you study more?

【No. 6】(各3点)

(1)	Question 1 :	When did Mr. Wilson start learning Japanese?
	Answer :	He started learning Japanese when he was a (　　　　).
(2)	Question 2 :	What does Mr. Wilson like to do in Japan?
	Answer :	He likes to (　　　　) in Japan.
(3)	Question 3 :	What language does Takako want to learn in the future?
	Answer :	She (　　　　) in the future.

【No. 7】(各3点)

(1) Question 1

A　Because she found an old map of her town.

B　Because she was interested in the changes in her town.

C　Because she liked swimming in the river in her town.

D　Because she wanted to tell her parents about her town.

(2) Question 2

A　A hospital.　　B　A library.

C　A convenience store.　　D　A new department store.

(3) Question 3

A　She hopes to make the mountains and the rivers in her town beautiful again.

B　She hopes to go shopping at the department store in the town with her mother.

C　She hopes that traditional festivals in the town will change.

D　She hopes that the people's hearts in her town will always be warm.

2　次の1～4は，Akina，Hayatoとシンガポール（Singapore）出身のALTのMr. Leeの会話と発表です。これらを読んで，問1～問7に答えなさい。＊印のついている語句には，本文のあとに［注］があります。(28点)

1　〈*Akina, Hayato and Mr. Lee are talking.*〉

Akina:　We learned about *senior citizens in our home economics class today. Many senior citizens are working in Japan.

Mr. Lee: Really? [A] A lot of senior citizens in Singapore are still working, too.

Hayato: I go to an English language school near my home and the teachers are all senior citizens. They're good at teaching English.

Akina: Oh, all your teachers are senior citizens?

Hayato: Yes, they're all *retired. My favorite teacher was a pilot. He traveled around the world for thirty years!

Mr. Lee: That's cool!

Akina: We have to give a speech about senior citizens for our class next month, right? We should interview him.

Hayato: He will not be at the English language school this week, but I have another idea. Last week, when I went shopping, I saw many senior citizens who were walking around in the *shopping mall. Let's ask them some questions!

Akina: Let's do it!

Mr. Lee: Oh, that's a good idea. By the way, I'm going to go to Singapore next week. I'll try to take a video there for you, so you can learn about the senior citizens in Singapore.

Hayato: Thanks! I hope you have fun!

〔注〕 senior citizen…高齢者，お年寄り　retired…退職した
shopping mall…ショッピングモール（大型のショッピングセンター）

問１　空欄 [A] にあてはまる最も適切なものを，次のア～エの中から１つ選び，その記号を書きなさい。（３点）

ア　It's easy for me.
イ　It's too difficult
ウ　It's the same in my country.
エ　It's different in my country.

[2] 〈*Next month, Akina gives a speech with Hayato to their classmates.*〉

Have you ever heard about "mall walking?" Mall walking is a special program that some shopping malls hold. In mall walking programs, people walk around in the shopping mall for their health. Many senior citizens join these programs. Most shopping malls are large and *completely indoors. So, they (　　　　) about bad weather. Shopping malls also have food and drinks. We asked the *manager of the shopping mall in our town about this program. He said he wanted to help people in the city and to build a *community for the senior citizens to keep healthy. I think it's important for senior citizens to be happy and healthy, too. We interviewed some of the senior citizens in this program. We asked them, "What is good about this program?" Most of them said they felt healthier after walking in the shopping mall, and some others said they made friends or learned useful things. There were more people who said they felt healthier after mall walking than people who said they made friends or learned useful things.

〔注〕 completely indoors…完全に屋内で　　manager…（売場などの）責任者
community…地域社会

問2　下線部が「だから彼らは悪天候を心配する必要がありません。」という意味になるように，（　）に4語以上の適切な英語を書きなさい。（4点）

問3　Akina と Hayato がインタビューした結果を表したグラフとして最も適切なものを，次のア～エの中から1つ選び，その記号を書きなさい。（3点）

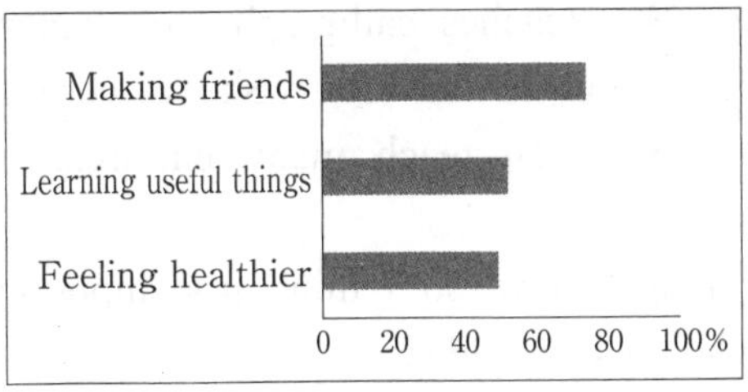

ア

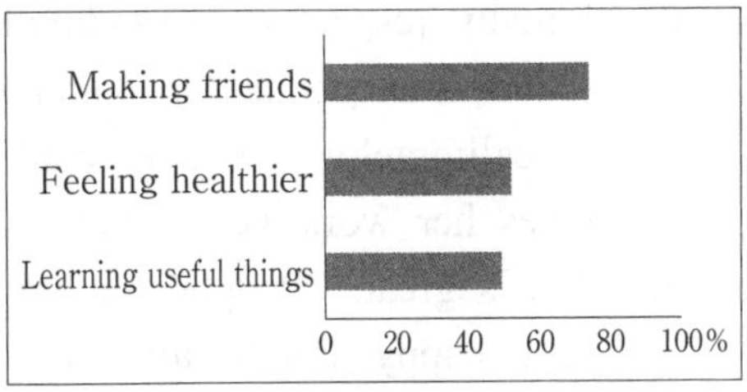

イ

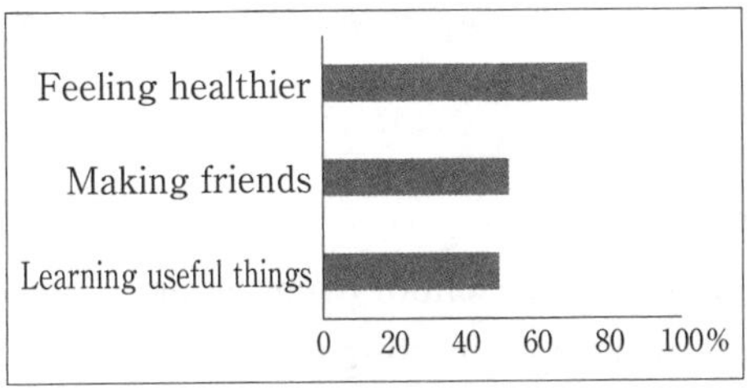

ウ

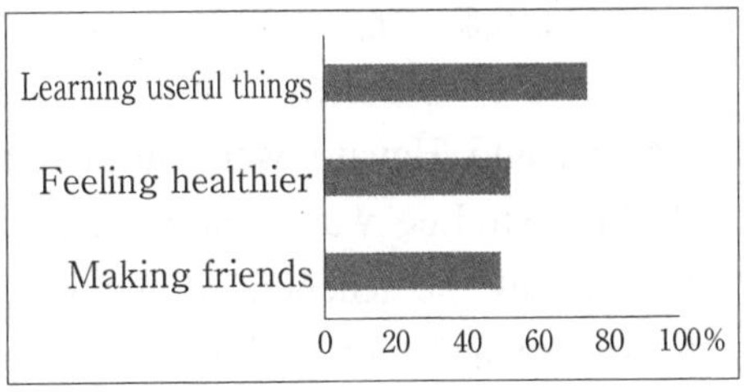

エ

3 〈*Mr.Lee took a video in Singapore to show to his class. In the video, he talks about the senior citizens there.*〉

Hello, class! I'm in a big supermarket in Singapore now. There are a lot of workers here. About half of the people working in this supermarket are over fifty years old. The oldest worker here is eighty-two! That's amazing, right? I interviewed one of the workers here. His name is Ron. He says he is seventy-two years old now and has worked here for five years. He usually works five days a week. He can meet a lot of people, so he likes working at this supermarket. People in Singapore say that sixty is "the new forty" because people live longer now and continue to work. I've heard that in Singapore, 25% of the people who are more than sixty-four years old are still working. I hope I can *stay active like the workers here when I'm older.

〔注〕 stay active…元気でいる

問4　本文3の内容に関する次の質問に，英語で答えなさい。（4点）

Why does Ron like working at the supermarket?

④ 〈*After class, Akina, Hayato and Mr. Lee are talking about the speech and video.*〉

Akina: I'm surprised that so many senior citizens in Singapore are still working.

Hayato: Me, too. I didn't know, that there were so many senior citizens who were doing interesting activities in our city. I can't 〔 will / what / be / our / imagine / lives 〕 like when we're older.

Mr. Lee: You are still young, so you have a lot of time, to think about your future. Are there any senior citizens you respect, Akina?

Akina: I really respect my grandmother. She teaches calligraphy to elementary school students at the community center in the city. She is very good at calligraphy. She is glad that she can teach many children. She loves her work very much.

Mr. Lee: That's great. People are living longer now, so I think it's important to keep happy and healthy even when we're older.

問5 〔 〕内のすべての語句を正しい順序に並べかえて書きなさい。(4点)

問6 ①～④の会話と発表の内容と合うように，次の(1)，(2)の英語に続く最も適切なものを，ア～エの中から1つずつ選び，その記号を書きなさい。(各3点)

(1) Akina and Hayato were surprised

ア that Mr. Lee was a pilot in America.

イ that all the teachers at the English language school were young.

ウ to see a lot of activities like "mall walking" in Singapore.

エ to learn that a lot of senior citizens in Singapore are still working.

(2) Many senior citizens

ア call young people in Singapore "the new forty."

イ join the walking program in the shopping mall in Akina's town.

ウ watch workers in Singapore in the video.

エ teach calligraphy to elementary school students.

問7 次は，後日のAkinaとMr. Leeの会話です。下線部が本文の内容をふまえた自然な流れの1文になるように，(　)に適切な5語以上の英語を書きなさい。(4点)

Mr. Lee: Hi, Akina, what's up?

Akina: Hi, Mr. Lee. May I borrow (　　　　　　　　　　) Singapore?

Mr. Lee: Sure, I still have it at home. Do you want to see it again?

Akina: Actually, I want to show it to my grandmother. I think she will be surprised to see senior citizens in Singapore who are staying active.

Mr. Lee: That's a good idea. I'll give it to you later.

3 次は，高校1年生のKazumaが書いた文章です。これを読んで，問1～問6に答えなさい。＊印のついている語句には，本文のあとに〔注〕があります。(34点)

Japan is surrounded by the sea and has rich fishing grounds. There are over ninety thousand kinds of living things in the area of *coral reefs, and they support many of these living things. Corals look like plants, but they are actually animals. Corals are also important for keeping sea water clean. Coral reefs can be homes for sea animals. Coral reefs cover only 0.2% of the sea, but support almost 25% of all living things in the sea. This 〔 by / we / living things / many / that / taking / save / means / can 〕 care of coral reefs, so it is very important to *preserve them.

However, coral reefs are disappearing. There are several reasons. First, a kind of *starfish that eats corals has suddenly increased. This kind of starfish appeared near the west sea of Okinawa in 1969, and almost all of the coral reefs in Okinawa were lost in about ten years because of the starfish. Next, *red soil is sometimes washed into the sea because many parts of Okinawa have been developed since 1972. If coral reefs are [A] with red soil, it is hard for corals to grow. In 2011 in Okinawa, about 298,000,000 kg of red soil ran into the sea. Third, high water temperatures make corals sick. From 1997 to 1998, *coral bleaching happened because of high water temperatures around the world. If water temperatures in summer stay 1℃ higher than they usually are, corals start to turn white. This looks beautiful, but actually means that the corals are *alive but are slowly [B]. In those two years, about 16% of the coral reefs in the world were lost. Finally, people sometimes touch and break corals.

*The Ministry of the Environment and several prefectures think of these situations as serious problems. Several *measures to save coral reefs from these problems are necessary. For example, Okinawa Prefecture is trying to reduce the *amount of red soil which runs into the sea and supports groups joining in this activity. Kagoshima Prefecture is trying to save coral reefs by using fences to stop water pollution. Of course, it is also important to think about *sustainable tourism and to build *relations between humans and coral reef *ecosystems. Sometimes more than 3,500 people visit the marine area in Okinawa in one day. Some of these visitors touch or even break corals, so to stop problems like this, a *law to save places plants and animals live in was made. More people are now interested in saving coral reefs.

People have also taken other measures. For example, *fisheries cooperatives in some areas are trying to *get rid of the starfish which eat corals, but this is very hard. [①] Also, the sea is very large, and there is not much we can do. So, the best thing that we can do is to *concentrate on only a few areas. It is not easy to stop the starfish from increasing or to stop high water temperatures, so some people are also working to *revive coral reefs by *transplanting new corals in the sea. Fisheries cooperatives were afraid that the environment was getting worse and tried to find a new way to save coral reefs. [②] Three years later, they learned a better way to transplant corals, and after an *airline company started to support the fisheries cooperative in the village, many divers helped them and started to transplant more corals. [③] People who cannot dive in the sea can also join the coral transplanting program. First, everyone in the program learns about coral reef ecosystems, and then puts coral *fragments into blocks. After that, divers take the blocks and leave them in the sea. From 2004 to 2015, more than 5,000 coral fragments were transplanted in the sea by a transplanting group. Through these experiences, people can learn how coral reef ecosystems work.

I actually tried transplanting corals through this program with my family in Okinawa last summer. We put coral fragments into the blocks, and then local divers took them into the sea. I was glad to learn that many people were working hard to save the sea. I hope the coral fragments are growing well. Everyone should think about the environment. It may not sound like much, but I believe that even small efforts can bring big changes. If we can make an effort to save the environment, our future with the sea will be bright.

〔注〕 coral reef…サンゴ礁　preserve ～…～を保護する　starfish…ヒトデ　red soil…赤土
coral bleaching…サンゴの白化現象　alive…生きている
the Ministry of the Environment…環境省　measure…対策　amount…総計
sustainable tourism…持続可能な観光事業　relation‥関係　ecosystem…生態系
law…法律　fisheries cooperative…漁業協同組合　get rid of ～…～を取り除く
concentrate on ～…～に集中する　revive ～…～をよみがえらせる
transplant ～…～を移植する　airline company…航空会社　fragment…断片

問１ 〔　〕内のすべての語句を正しい順序に並べかえて書きなさい。(３点)

問２ 空欄 [A] , [B] にあてはまる最も適切なものを，次の中から１つずつ選び，それぞれ正しい形にかえて書きなさい。(各３点)

cover	clean	die	get	give	have	see	wait

問３ Kazumaは，下線部people sometimes touch and break coralsに対して，どのようなものがつくられたと述べていますか。日本語で書きなさい。(３点)

問４ 空欄 [①] ～ [③] にあてはまる最も適切な文を，次のア～カの中から１つずつ選び，その記号を書きなさい。なお，同じ記号を２度以上使うことはありません。(各３点)

ア In a village in Okinawa, the fisheries cooperative started to transplant corals in 1999.

イ In 2004, more than fifteen companies joined this activity.

ウ The activity was not supported by many people because they had to save these starfish.

エ But this could be done without great trouble.

オ And in those sea areas, coral reefs didn't need to be protected any more.

カ This measure didn't do well because it was taken after the starfish began to increase.

問5　本文の内容に関する次の質問に，英語で答えなさい。（4点）

Why was Kazuma glad when he joined the coral transplanting program last summer?

問6　次の英文は，本文の内容をまとめたものです。次の（1）～（3）に適切な英語を，それぞれ2語で書きなさい。（各3点）

Kazuma visited Okinawa with his family and joined the coral transplanting program last summer. Then he wrote a report about the importance of coral reefs and protecting them. When he wrote the report, he learned why it is necessary to save coral reefs. For example, a lot of corals are (　1　) a kind of starfish. Red soil also runs into the sea and stops coral reefs from growing, and coral bleaching happens because of high water temperatures. To protect them, many measures have been taken. The program that Kazuma (　2　) in is also one of the measures. By transplanting corals, there will be more healthy corals in the sea and people who join this program can learn a lot about corals and the environment. Through this report, Kazuma wanted (　3　) think about the environment.

4　次の information literacy skills（情報リテラシー：自分が必要とする情報を見きわめて入手し，活用する力）についての英文を読んで，あなたの考えを，〔条件〕と〔記入上の注意〕に従って40語以上50語程度の英語で書きなさい。（10点）

> People need information literacy skills. Some people say that every elementary school student should start learning these skills at school. What do you think about this idea?

〔条件〕 質問に対する自分の考えを，その理由が伝わるように書きなさい。

〔記入上の注意〕

① 【記入例】にならって，解答欄の下線＿＿の上に1語ずつ書きなさい。

・符号（，．？！など）は語数に含めません。

・50語を超える場合は，解答欄の破線……で示された行におさまるように書きなさい。

② 英文の数は問いません。

③ 【下書き欄】は，必要に応じて使ってかまいません。

【記入例】

Hi!	I'm	Nancy.	I'm	from
America.	Where	are	you	from?
is	April	2,	2001.	It

50語

is Ken's birthday, too.

【下書き欄】

40語

50語

＜理科＞

時間　50分　　満点　100点

1　次の各問に答えなさい。(20点)

問１　次の**ア**～**エ**の中から，地球型惑星を一つ選び，その記号を書きなさい。(２点)

ア　火星　　**イ**　木星　　**ウ**　土星　　**エ**　天王星

問２　右の**図**は，気温と飽和水蒸気量との関係を表したグラフです。気温11℃，湿度25％のとき，空気１ m^3 中の水蒸気量は何ｇですか。**図**をもとに求めなさい。(３点)

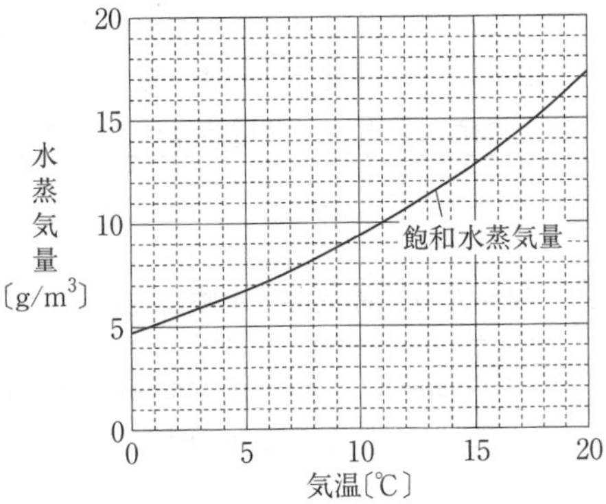

図

問３　イヌワラビとゼニゴケに共通している点を，次の**ア**～**エ**の中から一つ選び，その記号を書きなさい。(２点)

ア　維管束がない。

イ　根，茎，葉の区別がある。

ウ　胞子でふえる。

エ　雄株と雌株がある。

問４　右の**図**は，ヒトの血液中の固形の成分を模式的に表したものです。**図**中の**X**は，酸素を運ぶはたらきをしています。この**X**の名称を書きなさい。(３点)

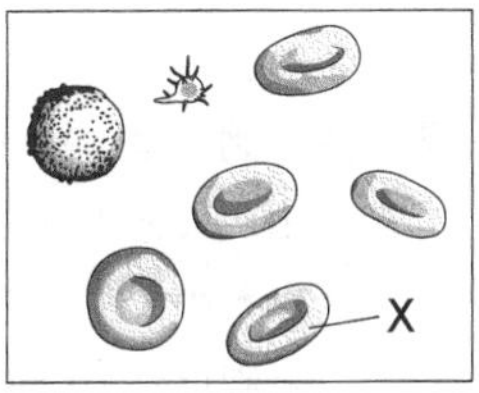

図

問５　水40ｇに砂糖10ｇを溶かしたときの砂糖水の質量パーセント濃度は何％か求めなさい。(３点)

問６　右の**図**のように，BTB溶液を数滴加えた塩酸10 cm^3 の入ったビーカーに，水酸化ナトリウム水溶液を２ cm^3 ずつ加えて水溶液の色を観察しました。次の表は，観察した結果をまとめたものです。水酸化ナトリウム水溶液を16 cm^3 加えたとき，ビーカーの水溶液中に最も多く含まれるイオンを，下の**ア**～**エ**の中から一つ選び，その記号を書きなさい。(２点)

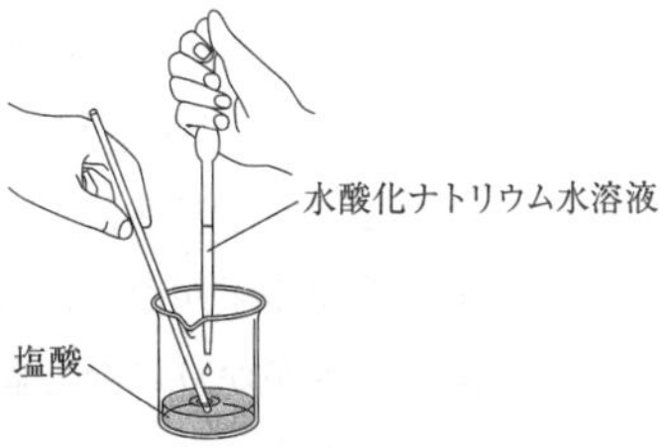

図

表

水酸化ナトリウム水溶液の量〔cm^3〕	0	2	4	6	8	10	12	14	16	18	20
水溶液の色	黄色	黄色	黄色	黄色	黄色	緑色	青色	青色	青色	青色	青色

ア　水素イオン　　**イ**　塩化物イオン　　**ウ**　ナトリウムイオン　　**エ**　水酸化物イオン

問７　ある学校で使っていた白熱電球を，ほぼ同じ明るさのLED電球にとりかえます。40Wの白熱電球に100Ｖの電圧を加えて55秒間使用したときと同じ電圧，同じ電力量で，4.4WのLED電球は何秒間使用できるか求めなさい。(３点)

問8 単位に関して述べた次のア～エの中から，下線部が正しいものを一つ選び，その記号を書きなさい。(2点)

ア パスカル（記号Pa）は，圧力の単位である。面を垂直に押す力の大きさが同じなら，力のはたらく面積が大きいほど圧力は大きくなる。

イ ジュール（記号J）は，エネルギーの単位である。物体に対して仕事をする能力をエネルギーとよんでおり，熱や電気のエネルギーもジュールで表すことができる。

ウ シーベルト（記号Sv）は，放射線が人体にどれくらいの影響があるかを表す単位である。私たちは，自然放射線を年間に1人あたり約2シーベルト受けている。

エ オーム（記号Ω）は，電気抵抗の単位である。抵抗器の両端に電圧を加えたときに，抵抗の値が大きいほど電流は流れやすい。

2 Nさんは，授業で火山噴出物について学習をしました。問1～問5に答えなさい。(20点)

先 生 図1は，園芸用に使われる鹿沼土（かぬまつち）です。これは群馬県にある赤城（あかぎ）山の噴火によって火山噴出物が堆積したものです。

Nさん 身近なところで火山噴出物は使われているのですね。

先 生 図2は，約4万5千年前に赤城山から噴出した火山灰などの火山噴出物の分布と堆積した厚さを示したものです。そのときの火山堆積物の一部が鹿沼土と呼ばれています。

図1

Nさん こんなに遠くまで運ばれるのですね。

先 生 見つかった火山灰の層が，赤城山の火山噴出物が堆積した層だとわかると，この層を基準に，地層の広がりと年代を知る手がかりになります。このような手がかりになる層を X 層といいます。

Nさん 火山灰などは，火山を中心に同心円状に堆積すると思っていました。

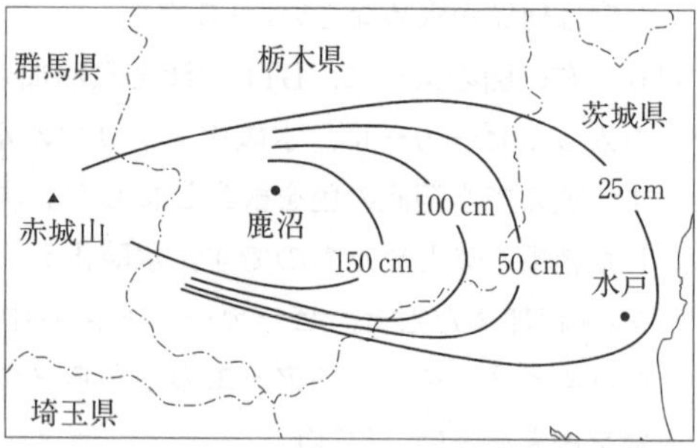

（『関東ローム～その起源と性状～』から作成）

図2

先 生 よいところに気がつきましたね。上空の大気の動きにより，①日本にある火山の多くでは，火山の東側に火山灰などの軽い火山噴出物が堆積する特徴があります。

問1 会話文中の X にあてはまる最も適切な語を書きなさい。(3点)

問2 下線部①のような特徴になるのはなぜですか。日本付近の上空の大気の動きに関連づけて，その理由を書きなさい。(4点)

Nさんのクラスでは，鹿沼土と３種類の火山灰Ａ～Ｃを班ごとに観察しました。３班のNさんは，鹿沼土と火山灰Ｃを観察し，［レポート］にまとめました。

［レポート］

［課題］

火山灰に含まれている鉱物を観察し，火山灰の色によって，火山にどのような違いがあるのか調べる。

【観察１】

火山灰に含まれている鉱物を取り出すために，［　Y　］あと，鉱物を双眼実体顕微鏡で観察し，スケッチした。

【結果１】

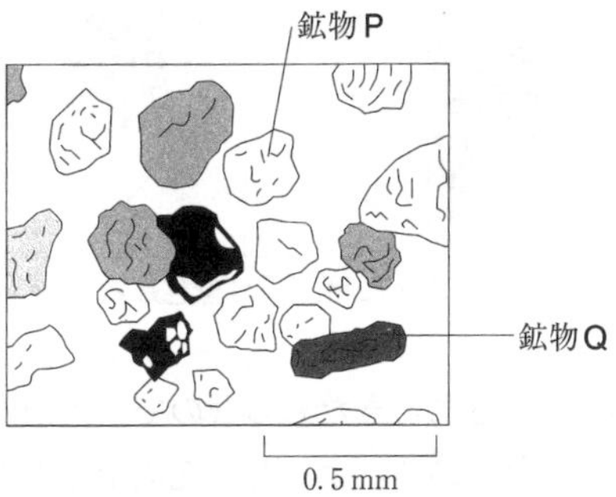

鹿沼土

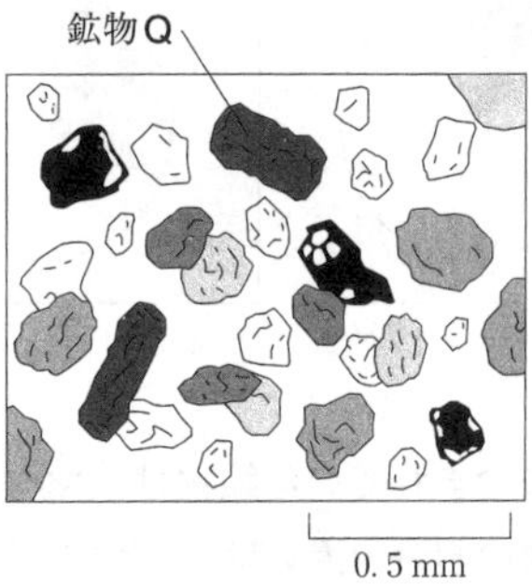

火山灰C

○　鹿沼土も火山灰Ｃも粒の形が角ばったものが多かった。

○　鉱物Ｐは，無色で，不規則な形をしていた。

○　鉱物Ｑは，長い柱状の形で，緑黒色であった。

問３　観察１の［Y］にあてはまる操作として最も適切なものを，次のア～エの中から一つ選び，その記号を書きなさい。（３点）

ア　火山灰をうすい塩酸にひたし，反応がおさまってから水洗いし，乾燥させた

イ　火山灰に水を加え，指で軽く押して洗い，にごった水をすて，これらの操作を水のにごりがなくなるまで繰り返し，乾燥させた

ウ　火山灰に水を加え，ろ紙を用いてろ過し，ろ紙に残ったものを乾燥させた

エ　火山灰を鉄製の乳鉢に入れ，細かくすりつぶしたあと，ふるいにかけ，これらの操作を数回繰り返し，粒を小さくした

問４　結果１の鉱物Ｐと鉱物Ｑの名称として最も適切なものの組み合わせを，次のア～エの中から一つ選び，その記号を書きなさい。（３点）

ア　Ｐ　キ石　　Ｑ　チョウ石

イ　Ｐ　セキエイ　　Ｑ　チョウ石

ウ　Ｐ　キ石　　Ｑ　カクセン石

エ　Ｐ　セキエイ　　Ｑ　カクセン石

Nさんは，他の班の観察結果もあわせて，鹿沼土と火山灰A～Cについて レポートの続き にまとめました。

レポートの続き

【観察2】

1　火山灰に含まれている鉱物を，顕微鏡に接続したデジタルカメラで記録をした。

2　記録した画像を印刷し，有色鉱物と無色鉱物の数を数えて，その割合を円グラフにまとめた。

【結果2】

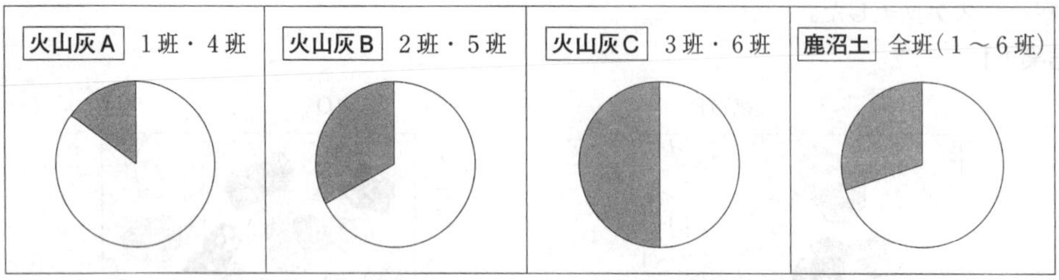

※円グラフの，■は有色鉱物，□は無色鉱物を表している。

【考察】

火山灰に含まれている鉱物は，マグマが噴出したときにできたものなので，火山灰に含まれている鉱物の割合の違いはマグマの性質の違いと関係がある。よって，鹿沼土と火山灰Bは似た性質のマグマからできていると考えられる。また，②火山灰Aは，[Z]火山から噴出したものであると考えられる。

問5　火山灰Aが噴出した火山のマグマの性質について，次の(1)，(2)に答えなさい。

(1)　考察の下線部②について，[Z]にあてはまることばを，マグマのねばりけにふれながら，簡潔に書きなさい。（4点）

(2)　次のア～エの中から，火山灰Aが噴出した火山のマグマの性質と似たマグマの性質をもつ火山はどれか，最も適切なものを一つ選び，その記号を書きなさい。（3点）

ア　雲仙普賢岳　　イ　桜島　　ウ　富士山　　エ　伊豆大島（三原山）

3　Mさんは，埼玉県内のある地域の土壌の調査を行いました。問1～問6に答えなさい。（20点）

実験1

(1)　図1のように，わりばしを使った25cm×25cmの枠で土壌を囲み，観察範囲とした。

(2)　観察範囲の落ち葉を取り除くとキノコが見つかった。

(3)　観察範囲の落ち葉の下の土を深さ5cmまでとり，そのとった土から，肉眼で見つかる小動物をピンセットで採集した。その結果，ムカデ，ミミズ，ダンゴムシ，クモを採集できた。

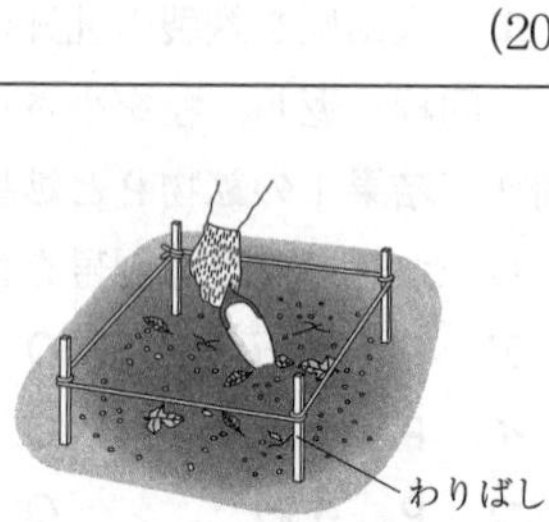

図1

(4)　(3)で小動物を採集したあとの土に，**図２**のように，白熱電球を太陽に見立てた装置を使って光をあてると，土が徐々に表面から乾いていった。

(5)　光を３日間あて続けるとビーカー内に小動物が落ちており，その小動物を双眼実体顕微鏡で観察したところ，トビムシとカニムシが確認できた。

(6)　採集した小動物が主に何を食べているかを調べ，「食べる・食べられる」の関係を**図３**にまとめた。

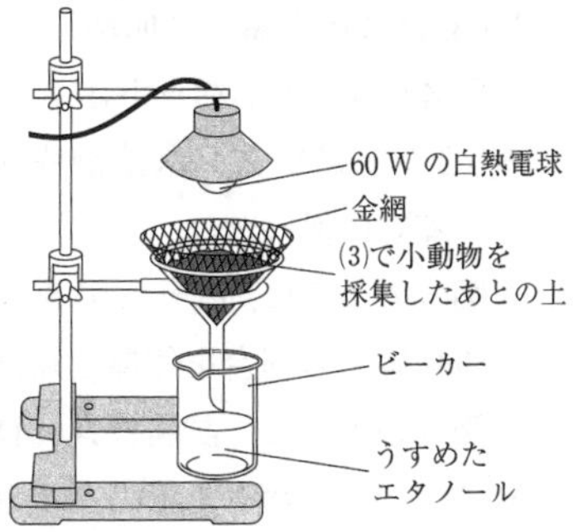

図２

調べてわかったこと

土の中には，小動物以外にも菌類，細菌類が生活している。

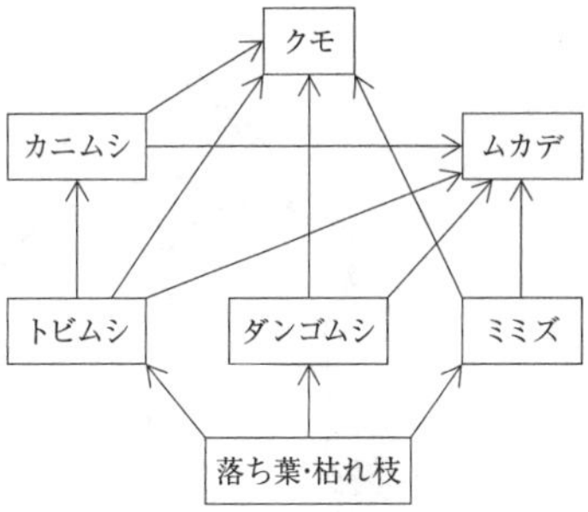

※矢印の向きは，食べられるものから食べるものに向いている。

図３

問１　Mさんは，**実験１**の(5)でトビムシやカニムシがビーカー内に落ちてきた理由を次のようにまとめました。文中の［Ⅰ］，［Ⅱ］にあてはまる語をそれぞれ書きなさい。（３点）

> トビムシやカニムシは，温度が［Ⅰ］く，湿度が［Ⅱ］い環境を嫌うため。

問２　**実験１**で見つかったムカデ，ミミズ，トビムシ，キノコを，生態系における生産者と消費者のどちらかに分類するとき，次の**ア**～**エ**の中から最も適切なものを一つ選び，その記号を書きなさい。（３点）

ア　ムカデ，ミミズ，トビムシ，キノコのすべてが生産者である。

イ　ムカデは消費者，ミミズ，トビムシ，キノコは生産者である。

ウ　ムカデ，ミミズ，トビムシは消費者，キノコは生産者である。

エ　ムカデ，ミミズ，トビムシ，キノコのすべてが消費者である。

問３　**図３**から，土壌の生物には，何種類もの生物どうしの間に「食べる・食べられる」の関係があり，その関係は複雑にからみ合ってつながっていることがわかります。このように複雑にからみ合うつながりを何といいますか。その名称を書きなさい。（３点）

Mさんは，土の中の菌類や細菌類が有機物をどのように分解しているかを調べるために，次の実験を行いました。

実験２

(1)　**実験１**の(5)で光をあてたあとの土を，100 g はそのままペットボトル①に入れ，別に分けた

100gはじゅうぶんに加熱してからペットボトル②に入れた。

(2) 図4のように，ペットボトル①，②のそれぞれに濃度0.2%のデンプン水溶液を200cm³入れて混ぜ合わせ，25℃に保った。

(3) 図5のように，ペットボトル①，②内のそれぞれの二酸化炭素の割合を気体検知管で調べた。

(4) 図6のように，試験管A～Dを用意し，試験管A，Bにはペットボトル①の上ずみ液を，試験管C，Dにはペットボトル②の上ずみ旅を1cm³ずつ入れた。

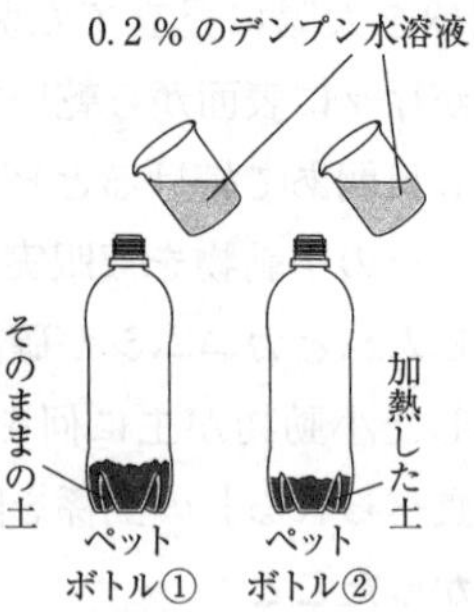

図4

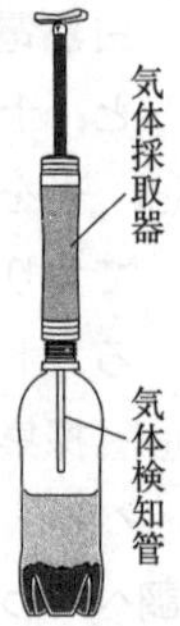

図5

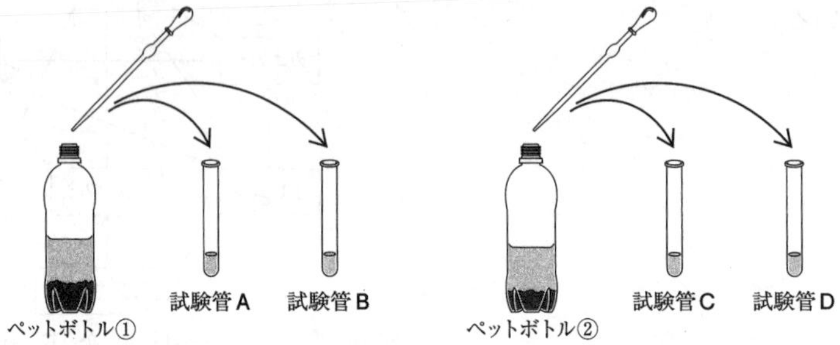

図6

(5) 図7のように，試験管A，Cにはヨウ素液を1滴加えて色の変化を観察した。また，試験管B，Dにはベネジクト液を1cm³加え，沸騰石を入れてガスバーナーでじゅうぶんに加熱したあと，沈殿の有無を観察した。

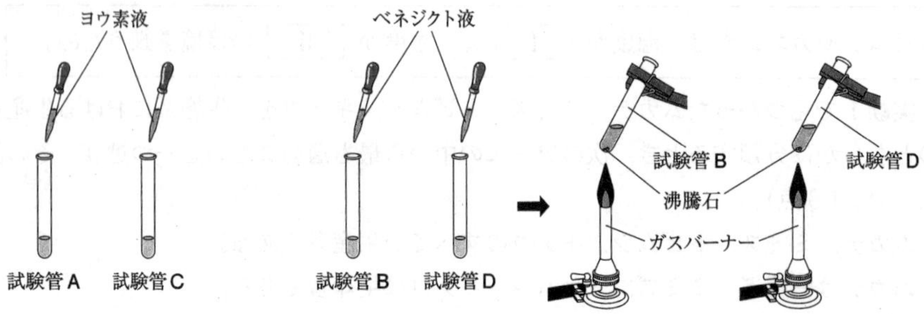

図7

(6) ペットボトル①，②にふたをして25℃のまま保ち，2日後，4日後に(3)～(5)と同じ操作を行い，観察した。

(7) 実験2の結果を表1，表2にまとめた。

表1　そのままの土

	容器	直後	2日後	4日後
ヨウ素液を加えた水溶液の様子	試験管A	濃い青紫色に変化した	うすい青紫色に変化した	変化しなかった
ベネジクト液を加えて加熱した水溶液の様子	試験管B	変化しなかった	赤褐色の沈殿が生じた	変化しなかった
二酸化炭素の割合	ペットボトル①	空気と同じだった	空気より少し増加した	空気よりかなり増加した

表2　加熱した土

	容器	直後	2日後	4日後
ヨウ素液を加えた水溶液の様子	試験管C	濃い青紫色に変化した	濃い青紫色に変化した	濃い青紫色に変化した
ベネジクト液を加えて加熱した水溶液の様子	試験管D	変化しなかった	変化しなかった	変化しなかった
二酸化炭素の割合	ペットボトル②	空気と同じだった	空気と同じだった	空気と同じだった

問4　表1と表2を比較したとき，加熱した土では，それぞれの実験結果において，時間が経過しても変化が見られなかったのはなぜですか。その理由を書きなさい。(3点)

問5　表1の試験管Bの反応で，デンプン水溶液を入れた直後は変化が見られなかったが，2日後では変化が見られ，4日後には再び変化が見られなくなったのはなぜですか。順を追ってその理由を書きなさい。(5点)

問6　Mさんは，表1の結果から，菌類や細菌類もヒトなどの動物と似ているところがあるのではないかという疑問をもち，調べたことを次のようにまとめました。下線部のはたらきを何というか，書きなさい。(3点)

菌類や細菌類は，有機物をただ分解する分解者としての役割を果たしているのではなく，ヒトなどの動物と同じように，栄養分となる有機物をひとつひとつの細胞で分解して，生きるためのエネルギーをとり出している。

4　Sさんは原子の質量に関して疑問をもち，放課後，先生に質問しました。問1～問6に答えなさい。(20点)

Sさん　以前，原子の種類は100種類以上発見されていて，原子の種類ごとに質量が決まっていると習ったのですが，どうしてそんなことがわかったのですか。1個の原子の質量なんて軽すぎてはかれないと思うのですが。

先　生　確かに原子1個の質量を直接はかることはできませんね。でも，質量の比なら化合や分解の実験から求めることができます。

銅粉0.4gを用意して，図1のように空気中で加熱します。しばらく加熱したら質量をはかり，加熱後の物質をかき混ぜて，再び加熱します。

これを何度か繰り返し，加熱後の物質の質量が変化しなくなるまで続けます。

加熱回数と加熱後の物質の質量の関係をグラフで表すと次のページの図2のようになります。図2から銅粉が完全に空気中の酸素と化合したとき，酸素

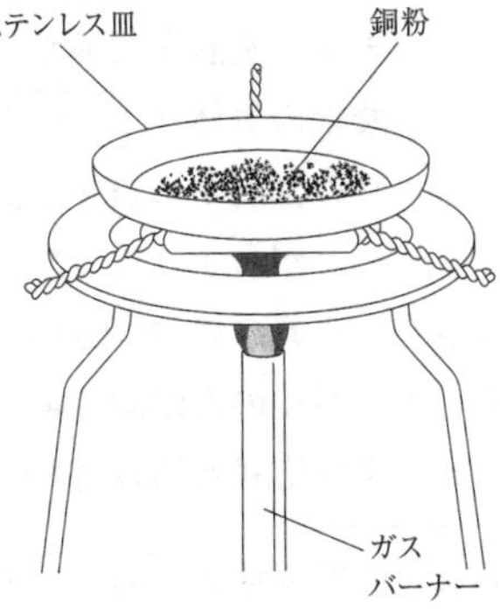

図1

は何g使われたことがわかりますか。

Sさん [A] gです。

先 生 そうですね。この①銅と酸素の化学反応では，銅と酸素の化合の比が，そのまま銅原子と酸素原子の質量の比となります。

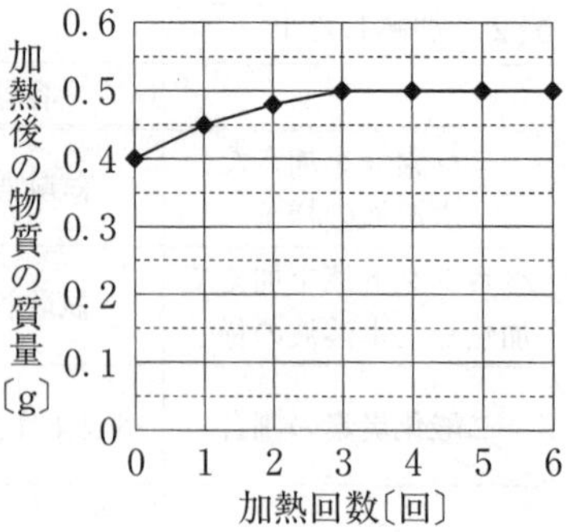

図2

問1 会話文中の [A] にあてはまる数値を求めなさい。(2点)

問2 下線部①について，この化学変化を化学反応式で表しなさい。(3点)

先 生 水素原子と酸素原子の質量の関係についても考えてみましょう。

水の電気分解を行います。水に電流が流れやすくするため，水酸化ナトリウムを溶かしておきましょう。

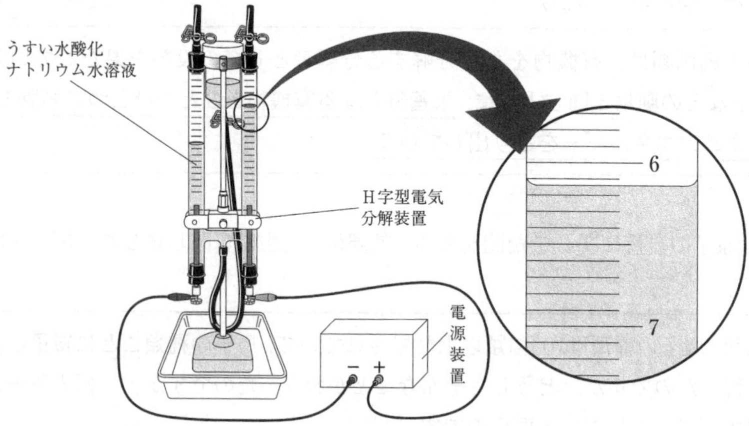

図3

先 生 図3のような装置を使って電気分解した結果，それぞれの電極の上部に気体がたまります。液面を真横から水平に見てください。陰極には水素の気体が12.29cm³，陽極には酸素の気体が [B] cm³発生していますね。このとき，これらの気体についてそれぞれの密度から質量を計算すると，水素の気体は0.001g，酸素の気体は0.008g発生したことがわかりました。水素原子と酸素原子の質量の比はどうなりますか。

Sさん 水素の気体が0.001g，酸素の気体が0.008g発生しているので1：8だと思います。

先 生 多くの人が同じように間違ってしまいますが，②正しくは1：16です。この理由は化学反応式と組み合わせて考えるとわかりますよ。

問3 会話文中の [B] にあてはまる，発生した酸素の気体の体積は何cm³ですか。図3の液面の目盛りから読みとって，書きなさい。(2点)

問４　次の**図４**は，水の電気分解の化学反応式をモデルで表したものです。下線部②について，**水素原子**と**酸素原子**の質量の比が１：16となる理由を，図４を参考にして書きなさい。なお，解答に図や式を用いてもかまいません。（４点）

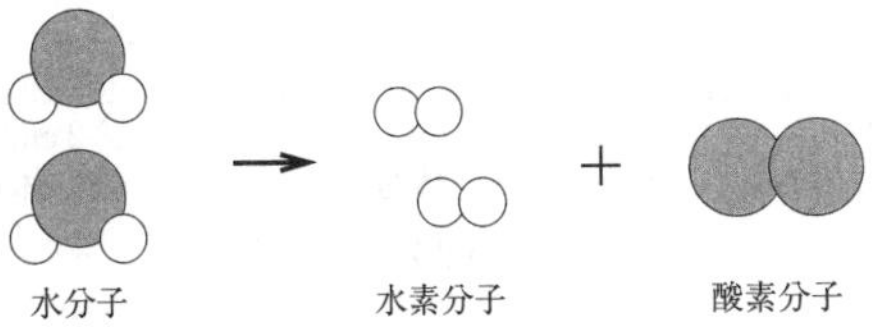

図４

先　生　さて，２つの実験結果をふまえて，銅原子：酸素原子：水素原子の質量の比がどのようになるか，わかりますか。

Ｓさん　計算すると，比が［　C　］と求められました。

先　生　そうです。このように，反応によって２種類ずつ原子の質量の比を求め，共通する原子で質量の比を合わせれば，さまざまな原子の種類で質量の比を求めることができます。

Ｓさん　そういうことですか。つまり，原子の種類ごとに質量の比が違うということは，質量そのものも違うということですね。では，銅原子：酸素原子：水素原子の比にマグネシウム原子の比も合わせるには，［　D　］実験をして，それぞれの原子の質量の比を調べれば，同じようにして銅原子：酸素原子：水素原子：マグネシウム原子の質量の比を求められますね。

先　生　そのとおりです。よく理解できましたね。

問５　会話文中の［C］にあてはまる，銅原子：酸素原子：水素原子の質量の比を，２つの実験結果をふまえて求めなさい。また，計算の過程や考え方も書きなさい。（５点）

問６　Ｓさんが先生との会話を通じて考えた実験について，会話文中の［D］にあてはまる実験方法を，その実験で用いる物質の名称を使って簡潔に書きなさい。（４点）

5　Ｋさんは，物体にはたらく浮力を調べる実験をしました。問１～問５に答えなさい。ただし，糸の質量は考えないものとし，質量100ｇの物体にはたらく重力の大きさを１Ｎとします。(20点)

実験１

図１のように，長さ５㎝のつるまきばねに質量20ｇのおもりをつるして，ばねの長さを測定した。おもりの個数を増やして同様の測定をし，結果を**表１**のようにまとめた。

表１

おもりの個数〔個〕	0	1	2	3	4	5
ばねの長さ〔cm〕	5.0	7.0	9.0	11.0	13.0	15.0

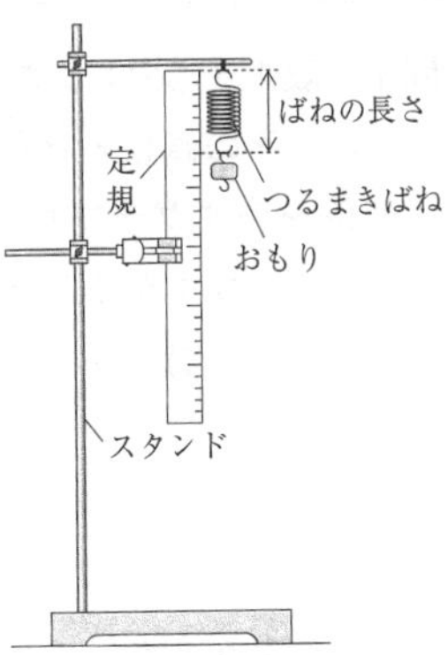

図１

実験２

(1)　次のページの**図２**のように，立方体**Ａ**，直方体**Ｂ**，立方体**Ｃ**の３種類の物体を用意した。

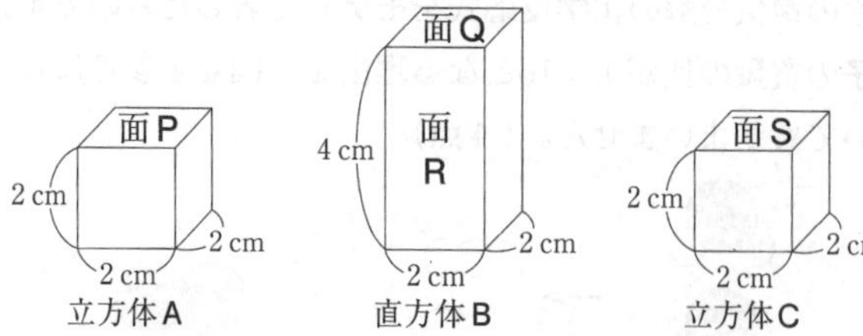

図2

⑵　図3のように，実験1で用いたつるまきばねに，立方体Aを，面Pが水平になるようにつるし，立方体Aが空気中にあるときのばねの長さを測定した。

⑶　図4のように，面Pを水平に保ったまま，立方体Aを水に1.0㎝ずつ沈めたときのばねの長さを測定した。

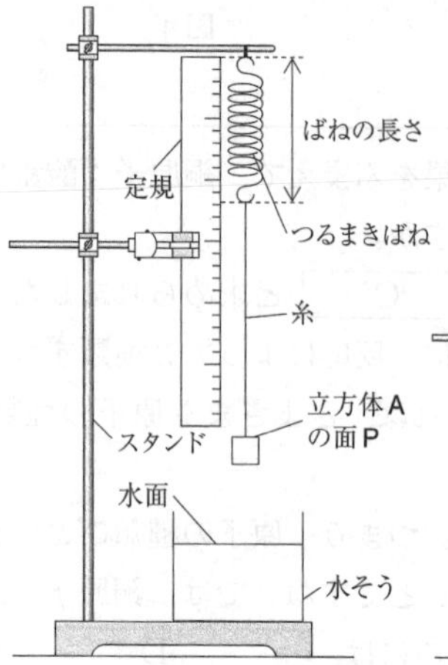

図3

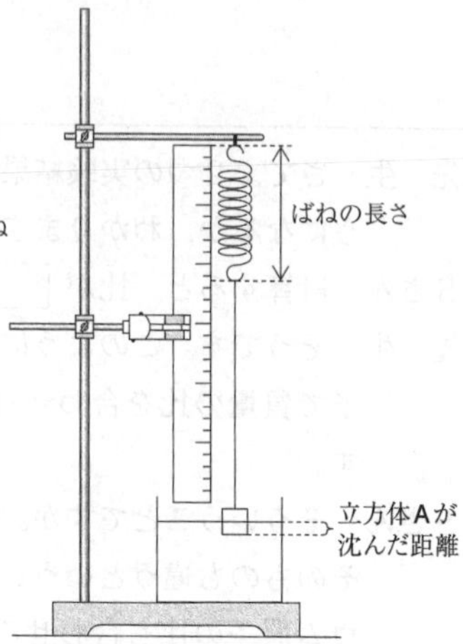

図4

⑷　直方体B，立方体Cについても，それぞれ面Q，面Sが水平になるように装置につるし，⑵，⑶と同じ手順で実験を行った。しかし，立方体Cを用いた実験では，沈んだ距離が2.0㎝になる途中で沈まなくなり，ばねの長さが立方体Cをつるす前の長さに戻ったので，それ以上実験を行わなかった。

⑸　⑵～⑷の結果を表2にまとめた。

表2

		空気中	物体が沈んだ距離〔cm〕				
			1.0	2.0	3.0	4.0	5.0
ばねの長さ〔cm〕	立方体A	11.8	11.4	11.0	11.0	11.0	11.0
	直方体B	18.6	18.2	17.8	17.4	17.0	17.0
	立方体C	5.6	5.2	―	―	―	―

※表中の「―」は実験を行わなかったことを表している。

問1　表1をもとに，おもりの個数に対するばねののびを求め，その値を•で表し，おもりの個数とばねののびの関係を表すグラフを，実線で解答欄にかきなさい。なお，グラフをかくときには，定規を用いる必要はありません。（3点）

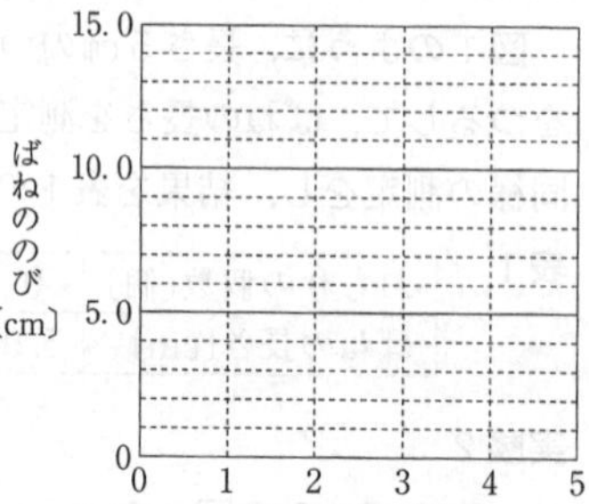

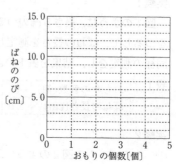

問2　表2をもとに，立方体Aの質量は何gか求めなさい。（3点）

問3　**実験2**で使用した立方体**A**，直方体**B**，立方体**C**の密度の大きさの関係を示したものとして最も適切なものを，次の**ア**～**エ**の中から一つ選び，その記号を書きなさい。（3点）

ア　直方体**B**＞立方体**A**＞立方体**C**　**イ**　直方体**B**＞立方体**A**＝立方体**C**

ウ　直方体**B**＝立方体**A**＜立方体**C**　**エ**　直方体**B**＝立方体**A**＞立方体**C**

問4　**実験2**で使用した直方体**B**を2つ用意し，**図5**のように，棒が水平になるように，棒の両端で直方体をつり合わせました。この装置をゆっくりと沈めていったとき，棒の**Y**側の直方体が水面に接してから2つの直方体がすべて沈むまで，棒の傾きはどのように変化していきますか。次の**ア**～**エ**の中から最も適切なものを一つ選び，その記号を書きなさい。（3点）

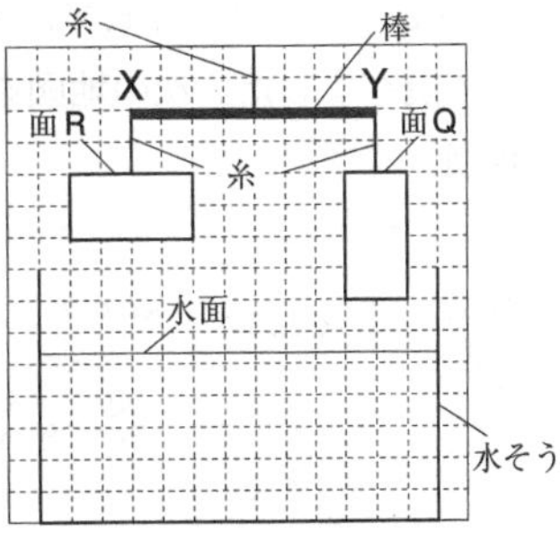

図5

ア　**Y**側の直方体が水に沈みはじめると棒の**Y**側が上がりはじめる。その後**X**側の直方体が水に沈みはじめると棒は水平に戻りはじめ，2つの直方体が水にすべて沈むと水平になる。

イ　**Y**側の直方体が水に沈みはじめると棒の**Y**側が下がりはじめる。その後**X**側の直方体が水に沈みはじめると棒は水平に戻りはじめ，2つの直方体が水にすべて沈むと水平になる。

ウ　**Y**側の直方体が水に沈みはじめると棒の**Y**側が上がりはじめる。その後**X**側の直方体が水に沈みはじめても棒の**Y**側は上がったまま変わらず，2つの直方体が水にすべて沈んでも**Y**側は上がっている。

エ　**Y**側の直方体が水に沈みはじめると棒の**Y**側が下がりはじめる。その後**X**側の直方体が水に沈みはじめても棒の**Y**側は下がったまま変わらず，2つの直方体が水にすべて沈んでも**Y**側は下がっている。

問5　Kさんは，**表2**からわかったことを次のようにまとめました。下の(1)，(2)に答えなさい。

> 底面積がいずれも4㎠の立方体**A**，直方体**B**，立方体**C**を水に1.0㎝ずつ沈めていくと，浮力の大きさは，［　　　］Nずつ増えていることがわかる。また，立方体**A**や直方体**B**がすべて水に沈むと，それ以上深く沈めても浮力の大きさは変わらないことがわかる。これらのことより，浮力の大きさは物体の質量に関係なく，水の中に沈んでいる部分の体積に比例することがわかる。

(1)　Kさんのまとめの中の［　　］にあてはまる数値を書きなさい。（3点）

(2)　**実験2**の(4)の下線部について，このとき立方体**C**が水の中に沈んでいる部分の体積は何㎤ですか。Kさんのまとめをふまえて求めなさい。また，計算の過程や考え方も書きなさい。（5点）

＜社会＞

時間 50分 満点 100点

1 Sさんは，エチオピア，インド，オーストラリア，アメリカ合衆国及びブラジルの5か国について調べました。次の**地図**をみて，問1～問5に答えなさい。(15点)

地図

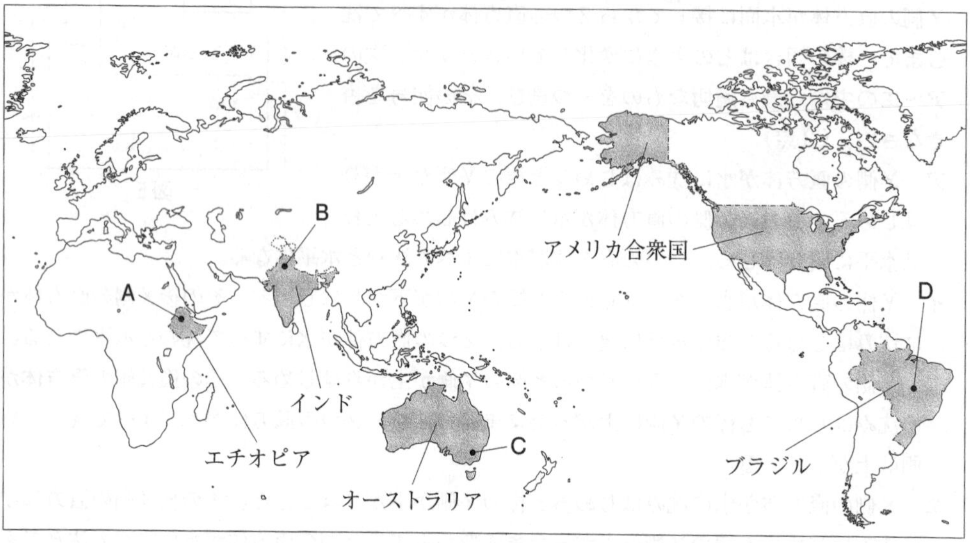

問1 **地図**中の，エチオピアがある大陸の名称を書きなさい。(2点)

問2 次の ［　　］ の中に示した緯度と経度であらわされる地点として最も適切なものを，**地図**中のA～Dの中から一つ選び，その記号を書きなさい。(2点)

北緯9度，東経38度

問3 Sさんは，**地図**中に示したインドで最も多くの人々に信仰されている宗教について調べ，次のようにまとめました。**まとめ1**の中の ［X］ にあてはまる語を書きなさい。(3点)

まとめ1

インドにおいて，最も多くの人々に信仰されている ［X］ 教は，特定の民族や地域と強く結びついて信仰されている宗教の一つです。［X］ 教では，水で身体を清める沐浴（もくよく）の儀式が重視されています。右の**資料**は，ガンジス川での沐浴の様子です。

資料

問4 Sさんは，**地図**中のオーストラリアの貿易について調べ，次のページの**表1**と**表2**をつくりました。**表1**を読みとり，オーストラリアの輸出がどのように変化したかを，輸出総額と輸

出品の特色に着目して書きなさい。また，下のまとめ２は，Ｓさんが表２を読みとり，まとめたものです。まとめ２の中の Y にあてはまる州の名称を書きなさい。（５点）

表１　1965年と2015年におけるオーストラリアの輸出総額に占める輸出品の割合（上位５品目）

1965年		2015年	
羊毛	29.3％	鉄鉱石	19.6％
小麦	12.7％	石炭	15.2％
肉類	10.1％	天然ガス	6.6％
果実	3.6％	金	5.8％
砂糖	3.4％	肉類	5.3％
その他	40.9％	その他	47.5％
輸出総額	2971	輸出総額	187792

（注）輸出総額の単位は，百万ドルである。
（世界国勢図会2017/18年版などから作成）

表２　1965年と2015年におけるオーストラリアの輸出入総額に占める貿易相手国の割合（上位７か国）

1965年		2015年	
イギリス	21.6％	中国	27.0％
アメリカ合衆国	18.3％	日本	10.9％
日本	13.2％	アメリカ合衆国	9.1％
西ドイツ	4.8％	韓国	6.1％
ニュージーランド	3.8％	タイ	3.6％
フランス	3.7％	ニュージーランド	3.2％
イタリア	2.8％	ドイツ	3.0％
その他	31.8％	その他	37.1％
輸出入総額	5695	輸出入総額	506708

（注）輸出入総額の単位は，百万オーストラリアドルである。
（オーストラリア外務貿易省ホームページから作成）

まとめ２

表２から，オーストラリアの貿易相手国の変化を読みとると，1965年の貿易相手国には，イギリスなどヨーロッパ州の国が複数みられるが，2015年では中国など Y 州の国がおもな貿易相手国となっている。

問５　次の表３は，地図中に示した５か国の，2014年における国土面積，人口，１人あたりのＧＮＩ，農地面積，牛の家畜頭数，牛乳生産量を示したものです。表３から読みとれる内容を述べた文として正しいものを，下のア～オの中から**すべて**選び，その記号を書きなさい。（３点）

表３

	国土面積（万 km^2）	人口（万人）	１人あたりのＧＮＩ（ドル）	農地面積（万 ha）	耕地・樹園地	牧場・牧草地	牛の家畜頭数（万頭）	牛乳生産量（万 t）
エチオピア	110	9696	386	3626	1626	2000	5671	334
インド	329	129529	1561	17960	16936	1024	18700	6642
オーストラリア	769	2362	60167	40627	4731	35896	2910	954
アメリカ合衆国	983	31945	56031	40821	15721	25100	8853	9346
ブラジル	852	20608	11493	28259	8659	19600	21237	3512

（世界国勢図会2017/18年版などから作成）

ア　アメリカ合衆国とエチオピアを比べると，人口密度はアメリカ合衆国の方が高い。
イ　オーストラリアとブラジルを比べると，農地面積に占める牧場・牧草地の割合はオーストラリアの方が高い。
ウ　５か国のうち，農地面積に占める耕地・樹園地の割合が最も高い国は，インドである。
エ　５か国においては，国土面積が大きい順に，１人あたりのＧＮＩが多い。
オ　５か国においては，牛の家畜頭数が多い順に，牛乳生産量が多い。

2 Nさんは，地理的分野の授業で日本の諸地域を学習したあと，次の**地図1**を作成しました。**地図1**をみて，問1～問5に答えなさい。(15点)

地図1

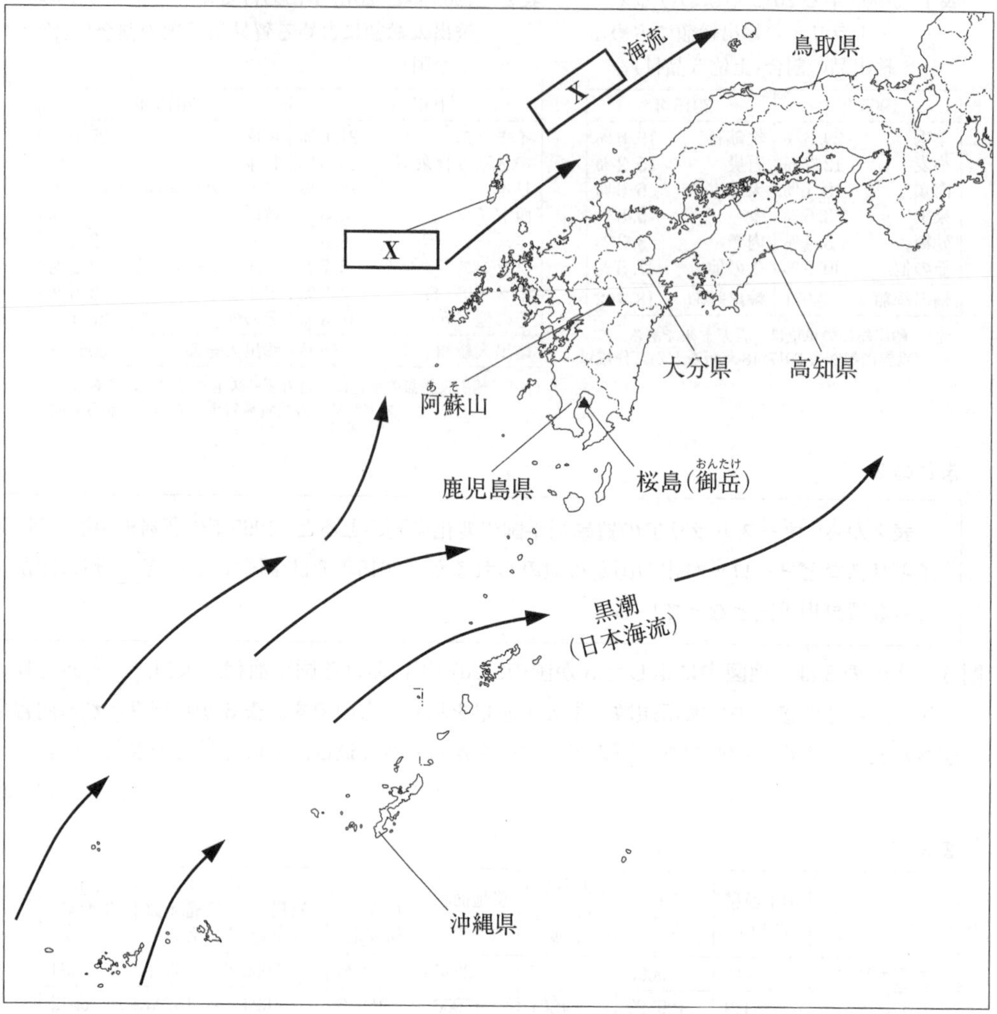

問1　Nさんは，九州地方の自然について調べ，**地図1**中に二つの暖流を模式的に示し，次のようにまとめました。**地図1**と**まとめ**の中にある［X］，［Y］にあてはまる語を，それぞれ書きなさい。(3点)

まとめ

九州地方は，日本列島の南西に位置する地域で，九州島に加えて，［X］や五島列島，南西諸島などの島々が，南北に長く連なります。九州地方の近海には，暖流の黒潮（日本海流）と［X］海流が流れており，冬でも比較的温暖です。

九州島のほぼ中央部には，阿蘇山の巨大な［Y］があります。［Y］とは，火山の爆発や噴火による陥没などによってできた大きなくぼ地のことです。桜島（御岳）を取り囲む鹿児島湾は，［Y］に海水が入ってできた湾です。

問2　Nさんは，**地図1**中の沖縄県，大分県，鳥取県の三つの県における県庁所在地の気温と降水量を調べ，次のⅠ～Ⅲのグラフをつくりました。Ⅰ～Ⅲのグラフと県庁所在地の組み合わせとして正しいものを，下の**ア**～**カ**の中から一つ選び，その記号を書きなさい。(2点)

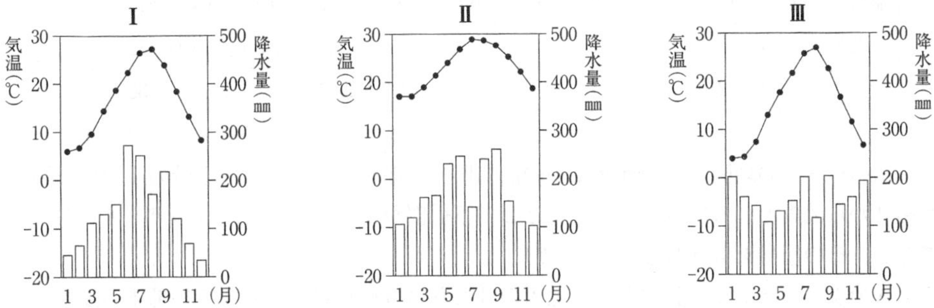

(理科年表　平成30年から作成)

ア　Ⅰ－那覇市　Ⅱ－大分市　Ⅲ－鳥取市
イ　Ⅰ－那覇市　Ⅱ－鳥取市　Ⅲ－大分市
ウ　Ⅰ－大分市　Ⅱ－鳥取市　Ⅲ－那覇市
エ　Ⅰ－大分市　Ⅱ－那覇市　Ⅲ－鳥取市
オ　Ⅰ－鳥取市　Ⅱ－那覇市　Ⅲ－大分市
カ　Ⅰ－鳥取市　Ⅱ－大分市　Ⅲ－那覇市

問3　次の**表1**は，**地図1**中の沖縄県，鹿児島県，大分県，鳥取県の人口(2016年)，産業別人口割合(2015年)，農業産出額(2015年)，工業出荷額(2014年)を示したものです。鹿児島県にあたるものを，**表1**中の**ア**～**エ**の中から一つ選び，その記号を書きなさい。(2点)

表1

県名	人口(千人)	産業別人口割合(%)			農業産出額(億円)	おもな産出物			工業出荷額(億円)
		第1次産業	第2次産業	第3次産業		米	野菜	畜産	
ア	570	9.1	22.0	69.0	697	121	201	265	6846
イ	1160	7.0	23.4	69.6	1287	216	366	454	45692
ウ	1637	9.5	19.4	71.1	4435	191	557	2837	19342
エ	1439	4.9	15.1	80.0	935	5	122	426	6397

(注)　四捨五入をしているため，産業別人口割合の合計が100％にならない場合がある。
(データでみる県勢2018年版から作成)

問4　右の**資料**は，**地図1**中の高知県でみられる，ビニールハウスを利用して出荷時期を早める工夫をした**ある栽培方法**による，なすの収穫の様子です。また，次の**表2**は，Nさんが，高知県における東京都中央卸売市場へのなすの出荷などについて調べ，まとめたものです。次のページの**表2**をみて，群馬県と比較した高知県のなすの出荷の特色について，出荷時期に着目し，**ある栽培方法**の名称を用いて，説明しなさい。(5点)

資料

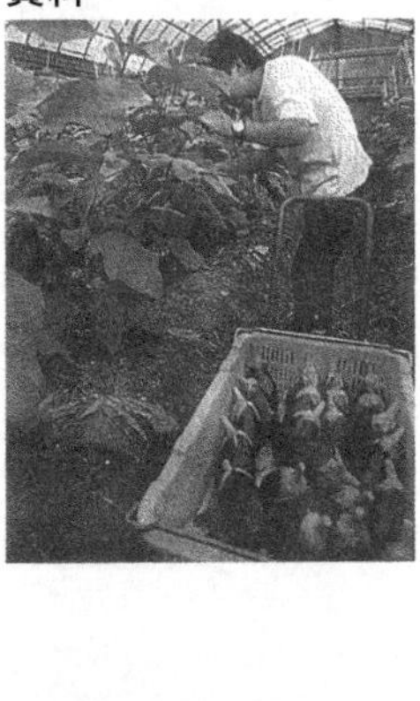

表2 東京都中央卸売市場におけるなすの月別入荷量(2017年1月～12月)

(t)

	1月	2月	3月	4月	5月	6月	7月	8月	9月	10月	11月	12月
高知県	1261	1311	1952	1845	2202	1981	91	7	82	1004	1213	914
群馬県	4	5	39	191	646	882	1557	1357	1240	705	22	1
その他	223	250	398	476	757	1167	2239	2519	2052	1163	236	173

(東京都中央卸売市場ホームページから作成)

問5 次のページの**地図2**は，**地図1**中の高知県の一部を示した2万5千分の1の地形図です。**地図2**から読みとれる内容を述べた文として下線部が正しいものを，次の**ア**～**オ**の中からすべて選び，その記号を書きなさい。(3点)

ア A地点の「あぞうの」駅からB地点の「とさいっく」駅まで列車で移動する途中には，進行方向右側に工場がある。

イ C地点からD地点までの直線距離は，地図上で約7㎝であり，実際の直線距離は約1250mである。

ウ E地点には，老人ホームがある。

エ Fの範囲内には，果樹園がみられる。

オ G地点の高さとH地点の高さを比べると，G地点の方が高い。

地図２

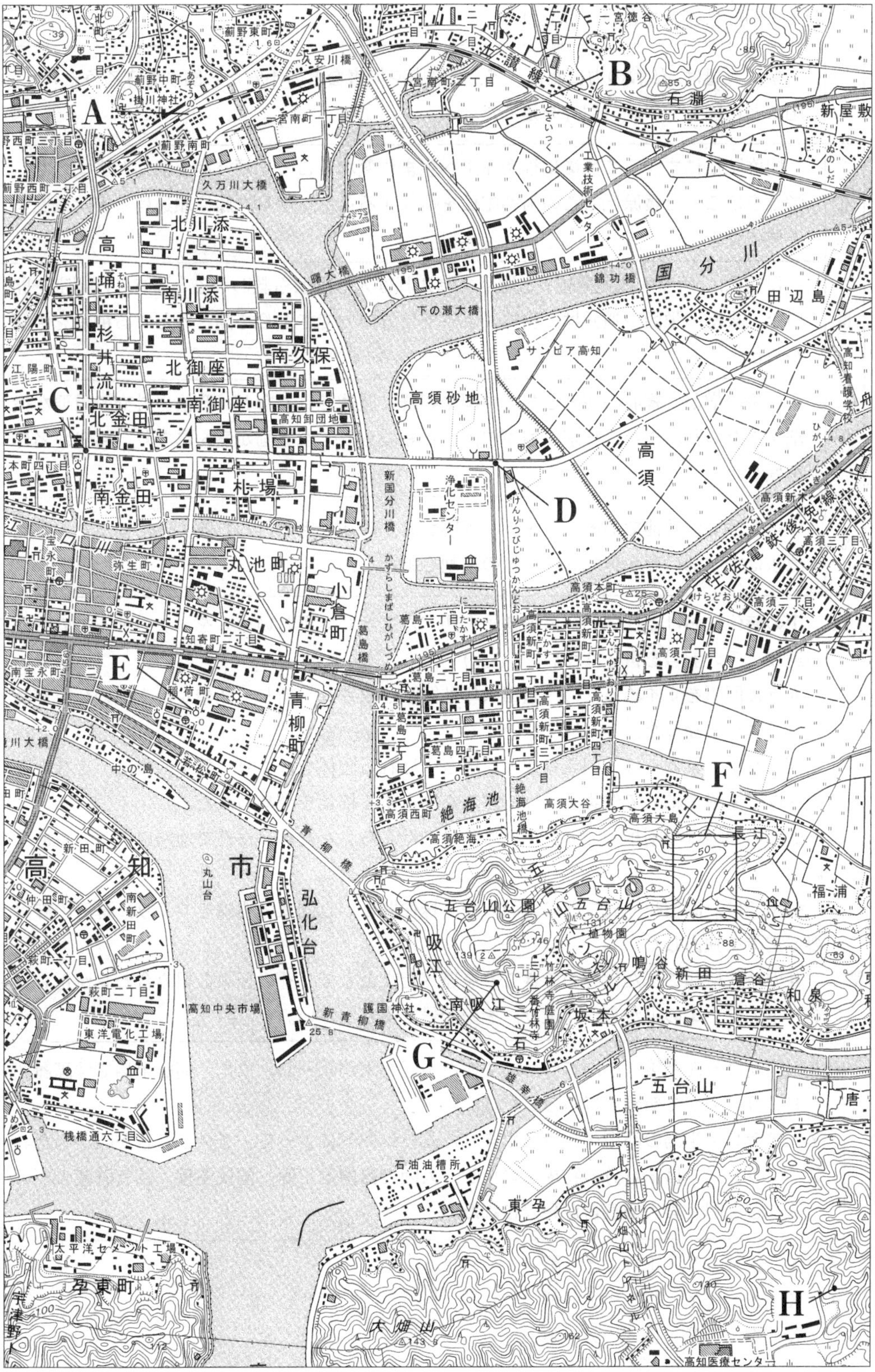

（国土地理院２万５千分の１地形図「高知」平成20年発行一部改変）

3　Tさんは，日本の5つの異なる時代の仏教について調べ，次のようにまとめました。これをみて，問1～問5に答えなさい。(15点)

Ⅰ	聖武天皇は，仏教の力にたよって，伝染病や災害などの不安から国家を守ろうと考え，国ごとに国分寺や国分尼寺を建てた。
Ⅱ	阿弥陀仏にすがって死後に極楽浄土へ生まれ変わることを願う浄土信仰が広まった。栄華をほこった藤原氏もこの阿弥陀仏を信仰するようになり，藤原頼通は平等院鳳凰堂を建てた。
Ⅲ	日蓮は，「南無妙法蓮華経」と題目を唱えれば人も国家も救われると説き，日蓮宗を開いた。また，栄西や道元は，座禅によって自分の力でさとりを開こうとする禅宗を中国から伝えた。
Ⅳ	禅宗の僧が，幕府の使者として中国や朝鮮に派遣されるなど，政治や外交で重要な役割を果たした。また，禅宗の僧が中国からもたらした水墨画が盛んになり，雪舟が名作を残した。
Ⅴ	宗門改で仏教徒であることを寺に証明させ，葬式も寺で行われるようになった。宗門改帳は宗派別に寺が作成し，戸籍の役割も果たした。

問1　Ⅰの時代における社会や経済の様子を述べた文として正しいものを，次の**ア**～**エ**の中から一つ選び，その記号を書きなさい。(2点)

ア　人々に開墾をすすめるため，墾田永年私財法が出され，新しく開墾した土地の私有が認められるようになった。

イ　商人や手工業者らは，同業者ごとに座とよばれる団体をつくり，武士や貴族，寺社などにお金などで税を納めて保護を受け，営業を独占する権利を認められた。

ウ　武士の領地は分割相続で，女子にも分けあたえられたため，女性で地頭になる者もあらわれた。

エ　都市では，問屋や仲買などの大商人が，株仲間という同業者組織をつくり，幕府の許可を得て営業を独占した。

問2　Ⅱの時代に起こった世界のできごとを述べた文として，その正誤の組み合わせが正しいものを，下の**ア**～**エ**の中から一つ選び，その記号を書きなさい。(3点)

X　唐がほろんだ後，小国に分かれていた中国を宋が統一し，また，朝鮮半島では高麗がおこり，やがて新羅をほろぼした。
Y　アラビア半島の都市メッカに生まれたムハンマドによって，イスラム教が開かれた。
Z　フランスでは，身分の特権を廃止し，人間の自由と平等，国民主権，私有財産の不可侵などを唱える人権宣言が発表された。

ア　X　正　　Y　正　　Z　誤
イ　X　正　　Y　誤　　Z　誤
ウ　X　誤　　Y　正　　Z　誤

エ　X 誤　Y 誤　Z 正

問3　Tさんは，Ⅲの時代に開かれた新しい仏教について調べ，次のようにまとめました。まとめの中の［A］にあてはまる人物名を書きなさい。（3点）

まとめ

時宗を開いた［A］は，念仏をすすめるために，念仏の札を配ったり，踊りを取り入れたりするなど，工夫をこらしました。右の**資料1**は，京都での踊念仏の様子をえがいた絵で，多くの人々が見物のため周囲に集まっています。

資料1

問4　Tさんは，文化に興味をもち調べたところ，次のa，bの文と**資料2**，**資料3**をみつけました。Ⅳの時代の文化について述べた文と，その時代の代表的な文化財の組み合わせとして正しいものを，**表**中の**ア**～**エ**の中から一つ選び，その記号を書きなさい。（2点）

a　武士や民衆の力がのびるにつれて，文化にも新しい動きが起こり，文学では，鴨長明の「方丈記」や，兼好法師の「徒然草」などの随筆が書かれた。

b　民衆にも文化が広がり，「一寸法師」や「浦島太郎」などのお伽草子とよばれる絵入りの物語が生まれた。

資料2

東求堂同仁斎

資料3

東大寺南大門

表

	文化	代表的な文化財
ア	a	資料2
イ	a	資料3
ウ	b	資料2
エ	b	資料3

問5　次の**資料4**は，Ⅴの時代の第3代将軍のときに出されたある法令の一部をわかりやすくなおしたものです。第3代将軍のときに制度として定められた**資料4**中の下線部の内容を書きなさい。また，第3代将軍の名前を書きなさい。（5点）

資料4

一　大小の大名は，参勤交代するよう定めるものである。…

一　500石積み以上の船をつくってはならない。

（『御触書寛保集成』より一部要約）

4 次の年表をみて，問1～問5に答えなさい。(15点)

西暦(年)	できごと	
1858	・日米修好通商条約が結ばれる	A（1858～1889）
1889	・大日本帝国憲法が発布される	B（1889～1917）
1917	・ロシア革命が起こる	C
1929	・世界恐慌が起こる	D（1929～1951）
1951	・サンフランシスコ平和条約が結ばれる	
1973	・石油危機が起こる	E（1973～1991）
1991	・ソ連が解体する	

問1　次の**ア**～**エ**は，年表中Aの時期のできごとについて述べた文です。年代の**古い順**に並べかえ，その順に記号で書きなさい。(3点)

ア　岩倉具視や木戸孝允，大久保利通などを中心とする政府の使節団が，欧米に派遣された。

イ　西郷隆盛を中心として，鹿児島の士族などが西南戦争を起こした。

ウ　生麦事件の報復のため起こった薩英戦争で，イギリス艦隊が鹿児島を攻撃した。

エ　江華島事件を口実に，政府は朝鮮と日朝修好条規を結び，朝鮮を開国させた。

問2　次の文章は，年表中Bの時期における日本の外交についてまとめたものです。**まとめ1**の中の［X］にあてはまる人物名を書きなさい。(3点)

まとめ1

近代国家を目ざす日本にとって，外交上の重要な課題は，幕末に欧米諸国と結んだ不平等条約を対等なものに改正することであった。

日本が立憲政治を実現するなど，近代国家のしくみを整えたことを背景に，イギリスが，日本との条約改正に応じた。1894年，［X］が外相のときに，日英通商航海条約が結ばれ，領事裁判権が撤廃された。

問3　次の**資料**は，米騒動の様子をえがいたものの一部です。米騒動が起きた理由を，年表中Cのロシア革命への干渉戦争の名称を用い，**表**から読みとれる米の価格の変化に着目して書きなさい。(5点)

資料

表　米1石あたりの価格の変化

年	月	価格(円)
1917	9	21.33
	10	23.61
	11	23.93
	12	23.86
1918	1	23.84
	2	24.94
	3	26.60
	4	27.38
	5	27.46
	6	28.34
	7	30.39
	8	38.70

(日本金融史資料から作成)

問４　次の文章は，年表中Ｄの時期のできごとについてまとめたものです。**まとめ２**の中の［Ｙ］にあてはまる語と［Ｙ］の**地図**中の位置の組み合わせとして正しいものを，下の**ア**～**カ**の中から一つ選び，その記号を書きなさい。(２点)

まとめ２

国際連盟は，1933年に開かれた総会で，満州国を認めず，日本軍の占領地からの撤兵を求める勧告を採択した。その後，日本は，国際連盟を脱退した。

1937年７月，北京郊外の［Ｙ］付近で，日本軍と中国軍の武力衝突が起こった。この［Ｙ］事件をきっかけに，日中戦争が始まった。

地図

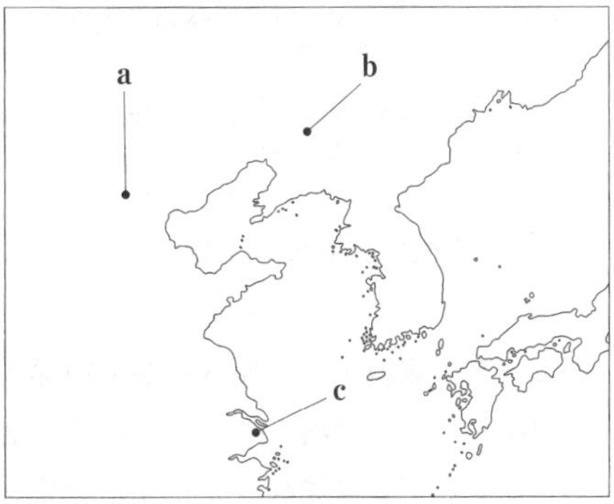

ア　Ｙ－盧溝橋　位置－ａ　　**イ**　Ｙ－盧溝橋　位置－ｂ
ウ　Ｙ－盧溝橋　位置－ｃ　　**エ**　Ｙ－柳条湖　位置－ａ
オ　Ｙ－柳条湖　位置－ｂ　　**カ**　Ｙ－柳条湖　位置－ｃ

問５　年表中Ｅの時期における日本の社会や経済の様子を述べた文として正しいものを，次の**ア**～**エ**の中から一つ選び，その記号を書きなさい。(２点)

ア　大気汚染や水質汚濁などの公害問題が深刻化し，公害対策基本法が制定された。
イ　バブル経済と呼ばれる，投機によって株式と土地の価格が異常に高くなる好景気が発生した。
ウ　労働争議が増加し，12歳未満の就労禁止，労働時間の制限などを定めた工場法が制定された。
エ　朝鮮戦争が始まると，大量の軍需物資が日本で調達され，好景気になった。

5　Ｋさんのクラスでは，公民的分野の学習のまとめとして，自分の興味のある分野からテーマを選び，調べることになりました。次の**表１**は，Ｋさんが興味をもった分野とテーマについてまとめたものです。**表１**をみて，問１～問８に答えなさい。(25点)

表１

分野	テーマ
人権と共生社会	・どのような①人権が保障されているのだろうか。
国の政治のしくみ	・②国会と内閣の関係はどのようなものなのだろうか。
裁判の種類と人権	・③裁判にはどのような種類があるのだろうか。
消費生活と④市場経済	・⑤銀行や日本銀行はどのような仕事をしているのだろうか。
私たちの生活と⑥財政	・国や地方公共団体はどのような経済活動を行っているのだろうか。
国際社会のしくみ	・⑦国際連合はどのようなしくみで運営されているのだろうか。
これからの地球社会と日本	・日本はどのような⑧国際貢献をしているのだろうか。

問１　Ｋさんは，下線部①に関連して，基本的人権を保障するためのある権利について調べ，次

の表２をつくりました。表２中の X にあてはまる語を書きなさい。（３点）

表２

X	
国家賠償 X	公務員の行為によって受けた損害に対して賠償を求める権利。
刑事補償 X	事件の犯人として裁判に訴えられ，その後無罪になったり，一度有罪となった人がやり直しの裁判で無罪と判断されたりした場合に，国に補償を求める権利。
裁判を受ける権利	人権が侵害されたことを裁判所に訴えて，公正な裁判を受ける権利。

問２　右の**資料１**は，Ｋさんが下線部②について調べたときにみつけた新聞記事の見出しです。**資料１**のように内閣不信任案が可決された場合，内閣はどのようなことを選択しなければならないかを具体的に説明しなさい。（５点）

資料１

内閣不信任案を可決

問３　下線部③に関連して，Ｋさんは，刑事裁判について学ぶ授業において模擬裁判を行いました。次は，模擬裁判の台本の一部です。台本中の A ～ C にあてはまる語の組み合わせとして正しいものを，あとの**ア**～**カ**の中から一つ選び，その記号を書きなさい。（２点）

役割	台詞（せりふ）
A	それでは，被告人に対する事件の審理を始めます。 ～　省略　～ B ，起訴状を読んでください。
B	（起訴状を読む）～　省略　～
A	ここで，被告人に注意しておくことがあります。被告人には，黙秘権という権利があります。答えたくない質問には答えなくても構いません。そこで，質問しますが，先ほど B が読み上げた起訴状の内容は間違いないですか。
被告人	全然違います。私はやっていません。
A	C の意見はいかがですか。
C	被告人が述べたとおりです。被告人は犯人ではなく，無罪です。

ア　Ａ－検察官　Ｂ－弁護人　Ｃ－裁判官　　**イ**　Ａ－検察官　Ｂ－裁判官　Ｃ－弁護人
ウ　Ａ－弁護人　Ｂ－検察官　Ｃ－裁判官　　**エ**　Ａ－弁護人　Ｂ－裁判官　Ｃ－検察官

オ　A－裁判官　B－弁護人　C－検察官　　**カ**　A－裁判官　B－検察官　C－弁護人

問4　次は，下線部④について学ぶ授業における，先生とKさんの会話です。会話文中の［Ⅰ］～［Ⅳ］にあてはまる言葉の組み合わせとして正しいものを，下の**ア**～**エ**の中から一つ選び，その記号を書きなさい。（2点）

先　生：宿泊料金に関して，**資料2**からどのようなことが読みとれますか。

Kさん：宿泊の曜日などによって宿泊料金が違います。日曜から金曜は宿泊料金が安く，土曜や祝前日は宿泊料金が高いです。なぜ曜日などによって宿泊料金が違うのですか。

資料2

<Gホテル宿泊料金表>

日曜～金曜	11000円
土曜・祝前日	13000円

先　生：価格は，一般的に［Ⅰ］と［Ⅱ］との関係で変化します。ホテルなどの宿泊料金の場合，部屋数という［Ⅰ］が変わらないのに対して，宿泊客数という［Ⅱ］は変化します。このことをふまえて，考えてみてください。

Kさん：土曜や祝前日は，限られた数の部屋数に対して多くの宿泊客が集まるため，宿泊料金は［Ⅲ］ます。日曜から金曜は，土曜や祝前日に比べて，宿泊客が少なくなるので，宿泊料金は［Ⅳ］ます。だから。宿泊料金に違いがあるのですね。

先　生：そうです。曜日などによって宿泊料金が違う理由が理解できましたね。

ア　Ⅰ－需要量　Ⅱ－供給量　Ⅲ－上がり　Ⅳ－下がり
イ　Ⅰ－需要量　Ⅱ－供給量　Ⅲ－下がり　Ⅳ－上がり
ウ　Ⅰ－供給量　Ⅱ－需要量　Ⅲ－上がり　Ⅳ－下がり
エ　Ⅰ－供給量　Ⅱ－需要量　Ⅲ－下がり　Ⅳ－上がり

問5　Kさんは，下線部⑤について調べ，次のようにまとめました。**まとめ1**の中の［Y］にあてはまる語を書きなさい。（2点）

まとめ1

銀行はさまざまな仕事をしていますが，特に重要なのは，人々の貯蓄を預金として集め，それを家計や企業に貸し出すことです。資金の借り手は銀行に対して，借り入れた金額を期限内に返済するだけでなく，一定期間ごとに［Y］を支払わなければなりません。元金に対する［Y］の比率を金利といいます。銀行は貸し出し先から［Y］を取り，預金者には［Y］を支払います。貸し出し金利は預金金利を上回り，その差が銀行の収入になります。

問6　下線部⑥について，現在の日本の財政に関して述べた文として正しいものを，次の**ア**～**オ**の中から**すべて**選び，その記号を書きなさい。（3点）

ア　内閣が作成した国の予算は，先に衆議院から審議が行われることとなっている。

イ　税収の増加が財政規模の拡大に追いつかず，財政黒字が続き，債務残高が増加している。

ウ　税金を納めなければならない人と，実際に負担する人が同じ税金を直接税といい，所得税や法人税は直接税にあたる。

エ　政府の収入は，原則として税金によってまかなわなければならないが，税金だけで必要な収入がまかなえない場合，公債を発行して，資金を借り入れる。

オ　所得税は，所得に関係なく同じ税率を適用するため，低所得者の方が所得全体に占める税負担の割合が高くなる傾向がある。

問７　下線部⑦に関連して，右の**表３**は，2017年12月の安全保障理事会における，ある重要な決議案の表決をまとめたものです。**表３**をみて，この決議案が可決されたか，否決されたかを，そう判断した理由とともに説明しなさい。（５点）

表３

国名	表決
アメリカ合衆国	反対
イギリス	賛成
イタリア	賛成
ウクライナ	賛成
ウルグアイ	賛成
エジプト	賛成
エチオピア	賛成
カザフスタン	賛成
スウェーデン	賛成
セネガル	賛成
中国	賛成
日本	賛成
フランス	賛成
ボリビア	賛成
ロシア	賛成

問８　Ｋさんは，下線部⑧に関連して，日本の国際貢献について調べ，次のようにまとめました。**まとめ２**の中の［Ｚ］にあてはまる語を書きなさい。（３点）

まとめ２

第二次世界大戦後の日本の外交は，平和主義と国際貢献を重視してきました。国際貢献については，技術援助をふくむ政府開発援助などを中心に，途上国の開発を支援しています。また，近年では，1992年に制定された国際平和協力法（［Ｚ］協力法）に基づいて，カンボジアや東ティモールなどでの国際連合の平和維持活動（［Ｚ］）に自衛隊を派遣するなど，国際連合の取り組みに対する人的な協力も行っています。

6　Ｈさんは，2018年にロシアで開催されたサッカーワールドカップに出場した国の中から，興味のある国の歴史や地理について調べ，次の**資料１**をつくりました。**資料１**をみて，問１～問４に答えなさい。（15点）

資料１

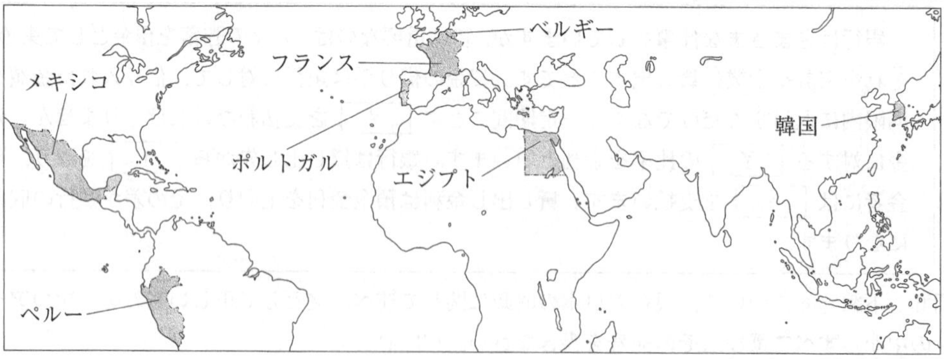

エジプト	②ペルー	ポルトガル
＜首都＞カイロ ①紀元前3000年ごろには，国々が統一され，神殿や，神のように敬われた国王の墓としてピラミッドが造られるようになった。	＜首都＞リマ 太陽神を信仰し，高度な石造建築技術をもつ，広大なインカ帝国が栄えた。	＜首都＞リスボン 1543年，中国の商船に乗って，③種子島に流れ着いたポルトガル人が，日本に鉄砲を伝えた。

メキシコ ＜首都＞メキシコシティ 銀の産出量は世界最大の規模である。	フランス ＜首都＞パリ ＥＵ最大の農業国であり，世界有数の小麦輸出国である。	ベルギー ＜首都＞ブリュッセル 暖流の影響により温和な気候をもち，全土が温帯に属している。	韓国 ＜首都＞ソウル 1970年代以降，経済成長を果たし，新興工業経済地域(ＮＩＥＳ)の一つとなった。

問１　Ｈさんは，古代文明に興味をもち調べたところ，次のａ，ｂの文と**資料２**，**資料３**をみつけました。下線部①の文明について述べた文と，この文明で発明された文字の組み合わせとして正しいものを，**表**中の**ア**～**エ**の中から一つ選び，その記号を書きなさい。（２点）

ａ　川のはんらんの時期を知るために天文学が発達し，太陽を基準にして１年を365日として12か月に分ける太陽暦がつくられた。

ｂ　月の満ち欠けにもとづく太陰暦や，時間を60進法で測ること，１週間を７日とすることが考え出された。

資料２

くさび形文字

資料３

象形文字

表

	文明	発明された文字
ア	a	資料２
イ	a	資料３
ウ	b	資料２
エ	b	資料３

問２　下線部②の国がある大陸についてまとめた**地図**をみて，次の⑴と⑵の問いに答えなさい。

⑴　**地図**中で模式的に示したアンデス山脈は，日本列島と同じ造山帯の範囲に位置しています。この造山帯の名称を書きなさい。（３点）

⑵　Ｈさんは，**地図**中に示したマナオス，クスコ，ブエノスアイレスの三つの都市の気温と降水量を調べ，次の**Ａ**～**Ｃ**のグラフをつくりました。このうち，高山気候に属するクスコの気温と降水量を示すものを，**Ａ**～**Ｃ**の中から一つ選び，その記号を書きなさい。（２点）

地図

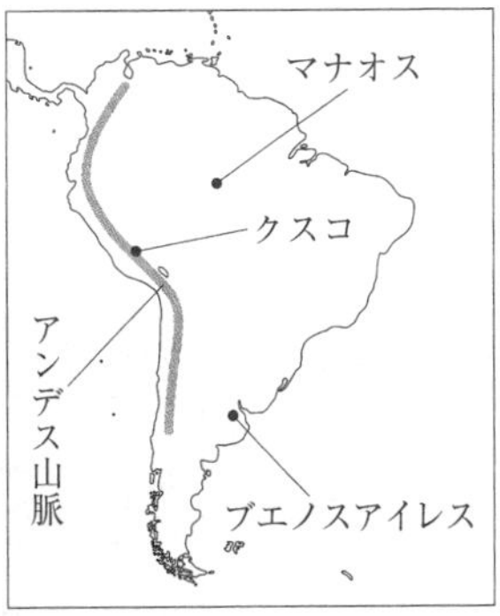

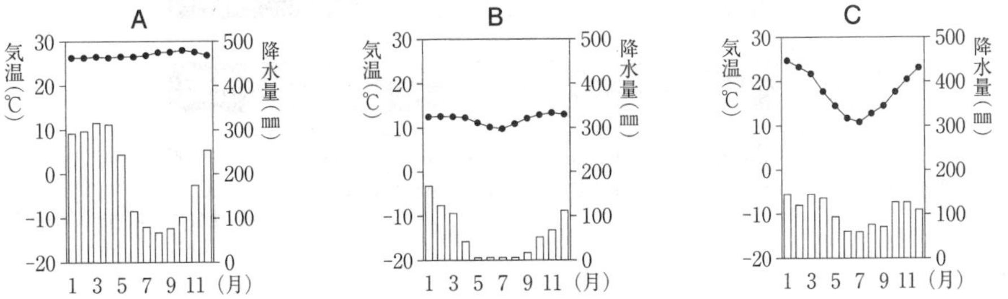

A　年平均気温 27.0℃　年降水量 2323.6 mm

B　年平均気温 12.0℃　年降水量 709.4 mm

C　年平均気温 17.8℃　年降水量 1272.8 mm

（気象庁ホームページから作成）

問３　Ｈさんは，下線部③のできごとから，鎖国の体制が固まるまでのできごとについて調べ，次の年表にまとめました。**年表**中の W ～ Z にあてはまるできごとを，下の**ア**～**エ**の中から一つずつ選び，その記号を書きなさい。（３点）

年表

西暦(年)	で き ご と
1543	・ポルトガル人が鉄砲を伝える
1573	・室町幕府がほろびる
1582	・ W
1603	・江戸に幕府が開かれる
1612	・ X
1635	・日本人の海外渡航・帰国を禁止する
1637	・ Y
1639	・ Z
1641	・オランダ商館を長崎の出島に移す

ア　キリシタン大名の大友宗麟などが，四人の少年使節をローマ教皇のもとに派遣する
イ　神の使いとされた天草四郎という少年を大将にした島原・天草一揆が起こる
ウ　ポルトガル船の来航を禁止する
エ　幕府が，幕領にキリスト教禁止令を出す

問４　Ｈさんは，**資料１**中のメキシコ，ポルトガル，フランス，ベルギー及び韓国の社会保障などについて調べ，次の**グラフ１**，**グラフ２**をつくりました。**グラフ１**と**グラフ２**から読みとれるヨーロッパ州の国の特色を，ヨーロッパ州以外の国と比較して書きなさい。（５点）

グラフ１　年齢３区分別人口割合(2010年)

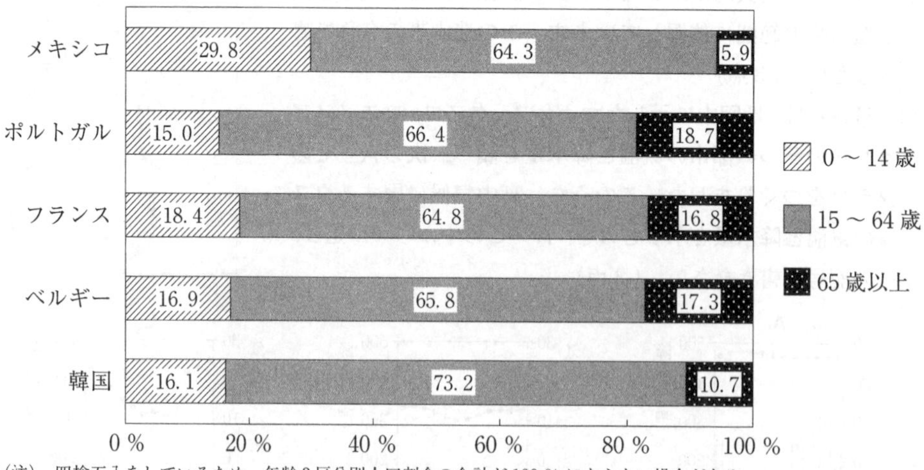

(注)　四捨五入をしているため，年齢３区分別人口割合の合計が100％にならない場合がある。
(国際連合ホームページから作成)

グラフ２　国内総生産（ＧＤＰ）に対する社会保障支出の割合(2010 年)

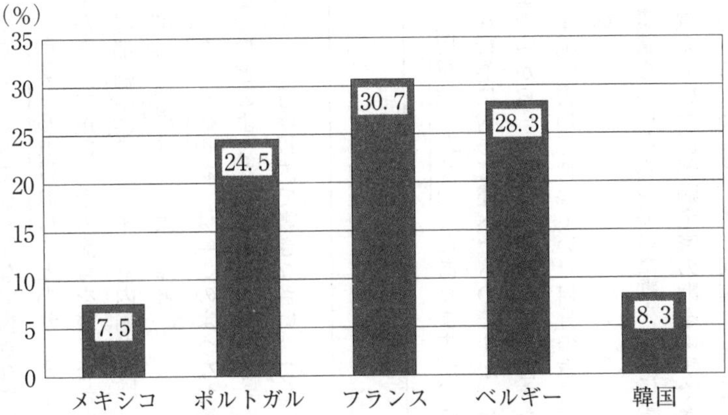

（ＯＥＣＤホームページから作成）

問1　①問はせ給ひければ　とありますが、この部分を「現代仮名遣い」に直し、すべてひらがなで書きなさい。（3点）

問2　②御覧ぜられければ　とありますが、この主語を、次のア～エの中から一つ選び、その記号を書きなさい。（3点）

ア　民部卿定家（みんぶきやうていか）　イ　宮内卿家隆（くないきやういへたか）
ウ　後京極摂政（ごきやうごくのせつしやう）　エ　作者

問3　③かかる御尋ね　は「このようなお尋ね」という意味ですが、ここではどのようなことを尋ねたのですか。次の空欄にあてはまる内容を、十五字以内で書きなさい。（3点）

［　　　　　　　　　　　　　　　］ということ。

問4　④用意深きたぐひ　とありますが、これは、宮内卿家隆のどのような行為に対して述べたものですか。最も適切なものを、次のア～エの中から一つ選び、その記号を書きなさい。（3点）

ア　事前に書いて持っていた自分の歌を、目につくように落とした行為。
イ　素晴らしいと思っていた歌を、紙に書いて持ち歩いていた行為。
ウ　覚えていた民部卿定家の歌を、すぐさま詠んで披露した行為。
エ　答える代わりとして、即座に歌を紙に書いて差し出した行為。

5　次の資料は、「読書量（マンガや雑誌を除く）」について、県内の小学生、中学生、高校生を対象に調査し、その結果をまとめたものです。

国語の授業で、この資料から読み取ったことをもとに「読書を推進するための取り組み」について、一人一人が自分の考えを文章にまとめることにしました。あとの（注意）に従って、あなたの考えを書きなさい。（16点）

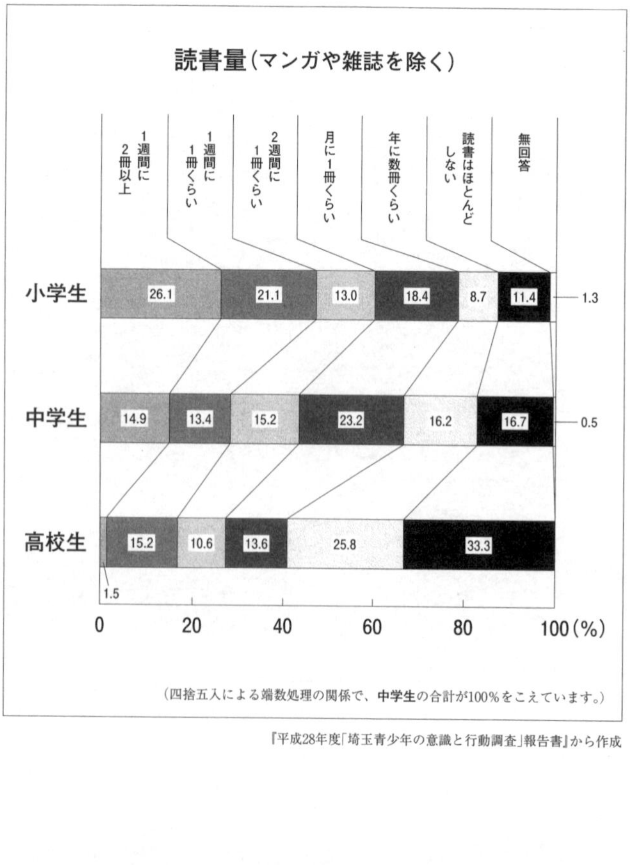

『平成28年度「埼玉青少年の意識と行動調査」報告書』から作成

（注意）
(1)　段落や構成に注意して、自分の体験（見たこと聞いたことなども含む）をふまえて書くこと。
(2)　文章は、十三行以上、十五行以内で書くこと。
(3)　原稿用紙の正しい使い方に従って、文字、仮名遣いも正確に書くこと。
(4)　題名・氏名は書かないで、一行目から本文を書くこと。

問3　③一旦ルールが決まったとなると、別のことがはじまってしまう。とありますが、ここでの「別のこと」に**あてはまらないもの**を、次の**ア**～**エ**の中から一つ選び、その記号を書きなさい。（4点）

ア　マナーのときには伴うことのなかった別の情念が生じてくること。

イ　損得によって行動することで、もはやマナーではなくなること。

ウ　ルールとは反対の内容についても、意図せずに明らかになること。

エ　ルールを守るための行動が非難され、想定外の行為を生みだすこと。

問4　本文中の空欄 Ⅰ にあてはまる内容として最も適切なものを、次の**ア**～**エ**の中から一つ選び、その記号を書きなさい。（4点）

ア　ルールとマナーの混同がある

イ　ルールとマナーの区別がある

ウ　ルールの基準が存在する

エ　マナーの基準が存在する

問5　④ルールとは、厳密に定義しようと、あえて曖昧に定義しようと、必ず弊害が生じるという扱いにくいものなのである。とありますが、筆者は、ルールについてなぜ扱いにくいものだと考えていますか。次の空欄にあてはまる内容を、**解釈**、**二重化**の二つの言葉を使って、四十五字以上、五十五字以内で書きなさい。ただし、二つの言葉を使う順序は問いません。（7点）

ルールは、言葉によって定められることで、［　　　　（45～55字）　　　　］という弊害が生じるから。

4　次の文章を読んで、あとの問いに答えなさい。（……の左側は口語訳です。）（12点）

近ごろの歌仙（和歌の名人）には、民部卿定家、宮内卿家隆とて、一双にいはれけり。そのころ、「われも、われも。」とたしなむ人多けれど、いづれも、この二人には及ばざりけり。

ある時、後京極摂政、宮内卿を召して、「この世に歌詠みに多く聞ゆるなかに、いづれか勝れたる。心に思はむやう、ありのままにのたまへ（お話しされよ）。」と御尋ねありけるに、「いづれも分きがたく。」と申して、思ふやうありけるを、「いかに、いかに。」と、あながちに（ひたすら）①問はせ給ひければ、ふところより畳紙（畳んだ紙）を落して、やがて罷り出でける（そのまま退出した）を、②御覧ぜられければ、

明けばまた秋のなかばも過ぎぬべし
かたぶく月の惜しきのみかは

と書きたりけり。

これは民部卿の歌なり。かねて、③かかる御尋ねあるべしとは、いかでか知らむ（どうしてわかろう）。もとよりおもしろくて、書きて持たれたりけるなめり。

これら④用意深きたぐひなり。

（『十訓抄』による。）

ルール化されたマナーは、マナーとはあきらかに異なっている。ひととおなじようにしていれば、食物を得られたり、危険を避けたりすることができることが多いのだが、ルールとなればその利害損得を考えはじめ、その瞬間に、そのひとはマナーを外れてしまう。それは、ちょうど、善をなしたひとが、それを口に出した瞬間に「偽善」、すなわちひとから評価されるためにそれをしたということになってしまうのと同様である。

さらには、たとえばトイレに行列を作るというルールが定められたとしたら、それは、割り込みをすれば他のひとよりも早くトイレが使えるという新たな行動を可能にする。ルールが言葉で明確にされた分、その反対のことも明確にされてしまい、マナーとしてはなすべきではなかったことをしようとするひとたちが出現する。

「ルールは破るためにある」というひともいるように、ルールができれば抜け道を探すひと、そのグレーゾーンを活用するひとが出てくるし、そのルールを前提に新たな行為を企てようとするひとも出てくる。それを避けるためにあえて表現の曖昧なルールが定められるとすれば、それはどんな行為なのかの解釈が分かれ、いよいよ他のひとに、それぞれの都合や心情で、非難したりしなかったりするという、想定外の行為を生みだしてしまう。④ルールとは、厳密に定義しようと、あえて曖昧に定義しようと、必ず弊害が生じるという扱いにくいものなのである。

そのわけは、ほかでもない。ルールが言葉で制定されるからである。ルールは、マナーのように曖昧だったり内容が変動したりしないように、言葉によって明示されるが、その明示のための言語のルールが別途にあって、それで二重化されてしまう。言葉によってたてられたルールは、言葉の適用についてのルールによって、もはや、単にマナーを明示したものではなくなってしまうからなのである。

（船木亨（ふなきとおる）著『現代思想講義』による。一部省略がある。）

（注）※ディテール……詳細。細部。

問1　①それで気苦労は増える。とありますが。その理由として最も適切なものを、次の**ア**～**エ**の中から一つ選び、その記号を書きなさい。（4点）

ア　配分を平等にするか、条件によって不平等にするかということに、苦心するから。

イ　一緒に食べる相手が何を食べているのかが気になって、安心感を得られないから。

ウ　マナーは個人によって様々なものであるので、相手を満足させることは難しいから。

エ　食べる量や速度について、一人で食べる場合よりも気を遣わなくてはならないから。

問2　②正しいマナーを教えようとするひとは、マナーを知らないひとや、マナーを修正しようとしないひとにもまして避けるべきである。とありますが、これは、筆者がマナーをどのようなものだと考えているからですか。次の空欄にあてはまる内容を、三十五字以上、四十五字以内で書きなさい。（6点）

マナーにおいて大切なことは、［　　　　　　　　　　］ことであり、決まりきったマナーは存在しない、と筆者は考えているから。

ようなひとは、マナーを語る際のマナーを知らない――マナーの正しさは、ルールの正しさとは異なるのである。

なるほどそのひとの教えは、マナーを知って相手に失礼のないようにしようという姿勢のひとには役に立つと思われようが、そもそもそうした知識によって失礼がないようにすることができると考えること自体が失礼である。

マナーは、ただひとの真似をするようなものではないし、覚えておいて自分がセレブであるかのように見せかけるためのものでもない。マナーとは、理由はともあれ、その場で相手のやり方にあわせようとすることなのであって、文化が異なれば相手のマナーも異なることを互いに前提して伝えあおうとするコミュニケーションのことでもある。

重要なのは、マナーをルールとして覚えることではなく、マナーの違うひとをマナーが乏しいひとと取り違えないようにすることである。マナーが乏しいひとは、自分のマナーばかりに執着するひとと同様、一緒に生活や仕事のできないひとであるから遠ざかった方がよいが、マナーが異なっていても、それをみずから修正しようとするひととなら、かえって愉快な生活や創造的な仕事ができるだろう。

特定のマナーを知っているかどうかは二義的であり、マナーをもっており、かつ相手のマナーがあることも尊重して、それにあわせようとすることが最大のマナーなのである。

したがって、徳はマナーにある。マナーの基準は美醜である。「汚いこと」はしたくないように、正義は美しく不正は醜い。したがって、マナーというものは、それにのっとっていないひとがいたとしても、そのようなひとを非難するようなものではなく、「ノーブレス・オブリッジ（高貴なひとの義務）」として、むしろのっとっているひとを賞賛すべきものなのである。

たとえば、対向車や周囲の車の動きを微妙に感じとりながら、危険を回避しつつ澱みなく運転するということをしないひとは、マナーがないというよりは、車を運転する周囲のひとへの感受性や、そのひとたちの運転の仕方にあわせる技量がないのである。マナーの欠如は、マナーの否定や無視ということではなく、感受性や技量が不足しているともいえる。

それでも、それを「見える化」して、すべてルールとして明快に規定せよと主張するひとも出てくるであろう。そのことは、自動車が道路の左側を通行すべきであるとされるようなものである。それは道路交通法という「ルール」によるものではないかと思われるであろうが、そもそもどちらかに決めておかないと自動車は正面衝突してしまう。江戸時代、武士が刀の鞘がふれあわないようにと左側通行をしていたマナーのように、その意味では、道路交通法は、マナーを明文化したものであるといえる。

しかし、③一旦ルールが決まったとなると、別のことがはじまってしまう。

シルバーシートが設定されて以来、「年寄りはシルバーシートに行け」という若者や、「若者はシルバーシートに座るな」という年寄りが出てきた。そのわけは、それがルールと解されたからであって、「ルールに反していること」が気になるようになるとともに、ルールに反しても構わないと考えているひとがいるという想像だけで、怒りという別の情念が生じるようになったからである。

そのような情念は、体の弱いひとには席を譲ろうという、従来のマナーには伴ってはいなかったはずである。マナーに反するひとへの、ただマナーに反しているからという怒りは理不尽であり、そこには［　Ⅰ　］。

いと思います。活動の中身については、大人と同じようにとはいかないかもしれませんが、取り組めることはあるのではないでしょうか。」

Dさん「私もその意見に賛成です。ボランティアにはいろいろなものがあります。活動に参加してみたら意外とできた、というものもたくさんあると思います。様々なボランティアをやってみることが大切なのではないでしょうか。」

司　会「つまり、まずは中学生でもできるようなボランティアに挑戦してみよう、ということですね。」

Cさん「ボランティアには、道案内をしたり環境美化を行ったりするものもあると聞いたことがあります。」

Aさん「ボランティアにはどんなものがあるのか知りたくなりました。現在、行われているものについて、調べてみるというのはどうでしょうか。」

司会「では、中学生も参加しているボランティアについて、調べて紹介するということでよいでしょうか。」

(1) 【新聞の投書記事】と話し合いの内容をふまえて、Cさんの発言の空欄 Ⅰ にあてはまる言葉を、【新聞の投書記事】から十字で書き抜きなさい。

(2) つまり、まずは中学生でもできるようなボランティアに挑戦してみよう、ということですね。とありますが、この司会の発言は、話し合いの中でどのような役割を果たしていますか。最も適切なものを、次の**ア**～**エ**の中から一つ選び、その記号を書きなさい。

ア 考えの理由を明確にする役割。

イ 出された発言の内容をまとめる役割。

ウ 他に意見はないか求める役割。

エ 話し合いの目的を確認する役割。

3 次の文章を読んで、あとの問いに答えなさい。(25点)

食事にはマナーがある。とはいえ、よく知られているように、文化に応じてその※ディテールは多様であり、しかも対立することも多い。食器をもっていいか、音をたてていいか、会話すべきか等々、際限ない。

重要なのは、マナーの具体的内容ではない。それぞれの文化において、複数のひとびとのあいだで、何がよくて何が悪いかということがすでにある。それは、複数のひとびとが、互いの行為を見あい、聞きあい、触れあっているということからくる事実である。

一人で食事をする場合、一切のマナーを無視して食べているひともいるかもしれない。

ひとと一緒に食べる場合、食べる量や速度を他のひとにあわせなければならない分、①それで気苦労は増える。一定量の食料しかないとき、ひとは分けあわざるを得ないわけだが、だれがどれだけを取るか——そこには、さらに緊張が走る。

ケモノたちのように食料を巡って闘争するのは、全員にとって不利益である。勝ったものが一人で多く食べるにせよ、急いで用心しながら食べるため、満足度はその量には比例しないだろう。適切に分配されれば安心感があって、量が多かっただけよりも満足度は大きいだろう。一緒に食べる場合に量や速度をあわせることは、安心を増やし、気遣いを減らす。

②正しいマナーを教えようとするひとは、マナーを知らないひとや、マナーを修正しようとしないひとにもまして避けるべきである。その

2　次の各問いに答えなさい。(22点)

問1　次の――部の漢字には読みがなをつけ、かたかなは漢字に改めなさい。(各2点)

(1)　至福の時間を過ごす。

(2)　晩鐘が鳴り響く。

(3)　毎日怠けずに練習する。

(4)　改革のコンカンをなす。

(5)　無限の可能性をヒめる。

問2　次の**ア**～**オ**の中から、受け身の意味(用法)で用いられている助動詞を**二つ**選び、その記号を書きなさい。(3点)

> 来週の日曜日、市民ホールで、地元出身のピアニストのコンサートが開催さ**ア**れる。情感が満ちあふ**イ**れる彼女の演奏を聴くと、自分の幼い頃が思い出さ**ウ**れる。そして、いつも涙がはらはらと頬を伝って流**エ**れる。有名なコンクールで最優秀賞を受賞した功績をたたえ、近々、彼女に市民栄誉賞が授与さ**オ**れるようだ。

問3　次の文の――部と同じ意味を表す四字熟語として最も適切なものを、あとの**ア**～**エ**の中から一つ選び、その記号を書きなさい。(3点)

> 彼が直面している課題は、ほんの少しの間に解決できるような易しいものではない。

ア　一朝一夕　**イ**　縦横無尽　**ウ**　深謀遠慮　**エ**　日進月歩

問4　次は、埼玉県に住む中学生のAさんの学級で、【新聞の投書記事】をもとに、話し合いを行っている様子です。これらを読んで、あとの問いに答えなさい。(各3点)

【新聞の投書記事】

> **「お客さん」としてだけでなく**
>
> 中学生　埼玉　花子
> (埼玉県　13)
>
> 私の住む埼玉県では、2019年にラグビーワールドカップの3試合が、翌年には東京2020オリンピック・パラリンピック競技大会の一部が開催される予定だ。どちらも観戦に行ってみたいのはもちろんだが、ボランティアとして関わってみることにも興味がある。
>
> 大会ボランティアについて調べてみると、主な対象は18歳以上であった。小中学生については、親子での参加や他の地域の活動も参考にしつつ、取り組みを検討していくとなっていた。
>
> 中学生に参加可能なボランティアの数は少ないかもしれない。だが、世界的なビッグイベントが身近な地域で行われる。せっかくだから、「お客さん」以外の形でも関われたらうれしい。私でも何かできることはないか、今後も調べていきたいと思う。

話し合いの様子

司　会　「今日は、この投書記事について話し合います。意見や感想があったら話してください。」

Aさん　「私は、この投書記事と同じように、ボランティアに関わることに興味はありますが、そもそも、そういった大きなスポーツイベントで中学生にも参加できることはあるのでしょうか。」

Bさん　「私も、中学生が参加するのは難しいと思います。投書記事にあるように、中学生にできる活動はあまりないだろうし、勉強や部活動もあるので時間的にも難しいからです。」

司　会　「中学生にはボランティアへの参加は難しいのではないかという意見ですが、他の意見はありますか。」

Cさん　「はい。投書記事に書かれているように、［　Ⅰ　］のだから、何かお手伝いのようなことでもいいのでやってみた

えたから。

イ　いつものように大河と話をすることで、平常心を取り戻したかったから。

ウ　今まで隠していたことが明るみになり、吹奏楽部の練習に居づらくなったから。

エ　部活動が始まる前に、どうしても伝えなくてはならないことがあったから。

問2　②不破は仏頂面をする。とありますが、これは不破のどのような様子を表していますか。最も適切なものを、次のア～エの中から一つ選び、その記号を書きなさい。（4点）

ア　これから部員たちをどのように説得したらよいのか、途方に暮れている様子。

イ　テレビ局員にどこまでもしつこく追いかけられ、不機嫌になっている様子。

ウ　年上の人物に対して、言いたいことをついに言えたと得意になっている様子。

エ　自分に対して、批判を浴びせる部員たちから逃げ続けることに疲れている様子。

問3　③ごくり、と大河は生唾を飲み込んだ。とありますが、このときの大河の様子を次のようにまとめました。空欄にあてはまる内容を、十五字以上、二十五字以内で書きなさい。（6点）

> 森崎さんに、騒動の中心人物だと言われただけではなく、［　　　　　　　　　　（15）　　　　　（25）］様子。

問4　④憤った声とは裏腹に、宮地の顔はそこまで怒っていなかった。とありますが、ここから、宮地のどのような心情の変化がわかりますか。次の空欄にあてはまる内容を、二十五字以上、三十五字以内で書きなさい。（6点）

> はじめは、瑛太郎の行動に対して［　　　　　　　　　　（25）　　　　　（35）］という気持ちに変化した。

問5　本文の表現について述べたものとして**適切でないもの**を、次の**ア**～**エ**の中から一つ選び、その記号を書きなさい。（5点）

ア　「よく今日までばれなかったものだ」「ここで練習する時点で《大人しく》ではないんじゃないか」のように、大河の心情が会話以外においても表現されている。

イ　「大河をちらりと見た」「大河からぷいっと目を逸らし」のように、擬態語を用いることによって、登場人物の様子や心情が印象的に表現されている。

ウ　「ソロパートを高らかに歌い上げているようだった。ドキュメンタリーで見た、誰もいない朝の音楽室でサックスを演奏する彼自身みたいに。」のように、比喩と倒置が効果的に用いられている。

エ　「大河の声に、宮地は振り返ってくれた」のように、回想の場面を挿入することで、大河と宮地の関係性が次第に変わっていったことが象徴的に表現されている。

り演奏しに行くぞ。一人でもな！　そんでもって全日本にも行くぞ。ゴールド金賞獲りにな！」

　ぎしり。長机が鳴って、揺れる。微かな振動に、彼のサックスが光った。窓から差す夏の日差しに、呼吸でもするように、きらりと。

「大体、俺達の演奏を求めている人がいるのに、それに応えもしないで何がコンクールだ。そんな音楽のどこが美しい。」

《美しい》という言葉に、大河の心臓がどきりと跳ねた。そんな言葉を恥ずかしげもなく吐ける奴、こいつ以外にどこにいるんだろう。

「そういうわけだから。」

　宮地に、そして大河にそう言って、「ははっ！」と笑って、不破は背後の窓から外へ飛び降りた。「じゃ！」と手を振って、そのまま逃亡する。

「コラーっ、えーたろー！　逃げるなー！」

　窓に駆け寄った宮地が叫ぶ。そのまま、「呆れた！」と彼は長机の上に突っ伏した。

「あの吹奏楽バカっ！」

　机の天板を掌で数回、ばん、ばん、と叩いた宮地は、そのまま溜め息をつく。地の果てまで轟きそうな、盛大な溜め息を。

「やってくれたなあ、立石。」

　顔を上げた宮地が、大河を見た。

「よくも、吹奏楽部を動かす一番手っ取り早い方法を見つけたもんだ。」

　④憤った声とは裏腹に、宮地の顔はそこまで怒っていなかった。むしろ、笑いを噛み殺しているようにさえ見えた。

「それって、宮地達もスタンドで演奏してくれるってこと？」

　恐る恐る、そう聞く。宮地は「今まで何聞いてたの。」という顔で、眉間に皺を寄せた。背後では徳村が応援の手引きを広げ、「三日で何とかなるかなあ？」なんて呟いている。

「瑛太郎を動かしたってことは、そういうことなんだよ。」

　大河に歩み寄った宮地が、腕を組んで唇を尖らせる。

「野球部だって、どんなピンチでもエースが諦めなければみんな頑張れるだろ？　エースが必死に練習してたら、『俺達も練習しなきゃ』って思うだろ？　瑛太郎は俺達にとってのエースピッチャーなの。どんなにコンディションの悪い日だって、あいつが笑ってステージに出ていくなら、俺達は大丈夫なんだ。」

　一言一言、大河に叩きつけるようにして。

「瑛太郎がやるなら、やりたくなる。瑛太郎ができるって言うなら、できる気がしてくる。だから、やってやるよ。」

　大河からぷいっと目を逸らし、宮地は応援の手引きを引っ摑んだ。

「これのコピー、五十部作るぞ。」と徳村に言って、部室を出て行く。

　まるで激しい嵐が少しずつ過ぎ去っていくようで、大河は慌てて部室を飛び出した。

「宮地！」

　大河の声に、宮地は振り返ってくれた。

「演奏、楽しみにしてる。よろしくお願いします！」

　声を張ると、「ああ、よろしくな。」という、素っ気ないようなそうでもないような返事がきて、大河は思わず頬を綻ばせた。

　そんな自分の横顔を、森崎さんの構えたカメラがしっかりと映していた。

（額賀澪著『ジョックロックに笑え』による。一部省略がある。）

（注）※冒瀆……神聖・尊厳なものをおかしけがすこと。

問1　①不破が部室に駆け込んできた。とありますが、不破が部室に駆け込んできた理由を説明した文として最も適切なものを、次の**ア**〜**エ**の中から一つ選び、その記号を書きなさい。（4点）

ア　みんなと練習するよりも、一人の方が効率よく練習できると考

「立石、この人、日東（にっとう）テレビの森崎さん。」

森崎さんが大河に向かって「突然ごめんなさい。」と頭を下げる。大河も椅子から腰を上げ、「こんにちは！」と勢いよく挨拶した。不破が今度は大河のことを森崎さんに紹介する。

「じゃあ、今回の騒動の中心人物ってわけか。」

「……そんなに大事になってるんですか？」

「そりゃあ、全日本コンクールを目指す吹奏楽部の部長が、地区大会を前に突然練習をサボって野球応援に行き始めたらね。」

③ごくり、と大河は生唾を飲み込んだ。カメラのレンズが自分に向いている。心臓のあたりに、張り詰めたような緊張が走る。不破の奴（やつ）、なんでこの状況で普通に振る舞えるんだ。

「瑛太郎君、そんなに野球好きだったの？」

森崎さんが不破に聞く。

「君は、コンクールに向かって真っ直（す）ぐに突っ走ってるもんだと思ってたから、正直今回のことは僕も驚いたよ。」

「別に、俺はいつだって全日本で金賞獲（と）りたいって思ってますよ。日曜にサボった分、家でめちゃくちゃ練習したんですからね？」

机の上で足を揺らしながら、不破は答えた。

「野球応援もコンクールのためだし、自分のためだし、寄り道をしてるつもりはないです。」

不破がさらに言葉を続けようとしたとき、落雷みたいな音を立てて部室のドアが開いた。

「やっぱりここにいた！」

怒り心頭という顔の宮地が、不破、大河、森崎さんと順番に視線をやり、深々と溜め息をつく。その後ろには副部長の徳村（とくむら）もいた。困った顔で笑いながら、大河に会釈（えしゃく）してくる。

「瑛太郎、お前、本気で明後日の野球応援に行くつもりか。」

怒鳴り声を必死に押さえつけるようにして、宮地が言う。

「その次もその次も……野球部が甲子園に行くってなったら、甲子園まで応援に行くのか？　もし県大会と甲子園の試合が被（かぶ）ったら？　途中で放り出すかもしれないものに協力するなんて、無責任だと思わないか。」

詰問（きつもん）する宮地に、徳村が「まあまあ。」とやんわり間に入る。でも、宮地は続けた。

「地区大会直前の大事な時期に部長が野球応援なんてやってて、一、二年がどう感じると思う？　部長なんだから部長らしく……。」

宮地の言葉を、ぎしり、と木材が軋（きし）む音が遮った。

部室に黒い影が差した気がしてそちらに目をやると、不破が長机の上に仁王立ちしていた。その目は凄く静かなのだけれど、深いところで怒りに燃えている。

「俺も自分がやってることを正しいだなんてちーっとも思ってないけど、それを立石の前で『野球応援なんて』って言うのは違うんじゃないのか？　それは、真面目に、本気で、仲間を応援してる奴に対する※冒瀆（ぼうとく）だ。」

不破の声に怒りは滲（にじ）んでいない。どちらかというと——ソロパートを高らかに歌い上げているようだった。ドキュメンタリーで見た、誰もいない朝の音楽室でサックスを演奏する彼自身みたいに。

「まあ、確かに、日曜の練習をサボったことはどう考えても俺が悪い。明後日の四回戦、公欠まで取って行こうとしてるのをどう思われようと、陰口叩（たた）かれようと、俺が悪い。土下座しろっていうなら土下座でも何でもする。でも、宮地は応援のせいで俺の演奏が下手になったと思うのか？　手を抜いていると思うか？　俺は、野球部が勝つ限

＜国語＞

時間　五〇分　　満点　一〇〇点

1　次の文章を読んで、あとの問いに答えなさい。(25点)

> 怪我(けが)で野球を続けられなくなった、元エースの立石大河(たていしたいが)は、甲子園を目指すチームメイトを応援するため、吹奏楽部の不破瑛太郎(ふわえいたろう)に協力を願い出た。吹奏楽部は現在、テレビのドキュメンタリー番組で密着取材を受けている。

「立石！　匿(かくま)って！」

四時半過ぎに、①不破が部屋に駆け込んできた。グラウンドでは練習が始まっており、大河は部室で昨日の応援の反省点をまとめていたところだった。部室のドアを閉め、不破はサックスを抱えたままその場にへたり込んだ。

「……何が起こった？」

もの凄(すご)く悪い予感がしてそう聞くと、不破はばつが悪そうな顔で頭を掻(か)いた。

「四回戦の応援に駆けつけるべく、顧問の三好(みよし)先生に公欠を出してくれないかって頼んだ。」

「駄目だって言われたのか？」

「いや、それが思いの外すんなりとOKが出て、無事四回戦には行けることになった。」

「じゃあ、なんで逃げてきたんだ。」

「日曜に吹奏楽部の練習をサボって野球応援に行き、しかも明後日も行こうとしていることが他の部員にばれた。」

むしろ、よく今日までばれなかったものだ。

「それで、みんなに怒られたのか？」

「主に宮地(みやじ)が怒ってる。だから逃げてきた。」

ゲンナリという顔で、不破が窓辺の長机へと移動する。ここ数日、そこが彼の定位置になっていた。

「頼む、しばらく匿ってくれ。俺は大人しく練習してるから。」

「まあ、いいけど。」

ここで練習する時点で《大人しく》ではないんじゃないか。案の定、不破がサックスを吹き始めた直後、部室のドアがノックされた。

大河と不破が息を殺してドアを見つめると、「入りますよ。」という声と共に、ドアが開く。

入ってきたのは、眼鏡を掛けた三十代くらいの男だった。黒いTシャツにジーンズという格好で、手にはビデオカメラを持っている。黒光りするレンズが、ぎろりと大河を捉えた。

「げっ、森崎(もりさき)さんだ。」

不破の声に、森崎さんと呼ばれた男性は「げっ、とは何だ。げっ、とは。」と笑った。

「全く。宮地君だけじゃなくて僕まで撒(ま)くとは、やってくれるねえ、瑛太郎君。」

「だって、宮地がキレたときの森崎さん、獲物を見つけた猛獣の顔してたから。」

一回り以上年上の男を指さし、②不破は仏頂面(ぶっちょうづら)をする。森崎さんとやらはそれを吹き飛ばすように軽快に笑った。

「そりゃあ、これでもドキュメンタリーを作ってる人間だからね、これは逃しちゃ駄目だって思ったんだ。」

その口振りに不破が溜(た)め息をつき、大河をちらりと見た。

MEMO

大切なことはメモしておこうネ！

2019年度

解　答　と　解　説

《2019年度の配点は解答用紙集に掲載してあります。》

＜数学解答＞

1　(1)　$3a$　　(2)　1　　(3)　$-6x^3y$　　(4)　$-\sqrt{5}$　　(5)　$(x-3)(x+9)$

(6)　$x=2,\ y=-1$　　(7)　$x=\dfrac{3\pm\sqrt{17}}{4}$　　(8)　$y=\dfrac{1}{2}x+1$

(9)　40(度)　　(10)　イとエ　　(11)　①　11(枚)

②　赤い布1枚と白い布18枚，赤い布6枚と白い布9枚(途中の説明は解説参照)

2　(1)　(およそ)200(個)　　(2)　24(cm^3)　　(3)　右図

(4)　解説参照

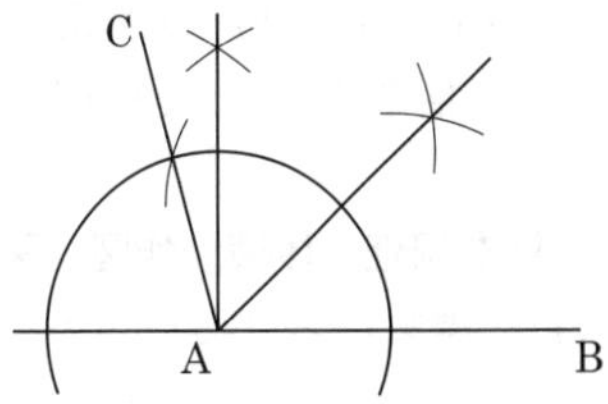

3　(1)　3(cm^2)　　(2)　$a=-\dfrac{3}{2}$

4　(1)　(PM＝)$\sqrt{3}$ (cm)　　(2)　①　解説参照　　②　$\dfrac{3\pi-3\sqrt{3}}{2}$(cm^2)

＜数学解説＞

1　**(数・式の計算，平方根，因数分解，連立方程式，二次方程式，一次関数，角度，関数$y=ax^2$，方程式の利用)**

(1)　$-2a+5a=(-2+5)a=3a$

(2)　四則をふくむ式の計算の順序は，乗法・除法→加法・減法　となる。$(-8)\div(-4)-1=2-1=1$

(3)　$3x^2\div(-y^2)\times2xy^3=3x^2\times\left(-\dfrac{1}{y^2}\right)\times2xy^3=-\dfrac{3x^2\times2xy^3}{y^2}=-6x^3y$

(4)　$\dfrac{10}{\sqrt{5}}-\sqrt{45}=\dfrac{10\times\sqrt{5}}{\sqrt{5}\times\sqrt{5}}-\sqrt{3^2\times5}=2\sqrt{5}-3\sqrt{5}=(2-3)\sqrt{5}=-\sqrt{5}$

(5)　たして6，かけて-27になる2つの数は-3と9だから　$x^2+6x-27=\{x+(-3)\}(x+9)=(x-3)(x+9)$

(6)　$\begin{cases}y=5-3x\cdots① \\ x-2y=4\cdots②\end{cases}$　①を②に代入して，$x-2(5-3x)=4$　$x-10+6x=4$　$7x=14$　$x=2$　これを①に代入して，$y=5-3\times2=-1$　よって，連立方程式の解は，$x=2,\ y=-1$

(7)　**2次方程式$ax^2+bx+c=0$の解は，$x=\dfrac{-b\pm\sqrt{b^2-4ac}}{2a}$**で求められる。問題の2次方程式は，$a=2,\ b=-3,\ c=-1$の場合だから，$x=\dfrac{-(-3)\pm\sqrt{(-3)^2-4\times2\times(-1)}}{2\times2}=\dfrac{3\pm\sqrt{9+8}}{4}=\dfrac{3\pm\sqrt{17}}{4}$

(8)　2点$(4,\ 3)$，$(-2,\ 0)$を通る直線の式は，傾きが　$\dfrac{3-0}{4-(-2)}=\dfrac{3}{6}=\dfrac{1}{2}$　なので　$y=\dfrac{1}{2}x+b$　とおいて，$(-2,\ 0)$の座標を代入すると　$0=\dfrac{1}{2}\times(-2)+b$　$b=1$　よって，$y=\dfrac{1}{2}x+1$

(9)　辺ACと辺EFとの交点をHとする。∠FAH＝∠EAF－∠EAC＝∠BAC－∠EAC＝∠BAE＝25°　**△AFHの内角と外角の関係**から，∠AHG＝∠FAH＋∠AFH＝25°＋45°＝70°　△HGCの内角と外角の関係から，$\angle x$＝∠AHG－∠HCG＝70°－30°＝40°

(10) $y=x^2$について，$x=3$のとき$y=3^2=9$だから，アは正しくない。$y=x^2$は放物線であり，放物線のグラフはy軸について対称だから，イは正しい。xの変域$-1 \leqq x \leqq 2$は0が含まれているから，$y=x^2$の最小値は0。$x=-1$のとき，$y=(-1)^2=1$　$x=2$のとき，$y=2^2=4$　よって，yの最大値は4で，yの変域は$0 \leqq y \leqq 4$だから，ウは正しくない。xの値が2から4まで増加するときの変化の割合は　$\frac{4^2-2^2}{4-2}=6$　だから，エは正しい。$y=x^2$のグラフは，y軸について対称な上に開いたグラフだから，$x<0$の範囲では，xの値が増加するとき，yの値は減少する。オは正しくない。

(11) ① 赤い布だけなら，x枚使って5mにできるとすると，横の長さが最初の1枚目は50cmで，次の2枚目からは50cm－5cm＝45cmずつ長くなると考えると　$50+45(x-1)=500$　$x=11$

② (説明)(例)赤い布と白い布を5cmずつ重ねるので，$45x+25y+5=500$　この式を満たすx，yの値の組は，xに10までの自然数を代入して　$(x,\ y)=(1,\ 18)$，$(6,\ 9)$　(補足説明)$45x+25y+5=500$　を変形して　$5y=9(11-x)$　これより，左辺の値が5の倍数だから，$11-x$は5の倍数であり，xの値は1と6に決まる。

2 (標本調査，体積，作図，図形の証明)

(1) 標本における白色のペットボトルキャップとオレンジ色のキャップの比率は，$(30-6):6=4:1$　よって，母集団における白色のペットボトルキャップとオレンジ色のキャップの比率も$4:1$と推測できる。母集団における白色のペットボトルキャップの個数をx個とすると，$x:50=4:1$　$x=200$　よって，はじめにこの袋の中に入っていたと考えられる白色のキャップは，およそ200個と推測される。

(2) (三角錐ABCDの体積)$=\frac{1}{3}\times\triangle BCD\times AB=\frac{1}{3}\times\left(\frac{1}{2}\times BC\times BD\right)\times AB=\frac{1}{3}\times\left(\frac{1}{2}\times6\times6\right)\times6=36cm^3$　「高さが等しい三角錐の体積比は，底面積の比に等しい」ことと，「高さが等しい三角形の面積比は，底辺の長さの比に等しい」ことを利用すると，(三角錐ABCDの体積)：(三角錐PBCDの体積)$=\triangle ABD:\triangle PBD=AD:PD=(1+2):2=3:2$　よって，三角錐PBCDの体積は　(三角錐ABCDの体積)$\times\frac{2}{3}=36\times\frac{2}{3}=24cm^3$

(3) (着眼点)　$105°=45°+60°$と考え，直角の二等分線の作図と，正三角形の作図を組み合わせる。

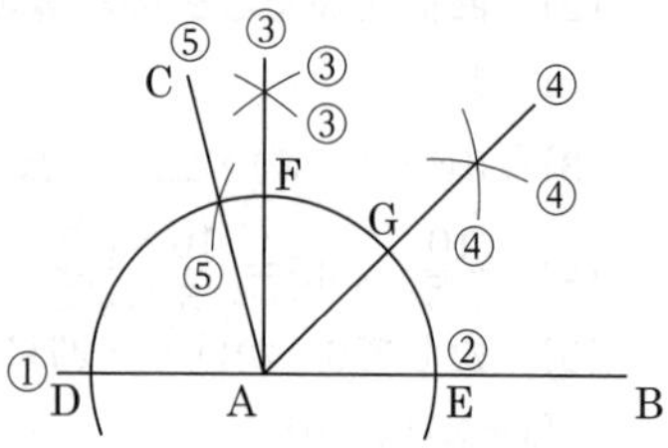

(作図手順)　次の①～⑤の手順で作図する。　①　線分ABを延長する。　②　点Aを中心とした円を描き，直線AB上に交点D，Eを作る。　③　点D，Eをそれぞれ中心として，交わるように半径の等しい円を描き，その交点と点Aを通る直線を引き(点Aを通る直線ABの垂線)，②で描いた円との交点をFとする。　④　点E，Fをそれぞれ中心として，交わるように半径の等しい円を描き，その交点と点Aを通る直線を引き(∠EAFの二等分線)，②で描いた円との交点をGとする。　⑤　点Gを中心として，半径AGの円を描き，②で描いた円との交点と点Aを通る半直線ACを引く。(ただし，解答用紙には点D，E，F，Gの表記は不要である。)

(4) (証明)(例)平行四辺形の対角線はそれぞれの中点で交わるから，OA＝OC…①　OB＝OD…②　仮定から，AE＝CF…③　①，③から，OA－AE＝OC－CF　よって，OE＝OF…④　②，④から，対角線がそれぞれの中点で交わるので，四角形EBFDは平行四辺形である。

3 (図形と関数・グラフ)

(1) 関数$y=ax+2$の切片は2だから，C(0, 2)よりOC＝2　$\triangle OCD=\frac{1}{2}\times OC\times$(点Dの$x$座標)＝

$\frac{1}{2}\times2\times3=3\text{cm}^2$

(2)　点A，Bからy軸へそれぞれ垂線AH，BIを引く。△ADCの面積が△CDBの面積の4倍であることと，**平行線と線分の比についての定理**より，△ADC：△CDB＝AC：BC＝AH：BI＝HC：IC＝4：1　点Bのx座標を$b(b>0)$とすると，AH：BI＝4：1より，点Aのx座標は$-4b$　点A，Bは$y=\frac{1}{2}x^2$上にあるから，そのy座標はそれぞれ　$y=\frac{1}{2}\times(-4b)^2=8b^2$　$y=\frac{1}{2}\times b^2=\frac{1}{2}b^2$　よって，$A(-4b,\ 8b^2)$，$B\left(b,\ \frac{1}{2}b^2\right)$　$HC:IC=(8b^2-2):\left(2-\frac{1}{2}b^2\right)=4:1$　より　$b^2=1$　$b>0$より，$b=\sqrt{1}=1$　よって，$B\left(1,\ \frac{1}{2}\right)$　$y=ax+2$は点Bを通るから，$\frac{1}{2}=a\times1+2$　$a=-\frac{3}{2}$

4 (三平方の定理，円の性質，線分の長さ，線対称，面積)

(1)　**直径に対する円周角は90°だから**，∠APB＝90°より，**△APBは30°，60°，90°の直角三角形で，3辺の比は2：1：$\sqrt{3}$**　よって，$AP=AB\times\frac{\sqrt{3}}{2}=6\times\frac{\sqrt{3}}{2}=3\sqrt{3}$ cm　AM：MP＝2：1より，$PM=AP\times\frac{MP}{AP}=3\sqrt{3}\times\frac{1}{2+1}=\sqrt{3}$ cm

(2)　①　(説明)(例)△OBPは，∠OBP＝60°，OB＝OP　だから，正三角形である。また，△PBMは3辺の長さの比が1：2：$\sqrt{3}$ の直角三角形だから，∠PBM＝30°　したがって，線分BQは線分OPの**垂直二等分線**となるので，点Pは点Oと重なる。

②　線分BQが線分OPの垂直二等分線であることと，OB＝OQより，四角形OBPQはひし形である。∠PBM＝30°より，△PBRは30°，60°，90°の直角三角形で，3辺の比は2：1：$\sqrt{3}$ だから，$BR=BP\times\frac{\sqrt{3}}{2}=3\times\frac{\sqrt{3}}{2}=\frac{2\sqrt{3}}{2}$cm　$BQ=2BR=3\sqrt{3}$ cm　**平行線と面積の関係**も考慮すると，$\triangle OPQ=\triangle BPQ=$(ひし形OBPQの面積)$\times\frac{1}{2}=\left(\frac{1}{2}\times BQ\times OP\right)\times\frac{1}{2}=\left(\frac{1}{2}\times3\sqrt{3}\times3\right)\times\frac{1}{2}=\frac{9\sqrt{3}}{4}$cm²　∠POQ＝∠BOP＝60°より，(弧PQと弦PQで囲まれた部分の面積)＝(おうぎ形OPQの面積)$-\triangle OPQ=\pi\times3^2\times\frac{60°}{360°}-\frac{9\sqrt{3}}{4}=\frac{3\pi}{2}-\frac{9\sqrt{3}}{4}$cm²…(1)　平行線と線分の比についての定理より，BM：MQ＝AB：PQ＝6：3＝2：1だから，$\triangle MPQ=\triangle BPQ\times\frac{MQ}{BQ}=\frac{9\sqrt{3}}{4}\times\frac{1}{2+1}=\frac{3\sqrt{3}}{4}$cm²…(2)　以上より，求める面積は　$(1)+(2)=\frac{3\pi}{2}-\frac{9\sqrt{3}}{4}+\frac{3\sqrt{3}}{4}=\frac{3\pi-3\sqrt{3}}{2}$cm²

＜数学解答＞(学校選択問題)

1　(1)　$-\frac{a}{8}$　(2)　$\frac{5}{6}$　(3)　$x=\pm3$　(4)　①　(5，−5)　②　$x=-1$，$y=5$
(5)　40(度)　(6)　イとエ　(7)　(およそ)200(個)
(8)　①　11(枚)　②　赤い布1枚と白い布18枚，赤い布6枚と白い布9枚(途中の説明は解説参照)

2　(1)　右図　(2)　30(通り)　**3**　(1)　3(cm²)
(2)　$a=-\frac{3}{2}$

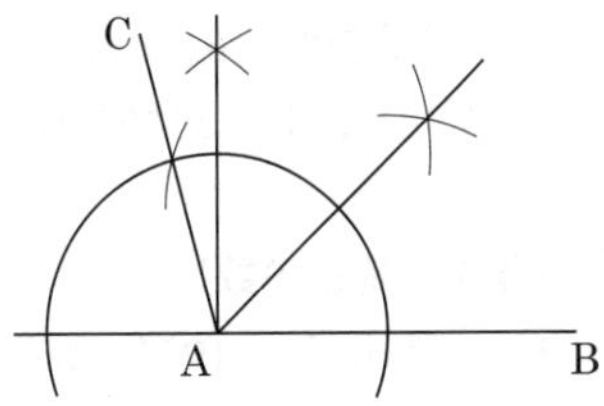

4　(1)　(PM＝)$\sqrt{3}$ (cm)　(2)　①　解説参照
②　$\frac{3\pi-3\sqrt{3}}{2}$(cm²)

5　(1)　解説参照　(2)　①　(OH＝)$3\sqrt{2}$ (cm)　②　$\frac{8\sqrt{2}}{9}$(cm³)(途中の説明は解説参照)

＜数学解説＞

1 (数・式の計算，平方根，二次方程式，方程式の利用，角度，関数$y=ax^2$，標本調査)

(1)　$(-a)^3\div 2a^4\times\left(\frac{1}{2}a\right)^2=-a^3\times\frac{1}{2a^4}\times\frac{a^2}{4}=-\frac{a^3\times a^2}{2a^4\times 4}=-\frac{a}{8}$

(2)　乗法公式$(a-b)^2=a^2-2ab+b^2$より，$\frac{(\sqrt{3}-\sqrt{2})^2}{6}+\sqrt{\frac{2}{3}}=\frac{(\sqrt{3}-\sqrt{2})^2}{6}+\frac{\sqrt{2}}{\sqrt{3}}=\frac{(\sqrt{3})^2-2\times\sqrt{3}\times\sqrt{2}+(\sqrt{2})^2}{6}+\frac{\sqrt{2}\times\sqrt{3}}{\sqrt{3}\times\sqrt{3}}=\frac{5-2\sqrt{6}}{6}+\frac{\sqrt{6}}{3}=\frac{5}{6}$

(3)　$2x(x+3)=(x+3)^2$　右辺の$(x+3)^2$を左辺に移項して　$2x(x+3)-(x+3)^2=0$　$x+3=\mathrm{M}$とおくと，$2x\mathrm{M}-\mathrm{M}^2=0$　$\mathrm{M}(2x-\mathrm{M})=0$　Mを$x+3$にもどして，$\mathrm{M}(2x-\mathrm{M})=(x+3)\{2x-(x+3)\}=(x+3)(x-3)=0$　$x=\pm 3$

(4)　①　$(1,\ -2)*(3,\ 1)=(1\times 3-(-2)\times 1,\ 1\times 1+(-2)\times 3)=(5,\ -5)$

②　$(x,\ y)*(2,\ 3)=(x\times 2-y\times 3,\ x\times 3+y\times 2)=(2x-3y,\ 3x+2y)=(-17,\ 7)$ より，

$\begin{cases}2x-3y=-17\cdots(1)\\3x+2y=7\cdots(2)\end{cases}$　$(1)\times 2+(2)\times 3$より，$13x=-13$　$x=-1$　これを(2)に代入して

$3\times(-1)+2y=7$　$y=5$　以上より，$x=-1$，$y=5$

(5)　辺ACと辺EFとの交点をHとする。∠FAH＝∠EAF－∠EAC＝∠BAC－∠EAC＝∠BAE＝25°　△AFHの内角と外角の関係から，∠AHG＝∠FAH＋∠AFH＝25°＋45°＝70°　△HGCの内角と外角の関係から，$\angle x$＝∠AHG－∠HCG＝70°－30°＝40°

(6)　$y=x^2$について，$x=3$のとき$y=3^2=9$だから，アは正しくない。$y=x^2$は放物線であり，放物線のグラフはy軸について対称だから，イは正しい。xの変域$-1\leqq x\leqq 2$は0が含まれているから，$y=x^2$の最小値は0。$x=-1$のとき，$y=(-1)^2=1$　$x=2$のとき，$y=2^2=4$　よって，yの最大値は4で，yの変域は$0\leqq y\leqq 4$だから，ウは正しくない。xの値が2から4まで増加するときの変化の割合は　$\frac{4^2-2^2}{4-2}=6$　だから，エは正しい。$y=x^2$のグラフは，y軸について対称な上に開いたグラフだから，$x<0$の範囲では，xの値が増加するとき，yの値は減少する。オは正しくない。

(7)　標本における白色のペットボトルキャップとオレンジ色のキャップの比率は，(30－6)：6＝4：1　よって，母集団における白色のペットボトルキャップとオレンジ色のキャップの比率も4：1と推測できる。母集団における白色のペットボトルキャップの個数をx個とすると，x：50＝4：1　$x=200$　よって，はじめにこの袋の中に入っていたと考えられる白色のキャップは，およそ200個と推測される。

(8)　①　赤い布だけなら，x枚使って5mにできるとすると，横の長さが最初の1枚目は50cmで，次の2枚目からは50cm－5cm＝45cmずつ長くなると考えると　$50+45(x-1)=500$　$x=11$

②　(説明)(例)赤い布と白い布を5cmずつ重ねるので，$45x+25y+5=500$　この式を満たすx，yの値の組は，xに10までの自然数を代入して　$(x,\ y)=(1,\ 18)$，$(6,\ 9)$

(補足説明)$45x+25y+5=500$　を変形して　$5y=9(11-x)$　これより，左辺の値が5の倍数だから，$11-x$は5の倍数であり，xの値は1と6に決まる。

2 (作図，場合の数)

(1)　(着眼点)　105°＝45°＋60°と考え，直角の二等分線の作図と，正三角形の作図を組み合わせる。

(作図手順)　次の①～⑤の手順で作図する。　①　線分ABを延長する。　②　点Aを中心とした円を描き，直線AB上に交点D，Eを作る。　③　点D，Eをそれぞれ中心として，交わ

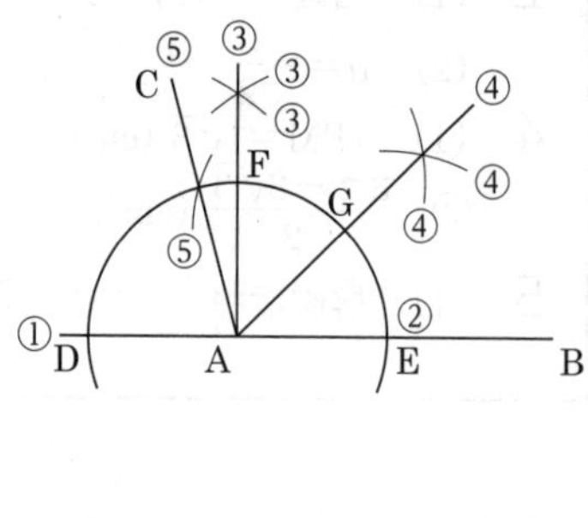

るように半径の等しい円を描き，その交点と点Aを通る直線を引き(点Aを通る直線ABの垂線)，②で描いた円との交点をFとする。　④　点E，Fをそれぞれ中心として，交わるように半径の等しい円を描き，その交点と点Aを通る直線を引き(∠EAFの二等分線)，②で描いた円との交点をGとする。　⑤　点Gを中心として，半径AGの円を描き，②で描いた円との交点と点Aを通る半直線ACを引く。(ただし，解答用紙には点D，E，F，Gの表記は不要である。)

(2)　9枚のカードを，3で割った余りによってグループ分けすると，3で割った余りが1のグループ(1，4，7)(グループⅠ)，3で割った余りが2のグループ(2，5，8)(グループⅡ)，3で割り切れるグループ(3，6，9)(グループⅢ)の3つのグループに分けられる。同時に取り出した3枚のカードの数字の和が3で割り切れるのは，その3枚のカードの構成が，上表の(1)～(4)の場合である。(1)～(3)の場合に該当する3枚のカードの数字の組合せは，それぞれ(1，4，7)，(2，5，8)，(3，6，9)の1通りずつで3通り。(4)の場合に該当する3枚のカードの数字の組合せは，グループⅠのカードの数字が1のとき，3枚のカードの数字の組合せは，(1，2，3)，(1，2，6)，(1，2，9)，(1，5，3)，(1，5，6)，(1，5，9)，(1，8，3)，(1，8，6)，(1，8，9)の9通りだから，グループⅠのカードの数字が4と7の場合も考えると，全部で9×3＝27通り。以上より，同時に取り出した3枚のカードの数字の和が3で割り切れる場合は全部で1＋1＋1＋27＝30通りある。

	グループⅠのカード	グループⅡのカード	グループⅢのカード
(1)	3枚	−	−
(2)	−	3枚	−
(3)	−	−	3枚
(4)	1枚	1枚	1枚

(補足説明)整数i，j，kを使って，グループⅠ～Ⅲのカードの数字をそれぞれ$3i+1$，$3j+2$，$3k$と表すと，(3)の場合は　$(3i+1)+(3j+2)+3k=3(i+j+k+1)$より，3で割り切れる。他の場合も，同様に説明できる。

3 (図形と関数・グラフ)

(1)　関数$y=ax+2$の切片は2だから，C(0，2)よりOC＝2　$\triangle OCD=\frac{1}{2}\times OC\times$(点Dの$x$座標)＝$\frac{1}{2}\times 2\times 3=3\text{cm}^2$

(2)　点A，Bからy軸へそれぞれ垂線AH，BIを引く。△ADCの面積が△CDBの面積の4倍であることと，**平行線と線分の比についての定理**より，△ADC：△CDB＝AC：BC＝AH：BI＝HC：IC＝4：1　点Bのx座標を$b(b>0)$とすると，AH：BI＝4：1より，点Aのx座標は$-4b$　点A，Bは$y=\frac{1}{2}x^2$上にあるから，そのy座標はそれぞれ　$y=\frac{1}{2}\times(-4b)^2=8b^2$　$y=\frac{1}{2}\times b^2=\frac{1}{2}b^2$　よって，$A(-4b,\ 8b^2)$，$B\left(b,\ \frac{1}{2}b^2\right)$　$HC:IC=(8b^2-2):\left(2-\frac{1}{2}b^2\right)=4:1$　より　$b^2=1$　$b>0$より，$b=\sqrt{1}=1$　よって，$B\left(1,\ \frac{1}{2}\right)$　$y=ax+2$は点Bを通るから，$\frac{1}{2}=a\times 1+2$　$a=-\frac{3}{2}$

4 (三平方の定理，円の性質，線分の長さ，線対称，面積)

(1)　**直径に対する円周角は90°だから**，∠APB＝90°より，△APBは**30°，60°，90°の直角三角形**で，**3辺の比は$2:1:\sqrt{3}$**　よって，$AP=AB\times\frac{\sqrt{3}}{2}=6\times\frac{\sqrt{3}}{2}=3\sqrt{3}\text{ cm}$　AM：MP＝2：1より，$PM=AP\times\frac{MP}{AP}=3\sqrt{3}\times\frac{1}{2+1}=\sqrt{3}\text{ cm}$

(2)　①　(説明)(例)△OBPは，∠OBP＝60°，OB＝OP　だから，正三角形である。また，△PBMは3辺の長さの比が$1:2:\sqrt{3}$の直角三角形だから，∠PBM＝30°　したがって，線分BQは線分OPの垂直二等分線となるので，点Pは点Oと重なる。

②　線分BQが線分OPの垂直二等分線であることと，OB＝OQより，四角形OBPQはひし形であ

る。$\angle$PBM＝30°より，△PBRは30°，60°，90°の直角三角形で，3辺の比は2：1：$\sqrt{3}$だから，BR＝BP×$\frac{\sqrt{3}}{2}$＝3×$\frac{\sqrt{3}}{2}$＝$\frac{3\sqrt{3}}{2}$cm　BQ＝2BR＝$3\sqrt{3}$cm　平行線と面積の関係も考慮すると，△OPQ＝△BPQ＝(ひし形OBPQの面積)×$\frac{1}{2}$＝$\left(\frac{1}{2}\times\text{BQ}\times\text{OP}\right)\times\frac{1}{2}=\left(\frac{1}{2}\times3\sqrt{3}\times3\right)\times\frac{1}{2}=$ $\frac{9\sqrt{3}}{4}$cm^2　$\angle$POQ＝$\angle$BOP＝60°より，(弧PQと弦PQで囲まれた部分の面積)＝(おうぎ形OPQの面積)－△OPQ＝$\pi\times3^2\times\frac{60^\circ}{360^\circ}-\frac{9\sqrt{3}}{4}=\frac{3\pi}{2}-\frac{9\sqrt{3}}{4}$cm^2…(1)　平行線と線分の比についての定理より，BM：MQ＝AB：PQ＝6：3＝2：1だから，△MPQ＝△BPQ×$\frac{\text{MQ}}{\text{BQ}}=\frac{9\sqrt{3}}{4}\times\frac{1}{2+1}$ ＝$\frac{3\sqrt{3}}{4}$cm^2…(2)　以上より，求める面積は　(1)＋(2)＝$\frac{3\pi}{2}-\frac{9\sqrt{3}}{4}+\frac{3\sqrt{3}}{4}=\frac{3\pi-3\sqrt{3}}{2}$cm^2

5　(図形の証明，線分の長さ，体積)

(1)　△OHAと△OHBにおいて，仮定から，OA＝OB…①　$\angle$OHA＝$\angle$OHB＝90°…②　OHは共通　①，②，③から，△OHAと△OHBは直角三角形で，斜辺と他の1辺がそれぞれ等しいので，△OHA≡△OHB

(2)　①　前問(1)と同様にして，△OHA≡△OHB≡△OHC≡△OHDであることを証明できるから，AH＝BH＝CH＝DHより，点Hは正方形ABCDの対角線の交点。△ABHは直角二等辺三角形で，3辺の比は1：1：$\sqrt{2}$だから，AH＝$\frac{\text{AB}}{\sqrt{2}}=\frac{6}{\sqrt{2}}=3\sqrt{2}$cm　△OHAで三平方の定理を用いると，OH＝$\sqrt{\text{OA}^2-\text{AH}^2}=\sqrt{6^2-(3\sqrt{2})^2}=3\sqrt{2}$cm

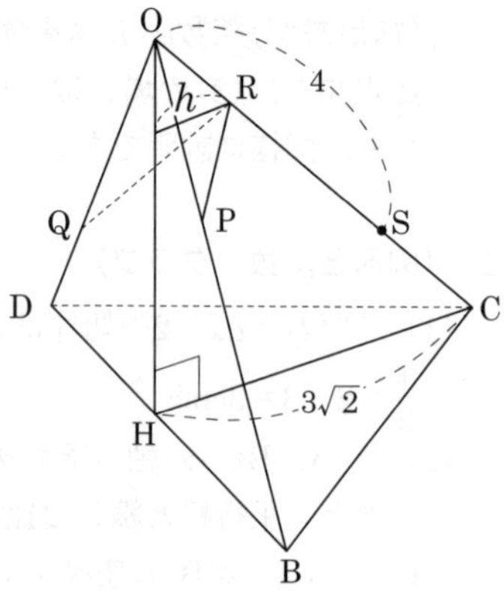

②　(説明)(例)辺OC上にOS＝4cmとなる点Sをとる。三角錐OBCDの展開図において，OR：SR＝OP：SQ＝1：2　よって，OR＝$\frac{4}{3}$　また，点Rから△OPQにひいた垂線の長さをhとすると，$\frac{4}{3}$：h＝6：$3\sqrt{2}$　$h=\frac{2\sqrt{2}}{3}$　したがって，三角錐OPRQの体積Vは，V＝$\frac{1}{3}\times\frac{1}{2}\times2\times4\times\frac{2\sqrt{2}}{3}=\frac{8\sqrt{2}}{9}$

(別解)「高さが等しい三角錐の体積比は，底面積の比に等しい」ことと，「高さが等しい三角形の面積比は，底辺の長さの比に等しい」ことを利用する。三角錐O－BCD，C－ODP，C－OQP，O－PRQの体積をそれぞれV，V_1，V_2，V_3とする。V＝$\frac{1}{3}$×△BCD×OH＝$\frac{1}{3}\times\left(\frac{1}{2}\times\text{BC}\times\text{CD}\right)\times\text{OH}=\frac{1}{3}\times\left(\frac{1}{2}\times6\times6\right)\times3\sqrt{2}=18\sqrt{2}$ cm^3…(1)　V：V_1＝△OBD：△OPD＝OB：OP＝3：1　よって，$V_1=\frac{1}{3}$V…(2)　V_1：V_2＝△OPD：△OPQ＝OD：OQ＝3：2　よって，$V_2=\frac{2}{3}V_1$…(3)　V_2：V_3＝△OCP：△ORP＝OC：OR＝6：$\frac{4}{3}$＝9：2　よって，$V_3=\frac{2}{9}V_2$…(4)　(1)，(2)，(3)，(4)より，(三角錐O－PRQの体積)＝$V_3=\frac{2}{9}V_2=\frac{2}{9}\times\frac{2}{3}V_1=\frac{2}{9}\times\frac{2}{3}\times\frac{1}{3}V=\frac{2}{9}\times\frac{2}{3}\times\frac{1}{3}\times18\sqrt{2}=\frac{8\sqrt{2}}{9}$cm^3

＜英語解答＞

1　No. 1　A　　No. 2　B　　No. 3　D　　No. 4　C　　No. 5　C
No. 6　(1)　He started learning Japanese when he was a(high school student).　(2)　He likes to(visit)old towns in Japan.　(3)　Because

she wants to be able(to talk)with more people. No. 7 (1) B (2) A (3) D

2 A fish B August C lunch D Thursday

3 問1 B 問2 written 問3 イ 問4 (例)He(needed a dictionary).
問5 (例)他の国からの人々を助けるために，すべきことはたくさんあるということ。
問6 エ

4 問1 ウ 問2 エ 問3 ア 問4 ウ 問5 About〔 half of the people working in 〕this supermarket are over fifty years old. 問6 (例)He has worked for five years. 問7 (例)多くの子どもたちを教えられること。
問8 (例)(How many teachers are there)at the English language school?

5 (例) ① The best way to learn English for me is to use English a lot in classes. ② I think it is important to talk with my teachers and classmates in English every day. When we talk in English, we can learn many new words. We can read and write in English in classes, too. We can also ask our teachers if there is something we don't understand.

＜英語解説＞

1 (リスニング)

放送台本の和訳は，81ページに掲載。

2 (読解問題・資料読解：語句補充)

すべて日本語のメモを参考に，適切な英語を入れる。

A 3行めに「野菜や魚の天ぷらを作りましょう」とあるので fish。

B 日付の項目に「8月2日 金曜日」とあるので，August が入る。

C 下から3行め「料理のあとで，一緒に昼食をとります」より，lunch が適切。

D 下から2行めに「7月25日 木曜日までに」とあるので，Thursday が入る。

3 (長文読解問題・エッセイ：文補充，語形変化，語句選択，英問英答，内容吟味，要旨把握)

(全訳) コウタは中学生です。ある日の英語の授業で，彼の英語教師であるサトウ先生が，全員にクラスのためにスピーチを書くように言いました。コウタは自分のスピーチを書き始めたかったのですが，何について話すべきかわかりませんでした。

1週間後，サトウ先生は新しい ALT であるバウアー先生と一緒に授業に来ました。彼女は 1 週間前，コウタの町に来ました。彼女は，「こんにちは，私の名前はエイミー・バウアーです。はじめまして」と言いました。サトウ先生はコウタを見て，「英語でバウアー先生に自己紹介をしてはどうですか，コウタ？」と言いました。コウタは緊張しましたが，「こんにちは，ぼくの名前はコウタです。英語部に所属しています。こちらこそはじめまして」と言いました。バウアー先生はほほ笑んで，他の生徒の何人かも彼女と話し始めました。コウタと彼の同級生は彼女に，彼女の国について多くの質問をして，彼女は彼らに，彼らの学校や日本での生活について多くの質問をしました。

コウタと彼の同級生は授業後，さらにバウアー先生と話をしました。彼らが彼女と話している間，彼女は問題を抱えていると言いました。3 日前，彼女は午前中に，家の前に可燃ごみを置いておいたのですが，それはその晩，まだそこにありました。彼女はそれを家の中に戻さなければなりませんでした。彼女は町のごみ収集のルールを知らなかったのです。B それが，彼女が日本で抱えた最初の大きな問題でした。 彼女はインターネットを使って，ルールについてのポスターを見つけました。

その次の日，バウアー先生は生徒たちに，彼女がインターネットで見つけたポスターを見せました。①そのポスターは日本語で(書かれ)ていました。彼女はそのポスターの英語版を見つけられないと言いました。彼女は日本語を学んでいましたが，ポスターをあまりよく理解することはできませんでした。彼女は他の町の英語のポスターは見つけましたが，彼らの町のものはなかったのです。コウタと彼の同級生は，バウアー先生が持ってきたポスターを見て，英語で彼女を手助けしようとしました。それはコウタにとって難しかったので，彼女に英語でルールについて伝えるために，辞書が必要でした。彼女は可燃ごみを火曜日と金曜日の朝 8:30 までに，収集場所に持っていく必要があったのです。彼女はまた，水曜日にはペットボトルを出しておくことができました。「ああ，なるほど」 バウアー先生は言いました。「どうもありがとう。②今では私は(何をすべきか)わかります」「あなたたちはみな，よくやりましたね」とサトウ先生は言いました。「バウアー先生が日本で暮らしやすくなるでしょう」

その後，サトウ先生はコウタに，「今では，あなたにはスピーチのいいアイデアがありますね」と言いました。コウタもそう思いました。コウタが学んだ最も大切なことは，他の国々からの人々を助けるために，すべきことはたくさんあるということです。

問1　補う英文は「それが，彼女が日本で抱えた最初の大きな問題でした」という意味。Bに入れると，直前の「町のごみ収集のルールを知らなかった」ことが problem「問題」を指し，意味がつながる。

問2　まずは直前に be 動詞 was があることに着目する。また主語 poster「ポスター」は「書く」という動作を「される」側なので，受け身**〈be動詞＋過去分詞〉**の形にして「ポスターは～書かれた」とするのが適切。write「書く」は不規則動詞で，**write – wrote – written** と変化する。

問3　下線部の前の部分で，コウタたちはバウアー先生にごみ収集のルールを説明している。バウアー先生はその説明を理解したので，イを入れて「今では私は(ごみを出すときに)何をすべきかわかります」とするのが自然。**〈what to＋動詞の原形〉＝「何を～すべきか[したらよいか]」**

問4　質問は「コウタは，バウアー先生に英語でごみ収集のルールについて伝えたとき，何が必要でしたか？」という意味。本文第 4 段落半ばに，It was difficult for Kota, so he needed a dictionary to tell her about the rules in English.「それはコウタにとって難しかったので，彼女に英語でルールについて伝えるために，辞書が必要でした」とある。

問5　本文の最後の文を参照。The most important thing that Kota learned「コウタが学んだ最も大切なこと」が主語なので，続くis that ～ 以下の内容をまとめる。things to do の to do は，ここでは**名詞を後ろから説明する不定詞〈to＋動詞の原形〉**なので，「すべきこと」のように訳す。

問6　誤答については，下線部が誤っている部分。　ア 「バウアー先生はインターネットを使ったとき，コウタの町の英語のポスターを見つけました」(×)　本文第4段落5文め参照。他の町の英語のポスターは見つけたが，コウタたちの町のものは見つからなかった。　イ 「コウタはバウアー先生が最初に英語の授業に来たとき，何も英語で言うことができませんでした」(×)　本文第2段落半ば参照。コウタは緊張していたが，バウアー先生に自己紹介することができた。
ウ 「バウアー先生は火曜日と金曜日に，ペットボトルを出しておくべきです」(×)　本文第4段落後半を参照。ペットボトルを出しておくのは水曜日で，火曜日と金曜日は可燃ごみの日。
エ 「バウアー先生は，生徒たちが彼女を手助けしたあと，ごみ収集のルールを理解しました」(○) 本文第4段落の内容に合う。**understood** は，ここでは **understand**「理解する」の過去形。

4 (読解問題：文選択，要旨把握，内容吟味，語句整序，英問英答，条件英作文)

1 (全訳)
〈アキナ，ハヤトとリー先生が話をしています。〉
アキナ　：私たちは今日，家庭科の授業で高齢者について学びました。日本では多くの高齢者が働いています。
リー先生：本当ですか？ A それは私の国でも同じです。 シンガポールでも，たくさんの高齢者が今もなお働いていますよ。
ハヤト　：ぼくは家の近くの英語教室に通っていて，先生はみな高齢者です。彼らは英語を教えるのが上手ですね。
アキナ　：まあ，あなたの先生はみな高齢者なんですか？
ハヤト　：はい，彼らはみな退職しています。ぼくの好きな先生はパイロットでした。彼は 30 年間，世界中を旅したんですよ！
リー先生：それはかっこいいですね！
アキナ　：私たちは来月，授業で高齢者についてのスピーチをしなければなりませんね。私たちは彼にインタビューするべきです。
ハヤト　：彼は今週，英語教室にいませんが，ぼくに別の考えがあります。先週，ぼくは買い物に行ったとき，ショッピングモールで歩きまわっている多くの高齢者を見ました。彼らにいくつか質問しましょう！
アキナ　：そうしましょう！
リー先生：ああ，それはいい考えですね。ところで，私は来週シンガポールに行きます。私はあなたたちのためにそこでビデオをとるよう努めますから，あなたたちはシンガポールの高齢者について学ぶことができますよ。
ハヤト　：ありがとうございます！　ぼくはあなたが楽しむことを望んでいます[楽しんできてください]！

問1　直前のアキナの発言，「日本では多くの高齢者が働いています」に対する反応。直後に「シンガポールでも，たくさんの高齢者が今もなお働いています」と続くので，ウ「それは私の国でも同じです」が適切。**the same** は「同じ」という意味。他の選択肢の意味は，ア「それは私にとって簡単です」 イ「それは難しすぎます」 エ「それは私の国では異なります」となる。

問2 「ハヤトが英語教室の高齢者について話したあと」に続くものを選ぶ。ハヤトの 3 つめの発言と，直後のアキナの反応から，エ「彼とアキナはショッピングモールにいる高齢者に，いくつか質問することを決めました」が適切。**decide to ～** は「**～することを決める，～しようと決める**」という意味。誤答の選択肢の意味は以下の通り。　ア「彼はリー先生がパイロットだと知りました」 イ「アキナは将来，ショッピングモールでの仕事を見つけようと決めました」 ウ「リー先生はシンガポールで新しい友だちを作ろうと決めました」

2 (全訳)
〈次の月に，アキナはハヤトと一緒に，同級生にスピーチをします。〉
あなたは今までに「モールウォーキング」について聞いたことがありますか？　モールウォーキ

ングはいくつかのショッピングモールが催している特別なプログラムです。モールウォーキング・プログラムでは，人々は健康のためにショッピングモールを歩きまわります。多くの高齢者がこれらのプログラムに参加しています。たいていのショッピングモールは広く，完全に屋内です。だから彼らは悪天候を心配する必要がありません。ショッピングモールには食べ物や飲み物もあります。私たちは，私たちの町にあるショッピングモールの責任者に，このプログラムについてたずねました。彼は，市の人々を助け，高齢者が健康を保つための地域社会をつくりたいと言っていました。私も，高齢者が幸せで，健康であることは大切だと思います。私たちはこのプログラムに参加していた高齢者の何人かにインタビューをしました。私たちは彼らに，「このプログラムの何がよいですか？」とたずねました。彼らの大部分は，ショッピングモールで歩いたあとはより健康に感じると言い，他には，友だちができる，役に立つことを学ぶと言った人もいました。ショッピングモールで歩いたあとはより健康に感じると言った人は，友だちができる，もしくは役に立つことを学ぶと言った人よりも多くいました。

問3　誤答については，下線部が誤っている部分。　ア「人々は広いショッピングモールで，健康のために歩きまわることができます」(○)　本文 2 ～ 5 文めの内容に合う。　イ「高齢者は友だちのために健康的な食べ物を作ります」(×)　高齢者が食べ物を作るという記述はない。
ウ「(ショッピング)モールの責任者は，高齢者について考えたことはありません」(×)　本文半ばで，責任者は「高齢者が健康を保つための地域社会をつくりたい」と話している。　エ「雨が降ると，高齢者はプログラムに参加できません」(×)　本文 6 文めに「悪天候を心配する必要がありません」とある。

問4　本文最終文参照。人数が「より健康に感じる」＞「友だちができる」「役に立つことを学ぶ」となっているウが正しい。

3　(全訳)

〈リー先生は，クラス(の生徒たち)に見せるためのビデオをシンガポールでとりました。ビデオで，彼はそこの高齢者について話します。〉

こんにちは，クラスのみなさん！　私は今，シンガポールの大きなスーパーマーケットにいます。ここには多くの従業員がいます。このスーパーマーケット[で働いている人々の半分]ほどは50歳を超えています。ここの最高齢の従業員は 82 歳です！　すごいですよね？　私はここの従業員の一人にインタビューをしました。彼の名前はロンです。彼は今 72 歳で，5 年間ここで働いていると言っています。彼はふつう，週に 5 日働きます。彼はたくさんの人々に会えるので，このスーパーマーケットで働くのが好きなのだそうです。人はより長生きになって働くことを続けるので，シンガポールの人々は，60 歳は「新しい 40 歳」だ[60 歳になっても，現代では 40 歳と同様だ]と言います。私は，シンガポールでは，64 歳を超える人々の 25% が今もなお働いていると聞きました。私は，自分がもっと高齢になったとき，ここの従業員のように元気でいることができたらいいと願っています。

問5　half of ～「～の半分」の表現から，まず half of the people を考える。working は people という名詞を説明する現在分詞と考えるが，in this supermarket「このスーパーマーケットで」という語句を伴うので，名詞(people)のうしろに置く。

問6　質問は「ロンはどのくらいの間，スーパーマーケットで働いていますか？」という意味。本文 9 文め，He(＝ロン)says he is ～ and has worked here(＝スーパーマーケットで) for five years. を参考に答える。解答例は「彼は 5 年間働いています」という意味。

4　(全訳)

〈授業のあと，アキナ，ハヤトとリー先生は，スピーチとビデオについて話しています。〉

アキナ　：私は，そんなに多くのシンガポールの高齢者が今もなお働いていることに驚いています。

ハヤト　：ぼくもです。ぼくは，ぼくたちの市で興味深い活動をしている高齢者がこんなに多くいるということを知りませんでした。ぼくは，ぼくたちがもっと高齢になったとき，ぼくたちの生活がどのようになるか想像できません。

リー先生：あなたたちはまだ若いのですから，将来について考える時間はたくさんありますよ。あなたは尊敬している高齢者がだれかいますか，アキナ？

アキナ　：私は祖母を本当に尊敬しています。彼女は市のコミュニティセンターで，小学生に書道を教えています。彼女は書道がとても得意です。彼女は，多くの子供たちを教えられることに喜んでいます。彼女は自分の仕事をたいへん愛しています。

リー先生：それはすばらしいですね。人々は今，より長く生きるようになっていますから，より高齢になったときでも，幸せかつ健康でいることは大切だと思います。

問7　アキナの2つめの発言4文めに着目。She(＝祖母)is glad that ～「彼女は～ことに喜んでいます」とあるので，that以下の内容を答える。**be glad(that)～＝「～ことに喜んでいる」**

問8　〔英文の訳〕アキナ：リー先生，私はハヤトが以前に話していた英語教室に行きました。私はそこで働いていた高齢者から，たくさんのことを学びました。／リー先生：きっと彼らは，私たちの知らない興味深いことをたくさん知っているのでしょうね。英語教室には何人の先生がいますか？／アキナ：5人の先生がいます。／リー先生：なるほど。高齢者が幸せで健康だと，私たちも幸せになることができます。私たちは高齢者と話すことによって，彼らからたくさんのことを学べますね。直後のアキナの返答に着目する。There are <u>five</u> teachers.「<u>5人の</u>先生がいます」と答えているので，先生の数をたずねたと考える。**How many「何人[いくつ]の」**で文を始め，直後に teachers を置き，あとに there are の疑問形 are there を続ける。

5 （条件英作文：不定詞）

（解答例訳）①　私にとっての英語を学ぶ最もよい方法は，授業でたくさん英語を使うことです。

②　私は，毎日英語で先生や同級生と話すことが重要だと思います。英語で話すとき，私たちは多くの新しい単語を覚えることができます。私たちは授業で，英語で読んだり書いたりすることもできます。何かわからないことがあるときに，先生に英語でたずねることもできます。

①　〔質問〕は「あなたにとっての英語を学ぶ最もよい方法は何ですか？」の意味。答え方としては解答例のように，〔質問〕の主語をそのまま用いて(you は me にかえる)，The best way to learn English for me is ～.「私にとっての英語を学ぶ最もよい方法は～です」とするのが無難である。**「～すること」**という内容を続ける場合，**不定詞〈to＋動詞の原形〉**もしくは**動名詞(～ing形)**にするのを忘れないこと。

②　①のように考える理由を英文で書く。「4文以上」と分量が多いので，①の方法をどのように実践しているか，どのような利点があるかといったような説明を加えてもよいだろう。

＜英語解答＞（学校選択問題）

1　No. 1　A　　No. 2　B　　No. 3　D　　No. 4　C　　No. 5　C

No. 6　(1)　He started learning Japanese when he was a(high school student).

(2)　He likes to(visit old towns) in Japan.　　(3)　She (wants to learn Chinese) in the future.　No. 7 (1) B　(2) A　(3) D

2 問1 ウ　問2 (例)So, they(don't have to worry)about bad weather.
問3 ウ　問4 (例)Because he can meet a lot of people.　問5 I can't[imagine what our lives will be]like when we're older.　問6 (1) エ　(2) イ
問7 (例)May I borrow(the video you took in)Singapore?

3 問1 This[means that we can save many living things by taking]care of coral reefs, so it is very important to preserve them.　問2 A covered
B dying　問3 (例)動植物が生きる場所を救うための法律がつくられた。
問4 ① カ　② ア　③ イ　問5 (例)Because he learned that many people were working hard to save the sea.　問6 (1) (例)eaten by
(2) (例)took part　(3) (例)everyone to

4 (例) I think elementary school students should start learning the skills to choose, collect and use information. They must think about messages from TV, the Internet, and newspapers. By using the skills, they' ll be able to think about the world around them more carefully and learn more by themselves.

＜英語解説＞

1 (リスニング)

放送台本の和訳は，81ページに掲載。

2 (読解問題：文選択，条件英作文，内容吟味，英問英答，語句整序，要旨把握)

[1] (全訳)

〈アキナ，ハヤトとリー先生が話をしています。〉

アキナ　：私たちは今日，家庭科の授業で高齢者について学びました。日本では多くの高齢者が働いています。

リー先生：本当ですか？ [Aそれは私の国でも同じです。] シンガポールでも，たくさんの高齢者が今もなお働いていますよ。

ハヤト　：ぼくは家の近くの英語教室に通っていて，先生はみな高齢者です。彼らは英語を教えるのが上手ですね。

アキナ　：まあ，あなたの先生はみな高齢者なんですか？

ハヤト　：はい，彼らはみな退職しています。ぼくの好きな先生はパイロットでした。彼は30年間，世界中を旅したんですよ！

リー先生：それはかっこいいですね！

アキナ　：私たちは来月，授業で高齢者についてのスピーチをしなければなりませんね。私たちは彼にインタビューするべきです。

ハヤト　：彼は今週，英語教室にいませんが，ぼくに別の考えがあります。先週，ぼくは買い物に行ったとき，ショッピングモールで歩きまわっている多くの高齢者を見ました。彼らにいくつか質問しましょう！

アキナ　：そうしましょう！

リー先生：ああ，それはいい考えですね。ところで，私は来週シンガポールに行きます。私はあなたたちのためにそこでビデオをとるよう努めますから，あなたたちはシンガポールの高齢者について学ぶことができますよ。

ハヤト　：ありがとうございます！　ぼくはあなたが楽しむことを望んでいます[楽しんできてください]！

問1　直前のアキナの発言，「日本では多くの高齢者が働いています」に対する反応。直後に「シンガポールでも，たくさんの高齢者が今もなお働いています」と続くので，ウ「それは私の国でも同じです」が適切。**the same** は「同じ」という意味。他の選択肢の意味は，ア「それは私にとって簡単です」 イ「それは難しすぎます」 エ「それは私の国では異なります」となる。

2 （全訳）

〈次の月に，アキナはハヤトと一緒に，同級生にスピーチをします。〉

あなたは今までに「モールウォーキング」について聞いたことがありますか？　モールウォーキングはいくつかのショッピングモールが催している特別なプログラムです。モールウォーキング・プログラムでは，人々は健康のためにショッピングモールを歩きまわります。多くの高齢者がこれらのプログラムに参加しています。たいていのショッピングモールは広く，完全に屋内です。だから彼らは悪天候を心配する必要がありません。ショッピングモールには食べ物や飲み物もあります。私たちは，私たちの町にあるショッピングモールの責任者に，このプログラムについてたずねました。彼は，市の人々を助け，高齢者が健康を保つための地域社会をつくりたいと言っていました。私も，高齢者が幸せで，健康であることは大切だと思います。私たちはこのプログラムに参加していた高齢者の何人かにインタビューをしました。私たちは彼らに，「このプログラムの何がよいですか？」とたずねました。彼らの大部分は，ショッピングモールで歩いたあとはより健康に感じると言い，他には，友だちができる，役に立つことを学ぶと言った人もいました。ショッピングモールで歩いたあとはより健康に感じると言った人は，友だちができる，もしくは役に立つことを学ぶと言った人よりも多くいました。

問2 「～する必要はない」は don't have to ～(don't need to ～ も可)，「～を心配する」は worry about ～ で表せる。

問3　本文最終文参照。人数が「より健康に感じる」＞「友だちができる」「役に立つことを学ぶ」となっているウが正しい。

3 （全訳）

〈リー先生は，クラス(の生徒たち)に見せるためのビデオをシンガポールでとりました。ビデオで，彼はそこの高齢者について話します。〉

こんにちは，クラスのみなさん！　私は今，シンガポールの大きなスーパーマーケットにいます。ここには多くの従業員がいます。このスーパーマーケットで働いている人々の半分ほどは5歳を超えています。ここの最高齢の従業員は82歳です！　すごいですよね？　私はここの従業員の一人にインタビューをしました。彼の名前はロンです。彼は今72歳で，5年間ここで働いていると言っています。彼はふつう，週に5日働きます。彼はたくさんの人々に会えるので，このスーパーマーケットで働くのが好きなのだそうです。人はより長生きになって働くことを続けるので，シンガポールの人々は，60歳は「新しい40歳」だ[60歳になっても，現代では40歳と同様だ]と言います。私は，シンガポールでは，64歳を超える人々の25％が今もなお働いていると聞きました。私は，自分がもっと高齢になったとき，ここの従業員のように元気でいることができたらいいと願っています。

問4　質問は「ロンはなぜスーパーマーケットで働くのが好きなのですか？」という意味。本文半ばにある，He(＝ロン)can meet a lot of people, so he likes working at this supermarket.「彼はたくさんの人々に会えるので，このスーパーマーケットで働くのが好きです」を参考に答える。Why ～? に対する答えなので，Because ～. の文にすること。解答例は「たくさんの人に会えるからです」という意味。

4 （全訳）

〈授業のあと，アキナ，ハヤトとリー先生は，スピーチとビデオについて話しています。〉

アキナ　：私は，そんなに多くのシンガポールの高齢者が今もなお働いていることに驚いています。

ハヤト　：ぼくもです。ぼくは，ぼくたちの市で興味深い活動をしている高齢者がこんなに多くいるということを知りませんでした。ぼくは，ぼくたちがもっと高齢になったとき，〔ぼくたちの生活がどの〕ように〔なるか〕想像できません。

リー先生：あなたたちはまだ若いのですから，将来について考える時間はたくさんありますよ。あなたは尊敬している高齢者がだれかいますか，アキナ？

アキナ　：私は祖母を本当に尊敬しています。彼女は市のコミュニティセンターで，小学生に書道を教えています。彼女は書道がとても得意です。彼女は，多くの子供たちを教えられることに喜んでいます。彼女は自分の仕事をたいへん愛しています。

リー先生：それはすばらしいですね。人々は今，より長く生きるようになっていますから，より高齢になったときでも，幸せかつ健康でいることは大切だと思います。

問5　〔　　〕内にある疑問詞 what は文の途中に置かれることになるので，**間接疑問〈疑問詞＋主語＋動詞～〉**を用いた文と考える。(I can't)imagine「想像できない」で文を始め，そのあとに疑問詞 what，主語 our lives(＝名詞 life の複数形)，動詞 will be を続ける。直後の like は前置詞「～のように」で，意味上は what とつながり「何のような[どのような]」を表す。

問6　(1)「アキナとハヤトは～驚いていました」→エ「シンガポールのたくさんの高齢者が今もなお働いていることに」(○)　本文4，アキナとハヤトの最初の発言参照。他の選択肢の意味は以下の通りで，下線部が誤っている部分。　ア「リー先生がアメリカでパイロットだったことに」(×)　イ「英語教室の先生がみな若いことに」(×)　ウ「シンガポールで『モールウォーキング』のような活動をたくさん見て」(×)　モールウォーキングは，日本の自分たちの町で見た。　(2)「多くの高齢者が」→イ「アキナの町で，ショッピングモールでのウォーキング・プログラムに参加しています」(○)　本文2，2～4文め参照。他の選択肢の意味は以下の通りで，下線部が誤っている部分。　ア「シンガポールの若い人々を『新しい40歳』と呼びます」(×)　60歳の高齢者が「新しい40歳」と呼ばれる。　ウ「ビデオでシンガポールの従業員を見ます」(×)　エ「小学生に書道を教えます」(×)　アキナの祖母の仕事であり，主語と合わない。

問7　〔英文の訳〕リー先生：こんにちは，アキナ，どうしました？／アキナ：こんにちは，リー先生。シンガポール(であなたがとったビデオ)を借りてもいいですか？／リー先生：もちろんいいですよ，まだ家にあります。あなたはそれをまた見たいのですか？／アキナ：実は，私はそれを祖母に見せたいんです。彼女は元気でいるシンガポールの高齢者を見て，驚くと思います。／リー先生：それはいい考えですね。あとであなたに渡しましょう。

下線部の **May I ～?** は「～してもいいですか」，borrow は「借りる」の意味。(　　)内の英語を考えるには，続く内容に着目する。直後のリー先生の発言「それをまた見る」，続くアキナの発言「元気でいるシンガポールの高齢者を見る」などから，「シンガポールであなたがとったビデオ」のような内容が適切。解答例は**目的格の関係代名詞 which[that]を省略し，〈主語＋動詞～〉(you took in Singapore)がうしろから名詞(video)を修飾する形**を用いている。

3　**(長文読解問題・紹介文：語句整序，適語／文補充，語形変化，内容吟味，英問英答，要旨把握)**

（全訳）　日本は海に囲まれており，豊かな漁場があります。サンゴ礁地帯には9,000種を超える生き物がいて，それらがこれらの生き物の多くを支えています。サンゴは植物のように見えますが，実際には動物です。サンゴはまた，海水をきれいに保つためにも重要です。サンゴ礁は海の動物の住み家になります。サンゴ礁は海の0.2％を占めるだけですが，海のすべての生き物のほぼ25％を支えています。これはサンゴ礁を大事に〔することによって，私たちが多くの生き物を救えることを意味する〕ので，それらを保護することはとても重要です。

しかしながら，サンゴ礁は消えつつあります。理由はいくつかあります。まず，サンゴを食べるヒトデの一種が突如として増えているのです。この種のヒトデは1969年に沖縄の西にある海の近くで現れ，沖縄にあるほとんどすべてのサンゴ礁が，そのヒトデのために約10年で失われました。次に，沖縄の多くの地域が1972年以来，開発されているので，赤土がときどき海に流れ込みます。サンゴ礁が赤土に［A 覆われ］ると，サンゴが育つことは難しくなります。沖縄では2011年に，約2億9800万キログラムの赤土が海に流れ込みました。第3に，高い水温がサンゴを病気にしています。1997年から1998年に，サンゴの白化現象が世界中で高水温のために起こりました。夏の水温がふだんより1℃高いままだと，サンゴは白くなり始めます。これは美しく見えるのですが，実際にはサンゴが生きているもののゆっくりと［B 死にかけて］いることを意味します。その2年で，世界にあるサンゴ礁の約16％が失われました。最後に，人がときどきサンゴに触れて，壊してしまいます。

環境省やいくつかの県は，これらの状況を深刻な問題と考えています。サンゴ礁をこれらの問題から救うための対策がいくつか必要です。例えば，沖縄県は海に流れ込む赤土の総計を減らそうと努力しており，この活動に参加している団体を支援します。鹿児島県は，水の汚染を止めるためのフェンスを使うことにより，サンゴ礁を救おうと試みています。もちろん，持続可能な観光事業について考えたり，ヒトとサンゴ礁の生態系の間に関係を築いたりすることも重要です。ときには3,500人以上が1日に，沖縄の海洋地域を訪れます。これらの訪問者の中には，サンゴに触れて壊してしまう人さえいるので，このような問題をくい止めるために，動植物が生きる場所を救うための法律がつくられました。より多くの人々が，今ではサンゴ礁を救うことに興味を持っています。

人々は他の対策もとっています。例えば，ある地域の漁業協同組合は，サンゴを食べるヒトデを取り除こうとしていますが，これは非常にたいへんです。［①カ この対策は，ヒトデが増え始めたあとにとられたので，うまくいきませんでした。］また，海はとても広く，私たちができることは多くありません。だから，私たちができる最良のことは，わずかな地域に集中することです。ヒトデが増加するのをくい止めることや，高水温をくい止めることは簡単ではないので，海に新しいサンゴ礁を移植することによって，サンゴ礁をよみがえらせようと働いている人々もいます。漁業協同組合は環境が悪くなっていくことを恐れ，サンゴ礁を救う新たな方法を見つけようと努力しました。［②ア 沖縄のある村では，漁業協同組合が1999年にサンゴの移植を始めました。］3年後，彼らはサンゴを移植するより良い方法を学び，ある航空会社が村の漁業協同組合を支援し始めて以降，多くのダイバーが彼らの手助けをして，より多くのサンゴ礁を移植し始めました。［③イ 2004年には，15を超える会社がこの活動に参加しました。］海に潜ることができない人も，サンゴ移植プログラムに参加することはできます。まず，プログラムに参加する全員がサンゴ礁の生態系について学び，それからサンゴの断片をブロックに入れます。その後，ダイバーがブロックを持っていき，海にそれらを置いていきます。2004年から2015年までに，5,000を超えるサンゴの断片が，移植グループによって海に移植されました。

ぼくは，実はこの前の夏に沖縄で家族と一緒に，このプログラムを通じてサンゴの移植に挑戦しました。ぼくたちはサンゴの断片をブロックに入れ，それから地元のダイバーがそれらを海に持っていきました。ぼくは，多くの人々が海を救うために，熱心に働いていると知ってうれしかったです。ぼくは，そのサンゴの断片がうまく育っていることを願っています。だれもが環境について考えるべきです。それは大したことではないように聞こえるかもしれませんが，ぼくは，小さな努力でも大きな変化をもたらすことができると信じています。ぼくたちが環境を救う努力をすれば，海とともにあるぼくたちの未来は明るいでしょう。

問1　まずは mean(that)～「～ということを意味する」の形を考え，(This)means that で文を始める。また語群の by と taking，直後の care of に着目するとよい。by ～ing「～することによって」+take care of ～「～の世話をする，～を大事にする」= by taking care of(coral reefs)と考えて最後に置く。残る語が that 以下の〈主語＋動詞(＋目的語)〉を構成すると考え，we can save many living things とする。

問2　A　前後の語句から **be covered with ～「～に覆われる」**の表現と考え，cover の過去分詞 covered を書くのが正しい。　B　直前に　the coral are alive but … とあるため，alive「生きている」との対比と考え，動詞は die「死ぬ」を使う。また直前に be 動詞 are があるので，現在進行形と考えて ～ing 形にするのが適切。なお，die の進行形はふつう「死にかけている」の意味になる(「死んでいる」だと完了の意味)。また **die の ～ing 形は，ie を y にかえて ing をつける**ので，dying が正解となる。形容詞 dead「死んでいる」は，die の変化形ではなく別の語なので，ここでは不適。

問3　下線部は「人がときどきサンゴに触れて，壊してしまう」の意味。直後の本文第 3 段落の最後から 2 文め(Some of these visitors ….)に着目する。「これらの訪問者の中には，サンゴに触れて壊してしまう人さえいるので，このような問題をくい止めるために…」とあるので，a law to save … 以下の内容を日本語で書く。根拠となる部分の英文構造は以下の通り。

【主語「～法律が」】　　述語「つくられた」

…,【a law [to save places〈plants and animals live in〉]】were made.

lawを修飾する[不定詞句]　placesを修飾する〈主語＋動詞～〉→関係代名詞の省略

=「【[〈動植物が生きる〉場所を救うための]法律が】つくられた」

問4　前後の文脈と代名詞に注意して考えること。　①　直前に「サンゴを食べるヒトデを取り除こうとしていますが，これは非常にたいへんです」とあるので，その理由を説明するカが適切。②　直前で，漁業協同組合の努力について述べられているのが手がかり。アが具体的にその内容を述べており，また the fisheries cooperative =次の文の they となって内容がつながる。　③　本文の同第4段落，最後から2つめの文に着目する。「2004年から2015年までに，5,000を超えるサンゴの断片が～移植されました」とあるので，(サンゴ移植の)活動が2004年から活発になったとわかる。イが適切。

問5　質問は「カズマはこの前の夏，サンゴ移植プログラムに参加したとき，なぜうれしかったのですか？」という意味。本文最終段落の 3 文め，I was glad to learn that many people were working hard to save the sea. を参考に答える。**be glad to ～** は「～してうれしい」の意味。Why ～? に対する応答なので，〈Because＋主語＋動詞～.〉の文で答えるのがよい。主語 He(=カズマ)を補う点と，learn を過去形 learned にかえる点に注意すること。

問6　(1)「例えば，たくさんのサンゴがヒトデの一種(によって食べられ)ています」本文第2段落3文めに First, a kind of starfish that eats corals has … とあるので，これを受け身にかえて答える。eat は **eat - ate - eaten** と変化する。　(2)「カズマが(参加した)プログラムもその対策の一つです」 本文最終段落 1 文め，「ぼくは～このプログラムを通じてサンゴの移植に挑戦しました」を参考に，「カズマが参加したプログラム」と言いかえる。2語と指定があるので，**「～に参加する」**は **take part in ～** を用い，過去形にして答える(本文で用いられている join は，語数に合わないので不適)。 (3) 「このレポートを通して，カズマは(だれもが)環境について考えてほしいと思いました」 最終段落の最後から3文め，「だれもが環境について考えるべきです」に着目。これを**〈want＋人＋to＋動詞の原形～〉**「(人)に～してほしい」の表現を用いて言いかえる。

4 **(条件英作文：不定詞)**

(解答例の訳) 私は，小学生は情報を選び，集め，使う力を学び始めるべきだと思います。彼らはテレビ，インターネット，そして新聞からのメッセージについて考えなければなりません。その力を使うことによって，彼らは自分たちの周囲の世界についてより注意深く考え，自分自身でもっと学ぶことができるようになるでしょう。

英文は「人々は情報リテラシーを必要としています。すべての小学生が学校で，これらの力を学ぶべきだと言う人もいます。あなたはこの考えについてどう思いますか？」という意味。まずは「小学生が～学ぶべきだ」という考えについて，自分が賛成か反対かをはっきりさせて，そのあとに理由を書く。「40語以上50語程度」というまとまった分量を書く必要があるため，補足説明や具体例などを加えてもよいだろう。

2019年度英語　リスニングテスト

〔放送台本〕

これから「放送を聞いて答える問題」を始めます。問題は，No.1～No.7の全部で7題あり，放送はすべて英語で行われます。放送される内容についての質問にそれぞれ答えなさい。No.1～No.5及びNo.7は，質問に対する答えとして最も適切なものをA～Dの中から1つずつ選び，その記号を書きなさい。No.6は，それぞれの質問に英語で答えなさい。放送中メモを取ってもかまいません。

各問題について英語は2回ずつ放送されます。では，始めます。

Look at No.1 to 3. Listen to each talk, and choose the best answer for each question. Let's start.

No. 1

A: Two tickets for the movie, please.
B: The movie will be shown three times today. The first time is at 9:15, then at 1:15 and 4:50 in the afternoon. Which would you like?
A: The one in the morning, please.
B: OK. Two thousand yen, please.

Question: What time will the movie the man chose start?

No. 2

A: I'd like two hamburgers. B: That will be 600 yen, please. A: Oh, wait. Can I have a cup of coffee, too? B: Sure. That's 800 yen for everything.

Question: How much is one cup of coffee?

No. 3

A: What are you looking for, Atsushi? B: I'm looking for my wallet. I thought I put it on the table. A: I found it under your bed this morning. I put it in your bag by the desk. Don't lose it. B: Oh, I see it now. Thanks, Mom.

Question: Where did Atsushi's mother find his wallet?

〔英文の訳〕

No.1から3を見なさい。それぞれの会話を聞いて，それぞれの質問に対する最もよい答えを選びなさい。始めましょう。

No.1　A：映画のチケットを2枚ください。
B：映画は今日，3回上映されます。初回は9:15で，それから午後1:15と4:50です。どちらがよろしいですか？
A：午前中の映画でお願いします。
B：わかりました。2,000円いただきます。
質問：男性が選んだ映画は何時に始まりますか。

No.2　A：ハンバーガーを2つください。
B：600円になります。
A：あっ，待ってください。コーヒーも1杯いただけますか？
B：いいですよ。全部で800円です。
質問：コーヒーは1杯いくらですか。

No.3　A：何を探しているの，アツシ？
B：ぼくは自分のさいふを探しているんだ。テーブルの上に置いたと思うんだけど。
A：私が今朝，あなたのベッドの下でそれを見つけたわ。机のそばにあるあなたのかばんに入れたわよ。なくさないでね。
B：ああ，今見つかったよ。ありがとう，お母さん。
質問：アツシのお母さんはどこで彼のさいふを見つけましたか。

〔放送台本〕

Loot at No.4 and 5. Listen to each situation, and choose the best answer for each question. Let's start.

No. 4

Mayumi just arrived at the airport in America and met her old friend, Jake. He is very glad to see her. He asks how long she will be in America.

Question: What will Mayumi say to Jake?

No. 5

Kenta is going to shopping this weekend. He needs to buy a new tennis racket at the sports store. He wants to go there with his friend, Tom.

Question: What will Kenta say to Tom?

〔英文の訳〕

No. 4と5を見なさい。それぞれの状況を聞いて，それぞれの質問に対する最もよい答えを選びなさい。始めましょう。

No. 4 マユミはちょうどアメリカの空港に到着したところで，古い友人であるジェイクに会いました。彼は彼女に会えて，とても喜んでいます。彼は，彼女がどのくらいアメリカにいるつもりかをたずねます。

質問：マユミはジェイクに何と言いますか。

答え：C　3週間です。

No. 5 ケンタは今週末，買い物に行く予定です。彼はスポーツ用品店で新しいテニスラケットを買う必要があります。彼は友人であるトムと一緒に，そこへ行きたいと思っています。

質問：ケンタはトムに何と言いますか。

答え：C　あなたは今週末，ひまですか？

〔放送台本〕

Look at No.6. Listen to the talk between Takako and an ALT, Mr. Wilson, and read the questions. Then write the answer in English for questions 1, 2 and 3. Let's start.

Takako:	Mr. Wilson, I hear you have studied Japanese for a long time.
Mr. Wilson:	Yes, I started learning it when I was a high school student.
Takako:	Wow! Was Japanese a subject at your school?
Mr. Wilson:	Yes, it was. Some of my friends took Japanese and some of my other friends took French and Chinese.

Takako: Why did you choose Japanese?
Mr. Wilson: One of my friends at school was from Japan and he showed me some pictures of old towns in Japan. After that, I decided to study Japanese.
Takako: And now you are here in Japan.
Mr. Wilson: Yes. I really like to visit old towns in Japan.
Takako: Really? If you like old towns, Kyoto is a good place to visit.
Mr. Wilson: I'm going there this summer. By the way, you are learning English now, but are there any other languages you want to learn, Takako?
Takako: Well, I want to learn Chinese in the future.
Mr. Wilson: Oh, why is that?
Takako: A lot of people speak Chinese, so I want to be able to talk with more people.
Mr. Wilson: I see. You can do a lot of great things if you can speak other languages. Good luck.

〔英文の訳〕

No. 6 を見なさい。タカコと，ALT のウィルソン先生の会話を聞いて，質問を読みなさい。それから，質問 1, 2 と 3 に対する答えを英語で書きなさい。始めましょう。

タカコ　　　　：ウィルソン先生，あなたは長い間，日本語を勉強しているそうですね。
ウィルソン先生：はい，私は高校生のとき，それを学び始めました。
タカコ　　　　：わあ！　日本語はあなたの学校の教科だったのですか？
ウィルソン先生：はい，そうでした。私の友だちの何人かは日本語をとって，他の友だちの何人かはフランス語や中国語をとりました。
タカコ　　　　：あなたはなぜ日本語を選んだのですか？
ウィルソン先生：学校の友だちの一人が日本出身で，彼は私に，日本の古い町の写真を何枚か見せてくれました。その後，私は日本語を勉強しようと決めたのです。
タカコ　　　　：そして今，あなたはここ日本にいます。
ウィルソン先生：そうです。私は日本の古い町を訪れるのが本当に好きです。
タカコ　　　　：本当ですか？　もし古い町が好きなら，京都は訪れるべきよい場所ですよ。
ウィルソン先生：私はこの夏，そこへ行きます。ところで，あなたは今英語を学んでいますが，何か他に学びたい言語はありますか，タカコ？
タカコ　　　　：ええと，私は将来，中国語を学びたいです。
ウィルソン先生：おや，それはなぜですか？
タカコ　　　　：たくさんの人々が中国語を話すので，私はより多くの人々と話すことができるようになりたいのです。
ウィルソン先生：なるほど。他の言語を話すことができれば，あなたはたくさんのすばらしいことができます。がんばってください。

［質問と答えの訳］　※□は学力検査問題の，(　)は学校選択問題の解答部分

(1)　質問 1：ウィルソン先生はいつ日本語を学び始めましたか。

答え　：彼は(高校生)だったときに，日本語を学び始めました。

(2)　質問2：ウィルソン先生は日本で何をするのが好きですか。

答え　：彼は日本の(古い町を訪れる)ことが好きです。

(3)　(学力検査問題)質問3：タカコはなぜ中国語を学びたいのですか。

答え　：より多くの人々と話すことができるようになりたいからです。

(学校選択問題)質問3：タカコは将来，どんな言語を学びたいと思っていますか。

答え　：彼女は将来，(中国語を学びたい)と思っています。

〔放送台本〕

Look at No.7. Listen to the speech of a junior high school student, Keiko, and choose the best answer for questions 1, 2 and 3. Let's start.

I love my town. It has a lot of mountains and rivers and many people come here on vacation.

But my town has changed a lot. I wanted to know more about the changes in my town, so I decided to learn about those changes during summer vacation. First, I went to the library. I found an old map of my town there, but I didn't know the names of the buildings on the map.

I showed the map to my mother. She said there was an old department store in our town thirty years ago. When she was a child, she often went shopping there with her family. But it closed, and we have a hospital there now. Last month, a new convenience store opened across the road from the hospital. My mother sometimes feels sad because the department store closed, but she is glad that there is a hospital near my house.

But there are things that have not changed in my town, too. The mountains and the rivers are still beautiful. We still have traditional festivals and food and the people in my town are still kind, too. I love my parents, my friends and all the people around me. They make my town special. My town will keep changing, but I hope that the warm hearts of the people in my town will never change.

Question 1: Why did Keiko decide to learn about the changes in her town?

Question 2: After the department store closed, what was built in its place?

Question 3: What does Keiko hope?

以上で「放送を聞いて答える問題」を終わります。

〔英文の訳〕

No. 7 を見なさい。中学生のケイコのスピーチを聞いて，質問 1，2 と 3 に対する最もよい答えを選びなさい。始めましょう。

私は自分の町を愛しています。たくさんの山や川があり，多くの人々が休暇でここに来ます。

しかし私の町は大きく変わりました。私は，自分の町の変化についてもっと知りたかったので，夏休みの間に，それらの変化について学ぼうと決めました。最初に，私は図書館へ行きました。私はそこで町の古い写真を見つけましたが，地図にあった建物の名前を知りませんでした。

私はその地図を母に見せました。彼女は，私たちの町には 30 年前，古いデパートがあったと言いました。彼女は子どものとき，家族と一緒にそこへよく買い物に行きました。しかしそれは閉店して，今そこには病院があります。先月，新しいコンビニエンスストアが，病院から道路を渡ったところに開店しました。私の母は，デパートが閉店したのでときどきさびしく感じるけれど，家の近くに病院があることはうれしいそうです。

私の町には変わっていないものもあります。山や川は依然として美しいです。私たちには依然として伝統的な祭りや食べ物があり，町の人々も依然として親切です。私は自分の両親，友だち，そして周囲のすべての人々が大好きです。それらが私の町を特別なものにしています。私の町は変わり続けるでしょうが，私は，町の人々の暖かい心が決して変わらないことを望んでいます。

質問1：ケイコはなぜ，町の変化について学ぼうと決めたのですか。

答え　：B　町の変化に興味があったからです。

質問2：デパートが閉店したあと，何がその場所に建てられましたか。

答え　：A　病院。

質問3：ケイコは何を望んでいますか。

答え　：D　彼女は，町の人々の心がいつまでも暖かいことを望んでいます。

<理科解答>

1　問1　ア　問2　2.5g　問3　ウ　問4　赤血球　問5　20%　問6　ウ
問7　500秒　問8　イ

2　問1　かぎ層　問2　(例)火山灰が，西から東への風にのって運ばれるため。
問3　イ　問4　エ　問5　(1)　(例)マグマのねばりけが強い　(2)　ア

3　問1　I　高く　II　低い　問2　エ　問3　食物網　問4　(例)加熱した土では，土の中にいた菌類や細菌類が死滅してしまったため。　問5　(例)土の中の菌類や細菌類によって，実験開始から2日後ではデンプンが分解されて糖ができ，4日後では糖がなくなったから。　問6　細胞呼吸(「細胞の呼吸」「細胞による呼吸」「内呼吸」「呼吸」も正答)

4　問1　0.1g　問2　$2Cu+O_2 \rightarrow 2CuO$　問3　6.14cm^3(「6.13」「6.15」も正答)
問4　(例)反応で発生した水素と酸素の気体の質量の比より，水分子をつくっている水素原子と酸素原子の質量の割合は1：8である。水分子は水素原子2個に対して酸素原子1個と結びついている。これらのことから原子1個あたりで質量を比較すると0.5：8となり，簡単な整数の比で表すと1：16となる。
問5　銅原子：酸素原子：水素原子＝64：16：1　計算の過程や考え方　(例)銅原子と酸素原子の質量の比は4：1であり，酸素原子と水素原子の質量の比は16：1である。酸素原子を16とすると，銅原子：酸素原子は64：16なので，銅原子：酸素原子：水素原子は64：

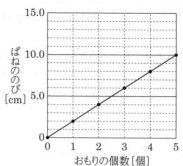

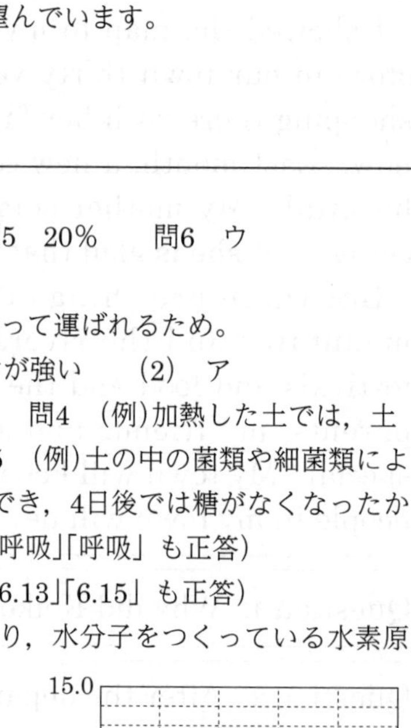

16：1となる。　問6　マグネシウムと酸素を化合する(「マグネシウムと銅，酸素，水素で起こりうる反応」も正答)

5　問1　前ページの図　問2　68g　問3　エ　問4　ア　問5　(1)　0.04N
(2)　体積　$6cm^3$　計算の過程や考え方　(例)ばねが0.4cm縮むとき，立方体Cは1.0cm沈む。さらに0.2cmばねが縮むと，ばねははじめの長さに戻るので，立方体Cは水面から1.5cm沈んだところで静止する。よって，立方体Cの沈んでいる部分の体積は2cm×2cm×1.5cm＝$6(cm^3)$となる。

＜理科解説＞

1　(小問集合－太陽系と恒星，天気の変化：空気中の水蒸気量，植物の分類，動物の体のつくりとはたらき，水溶液：濃度，酸・アルカリとイオン，中和と塩，電流：LED電球・オームの法則，力と圧力，仕事とエネルギー，科学技術の発展：自然放射線)

問1　惑星は小型で密度が大きい地球型惑星(水星，金星，地球，火星)と，大型で密度が小さい木星型惑星(木星，土星，天王星，海王星)に分けられる。

問2　気温11℃のときの飽和水蒸気量は，$10[g/m^3]$である。よって，湿度が25%なので，空気$1m^3$中に含まれる水蒸気量＝$10[g/m^3]×0.25＝2.5[g/m^3]$である。

問3　イヌワラビはシダ植物であり，胞子でふえ，根，茎，葉の区別があり，維管束がある。ゼニゴケはコケ植物であり，胞子でふえ，根，茎，葉の区別がなく，維管束がない。よって，**イヌワラビとゼニゴケに共通するのは，胞子でふえる**，である。

問4　図のxは赤血球で，酸素を運ぶはたらきをする。

問5　砂糖の質量パーセント濃度＝10g÷(10g＋40g)×100＝20(%)である。

問6　塩酸$10cm^3$に水酸化ナトリウム水溶液を$10cm^3$加えたときの化学変化を化学式とイオン式を用いて表すと，**$(H^+ + Cl^-) + (Na^+ + OH^-) \rightarrow H_2O + Na^+ + Cl^-$，となり，酸性を示す$H^+$もアルカリ性を示す$OH^-$もなくなるので中性になり，BTBの色が緑色になる。**さらに水酸化ナトリウムを加えると，$(H^+ + Cl^-) + (Na^+ + OH^-) + (Na^+ + OH^-) \rightarrow H_2O + Na^+ + Cl^- + Na^+ + OH^-$，となり，$OH^-$が残るのでBTB水溶液が青色になり，ビーカーの水溶液中に最も多く含まれるイオンは，ナトリウムイオンNa^+である。

問7　40Wの白熱電球を55秒間使用した時の電力量[J]＝40[W]×55[s]＝2200[J]である。4.4WのLED電球をx秒間使用した時の電力量[J]＝4.4[W]×x[s]＝2200[J]であるから，x[s]＝2200[J]÷4.4[W]＝500[s]である。

問8　ア　面を垂直に押す力の大きさが同じなら，力のはたらく面積が小さいほど圧力は大きくなる。　イ　正しい。　ウ　私たちは，自然放射線を年間に1人あたり約2.1ミリシーベルト受けている。　エ　オームの法則から，$電流[A]＝\frac{電圧[V]}{抵抗[\Omega]}$より，抵抗器の両端に電圧を加えたときに，抵抗の値が大きいほど電流は流れにくい。

2　(地層の重なりと過去の様子：火山活動・火山灰にふくまれる鉱物の観察)

問1　火山の噴火による火山灰は広範囲に堆積するため，火山灰の層は地層の広がりを知る手がかりになる。火山が噴火した時代がわかれば，地層ができた時代の判別にもつながる。また，特徴的な化石や岩石の層なども離れた地層を比較するときの手がかりになる。このような目印となる層をかぎ層という。

問2　日本にある火山の多くで，**火山の東側に火山灰などの軽い火山噴出物が堆積するのは，偏西

風の影響をうけ，火山灰が西から東への風にのって運ばれるためである。偏西風は，北半球と南半球の中緯度の上空を西から東へ向かってふく西風である。日本列島付近では偏西風の影響をうけ，大気は西から東へ動いている。

問3　火山灰に含まれている鉱物を取り出す方法は，火山灰に水を加え，指で軽く押して洗い，にごった水をすて，これらの操作を水のにごりがなくなるまで繰り返し，乾燥させる。

問4　鉱物Pは，無色で不規則な形であることから，セキエイである。鉱物Qは，長い柱状の形で，緑黒色であることから，**カクセン石**である。

問5　(1)　火山灰Aに，無色鉱物が多く含まれているので，マグマのねばりけが強い火山から噴出したものである。　(2)　雲仙普賢岳の平成新山は，マグマのねばりけが強く盛り上がった形で溶岩の色が白っぽい火山である。桜島，富士山はマグマのねばりけが中程度の円すいの形の火山である。伊豆大島(三原山)は，マグマがのねばりけが弱く傾斜がゆるやかな形で溶岩の色が黒っぽい火山である。

3 (自然界のつり合い：土の中の微生物のはたらきを調べる実験・土壌動物・食物網)

問1　土に白熱球を当てると，徐々に表面から乾いていったので，土の温度が上がり，湿度が低くなっていったと考えられる。よって，トビムシやカニムシがビーカー内に落ちてきたのは，温度が高く，湿度が低い環境を嫌うためである。

問2　光合成を行い自分で栄養分をつくる生物は生産者で，光合成を行わず，ほかの生物から栄養分を得ている生物は消費者である。キノコは菌類で生物の遺骸やふんなどから栄養分を得ているので，消費者であり，分解者でもある。よって，ムカデ，ミミズ，トビムシ，キノコを生態系における生産者と消費者のどちらかに分類するならば，すべて消費者である。

問3　「食べる・食べられる」の複雑にからみ合うつながりを食物網という。

問4　そのままの土は，採取した土から小動物が取り除かれて，菌類と細菌類がいると考えられる土を用いた実験である。それを加熱した土では，土の中にいた菌類や細菌類が死滅してしまったため，デンプンが分解されて糖になったとき見られる反応は時間が経過してもなかった。

問5　土の中の菌類や細菌類によって，**実験開始から2日後では，ベネジクト液を加熱したとき水溶液が赤褐色になったことから，デンプンが分解されて糖ができたことが分かり，4日後には，糖が菌類や細菌類の細胞呼吸に使われたため，再びベネジクト液との反応は見られなくなった。**

問6　菌類や細菌類は，ヒトなどの動物と同じように，ひとつ一つの細胞内で，酸素を使って栄養分を分解することで生きるためのエネルギーをとり出している。細胞がこのようにしてエネルギーをとり出すはたらきを細胞呼吸という。細胞呼吸に使われるエネルギー源となる栄養分は，炭水化物などの有機物で炭素と水素をふくむため，分解後に二酸化炭素と水が発生する。

4 (化学変化と物質の質量：銅の酸化・水の電気分解・マグネシウムの酸化，物質の成り立ち，化学変化)

問1　図1で銅を加熱すると，銅と酸素が化合する。図2の加熱回数と加熱後の物質のグラフにおいて，加熱回数が3回以降加熱後の物質の質量が増加しないのは，一定量の銅と化合する酸素の質量には限界があるからである。銅0.4gに化合した酸素の質量＝0.5g－0.4g＝0.1(g)である。

問2　銅の酸素の化合の化学反応式は，**$2Cu+O_2 \rightarrow 2CuO$，である。問1から，銅の質量：化合した酸素の質量＝0.4g：(0.5g－0.4g)＝4：1であり，上記化学反応式の左辺は，銅原子2個と化合するのは酸素分子1個(酸素原子2個)であることを表しているので，銅原子1個の質量：酸素原子1個の質量＝4：1，である。**

問3　メスシリンダーは水平なところに置き，目の位置を液面と同じ高さにして，液面のいちばん平らなところを，1目盛りの10分の1まで目分量で読みとる。図3の場合，6.14cm^{3}である。

問4　水の電気分解を化学反応式で表すと，$2H_2O \rightarrow 2H_2+O_2$，である。図3の水の電気分解で発生した気体の質量比は，水素原子1個の質量：酸素原子1個の質量＝(0.001g÷4)：(0.008g÷2)＝1：16，である。

問5　問2より，銅原子1個の質量：酸素原子1個の質量＝4：1，であり，問4より，水素原子1個の質量：酸素原子1個の質量＝1：16，である。酸素原子1個の質量を16とすると銅原子1個の質量は64である。よって，銅原子の質量：酸素原子の質量：水素原子の質量＝64：16：1，である。

問6　マグネシウムを燃焼し，マグネシウムと酸素を化合する実験をしてマグネシウムと酸素の質量比を求めれば，問5と同様にして，銅原子：酸素原子：水素原子：マグネシウム原子の質量比が求められる。

5 (力と圧力：浮力・重力・フックの法則，身のまわりの物質とその性質：密度)

問1　おもりの個数とばねののびの測定値(1, 2.0)，(2, 4.0)，(3, 6.0)，(4, 8.0)，(6, 10.0)を・で記入し，全ての測定点のなるべく近くを通るように原点を通る直線を引く。

問2　表2で立方体Aが沈んだ距離が2.0cm以後は，ばねの長さが11.0cmで一定になっているので，浮力は一定になっている。そのとき，立方体Aにはたらく浮力の大きさは立方体A(＝2cm×2cm×2cm)と同じ体積の水にはたらく重力の大きさに等しい。また，**立方体Aにはたらく重力(立方体Aが空気中にあるときばねが引く力とつり合う力)は，立方体Aが水中にあるときばねが引く力と浮力との和とつり合う。**よって，(立方体Aのxgの質量にはたらく重力の大きさ)＝(表1でばねの長さが11.0cmのときのおもりの質量にはたらく重力の大きさ)＋(立方体Aにはたらく浮力の大きさ)＝(おもり3個で60gの質量にはたらく重力の大きさ)＋(水8gの質量にはたらく重力の大きさ)＝(68gの質量にはたらく重力の大きさ)，である。よって，立方体Aの質量は68gである。

問3　問2より立方体Aの密度[g/cm3]＝$\frac{68[\mathrm{g}]}{8[\mathrm{cm}^3]}$＝8.5[g/cm^3]である。問1のグラフの直線を延長して，おもりの個数を6にしたときのばねののびを求めると，12.0cmであり，ばねの長さは17.0cmである。表2で直方体Bが沈んだ距離が4.0cm以後は，ばねの長さが17.0cmで一定になっているので，浮力は一定になっている。問2と同様にして，直方体Bの質量＝(おもり6個で120g)＋16g＝136(g)である。よって，直方体Bの密度[g/cm^3]＝$\frac{136[\mathrm{g}]}{16[\mathrm{cm}^3]}$＝8.5[g/cm^3]である。立方体Cは途中で沈まなくなったので，同じ体積の立方体Aに比べて質量が小さく密度が小さいことがわかる。

問4　直方体Bにはたらく浮力の大きさは，水中に入った体積の水にはたらく重力の大きさに等しい。装置全体をゆっくりと沈めていくと，直方体BはY側がX側より先に沈みはじめてY側がX側より先に浮力がはたらくので，棒のY側が上がりはじめる。その後X側が沈みはじめ，X側の水中の体積がY側の水中の体積に近づいてくると，棒は水平に戻りはじめ，2つの直方体Bが水に沈むと水平になる。

問5　(1)　底面積が4cm^{2}の立方体A，直方体B，立方体Cを水に1.0cmずつ沈めていくと，水中の体積は4cm^{3}なので同体積の水の重さは4gずつ増えていく。よって，浮力の大きさは1.0cmずつ沈めていくごとに0.04Nずつ増えていく。　(2)　表2より，空気中で立方体Cをつるしたばねの長さは5.6cmである。ばねが0.4cm縮んで，ばねの長さが5.2cmになったとき，立方体Cは1.0cm沈む。さらに0.2cmばねが縮むと立方体Cはさらに0.5cm沈んで，水面から1.5cm沈んだところで静止する。このとき，ばねの長さは立方体Cをつるさないときのはじめの長さの5.0cmにもどっている。よって，立方体Cの沈んでいる部分の体積は2cm×2cm×1.5cm＝6(cm^3)となる。このとき，立方体Cにはたらく浮力の大きさは，立方体Cと同体積の水の6gの質量にはたらく重力の大きさと等しくなるため，立方体Cは沈まなくなる。

＜社会解答＞

1　問1　アフリカ(大陸)　問2　A　問3　ヒンドゥー(教)　問4　(変化)　(例)輸出総額が増え，おもな輸出品は農産物から鉱産資源に変化した。　(名称)　アジア(州)
問5　イ　ウ

2　問1　(X)　対馬　(Y)　カルデラ　問2　エ　問3　ウ　問4　(例)高知県では，促成栽培を行うことで，おもに群馬県の出荷量が少ない時期になすを出荷している。
問5　ア，エ，オ

3　問1　ア　問2　イ　問3　一遍　問4　ウ　問5　(内容)　(例)大名が1年おきに領地と江戸とを往復すること。　(名前)　徳川家光

4　問1　ウ→ア→エ→イ　問2　陸奥宗光　問3　(例)シベリア出兵を見こした米の買いしめにより，米の価格が上がったから。　問4　ア　問5　イ

5　問1　請求権　問2　(例)内閣は，10日以内に衆議院を解散するか，総辞職しなければならない。　問3　カ　問4　ウ　問5　利子(「利息」も正答とする。)　問6　ア，ウ，エ
問7　(例)常任理事国であるアメリカ合衆国が反対をしたため否決された。　問8　PKO

6　問1　イ　問2　(1)　環太平洋(造山帯)　(2)　B　問3　(W)　ア　(X)　エ
(Y)　イ　(Z)　ウ　問4　(例)ヨーロッパ州の国は，65歳以上の人口割合が高く，国内総生産に対する社会保障支出の割合が高い。

＜社会解説＞

1　(地理的分野－世界地図・貿易・統計資料の読み取りに関する問題)

問1　ユーラシア大陸に次いで，世界で2番目に広い大陸である。

問2　緯度0度である赤道がインドネシア・ブラジル北部のアマゾンを通過していることから，北緯に位置する地点はAとBになる。また，経度0度である本初子午線がイギリスのロンドン郊外の旧グリニッジ天文台を通過していることと，日本標準時子午線が東経135度であることを併せて考えると，東経38度に該当する地点はAであることが分かる。

問3　バラモン教から聖典や身分制度であるカースト制度を引き継ぎ，土着の神々や崇拝様式を吸収しながら形成された多神教である。

問4　表1をから，輸出総額が増加していることと，上位の品目が・羊毛・小麦・肉類といった農産物から鉄鉱石・石炭といった鉱産物資源に変わっていることが読み取れる。また，まとめ2のYの直前に中国とあることから地域を限定すれば良い。

問5　人口密度を比較すると，アメリカ合衆国は31945÷983＝32.5(人/km^2)，エチオピアは9696÷110＝88.1(人/km^2)となることから，アは誤りである。面積が3位であるオーストラリアのGNIが1位であることから，エは誤りである。牛の家畜頭数3位のアメリカ合衆国の牛乳生産量が1位であることから，オは誤りである。

2 （地理的分野－日本の気候・農業・地形図の読み取りに関する問題）

問1　X　日本海側を流れる暖流から考えれば良い。　Y　火山の噴火によってできたくぼ地とあることから判断すれば良い。阿蘇は南北25km，東西18kmの世界最大級のカルデラである。

問2　**那覇は亜熱帯の気候**であることから，**年較差の小さい**Ⅱとなる。**鳥取は日本海側の気候**であることから，**冬の降水量の多い**Ⅲである。これらを併せて考えれば良い。

問3　表1の中で，アは**人口が最も少ないことから，鳥取県**であることが分かる。同じく，イは**工業出荷額が1位であることから，石油化学コンビナートのある大分県**であることが分かる。さらに，エは**米の産出量が少ないことから沖縄県**であることが分かる。残ったウが鹿児島県である。

問4　ビニールハウスを利用していることから，高知県の野菜作りは出荷時期を早める促成栽培であることが分かる。また，表2から，高知県がなすを多く出荷している時期は群馬県のなすの出荷量が少ないことが読み取れる。これらを併せて説明すれば良い。

問5　**縮尺25000分の1とあることから，地図上の1cmは25000cm＝250m**であることが分かる。したがって，地図上の7cmは7×250＝1750mとなることから，イは誤りである。E地点にある地図記号は老人ホームを表す仚ではなく官公署を表す⊙であることから，ウは誤りである。

3 （歴史的分野－日本の各時代の仏教に関する問題）

問1　**聖武天皇**とあることから，**奈良時代**の説明を選べば良い。イは**座**とあることから**鎌倉時代**，ウは**地頭**とあることから**鎌倉時代**，エは**株仲間**とあることから**江戸時代**の説明である。

問2　Ⅱは8世紀から12世紀にかけての平安時代の説明である。宋の成立と高麗による朝鮮半島統一は10世紀のことであるから，Xは正しい。**ムハンマドによってイスラム教が開かれるのは7世紀にあたる610年ごろ**であることから，Yは誤りである。**フランス人権宣言が発表されたのは18世紀にあたる1789年**であることから，Zは誤りである。

問3　**踊念仏**とあることから，**時宗の開祖である一遍**であることが分かる。

問4　Ⅳの時代が室町時代であることから考えれば良い。**方丈記・徒然草・東大寺南大門は鎌倉時代**のものである。

問5　資料4は**江戸幕府3代将軍である徳川家光**が出した，寛永の武家諸法度の内容である。参勤交代では，大名の妻子は人質として江戸での生活を強いられていた。

4 （歴史的分野－明治時代から現在に至る様々な出来事に関する問題）

問1　アは1871年，イは1877年，ウは1863年，エは1876年のことである。

問2　イギリスとの間で領事裁判権が撤廃されたとあることから，**当時の外務大臣である陸奥宗光**を考えれば良い。

問3　ロシア革命への干渉戦争とあることから，**1918年から始まったシベリア出兵**を考えれば良い。また，表から1918年に入ってから米の価格が上昇していることが読み取れるはずである。これらを併せて説明すれば良い。

問4　Yは1937年7月の北京郊外とあることから，また，場所は北京から判断すれば良い。

問5　アは1967年，イは1986年から1991年，ウは1911年，エは1950年のことである。

5 （公民的分野－基本的人権・裁判・経済・国際社会などに関する問題）

問1　**裁判を受ける権利が請求権の代表例**であることから判断すれば良い。

問2　**日本国憲法第69条**の内容をまとめれば良い。

問3　Aは冒頭に審理開始を宣言していることから裁判官である。Bは起訴状を読み上げていることから検察官である。Cは被告人の立場を守る発言をしていることから弁護人である。

問4 部屋数はホテル側が提供するものであることから供給量，宿泊客数は変動するものであることから需要量となる。需要が供給を上回ると，商品の価格は上昇することになる。これらを併せて判断すれば良い。

問5 元金に対して一定の比率で掛けられているとある点から判断すれば良い。

問6 税収より財政規模が拡大すると財政赤字になることから，イは誤りである。**所得税**は，所得が多い人ほど税率が高くなる**累進課税制度**を取っているので，オは誤りである。

問7 **アメリカ合衆国**が**国際連合**の**安全保障理事会**の**常任理事国**であること，**アメリカ・イギリス・フランス・ロシア・中国**の**五大国**は**拒否権**を持っていることを併せて判断すれば良い。

問8 United Nations Peacekeeping Operationsのことである。

6 (総合問題－サッカーのワールドカップを切り口にした問題)

問1 **エジプト文明**では**太陽暦**が発明され，ヒエログリフという絵文字が使われたことから判断すれば良い。**太陰暦**を発明し，楔形文字を使ったのは**メソポタミア文明**である。

問2 (1) 太平洋を取り囲むように位置している火山の連なりである。 (2) 高山気候であることから，気温が低く降水量が少ないことが分かる。Aはマナオス，Cはブエノスアイレスの雨温図である。

問3 アは1582年，イは1637年，ウは1639年，エは1612年のことである。

問4 グラフ1から，ヨーロッパ州の3か国では65歳以上の高齢者の割合が高いこと，グラフ2から，その3か国の社会保障支出の割合が高いことが読み取れるはずである。

＜国語解答＞

1 問1 ウ 問2 イ 問3 (例)自分自身が撮られていることを意識し，緊張している
問4 (例)怒りを感じていたが，瑛太郎の思いに動かされ，野球の応援もやってやろう
問5 エ

2 問1 (1) しふく (2) ばんしょう (3) なま(けず) (4) 根幹 (5) 秘(める)
問2 ア(と)オ 問3 ア 問4 (1) 身近な地域で行われる (2) イ

3 問1 エ 問2 (例)文化が異なれば相手のマナーも異なることが前提で，その場で相手のやり方にあわせようとする 問3 エ 問4 ア 問5 (例)言葉の適用についてのルールにより二重化され，厳密にするとルールに抜け道ができ，曖昧にすると解釈が分かれる

4 問1 とわせたまいければ 問2 ウ 問3 (例)どの歌詠みがすぐれているか
問4 イ

5 (例) 資料からわかるのは，小学生，中学生，高校生と年齢が上がるにつれて読書量が減っていくことである。私自身も小学生のころは本が好きでよく読んでいたが，中学生になると部活動や勉強が忙しくなり，本屋や図書館に行く機会が減って本を読まなくなった。

読書には，本との出会いが必要だ。まずは，学校の図書室を明るく居心地のいい場所にして，気軽に本を手に取れるようにしたい。また，おすすめの本を紹介するコーナーがあると，本を選ぶ参考になると思う。

＜国語解説＞

1 (小説－情景・心情，内容吟味)

問1 吹奏楽部長の不破は，野球部の部室に駆け込んできた理由を「日曜に吹奏楽部の練習をサボって**野球応援**に行き，しかも明後日も行こうとしていることが**他の部員にばれた。**」「主に**宮地が怒ってる。**だから逃げてきた。」と説明している。不破の野球応援は「**今まで隠していたこと**」であるから，ウが正解。ア・イ・エはいずれも本文に書かれていない内容である。

問2「仏頂面」は，**不機嫌**で無愛想な表情である。不破は，吹奏楽部の取材のために野球部の部室にまでしつこく追いかけてくる**森崎**のことを**不愉快**に思っている。正解はイ。アとエは森崎の存在を無視した内容になっているので不適切。ウの「得意になっている」は「仏頂面」と矛盾する内容なので，誤りである。

問3 大河は，それまで不破と森崎のやりとりを他人事として見ていたが，「**カメラのレンズが自分に向いている**」ことに気づく。取材慣れしていない大河にとって，自分が撮られる立場に置かれるのは「心臓のあたりに，張り詰めたような**緊張**が走る」ことであった。「自分が撮られている」ことと「緊張」という語句を入れて，前後につながる形で書くこと。

問4「**怒り**心頭」だった宮地が，**不破(瑛太郎)の思い**を聞いた後は「応援の手引き」のコピーを50部作ると言っている。不破の応援を認めるだけでなく，吹奏楽部みんなで**野球の応援をしよう**という気持ちになったのである。「怒り」「不破(瑛太郎)の言葉(思い)」「野球」「応援」という語句を入れて，前後の変化がわかるような表現で書くこと。

問5 **適切でないもの**を選ぶことに注意する。アで示された部分は，大河の心情を表現しているが会話ではないので，適切。イの「ちらり」は不破が森崎さんから逃げられないと観念して森崎さんを大河に紹介する気持ちになった様子を示し，「ぷいっ」には宮地の大河に対する気まずさが表現されているので，適切である。ウが指摘する部分は，不破が話している様子を「ソロパート」「サックス演奏」にたとえる**比喩**と，「ドキュメンタリー～みたいに」と「ソロパート～ようだった」の順序を通常と逆転させる**倒置**が用いられているので適切。エの「大河の～くれた」は物語の他の部分と同じ時のことであり，**「回想の場面」ではない**。したがって，エが「適切でないもの」である。

2 (知識・話し合い－内容吟味，文脈把握，漢字の読み書き，熟語，品詞・用法)

問1 (1) 「**至福**」は，この上なく幸せなこと。 (2) 「**晩鐘**」は，夕方に鳴らす寺院や教会の鐘。(3) 「**怠**」には「おこた(る)」という訓読みもあるので注意する。 (4) 「**根幹**」は，物事の大もとや一番大切な部分のこと。 (5) この場合の「**秘める**」は，中に持っているという意味。

問2 「**れる**」の識別。ア「**開催さ<u>れる</u>**」は受け身の助動詞，イ「満ちあふ<u>れる</u>」は動詞の一部，ウ「思い出さ<u>れる</u>」は自発の助動詞，エ「流<u>れる</u>」は動詞の一部，オ「**授与さ<u>れる</u>**」は受け身の助動詞。

問3 選択肢の四字熟語の意味は次の通り。( )内は読み方である。ア「**一朝一夕**」(いっちょういっせき)＝短い期間。イ「**縦横無尽**」(じゅうおうむじん)＝広い範囲を自由に動くこと。ウ「**深謀遠慮**」(しんぼうえんりょ)＝先々のことまで深く考えること。エ「**日進月歩**」(にっしんげっぽ)＝驚くほどの速さで絶え間なく進歩すること。

問4 (1) 投書記事の最後の段落の「世界的なビッグイベントが**身近な地域で行われる。**」から書き抜く。直後の「せっかくだから，『お客さん』以外の形でも関われたらうれしい。」は，Cさんの発言の「何かお手伝いのようなことでもいいのでやってみたい」と重なる内容である。

(2) 司会の発言は，CさんとDさんの「お手伝いのようなことでもいいのでやってみたい」「ボランティアの中にはできるものもあると思う」「やってみることが大切だ」という**発言の内容をまとめた**ものなので，イが正解となる。

3 (論説文－内容吟味，文脈把握)

問1 「それで」は前の内容を原因や理由として後のことを述べるときに用いる接続詞。直前に「ひとと一緒に食べる場合，**食べる量や速度**を他のひとにあわせなければならない」とあるので，この内容と合致するエを選ぶ。

問2　二つ後の段落に「マナーとは，理由はともあれ，その場で**相手のやり方にあわせようとする**ことなのであって，**文化が異なれば相手のマナーも異なる**ことを互いに前提して伝えあおうとするコミュニケーションのことでもある」と書いてあるので，この内容をまとめて書く。

問3　**あてはまらないもの**を選ぶことに注意する。本文には「別のこと」として「別の情念が生じる」こと，「利害損得を考えはじめ」ること，「(ルールの)反対のことも明確にされて」しまうことが書かれている。これは，それぞれ選択肢ア・イ・ウに該当する。エの「**ルールを守るための行動が非難され**」は本文にない内容なので，これが正解となる。

問4　マナーは「のっとっていないひと」を「非難するようなものではなく」，「のっとっているひとを賞賛すべきもの」である。これに対して，ルールは「反していること」が気になって怒りの情念が生じるものである。「マナーに反するひと」に対して怒るのは，相手を「ルールに反するひと」とみなしていること，つまり**ルールとマナーの混同がある**ことを示しているので，アが正解となる。

問5　傍線部④の前の段落の内容から，ルールを**厳密**に定義すると「**抜け道を探す**ひと，グレーゾーンを活用しようとするひとが出てくる」などの弊害が生じ，表現が**曖昧**だと「どんな行為なのかの**解釈が分かれ**」るなどの弊害が生じることがわかる。その理由は，傍線部④の後に「ルールが言葉で制定されるから」「その明示のための**言語のルール**が別途にあって，それで**二重化**される」と説明されている。空欄の前後が「言葉によって定められることで，」「という弊害が生じる」となっているので，理由を述べてから弊害の内容を書く。指定語句を忘れずに入れ，制限字数に注意して書くこと。

4 (古文－内容吟味，指示語の問題，仮名遣い)

〈口語訳〉　近ごろの和歌の名人としては，民部卿定家，宮内卿家隆といって，二人一組で言われた。そのころ，「われもわれも」と(和歌を)たしなむ人が多かったが，どの人も，この二人には及ばなかった。

ある時，後京極摂政が宮内卿をお呼びになって，「この世間で歌人として多くの人が知られている中で，誰がすぐれているか。心に思うことをありのままにお話されよ。」とお尋ねがあったが，(宮内卿が)「どなたとも判断が難しく」と申して悩む様子であったのを，(後京極摂政が)「どうだどうだ」と，ひたすら問いただされたので，(宮内卿が)ふところから畳んだ紙を落として，そのまま退出したところ，(後京極摂政がその紙を)ご覧になると，

(中秋の名月である八月十五日の)夜が明けると秋の半ばも過ぎてしまう。沈んでゆく月が惜しいだけだろうか。(いや，秋が過ぎてゆくのが惜しいのだ)

と書いてあった。

これは民部卿の和歌である。前もって，このようなお尋ねがあるだろうとは，どうしてわかろう。(宮内卿は民部卿の和歌を)もともとすばらしいと思って，書いてお持ちになっていたようだ。

これらは深い心遣いがある行為である。

問1　語中の「**は**」を「**わ**」,「**ひ**」を「**い**」に書き換えて「**とわせたまいければ**」とする。

問2　宮内卿が落とした紙を**後京極摂政**が見たのである。「ある時～書きたりけり。」の地の文で,後京極摂政の行動には敬語が用いられているが,宮内卿には用いられていないこともヒントになる。

問3「この世に**歌詠み**に多く聞ゆるなかに,**いづれか勝れたる**」にあたる内容を15字以内の現代語で書く。「歌人の中で誰がすぐれているか」(14字)など,同じ内容であれば正解とする。

問4「用意」は前もって準備すること。宮内卿は後京極摂政の質問を予測していなかったにも関わらず,素晴らしいと思った民部卿の和歌を**前もって書いて持っていた**。正解はイ。アは「自分の歌」が誤り。ウは,歌が紙に書いてあったことを反映していない。エはその場で歌を書いたとしている点が誤りである。

5 (資料－作文)

内容としては,「**資料**から読み取ったこと」「自分の**体験**(見たこと聞いたことなども含む)」「自分の**考え**」の3つの要素が必要である。それぞれの要素が抜け落ちたりが混乱したりしないよう,構成に注意して書くこと。(例)は,「資料から読み取ったこと」として「年齢による読書量の変化」を示し,関連する「自分の体験」に触れて,資料と体験をふまえた「自分の考え」を述べるという構成にしている。

文章の書き始めや段落の初めは1字空けることや,行末の句読点の書き方など,**原稿用紙の使い方**にも注意する。書き終わったら必ず読み返して,誤字・脱字や表現のおかしなところは書き改める。

MEMO

大切なことはメモしておこうネ！

解答用紙集

○月×日　△曜日　天気（合格日和）

◆ご利用のみなさまへ
＊解答用紙の公表を行っていない学校につきましては、弊社の責任において、解答用紙を制作いたしました。
＊編集上の理由により一部縮小掲載した解答用紙がございます。
＊編集上の理由により一部実物と異なる形式の解答用紙がございます。

人間の最も偉大な力とは、その一番の弱点を克服したところから生まれてくるものである。――カール・ヒルティ――

東京学参株式会社

※ 128％に拡大していただくと，解答欄は実物大になります。

数　学　解答用紙 (1)

1

(1) ※	(2) ※	(3) ※
(4) ※	(5) ※	(6) ※
$x=$		
(7) ※	(8) ※	(9) ※
$x=$　　　，$y=$	$x=$	$y=$
(10) ※	(11) ※	(12) ※
度	倍	
(13) ※	(14) ※	(15) ※
	cm^3	$x=$

(16) ※
（説明）期間①と期間②の箱ひげ図を比べると， から，期間①より期間②の方が，開花日は早くなっているといえると思うよ。

受検番号	第　　　番

数　　学　　　解 答 用 紙 (2)

2

(1) ※	(2) ※
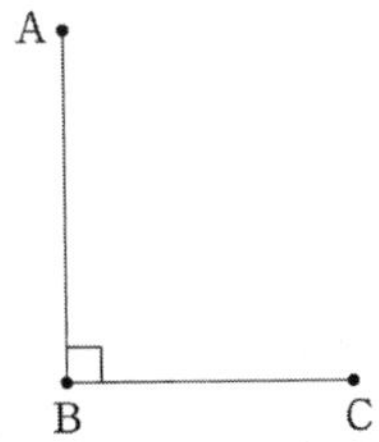	（証明）

3

(1) ※	
ア	イ

(2) ※
（説明）

(3) ※
$x =$

4

(1) ※	(2) ※
cm^3	cm

1の得点

得　点		※

受検番号	第　　　　　番

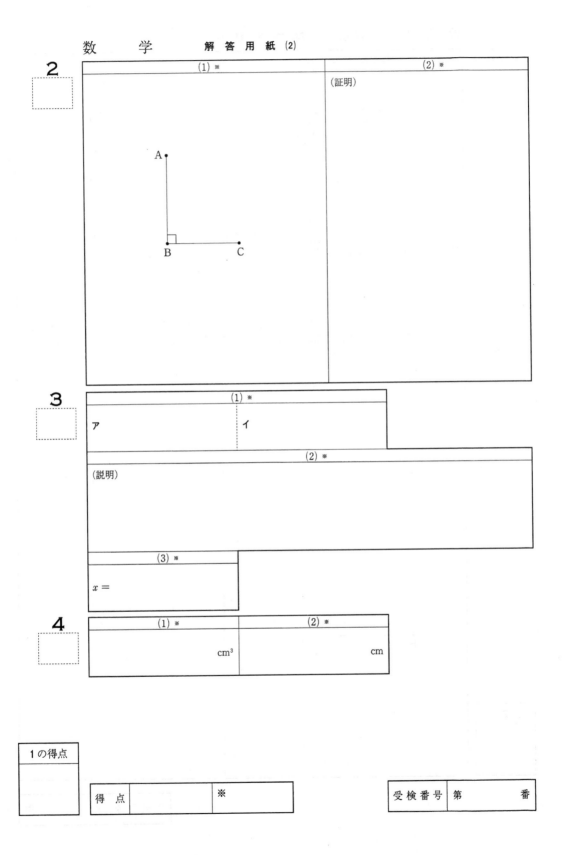

数　学〔学校選択問題〕　　**解　答　用　紙**（1）

1

(1) ※	(2) ※	(3) ※
		$x=$
(4) ※	(5) ※	(6) ※
	$x=$	倍
(7) ※	(8) ※	(9) ※
$y=$	cm^3	度

⑽ ※

（説明）期間①と期間②の箱ひげ図を比べると，

から，期間①より期間②の方が，開花日は早くなっているといえると思うよ。

2

(1) ※	(2) ※
	（証明）

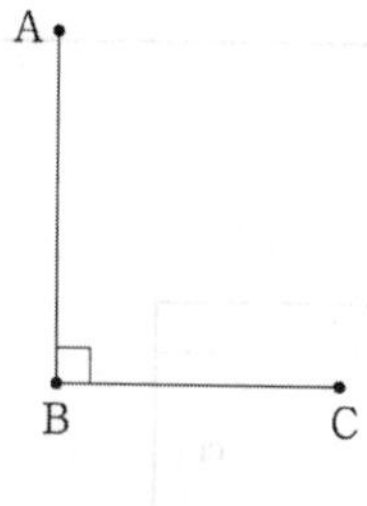

1，2の計

受検番号	第　　　番

数　学〔学校選択問題〕　　解 答 用 紙 (2)

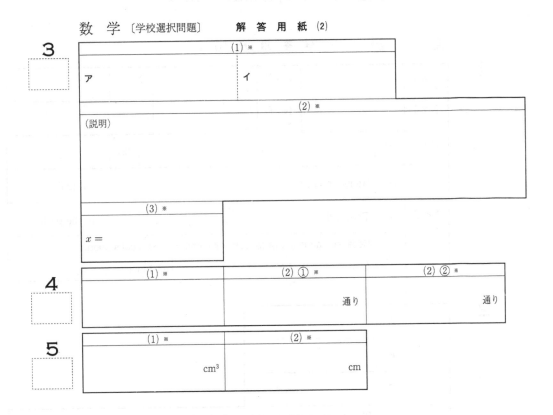

3

(1) ※	
ア	イ

(2) ※
(説明)

(3) ※
$x =$

4

(1) ※	(2) ① ※	(2) ② ※
	通り	通り

5

(1) ※	(2) ※
cm^3	cm

1，2の計

得　点		※

受検番号	第　　番

※ 119%に拡大していただくと，解答欄は実物大になります。

英　語　解答用紙 (1)

1

No. 1 ※		No. 2 ※		No. 3 ※	
No. 4 ※		No. 5 ※			
No. 6 ※	(1)		(2)		(3)
No. 7 ※	(1)	He left Aichi (　　　) ago.			
	(2)	They will (　　　) in the park.			
	(3)	Because she is going to look for some English books about (　　　) in Japan.			

2

問 1 ※	A	
	B	
	C	
問 2 ※	D	Please bring your textbooks and notebooks for subjects you (　　　).
問 3 ※	E	Could you

3

問 1 ※	
問 2 ※	
問 3 ※	I did not know that there 〔　　　〕 Niue until recently.
問 4 ※	He (　　　) at maps.
問 5 ※	

1～3の計

受検番号	第　　　番

英　語　　解答用紙 (2)

4

問 1 ※	
問 2 ※	So, Tokyo〔　　〕 to communicate with everyone.
問 3 ※	
問 4 ※	
問 5 ※	
問 6 ※	
問 7 ※	I hope that our (　　) it.

5

問 1 ※	
問 2 ※	
問 3 ※	Hi, everyone. Today, I'm going to tell you how I enjoy sports. ① I like ② Thank you.

1～3の計

得　点		※

受検番号	第　　番

英　語〔学校選択問題〕　　解答用紙（1）

1

No. 1 ※		No. 2 ※		No. 3 ※	
No. 4 ※		No. 5 ※			

No. 6 ※	(1)		(2)		(3)	

No. 7 ※	(1)	He left Aichi (　　　　　　　　).
	(2)	She asked him (　　　　　　　　) have been friends.
	(3)	Because the (　　　　　　　　) to buy are not sold in her city.

2

問 1 ※	
問 2 ※	So, Tokyo (　　　　　　　　) of another way to communicate with everyone.
問 3 ※	So, pictograms were〔　　　　　　　　〕understand.
問 4 ※	
問 5 ※	
問 6 ※	(1)　　　　(2)
問 7 ※	Is there (　　　　　　　　) do for our presentation?

1，2の計

受検番号	第　　　　番

英　語〔学校選択問題〕　　**解 答 用 紙 (2)**

3

問 1 ※	A		B			
問 2 ※	①		②		③	
問 3 ※						
問 4 ※						
問 5 ※	I look forward to future research on hibernation as〔　〕.					
問 6 ※	(1)		(2)			
	(3)					

4

40 語

50 語

1，2の計

得　点		※

受検番号	第　　番

※ 123％に拡大していただくと，解答欄は実物大になります。

理　科　解答用紙 (1)

1

問1 ※	
問2 ※	
問3 ※	
問4 ※	
問5 ※	
問6 ※	
問7 ※	エネルギー
問8 ※	

2

問1 ※		
問2 ※		
問3 ※	N	記号
	月の位置	
問4 ※	倍	
問5 ※		

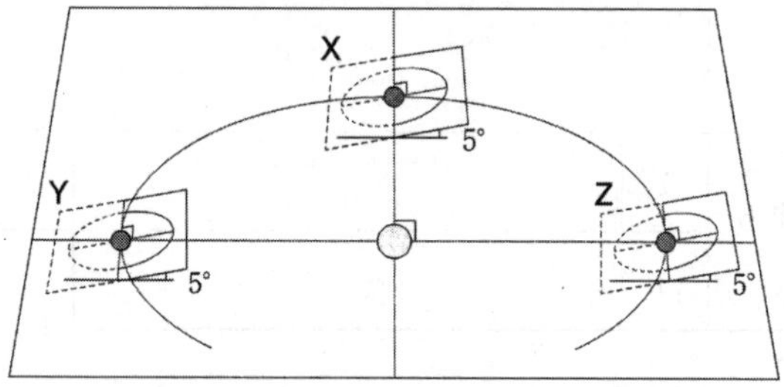

3

問1 ※		
問2 ※	I	II
問3 ※		
問4 ※		
問5 ※	III	IV

1～3の計

受検番号	第　　　番

理　科　　解答用紙 (2)

4

問 1 ※	
問 2 ※	%
問 3 ※	結果　　さんの結果 / 理由
問 4 ※	
問 5 ※	

5

問 1 ※		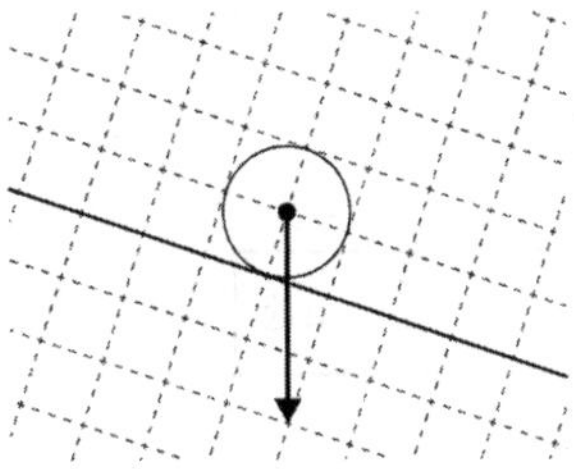
問 2 ※		
問 3 ※		
問 4 ※	(1)	
	(2)	I　　間
		II

1～3の計

得 点		※

受検番号	第　　番

※ 122%に拡大していただくと，解答欄は実物大になります。

社　会　解答用紙 (1)

1

問 1 ※	
問 2 ※	
問 3 ※	
問 4 ※	

2

問 1 ※	
問 2 ※	山地
問 3 ※	
問 4 ※	Q R
問 5 ※	

3

問 1 ※	
問 2 ※	
問 3 ※	
問 4 ※	
問 5 ※	

1 ～ 3 の計

受検番号	第　　　番

社　　会　　解答用紙 (2)

4

問 1 ※	(1)	
	(2)	
問 2 ※		
問 3 ※		
問 4 ※		

5

問 1 ※	
問 2 ※	
問 3 ※	
問 4 ※	
問 5 ※	制度
問 6 ※	
問 7 ※	

6

問 1 ※	→ → →
問 2 ※	
問 3 ※	P (記号)
問 4 ※	(記号) A

1～3の計

得　点		※

受検番号	第　　番

埼玉県公立高校　２０２４年度

※１１８％に拡大していただくと、解答欄は実物大になります。

国語　解答用紙 (1)

得点
※

受検番号　第　　番

1

問1 ※

問2 ※

問3 ※　15　25

問4 ※　30　40

問5 ※　（　　）と（　　）

2

問1 ※　(1)　(2)　(3)　う　(4)　(5)　うい

問2 ※　問3 ※

問4 ※　(1)　→　→　→　(2)　(3)

3

問1 ※

問2 ※　35　45

問3 ※　問4 ※

問5 ※　40　50

4

問1 ※

問2 ※

問3 ※　問4 ※

5

（作文は**解答用紙**(2)に書くこと）

国語解答用紙(2)

受検番号
第　　番

5

2024年度入試配点表（埼玉県）

〔一般〕

数学	1	2	3	4	計
	(16)　5点 他　各4点×15	各6点×2	(2)　5点 他　各4点×2(各完答)	(1)　6点 (2)　4点	100点

〔学校選択〕

数学	1	2	3	4	5	計
	(1)～(5)　各4点×5 他　各5点×5	(1)　6点 (2)　7点	(2)　5点 他　各4点×2 (各完答)	(1)　5点 (2)　各6点×2	各6点×2	100点

〔一般〕

英語	1	2	3	4	5	計
	No.1～No.5 各2点×5 他　各3点×6	問1　各3点×3 他　各4点×2	問1,問2　各3点×2 他　各4点×3	問1～問3,問7 各4点×4 他　各3点×3	問3　6点 他　各3点×2	100点

〔学校選択〕

英語	1	2	3	4	計
	No.1～No.5　各2点×5 他　各3点×6	問1･問4･問6　各3点×4 他　各4点×4	問4　4点 他　各3点×10	10点	100点

理科	1	2	3	4	5	計
	各3点×8	問2,問4　各4点×2 問3　5点(完答) 他　各3点×2	問1　3点 他　各4点×4 (問2,問5各完答)	問5　3点 他　各4点×4 (問3完答)	問2　3点 他　各4点×4 (問4(2)完答)	100点

社会	1	2	3	4	5	6	計
	問3　5点 他　各3点×3	問4　5点 問5　2点 他　各3点×3	問2　2点 問3　5点 他　各3点×3	問1(2)　5点 他　各3点×4	問4　5点 他　各3点×6	問4　5点 他　各3点×3	100点

国語	1	2	3	4	5	計
	問3　6点　問4　7点 問5　5点(完答) 他　各4点×2	問1,問4(2)　各2点×6 他　各3点×4 (問4(1)完答)	問2,問5　各7点×2 他　各4点×3	各3点×4	12点	100点

※ 128%に拡大していただくと，解答欄は実物大になります。

数　学　解答用紙 (1)

1

(1) ※	(2) ※	(3) ※
(4) ※	**(5) ※**	**(6) ※**
$x =$		
(7) ※	**(8) ※**	**(9) ※**
$x =$ ， $y =$	$x =$	と
(10) ※	**(11) ※**	**(12) ※**
$y =$	$a =$	EF = cm
(13) ※	**(14) ※**	**(15) ※**
	cm^2	

(16) ※
（説明）同じように，
から，イも対応していないよ。

受検番号	第　　　番

数　学　　解 答 用 紙 (2)

2

(1) ※	(2) ※
B A	(説明)

3

(1) ※		(2) ※
ア	イ	小数第 50 位の数

4

(1) ※
秒後

(2) ※
(証明)

(3) ※
表面積 cm²

1の得点

得　点		※

受検番号	第　　番

数　学〔学校選択問題〕　　解答用紙 (1)

1

(1) ※	(2) ※	(3) ※
		$x =$
(4) ※	(5) ※	(6) ※
と		cm^2

(7) ※		
頂点の数　　個	辺の数　　本	ねじれの位置になる辺の数　　本

(8) ※	(9) ※
	$a =$

(10) ※
(説明)

2

(1) ※

(2) ※
(証明)

1，2の計

受検番号	第　　番

数　学〔学校選択問題〕　**解 答 用 紙 (2)**

3

(1) ※	
ア	イ

(2) ※	
小数第 30 位の数	和

4

(1) ※

(2) ① ※
(記号) ＿＿＿＿＿ (説明)

(2) ② ※	
$a =$　　, $b =$　　, $c =$	体積　　cm^3

5

(1) ※
秒後

(2) ※
(説明) 答え　　cm^3

(3) ※
$x =$

1，2の計

得　点		※

受検番号	第　　番

※ 119%に拡大していただくと，解答欄は実物大になります。

英　語　解答用紙 (1)

1

No. 1 ※		No. 2 ※		No. 3 ※	
No. 4 ※		No. 5 ※			

No. 6 ※	(1)		(2)		(3)	

No. 7 ※	(1)	He took them last (　　　　　　　　).
	(2)	He was standing (　　　　　　　　) Tomoki.
	(3)	Because he (　　　　　　　　) David there again.

2

問 1 ※	A	
	B	
	C	
問 2 ※	D	come with your friends and family, too?
問 3 ※	E	I'm sorry, but

3

問 1 ※	
問 2 ※	This name means that 〔　　　　　　　　〕 in green, because it rains a lot, and is warm and wet in summer.
問 3 ※	
問 4 ※	They usually (　　　　　　　　).
問 5 ※	

1～3の計

受検番号	第　　　　番

英　語　解答用紙 (2)

4

問 1 ※	
問 2 ※	
問 3 ※	
問 4 ※	It's on campus, and 〔　　　　〕 by bus from Keyaki West Park.
問 5 ※	
問 6 ※	
問 7 ※	I will ask (　　　　) his pictures to us.

5

問 1 ※	
問 2 ※	
問 3 ※	Hi, everyone. Today, I'm going to tell you about my favorite way to enjoy stories. ① I like ② Thank you.

1～3の計

得 点		※

受検番号	第　　番

英　語〔学校選択問題〕　　解 答 用 紙 (1)

1

No. 1 ※		No. 2 ※		No. 3 ※	
No. 4 ※		No. 5 ※			
No. 6 ※	(1)		(2)		(3)
No. 7 ※	(1)	She (　　　　) the man in the pictures was.			
	(2)	They kept talking until Tomoki (　　　　) the bus.			
	(3)	Because she felt the word "*Konnichiwa*" created a (　　　　) Tomoki and David.			

2

問 1 ※	Today, I〔　　　　〕as a check point in a group discussion.			
問 2 ※				
問 3 ※				
問 4 ※	It's difficult to do (　　　　).			
問 5 ※				
問 6 ※	(1)		(2)	
問 7 ※	(　　　　) place to the other students in your group?			

1，2の計

受検番号	第　　　　番

英　語〔学校選択問題〕　**解答用紙 (2)**

3

問 1 ※	
問 2 ※	
問 3 ※	A ＿＿ B ＿＿
問 4 ※	① ＿＿ ② ＿＿ ③ ＿＿
問 5 ※	Sometimes〔　　〕the future.
問 6 ※	(1) ＿＿ (2) ＿＿ (3) ＿＿

4

40 語

50 語

1，2の計

得点		※

受検番号	第　　番

※ 123%に拡大していただくと，解答欄は実物大になります。

理　　科　　解答用紙 (1)

1

問 1 ※		問 5 ※	
問 2 ※	と	問 6 ※	
問 3 ※		問 7 ※	g/cm³
問 4 ※		問 8 ※	

2

問 1 ※	
問 2 ※	
問 3 ※	
問 4 ※	記号
	しくみ
問 5 ※	記号
	T

3

問 1 ※				
問 2 ※				
問 3 ※				
問 4 ※	(1)	記号		
		遺伝子の組み合わせ　と		
	(2)	I	II	M

1～3の計

受検番号	第　　　番

理　　科　　解答用紙 (2)

4

問 1 ※		
問 2 ※		
問 3 ※	◎○ ◎○ ＋ ● → 〔　　〕 ＋ 〔　　〕	
	2 CuO ＋ C → 銅 [　　] ＋ 二酸化炭素 [　　]	
問 4 ※	(1)	
	(2)	炭素　　g
		銅　　g

5

問 1 ※	
問 2 ※	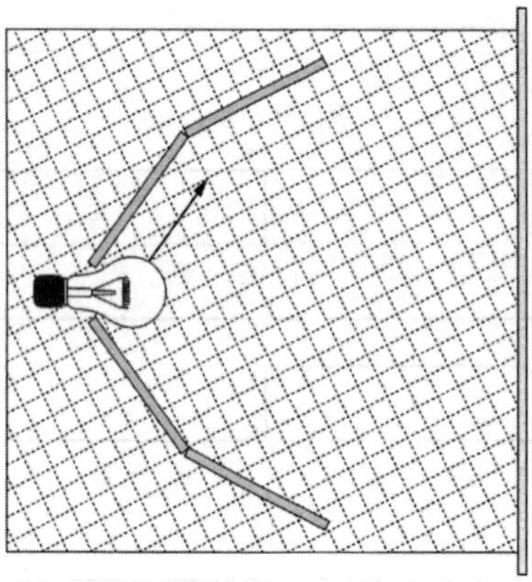
問 3 ※	
問 4 ※	
問 5 ※	

1～3の計

得　点		※

受検番号	第　　　　番

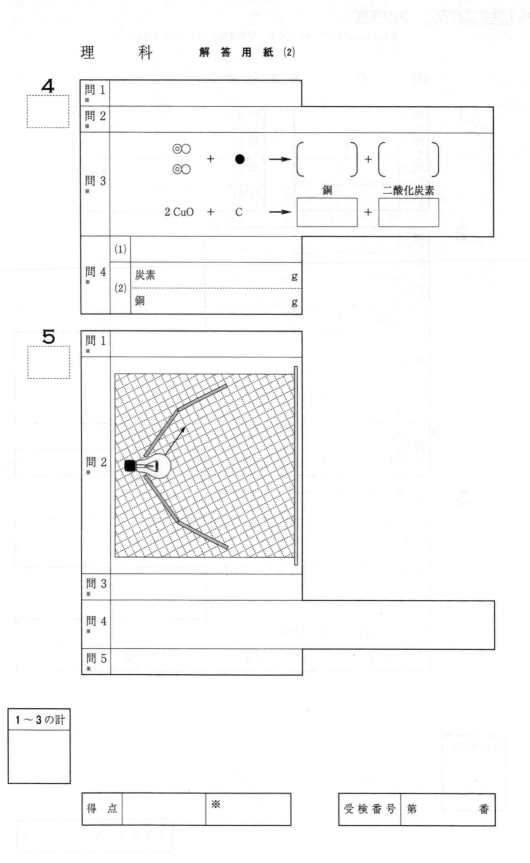

※ 122%に拡大していただくと，解答欄は実物大になります。

社　会　解答用紙 (1)

1

問 1 ※	大陸
問 2 ※	
問 3 ※	X Y　海流
問 4 ※	

2

問 1 ※	山脈
問 2 ※	
問 3 ※	
問 4 ※	P Q
問 5 ※	

3

問 1 ※	
問 2 ※	
問 3 ※	
問 4 ※	
問 5 ※	（制度） （理由）

1～3の計

受検番号	第　番

社　会　　解答用紙 (2)

4

問 1 ※	
問 2 ※	
問 3 ※	
問 4 ※	→ → →
問 5 ※	経済

5

問 1 ※	
問 2 ※	
問 3 ※	
問 4 ※	
問 5 ※	
問 6 ※	
問 7 ※	

6

問 1 ※	→ → →
問 2 ※	
問 3 ※	現象
問 4 ※	(記号) A

1～3の計

得 点		※

受検番号	第　　番

埼玉県公立高校　２０２３年度

※１１８％に拡大していただくと、解答欄は実物大になります。

国語　解答用紙(1)

得点	
	※

受検番号
第　　番

1

問1 ※

問2 ※（35、45）

問3 ※

問4 ※（30、40）

問5 ※　（　　）と（　　）

2

問1 ※　(1)　(2)　(3)　く　(4)　(5)　く

問2 ※　問3 ※

問4 ※　(1)　(2)　(3)

3

問1 ※　問2 ※

問3 ※（30、40）

問4 ※

問5 ※　Ⅰ（10、15）　Ⅱ（10、15）

4

問1 ※　問2 ※

問3 ※

問4 ※

5

（作文は**解答用紙**(2)に書くこと）

国語　解答用紙 (2)

受検番号
第　　番

5

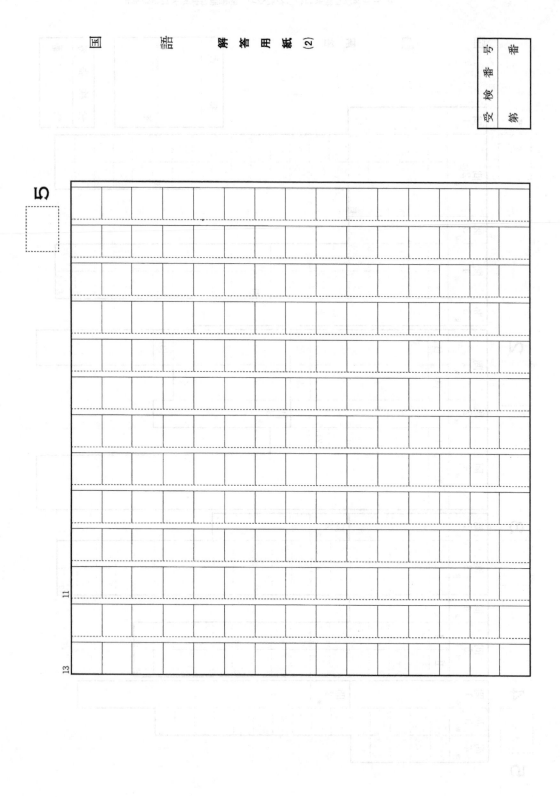

2023年度入試配点表（埼玉県）

〔一般〕

数学	1	2	3	4	計
	(16)　5点 他　各4点×15((9)完答)	(1)　5点 (2)　6点	各4点×2((1)完答)	(1)　4点 他　各6点×2	100点

〔学校選択〕

数学	1	2	3	4	5	計
	(8),(9)　各5点×2 (10) 6点　他 各4点×7 ((3),(4),(7),(9)各完答)	(1)　6点 (2)　7点	(1)　4点(完答) (2)　5点(完答)	(1)　5点 (2)　各6点×2 (②完答)	(1)　4点 (2)　7点 (3)　6点	100点

〔一般〕

英語	1	2	3	4	5	計
	No.6,No.7 各3点×6 他　各2点×5	問1　各3点×3 他　各4点×2	問1,問3　各3点×2 他　各4点×3	問3,問5,問6 各3点×3 他　各4点×4	問3　6点 他　各3点×2	100点

〔学校選択〕

英語	1	2	3	4	計
	No.6・No.7　各3点×6 他　各2点×5	問2・問3・問6　各3点×4 他　各4点×4	問1　4点 他　各3点×10	10点	100点

理科	1	2	3	4	5	計
	各3点×8	問4,問5　各5点×2 (各完答) 他　各3点×3	問3　3点 他　各4点×4 (問4(1),(2)各完答)	問1　3点 他　各4点×4 (問3,問4(2)各完答)	問1　3点 他　各4点×4	100点

社会	1	2	3	4	5	6	計
	問3　5点 他　各3点×3	問4　5点 問5　2点 他　各3点×3	問3　2点 問5　5点 他　各3点×3	問3　5点 他　各3点×4	問2　5点 他　各3点×6	問4　5点 他　各3点×3	100点

国語	1	2	3	4	5	計
	問2　6点　問4　7点 問5　5点(完答) 他　各4点×2	問1,問4(1) 各2点×6 他　各3点×4	問3,問5　各7点×2 他　各4点×3	各3点×4	12点	100点

※ 128％に拡大していただくと，解答欄は実物大になります。

数　学　解 答 用 紙 (1)

1

(1) ※	(2) ※	(3) ※
(4) ※	(5) ※	(6) ※
$x=$		
(7) ※	(8) ※	(9) ※
$x=$ 　　　, $y=$	$x=$	度
(10) ※	(11) ※	(12) ※
	度	通り
(13) ※	(14) ※	(15) ※
EF ＝ 　　　cm		およそ 　　　匹

(16) ※

(説明)

答え 　　　　サイズ

受検番号	第 　　　番

数　学　解答用紙 (2)

2

(1) ※	(2) ※
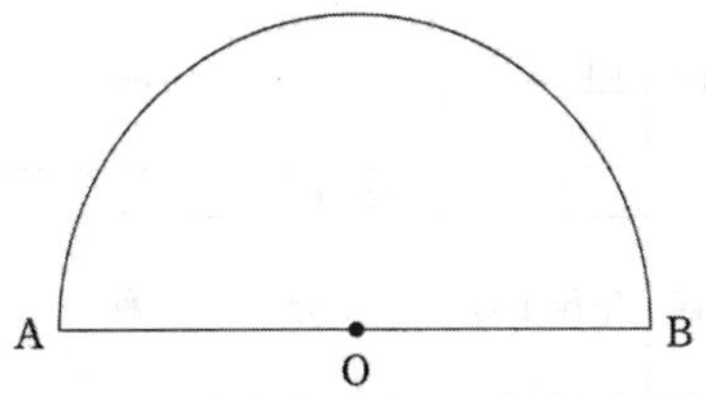 	a = 面積　　cm^2

3

(1) ※	(2) ※
y =	ア　　イ

(3) ※

（説明）

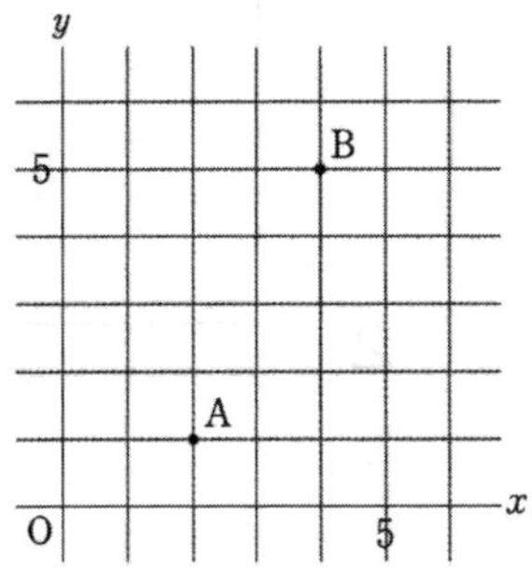

答え

4

(1) ※	(2) ※
（証明）	PC =　　cm

1の得点

得　点		※

受検番号	第　　番

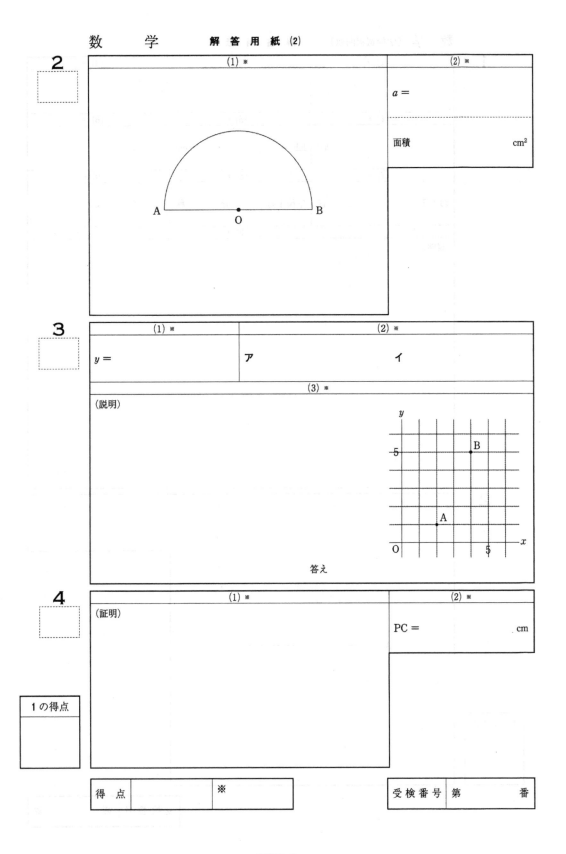

数　学〔学校選択問題〕　　解 答 用 紙 (1)

1

(1) ※	(2) ※	(3) ※
		$x=$
(4) ※	(5) ※	(6) ※
通り	EF ＝　　cm	
(7) ※	(8) ※	(9) ※
およそ　　匹	午後1時　　分　　秒	＜　＜　＜

⑽ ※
(説明) 答え　　サイズ

2

(1) ※	(2) ※
A ———— B	$a=$

1，2の計

受検番号	第　　番

数　学〔学校選択問題〕　　**解 答 用 紙** (2)

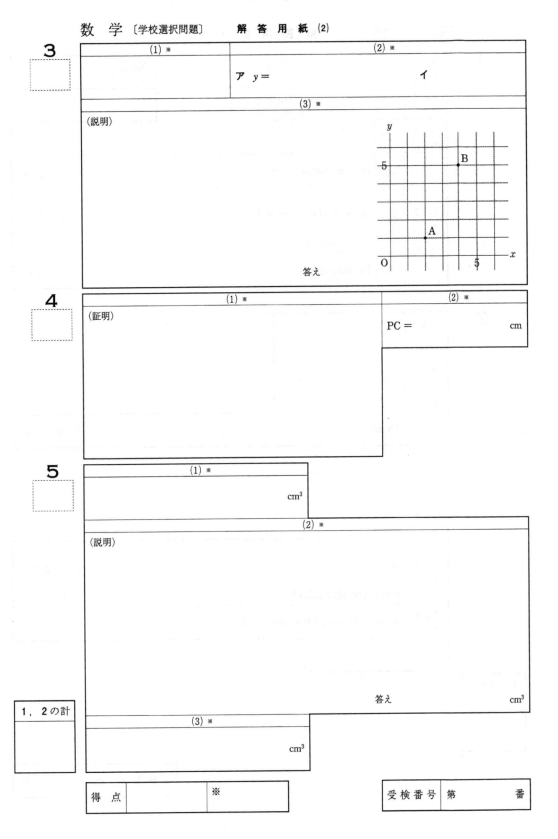

3

(1) ※	(2) ※
	ア　$y=$　　　　イ

(3) ※

（説明）

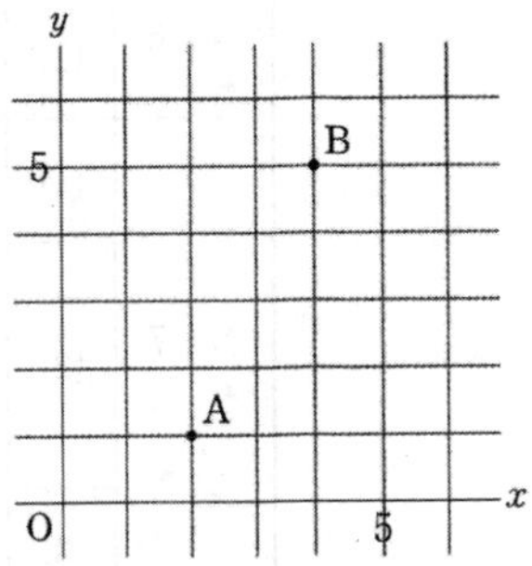

答え

4

(1) ※	(2) ※
（証明）	PC =　　　cm

5

(1) ※

cm³

(2) ※

（説明）

答え　　　cm³

1，2の計

(3) ※

cm³

得　点		※

受検番号	第　　　番

※ 119%に拡大していただくと，解答欄は実物大になります。

英　語　解答用紙 (1)

1

No. 1 ※		No. 2 ※		No. 3 ※	
No. 4 ※		No. 5 ※			
No. 6 ※	(1)		(2)		(3)
No. 7 ※	(1)	He has studied it for (　　　) years.			
	(2)	Because she wants to (　　　) for her job in the future.			
	(3)	Because she is (　　　) math.			

2

A ※	
B ※	
C ※	
D ※	Please　　　for shopping.

3

問 1 ※	
問 2 ※	
問 3 ※	We〔　　　〕guitar together every day after school.
問 4 ※	Because he heard that she could (　　　).
問 5 ※	

1～3の計

受検番号	第　　　番

英　語　**解答用紙** (2)

4

問 1 ※	
問 2 ※	
問 3 ※	It's better to give〔　　　　〕in.
問 4 ※	
問 5 ※	
問 6 ※	
問 7 ※	I think we should
問 8 ※	(　　　　) them to him?

5

問 1 ※	
問 2 ※	
問 3 ※	Hi, Danny. How are you? Thank you for your interesting e-mail. ① My dream ② See you!

1～3の計

得　点		※

受検番号	第　　　番

英　語〔学校選択問題〕　解答用紙 (1)

1

No. 1 ※		No. 2 ※		No. 3 ※	
No. 4 ※		No. 5 ※			
No. 6 ※	(1)		(2)		(3)
No. 7 ※	(1)	To ( ).			
	(2)	She listens to the program ( ) week.			
	(3)	Because she is ( ) math.			

2

問 1 ※	Should we ( ) him?
問 2 ※	I think [ ].
問 3 ※	I think you should
問 4 ※	
問 5 ※	
問 6 ※	(1) (2)
問 7 ※	Hey, don't you have ( ) at the school festival two years ago?

1, 2の計

受検番号	第　　番

英　語〔学校選択問題〕　**解 答 用 紙 (2)**

3

問 1 ※						
問 2 ※	①		②		③	
問 3 ※	In Shizuoka Prefecture, a〔　〕used since 1617.					
問 4 ※	A		B			
問 5 ※						
問 6 ※	(1)		(2)			
	(3)					

4

40 語

50 語

1，2の計

得　点		※

受検番号	第　　番

※ 123%に拡大していただくと，解答欄は実物大になります。

理　科　解答用紙 (1)

1

問 1 ※	
問 2 ※	
問 3 ※	
問 4 ※	
問 5 ※	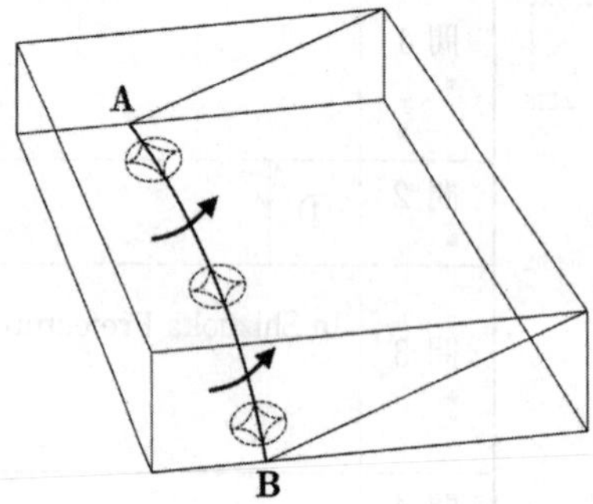
問 6 ※	
問 7 ※	
問 8 ※	

2

問 1 ※	
問 2 ※	
問 3 ※	I
	II
問 4 ※	L
	M
問 5 ※	

3

問 1 ※	
問 2 ※	
問 3 ※	
問 4 ※	
問 5 ※	
問 6 ※	

1 ～ 3 の計

受検番号	第　　　　番

理　　科　　　解答用紙 (2)

4

問 1 ※		
問 2 ※	(1)	二酸化炭素 ／ 酸素
	(2)	
問 3 ※		
問 4 ※		

5

問 1 ※	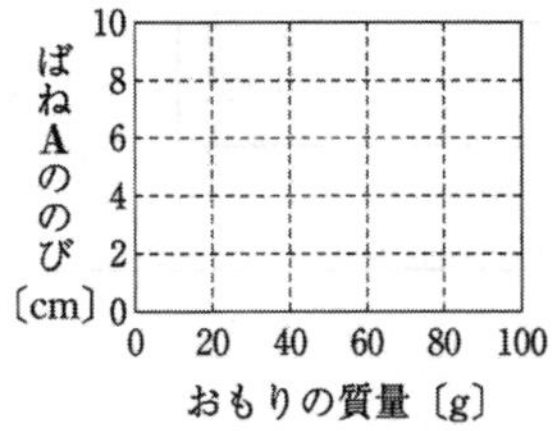
問 2 ※	と
問 3 ※	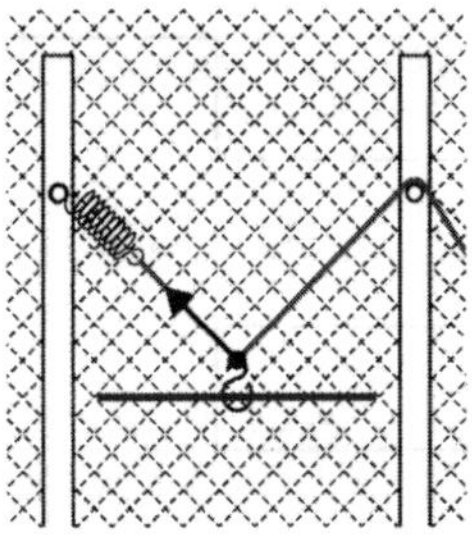
問 4 ※	
問 5 ※	L
	M

1～3の計

得　点		※

受検番号	第　　　番

※ 122%に拡大していただくと，解答欄は実物大になります。

社　会　解答用紙 (1)

1

問 1 ※	大陸
問 2 ※	
問 3 ※	
問 4 ※	Q (特色)

2

問 1 ※		
問 2 ※	(1)	山脈
	(2)	
問 3 ※	Q R	
問 4 ※		

3

問 1 ※	
問 2 ※	
問 3 ※	
問 4 ※	
問 5 ※	

1～3の計

受検番号	第　　　番

社　会　解答用紙 (2)

4

問 1 ※	(名称) (行われたこと)
問 2 ※	→　→　→
問 3 ※	
問 4 ※	
問 5 ※	(記号)　Y

5

問 1 ※		
問 2 ※		
問 3 ※		
問 4 ※	(1)	
	(2)	
問 5 ※		
問 6 ※		

6

問 1 ※	
問 2 ※	→　→　→
問 3 ※	P　Q
問 4 ※	
問 5 ※	(記号) A

1～3の計

得　点		※

受検番号	第　番

埼玉県公立高校　2022年度

※118%に拡大していただくと、解答欄は実物大になります。

国語　解答用紙 (1)

得点
※

受検番号
第　　　　番

1

問1 ※

問2 ※（15・25）

問3 ※

問4 ※（45・55）

問5 ※（　　　　）と（　　　　）

2

問1 ※　(1)　(2)　(3) がれる　(4)　(5) く

問2 ※

問3 ※

問4 ※　(1)　(2)　(3)

3

問1 ※

問2 ※

問3 ※　Ⅰ（15・20）　Ⅱ（15・20）

問4 ※

問5 ※（40・50）

4

問1 ※

問2 ※

問3 ※

問4 ※

5

（作文は**解答用紙**(2)に書くこと）

国語 解答用紙 (2)

受検番号 第　　番

5

2022年度入試配点表（埼玉県）

〔一般〕

数学	1	2	3	4	計
	(16)　5点 他　各4点×15	各5点×2((2)完答)	(3)　6点 他　各4点×2((2)完答)	(1)　6点 (2)　5点	100点

〔学校選択〕

数学	1	2	3	4	5	計
	(8)~(10)　各5点×3 他　各4点×7	各6点×2	(1)　5点 他　各6点×2((2)完答)	(1)　6点 (2)　5点	(1)　4点 (2)　7点 (3)　6点	100点

〔一般〕

英語	1	2	3	4	5	計
	No.6・No.7 各3点×6 他　各2点×5	D　4点 他　各3点×3	問1・問2　各3点×2 他　各4点×3	問1・問4・問5　各3点×3 他　各4点×5	問3　6点 他　各3点×2	100点

〔学校選択〕

英語	1	2	3	4	計
	No.6・No.7　各3点×6 他　各2点×5	問1・問4・問6　各3点×4 他　各4点×4	問1　4点 他　各3点×10	10点	100点

理科	1	2	3	4	5	計
	各3点×8	問5　4点 他　各3点×5	問6　4点 他　各3点×5	問1　3点 他　各4点×4	問1　3点 他　各4点×4	100点

社会	1	2	3	4	5	6	計
	問4　5点 他　各3点×3	問1・問4　各3点×2 問3　5点 他　2点×2	問1　2点 問4　5点 他　各3点×3	問1　5点 他　各3点×4	問5　5点 他　各3点×6	問1・問4　各2点×2 問5　5点 他　各3点×2	100点

国語	1	2	3	4	5	計
	問2　6点　問4　7点 問5　5点(完答) 他　各4点×2	問1・問4(2) 各2点×6 他　各3点×4	問2　5点　問3　6点 問5　7点 他　各4点×2	各3点×4	12点	100点

※ 126％に拡大していただくと，解答欄は実物大になります。

数　学　　解 答 用 紙 (1)

1

(1) ※	(2) ※	(3) ※
(4) ※	(5) ※	(6) ※
$x =$		
(7) ※	(8) ※	(9) ※
$x =$　　　，$y =$	$x =$	度

(10) ※	(11) ※	
$a =$	体積　　　cm^3	表面積　　　cm^2
(12) ※	(13) ※	
	ア	イ
(14) ※	(15) ※	

(16) ※

（説明）

ア

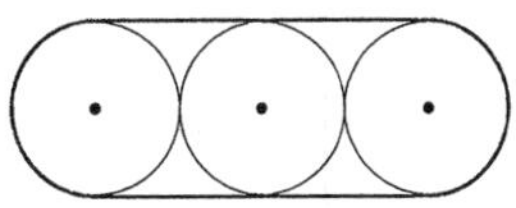

イ

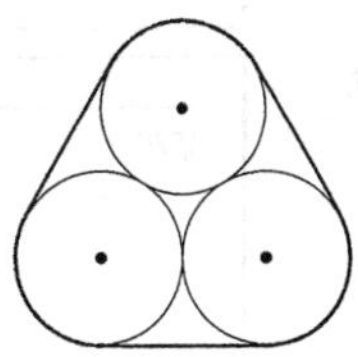

答え　　　　　cm

受検番号	第　　　　番

数　学　　解答用紙 (2)

2

(1) ※

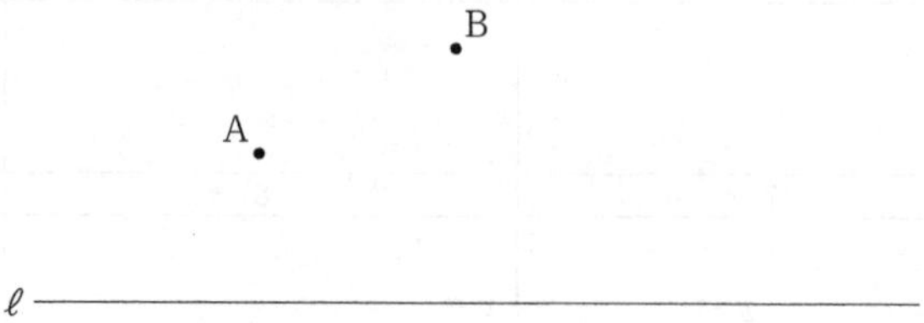

(2) ※

cm^2

3

(1) ※

ア　　　　イ

(2) ※

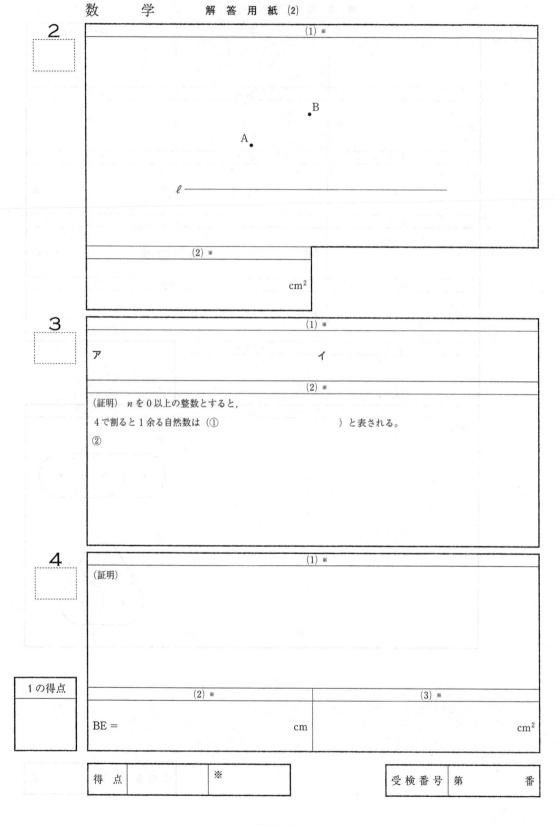

(証明)　n を 0 以上の整数とすると,

4 で割ると 1 余る自然数は (①　　　　　　) と表される。

②

4

(1) ※

(証明)

(2) ※	(3) ※
BE =　　　　cm	cm^2

1の得点

得　点		※

受検番号	第　　　番

数　学〔学校選択問題〕　　解 答 用 紙 (1)

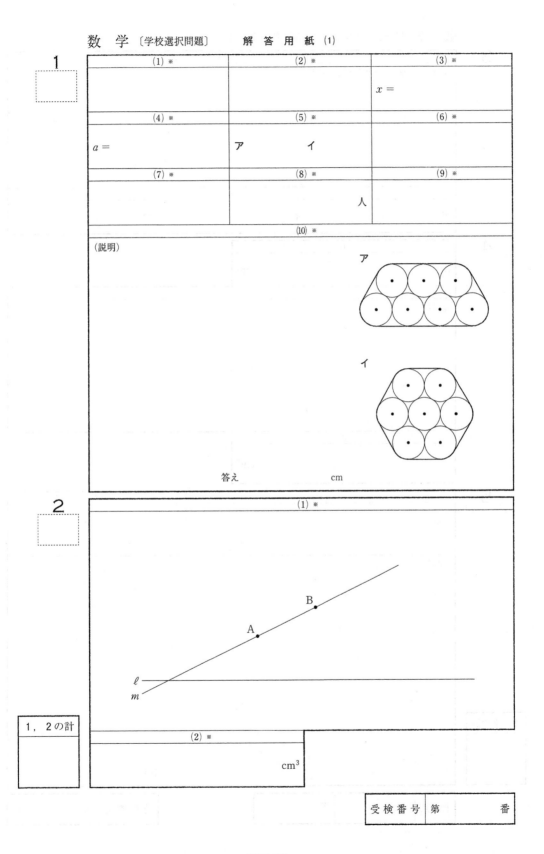

1

(1) ※	(2) ※	(3) ※
		$x =$
(4) ※	(5) ※	(6) ※
$a =$	ア　　イ	
(7) ※	(8) ※	(9) ※
	人	

(10) ※

（説明）

ア

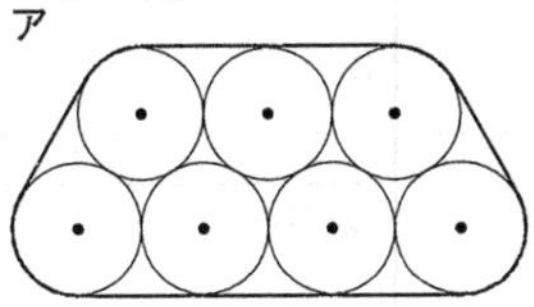

イ

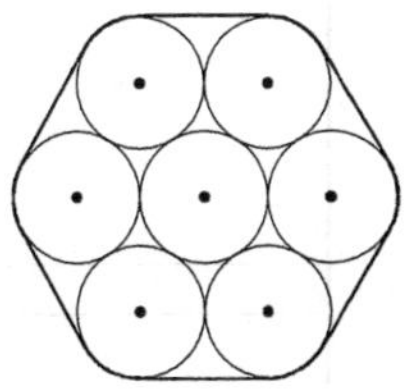

答え　　　　cm

2

(1) ※

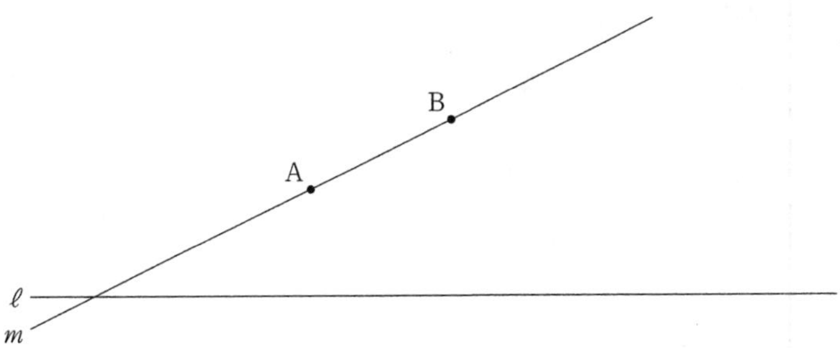

(2) ※

cm³

1，2の計

受検番号	第　　　番

数　学〔学校選択問題〕　解答用紙 (2)

3

(1) ※
（証明）　n を 0 以上の整数とすると，

(2) ※		
ア	イ	ウ

4

(1) ※
BE =　　　　cm

(2) ※
（証明）

(3) ※
cm^2

5

(1) ※		(2) ※
y =	（x の変域）	x =

(3) ※
（説明）
答え　x =

1，2の計

得　点		※

受検番号	第　　　番

※ 116％に拡大していただくと，解答欄は実物大になります。

英　語　解答用紙 (1)

1

No. 1 ※		No. 2 ※		No. 3 ※	
No. 4 ※		No. 5 ※			

No. 6 ※	(1)		(2)		(3)

No. 7 ※	(1)	He is happy when students ( ) him in English.
	(2)	He goes to the ( ) near his house.
	(3)	He wanted to be ( ).

2

A ※	
B ※	
C ※	
D ※	

3

問 1 ※	I started〔 〕 in elementary school, too.
問 2 ※	
問 3 ※	
問 4 ※	Because he wanted his ( ).
問 5 ※	

1～3の計

受検番号	第　　　番

英　　語　　解 答 用 紙 (2)

4

問 1 ※	
問 2 ※	
問 3 ※	
問 4 ※	So, people 〔　　〕 warm.
問 5 ※	
問 6 ※	①　　②　　③
問 7 ※	
問 8 ※	(　　) about?

5

問 1 ※	
問 2 ※	
問 3 ※	Hi, Emily. How are you doing? ① I would like to ② Talk to you soon!

1～3の計

得 点		※

受 検 番 号	第　　番

英　語〔学校選択問題〕　解答用紙 (1)

1

No. 1 ※		No. 2 ※		No. 3 ※	
No. 4 ※		No. 5 ※			
No. 6 ※	(1)	(2)	(3)		

No. 7 ※	(1)	He is happy when students (　　　　) in English.
	(2)	He goes to the (　　　　) house.
	(3)	He wanted to be (　　　　).

2

問 1 ※	My father (　　　　) many countries before.
問 2 ※	
問 3 ※	
問 4 ※	
問 5 ※	Well, 〔　　　　〕 has.
問 6 ※	(1)　　(2)
問 7 ※	Can you tell me (　　　　) more friends from foreign countries?

1，2の計

受検番号	第　　　　番

英　語〔学校選択問題〕　解答用紙 (2)

3

問 1 ※	Actually, 〔　〕 the large fish's mouth.
問 2 ※	① ② ③
問 3 ※	A　B
問 4 ※	
問 5 ※	
問 6 ※	(1) (2) (3)

4

40 語

50 語

1, 2の計

得　点		※

受検番号	第　番

※ 121%に拡大していただくと，解答欄は実物大になります。

理　　科　　解 答 用 紙 (1)

1

問 1 ※	
問 2 ※	
問 3 ※	
問 4 ※	
問 5 ※	
問 6 ※	
問 7 ※	
問 8 ※	

2

問 1 ※		
問 2 ※		
問 3 ※	階級(段階)に分けられている。	
問 4 ※		
問 5 ※	(1)	秒
	(2)	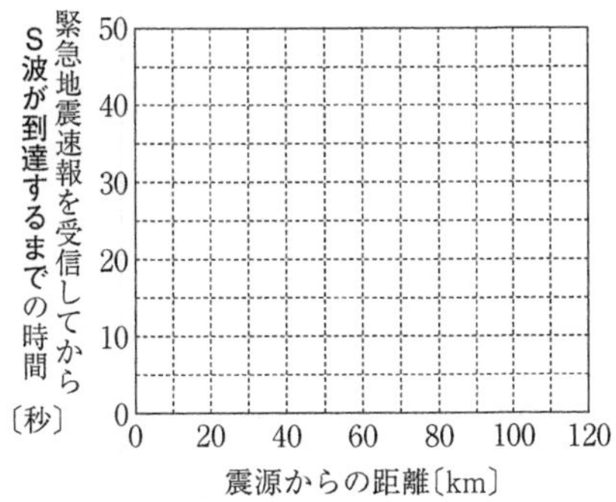

3

問 1 ※	P
	Q
問 2 ※	
問 3 ※	N
問 4 ※	I
	II
問 5 ※	

1～3の計

受検番号	第　　　　番

理　科　　解答用紙 (2)

4

問 1 ※	
問 2 ※	
問 3 ※	
問 4 ※	
問 5 ※	

5

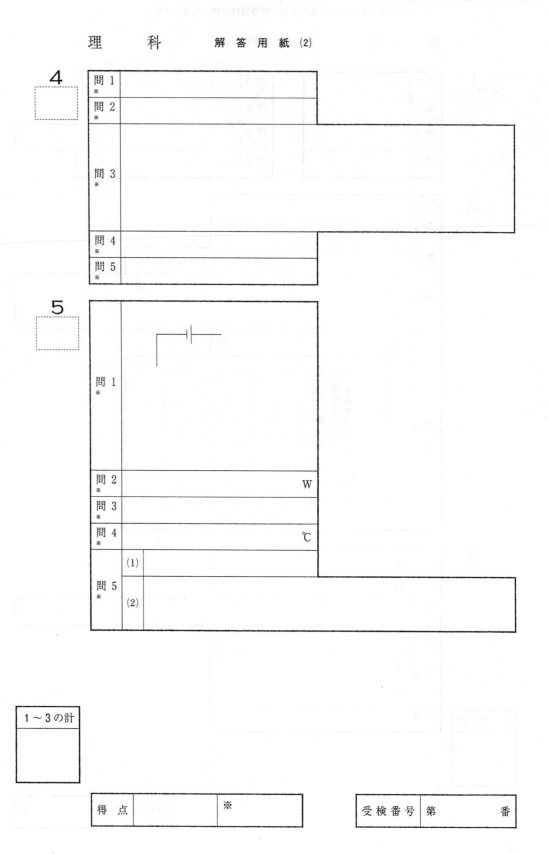

問 1 ※		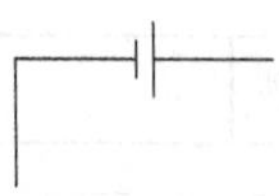
問 2 ※		W
問 3 ※		
問 4 ※		℃
問 5 ※	(1)	
	(2)	

1～3の計

得　点		※

受検番号	第　　　番

※ 121％に拡大していただくと，解答欄は実物大になります。

社　会　解答用紙 (1)

1

問 1 ※	
問 2 ※	P　州　Q
問 3 ※	（記号） （説明）
問 4 ※	

2

問 1 ※	度
問 2 ※	
問 3 ※	
問 4 ※	（名称） （特色）
問 5 ※	

3

問 1 ※	天皇
問 2 ※	
問 3 ※	
問 4 ※	
問 5 ※	

1～3の計

受検番号	第　番

社　会　　解 答 用 紙 (2)

4

問 1 ※	
問 2 ※	
問 3 ※	
問 4 ※	→ → →
問 5 ※	X (記号)

5

問 1 ※		
問 2 ※		
問 3 ※	(1)	
	(2)	
問 4 ※	P 官 Q	
問 5 ※		

6

問 1 ※	
問 2 ※	P (記号)
問 3 ※	(特色) (理由)
問 4 ※	
問 5 ※	

1～3の計

得 点		※

受検番号	第　　番

埼玉県公立高校　２０２１年度

※１１２％に拡大していただくと、解答欄は実物大になります。

国語解答用紙(1)

得点	
	※

受検番号	
第	番

1

問1 ※	
問2 ※	
問3 ※	Ⅰ　　Ⅱ
問4 ※	40　50
問5 ※	（　　）と（　　）

2

問1 ※	(1)　(2)　(3)　す
	(4)　(5)　しい
問2 ※	問3 ※
問4 ※	(1)　(2)　(3)

3

問1 ※	問2 ※（　　）と（　　）
問3 ※	20　30
問4 ※	
問5 ※	40　50

4

問1 ※	
問2 ※	
問3 ※	問4 ※

5

（作文は解答用紙(2)に書くこと）

国　語　解　答　用　紙　(2)

受検番号
第　　　　番

5

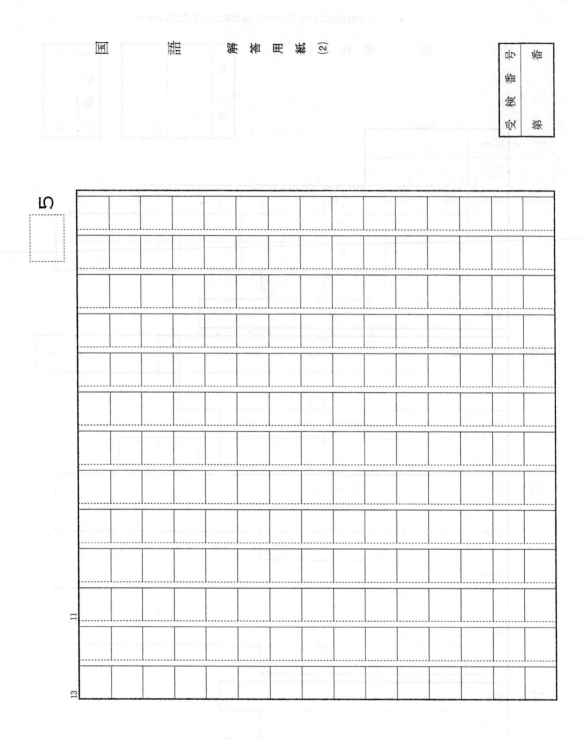

2021年度入試配点表（埼玉県）

〔一般〕

数学	1	2	3	4	計
	(11)　各2点×2 (16)　5点 他　各4点×14((13)完答)	各5点×2	(1)　4点(完答) (2)　6点	各5点×3	100点

〔学校選択〕

数学	1	2	3	4	5	計
	(8)・(9)　各5点×2 (10)　6点 他　各4点×7((5)完答)	(1)　5点 (2)　6点	各6点×2 ((2)完答)	(2)　6点 他　各5点×2	(1)　5点(完答) 他　各6点×2 ((2)完答)	100点

〔一般〕

英語	1	2	3	4	5	計
	No.6・No.7 各3点×6 他　各2点×5	各3点×4	問2・問3　各3点×2 他　各4点×3	問1・問6　各3点×2 他　各4点×6	問3　6点 他　各3点×2	100点

〔学校選択〕

英語	1	2	3	4	計
	No.6・No.7　各3点×6 他　各2点×5	問1・問3・問6　各3点×4 他　各4点×4	問5　4点 他　各3点×10	10点	100点

理科	1	2	3	4	5	計
	各3点×8	問4　4点 他　各3点×5	問5　3点 他　各4点×4	問3　6点 問5　4点 他　各3点×3	問4　4点 他　各3点×5	100点

社会	1	2	3	4	5	6	計
	問2　4点 問3　5点 他　各3点×2	問4　5点 他　各3点×4	問2　5点 他　各3点×4	問2　5点 他　各3点×4	問1・問3(1) 各2点×2 問3(2)　5点 他　各3点×3	問3　5点 問4　2点 他　各3点×3	100点

国語	1	2	3	4	5	計
	問3　6点(完答) 問4　7点　問5　5点 (完答)　他 各4点×2	問1・問4(3) 各2点×6 他　各3点×4	問3　6点　問4　5点 問5　7点 他　各4点×2(問2完答)	各3点×4	12点	100点

※この解答用紙は133％に拡大していただきますと，実物大になります。

数　　学　　　解答用紙（1）

1

(1) ※	(2) ※	(3) ※
(4) ※	(5) ※	(6) ※
$x=$		
(7) ※	(8) ※	(9) ※
$x=$　　　，$y=$	$x=$	度
(10) ※	(11) ※	(12) ※
(13) ※		(14) ※
高さ　　cm	体積　　cm^3	
(15) ※		
平均値　　回	中央値　　回	

(16) ※

（記号）＿＿＿＿

（説明）

受検番号	第　　　番

数　学　　解答用紙 (2)

2

(1) ※

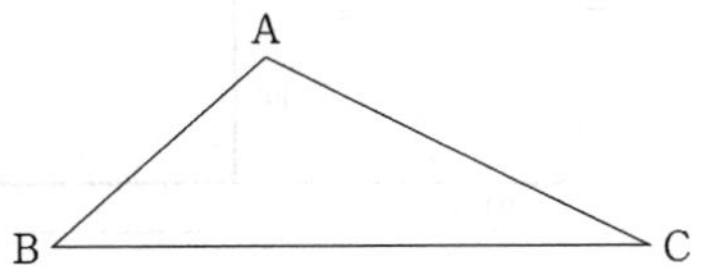

(2) ※

（証明）

3

(1) ※	(2) ※
m	m

4

(1) ※

$y =$

(2) ① ※

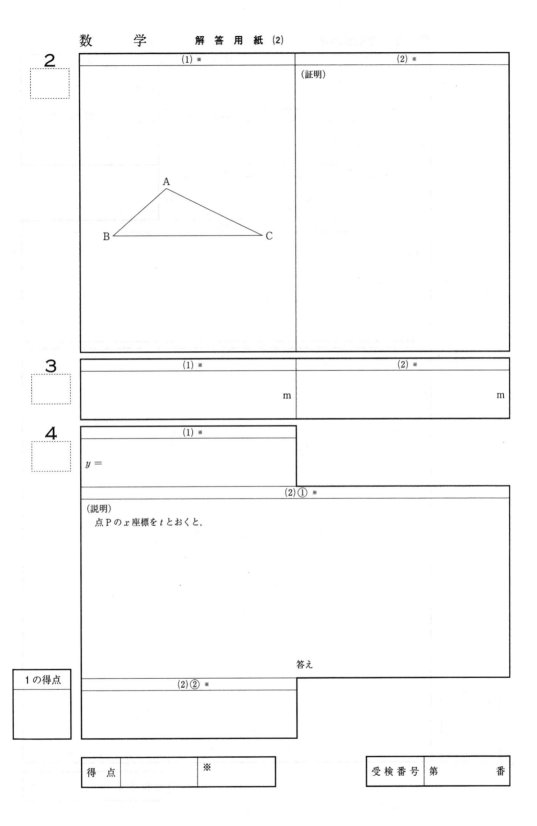

（説明）
点Pの x 座標を t とおくと，

答え

(2) ② ※

1の得点

得　点		※

受検番号	第　　　番

数 学〔学校選択問題〕 解 答 用 紙 (1)

1

(1) ※	(2) ※	(3) ※
		$x =$
(4) ※	(5) ※	(6) ※
$a =$, $b =$		
(7) ※	(8) ※	
cm^2	回	

(9) ※
(記号) ＿＿＿＿ (説明)

2

(1) ※

(2) ※
(証明)

1，2の計

受検番号	第 番

数　学〔学校選択問題〕　　解 答 用 紙 (2)

3

(1) ※	(2) ※
m	m

4

(1) ※
$y =$

(2)① ※
（説明）   答え

(2)② ※

5

(1) ※	(2) ※
cm^3	本

(3) ※
（説明）   答え　PQ : QC =

1，2の計

得　点		※

受検番号	第　　　番

※この解答用紙は122％に拡大していただきますと，実物大になります。

英　語　解答用紙 (1)

1

No. 1 ※		No. 2 ※		No. 3 ※	
No. 4 ※		No. 5 ※			
No. 6 ※	(1)		(2)		(3)
No. 7 ※	(1)	He will ( ) to buy a present.			
	(2)	He gave her a lot of ( ).			
	(3)	They have to arrive at ( ).			

2

A ※	
B ※	
C ※	
D ※	

3

問 1 ※	There, my grandfather〔 〕rice.
問 2 ※	
問 3 ※	
問 4 ※	
問 5 ※	He asked her ( ).
問 6 ※	

1～3の計

受検番号	第　　番

英　　語　　解答用紙 (2)

4

問 1 ※	
問 2 ※	
問 3 ※	
問 4 ※	
問 5 ※	But we〔　　　　　　　　〕.
問 6 ※	
問 7 ※	
問 8 ※	(　　　　　　　　) to the center again?

5

問 1 ※	4月　　　日
問 2 ※	
問 3 ※	Hi, Peter. How are you doing? ① You should ② I hope you can come to Japan. Bye!

1～3の計

得　点		※

受検番号	第　　　　番

英　語〔学校選択問題〕　解 答 用 紙 (1)

1

No. 1 ※		No. 2 ※		No. 3 ※	
No. 4 ※		No. 5 ※			
No. 6 ※	(1)		(2)		(3)
No. 7 ※	(1)	He will (　　　) to buy a present.			
	(2)	He gave her a (　　　).			
	(3)	She will meet him (　　　).			

2

問 1 ※			
問 2 ※			
問 3 ※			
問 4 ※	(　　　) these picture books in English?		
問 5 ※	But I think that〔　　　〕children.		
問 6 ※	(1)		(2)
問 7 ※	Do you know (　　　)?		

1，2の計

受検番号	第　　　番

英　語〔学校選択問題〕　　解　答　用　紙　(2)

3

問 1 ※	①		②		③	
問 2 ※						
問 3 ※	A		B			
問 4 ※	I think〔　　〕crafts.					
問 5 ※						
問 6 ※	(1)		(2)			
	(3)					

4

40 語

50 語

1，2の計

得　点		※

受検番号	第　　　番

※この解答用紙は122％に拡大していただきますと，実物大になります。

理　科　解答用紙 (1)

1

問1 ※	
問2 ※	
問3 ※	
問4 ※	
問5 ※	
問6 ※	
問7 ※	g
問8 ※	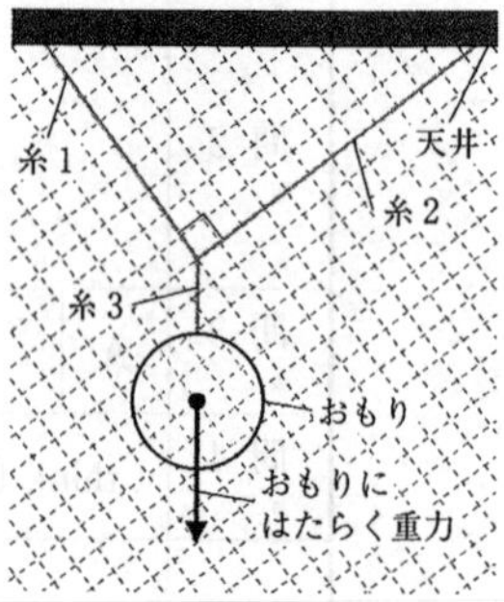

2

問1 ※		
問2 ※		
問3 ※		
問4 ※	(1)	
	(2)	最も高い地点
		最も低い地点
問5 ※		

3

問1 ※	
問2 ※	
問3 ※	
問4 ※	Ⅰ
	Ⅱ
問5 ※	葉の　　側
	理由
問6 ※	

1～3の計

受検番号	第　　番

理　　科　　解答用紙 (2)

4

問 1 ※	
問 2 ※	
問 3 ※	
問 4 ※	
問 5 ※	

5

問 1 ※	Hz
問 2 ※	
問 3 ※	
問 4 ※	記号
	Ⅲ
問 5 ※	m

1～3の計

得　点		※

受検番号	第　　　番

※この解答用紙は 122％に拡大していただきますと，実物大になります。

社　会　　解 答 用 紙 (1)

1

問 1 ※	
問 2 ※	
問 3 ※	
問 4 ※	
問 5 ※	

2

問 1 ※	
問 2 ※	
問 3 ※	(名称) (説明)
問 4 ※	
問 5 ※	

3

問 1 ※	
問 2 ※	
問 3 ※	
問 4 ※	
問 5 ※	(名称) (説明)

1～3の計

受検番号	第　　番

社　会　解答用紙 (2)

4

問 1 ※	→ → →
問 2 ※	(人物名) (記号)
問 3 ※	(説明) (記号)
問 4 ※	
問 5 ※	

5

問 1 ※	→ → →	
問 2 ※		
問 3 ※	(1)	
	(2)	
問 4 ※		
問 5 ※		
問 6 ※		
問 7 ※		
問 8 ※	Q	R

6

問 1 ※	
問 2 ※	
問 3 ※	→ → →
問 4 ※	
問 5 ※	

1～3の計

得　点		※

受検番号	第　　番

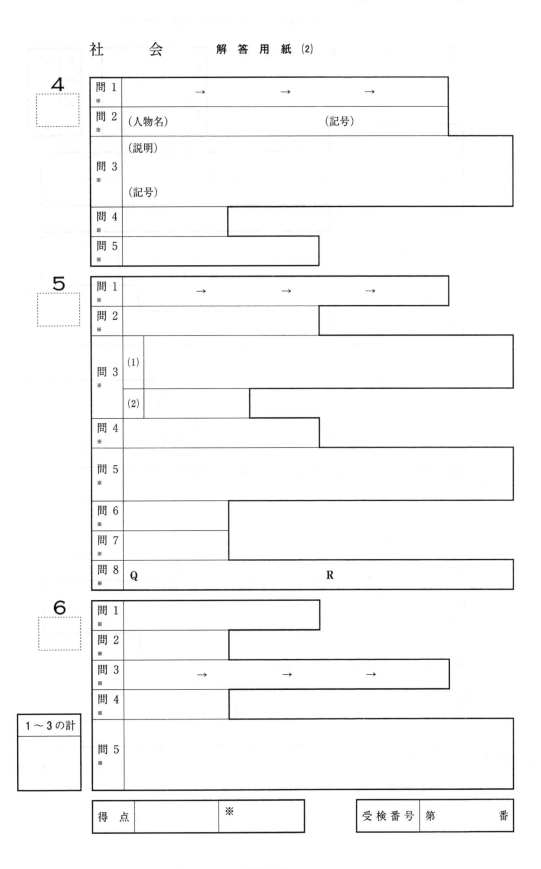

埼玉県公立高校　２０２０年度

※この解答用紙は１２２％に拡大していただきますと、実物大になります。

国語解答用紙(1)

受検番号 第　　番

得点 ※

1

問1 ※

問2 ※ (30) (40)

問3 ※

問4 ※ (45) (55)

問5 ※

2

問1 ※ (1)　(2)　(3) やか　(4)　(5) れる

問2 ※　問3 ※

問4 ※ (1)　(2)　(3)

3

問1 ※　問2 ※

問3 ※ (30) (40)

問4 ※ （　　）と（　　）

問5 ※ (45) (55)

4

問1 ※

問2 ※

問3 ※　問4 ※ （　　）と（　　）

5

（作文は**解答用紙**(2)に書くこと）

国語解答用紙 (2)

受検番号
第　　番

5

2020年度入試配点表（埼玉県）

〔一般〕

	1	2	3	4	計
数学	(13)・(15)　各2点×4 (16)　5点 他　各4点×13	(1)　5点 (2)　6点	(1)　4点 (2)　5点	(1)　4点 (2)①　6点 ②　5点(完答)	100点

〔学校選択〕

	1	2	3	4	5	計
数学	(1)～(4)　各4点×4 (9)　6点 他　各5点×4	(1)　5点 (2)　7点	(1)　5点 (2)　6点	(1)　5点 (2)①　7点 ②　6点(完答)	(3)　7点 他　各5点×2	100点

〔一般〕

	1	2	3	4	5	計
英語	No.6・No.7 各3点×6 他　各2点×5	各3点×4	各3点×6	問1・問4　各3点×2 他　各4点×6	問3　6点 他　各3点×2	100点

〔学校選択〕

	1	2	3	4	計
英語	No.6・No.7　各3点×6 他　各2点×5	問1・問5・問6　各3点×4 他　各4点×4	問2　4点 他　各3点×10	10点	100点

	1	2	3	4	5	計
理科	各3点×8	問2　4点 他　各3点×5	問3　2点 問4・問5　各4点×2 他　各3点×3	問3　5点 問2・問4　各3点×2 他　各4点×2	問4　5点 問2・問3　各3点×2 他　各4点×2	100点

	1	2	3	4	5	6	計
社会	問2・問3 各2点×2 問4　5点 他　各3点×2	問2・問4 各2点×2 問3　5点 他　各3点×2	問2・問4 各2点×2 問5　5点 他　各3点×2	問3　4点 問4　2点 他 各3点×3	問1・問2・問4 各3点×3　問3(1) ・問5　各4点×2 他　各2点×4	問1・問4 各2点×2 問5　5点 他　各3点×2	100点

	1	2	3	4	5	計
国語	問2　6点　問4　7点 問5　5点 他　各4点×2	問1・問4(3) 各2点×6 他　各3点×4	問3　6点　問4　5点 (完答)　問5　7点 他　各4点×2	各3点×4 (問4完答)	12点	100点

※この解答用紙は133％に拡大していただきますと，実物大になります。

数　学　解答用紙 (1)

1

(1) ※	(2) ※	(3) ※
(4) ※	**(5) ※**	**(6) ※**
		$x =$　　，$y =$
(7) ※	**(8) ※**	**(9) ※**
$x =$	$y =$	度
(10) ※	**(11)① ※**	
と	枚	

(11)② ※

（説明）

答え

2

(1) ※	(2) ※
およそ　　個	cm^3
(3) ※	**(4) ※**
A　　　B	（証明）

1，2の計

受検番号	第　　番

数　学　解答用紙(2)

3

(1) ※	(2) ※
cm^2	$a=$

4

(1) ※
PM =　　cm

(2)① ※
(説明)

(2)② ※
cm^2

1，2の計

得　点		※

受検番号	第　　番

数　学〔学校選択問題〕　　解　答　用　紙（1）

1

(1) ※	(2) ※	(3) ※
		$x=$
(4)① ※	**(4)② ※**	**(5) ※**
（　　，　　）	$x=$　　　，$y=$	度
(6) ※	**(7) ※**	**(8)① ※**
	およそ　　　　個	枚

(8)② ※

（説明）

答え

2

(1) ※	(2) ※
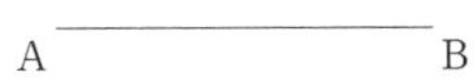	通り

3

(1) ※	(2) ※
cm^2	$a=$

1～3の計

受検番号	第　　　番

数　学〔学校選択問題〕　解 答 用 紙 (2)

4

(1) ※
PM =　　　　　　cm

(2) ① ※
（説明）

(2) ② ※
cm²

5

(1) ※
（証明）

(2) ① ※	(2) ② ※
OH =　　　　　　cm	

（説明）

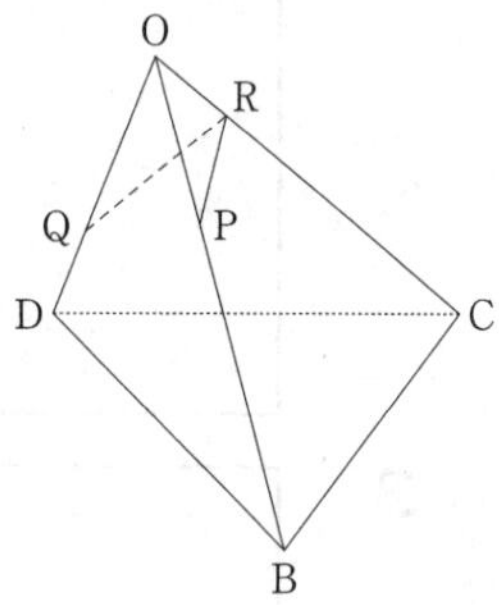

答え　　　　　cm³

1～3の計

得　点		※

受検番号	第　　　番

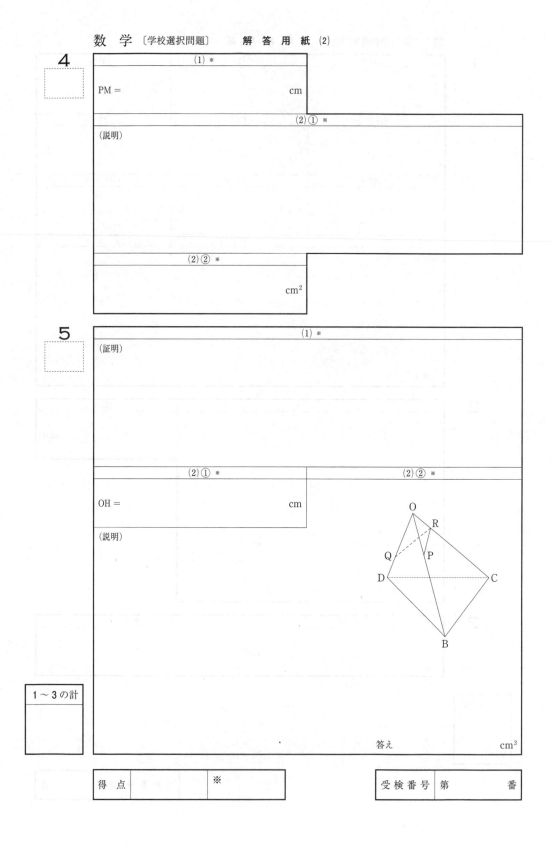

※この解答用紙は 122%に拡大していただきますと，実物大になります。

英　語　　解答用紙 (1)

1

No. 1 ※		No. 2 ※		No. 3 ※	
No. 4 ※		No. 5 ※			

No. 6 ※	(1)	He started learning Japanese when he was a ( ).
	(2)	He likes to ( ) old towns in Japan.
	(3)	Because she wants to be able ( ) with more people.

No. 7 ※	(1)		(2)		(3)	

2

A ※	
B ※	
C ※	
D ※	

3

問 1 ※	
問 2 ※	
問 3 ※	
問 4 ※	He ( ).
問 5 ※	
問 6 ※	

1～3の計

受検番号	第　　番

英　　語　　　解 答 用 紙 (2)

4

問 1 ※	
問 2 ※	
問 3 ※	
問 4 ※	
問 5 ※	About〔　　　　　　　　　　　　〕 this supermarket are over fifty years old.
問 6 ※	
問 7 ※	
問 8 ※	(　　　　　　　　　　　　) at the English language school?

5

① ②

1～3の計

得 点		※

受検番号	第　　　番

英　語〔学校選択問題〕　　解　答　用　紙 (1)

1

No. 1 ※		No. 2 ※		No. 3 ※	
No. 4 ※		No. 5 ※			

No. 6 ※	(1)	He started learning Japanese when he was a ( ).
	(2)	He likes to ( ) in Japan.
	(3)	She ( ) in the future.

No. 7 ※	(1)		(2)		(3)	

2

問 1 ※				
問 2 ※	So, they ( ) about bad weather.			
問 3 ※				
問 4 ※				
問 5 ※	I can't 〔 〕 like when we're older.			
問 6 ※	(1)		(2)	
問 7 ※	May I borrow ( ) Singapore?			

1, 2の計

受検番号	第　　　　番

英　語〔学校選択問題〕　**解　答　用　紙**（2）

3

問 1 ※	This〔　〕care of coral reefs, so it is very important to preserve them.
問 2 ※	A　　　B
問 3 ※	
問 4 ※	①　　　②　　　③
問 5 ※	
問 6 ※	(1)　　　(2)　　　(3)

4

40語

50語

1，2の計

得　点		※

受検番号	第　　　番

※この解答用紙は 122％に拡大していただきますと，実物大になります。

理　　科　　解 答 用 紙 (1)

1

問 1 ※	
問 2 ※	g
問 3 ※	
問 4 ※	
問 5 ※	%
問 6 ※	
問 7 ※	秒
問 8 ※	

2

問 1 ※		層
問 2 ※		
問 3 ※		
問 4 ※		
問 5 ※	(1)	
	(2)	

3

問 1 ※	I	く
	II	い
問 2 ※		
問 3 ※		
問 4 ※		
問 5 ※		
問 6 ※		

1～3の計

受検番号	第　　　　番

理　科　解答用紙 (2)

4

問 1 ※	g
問 2 ※	→
問 3 ※	cm^3
問 4 ※	
問 5 ※	銅原子：酸素原子：水素原子 ＝　　：　　： 計算の過程や考え方
問 6 ※	

5

問 1 ※	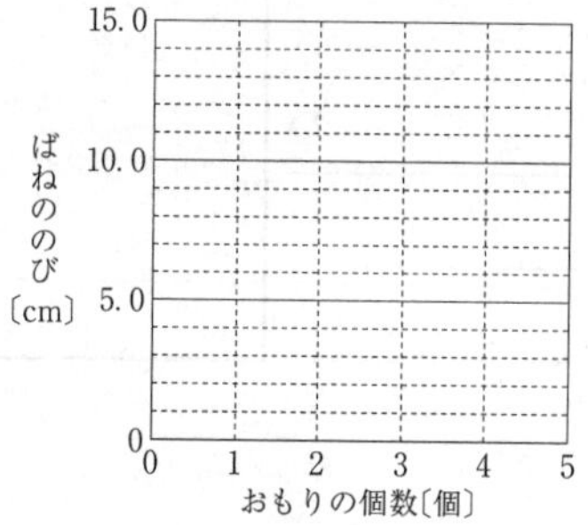	
問 2 ※	g	
問 3 ※		
問 4 ※		
問 5 ※	(1)	N
	(2)	体積　cm^3 計算の過程や考え方

1～3の計

得　点		※

受検番号	第　　　番

※この解答用紙は 122%に拡大していただきますと，実物大になります。

社　会　解答用紙 (1)

1

問 1 ※	大陸
問 2 ※	
問 3 ※	教
問 4 ※	(変化) (名称)　州
問 5 ※	

2

問 1 ※	X　Y
問 2 ※	
問 3 ※	
問 4 ※	
問 5 ※	

3

問 1 ※	
問 2 ※	
問 3 ※	
問 4 ※	
問 5 ※	(内容) (名前)

1～3の計

受検番号	第　番

社　　会　　解答用紙 (2)

4

問 1 ※	→ → →
問 2 ※	
問 3 ※	
問 4 ※	
問 5 ※	

5

問 1 ※	
問 2 ※	
問 3 ※	
問 4 ※	
問 5 ※	
問 6 ※	
問 7 ※	
問 8 ※	

6

問 1 ※					
問 2 ※	(1)	造山帯			
	(2)				
問 3 ※		W	X	Y	Z
問 4 ※					

1～3の計

得　点			※

受検番号	第　　　番

埼玉県公立高校　２０１９年度

※この解答用紙は１２２％に拡大していただきますと、実物大になります。

国語　解答用紙(1)

得点	※

受検番号	第　　　番

1

問1 ※

問2 ※

問3 ※（15・25）

問4 ※（25・35）

問5 ※

2

問1 ※　(1)　(2)　(3)　げ　(4)　(5)　める

問2 ※　（　　）と（　　）

問3 ※

問4 ※　(1)　(2)

3

問1 ※

問2 ※（35・45）

問3 ※

問4 ※

問5 ※（45・55）

4

問1 ※

問2 ※

問3 ※

問4 ※

5

（作文は**解答用紙**(2)に書くこと）

国語解答用紙(2)

受検番号
第　　番

5

13

15

2019年度入試配点表（埼玉県）

〔一般〕

数学	1	2	3	4	計
	(10) 5点(完答) (11)② 6点 他 各4点×10	(4) 7点 他 各5点×3	(1) 4点 (2) 6点	(1) 5点 (2) 各6点×2	100点

〔学校選択〕

数学	1	2	3	4	5	計
	(6)・(7) 各5点×2 ((6)完答) (8)② 6点 他 各4点×7	(1) 5点 (2) 6点	(1) 4点 (2) 6点	(1) 5点 他 各6点×2	(1) 6点 (2)① 5点 ② 7点	100点

〔一般〕

英語	1	2	3	4	5	計
	No.1~No.5 各2点×5 他 各3点×6	各3点×4	問1~問3・問6 各3点×4 他 各4点×2	問1・問4 各3点×2 他 各4点×6	10点	100点

〔学校選択〕

英語	1	2	3	4	計
	No.1~No.5 各2点×5 他 各3点×6	問1・問3・問6 各3点×4 他 各4点×4	問5 4点 他 各3点×10	10点	100点

理科	1	2	3	4	5	計
	問1・問3・問6・問8 各2点×4 他 各3点×4	問1・問3・問4・問5(2) 各3点×4 他 各4点×2	問5 5点 他 各3点×5	問1・問3 各2点×2 問2 3点 問5 5点 他 各4点×2	問5(2) 5点 他 各3点×5	100点

社会	1	2	3	4	5	6	計
	問1・問2 各2点×2 問4 5点 他 各3点×2	問2・問3 各2点×2 問4 5点 他 各3点×2	問1・問4 各2点×2 問5 5点 他 各3点×2	問4・問5 各2点×2 問3 5点 他 各3点×2	問2・問7 各5点×2 問3~問5 各2点×3 他 各3点×3	問1・問2(2) 各2点×2 問4 5点 他 各3点×2	100点

国語	1	2	3	4	5	計
	問1・問2 各4点×2 問5 5点 他 各6点×2	問1 各2点×5 他 各3点×4	問2 6点 問5 7点 他 各4点×3	各3点×4	16点	100点

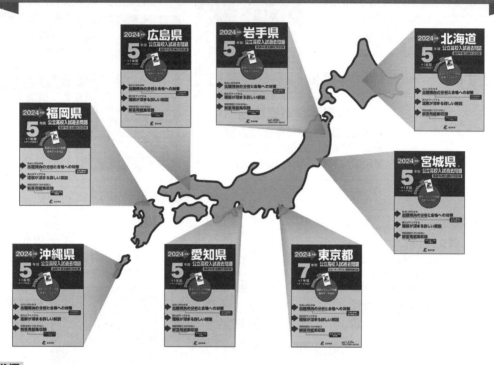

〈ダウンロードコンテンツについて〉

本問題集のダウンロードコンテンツ、弊社ホームページで配信しております。現在ご利用いただけるのは「2025年度受験用」に対応したもので、**2025年3月末日**までダウンロード可能です。弊社ホームページにアクセスの上、ご利用ください。

※配信期間が終了いたしますと、ご利用いただけませんのでご了承ください。

埼玉県公立高校　2025年度

ISBN978-4-8141-3261-4

[発行所] 東京学参株式会社

〒153-0043　東京都目黒区東山2-6-4

書籍の内容についてのお問い合わせは右のQRコードから　⇒

※書籍の内容についてのお電話でのお問い合わせ、本書の内容を超えたご質問には対応できませんのでご了承ください。

2024年5月10日　初版